北京海淀年鉴

2023

《北京海淀年鉴》编纂委员会　编

当代中国出版社
Contemporary China Publishing House

图书在版编目(CIP)数据

北京海淀年鉴 . 2023 / 《北京海淀年鉴》编纂委员会编 . -- 北京 : 当代中国出版社 , 2023.12
ISBN 978-7-5154-1267-2

Ⅰ . ①北… Ⅱ . ①北… Ⅲ . ①海淀区— 2023 —年鉴
Ⅳ . ① Z521.3

中国国家版本馆 CIP 数据核字 (2023) 第 094696 号

出 版 人　王　茵
责任编辑　战盈彤
责任校对　康　莹
印刷监制　刘艳平
装帧设计　刘临川
出版发行　当代中国出版社
地　　址　北京市地安门西大街旌勇里 8 号
网　　址　http://www.ddzg.net
邮政编码　100009
编 辑 部　(010) 66572154
市 场 部　(010) 66572281　66572157
印　　刷　北京圣美印刷有限责任公司
开　　本　889 毫米 × 1194 毫米　1/16
印　　张　42 印张　4 插页　1673 千字
版　　次　2023 年 12 月第 1 版
印　　次　2023 年 12 月第 1 次印刷
定　　价　280.00 元

《北京海淀年鉴》编纂委员会

顾　问：张　革　刘长利　刘　勇　周来升

主　任：李俊杰

副主任：杨仁全　程培衡

委　员：（以姓氏笔画为序）

王双全　王曼谕　王道岷　白雪罡　冯　军　刘　珍

刘　涵　刘　惠　孙金春　杜荣贞　李　强　李劲涛

李乾坤　李德平　吴红蓉　何建吾　张　奇　张　磊

张小川　张东川　张立红　张红林　张春明　张洪雨

陈　静　邵明艳　武　凯　赵　寒　赵一飙　赵立华

钟福林　党慧海　黄　英

《北京海淀年鉴》编辑部

编辑说明

一、《北京海淀年鉴》以马克思列宁主义、毛泽东思想、邓小平理论、“三个代表”重要思想、科学发展观、习近平新时代中国特色社会主义思想为指导，坚持辩证唯物主义和历史唯物主义的立场、观点和方法，存真求实，力求全面、客观、系统地记述区域发展情况。

二、《北京海淀年鉴》是由北京市海淀区人民政府主办、北京市海淀区党史地方志办公室承编的地方综合年鉴，是系统记述海淀区自然、政治、经济、文化、社会、生态等方面情况的年度资料性文献。自2002年起一年一卷并公开出版，本卷为第22卷。

三、《北京海淀年鉴（2023）》记述时限为2022年1月1日至12月31日（部分内容根据实际情况，时限略有前后延伸）。凡2022年事项，均直书月、日；“年内”指2022年。涉及其他年份的均标明年份。【概况】时间表述为“2022年”，综合性条目时间表述为“年内”。

四、本年鉴采用分类编纂法，由类目、分目、条目组成，部分分目设次分目。分文章体和条目体两种体裁，以条目体为主，用规范的语体文、记述体，直陈其事。全书条目标题统一用粗体加【 】表示。本卷设区情概览、特载、专文、大事记、北京冬奥会冬残奥会赛事及服务保障、领导调研考察、中共海淀区委、海淀区人民代表大会、海淀区人民政府、政协海淀区委员会、中共海淀区纪委 海淀区监委、民主党派、人民团体、法治、军事、中关村科学城、“两区”建设、三山五园建设、经济管理、农业农村、商贸服务业、旅游业、城市建设与管理、应急管理、生态建设、交通 邮政 通信、科技、教育、文化、卫生健康、体育、社会建设、社会生活、街道 镇（地区）、人物 荣誉、统计资料、附录37个类目。

五、本卷框架有所调整：增设北京冬奥会冬残奥会赛事及服务保障1个类目；撤销法治类目下的政法队伍教育整顿分目；在三山五园建设类目下增设“进京赶考之路（北京段）”保护利用分目；城市建设与管理类目下的消防救援、防震减灾2个分目移至应急管理类目下；生态环境类目更名为生态建设。

六、文中除“民主党派”类目部分外，“党”均指中国共产党，“市委”均指中共北京市委，“区委”均指中共海淀区委，“党员”均指中国共产党党员，“党建”工作均指中国共产党建设工作。

七、“两区”指国家服务业扩大开放综合示范区和中国（北京）自由贸易试验区。海淀区“两区”指国家服务业扩大开放综合示范区、中国（北京）自由贸易试验区科技创新片区海淀组团。2022年北京冬奥会，即第24届冬季奥林匹克运动会，简称冬奥会；2022年北京冬残奥会，即第13届冬季残疾人奥林匹克运动会，简称冬残奥会。新型冠状病毒肺炎疫情，简称新冠疫情、疫情。

八、本年鉴收录海淀区党、政、军，区各民主党派、团体、街道、镇负责人名录，均以2022年内任职为限，其中有任免情况的分别予以注明。

九、本年鉴中计量单位名称的使用，除特例外，一律采用中华人民共和国法定计量单位。“亩”在其后括注相应公顷数；记述体育赛事时，采用行业通例“公里”和“公斤”。

十、入鉴资料均由各撰稿单位提供，并经主要负责人审核。部分资料由编辑部收集。主要数据和统计资料由海淀区统计局提供，部分数据由各相关部门提供。由于统计口径不同等原因，相关部门的个别数据与统计资料不一致的，请以统计资料为准。

十一、《北京海淀年鉴》配有双重检索系统：书前刊有详细目录，书后附有索引，并收录在海淀区党史地方志办公室电子资料库（hdszb.bjhd.gov.cn）中。

审图号：京S(2020)024号

北京市测绘设计研究院2020年6月编制

数字海淀

每日创造（万元）
Daily Production (10000 yuan)

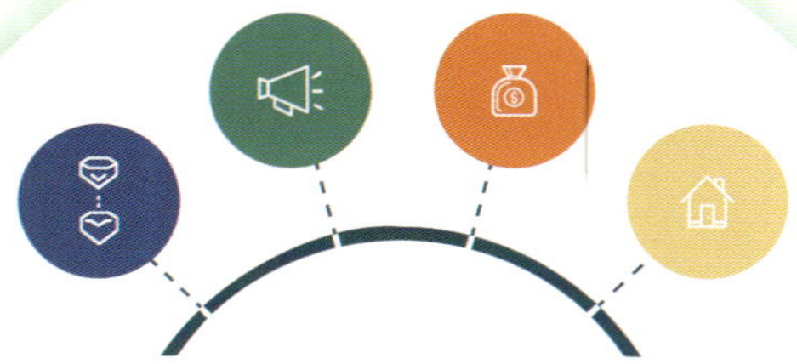

74426.0	13438.6	18194.7	1014297.0
每天社会消费品零售额	区级一般公共预算收入	区级一般公共预算支出	高新技术企业总收入

每日地区生产总值（亿元）
Daily Gross Domestic Product (100 million yuan)

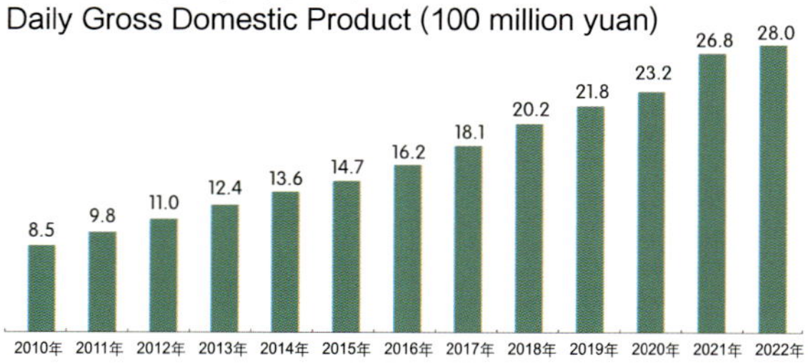

每日社会消费品零售总额（亿元）
Daily Total Retail Sales of Consumer Goods (100 million yuan)

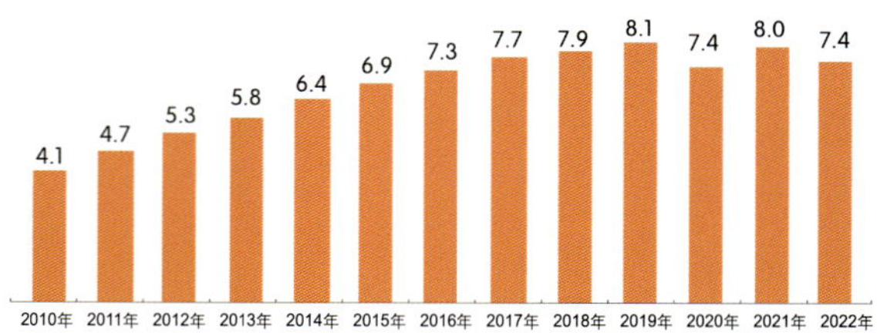

每日区级一般公共预算收入（万元）
Daily General Public Budget Revenue of Haidian (10000 yuan)

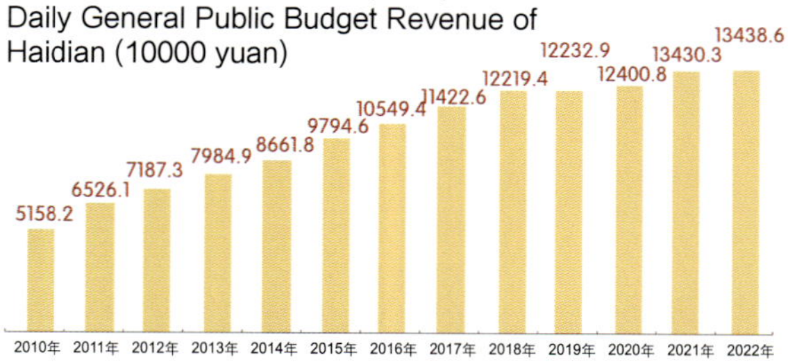

每日区级一般公共预算支出（万元）
Daily General Public Budget Expenditure of Haidian (10000 yuan)

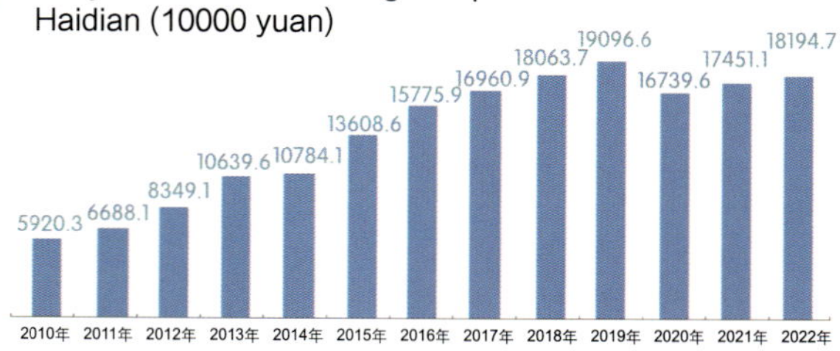

每日生活
Daily Life

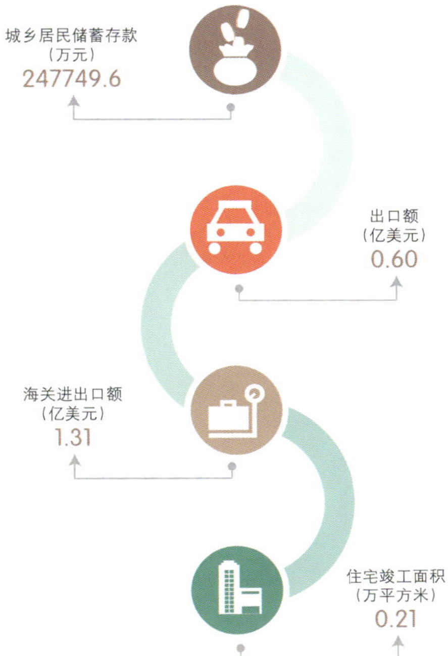

每日城乡居民储蓄存款（亿元）
Daily Residents Savings Deposits in Urban and Rural (100 million yuan)

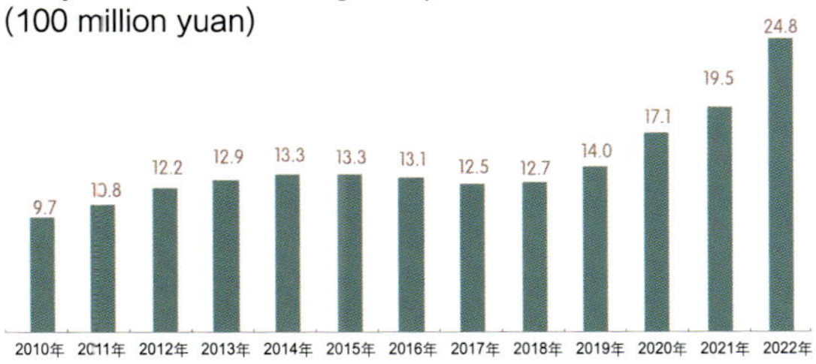

每日海关进出口额（亿美元）
Daily Total Value of Imports and Exports at Customs (USD 100 million)

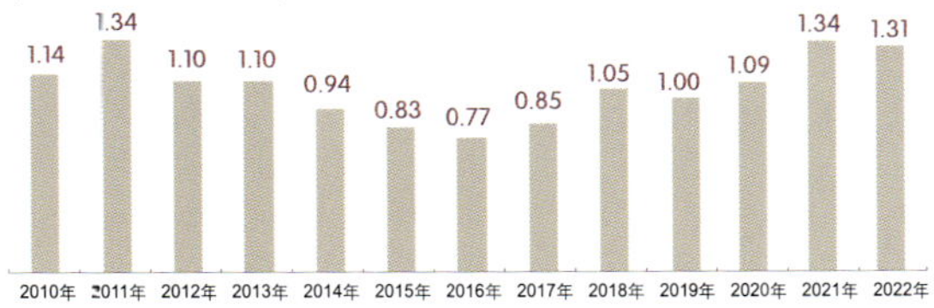

每天人口
Daily Population Changes and Marriages

■常住出生人口（人） Birth Population (person)　■常住死亡人口(人) Death Population (person)

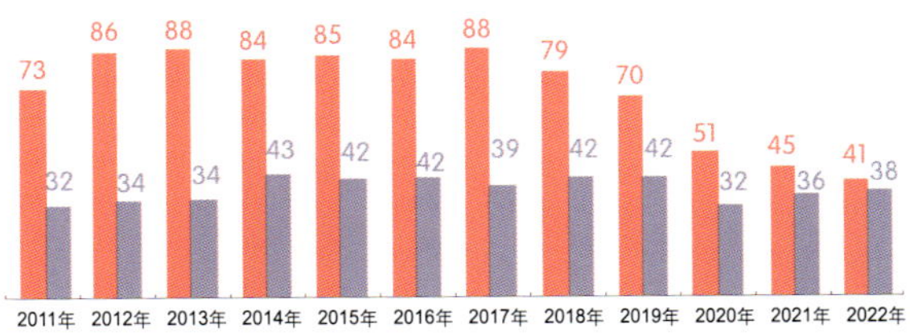

■登记结婚对数(对) Marriage Registered (couple)　■离婚对数(对) Registered Divorces (couple)

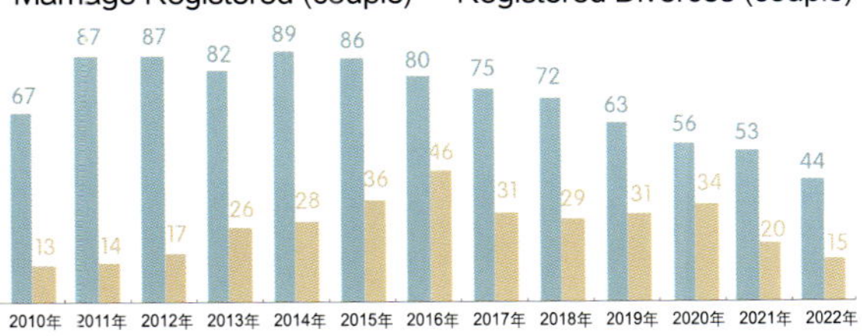

每日住宅竣工面积（万平方米）
Daily Floor Space of Residence Completed (10000 m^2)

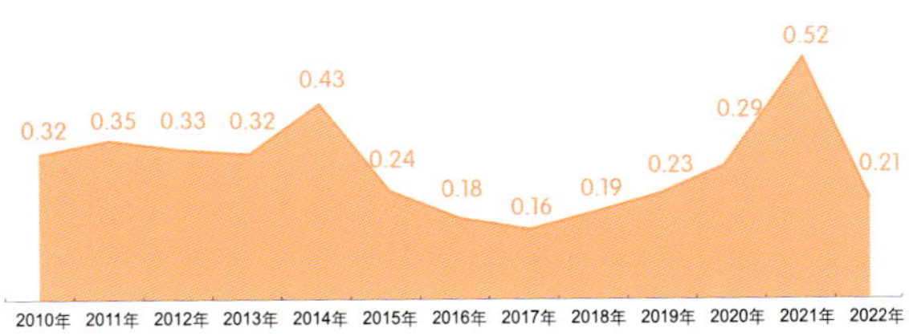

每日工业总产值(万元)
Daily Gross Output Value of Industry (10000 yuan)

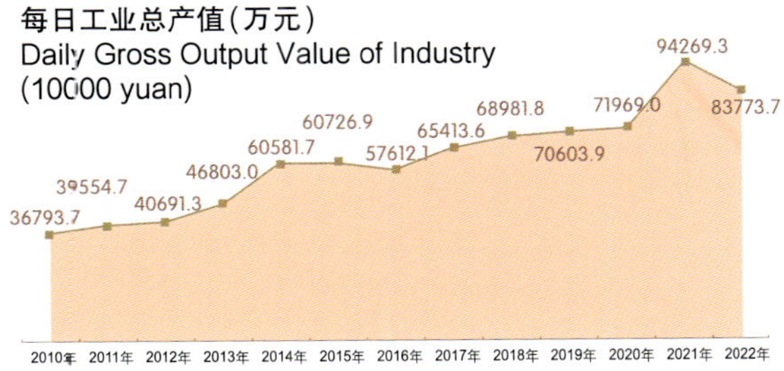

区级一般公共预算收入与支出（亿元）
Local Public Budget Revenue and Expenditure (100 million yuan)

海淀区地区生产总值三次产业构成图
Gross Domestic Product of Haidian

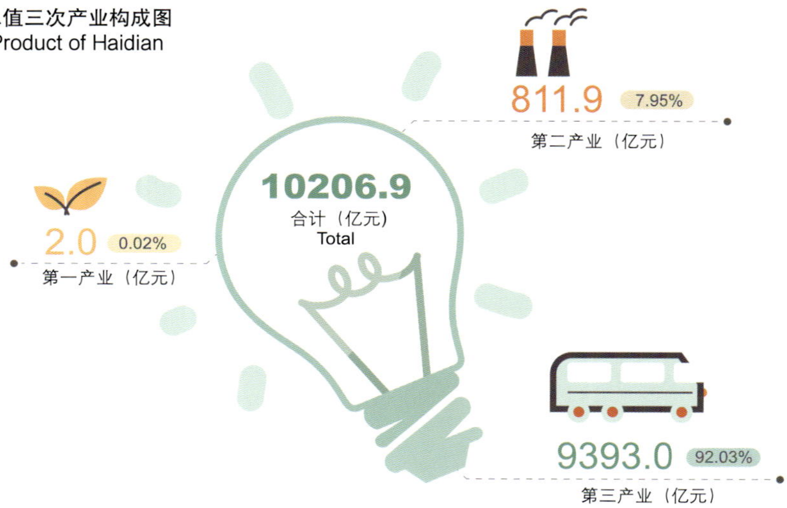

海淀区分行业增加值构成图(亿元)
Distinguish Between Haidian Industry Added Value Proportion Chart (100 million yuan)

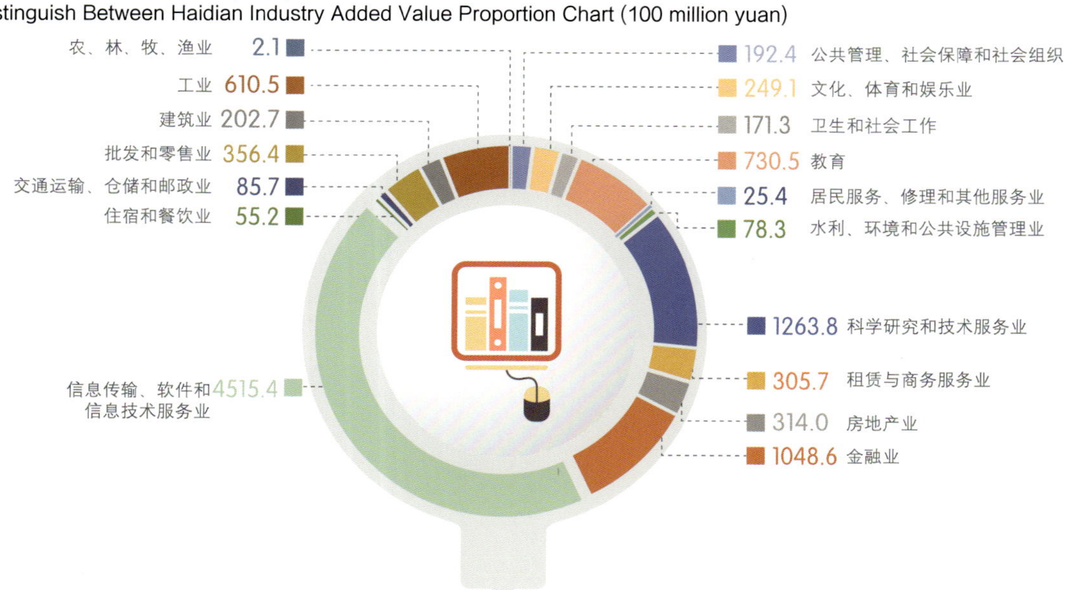

人均地区生产总值（美元）
Per Capita Gross Domestic Product (dollar)

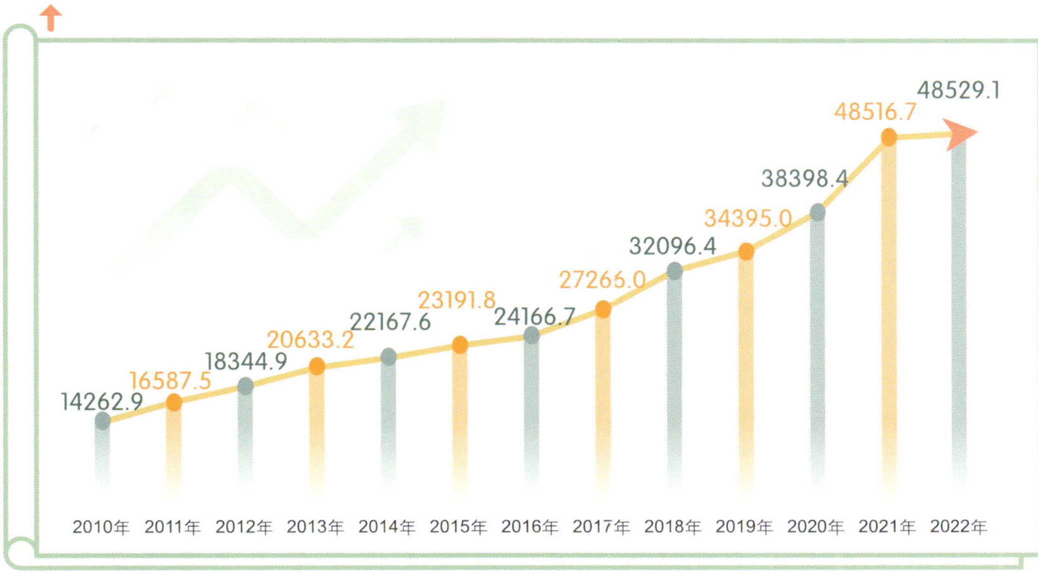

社会消费品零售总额（亿元）
Total Retail Sales of Consumer Goods(100 million yuan)

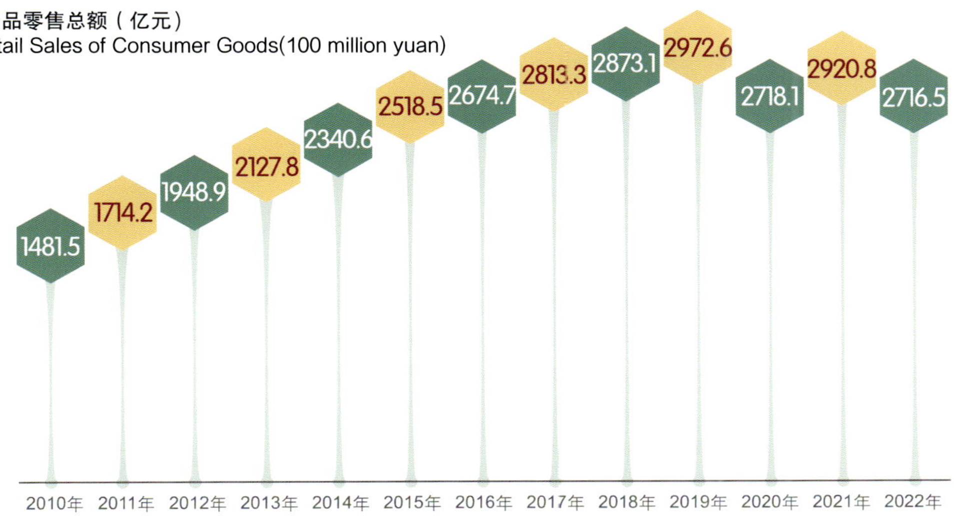

固定资产投资（不含农户）增速（%）
Speed of Investment in Fixed Assets(%)

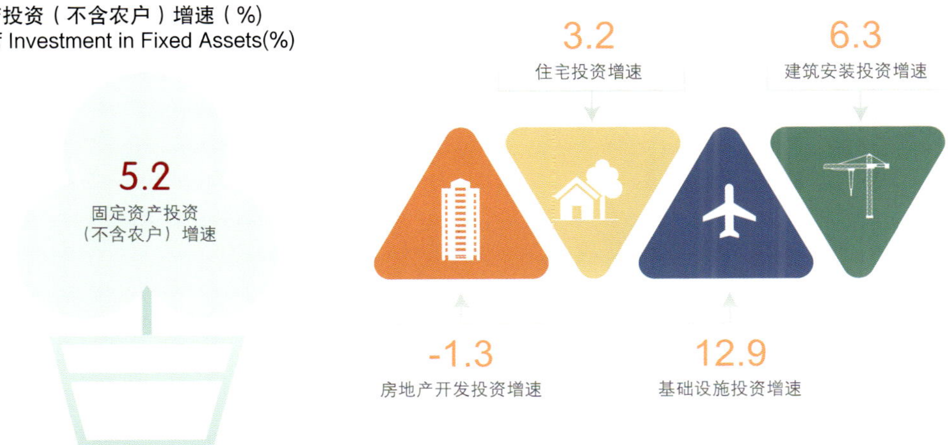

2010—2022年全区居民家庭人均可支配收入及增速(元、%)
2010—2022 Per Capita Annual Income of Total Households (yuan,%)

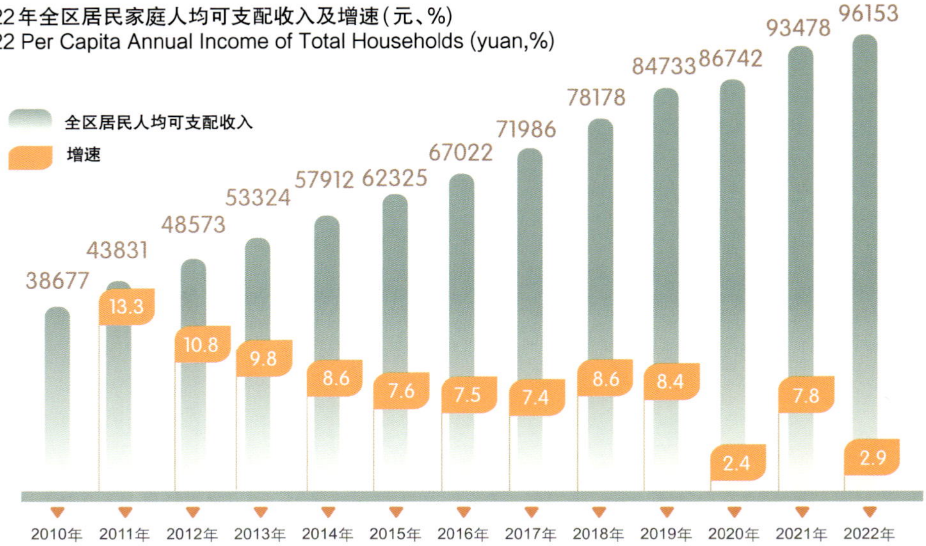

2022年全区居民家庭人均可支配收入构成(元、%)
2022 Per Capita Annual Income Composition of Total Households (yuan, %)

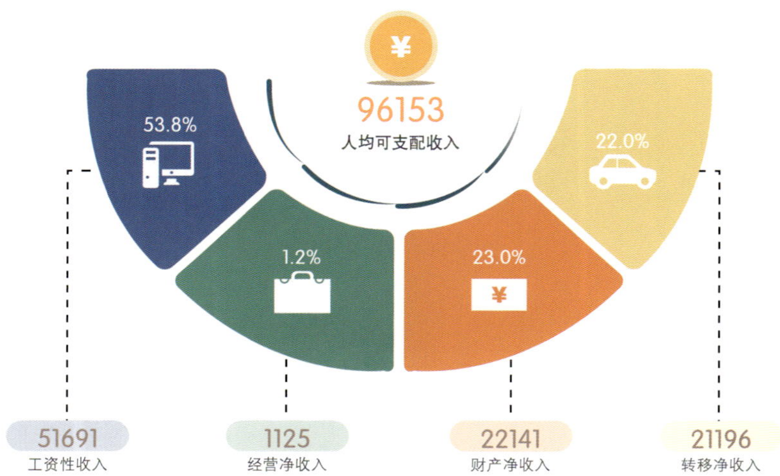

2010—2022年全区居民家庭人均消费支出及增速(元、%)
2010—2022 Per Capita Annual Expenditures of Total Households (yuan,%)

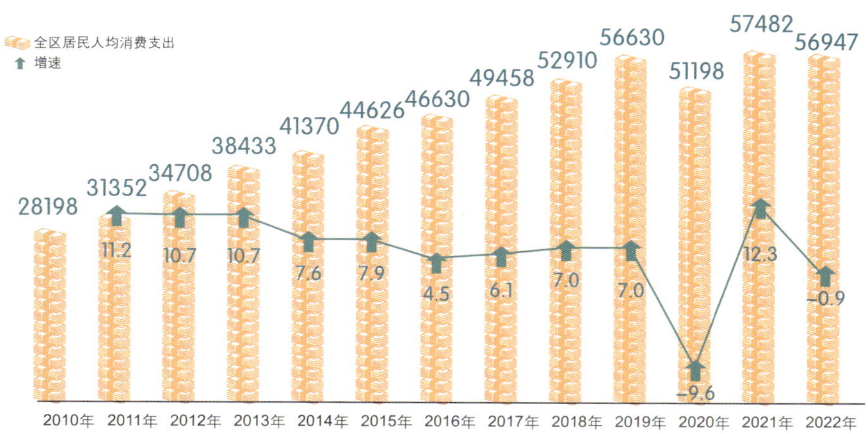

2022年全区居民家庭人均消费支出构成及占比(元、%)
2022 Per Capita Annual Expenditures Composition of Total Households(yuan, %)

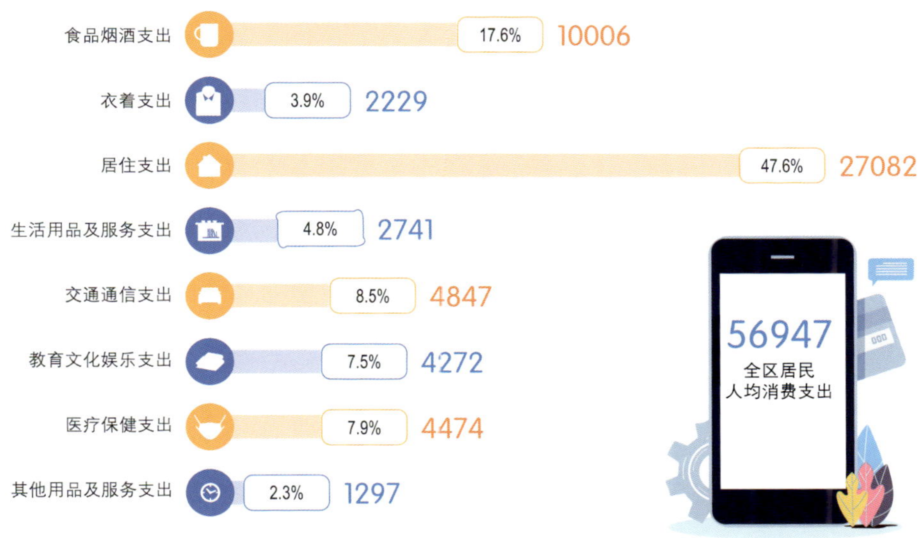

2022年全区居民家庭每百户主要耐用消费品拥有量
2022 Number of Main Durable Consumer Goods Per 100 Total Households

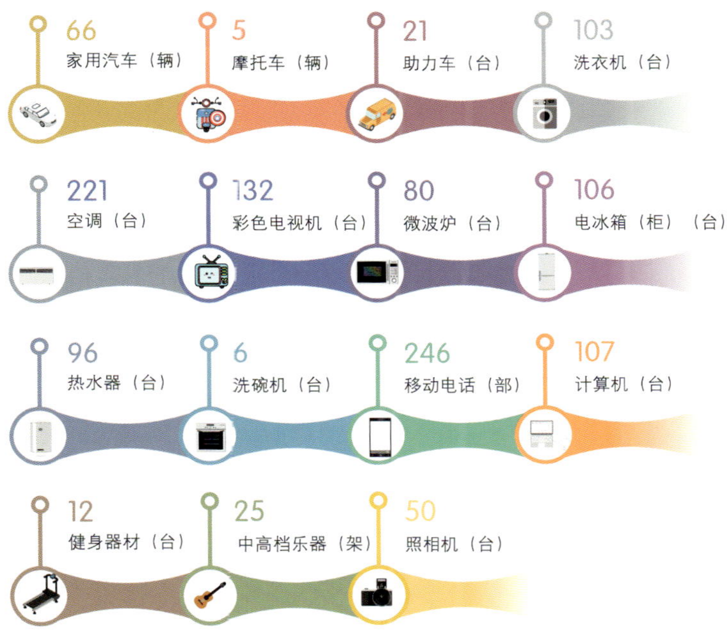

海淀区专利授权数（个）
Grants for Patents (unit)

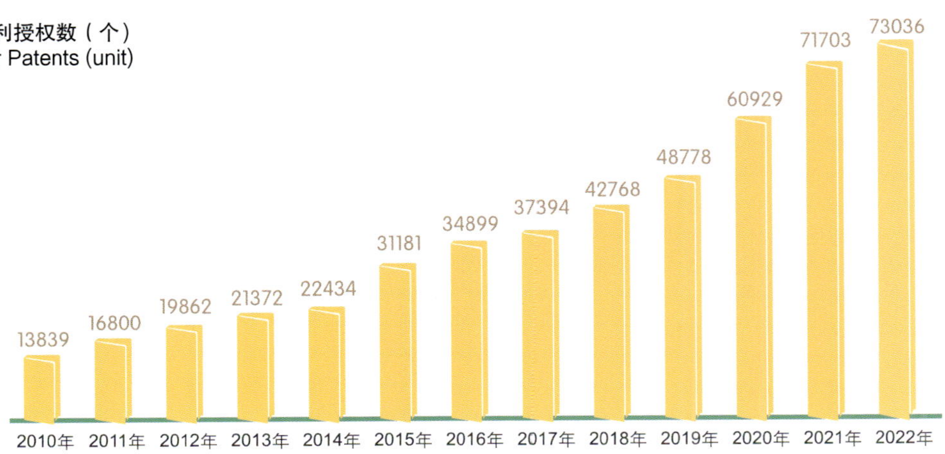

高新技术企业数（家）
Number of High-tech Enterprises of Haidian (unit)

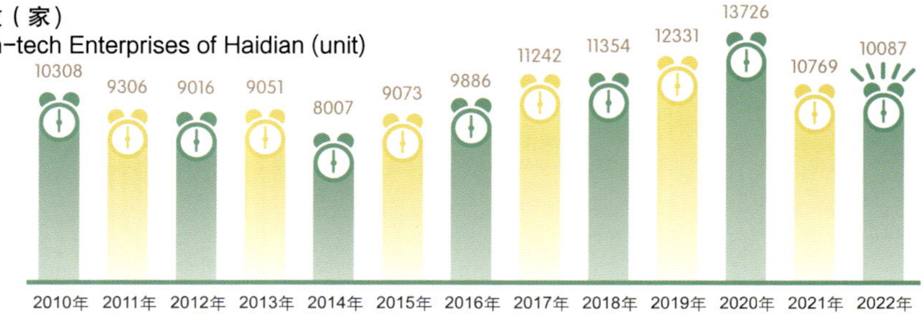

高新技术企业总收入（亿元）
Total Income of High-tech Enterprises (100 million yuan)

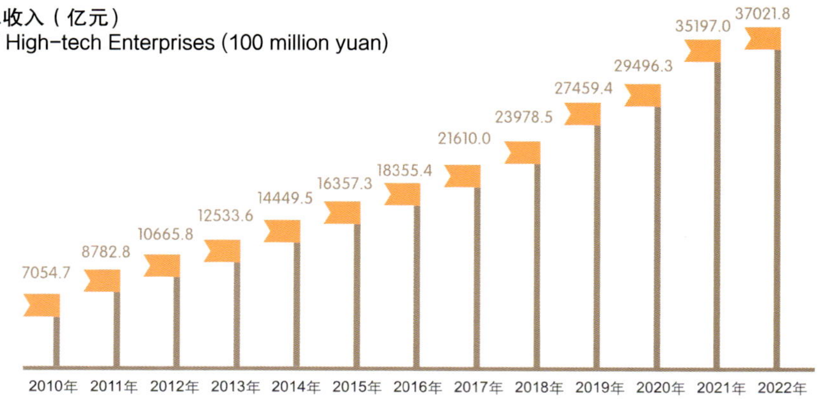

按收入规模划分的高新技术企业总收入（亿元）
The Total Income of High-tech Enterprises Grouped by Income Scale (100 million yuan)

	≥10亿元	1亿—10亿元	500万—1亿元	100万—500万元	50万—100万元
企业数	281	1326	4576	2044	496
总收入	31948.0	3713.3	1300.7	55.2	3.7

高新技术企业从业人员文化程度（人）
Literacy Degree Employed Persons of High-tech Enterprises (person)

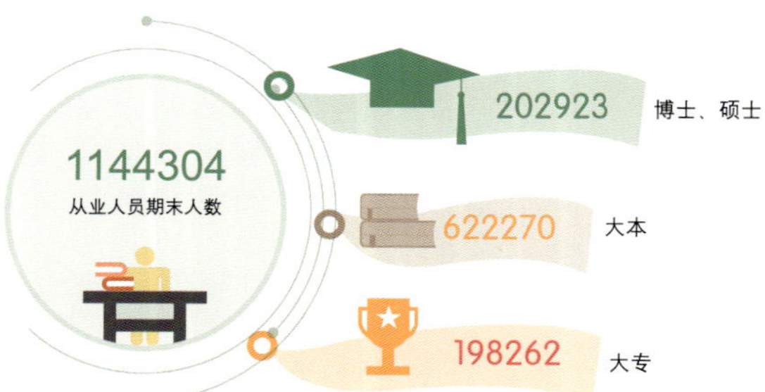

文化相关产业收入（亿元）
Cultural and Related Industry Income (100 million yuan)

信息传输、软件和信息技术服务业收入（亿元）
Information Transmission, Software and Information Technology Services Business Revenue (100 milion yuan)

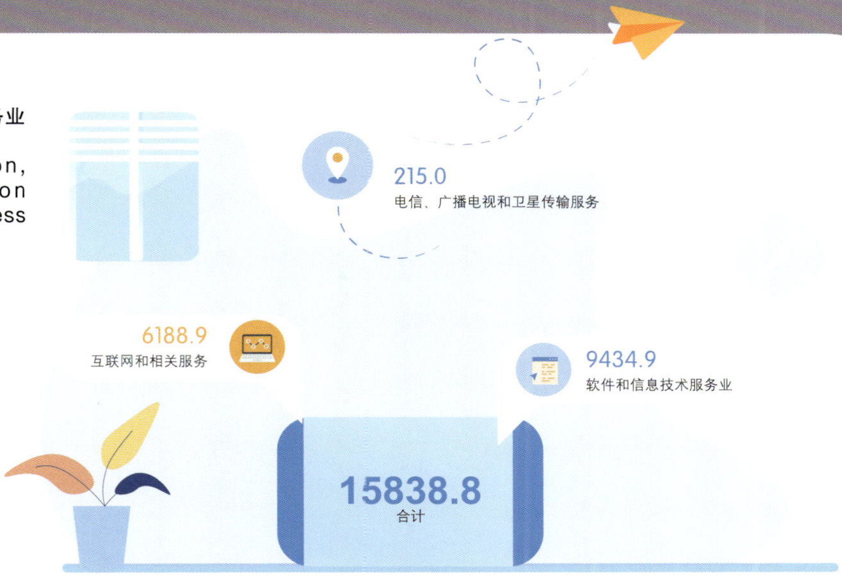

环境治理能力
Environment Management

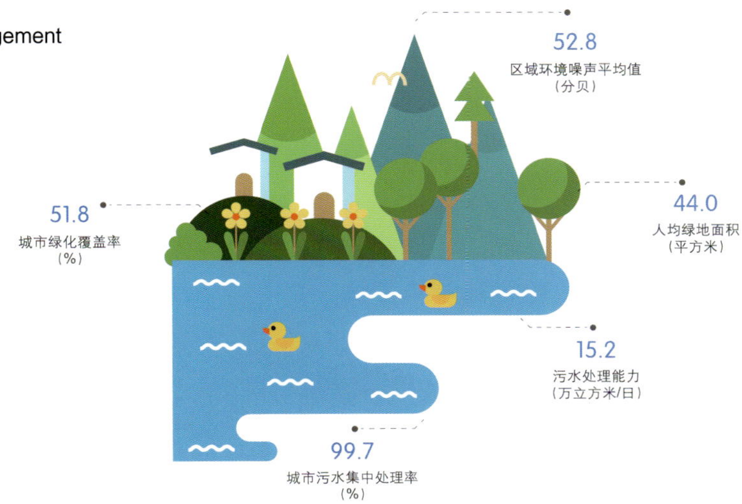

主要污染物排放量
Emission of Main Pollution

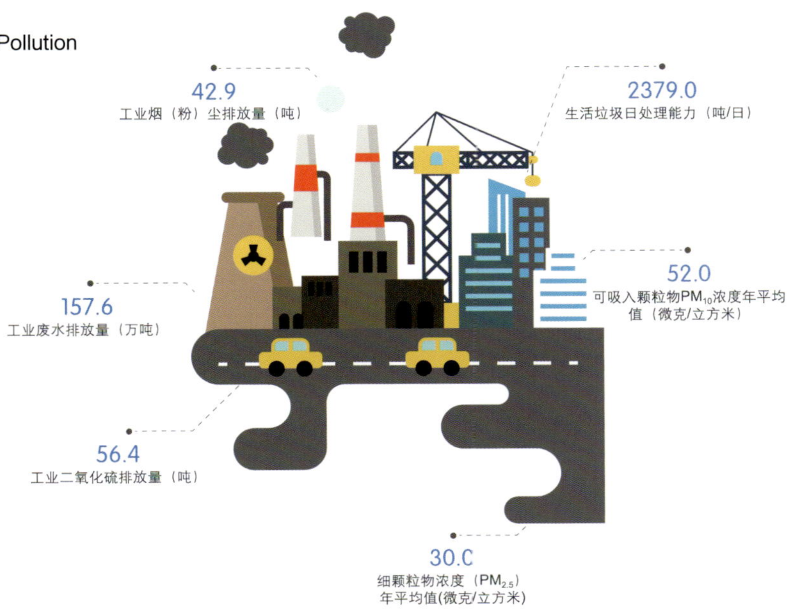

普通中小学在校学生数（万人）
Number of Students of Regular Secondary and Primary Schools (10000 persons)

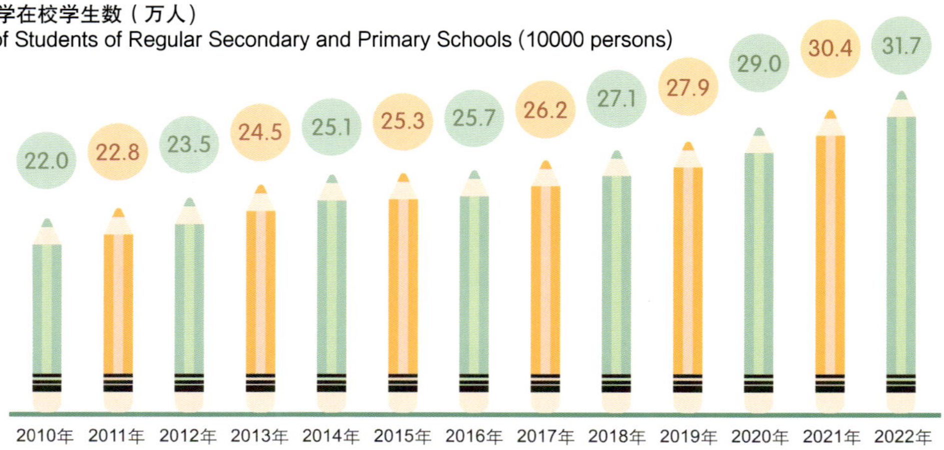

中小学学校数（个）
Number of Secondary and Primary Schools (unit)

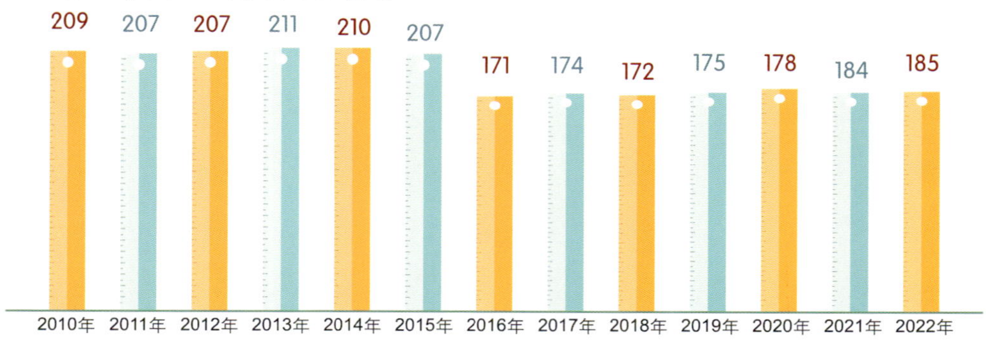

中小学毕业生数（万人）
Number of Graduates of Secondary and Primary Schools (10000 persons)

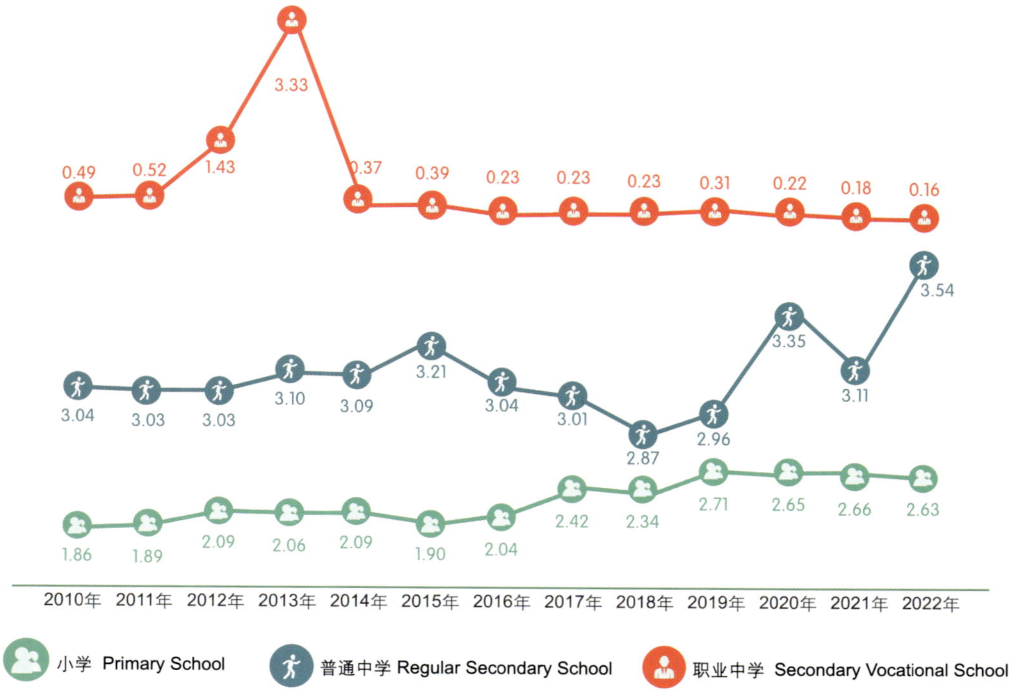

辖区面积：430.77平方千米

年末户籍人口：245.5万人

年末常住人口：312.4万人

地区生产总值：10206.9亿元

地区生产总值同比增长：3.5%

第一产业实现增加值：2.0亿元

第二产业实现增加值：811.9亿元

第三产业实现增加值：9393.0亿元

规模以上工业企业总产值：3057.7亿元

农村经济总收入：1427814.0万元

区域财政收入：490.5亿元

社会消费品零售总额：2716.5亿元

海关进出口总额：477.2亿美元

实际利用外资额：63.7亿美元

合同外资额：53.3亿美元

全区居民人均可支配收入：96153元

全区居民人均消费支出：56947元

人均绿地面积：44平方米

高新技术企业总收入：37021.8亿元

专利授权数：73036件

技术合同成交金额：3380.4亿元

高考本科录取率：92.0%

幼儿园数：225所

小学学校数：90所

普通中学学校数：87所

中等职业学校数：8所

卫生机构：1395个

每千人拥有医院床位数：4.3张

城乡居民养老保险人数：32500人

地区售电量：1799058.6万千瓦时

地区总用水量：3.2亿立方米

银行人民币存款：42747.8亿元

银行人民币贷款：13058.4亿元

银行个人存款：9042.9亿元

房屋施工面积：951.7万平方米

房屋竣工面积：154.6万平方米

商品房销售面积：82.7万平方米

私人汽车：869569辆

科学技术支出：404687万元

教育支出：1456410万元

万元地区生产总值能耗：0.0739吨标准煤

农村观光园数：84个

党的二十大精神学习宣讲

10月16日，党的二十大在北京开幕。全区各单位、各部门分别集体收听收看大会开幕式。图为区四套班子领导在主会场集体收听收看

（区融媒体中心 供图）

10月27日，海淀区“党代表传递党的二十大好声音”系列活动在北京市党员教育现场教学点中关村村史馆启动

（李启晗 摄）

10月27日，海淀统一战线学习宣传贯彻党的二十大精神动员部署会召开 （区融媒体中心 供图）

10月28日，海淀区“学习贯彻党的二十大精神‘十百千万’云端党课”活动启动 （区委党校 供图）

11月9日，区直机关工委举办“学习贯彻二十大精神 昂首阔步新征程前列”知识竞赛

（周志强 摄）

11月14日，北京市学习贯彻党的二十大精神宣讲团海淀报告会举行

（区融媒体中心 供图）

党的二十大精神学习宣讲

11月至年底，全区各系统、各单位采取线上线下相结合的方式，开展党代表宣讲、主题党日活动、报告会、讲座、参观展览、学习原文等形式多样的党的二十大精神学习宣讲活动

（区融媒体中心　“北京海淀”微信公众号 供图）

北京冬奥会冬残奥会赛事及服务保障

1月4日，海淀冬奥情暨2022年“海之春”新春文化季启动仪式在海淀公园举行　（周延仓 摄）

1月，冬奥会和冬残奥会海淀城市景观一角（《海淀报》供图）

2月4日，颐和园冬奥会火炬传递活动举行，图为第一棒火炬手、乒乓球运动员、世界冠军丁宁（张洪军 摄）

北京冬奥会冬残奥会赛事及服务保障

2月4日晚，驻区单位北京交通大学附小学生（前排左五）在冬奥会开幕式上领唱主题歌《雪花》
（区教委 供图）

2月5日，由驻区高校北京体育大学学生组成的中国短道速滑队夺得冬奥会短道速滑混合团体接力金牌，为中国冬奥会史上首枚短道速滑混合接力金牌 （刘平 摄）

2月16日，海淀供电公司场馆保障团队对首都体育馆开展测温测负荷工作
（王洋 摄）

2月20日晚，驻区企业利亚德集团自主研发的1万平方米超大地面显示屏应用于冬奥会闭幕式

（利亚德集团 供图）

3月2日，冬残奥会火炬“光明之火”火种采集仪式在驻区单位北京市盲人学校举行 （张洪军 摄）

三山五园国家文物保护利用示范区创建

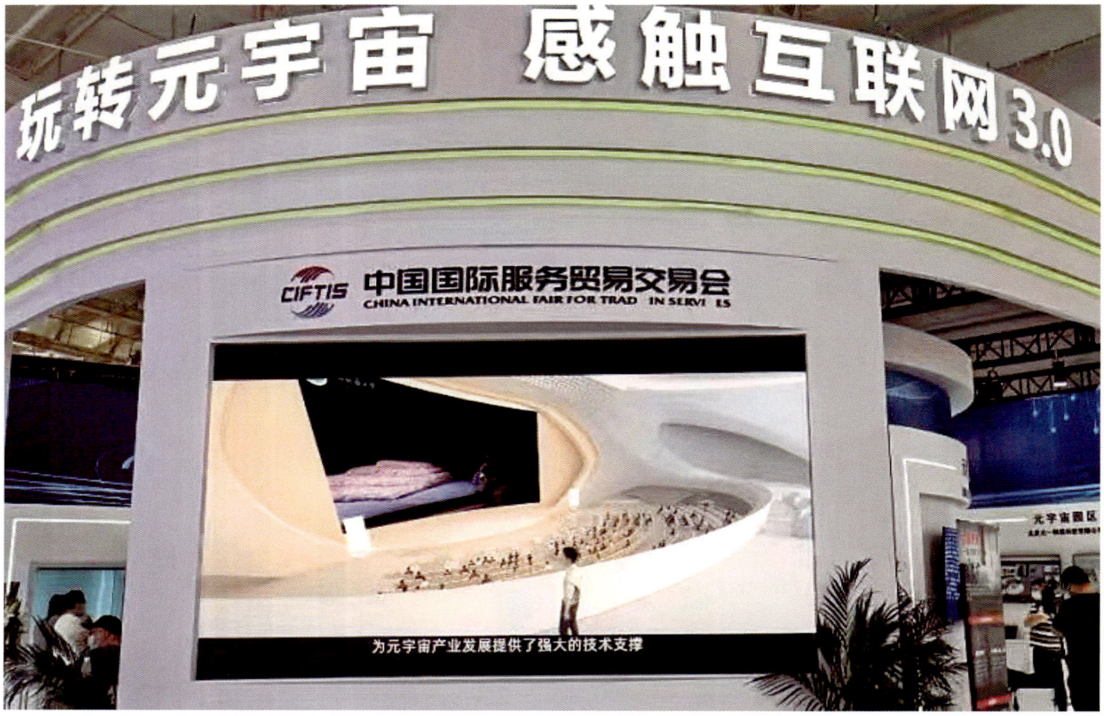

8月31日至9月5日，“海淀文化元宇宙展厅”亮相服贸会 （区文促中心 供图）

10月1日，区领导调研三山五园地区环境整治 （区融媒体中心 供图）

三山五园国家文物保护利用示范区创建

11月，颐和园完成长廊彩画修复实验工程。图为修复后一角

（颐和园 供图）

11月7日，圆明园澹泊宁静遗址考古取得重要成果，发掘出“田字房”和皇家稻田遗址。图为发掘现场

（高玉超 摄）

11月26日，北京纪念《保护世界文化和自然遗产公约》50周年主会场活动在颐和园举行

（颐和园 供图）

三山五园国家文物保护利用示范区创建

年内，颐和园“园说Ⅳ——三山五园文物特展”举办　　（颐和园 供图）

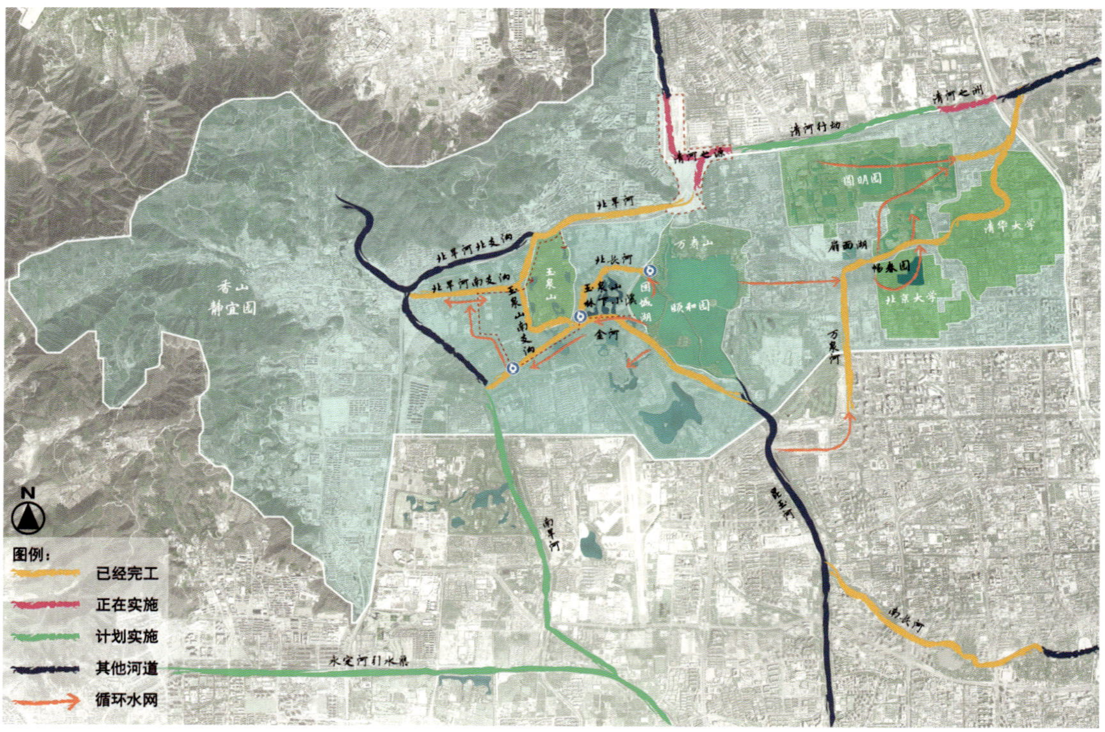

年内，海淀区开展三山五园水系治理工作。图为治理现状图　　（区水务局 供图）

6月21日，中关村科学城重点项目签约，关键核心技术"揭榜挂帅"等三项区级层面落实中关村新一轮先行先试改革配套措施发布
（区融媒体中心 供图）

9月2日，2022年服贸会"海淀之夜"举办，海淀区推进"两区"建设重点项目签约
（区融媒体中心 供图）

9月26日至30日，“智汇·海淀”人才主题周举行，发布实施八项行动举措（区融媒体中心 供图）

9月，翠湖智慧农业创新工场项目（一期）基地10万平方米全部投入生产，每天可供应市场10吨西红柿（区农业农村局 供图）

12月9日，海淀区与内蒙古兴安盟科右前旗东西部协作工作高层互访联席会暨捐赠仪式举行，仪式上向科右前旗捐赠援助资金

（区发展改革委 供图）

12月23日，建设中的中关村东升科技园三期

（中关村东升科技园 供图）

12月23日，2022中关村论坛系列技术交易活动场景发布与供需对接专场举办

（中关村科学城 供图）

民生保障

2月7日，苏家坨集体租赁住房项目结构全面封顶（旭日 摄）

4月25日，区领导检查超市供货情况（张洪军 摄）

5月17日，育新花园老旧小区改造现场，工人们正在进行外墙保温作业（陈芳 摄）

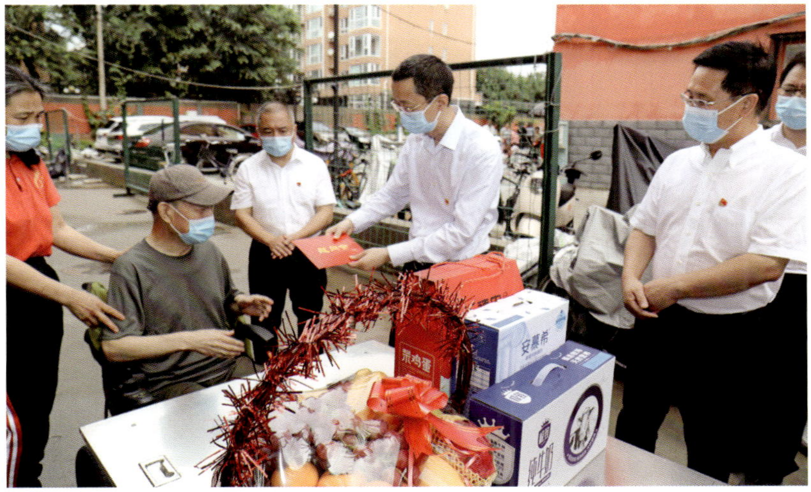

七一前夕，区领导走访慰问困难群众
（区融媒体中心 供图）

8月19日，中关村国际青年艺术季开幕
（区文旅局 供图）

8月29日，首届海淀区公民科学素质大赛决赛举行
（区融媒体中心 供图）

民生保障

9月1日，位于中关村科学城北区的北京市育英学校科学城学校等新建校开学迎新，海淀北部地区规划的25个教育设施项目全部建成，可增加8640个中小学学位、6330个学前学位　（王洁　摄）

9月19日，海淀区“才聚云端”第三季暨“两区”建设领军企业云招聘活动举行　（区融媒体中心　供图）

12月28日，海淀医院新建发热门诊楼正式启用　（郝鹏芳　摄）

总目录

目 录

区情概览

特 载

专 文

大事记

北京冬奥会冬残奥会赛事及服务保障

冬奥会海淀赛事

赛事服务保障

领导调研考察

省部级领导调研考察

市领导调研考察

中共海淀区委

综述

重要会议和活动

组织工作

组织建设

党校工作

区直属机关党建

高新技术企业党建

社会领域党建

老干部工作

宣传工作

统一战线工作

政策研究

网络安全与信息化

机构编制

巡察工作

党史研究

海淀区人民代表大会

综述

重要会议与决议、决定

监督工作

人事任免

视察与调研

人大代表工作

专门委员会工作

海淀区人民政府

综述

政务服务管理

人事人才

外事 港澳事务

信息化城市服务管理

接诉即办工作

信访

重要民生实事

政协海淀区委员会

综述

重要会议

政治协商

视察与监督

参政议政

提案和社情民意信息

专门委员会工作

中共海淀区纪委　海淀区监委

综述

监督执纪

廉政教育

民主党派

中国国民党革命委员会北京市海淀区工作委员会

中国民主同盟北京市海淀区委员会

中国民主建国会北京市海淀区委员会

中国民主促进会北京市海淀区委员会

中国农工民主党北京市海淀区委员会

中国致公党北京市海淀区委员会

九三学社北京市海淀区委员会

台湾民主自治同盟北京市海淀区工作委员会

人民团体

总工会

共青团

妇女联合会

科学技术协会

归国华侨联合会

青年联合会

工商业联合会

法 治

政法委工作

法治政府建设

公安

检察

法院

司法行政

仲裁

军 事

人民武装部

人民防空

中关村科学城

综述

中关村新一轮先行先试改革

高精尖产业

概述

大健康产业

人才建设

交流合作

中关村科学城北区

中关村西区

园区基础设施建设

“两区”建设

科技创新片区

服务业扩大开放综合试点示范区

三山五园建设

三山五园国家文物保护利用示范区创建

“进京赶考之路（北京段）”保护利用

环境建设与修复

文物保护与利用

历史文化研究

经济管理

经济社会发展与综合调控

财政

税务

审计

统计

市场监督管理

中关村海关

区属传统工业管理

农业农村

农业

农村经济

美丽乡村建设

商贸服务业

商业服务业

对外经济贸易

旅游业

综述

旅游景点

旅游设施建设

旅游活动

旅游行业管理

城市建设与管理

规划与自然资源管理

城市建设与房地产业

市政基础设施建设

房屋管理

市容环境

环境卫生

城市管理综合执法

电力供应

气象

应急管理

综述

安全生产监管

应急救援

防灾减灾救灾

防震减灾

消防救援

生态建设

环境保护

园林绿化

水资源保护与管理

交通 邮政 通信

交通管理

交通运输管理

邮政

通信

中国联通北京市分公司

中国移动北京公司城区三分公司

中国电信股份有限公司北京分公司

科 技

综述

科技产业与成果

智慧海淀建设

知识产权保护

教 育

综述

学前教育

基础教育

高等教育

职业教育和继续教育

民办教育

特殊教育

教育督导

“双减”工作

文 化

综述

文化设施

文化产业

区域特色文化

文化活动

文化市场监管

文化遗产保护利用

媒体传播

档案

地方志

文联活动

卫生健康

综述

卫生监督与管理

青少年体育

冰雪运动

体育产业

体育业训

社会建设

精神文明建设

社区建设与管理

社会组织工作

社区工作者队伍建设

社会生活

就业和社会保障

医疗保障

民政事务

退役军人事务管理

居民生活

民族宗教事务

残疾人事业

红十字事业

学院路街道

清河街道

青龙桥街道

香山街道

西三旗街道

马连洼街道

花园路街道

田村路街道

上地街道

曙光街道

燕园街道

统计资料

附 录

索 引

CONTENTS

District Situation Overview

Special Reports

Specialized Documents

Chronology

Beijing Winter Olympics and Winter Paralympics Event and Service Assurance

Leadership Investigation and Inspection

Haidian District Committee of the CPC

People's Congress of Haidian District

People's Government of Haidian District

People's Political Consultative Conference of Haidian District

Commission for Discipline Inspection of the CPC in Haidian District

Democratic Parties

People's Organizations

Rule of Law

Military Affairs

Zhongguancun Science City

Contingency Management

Ecological Construction

Transportation Post Communication

Science and Technology

Education

Culture

Hygiene and Health

Sports

Social Construction

Social Life

Subdistrict Town (Area)

Figures and Honors

Statistical Information

Appendix

Index

区情概览

基本地情

名字由来。据考古发现，距今7000～4000年前，海淀区现辖域已有人类居住和活动。海淀镇一带在古代是一片浅湖区，当地人称之为“海淀”。后来在湖边逐渐形成居民聚落，亦以“海淀”命名。“海淀”在历史文献中亦称为“海甸”“海店”。在现存史料中最早见于元初王恽所撰《中堂事记》(见明叶盛《水东日记》)。

历史沿革与行政区划。历史上海淀区现辖地区没有设置单独的行政建置，分属不同的行政区域。自秦、汉以来，南半部成为历代北京城附廓县辖地；金、元时，一部分地区是金中都、元大都的城区；至近代，大部分成为北京市辖行政区域。北半部历来属于以北京为中心的大行政区的属县（州）。1949年7月，在海淀地区正式设置单一行政区域，称北平市第十六区。后两次更名，于1952年9月1日命名为海淀区。海淀区行政区域经过多次变动，至1963年形成现辖域。2022年，海淀区辖7个镇（地区）、22个街道、53个村委会、601个社区居委会。

位置面积。海淀区位于北京市区西北部，跨北纬39° 53′ 06″～40° 09′ 34″、东经116° 02′ 31″～116° 23′ 17″，面积430.77平方千米，约占北京市总面积的2.62%。东接朝阳区、西城区，南接丰台区，西接石景山区、门头沟区，北接昌平区。地势西高东低，兼有山地、平原。辖域呈不规则平行四边形，南北纵向长于东西横向。从北极点双塔村至南极点吴家场，距离约30千米；从东极点河北村至西极点阳台山，距离约29千米。区人民政府驻海淀区长春桥路17号。

地质地貌。海淀区位于北京市区西北部、华北平原北部边缘与太行山余脉西山山脉交会地带，大地构造处于阴山东西向复杂构造带南缘、祁吕贺兰山字形构造东翼反射弧与新华夏构造带三构造交接部位，西部山区为北京西山隆起带，东部平原为北京平原沉降带，故地质构造发育、构造形迹复杂。西部属中山（海拔500～1000米的山）山区边缘，东部为冲积扇平原，局部为平原洼地，地势西高东低。西部、中部为海拔100米以上的山地，面积约占辖区总面积的16.4%。有大、小山峰60余座，最高峰为阳台山，海拔1278米，山系多呈南北走向。香山以南、以东诸山海拔在200～600米，大体为东西走向，横亘于中部，成为辖域南、北两部分的天然分界，习称南半部为“山前”、北半部为“山后”。东部、南部和北部为海拔100米以下、向东微倾斜的平原，面积约占辖区总面积的83.6%。山前平原为永定河冲洪积扇，山后平原为南沙河、南口冲洪积扇。东北部的黑泉村，海拔35米，为最低处。有河流35条，总长204.7千米；河道一部分为自然形成，后经人工改造；一部分属于人工开挖。

气候水文。海淀区地处暖温带半湿润半干旱大陆性季风气候区，春季风大，夏季炎热，秋季凉爽，冬季寒冷。根据海淀国家气象观测站数据统计，2022年全区年平均气温13.1℃，与常年（13.1℃）同期持平，接近上年（13.2℃）同期。年极端最高气温39.2℃，出现在6月25日；年极端最低气温-11.7℃，出现在12月23日。年降水量512.9毫米，较常年（586.3毫米）偏少73.4毫米，比上年（1255.3毫米）偏少742.4毫米。年日照时数2414.1小时，接近常年（2350.3小时）。

自然资源。海淀区新水计划指标32189万立方米，实际使用新水27674.36万立方米，结余4514.64万立方米。其中，区管21651.22万立方米，包含农业用水量437.11万立方米，工业及建筑业用水量860.44万立方米，公共服务5467.62万立方米，环境卫生1813.78万立方米，居民家庭生活13072.27万立方米。全区城市污水处理率为99.7%，比上年提高0.2个百分点。城市绿化覆盖率为51.79%，比上年提高0.42个百分点，全区人均公园绿地面积为14.88平方米，比上年增加0.25平方米。矿产资源有煤、泥炭、砖用黏土及砖用页岩、建筑砂、砂砾石、制灰灰岩、花岗岩、石墨、矿泉水等。2016年，除矿泉水开采和地热利用外，所有固体矿产开发开采全部停止。有野生植物120科421属755种，其中国家二级保护植物4种，北京市重点二级植物29种。有陆生野生动物资源28目80科403种，其中国家重点保护野生动物81种，北京市重点野生动物28种。

人文历史。海淀区地处北京市的“上风上水”。有“三山五园”等中国古代皇家园林，自清康熙年间（1662—1722）起，皇帝每年有很多时日住在西郊御苑处理政务，这里成为紫禁城外又一政务中枢，是中华民族悠久历史文化遗产的重要组成部分。有为皇家建筑做出重要贡献的建筑世家“样式雷”，近代教育家英敛之、熊希龄、李石曾等；有曹雪芹、纳兰性德、顾太清等文人墨客；有双清别墅、孙中山纪念堂、李大钊烈士陵园等独具红色文化价值的纪念性文物。中华人民共和国成立前夕，中共中央和中国人民解放军总部从河北省西柏坡进驻香山，筹备建立中华人民共和国。一部分中央党政机关、解放军总部驻在海淀区，一些具有重大历史意义的会议在此召开。1949年后，海淀区逐步发展成为全国著名的文化教育中心、科研基地。2022年，有不可移动文物328处，其中全国重点文物保护单位22处、北京市级文物保护单位29处、区级文物保护单位101处、文物普查登记项目176处。在海淀区域内工作或居住的两院院士达636名，其中中国科学院院士351名、中国工程院院士285名。海淀区域内两院院士数占全国两院院士总数的35%；占北京市两院院士总数的76.72%。2022年，全区常住人口312.4万人，比上年末减少0.6万人。其中，常住外来人口105.9万人，占常住人口的比重为33.9%。常住人口出生率4.83‰，死亡率4.43‰。自然增长率0.40‰。年末全区户籍人口245.5万人，比上年末增加1.4万人。

北京冬奥会冬残奥会赛事服务保障

海淀区域内首都体育馆、五棵松体育中心承办北京冬奥会花样滑冰、短道速滑、冰球项目赛事，共举办41场比赛。根据区委、区政府统一部署，构建“一办一中心十六组”运行保障指挥体系，承担赛事监控、运行调度、对外联络等职能。围绕“三区三线两场馆多点”①涉及的117个保障点位，调度全区各工作组做好赛时新冠肺炎疫情防控、住宿餐饮、交通接驳、安全保卫、外围保障等各项服务。细化16类127项重点任务，对接24家酒店、16个工作组、27个街镇，调度连线118次，及时稳妥处置各类应急突发情况。完成北京冬奥会火炬接力涉海淀区任务198项。完成北京冬残奥会“光明之火”火种采集、火炬传递涉海淀区任务83项。赛会期间，选派149名干部加入场馆运行团队，投入安保、应急力量89万人次。海淀区圆满完成北京冬奥会和冬残奥会各项保障任务，1个集体、1名个人获国务院表彰，20个集体、69名个人获北京冬奥会和冬残奥会组委会表彰。

经济高质量发展

2022年，实现地区生产总值10206.9亿元，海淀区成为全国第二个经济总量破万亿元的市辖区、全国第一个破万亿元的地市级区县。按不变价格计算，比上年增长3.5%。分产业看，第一产业实现增加值2.0亿元，增长7.8%；第二产业实现增加值811.9亿元，下降2.9%；第三产业实现增加值9393.0亿元，增长4.1%。三次产业构成为0.02：7.95：92.03。区级公共预算收入完成490.5亿元，增长0.1%；增值税109.9亿元，下降28.1%；企业所得税127.3亿元，增长17.2%。全区各类金融机构达3097家，其中银行746家、保险机构324家、证券机构134家。年末，全区中资银行人民币存款余额42747.8亿元，其中个人存款11413.1亿元。人民币贷款余额13058.4亿元，其中短期贷款3675.8亿元、中长期贷款9130.0亿元。

全年居民人均可支配收入96153元，比上年增长2.9%。居民人均消费支出56947元，比上年下降0.9%。全区农业实现总收入10541.0万元，比上年增长9.4%。乡村旅游接待21.0万人次，比上年下降27.3%；实现总收入4764.4万元，比上年下降21.4%。规模以上工业企业实现工业总产值3057.7亿元，比上年下降11.1%。其中，计算机、通信和其他电子设备制造业实现产值1887.1亿元，比上年下降18.8%。高技术制造业实现产值2241.6亿元，比上年下降16.2%。全区具有资质等级的总承包和专业承包建筑业企业完成建筑业总产值1544.1亿元，比上年增长7.5%。其中，在本市完成产值586.5亿元，比上年增长15.9%。实现竣工产值686.9亿元，比上年下降7.1%。固定资产投资（不含农户）比上年增长5.2%。按产业分，第二产业投资增长149.4%；第三产业投资增长2.9%，其中信息传输、软件和信息技术服务业增长3.9%。房地产开发投资比上年下降1.3%。全区房屋施工面积951.7万平方米，比上年末下降12.4%，其中，新开工面积134.1万平方米，比上年增长4.7%。房屋竣工面积154.6万平方米，比上年下降49.3%。商品房销售面积82.7万平方米，比上年下降17.7%。

国际消费中心城市加快培育。优化商圈布局，7个现有商圈和西北旺、永丰2个待培育商圈纳入全市重点商圈名录。加快推进五棵松商圈数字化建设，华熙LIVE成为多元业态网红打卡地，开创“沉浸式”互动体验商业模式。发展首店经济，引入各类首店31家。

实现社会消费品零售总额2716.5亿元，比上年下降7.0%。按消费形态分，餐饮收入162.5亿元，比上年下降13.3%；商品零售2544.1亿元，比上年下降6.6%。全区进出口总额477.2亿美元，比上年下降2.7%。其中进出额258.7亿美元，比上年下降1.8%；出口额218.5亿美元，比上年下降3.8%。

落实国家和北京市各项稳增长政策，出台支持中小微企业恢复发展22条措施等“一揽子”区级政策，新增减税降费及退税缓税缓费近500亿元，为中小微企业减免租金12.8亿元。区级财金协同平台向731家中小微企业发放贷款34.64亿元，降低企业融资成本5668.68万元。搭建“创融海淀”政金企对接平台，助力1.43万家企业借贷405亿元。开展企业大走访，落实“服务包”、服务管家制度，

① “三区”，分别是首都体育馆场馆群区域、五棵松体育中心区域、清河高铁站区域。“三线”，分别是场馆联络线（驻地至训练馆、驻地至赛场、各赛场间）、进京通道线（京张高铁、京藏高速、京新高速）、火炬接力传递线（颐和园和北京盲人学校）。“两场馆”，分别是首都体育馆、五棵松体育中心。“多点”，分别是24家酒店、14家定点医疗机构、9个文化设施、31所高校、7家餐饮食材公司、24个其他外围保障场所。

协调解决企业诉求3156项。

科技创新发展

中关村新一轮先行先试改革措施落地。围绕人工智能、集成电路、互联网3.0等重点领域发布45个攻关方向，支持关键核心技术“揭榜挂帅”、科技应用场景建设、科技成果先使用后付费等一批重大项目和改革案例落地。华为、联想等15家领军企业与19家企业签署技术集成采购协议。北京银行等5家金融机构发布7项科技金融创新产品。支持小米牵头组建3C智能制造创新联合体、筹建人形机器人创新联合体。推动人才支持类改革措施落地实施，教育部向12所高校下达与新型研发机构联合培养博士研究生专项指标173个；外国人出入境服务厅建成投用，实现外籍人才工作许可和居留许可“两证联办”。聚焦工业互联网、智慧医疗等领域落地5G应用项目15个；率先施行科技型中小企业研发费用加计扣除、企业基础研究支出加计扣除、上市高新技术企业股权激励分期纳税政策，切实减轻创新主体税收负担。

原始创新策源功能增强。全区专利授权量为7.3万件，比上年增长1.9%。其中，发明专利授权量为4.3万件，增长7.4%。全年登记技术合同6.2万项，技术合同成交总额3380.4亿元，增长15.7%。全力服务保障国家实验室和启元实验室建设，国家实验室起步区实现入驻办公，启元实验室科研条件平台一期建设完成。持续支持新型研发机构发展，智源、微芯分别发布智算平台“九鼎”“天宝1.0”，大规模对等网络通信技术“若水”，北京量子信息科学研究院量子通信样机直通距离创世界纪录，京津冀国家技术创新中心34个项目完成立项，新挖掘项目122个，新落地企业6家，自主培育企业新增融资约10.66亿元。海淀区97个项目分别获2021年度北京自然科学奖、北京技术发明奖与北京科技进步奖，占北京市项目奖获奖总数的50.7%。以自然科学基金助力企业破解基础科学问题，北京市自然科学基金—海淀原始创新联合基金总规模达7000万元，科技成果转化支持能力不断增强。在人工智能等11个前沿领域布局，支持底层技术创新。全国首个临床医学概念验证中心——中关村科学城—北京大学第三医院临床医学概念验证中心揭牌运行。继续实施研发投入倍增计划，科技企业研发费用2751亿元，比上年增长15%。

现代产业体系加快构建。推进数字经济创新发展三年行动计划15项配套任务，新增国家级“专精特新”小巨人企业148家，累计265家。高新技术企业收入3.8万亿元，比上年增长7.5%。信息传输、软件和信息技术服务业收入1.6万亿元，比上年增长12%。推动高精尖产业项目落地，动态跟踪重点项目721个，新增签约项目54个。拓展大信息产业集群优势，在互联网3.0、区块链、RISC-V等新兴领域加快布局，提升人工智能、集成电路、基础软件企业核心竞争力，支持建设超大规模人工智能模型训练平台和区块链先进算力实验平台，加速研发集成电路IP核，加快推进自主可控软件创新中心和国家网络安全产业园建设。加快大健康产业发展，支持高端医疗器械、创新药物、智能医疗研发，7家企业医疗器械产品获批上市，罗森博特、爱霖医疗等产品进入国家创新器械创新通道。依托国际氢能中心建设，支持开展氢燃料电池汽车示范应用。依托智能网联汽车产业前沿技术创新中心，搭建智能网联汽车协同创新平台。建设时空信息质量基础设施“一站式”服务平台，质量强国建设工作获国务院通报表扬。

创新生态优化升级。推广中关村东升科技园“精耕细作”运营模式。不断优化知识产权环境，设立规模1000万元的知识产权运营担保基金，海淀区获批国家知识产权强市建设示范城市，成为全国首批知识产权服务出口基地、首批商业秘密保护创新试点地区。鼓励支持字节、快手、百度、小米等头部平台企业持续健康发展；创新网络市场监管服务模式，获批创建全国首批网络市场监管与服务示范区；以“集群注册”方式为互联网直播服务主播办理市场主体登记。中关村科创金融服务中心揭牌，为科创企业提供并购贷款、科技人才贷、认股权贷款等服务；获股权投资企业511家次，获投金额490.77亿元。新增上市企业19家，上市企业达268家，数量稳居全国地级市（区）之首。园区博士后分站新增设站25家，总数达112家。“双创”示范基地建设连续6年获国务院通报表扬。

“两区”建设。华峰测控、拓尔思等54个项目落地。实际利用外资63.7亿美元，增长2.1%，全市占比37.1%。出口额1500亿元，比上年增长2.2%，全市占比26%。促进全产业链制度型开放，形成制度创新案例21个。新增项目666个，其中外资项目125个。推动中关村综保区报批工作，研究制定规划建设方案。推动数字贸易港建设，全面梳理项目清单和诉求清单。落实外债便利化试点政策，为53家企业办理外债便利化业务，涉及金额42亿美元。推动招商银行海淀支行开展本外币合一银行结算账户试点。

城市建设与管理

规划编制实施。西北旺HD00-0411街区控规和树村地区HD00-0704、0705街区控规已报至市政府，中关村科学城北区HD00-0115等十个街区的控规已完成区级部门意见征求、公示采信工作，上庄镇HD00-0205街区控规已形成初步成果。

严格落实三山五园地区整体保护规划，六郎庄、青龙桥古镇规划研究加快推进，三山五园艺术中心主体结构封顶，中关村论坛永久会址项目加快建设，启动挂甲屯腾退，完成福缘门搬迁腾退和园外园生态环境提升四期、五期工程。发挥街镇责任规划师作用，17个小微空间改造提升稳步推进，中关村众享荟等一批亮点项目建设完成。深化“村地区管”，严格农村宅基地和房屋建设管理。

“疏整促”专项行动。疏解一般制造业、推动先进制造业绿色智能化发展，调整退出2家生产企业，6家企业完成绿色化、智能化改造。提升城市环境，“拆、腾、绿”一体化推进，拆除违法建设214.7万平方米，腾退土地212.9公顷，“基本无违法建设区”成功创建。大力度美化拓展城市空间，清河滨水绿廊建设加快实施，京张铁路遗址公园一期基本完工；“揭网见绿”597.24公顷；完成88条背街小巷环境精细化整治提升任务；开墙打洞、占道经营等问题保持“动态清零”。

生态环境建设。细颗粒物（$PM_{2.5}$）年均浓度30微克/立方米，下降9.1%;二氧化琉（SO_2）、二氧化氮（NO_2）和可吸入颗粒物（PM_{10}）年均浓度分别为2微克/立方米、28微克/立方米和52微克/立方米。持续实施“水清岸绿”行动计划，治理河道23.22千米，建成滨水慢行道路34.5千米；水环境质量稳中向好，8个市级地表水考核断面优良比例87.5%。土壤环境质量总体良好，重点建设用地安全利用率95%以上。新增平原造林182.9公顷、城区绿化66.3公顷，新一轮百万亩造林绿化任务按期完成。实施提升农村人居环境建设美丽乡村行动，东马坊、车耳营完成美丽乡村建设，9个村实现主体完工。不断提升垃圾分类管理精细化水平，非居民厨余垃圾规范收运率达91%。

交通综合治理。加快轨道交通建设，地铁12号线正线、13号线B线拆分工程进场施工，昌平线南延一期完成空载试运行，16号线南段实现通车，新增轨道交通里程11千米。10条道路建成投用，新增通车里程9.8千米。打通“断头路”4条，开工建设疏堵工程6处，完成108万平方米道路大中修，优化63个点位交通组织，103个路口信号灯完成升级改造。长8.6千米的自行车专用道南展一期工程全线贯通，完成66条77千米道路慢行系统提升。挖潜新增停车位6579个，重点区域停车难有效缓解。持续开展共享单车秩序治理，加快推动电子围栏设置。

协同发展。坚持市域、环京、结对地区协作一体推进，推荐5个高精尖项目落地北京城市副中心，首师大附中通州校区基本建成，人大附中通州校区建设有序推进；支持26家企业使用怀柔科学城大科学装置；鼓励驻区企业参与雄安新区建设；加大海淀—延庆结对协作力度；深化支援合作，支持项目51个，助力6个结对地区全面推进乡村振兴。

民生保障

围绕“七有”“五性”，办理完成31件区级重要民生实事。

就业社保。实有登记失业人数16137人，其中城镇户籍登记失业人员16062人、农村户籍登记失业人员75人。城镇登记失业率为2.63%；城镇登记失业人员就业率65.4%，比上年提高0.33个百分点。2.2万名户籍登记失业人员实现再就业，海淀区连续9年获评“北京市充分就业区”。参加基本养老、基本医疗、生育、失业和工伤保险人数分别为344.4万人、327.3万人、217.4万人、276.6万人和262.7万人。参加城乡居民养老保险人数3.3万人。全区享受最低生活保障的城市居民63998人次，享受最低生活保障的农村居民为145人次。新建家庭养老照护床位3007张，居家养老服务覆盖面和保障水平全市领先。开展长期护理保险失能和需求评估试点测试。发放城乡低保金、低收入家庭生活补助和特困人员供养金9660万元。

住房保障。保障性住房开工建设4378套，竣工5707套。配租公租房3828套，为10038个租房家庭发放补贴1.42亿元。加快推动北区29万平方米商品房建设。19个老旧小区综合整治加快实施，启动55个小区160.9万平方米整治项目。加快推动交大东路58号院等3处危旧楼房改建和简易楼腾退改造以及功德寺、宝山、双新棚户区改造项目。加装电梯开工304部、完工227部。持续加强新房销售市场监管、房屋出租管理、群租房整治和中介行业监管，房地产市场健康平稳。

教育事业。持续优化学位供给，新增普惠性学前教育学位1350个、中小学学位10040个。推进“公参民”学校规范治理，7所学校“民转公”。不断优化教育资源配置，翠湖小学等9所学校纳入集团化办学模式，上庄中心小学等3所学校纳入十一教育联盟。推进义务教育阶段“双减”工作，课后服务质量持续提升，参加师生比例分别达99%、98%。坚持义务教育免试就近入学，入学方式以多校划片为主。继续实施“成长中的教育家”工程和教育创新人才培育工程，高质量教育人才队伍建设稳步推进。成立家庭教育指导中心，家庭教育指导服务体系更加完善。

公共健康。全区共有卫生机构1395个。加强公共卫生应急管理体系建设三年行动计划圆满收官，重点人群家庭医生签约率90.2%，院前急救呼叫满足率100%。不断完善分级诊疗制度，医联体三级医院全部上线放号，60家基层医疗机构参与预约转诊。严格食品、药品质量安全监管，海淀区获评“国家食品安全示范城市”。新增专项活动场地25处，在全市率先实现“15分钟健身圈”社区全覆盖。

文化建设。三山五园国家文物保护利用示范区建设深入推进，进京赶考第一站——清华园车站修缮工程完工。国家公共文化服务体系示范区建设不断深入，2730场线上线下文化活动惠及群众2375万人次。深化“书香海淀”建设，举办全民阅读活动670余场。规模以上文化产业单位营业收入9960亿元，全市占比55%。区史志办荣获“全国党史和文献部门先进集体”称号，区文化馆入选全国首批十佳民族音乐普及推广中心。

社会治理。坚持民有所呼、我有所应，建立“每月一题”责任制，接诉即办机制更加完善，解决率、满意率分别达92.37%、93.73%。集中攻坚历史遗留房产证办理难问题。持续推进“城市大脑”建设，整合城市管理等各类应用场景55个。加强物业管理，业委会（物管会）组建率、党组织覆盖率、物业服务覆盖率分别达98.73%、100%、97.45%。在农村地区继续试点村庄准物业化管理，并探索建立准入、退出动态调整机制。开展金融风险防控，涉嫌非法集资高风险企业“动态清零”。开展市域社会治理现代化试点建设，群众安全感居全市各区之首；开展“治理重复信访、化解信访积案”专项工作，解决一批群众反映强烈的历史遗留问题。狠抓国务院、市委、市政府安全生产督察反馈问题整改，全面实施安全生产专项整治三年行动计划。

妇女儿童、档案、史志、民族、宗教、侨务、对台、民防、防震减灾、气象、残疾人事业等取得新成效。

深化改革

重点领域改革。巩固街镇行政管理体制改革成果，修订镇级职责清单，各镇依法依规履职能力进一步增强。制定权力清单动态管理制度，行政权力运行更加规范。推进国资国企改革，严格国企违规经营投资责任追究，国资国企监管效能明显提升。健全“过紧日子”长效机制，推进重点领域支出降本增效。设立稳保投资基金，超转保障资金效益有了保障。破解重点项目资金难题，新增政府债券206.82亿元。全国乡村治理体系建设试点示范工作圆满完成。

营商环境改革。统筹推进优化营商环境25项重点行动。深化行政审批制度改革，243个政务服务事项、20个证明类事项实行“告知承诺”，16个集成场景落地实施。加强政务服务体系建设，社区（村）政务服务规范化实现全覆盖。推进“数字政务”建设，区级事项全程网办率100%，609个区块链场景落地。在全国率先应用“长安链”基础平台推进政务服务“跨省通办”，在全市率先完成企业住所标准化“零材料、免填报”登记改革。深化“6+4”一体化综合监管改革，监管能力进一步增强。营商环境考核连续三年全市第一。

党的建设

区委坚持以习近平新时代中国特色社会主义思想为指导，学习宣传贯彻党的二十大精神，深入贯彻习近平总书记对北京一系列重要讲话精神，坚持和捍卫“两个确立”、增强“四个意识”、坚定“四个自信”、做到“两个维护”，全年召开2次区委全会和34次区委常委会会议。以首善标准服务保障党的二十大胜利召开。落实全面从严治党主体责任。区委常委会会议研究党建议题74个，占比50.34%。严格执行重大事项请示报告制度，以区委名义向市委请示报告54件。加强领导班子和干部人才队伍建设，全面贯彻新时代党的建设总要求和新时代党的组织路线，以实施“党建聚力工程”为抓手，以迎接、服务、学习贯彻党的二十大为主线，基层党建突出“创新”，干部、公务员工作突出“重塑”，人才工作突出“引领”，党员工作突出“规范”，为推动海淀高质量发展、率先建成国际一流的中关村科学城提供坚强组织保证和干部人才支撑。推进基层党组织建设，集中整顿“软弱涣散”村，统筹推进机关、国企、学校、公立医院等领域党建工作，实施两新党建“红领”计划，深化新业态新就业群体党建试点。加强班子思想政治建设，带头履行管党治党政治责任。

区纪委区监委认真履行监督执纪执法职责开展37项监督，解决落实中的责任、作风问题，推动全区广大党员干部践行“两个维护”，保障党中央和市委决策部署在海淀落地见效。加强对党委（党组）履行管党治党主体责任情况的政治监督，开展经常性监督检查，及时发现解决问题。做深做实全面从严治党（党建）工作考核，层层压实各级党组织主体责任，抓好党建各项工作任务落实。

（林琳）

特　载

中国共产党北京市海淀区第十三届委员会第四次全体会议决议

中国共产党北京市海淀区第十三届委员会第四次全体会议，于2022年12月29日召开。区委常委会主持会议。全会深入学习贯彻党的二十大和中央经济工作会议精神，认真贯彻落实市第十三次党代会和市委十三届二次全会决策部署，总结2022年工作，研究部署2023年任务。区委书记王合生同志代表区委常委会作工作报告，并作了讲话。全会审议了区委常委会抓党建工作情况报告和全区经济社会发展工作报告。

全会同意区委常委会工作报告，充分肯定了区委常委会2022年工作。一致认为，一年来，在市委坚强领导下，区委常委会坚持以习近平新时代中国特色社会主义思想为指导，认真学习宣传贯彻党的二十大精神，深入贯彻习近平总书记对北京一系列重要讲话精神，全面加强党的领导，全力做好迎接、服务、学习宣传贯彻党的二十大各项工作，圆满完成北京冬奥服务保障，全面落实中关村新一轮先行先试改革，加强“四个中心”功能建设、提高“四个服务”水平，坚持“五子”联动服务和融入新发展格局，持续保障和改善民生，带领全区人民同心抗疫，抵御多轮疫情较严重冲击，着力改善生态环境，提高城市现代化治理水平，加强社会主义民主法治建设，全面深化改革扩大开放，坚决维护首都安全稳定，不断深化全面从严治党，各项事业都取得了新进展新成效。

全会一致认为，学习宣传贯彻党的二十大精神是一项长期政治任务，必须持续推动。要与学习贯彻习近平总书记对北京一系列重要讲话精神紧密结合起来，在全面学习、全面把握、全面落实上下功夫，切实把全区党员干部群众的思想和行动统一到党的二十大精神上来，不断取得新的更大成效。要牢牢把握过去五年工作和新时代十年伟大变革的重大意义，带头坚定捍卫“两个确立”、坚决做到“两个维护”；牢牢把握习近平新时代中国特色社会主义思想的世界观和方法论，坚持用以统一思想、统一意志、统一行动；牢牢把握以中国式现代化全面推进中华民族伟大复兴的使命任务，努力在新征程上一马当先、走在前列；牢牢把握以伟大自我革命引领伟大社会革命的重要要求，自觉扛起全面从严治党政治责任；牢牢把握团结奋斗的时代要求，凝聚起推动新时代首都发展的磅礴力量。

全会指出，2023年是全面贯彻落实党的二十大精神的开局之年，做好各项工作意义重大。工作总要求是，以习近平新时代中国特色社会主义思想为指导，全面贯彻落实党的二十大和中央经济工作会议精神，深入贯彻习近平总书记对北京一系列重要讲话精神，按照市第十三次党代会、市委十三届二次全会和区第十三次党代会部署，扎实推进中国式现代化，坚持稳中求进工作总基调，完整、准确、全面贯彻新发展理念，坚持以新时代首都发展为统领，深入落实人文北京、科技北京、绿色北京战略，深入落实京津冀协同发展战略，坚持“五子”联动服务和融入新发展格局，更好统筹疫情防控和经济社会发展，更好统筹发展和安全，全面深化改革开放，大力提振市场信心，着力推动高质量发展，着力保障和改善民生，有效防范化解重大风险，推动全面从严治党向纵深发展，为首都率先基本实现社会主义现代化开好局起好步贡献海淀力量。

全会强调，做好2023年工作，要把握好坚持稳中求进、保持战略定力、增强系统观念、注重改革创新、守住安全底线等重要原则。

全会要求，要树牢首都意识，优化提升首都功能，坚守首都城市战略定位，更好履行职责和使命。推动高质量发展，当好首都经济“压舱石”，加快建设现代化产业体系，大力发展数字经济，着力扩大内需，统筹城乡区域协调发展，激发市场主体活力，推进高水平对外开放，实现经济质的有效提升和量的合理增长。强化教育科技人才支撑，加快建设中关村科学城，办好人民满意的教育，深入实施创新驱动发展战略，全面增强人才吸引力凝聚力，不断塑造发展新动能。着力增进民生福祉，为群众创造高品质生活，稳步推进共同富裕，持续提高公共服务水平；坚持人民至上、生命至上，进一步做好常态化疫情防控工作，积极回应群众关切，加快推动生产生活秩序恢复和经济社会发展。扎实推进全过程人民民主和法治建设。突出精治共治法治，完善城市治理体系，持续提升城市精细化治理水平。做好宣传思想文化工作，提升文化软实力。统筹好发展和安全，坚决维护首都安全稳定。

全会强调，做好2023年工作，必须保持“赶考”的清醒和坚定，深入推进全面从严治党。要加强党的政治建设，强化思想理论武装，坚持不懈用习近平新时代中国特色社会主义思想武装头脑、指导实践、推动工作。坚持党管干部原则，建设堪当重任的高素质干部队伍。坚持大抓基层鲜明导向，扎实推进基层党组织建设。坚持以严的基调强化正风肃纪，坚决打赢反腐败斗争攻坚战持久战。

全会号召，全区各级党组织、全体党员干部和全区人民要更加紧密地团结在以习近平同志为核心的党中央周围，深入学习宣传贯彻党的二十大精神，踔厉奋发、勇毅前行，扛起“三个走在最前头”的责任使命，深耕试验田、当好排头兵，加快建设现代化强区、高品质海淀，为新时代首都发展作出更大贡献！

政府工作报告（节选）

——2023年1月4日在海淀区第十七届人民代表大会第三次会议上

海淀区人民政府区长　李俊杰

各位代表：

现在，我代表海淀区人民政府，向大会报告政府工作，请予审议，并请区政协各位委员提出意见。

一、2022年工作回顾

一年来，在市委、市政府和区委坚强领导下，在区人大、区政协监督帮助下，我们坚持以习近平新时代中国特色社会主义思想为指导，认真学习宣传贯彻党的二十大精神，深入贯彻习近平总书记对北京重要讲话和对中关村重要指示精神，坚决落实党中央“疫情要防住、经济要稳住、发展要安全”的要求，高效统筹疫情防控和经济社会发展，统筹发展和安全，主动融入新发展格局，全面完成了区十七届人大一次会议确定的各项目标任务，经济社会发展各项事业取得新进展、实现新突破。

——我们忠诚履职、担当实干，党的二十大、冬奥会等重大活动服务保障任务圆满完成，疫情防控科学精准开展。

——我们初心如磐、奋楫笃行，地区生产总值突破万亿，科技创新乘势而上，高质量发展强势推进。

——我们接诉即办、未诉先办，城市更美丽、环境更宜居，人民群众获得感、幸福感、安全感、显著增强。

我们主要做了以下几方面工作。

（一）精益求精，冬奥会、冬残奥会服务保障彰显新作为

尽锐出战、全力以赴，保持最佳状态、落实最严要求，在周到服务、精细保障冬奥盛会中生动诠释“海淀担当”。

组织领导有力度。构建“一办一中心十六组”运行保障指挥体系，建立赛时指挥调度和应急保障机制，一体化统筹、项目化推进、清单化管理，全面做好住宿、餐饮、安保等赛事服务和城市运行保障，出色完成颐和园和盲人学校火炬接力传递、2个场馆41场赛事服务保障任务。

服务保障显温度。选派149名干部加入场馆运行团队，24名处级干部带队组建酒店服务保障团队。投入安保、应急力量89万人次，各类风险隐患成功化解。保障期间24小时不间断接驳抵离，日均派发100余车次。实施环境建设项目23个，布置重点景观19处，市容环境秩序井然，喜迎冬奥氛围浓厚。高标准完成志愿服务，热情周到服务的广大志愿者成为冬奥盛会的一道亮丽风景线。

疫情防控讲精度。紧盯住宿、抵离各环节，逐项消除疫情风险。建立隔离场所运行监管体系，实行“医院式管理、酒店式服务”。发挥科技资源优势，应用空间计算平台、生物气溶胶等提高防疫效率。编制各类场景疫情防控方案115个，闭环人员核酸检测每日全覆盖，实现了“病例少输入、环内少传播、社会零外溢”工作目标。

（二）科学施策，疫情防控工作取得新成效

坚持人民至上、生命至上，不折不扣抓好贯彻落实，统筹调配资源，不断优化措施，有效守护了人民生命安全和身体健康。

防控机制更加健全。先后成立“5+N”、涉疫风险人员8小时快速转运、环境消杀、急救转运等专班，坚持“早部署、晚检查”、以快制快，分区分类分级开展科学精准防控，因时因势优化完善防控措施，压紧压实“四方责任”，核酸检测、追阳判密、流调管控、转运隔离等工作有序衔接，成功处置多起局部聚集性疫情，稳妥化解奥密克戎BF.7变异株引发的规模性疫情冲击。

防控基础更加稳固。加强核酸检测能力建设，构建起“15分钟核酸采样圈”，日检测能力达73.18万管。提升观察救治能力，利用保障性住房闲置资源开设健康驿站3个，先后高效建成凤凰山庄健康驿站和3家方舱医院，将上地医院改造为定点救治医院，推动全区51家二、三级医院和50家社区服务中心开设发热门诊，统筹各方资源保障药品供应和紧急救治。加快构筑防疫屏障，接种新冠疫苗109.9万剂。强化进口货物疫情防控，进口冷链食品首站中转查验库建成投用，全流程可追溯管理体系更加完善。做好应急物资保障，确定超市发等158家商业企业及105家应急网点为保障实体，日配送能力达600吨。

科技赋能更加深入。建设智慧化疫情防控集成平台，整合涉疫信息系统，初筛阳性人员落位、管控、复核等效率大幅提升。支持各类创新主体开展涉疫科研攻关，协调东软、声智做好常态化核酸检测远程支持；组织应用旷视科技电子哨兵、声智“市场智行”系统，市场、药店等场所疫情防控实现智能管理；助推圆因生物、友康生物加快疫苗研发和核酸采集提取纯化一体管。

（三）精准调控，经济回稳向好形成新态势

坚持问题导向、目标导向、结果导向，加强统筹调

度，狠抓指标任务落实和重点难点问题解决，经济运行企稳向好。

“压舱石”地位凸显。地区生产总值预计增长4%，全市占比25%，经济总量和增长贡献继续保持全市第一。区级一般公共预算收入490.5亿元，实现正增长，扣除留抵退税因素后，同口径增长8.4%。固定资产投资预计增长4.9%。社会消费品零售额预计2750亿元，全市占比19.6%。依靠科技创新和全要素生产率的提高，早谋划、早部署、常调度，经济在应对超预期因素冲击中彰显韧性、迸发潜力。

复工复产保障有力。做好用工、物流等生产要素保障，全力保障产业链供应链安全畅通，制定实施“白名单”企业闭环管理工作指引，成功推荐122家企业进入重点保供工业企业“白名单”，为46家企业办理运输转运证3593张。疫情防控进入新阶段，及时出台实施支持企业稳定健康发展相关政策。规模以上工业企业全面复工，总产值预计2719.8亿元。

助企纾困成效显著。顶格落实国家和本市各项稳增长政策，出台支持中小微企业恢复发展22条措施等一揽子区级政策，新增减税降费及退税缓税缓费近500亿元，为中小微企业减免租金12.8亿元。区级财金协同平台向731家中小微企业发放贷款34.64亿元，降低企业融资成本5668.68万元。年末本外币存贷款余额预计5.83万亿元，增长13%。搭建“创融海淀”政金企对接平台，助力1.43万家企业借贷405亿元。深入开展企业大走访，落实“服务包”、服务管家制度，协调解决企业诉求3156项。

（四）创新驱动，高质量发展注入新动能

全面落实中关村新一轮先行先试改革措施，抢抓机遇、发挥优势，加快提升区域创新能级，高质量发展势头更加强劲。

先行先试改革落地见效。制定实施落实中关村新一轮先行先试改革工作方案，支持关键核心技术“揭榜挂帅”、科技应用场景建设、科技成果先使用后付费等，一批重大项目和改革案例落地。华为、联想等8家领军企业与11家中小微企业签署技术集成采购协议。北京银行等5家金融机构发布科技金融创新产品。支持小米牵头组建3C智能制造创新联合体、筹建人形机器人创新联合体。推动人才支持类改革措施落地实施，教育部向12所高校下达与新型研发机构联合培养博士研究生专项指标173个；外国人出入境服务厅建成投用，实现外籍人才工作许可和居留许可“两证联办”。率先施行科技型中小企业研发费用加计扣除、企业基础研究支出加计扣除、上市高新技术企业股权激励分期纳税，切实减轻创新主体税收负担。

原始创新策源功能显著增强。每万人发明专利拥有量预计740件，增长20%；技术合同成交额预计3400亿元，增长15%。全力服务保障国家实验室和启元实验室建设，国家实验室起步区实现入驻办公，启元实验室科研条件平台一期建设完成。持续支持新型研发机构发展，智源、微芯分别发布智算平台“九鼎”、大规模对等网络通信技术“若水”，量子院量子通信样机直通距离创世界纪录，京津冀国家技术创新中心34个项目完成立项。以自然科学基金助力企业破解基础科学问题，北京市自然科学基金——海淀原始创新联合基金总规模已达7000万元。大力加强底层技术创新，在人工智能等11个前沿领域布局，支持一批底层技术项目。深化概念验证中心建设，全国首个临床医学概念验证中心——中关村科学城—北京大学第三医院临床医学概念验证中心揭牌运行。引导企业持续加大研发投入力度，继续实施研发投入倍增计划，科技企业研发费用预计2751亿元，增长15%。

现代产业体系加快构建。巩固数字经济发展优势，数字经济创新发展三年行动计划15项配套任务扎实推进，数字经济核心产业增加值占地区生产总值比重达50%。新增国家级“专精特新”“小巨人”企业148家，累计265家。高新技术企业收入预计3.8万亿元，增长7.5%。信息传输、软件和信息技术服务业收入预计1.6万亿元，增长12%。推动高精尖产业项目落地，动态跟踪重点项目721个，新增签约项目54个。拓展大信息产业集群优势，在互联网3.0、区块链、RISC-V等新兴领域加快布局，提升人工智能、集成电路、基础软件企业核心竞争力，支持建设超大规模人工智能模型训练平台和区块链先进算力实验平台，加速研发集成电路IP核，加快推进自主可控软件创新中心和国家网络安全产业园建设。加快大健康产业发展，支持高端医疗器械、创新药物、智能医疗研发，腾盛华创新冠病毒创新药物以及凡知医学、小蝇科技等7家企业医疗器械产品获批上市，罗森博特、爱霖医疗等产品进入国家创新器械创新通道。贝伦产业园实现100%入驻，入驻医药健康企业23家。积极布局氢能领域，依托国际氢能中心建设，支持开展氢燃料电池汽车示范应用。依托智能网联汽车产业前沿技术创新中心，搭建智能网联汽车协同创新平台。建设时空信息质量基础设施“一站式”服务平台，质量强国建设工作获国务院通报表扬。

创新生态优化升级。积极构建科技服务体系，统筹协调、加强调度，职能部门、国有企业、财源专班和各街镇各司其职、协同联动，服务更加专业高效。着力提升园区管理服务水平，推广东升科技园“精耕细作”运营模式。不断优化知识产权环境，设立规模1000万元的知识产权运营担保基金，获批国家知识产权强市建设示范城市，成为全国首批知识产权服务出口基地、首批商业秘密保护创新试点地区。鼓励支持平台企业持续健康发展，支持字节、快手、百度、小米等头部企业在引领发展、创造就业、国际竞争中大显身手；积极创新网络市场监管服务模式，获批创建全国首批网络市场监管与服务示范区；以“集群注册”方式为互联网直播服务主播办理市场主体登记。强化科技金融服务，中关村科创金融服务中心揭牌，为科创企业提供并购贷款、科技人才贷款、认股权贷款等；支持股权投融资机构发展，获股权投资企业511家次，已披露获投金额490.77亿元。做好企业上市服务，新增上市企业19家，现有上市企业268家，数量稳居全国地级市（区）之首。加大人才引进力度，为华为等企业引进高水平青年博士后科技人才74人。“双创”示范基地建设连续6年获国务院通报表扬。

“两区”建设扎实开展。实际利用外资63.7亿美元，增长2.1%，全市占比37.1%。出口额预计1500亿元，增长2.2%，全市占比26%。促进全产业链制度型开放，形成制度创新案例21个。新增项目639个，其中外资项目125个。加快推动中关村综保区报批工作，研究制订规划建设方案。扎实推动数字贸易港建设，全面梳理项目清单和诉求清单。落实外债便利化试点政策，为53家企业办理外债便利化业务，涉及金额42亿美元。推动招商银行海淀支行开展本外币合一银行结算账户试点。

国际消费中心城市加快培育。优化商圈布局，7个现有商圈和西北旺、永丰2个待培育商圈纳入全市重点商圈名录。加快推进五棵松商圈数字化建设，华熙LIVE成为多元业态网红打卡地，开创“沉浸式”互动体验商业模式。大力发展首店经济，引入各类首店31家。麦德龙PLUS店开业。持续优化生活服务业网点布局，新建、升级改造便民商业网点50个。积极促进消费市场恢复发展，举办北京消费季·悦动海淀系列活动等，推动商旅文体等消费融合发展；坚持以有效投资推动结构升级，实施促消费资金支持政策，全方位推动消费层级提升。

中关村科学城建设统筹实施。加快北区开发建设步伐，开复工527万平方米，完工141万平方米。大北农生物农业创新园竣工，通用人工智能创新园地下结构施工。加快基础设施建设，温泉自来水厂、西埠头及北安河两个110千伏输变电工程开工建设；稻香湖再生水厂二期、苏家坨中心医院、北部医疗中心主体结构施工。西小营村宅基地腾退完成，7个村庄腾退收尾工作稳步推进。5个“一镇一园”项目进展顺利。加快推进南区建设发展，东升科技园二期集体自持楼宇主体结构封顶；金隅科技园二期幕墙施工；积极挖掘产业空间，中坤广场等5个老旧楼宇、厂房改造项目基本完工。

（五）规划引领，城市功能优化迈出新步伐

坚持以首都发展为统领，全力服务保障首都“四个中心”功能建设，城市品质显著提升，城市功能更加完善。

规划编制实施全面开展。北区HD00-0411街区控规编制完成，10个街区控规形成初步成果；一绿地区规划综合实施方案编制工作即将完成。严格落实三山五园地区整体保护规划，六郎庄、青龙桥古镇规划研究加快推进，三山五园艺术中心主体结构封顶，中关村论坛永久会址项目加快建设，启动挂甲屯腾退，完成福缘门搬迁腾退和园外园生态环境提升四期、五期工程。发挥街镇责任规划师作用，17个小微空间改造提升稳步推进，中关村众享荟等一批亮点项目建设完成。深化“村地区管”，严格农村宅基地和房屋建设管理。用好违法用地违法建设“一本账”，规划和自然资源领域问题整改深入开展。

“疏整促”专项行动深入推进。坚定不移疏解一般制造业、推动先进制造业绿色智能化发展，调整退出2家生产企业，6家企业完成绿色化、智能化改造。着力提升城市环境，以拆违腾退为主线，“拆、腾、绿”一体化推进，拆除违法建设214.7万平方米，腾退土地212.9公顷，“基本无违法建设区”成功创建。大力度美化拓展城市空间，清河滨水绿廊建设加快实施，京张铁路遗址公园一期基本完工；坚持“应撤尽撤、安全优先”，全面实施城市道路隔离护栏撤除优化管理，撤除护栏11.3万米，在全市率先完成护栏撤除任务；撤除绿化护栏37.9万米，防盗网、防爬刺13.2万米；桥下空间清理整治122处；拆除围挡59处，规范提升83处；“揭网见绿”597.24公顷，超额完成市政府下达任务；新增公园绿地14个、绿道7.7公里；完成88条背街小巷环境精细化整治提升任务；开墙打洞、占道经营等问题保持“动态清零”。不断提升养老助餐服务管理水平，新建养老助餐点15家。

生态环境质量持续改善。配合完成第二轮北京市生态环保督察，督察反馈问题整改加快推进。持续开展“一微克”行动，细颗粒物年均浓度30微克/立方米，位居全市中心城区之首；优良天数288天。深入实施“水清岸绿”行动计划，治理河道23.22公里，建成滨水慢行道路34.5公里；水环境质量稳中向好，8个市级地表水考核断面优良比例87.5%。土壤环境质量总体良好，重点建设用地安全利用率95%以上。新增平原造林2744亩（182.9公顷）、城区绿化66.3公顷，新一轮百万亩造林绿化任务按期完成。实施提升农村人居环境建设美丽乡村行动，东马坊、车耳营完成美丽乡村建设，9个村实现主体完工。不断提升垃圾分类管理精细化水平，完善再生资源回收点413个，规范设置装修垃圾投放点1794处，非居民厨余垃圾规范收运率达91%。

交通综合治理加快推动。加快轨道交通建设，地铁12号线正线、13号线B线拆分工程进场施工，昌平线南延一期完成空载试运行，16号线南段实现通车，新增轨道交通里程11公里。推进道路建设，上庄路北段、巨山路、友谊渠路项目建设有序推进，10条道路建成投用，新增通车里程9.8公里。大力推进城市道路移交接养，移交接养道路100条65公里，基本实现“应交尽交、应接尽接”。打通“断头路”4条，开工建设疏堵工程6处，完成108万平方米道路大中修，优化63个点位交通组织，103个路口信号灯完成升级改造。强化“学医景商”周边交通综合治理，“一点一策”整治市级挂账点位。加大慢行系统建设力度，长8.6公里的自行车专用道南展一期工程全线贯通，完成66条77公里道路慢行系统提升。挖潜新增停车位6579个，重点区域停车难有效缓解。持续开展共享单车秩序治理，加快推动电子围栏设置。

协同发展任务加快落实。坚持市域、环京、结对地区协作一体推进，推荐5个高精尖项目落地城市副中心，首师大附中通州校区基本建成，人大附中通州校区建设有序实施；支持26家企业使用怀柔科学城大科学装置；鼓励驻区企业参与雄安新区建设；加大海淀—延庆结对协作力度；深化支援合作，支持项目51个，助力6个结对地区全面推进乡村振兴。

（六）勤政为民，民生保障水平迈上新台阶

紧扣“七有”“五性”，着力解决民生痛点难点问题，办理完成区级重要民生实事31件，民生保障更加精准有力。

就业社保全面推进。2.2万户籍登记失业人员实现再就业，城镇登记失业率控制在3%以内，连续9年获评“北京市充分就业区”。面向高校毕业生招录乡村振兴协理员，区属国企招聘坚持应届高校毕业生优先。加强社保基金管理，社保基金收缴总额首次居全市首位。新建家庭养老照护床位3007张，居家养老服务覆盖面和保障水平全市领先。着力完善医疗保障体系，扎实开展长期护理保险失能和需求评估试点测试。全面落实社会救助政策，发放城乡低保金、低收入家庭生活补助和特困人员供养金9660万元。

群众居住品质稳步改善。加快推进保障性住房建设，开工4378套，竣工5707套。做好公租房配租和租金补贴发放，配租公租房3828套，为10038个租房家庭发放补贴1.42亿元。着力解决北区职住不平衡问题，加快推动29万平方米商品房建设。深化老旧小区综合整治，19个小区74.2万平方米整治加快实施，启动55个小区160.9万平方米整治项目。加快推动交大东路58号院等3处危旧楼房改建和简易楼腾退改造以及功德寺、宝山、双新棚户区改造项目。加装电梯开工304部、完工227部。坚持“房住不炒”，持续加强新房销售市场监管、房屋出租管理、群租房整治和中介行业监管，房地产市场健康平稳。

教育事业优质均衡发展。持续优化学位供给，新增普惠性学前教育学位1350个、中小学学位10040个。推进“公参民”学校规范治理，7所学校“民转公”。不断优化教育资源配置，翠湖小学等9所学校纳入集团化办学模式，上庄中心小学等3所学校纳入十一教育联盟。深入推进义务教育阶段“双减”工作，课后服务质量持续提升，参加师生比例分别达99%、98%。坚持义务教育免试就近入学，入学方式以多校划片为主。继续实施“成长中的教育家”工程和教育创新人才培育工程，高质量教育人才队伍建设稳步推进。成立家庭教育指导中心，家庭教育指导服务体系更加完善。

健康海淀建设不断深化。加强公共卫生应急管理体系建设三年行动计划圆满收官，重点人群家庭医生签约率90.2%，新建院前急救工作站13个，院前急救呼叫满意率100%。扎实推动5家区属医院高质量发展，医疗资源布局更加均衡。不断完善分级诊疗制度，医联体三级医院全部上线放号，60家基层医疗机构参与预约转诊。严格食品、药品质量安全监管，食品、药品抽检合格率分别达98.9%、100%，获评“国家食品安全示范城市”。新增专项活动场地25处，健身路径新增38套、更新273套，在全市率先实现“15分钟健身圈”社区全覆盖。

文化建设发展守正创新。着力做好文物保护和资源活化工作，三山五园国家文物保护利用示范区建设深入推进，进京赶考第一站——清华园车站拆迁腾退和文物修缮工程加快实施。加大公共文化服务供给力度，国家公共文化服务体系示范区建设不断深入，2730场线上线下文化活动惠及群众2375万人次。深化“书香海淀”建设，举办全民阅读活动670余场。区史志办荣获“全国党史和文献部门先进集体”称号，区文化馆入选全国首批十佳民族音乐普及推广中心。规模以上文化产业单位营业收入预计9960亿元，增长6%，全市占比55%。

社会治理效能大幅提升。坚持民有所呼、我有所应，建立“每月一题”责任制，接诉即办机制更加完善，受理群众诉求107.6万件，解决率、满意率分别达92.37%、93.73%。坚持向前一步、主动治理，集中攻坚历史遗留房产证办理难问题，打通7个项目12981套办证通道，发证10170套；持续推进“城市大脑”建设，整合城市管理等各类应用场景55个；加强物业管理，业委会（物管会）组建率、党组织覆盖率、物业服务覆盖率分别达98.73%、100%、97.45%；在农村地区继续试点村庄准物业化管理，并探索建立准入、退出动态调整机制。以防范风险为主线，筑牢安全发展底线，扎实开展金融风险防控，网贷机构全部销账，涉嫌非法集资高风险企业“动态清零”；深入开展市域社会治理现代化试点建设，群众安全感居全市各区之首；扎实开展“治理重复信访、化解信访积案”专项工作，解决了一批群众反映强烈的历史遗留问题；统筹抓好各领域安全生产工作，狠抓国务院、市委市政府安全生产督察反馈问题整改，全面实施安全生产专项整治三年行动计划，生产安全亡人事故起数、死亡人数分别下降33.3%、34.2%。

与此同时，妇女儿童、残疾人事业稳步推进，双拥共建、档案史志、民族、宗教、侨务、对台、民防、防震减灾、气象等各方面工作均取得新成效。

（七）深化改革，区域竞争力跃上新高度

持续深化“放管服”改革，不断提升政府服务质效，营商环境更加优化，市场主体活力持续迸发。

重点领域改革纵深推进。巩固街镇行政管理体制改革成果，修订镇级职责清单，各镇依法依规履职能力进一步增强。制定权力清单动态管理制度，行政权力运行更加规范。深入推进国资国企改革，强化资源整合和统筹调度，严格国企违规经营投资责任追究，国资国企监管效能明显提升。健全“过紧日子”长效机制，推进重点领域支出降本增效，规范清理编外用工，强化全成本预算绩效管理，一般性支出压减19.6亿元。在全市率先设立稳保投资基金，超转保障资金效益有了保障。着力破解重点项目资金难题，新增政府债券206.82亿元。全国乡村治理体系建设试点示范工作圆满完成。

营商环境改革持续深化。统筹推进优化营商环境25项重点行动、159项具体任务。深化行政审批制度改革，243个政务服务事项、20个证明类事项实行“告知承诺”，16个集成场景落地实施。加强政务服务体系建设，社区（村）政务服务规范化实现全覆盖。推进“数字政务”建设，区级事项全程网办率100%，609个区块链场景落地，在全国率先应用“长安链”基础平台推进政务服务“跨省通办”，在全市率先完成企业住所标准化“零材料、免填报”登记改革。深化“6+4”一体化综合监管改革，监管能力进一步增强。新设企业3.5万户，增长58.5%，现有企业达25.3万户。营商环境考核连续三年全市第一。

专 文

“两区”建设两周年海淀组团相关工作成果①

尊敬的各位来宾、媒体记者朋友们：

大家好！首先感谢大家对海淀区“两区”建设工作一直以来的关心和支持。“两区”建设两年来，我们以习近平总书记重要指示精神，认真贯彻落实市领导调研海淀工作时提出的“为‘两区’建设开好局、带好头、树标杆，始终走在国际科技创新中心建设最前头、走在中关村先行先试最前头、走在全市高质量发展最前头”的指示精神，坚持“五子联动，举全区之力”推进“两区”建设，各项工作取得了积极进展。

一是围绕产业、区域、要素全面发力，搭建制度创新体系。2020年底，制定印发《海淀区“两区”建设工作方案（2020—2021）》《中国（北京）自由贸易试验区科技创新片区海淀组团实施方案》和《关于促进中国（北京）自由贸易试验区科技创新片区海淀组团产业发展的若干支持政策》，带动全区产业开放和项目落地。2022年，为进一步在“两区”建设中凸显海淀特色，从制度创新供给侧入手，对标国际高标准经贸规则，编制《海淀区“两区”建设深化改革创新实施方案》，研提149项制度创新政策，按照条件成熟“实施一批”、积极培育“储备一批”、战略谋划“研究一批”的思路梯度推进实施；从制度创新需求侧发力，立足园区、企业诉求，编制《中国（北京）自由贸易试验区科技创新片区海淀组团三年行动方案》，建立125项任务清单，形成政策应用场景。两年来，累计形成39项制度创新案例，共有2项面向全国复制推广，5项面向全市复制推广，涉及投资、贸易、金融自由便利、数据流动安全有序等多个内容领域。

二是充分释放政策效能，提升创新主体的获得感。围绕数字经济试验区建设，聚集智源、量子、微芯、通研院、开源芯片研究院等新型研发机构，落地世界最长量子直接通信距离、全球最大智能模型“悟道2.0”、全球首款96核区块链专用加速芯片、国际首台量子直接通信原理样机等一批重大创新成果。加快建设数字贸易港，积极参与数字领域国际规则制定，探索分步搭建安全有序的数据交流制度环境。聚焦数字城市治理，全市率先实施住所标准化登记和“集群注册”，600余个区块链政务服务应用场景落地办理。围绕全球创业投资中心建设，聚焦创新资本要素，大力发展直接融资服务体系，探索推动知识产权融资、投贷联动等产品和服务创新。聚焦发展万亿规模的股权投资行业，打造“海淀创新基金系”。2021年至今，海淀区共发生股权融资披露案例788起，获投金额超1539亿元，全市占比超过40%。聚焦创业人才要素。落地百放、巢生等全球化离岸创新孵化平台，区域人才资源总量达197.4万人，占全市25%。围绕科技体制改革先行示范区建设，大力实施中关村新一轮先行先试改革，聚焦科技自立自强，率先推动一批改革措施落地，尤其是涉税政策。其中，科技型中小企业研发费用加计扣除政策预计惠及企业2000余家，新增减免企业所得税3.4亿元；企业基础研究支出加计扣除政策预计惠及11家驻区企业；符合上市高新技术企业股权激励分期纳税政策条件的企业66家，股权激励人数22200人，涉及激励股数14.68亿股。申报设立以研发创新为旗帜特色中关村综保区，聚焦核心产业和重点产业，打造开放新高地，目前已有拟入区项目46个。加速概念验证中心和知识产权交易中心建设，支持23家高价值专利培育运营中心建设。落地全市首单专利许可知识产权资产证券化项目，储架规模10亿元；驻区科研院所职务科技成果赋权改革取得首例突破。

三是依托自贸试验区海淀组团，推动重点园区联动发展。推进“1+2+N”全域园区联动开放行动。以自贸试验区海淀组团为核心、中关村软件园和东升科技园为联动创新区、N个重点园区为辐射带动区，加强政策联动创新。海淀组团聚焦集成电路、生物医药、人工智能、区块链等重点产业发展，集聚了华为、龙芯中科、纳通医疗等一批行

① 此文为在北京市“两区”建设两周年成果发布会上的发布稿。

业领军企业，以及国家实验室、京津冀国家技术创新中心等一批高端研发机构，在基础前沿领域不断积累优势，强化科技战略布局；自贸试验区科技创新片区海淀组团挂牌以来，新增工商注册企业数3639家。中关村软件园培育形成了全国领先的数字经济前沿领域的产业集群，2021年，软件园企业研发投入超过400亿元，知识产权8万多项，园区实现产值4295亿元，地均产值达到每平方公里1652亿元。东升科技园围绕数字经济、大健康、新能源新材料三大产业方向，进行前瞻性布局，入驻亿华通、天智航、思灵机器人等高精尖企业，2021年园区产值为304亿元。目前，我们正在面向园区管理机构，研究搭建"六单"管理系统，充分调动全域园区参与"六单"的更新和运行，由政府内部流转向对市场主体可查可用、精准推送转变。重点打造"政策智能推荐及快速兑现通道""空间资源智能匹配通道""企业制度诉求快速响应通道"等特色功能，实现政策可用、诉求可达的互动模式。

四是加大招商引资力度，促进项目落地。优化"服务包"和重大项目入库管理机制，按照"促签约""促投产""已投产""促服务"等"四个一批"推进项目落地与服务。两年来新增"两区"项目520个，其中外资项目208个，占比40.0%。预计投资额1548亿元，其中外资62亿美元，占比26.03%，资金实际到位793亿元，其中外资41亿美元，占比33.6%。定期举行"两区"建设重大项目签约仪式，已举办15场，累计签约项目170个。正在研究《海淀区促进外向型经济高质量发展支持办法》，鼓励中介机构对接引进项目。依托区属国企放大资本招商优势，设立5只科学家基金和23只创投基金，投资支持219个驻区项目。

在"两区"建设带动下，海淀区对外资吸引力更加凸显。2021年，全区实际利用外资62.43亿美元，同比增长10.3%，全市占比40.12%，居全市首位。2022年1—7月，实际利月外资60.55亿美元，同比增长47.9%，全市占比44.6%；合同外资1000万美元以上大项目新设12家、增资34家次。

下一步，我们将按照市委、市政府部署要求，持续高水平高标准抓好"两区"建设，推动更多政策先行先试和有突破性、影响力、引领性的项目落地，积极打造对外开放的"海淀样板"，为加快建设北京国际科技创新中心作出更大贡献。

2022年度北京海淀三山五园国家文物保护利用示范区创建工作报告

2022年，海淀区全面贯彻党的二十大精神，抓住首批国家文物保护利用示范区建设重大机遇，加速推动文物事业进入新的历史阶段。在国家文物局、北京市文物局的大力支持和指导下，全面推进示范区创建工作，紧密围绕首都“四个中心”建设，全面落实北京城市总体规划和《三山五园地区整体保护规划（2019—2035年）》，突出文物与城市更新、科技创新、旅游教育融合发展，形成党委领导、政府负责、部门协同、社会参与的创建工作格局，示范区创建工作进入全面提速期。现将2022年工作报告如下。

一、总体工作情况

（一）市、区高度重视示范区建设

2022年，北京海淀三山五园国家文物保护利用示范区建设写入市、区两级党代会报告；市委书记蔡奇（时任），市委常委、宣传部部长莫高义，副市长谈绪祥，市文物局局长陈名杰等领导先后专题调度、实地调研文物保护利用相关工作，海淀区委书记王合生、区长李俊杰和区委区政府主管领导先后12次召开研究会、专题会、调度会研究部署示范区创建工作、推进重点任务；协调中央、北京市有关单位加强配合、上下联动，有力推动重点难点项目实施。2023年1月4日，在海淀区十七届人大三次会议上，区委副书记、区长李俊杰作的政府工作报告中将“完成三山五园国家文物保护利用示范区验收”列为海淀区2023年区政府重点工作任务。

各级领导的高度重视，确保示范区创建工作组织到位、统筹到位，特别是国家文物局领导始终关注海淀示范区创建，给予重点项目指导和帮助，把稳了前进方向，保障了创建工作顺利推进。

（二）整体完成情况

按照《北京海淀三山五园国家文物保护利用示范区建设实施方案》《北京海淀三山五园国家文物保护利用示范区创建任务分解表》梳理出9大类创建任务，细化分解为45项具体任务（2022年新增一项）。截至2022年底，22项已完成，占49%；22项持续推进，占49%；1项推进困难，占2%；示范区整体进展顺利。

二、创建工作成效

海淀区以强化机构队伍夯实文物保护责任体系，以重大投资基建项目为硬支撑，以强化文物+科技突出关键创新，将示范区建设进一步转化为适应中国式现代化文物治理要求的机制体制构建，示范区创建取得显著成效。

（一）坚持保护第一、文物安全体系进一步健全

安全是文物保护的生命线。《国务院办公厅关于进一步加强文物安全工作的实施意见》要求“文物保护，基础在县”。海淀区采用政府购买、属地管理、分级负责的原则，组建了一支专职与兼职相结合的街镇文物巡查员队伍，将有效解决文物安全末端弱化难题。2022年11月，首批28名专职巡查员已经录用到岗，预计经过一年的培训、实践、再培训，将培育出一支比较专业的文物保护队伍。

文物安全巡查员将补齐文物安全管理机构队伍最后一块拼图，打通文物巡查“最后一公里”。到2023年底，力争实现安全巡查员队伍的健全优化，人员初步达到较专业的日常巡查标准，文物安全风险预警、预防机制的成效进一步凸显，文物安全工作法制化、专业化、规范化水平进一步提升，在全市乃至全国走出一条具有海淀特色的基层文物保护新路径。

（二）夯实文物事业基础、做“四普”先行者

为全面掌握海淀区文物资源情况，总体评价文物现状及其发展趋势，海淀区将开展全域文物资源调查及现状评估。本次调查扩大范围，将历史建筑、水文化遗产、非物质文化遗产、古树名木等均纳入调查和统计范围，开展高标准、全方位、深层次的专项调查，建立海淀区文物资源总目录，对文物制图、影像采集等制定明确标准和工作规范。该项目已于2022年11月正式启动。12月9日，在国家文物局组织的文物普查经验交流会上，海淀区专题汇报全域文物资源调查与保护状况评估项目，国家文物局相关领导给予了针对性的指导，为项目前瞻性和专业性打下坚实基础。

同步建立定期评估机制，对区级及以下文物开展文物本体、周边环境、“三防四有”、展示利用、保护工程等状况的评估，为文物保护管理提供政策咨询和专业技术指导。力争出标准、出实践经验，树立全国第四次文物普查标杆。

（三）强化科学保护、融入海淀科技基因

海淀（中关村科学城）城市大脑智能运营指挥中心是北京以海淀区为试点，打造的首个城市大脑智能运营指挥中心，可实现“一屏尽知海淀”。依托数据分析和智能化设施，可以与人力巡查互相补充，更加精准科学。海淀区不可移动文物智能保护系统在三山五园地区部分价值高、基础弱、风险高的文物周边加装智能感知终端，通过实时

感知、主动研判、及时处置，达到对文物巡查的智能化，实现文物保护的“全过程、全天候”。建成后，全域文物的态势研判、智能分析、综合决策、仿真推演、业务协同等功能都可在此实现。

2022年该项目已经完成立项，预计2023年8月完成建设，将成为最具海淀识别度的文物+科技创新亮点工程，形成科技赋能文物保护的全国示范。

（四）突破难点痛点、打造“央地”合作范例

“进京赶考之路”清华园车站是中共中央踏上北平的第一站，是香山红色片区的重要组成部分。在北京市委市政府主要领导的亲自指导下，海淀区主动作为，与北京铁路局以及各部门、单位通力合作，在三个月内完成旧址拆迁腾退和主体结构修缮工程。“走向新中国的步伐——中共中央进京‘赶考’路之清华园车站复原展陈大纲”已基本确定，环境整治基本完成，展览设计和运营方案已得到区政府批准，2023年3月下旬正式对外开放后，“进京赶考之路”将建设成为一条知史鉴今、砥砺前行的革命文化线路，形成文物保护利用“央地”合作的“海淀模式”。

（五）融合发展、创新文物利用和价值传播体系

1. 三山五园艺术中心突出公共服务融合增效

三山五园艺术中心建设项目是北京市重点工程，总投资已经超4亿元，2022年6月完成主体结构封顶，预计2023年春完成主体结构施工、年底投入使用。艺术中心功能以博物馆、美术馆为主体，将成为融合文化遗产保护、科技前沿发布、自然生态环境于一体的“城市会客厅”。届时将与中关村展示中心、中关村论坛永久会址形成南部城市文化新形象。目前，“海淀历史文化展”展览大纲已形成初稿，三山五园数字展正在开展建模工作。

2. 提升生态环境，保护山水形胜的整体格局

海淀区深入挖掘三山五园历史水文化内涵，开展万泉河、金河河道治理工程，通过补水、生态修复、岸坡改造等一系列工程措施将万泉河、金河重新打造成一条联结人与水、人与绿、人与历史、人与城市的生态纽带。2022年，金河已全面完工并对外开放，万泉河已全部完工，部分恢复了历史水系脉络，自然生态的河湖水网格局基本成型。京张铁路遗址公共空间提升工程（一期）有序推进。

3. 文物+旅游协同发展

深入挖掘三山五园地区的红色文化资源，开展“红亭诗会”、“红亭讲堂”、“听见·三山五园”原创音乐创作、“云游览”等系列主题活动，实景演出话剧《香山之夜》，颐和园、圆明园的文创产品爆款频发，成为文化创意产业发展的新亮点。初步形成29家区域博物馆群，有力支撑了北京博物馆之城建设。2022年北京冬奥火炬在象征“华夏园囿”的颐和园传递，体现古都风貌和世界文化遗产的魅力，彰显文化自信，书写“双奥之城”新的历史华章。

三、存在的主要问题

一是央地、军地合作难以深入，区政府对区域内各文博单位的统筹、对三山五园各相关单位的统筹、三山五园各单位之间的协同尚需进一步强化。

二是圆明园大宫门遗址区保护展示工程、上义师范学校黑山扈校区旧址保护利用等重点项目暂未达到预期效果。

四、2023年工作要点（略）

2023年是创建示范区的验收年，各项重点任务进入最后冲刺阶段。海淀区将以决战的状态，紧抓重点、把握关键，着力完成示范区各项任务，举全区之力，确保顺利通过全国首批国家文物保护利用示范区验收。

一是进一步提高政治站位，全力以赴做好迎检工作。

牢固树立“保护文物也是政绩”的科学理念，把示范区创建作为全面贯彻党的二十大精神，文物事业实现新发展的核心工程，将扎实做好示范区迎检工作作为2023年海淀区推进全国文化中心建设的重中之重。组织召开海淀区示范区工作推进会、示范区迎检部署大会，进一步统一思想、坚定信心、振奋精神，切实增强示范区建设工作的思想自觉和行动自觉。

二是进一步攻坚重点项目，扎实完成创建任务。

加强市区组织领导和统筹协调作用，按照创建办月调度、历史文化保护组季度调度、三山五园办半年调度的频次，发挥行业主管部门、属地街镇等作用，推进三山五园各成员单位的协同、协作，压实工作责任。紧盯上义师范学校黑山扈校区旧址保护利用、圆明园大宫门遗址区保护展示等重点、难点工程，尽最大努力推进项目。

三是进一步总结创建经验，形成可推广的“海淀模式”。

深入推进三山五园艺术中心建设、文物安全巡查员队伍建设、海淀全域文物资源调查、不可移动文物智能保护系统、清华园车站革命文物展示利用等特色项目高质量开展。总结先行先试的工作经验，整体推进，集中突破，形成可复制、可推广、可展示的亮点工程，探索文物保护利用新路径。

2023年，海淀区将坚持“保护第一、加强管理、挖掘价值、有效利用，让文物活起来”的新时代文物工作方针，以示范区创建推动文物事业高质量发展，形成创建经验，开启海淀文物事业新篇章。

再次感谢国家文物局、北京市文物局的倾力支持和精心指导！

大事记

1月

2日 市政协党组书记魏小东到首都体育馆调研冬奥会餐饮保障准备工作；11日，市政协主席魏小东调研冬奥会闭环签约酒店香格里拉饭店。

4日 区政府印发《海淀区“十四五”时期教育改革和发展规划》。

同日至3月底 主题为“一起向未来”的海淀冬奥情暨2022年“海之春”新春文化季举行，开展文化活动23项591场，受众634.3万人次。

5日 区政务服务管理局与昌平区政务服务管理局签署《政务服务“跨区通办”合作协议》，涉及金融、专利、侨务、农业等行业的政务服务事项。

同日 据《海淀报》报道，中国科学院过程工程研究所黄云团队的“储能过程与能源材料”项目通过关键核心技术攻坚，形成“复合储热技术及低碳节能系统”，已进入科研成果转化阶段。

10日 由清华大学医学院郭永教授团队与北京新羿生物科技有限公司等多家单位联合研发的新型冠状病毒（2019-nCoV）核酸检测试剂盒（荧光PCR法）正式获得国家药品监督管理局（NMPA）医疗器械批文。

11日 区委全面深化改革委员会召开第十八次会议，书面审议《海淀区2021年全面深化改革工作总结和2022年初步安排》，审议《海淀区“两区”建设推进情况及下一步计划》等9项议题。

17日晚 五棵松体育中心竞赛馆冬奥会制冰工作完成。

19日 海淀区与韩国首尔特别市西大门区举行高层云端会议，签署建立友好城市关系协议书。

同日 海淀区举办以“双奥城区，海淀已就位”为主题的首场冬奥会和冬残奥会主题新闻发布会，介绍赛时运行指挥系统，共涉及115个保障点位，主要担负城市运行、环境保障、安全保卫、住宿餐饮、疫情防控、外围保障等保障任务。

25日 海淀区党史学习教育总结会议召开。会议传达学习习近平总书记重要指示和中央、全市党史学习教育总结会议精神，对海淀区党史学习教育进行总结部署，进一步推动全区党史学习教育走深走实。

同日 “双奥之城 志愿有我”海淀区城市志愿服务启动仪式在五棵松篮球公园举行，全区有1.2万名城市志愿者服务北京冬奥会和冬残奥会。

26日 区政府印发《海淀区“十四五”时期人力资源和社会保障发展规划》。

27日 中国共产党北京市海淀区第十三届委员会第二次全体会议召开，就关于北京市出席党的二十大代表候选人推荐提名工作情况作说明，讨论决定海淀区关于北京市出席党的二十大代表候选人推荐人选。

28日 国际首个区块链与隐私计算科技创新平台——未来区块链与隐私计算高精尖创新中心在京揭牌成立。中心由北京航空航天大学、北京微芯区块链与边缘计算研究院设立，多家单位共同建设。

29日 海淀区领导干部会议暨冬奥赛时动员部署会召开，对冬奥服务保障及春节期间疫情防控、城市运行、安全生产等重点工作进行再动员再部署。

2月

4日 北京冬奥会颐和园火炬传递活动举行，传递距离共6.182千米，由97名火炬手接力完成。

同日至20日 北京2022年冬奥会举办。海淀区共涉及两个场馆3项赛事：首都体育馆举行短道速滑、花样滑冰2项赛事，共计18场比赛，共产生14枚金牌；五棵松体育中心举行女子冰球赛事，共计23场比赛。

4日至3月13日 北京冬奥会冬残奥会期间，海淀区完成颐和园和北京市盲人学校火炬接力传递以及首都体育馆和五棵松体育中心2个场馆47场赛事、509场训练赛的保障任务，保证740名运动员、3.1万余名观众的绝对安全。

11日 十三届区委第一轮巡察工作动员部署会召开。至4月15日，完成对11家单位党组织的政治巡察工作。

15日 区政府发布《“十四五”时期“智慧海淀”建设规划》，该规划以聚焦民生服务和持续赋能海淀区产业数字化创新为主旨，围绕“政务服务、城市治理（城市大脑）、区域经济、智慧教育、智慧卫生、政务办公、信息基础设施”七大领域加“数字赋能”，形成“7+1”智慧海淀建设模式。

同日 区委召开2021年度海淀区各系统、各街镇党（工）委书记抓基层党建述职评议会，对“一把手”履行党建第一责任人职责情况进行评议。

22日 区委书记于军到远中悦莱大厦快递分拣点、西冉村47号院快递分拣点、四季青镇温馨“驿”家服务中心调研，并主持召开区委党的建设工作领导小组专题会暨区推进新业态、新就业群体试点工作领导小组全体会。

24日 清华大学航天航空学院教授王兵团队自主研发的新型发动机飞行演示试验发动机在预定的高度和速度范围内成功点火，实现稳定工作。

26日 中共中央政治局委员、北京市委书记蔡奇到小米集团调研，强调海淀区落实属地责任，为市场主体做好服务。

27日11时 6颗由海淀民营企业自主研发制造的长征八号遥二运载火箭在海南文昌发射中心完成中国航天首次一箭22星发射任务。

同日 水利部部长李国英到北坞影湖楼公园调研地下水超采综合治理和复苏河湖生态环境工作。

3月

1日 区政府与北京首都开发控股（集团）有限公司签署战略合作框架协议，双方将在老旧小区综合整治、城市有机更新等领域开展深度合作。

同日至年底 “2022北京消费季·悦动海淀系列促消费活动”举行，商业、文化、旅游、体育等领域20余项重点活动激发消费新潜能。

4日至3月13日 北京冬残奥会举办。海淀区无赛事，主要负责赛事服务保障、疫情防控和高铁站、动物医院等重点点位外围保障工作。

5日14时01分 由海淀企业研制的6颗低轨宽带通信卫星——银河航天02批卫星在西昌卫星发射中心用长征二号丙运载火箭送入预定轨道，发射任务成功。

8日 区纪委十三届二次全会召开，传达学习贯彻十九届中央纪委六次全会和市纪委十二届七次全会精神，总结2021年海淀区纪检监察工作，部署2022年重点任务。

10日 全区安全生产工作大会召开，总结2021年全区安全生产工作，部署2022年重点任务，要求从严从细从实落实安全生产各项措施，确保全国两会、冬残奥会顺利进行。

17日 海淀区2022年党建工作会议召开，总结2021年工作，部署2022年重点任务：弘扬中关村精神，全力推动全区组织、宣传思想文化、统战工作高质量发展。

同日 驻区企业浪潮信息发布业内首款元宇宙专属硬件——元宇宙服务器MetaEngine。

18日至9月22日 海淀区2022年“工匠杯”职工职业技能大赛举行，共设23个工种，近万名职工参与。

21日14时13分 海淀创业园在孵企业——遨天科技研制的霍尔电推进器在轨点火成功。

同日 中关村科学城举办重点项目签约发布活动，15个建设投资项目落地，8家领军企业与11家企业签署采购协议。

26日 北京首家沉浸式商业体BOM嘻番里落地五道口服装市场，覆盖电竞、动漫、音乐、美食等核心主题，融入定制化IP、沉浸式的体验空间。

28日 据《海淀报》报道，海淀民营企业北京佳讯飞鸿电气股份有限公司与战略合作伙伴华为技术有限公司成功签约莫桑比克CFM铁路南线LTE-R（铁路无线通信技术）综合调度通信系统项目。

同日 全区民族宗教工作会议召开，部署2022年民族宗教工作。

4月

2日 海淀区的李四光纪念馆、中国地质大学博物馆、饲料博物馆、北京航空航天博物馆、北京外国语大学世界语言博物馆、清华大学艺术博物馆6家博物馆入选2021—2025年第一批全国科普教育基地。

6日 北京量子信息科学研究院、清华大学龙桂鲁教授团队和陆建华教授团队合作，设计一种相位量子态与时间戳量子态混合编码的量子直接通信新系统，成功实现100千米的量子直接通信，实现世界上最长的量子直接通信距离。

7日 文化和旅游部副部长、国家文物局局长李群到香山公园调研文物保护工作，实地查看双清别墅、来青轩、香山寺、碧云寺等纪念地。

12日 2021年度暨第十一届“感动海淀”文明人物颁奖活动举行，为十名“感动海淀”文明人物颁奖。

14日 上庄镇政府与北京中关村科学城创新发展有限公司、北京博创联动科技有限公司签署战略合作协议，三方将在加快推进农业农村现代化，推动农业转型升级和绿色发展等方面展开全面合作。

20日 全国人大常委会副委员长、全国妇联主席沈跃跃，就深入贯彻习近平总书记关于家庭家教家风建设的重要指示精神，到清华园街道调研妇联协同社会资源开展“家庭家教家风”建设工作以及贯彻实施家庭教育促进法的进展情况，了解贯彻实施家庭教育促进法的进展、家校社协同育人的情况。

21日 中共中央总书记、国家主席、中央军委主席习近平给北京科技大学的老教授回信，对培养更多高素质人才，促进钢铁产业创新发展、绿色低碳发展提出殷切期望。习近平总书记在回信中说，民族复兴迫切需要培养造就一大批德才兼备的人才。希望老教授们继续发扬严谨治学、甘为人梯的精神，坚持特色、争创一流，培养更多听党话、跟党走、有理想、有本领、具有为国奉献钢筋铁骨的高素质人才，促进钢铁产业创新发展、绿色低碳发展，为铸就科技强国、制造强国的钢铁脊梁作出新的更大的贡献！

25日 中共中央总书记、国家主席、中央军委主席习近平到中国人民大学考察调研。习近平总书记代表党中央，向全国各族青年致以节日的祝贺，向中国人民大学全体师生员工、向全国广大教育工作者和青年工作者致以诚挚的问候。习近平总书记希望全国广大青年牢记党的教诲，立志民族复兴，不负韶华，不负时代，不负人民，在青春的赛道上奋力奔跑，争取跑出当代青年的最好成绩！

26日 北京知识产权法院发布计算机软件司法保护十大典型案例。

28日 小马智行、百度公司获取北京市智能网联汽车政策先行区首批“无人化示范应用道路测试”通知书，获准向公众提供“主驾位无安全员、副驾有安全员”的自动驾驶出行服务。

29日 海淀区2022年义务教育阶段入学政策发布，继续推进“多校划片”的入学方式，在原有“六年一学位”基础上，对九年一贯制学校登记入学的住房提出“九年一学位”要求。

月底 “海淀区教师交流轮岗管理平台”正式上线，5月全面启动义务教育教师交流工作，全年全区轮岗交流教师1866人。

5月

同日 区司法局“全程网办”行政审批系统上线，实现律师类政务服务事项全流程“不见面”网办。

6日 区政府印发《海淀区“十四五”时期优化营商环境行动计划》，包括总体要求、发展目标、建设更具活力的市场环境3部分内容。

11日 区政府印发《“十四五”时期健康海淀建设规划》。

同日 据《海淀报》报道，全区21个保留村“一村一策”美丽乡村工程建设全部完成立项批复。海淀区共有24个保留村。

16日至8月25日 海淀区“百日千万网络招聘专项行动”举行，服务助推高校毕业生、城镇失业人员、支援合作地区在京务工人员、随军家属、“专精特新”企业、区域性劳务协作等6类重点人群就业。

18日 海淀融媒矩阵推出大型文物保护科普类栏目《镇“淀”之宝》，内容涵盖区域内8个博物馆内容。

21日、26日 市委书记、北京新冠疫情防控工作领导小组组长蔡奇到海淀区社区、高校分别检查疫情防控措施落实情况和疫情处置工作，看望慰问一线防疫工作人员。

22日 国务院联防联控机制综合组北京工作组到水清木华园小区、梅园小区检查疫情防控工作。

同日 区园林绿化局发布《海淀区野生动植物名录》，海淀有野生植物755种，陆生野生动物403种，其中国家二级保护植物4种、国家一级保护野生动物17种、北京市新记录鸟种3种。

23日 中共中央政治局委员、国务院副总理孙春兰到北京市调研指导疫情防控工作，海淀区实地考察发生聚集性疫情的五道口购物中心、海淀街道友谊社区，了解重点场所疫情防控情况，召开座谈会，研究加快推动各项防控措施落实。孙春兰强调，各级党政干部要深入贯彻习近平总书记关于疫情防控的一系列重要指示精神，落实党中央、国务院决策部署，坚持“动态清零”总方针，尽快实现社会面清零，保障人民群众健康安全和正常生产生活秩序。

24日 联想发布2022智慧城市白皮书及新型绿色智慧城市方案，为国内首个面向未来绿色智慧城市的调研报告。

26日 海淀区“两区”建设云推介活动举办，邀请默克投资等16家世界知名企业，聚焦医疗科技、智能制造等海淀主导产业。

27日 海淀企业北京上奇数字科技有限公司的“上奇产业图谱”数据和知识服务产品在上海数据交易所正式挂牌，为中国首家产业链数据服务商。

31日 海淀区安全生产月系列活动正式启动。

是月 海淀民营企业推想医疗科技股份有限公司和联合国项目事务署（UNOPS）签署续约协议，推想的肺结核人工智能解决方案再次入选联合国全球采购名录。

6月

3日 市长陈吉宁以“四不两直”方式到清河街道四拨子村实地检查新冠疫情防控措施落实情况，召开现场调度会，研究部署相关疫情处置工作。

9日 海淀区召开全区领导干部会议，宣布中共北京市委关于王合生、李俊杰职务变动的决定：王合生任中共北京市海淀区委员会书记，李俊杰任中共北京市海淀区委员会副书记。10日，海淀区第十七届人大常委会第四次会议表决决定接受王合生辞去海淀区人民政府区长职务的请求，并以无记名投票的方式，表决决定由李俊杰代理海淀区人民政府区长职务。

月初至9月上旬 区应急局组织开展工业企业安全生产专项整治“百日清零行动”，重点整治范围包括钢铁（高温熔融金属）、铝加工（深井铸造）、涉爆粉尘企业、具有污水处理设施的有限空间作业工业企业。

11日 区政府印发《海淀区统筹疫情防控和稳定经济增长若干措施》，涵盖持续发力助企纾困、有力有序推进复工达产、提升高精尖产业发展能级、着力发挥好投资拉动作用、加快恢复和挖掘消费潜力、筑牢民生保障底线等6大方面31条措施，有效期至2022年12月31日。

18日 市委书记蔡奇到海淀区高科技企业调研疫情防控和经营情况。强调海淀区是全市经济的“压舱石”，要高效统筹疫情防控和经济社会发展，为全市高质量发展添秤。

21日 海淀区发布支持关键核心技术“揭榜挂帅、科技应用场景、科技成果先使用后付费”3项区级层面落实中关村新一轮先行先试改革配套措施及2项加速医药健康产业发展措施，中关村科学城24个重点项目集中签约。

25日 区政府印发实施《北京市海淀区突发事件总体应急预案（二〇二二年修订）》。

29日 2022中关村论坛系列活动——创业中华·中关村侨海创新发展高峰论坛举办，100个侨海创新项目集中发布。

30日 海淀区人民政府行政复议接待室正式揭牌。7月1日起，除实行国家垂直领导的行政机关、税务和国家安全机关外，全区行政复议职责由区政府集中统一行使。

同日 中关村科学城企业利亚德集团召开新技术新产品全球发布会，正式官宣“利亚德黑钻”系列MicroLED技术及新品。

同日 海淀镇完成市、区两级重点项目——中关村论坛永久会址建设场地完成搬迁腾退工作，向建设方移交建设场地。

同日 “创业军机处青年创新创业服务点”在学院路国际人才创新实验室揭牌。

是月 圆明园片区水网循环系统——三山五园地区水系格局基本建成。

7月

4日 海淀区委统战工作及对台工作领导小组会议召开。会议传达中央统战部调研北京座谈会精神、市委对台工作领导小组会议、全市对台工作会议精神，审议《中共北京市海淀区委统一战线工作领导小组工作规则》《海淀区新时代基层统战创新试点实施方案》，布置全区对台工作。

6日至11月 2022第十六届海淀区商业服务业职业技能风采大赛举行，包括10项竞赛和培训。

7日 市长陈吉宁到海淀区调研经济社会发展情况，强调要抓住中关村新一轮先行先试改革机遇，努力推动创新发展取得更大成效、先行先试改革取得更多成果，加快推动北京国际科技创新中心建设。

12日 全国总工会书记处书记邹震到海淀调研工会改革创新工作。

同日 《海淀区城市更新行动计划（2021—2025年）》正式发布。未来五年，将围绕“科学+城”“文化+城”“活力+城”“人文+城”“融合+城”“生态+城”，通过城市更新进一步整合和释放空间资源，加快推进国际科技创新中心核心区建设。

13日 副市长卢彦到颐和园调研疫情防控、防汛及牌楼安全等工作。

同日 以“全球互联·智赋未来”为主题的海淀区“两区”建设线上推介会举行，区政府网、海淀网、微博、抖音、今日头条和微信视频号进行全球同步直播。

同日 海淀启动新时代基层统战创新试点工作。

同日至14日 华熙LIVE·五棵松获第17届中国商业地产节“年度城市商业新地标”奖项。

18日 内蒙古自治区赤峰市委书记万超岐率队到海淀区考察京蒙协作帮扶工作，双方围绕深化交流合作、巩固脱贫成效座谈交流。

19日 十三届区委第二轮巡察工作启动。

21日 2022两岸青年峰会在海淀开幕。峰会包括5个专题研讨及25项系列配套活动和办实事项目，持续至9月底。

28日 在2022全球数字经济大会人工智能专场论坛上，驻区研究机构中国信息通信研究院发布《深度学习平台发展报告（2022）》，北京人工智能产业联盟和集智未来联合发布“北京国家人工智能创新应用先导区示范案例”。国内首个聚焦人工智能产业创新服务的数字平台——北京人工智能产业大脑启动。

同日 中宣部副部长、中央广播电视总台党组书记、台长兼总编辑慎海雄到海淀区调研新时代文明实践中心建设工作。

同日 黑龙江省七台河市委书记王文力到访，签署《黑龙江省七台河市人民政府 北京市海淀区人民政府战略合作框架协议》《七台河市体育局与北京市海淀区国有资产投资集团有限公司战略合作协议》。

29日 龙徽1910文化创意产业园完成改造升级，正式开园。

8月

2日 海淀区农业技术综合服务中心挂牌成立，全区“三农”服务实现一体化管理。

3日 区委人才工作领导小组召开会议，审议《海淀区高层次人才库建设实施办法（试行）》《2022年人才发展专项资金支持方案》，书面审议《中共海淀区委人才工作领导小组工作规则》《中共海淀区委人才工作领导小组办公室工作细则》。

同日 区委农村工作领导小组2022年工作会议召开，审议《海淀区提升农村人居环境建设美丽乡村五年行动方案》《2022年改善农村人居环境推进美丽乡村建设工作方案》《海淀区各镇党政领导班子和领导干部推进乡村振兴战略实绩考核工作暂行办法》。

同日 区委全面依法治区委员会第四次会议召开，审议《海淀区关于进一步加强街镇法治政府建设工作的意见》《海淀区关于党政主要负责人履行推进法治建设第一责任人职责情况列入年终述职内容工作的实施方案》等。

4日 上庄镇中国京西皮影非遗文化园入选全国首批“西游文化研学基地”。是月13日，北京市首个“西游文化研学基地”在上庄镇挂牌。

10日 驻区企业利亚德“8K超高清户外显示屏”项目入选工业和信息化部、国家广播电视总局文教娱乐领域典型应用案例。

11日 市委书记蔡奇围绕“促进元宇宙产业发展”到驻区企业小鸟看看科技有限公司调研数字经济发展情况。

同日 市长陈吉宁到北下关街道接待信访群众，强调信访工作要千方百计解决群众急难愁盼问题，更好维护群众合法权益。

同日 强国复兴有我——北京冬奥精神宣讲海淀区专场报告会在香山革命纪念馆举办。

12日至12月 2022北京消费季·悦动海淀第十八届海淀品牌消费节系列活动举办。围绕“新场景”“新趋势”“新能级”“新势力”“新体验”5大板块，打造线上线下11项“文化+商业”特色活动。

13日至20日 第八届“互联网+教育”创新周活动在海淀举办，包含开幕大会、11场平行论坛、5个教育工作坊、8天教育创新成果情景体验。

15日 以“助力区域企业持续创新，创造高服务价值”为核心的北京自贸试验区科技创新片区海淀组团创业合伙人招募计划启动，向全球招募至少200家企业纳入孵化体系项目，为区域产业基金组织对接50个优质项目。

17日 公安部副部长、副市长、市公安局局长亓延军以市人大代表身份，到学院路街道召开“万名代表下基层”征求立法意见建议座谈会。

25日 百度公司发布超导量子计算机“乾始”和全球首个全平台量子软硬一体解决方案“量羲”。

26日 市长陈吉宁走访调研百度公司，了解企业发展规划和诉求，并主持召开现场办公会，协调对接推进相关工作，针对企业在京发展需求提出意见建议。

31日 区领导与党外代表人士谈心活动举办，围绕区委、区政府中心工作听取各民主党派主要负责人和工商联、无党派人士代表的意见和建议。

是月 海淀区启动“进京赶考之路（北京段）”保护利用工作。至年底，完成清华园车站修缮工程、革命文物现状调查、革命文物主题游径建设工作。

9月

1日 中关村一小科学城分校、北京市育英学校科学城学校、北京十一中关村科学城学校等新建学校建成开学迎新，海淀北部地区规划的25个教育设施项目全部建成，可增加8640个中小学学位、6330个学前学位。

2日 以“数字智慧赋能医疗健康新发展”为主题的2022中国国际服务贸易交易会“海淀之夜”活动在中关村国家自主创新示范区展示中心举行。《出口逆势增长中的中关村力量》研究报告首发，展示海淀区近三年外贸出口全景及外贸发展特征、发展支撑等情况。

5日 “2022数字贸易发展论坛”举办，区商务局发布“2022海淀服务贸易重点企业”推介名单及“2022海淀数字贸易企业典型案例”。

同日 海淀区入选首批国家网络安全教育技术产业融合发展试验区名单，成为5家试验区之一。

7日 海淀区13家企业入围“2022中国民营企业500强”榜单，3家企业入围“2022中国制造业500强”榜单，8家企业入围“2022中国服务业100强”榜单。

同日 北京“两区”建设两周年新闻发布会在海淀区召开。5个市级部门和海淀区发布两年“两区”建设成果。

15日 2022年全国大众创业万众创新活动周北京会场暨中关村创新创业季活动，发布10个智慧应用场景“揭榜挂帅”榜单。

同日 区人大常委会主任刘长利带队开展“加快科学城北区道路交通等基础设施建设，推动中关村科学城高质量发展”议案督办视察活动。

19日至12月 主题为“一起来读《红楼梦》”的第十三届曹雪芹文化艺术节举办，包括《红楼梦》整本书阅读系列讲座、《京韵红楼》音乐会、“梦见的岁月——用

《红楼梦》解读时光”展览、红迷嘉年华、舞剧《曹雪芹》演出五大主题活动。

21日 百旺种植园的“百旺果蔬”、大道农业有限公司的“御前青玉大米”入选2022年“北京优农”品牌目录。

26日至30日 2022“智汇·海淀”人才主题周举办。开幕式上，发布《北京市海淀区人才资源统计报告（2021）》和《中国重点区域人才黏性指数报告（2022）》两项重大成果，启动“双链融合”人才支撑行动、海淀高层次人才库和海淀区第二批“企航计划”，设立中关村国际人才服务功能区暨海淀区海外人才创新创业服务中心。

27日 海淀区党管武装工作会议召开。会议传达北京市党管武装工作会议精神，4个街、镇党工委（委）书记作党管武装工作述职，部署全区党管武装工作。

28日 海淀宣传思想文化平台正式上线。平台设理论学习、舆论场、文化海淀和文明海淀4个板块，服务大众文化需求、传播海淀最强声音。

同日至30日 海淀区第十四次妇女代表大会举行。大会听取区妇联第十三届执行委员会工作报告，选举产生区妇联第十四届执行委员会委员及主席、副主席、常委。

29日 应急管理部副部长黄玉治到翠微股份翠微店开展消防安全督导检查，并指导迎接党的二十大各项安全生产工作。

30日至11月30日 圆明园开展澹泊宁静遗址考古发掘（三期）工作。清理出“田字房”和皇家稻田遗址。

10月

10日 海淀区心理康复医院心理中心揭牌投入使用，为居民提供专项心理健康服务，为特定人群提供心理支持。

16日 区委、区人大、区政府、区政协领导及全区广大党员干部群众收听、收看中国共产党第二十次全国代表大会开幕式。

21日 由海淀6名中学生组成的“Wave”团队的参赛作品“水下无人机”商业计划获2022硅谷青少年创业挑战赛中国赛区第一名、全球第二名。

28日 由北京银保监局、区政府共同设立的“中关村科创金融服务中心”挂牌成立。

同日 首场“十场名家直播课”在八里庄街道党群文化中心开班。区委组织部、区委党校创新推出“海淀区‘十百千万’云端党课”活动，举办“十场名家直播课”，推荐“百名党课讲师团”，共享“千堂视频微党课”，组织“万名党员线上学”，持续打造海淀“网上党课”品牌。

是月 西三旗砖窑工业遗址改造项目完成，建筑规模5068平方米，北京城建设计发展集团城市院于2020年启动砖窑工业遗址改造设计。

11月

3日 中关村新阶层人才创新中心在中关村创业大街正式揭牌成立。

8日 北京市首家“学习强国”区级学习平台——“学习强国”海淀学习平台在“学习强国”PC端和App端同时上线运行。

14日 北京市学习贯彻党的二十大精神宣讲团海淀区报告会举行。

16日 海淀企业佳讯飞鸿中标参建的中国、印度尼西亚共建“一带一路”标志性项目——雅万高铁测试运行取得成功。

同日至18日 北京市海淀区第十七届人民代表大会第二次会议举行。会议补选李俊杰为区长，选举100名出席北京市第十六届人民代表大会的代表，表决通过《北京市海淀区第十七届人民代表大会第二次会议选举办法》。

19日 中关村科学城企业永信至诚发布“数字风洞”产品体系战略，打造面向全场景、全要素、全生命周期的网络安全测试评估解决方案。

25日 市委书记、北京新冠疫情防控工作领导小组组长尹力到海淀区调研检查疫情防控工作。

12月

5日 海淀区首家全国文明实践巾帼志愿服务项目——“青之光”巾帼志愿服务项目正式启动。

8日至10日 区长李俊杰带队赴内蒙古自治区兴安盟科右前旗开展东西部协作调研对接并召开两地高层联席会，向科右前旗捐赠东西部合作资金2000万元。

13日 百度App正式上线“疫情指数”，该指数包括“百度健康问诊指数”“百度疫情搜索指数”两大指数，为全国（不含港澳台地区）的360多个城市疫情预测提供参考。

15日 区政府承担的国家高新技术产业标准化试点项目通过国家市场监管总局考核。

26日 李俊杰主持召开全区“以案为鉴、以案促改”警示教育大会。

28日 海淀医院新建发热门诊楼正式启用。

29日 区委十三届四次全会召开，听取并审议区委常委会工作报告，审议区委常委会抓党建工作情况报告和全区经济社会发展工作报告，审议通过《中国共产党北京市海淀区第十三届委员会第四次全体会议决议》。

30日 代市长殷勇到抖音集团调研平台经济发展情况。

31日　地铁16号线南段首班车起开通试运营。地铁16号线南段北起木樨地、南至榆树庄，全长约14.3千米，共设10座车站。至此，地铁16号线全线贯通。

年内　实现地区生产总值10206.9亿元，占全市经济总量比重达24.5%，比上年提升0.9个百分点；增速3.5%，高于全市2.8个百分点。海淀区成为北京市第一个、全国第二个经济总量跨越万亿元的市辖区，全国第一个破万亿元的地市级区县。

年内　海淀区完成8个方面31件重要民生实事项目。

（钟冷）

北京冬奥会冬残奥会

赛事及服务保障

2023
北京海淀年鉴

冬奥会海淀赛事

【概况】 2022年2月至3月，北京2022年冬奥会和冬残奥会（以下简称冬奥会）举办，主题口号为“一起向未来”。涉及北京、张家口两座城市的三个赛区，开闭幕式和冰上项目比赛在北京赛区举行，雪上项目比赛在延庆赛区和张家口赛区举行。

2月4日至20日，冬奥会在北京、延庆、张家口三个赛区举行，设7个大项，15个分项，109个小项，会徽“冬梦”，吉祥物“冰墩墩”。北京赛区承办所有的冰上项目和自由式滑雪大跳台，延庆赛区承办雪车、雪橇及高山滑雪项目，张家口赛区承办除雪车、雪橇、高山滑雪和自由式滑雪大跳台之外的所有雪上项目。海淀区涉及首都体育馆、五棵松体育中心两个场馆，短道速滑、花样滑冰、女子冰球三项赛事。五棵松体育馆承担女子冰球和部分男子冰球赛事，共举办冰球比赛29场，包括女子23场、男子6场。新建的五棵松冰上运动中心为冰球训练馆，完成冰球训练148场。首都体育馆承担短道速滑、花样滑冰2项赛事，12场比赛。中国队在两个场馆的赛事比赛中，获得3枚金牌、1枚银牌、1枚铜牌。

五棵松体育中心产生女子冰球团队金牌1枚，首都体育馆产生金牌14枚。短道速滑项目奥运纪录10次在首都体育馆被刷新，花样滑冰项目22位参赛选手创造个人赛季最好成绩，11组选手创造双人滑最好成绩。两个场馆的赛事成绩得到国际奥委会、国际单项体育联合会、技术官员和各国运动员高度评价。冬奥会上，驻区高校体育大学学生代表队获5金2银1铜。

2月21日至25日，北京奥林匹克专用车道启用，涉及海淀17条道路。2月26日至3月16日，冬残奥会专用车道启用，涉及海淀4条道路。

3月4日至13日，北京冬残奥会举行，会徽“飞跃”，吉祥物“雪容融”。冬残奥会设7大项，81小项，北京承办所有冰上项目，延庆和张家口承办所有的雪上项目。海淀区无赛事，主要负责赛事服务保障、疫情防控和高铁站、动物医院等重点点位外围保障工作。

北京体育大学冬奥志愿服务团队、北京兴奋剂检测实验室、北京德尔康尼骨科医院获评“北京冬奥会、冬残奥会突出贡献集体”。北京2022年冬奥会和冬残奥会海淀区运行保障指挥部办公室（调度中心）和首都体育学院冬奥志愿服务团队、武术与表演学院获北京2022年冬奥会、冬残奥会北京市先进集体称号。区体育局冯小明、北京体育大学11名师生获评“北京冬奥会、冬残奥会突出贡献个人”，区体育局4人获北京2022年冬奥会、冬残奥会北京市先进个人称号。

（钟冷　高鑫鑫）

【女子冰球赛】 2月3日至17日，五棵松体育中心举行女子冰球项目比赛，捷克、中国、瑞典、日本、芬兰、美国、丹麦、加拿大、俄罗斯、瑞士10支代表队参赛。共举办29场比赛，产生金、银、铜牌各1枚。

（高鑫鑫）

【短道速滑赛】 2月4日至16日，短道速滑比赛在首都体育馆举行。比赛共设男女500米、男女1000米、男女1500米、女子3000米接力、男子5000米接力和混合团体2000米接力9个小项，有运动员112人，参赛配额为男女500米各36人，男女1000米各32人，男女1500米各32人，女子3000米接力8支队伍，男子5000米接力8支队伍，混合团体2000米接力12支队伍，共计101场比赛，产生金、银、铜牌各9枚。2月5日，短道速滑混合团体2000米接力，中国选手范可新、曲春雨、张雨婷、任子威、武大靖以2分37秒348夺得冠军，中国队首枚金牌诞生。2月7日，短道速滑男子1000米A组决赛中，中国选手任子威以1分26秒78夺得冠军，获得中国队第二金；中国选手李文龙以1分29秒917获得银牌。2月13日，短道速滑女子3000米接力，中国选手范可新、韩雨桐、曲春雨、张楚桐、张雨婷以4分03秒863获得铜牌。

（高鑫鑫）

【花样滑冰赛】 2月4日至19日，花样滑冰比赛在首都体育馆举行。比赛共设男子单人滑、女子单人滑、双人滑、冰上舞蹈、团体赛5个小项，有运动员144+4人，包括男单30+1人、女单30+1人、双人19+1对（38+2人）、冰舞23对（46人），共计16场比赛，产生金、银、铜牌各5枚。2月19日，在花样滑冰双人滑自由滑收官比赛中，中国组合隋文静和韩聪以239.88分获得冠军。

（高鑫鑫）

【北京体育大学获14枚冬奥会奖牌】 2月4日至20日，北京2022年冬奥会举办。北京体育大学72名师生、校

2月11日，当代商城8K户外大屏播放花样滑冰男单自由滑比赛　（丁一　摄）

友参赛，包括运动员39人，教练员2人，领队、管理、翻译人员14人，科医人员4人，团部13人，获得金牌5枚、银牌2枚、铜牌1枚、3个第四名、6个第五名、2个第六名、1个第七名、1个第八名。3月2日至13日，北京2022年冬残奥会举办。北京体育大学获得金牌1枚、银牌1枚、铜牌4枚。

表1　北京体育大学获冬奥会奖牌一览表

序号	获奖运动员	获奖项目	成绩	奖牌
1	范可新、曲春雨、武大靖、任子威、张雨婷	短道速滑2000米混合团体接力赛	2分37秒348	金牌（中国体育代表团首金）
2	任子威	短道速滑男子1000米决赛	1分26秒78	金牌
3	徐梦桃	自由式滑雪女子空中技巧决赛	108.61分	金牌
4	齐广璞	自由式滑雪男子空中技巧决赛		金牌
5	隋文静/韩聪	花样滑冰双人滑	239.88分	金牌
6	李文龙	短道速滑男子1000米决赛	1分29秒917	银牌
7	徐梦桃、贾宗洋、齐广璞	自由式滑雪空中技巧混合团体决赛		银牌
8	范可新、张雨婷、曲春雨、韩雨桐、张楚桐	短道速滑女子3000米接力决赛	4分03秒863	铜牌

表2　北京体育大学获冬残奥会奖牌一览表

序号	获奖运动员	获奖项目	奖牌
1	学生闫卓、陈建新、张明亮与队友	轮椅冰壶比赛	金牌
2	刘思彤	高山滑雪女子（坐姿）大回转比赛	银牌
3	刘思彤	高山滑雪女子（坐姿）全能比赛	铜牌
4	刘思彤	高山滑雪女子（坐姿）滑降比赛	铜牌
5	刘思彤	高山滑雪女子（坐姿）回转比赛	铜牌
6	马静	越野滑雪女子（坐姿）短距离比赛	铜牌

（马嘉悦）

赛事服务保障

【海淀区冬奥会运行保障指挥体系】 冬奥会期间，根据区委、区政府统一部署，构建“一办一中心十六组”冬奥会调度运行保障指挥体系，全面统筹疫情防控、住宿餐饮、安全保卫、观众组织、隔离酒店外围保障、赛事监控、运行调度、对外联络等工作。实现“三区三线两场馆多点”共117个点位保障任务落位布图和调度运行机制高效有序运转。保障期间24小时不间断接驳抵离，日均派发100余车次。组织搭建冬奥保障监控系统14个点位2800个，瞩目视频联网系统72个，细化16类127项重点任务，对接24家酒店、16个工作组、27个街镇，调度连线118次。投入安保、应急力量89万人次，及时处置成功化解各类应急突发情况，确保冬奥会海淀赛区服务保障工作安全顺利。

（钟冷　林琳）

【赛事疫情防控服务保障】冬奥会期间，海淀区冬奥会调度运行保障相关工作组建立隔离场所运行监管体系，实行“医院式管理、酒店式服务”，紧盯住宿、抵离各环节，逐项消除疫情风险。应用空间计算平台、生物气溶胶等提高防疫效率。编制各类场景疫情防控方案115个，组建涉及46家单位192人的医疗防疫保障队伍，闭环管理服务3007人，累计健康监测8万余人次，环境检测2.4万余件，消杀面积161.6万平方米，实现“病例少输入、环内少传播、社会零外溢”工作目标。保证了颐和园和北京市盲人学校火炬接力传递以及首都体育馆和五棵松体育中心2个场馆41场赛事、509场训练赛以及740名运动员、3.1万余名观众的绝对安全。

（钟冷　林琳）

【冬奥会指挥调度应急技术保障】北京冬奥会期间，由实创科技园企业辰安科技承担的“科技冬奥”重点专项“冬奥会全局全过程态势感知和运行指挥保障技术”项目，应用态势感知、事件跟踪、“一张图”信息聚合呈现等技术，首次在冬奥会中实现跨领域的数据和事件信息汇聚、融合、智能分析和可视化运行指挥。在指挥部设置4块大屏，第一块屏显示各场馆监控镜头画面；第二块屏是与各赛区、城市运行保障指挥机构的视频会议画面；第三块屏是任务系统，可看到各场馆、各赛事精确到每天、每小时的安排，能够以时间轴的方式统揽全局；第四块屏幕是信息化系统，提供的气象等信息可为决策提供依据。该项目是冬奥会运行指挥搭建的唯一综合集成信息平台，系统汇聚赛事情况、突发事件、气象保障、抵离信息、场馆任务等34类冬奥数据和医疗、技术、交通、安保等57种业务领域突发事件，处理各类数据超8万条，辅助协调指挥，助力冬奥指挥调度。

（钟冷）

【驻区高校科技助力冬奥会】冬奥会期间，海淀驻区各高校用科技底蕴助力冬奥。北京大学教授张信荣团队研发最快的冰打造“沉浸式”观赛体验，“冰丝带”成为冬奥历史上第一个使用二氧化碳作为制冷剂的速滑场馆。冰面温差控制在0.5摄氏度以内，低于奥组委提出的1.5摄氏度标准，整个制冷系统的碳排放趋近于零，每年可节省200万度电。4座冰上场馆全部采用这种技术制冰。清华大学的《堆石混凝土坝技术公报》标准应用，实现储水和水资源循环再利用，保障冬奥人工造雪。北京理工大学郝继光团队牵头研制“人体高速弹射装置”，主要用于辅助速度滑冰运动员开展弯道滑行技术训练，可实现对运动员加速过程的精准控制，填补该技术领域的国内空白。北京交通大学李波与风洞实验室研究团队研制的“悬挂+支架”的“大雪花”点火方案，确保点火仪式顺利举行。北京邮电大学温向明教授团队自主研发的5G人工智能清扫车，完成冬奥会期间的防疫消杀和垃圾清扫任务。

（钟冷）

北京交通大学设计的“悬挂+支架”“大雪花”点火方案（北京交通大学 供图）

【延崇高速交通服务保障】冬奥会期间，海淀科技企业千方科技公司的智慧公路系统项目的路网综合管理服务系统（ZH1）及路运一体化车路协同系统（ZH2）建设项目，为延崇高速提供智慧交通服务保障。基于大数据的路网综合管理服务系统，沿用全域交通综合治理的思维与方法，构建基于大数据、云计算、北斗高精度定位、人工智能、车路协同等先进适用技术，是集“建—管—养—运—服”于一体的高速公路运营与服务智能化管理决策平台。路运一体化车路协同系统建设项目最关键的就是针对高速公路危险场景缺乏实时安全预警能力的问题，采用基于车路协同的实时通信预警技术，实现在危险场景下通过路侧单元设备对车辆进行安全预警，辅助车辆安全行驶。与之配套的智能设备是车道旁的全向毫米波雷达和RSU（路侧单元）。两个设备全向毫米波雷达负责实时观测路上情况，并将情况数据反馈给平台，数据经过边缘计算和平台的“大脑”处理后会传递给RSU，由RSU向车辆及时“广播”。通行车辆需安装“小秘书”即OBU（车载单元）接收数据。延崇高速公路车路协同系统还包括一套V2X综合管理平台，运用物联网、云计算、人工智能、卫星导航与定位等先进技术，在车车通信、车路通信的基础上，连接路上所有端侧、边侧以及周边配套系统，实现车与人、车、路、云的智能信息交互。

（钟冷）

【“智慧+”医疗救治保障】冬奥会期间，海淀科技企业浪潮信息作为冬奥会医疗护卫的科技小分队，用信息化技术协助医疗机构为奥运健儿提供便捷高效的医疗救助服务。浪潮信息携手北医三院崇礼院区，采用模块化智算中心，将电源、配电、制冷系统、机柜、管理和服务有机集合起来，通过标准化、模块化架构实现“边成长边投资”构建数据中心的方式，比传统的数据中心更加高效和节能，实现PUE1.3以下，电力节省30%，运维效率提升40%，系统稳定性提高20%。浪潮模块化智算中心采用智能AI管控软件，可对数据中心的设备及环境进行智能监控。

（钟冷）

【赛会网络安全保障】 冬奥会期间，中关村软件园企业——天融信科技集团承接北京赛区的主运行中心、主媒体中心、场馆的网络安全保障工作，同时为170余家涉奥及重要政企单位提供网络安全保障服务。冬奥会期间，天融信集结千名骨干，成立“冬奥会重保工作专班”，依托天融信安全监测与应急响应中心建立7×24小时值守机制。团队总指挥负责统筹协调；安全服务专家组负责赛会期间北京赛区冬奥会主体设施及涉奥行业、客户对接，及时掌握安全事件、漏洞信息、产品故障等信息；事件响应支持组、漏洞响应支持组提供实时监控、分析研判、应急溯源等技术支撑。部署物联网、人工智能、5G、云计算、VR等超过200项前沿科技的应用与联动，处理极其庞大的网络系统与资产。完成冬奥会超高级别重大活动网络安全保障阶段工作，实现保障周期“零事故”目标。

（钟冷）

【全方位信息服务保障】 冬奥会期间，海淀科技企业泰瑞数创科技（北京）股份有限公司的数字孪生技术为崇礼主赛场及京张高铁沿线提供全方位信息服务保障。在崇礼主赛场，泰瑞数创在系统中提供实景数据与多种地理基础数据的自动汇聚、关联与融合，并提供三维可视化一体化展示与管理。在可视化层面，通过实时采集点位、空间数据以二维电子地图和实景3D地图构建方式，加以地形，还原冬奥核心区真实场景，不仅保证重点场所点位数据、视频点位数据的精确度和及时性，还能保证偏僻区域的新建路网以及新建场所的数据持续更新。在京张高铁沿线项目服务中，基于数字孪生技术，将视频系统融合进入数字孪生技术当中，在实景三维场景中实现“数据”决策。可以对铁路沿线区域进行实时浏览、在线回放，为需求单位提供实时人员运动轨迹提供可靠线索。根据列车实时位置提前对铁路沿线进行全方位监控，为高速铁路安全提供强有力技术支撑。

（钟冷）

【语言服务保障】 北京冬奥会期间，海淀企业科大讯飞作为“2022北京冬奥会”和“2022北京冬残奥会”官方自动语音转换与翻译独家供应商，科技助力冬奥会。讯飞听见会议（L1版）助力冬奥数字化医疗服务，以远程视频的方式，有效减少疫情传播；讯飞听见智慧屏及会议系统，入驻奥组委多个部门会议室，提供超过1000场沟通无障碍服务保障。科大讯飞打造的冬奥万事通——“爱加”虚拟志愿者，精通中、英、日、俄、法、西6种语言，不仅能“面对面”解答冬奥赛事、赛程，对周边交通、文化、旅游等咨询对答如流，还能与人进行冬奥知识游戏互动。2019年，科大讯飞组建北京2022年冬奥会和冬残奥会示范应用专项团队，围绕“人和人之间沟通无障碍、人和组织之间沟通无障碍、人和赛事之间沟通无障碍”三大方向，加速应用场景落地。基于智能语音新一代人工智能开放创新平台，科大讯飞面向冬奥会的语音语言平台，同时支持60个语种语音合成、69个语种语音识别、168个语种机器翻译和3个语种交互理解，响应速度不超过0.5秒，汉语与重点语种翻译准确率不低于95%，让多语种实现交流无国界、沟通无障碍。

（钟冷）

【气象服务保障】 冬奥会期间，区气象局主要承担火炬传递接力活动保障和海淀区冬奥场馆、重点酒店、外宾驻地等区域外围气象服务保障。2021年测试活动期间，区气象局对接各部门及赛事举办方的需求，制作气象服务专报并不断改进优化，加密重点区域周边观测仪器设备巡检、开展应急演练等，确保赛事期间服务保障到位。针对冬奥会及冬残奥会火炬接力保障任务，通过实地踏勘、对比观测等手段，提供逐小时精细化预报和针对性服务。冬奥会期间，区气象局共为首都体育馆、五棵松体育馆及清河高铁站区“两馆一站”和多家保障驻地酒店提供气象服务专报150余期，提供气象保障。区气象局的创新工作MOAP本地化系统，与全国综合气象信息共享平台数据环境无缝对接，动态化显示全球数值预报中的各种要素，有效提高天气预报的准确性和及时性。在海淀国家气象观测场中部署着空气温度湿度观测设备、风向风速观测设备、降水现象仪、大气成分监测仪、能见度观测设备等仪器设备，用于观测空气温度、湿度、风向风速、降水量等十余种气象要素，地面气象观测正式转为全自动化观测业务运行，实现对气象的精准预测。

（钟冷）

【赛事外围闭环服务保障】 1月3日，海淀区正式启动小闭环24家酒店的服务保障工作。23日，启动大闭环，启动疫情防控、赛事服务、外围保障等工作安全运行。2月23日，启动冬残奥会保障工作，做好冬奥会赛后隔离移出工作，同步落实火炬传递、开闭幕式观众集结、清河高铁站服务保障、外国政要外围保障等重点任务。实施“会商议事、沟通协调、磨合复盘”三级工作机制和“早调度、晚例会”制度，事情日清日结。

（高鑫鑫）

【于军检查冬奥保障酒店疫情防控工作】 1月16日，区委书记于军到冬奥保障酒店等区域重点点位，实地察看疫情防控、交通运行、城市环境、安全保卫等外围闭环流线管理和冬奥服务保障措施落实情况。于军强调，要压实主体责任，尽全力为参赛各方提供舒适、便捷、安全的服务；认真分析“人、地、事、物”等因素，做好应急预案，强化处置能力，高标准完成安保任务，确保赛事万无一失。区委副书记张强，区领导吴计亮、林航参加检查。

（钟冷）

【区冬奥运行保障指挥部专题会】 1月18日，于军主持召开冬奥会和冬残奥会海淀区运行保障指挥部专题会。会议听取审议《海淀区北京2022年冬奥会和冬残奥会赛时住宿保障工作方案》《北京2022年冬奥会和冬残奥会海淀区运行保障指挥部医疗防疫工作组医疗防疫工作总体方案》等涉及赛时住宿保障、医疗防疫、城市运行与环境保障、抵离交通组织等7个方案；听取城市运行与环境保障、清河高铁站服务保障、抵离交通组织等工作进展情况的方案汇报；研究相关工作，部署重点任务。区委副书记、区长王合生，区委副书记张强出席会议。

（钟冷）

【海淀区冬奥会和冬残奥会新闻发布会】 1月19日，北京2022年冬奥会和冬残奥会海淀区运行保障指挥部召开新闻发布会，介绍服务保障各项准备工作准备就绪，赛时运行指挥系统全面启动。23日，2022年北京冬奥会和冬残奥会海淀区住宿和餐饮服务保障工作专题新闻发布会召开。宣布冬奥保障筹备工作已经进入最后冲刺阶段，部分外籍人员和场馆保障人员陆续入住酒店。海淀区24家酒店全部进入闭环管理阶段，全天候为海淀、朝阳不同场馆的赛事提供住宿服务保障。

（高鑫鑫）

【冬奥会志愿服务】 1月25日，“双奥之城　志愿有我”海淀区城市志愿服务启动仪式在五棵松篮球公园举行。北京冬奥城市志愿者形象大使、奥运冠军丁宁和海淀团区委书记陈培宇共同发布海淀区志愿服务站点地图，全区9个站点开展冬奥城市志愿服务。冬奥城市志愿服务全面启动。截至2月20日，城市志愿者累计上岗30万人次，为五棵松体育中心和首都体育馆2个冬奥会比赛场馆、清河站及观众远端集结点的观赛观众提供秩序维护、有序疏散、场馆指引、车辆引导、信息咨询及文化宣传等服务。海淀区比赛场馆周边的冬奥城市志愿者共2200余名，主要为来自驻区高校的师生及公共文明引导员等志愿者。其中，由驻区高校的884名大学生志愿者组成的高校青年志愿服务队伍，主要负责观众入场引导、散场指引，核验测温、入场秩序维护等工作，完成场馆周边志愿服务工作及火炬接力传递的保障任务。除场馆周边城市志愿者外，海淀区生命缘总队、雷霆应急救援服务队、青龙桥义务指路队、海淀友邻等成熟的专业化志愿服务团队和6000余名社区志愿者，在海淀公园冬奥文化广场、紫竹院公园文明小屋、首都体育馆南门、国家图书馆地铁站C口、五棵松体育中心南门、颐和园东宫门以及清河站东广场、西广场等9个城市志愿服务站以及153个涉奥重点社区、新时代文明实践所站、基地，进行宣传冬奥文化、赛事咨询、义务指路、交通指引等志愿服务，举办冬奥寄语、文艺演出、赛事转播、展览展示、互动体验等系列迎冬奥主题活动，在传统民俗文化宣传项目的基础上，增加更多科技体验、运动竞技志愿服务项目。城市志愿者累计上岗20104人次，累计服务时长121183.5万小时，累计服务观众约2.7万人次，服务市民游客约10万人次。区妇联组织365支巾帼志愿家庭服务队的1万余人投身志愿服务。

（钟冷）

【全区领导干部会议暨冬奥赛时动员部署会】 1月29日，王合生主持召开全区领导干部会议暨冬奥赛时动员部署会。会议贯彻落实市委市政府决策要求，对冬奥服务保障及春节期间疫情防控、城市运行、安全生产等重点工作进行再动员再部署。张强部署冬奥服务保障、疫情防控有关工作；常务副区长李俊杰部署应急管理、安全生产、城市运行保障、环境布置等工作。于军强调，北京冬奥会举办期间正值新春佳节，对疫情防控和城市运行保障提出更高要求，要深入贯彻习近平总书记关于冬奥会筹办的一系列重要指示精神，进一步增强责任感紧迫感，以首善标准统筹抓好疫情防控和冬奥筹办工作，加强值守保障城市运行，确保北京冬奥会、冬残奥会如期安全顺利举办。区人大常委会主任刘长利、区政协主席刘勇以及鲍雷、吴计亮、张若冰、牟晓春、林剑华等区领导出席会议。

（钟冷）

【火炬传递服务保障】 2月4日，颐和园冬奥会火炬传递活动举行。早在2021年12月2日，区体育局成立2022年北京冬奥会和冬残奥会火炬接力传递运行工作专班，牵头统筹推进火炬运行保障工作。16次到颐和园，6次到北京市盲人学校，对传递路线进行实地勘察，组织颐和园演练5次，盲人学校演练3次。制定《2022年冬奥会和冬残奥会海淀区火炬接力运行工作传递运行组工作方案》，确定15项工作任务，明确时间节点、牵头单位及工作职责，对串起冬奥会颐和园火炬传递的点（102个点位、3个集结点）和线（电瓶车出发、返回、临时停靠点往返路线及中巴车落位、转场、返回路线）进行梳理，确定活动具体流程。制定《2022年冬残奥会海淀区火炬接力运行工作传递运行组工作方案》《海淀区火炬接力保障组应急预案汇编》《2022年冬奥会海淀区火炬接力运行演练工作方案》，精准设计演练流程，确保海淀区火炬接力任务安全、有序、高效运行。完成冬奥会颐和园火炬接力涉海淀区任务198项，冬残奥会火种采集、火炬传递涉海淀区任务83项。活动前期，颐和园配合火炬传递点位踏勘，完成桌面推演、实地演练、全流程全要素演练4次。制定《冬奥会火炬接力颐和园运行保障方案》，设置传递运行组、活动景观组、宣传转播组、安保交通组、运行保障组和环境整治组，细化责任分工，召开专题会议12次。冬奥会火炬传递活动当日，公园420名职工在岗值守，保障火炬传递活动。

（高鑫鑫　朱奕丹）

【颐和园冬奥会火炬传递活动】 2月4日上午，北京冬奥会火炬在颐和园进行传递。颐和园传递点位的主题为“华夏园囿”，核心内涵为体现古都风貌和世界文化遗产的魅力，展示北京深厚的历史文化底蕴，是历史风云的见证、西山永定河文化带上的明珠。在知春亭，火种护卫从火种灯内取火并引燃火炬，于军接过火炬，交给第一棒火炬手乒乓球运动员、世界冠军丁宁，开始火炬传递。传递路线从知春亭桥头出发，经文昌阁、八方亭、绣漪桥等处，过玉带桥、耕织图景区，到东半壁桥收火，全长6.182千米，丁宁、撒贝宁、单霁翔、雷军等97名火炬手接力完成。在火炬传递现场，群众表演体现中国文化传承的太极拳、太极扇及空竹表演，其中参加太极扇表演的海淀太极协会成员曾参加2008年北京奥运会及残奥会开闭幕式太极功夫扇万人展示表演。区委副书记、区长王合生，区人大常委会主任刘长利，区政协主席刘勇，区委副书记张强以及区领导吴计亮、张若冰、林航、张小川出席起跑仪式。

（钟冷）

【海淀科技保障冬奥会开幕式】 2月4日20时，北京2022年冬奥会在国家体育馆开幕，海淀高科技企业保障冬奥会开幕式。海淀企业利亚德集团承担北京冬奥会开幕式地屏、冰瀑、冰立方、南北看台屏和播放系统等装置生产、安装任务。冰立方缓缓被激光“雕刻”成晶莹璀璨的五环升起，冰立方长22米、宽7米、高10米，由LED屏组成，“雕刻”的视觉在激光与冰立方3D视效的结合下产生。五环本身就是一个LED屏，当它亮相时，位于看台4层的激光照射在冰立方上，进行“雕刻”，随着冰立方上顶盖下翻，配合着激光“雕刻”，底部五环上升，冰立方四面的LED屏下降，并播放冰碴四溅的三维视觉效果，三方配合，就形成五环一点点“雕刻”出来的视觉效果。地面显示系统作为开幕式演出显示系统和表演舞台，承载开幕式60%以上的演出创意，是世界最大的LED三维立体舞台，实际分辨率达到14880×7248像素，接近4个8K分辨率（物理分辨率可提升一倍），可呈现出100000 ：1超高对比度，呈现裸眼3D效果，这是奥运历史上第一次使用1万多平方米的LED屏。北京理工大学计算机学院数字表演与仿真技术团队采用原创的“智能化创编排演一体化”仿真系统，将各种表演方案的真实效果进行三维呈现，将每一个要素的时空变化精准至0.01秒。北京理工大学机电学院焰火技术团队为“立春”提供技术支持，焰火倒计时180秒“燃”纹。

（钟冷）

【冬奥会和冬残奥会指挥调度】 2月初至3月中旬冬奥会和冬残奥会期间，由区体育局牵头组建的运行保障团队和成立的调度中心，主要对接冬奥组委和冬残奥会运行指挥部调度中心、相约办、区运行保障指挥部落实北京冬奥会和冬残奥会服务保障需求，承担赛事监控、运行调度、对外联络等职能。坚持社会面整体稳定，紧盯安保、交通、防疫“三位一体”落实。在火炬传递、开闭幕式、外围政要活动等重点时段，调度各单位全时在岗在位值守，落实等级防控部署，发挥群防群治力量，派出专业力量24小时巡查防控场馆、酒店等涉奥点位周边及街面。开展涉奥重点点位周边隐患问题综合治理，排查各类风险苗头。做好清河高铁站、火炬传递线路等重点涉奥点位的外围保障工作。

（高鑫鑫）

【冬残奥会“光明之火”火种采集】 3月2日，北京2022年冬残奥会火炬在北京、延庆、张家口三个赛区的火种采集地举行火种采集仪式。冬残奥会设计9路火种，火种采集地涵盖学校、社区、图书馆等助残地标，以及北京2008年残奥会的火种采集地等。其中，“光明之火”在位于海淀区的北京市盲人学校采集。中国残联党组成员、副理事长程凯，市残联党组书记郭旭升，区领导于军、张强、吴计亮、张若冰、张小川出席仪式。“光明之火”的采集方式别具特色，通过30名盲校师生的歌声点燃火焰，当歌声达到一定分贝，音频声压器的光柱条达到最高点，触及点火器引燃火种。北京市盲人学校采集的城市火种，在当日下午与其余8路火种在天坛公园汇聚，生成北京2022年冬残奥会官方火种。现场，火种护卫将火种引入火种灯，程凯点燃火炬，交给第一棒火炬手浙江大学医学院附属邵逸夫医院眼科主任姚玉峰，北京2022年冬残奥会北京市盲人学校火炬传递正式开始。

（高鑫鑫）

【海淀童声参与冬残奥会开幕式】 3月4日，在北京2022年冬残奥会开幕式暖场环节。13名来自北京市盲人学校的孩子手拉着手，演唱中德双语歌《乘着歌声的翅膀》。13名孩子平均年龄10岁，最小的孩子只有7岁。2021年12月底开始，盲人学校的4名老师带着合唱团的13名学生进行声乐练习。2022年1月中旬，导演组给学校发来表演曲目，要演唱《让我们荡起双桨》和《乘着歌声的翅膀》两首歌，后一首歌要用德语演唱。在练习

3月3日，冬残奥会“光明之火”火种在北京市盲人学校采集成功，火炬手开始传递（余婧雯 摄）

德语演唱过程中，老师们在乐谱上用不同颜色的笔注满各种单词的德文、英文发音。13名学生仅用一周时间，就掌握了德语歌词。盲童唱歌从站姿微笑开始学，形体和表情是需要攻克的难题。由于看不见，孩子们不知道挺拔的身姿是什么样子，老师们就站好让孩子们用手摸，通过触摸来真实感受，仅是站姿每天得专门训练一个小时左右。为帮助孩子们练习“笑”，老师让孩子们用手摸老师嘴角上扬的弧度，通过咬筷子的方式来练习。最终，13名学生完成演唱。

（钟冷）

【海淀手语教师全程“解说”冬残奥会】 3月4日，北京2022年冬残奥会开幕式举行，北京市健翔学校的手语老师刘丹全程翻译开幕式。在近一个半小时的开幕式直播中，刘丹用流畅的手势和温暖的笑容，为电视机前的听障人士进行“解说”。在开幕式特别节目中，播出北京市健翔学校致力于残疾人教育方面的短片，杜秋娴担任手语翻译，介绍学校社团活动、体育赛事和运动，并接受访谈。在3月4日至13日冬残奥会期间，北京市健翔学校（牡丹园校区）的杜秋娴、刘丹、王茜娜、张畅、席学友5名教师全程担任中央广播电视总台体育频道2022年北京冬残奥会开闭幕式，以及大赛事期间负责中央电视台体育频道《体育新闻》《全景冬残奥》等节目的手语翻译工作。

（钟冷）

【冬残奥会票务和观众组织工作总结会】 3月28日，海淀区召开冬奥会和冬残奥会期间票务和观众组织工作总结会。区委常委、统战部部长、区票务和观众组织工作组组长牟晓春出席会议，区票务和观众组织工作组副组长、“一办九部”负责人、各有关单位负责人参会。区委统战部汇报整体工作情况。北京冬奥会和冬残奥会期间，区票务和观众组织工作组“一办九部”完成首都体育馆和五棵松体育中心2个场馆47场冬奥赛事2.6万余名观众集散保障任务，以及36场冬奥冬残奥赛事、4场开闭幕式、1场颁奖仪式9000余名海淀观众的组织任务，累计协调车辆270余辆次，发放物资1.4万余份，实现“观众有组织、疫情可防控”的工作目标。

（钟冷）

【冬奥场馆赛后利用高峰论坛】 4月15日，由北京五棵松文化体育中心主办的“冬奥场馆赛后利用高峰论坛”举办。北京市体育局冬季项目管理中心、海淀区商业联合会、华东师范大学体育学院、北京国际云转播公司等机构负责人，围绕后冬奥时代场馆利用问题，从不同角度做主题演讲，让场馆经营者了解国家政策、了解体育场馆发展机遇、了解消费者需求、了解科技创新如何为体育场馆赋能，让潜在的投资者了解未来冰雪运动发展的前景和蕴含的巨大商机。体育相关产业代表和20多家媒体记者参加论坛。作为双奥场馆，五棵松文化体育中心自2008年北京奥运会后，完成从单一场馆到综合性场馆，从竞技体育到大众健身，从文体地标到时尚生活圈的拓展转型，年举办活动从2009年的9场增加到2019年的80多场，观众从7万人次增长到150多万人次。场地利用率高达70%。后冬奥时代，五棵松体育馆延续篮球、冰球的奥运血脉，将引入更多高水平冰球、篮球赛事和国际、国内一线艺人演艺活动。五棵松冰上运动中心将转型为“一站式”家庭乐活体验中心，成为以冰场为核心的体育、商业相互融合的服务综合体，包括冰上运动、餐饮、文化、教育、娱乐等多业态，打造“一核心、多业态、全方位”的消费模式。

（钟冷）

【服务保障冬奥会冬残奥会工作回顾展】 4月15日，区体育局服务保障北京2022年冬奥会和冬残奥会工作回顾展在海淀体育中心开展，副区长林航，区卫健委、区医保局、区文旅局、区文联、区派驻纪检监察组、海淀街道、八一学校、北京大学国家发展研究院、中关村第二小学、中关村西区派出所、芙蓉里社区、北京裕和中西医结合康复医院有关领导及区体育局领导班子、干部职工代表出席开展仪式。回顾展由区体育局策划，以“责任、担当、拼搏、奉献”为主题，以区体育局参与服务保障“相约北京”系列冬季测试活动、测试赛及北京冬奥会和冬残奥会各项工作为主线，包括“穿越冬奥时光，重温保障历程”“盛世冬奥，律动海体”“坚强领导，统筹全局”“坐镇指挥，运筹帷幄”“冬奥先锋，勇立潮头”5大主题，包含600余张照片、30余组实物、1500余份文件共计242万余字。全面系统地回顾和展示区体育局作为业务主责部门，从组建冬奥专班到冬奥会和冬残奥会结束历经870天，组织11批次48名骨干到冬奥专班、冬奥场馆、组委会办公室、抵离工作组、火炬运行组、调度中心等重点工作岗位，全程全要素参与各项工作，完成各项冬奥保障任务的轨迹和取得的成果。回顾展持续至10月底，共接待观众上千余人次。

（高鑫鑫）

领导调研考察

2023

北京海淀年鉴

省部级领导调研考察

【李国英调研地下水超采复苏河湖生态环境工作】 2月27日，水利部部长李国英调研北京市地下水超采综合治理和复苏河湖生态环境工作。在门头沟区永定河山峡段，石景山区杨庄水厂基岩井、永引渠杏石口枢纽，海淀区西山地区及北坞砂石坑，详细了解永定河生态补水、地下水补给区径流区排泄区地质构造、地下水压采回补及水位回升等情况。随后召开座谈会，与陈吉宁等领导共同研究北京市地下水超采综合治理和复苏河湖生态环境工作。区委书记王合生、副区长马光耀参加调研。

（钟冷）

【李群调研香山公园文物保护工作】 4月7日，文化和旅游部副部长、国家文物局局长李群带队，到香山公园调研文物保护工作，实地查看双清别墅、来青轩、香山寺、碧云寺等纪念地。李群对香山公园文物保护工作给予高度肯定，同时强调，要持续强化文物研究保护工作，展示历史文物风貌，营造文化氛围；加强石刻等露陈文物保护与利用，通过日常检测和科学管理，提升文物保护水平；消防安全是文物安全的重中之重。国家文物局相关部门负责人以及市委宣传部、市文物局、香山公园有关负责人参加调研。

（李爽　陈思）

【沈跃跃考察“家庭家教家风”建设工作】 4月20日，全国人大常委会副委员长、全国妇联主席沈跃跃，就深入贯彻习近平总书记关于“家庭家教家风”建设的重要指示精神，到海淀区清华园街道调研妇联工作，重点调研妇联协同社会资源开展“家庭家教家风”建设工作情况，以及贯彻实施家庭教育促进法的进展情况，在学院路石油共生大院、清华园街道家校社协同育人基地——清华科技博物馆，走进家庭教育指导服务站、家校社共育咨询室、社区家庭学校、社区儿童之家，详细了解贯彻实施家庭教育促进法的进展、家校社协同育人的情况。沈跃跃听取区妇联、清华园街道妇联统筹辖区资源开展家校社协同育人工作汇报，听取区妇联打造一个阵地、培育一支队伍、推出一系列品牌项目的主要做法介绍；参观“清华大学‘十三五’科技创新成就展”、科博“百年器象”展和“直上云霄——列奥纳多·达·芬奇的飞行与工程机械展”，了解妇联携手科学博物馆这个阵地发挥家校社协同育人功能，以及对青少年家庭在爱国主义教育、科技报国和科学家精神教育方面取得的效果；观摩“纪念中国航天日，亲子共绘航天梦”活动。沈跃跃对妇联工作及对全国家庭教育创新实践基地工作提出“通过家校社协同育人机制推动更多家长科学教子，提供更精准的指导服务”的要求。清华大学党委书记邱勇，全国妇联副主席、书记处书记蔡淑敏，北京市人大常委会副主任侯君舒、市委副秘书长孙文锴、市妇联主席张雅君，海淀区委书记于军，以及市、区其他相关领导参加调研。

（唐馨玲　钟冷）

【邹震调研工会改革创新工作】 7月12日，全国总工会书记处书记、党组成员邹震带队到海淀区，就工会改革创新工作进行调研。市总工会党组书记张良，区人大常委会副主任、区总工会主席李卫华参加调研。调研组走访海淀职工服务（帮扶）中心、贝壳找房、中关村科学城总工会，现场了解海淀各级工会改革创新、新就业形态劳动者有效覆盖的主要做法以及职工之家、暖心驿站等工会服务阵地建设情况，看望慰问一线职工，了解企业工会工作情况。调研组听取海淀区总工会、中关村科学城总工会、曙光街道总工会、东升镇总工会、滴滴公司负责人关于海淀各级工会改革创新、园区工会建设、街镇工会建设、社区联合工会建设以及新就业形态劳动者入会等情况汇报。邹震对海淀各级工会组织开展新就业形态劳动者入会行动，推动头部平台企业工会组织建设，扩大工会对新就业形态劳动者有效覆盖的做法表示赞赏。

（钟冷）

【慎海雄调研新时代文明实践中心建设工作】 7月28日，中宣部副部长、中央广播电视总台党组书记、台长兼总编辑慎海雄到海淀区调研新时代文明实践中心建设工作。市委常委、宣传部部长莫高义参加调研。在中关村村史馆、四季青镇文明实践所，慎海雄了解新时代文明实践中心服务模式、创建机制等情况，与实践基地、站所有关负责人、工作人员、志愿者座谈交流，听取意见建议；听取区委书记王合生的工作汇报，向北京市新时代文明实践中心赠送总台精品节目库。按照中宣部统一部署，2022年中央广播电视总台对口联系北京新时代文明实践中心建设，形成“点单、派单、接单、评单”志愿服务模式。慎海雄对北京市新时代文明实践中心建设和精准有效的志愿服务做法表示肯定，表示中央广播电视总台将加大对北京市新时代文明实践中心建设工作指导和支持力度，帮助北京提炼和推介文明实践工作优秀做法和经验。中央广播电视总台办公厅、总编室、机关党委、北京总站及北京市委宣传部、海淀区相关负责人参加调研。

（钟冷）

【黄玉治督导检查消防安全工作】 9月29日，应急管理部副部长黄玉治带领国务院安委办安全生产大检查“回头看”督导组，到翠微股份翠微店开展消防安全督导检查，并对迎接党的二十大各项安全生产工作进行指导。督导组一行听取翠微对二十大安全保卫工作区域分管、网格化互助、安全责任落实和全面提升全员应急处突能力培训等工作汇报，对店内消防“三自主两公开一承诺”公示情况、超市疏散通道、一层中控室设备设施运行等工作进行详细检查，随机抽查一线员工灭火器使用、突发情况处置预案等重点工作。通过实地微型消防站现场演练，督导组检验微型消防站“一、三分钟”应急处置能力，听取翠微商业空间数字管控平台应用随行汇报。黄玉治对翠微集团的安防监控、消防管理、车辆管理、客流分析等一体化商业空间数字管控平台给予充分肯定，强调多措并举将消防安全工作做实做深做细，纵深推进消防安全大检查和十大攻坚行动，及时防范化解消防安全风险。副市长谈绪祥，市应急局、市消防救援总队领导，代区长李俊杰，区政府办、应急、消防等部门主要领导及有关负责人、翠微集团（翠微股份）领导班子成员参加。

（钟冷）

市领导调研考察

【蔡奇到小米集团调研】 2月26日，市委书记蔡奇到小米集团调研。小米集团多个项目被纳入北京市科技创新和高精尖产业重点工程，正加快布局新能源汽车、智能制造等新业务。在研发楼，蔡奇了解企业研发投入和经营发展情况，指出要聚焦科技前沿领域，加强关键核心技术攻关，以创新链带动产业链发展，成为智能制造标杆和高精尖产业排头兵。蔡奇强调坚持市领导联系服务企业、商圈、园区、重点项目等制度，各区落实属地责任，为市场主体做好服务。借势冬奥助力高质量发展，实现经济社会发展“开门红”。市委副书记、市长陈吉宁一同调研，市领导崔述强、殷勇、张家明、谈绪祥，市政府秘书长戴彬彬参加。

（钟冷）

【蔡奇检查防疫措施落实情况】 5月21日，市委书记、疫情防控工作领导小组组长蔡奇到海淀区检查防疫措施落实情况，看望慰问一线防疫工作人员。在北京理工大学，蔡奇检查校园防疫措施落实情况。在海淀街道友谊社区、中关村街道熙典华庭社区，蔡奇详细询问流调溯源、生活保障等工作进展，慰问坚守在一线的防疫工作者。蔡奇以“四不两直”方式沿途检查蓝靛厂晴波园小区落实测温、扫码、查验核酸检测证明等措施落实情况。蔡奇强调，高校是疫情防控的重点部位，各高校要落实主体责任，从严从紧抓好防疫工作，做好核酸检测和健康监测；海淀区要全面严防死守，坚持对社会面病例零容忍，以最快速度管控风险点、阻断传播链，坚决打赢疫情防控阻击战。市政协主席魏小东，市委副书记、市人大常委会副主任、防控工作领导小组副组长张延昆，市领导夏林茂、卢彦，区领导于军、王合生、李俊杰、吴计亮、张若冰、林航参加。

（钟冷）

【蔡奇检查疫情处置工作】 5月26日，蔡奇到海淀区检查疫情处置工作，看望慰问防疫一线工作人员。在清河街道四拨子村，蔡奇现场检查涉疫风险应急处置机制落实情况，详细了解疫情防控工作进展。蔡奇强调，要坚定推进动态清零行动，以最快速度管控风险，阻断病毒传播链条，彻底消除社会面隐匿传播风险。对重点区域和重点病例，涉疫风险应急处置机制要提级调度，严防风险外溢。市政协主席魏小东，市委副书记、市人大常委会副主任、防控工作领导小组副组长张延昆，市领导张家明、亓延军以及区领导于军、王合生、李俊杰、吴计亮、张若冰、李卫华、林航、张小川参加。

（钟冷）

【陈吉宁检查疫情防控工作】 6月3日端午节，市长陈吉宁以“四不两直”方式到海淀区和昌平区，实地检查封控管控区管理和防控措施落实等情况，召开现场调度会，研究部署相关疫情处置工作。在清河街道四拨子村，向卡口工作人员详细询问封控区人员转运、安全管理等情况，叮嘱严格落实安全责任，排查治理消防、水电等风险隐患，确保区域安全。陈吉宁强调，要严格落实各项防控措施，全面排查风险点位和人员，强化信息跨区横传，确保第一时间落位管控。要在保证检测质量、经充分评估符合要求的前提下，对满足条件的区域解除封控管控措施。市政府秘书长戴彬彬参加。

（钟冷）

【蔡奇调研海淀高科技企业】 6月18日，蔡奇到海淀区调研高科技企业疫情防控和经营情况。在人工智能领域独角兽企业第四范式（北京）技术有限公司，察看疫情防控、技术研发和经营情况，了解企业软硬件研发应用情况和业务布局，鼓励企业加强国际开放合作，在智能汽车整车操作系统和新一代物联网操作系统等领域持续发力，做能给行业下定义、定标准的头部企业。在圣邦微电子（北京）股份有限公司，蔡奇察看创新产品展示，公司的模拟芯片产品广泛应用于工业控制、汽车电子等领域，鼓励公司针对企业需求定制个性化“服务包”，提供应用场景和政策支持，为企业快速健康成长保驾护航。蔡奇强调，海淀区是中关村企业的大本营，是全市经济的“压舱石”，要充分发挥科技创新优势，高效统筹疫情防控和经济社会发展，为全市高质量发展添秤。市领导崔述强、张家明、靳伟参加。

（钟冷）

【陈吉宁调研海淀经济社会发展情况】 7月7日，市长陈吉宁到海淀区调研经济社会发展情况。在灵犀微光公司，陈吉宁详细了解AR产品生产工艺、应用场景等情况，现场体验AR产品使用效果，叮嘱有关部门加强行业协同，加快产业链企业快速精准对接，推出更多应用场景，促进产品迭代升级，推动形成产业生态。在巢生创新实验室，了解服务创新企业和在孵项目等情况，叮嘱企业做好研发攻关与临床诊疗、投融资需求等对接服务，积极引进国际创新要素，孵化出更多高质量创新企业。在微软亚太研发集团，与企业管理团队深入座谈交流，了解创新产品开发、AI助力可持续发展等方面成果，希望企业依托北京科创人才资源优势，在软件信息服务、人工智能等领域拓展行业深层次合作空间，共同培育产业生态，助力更多研发成果在京转化落地。在北京股权交易中心，听取有关工作进展情况，指出中心要进一步优化资源配置，吸引更多早期资本、耐心资本注入科创型、硬科技企业，提供相应政策配套支持，打造稳定公平透明、可预期的制度环境。陈吉宁强调，要高效统筹疫情防控和经济社会发展，抓住中关村新一轮先行先试改革机遇，健全完善创新链条和产业生态，努力推动创新发展取得更大成效、先行先试改革取得更多成果，加快推动北京国际科技创新中心建设。市政府秘书长戴彬彬参加调研。

（钟冷）

【卢彦调研颐和园】 7月13日，副市长卢彦到颐和园调研防汛及牌楼安全、疫情防控等工作。卢彦检查新建宫门内延旭牌楼，了解牌楼分布、现状勘察情况及遗产监测等工作；实地检查公园疫情防控、雨季防汛、水体保护、科普宣传、游船运营、安全保卫等工作；听取市公园管理中心关于"园说Ⅳ——北京三山五园文物特展"选题及策展方案的汇报。卢彦对公园的疫情防控、应急防汛、服务管理、遗产保护等工作给予肯定，并提出持续强化疫情防控、全面做好应急防汛、全面加强生态保护、全面盘活文物资源、全面守护好世界文化遗产的工作要求。市公园管理中心、市园林绿化局、市文物局、颐和园等单位相关领导参加调研。

（匡馨）

【蔡奇调研数字经济发展情况】 8月11日，蔡奇到海淀区小鸟看看科技有限公司走访调研数字经济发展情况。蔡奇察看VR一体机等创新产品展示，了解企业技术研发、内容生态建设等情况，鼓励企业继续在硬科技上下更大功夫，拓展教育、健身、医疗、培训等更多新应用，提高产品竞争力。蔡奇强调，当前已进入一个全新的数字时代，数字经济是经济转型升级的新变量，也是高质量发展的新蓝海。主动服务企业，用好"两区"和中关村新一轮先行先试政策，探索新业态新模式，积极培育一流创新生态和行业领军企业，助力北京高质量发展。市领导靳伟、赵磊，代区长李俊杰参加调研。

（钟冷）

【陈吉宁到北下关街道接访】 8月11日，陈吉宁到北下关街道开展接访活动。中关村南大街40号院3号楼居民通过信访渠道反映物业管理缺失等问题，陈吉宁"四不两直"实地察看3号楼地下室漏水、污水浸泡等信访问题现状，与群众代表座谈，听取意见诉求，解读老旧小区改造、物业服务管理等制度规定；并就此项信访事项召开协调会，与市有关部门、海淀区及法律专业人士共同研究化解信访问题方案。陈吉宁强调信访工作要走好新时代党的群众路线，千方百计解决群众急难愁盼问题，更好维护群众合法权益。陈吉宁还到信访接待室，看望慰问信访干部，了解接待来访群众情况。市政府秘书长戴彬彬、代区长李俊杰参加。

（钟冷）

【陈吉宁走访调研百度公司】 8月26日，陈吉宁到海淀区走访调研信息科技企业百度公司。陈吉宁察看百度无人车及芯片产品等展示，与企业管理团队围绕自动驾驶、人工智能、互联网医疗等重点发展领域深入交流，了解企业发展规划和诉求，并召开现场办公会，协调对接推进相关工作。座谈会上，企业负责人介绍公司发展及重点业务开展情况，并针对企业在京发展需求提出意见建议。市有关部门和海淀区负责人就企业关心的问题作出回应。陈吉宁强调，百度公司是中关村互联网的头部企业，希望企业把握科技前沿和行业趋势，细化主攻方向，突出特色优势，与市里有关方面开展常态化深度对接，增强溢出带动效应，提升行业领域发展能级，不断提升核心竞争力。市委常委、副市长靳伟，市政府秘书长戴彬彬，代区长李俊杰参加调研。

（钟冷）

【杨晋柏检查北京舞蹈学院疫情防控工作】 9月9日，市委常委、副市长杨晋柏到北京舞蹈学院看望慰问教师，检查疫情防控工作。杨晋柏重点调研秋季返校报到工作，了解未返校京外学生情况、当前教育教学安排、物资供应等情况，并强调一定要守住校内疫情防控底线，要把师生安全健康放在第一位。实地考察就业基地青年舞团，观摩原创舞蹈诗剧《杨家岭的春天》，观摩学院附中芭蕾课堂、大学国标舞系课堂、中国民族民间舞系课堂。市政府副秘书长李志杰参加调研。

（钟冷）

【尹力调研检查疫情防控工作】 11月25日，市委书记、新冠肺炎疫情防控工作领导小组组长尹力到海淀区调研检查。在中关村东升国际科学园，尹力检查园区、楼宇防疫措施，察看腾盛博药公司新冠中和抗体联合疗法药物研发进展情况。在清华大学，尹力检查校门安全监测岗、学生食堂、核酸采样点、健康监测点等场所防疫措施落实情况。尹力强调，当前正处于与时间赛跑、与病毒较量的关键时期，各区各部门各单位要进一步瞄准目标任务，做到科学精准快速处置疫情、用心用情用力服务群众，切实筑起护佑人民生命安全和身体健康的坚实屏障。市委副书记、代市长、防控工作领导小组副组长殷勇，市政协主席魏小东，市领导夏林茂、赵磊、卢彦，清华大学党委书记邱勇、校长王希勤参加调研检查。

（钟冷）

【殷勇调研平台经济发展情况】 12月30日，代市长殷勇到海淀平台企业抖音集团调研平台经济发展情况，察看数字化转型平台及VR等智慧硬体研发应用。殷勇肯定抖音集团积极优化业务布局，培育新业态新模式，助力新型消费发展，带动众多行业领域数字化转型，平台影响力不断提升。希望企业坚持创新发展，发挥龙头企业引领带动作用，进一步加大研发投入，探索拓展下一代网际网路入口，创新应用场景建设，更好融入北京城市发展大局的要求。殷勇强调，北京市将坚定不移地贯彻落实党中央决策部署，优化发展环境，支持平台企业民营经济持续健康发展。市政府秘书长戴彬彬、区长李俊杰参加。

（钟冷）

中共海淀区委

综述

【概况】 2022年，中共北京市海淀区委员会（简称区委）坚持以习近平新时代中国特色社会主义思想为指导，认真学习宣传贯彻党的二十大精神，深入贯彻习近平总书记对北京一系列重要讲话精神，深刻理解“两个确立”的决定性意义，增强“四个意识”、坚定“四个自信”、做到“两个维护”，全区各项事业取得新进展、新成效。召开区委全会3次，区委常委会会议34次，区委常委（扩大）会议5次，书记专题会15次。

（牛雅琼）

【政治建设】 年内，海淀区完成北京冬奥会和冬残奥会服务保障任务。建立“一办一中心十六组”工作体系，全面落实“三区三线两场馆”117个点位的服务保障任务，举办351场冬奥文化主题活动，为成功举办冬奥盛会贡献海淀力量。以首善标准服务保障党的二十大胜利召开，统筹做好医疗防疫、安保维稳、交通秩序等服务保障工作，确保城市运行安全有序。做好政治中心服务保障，做好长安街西延长线、玉泉山等重点区域空间管控、综合整治、秩序管理，加强与驻区中央单位的常态化对接服务。服务国际交往中心功能建设，完成9批次元首外交和重要外宾访华延伸服务保障，与韩国首尔西大门区签署友好城市关系协议。加快推动中关村论坛永久会址建设。支持区人大及其常委会履行法定职责，听取和审议“一府一委两院”专项工作报告55项，作出决议决定15项。支持区政协发挥专门协商机构作用，聚焦科技创新开展协商议政，就构建新型城市形态精准建言献策。开展基层统战工作创新试点，深化全民国防教育，发展壮大新时代爱国统一战线。推进司法体制综合配套改革，进一步巩固政法队伍教育整顿成果，全面建设法治海淀。把维护政治安全作为头等大事，严格舆情监测预警和应对处置，深化平安海淀建设，常态化开展扫黑除恶斗争，群众安全感满意度测评稳居全市前列。压实安全生产责任，事故比上年下降33.3%，安全生产形势平稳向好。防范化解经济金融领域风险，促进平台经济规范健康发展。

（牛雅琼）

【经济建设】 年内，海淀区坚持“五子”联动服务和融入新发展格局，不断提高发展质量和效益。加大助企纾困力度，深化“服务包”和财源建设，推动经济企稳回升。地区生产总值10206.9亿元，比上年增长3.5%，占全市经济总量的24.5%。区级一般公共预算收入增长0.1%，同口径增长8.4%，经济总量和增长贡献在全市领先态势进一步增强。高新技术企业收入3.7万亿元，比上年增长5.2%；新增国家级“专精特新”“小巨人”企业148家；新增上市企业19家，总数达268家。制定实施2.0版“两区”建设方案和自贸区海淀组团三年行动计划，研究制定中关村综保区方案，形成制度创新案例21个，入库高精尖项目639个。推动全球数字经济标杆城市建设，数字经济增加值增长8%左右，万人5G基站数32个，千兆光纤覆盖率100%。推进国际消费中心城市建设，引入各类首店31家，优化“7+2”商圈布局。全社会固定资产投资增长4.9%，其中信息业、科研业投资增长25%。推动国际科技创新中心建设，中关村实验室入轨运行，聚焦11个前沿领域发布底层技术125项，新设科技型企业增长80%。获批国家知识产权强市建设示范城市、全国首批知识产权服务出口基地，“双创”工作获国务院通报表扬。

（牛雅琼）

【思想文化建设】 年内，海淀区学习宣传贯彻党的二十大精神，组织开展“奋进新征程 建功新时代”等系列主题宣传活动。开展区管干部轮训，启动“党代表传递党的二十大好声音”系列活动，推出“十百千万云端党课”。紧扣学习贯彻习近平总书记重要讲话指示批示精神，召开12次区委常委会扩大会议，区委常委会开展19次政治理论学习。推进全国文化中心建设，践行社会主义核心价值观，深化文明城区全域创建行动，三山五园国家文物保护利用示范区创建全面推进，清华园车站文物保护修缮主体工程完工，三山五园艺术中心结构封顶，公共文化服务提质增效。

（牛雅琼）

【社会建设】 年内，海淀区聚焦“七有”①要求和“五性”②需求，进一步补齐民生短板，完成31项区级民生实事。扩大优质教育资源供给，新增学前学位1350个、中小学学位1万余个。加强健康海淀建设，支持区属公立医院高质量发展，加快推进分级诊疗，基层卫生服务能力进一步提升，完成公共卫生应急管理体系建设三年行动计划。推动共同富裕，居民人均可支配收入比上年增长2.9%，城镇登记失业率控制在3%以内，新建家庭养老照护床位3007张，保障性住房开工4378套、竣工5707套。开展疫情常态化防控工作，持续完善全区疫情防控工作体系，组建8小时应急处置指挥部和“5+N”、转运等工作专班，有效应对多轮疫情冲击。推动51家二、三级医院和50家社区卫生服务中心开设发热门诊。加强药品组织调度和急诊和重症救治，做好社区医疗服务，推进新冠病毒疫苗接种和核酸检测，最大程度保护群众的生命安全和身体健康。

（牛雅琼）

【城市建设治理】 年内，海淀区落实绿色北京战略，打好污染防治攻坚战，空气质量保持城六区最优。治理河道23.2千米，建成滨水慢行道路34.5千米，土壤环境质量总体良好，生态环保督察反馈问题整改加快推

① “七有”：幼有所学、学有所教、劳有所得、病有所医、老有所养、住有所居、弱有所扶。
② “五性”：便利性、宜居性、多样性、公正性、安全性。

进。新增平原造林182.9公顷、城区绿化66.3公顷，服务保障国家植物园揭牌，持续扩大绿色生态空间。单位地区生产总值能耗和二氧化碳排放达到市级考核要求，稳步推进碳达峰碳中和。加强国土空间资源全域管控，严格人口、建设规模双控，常住人口保持稳定，北部地区开复工527万平方米、竣工141万平方米，三山五园地区环境面貌明显改善。加快推进城市更新行动，实施74.2万平方米老旧小区综合整治，老楼加装电梯227部，研究推动中关村东区整体改造。完成新一轮背街小巷整治提升行动。非居民厨余垃圾规范收运率91%，业委会（物管会）组建率、物业服务覆盖率稳步提高，城市精细化管理水平进一步提升。接诉即办完成“每月一题”专项治理任务，解决率、满意率分别上升至92.4%、93.7%。“疏解整治促提升”专项行动完成4个方面25项疏整促任务，成功创建“基本无违法建设区”。

（牛雅琼）

【深化改革】 年内，海淀区全面落实中关村新一轮先行先试改革，推动24项改革举措逐项落实到园区、企业和项目。涉税改革惠及企业超过2000家，争取网信领域5个国家级试点，发布4个区级配套政策。召开深改委会议4次，审议通过重要改革议题11个，推动重点领域、关键环节改革突破。持续优化营商环境，推行证明事项和涉企经营许可事项告知承诺制，区级事项全部支持全程网办，609个区块链政务应用场景落地。深化区属国企改革，加强“微改革、微创新”经验总结推广，健全分级督察工作机制，推动改革落地。持续提升对外开放水平，新设外资企业285家；实际利用外资比上年增长2.1%，进出口总额比上年增长2.8%，其中出口额比上年增长2.2%。

（牛雅琼）

【作风建设】 年内，区委认真落实全面从严治党主体责任。区委常委会会议研究党建议题74个，占比50.34%。专题听取区人大常委会、区政府、区政协、区法院、区人民检察院等党组的工作报告。严格执行重大事项请示报告制度，以区委名义向市委请示报告54件。加强领导班子和干部人才队伍建设，共建海外人才创新创业服务中心，建设高层次人才库。推进基层党组织建设，集中整顿“软弱涣散”村，统筹推进机关、国企、学校、公立医院等领域党建工作，实施两新党建“红领”计划，深化新业态新就业群体党建试点。推进正风肃纪反腐，全区纪检监察机关共立案133件，给予党纪政务处分104人，移送检察机关33人，开展2轮常规巡察。高度重视区委常委会建设，加强班子思想政治建设，常委会带头履行管党治党政治责任。

（牛雅琼）

重要会议和活动

【区委全面深化改革委员会第十八次会议】 1月11日，区委全面深化改革委员会召开第十八次会议。区委书记于军主持会议。会议传达学习中央深改委第二十二次、第二十三次会议及市委深改委第二十二次、第二十三次会议精神。审议《海淀区“两区”建设推进情况及下一步计划》《北京市海淀区全面加强新时代中小学劳动教育的实施意见》《海淀区深化推进义务教育学校干部教师交流轮岗工作方案（试行）》《设立北京中关村综保区可行性研究报告》以及区委全面深化改革委员会成员调整情况。书面审议《海淀区2021年全面深化改革工作总结和2022年初步安排》《海淀区全国乡村治理体系建设试点工作督察情况的报告》《海淀区教育综合改革工作督察情况的报告》《海淀区居家和社区养老服务改革试点工作督察情况的报告》《海淀区科技金融改革创新工作督察情况的报告》《海淀区“两区”建设工作督察情况的报告》等议题。

（牛雅琼　郑鹏炼）

【党史学习教育总结会议】 1月25日，海淀区党史学习教育总结会议召开。会议传达学习习近平总书记重要指示和中央、全市党史学习教育总结会议精神，观看党史学习教育专题片，对全区党史学习教育进行总结部署，进一步推动全区党史学习教育走深走实。自党史学习教育开展以来，全区牢牢把握学史明理、学史增信、学史崇德、学史力行的要求，大力弘扬伟大建党精神，精心谋划部署，将中国共产党成立100周年庆祝活动服务保障工作作为最生动最直接的党史学习教育，将弘扬新时代中关村精神作为开展党史学习教育、砥砺初心使命的生动教材，以接诉即办为主抓手开展“我为群众办实事”实践活动，推动“初心向党庆百年科技领航再出发”十二个一批主题活动、“永远跟党走”群众性主题宣传教育活动等重点工作落地落实，取得显著成效。区委书记于军强调，要认真总结这次党史学习教育的成功经验，建立常态化、长效化制度机制，不断巩固拓展党史学习教育成果，更加奋发有为地推动海淀高质量发展。党史学习教育市委第四指导组成员王合生、刘勇、张强等，鲍雷、李俊杰、张劲林、吴计亮、张若冰、牟晓春等区领导出席会议，区法院、区检察院主要负责人，区委党史学习教育领导小组办公室成员，区委党史学习教育各指导组组长，各街镇、各部门、各单位领导班子全体成员，分别在视频会主会场、分会场参加会议。

（牛雅琼）

【区委十三届二次全会】 1月27日，中国共产党北京市海淀区第十三届委员会第二次全体会议召开，区委常委会主持会议。区委常委、组织部部长张若冰作《海淀区关于北京市出席党的二十大代表候选人推荐人选有关情况的说明》，会议讨论决定海淀区关于北京市出席党的二十大代表候选人推荐人选。

（牛雅琼）

【于军调研新业态新就业群体党建工作】 2月22日，区委书记、区委党的建设工作领导小组组长于军到海淀街道顺丰速运流动党员党支部、四季青镇快递集中分拣点调研新业态、新就业群体党建工作。在海淀街道远中悦莱大厦顺丰快递分拣点听取海淀街道新就业群体流动党支部建设情况的汇报。在四季青镇实地察看西冉村47号院快递集中分拣点运行情况，听取“小哥公寓”改造进展汇报。在四季青镇温馨“驿”家服务中心详细了解海淀区新就业群体线上服务系统“车骑先锋”功能及运行情况，并主持召开区委党的建设工作领导小组专题会（区党建工作协调委员会专题会）暨区推进新业态、新就业群体党建工作领导小组全体会议。会议总结全区党建工作经验，研究下一步工作；听取新就业群体融入城市基层党建格局、深化互联网平台企业党建工作、快递行业党建工作情况汇报，学院路街道、青龙桥街道有关负责人作交流发言。鲍雷、李俊杰、吴计亮、张若冰、牟晓春等区领导，区委党的建设工作领导小组和区推进新业态、新就业群体党建工作领导小组成员单位负责人，各部门、各街镇主要领导、主管领导和地区党建工作协调委员会部分成员单位代表在主会场、分会场参加会议。

（钟冷　王文彦）

【区党建工作会议】 3月17日，海淀区2022年党建工作会议召开。于军主持会议，区人大常委会主任刘长利出席会议。会议总结回顾2021年全区组织、宣传思想文化、统战工作，部署2022年重点任务；听取2021年全区组织工作、宣传思想文化工作、统战工作的报告，认为聚焦海淀经济社会发展，组织工作保障有力、宣传工作引导有方、统战工作聚力有为，在全力履职中彰显海淀的责任与担当。2022年，全区组织工作要进一步固本强基、赋能提质，锻造干事创业主力军；宣传思想文化工作要进一步守正创新、凝心铸魂，唱响向上奋斗的最强音；统战工作要进一步凝聚共识、和衷共济，画好服务发展同心圆。会议以视频形式召开，鲍雷、张劲林、吴计亮、张若冰、牟晓春等区四套班子领导，区法院、区检察院主要负责人在主会场参加会议。

（钟冷　王文彦）

【区委常委会扩大会议学习贯彻中关村新一轮先行先试改革工作】 3月21日，区委常委会召开扩大会议，传达学习贯彻中关村新一轮先行先试改革动员部署会精神，对全区开展新一轮先行先试改革工作进行部署。区委书记于军主持会议，区委副书记、区长王合生，区人大常委会主任刘长利出席会议。会议强调，要全力推进中关村先行先试改革，加快建设北京国际科技创新中心核心区；要增强创新引领优势，将重大新机遇转化为海淀高质量发展的“新引擎”，努力把中关村这张改革创新的“金名片”擦得更亮；全区上下要深刻认识中关村新一轮先行先试改革对海淀的重大意义，以高度的政治自觉抓紧抓实抓细各项工作。鲍雷、吴计亮、张若冰、牟晓春、林剑华等区四套班子领导出席会议。

（牛雅琼）

【区委常委会扩大会议学习贯彻冬奥精神】 4月10日，区委常委会召开扩大会议，学习贯彻习近平总书记在北京冬奥会和冬残奥会总结表彰大会上的重要讲话精神，以及市委常委会扩大会议和北京冬奥组委党组扩大会议精神。区委书记于军主持会议。习近平总书记的重要讲话，鲜明概括北京冬奥精神和6个方面重大成果，对运用好冬奥遗产推动高质量发展提出明确要求。会议强调，要深刻领会成功举办冬奥的重要经验，在新的实践中不断发扬光大；大力弘扬北京冬奥精神，全力履行好职责使命；管理好、运用好北京冬奥遗产，认真谋划做好“后冬奥文章”，让其成为推动发展的新动能。

（钟冷）

【于军调研农村基层党建工作】 4月12日，区委书记、区委党的建设工作领导小组组长于军到苏家坨镇草厂村、上庄镇西闸村调研农村基层党建工作。在草厂村党群服务中心，了解“五强五建”工作法，实地察看党员活动室、退役军人之家、村史馆。在安阳西路草厂村路段腾退现场，了解村级产业发展规划情况。在上庄镇西闸村，认真听取村党支部“五美四有一核心”工作法和党建引领基层治理情况，实地察看西闸村公园提升改造建设成果。在上庄镇政府，于军主持召开区委党的建设工作领导小组全体会议。会议传达市委党建工作领导小组全体会议精神，审议区委党的建设工作领导小组及办公室成员名单、区委党建工作领导小组2021年工作完成情况和2022年工作要点，听取全区农村基层党建工作情况及下一步工作安排建议的汇报，书面通报2021年度海淀区两新组织“两个覆盖”[①]工作测评结果。四季青镇党委、西北旺镇党委、温泉镇白家疃村党总支、东升镇塔院股份社党总支、海淀镇西苑股份社党支部围绕党建引领集体经济发展、农村干部队伍建设、乡村治理等方面作书面交流发言。区领导鲍雷、吴计亮、张若冰、牟晓春、肖丹，区委党的建设工作领导小组各成员单位以及区委组织部、区委农工委负责人，各镇主要领导及相关负责人在主会场或分会场参加会议。

（钟冷　王文彦）

【区委全面深化改革委员会第十九次会议】 4月22日，区委全面深化改革委员会召开第十九次会议。区委书记于军主持会议。会议研究《海淀区落实中关村新一轮先行先试改革工作方案》。会议强调，要深刻认识中关村新一轮先行先试改革的重要意义，加快建设北京国际科技创新中心核心区，坚持政府引导、市场主导、协同

① “两个覆盖”：是指党的组织覆盖和工作覆盖。

创新、聚焦突破的工作思路，强化创新主体、创新系统、创新要素、创新机制各领域相关任务衔接，进一步加快全面深化科技体制改革步伐，切实将重大机遇转化为海淀高质量发展的“新引擎”。要充分发挥区级工作专班的主动性，推动形成部市区工作联动合力，加强对改革工作的总体谋划，统筹协调，整体推进，督促落实。要坚持问题导向，聚焦本轮改革涉及的园区、企业、高校院所、项目及各类创新合伙人，充分发挥地方党委政府组织作用和服务优势，开展全域联动，深化“政府侧”改革，促进创新主体间高水平融合互动，最大限度激发创新活力。要持续跟进创新主体的反馈和需求，在更高层次、更多领域争取新的先行先试，切实抓细抓实各项措施。要进一步加强探索创新，形成更多可复制可推广的海淀经验，推动区域高质量发展走在前列、做出示范，加快打造世界领先科技园区和创新高地。

（牛雅琼　郑鹏炼）

【区委十三届三次全会】 5月20日，中国共产党北京市海淀区第十三届委员会第三次全体会议召开。区委常委会主持会议。会议就海淀区出席市第十三次党代会代表候选人预备人选建议人选名单作说明，投票确定出席市第十三次党代会代表候选人预备人选，审议通过《中国共产党北京市海淀区第十三届委员会第三次全体会议关于召开中国共产党北京市海淀区代表会议的决议》。

（牛雅琼）

【区委主要领导职务变动】 6月9日，海淀区召开全区领导干部会议，宣布中共北京市委关于王合生、李俊杰职务变动的决定。市委决定，王合生任中共北京市海淀区委员会书记，李俊杰任中共北京市海淀区委员会副书记；市委同意，提名李俊杰为北京市海淀区人民政府区长人选；市委建议，免去王合生北京市海淀区人民政府区长职务，按照有关法律规定办理。6月10日，海淀区第十七届人大常委会第四次会议召开，决定接受王合生辞去海淀区人民政府区长职务的请求，并表决决定由李俊杰代理海淀区人民政府区长职务。

（钟冷）

【赤峰市领导考察协作帮扶工作】 7月18日，内蒙古自治区赤峰市委书记万超岐率队到海淀区考察北京与内蒙古协作帮扶工作。双方分别介绍区域经济社会发展情况和协作帮扶工作情况，围绕深化交流合作、巩固脱贫成效进行座谈交流。区委书记王合生表示，2021年海淀区与敖汉旗在产业合作、人才交流、劳务协作等方面实现更深层次的互联互通，下一步将在经济、教育、文化、卫生等领域保持常态化交流合作，确保如期完成东西部协作各项工作任务。万超岐感谢海淀区多年来为敖汉旗如期完成脱贫攻坚目标任务、推动经济社会发展提供的支持和帮助，希望未来能与海淀区在乡村产业振兴、大信息产业发展、服务业提档升级等方面形成深度合作，推动更多优质资源流向赤峰、更多项目落地赤峰，实现两地高质量发展。北京市支援合作办副主任汪兆龙，赤峰市常务副市长生效友、副市长杨牧、敖汉旗委书记王永军，区领导吴计亮、马光耀参加座谈。

（钟冷）

【党的二十大精神宣讲团海淀区报告会】 11月14日，北京市学习贯彻党的二十大精神宣讲团海淀区报告会举行。市宣讲团成员，二十届中央候补委员，北京知识产权法院党组成员、副院长宋鱼水围绕学习贯彻党的二十大精神作宣讲报告。会议以区委理论学习中心组学习（扩大）会形式召开，区委副书记、代区长李俊杰，区人大常委会主任刘长利等区四套班子领导参加会议。区委常委、宣传部部长肖丹主持会议。宋鱼水重点围绕党的二十大主题和主要成果、过去5年的工作和新时代10年的伟大变革、马克思主义中国化时代化、中国式现代化、全面建设社会主义现代化国家的目标任务、坚持党的全面领导和全面从严治党、应对风险挑战等方面，对党的二十大精神进行系统阐释和深刻解读。报告会设置1个主会场、73个分会场，全区各处级单位理论学习中心组成员、党政机关干部代表、基层党员干部群众代表、企业单位代表和教师代表等分别在主会场和各分会场收听、收看报告会。

（钟冷）

【“以案为鉴、以案促改”警示教育大会】 12月26日，海淀区“以案为鉴、以案促改”警示教育大会召开。区委副书记、区长李俊杰主持会议，区人大常委会主任刘长利等区四套班子领导出席会议，市纪委监委第七监督检查室副主任沈烨到会指导。大会通过深刻剖析违纪违法案例，教育引导党员干部不忘初心使命，锤炼忠诚干净担当的政治品格，旗帜鲜明反对腐败，坚定不移推进全面从严治党。与会者集体观看警示教育片《贪欲之害——海淀区民生领域腐败案件警示录》。大会通报2021年警示教育大会以来受到警告及以上处分的区管处级干部名单。区委书记王合生强调，坚持以案为鉴、以案促改，不断夯实管党治党政治责任，巩固发展反腐败斗争压倒性胜利，推动全面从严治党向纵深发展，为海淀高质量发展提供坚强政治保障。提出重点抓好健全反腐败工作责任体系、保持反腐败工作高压态势、完善防止腐败滋生蔓延的体制机制、健全贯通协同的监督体系、坚持从领导干部严起5个方面工作。大会以视频形式便于全区各单位收看，鲍雷、吴计亮、张若冰、林剑华、肖丹等区领导出席会议。

（牛雅琼）

【企业复工复产座谈会】 12月27日，海淀区召开企业复工复产座谈会。来自腾讯、联想、快手、滴滴、微软、华为、小米、发那科、诺维信、抖音、百度、美团等企业代表，分别介绍企业生产经营情况和发展目标计划，交流复工复产经验做法，围绕促进企业高质量发展提出意见和建议。王合生认真听取发言，与大家深入交流并表示区委、区政府将对各企业进行调研，全力保障各企业复工复产，强化政策支撑和要素保障，加强对企业的防疫物资和疫苗接种方面的保障，在营商环境、金融、人才、空间等各方面给予更多的支持。区领导李俊杰、林剑华，各有关部门主要负责人参加座谈。

（钟冷）

【区委十三届四次全会】 12月29日，中国共产党北京市海淀区第十三届委员会第四次全体会议召开，区委常委会主持会议。全会学习贯彻党的二十大和中央经济工作会议精神，贯彻落实市第十三次党代会和市委十三届二次全会决策部署，总结2022年工作，研究部署2023年任务。听取并审议区委常委会工作报告，审议区委常委会抓党建工作情况报告和全区经济社会发展工作报告，审议通过《中国共产党北京市海淀区第十三届委员会第四次全体会议决议》。

（牛雅琼）

组织工作

组织建设

【概况】 2022年，区委组织部全面贯彻新时代党的建设总要求和新时代党的组织路线，以实施“党建聚力工程”为抓手，以迎接、服务、学习贯彻党的二十大为主线，基层党建突出“创新”，干部、公务员工作突出“重塑”，人才工作突出“引领”，党员工作突出“规范”，为推动海淀高质量发展、率先建成国际一流的中关村科学城提供坚强组织保证和干部人才支撑。

截至年底，全区有基层党组织10511个，中共党员267758名。其中，女党员125922名，占总数的47.03%；少数民族党员11400名，占总数的4.26%；35岁及以下的党员42715名，占总数的15.95%；大专以上文化程度党员209368人，占总数的78.19%。

区委组织部获评2022年北京冬奥会、冬残奥会北京市先进集体，1人获评北京冬奥会、冬残奥会北京市先进个人。

（王文彦）

【学习宣传贯彻党的二十大精神活动】 年内，区委组织部在全区各级党组织和广大党员中开展学习贯彻党的二十大精神“十学联动”[①]活动，从“深学细悟、丰富形式、学用结合”三个层面，明确提出十方面具体要求。开展“党代表传递党的二十大好声音”“‘十百千万’云端党课”“踔厉奋发建新功”线上答题等系列活动，线上线下参与人数32万余人次。以“礼赞二十大 奋进新征程”为主题，开展两新组织“红领”党建主题活动，举办“红领”云课堂培训，全区近3000家两新组织党组织、4.5万名两新组织党员观看学习。在“红色海淀”微信号、头条号开展“喜庆二十大”系列宣传活动，开设“一把手”谈组织建设、聚力当先锋等专栏，引导全区各级党组织和广大党员干部把思想和行动统一到党的二十大精神上来。开展党的十九届六中全会精神专题培训，轮训处级领导干部780余人次。教育引导党员干部把思想共鸣转化为行动共识，为推动海淀高质量发展、率先建成国际一流科学城提供坚强组织保证。

（王文彦）

【党代表、人大代表推荐选举】 年内，区委组织部开展党的二十大代表推荐提名、市第十三次党代会代表选举、市人大代表提名推荐选举工作。制定出席党的二十大代表推荐提名工作方案，向全区26万余名党员发放《致广大党员的一封信》，实现基层党组织参与率100%、党员参与提名率99.76%，易彦当选为党的二十大代表。制定市第十三次党代会代表人选考察工作方案、选举工作方案，做好代表候选人资格审核和考察工作，精心组织大会选举，产生市党代表29人。按照市人大代表比例结构要求提名推荐建议人选，完成相关人选资格审查和考察，组织大会选举，产生市人大代表100人。

（王文彦）

【北京冬奥会和冬残奥会服务保障】 年内，区委组织部牵头区人力资源及志愿者工作组工作，选调工作人员149名，招募1.2万名城市志愿者，完成北京冬奥会和冬残奥会开、闭幕式及23天54场比赛志愿服务保障任务。搭建区火炬接力运行工作组“一办九组”运行构架，牵头30余家单位、2300余人参与服务保障工作，完成火炬手选拔、运行保障、安保交通等45项任务，确保颐和园和北京市盲人学校火炬接力活动顺利举行。

（王文彦）

【市委巡视反馈问题整改】 年内，区委组织部成立工作对接联络组，对接市委第七巡视组联络协调、服务保障等工作。梳理形成全面自查报告、机关纪检监察工作汇报、干部选拔任用工作专项汇报、意识形态责任制落实情况专题汇报、机关党的建设工作汇报、整改落实情况汇报等“1+6”文件，全面深入分析组织工作成效和问题。针对市委第七巡视组反馈的88项问题（含选人用人、意识形态工作），及时会商研判、统筹调度，分类制定整改方案，形成215条整改措施，以巡视整改推进全区组织工作质量水平提升。

（王文彦）

【党建引领基层治理】 年内，区委组织部持续深化“吹哨报到”改革，固化“千百十·我在基层”“双联系”“双报到”联系服务群众机制，全区667个区属机关企事业单位党支部与626个社区（村）党组织结对共建关系，常态化参与疫情防控、接诉即办、垃圾分类等基层治理。做强

---

① “十学联动”：党员领导干部带动学、党代表引领学、党员自主学、流动党员融入学、党校分校集中学、党支部规范学、线上线下结合学、在调查研究中学、在志愿服务中学、在岗位建功中学。

"社区伙伴行动计划"海淀品牌，首批15个"伙伴小区"持续发挥示范带动作用。开展村"两委"换届工作"回头看"，区领导带头走村入户，实现7个镇53个村全覆盖。以市级"软弱涣散"村整顿为重点，抽调干部组建10个"强解促"党建工作组下沉解决问题。建立全区农村后备干部库，依托农业园区、集体经济组织等建立实习培训基地加强培养，培训4批30人。

（王文彦）

【各行业党建】 年内，区委组织部指导相关单位围绕落实机关基层组织工作条例开展自查，评选并集中展示区直机关系统"星耀引航"优秀支部工作法20个。开展国企党建与生产经营相融合专题调研，推动国企党支部（党总支）有效参与重大问题决策，推进二、三级企业党建入章程。贯彻落实《北京市关于建立中小学校党组织领导的校长负责制的实施方案（试行）》，在交大附中等9所中小学校改革试点。推动全区8家公立医院全部完成党建入章程工作，并对党委会、院长办公会议事规则和"三重一大"决策制度进行修订。发挥区医院党建工作指导委员会和卫生健康系统党建协调委员会作用，举办"第三届海淀区卫生健康人才专家论坛"，打造"区域党建"和"行业党建"协同发展平台。

（王文彦）

【两新党建】 年内，区委组织部持续深化海淀"五强三联五融入"试点工作模式，动态排查162名新就业群体流动党员，分类组建25个流动党支部，100%实现党的组织覆盖。实施"红领"计划[①]，统筹推进42项区级重点项目。开展"红领"示范项目评比，培育选树193个品牌项目、示范阵地、党建挚友、业务骨干等示范项目、先进典型。举办"红领"业务大比武，动员1.6万名两新党员参与。举办两新党建工作者"红领"示范培训班，全区80名两新党建工作者参加。打造中关村壹号园区"壹企"党建品牌，布局"一馆两站三中心"服务阵地群，形成"党务政务+文化宣传+数字科技"特色。优化升级全市首个"海新云——两个覆盖"信息管理系统，继续开展"两个覆盖"第三方测评。

（王文彦）

【基层党建】 年内，区委组织部建立区处两级抓党建工作"三个责任清单"，推进"三百工程"品牌建设，征集优秀基层党组织服务群众经费项目249个、党建展示阵地项目113个。申报2023年城乡基层党组织服务群众经费预算2.57亿元，首次将燕园街道、清华园街道纳入保障范畴。健全"1+30+673"三级党群服务中心体系建设，开展党群阵地@你系列主题活动200余场，参与群众近2万人次。建立"党建外包"问题整顿常态化机制。完成133名村（社区）党组织书记区级备案管理工作。做好6名党员任延庆低收入村"第一书记"管理服务工作。配备党务专职工作者编制1738个，会同相关部门招聘社区工作者、专职党务工作者959名。首次将两新党建工作者纳入社工统一招考，招聘36人。制定《海淀区社区服务站人员配置办法》。建好用好党员教育现场教学点，健全"区级调度、多校联动"工作机制，推动33个区委党校基层分校2.0版本建设。

（王文彦）

【党员队伍管理】 年内，全区发展党员1240人。开展农村发展党员违规违纪问题排查整顿，共排查2607人。颁发"光荣在党50年"纪念章3223枚。建好用好党员教育现场教学点，健全"区级调度、多校联动"工作机制，打造33个区委党校基层分校2.0版本。

（王文彦）

【干部队伍建设】 年内，区委组织部开展优秀领导干部成长模型研究，优化干部成长路径。贯彻落实《全国党政领导班子建设规划纲要》和市委贯彻措施，围绕"一村三山五园""两区三平台"等重点任务，选优配强党政正职和关键部门、重点岗位干部。全年调整处级领导干部232人次，其中正处级79人次、副处级153人次，提拔干部61人次、晋升职级和岗位等级87人次。

（王文彦）

【干部考察考核】 年内，区委组织部制定《海淀区集中隔离点选调人员考核工作方案》，探索在重大任务一线考察识别干部的方法。通过日常调研、培训跟班、列席会议等方式，开展立体式、贴近式考察识别，综合考量干部日常表现和各方面信息。加强领导班子综合分析，建立健全领导班子实绩档案，对街镇、委办局、国企、事业单位干部分类管理，强化考核考察结果运用。坚持"凡提四必"，审核涉及提拔、进一步使用、晋升职级的干部档案158人次。配合市委组织部完成局级领导班子和领导干部年度考核工作，完成全区108个处级领导班子、1232名处级干部和105名区管企业领导人员的考核工作。

（王文彦）

【干部培训】 年内，区委组织部围绕科技创新、"两区"建设、基层治理、乡村振兴等全区中心工作，举办培训班34期，培训处科级干部2622人次，利用线上直播培训2.97万人次。选派197人次干部参加中央及市级培训班。依托中关村科技创新学院，培训7期330人次。持续优化打造现场教学点50余个。贯彻落实《北京市新时代基层干部主题培训实施计划》，全区各部门培训基层干部2.29万人次，其中集中轮训重点培训对象705人次。用好北京干部教育网，实现全区8554

① "红领"计划：选树"红领"示范项目，组织"红领"大比武活动，开展"红领"主题培训，让党建红团结两新领域的金领、白领、蓝领等不同阶层群体攥指成拳，汇聚各行各业说党好、听党话、跟党走的强大正能量。

名干部应学尽学。

（王文彦）

【年轻干部培养选拔】 年内，区委组织部实施“企航计划”，面向清华大学、北京大学、中国人民大学等著名高校招聘优秀毕业生10人。面向“双一流”院校开展定向招录选调生25人。开展新一轮年轻干部集中补充工作，举办新任职镇领导班子成员专题培训班、中青年干部培训班等班次。注重在疫情防控、“两区”建设、接诉即办、乡村振兴等急难险重岗位培养历练年轻干部，选派1127名处、科级干部参与重大任务专班或专项工作。

（王文彦）

【干部监督】 年内，区委组织部研究制定科级干部选拔任用工作纪实办法、巡察整改日常监督工作规程、12380举报受理工作规程等文件，规范干部监督工作。组织1099名干部进行个人有关事项集中填报，查核216人，其中随机抽查110人、重点查核106人。结合区委巡察检查23个单位选人用人工作，指出选人用人问题118个，其中2个突出问题进行立项督查。对第一轮巡察涉及落实新时代党的组织路线方面的68个问题和选人用人专项检查中的49个问题开展整改监督工作。开展2021年度干部选拔任用“一报告两评议”，对264名新提拔干部进行民主评议。更新“裸官”台账和违规兼职台账，督促清理规范。会同区审计局完成27名区管干部经济责任审计。受理信访举报81件，完成中组部挂账信访积案2件，利用举报线索函询干部10人。

（王文彦）

【公务员管理】 年内，区委组织部推进公务员队伍建设“八六三计划”按期收官。新录用公务员186人，其中急需紧缺专业51人，占比27.4%。做好行政执法类公务员定岗任职工作，完成5家事业单位共123人转制过渡。面向优秀社区党组织书记招录公务员13人。调任公务员7人、转任161人，完成公务员登记452人次。完成科级及以下人员任免备案805人次。开展及时奖励试点工作，将中关村科学城“双创”、区教委“双减”工作作为及时奖励试点。开展2021年度公务员考核工作，评选嘉奖1785人、三等功594人，首次对获奖人员颁发奖章、证书。开展“人民满意的公务员”和“人民满意的公务员集体”推荐，甄蕾、王栋分别获党中央国务院和市委市政府表彰。完成2021年度公务员统计和人员信息采集工作。印发《海淀区机关福利费管理使用办法（试行）》，开展集中体检、困难补助、看望慰问等工作，加强对广大机关干部的关心关爱。从严规范公务员辞去公职后从业行为，建立核查处理工作机制。晋升科级及以下公务员职级742人次。

（王文彦）

【人才工作体制机制改革】 年内，区人才工作领导小组更名为区委人才工作领导小组，调整充实领导小组和成员单位，成员单位达36个。修订完善领导小组工作规则和办公室工作细则，印发《区委人才工作领导小组2022年工作要点》。

（王文彦）

【人才培养】 年内，海淀区开展“三个一千”领军企业国际化人才培养工程，举办2期高端领军人才和4期创新创业人才培训班，培养各类高层次人才301人次。举办央地人才交流活动2期，发布科研成果9项，初步达成合作落地意向企业9家。争取和支持HICOOL全球创业大赛项目落地，举办“创青春——中关村U30”、“东升杯”、中关村人才创客大赛等品牌赛事，建立优秀人才早发现、早培养机制。

（王文彦）

【人才引进】 年内，区委组织部开展2022年“海英人才”专项评选工作，遴选一批创新创业领军人才、科技服务领军人才和青年英才。设立34家博士后科研工作站、106家园区类博士后科研工作站分站和3家创新实践基地。打通海内外博士快速引进绿色通道，在全市首家试点开展海归博士直引服务，共引进博士511人。举办2022年第三届“才聚云端”系列招聘活动，面向全球发布10165个工作岗位。启动“双链融合”人才支撑行动，推动“人才链”和“产业链”深度耦合。

（王文彦）

【人才服务】 年内，区委组织部与北京海外学人中心合作共建中关村国际人才服务功能区暨海淀区海外人才创新创业服务中心。落地外籍人才“两证联办”，建设海淀区国际人才综合服务中心暨海淀分局外国人出入境服务厅，为外籍人才提供“一站式”服务。推进高品质人才社区建设，持续推动翠湖国际人才社区、北京阜诚医院等重点项目建设，提供国际化工作生活配套。建设“星海”人才联系服务App和海淀区产业创新人才服务平台，畅通全链条人才服务机制。编制发布2021年全区人才资源白皮书，区域人才资源总量199.7万人，人才贡献率64.8%。联合北京人才发展战略研究院发布《中国重点区域人才黏性指数报告（2022）》，通过与上海浦东、深圳南山等30个城区对比，海淀区人才黏性占据榜首。

（王文彦）

【基层党组织负责人培训班】 年内，区委组织部依托党支部书记学院，围绕党支部的性质任务、“三会一课”、主题党日、组织生活会和民主评议党员等党组织基本业务组织开展7期社区村党组织专职副书记培训班，全区559名社区村党组织副书记参加培训。8月22日至25日，依托区委党校，海淀区举办社区党组织书记示范培训班，对中央、市委最新精神，党建引领基层社会治理，两个“关键小事”等进行专题授课，专门增加心理健康调适相关内容，提升治理能力水平，全区96名优秀社区党组织书记全脱产参加培训。9月13日至17日，依托区委党校，海淀区举办村级组织主要负责人培训班，围绕首都乡村振兴的新形势新任务，解读“三农”工作最新精神，分析发展壮大集体经济形势任务，开展基层党务、村务工作实操培训，特别是增加党风廉政教育相关课程，确保村级组织主要负责人懂政策、知底线。全区村党组织书记、股份社党组织书记、下派村党组织书记的村主任、下派第一书记，共70人全脱产参加培训。

（王文彦　刘绍波　张洁　杨萍）

【书记抓基层党建述职评议会】 2月15日，区委召开2021年度海淀区各系统、各街镇党（工）委书记抓基层党建述职评议会，对过去一年基层党建工作进行总结，对“一把手”履行党建第一责任人职责情况进行评议。区委书记于军强调，要牢牢把握新时代党的建设总要求，始终把抓好党建作为主责，以党的政治建设为统领，以党的组织体系建设为重点，以党建引领基层治理为主线，以提升基层党建工作质量为目标，突出基层党组织政治功能和组织力，着力在深化改革、健全机制、突破短板上下功夫，以高质量党建推动海淀高质量发展。市委组织部部务委员、行政干部处处长朱洲到会指导点评，区委副书记张强出席会议。

（王文彦）

【医院党建工作指导委员会扩大会】 2月18日，区领导与驻区医院领导座谈会暨海淀区医院党建工作指导委员会扩大会召开。院地双方主要领导围绕统筹辖区医疗资源，共促党建与业务融合发展，推动院地协作共赢，不断提升海淀区医疗卫生服务质量和水平，让人民群众享有更多获得感进行深入研讨交流，共同谋划新时代健康海淀建设发展。会议强调，要树牢大卫生、大健康理念，深化新型卫生健康合伙人关系，加强区域卫生健康领域协同创新，全面提升辖区卫生健康服务品质，携手推动海淀卫生健康事业高质量发展。

（王文彦）

【区委党的建设工作领导小组专题会】 2月22日，海淀区委党的建设工作领导小组专题会召开。会议听取区委组织部、区委网信办、区商务局关于新业态、新就业群体党建工作任务总结情况汇报，学院路街道、青龙桥街道在会上作交流发言。会议强调要持续加强党对新业态和新就业群体的领导，坚持以高质量党建引领高水平治理，引领新业态企业积极融入新发展格局，全面推动新业态和新就业群体融入社会治理。压实职能部门“抓行业就要抓党建”职责，充分发挥企业党组织作用，依法维护各方合法权益。要全面提升两新组织党建工作质量。加大党组织参与公司发展路径的探索，加强在企业核心管理层选拔党组织书记的力度，加强对出资人的政治引领，探索企业党组织前置审议，分领域推进物业、律师、民办医疗机构、民办教培机构等重点领域党建工作，真正实现党建强、发展强，打造具有全国影响力的两新党建品牌。区领导鲍雷、李俊杰、吴计亮、张若冰、牟晓春、张小川、岳立、程培衡、李伟出席会议。

（王文彦）

【新就业群体“新伙伴”行动】 2月，海淀区发起新就业群体“新伙伴”行动。号召地区广大商户、楼宇、社区（村）积极参与支持，通过签订《海淀区“新伙伴”行动承诺书》，张贴“新伙伴”承诺支持单位标识等方式，对快递员、外卖送餐员、网约车司机等新就业群体多一份鼓励、关怀与帮助。春节期间，广泛组织向新就业群体“送温暖、送祝福”活动。

（王文彦）

【基层党建重点任务推进会】 3月30日，区委组织部组织召开海淀区基层党建工作重点任务推进会。会议以高清视频会议形式召开。会上，区委组织部组织一科、组织二科、组织三科、组织四科依次从本科室职责出发，对2022年基层党建重点任务进行部署。全区各系统、各街镇党（工）委副书记、组织部部（科）长、各街镇党群服务中心常务副主任及有关工作人员参加会议。7月11日，区委组织部组织召开海淀区基层党建重点任务推进会。会上，区委组织部从各业务科室从职责出发，对2022年度基层党建工作38项重点任务落实情况进行全面梳理，并对下半年基层党建重点工作进行部署，系统谋划任务进展情况，统筹推进重难点任务，确保年度基层党建任务按时完成。各系统党（工）委党建工作科科长、各街镇党群工作办公室副主任（党建）参会。10月28日，以高清视频会议形式举办基层党建工作重点任务推进会，参会范围首次扩大覆盖区直机关系统15家党委单位。

（王文彦）

【区委党的建设工作领导小组全体会议】 4月12日，海淀区委党的建设工作领导小组全体会议召开。会议传达市委党建工作领导小组全体会议精神，审议区委党的建设工作领导小组及办公室成员名单、区委党建工作领导小组2021年工作完成情况和2022年工作要点，听取全区农村基层党建工作情况及下一步工作安排建议的汇报，书面通报2021年度海淀区两新组织“两个覆盖”工作测评结果。区委书记、区委党的建设工作领导小组组长于军主持会议并讲话。会议指出要坚定不移把党的政治建设摆在首位，切实把思想和行动统一到中央、市委决策部署上来，做好全区出席党的二十大代表推荐提名工作。要严明政治纪律和政治规矩，加强领导班子和人才队伍建设，主动担起建设世界科技强国的海淀使命和推动北京“五子”联动的海淀责任，加快建设北京国际科技创新中心核心区，以优异成绩迎接党的二十大胜利召开。会议强调要久久为功推进党建引领基层治理，持之以恒深化党建引领乡村振兴，不断开创农业农村工作新局面。要毫不松懈持续纵深推进全面从严治党，严格落实好党委（党组）履行主体责任、党委（党组）书记履行第一责任人职责、领导班子成员履“一岗双责”全面从严治党责任，坚决落实中央八项规定精神和市委实施意见，锲而不舍纠治“四风”，深入整治群众身边腐败和作风问题。区领导鲍雷、吴计亮、张若冰、牟晓春、肖丹出席会议。

（王文彦）

【“红领杯”两新党建业务大练兵】 7月18日，由区委组织部、区委社会工委联合举办的首届“红领杯”两新党建业务大练兵开启。大练兵以“礼

赞新时代 喜迎二十大”为主题，通过“预赛线上竞答+决赛线下比拼”的形式，吸引全区两新组织党务工作者、党建指导员队伍1.3万余人参加。8月27日，首届“红领杯”两新党建业务大练兵决赛举行，27支队伍进入决赛，6支“红领先锋”代表队。进入全区“红领杯”两新党建业务大练兵总决赛，上地街道党务骨干代表队夺得冠军。

（王文彦）

【区委人才工作领导小组会议】 8月3日，海淀区委人才工作领导小组召开2022年第一次会议，深入学习贯彻中央、市委关于人才工作的指示要求，总结2021年人才工作，研究部署下一阶段重点任务。区委书记、区委人才工作领导小组组长王合生主持会议并讲话。会议指出，要加快推进高水平人才高地建设，完善战略人才发现、培养和激励机制，形成战略科学家成长梯队，培养更多勇于创新、勇担责任的优秀企业家。聚焦“四个占先”“四个突破”等关键核心技术领域，加速集聚、重点支持一批科技领军人才和创新团队，实施好“薪火共燃”“三个一千”等人才培养计划，加快培养一批优秀青年企业家和高层次管理人才。完善优秀青年人才全链条培养制度，支持青年人才在重大科技任务、重点攻关课题中挑大梁、当主角。进一步加强党对人才工作的全面领导，强化人才政治引领和政治吸纳，办好第三届“智汇·海淀”人才主题周，营造“识才爱才敬才用才”的浓厚社会氛围。区领导张若冰、林剑华、肖丹、程培衡出席会议。

（王文彦）

【中关村创新合伙人·独角兽企业党建与发展论坛】 8月23日，中关村创新合伙人·独角兽企业党建与发展论坛在中关村展示中心举行。市委组织部副部长、两新工委书记迟行刚，区委书记、中关村科学城党工委书记王合生，区委常委、组织部部长张若冰，市工商联党组成员江岚等领导出席论坛。论坛设主旨演讲、专家演讲、圆桌对话、政策解读、项目授牌、签约合作、成果发布、展览展示等环节，来自中关村上市企业、独角兽及准独角兽、专精特新、“小巨人”等科技企业的创始人、党组织书记、企业高管，以及来自高校科研院所、新型研发机构、知名投资机构、金融服务机构的代表近400人参加。百度、贝壳、美团、快手、拉卡拉、银河航天、北斗星通、旷视等近百家联合会会员科技企业发表首个《科技创新企业担当宣言》。论坛为启明星辰党委、用友网络科技党委、大北农集团党委等10个“红创”党建重点培育项目授牌。

（王文彦 万清）

【组织系统宣传信息调研工作会暨培训班】 9月15日至16日，区委组织部举办海淀区2022年组织系统宣传信息调研工作会暨培训班。在开班式上，通报2021年以来组织系统宣传信息调研工作情况，表彰2021年宣传信息调研工作先进单位和先进个人，田村路街道、苏家坨镇、中关村科学城综合党委、北下关街道安岩岩分别作为先进单位和个人代表发言。培训班采用集中授课、分组交流相结合的方式进行。邀请专家学者开展学习贯彻习近平新时代中国特色社会主义思想、《中国共产党组织工作条例》解读、当前意识形态形势及如何在党建工作中防范化解意识形态风险专题授课；邀请市委组织部、区委办业务主管负责人作宣传信息专题讲座；组织各单位业务骨干作经验交流。来自各系统、街镇共35家单位副书记、组织部部长、组工信息员、组工评论员参加。

（王文彦）

【机关党建专题培训班】 9月22日至23日，区委组织部举办2022年海淀区机关党建专题培训班。培训班针对区委巡察相关情况，围绕机关党建工作责任制落实、基层党组织工作条例及北京市《若干措施》解读、机关党建工作实务等内容进行专题辅导，从区级层面强化巡察整改督导、推动工作落实，是进一步强化党组（党委）抓机关党建工作责任制的有力举措。区直机关系统、政法系统各机关单位党组织书记、副书记或分管机关党建的主管领导共60人参加培训。

（王文彦）

【2022“智汇·海淀”人才主题周】 9月26日至30日，由区委人才工作领导小组主办的2022“智汇·海淀”人才主题周举办。开幕式现场，北京人才发展战略研究院发布《北京市海淀区人才资源统计报告（2021）》和《中国重点区域人才黏性指数报告（2022）》；启动海淀区“双链融合”人才支撑行动，从产业引才、源头育才、事业留才等方面提出8项具体行动举措；举行海淀高层次人才库启动仪式，为首批入库的8位人才代表颁发证书；举行“青春扬帆赶海 企航点亮未来——海淀区第二批企航计划”启动仪式，重点面向在京8所高校定向招录人工智能、集成电路、智能网联汽车、软件信息服务、5G、生物医药、新能源、智能制造等方向的优秀毕业生；设立中关村国际人才服务功能区暨海淀区海外人才创新创业服务中心；北京大学教授、北京智源人工智能研究院院长黄铁军和小米副总裁崔宝秋分别作题为“以人工智能为例谈原始创新”“小米技术创新与人才发展”的主题演讲。本届人才主题周以“智汇·海淀”公众号人才周微网站为线上主渠道，围绕“喜迎二十大”“智探园区”“专家论坛”等10大板块，组织活动60余场。举办全区人才工作主题展，集中展示科技、教育、卫生、文化等14大领域人才工作成果。闭幕式上，北京市海淀区国际人才综合服务中心、北京市公安局海淀分局外国人出入境服务厅揭牌，启动海淀区人才联系服务平台。

（钟冷 王文彦）

【《北京市海淀区人才资源统计报告（2021）》发布】 9月26日，在2022“智汇·海淀”人才主题周开幕式上，北京人才发展战略研究院发布《北京市海淀区人才资源统计报告（2021）》。全面分析测算2021年度海淀区域人才总量、素质、结构、分布等基本情况。2021年，海淀区人才资源总量为199.7万人，比2020年增加

2.1万人。其中，学历人才180.91万人，占比91%；非学历人才18.81万人，占比9%。全区每万劳动力中研发人员523.8人，高技能人才占技能劳动者比例34.5%；主要劳动年龄人口受过高等教育的比例76.8%，高被引科学家占全球比例2.9%，每万人口高价值发明专利拥有量332.8件。

（钟冷　王文彦）

【《中国重点区域人才黏性指数报告（2022）》发布】 9月26日，在2022“智汇·海淀”人才主题周开幕式上，北京人才发展战略研究院发布《中国重点区域人才黏性指数报告（2022）》（简称《报告》）。《报告》作为《全球城市人才黏性指数报告》的姊妹篇，从经济基础、创新潜能、公共生活、社会福利、生态健康、文化开放6大指标维度和27个具体指标角度，对包括海淀区在内的国内30个一线城市和城区进行全方位的对比分析，形成中国重点区域人才黏性指数榜单。经综合评价分析，海淀区位居总榜单第一，充分体现海淀作为首都人才强区在引进、培养、留住人才方面的突出优势。

（钟冷　王文彦）

【“党代表传递党的二十大好声音”系列活动】 10月27日，“党代表传递党的二十大好声音”系列活动在北京市党员教育现场教学点——中关村村史馆正式启动，来自全区农村、社区、机关、教育、国企、卫生、政法、两新领域30名党代表，与党的二十大代表易彦等围绕学习党的二十大精神开展交流分享。

（王文彦）

【“海淀区‘十百千万’云端党课”活动】 10月28日，区委组织部、区委党校联合创新推出“海淀区‘十百千万’云端党课”活动。第一讲“十场名家直播课”在八里庄街道慧美八里党群文化中心开班，第一讲邀请中央党校科学社会主义教研部教授李志勇，以“全面建设社会主义现代化国家的行动纲领——学习党的二十大报告的体会”为题授课，“海淀区‘十百千万’云端党课”活动正式启动。当日直播在线观看人数达32.9万人次。2家单位持续探索“互联网+”党员教育模式，依托全区33家区委党校基层分校，举办“十场名家直播课”，推荐“百名党课讲师团”，共享“千堂视频微党误”，组织“万名党员线上学”，持续打造海淀“网上党课”品牌。

（王文彦　刘绍波　张洁）

【党的二十大精神知识竞赛线上活动】 11月2日，区委组织部联合香山街道党工委，在香山革命纪念地启动“海淀区学习贯彻党的二十大精神·踔厉奋发建新功”知识竞赛活动。知识竞赛持续至12月1日，分为“常规赛”和“精英挑战赛”两部分。常规赛：每次随机5道题目（单选题），每天可以无限答题，但系统只记录选手当天第一次答题的成绩。成绩以积分的形式体现在“全区排行榜”上，排名规则是答对题数越多、用时越短的选手排名越靠前。精英挑战赛：每次随机20道题目（单选题），选手在活动期间只能挑战1次。选手的挑战成绩会体现在“精英挑战排行榜”上，排名规则是答对题数越多、用时越短的选手排名越靠前。活动结束后，分别根据“全区排行榜”“精英挑战排行榜”排名情况奖励前50名选手，发给电子荣誉证书。

（钟冷　王文彦）

党校工作

【概况】 2022年，中共海淀区委党校（与海淀区行政学院、海淀区社会主义学院合署办公）举办线下培训班56期，培训4925人次；线上培训班28期，培训151512人次。在北京市党校（行政学院）系统2020—2021年度科研咨询评奖工作中，获优秀科研咨询工作组织奖、优秀科研咨询管理工作者奖；获优秀科研成果一等奖1项、二等奖1项，优秀决策咨询一等奖1项、二等奖1项。

（刘绍波　张洁）

【科研成果】 年内，区委党校开展课题研究15项，其中省部级课题1项、市级课题7项、区级课题5项、基地课题2项。开展《北京市接诉即办改革的实践与经验》《海淀区非公高科技企业党建高质量发展研究》《李大钊对马克思主义的追求及其当代启示》等系列专题研究。在《前线》等报刊上发表文章26篇。报送决策咨询报告36篇，被采用20篇，其中9篇上报市委办公厅、1篇被《调查研究报告》采用、3篇被《首都咨政》采用、2篇被《北京政工参阅》采用、5篇被《海淀信息（专刊）》采用。在北京市党校（行政学院）系统2020—2021年度科研咨询评奖工作中，区委党校获优秀科研咨询工作组织奖，论文《中国高新区高新技术产业创新效率探析》获优秀科研成果一等奖，著作《中关村核心区创新发展评价研究——基于硅谷指数的启示和比较》获优秀科研成果二等奖，《区委党校关于支持物业服务企业继续做好疫情防控的工作建议》获优秀决策咨询一等奖，《中关村科学城独角兽企业党建促高质量发展的实践与启示》获优秀决策咨询二等奖。获北京党建研究基地组织的“新时代首都基层党建创新实践案例”征文一等奖1项、二等奖1项、三等奖2项，获北京市社会主义学院组织的“共话百年统战”征文优秀奖2项。

（刘绍波　张洁）

【领导干部专业化履职能力培训】 年内，区委党校落实市委、区委关于提升领导干部专业化履职能力的工作要求，围绕组织需求、岗位需求，开展领导干部专业化履职能力培训，举办依法行政、宣传思想文化工作、提升创新能级、生态文明建设、科学发展、机关党建等15期专题培训班，培训领导干部1249人。

（刘绍波　张洁）

【主体培训班】 年内，区委党校举办主体培训班84期，培训学员156437人次。中关村科技创新学院举办培训班5期，培训学员249人次。

（刘绍波　张洁）

表3　2022年海淀区委党校主体培训班一览表

序号	培训班名称	培训时间	参训人数（人）
1	面试考官培训班	2月17日至18日	71
2	选调生面试考官培训	2月22日	60
3	选调生工作人员培训	2月22日	60
4	公务员面试考官培训	2月27日	60
5	公务员面试工作人员培训	2月27日	80
6	2022年第1期公务员初任培训班	3月7日至18日（3月7日至9日线下，后期线上）	99
7	处级干部进修一班	3月7日至25日（3月7日至9日线下，后期线上）	34
8	第44期科级副职领导职务公务员任职培训班	3月7日至25日（3月7日至9日线下，后期线上）	62
9	第40期中青年干部培训班	3月7日至4月26日（3月7日至9日线下，后期线上） 7月13日至15日（线下）	21
10	公务员素质提升云课堂第1期——深入学习贯彻中央经济工作会议精神	3月10日（线上）	5735
11	事业单位依法行政专题培训班	3月15日至17日（线上）	108
12	2022年第2期公务员初任培训班	3月21日至4月1日（线上）	133
13	局级领导干部学习贯彻党的十九届六中全会精神专题研讨班	3月23日至25日	32
14	宣传思想文化工作专题培训班	3月29日至31日（线上）	220
15	科级领导职务公务员提升创新能级专题培训班	3月30日至31日（线上）	42
16	事业单位公文写作专题培训班	3月31日至4月2日（线上）	131
17	公务员面试（第二场）工作人员培训	4月7日	10
18	新任职镇领导班子成员专题培训班	4月7日至8日（线上）	23
19	企航计划面试工作人员培训	4月11日	20
20	海淀区2021年度军队转业干部培训班（区情培训）	4月11日至15日（线上）	29
21	事业单位第4期科级副职领导职务任职培训班	4月11日至29日（线上）	41
22	民族宗教工作专题培训班	4月12日至13日（线上）	67
23	城管执法系统全员培训第1期	4月13日至15日（线上）	180
24	街镇政法委员专题示范培训班	4月19日至21日（线上）	30
25	公务员素质提升云课堂第2期——元宇宙的机遇与挑战	4月20日（线上）	5693
26	事业单位人事干部培训班	4月25日至26日（线上）	132
27	面向冬奥组委工作人员择优招录公务员面试工作人员培训	6月22日	15

续表

序号	培训班名称	培训时间	参训人数（人）
28	处级领导干部学习贯彻党的十九届六中全会精神专题研讨班暨新时代基层干部主题轮训班	6月23日至7月1日	772
29	正处级领导干部学习贯彻党的十九届六中全会精神专题研讨班	7月2日	176
30	城管执法系统全员培训第2期	7月12日至14日（线上）	183
31	第48期科级正职领导职务公务员任职培训班	7月18日至8月5日	65
32	副处级领导干部任职培训班	7月18日至22日	31
33	党员发展对象培训班第1期	7月19日至21日	936
34	补充录用公务员面试考官培训	7月22日	20
35	补充录用公务员面试工作人员培训	7月22日	50
36	公务员素质提升云课堂第3期——学习北京市十三次党代会精神，推动首都高质量发展	7月25日（线上）	6472
37	处级干部进修二班	7月25日至8月19日	60
38	两新组织红领党建云课堂第1期——学习贯彻十九届六中全会精神	7月29日（线上）	12000
39	2022年第3期公务员初任培训班	8月8日至19日	100
40	城管执法系统全员培训第3期	8月9日至11日（线上）	452
41	村社区书记培训班第1期	8月22日至25日	96
42	选取优秀社区书记招录公务员工作人员培训	8月26日	30
43	选取优秀社区书记招录公务员面试考官培训	8月27日	30
44	两新组织党建工作者示范培训班	8月29日至30日	77
45	科级依法行政专题培训班	8月29日至31日	69
46	选调生培训班	8月29日至9月2日	39
47	两新组织红领党建云课堂第2期——学习贯彻市十三次党代会精神	8月30日（线上）	12000
48	生态文明建设专题培训班	8月31日至9月2日	114
49	老干部局培训班第1期——四就近工作者培训班	8月31日至9月2日	32
50	党外干部示范培训班	9月1日至3日	36
51	事业单位生态文明专题培训班	9月6日至8日（线上）	57
52	处级干部进修三班	9月13日至10月13日	60
53	村社区书记培训班第2期	9月13日至17日	70
54	第49期科级正职领导职务公务员任职培训班	9月13日至30日	63
55	事业单位第4期科级正职领导职务任职培训班	9月13日至30日	29

续表

序号	培训班名称	培训时间	参训人数（人）
56	第41期中青年干部培训班	9月13日至11月4日	24
57	组织系统宣传信息调研工作培训班	9月15日至16日	148
58	老干部局培训班第2期——老党员先锋队培训班	9月19日至21日	61
59	乡村振兴协理员专题班	9月19日至23日	119
60	党员发展对象培训班第2期	9月20日至22日	120
61	两新组织红领党建云课堂第3期——深圳两新党建工作的转型发展与党建工作实务	9月22日（线上）	12000
62	机关党建工作专题班	9月22日至23日	60
63	军民融合发展专题班	9月26日至27日	81
64	城管执法系统培训第4期——2022年新录用人员培训	9月26日至10月14日	70
65	公务员素质提升云课堂第4期——《习近平谈治国理政》第四卷	9月27日（线上）	5600
66	第45期科级副职公务员任职培训班	10月10日至28日	68
67	“两新组织”培训班——评审会	10月13日	20
68	城管执法系统培训第5期——队列训练	10月17日至18日	70
69	事业单位科学发展专题培训班	10月24日至11月4日	51
70	处级干部进修四班	10月24日至11月18日（11月8日起停课）	58
71	海淀区基层一线党代表示范培训班	10月26日至27日	30
72	两新组织红领党建云课堂第4期——学习贯彻党的二十大精神	10月31日（线上）	45000
73	第46期科级副职领导职务任职培训班	10月31日（后转至2023年举办）	65
74	正处级领导干部任职培训班	10月31日至11月4日	20
75	第50期科级正职领导职务公务员任职培训班	10月31日至11月7日	77
76	公务员素质提升云课堂第5期——学习贯彻党的二十大精神	11月1日（线上）	6011
77	团干部培训班	11月2日至4日	132
78	组织部人才科专家评审会	11月4日	20
79	事业单位人员初任培训班	11月21日至12月2日（线上）	96
80	法治思维养成与法治政府建设专题班	11月23日至24日（线上）	77
81	两新组织红领党建云课堂第5期——学习贯彻党的二十大精神	11月29日（线上）	24000
82	2023年定向选调生面试协调会	12月16日	12
83	2023年定向选调生面试考官及工作人员培训	12月19日	40

续表

序号	培训班名称	培训时间	参训人数（人）
84	两新组织红领党建云课堂第6期——基层党建促转型的“联创样本”	12月27日（线上）	15000
合计			156437

表4　2022年中关村科技创新学院培训班一览表

序号	培训班名称	培训时间	参训人数（人）
1	中关村软件园2022年党员干部培训班	5月26日至28日	48
2	中关村发展集团2022年入党积极分子培训班	7月20日至22日	29
3	中关村发展集团2022年党务工作者培训班	7月27日至29日	43
4	科环集团2022年党支部书记培训班	12月21日至23日	91
5	科环集团2022年党务工作者培训班	12月21日至23日	38
合计			249

（刘绍波　张洁）

【处级领导干部专题研讨班】 6月23日至7月1日，区委党校线上举办海淀区处级领导干部学习贯彻党的十九届六中全会精神专题研讨班暨新时代基层干部主题轮训班。培训班围绕党的十九届六中全会精神、科技创新、党建引领基层治理和乡村振兴4个主题，备选12门线上培训课程，采取专题辅导、干部教育网专题学习、集体学习、交流研讨、撰写学习体会或理论文章等相结合的方式进行，培训772人。7月2日，区委党校在中关村国家自主创新示范区核心区展示中心举办海淀区正处级领导干部学习贯彻党的十九届六中全会精神专题研讨班，区委书记王合生、代区长李俊杰作专题辅导报告，进一步深化对党的十九届六中全会精神的领会把握与贯彻落实，176名正处级领导干部参加培训。

（刘绍波　张洁）

【区领导授课】 8月16日，区委常委、统战部部长牟晓春为处级干部进修二班学员讲授《落实统战工作条例，做好新时代基层统战工作》专题党课，60名副处级干部参加培训。9月2日，牟晓春为党外干部示范培训班学员作《新时代基层统战工作解读》专题报告，36名党外干部参加培训。9月2日，区委常委、区纪委书记、区监委主任鲍雷为党外干部示范培训班学员作《牢固树立纪律规矩意识，做政治上的明白人》专题报告，36名党外干部参加培训。9月22日，区人大常委会主任刘长利为处级干部进修三班和第41期中青班学员讲授《坚持人民代表大会制度，推动新时代人大工作不断创新发展》专题党课，60名副处级干部和24名中青年干部参加培训。

（刘绍波　张洁）

【社区党组织书记示范培训班】 8月22日至25日，区委党校举办海淀区社区党组织书记示范培训班，96名优秀社区书记参加培训。培训课程涵盖政治理论学习、社区治理、心理健康调适等方面，并围绕基层社会治理主题开展分组讨论。

（刘绍波　张洁）

【学习贯彻党的二十大精神报告会】 10月25日，区委党校学习贯彻党的二十大精神首场报告会开讲。党建专家、中国人民大学教授王向明以“自信自强　守正创新”为主题，向党校主体班学员宣讲党的二十大精神。本次报告会是区委党校推动党的二十大报告精神进教学、进课堂、进头脑的具体举措。

（刘绍波　张洁）

区直属机关党建

【概况】 2022年，中共海淀区委区直属机关工作委员会（简称区直机关工委）领导65家单位党组织（14个党委、26个党总支、25个党支部）；所属党员9357人，比上年增加182人，其中在职党员7320人、离退休党员2037人。区直机关党建工作坚持“基础工作抓规范，重点工作抓实效，整体工作抓推进”的基本思路，以习近平新时代中国特色社会主义思想为指导，以党的二十大精神为主线，全面贯彻区委十五、十六次全会精神，不断加强机关党的基层组织和党员队伍建设，健全和完善机关党的各项工作制度，全面提升机关党的建设高质量发展。完成党组织书记述职评议、党组织换届、党员发展、组织关系转接等工作。举办党组织书记、党务工作者等培训班，组织党员献爱心、百姓宣讲、分散型职工健身等活动。

为疫情防控工作提供保障，组织

7241名机关干部下沉社区支援疫情防控工作。

（杜宇）

【基层党组织建设】 年内，区直机关工委开展基层党组织书记述职评议，65家单位党组织书记进行现场述职。完善区直机关党建协作组联席会议制度，对机关党建工作进行分类指导，6个协作组织联合党组织活动5次。聚焦两新党建工作，探索联学联建大党建格局，与区工商联联合开展政企党建“手牵手”共谋发展“心连心”活动，通过政企党建结对共建推动政企深度融合。推行“1+N”①的片区化培训方式，量身定制培训课程，建立健全习近平新时代中国特色社会主义思想学习教育长效机制。举办支部书记、党务工作者、普通党员培训班45期，受训党员干部万余人次。指导21个机关党组织的委员调整和18个基层党组织的换届工作。审批发展党员96人，预备党员转正226人，转接组织关系2010人次，收缴党费约435.95万元。

（杜宇）

【北京冬奥会和冬残奥会集散观众服务保障】 年内，区直机关工委承担北京冬奥会和冬残奥会集散观众服务保障任务。第一时间成立观众人员集散部专班，建立“3+3+3”工作机制（3块阵地、3支团队、3个党小组）。组织848名车长进行培训，5次实地演练，制订方案预案4套，各类表格信息等216份。经过103天的奋战，调度车辆1111辆，完成集散观众2.8万余人次。海淀区集散部受到市督导组“全市最好”的评价，海淀区运行保障指挥部票务及观众组织组被评为北京2022年冬奥会和冬残奥会北京市先进集体，1名干部被评为北京2022年冬奥会和冬残奥会北京市先进个人。

（杜宇）

【关爱帮扶】 年内，区直机关工委帮扶困难党员54人，发放困难补助金23万元。组织区直机关系统65家单位2万余名党员开展党员献爱心捐款活动，现场捐款52.8万余元。区直机关工会依托扶贫互助平台购买贫困地区产品，为职工送生日祝福、公园年票、发放节日福利等，受益职工达5980人次。为每位职工增加轻度疾病保险，为2989人次职工办理互助保险，180余人次享受二次医疗报销，慰问困难职工11人。

（杜宇）

【2021年度党组织书记抓基层党建述职评议会】 3月3日，区直机关工委召开2021年度海淀区直机关系统党组织书记抓基层党建述职评议会。区直机关系统党委、群团部门的20位书记围绕抓基层党建工作履职情况进行现场述职，其他书记作书面述职。述职紧扣党史学习教育、“我为群众办实事”实践活动、履行基层党建工作职责、抓好意识形态等党建工作重点任务，述责任、讲做法、谈体会、找不足、促整改。区委常委、政法委书记、区委办主任吴计亮采取“一述一评”的方式，对每位书记述职情况逐一进行点评，对2021年度区直机关基层党建工作给予充分肯定，指出工作中存在的薄弱环节和亟待解决的问题，并就进一步做好2022年机关党建工作提出4点要求：持续加强政治建设，进一步提高政治站位；继续深化党建引领，进一步推动机关党建与业务深度融合；聚焦标准化规范化建设，进一步提升基层党组织政治功能和组织力；压紧压实党建工作责任，进一步提升机关党建工作质量。

（钟冷）

【“星耀引航”优秀支部工作法评选活动】 4月11日，区直机关工委依托6个机关党建协作组，在区直机关系统开展“星耀引航”优秀机关党支部工作法推荐评选活动。评选活动通过走访、调研、座谈等方式，深挖细找机关党建存在的共性问题，分析查找个性问题；广泛发动党员“找症结、出点子、解难题”，探索正确而有效解决问题的支部工作法。确立命名精准、内涵丰富、措施可行、具有推广价值等4个指标体系，举办优秀支部工作法线上培训会、现场辅导会，设立“小指导员”一对一指导机制，帮助基层党支部提炼、总结、选出优秀支部工作法。最终总结提炼20个“星耀引航”优秀支部工作法，编印《区直机关“星耀引航”党支部工作法暨“创两优 展风采”案例集》。

（杜宇 钟冷）

高新技术企业党建

【概况】 2022年，中共北京市委中关村科学城工作委员会（简称中关村科学城党工委）全面贯彻落实市委、区委决策部署，围绕“三个走在最前头”要求，不断加强党的影响力、号召力、凝聚力。截至年底，中关村科学城综合党委所属基层党组织1830个，管理党员34188名。

实施“红创”党建重点项目，设置“双向进入、交叉任职”、党组织与管理层共同学习等12项重点项目清单，58家企业试点实施101个项目，进一步拓宽非公企业加强党的领导的有效路径。新成立党组织129家，整建制接收党组织2家、调整升级3家；集中开展软弱涣散基层党组织整顿，撤销党组织8家，整建制转出党组织9家、降级3家。持续推进基层党组织规范化建设，综合党委3个基层案例入选北京市优秀党支部工作法。组织召开基层党建述职评议会，43家直属党组织书记现场述职。落实巡回指导机制，走访企业316家，一企一策提出指导意见。完善“两个覆盖”②系统数据，完成党员E先锋平台建制调整报审批复，强化党组织换届监督提醒。

实施“双培养一促进”工程，建立“发展党员1234”工作法，实现入党申请人、积极分子、发展对象三账合一；加大对企业出资人、高知群体的吸纳力度，吸纳预备党员162名，完成预备党员转正608名。进一步规

① “1+N”：区直机关工委牵头，按照6个党建协作组，划分为6个片区。
② “两个覆盖”：党的组织覆盖和工作覆盖。

范组织关系接转、流动党员服务管理等机制，细化不合格党员处置流程，约谈党员管理松散的党组织。上线运行非公党建红色成长营学习管理平台。做好新发展党员、新任党务干部培训，开展“中关村红色智慧大讲堂”和党员轮训各3期。组织企业党务和两新党建工作者参加党建知识练兵竞赛。

（万清）

【学习宣传贯彻党的二十大精神】 年内，中关村科学城党工委推动学习宣传贯彻党的二十大精神，印发部署基层学习宣传贯彻通知，采取班子领学、支部共学、党员自学的形式，组织理论学习中心组集中学习研讨14次。第一时间以“中关村红色智慧大讲堂”直播形式组织千家基层党组织观看党的二十大精神辅导讲座，邀请中共中央党校（国家行政学院）经济学部教授杨振，以“加快构建新发展格局 着力推动高质量发展”为主题，从任务使命、首要任务、发展格局和必由之路4个方面进行讲解。开展“迎接二十大，奋进新征程”视频征集评比活动，共收到各企业党组织报送视频74个。各基层党组织围绕报告中关于科技、创新、人才论述开展传达学习、专题培训等活动，立足科技工作者本职、服务创新发展实际、党建引领发展等方面讨论大会精神，交流学习体会，部署落实举措。

（万清）

【重大活动服务保障】 年内，中关村科学城党工委全力服务保障北京冬奥会和冬残奥会，选配机关干部力量，组织企业代表，完成开幕式观演、火炬传递、赛事观看等保障任务。非公党组织科技助力冬奥会，旷视、声智、碧水源等党组织在信息系统搭建、基础设施建设等方面攻克多项技术难关，发挥硬核作用。高效统筹疫情防控和复工复产，推动企业党组织在疫情防控中发挥实质作用，231家企业制订党组织参与防控应急预案，156家党组织成立党员先锋志愿服务队，谱尼测试、卡尤迪等支援全市核酸检测，机关党员干部完成45个园区的巡查指导，组建应急队驰援封控管控区，抽调干部参与隔离点保障，完成学院路、清华园街道社区疫情防控督导检查。

（万清）

【中关村科学城众创空间党建与发展论坛】 1月12日，中关村科学城众创空间党建与发展论坛通过线上线下形式在中关村创业大街举办。论坛由区委组织部、中关村科学城综合党委指导，中关村科学城众创空间党建联盟主办，以“走中国特色的中小企业孵化之路”为主题。论坛上，中关村科学城众创空间党校正式成立，北大科技园、氪星创服、京玺文化创意园3家单位加入联盟成为新成员，联盟会员单位达到38家。区人大常委会、中关村科学城综合党委、海淀置业集团负责人出席论坛，共同为中关村科学城众创空间党校揭牌。

（万清）

【中关村红色智慧大讲堂】 4月2日，中关村科学城综合党委组织“中关村红色智慧大讲堂”（简称大讲堂）第三十一讲暨党员轮训第三十九期培训开班，邀请中共中央党校（国家行政学院）经济学教研部副主任、教授曹立讲授《推动中国经济行稳致远——从政府工作报告看2022年宏观经济形势与政策》，各基层党组织全体党员参加培训。9月28日，大讲堂第三十二讲暨党员轮训第四十期线上培训举办，邀请中共中央党校（国家行政学院）副教授冉昊讲授《擘画全面建设社会主义现代化国家的宏伟蓝图——学习习近平治国理政（第四卷）体会》，机关各支部在职党员和退休党员参加培训。10月24日，大讲堂第三十三讲暨党员轮训第四十一期培训举办，邀请中共中央党校（国家行政学院）经济学部教授、产业室副主任杨振讲授《加快构建新发展格局 着力推动高质量发展——党的二十大报告解读》，各基层党组织全体党员参加培训。

（段月）

【独角兽企业“七一”恳谈会】 7月1日，中关村科学城党工委举办独角兽企业“说说心里话”“七一”恳谈会，云知声、淘友天下、百分点、海博思创、声智、瑞莱智慧、推想医疗等8家独角兽企业和准独角兽企业的创始人、董事长以及中关村科学城独角兽企业党建联盟会长单位贝壳找房公司等企业家代表应邀参加会议。恳谈会就学习贯彻北京市第十三次党代会精神以及自身企业和行业发展、营商环境、对政府和市场环境的期待等方面说出企业的心里话。会上发布《中关村科学城独角兽企业可持续发展报告》。

（万清）

社会领域党建

【概况】 2022年，区委社会工委区民政局统筹推进社会领域党建工作。

8月27日，海淀区2022年度“红领杯”两新党建业务大练兵决赛在中关村国家自主创新示范区展示中心颐和厅举办　（胡俊华 摄）

落实《海淀区村和社区“两委”成员队伍建设五年行动计划（2021—2025年）》要求，建立社区党组织书记、专职党务工作队伍、社区“两委”后备人才队伍工作台账。强化社区组织体系建设，建立区、街道、社区三级党建阵地体系，全面提升社区党建阵地规范化建设水平。绘制社区党的组织网络图，建立健全建强党建引领社区治理组织体系。举办“红领杯”两新党建业务大练兵活动，组织动员全区1.3万余名两新组织党务工作者、党建指导员队伍参加。

（张安慧）

【优秀书记工作室建设】 年内，区委社会工委区民政局持续推进海淀区各级优秀书记工作室建设。在区级层面，依托区级优秀书记工作室，持续深化小班精品案例培训、师徒带教、书记沙龙等培训班24期，培训学员2540人次，着力提升全区社区书记队伍破解难题的实操能力。在街道层面，按照队伍共育、难题共解、品牌共创、经验共享的“四共”联动机制，通过调研指导、定期例会等举措，引领和助推街道级社区书记工作室高标准推进。街道系统新建5个市级社区书记工作室。全区建成15个市级社区书记工作室。

（张安慧）

【社区党建】 年内，区委社会工委区民政局发挥区域化党建作用，持续做实社区党建工作协调委员会工作机制。截至12月底，20个街道的503个社区党组织召开1016场社区党建工作协调委员会会议，征集1368个需求清单、1275个资源清单，形成1098个项目清单，完成947个项目清单。

（张安慧）

老干部工作

【概况】 2022年，全区有离休干部332人（含异地来京安置离休干部33人），副处级以上退休干部2140人。区委老干部局贯彻落实党的二十大和习近平总书记对老干部工作重要指示批示精神，按照市委、区委决策部署，以推进落实中共中央办公厅《关于加强新时代离退休干部党的建设工作的意见》、北京市实施意见和离退休干部工作领导责任制为重点，用心用情、精准服务，做好老干部工作。区委老干部局下设海淀区老干部活动中心（参照公务员管理事业单位）。

（高燕）

【离退休干部党建】 年内，区委老干部局把学习习近平新时代中国特色社会主义思想作为首要任务，以学习宣传贯彻党的二十大会议精神为主要内容，集中教育+经常性教育、线上教育+线下教育相结合，通过举办示范培训班、建立政治理论轮训机制、组织参观红色教育基地等方式，抓好离退休干部党员思想理论武装。举办“守初心 担使命”系列培训班3期，支部书记线上学习培训班1期，老干部理论学习中心组学习9次，网上初心讲堂24期，组织老干部参观学习7次。做好国有企业退休干部党组织关系转接工作，与区国资委党委建立沟通联系机制，推进共建联办、场所公用，提高国有企业退休干部社会化管理移交后的归属感。

（高燕）

【老党员先锋队】 年内，区委老干部局以“我有菜单，您来点菜”“一季度一主题”形式，组织老党员先锋队参加疫情防控、垃圾分类、文明实践、纠纷调解、文化活动等。开展“垃圾分类我代言”活动，推选30个优秀团队和99名优秀个人，通过拍摄专题海报、利用“海淀老干部”微信公众号及社会媒介平台进行线上宣传，示范带动全区老党员踊跃参加。依托老干部理论学习中心组、“红色回响”宣讲团等团队，通过线上线下相结合的方式，进机关、进社区、进企业，讲好党的百年奋斗重大成就和历史经验的故事。

（高燕）

【离退休干部文体活动】 3月，区委老干部局举办“忆满京城 情思华夏”——海淀区离退休干部第三届清明云端诗会。7月19日，举办“喜迎二十大 共筑中国梦”——海淀区老干部书画摄影展，展出作品140幅，其中书画作品80幅、摄影作品60幅。8月，组织区老干部活动中心活动团队参加北京市委老干部局举办的社会体育指导员太极拳专项培训班和长城文化主题艺术作品展。9月8日，在区文化馆小剧场举办“喜迎二十大 共筑中国梦”——2022年海淀区老干部“迎中秋庆国庆”联欢会，区四套班子老领导、市老干部活动中心、区纪委区监委驻组织部纪检监察组、中关村街道、区文旅局、区文化馆、区老体协、区体育局等单位的领导以及来自区属各单位的老干部代表观看演出。9月，组织区老干部活动中心活动团队参加北京市离退休干部“喜迎二十大·奋进新征程”书画艺术作品展、录制央视网《炫舞未来》《寻找100个炫舞的你》节目，组织老干部长青艺术团红叶摄影队及各团队骨干成员赴北京延庆开展摄影主题采风活动。

（高燕）

【关心下一代工作】 5月27日，海淀区关心下一代工作委员会（简称区关工委）开展以“中华好家风”为主题的中华魂主题教育活动。7月至12月，举办6次“老科技专家进校园”活动。8月8日，开展“老少同声颂党恩、携手喜迎二十大”青少年主题夏令营活动。7月至9月，举办“老少共画喜迎二十大”主题活动，征集绘画作品234幅。8月16日，区关工委、香山革命纪念馆和北京时间联合开展“致敬峥嵘岁月、点亮青春之光”云游览革命基地红色讲堂主题活动。11月12日，开展“世界名人郭守敬 世界遗产大运河”传统文化主题活动。

（高燕）

【“中华好家风”演讲比赛】 5月27日，由区关工委主办，区教育系统关工委协办，中关村学区管理中心、中关村第一小学承办的“中华魂”主题教育“中华好家风”为主题的演讲比赛以线上直播形式举行。经过初赛、复赛，25名学生进入决赛，同学们以演讲的形式，用文字讲述故事，用声音感知温暖，用语言传递力量。

（钟冷）

【离退休干部生活待遇保障】 7月起，区委老干部局根据北京市委老干部局《关于调整本市去世离休干部无工作配偶生活困难补助费标准的通知》精神，调整去世离休干部无工作配偶生活困难补助费标准，去世离休干部配偶无工作、有子女的生活困难补助费由每人每月1285元调整为每人每月1360元；去世离休干部配偶无工作、无子女的生活困难补助费由每人每月1922元调整为每人每月2034元。10月至11月，组织完成全区1219名离休干部及副处级以上退休干部健康体检工作。11月，区委老干部局和区医疗保障局联合编制海淀区老干部“医疗保障政策服务包”，为老干部提供退休干部医疗保障政策、定点医院选择和异地就医等医保政策服务。为7名抗日战争前期参加革命工作的离休干部提供居家适老化改造服务，改善居家生活照护条件，提升居家养老服务品质。

（高燕）

【“老科技专家进校园”系列活动】 7月至12月，由区关工委主办，中国科学院老科学技术工作者协会、区教育系统关工委和区上地学区管理中心协办的“老科技专家进校园”系列活动举办。老专家们通过地球探秘、银河系探秘、芯片的发展与未来、微电子与航天技术、碳排放与身边的可再生能源、生活垃圾的低碳处理6个专题，为孩子们精心讲解，传播科学知识。

（钟冷　高燕）

【区领导与老领导暑期座谈会】 8月25日，区四套班子领导与老领导暑期座谈会召开。座谈会通报全区上半年经济社会运行情况、区级领导人事变动情况和2021年区级老领导在暑期座谈会上所提意见建议办理情况。老领导高度评价区委、区政府团结带领全区人民推动经济社会发展取得的新成就，围绕海淀区历史文化保护传承、筑牢青少年思想根基、加强基层人才干部队伍建设、深化改革创新等方面提出意见建议。王合生、李俊杰、刘勇、吴计亮、张若冰等区领导，张宝章、张芝田、陈其耀等老领导参加座谈会。

（高燕）

宣传工作

【概况】 2022年，海淀区宣传思想文化工作坚持以习近平新时代中国特色社会主义思想为指导，全面贯彻全国、北京市宣传部长会议精神，落实市委、区委决策部署，以迎接北京冬奥会和冬残奥会服务保障和学习宣传贯彻党的二十大精神为工作主线，聚焦科技为文化赋能、文化为城市赋能，在统筹疫情防控和经济社会发展中担当起“举旗帜、聚民心、育新人、兴文化、展形象”的使命任务，圆满完成年度各项任务，为建设现代化强区、高品质海淀提供坚强思想保证和强大精神力量。

理论宣传。以学习宣传贯彻习近平新时代中国特色社会主义思想为重要政治任务，推动学习贯彻向深度拓展，向广度延伸。区委理论学习中心组采取邀请知名专家作专题辅导、集体交流研讨活动等形式，围绕学习贯彻党的二十大、党的十九届六中全会精神、市党代会精神等主题，开展集中学习20次。落实巡听旁听制度，对区统计局、区国资委等单位党委（党组）理论学习中心组开展巡听旁听。推荐经典著作、哲学、法学等6大类30余种书目。搭建“中共海淀区委宣传部理论宣讲直播平台”，举办“周末大讲堂”“理论走基层”等主题活动，深入社区（村）等基层单位开展理论宣讲，推动党的创新理论“飞入寻常百姓家”，全区各单位开展各类宣讲活动近2000场，受众近千万人次。组建“海淀区学习贯彻党的二十大精神宣讲团”，深入基层开展宣传阐释，指导各系统、各街镇结合实际开展特色宣讲。

宣传贯彻党的二十大精神。聚焦科技创新、生态环境等方面，协调中央和市属媒体集体采访10次，全景式报道海淀新时代十年发展的辉煌成就。在“海淀宣传”平台推出“声声入海淀”专题系列报道，宣传、解读、阐释二十大精神的总传播量达655.02万次。在区融媒体开设“喜迎二十大·海淀这十年”“非凡十年看海淀”“奋进新征程 建功新时代”“现代化强区 高品质海淀”等专题专栏。区融媒体中心首次派出记者参加大会新闻报道，推出的“新征程·奋斗者说”全媒体报道引发广泛共鸣。电子显示屏、公益宣传栏、公交地铁站点灯箱等宣传载体，刊发各类公益宣传海报近20万份，设置灯箱宣传画面近200块，播放公益短视频100余万次。在“文明海淀”公众号等网络平台发布“海淀友邻”、社会主义核心价值观系列宣讲短视频，在线学习超10万人次。举办“喜迎二十大·奋进新征程——红创西山2022”“‘青春在云端绽放’喜迎二十大 建功新时代”“喜迎二十大 初心映红亭”等主题活动，央视频等网络平台同步现场直播，为党的二十大胜利召开营造良好氛围。

高标准服务保障北京冬奥会和冬残奥会。培训全区相关单位的新闻发言人100余人次，并开展针对性演练。新闻中心累计接待服务境内外媒体记者420余人次，提供素材1307条次。围绕场馆建设、运行保障、可持续发展、遗产利用、疫情防控等方面的成效亮点，组织专题新闻发布会6场、专访2次、集体采访10次、直播访谈3场。话题#2022海淀与冬奥同行#阅读量超1600万次。开展“冰雪海淀 燃情冬奥”“冬奥因我而暖，海淀文明有我”“一起向未来”等群众性主题宣传活动，举办特色文化活动400余项。策划开展冬奥文化广场活动，65天351场次共接待游客3万人次。牵头组织开闭幕式和全要素彩排观演活动，动员观众总计1600余人次。24家签约饭店完成8890人住宿餐饮综合服务保障。1.2万名志愿者累计服务时长超过1.2万小时，服务观众5万人次。公共文明引导员大队、万寿路中队获评北京市冬奥服务保障“最美志愿服务团队”。

意识形态工作。细化《海淀区党委（党组）意识形态工作责任制实施细则》的实施措施，出台《海淀区党委（党组）网络意识形态工作责任制实施细则》，监测预警、会商研判、联动处置等工作机制进一步完善。专项巡察区国资委、区总工会等23家单位党委（党组），书面督查全区114家处级单位意识形态责任制落实情况。完善意识形态阵地台账，开展意识形态阵地专项审查。定期通报全区意识形态领域情况，3次召开意识形态综合分析研判会。推进“扫黄打非”专项行动，实地检查文旅企业4259家。

主流思想宣传。围绕党的二十大、北京冬奥会和冬残奥会、服贸会等重大活动以及中关村新一轮先行先试改革等全区重点工作，加强新闻宣传和舆论引导，弘扬主旋律，传播正能量。中央媒体刊播海淀报道622条（含《新闻联播》4条），市属媒体刊播2253条。2次在北京新闻中心新闻发布会上发布冬奥场馆建设、三山五园文物保护利用示范区建设成果。依托“海淀宣传”智能聚合平台，创新推出多款图文、短视频、长图、海报、动画、H5等爆款新媒体产品，6487条发布内容总传播量达6.84亿次。借力境外社交媒体传播平台，呈现海淀建设发展成就，累计推文3545篇/幅，阅读量达3400万次。建成全市首家区级平台“学习强国”海淀学习平台并上线运营。打造启用海淀区首个“北京视听小站”，实现8K超高清视听技术运用，为超高清产业进社区进家庭搭建起“高速通道”。承办“两岸青年峰会”，微博话题总阅读次数超过2.89亿次。创建全市首个区级接诉即办民生类全媒体栏目《社区伙伴来帮忙》，实现媒体融合发展与基层社会治理的无缝对接，经验做法向全市推广。

培育和弘扬社会主义核心价值观。高质量完成全区革命历史纪念设施专项调查，梳理核查现有红色遗址、革命文物和纪念设施62处。完成8家2021年新命名区级爱国主义教育基地授牌。开展“强国复兴有我”群众性主题宣传教育活动，线上线下受众近1200万人次。开展百姓宣讲，宣讲超过100场。编著出版《海淀红色记忆》，精心组织1.1万名观众参观“奋进新时代”主题成就展。

精神文明建设。开展道德模范评选表彰活动和道德宣传实践活动，2022年感动海淀文明人物颁奖典礼全网传播量达594.43万次。推进未成年人思想道德建设，开展“童心向党”“新时代好少年”“向国旗敬礼”等教育实践活动。开展“诚润文明 信美海淀”主题宣传活动。4人获“首都诚信之星”荣誉称号、2人获首都级“新时代好少年”荣誉称号，“北京榜样”上榜9人、集体3个，“中国好人”上榜1人。

文化高质量发展。推进国家公共文化服务体系示范区复核工作。推进北京市精品游戏研发基地建设。有序推进软件正版化工作。办理出版物零售单位和电影放映单位等政务服务事项1737件、文旅行业行政许可及备案事项共780件。制定实施《海淀区推进“大戏看北京”行动计划》《海淀区推进文化产业园区高质量发展若干措施》。牵头完成建党100周年庆祝大会的党徽元素落地工作。推进大运河文化带、西山永定河文化带建设，南长河沿线环境景观、园外园生态环境持续提升。推动“类博物馆”有序对社会开放。推进三山五园国家文物保护利用示范区创建，三山五园艺术中心项目、清华园火车站保护利用工作进展顺利。发挥各类文化专项资金引导放大效应，支持举办亚洲数字艺术展等文化活动项目。开展三山五园IP宣传推广，创办文物保护科普类栏目《镇“淀”之宝》，举办中关村舞剧节等文化品牌活动4000余场次，惠及群众近1亿人次。舞剧《曹雪芹》、舞蹈作品《南泥湾》分别入围第十三届中国舞剧和舞蹈“荷花奖”终评。全区规模以上文化产业单位实现营业收入10173.1亿元，增长7.5%，约占全市的55%。

疫情防控宣传引导。健全疫情防控响应机制，及时发布权威信息和防控举措，回应人民群众关心关切。依托“北京海淀”“海淀宣传”“欢迎来淀”等新媒体平台，实时发布疫情信息1万余条。推出《江初说疫苗》系列短视频18期和《全国各地来上分#别看我是菜》创意动画短视频等多款爆款产品。甘家口街道成立疫情防控战旗党委的做法被《新闻联播》报道，羊坊店街道高中生自创“诗意两米线”引发全网热议。150余万人次志愿者、1000余名公共文明引导员参与疫情防控志愿服务。开展中小微文化企业受疫情影响专题调研，制定实体书店、影院、演出场所等受疫情影响突出的文化行业帮扶措施。举办2022海淀文化领域“抗疫助企促发展”系列主题活动。

（杨兆辉）

【文化品牌活动】 年内，区委宣传部服务保障首届全民阅读大会，举办线上线下阅读活动670余场，参与400余万人次。打造“为人民而作”文艺品牌，推出油画、篆刻、书法、美术、摄影系列主题展览。推动龙徽1910文化创意园开园，推进北京市精品游戏研发基地建设。承办服贸会海淀展区，以元宇宙为主题展示“一村三山五园”文化。孵化精品文创IP，打造沉浸式的圆明园数字文化体验项目和特色文化消费空间。

（高洁）

【道德模范表彰宣传】 5月12日，2022年度暨第十二届“感动海淀”文明人物颁奖活动首次以“云”颁奖形式举行。活动以“时代潮音”为主题，以刻画“新时代赶考路精神文明领航员”群像为主线，创新采用“虚拟直播间”+“云顶对话”的形式进行颁奖，并通过全媒体多平台同步直播。科技创新、教育、医疗、志愿服务等领域10位在平凡岗位上甘于奉献、勇于担当的先进模范代表叶辉、王强、王震坡、李增高、赵伟、宋学文、张允岭、李刚、刘小惠、黄会林荣获2022年度“感动海淀”文明人物奖，北京高校思想政治理论课高精尖创新中心等5个团队荣获2022年度“感动海淀”文明集体奖，罗蜜、刘迪波等10人荣获2022年度“感动海淀”文明人物提名奖。2022感动海淀话题全网传播达594.43万人次，无数网友在线致敬榜样力量。

（陈松柏）

【北京冬奥精神宣讲海淀区专场报告会】 8月11日，强国复兴有我——北京冬奥精神宣讲海淀区专场报告会在香山革命纪念馆举办。报告会由北京冬奥组委、北京市委宣传部、北京市社会科学院（市委讲师团）联合主办，区委宣传部、香山街道办事处、香山革命纪念馆承办。活动旨在贯彻落实习近平总书记在北京冬奥会、冬残奥会总结表彰大会上的重要讲话精神，大力弘扬“胸怀大局、自信开放、迎难而上、追求卓越、共创未来”的北京冬奥精神，切实把成功办奥形成的宝贵物质财富和精神财富转化为推动新时代首都发展的强大动力。与会人员观看北京冬奥筹办工作回顾短片，全景式回顾北京冬奥6年多的筹办之路；7位宣讲员多角度、全方位、立体式地为大家讲述鲜为人知的北京冬奥故事。

（钟冷　于鹏）

【《海淀区推进文化产业园区高质量发展若干措施》印发】 8月17日，海淀区推进全国文化中心建设领导小组印发《海淀区推进文化产业园区高质量发展若干措施》(简称《措施》)。《措施》包括加强统筹领导、完善产业生态、扩大园区影响、支持园区创新发展、压实工作责任5个方面14条措施。主要内容为：加大文化产业园区、企业的扶持力度；进一步梳理市区促进产业政策，优化园区营商环境；搭建文化科技交流平台；支持园区提升服务能力；提升融资服务；支持园区引入游戏电竞、网络文学、影视、动漫、音乐、元宇宙、NFT、直播电商、虚拟数字人等新业态；鼓励园区围绕版权交易、外资准入、跨境数据流动、外汇便利化、人才支持、税收优惠等领域推进制度型开放与先行先试，促进产业发展；支持高校园区发展；推进虚拟园区建设。

（钟冷　王兴辉）

【《海淀区推进“大戏看北京”行动计划》印发】 8月17日，海淀区推进全国文化中心建设领导小组印发《海淀区推进“大戏看北京”行动计划》(简称《行动计划》)。《行动计划》提出加强组织领导、推动“大戏”创作、推动剧目演出、推动演艺产业提质增效、营造良好氛围4个方面22项工作任务。

（钟冷　王兴辉）

【第十三届文明市民艺术节】 9月至12月，由区委宣传部、区精神文明建设委员会办公室主办，中关村学院、区文明市民学校总校承办的海淀区第十三届文明市民艺术节举行，各街镇文明市民学校中心校、各社区（村）分校广泛参与。艺术节围绕“喜迎党的二十大”，以“文明绽放，幸福人生”为主题，采取“线上+线下”的形式，设置书法、国画、朗诵、摄影、唱歌、舞蹈6个赛项，线上举办书法、国画、朗诵和摄影比赛，线下举办唱歌和舞蹈比赛。分初赛、复赛、决赛、闭幕式4个阶段进行。14593人次参加社区（村）和街镇的初赛、复赛，4000余人进入决赛。在朗诵决赛中，选手们的作品真情抒发爱党爱国的深切情怀以及对红色革命的追忆；摄影比赛参赛者自由选景拍摄风景或人物为内容的摄影作品，讴歌党的丰功伟绩；书法比赛以“书写党的百年峥嵘岁月，感恩共产党的哺育之情”为主题，64幅作品进入决赛；国画比赛以“绘文明底色，赞大美海淀”为主题，全区29个市民学校中心校及所辖分校的66幅作品进入决赛。每个项目分别评选一等奖、二等奖、三等奖、优秀奖若干名。

（赵猛　卞爱美）

【舞剧《曹雪芹》入围“荷花奖”终评】 9月21日，第十三届中国舞蹈“荷花奖”舞剧入围终评结果正式发布，由区委宣传部出品的原创剧目——舞剧《曹雪芹》成功入围终评作品名单。这是北京市唯一入围的作品、唯一一个以新文艺群体入围的作品、唯一的区级原创作品。舞剧《曹雪芹》以“曹红文化”为主题，深入挖掘和诠释古都文化、京味文化，以曹雪芹“生于繁华，终于寥落”的特殊人生经历为背景，生动再现主人公的创作历程。《曹雪芹》在国家大剧院、海南省歌舞剧院、中央民族歌舞团民族剧院及线上等演出28场。

（高洁）

【海淀宣传思想文化平台正式上线】 9月28日，由区委宣传部搭建的海淀宣传思想文化平台正式上线。平台设置理论学习、舆论场、文化海淀和文明海淀4个板块，推进党的创新理论“飞入寻常百姓家”。形成科技+文化+理论+武装+文明+创新+生态+书香全区宣传思想文化动态。

（钟冷　贾胜囡　高洁）

【“讲舞堂”系列讲座】 11月5日，由国家图书馆、区委宣传部和中国文联舞蹈艺术中心联合主办的“艺术典藏之舞蹈艺术——讲舞堂”系列讲座第12场在国图艺术中心·音乐厅举办。活动邀请著名舞蹈表演艺术家、中国歌剧舞剧院国家一级演员、中国舞蹈家协会副主席、中国文学艺术界联合会第十一届全委会委员山翀担任主讲嘉宾，主题为“用舞蹈艺术讲好中国故事”。山翀与观众分享多年来从事舞蹈艺术的心得体会，着重宣讲如何用舞蹈艺术的方式讲好中国故事，让现场观众增加对舞蹈艺术的了解，从文化发展的角度重新理解舞蹈艺术。

（钟冷　高洁）

【“学习强国”海淀学习平台正式上线】 11月8日，“学习强国”海淀学习平台正式上线。“学习强国”海淀学习平台由区委宣传部主管主办，区融媒体中心建设运营，是北京市首个上线的区级学习平台，以全面呈现习近平新时代中国特色社会主义思想在海淀落地生根的生动实践，展示好海淀历史风物、百姓风采、社会风貌为目标，为海淀广大党员干部群众提供权威、准确、丰富、新颖的学习内容。区委农工委、区委教育工委、中关村科学城综合党委、上地街道党工委、西北旺镇党委等5家单位成为“学习强国”海淀学习平台首批供稿中心。

（贾胜园）

【学习党的二十大精神文化产业公开课】 11月9日、16日，由区委宣传部指导，区文促中心主办、区文化创意产业协会承办，中关村数字电视产业园协办的学习党的二十大精神系列线上文化产业公开课举办。公开课主题分别为“文化自信自强与文化创新创造”“文化强国建设与新时代中国精神”，引导文化企业学习贯彻党的二十大精神，将党的二十大精神融入文化的创造性转化和企业的创新性发展之中，进一步推动区域文化建设。活动通过中关村数字电视产业园的牡丹直播间小程序，面向全区所有文化企业和相关人员进行4K高清线上直播，200家相关企业，超过1000余人观看线上直播课程。

（富星烨）

【学习宣传贯彻党的二十大精神部署会暨宣讲团动员会】 11月11日，海淀区召开学习宣传贯彻党的二十大精神部署会暨宣讲团动员会，区委常委、宣传部部长肖丹出席会议并讲话。会议通报《中共北京市海淀区委关于认真学习宣传贯彻党的二十大精神的通知》，对全区学习宣传贯彻党的二十大精神进行总体部署，对宣传报道工作进行安排；对全区学习贯彻党的二十大精神宣讲团进行动员。海淀区学习贯彻党的二十大精神宣讲团代表分别表态发言，表示要紧密联系广大干部群众思想实际和工作实际，结合群众身边变化，把党的二十大精神讲准确、讲透彻，推动党的二十大精神深入人心，形成生动实践。

（钟冷　刘畅）

【中关村舞剧节】 11月18日，由市委宣传部、中国舞蹈家协会指导，区委宣传部主办，中关村国际舞蹈中心承办的2022年中关村舞剧节开幕式在圆明园举行，活动全程线上直播。舞蹈理论家、评论家、中国舞蹈家协会主席冯双白，驻会副主席罗斌，舞蹈学博士、中国艺术研究院舞蹈研究所原副所长江东，中关村国际舞蹈中心主任刘震，北京舞蹈家协会副秘书长陈杨萍，北京舞蹈学院青年舞团国家一级演员孙科等专家学者出席活动。舞剧节以“向舞・向美・向未来”为主题，包括三山五园环境舞蹈、特邀剧目演出、精品舞剧展演、舞剧面对面、舞剧中的舞蹈家专场、舞剧电影高清放映等板块，通过“5个+”，即经典+现代、国内+国际、线上+线下、舞剧+科技、舞剧+旅游，让舞剧艺术多元共融，增添更多、更新、更潮、更具生命力的元素和力量。舞剧节新增三山五园环境舞蹈板块，《佩刀舞》《寸子舞》《秋色》《集秀园倩影》《纸鸢随想》等舞蹈以三山五园的自然环境为背景，体现无处不舞台、无处不舞剧的理念。舞剧节宣传片特邀著名青年舞蹈家阿迪亚、沈徐斌、王山珊以及亚洲大美青年艺术团的青年舞蹈家陈功及全体优秀演员出演，让舞蹈艺术走进三山五园自然环境，与三山五园文化相融合。

（高洁　钟冷）

统一战线工作

【概况】 2022年，海淀统一战线深入学习宣传贯彻中共二十大精神和习近平总书记关于做好新时代党的统一战线工作的重要思想，贯彻落实中央、市委统战工作会议精神，推动统一战线各领域工作取得新成效。

主题教育活动。开展“喜迎二十大・奋进新时代”统一战线系列主题教育活动，举办50多场活动，30余万人次参加。组织1500余名统战成员集体收看中共二十大开幕式。召开统一战线学习宣传贯彻中共二十大精神动员部署会，举办专题讲座。学习宣传、贯彻、落实市第十三次党代会精神。

服务中心工作。落实年度政党协商计划，完成39项民主党派年度调研课题。创办《海淀统战建言专报》，区委统战部被中央、市委统战部评为年度信息工作先进单位。完成北京冬奥会和冬残奥会交通抵离、观赛和开闭幕式观众组织工作，组建台湾青年志愿者服务队，区委统战部被评为北京冬奥会、冬残奥会北京市先进集体。做好区疫情防控指导组工作，配合市指导组开展近30轮专项检查。

统战领域重点工作。召开区民族和宗教工作会议，务实推进宗教中国化。成立全市首家统一战线企业家会客厅，召开民营企业家座谈会暨助企纾困专题政企沟通会，举办政策宣讲、企业展示、政企对接等活动近50场，服务覆盖近10万人次。完成区新联会社会化改革，提升联谊组织规范化建设水平。举办2022两岸青年峰会，搭建青年交流合作平台，海内外媒体报道点击量总计约3亿次。举办第三届“海侨之月”海内外侨胞联情活动，打造“创享海淀”新青年创客海外学堂，不断完善为侨公共服务体系。坚持党外干部双月座谈会制度，进一步完善党外干部发现储备培养机制。

推进基层统战创新试点。开展“海淀统战强基行动”。启动基层统战创新试点工作，首批选择“2+6”试点街镇，明确“四融六有”①工作标准，通过示范引领，激发基层统战工作活力，推动基层统战工作走标准化、精细化、特色化发展道路。花园路街道新的社会阶层人士联谊会、清河街道中关村科技装备创新创业基地新的社会阶层人士联谊会、北京市炜

① 四融六有：融入基层党建、融入社会治理、融入日常工作、融入群众工作，做到有机制、有队伍、有台账、有举措、有特色、有成效。

衡律师事务所新的社会阶层人士联谊会成立。

疫情常态化防控。在区原指导监督组的基础上，海淀区新型冠状病毒肺炎疫情防控工作领导小组下分别设置指导组和监督组，负责对接市疫情防控指导组开展相关工作；组织党外专家为防控工作提出意见建议。开展“同心抗疫行动”，动员3300余人加入志愿服务团，组织台胞、台资企业向抗疫一线捐赠口罩、抗原试剂、门磁等价值2000余万元抗疫物资。多名台籍青年加入社区防疫一线，协助开展核酸检测、防控政策宣传等。

（王彩虹　赵耀）

【北京冬奥观众组织集散服务保障】 2月3日至3月13日，区委统战部牵头成立区北京冬奥会和冬残奥会票务和观众组织工作组，完成首都体育馆、五棵松体育中心2个场馆2.6万余名观众集散保障任务以及7246名北京冬奥会和冬残奥会赛事观众、1584名开闭幕式观众、194名颁奖仪式观众的组织任务，涉及赛事53场、开闭幕式活动4场、颁奖仪式活动1场，协调观众运送车辆270余辆次、发放观众及工作人员物资1.4万余份，开展核酸检测3万余人次、健康监测18万余人次，实现“观众有组织、疫情可防控”的工作目标。区委统战部以及区票务和观众组织工作组获北京2022年冬奥会、冬残奥会北京市先进集体称号；区委统战部副部长马龙虎获北京2022年冬奥会、冬残奥会北京市先进个人称号。

（杜岩）

【元宵节海淀高雄社区开展视频连线活动】 2月15日，海淀区在花园路街道举办“云上元宵，共享冬奥——咱的节日·海淀高雄社区视频连线”活动。花园路街道社区工作者、居民代表、台湾青年冬奥城市志愿者代表和高雄市社区居民“云端”互致新春祝福、共享冬奥盛会、共庆元宵佳节。市台办主任霍光峰，区委常委、统战部部长牟晓春出席活动。

（冀伟　张钰慧）

【党外干部座谈会】 2月23日，海淀区召开2022年度第一场党外干部座谈会，邀请5位区政府部门党外处级干部围绕如何落实区十三次党代会精神、展示党外干部担当作为等主题，结合自身工作座谈交流，牟晓春主持座谈会。4月28日，海淀区召开年度第二场党外干部座谈会，邀请6位区政府部门、区属国企的党外科级干部围绕如何落实区第十三次党代会精神、展示党外干部担当作为以及对海淀区锻造高素质党外干部队伍的意见建议进行交流，牟晓春主持会议并讲话。6月22日，召开年度第三场党外干部座谈会，邀请6位党外处级干部结合自身情况和工作实际，围绕如何落实区第十三次党代会精神、展示党外干部担当作为以及锻造高素质党外干部队伍提出意见建议，牟晓春主持会议并讲话。11月3日，召开年度第四场党外干部座谈会，邀请6位民主党派机关的党外处级领导干部结合自身情况和工作实际，围绕深入学习贯彻中共二十大精神、做好新时代民主党派工作、展示党外干部担当作为、锻造高素质党外干部队伍提出意见建议，牟晓春主持会议并讲话。

（常维佳）

【致公党中央、北京市委专项民主监督调研】 2月24日，致公党中央副主席、北京市委主委，北京市人大常委会副主任闫傲霜率调研组，到海淀开展专项民主监督调研。致公党北京市委专职副主委刘学增，中共海淀区委常委、统战部部长牟晓春参加调研。调研组考察海淀区中关村机器人产业创新中心展厅，实地考察创新中心园区中关村高新技术企业北京钢铁侠科技有限公司，并召开座谈会，听取中关村科学城管委会关于海淀区在国际科技创新中心建设战略行动计划实施中情况的汇报，特别是中关村科学城发挥科技创新出发地、原始创新策源地、自主创新主阵地作用情况等。与会代表企业中关村机器人产业创新发展有限公司、北京艺妙神州医药科技有限公司、银河航天（北京）网络技术有限公司、北京中科晶上科技股份有限公司介绍各自发展情况。

（钟冷　常维佳）

【游钧调研统战工作】 3月4日，市委常委、统战部部长游钧到海淀调研统战工作，实地考察千方科技、新浪微博、中关村街道党群服务中心。在千方科技公司，听取企业发展历程介绍，观看企业科技成果演示以及在智慧城市、智慧交通、平安工程等领域成功案例。在新浪微博，参观企业展厅和新浪党群服务中心，详细了解企业党建、统战和业务融合发展情况，对“对内强党性、对外正导向、扩大同心圆、共建好平台”工作理念表示充分肯定。在中关村街道党群服务中心，考察“1+1+N”教学基地、线下“温馨家园”、民营经济人士理想信念教育基地和基层统战工作示范点建设情况，详细了解党员教育培训、非公企业服务、楼宇青年服务、特色活动开展等工作情况。座谈交流中，牟晓春汇报海淀区统一战线工作情况。游钧对海淀区统战工作给予充分肯定并提出4点希望：希望海淀区做好各领域统战成员思想政治引领，夯实共同思想政治基础；助力首都加强“四个中心”功能建设、提高“四个服务”水平等中心工作，继续为推动首都高质量发展作出新贡献；主动做好风险隐患防范化解工作，维护首都安全稳定；努力在基层统战示范街道、示范点建设中出经验、出典型。

（赵耀　钟冷）

【京台两地线上法学交流研讨活动】 3月11日，海淀区举办“京台两地线上法学交流研讨活动”。研讨活动由北京市台港澳法律事务研究会与台湾高雄律师公会共同主办，北京汇祥律师事务所协办。京台两地法学界人士围绕《中华人民共和国民法典》（简称《民法典》）与跨两岸民事案件实务主题在线研讨，就“《民法典》与两岸交流的保障”“两岸交流法律保障探讨”专题进行发言并进行点评和交流，探索在《民法典》框架下处理两岸司法实务问题的有效途径，维护法治公平与法律正义，服务两岸民众。

（冀伟）

【校地统战工作座谈交流】 3月17日，牟晓春带队走访北京大学，就校地统战工作与北京大学党委委员、副校长王博，党委统战部部长张晓黎及各副部长座谈交流；走访北京大学全球大学生创新创业中心、北京大学创业训练营海淀基地、中关村创业大街党群工作站，听取北京大学创业训练营工作情况介绍。牟晓春表示希望双方进一步深入交流，加强合作，推进海淀统战工作高质量发展。区委统战部、区侨联相关负责人以及北京大学创业训练营人员参加。3月29日，牟晓春带队走访中央民族大学，与中央民族大学党委常委、副校长、统战部部长石亚洲等领导以及统战代表人士，就校地双方党外代表人士培养、构建中华民族共同精神家园、加强高校侨之家建设、做好对外交流交往等方面进行沟通交流。区委统战部、区民族宗教办、区侨联主席等领导参加。

（王斯雅）

【“三侨生”中考身份确认】 4月11日至29日，区委统战部（区侨办）完成2022年度“三侨生”报考高级中等学校身份确认工作，开具证明信44份，涉及归侨子女38人、华侨子女6人，办理量占全市的60%以上。

（王斯雅）

【“喜迎二十大·奋进新时代”主题教育活动】 4月13日，区委统战部召开海淀统一战线“喜迎二十大·奋进新时代”主题教育活动启动会，对主题教育活动进行部署。活动以“喜迎二十大·奋进新时代”为主题，在统战领域开展“同心助力冬奥”海淀统一战线服务保障冬奥会冬残奥会活动、“同心奋进新征程 统战建功新时代”海淀统一战线迎接二十大主题宣传活动、“不忘初心跟党走”专题学习和交流研讨活动、“统战建功新时代”向二十大献礼建功报国实践活动、“赓续红色血脉”党史学习教育深化拓展活动、“共话百年统战”党的统一战线政策提出100周年理论研讨活动、“矢志不渝跟党走 携手奋进新时代”民主党派政治交接主题教育、“铸牢中华民族共同体意识”民族界人士主题教育活动、“爱党爱国爱社会主义”宗教界人士主题教育活动、“共担历史责任·共享伟大荣光”港澳台同胞爱国主义教育活动、“民企心向党·奋进新征程”民营经济人士理想信念教育活动、“同行百年·同心向党”党外知识分子主题教育活动、“海芯荟·喜迎二十大”新的社会阶层人士主题教育活动、“固根·铸魂·圆梦”侨界主题教育活动、“不忘留学报国初心·牢记建功立业使命”留学人员主题教育活动、“踔厉奋发跟党走·笃行不怠做栋梁”党外干部主题教育活动16项活动。活动持续至年底。

（赵耀）

【创新创业助力共同富裕思想研讨会】 4月21日，区新联会举办“新阶层新力量·助力北京国际科技创新中心建设”——创新创业助力共同富裕思想研讨会，中央社会主义学院、市委统战部、区委统战部、北京新联会、海淀新联会、中关村新兴科技服务业产业联盟有关人员参加。北京锐洁机器人科技有限公司总经理周卫国围绕“中小微企业如何助力共同富裕”分享交流，创业黑马（北京）科技股份有限公司董事、总裁刘义伟，围绕“赋能中小企业走‘专精特新’之路，助力共同富裕”分享交流，北京妇女儿童促进会会长白亚琴围绕“保障妇女儿童权益，助力实现共同富裕”分享交流，北京大学创业训练营总经理王健围绕“从北大创业训练营的角度谈如何创业带动共同富裕”分享交流，36氪集团高级副总裁、氪星创服董事长董博围绕“民营孵化机构服务创新创业助力实现共同富裕”分享交流。与会人员认为，发展仍是解决问题的基础和关键，高质量发展和推进共同富裕具有高度的内在一致性；要从国家层面和社会层面宏观调控资源，加快建设全国统一市场，促进共同富裕。区委常委、统战部部长牟晓春出席活动。

（钟冷 王夏晖）

【市委统战部调研基层统战工作】 4月26日，市委统战部常务副部长周开让一行到海淀区调研基层统战工作。调研组一行调研旷视科技，听取公司发展情况和人工智能企业的技术特色、实践应用和发展前景介绍。调研组与区委统战部及党外代表人士座谈交流，听取海淀区创建街镇基层统战工作示范点开展情况的汇报和区新联会工作汇报。周开让充分肯定海淀区基层统战工作，提出三点要求：深入学习贯彻习近平总书记关于加强和改进统一战线工作的重要思想，推动基层统战工作提质增效；勇于探索创新，创造鲜活经验，制定符合区域特点的基层指导手册；推进基层统战工作示范点建设工作，为统战工作有机融入党建工作及基层治理、群众工作之中提供海淀方案。

（赵耀）

【牟晓春调研基督教燕京神学院】 6月15日，牟晓春到基督教燕京神学院开展慰问调研工作。在座谈会上，燕京神学院院长、区基督教三自爱国运动委员会主席吴伟庆牧师介绍学院历史沿革、师资学员情况，疫情防控背景下安全保障和教学工作以及宗教中国化研究和课程建设情况。牟晓春充分肯定学院取得的成绩，并提出三点希望：提高政治站位，坚持宗教中国化方向；加强宗教人才队伍建设，为中国宗教工作提供坚实支撑；持续做好疫情防控相关工作，确保宗教领域安全稳定。

（施奕）

【区委统战工作领导小组全体会议】 7月4日，王合生主持召开区委统战工作领导小组全体会议。会议传达中央统战部调研北京座谈会精神，审议《海淀区委统战工作领导小组工作规则及各成员单位职责分工》《海淀区新时代基层统战创新试点实施方案》等文件。

（赵耀）

【牟晓春调研台资企业】 7月6日，牟晓春带队调研台资企业北京智工互联科技有限公司（小包智工），了解企业运营情况，倾听企业问题需求，提出解决思路和意见建议，为企业送政策包及纾困解难。在调研座谈会上，区人力资源社会保障局、区市场监管局、区税务局、海淀街道及中关村西区办负责人现场回应，提出具体的解决方案和措施建议。

（贾宇飞　胡光飞）

【海淀区新时代基层统战创新试点启动】 7月13日，“统战强基在海淀·同心喜迎二十大”海淀区新时代基层统战创新试点启动仪式在学院路街道石油共生大院举行，市委统战部副部长周开让，区委常委、统战部部长牟晓春，民建海淀区委会主委、区人大常委会副主任赵晓光，副区长程培衡、马光耀参加。“海淀统战”标识正式亮相；区委统战部发布《海淀区新时代基层统战工作创新试点实施方案》；为学院路街道、海淀街道颁发综合试点牌匾和任务书，为中关村街道、清河街道、苏家坨镇、花园路街道、上地街道、西三旗街道颁发6个单项试点牌匾和任务书。北京市其他15个区的统战部副部长、区委统战工作领导小组成员单位、各街镇有关负责人参加活动。

（赵耀）

【“创享海淀”新青年创客海外学堂】 7月15日，“创享海淀”新青年创客海外学堂暨北京大学创业训练营海外特训班在北京大学创业训练营新青年创客1号空间正式启动。活动由北京大学校友会与海淀区共同主办，北京大学创业训练营承办。北京大学党委常委、副校长王博，区委常委、统战部部长牟晓春，区政协副主席许云等领导出席启动仪式。“创享海淀”新青年创客海外学堂项目为期一年，面向海外华侨华人、华裔新生代、海外留学人员开展线上创新创业公益课堂，打造“海淀U30青年导师课”“青年说海淀创业”等实践课程，提供合作对接、交流咨询、创业孵化等综合服务，并进行跟踪赋能。北京百分点公司创始人苏萌以“从海归学者到独角兽创始人”为题讲授第一期直播课，北京大学创业训练营CEO王健作“创享海淀”新青年创客海外学堂暨北京大学创业训练营海外特训班项目介绍。

（王斯雅　钟冷）

【助力乡村振兴协作对接工作】 8月3日至5日，牟晓春率队到内蒙古自治区兴安盟科右前旗开展助力乡村振兴协作对接工作，海淀区20余名民营企业家、新的社会阶层代表人士参加活动。考察团一行在兴安农村第一党支部纪念馆、萨日朗巾帼民族手工艺品专业合作社、金马鞍奶制品专业合作社、科右前旗平安村番茄公社、科右前旗党群服务中心兴科社区和兴安盟家禾米业有限公司等地考察调研，围绕两地统战工作发展、加强“前·海”协作、助力乡村振兴等主题进行座谈交流。在兴安农村第一党支部纪念馆，牟晓春与兴安盟工商联党组书记张科宇共同为“海淀区民营经济人士理想信念教育基地”揭牌，向科右前旗捐赠物资25万余元。在科右前旗平安村番茄公社，区工商联向帮扶村以及孩子们捐赠益智物资和价值15万元的LED电子显示屏一块，助力“万企兴万村”行动和乡村产业发展。在座谈会上，马连洼街道梅园社区和兴安盟科右前旗兴科社区结为共建社区，北京头壹号餐饮管理连锁有限公司与内蒙古北峰岭粮泊有限公司签订合作协议，北京匡正会计师事务所、东华软件股份公司向兴科社区捐款10万元。区委统战部、区工商联、区民宗办、马连洼街道有关负责人参加活动。

（王夏晖　钟冷）

【基层统战创新实践培训班】 8月10日至11日，区委统战部、区社会主义学院举办基层统战创新实践培训班。培训班邀请中央社会主义学院孙信教授、北京社会主义学院陈锦荣副教授讲授中国共产党百年统战成就和历史经验、解读中国共产党统战工作条例，安排区委统战部及区台办、区民宗办、区工商联、区侨联等统战口内单位负责人讲解统战各领域工作实务。牟晓春参加开班动员。各街镇、中关村科学城工委、区委教工委、区卫生健康委、区国资委相关负责人，区委统战部领导班子成员等70余人参加学习。

（刘征）

【新的社会阶层人士统战工作联席会全体会议】 8月15日，新的社会阶层人士统战工作联席会2022年全体会议召开，部署推进下半年重点工作。牟晓春主持会议并讲话。区委网信办、区司法局、海淀街道、花园路街道、西三旗街道负责人分别围绕各自领域新的社会阶层人士统战工作开展情况进行交流发言。区委统战部就工作要点和《关于加强街镇新的社会阶层人士统战工作的指导方案》作说明。牟晓春对推动工作再上新台阶提出3点要求：学习宣传贯彻中央统战工作会议精神、市第十三次党代会精神；突出思想政治引领、人才队伍建设、服务中心大局等重点工作；积极构建新的社会阶层人士大统战工作格局。区新的社会阶层人士统战工作联席会各成员单位及各街镇负责人参会。

（王夏晖）

【游钧调研助企纾困工作】 8月18日，市委常委、统战部部长游钧到海淀调研助企纾困工作，实地考察麦德龙四季青店及物美集团总部展厅，了解物美数字赋能、物流运转、市场保供等情况，并就疫情背景下企业经营面临的困难问题进行座谈交流，听取物美集团关于总体生产经营情况、疫情防控举措及在疫情背景下企业及本行业面临的问题、困难介绍，并就促进民营经济高质量发展提出意见建议。区相关部门负责人介绍统筹疫情防控、稳定经济增长相关政策，并对企业提出的诉求做出回应。游钧肯定海淀区统筹疫情防控和稳定经济增长的系列举措，强调要继续发挥好属地优势，为企业发展营造良好环境；要求市区统战部门、工商联发挥桥梁纽带作用，协同各有关部门共同帮助民营企业解难题、渡难关，助力创新发展。市委统战部副部长周开让，区委书记王合生，区委常委、统战部部长牟晓春参加调研。

（王夏晖）

【市委统战部调研基层统战创新工作】 8月23日，市委统战部副部长周开让率队到海淀区调研考察民营企业建设发展情况、宗教活动场所管理情况和基层统战创新试点工作情况。牟晓春陪同调研。在华为北京会展中心，周开让一行听取企业发展情况介绍和支持民营企业发展的意见建议。在召开的座谈会上，区民族宗教办、苏家坨镇专题汇报建设基层统战工作民族宗教专项创新试点进展情况。周开让肯定海淀基层统战创新试点工作，对下一步工作提出6点要求。市委统战部综合协调处、非公经济处，区民族宗教办负责人，区委统战部，西农公司，苏家坨镇相关人员参加调研。

（赵耀）

【海外统战工作和侨务工作联席会】 8月24日，海外统战工作和侨务工作联席会暨港澳统战工作联席会召开。会议传达学习中央和市委相关会议精神，交流工作经验，部署推进下半年工作。牟晓春出席会议并讲话。区对外友好协会、北京大学、清华大学、北京交通大学党委统战部负责人以及28家联席会成员单位、相关街镇负责人参加会议。区委统战部传达市委相关会议精神，就海外统战和侨务工作、港澳统战工作重点任务作出说明。区教委、区侨联、中关村街道、区对外友好协会分别围绕各自领域的港澳、海外统战和侨务工作开展情况进行交流发言。牟晓春充分肯定全区港澳、海外统战和侨务工作取得的成绩，并对推动工作再上新台阶提出3点要求。

（王夏晖　钟冷）

【民营经济统战工作联席会全体会议】 8月25日，民营经济统战工作联席会2022年全体会议召开，牟晓春出席会议并讲话。会议由副区长、区工商联（商会）主席（会长）林航主持，中关村科学城综合部、区发改委、区人力社保局、区市场监管局、区税务局分别围绕民营经济统战工作开展情况作交流发言。区委统战部作工作要点说明，明确目标任务；通报营商环境特邀监督员制度，聘请首批10名海淀区营商环境特邀监督员。北京格林威尔科技发展有限公司董事长作为营商环境特邀监督员代表作表态发言。牟晓春对民营经济统战工作取得的成绩表示充分肯定，并对下一步工作提出4点要求。区民营经济统战工作联席会成员单位及民营企业家代表参加会议。

（王夏晖　钟冷）

【区政协区委统战部读书班】 8月25日至26日，区政协、区委统战部第33期读书班举办。区政协党组书记、主席刘勇主持开班仪式，牟晓春作开班动员讲话。邀请区委副书记、代区长李俊杰围绕全区经济社会发展情况作专题报告。本届区政协副主席、秘书长，十届政协副主席、新任委员代表，各民主党派、工商联、无党派代表人士，新的社会阶层代表人士，少数民族、宗教界代表人士以及区政协、区委统战部机关副处级以上干部参加开班仪式。本期读书班首次采取线上+线下相结合的方式举办，140余名新任委员线下参加培训，全体委员通过网络直播参加线上学习。本期读书班主题是，学习贯彻习近平总书记在中央统战工作会议上的讲话精神和中共中央发布的《中国共产党政治协商工作条例》，坚持发扬民主和增进团结相互贯通、建言资政和凝聚共识双向发力，不断提高政治站位和履职能力，以实际行动迎接党的二十大胜利召开。邀请中央社会主义学院教授王小鸿、《前线》杂志总编辑李明圣和国家科技部研究员赵刚，分别围绕“学习习近平总书记关于做好新时代党的统一战线工作的重要思想”“政协与政协委员”“国际、国内科技形势与格局”作专题报告。其间举办海淀政协第48期委员沙龙活动。

（钟冷　常维佳）

【“青创北京——中关村U30”台湾专场活动】 8月26日，由区政府主办，北京市青年企业家协会、北京台资企业协会承办的第七届京台青年创新创业大赛暨“青创北京——中关村U30”台湾专场活动收官，10名来自海峡两岸的创业者脱颖而出。本届大赛作为2022两岸青年峰会系列活动之一，在海峡两岸均设有赛区，7月启动招募，经过选拔推荐、网络初评、机构评分，大陆地区和台湾地区各10组台湾青年选手分别晋级决赛。决赛采用视频连线的方式在北京和台湾同时举行。决赛评委会重点考察选手综合素质，最终评定出10名决赛优胜者，获得2022年度“青创北京——中关村U30”青年创新创业活动年度30强的竞争机会。10名决赛优胜者将享受“青创北京——中关村U30”创新创业活动的后续服务，在北京地铁灯箱、公交站牌等广告媒介上进行宣传推介，接受创业专项培训。

（胡光飞）

【区领导与党外代表人士谈心活动】 8月31日，海淀区举办2022年区领导与党外代表人士谈心活动。围绕区委、区政府中心工作，区领导听取各民主党派主要负责人和区工商联、无党派人士代表的意见和建议。各民主党派主要负责人和区工商联、无党派人士代表，就创新服务措施优化营商环境、深入推进中关村新一轮先行先试改革、建立专利检索精选机制、推进韧性城市建设、加快产业发展升级、促进海淀区高质量发展等提出意见和建议。区政协党组书记、主席刘勇，区委常委、统战部部长牟晓春，区人大常委会副主任吴宝华出席活动。各民主党派、区工商联领导班子成员和无党派人士代表以及区知联会、区新联会、区海联会负责人参加活动。

（常维佳）

【市委统战部调研港澳台侨统战工作】 9月1日，市委统战部副部长黄克瀛率队到海淀区调研港澳台统战工作、海外统战和侨务工作，视察中关村互联网教育创新中心，牟晓春参加调研。座谈会上，黄克瀛听取中关村互联网教育创新中心、北京中关村科学城科创服务有限公司、北京氪星创服信息技术有限公司和北京智工互联科技有限公司在京发展情况及为港澳台侨服务工作汇报并开展交流。黄克瀛对海淀区港澳台侨统战工作进行的探索和取得的成绩表示肯定，强调新时期统战工作要抓好民心相通、抓真友铁友，团结涵养港澳同胞和台湾同胞、新华侨华人和华裔新生代，搭建共建共享平台。市委统战部侨政处、侨事处、港澳台处、侨综处、侨政处负责人，区台办、区委统战部相关负责人参加调研。

（王斯雅）

【基层统战创新试点推进会】 9月1日，海淀区召开新时代基层统战创新试点中期推进会。听取关于楼宇统战工作、街道商会工作的情况汇报，8个试点街镇汇报创新试点工作进展情况。区委统战部及统战系统单位分管领导对街镇试点工作进行点评指导。牟晓春强调，基层统战创新试点工作要探索形成更多新模式、新典型，切实推动创新试点工作的落实、落地、落细。9月2日，清河街道召开多党合作创新试点工作推进会，学习《海淀区关于新时代基层统战工作创新试点工作的实施方案》精神，民建清河支部会员围绕《清河街道新时代统战创新试点实施方案》座谈交流。区委统战部、民建海淀区委、清河街道相关领导参会。10月28日，海淀区召开新时代基层统战创新试点现场观摩推进会，现场观摩苏家坨镇、上地街道基层统战创新试点阶段性成果，8个试点街镇汇报创新试点工作开展情况。牟晓春出席会议，要求进一步突出特色化，不断推动创新试点工作走深走实。区委统战部班子成员、统战系统单位主要负责人、各街镇有关负责人参会。

（常维佳）

【党外干部示范培训班】 9月1日至3日，区委组织部、区委统战部、区委党校联合举办海淀区2022年党外干部示范培训班。培训班采取领导授课、专家讲学、分组讨论等方式进行。邀请区委常委、区纪委书记、区监委主任鲍雷以“牢固树立纪律规矩意识，做政治上的明白人”为主题，围绕强化党风廉政建设、推进全面从严治党进行细致讲授，并与大家深入交流；牟晓春以“新时代基层统一战线工作解读”为主题，系统阐述统一战线的形成发展、地位作用和理论沿革，以及统一战线各领域工作的方针政策；中共中央党校（国家行政学院）教授李志勇、唐爱军通过系统讲授，帮助学员深刻领悟“两个确立”的依据和决定性意义，切实提高政治判断力、政治领悟力、政治执行力；北京市委研究室经济处处长赵雪松详细解读北京经济发展态势；甘家口街道党工委原书记赤飞讲授领导干部履职尽责的方式方法。全区处级党外干部和部分科级党外干部参加培训。

（钟冷　常维佳）

【海峡两岸暨香港社区视频连线活动】 9月6日，学院路街道在石油共生大院开展“月是故乡明 情是亲人浓”咱的节日——2022年海淀高雄社区视频连线活动。海淀高雄两地居民通过中秋主题游戏、手工制作、文艺节目表演、分享垃圾分类工作心得，互送祝福、共度佳节。市台办、区政协、区台办、学院路街道等有关领导、社区工作者、居民代表50余人参加活动。活动以打卡拍照、套圈、猜灯谜游戏开场，海淀民俗专家为大家介绍中秋节的历史起源、传说和传统习俗，海淀民间艺人带领两地居民制作“中秋花灯”，两地居民分别介绍中秋节当地的特色美食，两地社区工作者分享垃圾分类和基层治理经验。市台办副主任李长远为学院路街道颁发“京台基层交流基地”牌匾。9月28日，中关村街道东里南社区和香港北角居民协会举办“同心迎国庆 携手向未来”京港社区视频连线活动。本次活动是京港社区第五次视频连线，除“共舞同歌”“共赏文化”“共贺华诞”的传统项目外，增加“旱地冰壶视频连线赛”，两地现场同时举办“地壶共融同乐杯”旱地冰壶比赛，通过视频连线直播冠军赛。东里南社区与香港北角居民协会70位居民参加连线。10月11日，上庄镇与高雄市美浓区开启“亮三山五园底色，再现京西稻美景——两岸共享华夏稻文化，共庆中国农民丰收节”海淀高雄社区视频连线活动。京西稻文化传承人和高雄美浓的专家分别介绍海淀区京西稻300年历史文化与台湾和稻米文化，展示京西优质稻米。活动现场，两岸连线互动，云收割、庆丰收。市台办主任，区委统战部、区政府、区台办有关领导参加活动。

（钟冷　王夏晖　冀伟）

【第三届两岸共同传承中华优秀传统文化研讨会】 9月28日，孔子2573周年诞辰，第三届两岸共同传承中华优秀传统文化研讨会在温泉镇四海孔子书院举行。研讨会分设北京和高雄两个会场，采取现场出席和网络视频出席相结合的方式，围绕“两岸共同传承弘扬中华优秀传统文化，推动两岸文化认同与社会融合”主题开展座谈交流。来自海峡两岸的20余位专家学者与台湾青年代表，围绕研讨会主题进行发言、探讨，并观看礼乐祭孔典礼。研讨会上正式发布台湾历史文化图书文献中心筹建计划，向社会各界广泛征集两岸出版物和文献资料并举行第一批图书文献捐赠仪式。活动得到北京市台办、海淀区台办等单位的支持。

（贾宇飞　钟冷）

【党外知识分子第二届稻香湖论坛】 10月29日，海淀区党外知识分子第二届稻香湖论坛举办。稻香湖论坛是海淀区知联会重点打造的品牌活动，此次论坛旨在深入学习贯彻党的二十大精神，充分发挥党外专家学者智力优势，形成加快建设世界领先的科技园区和国际一流的科学城的强大合力。市委统战部副部长祁金利，区委常委、统战部部长牟晓春出席论坛。北京大学物理学院天文学系教授徐仁新、北京二十一世纪幼教集团总裁朱敏、中国人民大学新闻学院教授殷强、大兴区文旅局副局长郝泽宏、北京盛景网联科技股份有限公司总裁刘燕、中国地质大学教授邓雁希、海淀区中关村多媒体创意产业园主任张文宁、北京广播电视台生活频道制片人黄殿琴、中国政法大学法律硕士学院教授9位专家作主题发言。区委统战部班子成员、统战系统单位主要负责人，各民主党派部分班子成员及代表人士、区知联会领导班子成员及部分理事参加。

（钟冷　常维佳）

【中关村新阶层人才创新中心揭牌成立】 11月3日，由人民政协报社、中关村科学城众创空间党校、中关村创业大街联合党委联合发起的中关村新阶层人才创新中心揭牌成立，旨在进一步探索完善新的社会阶层人士联系服务新机制，积极构建新的社会阶层人士大统战工作格局。来自北京市炜衡律师事务所、北京趋动科技有限公司、氪空间的青年新阶层人才围绕“踔厉奋发——相聚中关村”的主题，讲述在海淀的成长奋斗故事。成立中关村新阶层人才创新中心是海淀新阶层人士统战工作的创新实践，中心将秉承关注、关心和服务新的社会阶层人才成长的职责，为新阶层人才实现梦想提供助力，打造成为立足中关村、覆盖海淀、具有全国推广和借鉴价值的知名新阶层人才创新平台，成为首都乃至全国开展新的社会阶层人士工作的一个示范窗口。牟晓春参加揭牌仪式。

（王夏晖）

【党派团体协商会】 11月9日，区委组织部、区委统战部联合召开海淀区党派团体协商会，就海淀区人民政府区长、北京市第十六届人大代表候选人建议人选有关情况，与各民主党派、人民团体负责人和无党派人士代表进行民主协商，征求意见建议。区委常委、组织部部长张若冰出席会议并讲话，牟晓春主持会议。

（常维佳）

【校地统战工作联席会全体会议】 11月10日，海淀区2022年校地统战工作联席会全体会议召开，北京大学、清华大学、中国人民大学等34所驻区高校统战部部长，区委统战部、区民族宗教办、区工商联、区侨联等联席会成员单位负责人参会，牟晓春出席会议并讲话。区委统战部及系统单位负责人围绕各自领域介绍2022年校地协同联动情况及2023年深入推进校地统战联席机制的思路与计划，北京大学、中国人民大学、中央民族大学、中国政法大学代表高校发言。会议围绕党外代表人士队伍建设、港澳台侨及海外统战工作、民族宗教统战工作等方面进行充分交流，就如何推进校地联动、加强协同配合建言献策。会议强调，要健全合作机制、创新合作方式、拓宽合作领域，使校地统战工作联席会在校地对接、学生实习、人才创业、成果转化等方面开展深度合作，在双向赋能中取得更大突破。

（王斯雅　钟冷）

【统一战线大讲堂专题讲座】 11月11日，区委统战部、海淀区社会主义学院通过线上直播方式联合举办“统一战线大讲堂——党的二十大精神专题讲座”，邀请中共中央党校马克思主义学院教授李海青，以“使命型政党擘画中国式现代化宏伟蓝图——党的二十大精神解读”为题，对中共二十大精神进行解读和宣讲。各民主党派、区工商联、无党派人士代表、民族宗教侨界人士代表、台胞台属，以及区知联会、新联会、海联会相关负责人和统战干部共计300余人线上参加学习。

（刘征）

【2022海淀台湾青年人才实习就业分享推介活动】 11月13日，海淀区举办“2022海淀台湾青年人才实习就业分享推介活动”，京台两地50余名台湾青年通过网络线上参与活动。活动由区台办、区青联主办，海淀台湾青年驿站、台湾青年体育教育文化交流发展协会承办，发布小米集团、纳通医疗、用友网络、东华软件、纬创软件、凯鸿环保、中关村上市公司协会、氪星创服、洪鹏盛世、昊海峰盛、圣陶教育、绿融生态、懿窝文化等13家企业和协会提供的38类75个实习就业岗位。区人力资源社会保障局向台湾青年介绍社会保险等相关政策，纬创软件、凯鸿环保、氪星创服、中关村上市公司协会4家企业代表详细介绍公司情况、招聘条件及方式、招聘时间与具体流程，与有意向的台青台生现场对接交流。3名在海淀的优秀台湾青年围绕实习、就业、创业热点话题，面对面分享自己成长成才的海淀故事。

（胡光飞　钟冷）

政策研究

【概况】 2022年，中共北京市海淀区委北京市海淀区人民政府研究室（简称区委区政府研究室）坚持以习近平新时代中国特色社会主义思想为指导，学习贯彻落实党的二十大精神，按照市第十三次党代会和区第十三次党代会部署，围绕区委区政府中心工作开展调查研究，完成区委十三届四次全会报告、政府工作报告等相关会议材料，区委区政府主要领导向市委市政府的汇报材料等各类工作报告和重大文稿，区委区政府主要领导在区纪委全会、全区领导干部大会等全区性重要会议上的讲话稿等各类文稿150余篇100余万字；负责91项调研课题的跟踪管理服务工作；编印《海淀研究》3期。

（孙旭）

【全面深化改革工作】 年内，区委改革办组织召开深改委会议2次、专题会2次，审议通过《海淀区落实中关村新一轮先行先试改革工作方案》《中关村综保区可行性研究报告》《海淀区“两区”建设推进情况及下一步计划》《北京市海淀区全面加强新时代中小学劳动教育的实施意见》《海淀区深化推进义务教育学校干部教师交流轮岗工作方案》5份重要改革文件，完成53项改革任务，其中16项重点任务、37项专项任务，形成优秀改革案例21个，其中《学院路街道建设“石油共生大院”探索街区治理新模式》《海淀联合基金打造基础研究政产学研用新模式》入选市级“微改革、微创新”典型案例。

（孙旭）

表5　2022年海淀区53项改革任务一览表

序号	改革任务	分类
1	开展中关村新一轮先行先试改革	重点任务
2	深入推进接诉即办改革	重点任务
3	健全完善“双减”工作长效机制	重点任务
4	实施中小学校党组织领导的校长负责制改革	重点任务
5	多措并举大力推进城市更新行动	重点任务
6	打造工程建设领域集成改革示范区	重点任务
7	深化高水平人才高地建设推进机制	重点任务
8	组织开展监察官等级确定工作	重点任务
9	高水平推进“两区”建设	重点任务
10	推进国有金融资本管理改革	重点任务
11	持续优化区域营商环境	重点任务
12	持续完善公共卫生应急管理体系建设	重点任务
13	深入打好污染防治攻坚战	重点任务
14	深化市域社会治理现代化试点建设	重点任务
15	深化诉源治理和执源治理改革	重点任务
16	全面开展三山五园国家文物保护利用示范区创建	重点任务
17	深入实施“疏解整治促提升”专项行动，推动京津冀协同发展	专项任务
18	进一步深化学区制改革	专项任务
19	深入推进大中小学思政课一体化建设	专项任务
20	全面加强学生身心健康教育	专项任务
21	全面推进海淀区中小学劳动教育	专项任务
22	推进普通高中多样化特色发展	专项任务
23	推进海淀特色智慧教育建设	专项任务
24	探索产业空间优化新机制	专项任务
25	探索关键核心技术攻关新机制	专项任务
26	完善产学研协同创新机制	专项任务
27	创新科技成果转化服务模式	专项任务
28	开展海淀区消防“云中控”应用试点建设	专项任务
29	建立健全区委巡察机构与区纪委区监委有关部门协作配合机制	专项任务
30	推进智慧北京税务建设，稳步实施发票电子化改革	专项任务
31	构建统计监督体系，完善统计巡查工作机制	专项任务
32	设立海淀稳保投资基金	专项任务

续表

序号	改革任务	分类
33	持续深化家庭医生签约服务机制改革	专项任务
34	推进长期护理保险制度扩大试点工作	专项任务
35	强化集体土地建设租赁住房项目运营监管	专项任务
36	建立健全全民健身器材维修维护管理机制	专项任务
37	建立海淀区体育培训机构管理体系	专项任务
38	优化国资布局，持续推进国资国企改革	专项任务
39	组织开展生物多样性调查	专项任务
40	圆满完成全国乡村治理体系建设试点任务	专项任务
41	加强知识产权司法保障	专项任务
42	完善司法制约监督体系建设	专项任务
43	开展法院审级职能定位改革试点工作	专项任务
44	深化“一站式”多元解纠和诉讼服务体系建设	专项任务
45	深化民事诉讼程序繁简分流改革	专项任务
46	全面深化智慧法院建设	专项任务
47	深化司法服务保障“两区”建设	专项任务
48	积极开展企业合规改革试点工作	专项任务
49	推进新执法办案中心、新拘留所建设	专项任务
50	推进电信网络诈骗“打防控”一体化机制建设	专项任务
51	推进数字文化贸易创新发展	专项任务
52	实施海淀区“大戏看北京”行动计划	专项任务
53	推进“两区”建设“跨境交流专用通道试点”项目	专项任务

（郑鹏炼）

【重大问题研究】 年内，区委区政府研究室结合区委区政府2022年重点工作，启动《“五子”联动推动高质量发展研究》《海淀区深化接诉即办改革驱动基层治理现代化路径研究》两项重大课题研究。开展“五子”联动融入新发展格局、推进海淀高质量发展、率先建成国际一流的科学城等重大课题研究，形成一批有价值的调研成果，为领导决策部署提供意见建议。开展2021年度全区调研工作先进单位和优秀调研成果评比，评选调研工作先进单位20家、优秀调研课题48篇。

（孙旭）

网络安全与信息化

【概况】 2022年，区委网络安全和信息化委员会办公室（简称区委网信办）持续为建设“现代化强区、高品质海淀”提供强大网上舆论支持、可靠网络安全保障和有力信息化支撑。向区委常委会专题报告工作2次，向区政府常务会议专题报告工作1次，向区委网信委全体会议全面报告工作1次，向市委网信办、区委区政府、区委网信委专项请示报告89件次。依托“双联系、双报到”机制，全办党员干部下沉紫竹院街道军乐团社区，参与疫情防控工作。

互联网行业党建引领。开展1900家属地互联网企业党建情况统计调查，整治网络平台内容违规、数据超范采集等突出问题。启动《党建引领互联网企业参与网络文明建设工作路径探析》工作调研，联合中关村网络安全与信息化产业联盟，开展“强国复兴有我 喜迎党的二十大”主题系列活动。

网络宣传。面向全区开展线上线下网络安全宣传教育15次，发布正能量文章529篇，举办“2022海淀与冬奥同行”、“海淀这十年 影绘新时代”摄影暨短视频大赛、“我们的数字生活”、AI网络广场舞、“网信青年在行动”等主题活动，多维度讲好海淀故事。

网络安全保障。落实7×24小时应急值守制度，开展全天候网络安全监测，向区有关部门预警舆情风险、技术风险，有效处置重大舆情事件、网络安全突发事件，高标准完成北京冬奥会和冬残奥会、党的二十大以及疫情防控等重要时段节点网络安全服务保障工作。获全国首批评地市级网络安全应急指挥中心规范化建设全国示范单位，是北京市唯一区此殊荣的单位，实现政务、教育、卫生等重要网络和信息系统的网络安全态势感知覆盖，创新构建出智能化区域特色网络安全综合治理体系。

网络安全建设。编制实施《北京市海淀区“十四五”时期网络安全和信息化发展规划》，印发《海淀区关于加强网络文明建设的若干措施》，承担中央、市委重点改革任务。海淀区入选首批5家国家网络安全教育技术产业融合发展试验区，是全市唯一获此殊荣的区。

（田宬）

【北京冬奥会网络安全保障】 2月4日至24日（冬奥会期间），区网络安全应急指挥中心完成网络安全重要保障任务。有效阻断境内外网络攻击，发布网络安全预警通报，应急处置辖区网络安全事件，实现网络安全零事故。

（郝博韬）

【网络安全督查督办】 3月、8月、10月，区委网信办采取网络安全现场检查及督查督办方式，对重要单位和重要信息系统的网络安全工作责任制落实情况、网络安全日常管理和技术防护情况进行问询查看和现场指导，完成48家单位40个信息系统的现场检查工作，督促指导相关单位增强网络安全意识，落实网络安全工作责任，实现区属单位网络安全隐患摸排全覆盖。

（车祎萌）

【“网络强国，网信青年在行动”线上倡议活动】 5月，区委网信办发起“网络强国，网信青年在行动”线上倡议活动。倡议活动以富有网感的海报或口播视频集中展现网络技术研发、网络平台运营、网络内容发布、网络文明传播、网络安全保卫等各领域网信工作者的价值追求。邀请佟大为、刘敏涛、海清、王仁君4位影视演员录制口播，增加社会影响力；邀请微博、抖音平台@一号哨位、@应旺、@V闪闪、@蜜呀与豪七等7位网络达人参与，实现以大流量澎湃正能量的活动效果。活动相关微博话题一周阅读量近百万次，网民从弘扬五四精神、实践网络文明、支持正能量代表等角度参与互动近万条。

（王倩）

【“海淀这十年，影绘新时代”摄影暨微视频作品征集大赛】 6月至12月，区委网信办联合区文明办举办摄影暨微视频作品征集大赛。大赛以“海淀这十年，影绘新时代”为主题，下设“海淀这十年·新颜——大美海淀”“海淀这十年·创新——发展海淀”“海淀这十年·欢乐——幸福海淀”“海淀这十年·温暖——感动海淀”“海淀这十年·记忆——典藏海淀”五大征集板块。展现海淀在奋力打造“以首都发展为统领的现代化强区高品质海淀”征途上的变迁和成就。百余家机关企事业单位、11家新闻媒体及25家行业垂直媒体参与大赛，总曝光量3300余万次；15次挖掘优秀作品正能量故事，再创作设计成“春节四季祝福”作品，传播量近2000万次；设置“最受网友喜爱奖”投票环节，曝光量预计数亿次。12月，活动荣获第三届“京彩”网络正能量活动奖。

（王倩）

【第三届“理上网来 文明海淀”网络文明系列传播活动】 8月至10月，区委网信办联合区文明办开展2022年网络文明系列传播活动。活动设置“网络追光者”AI广场舞、“随手网络正能量”“网信青年请回答”网络文明接力公益活动三个板块，采用网络文明线上传播，借助广场舞拓展线下传播渠道和覆盖面。采用“文明歌词+AI编曲+专业编舞”方式，围绕网络舆论、网络诈骗、网络打赏等事关民生的网络热点问题，创编广场舞歌曲《为啥啊》，实现寓教于乐的效果。动员绿盟科技、汽车之家、小马智行、道客巴巴、去哪儿等5家属地互联网企业负责人，隋文静、韩聪、巩立姣、李杨薇、王斑、鹿先森乐队等10位正能量知名人士，录制文明接力口播视频，传播网络文明理念。依托网信青年志愿者队伍，借助新时代文明实践中心平台，采用“点单+派单+接单+评单”方式，鼓励海淀网信企业青年化身志愿者，通过线上方式，线下实践站点、文明驿站等公共场所，帮助居民解决上网用网问题。截至12月

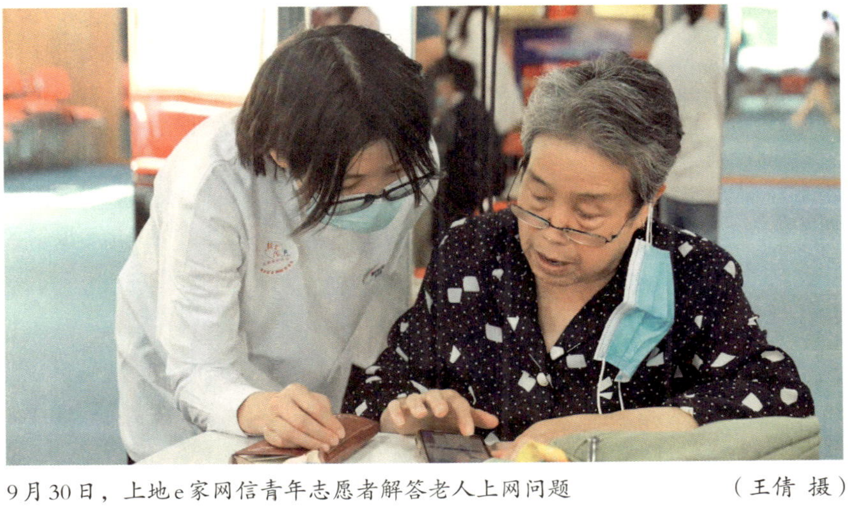

9月30日，上地e家网信青年志愿者解答老人上网问题　（王倩 摄）

31日，微博话题阅读量超1亿次（累计2.4亿次），AI广场舞视频累计传播量超过1.5亿次，倡议短视频全网播放量破百万次，网民互动超过2万次，全网曝光量过亿次，点派单活动帮助中老年群体近千人。

（王倩）

【获批国家网络安全教育产业融合发展试验区】 9月5日，国家网络安全宣传周在安徽省合肥市盛大开幕。开幕式上揭晓首批5家国家网络安全教育技术产业融合发展试验区名单，海淀区成功入选。区人大常委会主任刘长利代表海淀区接受授牌。海淀拥有密集的网络安全领域教育资源，北航、北邮入选中央网信办和教育部“一流网络安全学院建设示范项目”高校，拥有清华、北大、北理工、赛迪等网络安全研究院，网络领军企业集聚，网安上市企业数量占全国的28%。产业遍布应用安全、数据安全、区块链安全、人工智能安全等全产业链。海淀区委网信办作为地市级网信办应急指挥中心规范化建设全国示范单位，已实现中央、市、区三级网信上下贯通的一体化网络应急指挥体系。

（钟冷）

【上市企业数据安全合规指导】 9月至12月，区委网信办转变监管职能，打通企业上市数据合规堵点，指导辖区2家具有上市需求的企业开展上市前数据安全合规工作，提交相关审查材料，协助上级网信部门为符合条件的企业开具数据安全合规证明，为企业纾困解难。

（车祎萌）

机构编制

【概况】 2022年，海淀区委机构编制委员会办公室（简称区委编办）办理事业单位法人设立登记6家，变更登记117家，注销登记68家，证书到期换领42家，收缴印章42枚，发放电子证照685家。为23家党政机关、群众团体办理《统一社会信用代码证书》变更，1家办理注销；完成671家事业单位年度报告公示工作。3月1日起，党政机关、群众团体统一社会信用代码赋码及事业单位法人登记受理相关事项以委托+首席代表的形式，入驻区政务服务大厅。全体机关干部下沉社区助力核酸检测42轮，日均服务6000余人次。区委编办被评为国家节约型机关。

（宋英杰）

【2021年度机构编制重要事项报告完成】 1月，区委编办组织区属各单位按要求开展机构编制报告工作，结合第二次全区机构编制核查工作情况，形成《中共北京市海淀区委机构编制委员会关于2021年度机构编制重要事项的报告》（简称《报告》），以海淀区委机构编制委员会名义向北京市委机构编制委员会书面报告。《报告》主要总结海淀区2021年推进完成的事业单位试点改革、深化综合行政执法改革和街镇管理体制改革、规范开发区管理机构设置、强化重点领域机构编制保障、推进事业单位法人清理规范、探索开展机构编制管理评估及开展机构编制核查等内容。

（宋英杰）

【应急管理综合行政执法机构改革】 1月，为加强应急管理执法机构建设，区委编委为区应急管理综合执法队增加8名行政执法专项编制；7月，印发《关于印发北京市海淀区应急管理综合执法大队职责机构编制事项的通知》，将北京市海淀区应急管理综合执法队由正科级调整为副处级，更名为北京市海淀区应急管理综合执法大队。

（宋英杰）

【部门职能调整】 3月6日，根据区委编委决定，区委办主要职责增加“负责本区党政专用通信网络的规划和管理工作”表述。3月，为区医药卫生协调委员会加挂区医药卫生体制改革领导小组牌子，负责组织推进全区医药卫生体制改革工作；将未成年人保护委员会办公室由团区委调整至区委社工委区民政局，将“海淀区未成年人保护委员会办公室”牌子由团区委青少年发展和权益维护部调整至区民政局综合福利科，推动构建“统一管理、多方协作”的未成年人保护职责体系。

（宋英杰）

【完善社区矫正工作体制改革】 3月，区委编办设立北京市海淀区社区矫正委员会，作为区政府议事协调机构，加强区政府对全区社区矫正工作的领导指导和组织协调。8月，将“北京市海淀区阳光中途之家”更名为“北京市海淀区社区矫正中心”，推动社区矫正机构职能履行更加顺畅。

（宋英杰）

【议事协调机构管理】 3月，区委编办出台《区属议事协调机构清单》，调整、设立北京市海淀区社区矫正委员会、中共北京市海淀区委全民国防教育工作领导小组、北京市海淀区人才工作领导小组、北京市海淀区医药卫生协调委员会、北京市海淀区未成年人保护委员会5家议事协调机构，推动议事协调机构管理与运行更加规范。

（宋英杰）

【增加编制】 3月，区委编委决定区商务局设立自贸区建设科，调整优化内设机构职责，增加4名行政编制。3月、8月，为区疾病预防控制中心增加271个事业编制，服务保障疫情防控、疾病预防工作。

（宋英杰）

【镇级机构改革评估完成】 4月，按照市委编办《北京市乡镇机构改革评估工作方案》，区委编办组织开展7个镇的机构改革评估工作。评估工作重点围绕乡镇机构改革任务完成情况、实际运行情况、改革成效3个方面，制定《海淀区镇级机构改革评估实施方案》，采取实地抽查、资料查阅、数据比对、会议座谈、群众认可度调查等方式，到7个镇实地考评、复查。按照市级评估指标体系，各镇改革评估得分均为90分以上，评估等次达到好的标准。

（宋英杰）

【机构编制执行情况和使用效益评估试点工作完成】 5月至8月，按照中央编办《关于深化地方机构编制执行情况和使用效益评估试点工作的指导意见》和市委编办《关于开展机构编制执行情况和使用效益评估试点工作的通知》要求，区委编办组织区金融办、区档案馆、团区委3家单位参加评估试点工作，完成评估个性指标设计、评估流程优化、评估结果运用等各项试点任务。8月29日，区委编办向市委编办报送《海淀区机构编制执行情况和使用效益评估试点工作总结》。海淀区构建的"人员编制—预算项目支出"矩阵模型和"人员结构—工作职责"雷达模型被市委编办作为特色亮点报送至中央编办。

（宋英杰）

【海淀区镇级职责清单（2022版）印发实施】 7月3日，按照市委办公厅、市政府办公厅《关于印发〈北京市乡镇职责规定〉的通知》，区委编办制定印发《海淀区镇党委（地区工委）和镇政府（地区办事处）职责清单（2022版）》，涵盖镇党委、政府承担的7个领域共140项职责事项。其中，党群工作16项，平安建设17项，城乡建设28项，村（社区）建设27项，民生保障21项，农业农村（经济发展）21项，综合保障10项。《北京市海淀区镇党委（地区工委）和镇政府（地区办事处）职责清单（2020通用版）》予以废止。

（宋英杰）

【权力清单动态管理制度印发实施】 7月3日，区委编办制定《海淀区权力清单动态管理制度》，以区委编委名义印发实施。建立起权力清单联席会议工作机制，分别细化明确区委编办、区司法局、区财政局、区人力资源社会保障局、区政务服务局5个权力清单联席会议成员单位的职责定位、任务分工，权力清单动态管理程序和要求。

（宋英杰）

【行政复议职责调整】 7月，区委编办印发《关于调整相关部门行政复议职责的通知》，明确区司法局、其他被申请部门各自职责分工；为区司法局增加6名政法专项编制，调整设置行政复议应诉内设机构，加强行政复议应诉工作。

（宋英杰）

【中关村科学城内设机构职数调整】 8月2日，按照市委编委《关于核定中关村科学城管理机构局级领导职数的通知》及《关于明确中关村科学城管理机构有关机构编制事项的批复》精神，区委编办重新明确中共北京市委中关村科学城工作委员会、中关村科学城管理委员会内设机构及编制等。设办公室、规划发展处、科技发展处、产业促进一处、产业促进二处、产业空间管理处、服务体系建设处、知识产权处、交流合作与人才工作处、非公党建工作处等10个内设机构和机关党委（组织人事处），行政编制105名。

（宋英杰）

【机构设置调整】 8月28日，按照市委编委《关于调整设立"三城一区"纪检监察工委的批复》和市委编办《关于调整海淀区纪委区监委派驻纪检监察组的批复》精神，区委编办设置中关村科学城纪检监察工委，海淀区纪委区监委派驻纪检监察组由19个减至18个。8月，将四季青镇社区卫生服务中心从四季青医院剥离，独立设置，强化社区卫生服务职能、完善基层医疗协作保障机制。9月25日，将北京市海淀区人才工作领导小组调整为中共北京市海淀区委人才工作领导小组，为区委议事协调机构。

（宋英杰）

【"公参民"学校管理】 8月，推动区属优质资源由民办教育向公立学校回归，以区委编委名义发文明确北京理工大学附属中学分校、中国人民大学附属中学分校、北京外国语大学附属外国语学校、北京市建华实验学校4所"公参民"学校转为区教委所属事业单位。

（宋英杰）

【区级机构编制管理评估启动】 9月5日，区委编办印发《关于进一步推进本区机构编制管理评估工作的通知》，按照评前准备、单位自评、实地考评、评估总结4个阶段，启动专项评估工作。区委编办根据2022年海淀区机构编制工作要点和区委编委的要求，在完成市级机构编制管理评估试点的基础上，综合考虑各部门编制规模、编外用工情况、改革后运行时间及近期编制调整事项，选择区民族宗教办、区城市管理委、区体育局、区融媒体中心4家单位作为被评估单位，启动区级机构编制管理评估工作。截至年底，已完成自评材料复核、工时数据分析、问题线索归集等前三个阶段工作。

（宋英杰）

【面向优秀社区、村书记招录公务员编制配备到位】 10月15日，按照中央及北京市有关加强社区、村党组织书记队伍建设的文件精神，经区委编委研究同意，共为街镇配备15名专项行政编制，专门用于招录优秀社区、村党组织书记进入公务员队伍。

（宋英杰）

【《海淀区权力清单》印发】 12月9日，区委编办通过3轮次征求区级部门、街镇意见，并经区权力清单联席会议成员单位一致同意，以区委编办、区司法局、区财政局、区人力资源社会保障局、区政务服务局5部门名义印发《海淀区权力清单》。清单共涉及33个区级部门、27个街镇共9类1709项行政职权事项。按职权类别划分，行政许可事项265项，行政强制事项164项，行政征收事项11项，行政给付事项60项，行政检查事项892项，行政确认事项72项，行政奖励事项19项，行政裁决事项12项，其他行政权力事项214项；按行使层级划分，市区共有事项1242项，市区街镇共有事项38项，区级独有事项344项，区街镇共有事项48项，街镇独有事项37项。

（宋英杰）

巡察工作

【概况】 2022年，区委巡察工作坚持“两个确立”，[①]全面贯彻中央巡视工作方针，围绕中心，服务大局，深化政治巡察，切实做到“两个维护”。[②]统筹谋划十三届区委巡察全覆盖任务，分析影响和制约区委巡察工作高质量发展的主要矛盾、突出问题和薄弱环节，研究确定全覆盖单位名录，开展两轮常规巡察。

（郝亚茹）

【十三届区委巡察工作启动】 年内，区委巡察机构启动十三届区委巡察工作，开展两轮常规巡察，对23家委办局进行政治体检。区委巡察机构聚焦被巡察党组织的核心职能，紧盯“一把手”和领导班子，调阅资料2.5万余份，听取党组（党委）工作汇报和专题汇报70余次，发放问卷950余份，与领导干部个别谈话751人次，下沉一线调研走访95次，查找被巡察党组织履行党的领导职能责任存在的政治偏差、影响制约发展的突出问题639个，向区纪委区监委移交问题线索9件。

（郝亚茹）

【巡察整改和成果运用】 年内，区委贯彻落实中央《关于加强巡视整改和成果运用的意见》，进一步推动巡察整改和成果运用，就十二届区委巡察整改开展“大起底”，截至年底十二届区委巡察整改完成率达99%。区委巡察办牵头组织召开巡察整改专题工作会，与区纪委区监委、区委组织部等部门研究巡察未完成整改问题的推进工作，探讨整改方向，明确各方责任，切实加强巡察整改日常监督，进一步突出以巡促改、以巡促建、以巡促治。

（郝亚茹）

【巡察规范化建设】 年内，区委巡察办对标中央、市委巡视，系统梳理现有巡察工作制度，建立健全与区委组织部、区纪委区监委等部门的协调协作机制，修订完善《海淀区委巡察工作制度汇编》《海淀区委巡察工作操作指南》，包含主体框架、实务操作、工作指导、协调协作和自身建设等5大类20项工作制度以及59项具体操作程序。推进巡察信息化建设，运用巡视巡察工作网络平台和巡察单机系统，进一步促进工作规范、提升监督质效。

（郝亚茹）

【校地联合巡察经验交流座谈会】 1月6日，区委巡察办与北京大学党委巡察（巡视）办联合巡察经验交流座谈会在北京大学英杰交流中心举行。北京大学党委副书记、纪委书记叶静漪，区委常委、区纪委书记、区监委主任鲍雷参加座谈会，北京大学纪委、区委巡察办有关领导参加。会上，海淀区纪委领导简要介绍海淀十二届区委的巡察工作情况以及十三届区委巡察工作安排。北京大学党委第七巡察组、区委巡察办结合北大燕园街道巡察工作实际，分享心得体会、工作经验。海淀区委与中管高校党委巡察（巡视）办开展联合巡察，在全国区县巡察机构中开创先例，有效破解基层“熟人社会”监督难题，有效聚焦群众“七有”“五性”需求，压实基层党组织的主体责任，贯通监督协作机制，积累经验、树立标杆。鲍雷表示，积极用好联合巡察成果，促进巡察工作提质增效，为海淀区营造风清气正的政治生态贡献巡察力量。叶静漪表示，有效利用北京大学的人文优势开展巡察干部培训、学术知识交流，为“校地”联合巡察提供可靠的知识保障和丰富的载体资源。

（钟冷　郝亚茹）

【十三届区委第一轮巡察工作动员部署会】 2月11日，十三届海淀区委第一轮巡察工作动员部署会召开。区委常委、区纪委书记、区监委主任、区委巡察工作领导小组组长鲍雷作动员讲话。会议由区委常委、区委组织部部长、区委巡察工作领导小组副组长张若冰主持。会议部署十三届区委第一轮巡察工作，宣布第一轮巡察组组长授权任职及任务分工，区国资委、区金融办负责人作表态发言。按照区委巡察工作安排，第一轮巡察于2月11日至4月15日，组建6个巡察组，围绕“三个聚焦”，[③]从检查贯彻落实党的路线方针政策和市委、区委决策部署的有关情况、贯彻落实全面从严治党有关情况、贯彻落实新时代党的组织路线情况、对巡视巡察、审计等发现的问题和党史学习教育检视问题整改落实情况等4个方面60个监督重点入手，对区国资委等11家单位党组织开展政治巡察。区委巡察工作领导小组成员，区委巡察组、巡察办全体人员，被巡察党组织主要负责人、主管领导、派驻纪检监察组组长，区纪委区监委机关、区委组织部、区委宣传部相关业务科室负责人等参加会议。

（钟冷　郝亚茹）

【十三届区委第二轮巡察工作动员部署会】 7月19日，十三届区委第二轮巡察工作动员部署会召开。鲍雷作动员讲话，张若冰主持会议。会议部署区委第二轮巡察工作，宣布第二轮巡察组组长、副组长授权任职及任务分工，区城管委、团区委负责人作表态发言。按照区委巡察工作安排，第二轮现场巡察时间为7月下旬至9月下旬，组建6个巡察组，通过对照习近平新时代中国特色社会主义思想、对照党章党规党纪、对照党的理论路线方针政策和党中央决策部署、对照被巡察党组织的职能责任和“三定”规定，紧盯被巡察党组织职能责任、紧盯全面从严治党阶段性特征、紧盯领导班子和“关键少数”、紧盯人民群众反映强烈的突出问题，从4个方面、72个监督重点入手，对区城管委等12家单位党组织开展政治巡察。各巡察组组长、副组长和全体巡

---

① “两个确立”：确立习近平同志党中央的核心、全党的核心地位，确立习近平新时代中国特色社会主义思想的指导地位。
② “两个维护”：坚决维护习近平总书记党中央的核心、全党的核心地位，坚决维护党中央权威和集中统一领导。
③ “三个聚焦”：聚焦基层贯彻落实党的路线方针政策和党中央决策部署情况；聚焦群众身边腐败问题和不正之风；聚焦基层党组织软弱涣散、组织力欠缺问题。

察干部，区委组织部、区委宣传部、区纪委区监委相关部室、相关派驻纪检监察组、区审计局和区信访办相关负责人、12家被巡察单位主要领导和主管领导参加会议。

（钟冷　郝亚茹）

【十三届区委第一轮巡察集中反馈会】 8月18日，十三届区委第一轮巡察集中反馈会召开。鲍雷出席并讲话，张若冰主持会议。会议传达学习中央《关于加强巡视整改和成果运用的意见》和区委书记王合生在第一轮巡察书记专题会上的讲话。鲍雷强调，要提高政治站位，强化政治担当，区委巡察办要履行好巡察整改统筹协调职责，各部门各尽其责，切实开展“地毯式”整改，逐一对账落实，以巡促改、以巡促建、以巡促治，做到件件有着落、事事有回音，真改实改。张若冰强调，区委巡察办加强与区纪委区监委机关和区委组织部、区委宣传部等部门协作配合，切实推动巡察整改落实落地。区委巡察工作领导小组成员、区委巡察办主任、区委组织部以及各巡察组成员，区委组织部、区委宣传部、区纪委区监委相关部室、派驻纪检监察组负责人，以及11家被巡察单位主要领导和主管领导参加会议。

（钟冷　郝亚茹）

【十三届区委第一轮巡察整改工作中期推进会】 11月4日，十三届区委第一轮巡察整改工作中期推进会召开。鲍雷出席会议并讲话，区纪委副书记、区监委副主任张旸主持会议。会议听取11家被巡察单位的巡察整改工作汇报，全面了解掌握各单位巡察整改工作的进展情况、存在问题和下一步工作措施，对进一步推动巡察整改工作提出要求。鲍雷强调，要切实提高政治站位，增强做好巡察整改和成果运用的责任感、使命感和紧迫感；从严从紧压实责任，强化巡察整改成果运用；深化巡察成果运用，推动各项工作高质量发展。区纪委常委、区委巡察办主任、区委巡察工作领导小组成员陈熙，区委组织部副部长、区委巡察工作领导小组成员王双全，区纪委区监委第三监督检查室、相关派驻纪检监察组组长，11家被巡察单位主要领导参加会议。

（钟冷　郝亚茹）

党史研究

【概况】 2022年，海淀区党史地方志办公室（简称区史志办）围绕全区中心工作，完成党史研究宣传教育工作。开展“两道一线”援华抗战国际友人研究以及党的十八大以来关于海淀区对口支援帮扶脱贫攻坚工作、海淀区城市大脑建设、海淀区建区70年发展历程和重大成就等党史专题研究，发表主题文章4篇。开展党史宣传进机关、进社区活动，完成“强国复兴有我”百姓宣讲、助力区直机关工委党建主题展、曙光街道远大园社区海淀红色史迹党史长廊建设、线上讲授微党课等任务。编印发行《海淀史志》期刊6期，约65万字；发行《追忆西山　重温故事——第五届西山历史文化研讨会》《红色血脉　赓续传承——第六届西山历史文化研讨会》专刊各900本。“海淀党史文化”微信公众号推送97期163条，阅读量23088人次，分享量2747人次。

（徐支燕）

【《中国共产党北京市海淀区历史大事记（2014—2021）》启动编写】 年内，区史志办启动编写《中国共产党北京市海淀区历史大事记（2014—2021）》。该书以中共海淀区党组织的重大活动为主体，记录2014—2021年海淀区在习近平新时代中国特色社会主义思想指导下发生的历史性变革、取得的辉煌成就。截至年底，完成第一批资料征集500万字。

（徐支燕）

【平西地下交通线主题展大纲初稿完成】 年内，区史志办编写完成“红色血脉——平西地下交通线主题展”大纲初稿。主题展大纲以平西地下交通线为主要线索，再现中国共产党在平西抗日根据地和平西隐蔽战线的英勇斗争，重点讲述众多无名英雄潜入敌人内部掌握机要，传递秘密文件和各种信息情报，向根据地运输紧缺物资、输送大批青年学生和革命知识分子的感人故事。

（徐支燕）

【《北京市海淀区红色地图》影音版系列宣传片上线】 年内，区史志办和区文旅局联合出品《北京市海淀区红色地图》影音版系列宣传片，包括《红色“淀”影　初心之旅》《红色“淀”影　抗战之行》《红色“淀”影　赶考之路》3集，分别于10月19日、10月26日和11月2日在“文旅海淀”微信公众号上线。宣传片呈现位于海淀的红色遗存的影像资料，对相关历史人物、事件做挖掘展示和意义升华。该系列宣传片通过“实地探访+实景拍摄+史料搜集+视频动效+沉浸式体验”的形式，串联海淀区红色景点，用影像记录那段风云激荡的历史，带动海淀高校学生、小学生群体沉浸式体验红色景点，传承革命先辈的红色精神，做时代接班人。

（徐支燕）

【参与红色书香送企业“七一”展演活动】 6月30日，区史志办与区图书馆北馆、中关村科学城北区党建管理孵化平台、中关村壹号、西北旺镇市民活动中心、中国人民解放军某

6月30日，庆“七一”“红色书香送企业”活动区史志办赠书现场

（区史志办　供图）

部、紫燕堂艺术团等单位联合举办“党建引领 科技创新——红色书香送企业七一展演”红色剧目展演和赠书活动。剧目展演分为党的开篇、党的发展、党的辉煌3个部分，运用诗朗诵、音乐剧、歌舞等艺术方式展现。区史志办参演“毛主席诗词联诵”、原创舞台剧《巧过“胄乃城”》、原创音乐剧《雪儿》。演出场外，区史志办为20余家单位赠送《海淀史志》书籍135本。

（徐支燕）

【《北京市海淀区红色地图》宣传】 7月至8月，区史志办联合区融媒体中心，以推荐红色旅游线路方式推广宣传海淀红色地图，在“海淀融媒”微信公众号、微博账号和《海淀报》详细介绍红色遗存主题线路和相关红色历史。9月至10月，“红创西山2022”主题活动举办，设一会两展，其中红色之旅主题展参照“北京市海淀区红色地图”内容，展示3条红色线路，通过图片、文字以及互动体验设计，让参观者深入了解海淀红色文化。该展在龙徽1910文化创意产业园开展，在首享科技大厦、中国农业大学国家大学科技园、百旺弘祥（弘祥1989）文创园等地巡展。

（徐支燕）

【原创舞台剧《西山红色交通线》巡演】 8月11日，由区史志办和北京紫燕堂文化发展有限责任公司共同创作的原创舞台剧《西山红色交通线》在海淀北部文化中心举行首场演出。该剧反映海淀地区军民和国际友人的抗日斗争事迹。“海淀融媒”微信公众号及微博、抖音、快手、今日头条账号，“北京海淀”百家号，《海淀报》等媒体平台进行报道，来自全国24个省份的观众点赞和留言。9月2日，该剧在区机关举行汇报演出。区委常委、区委政法委书记、区委办主任吴计亮，区委办、区人大、区政协、区直机关工委等领导及部分机关干部观看演出。9月18日，区史志办联合区图书馆（北馆）、紫燕堂艺术团、北京一路畅通传媒公司、门头沟区斋堂镇马栏村党支部等单位开展铭记“九一八”活动，演出同名舞台剧，“红色追光会客厅”微信视频号进行线上直播。10月16日，该剧在区文旅局快手直播间播放。

（徐支燕）

【“全过程人民民主与人民代表大会制度”学术研讨会】 9月17日，区史志办与北京联合大学北京政治文明建设研究基地联合举办“全过程人民民主与人民代表大会制度”学术研讨会。来自全国人大常委会、中共中央党校、中国社会科学院、教育部、高校和科研机构以及省区市相关单位的专家学者和人大工作者80余人参会。与会人员围绕习近平总书记关于全过程人民民主和人民代表大会制度的相关论述，全过程人民民主和人民代表大会制度的历史渊源，全过程人民民主与党的领导，全过程人民民主与立法、执法、守法、普法，全过程人民民主与人民群众的知情权、参与权、监督权、表达权，人大机关在发展全过程人民民主中的作用，人大代表与发展全过程人民民主的作用等相关议题展开交流研讨。会议形成论文集《政治文明研究2022》。

（马坤　徐支燕）

【第六届西山历史文化研讨会】 10月28日，区史志办联合北京史地民俗学会举办“红色血脉 赓续传承——第六届西山历史文化研讨会”。会议围绕“红色血脉 赓续传承”主题，就燕京大学和平西地下交通线、与中国军民并肩战斗在晋察冀的国际友人、舞台剧《西山红色交通线》的创作体会、红色西山抗战历史中的外国人、巩固发展白求恩公益活动成果、林迈可与康家茅屋、林迈可与平西地下交通线、贝熙业与贝家花园、民国报纸中的红色海淀、红色血脉——平西地下交通线主题展布展情况等进行研讨。会议在充分调动社会力量进一步加大西山人文、历史、地理、旅游资源的整合、开发与共享，组织多方力量对相关重大事件、重点人物和重要场所协同攻关，不断推进史志文化创新性普及和推广，更好地服务首都“一城三带”建设等方面达成共识。北京市委党史研究室、市地方志办以及中国人民大学、北京联合大学、保定抗战历史研究会、香山革命纪念馆、区史志办、北京史地民俗学会等单位的领导、专家学者50余人参会。

（徐支燕）

海淀区人民代表大会

2023
北京海淀年鉴

综述

【概况】 2022年，海淀区人民代表大会常务委员会（简称区人大常委会）学习贯彻党的十九大、十九届历次全会和党的二十大精神，贯彻落实中央人大工作会议精神，坚持党的领导、人民当家做主、依法治国有机统一，为统筹疫情防控和经济社会发展提供民主法治保障。召开区人民代表大会会议1次，区人大常委会会议8次、区人大常委会主任会议15次，听取和审议区“一府一委两院”专项工作报告55项，作出决议、决定15项，形成审议意见书16份。截至年底，有区人大代表437名、市人大海淀团代表100名。

（吴向荣）

【“四长会”】 1月28日，区人大常委会召开“四长会”，区人大常委会主任刘长利主持会议。区委书记于军，区长王合生，区委常委、区纪委书记、区监委主任鲍雷，区人大常委会副主任李泉、吴宝华、魏开锋、李卫华，区法院院长邵明艳，区检察院检察长刘惠出席会议。会议围绕2022年区人大常委会工作要点中涉及区“一府一委两院”的相关工作，以及区人大常委会会议、主任会议听取审议的有关议题，进行沟通研究。

（吴向荣）

【人大议案代表建议交办会】 2月23日，区人大常委会召开2022年人大议案代表建议交办会。区长王合生，区人大常委会主任刘长利，区人大常委会副主任李泉、吴宝华、李卫华及区法院、区检察院负责人出席会议。刘长利向区“一府两院”转交人大议案、代表建议，王合生代表区“一府两院”接收，2022年议案、建议办理工作正式启动。

（吴向荣）

【专家顾问聘任会】 7月8日，区人大常委会召开专家顾问聘任会。会议介绍区人大常委会工作情况及专家顾问设立情况。会议举行专家顾问聘任仪式，为63位专家顾问颁发聘书。这标志着区人大常委会专家顾问库正式成立。区人大常委会制定《海淀区人大常委会专家顾问工作规则（试行）》，对专家顾问的咨询范围、专家顾问的职责和权利义务等作出具体规定，充分发挥专家顾问在人大工作中的专业支持作用。

（吴向荣）

【区人大常委会组成人员（扩大）读书班】 8月23日至26日，区人大常委会组成人员（扩大）读书班举办。刘长利、吴宝华、李卫华、赵晓光等领导，区人大常委会组成人员，区人大常委会各街道工委主任，各镇党委书记、人大主席以及常委会机关有关人员参加读书班。读书班期间，区委书记王合生，区委常委、政法委书记、区委办主任吴计亮与组成人员座谈交流。读书班以专家讲座、研讨交流、学习考察相结合的形式开展，邀请著名军事问题专家李莉、区人大常委会副主任赵晓光分别作《俄乌冲突对中国国家安全的挑战与思考》《走出实验室的人工智能》专题讲座；讲授海淀区智慧人大信息平台相关内容。

（吴向荣）

7月8日，区人大常委会召开专家顾问聘任会　　（区人大 供图）

重要会议与决议、决定

【区十七届人大常委会第二次会议】 2月22日召开。会议审定《海淀区人大常委会2022年工作要点》，决定印发全体代表监督执行。听取和审议《海淀区政府关于2022年重要民生实事项目安排情况的报告》，表决通过《海淀区第十七届人民代表大会常务委员会关于2022年重要民生实事项目的决议》。听取和审议《海淀区政府关于海淀区地方政府债务新增限额及本级预算调整（草案）的报告》，表决通过《海淀区第十七届人民代表大会常务委员会关于批准海淀区地方政府债务新增限额及本级预算调整（草案）的决议》。听取和审议区人大常委会代表联络室所做的《海淀区人大常委会关于2022年代表建议、批评和意见办理工作的意见》。会议决定相关人事任免事项。

（吴向荣）

【区十七届人大常委会第三次会议】 4月19日召开。会议听取区人大常委会代表资格审查委员会所做的关于个别代表的代表资格的报告，表决通过《海淀区第十七届人民代表大会常务委员会关于接受刘涵等六位代表辞去海淀区第十七届人民代表大会代表职务的决定》。听取《区政府关于2021年环境状况和环境保护目标完成情况的报告》，听取和审议《区政府关于〈海淀区（中关村科学城）加强公共卫生应急管理体系建设三年行动计划（2020—2022年）〉实施情况的报告》《区检察院关于未成年人检察工作情况的报告》《区法院关于未成年人审判工作情况的报告》。书面审议海淀区政府2021年度法治政府建设情况。审议、表决通过《海淀区人民代表大会常务委员会关于修改部分制度及规定的决定》《海淀区人民代表大会常务委员会组成人员履职规定（试行）》《海淀区人民代表大会专门委员会工作规则（试行）》《海淀区人大常委会专家顾问工作规则（试行）》。会议决定相关人事任免事项。

（吴向荣）

【区十七届人大常委会第四次会议】 6月10日召开。会议听取和审议《区政府关于海淀区2022年地方政府债务新增限额及本级预算调整（草案）的报告》，经过审议，表决通过《海淀区第十七届人民代表大会常务委员会关于批准海淀区2022年地方政府债务新增限额及本级预算调整（草案）的决议》。听取和审议《区政府关于海淀区“两区”建设工作情况的报告》。听取《区政府关于2021年度落实北京市城市总体规划情况的报告》。听取和审议《公安海淀分局关于防范电信网络诈骗犯罪工作情况的报告》。会议决定相关人事任免事项。

（吴向荣）

【区十七届人大常委会第五次会议】 7月19日召开。会议听取和审议《区政府关于〈北京市接诉即办工作条例〉落实情况的报告》《关于海淀区2021年财政决算（草案）的报告》《关于海淀区2022年上半年财政预算执行情况的报告》《关于海淀区2021年度区级预算执行和其他财政收支情况的审计工作报告》。经过审议，表决通过《海淀区第十七届人民代表大会常务委员会关于批准海淀区2021年区级决算的决议》。听取和审议《关于海淀区2022年国民经济和社会发展计划上半年执行情况的报告》。会议决定相关人事任免事项。

（吴向荣）

【区十七届人大常委会第六次会议】 9月27日召开。会议听取和审议《关于2021年度国有自然资源资产管理情况的专项报告》，书面审议区政府关于2021年度国有资产管理情况的综合报告、区政府关于2021年度国有自然资源资产管理情况的专项审计报告。听取和审议《区政府关于营造良好创新生态，加强科技园区建设情况的报告》《区政府关于“构建多元主体，强化依法垃圾分类，提高城市管理现代化水平”议案跟踪落实情况的报告》《区政府关于“水清岸绿”行动计划（2020—2025年）实施情况的报告》。审议通过关于召开区第十七届人民代表大会第二次会议的决定。听取《海淀区债务管理相关工作情况的报告》。会议决定相关人事任免事项。

（吴向荣）

【区十七届人大常委会第七次会议】 11月15日召开。会议初步听取和审议《区政府关于“加快科学城北区道路交通等基础设施建设，推动中关村科学城高质量发展”议案办理报告》。听取和审议《区政府关于“加快创新、补齐短板，推进养老服务高质量发展”议案跟踪落实情况的报告》《区政府关于十七届人大一次会议代表建议、批评和意见办理情况的报告》《区人大常委会关于十七届人大一次会议代表建议、批评和意见办理及检查情况的报告》。书面审议《区法院关于十七届人大一次会议代表建议、批评和意见办理情况的报告》《区检察院关于十七届人大一次会议代表建议、批评和意见办理情况的报告》。会议对区信访办积案攻坚化解、司法局行政复议、体育局全民健身、房管局物业管理、农业农村局美丽乡村工程建设、统计局依法统计、国资委国企改革、文旅局国家公共文化服务体系示范区建设等重点工作开展评议。表决通过《海淀区信访办公室关于治理重复信访化解信访积案工作接受区人大常委会评议的自查报告》《海淀区司法局关于行政复议工作接受区人大常委会评议的自查报告》《海淀区体育局关于全民健身工作接受区人大常委会评议的自查报告》《海淀区房屋管理局关于物业管理工作接受区人大常委会评议的自查报告》《海淀区统计局队关于依法统计工作接受区人大常委会评议的自查报告》《海淀区国资委关于国企改革三年行动工作接受区人大常委会评议的自查报告》《海淀区农业农村局关于美丽乡村工程建设工作接受区人大常委会评议的自查报告》《海淀区文化和旅游局关于国家公共文化服务体系示范区建设工作接受区人大常委会评议的自查报告》。听取《关于海淀区第十七届人民代表大会第二次会议筹备工作情况的报告》，海淀区第十七届人民代表大会第二次会议将于2022年11月16日至18日召开。表决通过《海淀区第十七届人民代表大会常务委员会关于召开海淀区第十七届人民代表大会第三次会议的决定》，会议决定，海淀区第十七届人民代表大会第三次会议拟于2023年1月上旬召开。听取《海淀区人大常委会代表资格审查委员会关于个别代表的代表资格的报告》及《海淀区人大常委会代表资格审查委员会关于海淀区第十七届人民代表大会第一次会议以来代表变动情况的报告》，表决通过《海淀区第十七届人民代表大会常务委员会关于接受张之放、杨学祥辞去海淀区第十七届人民代表大会代表职务的决定》。会议决定相关人事任免事项。

（吴向荣）

【区十七届人大二次会议】 11月16日至18日召开。会议表决通过《北京市海淀区第十七届人民代表大会第二次会议选举办法》，依法补选李俊杰为海淀区人民政府区长，依法选举产生北京市第十六届人民代表大会代表100名。大会举行宪法宣誓仪式，李俊杰面向代表，手抚《中华人民共和国宪法》进行宣誓。按照有关规定，大会选出的北京市第十六届人民代表大会代表的资格报北京市人民代表大会常务委员会代表资格审查委员会确认。

（吴向荣）

【区十七届人大常委会第八次会议】 12月20日召开。会议听取和审议《区政府关于海淀区2021年度区级预算执行和其他财政收支审计查出问题整改情况的报告》，并开展专题询问。听取和审议《区政府关于海淀区2022年地方政府债务新增限额及本级预算调整（草案）的报告》，表决通过《海淀区第十七届人民代表大会常务委员会关于批准海淀区2022年本级预算调整草案的决议》。听取和审议《区政府关于2022年重要民生实事完成情况的报告》《区人民代表大会常务委员会关于对海淀区2022年重要民生实事开展监督检查情况的报告》。会议书面审议《区政府关于落实“三区三线”划定成果分区规划修改方案（草案）的报告》，经过审议，会议表决通过《海淀区第十七届人民代表大会常务委员会关于通过〈海淀区政府关于落实“三区三线”划定成果分区规划修改方案（草案）〉的决议》。书面审议《区人大常委会关于2022年规范性文件备案审查工作情况的报告》。听取《关于海淀区第十七届人民代表大会第三次会议筹备工作情况的报告》。根据工作安排，海淀区第十七届人民代表大会第三次会议将于2023年1月4日至6日召开。听取《关于海淀区人大常委会工作报告起草情况的说明》。经过审议，通过《海淀区人民代表大会常务委员会工作报告（审议稿）》，决定根据会议意见修改完善后，提请海淀区第十七届人民代表大会第三次会议审议。听取《海淀区人大常委会代表资格审查委员会关于海淀区第十七届人民代表大会第二次会议以来代表变动情况的报告》。

（吴向荣）

监督工作

【疫情防控工作监督】 年内，区人大常委会会议听取和审议区政府关于《海淀区（中关村科学城）加强公共卫生应急管理体系建设三年行动计划（2020—2022年）》实施情况的报告，督促和支持区政府依法、科学、精准防控，不断优化防控措施，筑牢海淀区公共卫生防护体系。区人大常委会领导深入一线指导工作，视察海淀医院、中关村医院、区医学感染中心和区医学救援中心，“把脉问诊”公共卫生应急管理能力和疫情防控处置能力建设。号召和组织海淀区人大代表积极参与疫情防控工作，全力保障人民群众的生命健康安全。

（吴向荣）

【中关村科学城建设监督】 年内，区人大常委会重点督办“加快科学城北区道路交通等基础设施建设，推动中关村科学城高质量发展”议案，推动中关村科学城北区基础设施保障能力提升。区人大常委会会议听取和审议区政府关于“两区”建设工作情况报告及关于营造良好创新生态、加强科技园区建设的报告。组织视察东升科技园、贝伦产业园、翠湖科创平台和中关村知识产权保护中心，召开中关村科学城管委会、科技领域代表、相关专家参加的座谈会，提出工作意见。区人大常委会主任会议听取区政府关于中关村科学城北区新型城市化进展、城市大脑发展及应用、中小微企业金融服务工作情况的报告，关注优化营商环境工作，督促和支持区政府加强经济运行调度，激发企业发展动力和活力，最大限度减少疫情对经济社会发展影响。

（吴向荣）

【财经工作监督】 年内，区人大常委会会议听取和审议计划、财政决算、预算执行和调整情况、国有资产管理等报告，依法做出相关决议。听取和审议区政府关于海淀区2021年度本级预算执行和其他财政收支审计查出问题整改情况的报告，并开展专题询问。深化部门预算审查监督，对8个政府部门预算进行重点审查，6个支出政策进行跟踪审查，共调整预算项目68个，调减项目预算2.24亿元，调增项目预算1580万元。加强预算绩效监督，推动政府部门开展支出政策绩效评价，有效提升预算编制的公开性、规范性、科学性。强化政府债务监督，区人大常委会会议两次听取和审议区政府关于海淀区地方政府债务新增限额和本级预算调整（草案）的报告并作出决议，对专项债务项目进行重点审查，监督和支持区政府积极稳妥防范化解政府债务风险。指导东升镇完成全国人大预算工委基层联系点相关工作。

（吴向荣）

【民生事项监督】 年内，区人大常委会会议听取和审议区政府关于2022年重要民生实事项目的情况报告并作出相关决议；跟踪督办“加快创新、补齐短板，推进养老服务高质量发展”议案、“关于构建多元主体，强化依法垃圾分类，提高城市管理现代化水平”议案。区人大常委会会议听取和审议区政府关于《海淀区（中关村科学城）加强公共卫生应急管理体系建设三年行动计划（2020—2022年）》实施情况、关于“水清岸绿”行动计划（2020—2025年）实施情况的报告；听取区政府关于2021年度环境状况和环境保护目标完成情况、2021年度落实北京市城市总体规划情况的报告。区人大常委会主任会议听取区政府关于国家森林城市建设、人防工程疏整促和再利用、“双减”工作情况的报告。

（吴向荣）

【法治建设监督】 年内，区人大常委会会议听取和审议区人民检察院、区人民法院关于未成年人检察与审判工作情况的报告；听取和审议公安海淀分局关于防范电信网络诈骗犯罪工作情况的报告；书面审议区政府2021年法治政府建设情况报告。对4件区政府发布的规范性文件进行备案审查。配合市人大常委会对《北京市接诉即办条例》《北京市非机动车管理条例》贯彻实施情况开展执法检查。根据市人大常委会“万名代表下基层”活动部署，围绕《北京市城市更新条例（草案）》《北京市节水条例（草案）》等法规征求人大代表、人民群众意见；对区信访办积案攻坚化解、司法局行政复议、体育局全民健身、房管局物业管理、农业农村局美丽乡村工程建设、统计局依法统计、国资委国企改革、文旅局国家公共文化服务体系示范区建设等8个部门重点工作开展评议。

（吴向荣）

人事任免

【概况】 2022年，区人大常委会坚持党管干部与人大依法任免干部相结合原则，严格依照法律程序开展人事任免工作。坚持开展任前考试、任前谈话、表态发言、宪法宣誓等制度，进一步提升被任命人员的法律意识、责任意识和接受人大监督意识。全年依法选举任免区国家机关工作人员341人次，接受辞职1人次。

（吴向荣）

【任免事项】 2月22日，区十七届人大常委会第二次会议，根据区人大常委会主任会议的提请，决定海淀区第十七届人大常委会代表资格审查委员会主任委员、副主任委员、委员名单，决定各街道工作委员会主任、副主任、委员名单。任命孙笑庸为海淀区第十七届人大常委会羊坊店街道工作委员会主任；任命孙鹏为海淀区第十七届人大常委会甘家口街道工作委员会主任；任命曾涛为海淀区第十七届人大常委会八里庄街道工作委员会主任；任命常增玉为海淀区第十七届人大常委会紫竹院街道工作委员会主任；任命王凌志为海淀区第十七届人大常委会北下关街道工作委员会主任；任命陈兵为海淀区第十七届人大常委会北太平庄街道工作委员会主任；任命齐明军为海淀区第十七届人大常委会海淀街道工作委员会主任；任命郑鹏为海淀区第十七届人大常委会学院路街道工作委员会主任；任命文思君为海淀区第十七届人大常委会清河街道工作委员会主任；任命张伟为海淀区第十七届人大常委会青龙桥街道工作委员会主任；任命孙连红为海淀区第十七届人大常委会香山街道工作委员会主任；任命王世松为海淀区第十七届人大常委会西三旗街道工作委员会主任；任命王树彦为海淀区第十七届人大常委会马连洼街道工作委员会主任；任命高毅为海淀区第十七届人大常委会花园路街道工作委员会主任；任命张之放为海淀区第十七届人大常委会田村路街道工作委员会主任；任命黄春明为海淀区第十七届人大常委会上地街道工作委员会主任；任命胡宏宇为海淀区第十七届人大常委会曙光街道工作委员会主任；任命杜宇为海淀区第十七届人大常委会永定路街道工作委员会主任；任命杨学祥为海淀区第十七届人大常委会燕园街道工作委员会主任；任命许立冬为海淀区第十七届人大常委会清华园街道工作委员会主任。根据区人民政府区长王合生的提请，决定：任命程培衡为海淀区人民政府国有资产监督管理委员会主任；任命武凯为海淀区发展和改革委员会主任；任命杜荣贞为海淀区教育委员会主任；任命赵一飙为海淀区民族宗教事务办公室主任；任命王志伟为海淀区财政局局长；任命王艳龙为海淀区园林绿化局局长；任命刘涵为海淀区人力资源和社会保障局局长；任命赵寒为海淀区住房和城乡建设委员会主任；任命张洪雨为海淀区城市管理委员会主任；任命刘培宝为海淀区生态环境局局长；任命苏建华为海淀区水务局局长；任命聂俊杰为海淀区市场监督管理局局长；任命何建吾为海淀区科学技术和经济信息化局局长；任命李大成为海淀区民政局局长；任命周玉鑫为海淀区司法局局长；任命张奇为北京市规划和自然资源委员会海淀分局局长；任命张春明为海淀区农业农村局局长；任命侯育为海淀区商务局局长；任命陈静为海淀区文化和旅游局局长；任命李劲涛为海淀区卫生健康委员会主任；任命皇甫江为海淀区退役军人事务局局长；任命刘磊刚为海淀区应急管理局局长；任命王彩霞为海淀区审计局局长；任命张彦祥为海淀区体育局局长；任命钟福林为海淀区统计局局长；任命刘建民为海淀区金融服务办公室主任；任命马学印为海淀区政务服务管理局局长；任命王京立为海淀区人民防空办公室主任；任命赵立华为海淀区信访办公室主任；任命曹玉明为海淀区医疗保障局局长；任命辛果为海淀区房屋管理局局长。根据区人民法院院长邵明艳的提请，决定：任命王芳为海淀区人民法院审判员；任命孔德翰为海淀区人民法院审判员；任命宁晓栩为海淀区人民法院审判员；任命张慧聪为海淀区人民法院审判员；任命陆燕为海淀区人民法院审判员；任命陈越为海淀区人民法院审判员；任命赵一凡为海淀区人民法院审判员；任命胡美青为海淀区人民法院审判员；任命徐星星为海淀区人民法院审判员；任命董洪辰为海淀区人民法院审判员；任命储志蕊为海淀区人民法院审判员；任命王琰为海淀区人民法院民事审判二庭副庭长；任命秦纳杰为海淀区人民法院民事审判二庭副庭长、劳动争议审判庭副庭长；任命曾竞为海淀区人民法院民事审判四庭副庭长，免去其海淀区人民法院劳动争议审判庭副庭长职务；任命武祎为海淀区人民法院民事审判四庭副庭长，免去其海淀区人民法院温泉人民法庭副庭长职务；任命王栖鸾为海淀区人民法院民事审判五庭副庭长、知识产权审判庭副庭长；任命李莉莎为海淀区人民法院民事审判五庭副庭长、知识产权审判庭副庭长；任命郭晶为海淀区人民法院复兴路人民法庭副庭长，免去其海淀区人民法院中关村人民法庭副庭长职务；任命张莹为海淀区人民法院温泉人民法庭副庭长，免去其海淀区人民法院未成年人案件审判庭副庭长职务；任命曹晓颖为海淀区人民法院温泉人民法庭副庭长，免去其海淀区人民法院未成年人案件审判庭副庭长职务；任命王克鸽为海淀区人民法院中关村人民法庭副庭长，免去其海淀区人民法院民事审判第六庭副庭长职务；任命王卫东为海淀区人民法院中关村人民法庭副庭长，免去其海淀区人民法院温泉人民法庭副庭长职务；任命程侠为海淀区人民法院上地人民法庭副庭长，免去其海淀区人民法院温泉人民法庭副庭长职务；免去胡光海淀区人民法院民事审判第二庭副庭长职务；免去游晓飞海淀区人民法院民事审判第六庭副庭长职务；免去李盛荣海淀区人民法院民事审判第一庭庭长职务；免去张江洲海淀区人民法院中关村人民法庭副庭长、审判员职务；免去葛玲海淀区人民法院审判员职务；免去李东涛海淀区人民法院审判员职务；免去李晓馨海淀区人民法院审判员职务；免去常晓明海淀区人民法院审判员职务。根据区人民检察院检察长刘惠的提请，决定：任命于艳丽为海淀区人民检察院检察员；任命王周文为海淀区人民检察院检察员；任命孔涵为海淀区人民检察院检察员；任命孔鹤为海淀区人民检察院检察员；任命李辰为海淀区人民检察院检察员；任命李涛为海淀区人民检察院检察员；任命李爽为海淀区人民检察院检察员；任命沈文君为海淀区人民检察院检察员；任命胡芃为海淀区人民检察院检察员；任命胡健为海淀区人民检察院检察员；任命姚盼为海淀区人民检察院检察员；任命续开源为海淀区人民检察院检察员。

4月19日，区十七届人大常委会第三次会议，根据区人民法院院长邵明艳的提请，决定：任命郝蓬为海淀区人民法院立案庭副庭长；任命申进为海淀区人民法院立案庭副庭长；任命刘冬辉为海淀区人民法院立案庭副庭长；任命张鹏为海淀区人民法院刑事审判庭副庭长、未成年人案件审判庭副庭长；任命覃波为海淀区人民法院刑事审判庭副庭长、未成年人案件审判庭副庭长；任命樊强为海淀区人民法院刑事审判庭副庭长、未成年人案件审判庭副庭长；任命谭轶城为海淀区人民法院刑事审判庭副庭长、未成年人案件审判庭副庭长；任命王继延为海淀区人民法院民事审判一庭副庭长；任命黄杨为海淀区人民法院民事审判一庭副庭长；任命蒋凯宇为海淀区人民法院民事审判二庭副庭长、劳动争议审判庭副庭长；任命唐盈盈为海淀区人民法院民事审判三庭副庭长、破产审判庭副庭长；任命邹玉玲为海淀区人民法院民事审判三庭副庭长、破产审判庭副庭长；任命裴悦君为海淀区人民法院民事审判三庭副庭长、破产审判庭副庭长；任命邢玉明为海淀区人民法院民事审判四庭副庭长；任命王哲为海淀区人民法院民事审判四庭副庭长；任命张璇为海淀区人民法院民事审判五庭副庭长、知识产权审判庭副庭长；任命刘艳新为海淀区人民法院行政审判庭副庭长；任命李红星为海淀区人民法院综合审判庭副庭长；任命王雷刚为海淀区人民法院综合审判庭副庭长；任命马潇潇为海淀区人民法院东升人民法庭副庭长；任命汪懿为海淀区人民法院复兴路人民法庭副庭长；任命王克楠为海淀区人民法院上地人民法庭副庭长；任命李宏宇为海淀区人民法院四季青人民法庭副庭长；任命杨凤新为海淀区人民法院中关村人民法庭副庭长；任命秦硕为海淀区人民法院温泉人民法庭副庭长；任命郝游为海淀区人民法院审判员；免去郝蓬海淀区人民法院东升人民法庭副庭长职务；免去申进海淀区人民法院行政审判庭副庭长职务；免去刘冬辉海淀区人民法院民事审判第一庭副庭长职务；免去张鹏海淀区人民法院刑事审判第一庭副庭长职务；免去覃波海淀区人民法院刑事审判第二庭副庭长职务；免去樊强海淀区人民法院刑事审判第二庭副庭长职务；免去谭轶城海淀区人民法院刑事审判第一庭副庭长职务；免去王继延海淀区人民法院劳动争议审判庭庭长职务；免去黄杨海淀区人民法院民事审判第一庭副庭长职务；免去蒋凯宇海淀区人民法院民事审判第二庭副庭长职务；免去唐盈盈海淀区人民法院民事审判第三庭副庭长职务；免去邹玉玲海淀区人民法院审判监督庭副庭长职务；免去裴悦君海淀区人民法院民事审判第三庭副庭长职务；免去王哲海淀区人民法院民事审判第四庭副庭长职务；免去张璇海淀区人民法院民事审判第五庭副庭长职务；免去刘艳新海淀区人民法院立案庭副庭长职务；免去李红星海淀区人民法院民事审判第六庭庭长职务；免去王雷刚海淀区人民法院民事审判第四庭副庭长职务；免去马潇潇海淀区人民法院民事审判第二庭副庭长职务；免去王克楠海淀区人民法院温泉人民法庭副庭长职务；免去李宏宇海淀区人民法院立案庭副庭长职务；免去杨凤新海淀区人民法院民事审判第四庭副庭长职务；免去秦硕海淀区人民法院未成年人案件审判庭庭长职务；免去蔡立海淀区人民法院执行局执行一庭副庭长职务；免去孟凯锋海淀区人民法院执行局执行一庭副庭长职务；免去张劲松海淀区人民法院执行局执行二庭副庭长职务；免去李欣海淀区人民法院执行局执行二庭副庭长职务；免去韩毅强海淀区人民法院执行局执行二庭副庭长职务；免去方岩海淀区人民法院执行局执行三庭副庭长职务；免去张旸海淀区人民法院执行局执行三庭副庭长职务；免去杨哲海淀区人民法院执行局执行三庭副庭长职务；免去庞松海淀区人民法院复兴路人民法庭副庭长职务；免去郭振华海淀区人民法院中关村人民法庭副庭长职务；免去刘悠海淀区人民法院审判员职务；免去徐斌海淀区人民法院审判员职务。根据区人民检察院检察长刘惠的提请，决定：任命杨新娥为海淀区人民检察院检察委员会委员；任命林静为海淀区人民检察院检察委员会委员；任命吕晓华为海淀区人民检察院检察委员会委员；免去杜邈海淀区人民检察院副检察长、检察委员会委员、检察员职务。

6月10日，区十七届人大常委会第四次会议，根据区人大常委会主任会议的提请，决定由李俊杰代理海淀区人民政府区长职务。根据区监察委员会主任鲍雷的提请，决定任命张旸为海淀区监察委员会副主任；免去杨科海淀区监察委员会副主任职务。

7月19日，区十七届人大常委会第五次会议，根据区人民检察院检察长刘惠的提请，决定免去李慧海淀区人民检察院检察员职务；免去林卉海淀区人民检察院检察员职务。

9月27日，区十七届人大常委会第六次会议，根据区人民政府代理区长李俊杰的提请，决定任命冯燕为海淀区人民政府副区长（挂职至2023年

9月）；任命王圣朋为海淀区人民政府国有资产监督管理委员会主任；免去程培衡海淀区人民政府国有资产监督管理委员会主任职务；免去侯育海淀区商务局局长职务。根据区人民法院院长邵明艳的提请，决定任命徐进为海淀区人民法院刑事审判庭庭长、未成年人案件审判庭庭长；任命叶舜尧为海淀区人民法院民事审判一庭庭长；任命马千里为海淀区人民法院民事审判二庭庭长、劳动争议审判庭庭长；任命李春梅为海淀区人民法院民事审判四庭庭长；任命杨德嘉为海淀区人民法院民事审判五庭庭长、知识产权审判庭庭长；任命王志勇为海淀区人民法院综合审判庭庭长；任命邵红燕为海淀区人民法院东升人民法庭庭长；任命闫肃为海淀区人民法院山后人民法庭庭长；任命赵晨为海淀区人民法院上地人民法庭庭长；任命金路为海淀区人民法院审判员；任命李海龙为海淀区人民法院审判员；任命张慧为海淀区人民法院审判员；任命陈文为海淀区人民法院审判员；任命黄妍妍为海淀区人民法院审判员；任命王秀楠为海淀区人民法院审判员；任命刘娜为海淀区人民法院审判员；免去徐进海淀区人民法院刑事审判第二庭庭长职务；免去叶舜尧海淀区人民法院东升人民法庭庭长职务；免去马千里海淀区人民法院山后人民法庭庭长职务；免去李春梅海淀区人民法院上地人民法庭庭长职务；免去杨德嘉海淀区人民法院民事审判第五庭庭长职务；免去邵红燕海淀区人民法院执行局执行三庭庭长职务；免去闫肃海淀区人民法院民事审判第四庭庭长职务；免去赵晨海淀区人民法院温泉人民法庭庭长职务；免去李梅海淀区人民法院立案庭（诉讼服务中心）庭长、审判委员会委员、审判员职务；免去谢东海淀区人民法院执行局执行一庭庭长职务；免去沈晋军海淀区人民法院执行局执行二庭庭长职务；免去马克力海淀区人民法院行政审判庭庭长职务。免去马红梅海淀区人民法院审判员职务；免去钟晓海淀区人民法院审判员职务；免去张璇海淀区人民法院民事审判五庭副庭长、知识产权审判庭副庭长、审判员职务；免去廖钰海淀区人民法院审判员职务；免去姜琨琨海淀区人民法院审判员职务。根据区人民检察院检察长刘惠的提请，决定任命苏慧婷为海淀区人民检察院检察员。

11月15日，区十七届人大常委会第七次会议，根据区人大常委会主任会议的提请，决定：任命曾涛为海淀区第十七届人大常委会万寿路街道工作委员会主任；免去张之放海淀区第十七届人大常委会田村路街道工作委员会主任职务；免去杨学祥海淀区第十七届人大常委会燕园街道工作委员会主任职务；免去曾涛海淀区第十七届人大常委会八里庄街道工作委员会主任职务。根据区人民政府代理区长李俊杰的提请，决定免去张彦祥海淀区体育局局长职务。根据区人民检察院检察长刘惠的提请，决定免去陈迎宾海淀区人民法院审判员职务；免去杨红海淀区人民法院审判员职务。

12月20日，区十七届人大常委会第八次会议，根据区人民政府区长李俊杰的提请，决定：任命张立红为海淀区商务局局长；免去辛果海淀区房屋管理局局长职务。根据区监察委员会主任鲍雷的提请，决定免去樊中恒海淀区监察委员会委员职务。根据区人民法院院长邵明艳的提请，决定任命王东勇为海淀区人民法院审判员；免去温勇海淀区人民法院审判员职务。

（吴向荣）

视察与调研

【概况】 2022年，区人大常委会围绕疫情防控、中关村科学城建设、议案督办、民生改善等，组织开展视察调研。

（吴向荣）

【冬奥会保障和疫情防控工作检查】 1月30日，刘长利带队检查冬奥会保障和疫情防控工作。在首都体育馆场馆群外围保障工作组前线指挥部，刘长利了解首都体育馆场馆群外围服务保障工作准备情况，对冬奥会服务保障工作提出希望。

（吴向荣）

【未成年人检察与审判工作视察】 3月24日，刘长利带队到海淀法院山后人民法庭视察海淀区未成年人检察与审判工作。刘长利一行参观少年法庭多功能室，现场旁听相关案件的线上审理。观看区检察院《四叶草》和区法院《薪火相传来时路》视频汇报片；听取区检察院未成年人检察工作情况和区法院未成年人审判工作情况的汇报，并围绕如何更好地保护未成年人合法权益献言献策。区人大常委会副主任吴宝华、李卫华，区法院院长邵明艳，区检察院检察长刘惠，区人大常委会部分组成人员、区人大法制委员会委员参加视察。

（吴向荣）

【公共卫生应急管理体系建设情况调研】 3月29日，吴宝华、李卫华带队到海淀医院、区医学救援中心、中关村医院，调研海淀区公共卫生应急管理体系建设情况。听取区卫健委汇报区疾控中心标准化建设、感染医学中心建设和海淀区院前急救工作站建设情况。围绕如何提升海淀区公共卫生应急管理水平，提出加强卫生人才培养与选拔、积极探索“平战结合”长效工作机制、加速方舱医院建设、提高家庭医生签约服务质量等建议。部分区人大常委会专职委员、区人大教科文卫委员会委员、区人大代表及区卫健委相关负责人参加。

（吴向荣）

【生态环境保护专题调研】 4月1日，吴宝华开展环境状况和生态环境保护专题调研。在万柳空气质量监测站，了解全区空气状况和空气质量监测工作。在北部医疗中心项目建设现场，实地查看工地环境，听取移动源监管治理工作、在施工地环境保护管理工作的汇报。在翠湖国家城市湿地公园，了解湿地生态养护情况和公园管理情况。在召开的座谈会上，区生态环境局汇报全区2021年度环境状况和环境保护目标完成情况。与会人员围绕生态环境保护工作，提出加大环境保护宣传力度、利用科技优势推动生态环境治理、加强生物多样性保护规划、推进绿色低碳社区建设等建议。部分区人大常委会组成人员、区人大代表和区生态环境局相关负责人参加调研。

（吴向荣）

【香山地区市政供水建议办理情况调研】 4月7日，区人大常委会农村办公室就本年重点督办的关于解决香山地区市政供水的建议办理情况进行调研。调研组在香山地区市政供水源头香山泵站，听取香山区域用水概况、供水方式、供水管理、市政供水管网覆盖等情况介绍，就有关事项与第三水厂、区水务局人员进行交流。在中国科学院植物研究所办公区，实地了解使用自备井供水情况。区人大常委会农村办公室有关人员、部分区人大农村委委员参加调研，市自来水集团第三水厂、区水务局有关人员参加调研，建议提出代表吴冬秀以视频连线方式参加调研。

（吴向荣）

【国家森林城市建设工作调研】 4月20日，刘长利到海淀公园、京张铁路遗址公共空间改造提升工程（一期）项目现场，调研海淀区国家森林城市建设工作。在京张铁路遗址公共空间改造提升工程（一期）项目建设现场，听取项目设计方案、绿色空间结构规划及施工进度等情况汇报。在召开的座谈会上，听取区园林绿化局关于海淀区国家森林城市建设工作的汇报。与会人员结合调研情况提出持续完善公园配套设施、进一步突出海淀特色、加大国家森林城市建设宣传力度等意见建议。区人大常委会副主任李泉、魏开锋，副区长马光耀参加调研。

（吴向荣）

【代表家站建设工作调研】 4月20日，李卫华带队到紫竹院街道调研代表家站建设工作，听取紫竹院街道新一届人大代表情况和2022年人大工委工作计划介绍。厂洼第一社区代表联络站负责人汇报活动站基本情况，区人大代表杨静、张华分享履职心得体会。6月23日，李卫华带队到苏家坨镇调研镇人大代表家站建设工作。实地调研新牧置业公司人大代表联络站、西小营村人大代表联络站和苏家坨镇人大代表之家站建设情况，听取相关负责人汇报人大代表家站工作开展情况和2022年活动安排，听取苏家坨镇基本情况、镇人大工作以及代表家站工作开展情况汇报。

（吴向荣）

【《北京市非机动车管理条例》贯彻落实情况检查】 4月21日，李卫华带领由区人大常委会、区政府相关部门组成的执法检查组，就贯彻落实《北京市非机动车管理条例》情况开展执法检查。执法检查组在长春桥交通路口和中关村东路爱玛电动车行，检查非机动车执法情况及电动自行车销售落实目录管理、推行带牌销售等情况。在五道口地铁站周边检查共享单车入栏管理情况。在中国石油勘探开发研究院检查社区电动车管理情况。在学院路街道石油共生大院人大代表联络站召开执法检查工作座谈会。区交通支队、区城管委、区市场监管局、区消防救援支队及学院路街道相关负责人分别汇报贯彻落实条例情况。与会人员结合检查情况提出构建非机动车友好出行体系、提高公交专用道利用率、加强快递外卖电动自行车交通管理、用换电代替充电减少安全隐患、规范充电设施电费标准和收费行为等意见建议。

（吴向荣）

【2022年重点督办建议办理情况调研】 4月24日，吴宝华带队调研物业管理工作及2022年重点督办建议办理情况。在厂洼街7号院小区，实地查看小区居住环境，了解小区管理模式、物业收费标准、环境维护等情况。在召开的座谈会上，听取区房管局汇报物业管理工作、持续深化《北京市物业管理条例》贯彻落实情况，以及重点督办建议办理情况。与会人员围绕如何进一步提升社区服务质量提出建立常态化长效化机制、充分发挥党建引领作用、善用表彰奖励机制、把社区治理与城市更新工作相结合、加大宣传力度等建议。4月27日，刘长利带队到清华附小清河分校强佑校区调研2022年重点督办建议办理情况，现场查看校区地下空间规划利用情况，听取区教委对该建议办理工作进度的汇报。在召开的座谈会上，区城管委、区金融办、区房管局、区水务局等承办单位汇报重点督办建议办理情况。代表建议督办监督员对建议办理工作给予肯定，并围绕进一步推动建议落实提出意见建议。

（吴向荣）

【金融服务调研】 4月25日，李泉、魏开锋带队到建行北京科创基地、深交所北方市场服务中心调研。在建行北京科创基地，李泉、魏开锋一行了解"创业者港湾"的企业服务功能和服务模式等工作。在深交所北方市场服务中心，了解中心建设情况与服务企业上市工作情况。座谈会上，听取区金融办关于中小微企业金融服务工作的汇报。与会代表结合调研情况，提出区政府要对标国际一流推动金融产业发展、搭建好银行与孵化机构对接平台、做好金融风险防范化解工作等意见建议。

（吴向荣）

【三山五园国家文物保护利用示范区创建工作调研】 4月26日，刘长利到圆明园调研三山五园国家文物保护利用示范区创建工作。参观"百年梦圆——圆明园马首铜像回归展"，考察大宫门考古发掘工作现场和西洋楼遗址，了解遗址考古挖掘与保护情况。区人大常委会副主任吴宝华、魏开锋，副区长徐振涛参加调研。

（吴向荣）

【疫情防控工作检查】 5月15日，刘长利带队到四季青镇门头村核酸采样点和西山村东平庄检查疫情防控工作，看望慰问坚守在防疫一线的工作人员。5月23日，李泉带队到紫竹院街道万寿寺甲3号院检查疫情防控工作，询问涉疫楼栋封控管理情况，听取各项疫情防控措施落实情况汇报。

（吴向荣）

【《历史文化名城保护条例》执法检查】 6月10日，市人大常委会副主任侯君舒到海淀区开展《历史文化名城保护条例》执法检查。在清华园车站旧址、颐和园益寿堂，调研周边现状和保护情况，听取“进京赶考”红色文化探访路历史路线介绍，围绕“进京赶考”之路相关遗址保护、风貌整治问题等方面提出意见建议。区人大常委会副主任吴宝华参加。

（吴向荣）

【企业复工复产情况调研】 6月16日，李泉带领区相关委办局负责人，到人民教育出版社调研企业复工复产情况。李泉一行听取企业生产经营情况介绍，并就疫情防控常态化下工作存在的困难与问题进行交流，就人民教育出版社教材编、印、发业务正常开展，人教版教材试教教研活动开展，以及员工落户及居住生活优惠政策等相关需求，与区相关委办局进行沟通协调。6月22日，刘长利带队到新浪总部大厦调研新浪微博企业复工复产情况，听取新浪微博发展历程、经历的重要事件等内容介绍。中关村科学城管委会、区人力社保局、区房管局、区金融办、马连洼街道、区发改委、区教委等部门相关负责人结合企业诉求，进行现场解答，刘长利提出相关工作要求。6月24日，吴宝华带队到北京爱奇艺科技有限公司调研企业复工复产情况。听取企业发展历程、商业模式等情况介绍，区相关委办局负责人针对企业提出的具体诉求进行现场解答。

（吴向荣）

【“关于构建多元主体，强化依法垃圾分类，提高城市管理现代化水平”议案督办视察】 6月17日，吴宝华带队对海淀区垃圾分类工作以及2022年区人大议案办理情况开展专题调研。在成府路三角地大件低值中转站，了解低值可回收物资周转及再利用等情况，听取区城管委关于海淀区垃圾分类工作情况的介绍，询问大件低值回收体系建设运营情况以及运行效果等工作进展，听取区城管委关于区人大常委会跟踪督办议案办理情况汇报。吴宝华提出工作要求。9月2日，吴宝华带队就垃圾分类议案跟踪督办，围绕海淀区垃圾转运、终端处理工作开展调研。查看八里庄街道五路居垃圾压缩转运站，了解海淀区垃圾转运工作开展情况；视察大工村垃圾焚烧发电厂、大工村餐厨厨余垃圾处理厂，听取垃圾焚烧发电、厨余垃圾资源化利用情况介绍。座谈中，区政府相关部门汇报垃圾分类议案办理工作；与会人员结合调研情况，提出完善源头减量和资源化利用、加大宣传力度、提升垃圾分类工作精细化水平等意见建议。

（吴向荣）

5月15日，区人大常委会领导带队到四季青镇调研指导疫情防控工作

（区人大　供图）

【中关村科学城北区建设发展情况视察】 6月21日，刘长利带队视察中关村科学城北区建设发展情况。在西北旺万象汇和中关村三小大牛坊校区，听取两个项目建设情况的汇报。在中关村科学城（海淀区）规划展览馆，听取区北部办负责人关于中关村科学城北区规划建设工作的汇报。7月28日，市人大海淀团组织代表视察中关村科学城北区建设发展情况。代表们现场察看中关村温泉科技园二期工程建设进度，了解项目功能规划、周边配套设施等情况。座谈会上，代表们充分肯定中关村科学城北区建设发展所取得的成绩，围绕加快建设北京国际科技创新中心核心区提出意见建议。

（吴向荣）

【《接诉即办条例》贯彻落实情况执法检查】 6月24日，李卫华带队，就《接诉即办条例》在海淀区的贯彻落实情况开展执法检查。在海淀区市民热线工作大厅查看12345市民诉求案件签收、流转、回访等环节，了解近期民生诉求办理情况。区市场监督管理局、香山街道对照检查重点，汇报条例贯彻落实情况；区城管指挥中心汇报全区贯彻落实条例的工作情况。与会代表对政府各部门在条例的贯彻落实上给予认可，并结合执法检查情况对条例中关于诉求的合理性及派单的准确性等提出意见建议。部分区人大常委会组成人员和区人大社会建设委员会委员参加检查。

（吴向荣）

【农村工作调研】 7月5日，魏开锋带队到区农业农村局、区农经站调研，听取区农业农村局基本情况和本年重点工作开展情况介绍，听取农村“三资”管理情况汇报，围绕区人大常委会评议工作准备情况和2022年重要民生实事进展情况进行交流。

（吴向荣）

【“加快科学城北区道路交通等基础设施建设，推动中关村科学城高质量发展”议案督办视察】 7月7日，刘长利带队实地查看农大北口以及北清路与永丰路交叉路口的交通调整情况，听取关于优化路口导向车道及慢行系统工作、交通组织精细化提升工作的汇报，听取中关村第一小学科学城分校建设情况的汇报，听取区住建委、区交通支队、区北部办分别汇报议案办理推进情况、科学城北区交通精细化组织有关工作及科学城北区教育配套建设情况汇报。8月11日，刘长利带队视察北新建材铁路专线停车场、怡美路慢行绿道、邓庄南路西延项目、上庄路拓宽改造项目的交通功能完善及道路在建情况，听取区住建委、区城市管理委（交通委）分别汇报议案办理工作开展情况。9月15日，刘长利带队视察，重点了解中关村科学城北区轨道交通规划实施和市政配套设施建设情况，并召开议案办理中期汇报会，推进议案办理。10月26日，刘长利带队到金隅凤栖家园共有产权住房项目现场，查看工程进度及道路建设情况，听取小米科技园周边路网梳理、清河站配套匝道开通运行等情况的汇报。在稻香湖路地铁口了解周边共享单车投放管理及科学城北区公交路线优化等情况。年内，新冠肺炎疫情防控阶段，区人大特别策划“小宋小赵的议案督办视察vlog”，组织代表“云视察”，对议案进行督办。

（吴向荣）

【“加快创新、补齐短板，推进养老服务高质量发展”议案督办视察】 7月20日，刘长利带队先后到中关村街道科苑酒店养老助餐点、展春园社区养老服务驿站和永定路街道航天二院配送餐中心，实地查看厨房供餐情况，并重点了解养老助餐服务的运营模式，听取区民政局、区财政局、区商务局、区市场监管局汇报海淀区养老助餐工作情况。议案领衔代表及专家顾问结合视察情况，提出扩大养老助餐服务供给、加强养老助餐服务监管、强化资金和政策保障等建议。8月31日，刘长利带队参观中关村医院老年医学科、康复医学中心等地，听取医院关于老年健康服务体系建设情况的介绍，听取区卫健委、区医保局、中关村医院、甘家口社区卫生服务中心汇报海淀区医养结合工作情况，与会人员结合调研情况，提出推进家庭医生签约服务、加强信息化建设、健全科学评估机制、强化政策支撑等意见建议。10月27日，刘长利带队视察全国首个单位社区智慧养联体——北航社区养联体服务中心，听取区民政局、区科信局、区卫健委、区医保局、区财政局及相关养老服务机构汇报智慧养老工作开展情况。

（吴向荣）

8月11日，区人大常委会视察中关村科学城北区交通功能完善及道路在建情况（区人大 供图）

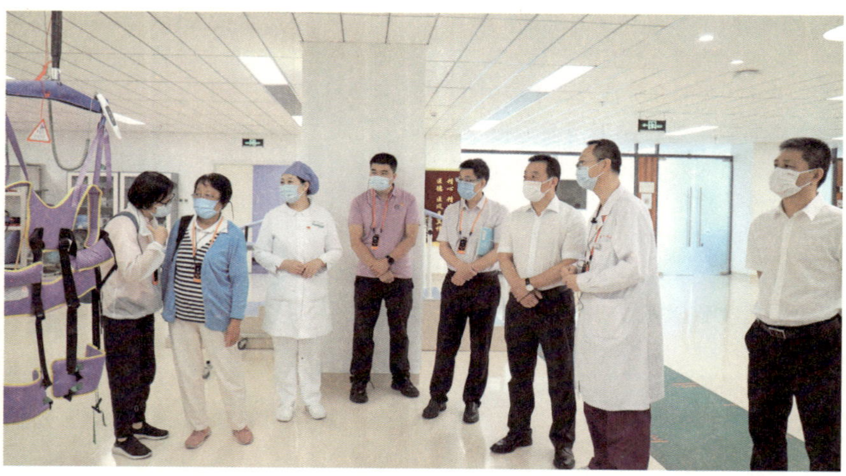

8月31日，区人大常委会组织人大代表调研医养结合工作情况（区人大 供图）

【科技型企业发展情况调研】 7月21日至22日，魏开锋带队调研海淀区科技型企业发展情况。在北京北航天宇长鹰无人机科技有限公司、中科寒武纪科技股份有限公司、北京千方科技股份有限公司，实地了解海淀区科技型企业发展状况，帮助企业纾困解难。花园路街道、上地街道等相关负责人参加调研。座谈中，听取各企业基本情况、经营状况、技术创新及产品研发情况介绍，提出相关建议。

（吴向荣）

【人防工程“疏整促”提升和再利用工作视察】 7月27日，区人大常委会组织区人大代表视察人防工程“疏整促”提升和再利用工作。在万寿路街道今日家园小区，实地查看人防工程再利用情况，对区人防办积极利用人防工程为社区居民提供停车位、增添文体活动场所表示肯定。座谈会上，与会人员观看海淀区人防工程相关工作情况汇报片，听取区人防办关于人防工程“疏整促”提升和再利用工作情况汇报。代表及专家顾问结合视察情况，提出加强人防知识宣教、提升人防工程利用管理水平等意见建议。

（吴向荣）

【“万名代表下基层”征求立法意见建议座谈会】 8月17日，公安部副部长、北京市副市长、市公安局党委书记、局长亓延军到学院路街道工委代表联络站参加“万名代表下基层”征求立法意见建议座谈会。区人大常委会副主任魏开锋参加座谈。亓延军听取群众对《北京市城市更新条例（草案）》和《北京市节水条例（草案）》的意见建议。市、区人大代表分别围绕两个条例草案中提到的城市空间形态范围、打造绿色生态城区、提升居住品质、统筹存量空间提质增效、雨水收集处理利用、海绵城市建设等相关内容提出意见建议。8月17日，市人大常委会副主任庞丽娟到北太平庄街道工委代表之家参加“万名代表下基层”征求立法意见建议座谈会，听取群众对两个条例的意见建议，与会市、区人大代表和选民代表围绕两个条例草案，提出建立健全老旧小区居民诉求协调机制、鼓励引导社会资本参与城市更新活动、加强公共供水管网漏损控制、提高再生水利用水平、加大节水宣传等具有针对性的意见建议。8月19日，市人大常委会党组成员于军到海淀街道工委鼎好大厦代表联络站参加“万名代表下基层”征求立法意见建议座谈会，与会市、区人大代表和选民代表围绕两个条例提出细化实施规范、健全完善管理体制、加大宣传力度等意见建议。

（吴向荣）

【国有自然资源资产管理情况调研】 8月30日，刘长利带队就海淀区国有自然资源资产管理情况开展调研。区人大常委会部分组成人员、部分财经委专家顾问及区政府相关部门负责人参加调研。刘长利一行察看丰户营村北京樱桃泉矿泉水厂生产车间，听取海淀区矿产资源情况介绍；视察翠湖国家城市湿地公园，了解湿地生态养护情况和公园管理情况。

（吴向荣）

【“水清岸绿”行动计划实施情况专题视察】 9月8日，区人大常委会对海淀区“水清岸绿”行动计划（2020—2025年）实施情况进行专题视察。调研组视察金河生态治理工程成果，听取三山五园地区生态循环水网及水系生态治理工程情况介绍。在画眉山滨水公园和稻香湖再生水厂，听取公园建设管理情况和稻香湖再生水厂二期项目推进情况介绍。随后召开区人大常委会农村委员会第四次会议暨“水清岸绿”行动计划（2020—2025年）实施情况座谈会，区水务局汇报海淀区“水清岸绿”行动计划（2020—2025年）实施情况，与会人员围绕科学规划统筹、加快推进保留村排污治理、海绵城市建设、提升管理水平等方面提出意见建议。吴宝华、魏开锋，部分区人大常委会组成人员、农村委员会委员及区人大代表参加调研。

（吴向荣）

【2022年重要民生实事项目监督检查】 9月29日，魏开锋带队调研海淀区园林领域重要民生实事落实情况，现场查看京张铁路遗址公共空间改造提升工程（一期）项目在建情况，提出工作意见。10月24日，吴宝华到区教育科学研究院就区教委2022年重要民生实事落实情况开展调研，听取教育系统学位建设、网络基础建设和学校周边交通综合治理三项民生实事推进情况的汇报。11月10日，区人大财政经济委员会组织开展2022年重要民生实事项目监督检查，在北京龙徽酿酒有限公司、田村路街道瑞和园合满街实地视察，听取区市场监管局、区商务局及视察点位负责人关于食品抽检检测和便民商业网点建设相关情况介绍。

（吴向荣）

【美丽乡村工程建设工作视察】 10月19日，魏开锋带队视察美丽乡村工程建设工作并参加农村委员会第五次会议暨对口部门重点工作初评、预算初审会议。魏开锋一行察看后章村、东马坊村美丽乡村建设情况，听取地上工程和地下工程施工进展情况汇报。在农村委第五次会议暨对口部门重点工作初评、预算初步审查会议上，区水务局、区园林绿化局、区农业农村局分别汇报民生实事办理情况；区农业农村局作美丽乡村工程建设工作的自查报告，汇报跟踪审查的支出政策（农田生态补偿）及2023年度相关项目预算编制情况；区水务局汇报2023年部门预算编制情况。评议组成员对区水务局、区园林绿化局、区农业农村局相关工作进行初步评议，围绕2023年部门预算编制进行初步审查。

（吴向荣）

人大代表工作

【人大代表“家站”建设】 年内，区人大常委会组织开展“进家站见选民”“回家站听意见”等活动，共有736人次区人大代表参加活动，接待选民7976人次。各街镇以家站为平台，开展“人大代表选民接待日”“人大代表选民见面会”等活动，“零距离”听民声察民情，面对面聚民智解民忧，做到代表家站高标准“建”、严要求“管”、常态化“用”。

（吴向荣）

【人大代表建议督办】 年内，区人大常委会领导牵头重点督办建议5件，2件已经解决，1件取得较大进展，2件正在有序推进。其中，“关于加快推进清华附小清河分校地下空间交付使用的建议”，首次以罚没手段支持公共事业，为办理违法建设类建议提供有益经验。组织区教委、区国资委、区规自委走进家站，与代表进行沟通，增强建议办理实效。对8件代表反馈“基本满意”的建议进行“回头督办”，推动建议反映问题得到彻底解决。聘请13位代表为建议督办监督员，推动做实建议督办工作。区属职权范围内研究办理的197件建议全部办复，其中，问题得到解决或取得进展的118件，代表们对建议办理情况的总体满意率为100%。

（吴向荣）

【市代表履职服务】 年内，区人大常委会做好闭会期间海淀团市代表的集中培训、年中活动、集中视察等工作。围绕中关村科学城北区建设发展等内容，组织海淀团市代表赴温泉科技园、龙芯中科技术股份有限公司等地调研。围绕区委中心工作、区人大常委会重点工作等，组织市区代表座谈、视察，发挥联动作用。

（吴向荣）

【人大代表履职培训】 7月13日至15日、8月3日至5日，区人大常委会举办两期区第十七届新任人大代表履职学习培训班，组织开展学习贯彻中央人大工作会议精神等专题讲座、科学城北部规划建设等小规模培训讲座，基本实现新任人大代表履职培训全覆盖。全年邀请78位代表列席区人大常委会会议，召开代表区情工作通报会，拓展代表知情知政渠道。

（吴向荣）

专门委员会工作

【财政经济委员会】 年内，财政经济委员会召开委员会会议8次。协助区人大常委会会议听取、审议议题11项；协助区人大常委会主任会议听取议题11项。对区国资委、统计局2个部门2023年预算编制情况进行初步审查。协助区人大常委会对区统计局依法统计、国资委国企改革工作开展评议；协助区人大常委会对2件政府民生实事办理工作开展监督。督促对口政府部门办理代表建议14件，重点督办代表建议1件。

（吴向荣）

【法制委员会】 年内，法制委员会召开委员会会议7次。协助区人大常委会会议听取、审议议题7项；协助区人大常委会主任会议听取议题6项。对区政府报送的4件规范性文件进行备案审查；对区信访办、司法局2023年预算编制情况进行初步审查。协助区人大常委会对区信访办积案攻坚化解、司法局行政复议工作开展评议；协助区人大常委会对2件政府民生实事办理工作开展监督。督促对口联系部门办理代表建议6件。

（吴向荣）

【教育科技文化卫生委员会】 年内，教育科技文化卫生委员会召开委员会会议6次。协助区人大常委会会议听取、审议议题2项；协助区人大常委会主任会议听取议题2项。对区文旅局2023年预算编制情况进行初步审查。协助区人大常委会对区文旅局国家公共文化服务体系示范区建设工作开展评议；协助区人大常委会对6件政府民生实事办理工作开展监督。督促对口政府部门办理代表建议55件，重点督办代表建议1件。

（吴向荣）

【城市建设环境保护委员会】 年内，城市建设环境保护委员会召开委员会会议9次。协助区人大常委会会议听取、审议议题6项；协助区人大常委会主任会议听取议题3项；协助区人大常委会重点督办“加快科学城北区道路交通等基础设施建设，推动中关村科学城高质量发展”议案，跟踪督办“构建多元主体，强化依法垃圾分类，提高城市管理精细化水平”议案。对区生态环境局2023年预算编制情况进行初步审查。协助区人大常委会对区房管局物业管理工作开展评议；协助区人大常委会对12件政府民生实事办理工作开展监督。督促对口联系部门办理代表建议67件，重点督办建议5件。

（吴向荣）

【农村委员会】 年内，农村委员会召开委员会会议6次。协助区人大常委会会议听取、审议议题1项；协助区人大常委会主任会议听取议题2项。对区水务局2023年预算编制情况进行初步审查。协助区人大常委会对区农业农村局美丽乡村工程建设工作开展评议；协助区人大常委会对4件政府民生实事办理工作开展监督。督促对口联系部门办理代表建议28件，重点督办建议1件。

（吴向荣）

【社会建设委员会】 年内，社会建设委员会召开委员会会议10次。协助区人大常委会会议听取、审议议题4项；协助区人大常委会主任会议听取议题5项。对区体育局2023年预算编制情况进行初步审查。协助区人大常委会对区体育局全民健身工作开展评议；协助区人大常委会对4件政府民生实事办理工作开展监督。督促对口联系部门办理代表建议23件。

（吴向荣）

海淀区人民政府

2023
北京海淀年鉴

综述

【概况】 2022年，区政府召开会议101次，其中区政府常务会25次、区政府专题会76次；研究议题516项，其中区政府常务会议题160项、区政府专题会议题356项；安排会前学习7次。召开区政府党组（扩大）会26次。

区政府学习贯彻党的二十大精神，贯彻习近平总书记对北京重要讲话和对中关村重要指示精神，完成党的二十大、北京冬奥会冬残奥会等重大活动服务保障任务，落实党中央“疫情要防住、经济要稳住、发展要安全”的要求，全区经济社会发展各项事业取得新进展、实现新突破，疫情防控工作取得成效。

冬奥会、冬残奥会服务保障。构建运行保障指挥体系，完成颐和园和北京市盲人学校火炬接力传递以及首都体育馆和五棵松体育中心2个场馆、41场赛事服务保障任务。建立隔离场所运行监管体系，应用空间计算平台、生物气溶胶等提高防疫效率，编制各类场景疫情防控方案115个。

疫情防控工作。健全防控机制，先后成立涉疫风险人员8小时快速转运、环境消杀、急救转运等专班，坚持“早部署、晚检查”、以快制快，妥善处置多起局部聚集性疫情，化解奥密克戎BF.7变异株引发的规模性疫情冲击。构建“15分钟核酸采样圈”，建成凤凰山庄健康驿站和3家方舱医院，建成进口冷链食品首站中转查验库并投入使用。建设智慧化疫情防控集成平台，支持各类创新主体开展涉疫科研攻关。全区接种新冠疫苗109.9万剂。

经济回稳向好。地区生产总值实现10206.9亿元，比上年增长3.5%，占全市生产总值的24.5%，成为北京市第一个、全国第二个经济总量跨越万亿元的市辖区；区级一般公共预算收入490.5亿元，扣除留抵退税因素后，同口径增长8.4%；固定资产投资比上年增长5.2%；社会消费品零售额实现2716.5亿元。促进保障企业复工复产，推荐122家企业进入重点保供工业企业“白名单”；规模以上工业企业实现总产值3057.7亿元。实施助企纾困政策措施，新增减税降费及退税缓税缓费近500亿元，为中小微企业减免租金12.8亿元。

创新驱动高质量发展。制定实施落实中关村新一轮先行先试改革工作方案，一批重大项目和改革案例落地。动态跟踪高精尖产业重点项目721个，新增签约项目54个；信息传输、软件和信息技术服务业收入15838.8亿元，比上年增长8.6%。创新生态优化升级，推广东升科技园“精耕细作”运营模式；中关村科创金融服务中心揭牌运行；新增上市企业19家。新增“两区”建设项目639个。实际利用外资63.71亿美元，连续五年保持全市第一。实施中关村科学城北区开复工面积527万平方米，完工141万平方米；中关村东升科技园二期集体自持楼宇主体结构封顶，金隅科技园二期幕墙施工，5个老旧楼宇、厂房改造项目基本完工。加快培育国际消费中心城市，7个商圈和2个待培育商圈纳入全市重点商圈名录；新建、升级改造便民商业网点50个。

城市功能优化。三山五园艺术中心主体结构封顶，中关村论坛永久会址项目加快建设。“疏整促”专项行动继续推进，成功创建“基本无违法建设区”。京张铁路遗址公园一期基本完工。在全市率先完成城市道路隔离护栏撤除任务，超额完成市政府下达的“揭网见绿”任务。生态环境质量持续改善，细颗粒物（$PM_{2.5}$）年均浓度30微克/立方米，比上年下降3微克/立方米；8个市级地表水考核断面优良比例达87.5%；新一轮百万亩造林绿化任务按期完成。新增轨道交通里程11千米、道路通车里程9.8千米，移交接养道路100条65千米，打通“断头路”4条，完成108万平方米道路大中修，挖潜新增停车位6579个。

民生保障提升。全面推进就业社保，城镇登记失业率控制在3%以内；新建家庭养老照护床位3007张。保障性住房开工4378套，竣工5707套；配租公租房3828套。新增普惠性学前教育学位1350个、中小学学位10040个；“双减”工作不断推进。继续深化健康海淀建设，公共卫生应急管理体系建设三年行动计划完成，获评“国家食品安全示范城市”；在全市率先实现“15分钟健身圈”社区全覆盖。三山五园国家文物保护利用示范区建设深入推进，清华园车站拆迁腾退和文物修缮工程加快实施，国家公共文化服务体系示范区建设不断深入。建立“每月一题”责任制，接

5月13日，区机关事务管理服务中心检查冷链食品疫情防控工作

（区机关事务管理服务中心 供图）

诉即办机制更加完善。生产安全亡人事故起数、死亡人数比上年分别下降33.3%、34.2%。

（周志毅　刘蓓蓓）

【机关事务管理服务】 年内，区机关事务管理服务中心负责管理第一办公区、第二办公区、招商大厦、中关村人才发展中心、曙光办公中心、五路居办公中心、航天桥办事大厅办公区、联想桥办事大厅办公区、新海大厦、上地办公中心、上地政务服务办事大厅、青龙桥办公中心、西北旺办公中心、妇女儿童活动中心、北部文化中心、知春里办公中心、万泉河办公中心等17个集中办公区。集中办公区总建筑面积52.5万平方米，驻有117家处级单位和31家处级以下单位，保障6800余名机关干部办公。4月，区机关事务管理服务中心（以下简称中心）被人力资源社会保障部和国家机关事务管理局评为全国机关事务工作先进集体。

截至年底，中心所属固定资产52475件，净值约37.26亿元。其中，房产76处，面积47.47万平方米，净值为29.77亿元。全年处置报废资产1032件，处置资产原值1166.17万元。

完成海淀区政府第一办公区部分会议室升级改造项目、第二办公区办公用房局部改造项目、第二办公区厨余垃圾处理设备建设项目、海淀区第二办公区道闸系统及北部文化中心地下停车场引导系统升级项目、人才发展中心南区屋面防水维修改造项目、人才发展中心院内雨水排水改造项目、人才发展中心档案库改造项目、招商大厦会议音频系统改造项目、曙光办公中心首层局部改造项目、曙光办公中心立体车库改造项目、燃气安全隐患治理整改项目、西北旺办公中心4号楼中央空调机房改造项目、安居里小区安防监控系统改造建设项目、海淀交通支队指挥中心升级改造项目、海淀区行政复议中心办公用房改造项目、海淀区行政复议中心办公用房信息化配套项目、北京市税务局第三稽查局办公用房新址装修改造等项目。

中心组织完成在北京市车辆管理平台录入、核对全区公务用车基础信息工作，区公务用车统一在市平台线上进行使用申请、审批、维修等。完成全区90家单位的节约型机关创建任务，创建完成率达100%。开展海淀区公共机构节能宣传周活动，117家公共机构、18.7万人次参与。完成全区59家单位的生活垃圾分类示范创建工作。

完成国务院第九考核巡查组（安全生产和消防工作考核）、党史学习教育市委指导组、北京市委第七巡视组、北京市第一生态环境保护督察组、北京市第四安全生产督察组北京市疫情防控指导组、国务院联防联控机制综合组北京工作一组（疫情防控指导）、北京市第三方核酸检测机构、北京市疫情联防联控督察组进驻海淀办公、住宿、公务用车等公务接待保障任务。保障海淀区八小时转运专班、流调溯源专班、120专班、酒店集中办公封闭管理保障任务。完成北京冬奥会、冬残奥会专项保障任务。

（姜宏博）

【领导调研】 年内，区政府主要领导围绕重大活动保障、疫情防控、经济社会发展等重点工作，开展调研（检查、走访）90余次。以宣讲市十三次党代会精神为契机，区政府主要领导到全区29个街镇开展全覆盖调研，了解基层工作情况，研究解决实际问题，梳理重点任务，明确工作要求。

1月22日23时，区委区政府紧急部署支援丰台区3个街道的核酸检测任务

（区机关事务管理服务中心　供图）

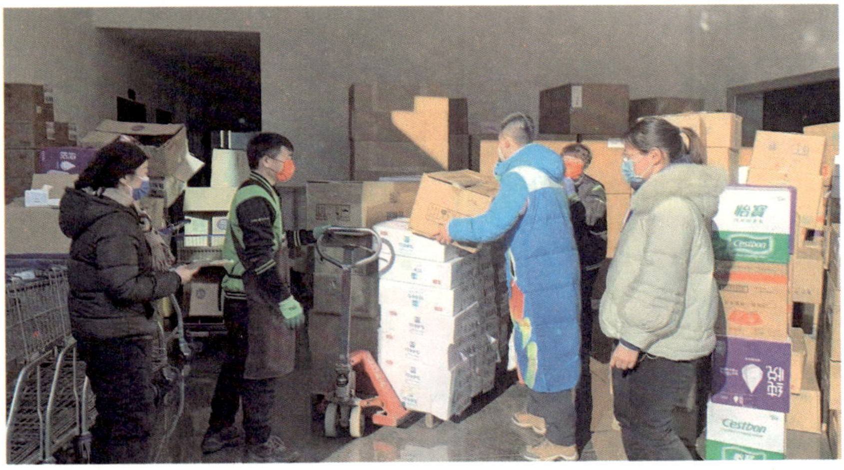

2月至3月北京冬奥会期间，区机关事务管理服务中心完成赛事相关物资保障任务

（区机关事务管理服务中心　供图）

针对疫情落位管控、转运隔离、核酸检测、医疗救治等环节出现的问题，区政府主要领导第一时间到高校、社区、医院、实验室等高风险点位指挥调度，研究应对措施。

（刘水）

【政务信息】 年内，区政府办向市政府办公厅报送政务信息1096篇。其中，国务院办公厅、市政府办公厅约稿39篇，被《昨日市情》采用176条，《稳经济45条“满月”成效初显、企业三方面诉求需关注》（特刊）等6篇信息获得市委、市政府主要领导批示。编发《海淀信息》（普刊）248期、（专刊）137期、（特刊）11期，《国内外交通护栏撤除优化经验借鉴》《苏家坨“腾”出北部地区新速度——西小营村腾退工作基本完成》等7篇信息获区政府主要领导批示。向《市疫情防控信息简报》报送信息265条，被采用83条，获区委主要领导批示。

（申东生）

【建议提案办理】 年内，区政府共办理全国、市、区人大代表建议、政协提案515件，均按期办复。其中，全国人大代表建议3件（主办1件、会办2件），全国政协提案1件（主办）；市人大代表建议28件（主办/单办9件、会办19件），市政协提案29件（主办/单办6件、会办23件）；区人大代表建议197件，区政协提案257件。海淀区被评为“北京市2018—2022年办理人大代表建议、政协提案工作先进单位”。

（李冰）

【督查工作】 年内，区政府办置顶督办疫情防控工作，围绕市政府主要领导疫情防控指示精神、市疫情防控工作调度会议定事项、涉疫风险人员排查管控等要求抓好落实，以快制快、降低风险。开展大型商超物资供应情况督导检查，保障疫情期间物资供应稳定有序；开展加强免疫和老年人疫苗接种专项督查，推动全区接种工作快速落实。重点督办市、区重大决策部署和市、区领导批示指示事项，坚持“常态督+现场查”，强化实地督查，推动600余项市、区决策和专项任务落实落细，督查成效得到区政府主要领导肯定。制定《关于强化行政执行力提升抓落实能力的工作方案》，细化梳理提升抓落实能力的机制、流程和措施等。聚焦区政府主要领导调研街镇交办任务中市容环境整治提升类事项，开展多轮次察访核验；组织开展市容环境卫生实地检查，督促街镇立行立改、巩固成效。海淀区连续第6年获国务院办公厅督查激励表彰，且被国务院办公厅评选为2022—2023年度基层政府督查联系点。

（谢锦程）

【绩效管理】 年内，区政府办强化全区绩效管理顶层设计，科学调整优化绩效考评指标体系，突出接诉即办、经济发展、民生保障等指标的引领带动作用，精细编制“一对一”个性化绩效任务书和专项评分标准，做到顶层有设计、任务有清单、考评有依据、结果有反馈、问题有改进。对接市政府绩效考评，梳理督导市政府绩效各项任务，采取“一事一策”方式，对财源建设、疫苗接种、安全生产、市容环境、政务新媒体等重点关注事项开展绩效服务，形成9期绩效专报，调度、统筹推动任务完成。提升绩效管理效能，采取“模拟演习”方式，开展3批次全覆盖式察访核验，做好预警提醒，由“被动应考”向“主动迎考”转变。实施公众满意度评价，不断改进工作。以海淀数智绩效与督查应用系统正式运行为基础，探索推进“海淀数字绩效”。

（王梦杰）

【与首尔特别市西大门区建立友好城市关系】 1月19日，海淀区与韩国首尔特别市西大门区举行高层云端会议，区委副书记、区长王合生以视频形式会见韩国首尔特别市西大门区区长文锡珍，并正式签署建立友好城市关系协议书。云端会谈中，海淀区和西大门区就各自的发展情况及友好往来历史进行交流与回顾，区委常委、副区长林剑华围绕“两区”建设等方面进行政策推介，西大门区围绕建设学习型城市、教育科技发展等领域进行交流介绍。建立友好城市关系后，“两区”将根据平等互利的原则，在经济、贸易、科技、文化、教育、体育、卫生、人才、行政和城市建设等方面开展多种形式的合作，促进共同繁荣发展。

（钟冷）

【与首开集团签署战略合作框架协议】 3月1日，北京市海淀区人民政府与北京首都开发控股（集团）有限公司（简称首开集团）签署战略合作框架协议。根据协议，区政府与首开集团将在老旧小区综合整治、街区更新改造提升等多方面加强合作，进一步在城市规划、建设、管理各领域实现开放、合作、共赢的良性发展格局，合力提升海淀区城市精细化治理水平；首开集团将充分发挥在老旧小区改造、城市更新等方面的优势，推动深化合作，共赢发展，进一步探索打造基层社会治理海淀样板的街区治理经验。区领导岳立、程培衡出席签约仪式。

（钟冷）

【专题研究中关村科学城北区开发建设计划】 3月1日，区政府召开专题会议，研究《2022年中关村科学城北区开发建设计划》等事项，区委副书记、区长王合生主持会议。会议强调，中关村科学城北区是海淀区建设北京国际科技创新中心核心区的战略腹地和发展纵深，是构建新型城市形态的重要承载区。2022年，要按照市委、市政府“积极推进中关村科学城北区规划实施”的要求和区第十三次党代会的决策部署，聚焦科技创新出发地、原始创新策源地、自主创新主阵地功能定位，以“突出重点，集中连片，滚动开发”为原则，以“保民生、补短板、促产业”为目标，高标准推动中关村科学城北区2022年开发建设工作，努力实现创新引领效应凸显、产业能级大幅提升、区域空间结构更趋优化、公共服务设施加快推进、城乡协调发展迈上新台阶，全力构筑高品质城市新形态，为打造以首都发展为统领的现代化强区高品质海淀注入强劲动力。

（钟冷）

【《海淀区统筹疫情防控和稳定经济增长若干措施》印发施行】 6月11日，区政府印发《海淀区统筹疫情防控和稳定经济增长若干措施》（简称《若干措施》）。《若干措施》贯彻落实党中央“疫情要防住、经济要稳住、发展要安全”的要求，高效统筹疫情防控和经济社会发展，统筹发展和安全，稳增长稳市场主体保就业，确保经济运行在合理区间，包括31条，涵盖持续发力助企纾困、有力有序推进复工达产、提升高精尖产业发展能级、着力发挥好投资拉动作用、加快恢复和挖掘消费潜力、筑牢民生保障底线6个方面，从发布之日起施行，有效期至2022年12月31日（国家、北京市有相关规定的，或具体措施明确执行期限的，从其规定）。

（钟冷）

【专题研究落实中关村新一轮先行先试改革配套措施】 6月17日，区政府召开专题会议，研究《海淀区落实中关村新一轮先行先试改革配套措施》等事项。区委副书记、代区长李俊杰主持会议。会议指出，要贯彻中央、市委决策部署，深刻认识中关村新一轮先行先试改革的重要意义，全力打造高水平科技自立自强海淀样板，为加快推进北京国际科技创新中心建设、完善国家创新体系、建设世界科技强国作出更大贡献；要聚焦做强创新主体、集聚创新要素、优化创新机制，充分发挥区级措施的引导激励、政策配套作用，加快推动先行先试改革落地见效，形成可复制可推广的案例和经验；要进一步细化完善各项配套措施实施细则，做好效果跟踪评估，切实把各项措施落实到园区、企业、项目，惠及各类创新合伙人。

（钟冷）

【2022两岸青年峰会在海淀开幕】 7月21日，2022两岸青年峰会在海淀开幕。峰会由国务院台办、教育部、全国青联和北京市人民政府共同主办，北京市台办、市教委、市青联、海淀区政府承办。中共中央台办、国务院台办主任刘结一，北京市委副书记、市长陈吉宁出席开幕式并致辞。两岸各界青年代表及嘉宾290余人参加开幕式、主论坛暨专题研讨活动。中国国民党前主席洪秀柱向峰会发来贺信，中国国民党副主席连胜文通过视频送来祝福。峰会以“携手绘青春 奋进新时代”为主题，包括开幕式、主论坛和“成长与成才”“创业与就业”“时代与时尚”“婚恋与生活”“融合与发展”5个专题研讨，以及“复兴有我”两岸青年跑步接力等25项系列配套活动和办实事项目，活动持续至9月底。在开幕式上举行“台湾青年边疆行系列活动”启动仪式，两岸青年代表共同发出“两岸同心，复兴有我”倡议。在主论坛上，全国青联副主席、“蛟龙号”深海载人潜水器首席潜航员、“奋斗者号”总设计师叶聪，全国政协常委、北京大学新结构经济学研究院院长林毅夫发表主旨演讲。国务院台办、教育部、全国青联及北京市、海淀区有关领导出席峰会相关活动。两岸青年交流合作北京峰会已连续举办4届，本届正式命名为两岸青年峰会。

（钟冷）

【与七台河市签署战略合作框架协议】 7月28日，黑龙江省七台河市委书记王文力到访，与区委书记王合生及区委副书记、代区长李俊杰座谈。双方围绕创新合作机制、拓展合作范围、深化合作交流进行座谈，签署《黑龙江省七台河市人民政府 北京市海淀区人民政府战略合作框架协议》《七台河市体育局与北京市海淀区国有资产投资集团有限公司战略合作协议》（简称《协议》）。根据《协议》，双方将全面加强能源、金融、人才和科技等领域合作联动，推动黑土地保护和绿色农产品开发上下游高效协同；立足重大项目和产业培育，加速布局新能源产业；扩大冰雪运动服务供给，健全相关教育培养体系，进一步促进青少年冰上运动人才队伍建设，全面提升竞技冰雪运动水平。区领导吴计亮、程培衡，七台河市领导王乐、杨金铭参加会议。

（钟冷）

【2022服贸会“海淀之夜”活动】 9月2日晚，由区政府主办，区商务局、区国际商会联合承办，英国驻华大使馆、以色列驻华大使馆、葡萄牙驻华大使馆、比利时驻华大使馆支持的2022中国国际服务贸易交易会“海淀之夜”活动在中关村国家自主创新示范区展示中心举办。“海淀之夜”活动以“数字智慧赋能医疗健康新发展”为主题，共同构建数字健康生态圈，以线下展览和闭门会呈现。全球服务贸易联盟理事长姜增伟，市商务局副局长郭文杰，区委副书记、代区长李俊杰等出席活动并致辞，区委常委、副区长林剑华出席活动。来自英国、以色列、意大利、荷兰、葡萄牙、土耳其、比利时、南非、瑞士、塞尔维亚10个国家驻华使馆使节，以及国内外行业机构、业内专家

7月21日，2022两岸青年峰会在海淀区开幕　（区委统战部 供图）

与企业知名人士近百人出席。“海淀之夜”活动设置展览展示、致辞推介、主旨演讲、重磅发布、现场签约等环节，分享全球健康产业发展的现状与最新趋势，共商共建共赴医疗大健康生态。特别邀请国内外智能制造、健康和生物经济相关机构，分享医疗大健康领域关于智慧精准医疗、海外高端医疗器械产业化落地等最新观点；英国、以色列、意大利、荷兰等国家使节分享本国医疗创新发展、数字医疗最新研究成果。设立医药健康成果展，集合北京市医疗机器人产业创新中心、纳通科技、腾盛博药等14家海淀区医疗大健康领域领军企业，展示医疗大健康领域最新产品与尖端科技成果，由海淀企业——北京罗森博特科技有限公司生产的全球首个复杂骨折复位手术机器人亮相。活动现场，海淀“两区”建设重点项目签约，昱言科技、巢生源科、艺妙神州等10余家优质企业与区政府签约。举办“科技创新助力零碳新经济”主题对话会、围绕“数字技术赋能绿色经济”的2022数字贸易发展论坛，组织300余家线上企业参展。

（钟冷　王静雯）

【专题研究科技创新片区海淀组团发展建设三年行动方案】 10月31日，区政府召开专题会议，研究《中国（北京）自由贸易试验区科技创新片区海淀组团发展建设三年行动方案（2022—2024年）》等事项。区委副书记、代区长李俊杰主持会议。会议强调，要对标国际一流园区，充分借鉴吸纳先进经验，开展差异化探索，力争在新一轮科技竞争中塑造形成高水平开放、制度型开放的先行示范。要巩固提升优势主导产业，带动全链条、全生态企业聚集合作，推动企业发展壮大；要加速成果转化应用，持续探索数据跨境流动，强化知识产权全链条运营服务能力，打造国际化高品质专业服务和创业孵化体系；要完善市场化运行机制，健全专业化团队，扩展海淀组团创新发展“朋友圈”；支持海淀组团各园区打造全链条、全周期要素聚合服务平台，形成园区服务体系提升互促机制。

（钟冷）

【李俊杰到科右前旗调研对接东西部协作工作】 12月8日至10日，区长李俊杰带队到内蒙古自治区兴安盟科右前旗调研对接东西部协作工作。在9日举行的东西部协作工作高层互访联席会暨捐赠仪式上，李俊杰全面梳理分析2022年海淀区与科右前旗东西部协作工作情况，表示海淀区将聚焦产业、人才、文化、生态、组织“五个振兴”，引导更多优势资源在项目、人才、技术等方面向科右前旗倾斜支持，推动两地东西部协作工作不断取得新成效。科右前旗委书记孙书涛希望双方在清洁能源、农畜产品深加工、市场主体培育等多项产业项目中寻求合作，继续在医疗、教育、康养、人才培训、物流、网络销售等多领域进行协作。科右前旗、海淀区相关部门分别作交流发言。海淀区向科右前旗捐赠东西部合作资金2000万元。李俊杰慰问海淀区挂职干部代表。

（钟冷）

政务服务管理

【概况】 2022年，海淀区政务服务管理局（简称区政务服务局）推动“放管服”改革再升级，深化优化营商环境5.0版政策落地。区块链技术入选“国家区块链创新应用试点”，成为全市唯一获批的地区。截至年底，海淀区政务服务中心服务上地办公区、航天桥办公区、联想桥办公区3个办公区；下辖办税服务、婚姻登记、人力社保、医保4类5个区级分中心，29个街道（乡镇）政务服务中心，636个社区（村）服务站。全区各级政务服务大厅全年业务办理4876.3万件，其中网上办理4657.1万件，占比95.5%，满意率达99%以上。继续实施法定工作日“早晚弹性办”“午间不间断”和“周末不休息”延时服务制度，接待办事群众74267人次，办理业务69261件，其中工作日延时办理60768件、周末延时办理8493件。

区政务服务局在北京市公众参与政务服务“好差评”评价工作中位居全市第一。

（司京欣　赵伟科）

【政务服务站规范化建设全覆盖】 年内，区政务服务局联合区民政局、区委编办和区农业农村局研究制定《海淀区关于进一步加强社区（村）政务服务规范化建设实施方案》，明确建设内容、职责分工和主要任务，分析可延伸至社区（村）的街镇事项，推进社区（村）政务服务站规范化建设。构建“一刻钟政务服务圈”，实现642个社区（村）政务服务全覆盖，办理业务足不出社区，政务服务零距离。

（赵伟科）

【政府信息公开】 年内，区政务服务局不断完善政务公开体系建设，出台《海淀区政务公开领导小组工作规则》，调整区政务公开领导小组组成成员单位和主要职责，规范全区政务公开工作流程，形成《海淀区政务公开工作全流程规范（试行）》。调整区政府网站重大行政决策目录公开专栏，集中展示三年来本区重大行政决策目录，收录重大行政决策19项。开设惠企政策专栏，收录惠企政策22条，助力辖区企业复工复产。线上线下开展政务开放日和政策公开讲活动90余场，100余万人次参与。

（李波）

【“党务+政务”服务模式】 年内，区政务服务局联合区委组织部打造“党务+政务”智能服务新模式。创新利用区块链技术，对原有的自助终端进行系统升级，集成市级、区级204个可办理事项，提供社保、医保、公积金自助查询、自助办理、代收纸质材料、视频交互等服务。根据企业群众就近办事的需求，选取北航社区服务站、四季青镇、田村路街道党群服务中心、中关村科学城北区党建管理孵化平台园区服务站、红领上地街道党群服务中心作为试点地区，采取智能服务终端的试点措施，分别覆盖园区、社区、街道、商务楼宇，方便企业群众就近办事。组建政务服务队伍，建立融合联动工作机制，提升综合服务能力，实现政务服务与党群服务同频共振。

（赵伟科）

【政务服务事项梳理】 年内，区政务服务局深入全区29个街镇政务中心、600余个社区（村）、30余个大厅入驻部门开展调查研究，精细化梳理全区政务服务事项1900余项，研究事项精细化梳理方法，形成《海淀区政务服务事项规范化指导操作手册》。

（赵伟科）

【政务服务事项标准化管理】 年内，区政务服务局面向全区持续推进政务服务事项标准化工作，规范各相关单位事项要素、办事服务、办事指南等工作，通过制作易懂小视频和北京市政务服务事项管理系统操作指南开展宣传工作，面向事项主管部门开展日常操作培训工作，提高政策知晓度和应用度。依托事项管理系统完成11批事项要素整改工作，其中区级事项3000余个、街镇村居事项2万余个，提升全区办事指南规范化、标准化程度。持续跟进解决工作过程中发现的窗口实际收件材料与首都之窗办事指南公示存在差异的问题，共计解决问题20余项。持续落实事项新增、调整、取消等工作，全年新增事项3033项、调整事项6405项、取消事项2133项。

（左全　王宁　郭越洋）

【“放管服”改革场景建设】 年内，按照市政府审改办《关于印发〈北京市“放管服”改革集成办事场景建设工作方案〉的通知》要求，区政务服务局持续推进市区集成办事场景落地。市级牵头场景建设包括个人全生命周期的新生儿出生、义务教育入学、医疗付费、灵活就业、失业服务、军人退役、困难人员救助、二手房交易及水电气联动过户、退休、公民去世场景，企业全生命周期的企业开办、获得信贷、企业间不动产登记转移、支持科创企业创新发展、跨境贸易、社会投资工程建设项目审批、水电气网协同报装、中小微企业优惠政策、企业破产（强制清算）信息查询和上市合法合规信息查询、企业注销场景。区政务服务局保持与区卫健委、区人力社保局、区医保局等牵头部门联动，及时了解场景建设及落地情况，组织区级及街镇大厅培训帮办流程，保障涉及区级落地的场景顺利完成。区级牵头场景为持续提升服务独角兽等高成长企业能力，区政务服务局协同中关村科学城管委会综合事务部联合印发《海淀区提升服务独角兽等高成长企业能力集成办事场景建设实施方案》，并组织区发改委、财政局、税务局、市场监管局、人力社保局、商务局、金融办、卫健委、教委、规自分局、住建委、房管局等13个部门成立工作专班，形成旷视科技涉税服务、软通动力上市、推想医疗、银河航天等4个典型案例。

（左全　王宁）

【持续清理隐性壁垒】 年内，区政务服务局根据市政务服务局《关于建立隐性壁垒发现、清理和评估工作机制的通知》精神，区政务服务局统筹推动各委办局、街道办事处（镇政府）、居（村）委会分级滚动建立三级隐性壁垒问题工作台账，开展隐性壁垒常态化排查工作，主动搜集发现各类隐性壁垒问题，汇总形成全区问题台账并督促各单位限时整改。

（左全　郭越洋）

【小型工程交易】 年内，区政务服务局完成海淀区小型工程服务管理系统升级，加大工程信息公开力度，保障项目阳光运行，资金效益显著提升。实现小型工程服务管理系统与信用中国数据对接，资审环节实现信用信息秒审。全年交易小型工程项目541个，交易额2.45亿元，节资率1.1%。

（崔立斌）

【“一网通办”优化】 年内，区政务服务局按照“三统一”（统一事项管理、统一流程配置、统一用户权限）标准完成“一网通办”系统优化。系统对接市级事项数量28099个，区级一窗主要应用区级事项2235个，街镇一窗主要应用街镇事项数4368个。实现与国家政务平台服务对接，能够提供海淀区30个H5[①]服务、事项服务接口。

（王西）

【公共资源交易】 年内，区政务服务局牵头制定《2022年海淀区公共资源交易工作要点》，完善全区公共资源交易活动监督管理职责分工，明确各行政监督部门监管职责并公开监管渠道，建立“接诉→记录→转办→反馈”的异议投诉转办工作机制，优化招标投标领域、优化异议投诉处理流程和反馈机制。海淀区公共资源交易中心以“流程最简”“效率最优”为目标，创新海淀区公共资源交易平台功能，优化交易流程，规范交易行为。全面推行免收投标保证金措施，免收21个项目164家投标企业的投标保证金，释放企业资金5205万余元。平台全年交易项目468个，交易金额211.83亿元；节约资源3.45亿元，节约率1.6%。线上见证率达100%，代理机构场内交易行为规范率达95%以上。实施招标采购承诺制，资格审查时间平均缩短80%。小型工程服务管理系统与信用中国数据对接，为385个项目480余家企业提供信用信息智能查询比对，节约资格审查时间95%以上。

（姜玉琴　李青伟）

【政务服务工作机制】 年内，区政务服务局推进服务中央单位和驻京部队窗口工作，持续优化市、区、街三级联动机制，规范窗口工作流程，细化工作标准、服务要求，做到快速响应、高效服务、全程负责，解决急难问题8件。区级政务服务大厅在2022

① H5是指移动端网页页面嵌套。

年度构建服务中央单位和驻京部队新模式工作评估中位列全市第一。建立健全“帮办代办”长效机制，为提出帮代办申请的企业群众提供讲解政策、指导网登操作、协助准备材料等全程专员式服务，打通服务群众“最后一公里”。根据市政务服务局《关于建立隐性壁垒发现、清理和评估工作机制的通知》精神，区政务服务局统筹推动各委办局、街道办事处（镇政府）、居（村）委会分级滚动建立三级隐性壁垒问题工作台账，开展隐性壁垒常态化排查工作，主动搜集发现各类隐性壁垒问题，汇总形成全区问题台账并督促各单位限时整改。

（王帆　左全　郭越洋）

【政务大厅线上咨询服务】 年内，区政务服务局依托互联网技术，将综合窗口的专业咨询力量前移，为企业群众提供在线咨询、在线导办和电话咨询三种线上服务。运用“人工+智能”的工作模式，为办事群众提供7×24小时在线咨询服务，累计智能咨询对话10762次，人工咨询服务2784次；提供线上专属“一对一”导办服务，累计服务9146次；累计接听咨询指导服务电话12505次。

（王素杰　王帆）

【政务服务宣传】 年内，区政务服务局开展线下线上政务服务宣传。编发《窗口》报（两周一期）36期，其中普刊24期、专刊12期，宣传“十佳岗位服务标兵”和“北京榜样·政务服务之星——贴心标兵”先进事迹。围绕新年寄语、所获荣誉、冬奥会服务保障、劳动节、青年节、社区（村）规范化建设、政务服务改革创新等主题，开展专题宣传报道。开展“窗口服务十佳”和“基层创新案例”征集活动，区政务服务局两篇调研报告获市政务服务局颁发的“基层政务服务优秀调研报告”。

（赵伟科）

【落实优化营商环境5.0版】 年内，区政务服务局贯彻落实全市营商环境5.0版政务服务领域有关要求，强化有关改革任务统筹，组织政务服务小组14家相关单位召开协调会，统筹60项工作任务进展情况。经统筹调度，区政务服务局涉及的18项任务均已完成。加大宣传力度，及时更新大厅5.0版宣传政策解读图片及区级政务服务大厅宣传政策解读图片及宣传折页共26批次。精心组织筹划“千人千题”备考工作，全区共涉及10个指标、13个部门，组织集训和模拟考试12次、集中封闭1次（3天），共参加1380人次。年底，要求窗口提升服务能级，首席代表、业务骨干在岗在位，各类人员全力以赴，以最佳状态迎接北京市对各区营商环境评价。2022年，大厅针对优化营商环境5.0版政策，开展大小业务培训共648次，培训22801人次。

（王建强）

【“政务服务大讲堂”培训】 年内，区政务服务局举办一期“政务服务大讲堂”培训，全面提升政务服务人员素质。举办一期线上大讲堂培训活动，全区政务服务系统200余人参加，重点培训事项标准化和社区（村）政务服务规范化建设指标解读。

（赵伟科）

【“区块链”应用】 1月，海淀区深化应用“区块链+跨省通办”服务新模式以排位第一入选北京市《2021年度基层政务服务优秀案例暨调研报告汇编》十佳案例。推进“区块链+政务服务”模式，成为北京市国家服务业扩大开放综合示范区和中国（北京）自由贸易试验区建设及优化营商环境的亮点工程。持续拓展应用新场景，在全市率先完成企业住所标准化登记改革试点任务，实现企业设立登记全过程“零材料”，遏制虚假住所登记问题。探索京津冀“区块链+跨省通办”协同模式，与11个地区签订跨省、跨区通办协议。围绕与个人、企业相关的异地办事需求，形成含3大类（182项线下综窗事项、27项App事项、4项多地联办）、233项的办理清单，产生办件近2000件。

（王西）

【证明目录管理】 5月，区政务服务局落实市政府审改办《关于公布北京市取消调整一批证明和保留证明目录（2022版）的通知》精神，全市保留证明47项，其中新增证明3项，分别为：小额贷款公司、融资担保公司、典当行、交易场所等地方金融组织申请拟任自然人股东、董事、监事、高级管理人员审批事项，需提交公安部门出具的无犯罪记录证明；申请第一类非药品类易制毒化学品生产许可、第一类非药品类易制毒化学品经营许可时，需提交公安部门出具的单位法定代表人或者主要负责人和技术、销售、管理人员无毒品犯罪记录证明；申请传统医学师承出师考核时，需提交指导老师执业的卫生行政（中医药）部门出具的核准其从事中医、民族医临床工作15年以上的证明材料。取消证明3项，分别为：无农业人口户口簿或无本市农村土地承包经营权证的，申请以农民身份加入农民专业合作社登记时，需提交由居（村）委会开具的农民身份证明；农村“五保户”、城乡领取最低生活保障金的居民、领取国家定期抚恤补助金的优抚对象，以及因其他原因造成生活困难的居民，申请领取或换领第二代居民身份证减免工本费时，需提交的户籍所在地街道办事处（乡、镇政府）开具的符合减免条件证明；购买已经设定抵押的新建商品房、自住型商品房等按北京住房公积金管理中心政策要求核实解除抵押情况的房屋购房人；申请住房公积金贷款时，需提交由商业银行等抵押权人开具的关于同意销售和解除抵押权的证明。进一步严格证明管理标准，对保留目录之外或已明确取消的证明，一律不得再向办事人索要。

（左全　秦淮）

【行政许可事项清单管理】 8月，根据市政府办公厅《北京市人民政府办公厅关于全面实行行政许可事项清单管理的通知》要求，区政务服务局以区政府办公室名义向全区78家单位印发《北京市海淀区全面实行行政许可事项清单管理的通知》，编制形成《海淀区行政许可事项清单（2022

版）》，向社会主动公开。清单包括255项行政许可事项，其中区属部门196项、市属垂管单位50项、中央垂管单位9项。

（左全　王宁）

人事人才

【概况】 2022年，海淀区共有491家事业单位，编制35385名。其中，教委所属事业单位编制20645名，实有在编19898人；卫健委所属事业单位编制7074名，实有在编5380人。全区事业单位专业技术人员共有25707人，其中教委共有专业技术人员19119人、卫健委共有专业技术人员5109人，上述两家单位专业技术人员总数占全区事业单位人员总数的94.25%。

（张艺璇）

【积分落户】 年内，全区有北京市积分落户业务注册单位9336家，比上年下降10.75%；系统申报37510人，比上年减少10.03%。海淀区申报量占全市申报总量的30.69%；取得积分落户资格1385人，占全市总数的23.06%，比上年减少20.08%；接收落户人员申请材料1295份。

（张艺璇）

【人才引进】 年内，区人力资源社会保障局完成人才引进审核1236人，其中人才引进860人、留学人员引进376人；办理非北京生源毕业生引进4286人；办理北京市工作居住证1.8万个，续签1.78万个，变更1.79万个。

（张艺璇）

【人事考试】 年内，区人力资源社会保障局共承接市级、区级各类人事考试14类，设置考场1315个，服务考生138803人次。

（张艺璇）

【外国人来华工作许可服务】 年内，区人力资源社会保障局继续开展外国人来华工作许可服务工作。为A类[①]科技领军人才、国际企业家等“高精尖缺”人才提供免预约服务，开通“绿色通道”提供“容缺受理”服务。受理审核4435份，制发外国人来华工作许可749张，其中A类112人、B类[②]580人、C类[③]57人。

（张艺璇）

【2021年度央地人才对接交流活动落幕】 4月7日，随着最后一期央地人才对接交流专题报告在军民融合产业园结束，历时8个月的2021年央地人才对接交流活动正式落下帷幕。此次央地人才对接交流活动由区委组织部、区人力资源社会保障局指导，区人力资源公共服务中心、海淀人才发展联盟主办，自2021年9月启动以来，共邀请清华大学、中国科学院等高校院所的28位教授、研究员围绕工业互联与智慧工厂、人工智能与新技术融合创新等主题进行专题报告6期，辖区206家高新技术企业、242名高级管理人员和技术骨干参加对接交流。举办央地人才俱乐部沙龙活动3期。20余家海淀高新技术企业与专家达成初步对接意向，促进了高校、科研院所人才与企业间的产学研合作。

（张艺璇）

【中关村科学城“才聚云端”大型系列活动第三季】 9月19日，海淀区中关村科学城“才聚云端”活动第三季正式启动。本次活动由海淀区就业工作领导小组指导，区人力资源社会保障局、区融媒体中心主办，中关村百校联盟成员高校、海淀人才发展联盟协办，以“奋进新征程 建功新时代”为主题，设置“两区”新机遇、海淀科创园“好奇”之旅等六大板块，活动设有1个主会场、N个分会场（各园区、街镇会客厅、百校联盟成员高校等），共有200多家中关村科学城企业参与，提供包括计算机、数学、通信等相关领域各类岗位2万余个。

（张艺璇）

外事　港澳事务

【规范公共场所外语标识】 年内，区政府外事办印发《2022年海淀区规范公共场所外语标识工作方案》，梳理汇总年度33个重点核查点位。对中关村科学城（海淀区）规划展览馆、中关村壹号、紫竹院公园、西苑饭店、田村路街道等区域内重点场所开展外语标识现场督导检查。落实《北京市国际交往语言环境建设条例》，制定区级执法工作方案，加大规范外语标识检查整改力度，完成350余条标识规范整改，区域国际语言环境得到有效提升。

（王运维）

【对外交往合作】 1月18日，区政府与芬兰萨翁林纳市签订建立友好城市关系协议。1月19日，区政府与韩国首尔西大门区区长线上签署建立友好城市关系协议书。5月至11月，与区教委共同组织区属中小学校开展中日友城青少年线上“虚拟互访”和短视频征集活动。7月至12月，开展海淀区与日本东京都练马区结好30周年系列活动，举办庆祝结好书画笔会活动。8月20日，举办2022海淀·兰辛教育论坛。11月25日，与韩国首尔西大门区、日本东京都墨田区共同举办中日韩大学生线上文化交流活动，海淀区区长通过视频发表致辞。11月，举办“三山五园”杯2022国际友人环昆明湖长走活动。

（王运维）

【冬奥会涉外服务保障】 1月，海淀区开展“迎冬奥 促提升”国际语言环境建设专项行动，对香格里拉饭店、裕龙酒店等7家冬奥会签约酒店

① A类：国家急需的科学家和科技领军人才，“高精尖缺”的外国高端人才。
② B类：属于国家经济社会事业发展急需的外国专业人才。
③ C类：满足国内劳动力市场需求，符合国家政策规定的其他外国人员。

的外语标识设置及译法情况进行实地检查，确保区域重点涉奥场所外语标识零差错。2月，完成卢森堡代表团在颐和园、阿根廷代表团在华为北京会展中心的服务保障工作。选派骨干力量深度参与首都体育馆场馆群赛时礼宾接待、服务保障外国元首及重要贵宾观赛。加强涉奥涉外风险研判，完善区级涉奥涉外应急处置工作方案，做好赛时涉外应对工作。

（王运维）

【“融创·未来”港澳青年实习体验项目】 2月至5月，中关村京港澳青年创新创业中心组织开展“融创·未来”港澳青年实习体验项目，来自北京大学、清华大学、中国人民大学、中国政法大学、北京外国语大学、北京师范大学等16所高校的36名港澳籍学生在12家中关村科技型企业完成“融创·未来”港澳青年实习体验项目。项目邀请企业家、创业者、相关学者对港澳学生进行就业指导，组织企业分享会，邀请学生向感兴趣的企业投递简历，通过企业面试考核后即可进入企业实习，涉及活动运营、新媒体专员、英语翻译、HR海外支持、项目助理、研究助理等岗位。

（钟冷　王运维）

【中央对外工作服务】 5月11日，区委主要领导到中共中央对外联络部参加线上中国以色列执政党青年政治精英创新发展论坛，向与会以色列政党代表介绍海淀区创新驱动引领高质量发展的政策举措及对外开放合作情况。7月，组织国外合作伙伴落实全球发展倡议联合宣言，66家国外民间组织联合署名。编制并印发区级服务保障疫情防控常态化形势下元首外交及重要外宾来访工作方案，完成13批重要党宾国宾代表团访华的防疫、参访保障任务。

（王运维）

【外事工作委员会全体会议】 7月4日，区委外事工作委员会第四次全体会议召开。审议印发区委外事工作委员会2022年工作要点，研究部署年度对外重点工作。

（王运维）

【国际交往中心功能建设】 7月4日，海淀区推进国际交往中心功能建设领导小组第二次全体会议召开，完善领导小组工作架构，优化领导小组工作方案，梳理各专项工作组职责。中关村论坛永久会址主会场开工建设。完成市级任务清单涉及海淀区的10项重点任务及2项市级绩效考评任务；编制2022年工作要点及重点任务清单，按期完成绩效任务年度目标。更新区级外事接待项目库，向市级项目库报送16个特色精品接待点位，累计报送58个。获得第二届“北京·国际范儿”短视频大赛优秀组织奖。

（王运维）

【涉外突发事件应急指挥部工作会议】 9月5日至6日，区政府召开2022年海淀区涉外突发事件应急指挥部工作会议暨涉外应急能力提升专题培训班，来自区涉外突发事件应急指挥部52家成员单位主管领导及联络员参训。区政府办负责人对涉外突发事件应急指挥部工作进行部署。培训按照“从大局出发、用理论指引、以实例增效”的思路，有针对性地安排8门特色课程，邀请外事领域的知名专家、市区两级单位有关负责人，从当前国际形势的视野广度、市级主管部门的政治高度、区属职能部门的落实力度对涉外工作进行深入剖析讲解。

（钟冷）

信息化城市服务管理

【概况】 2022年，海淀区大城管综合业务平台三级循环全年共受理案件1397822件，办结1341582件，结案率95.98%。其中，受理区级循环案件8407件，占比0.6%；街镇循环案件691869件，占比49.5%；社区（村）循环案件697546件，占比49.9%。管控重点点位近5000个，解决疑难案件1200余个。不断推进“热线+网格”工作机制，共受理案件140万件，办结134万件，结案率96%，案件流转效率得到明显提升。

科技创新推进“城市大脑”建设，成功搭建基础数据信息服务平台与电动自行车精细化管理平台。海淀城市大脑接待中央考察团、国务院安委会综合检查组、中国地震局及北京市委、市人大常委会、市纪委、市第一生态环境保护督察组和内蒙古赤峰市等相关领导、各界人士指导、调研400余场。

（常青山）

【“疏解整治促提升”专项行动工作培训会】 1月7日，区城管指挥中心召开“疏解整治促提升”专项行动工作培训会，采取线上模式，开展面向全区29个街镇及相关专项牵头单位、成员单位所涉科室负责人的业务培训工作。区城管指挥中心结合市、区最新工作要求，安排部署2022年“开墙打洞”专项整治工作。要求继续坚持“三有五无”[①]整治标准，依法查处利用临街的平房、楼房底层、半地下室等住宅进行拆改，将原有的窗户、墙体拆掉改成门窗，改变房屋使用性质，从事商业经营活动的行为。对经区政府同意纳入便民商业设施的点位，应当达到“三有”标准，不得占道经营、不得自行设置经营标识标牌和其他室外辅助经营设施。解读接诉即办相关案件办理要求：各街镇联合属地市场监管部门对12345热线反映“开墙打洞”问题案件进行准确认定、快速处置。确属新生的点位，要立即上账整治；属于复开门窗、反弹经营等的点位，要第一时间处置完毕；对于不属于“开墙打洞”专项整治范围的案件，涉及相关违法行为的，要及时协调并移交相关责任部门或责任科室解决，并向群众做好解释

① “三有五无”：有恢复、有美观、有清理，无经营牌匾、无经营标语、无经营设施、无经营人员、无经营行为。

说明工作，避免以“开墙打洞”名义重复举报。

（常青山）

【海淀城市大脑专班年度总结】 1月11日，海淀城市大脑专班办公室召开全体人员周例会暨区领导调度会，全面汇报“城市大脑”建设情况，开展年度工作总结。区政协副主席、城市大脑专班办公室主任李伟指出，要继续把握城市大脑的可发展性和可成长性，加强总体谋划，优化体制机制，统筹规划建设，发挥城市大脑作为海淀新名片的引领作用，坚定不移贯彻创新发展理念，逐步实现科技让人类生活更美好的既定目标。副区长徐振涛充分肯定海淀城市大脑专班几年来工作机制、模式的探索和取得的工作成绩，并对后续建设提出3点指示要求。

（常青山）

【“开墙打洞”专项整治工作】 1月12日，区城管指挥中心组织部分委办局和街镇召开“开墙打洞”专项整治工作征求意见座谈会，分析和研究解决年内工作重点和难点问题。2月18日，区城管指挥中心收到北京市统计局公布的在全市开展的“疏整促”效果民意调查结果。统计显示：海淀区居民对“开墙打洞”专项整治的好评率持续提升，达97.3%，超过全市和中心城区平均水平（分别为95.6%和96%），同时在全区各“疏整促”专项任务评分中名列前茅。

（常青山）

【城市环境建设管理工作专题调度会】 2月23日，副区长徐振涛主持召开城市环境建设管理工作专题调度会，研究2021年度海淀区城市环境建设管理考核评价成绩排名靠后单位的整改方案。会议指出，“大城管”工作体系是海淀区的特色，要从高位、全局、精细方面看待城市环境建设管理工作。徐振涛提出3点要求：扭住根本、完善机制，对标对表、强化管理，聚焦问题、抓好整改。

（常青山）

【2021年度海淀区空间信息系统和数据服务项目通过验收】 3月3日，区城管指挥中心组织召开2021年度海淀区空间信息系统和数据服务项目验收会，与会专家一致同意海淀区空间信息系统和数据服务项目验收通过，并提出完善建议。主要为：项目后续可进一步量化合同指标，项目验收文档可增加项目总体执行情况、过程响应情况；进一步完善人机配合机制，不断提升影像处理和图斑提取的精准度，完善影像叠加对比透视功能；围绕林长制、河长制、田长制实行和全区无违建创建等重点工作需求，进一步发挥卫星遥感影像监测优势，为全区各街镇、相关委办局及区领导决策部署提供有力的前导预判和过程把控。海淀区空间信息系统和数据服务项目由区城管指挥中心于2017年初正式启动，在国内率先以采购服务方式将卫星遥感技术引入城市精细化管理中。经过多年不断摸索运行，已形成较为成熟的城市管理空间信息服务体系，实现利用高分辨率卫星遥感影像对全区430.77平方千米区域内“山、水、林、田、湖、草”等地表资源现状及每一平方米土地变化情况的月度动态监测，及时发现城市管理中的各类疑似问题，化解传统管理方式下人力覆盖不全、缺乏客观依据等难题，开展面向规划、城建、园林、水务、城管等业务的专题应用服务，形成卫星遥感常态化监测机制，建成城市综合管理的“天眼”系统，面向全区各相关部门和各街镇共享数据和监测成果，为科学化、精细化、智能化城市管理提供科技支撑。

（常青山）

【区级城市环境建设管理考核评价办法培训会】 4月8日，区城管指挥中心组织召开2022年海淀区城市环境建设管理工作考核评价办法培训会。区城管委等12家单位的相关科室负责人在主会场参会，市规划和自然资源委员会海淀分局、区发展改革委等15家区级部门和29个街镇的相关科室负责人及工作人员在各分会场参会。会上，区城管指挥中心就区级现场检查、网格化城市服务管理工作等考核细则进行培训，建议各单位主动发现问题，提升城市环境建设管理水平。

（常青山）

【网格化业务工作会】 4月20日至22日，区指挥中心组织召开网格化业务工作会。29个街镇、14个委办局、中科大脑、数字政通及汉唐自远3家公司共计50余人参会。通报各街镇、相关委办局案件处置情况，结合海淀区前2个月在市级成绩排名情况进行情况分析，梳理出4月份尚未办结案件，要求尽快办结，提高全区案件按期结案率。针对下一步案件处置中可能遇到的疑难案件，运行科建立扁平化调度处置群，随时对各单位遇到的实际问题进行答疑解惑。

（常青山）

【中央考察团调研海淀城市大脑智能运营指挥中心】 4月27日，中央考

4月20—22日，区城市管理指挥中心召开网格化业务工作会　（唐平　摄）

察团调研海淀“城市大脑”智能运营指挥中心。中央统战部副部长陈旭带队，全国政协常委、经济委员会副主任、国务院参事、北京大学新结构经济学研究院院长林毅夫，全国人大常委会委员、副秘书长欧阳昌琼，中央统战部五局副局长陈先和，财政部综合司副司长李虹，北京市委统战部副部长周开让，全国人大常委会委员、中国农业大学校长孙其信，全国政协常委、清华大学中国经济思想与实践研究院院长李稻葵，国务院参事、中国慈善联合会乡村振兴委员会主任、友成扶贫基金会常务副理事长汤敏等领导、专家参加调研，于军、吴计亮、牟晓春、李伟等区领导参加。考察团观看海淀“城市大脑”宣传片，听取区指挥中心关于海淀“城市大脑”“1+1+2+N”顶层设计思路以及IOCC全量的数据资源调度能力、灵活的信息交互展示能力、智能的分析研判学习能力建设情况及成果的汇报。以管得好大事（重大活动保障、视频接力、冬奥会和冬残奥会指挥调度、防汛）、盯得住小事（城市事件、物联网消防通道占用）、理得清难事（联动“城市大脑”展厅渣土车场景及平安校园场景）三个维度进行系统的技术和应用演示。海淀“城市大脑”创新搭建的“城市大脑”产业生态促进海淀区企业转型升级和基层治理体系和治理能力现代化，拓宽了经济社会发展的新思路，2021年海淀区GDP数字经济比例超过50%。

（钟冷　常青山）

【国务院安委会检查海淀城市大脑安全生产】 4月28日，国务院安委会综合检查组到海淀城市大脑，考核巡查安全生产和消防工作，重点检查重点车辆综合治理、智慧消防救援提速、社会处置力量调用、隐患治理、智慧应急、水旱灾害防御、非现场执法等系统功能。

（常青山）

【海淀城市大脑建设项目立项】 5月11日，区长王合生主持召开专题会，研究《海淀城市大脑2022年第一批建设项目及资金安排方案》有关事项。会议原则同意《海淀城市大脑2022年第一批建设项目及资金安排方案》，本批次项目涉及区园林绿化局、区环卫中心、区城管委、文明办等4个部门，涉及生态环境、城市管理等领域，分别是《京张铁路遗址公共空间改造提升工程（一期）信息化建设项目》《大城管系统环卫中心检查调度模块》《海淀区集中供热温度监测项目》《海淀区文明城区创建智慧管理平台》，根据会议意见决定由区城管指挥中心牵头，按照城市大脑建设标准和规范，加快推动项目实施。11月4日，代区长李俊杰主持召开专题会议，研究海淀城市大脑建设进展情况及后续工作思路和《海淀城市大脑2022年第二批建设项目及资金安排方案》。会议原则同意《海淀城市大脑2022年第二批建设项目及资金安排方案》，本批次项目涉及消防救援支队、区城管委、区文化和旅游局等3个部门，涉及公共安全、城市管理等领域，分别是《消防“云中控”应用试点建设项目》《海淀区电动自行车全链条综合治理试点项目》《海淀区不可移动文物智能保护系统》，决定由区城管指挥中心负责，按照城市大脑建设标准和规范，统筹组织实施。

（常青山）

【区人大常委会听取关于智慧城市大脑应用情况的报告】 6月14日，区人大常委会主席刘长利主持召开海淀区第十七届人大常委会第7次主任会，听取区政府关于智慧城市大脑应用情况的报告。海淀城市大脑建设是区委区政府“两新两高”战略部署的重要抓手和龙头工程，是提高城市治理水平、提高公共服务质量的必由之路和战略选择，海淀城市大脑功能定位为城市治理平台、产业发展平台、改革创新平台等三大平台。城市治理方面，城市感知一张网、数字孪生时空一张图、人工智能计算处理中心、城市大脑运营指挥中心等新基建基础平台搭建完成，城市治理以公共安全、城市管理、生态环境、智慧交通等4大板块50余场景落地见效，在人民群众关心的重点车辆治理、垃圾分类等方面发挥积极作用。产业发展方面，用新场景提供中试平台，培育诸多科技企业成长，助力多家企业上市或拟上市，为产业联盟近90家企业提供业务赛道，助力国企改革，实现国资保值增值。改革创新方面，形成开放的顶层设计、开创政企四轮驱动工作机制、创新三融五跨方法论等内容。会议就如何让城市大脑更好地服务民生、更好地服务城市提出要求和发展目标。

（常青山）

【网格化图像信息系统前端点位大检查】 6月27日至9月25日，区城管指挥中心组成4个检查组，共出动320人次，

4月28日，国务院安委会综合检查组到海淀城市大脑进行安全生产和消防工作考核巡查

（严泰光　摄）

对网格化图像信息系统区统建4006个前端点位全量设备进行大检查。大检查涉及区统建6个项目（网格化一期、网格化二期、“雪亮工程”重点支持区、重点安保、二环封控、新建宫门路违停），检查内容包括摄像机状况、杆体状况、箱体状况、自建杆体搭挂物情况、摄像机遮挡物情况、光电缆使用合规情况6个方面。共发现问题425处，问题率占总比的11%。

（常青山）

【新型智慧城市形态下城市大脑培训会】 7月12日，海淀城市大脑专班组织召开新型智慧城市形态下城市大脑培训会，邀请清华大学文科建设处处长、公共管理学院教授孟庆国和北京千方科技股份公司总工程师付长青从不同视角、研究方向和实践成果上对城市大脑进行解读，分别介绍“十四五”期间国家数字化发展的背景、数字政府建设的总体趋势和阶段特征、当前推进数字政府建设的重点工作、城市交通大脑2.0版建设思路。专班驻场处级领导和科级骨干，城市大脑研究院、中科大脑、产业联盟负责人等30余人参加培训。

（常青山）

【新普查城市管理部件权属确认核实】 7月18日至25日，区城管指挥中心综合调度科带领北京市测绘院和综勘院等工作人员，到青龙桥街道、田村路街道、清河街道、东升镇、四季青镇，就新普查城市管理部件权属进行核实确认。8月1日至15日，区城管指挥中心带领北京市测绘院和综勘院等工作人员，到全区27个街镇（清华园街道、上庄镇除外），就新普查城市管理部件及四环内主要道路、背街小巷养护、保洁等权属信息进行核实确认。

（常青山）

【与北京市快递协会签署合作备忘录】 7月26日，副区长徐振涛带队到北京市快递协会调研，双方达成合作意向并签署合作备忘录。合作内容包括两个方面：一是数据共享方面，甲、乙双方互相在法律法规规定可以制作收集、调取编辑、公开转送的相关数据信息上，开展研究交流等公益性活动。甲乙双方在职权范围内，依法依规授权对方使用数据信息，且一方使用前述数据信息必须经另一方书面同意。甲乙双方数据信息及其产生的新数据信息所涉全部知识产权，均无条件归属各自所有。甲乙双方分别授权向对方使用的数据信息，均不得向未经对方认可同意的任一方披露或提供。乙方对甲方授权其使用的数据信息需承担保密义务，该保密义务不随合作期满、终止而失效。甲乙双方在职责范围内，依法依规使用对方提供的数据信息，并承担保密义务。双方所做一切宣传推广，必须遵守国家法律法规，并需保障双方的合法权益。二是试点先行方面，双方共同针对末端配送行业进行协同治理、合作管理，发挥行业治理和政府监管的优势特点，打通末端配送行业发展壁垒，将外卖配送企业、车辆、人员统一纳入治理体系中。甲方依法履行管理职责，乙方负责按照甲方要求协调相关单位配合参与试点工作，积极开展相关管理办法的落地工作。关于乙方关联的第三方企业、车辆、人员，在末端配送车辆规范管理及末端配送服务人员持卡进社区提供快递服务，末端集中配送网点建设、充换电设施建设，引导末端配送服务人员融入社区，成为社区的宣传员、志愿者等方面，甲方积极依法推行，按照北京市政府和市属各行业主管部门管理规定，在文件明确的内容上开展试点工作，逐步推进至全面覆盖，乙方负责协调相关单位配合试点工作的运行。

（常青山）

【网格工作人员业务培训】 8月18日至31日，区城管指挥中心举办本年首次网格工作人员业务培训班，进行提高基层单位的案件质量和结案率等相关业务培训。西北旺镇、学院路街道、中关村街道、温泉镇等11个街镇的网格监督员及平台坐席员共计210余人参加培训。9月14日、9月16日、9月28日和10月18日分别对香山街道、西三旗街道、上庄镇及上地街道的网格坐席人员及监督员共计100人进行网格化业务培训。

（常青山）

【央视《焦点访谈》点赞海淀城市大脑】 8月24日，央视《焦点访谈》播出的《新基建 新生活 智“汇”城市 智“绘”未来》节目点赞海淀城市大脑。节目组走进海淀IOCC、水务大脑、海淀（中关村科学城）城市大脑展示体验中心，向全国观众展示海淀城市大脑建设成果，分享新基建背景下的智慧城市。

（常青山）

【参加2022世界数字经济大会】 9月3日，区城管指挥中心到宁波参加“2022世界数字经济大会城市大脑建设高峰论坛”，区城管指挥中心副主

8月18日至31日，区城管指挥中心对相关街镇网格工作人员进行首次业务培训
（唐平 摄）

任巩振文作题为“海淀城市大脑赋能城市治理”的演讲。演讲重点介绍建设城市大脑的前期决策、技术支撑、建设理念、互联网思维、建设目标、优势价值等。

（常青山）

【视频图像安全运维管理工作培训会】 9月7日，区城管指挥中心召开“海淀区2022年视频图像安全运维管理工作培训会”，在区政府（一区）设主会场，在全区设置33个分会场，区委网信办、5家区图像办成员单位、各街镇及相关运维单位等约160人参加会议。邀请公安部三所、区委网信办专家进行视频图像、运维、网络安全管理培训。区城管指挥中心副主任吴维部署中秋节、国庆节及党的二十大视频图像安全运维及保障工作；区政协副主席李伟、区图像办副主任潘纲分别对视频图像安全运维保障、视频专网安全管理等重点工作提出要求。

（常青山）

【海淀区城市管理基础数据2021年维护更新项目通过验收】 9月27日，区城管指挥中心综合调度科组织召开海淀区城市管理基础数据2021年维护更新项目验收会，与会专家同意项目验收通过，并提出3条完善建议：建议网格划分内容可以突出说明区界处理情况；监理可以从质量、时间、进度、安全、资金和控制方面汇报；进一步丰富完善项目成果内容，对标对表市、区两级关于城市管理部件普查最新要求，持续提升项目服务品质，竭力为海淀区网格化、精细化、智能化城市管理提供坚实的数据支撑。自2005年起，海淀区分三期对全区城市管理基础数据进行普查，获得覆盖全区城乡一体化的城市管理基础数据成果，并基于城市管理基础数据动态变化的特征，建立以年度重大变化区域普查、网格监督员上报部件更新为主的基础数据年度维护更新机制。海量的城市管理基础数据资源为海淀区网格化、精细化、智慧化城市管理提供全周期的数据服务支撑。

（常青山）

【殷勇调研海淀城市大脑】 9月29日，市委副书记殷勇调研海淀城市大脑。他强调，海淀城市大脑打破委办局、街镇之间的壁垒，效果显著；海淀大脑“创新合伙人”机制为高新技术企业提供优质场景，带动企业发展，形成创新生态；海淀城市大脑在组织架构、工作机制、市区多部门协同联动等方面大胆创新，有效提升了社会治理能力，为全市智慧城市建设提供了区级样板。

（常青山）

【社会视频资源整合平台建设项目】 12月，由区城管指挥中心建设的社会视频资源整合平台联网接入的视频图像已通过视频安全边界共享至视频专网的网格化视频平台、IOCC指挥大厅、渣土车治理平台。根据疫情防控需要，社会视频资源整合平台完成防疫隔离酒店、核酸检测单位、方舱医院视频445路联网，视频已共享至区IOCC指挥中心。完成重点工地移动点位50路接入，区住建委互联网平台联网530路，视频共享至渣土车治理平台。根据海淀公安分局的保障需求，安装4路移动点位，共享至公安实战平台。

（常青山）

接诉即办工作

【概况】 2022年，区城管指挥中心研究区委深改委接诉即办改革专项小组成立事项，制定《2022年海淀区接诉即办改革工作要点》，完善《关于进一步压实责任改进接诉即办工作的若干措施》；将各单位接诉即办工作纳入全面从严治党主体责任检查考核内容，在区市民服务热线中设立专项监督用户，实时督办海淀区12345热线办理平台全部工单的办理情况。在全市接诉即办考核中，共承办各类群众诉求107万余件，响应率98.71%、解决率92.48%、满意率93.67%。配合区级疫情防控措施，同步对外公布96181市民服务热线，安排专人24小时值守，及时答疑解惑。按照市级考核标准要求，对涉疫诉求提级响应，严格执行“2小时一级响应”“24小时二级响应”要求，对疫情类诉求高效办理。全年承办各类疫情案件约27.5万件，撰写疫情各类报告400篇。

（常青山）

【接诉即办工作专题会】 1月21日，副区长徐振涛主持召开接诉即办工作专题会，审议接诉即办工作相关文件、关于进一步深化接诉即办改革工作的若干措施、接诉即办工作要点、区级“每月一题”工作方案。与会各单位针对相关文件进行讨论，并提出建设性意见。徐振涛要求区城管指挥中心充分研究各单位建议，修改充实各项文件。

（常青山）

【接诉即办消费退费类案件责任主体认定会】 3月21日，副区长徐振涛主持召开接诉即办消费退费类案件责任主体认定会，区教委、区卫健委、区城管委、区编办、区司法局、区文旅局、区市场监管局、区人力社保局、区房管局、区体育局、区商务局相关人员参会。区城管指挥中心汇报接诉即办消费纠纷类争议问题基本情况，与会各单位汇报各自争议点及本单位工作情况，区编办、区司法局从专业角度分析各单位的职能职责。会议形成《关于市场管理类问题责任主体认定专题调度会的会议纪要》。

（常青山）

信访

【概况】 2022年，海淀区信访办（简称区信访办）完善多元化解机制，健全信访听证制度，深化“一轴多翼”[①]

① “一轴多翼”：以信访工作为主轴；律师、心理咨询师、人民调解员、党代表、人大代表、政协委员、各领域专家等多种力量参与信访工作。

信访工作模式，以矛盾化解实效促进社会稳定；启动战时应急工作机制，协调外省市做好相关信访人员的教育疏导工作，完成党的二十大信访保障任务。治理重复信访、化解信访积案专项工作审核化解率100%，治重化积专项工作报告获区十七届人大常委会第七次会议全票通过。推进诉访分离和依法分类处理信访诉求改革。纠正各单位出具的信访答复158件。信访复查工作未被市政府复核程序纠偏纠错，复查件得到市政府100%维持。在节假日和重要时段，坚持区领导值班值守制度，在信访接待大厅指导信访接待工作。全区信访总量5.67万批（件）次、6.62万人次。信访量排前五位为金融监管领域占比38.57%，教育领域占比25.74%，城乡建设领域占比11.05%，市场监管领域占比7.03%，劳动和社会保障领域占比4.68%。承办接诉即办案件220件，确保群众诉求事事有回音、件件有落实，响应率100%，解决率、满意率持续增高。

区信访办党组书记、主任赵立华被评为全国信访系统优秀信访局局长（主任），杨方千被评为北京市治理重复信访、化解信访积案专项工作优秀个人，单伯印被评为2022年冬奥会、冬残奥会北京市先进个人。

（秦世明　朱德宝　纪慧娟）

【区领导接访】 1月6日，副区长马光耀到区信访办接待大厅，接待反映邻居家院内建围墙导致其窗户封堵的赵某某，要求上庄镇做好化解工作。1月24日，副区长徐振涛到区信访办接待大厅，接待反映拆迁安置补偿的信访人岳某某，要求东升镇及相关部门做好矛盾化解工作，引导信访人通过司法诉讼解决问题。2月24日，区政协副主席许云到区信访办接待大厅，接待反映拆迁安置补偿问题的信访人周某某，要求区信访办牵头、玉渊潭农工商总公司发挥主责作用、八里庄街道积极配合，妥善解决其拆迁安置补偿问题。3月2日，区委常委、政法委书记吴计亮到区信访办接待大厅，接待反映对工伤认定不满的信访人薛某某，强调人力社保局发挥主责作用，妥善化解矛盾。9月10日，区委常委、区监察委员会主任鲍雪到区信访办接待大厅，接待曹某反映对拆迁安置补偿不满问题，要求按现在拆迁政策安置补偿。9月21日，区委常委、政法委书记吴计亮到区信访办接待大厅，接待反映房屋被强拆问题的信访人徐某某，要求区住建委、区城管委妥善化解矛盾。10月17日，吴计亮到区信访办接待大厅，接待反映邻居家院内建围墙导致其窗户封堵的赵某某，要求上庄镇努力做好思想疏导工作，推动化解矛盾。11月12日，区委副书记、代区长李俊杰到区信访办分别接待异地退休返京老知青代表与甘家口阜光里小区信访人徐某某，要求相关单位落实徐某某房产证办理工作并协调为信访人办理工商营业执照。

（单伯印）

【信访矛盾纠纷化解工作推进会】 3月14日，区信访办组织召开信访矛盾纠纷化解工作推进会。会议由区信访联席会议召集人、副区长徐振涛主持，区信访办主任赵立华出席并讲话，四季青镇、海淀镇、温泉镇、苏家坨镇、西北旺镇、上庄镇、东升镇等7个镇参加会议，与会单位主要领导对信访工作情况进行汇报发言。会议要求各镇要制订可行方案，解决疑难复杂信访问题。与会单位表示将加大统筹协调力度，持续推进信访矛盾解决。

（王丹　温欣）

【信访工作联席会议专题会】 3月16日，区信访联席办召开2022年第一次区信访联席会议专题会。会议由区信访联席会议召集人、副区长徐振涛主持，研究北下关街道小区物业脱管问题和区房管局杨某某住房问题。11月30日，区信访联席办召开2022年第二次区信访联席会议专题会。会议由区信访联席会议召集人、副区长徐振涛主持，研究马连洼街道澄秀园小区漏雨问题、紫竹院街道车道沟南里31号楼漏雨问题、公安海淀分局沈某某信访问题、区园林绿化局孟某某信访问题。

（李程　王胜英　温欣）

【2022年信访课题调研启动部署会】 3月25日，区信访办召开2022年信访课题调研启动部署会，研讨2022年课题选题方向与内容，中国政法大学傅广宛受邀出席。2022年，区信访办与中国政法大学合作开展“以信息化智能化推动信访工作流程再造”“海淀区加强新时代网上信访建设研究”“信访督查体制机制研究”3项课题。其中，“以信息化智能化推动信访工作流程再造”被国家信访局列为2022年内部理论研究课题，年底提交完成的研究报告，被国家信访局评为优秀。

（王丹　王胜英　温欣）

【区政府常务会研究部署信访工作】 4月21日，区长王合生主持召开第7次区政府常务会议，会议第三项议程研究信访相关工作，传达学习中共中央、国务院印发的《信访工作条例》，审议并通过《区信访办关于报审信访相关工作议题的请示》。9月18日，代区长李俊杰主持召开第18次区政府常务会议。会前，由区信访办主任赵立华传达中央领导关于信访工作的批示指示、第九次全国信访工作会议和市委市政府领导关于信访工作的批示指示精神。会议第一项、第二项议程分别研究《海淀区2022年上半年信访工作总结和下半年工作计划》《2022年信访工作考核办法》，会议建议考核办法下发全区各单位。

（王丹　温欣）

【区委常委会研究部署信访工作】 4月27日，区委书记于军主持召开十三届区委常委会第16次会议，研究信访有关工作，听取并原则同意区信访办关于信访工作的汇报。9月27日，区委书记王合生主持召开十三届区委常委会第30次会议，研究信访有关工作，听取并原则同意副区长徐振涛所作的关于海淀区2022年上半年信访工作总结和下半年工作计划以及《海淀区2022年信访工作考核办法》有关情况的说明。

（王丹　温欣）

【《信访工作条例》宣讲】 5月1日至年底，区信访办组建宣讲团，学习宣传《信访工作条例》。全体进机关、下基层开展宣讲44场次，促进各单位凝聚起转变信访工作理念、改进方式方法的思想共识，形成更为主动协调联动、合力齐抓的信访工作新局面。

（罗永久　朱德宝）

【2件领导批示信办理】 6月22日，万泉新新家园业主王某某致信区委书记王合生，反映因邻居家热水管爆裂，导致其家中墙壁和天花板全部被水浸泡，电线跳闸、顶灯掉落砸碎等问题。6月28日，区信访办按照区委书记批示信件“见人见事见现场”的办理要求，组织相关部门召开信访问题现场会。会后，区房管局会同海淀街道司法所、人民调解委员会等部门，组织双方进行协商。经过友好协商，双方就后续修复、赔付等事宜达成一致意见，并签订调解协议。信访人王某某对处理结果表示满意。9月30日，万泉庄南社区居民匿名来信，反映该小区22号楼与23号楼之间的健身小广场距离居民楼太近，存在扰民问题，希望把健身小广场挪到更加合适的位置。副区长徐振涛批示：“请信访办了解一下情况。”10月17日，区信访办主管领导带队到万泉庄南社区查看现场，并将主办区领导批示件交海淀街道办理。经过多方协调处置，居民表示满意。区政府督查室撰写《关于万泉庄南社区23号楼南侧小广场扰民问题办理情况的报告》，代区长李俊杰批示：“共治共商共享的做法好”。

（彭敏）

【海淀区信访综合管理系统（二期）项目启动会】 6月27日，区信访办组织召开海淀区信访综合管理系统（二期）项目启动会。会议由赵立华主持。建设单位北京星宇三鼎科技有限公司，监理北京中百信信息技术股份有限公司参加会议。海淀区信访综合管理系统（二期）项目正式开工建设。通过信访综合管理系统建设，用技术和信访信息全力支撑社会管理机制，让海淀更安全。

（王胜英　温欣）

【信访宣传月活动】 6月，区信访办统筹组织开展主题为“贯彻落实《信访工作条例》做好新时代信访工作”的信访宣传月活动。活动以线上线下相结合方式进行，发挥区属媒体、自有媒体和宣传阵地3个宣传平台功能，开展立体式《信访工作条例》宣传。宣传活动以领导干部、宣讲会、信访群众和建立机制作为重点，确保学习宣传取得实效。推动《信访工作条例》学习宣传“五进”，实现乡村、社区、学校、企业、单位学习宣传全覆盖。

（罗永久）

【信访业务培训】 8月底至9月初，区信访办联合区委组织部，开展为期5天的全区信访业务大培训。240多名信访干部完成《信访工作条例》、信访考核细则、心理学知识等培训内容，并全部考核合格。

（罗永久　朱德宝）

【涉众型金融信访问题推进会】 9月13日至10月21日，区信访办联合区金融办、公安海淀分局，协调全国25家省、自治区、直辖市驻京办，召开5场涉众型金融信访问题推进会，探索矛盾化解新路径。多家驻京办对金融平台信访件进行对账分析，通过“一次协调、两地联动、多重发力”的工作模式，帮助维护信访人合法权益，推动6件火币网金融信访问题化解。

（杨方千）

【党的二十大信访服务保障工作调度会】 10月15日，区信访办组织召开党的二十大信访服务保障工作调度会。会议由区信访办主任赵立华主持，区委政法委、公安海淀分局、公安海淀分局治安支队和人口基层大队及街道镇参会，研究较为突出信访问题的化解工作。

（李程）

6月27日，海淀区信访综合管理系统（二期）技术会商会召开（区信访办 供图）

重要民生实事

【概况】 2022年，海淀区围绕“七有”要求、“五性”需求，统筹疫情防控与经济社会发展，抓好民生保障工作，落实重要民生实事任务，完成直接关系群众生活的8方面31件实事项目，并向社会公布完成情况。

（李诗絮）

【31件民生实事】 1.大力推进教育基础设施建设，通过北部地区新建学校和南部地区学校改扩建等方式，完成清华附中永丰学校、育英学校、石油附小二里庄校区等12个新建和改扩建项目，新增中小学学位10040个。

2.推进教育系统网络基础能力建设，完成教育系统各单位互联网集中接入。完成教育网站二期建设，将海淀区教育系统200多家单位（含公办幼儿园、各中小学、一贯制学校等）

8月至9月，开展全区信访业务大培训　（区信访办 供图）

统一归并至海淀教育官网群，提升“互联网+基础教育”的网络保障能力和网站服务水平。

3.完善居家养老配套服务，建成并投入运营金尚嘉园社区、双清苑社区、北洼路社区等10家社区养老服务驿站，为老年人提供多样化服务。完成2000户90周岁以上老年人和重度失能老年人家庭适老化改造，提升居家养老服务品质。

4.海淀区心理康复医院门诊已建成并投入运营，更好地满足地区群众心理健康服务需求。在北部新区引入和睦家永丰门诊部，已建成并投入运营，以“社区卫生服务站+国际医疗门诊部”的服务组合，更好地满足群众多层次的医疗服务需求。

5.创新护理模式，在北京世纪坛医院、航天中心医院开展“互联网+护理服务”试点工作，全年开展“互联网+护理服务”553次，共服务老年人、产妇、幼儿、受伤卧床等患者206人。

6.全年开工建设保障性住房4378套，竣工各类保障性住房5707套。更好满足群众住房需求。

7.继续加大面向保障家庭的公租房配租力度，签约公租房2601套。对2021年底前备案的低保、低收入、大病、重残等特殊困难家庭实现依申请应保尽保。为2001户家庭发放市场租房补贴4778.27万元。

8.双新村项目宅基地全部完成签约，安置房一期、三期完成结构封顶；四期正在进行主体结构施工；二期（教育配套）正在进行施工准备。宝山村项目腾退工作基本完成，安置房各标段全面开工。

9.持续深入推进老旧小区综合整治工作，实施19个小区74.2万平方米改造，其中8个小区完成楼本体改造，其他小区有序推进施工。

10.加快推进回迁安置房小区房产证办理工作，为7个小区共12981套回迁安置房打通办证通道。

11.按照《2022年海淀区住宅物业项目监督考核评价实施方案》，有序推进综合考评工作，通过属地评价、行业评价和第三方考核评价，进一步规范物业服务行为，提升物业管理水平，同时对307个推荐物业项目给予奖励。

12.持续加强基本便民商业网点的精准监测和持续动态补建，新建和规范基本便民商业网点50个。

13.充分利用老旧小区综合改造、拆违腾退空间、环境整治项目、闲置土地利用等方式，挖潜停车位6579个，进一步缓解停车难题。

14.加快推进市政道路建设，织密织牢区域路网，邓庄南路西延、翠湖南路、上庄东路等市政道路建成通车，新增通车里程9.8公里。

15.通过完善交通设施、调整交通流向等方式，完成永丰路与北清路交叉口、马连洼北路与圆明园西路交叉口、上地九街西口等15处交通组织优化，进一步缓解交通拥堵。

16.完成北外附中、人大附中、十一学校等30所中小学校周边电子眼、黄色网格线、人行横道、限速和禁停标志、注意行人标志、前方学校标志等6类交通安全设施安装和民警、保安、值周教师、家长志愿者等4支队伍配备工作，持续缓解校园周边交通拥堵。

17.马连洼南路、滨河路、远大东路、天香颐小区北侧路、卧佛寺东路等5条道路实现亮灯，保障群众夜间出行安全。

18.持续开展农村人居环境整治，实施11个村的美丽乡村建设，截至年底东马坊村、车耳营村已完工，其他9个村正在有序推进施工。

19.全年拆除违法建设达到“场清地净”面积229万平方米，腾退土地面积228公顷，改善城市环境，提升城市品质。

20.围绕拆建还绿、身边建绿，持续拓展绿色空间、丰富城市景观，完成元大都遗址公园小微绿地等5处4.6公顷公园绿地建设，累计种植各类乔灌花木5600余株。

21.持续推进公厕品质提升，完成上庄村北、定慧寺北里、廖公庄西口等11座公厕提升改造。改善群众如厕条件。

22.加强道路排水管线建设，完善防涝排水系统，完成万泉河路、朱房路、泉宗南路、厂洼西街、沙阳路等5处积滞水点治理，缓解雨季道路及雨污水排放问题。

23.完成柳林河河道主体治理工程。通过水生植物系统构建工程等生态措施，持续改善区域水环境，根据日常水质监测情况，该水域已消除劣Ⅴ类水体，水质达到Ⅳ类，最好时达到Ⅲ类。

24.采取线上线下相结合的方式，持续扩大公共文化产品供给。举办“海之春”新春文化季、中关村国际青年艺术季、星期五艺术party、民族音乐艺起来等活动，提供高品质文艺演出564场、公益性文艺演出200场，惠及群众403万人次，丰富市民文化活动。

25.加快体育设施建设，建设不少于15片全民健身专项活动场地，新建全民健身专项活动场地25片，更新全民健身路径273套，满足群众健身需求。

26.继续推进智慧平安小区建设，结合“雪亮工程”建设、老旧小区技防改造、疫情防控“数字哨兵”建设等项目，为395个小区建设智能门禁、数智哨兵系统，提升社区管理智能化、数字化、自动化水平。

27.建立海淀区电信网络诈骗“打防控”一体化机制，对电信网络诈骗案件高发地区实施区、街（镇）两级动态挂账综合整治；建立并投入使用预警劝阻两级平台，目前已覆盖30个派出所；完善劝阻员队伍，各派出所结合自身预警数量设立预警劝阻岗位；严打网络犯罪黑灰产业链，不断完善侦查打击平台内电诈打击板块，实现打击破案“双上升”，发案损失“双下降”。

28.加大食品安全保障力度，开展抽检监测工作，完成8954批次食品采样，实现食品、食用农产品等与群众生活相关的33大类食品抽检监测全覆盖。

29.完成医疗救助8366人次、救助金额1457.86万元；完成因病致贫家庭医疗救助16个、救助金额15.63万元；新开展退休返京知青门诊医疗费用帮扶补助工作，已帮扶知青110人次、帮扶金额27.81万元。大病保险补助方面：完成城乡居民大病保险补助1642.59万元，完成城镇职工大病保险补助1431万元。

30.积极落实就业促进政策，积极宣传和落实市区各项促进就业政策，及时了解企业用工需求，利用网络渠道开展招聘工作，帮助15136名城乡劳动力实现就业。女性就业技能培训方面：举办女性就业技能培训20场，培训城乡创业就业女性625人次。

31.继续开展优质医疗资源、著名医疗专家下基层工作，共开展医疗专家健康服务80场，职业病防护主题健康讲堂25场，为职工提供精准的健康服务。

（李诗絮）

政协海淀区委员会

2023
北京海淀年鉴

综述

【概况】 2022年，区政协召开常委会会议4次，主席会议6次，秘书长会议3次。截至年底，有委员418人，常委会组成人员85人。征集提案341件，立案302件，立案提案全部办复。编报社情民意信息137篇，其中40篇被全国政协、市政协采用。在全国、市、区等各级媒体刊发宣传报道127篇。编辑《海淀文史》第25辑。

学习宣传贯彻党的二十大精神。围绕习近平新时代中国特色社会主义思想，组织政协委员和机关干部开展集中学习研讨10余次，参观“喜迎二十大 奋进新时代”主题展览，征集“喜迎二十大 奋进新征程”主题艺术作品43件，区政协微信公众号推送“喜庆二十大、委员说变化”主题文章13篇。

协商议政。重点围绕新一轮中关村先行先试改革、“两区”建设、数字经济发展、国际消费中心城市培育等全区重点工作，开展协商议政活动27次。围绕城市更新行动、森林城市创建、农村“三资”管理研究、三山五园国家文化保护示范区建设、城市大脑赋能城市治理、优化营商环境等开展视察调研、建言资政。

民主监督。重点针对义务教育供给、“三医联动”接诉即办等问题开展调研视察、协商建言，助推涉及群众切身利益的民生问题得到解决。

走访交流。落实驻会主席走访委员制度，走访委员及委员企业238次。开展民族团结进步创建活动专题调研，重要节日走访看望民族宗教界委员。进一步深化联系群众机制建设，出台《关于加强地区政协委员活动小组工作的意见》，推动政协工作向街镇延伸。依托委员工作站，开展服务群众活动50余次。

疫情常态化防控。区政协领导班子深入所联系的街镇和风险点位督导疫情防控工作落实情况、看望慰问社区一线工作人员40余次，联系企业走访调研16次。300余名委员到社区等防控一线开展志愿服务4000余次。通过提案、社情民意信息等方式，提出疫情防控意见建议124条。156名委员捐款捐物超200万元。政协机关组织党员干部到对口社区参与核酸检测、卡口值守任务。组建应急小分队，驰援清河街道防疫工作，3名党员进入集中医学观察点工作。

（赵婧茜）

【冬奥会冬残奥会服务保障】 年内，区政协牵头冬奥会和冬残奥会赛事综合保障组工作。与市、区两级冬奥运行指挥部开展调度，召开专题会议和各类调度会120余次。领导班子带队深入场馆、酒店、供餐企业等点位实地督导、调研10余次，协调解决困难问题。赛事综合保障组被评为北京2022年冬奥会、冬残奥会先进集体，2名机关干部被评为先进个人。

（赵婧茜）

【委员沙龙】 2月23日，区政协在北京快手科技有限公司举办第43期委员沙龙。沙龙以“快手——平台企业的社会担当”为主题，邀请区政协常委、民革海淀区工委副主委、北京快手科技有限公司副总裁宋婷婷担任分享嘉宾，从“真实”“美好”“多元”“有益”4个维度，展示快手科技对企业社会责任的价值主张：用科技提升每个人独特的幸福感。与会委员围绕沙龙主题和共同关心的话题进行讨论，就如何发挥自身优势共同参与扶贫助困等达成共识。7月26日，区政协在工商联界委员工作站新址举办第44期委员沙龙，邀请科技部中国科学技术发展战略研究院研究员赵刚作为嘉宾，围绕“国际国内科技形势与格局”，分享《国家创新战略与企业家精神》一书。与会委员结合实际工作现场交流，开展读书学习分享活动。

（赵婧茜）

【委员读书活动】 7月7日，区政协举办“学思践悟，书香致远”委员读书活动启动仪式，为首批12家“悦读书屋”授牌，“圆明书院”正式揭牌。全年开展读书、荐书、评书等分享活动18次。依托地区小组、委员工作站、委员企业，采取“嵌入式”方式，设立“悦读书屋”15个，开设线上读书群1个，实现线上线下齐头并进、学习履职融合赋能。

（赵婧茜）

【“讲好‘中国式商量’故事”网络主题采访】 7月15日，“讲好‘中国式商量’故事”网络主题采访团走进海淀区石油共生大院，来自人民网、央视网等18家中央及市属媒体，围绕深入报道打造协商平台、提高协商实效的创新做法进行采访。政协委员代表分享以委员工作站为平台开展“中国式商量”，在推进石油共生大院修建改造、促进乡村振兴、模拟政协撰写模拟提案、推动京张铁路遗址公

7月15日，“讲好‘中国式商量’故事”网络主题采访团走进海淀区石油共生大院

（区政协 供图）

园五道口站落地建成、共享单车管理等群众关心的问题上，推动解决身边问题的感受和体会。

（赵婧茜）

【第三十三期读书班】 8月25日至26日，区政协、区委统战部联合举办第三十三期读书班，首次采取“线上+线下”相结合的方式举办，区政协常委、副秘书长，本届新任委员代表，各民主党派、工商联、无党派代表人士，新的社会阶层代表人士，少数民族、宗教界代表人士，以及区政协、区委统战部机关副处级以上干部现场参加培训，全体委员通过网络直播参加线上学习。区委常委、统战部部长、区政协党组副书记牟晓春作开班动员。区委副书记、代区长李俊杰围绕全区经济社会发展情况作专题报告。学习班还安排“学习习近平总书记关于做好新时代党的统一战线工作的重要思想”“政协与政协委员”“国际国内科技形势与格局”等专题报告，对进一步做好政协工作、强化政协委员履职担当提出新要求。

（赵婧茜）

重要会议

【常委会会议】 年内，区政协共召开4次常委会会议。

十一届第二次会议 3月3日召开。研究政协海淀区第十一届委员会常务委员会2022年工作要点；研究区政协常务委员会工作规则；通报区政协2022年度协商工作计划。

十一届第三次会议 7月7日召开。传达学习北京市第十三次党代会精神；听取关于《海淀区落实中关村新一轮先行先试改革工作方案》及改革进展落实情况通报；围绕海淀区落实义务教育“双减”政策协商议政。

十一届第四次会议 9月23日召开。集体学习《关于加强和改进新时代区政协工作的实施意见》；围绕“城市大脑赋能城市治理”协商议政。

十一届第五次会议 12月27日召开。研究区政协十一届二次会议议程、日程；研究区政协常委会工作报告、提案工作报告；听取2022年委员履职情况的汇报；审议决定调整增补委员名单。

（赵婧茜）

【主席会议】 年内，区政协共召开6次主席会议。

十一届第二次会议 1月19日召开。研究政协海淀区第十一届委员会常务委员会2022年工作要点；研究区政协2022年度协商工作计划；研究区政协常委会工作规则、主席会议工作规则、秘书长会议工作规则；研究2022年度区政协主席会议、常委会会议安排建议；研究十一届区政协常委会第二次会议方案。

十一届第三次会议 2月18日召开。听取关于区政协十一届一次会议提案征集立案及重点提案遴选情况的汇报；听取关于机关各委室2022年工作思路的汇报。

十一届第四次会议 6月21日召开。听取关于部分党派团体提案办理情况的通报；研究委员工作站建设、地区政协委员活动小组建设、委员读书活动有关工作；研究决定召开常委会第三次会议有关事宜。

十一届第五次会议 7月22日召开。围绕“三山五园国家文物保护利用示范区建设”协商议政；围绕“创建国家森林城市”协商议政。

十一届第六次会议 9月16日召开。听取关于温泉镇集体经济发展工作有关情况的汇报；围绕海淀区农村“三资”管理协商议政；研究2022年开展提案双向评议工作的实施方案；研究决定召开常委会第四次会议有关事宜。

十一届第七次会议 12月26日召开。研究区政协十一届二次会议议程、日程；研究区政协常委会工作报告、提案工作报告；研究区政协十一届二次会议提案和社情民意评优有关事宜；听取2022年提案双向评议工作情况的汇报；研究十一届区政协常委会第5次会议方案；审议增补委员名单；研究人事有关事宜。

（赵婧茜）

【秘书长会议】 年内，区政协共召开3次秘书长会议。

十一届第一次会议 1月17日召开。研究政协海淀区第十一届委员会常务委员会2022年工作要点；研究区政协2022年度协商工作计划；研究秘书长会议工作规则；研究2022年度区政协主席会议、常委会会议安排建议。

十一届第二次会议 11月10日召开。通报全会筹备有关情况；通报大会发言、提案有关安排；讨论提案和社情民意信息评优有关事宜。

十一届第三次会议 12月23日召开。协商讨论大会议程、日程；协商讨论常委会工作报告、提案工作报告。

（赵婧茜）

3月3日，区政协常委会十一届二次会议召开 （区政协 供图）

政治协商

【概况】2022年，区政协紧扣区十三次党代会目标，以“迎盛会、强主责，聚力量、助发展”为主题，制定协商计划，明确协商重点，开展履职，举办协商议政活动28次。向区委报送重要协商意见6件，促进成果转化。各专委会加强与区委、区政府各部门的联系与沟通，通过调研、走访、视察、座谈等形式，围绕数字经济、再生资源利用、国际消费中心城市建设、城市更新、电动自行车治理、卫生健康事业发展等内容广泛开展协商议政，为区委、区政府科学决策提供参考。

（赵婧茜）

【常委会会议协商】7月7日，十一届常委会第三次会议围绕海淀区落实义务教育“双减”政策协商议政。9月23日，十一届常委会第四次会议围绕“城市大脑赋能城市治理”协商议政，实地调研海淀城市大脑展示体验中心和城市大脑智能运营中心，通报海淀区城市大脑赋能城市治理有关情况。

（赵婧茜）

【主席会议协商】7月22日，十一届区政协第五次主席会议围绕“三山五园国家文物保护利用示范区建设”“创建国家森林城市”协商议政。实地视察荷清园公园、圆明园遗址公园，通报海淀区三山五园国家文物保护利用示范区建设情况、海淀区创建国家森林城市有关情况。9月16日，十一届区政协第六次会议围绕海淀区农村“三资”管理协商议政，实地调研中关村温泉科技园，通报温泉镇集体经济发展工作相关情况、海淀区农村“三资”管理相关工作开展情况。

（赵婧茜）

【专题协商】年内，区政协开展10次专题协商。

3月31日，围绕“静态交通”召开提案办理协商座谈会，区政协副主席赵小云、曹先彬带队视察调研藤花紫院小区、花园路街道E园停车场的静态交通发展及电动自行车消隐情况，听取2022年城管委承办区政协提案总体情况的汇报，围绕停车资源建设、完善配套设施、电动自行车消防安全等问题提出10余条意见建议。

4月6日，围绕“推动中关村新一轮先行先试改革”召开重点协商议题座谈会，通报“推动中关村新一轮先行先试改革”相关情况，就产业集群生态化发展、优化人才政策、优化完善相应指标结构、企业与高校协同创新、加强政府服务职能、企业发展中的诉求与建议等方面提出10余条意见建议。

4月12日，围绕“融入中关村科学城北区建设，促进农村集体经济发展”专题，区政协副主席赵小云带领农业农村委的部分政协委员实地调研苏家坨镇七王坟村、阳台山公园，围绕农村人才队伍建设、农村集体资产资源合理规划、房屋出租管理对接园区企业，促进农民资产类、产业类、就业类增收，发展林下经济等方面建言献策。

4月22日，区政协副主席李伟、安雪晖率人资环建委部分政协委员到区园林绿化局调研城市大脑建设相关工作，围绕“创建国家森林城市，提升生态碳汇能力”进行专题协商。会议对区园林绿化局接诉即办、大城管考核工作进行研讨分析，听取城市大脑专班推进三年行动工作开展情况汇报、区园林局城市大脑建设三年规划概况和海淀区创建国家森林城市的情况汇报，就资金规划管理、业务板块补充协同、数据共建共享等内容进行交流并建言献策。

6月23日，围绕“推动中关村开展新一轮先行先试改革”主题开展专题协商，区政协副主席许云出席。会前实地调研北京数字化设计与制造产业创新中心、北京天智航医疗科技股份有限公司。会议听取关于先行先试改革最新工作进展情况及海淀区先行先试政策相关细节和要求的通报，与会委员从加强科技教育融合发展、建设高标准文化活动场所、推进人工智能赋能传统行业、实现关键核心技术自主可控等方面建言献策。

7月6日，围绕海淀城市更新工作开展专题协商，李伟出席会议。会前实地调研贝伦产业园内北京志道生物科技有限公司、北京联影智能影像技术研究院等园区企业。会议听取海淀区城市更新工作进展情况的通报，与会委员从园区更新改造、产业规划、园区企业相关资金支持力度、海淀文化符号纳入城市更新等方面提出10余条意见建议。

7月29日，围绕推进中关村综合保税区和“两区”建设开展专题协商，许云出席会议。实地调研中关村壹号，听取“两区”建设和中关村综保区发展情况。与会委员就企业引进

9月23日，区政协常委会实地调研城市大脑　（区政协 供图）

高校人才、健全核心人才培养体系、完善自贸区关税优惠政策、探索“跨境电商+旅游”融合发展、延长优惠政策执行期限等方面进行深入沟通与交流。

9月7日，围绕“两区”建设开展专题协商，许云出席会议。会前实地调研氪空间创新中心。会议听取“两区”建设有关情况的汇报，与会委员就探索“政府引导+市场化运作”创新模式、加强联系职能部门精准对接企业服务、加强校企合作共建联合实验室、完善人才引进政策等方面提出20余条意见建议。

10月20日，围绕“全面优化营商环境，深化落实‘放管服’改革”主题开展专题协商，区政协副主席赵小云出席会议。会前调研区政务服务中心办事大厅，了解“一窗”受理、政务服务事项、基层政务服务体系建设等海淀区优化营商环境的相关工作。会议听取关于海淀区优化营商环境相关工作进展情况的通报，与会委员围绕构建企业容错纠错机制、农村集体经济发展、利用科技手段推进“放管服”改革、加强宣传让企业更加了解惠企政策、关注辖区律所成长环境、加大多部门协同服务及政策宣传解读等方面建言献策。

10月20日，围绕“数字经济发展”开展专题协商，许云出席会议。会前实地调研软通动力信息技术股份有限公司、亚信科技有限公司、科大讯飞北京总部。会议听取海淀区数字经济发展状况、中关村软件园的基本情况和工作成果的汇报，与会委员围绕以场景应用牵引带动海淀区各行业发展、政策支持中小企业数字化发展、龙头企业带动中小企业数字化转型、数字展览助力企业拓展国内外市场、企业和高校产教融合发展等方面提出10余条意见建议。

（赵婧茜）

【双周协商】 10月31日，区政协召开“海淀区深化医药卫生体制改革，加强三医联动”双周协商座谈会。许云及教文卫体和文史委部分政协委员、区医保局相关负责人参加。区医保局介绍海淀区医保局深化医疗改革创新举措、医保局基本情况、存在的困难和下一步重点工作等情况，与会委员就提高专科医院服务收费标准、加大政府对医疗卫生信息系统投入、中医配方颗粒价格过高、推进医共体建设、医保政策拓展相关企业发展等方面建言献策。

（赵婧茜）

视察与监督

【概况】 2022年，区政协贯彻落实区委《关于加强和改进政协民主监督工作的实施意见》，完善民主监督机制，开展会议监督、视察监督，把民主监督贯穿于各类履职活动的全过程。区政协常委会会议、主席会议增加监督性议题比例，拓宽监督性议题的覆盖面。围绕区委、区政府中心工作，选准专项监督议题。组织委员开展视察监督活动20余次，推动重大项目、民生实事的落实以及作风效能的提升。

（赵婧茜）

【会议监督】 年内，区政协在常委会会议、主席会议中加大监督性议题比例。主席会议听取党派团体提案办理情况的通报、听取关于海淀区三山五园国家文物保护利用示范区建设工作有关情况的通报、海淀区创建国家森林城市相关工作开展情况的通报、关于温泉镇集体经济发展工作有关情况的汇报、关于海淀区农村“三资”管理相关工作开展情况的通报，提出监督性意见建议30余条。常委会会议听取关于《海淀区落实中关村新一轮先行先试改革工作方案》及改革进展落实情况的通报、关于海淀区落实义务教育“双减”政策有关情况的通报、听取关于海淀区城市大脑发展及应用情况的通报，提出监督性意见建议50余条。

（赵婧茜）

【专项监督】 年内，区政协围绕接诉即办工作开展专项民主监督。对政府相关部门和多个街镇开展“一对一”走访，视察监督全区工作部署情况及《北京市接诉即办工作条例》落实情况。组织委员开展学习、视察、调研、协商议政等民主监督活动，组织线上线下活动10余次，参加委员100余人次。委员们围绕探索路径破解基层协调难题、基层减负措施制定、提升办件效果、加强社区自治等方面提出意见建议20余条，完成专项监督报告，提交区委、区政府参考。

（赵婧茜）

【视察监督】 年内，区政协围绕教育体育医疗事业发展情况、市场保供稳价、城市更新建设等方面，开展视察调研活动30余次。组织政协委员开展座谈讨论，提出监督性意见建议200余条，帮助有关职能部门查找问题、出谋划策，促进相关工作的推进和落实。

（赵婧茜）

【特约监督】 年内，区政协组织特约监督活动20余次。与区政务服务局联合开展“政协委员走流程”专项民主监督，组织委员体验办事流程，针对发现问题研究解决措施，助力推动服务型政府建设。与区法院联合组建政协委员人民调解员队伍，参与诉前调解工作。推荐政协委员列席区政府常务会，参与市政府对各区的绩效考核工作以及区委区政府年度述职述廉、行风评议等工作。组织委员参加区政法系统、区人防办、各街镇的开放日活动。组织委员对中小学入学现场派位和高考服务保障工作进行监督视察，通过“线上+线下”的方式参加教育满意度专项监督评议。

（赵婧茜）

【“两区”规则制度创新调研】 3月18日，市政协副主席林抚生率课题调研组到海淀区，就“两区”规则制度创新情况对京津冀国家技术创新中心和翠湖科创平台进行实地调研，考察北京市九州风神科贸有限责任公司，听取海淀区“两区”规则制度创新整体情况汇报，与企业代表和委员进行交流。林抚生要求，区政协要有效利用政协各类学习平台，加强对有关国

3月18日，市政协副主席林抚生调研“两区”建设　（《海淀报》供图）

10月13日，区政协领导带队开展高科技企业人才课题调研　（区政协 供图）

际经贸规则的专题研究，组织委员围绕贸易投资、跨境服务贸易、知识产权等重点领域开展高质量建言，为海淀“两区”建设和创新发展做出更大贡献。区委常委、副区长林剑华，区政协副主席许云及部分市政协委员参加调研。

（钟冷　赵婧茜）

参政议政

【概况】 2022年，区政协围绕区委、区政府中心工作，组织政协委员深入调查研究，推动建言资政和凝聚共识在服务中心任务中有机融合。开展8项区级重点课题调研，形成一批调研成果，报送区委、区政府研究参考。围绕打造科技创新高地、北京国际科技创新中心核心区评价指标体系研究、新型城市形态构建等开展专题调研和座谈，提出意见建议50余条。与市政协协同开展先行先试改革专项调研，提出的18条措施建议均被市政协课题组采纳。

（赵婧茜）

【常委会重点调研课题】 年内，区政协围绕区委、区政府中心工作，开展《海淀区科技企业人才发展问题研究》重点调研课题研究。调研组通过与区委组织部、区人力社保局、中关村科学城等单位负责人座谈交流，实地考察走访海淀高新技术企业，印制发放调查问卷，了解企业人才发展现状，在充分调研和征集委员意见建议的基础上，形成1万余字的专题调研报告，提出意见建议20条。

（赵婧茜）

【重点调研】 年内，区政协完成海淀区高科技企业人才问题研究、挖掘农村富民产业增收潜力研究、海淀区医药健康产业先行先试政策研究、电动自行车全链条治理方法与路径研究4项区委、区政府重点调研课题，完成区委、区政府关注课题海淀民族重点社区（村）工作开展情况研究1项，提出建议150余条。

（赵婧茜）

【地区政协委员活动小组】 年内，区政协出台《关于加强地区政协委员活动小组工作的意见》，推动政协工作向街镇延伸，引导委员为所在地区发展献计出力。充分发挥委员工作站服务群众、联系群众的平台优势，开展各类活动50余次。海淀政协委员工作站作为基层政协工作品牌，3个工作站申报市政协特色委员工作站。接受国家网信办主办的“讲好中国式商量故事”主题采访，18家中央、市级媒体进行专题采访和深度报道。

（赵婧茜）

提案和社情民意信息

【提案办理】 年内，区政协征集提案341件；立案302件，其中党派团体提案23件、界别提案11件、专委会提案1件、委员提案267件，全部办复。提案建议被承办单位采纳、问题得到解决的185件，占提案总数的61.3%；解释清楚、委员表示理解和同意的100件，占提案总数的33.1%；暂时不能解决、列入工作计划或留作参考的17件，占提案总数的5.6%。委员对办理工作的同意及满意率达到97%。

（赵婧茜）

【社情民意信息】 年内，区政协编报社情民意信息137篇，其中40篇被全国政协、市政协等上级部门采用。发挥各民主党派、工商联以及区政协各专委会和特邀信息员的作用，构建信息网络、增强培训力度、搭建交流平台，将信息工作与视察调研等日常工作相结合，及时发布信息工作动态。

（赵婧茜）

【提案集中协商督办】 6月21日，区政协首次以召开主席会议的形式对涉及中关村科学城建设发展的“科技政策促进海淀区优势产业高质量发展的建议”“关于强化海淀区引领促进作用，做高水平科技自立自强排头兵”“关于加速中关村科学城医药健康领域成果转化和技术落地的建议”等10件党派提案和3件委员提案开展集中督办和办理协商。主席班子集体督办党派团体提案的形式提高提案督办力度，推进提案成果转化，增强提案办理实效，《人民政协报》对此进行专题报道。

（赵婧茜）

专门委员会工作

【提案委员会】 年内，提案委员会强化统筹服务，采取多项措施提高提案质量。拓宽委员知情渠道。组织委员听取区情通报和专项工作情况通报；各党派团体、政协各专门委员会、各界别、地区政协委员活动小组深入调研，及时将有价值的调研成果、社情民意信息等转化为提案；开展提案撰写培训，通过微信公众号推出4期提案微课堂栏目。开展办理协商，发挥专委会专业领域优势，开展各类提案办理协商活动16次，增强提案办理实效。提升协商质量。跟踪本年5件提案的办理，跨年跟踪上届政协相关提案办理，推动提案落实。严格执行提案审查立案标准，确保立案提案质量。健全三方沟通机制，承办单位、提案者、政协组织三方协商沟通贯穿于提案办理的全过程，召开提办双方沟通会10余次。开展双向评议工作，促进提案质量和办理质量双提高。

（赵婧茜）

【经济科技委员会】 年内，经济科技委员会围绕中关村新一轮先行先试改革政策措施的实施开展协商议政。实地调研华为、联想、纳通等20余家重点企业及启元实验室、微芯研究院等新型研发机构，听取政府部门通报。组织召开10余次委员座谈交流会，收集措施对策40余条。与市政协联合召开协商会，围绕做强创业主体、营造良好生态、打造技术场景等内容积极建言，提出18条推动制度创新和科技创新的措施建议。围绕中关村综保区和“两区”建设统筹发展开展协商议政。聚焦“北京国际科创中心核心区指标体系建设”“医药健康产业先行先试政策研究”。围绕委员提案开展成果转化，强化与政府部门沟通，深化提案办理，把委员的提案转化成促进经济社会发展的重要力量。与区科协、区工商联、区侨联等部门交流沟通，组织委员培训学习6次，200余人次参加；组织各类专题协商会4次，开展专题调研26次，开展专题视察6次，走访委员50余人次，300余人次参加各类调研活动，收集委员各类意见建议70余条，上报社情民意信息30余篇。组织3次委员读书活动，100余人次参加。

（赵婧茜）

【港澳台侨委员会】 年内，港澳台侨委员会组织委员培训学习3次，各类专题协商会5次，课题研讨会4次，开展各类调研视察16次，参加委员100余人次。走访委员10余人次。开展以“学习贯彻党的二十大精神，以高水平开放推动‘两区’高质量发展”为题的线上专题辅导；与北京中关村高新技术企业协会、区科协、区侨联、区台办共同组织“脚踏实地，仰望天空”空天私享汇活动。开展“两区”建设辅导讲座及专题协商。组织委员视察调研中关村壹号、中关村规划馆、龙徽1910产业园，走访36氪、联想、华为、腾讯、字节、东华软件、微步在线等数字经济相关企业。围绕“会聚高精尖创新人才”相关提案组织民主监督座谈会。组织提案办理座谈2次。提出社会治理、经济发展、疫情防控等社情民意信息30余条。开展“五侨”圆明园文化之夜、对台国学和教育、海外学生训练营等活动，拓宽委员交流平台。

（赵婧茜）

【社会和法制委员会】 年内，社会和法制委员会通过多种渠道普法，组织委员开展法律自学。围绕法制建设、接诉即办、法律援助、深化“放管服”改革等区委、区政府的重点工作和群众普遍关心的难点热点问题选取调研点位，开展专项调研15次。走访委员13人，走访委员单位10次。召开“优化我区营商环境，深化放管服改革”协商议政会，形成专题报告，提交区委、区政府参考。开展课题调研5次，完成调研课题《改善律师执业环境对营商环境的影响》。加强民主监督力度，撰写海淀区落实《北京接诉即办条例》实施情况民主监督报告，提交区相关部门参考决策。组织委员参与冬奥冰雪项目，就“如何更好促进就业、助力中小微企业发展”提案进行研讨。组织女委员开展“悦享三月，美丽相约”活动。

（赵婧茜）

【农业和农村委员会】 年内，农业和农村委员会组织委员围绕“海淀农村‘三资’管理”开展走访、调研及座谈5次，通过议政性主席会开展专题协商议政，专题报告获区领导批示。协助市政协完成“聚焦共同富裕目标 多措并举促进农民增收”课题调研。组织委员、9个委办局及3镇6村开展调研座谈，就促进农民就业、发展农村产业和发挥政策调节作用等交流研讨。围绕促进农村集体经济发展、生态农业产业发展及品牌打造、现代农业示范园建设、村庄准物业化管理试点实施、村庄清洁行动等主题，组织委员开展专项调研视察15次。完成重点调研课题《海淀区农村富民产业增收潜力挖掘研究》，开展课题调研4次，召开课题研讨会3次，形成调研报告。召开委员征集意见座谈会，走访委员18人。举办专委会专题学习暨读书活动，通过专题讲座、互动答疑、读书分享等活动，将学习宣传贯彻中共二十大精神与委员读书活动相结合。

（赵婧茜）

【人口资源环境和建设委员会】 年内，人口资源环境和建设委员会以“聚焦提升生态环境、科技赋能城市治理”为工作主线，组织调研、视察、走访、学习等活动26次，参与委员300余人次。围绕海淀区关于生态环境类重点协商议题，组织委员到生态环境局、水务局、园林绿化局、圆明园等视察调研，参与十一届区政协第五次主席会，围绕“创建国家森林城市、提升生态碳汇能力”建言献策，形成7个方面20余条意见和建议报送区委、区政府决策参考。围绕海淀区关于城市建设和治理重点协商议题，组织委员到区城管委、住建委、房管局、交通支队、规自海淀分局等调研。组织委员参与十一届区政协第四次常委会，围绕“城市大脑赋能城市治理”进行专门协商议政，形成9个方面20余条意见建议，相关部门采纳办理。围绕城市更新、再生资源利用、城市交通治理、后疫情时代如何服务企业发展等开展专题议政会。完成“电动自行车全链条治理方法与路径研究”调研课题，形成调研报告，探索调研和指导实践紧密结合的模式，聘请相关政协委员作为城市大脑交通规划首席专家继续参与交通治理工作。组织政协委员参加区政务服务“体验官”活动，对优化行政审批环节提出意见建议。

（赵婧茜）

【民族和宗教委员会】 年内，民族和宗教委员会组织调研、视察、走访慰问和界别活动等22次，参与委员180人次。组织委员学习习近平新时代中国特色社会主义思想，特别是习近平总书记关于加强和改进人民政协工作的重要思想。专题组织学习贯彻党的二十大会议精神。围绕以铸牢中华民族共同体意识为主线开展民族团结进步创建活动，与区民宗办成立课题组，开展调研。在圣诞节、开斋节、浴佛节等重要节日走访慰问宗教界人士和信教群众；政协全会期间与委员一起座谈交流，关心关爱少数民族和宗教界委员们的生活和工作；走访委员单位，加强与民族宗教界委员的联系。组织委员就生态环境、民生实事、产业发展，调研区住建委、生态环境局、房管局、交通支队等部门和田村路、马连洼等街道；视察贝伦产业园、圆明园、坦博艺术中心、基督教海淀堂等宗教场所，为委员开展协商议政、民主监督和参政议政提供保障。

（赵婧茜）

【教文卫体和文史委员会】 年内，教文卫体和文史委员会完成三个重点专题协商议政会。“三山五园国家文物保护利用示范区建设”纳入政协专题议政性主席会议，通过现场调研、听取情况汇报，与会委员提出13条建设性意见，报送区委、区政府。“落实义务教育‘双减’政策”纳入政协专题议政性常委会会议。召开“深化医药卫生体制改革，加强三医联动”双周协商座谈会，通过现场调研、听取情况汇报，与会委员围绕主题提出12条建设性意见，报送区委、区政府。完成“以创建三山五园国家文物保护示范区为契机，促进文旅融合发展”重点调研课题，通过调研和专题研讨，形成调研报告。组织委员参加市政协以“进一步推动‘双减’政策落地见效”为题的调研座谈会和以“用好奥运遗产，推动冬奥场馆赛后可持续利用”为题的线上专题情况通报会。组织委员到区教委、区体育局、区文旅局、区卫健委走访调研，就教育事业发展、体育事业发展、文化旅游事业发展、卫生健康事业发展等交流座谈，召开4次专题情况通报会。编辑出版《海淀文史》25辑，设置冬奥情况、地理寻踪、三刹探源、人物春秋及丹棱忆事5个单元，收录文稿37篇。完成《海淀百座名人古墓》出版。参与市政协《文史资料》第85辑征集工作。参加海淀区“幼升小”“小升初”计算机现场派位，对工作流程进行全程监督。参加高考保障协调会并对考场的设立、试卷的保密与运送等环节进行监督检查。

（赵婧茜）

中共海淀区纪委
海淀区监委

2023
北京海淀年鉴

综述

【概况】 2022年，中共海淀区纪委海淀区监委（简称区纪委区监委）全面落实市纪委市监委和区委工作部署，认真履行监督执纪执法职责，纪检监察工作取得新进展新成效。

深化纪检监察体制改革，成立中关村科学城纪检监察工委。分级分类实施全员培训，举办基层纪委书记专题培训班。区纪委区监委被评为全国纪检监察系统先进集体，2022年北京冬奥会、冬残奥会北京市先进集体，北京市思想政治工作优秀单位。

区纪委区监委设派驻机构18家，另有镇、街道纪检监察机构27家，区管企业纪检（监察）机构19家。下属信息技术保障中心、宣传教育中心2家事业单位。代管中关村科学城纪检监察工委。

（张缤心）

【信访举报处置】 年内，全区纪检监察组织共接收处置信访举报14524件次，其中检举控告类589件次；处置问题线索661件，立案133人；给予党纪政务处分104人，移送检察机关33人。

（张缤心）

【区纪委十三届二次全会】 3月8日，中国共产党北京市海淀区第十三届纪律检查委员会第二次全体会议召开。会议传达学习贯彻习近平总书记在十九届中央纪委六次全会上的重要讲话和十九届中央纪委六次全会精神以及市纪委十二届七次全会精神，总结2021年纪检监察工作，部署2022年任务。区委书记于军出席并讲话，从4个方面对做好纪检监察工作作出部署。区委常委、区纪委书记、区监委主任鲍雷代表区纪委常委会作工作报告。全会表决通过《中国共产党北京市海淀区第十三届纪律检查委员会第二次全体会议工作报告》《中国共产党北京市海淀区第十三届纪律检查委员会第二次全体会议决议》。区委副书记、区长王合生，区人大常委会主任刘长利，区政协主席刘勇等区四套班子领导出席会议。

（张缤心）

监督执纪

【政治监督】 年内，区纪委区监委落实"疫情要防住、经济要稳住、发展要安全"要求，聚焦市、区重要工作开展37项监督，着力解决落实中的责任、作风问题，推动全区广大党员干部践行"两个维护"，保障党中央和市委决策部署在海淀落地见效。监督护航冬奥会、冬残奥会，服务保障党的二十大召开。严肃审慎做好党风廉政意见回复工作，完成172批5793人次干部选拔任用、表彰奖励资格联审工作。开展十三届区委政治巡察工作，完成对23家委办局的"政治体检"，发现问题600余个，移交问题线索9件。

（张缤心）

3月8日，海淀区纪委十三届二次全会召开　（区纪委区监委 供图）

【新冠疫情防控监督】 年内，区纪委区监委开展疫情防控监督，按照"快、严、准、实、细"要求，坚持"督帮一体、管住管好"总体思路，聚焦社会面、封控管控区、涉疫"放大器"场所（学校、市场、商超、餐馆）等疫情防控重点领域，围绕8小时涉疫风险人员应急处置、隔离点建设和人员管理等关键环节，全天候全覆盖监督检查。协调建立高校疫情防控监督体系，共监督检查3万余次，发现并督促整改问题1154个，约谈提醒655人，党纪政务处分4人，对113个重点病例溯源追责。围绕城中村、大院大所、外埠驻京机构和社区疫情防控以及为基层减负等重点工作深化调研监督，深挖风险漏洞，提出工作建议，部分经验做法被转发至全市供学习借鉴。

（张缤心）

【整治"四风"问题】 年内，区纪委区监委突出整治形式主义、官僚主义。聚焦经济社会发展、疫情防控等重点领域，对只表态不落实、做选择搞变通、重形式轻实效等问题精准施治，避免乡村建设"跑偏走样"，切实为基层减负。深入整治享乐主义、奢靡之风。紧盯重要时间节点，通过突击检查、随机抽查、交互检查、实地暗访等方式，充分运用科技手段深挖问题线索，对违规问题露头就打。共立案查处违反中央"八项规定"精神问题12件，给予党纪政务处分11人。

（张缤心）

【民生监督】 年内，区纪委区监委精准发现并处置社会领域民生事项等方面的违纪违法问题，确保各项惠民富民、促进共同富裕政策落实落地。围绕农村集体产权房屋租金减免开展调研监督，指导推动各镇和玉渊潭农工商总公司减免租金5.68亿元。开展农村腾退领域专项监督，推动海淀镇三山五园（挂甲屯）环境整治项目等有序进行。协调解决京果商厦楼顶违建拆除等基层治理难题。深化接诉即办专项监督，共发现问题769个，督促整改712件、约谈提醒174人、给予党纪处分1人，推动物业管理落后、封管控区紧急就医用药难等民生问题及时解决。

（张缤心）

【履行协助职责】 年内，区纪委区监委贯彻党委（党组）落实全面从严治党主体责任规定，加强对党委（党组）履行管党治党主体责任情况的政治监督，着重分析研判坚持党的全面领导、加强党的政治建设、贯彻以人民为中心的发展思想、严肃党内政治生活等情况，开展经常性监督检查，及时发现解决问题。做深做实全面从严治党（党建）工作考核，层层压实各级党组织主体责任，抓好党建各项工作任务落实。协助区委集体约谈考核发现问题突出的5家单位主要负责人，及时纠正偏差、督促履职。

（张缤心）

【接诉即办专项监督】 年内，为进一步强化“以人民为中心”工作理念，贯彻市委、区委在接诉即办工作中的各项工作要求，区纪委区监委聚焦海淀区接诉即办工作中存在的突出问题，靶向纠治工作作风，对应未及时响应、“首接负责制”不落实、随意申报剔除、工作态度不佳等重点问题，在全区范围内开展接诉即办专项监督攻坚行动，着力督促各属地、各部门、各单位及时响应群众诉求、着力解决群众反映强烈的突出问题，切实提高海淀区接诉即办工作质效和工作实绩，提升人民群众幸福感、获得感、安全感。

（杨文菁）

【调研巢生北京创新旗舰实验室】 7月21日，海淀区委常委、区纪委书记、区监委主任鲍雷带队到巢生北京创新旗舰实验室走访调研，实地了解企业发展历程、业务经营、疫情防控及复工复产情况，面对面倾听企业需求，协调解决企业提出的问题，为企纾困。巢生北京创新旗舰实验室是一家生命科学领域的新型实验室孵化机构，专注于生物医药早期前沿与创新技术项目孵化、交叉学科融合。该机构集投资、孵化、研发于一体，致力打通链接全球生物医药创新高地的合作渠道。一行人员实地参观公司开放工区、电话亭、中心共享实验室等地，听取负责人关于企业发展历程、主要业务、经营状况、疫情防控及复工复产的详细汇报。鲍雷详细介绍了海淀辖区疫情防控、经济、社会、教育及纪检监察等工作情况，并对巢生实验室积极引进国际创新要素、促进生物医药企业发展壮大等方面的贡献给予充分肯定。

（安可馨）

【市区联动监督科技创新工作】 6月29日，市纪委市监委驻海淀监督组同区纪委区监委联动，区纪委副书记、区监委副主任张旸、市纪委市监委第七监督检查室四级调研员赵伟龙、区纪委区监委驻中关村科学城纪检监察组组长刘莉以及党风政风监督室、第三监督检查室相关负责人到中关村科学城管委会调研监督稳定经济发展相关措施落实情况，中关村科学城管委会专职副主任何建吾等人员参加调研。何建吾汇报中关村科学城的历史沿革、机构设置和重点工作，重点从“八个紧抓”方面介绍了2022年以来统筹疫情防控和经济发展做出的努力和取得的成绩，即抓疫情稳增长、抓战略科技力量强化和成果转化、抓高精尖产业发展、抓重大项目落地和重点企业服务、抓创新生态优化、抓先行先试改革落地、抓干部队伍建设和非公党建。就促进经济发展工作中复工复产、人才引进、项目审批、老旧厂房改造、非国有企业孵化器和商务楼宇房租补贴发放等存在的困难进行充分交流，探讨问题症结，会商解决对策。区纪委副书记、区监委副主任张旸表示，按照市纪委市监委“督帮一体、管住管好”的思路，区纪委区监委将靠前监督、主动监督，争取市纪委市监委的支持帮助，切实推动解决企业发展遇到的难题。对中关村科学城下一步工作提出三点建议：一是在主体责任上再发力。要充分发挥全面从严治党引领保障作用，及时对标对表，深化落实中共中央关于加强对“一把手”和领导班子监督的意见和市委若干措施，加大压力传导力度，将责任传导到位，形成全面从严治党人人有责、齐抓共管的格局，为园区经济发展提供坚强政治保障。二是在作风建设上再巩固。要继续发扬敢为人先精神，主动作为、靠前服务。对惠企政策进行实化细化具体化，强化对扶持企业补贴资金的廉政风险防控，切实让好政策惠及企业，切实增强企业的获得感。要锲而不舍落实中央八项规定精神，严肃纠正和查处服务企业过程中的不作为、慢作为、乱作为和形式主义、官僚主义问题，以及以权谋私、吃拿卡要、贪占挪用扶持补贴资金等腐败问题，推动形成亲而有度、清而有为的亲清政商关系。三是在干部教育管理上再深化。深入开展以案为鉴、以案促改、以案促治工作，查找权力运行廉政风险点，健全内部监督制约机制，强化对重点岗位人员特别是年轻干部的教育管理，建立健全与中关村科学城职责定位相匹配的纪检监察机制，确保监督无死角。

（朱建振）

廉政教育

【警示教育】 年内，区纪委区监委做实以案为鉴、以案促改、以案促治，制发纪检监察建议10份。召开全区领导干部警示教育大会，运用违纪违法干部典型案例拍摄《贪欲之害——海淀区民生领域腐败案件警示录》《五小常治 四风必纠——海淀区查处群众身边的腐败和作风问题典型案例》两部警示教育片，发挥廉政教育基地平台作用，形成以案警示长效机制。

（张缤心）

【廉洁文化建设】 年内，区纪委区监委在全区开展有针对性、实效性的廉洁文化教育，使党员干部从反面案

10月27日，海淀区纪委区监委在海淀第一办公区举办“喜庆二十大 廉洁核心区——海淀区廉洁文化‘七进’活动成果展”开幕式　（区纪委区监委 供图）

例中汲取教训、引以为戒，从廉洁故事中收获营养、激励前行，从历史文化中以史为鉴、知古鉴今，让廉洁文化“亮”起来、“火”起来、“活”起来。探索“廉洁+”的新颖模式，将廉洁文化建设根植于优秀传统文化的深厚沃土，深度挖掘三山五园蕴含的别具特色的廉政文化元素，形成海淀廉洁文化资源库。围绕“廉洁+智慧”，利用海淀城市大脑“智慧监督+”大数据系统查找、发现廉政风险点，深入研判、精准定位，有针对性地开展廉洁文化建设，大力弘扬和宣传廉洁文化成果。围绕“廉洁+冬奥”，通过张贴海报、宣传标语、新闻宣传等方式，营造“让冬奥会冰雪一样纯洁干净”的浓厚氛围。围绕“廉洁+作品”，拍摄播出“全面从严治党永远在路上”等多部微视频，举办廉洁文化进机关、进社区、进家庭、进学校、进企业、进农村、进医院等“七进”活动成果展，引导党员干部牢记初心使命、树立清正廉洁价值理念。

（钟冷　申雨霏）

【廉洁文化“七进”活动成果展】 10月27日，由区纪委区监委、区委宣传部、区文明办联合举办的“喜庆二十大 廉洁核心区——海淀区廉洁文化‘七进’活动成果展”正式开展。区委常委、区纪委书记、区监委主任鲍雷，区委常委、政法委书记、区委办主任吴计亮及区纪委区监委领导班子成员，区委办公室党员干部，区纪委区监委机关各部室、各派驻机构、巡察机构工作人员观看成果展。本次展览分为7个部分，共展出205块展板，包括：廉洁文化进机关，全方位、多层次、宽领域展示机关廉洁文化建设活动；廉洁文化进社区，展示社区廉洁文化阵地在社区党建和社区活动中发挥的积极作用；廉洁文化进家庭，展示“树廉洁家风”，创建“五好”文明家庭和家庭助廉活动；廉洁文化进学校，展示将“廉洁文化”融入校园文化建设，开展社会主义核心价值观教育、道德品质教育、传统美德教育、法制意识教育等；廉洁文化进企业，展示廉政文化建设被纳入企业整体发展战略，积极营造企业廉洁、清明、和谐、守法的内部环境；廉洁文化进农村，展示依托镇文化站、农村文化活动室、党员活动室等阵地，强化农村基层干部遵纪守法、廉洁自律、公正办事意识；廉洁文化进医院，展示医疗机构建树廉洁文化的理念，努力形成“廉洁从医”的浓厚氛围，积极构建健康和谐的医患关系。近年来，廉洁文化进机关、进社区、进家庭、进学校、进企业、进农村、进医院等“七进”活动，培育了一批廉洁文化示范点，打造了一批廉洁文化品牌，营造了风清气正的政治生态。

（钟冷）

民主党派

2023
北京海淀年鉴

中国国民党革命委员会北京市海淀区工作委员会

【概况】 2022年，中国国民党革命委员会北京市海淀区工作委员会（简称民革海淀区工委）有28个支部、1192名党员。党员中，有全国政协委员2人，民革中央常委1人、民革中央委员1人，市人大代表2人、市政协委员6人，区人大代表2人、区政协委员17人（常委4人）。1人当选民革北京市第十五届委员会副主委、2人当选常委、5人当选委员。

民革海淀区工委被民革中央授予"民革全国祖统工作先进集体"称号，2名党员获得"民革全国祖统工作先进个人"称号。

（普云燕　张旭）

【参政议政】 年内，民革海淀区工委对接市、区重点调研任务，围绕中关村新一轮先行先试改革提交《建设国际一流新型研发机构，探索中关村创新生态新模式》《推动中关村开展新一轮先行先试改革，高校科研机构与企业新型产学研模式结合的研究》《推动中关村开展新一轮先行先试改革，中关村中小企业创新策略的研究》《推动中关村开展新一轮先行先试改革，构建首都功能产业集群的研究》《加快海淀数字乡村建设，打造首都近郊区数字治理》5篇调研报告。到中关村科学城和北京协同创新研究院开展重点课题调研，到温泉镇太舟坞村益农信息社实地调研数字农业农村建设情况。报送信息近300篇，其中被全国政协采用2篇、民革中央采用24篇、中共北京市委统战部采用1篇、市政协采用46篇、中共海淀区委统战部采用40篇。民革海淀区工委主委吴永常作为特邀代表参加全国政协主席汪洋主持召开的全国政协双周协商会，并作题为"依法规范种子市场秩序"的大会发言；《当前发热门诊管理存在的问题和建议》得到市委书记蔡奇批示；《建议央地共建、政企联合，推动北京种业高质量发展》《关于中关村论坛举办国际人才组织联合会年会及国际青年创新创业论坛的建议》《关于家居市场疫情防控的风险及建议》得到市相关领导批示。

（普云燕　张旭）

【组织建设】 年内，民革海淀区工委召开民革海淀区工委八届三次、八届四次、八届五次全委扩大会议，完成新一届民革北京市委委员人选民主推荐工作。召开民革海淀区工委党员代表大会，选举产生出席民革北京市第十四次代表大会38名海淀区代表，配合民革北京市委完成换届任务。修订《民革海淀区工委主委会议议事规则》《民革海淀区工委专委会工作制度》《民革海淀区支部工作管理办法》等制度。发展民革新党员26人，筹建1家海淀民革党员之家和北京林业大学支部。召开高校院所支部提升履职能力专题座谈会，抓好高校民革党员队伍建设。

（普云燕　张旭）

【思想建设】 年内，民革海淀区工委深入贯彻学习中共二十大精神，加强思想政治引领，举办学习贯彻落实中共二十大精神学习班；各支部组织线上线下专题辅导、座谈交流、专题简报、征文答题等系列活动30余次，组织各支部骨干党员赴长辛店二七纪念馆开展学习中共二十大主题教育活动。打造"书香民革"，与民革市委科技专委会联合举办"量子技术——改变未来"主题读书会。在中共市委统战部"共话百年统战"理论研讨活动中，民革海淀区工委委员、北京师范大学历史学院教授姜海军撰写的《新时代首都统一战线的基本经验及思想探析》获二等奖。

（普云燕　张旭）

【社会服务】 年内，民革海淀区工委开展2022年海淀区东西部协作和支援工作计划。赴内蒙古科右中旗开展助力乡村振兴对接工作，举办乡村振兴直播电商培训暨科右中旗第七期乡村振兴大讲堂，560余人在主会场和分会场参会，带动农牧民增收致富。捐赠近10万元的新冠肺炎疫情防疫和生活物资。民革海淀区工委委员杨学兵负责的华灿（苏州）设计中心在昆山成立。组织民革党员为疫情防控捐款捐物，民革海淀区工委副主委万方通过海淀区红十字会捐款1万元，民革海淀区工委副主委宋婷婷以个人名义捐款10万元，民革党员徐磊捐赠价值4.5万元的N95口罩、向海淀区红十字会捐赠1000套价值4.5万元的防护服。民革海淀区工委领导带队慰问下沉到各社区支援疫情防控工作的民革党员，送去40箱牛奶、120箱矿

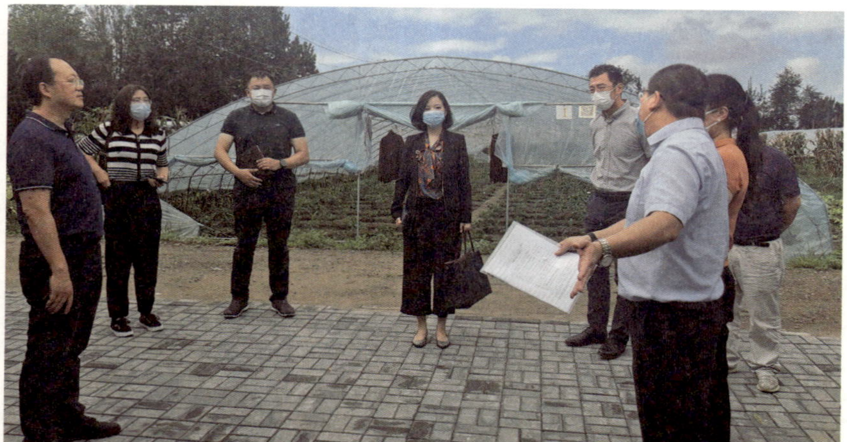

8月9日，民革海淀区工委部分党员赴温泉镇太舟坞村益农信息社实地调研数字农业农村建设情况
（民革海淀区工委 供图）

泉水和2000把清凉扇。

（普云燕　张旭）

中国民主同盟北京市海淀区委员会

【概况】 2022年，中国民主同盟北京市海淀区委员会（简称民盟海淀区委）下属1个基层委员会、3个总支委员会、49个支部，有盟员1972人。盟员中，全国政协委员2人，民盟中央委员4人、民盟北京市委委员8人（其中常委1人），市人大代表1人，区人大代表5人（其中常委1人），市政协委员8人（其中常委1人），区政协委员14人（其中副主席1人、常委6人、副秘书长1人）。新发展盟员73人，转入5人，转出4人。一零一中学支部、育英学校支部2个基层组织完成班子换届，成立北京航空航天大学支部、中国劳动关系学院支部、综合一支部3个“盟员之家”。

开展学习宣传贯彻中共二十大会议精神专题系列活动，举办专题学习活动16次。学习传达全国“两会”精神。参观民盟中央举办的“喜迎二十大 携手新征程”盟员书画作品展，与北京市健翔学校、北京市盲人学校联合举办培训讲座，举办3期文化科创系列大讲堂、3期体育文化健康系列讲座、4期普法系列讲座、8次专委会活动。全年召开3次主委会议、2次全委会议、1次理论学习中心组学习会议。

编发《海淀盟讯》1期、《盟务动态》6期、《矢志不渝跟党走 携手奋进新时代——献礼二十大作品集》专刊1期。全年报送反映社情民意信息273篇，1篇信息获得中央领导批示，3篇信息合报稿被市领导批示，1篇信息获得区领导批示。《增强制造业对年轻人的就业吸引力》被民盟中央选用为全国政协常委会口头发言，《实施〈湿地保护法〉应注意的问题》《聚焦家庭型“微度假”“轻旅游”，打造“本地化”旅游产品供给体系》等3篇信息被全国政协采用。向民盟北京市委报送9篇理论研究论文，其中3项研究成果获民盟北京市委2022年度统战理论研究成果二等奖、1项成果获民盟北京市委2022年度统战理论研究成果优秀奖。民盟海淀区委被民盟北京市委评为信息工作先进单位，28名盟员获反映社情民意信息工作先进个人表彰，1人获反映社情民意先进工作者表彰。民盟海淀区委荣获民盟北京市委“健康迎冬奥 一起向未来”活动优秀组织奖，15名盟员被评为先进个人。

（侯悦）

【参政议政】 年内，民盟海淀区委完成17项调研课题，其中《关于加快中关村科学城北区新型城市化建设的几点思考》为中共海淀区委、区政府调查研究重点课题，《“三山五园”地区历史名人史迹考》《关于接诉即办条例背景下基层协商议事工作机制构建的研究》《智能教育装备赋能互联网学习环境发展》《以创新政策优化软环境、健全软条件，引导创投资本加大对硬科技投资》为中共海淀区委统战部立项课题。申报8项民盟中央调研课题、18项民盟北京市委调研课题，其中，《用好北京奥运遗产，推动冬奥场馆赛后可持续利用》被立项为民盟北京市委主委课题，《推动中关村开展新一轮先行先试改革，加快建设世界领先的科技园区和创新高地》《瞄准“双碳”目标，积极稳妥推进绿色低碳转型发展》《完善数字经济治理体系，推动数字经济法治建设》被立项为民盟北京市委重点课题，《首都知识产权服务标准体系构建及发展策略研究》被立项为民盟北京市委一般课题。在区政协十一届二次全会上，提交3件党派团体提案。在区政协全会召开的表彰会议上，提交的《关于强化海淀区引领促进作用，做高水平科技自立自强排头兵的建议》被评为年度优秀党派团体提案。完成的民盟中央调研课题中，海淀区盟员执笔的《关于构建“网络谣言”综合治理体系 防范重大公共事件的提案》《关于制定〈上市公司独立董事条例〉的提案》《关于全面加强孕前孕期保健，创新出生缺陷防治工作的建议》被民盟中央作为全国政协集体提案。2021年度完成的民盟北京市委调研课题《提升西山永定河文化带品牌价值，打造首都文明亮丽标识》被评为北京市民主党派参政议政优秀调研成果二等奖。

（侯悦）

【社会服务】 年内，民盟海淀区委普教专委会与北京市健翔学校共同举办“课程、理念、育人”线上培训活动，邀请专家做《IEP理念下的课程方案》专题培训。与北京市盲人学校举办第三届课程资源开发评比活动，知名盟员从选题设计、教学内容、教学效果和作品规范4个方面进行指导。向海淀区对口支援的内蒙古赤峰市敖汉旗引入新长城高中生自强班项目，提供二期帮扶资金10万元，发放给50名品学兼优的家庭经济困难学生。通过中国乡村发展基金会，启动对内蒙古兴安盟科尔沁右翼中旗的帮扶计划，引入帮扶资金30万元，分3年资助50名品学兼优的家庭经济困难学生。

（侯悦）

【文化科创系列大讲堂】 4月28日，民盟海淀区委举办第一期文化科创系列大讲堂，邀请盟内专家刘斌强作《科技成果转化一二三·从发明创造到商业变现》专题讲座。从技术创新和专利之间的关系、专利转变成果、商业运用三方面详细讲述科技成果转化的过程和重要意义，通过具体的专利申请研发案例，介绍当前国内科技成果转化的进展和趋势，近50人参加。6月21日，举办第二期文化科创系列大讲堂，邀请盟内专家葛珂作《技术立业与时间为伍》专题讲座。从用户基础、研发变革、产业环境、技术突破等方面详细阐述企业技术立业的过程，并通过具体的数据分析和生动的案例，介绍国内移动互联网行业软件技术研发重点从人与设备到人与数据转变的趋势，60余人参加。8月1日，举办第三期文化科创系列大讲堂，邀请盟内专家陈亚平作《儿童母语阅读和英语阅读》专题讲座。从阅读的核心要素、语言理解的核心要素、影响早期儿童阅读理解的因素等多个角度讲解母语学习和英语学习之间的互动关系，近90人参加。

（侯悦）

【体育·文化·健康系列讲座】 6月27日，民盟海淀区委文卫体专委会举办第一期“体育·文化·健康”讲座，邀请盟内专家晏冰作《关于腰酸背痛脖子疼的新思考——战胜疼痛》专题讲座，解释慢性疼痛的机理及解决方法，介绍实现主动健康的重要而有效的方法，70余人参加。8月4日，举办第二期“体育·文化·健康”讲座，邀请盟内专家夏城东作《常见糖尿病和甲状腺疾病问题的认识——从一个医生角度如何看到健康疾病》专题讲座，从中西医结合的角度讲解在治疗和管理糖尿病和甲状腺疾病方面的认知误区、治疗原则、营养与运动治疗的指导意见，200余人参加。11月24日，举办第三期“体育·文化·健康”讲座，邀请盟内专家卢芳玉作《画像里的汉人文体生活》专题讲座，从石刻与拓片、汉代的画像石与画像砖以及汉画里展现的文体生活3个方面讲解，近100人参加。

（侯悦）

【普法系列讲座】 7月30日，民盟海淀区委法制专委会携手海淀区彩虹之家青少年服务中心、15家社区青年汇举办第一期普法讲座。邀请盟内专家经雯洁作《预防校园欺凌》普法专题讲座，围绕校园欺凌的常见种类、相关法律规定、案例讲解和应对校园欺凌的途径4个方面进行讲解，近670人参加。8月6日，举办第二期普法讲座，邀请盟内专家王子墨作《宪法宣传周之法律思维及兴趣培养》专题讲座。深入阐述法律思维的4个特征和4个阶段，近600人参加。8月13日，举办第三期普法讲座，邀请盟内专家常文娟作《大学生的职业规划与就业的法律“陷阱”观》专题讲座。从签订合同注意事项、试用期、工资待遇和规章制度等方面进行讲解，600余人参加。8月20日，举办第四期普法讲座，邀请盟内专家郑菊芳作《中国法律体系中的核心价值观》专题讲座，800人参加。

（侯悦）

中国民主建国会北京市海淀区委员会

【概况】 2022年，中国民主建国会北京市海淀区委员会（简称民建海淀区委）下属基层委员会3个、支部36个；会员1888人，比上年增加69人。其中，具有大学及以上学历1596人，占会员总数的84.5%；具有中高级职称会员936人，占会员总数的49.6%。会员中，民建中央委员3人（常委1人），民建北京市委委员13人（副主委2人、常委2人），全国人大代表1人，北京市人大代表3人，海淀区人大代表8人（副主任1人、常委2人），全国政协委员2人，北京市政协委员8人（常委2人），海淀区政协委员28人（副秘书长1人、常委6人），担任特约职务45人。

全年召开主任委员会议6次，中心组学习1次，全体委员（扩大）会议1次，基层组织和专委会联席会1次。开展“矢志不渝跟党走、携手奋进新时代”政治交接主题教育实践活动。召开中心组学习会，举办学习贯彻中共二十大精神专题会议、中共北京市第十三次党代会专题学习会、民建北京市第十二次代表大会学习会等活动30余次。

报送社情民意信息948篇，193篇被全国政协、中共中央统战部、民建中央、北京市政府、北京市政协、北京民建市委、海淀区政协、中共海淀区委统战部采用。其中，《“揭榜挂帅”落地亟需构建制度体系》被中共中央主要领导批示，《提升碳排放数据质量，筑牢碳达峰碳中和核算基础的建议》等5篇被全国政协采用，《关于加强密云水库流域总氮源解析和精准防控的建议》等10篇被北京市政府领导批示。报送理论研究成果2篇，其中《提升新型政党制度效能 谱写新时代统战新篇章》被民建中央采用。编印《海淀民建》合刊1期，撰写报送宣传稿件199篇，其中193篇被民建北京市委采用。“海淀民建”微信公众号发布消息267篇。民建海淀区委获评民建市委网站工作先进集体突出贡献奖，被民建北京市委评为2021年度信息工作先进集体一等奖。

（李明华）

【参政议政】 年内，民建海淀区委完成课题86项，26项调研成果转化为市区两级政协议政发言材料、党派提案及建言信息，形成一批具有影响力的高质量参政议政成果，被评为区政协反映社情民意信息工作先进单位，5名会员被评为优秀信息员。其中，《关于构筑机器人和智能制造创新生态，赋能京津冀区域经济高质量发展的提案》《完善发展路径设计，培育更多“专精特新”企业》转化为市政协提案并获评市政协2022年优秀提案，《关于海淀区企业迁出情况研究与对策的建议》《关于打造人工智能高地 助力“两区”建设的建议》《关于规范房屋租赁市场秩序监管的建议》《关于建设“西山烈士纪念馆”打造海淀红色的教育基地的建议》《关于推进两轮换电设施建设，根本提升电动自行车用电安全的建议》等5篇提案被评为区政协2022年度优秀提案；《关于畅通“毛细血管”助企渡难关的建议》转化为社情民意信息，被市委统战部《建言专报》采用，被市委书记蔡奇批示。组织召开参政议政工作培训会13次、重点课题研讨会16次。

（李明华）

【社会服务】 年内，民建海淀区委举办“冬奥有我”主题分享会、第四届“温暖北京”社会服务暨公益服务论坛、第十届城市发展论坛、“公益大讲堂”等活动。“民建海淀同心基金”捐款4万元，资助20名中央民族大学在校学生。民建海淀区委北京大学委员会捐赠防疫物资折合价值31.6万元。组织18名会员组成同心抗疫志愿服务"机动队"，参加"首都统一战线"同心抗疫行动。为河北丰宁县万胜永乡下洼子村、天桥镇下山嘴村和土城镇家庭困难学生、贵州省黔西市大关镇大关中学师生捐赠价值154.9万元衣物和睡袋，向丰宁天桥镇、黄旗镇老虎沟门村"爱心超市"捐赠爱心物资价值32.5万元，联络中华思源工程扶贫基金会与爱心企业向丰宁满族自治县杨木栅子中心小学、万胜永中心校、天桥中心校捐赠价值5万元爱心校服。慰问平谷区南岔村2户精准扶贫困难家庭，捐赠生活用品和慰问金6000余元。民建海淀区委社会服务委员会获"民建中央定点帮扶工作先进集体"称号，6名会员获"民建中央定点帮扶工作先进个人"称号。

（李明华）

【政治交接主题教育动员部署会】 4月29日，民建海淀区委召开"矢志不渝跟党走、携手奋进新时代"政治交接主题教育动员部署会。民建北京市委原常务副主委任学良作主题教育辅导报告。民建海淀区委主委赵晓光传达民建中央和民建北京市委主题教育动员部署大会精神，就民建海淀区委开展政治交接主题教育的部署与推进提出3点要求：要将主题教育活动贯穿在区委"五大建设"工作中，不断强化理论学习；要结合海淀民建的特色和优势，充分激发广大会员的履职热情，凝聚会员智慧，为北京国际科技创新中心核心区的建设建言献策；要依托主题教育活动，进一步强化中心组学习和理论学习培训工作。会议对民建海淀区委工作进行部署。民建海淀区委委员、基层组织班子成员、专委会负责人、中青年骨干会员等共计106人参加。

（李明华）

【第十届民建北大"城市发展论坛"】 5月28日，民建北京市委和民建北大委员会共同举办主题为"大变革时代的城市就业与发展"的第十届民建北大"城市发展论坛"。民建北京市委主委司马红出席并讲话。论坛邀请全国政协参政议政人才库特聘专家、中国财政科学研究院贾康作题为"新形势下的就业与发展"的演讲，全国政协委员、中国劳动和社会保障研究院院长莫荣作题为"中国当前的就业形势与对策"的演讲，北京大学经济学院杨汝岱教授作题为"加快产业升级与促进高质量协同发展研究"的学术演讲，北京大学社会学系卢晖教授作题为"从农民工'制度'谈中国城市就业和发展的特点"演讲。民建北京市委、北京大学党委统战部、中共海淀区委统战部、民建海淀区委有关领导，民建各区级组织及专委会代表，以及光明网、《人民政协报》、《团结报》、《中国经济时报》、《北京晚报》等媒体共200余人参加论坛。

（李明华）

【科技企业研讨会】 8月11日，民建海淀区委举办民建海淀区科技企业研讨会。民建北京市委副主委李申虹、苏健，民建海淀区委副主委李海龙、郭斌及19家民建企业代表参会。与会企业代表介绍企业用工、生产经营、疫情防控、存在困难等情况，与会人员共同探讨和交流如何助力企业发展、增强企业发展信心。

（李明华）

【企业委员会劳动争议调解中心成立】 9月6日，民建海淀区委企业委员会举行劳动争议调解中心授牌仪式。劳动争议调解中心旨在为会员企业解决实际困难，通过协商、调解、仲裁，提前化解劳动用工争议纠纷。至年底，成功为会员企业调解42起劳动争议。

（李明华）

中国民主促进会北京市海淀区委员会

【概况】 2022年，中国民主促进会北京市海淀区委员会（简称民进海淀区委）有区属基层委员会4个（比上年增加1个），基层委员会下属支部19个（比上年增加5个），区属支部42个，会员1551人。会员中，有民进中央委员7人（副主席1人、常委2人）、民进市委委员8人（副主委1人、常委1人），全国人大代表1人，市人大代表1人、市政协委员8人（常委1人），区人大代表2人（常委1人）、区政协委员22人（常委4人）。

全年召开主委会9次、全委（扩大）会3次。

（王玲）

【思想建设】 年内，民进海淀区委通过召开主委会、全委会、主委办公会等形式，深化对开展政治交接主题教育重要意义、丰富内涵的认识。青年专委会录制"喜迎二十大 共话统战"北京民进青年会员讲会史的短视频。举办"对市十三次党代会精神的理解与认识""国家战略形势与我国国家安全环境"专题讲座、"铸牢中华民族共同体意识大讲堂"讲座，总计200余人次参加。编辑出版中共二十大学习专辑；推出"矢志不渝跟党走 携手奋进新时代"主题宣传专刊，对基层组织的先进工作经验、先进个人事迹进行宣传。

（王玲）

【参政议政】 年内，民进海淀区委立项调研课题22项，其中5项重点调研课题全部完成。北京外国语大学支部会员何明星所撰写的信息被中共中央统战部《零讯》采用。民进海淀区委获2022年度海淀区统战系统社情民意信息特等奖。民进海淀区委主委廖奕在海淀区主要领导谈心活动上作题为"强化专利检索分析能力建设、从源头上强化知识产权保护"的主题发言，为海淀区知识产权工作的持续发展建言献策。民进人大基层委员会主委殷强担任市社科重大项目《北京冬奥国际传播研究》课题组组长，就如何利用好"冬奥遗产"、推动北京冬奥场馆赛后可持续利用等问题建言献策。选举产生48名出席民进北京市第十三次代表大会代表。

（王玲）

【社会服务】 年内，民进一零一中学支部田媛、民进中西医结合医院支部谷群英参加民进中央赴贵州金沙县开展的教育医疗帮扶活动。民进水利支部杜梅等4人参与民进中央赴江西九江就水资源节约安全利用情况开展考察调研工作。民进小教北支部第八次赴山西黎城霞庄小学进行支教，并捐赠学习用品、体育用品。民进海淀区委副秘书长高亮参加北京冬奥会、冬残奥会海淀区票务和观众组织工作，获“北京2022年冬奥会、冬残奥会北京市先进个人”称号。民进北京舞蹈学院田湉担任北京冬奥会开幕式“放飞和平鸽”的分场导演，其中一“鸽”都不能少成为经典片段。组织动员广大会员开展抗击疫情爱心捐赠活动，捐赠口罩、隔离面罩、橡胶手套、防护服、鞋套等防疫物资43730件，总计104675.91元。1名会员向北京市首德慈善基金会及有关单位相关人员和爱心人士捐赠10万余只口罩；20人成为市、区“同心志愿”防疫志愿者。

（王玲）

【民进中央调研社会服务工作】 1月21日，民进中央社会服务部部长刘文胜带领民进中央调研组一行到民进海淀区委开展社会服务工作调研座谈。民进海淀区委主委廖奕出席座谈会。民进海淀区委专职副主委兼秘书长王钢主持座谈会。廖奕汇报海淀民进近年来开展社会服务工作的具体情况，从支教服务、文化服务、咨询服务、脱贫攻坚、抗疫救灾5个方面对海淀民进的社会服务工作进行总结汇报，并对民进海淀区委的“五新”行动方案、平台建设、保障机制及代表人士进行介绍。座谈会上，民进海淀区委副主委沈腾、崔常男、刘芳、张立波，民进海淀区委委员鲍东，民进小教北支部副主委黄涛围绕如何开展好社会服务工作进行交流研讨。参加此次座谈的还有民进中央、民进北京市委、民进海淀区委有关人员。

（王玲）

【学习读书分享活动】 4月23日，民进中央青工委与民进海淀青工委联合举办线上党史学习和读书分享活动。民进中央青工委委员、部分省级组织青工委委员及会员代表110余人线上参会，其中海淀会员95人。此次活动，邀请共青团中央机关党委办公室主任、直属机关团委书记刘恺带作题为《党领导下的中国青年运动的百年历程》的讲座，讲座从中国青年运动的概念、形成、时代主题，到发展历程，阐释其内在逻辑和道路选择的必然性，并对中国青年运动的经验和启示进行思考。民进海淀青工委副主任王少石分享了《元宇宙》的读书体会，介绍“元宇宙”的由来、用户人群、初始根基、“元宇宙”经济学与现实经济学的异同、存在与发展、与现实社会的结合等内容。

（王玲）

中国农工民主党北京市海淀区委员会

【概况】 2022年，中国农工民主党北京市海淀区委员会（简称农工党海淀区委）有总支部委员会1个，支部32个；党员1113人，比上年增加24人。党员中有农工党中央委员3人、农工党北京市委委员10人，市人大代表1人、区人大常委会委员1人，全国政协委员3人、市政协委员4人、区政协委员19人，国务院参事2人、中国工程院院士3人，长江学者3人。

全年报送社情民意类信息432条，其中被全国政协采纳37条、被中共中央统战部采纳1条、被农工党中央采纳88条、被市政府采纳1条、被市政协采纳130条、被中共北京市委统战部采纳5条、被农工党北京市委会采纳306条；得到北京市领导批示4条。

（魏明昭　方鹏飞）

【参政议政】 年内，农工党海淀区委完成调研课题11个。其中，张盼月的《加强海淀区生态资源管理，提升海淀区生态固碳能力》被列为中共海淀区委统战部重点课题，贺可嘉的《通过“城市数字资产安全监测系统”加强海淀区互联网络安全治理能力》转化为区政协党派协商会发言，茆京来的《新时期海淀区托育服务体系供需现状及高质量发展建议》被推荐作为区政协党派提案。柏燕军的《关于加快建设海淀区紧密医联体的建设的建议》、芮玉奎的《关于海淀区农业企业的现状问题及对策的建议》和茆京来的《关于进一步完善海淀区公共卫生治理体系的建设》被区政协评为2022年优秀提案。

（方鹏飞）

【社会服务】 年内，农工党海淀区委组织党员参加疫情防控一线工作。西苑医院总支部杨虹婕、海淀医院支部李常红到内蒙古常驻定点帮扶医院助力抗疫。主委带队组成“同心志愿服务团”，服务防疫工作。组织党员参加北京2022冬奥会、冬残奥会服务保障工作。农业大学支部夏兆飞带领团队开展冬残奥会动物医疗志愿服务工作，西苑医院总支张萍进驻冬奥签约酒店开展医疗服务，海淀医院支部刘长玮承担区属为奥运服务的闭环人员医疗保障转运工作，教育支部李文文参与冬奥会现场服务，1名机关干部抽调到海淀区冬奥保障专班工作，均出色完成任务，得到中共海淀区委统战部的表扬。

（魏明昭）

【第七期“新·好时政漫谈”】 8月3日，由中共北京市委统战部、农工党北京市委主办，农工党海淀区委承办的第七期“新·好时政漫谈”在中国农业科学院举办。会议由农工党北京市委专职副主委江欣，农工党北京市委副主委、农工党海淀区委主委曹卫东联合主持。中国工程院院士、全国人大代表、农工党北京市委主委王金南参加活动并讲话。中国林业大学环境科学与工程学院副院长张盼月、中国农业大学资源与环境学院教授芮玉奎、中国林业科学研究院林业研究所副研究员赵树堂、中国地质科学院矿产综合利用研究所常务副所长韩志军、中国农业大学动物医学预防兽医系副教授王永强、中国农业科学院农产品加工研究所科普中心主任张洁、北京林业大学环境科学与工程学院教授洪喻、北京师范大学系统科学学院副教授周锡饮8位来自农业农村及生态环境相关领域的农工党党员作重点发言，聚焦“土地、水、生态、资源、环境紧平衡下的北京乡村发展策略”“人口资源矛盾下的北京城市保供”主题，分析存在的问题并提出对策建议。全国政协委员、国务院参事、中国林科院森林人资环与保护研究所学术委员会主任、首席专家杨忠岐参与活动并作交流发言。中国农业科学院直属机关党委副书记苗水清，农工党北京市委秘书长张琴琴，中共海淀区委统战部副部长王选革，中国农业科学院直属机关、资源与区划研究所相关部门负责人，农工党北大委员会、东城区委、西城区委、海淀区委的负责人，市委会机关组织处和参议政处的相关人员，以及农业农村相关领域的党员参加活动。

（钟冷　魏明昭）

【第十七期读书班】 9月24日，农工党海淀区委举办线上第十七期读书班。特邀中共海淀区委统战部有关领导从世情、国情、统情等方面解读中共中央统战工作会议召开的背景和意义，围绕“十二个必须”系统解读中共中央统战工作会议主要精神，讲解关于坚持和完善新型政党制度的各项要求；结合《海淀区基层统战创新试点实施方案》的主要内容和相关案例，详细介绍新形势下统战工作向基层延伸的有关要求和海淀区基层统战工作的创新实践。农工党海淀区委副主委肖京作《继承光荣传统 共创美好未来》的专题讲座。农工党海淀区委委员、各专委会负责人、各基层组织骨干、新发展（转入）党员共130余人参加。

（魏明昭）

中国致公党北京市海淀区委员会

【概况】 2022年，中国致公党北京市海淀区委员会（简称致公党海淀区委）有支部21个，比上年增加1个；党员806名，比上年增加25人。党员中，有中国科学院院士3人；国务院参事1人；全国人大代表2人、全国政协委员3人；北京市政府参事1人、市政府特约人员3人；致公党中央常委1人、委员5人，致公党中央专委会主任、副主任19人，委员36人；市人大代表1人，市政协委员6人，致公党北京市委委员8人；区人大代表1人，区政协委员17人。1人获“全国三八红旗手”称号。

致公党海淀区委以“京致阅读”活动为抓手，推进“书香支部”建设，开展线上线下读书活动18次，为党员购买书籍近2000册。报送信息96条，其中1条《关于优化北京健康宝弹窗机制的建议》被全国政协采纳、1条《反思重庆森林火灾扑救工作存在的短板及建议》被北京市领导批示。

（翟晓玮）

【参政议政】 年内，致公党海淀区委承担中共海淀区委统战部《全面推动“三城一区”融合发展》《放大海淀区整建制农转非效应，推进人的城市化研究》《国有不可移动文物的利用研究》3项课题。承担致公党北京市委《以落实中关村新一轮先行先试政策助推北京国际科技创新中心建设》1项主委课题，《多措并举，积极稳妥推进碳中和碳达峰目标的实现》《推进建设博物馆之城，助力全国文化中心建设》《提升仪器仪表行业科技成果转化成效，助力两区建设》3项重点课题，《贯彻“十四五”规划精神，在保稳增长的同时与低碳化相结合，积极推动我国经济高质量发展的路径及建议》《基于评价指标的作业设计与实施，扎实推进“双减”政策，推动首都英语基础教育高质量发展的建议》2项普通课题，完成6项调研报告撰写任务。配合致公党北京市委开展对口海淀区加快国际科技创新中心建设工作，围绕发挥好“村高新”带动作用助力中关村科学城创新水平提升、中关村新一轮先行先试改革等主题开展调研。22人参加致公党中央专题调研、民主监督和座谈交流活动。

（翟晓玮）

【社会服务】 年内，致公党海淀区委与中共海淀区委统战部（区侨办）、海淀区人大法制委、海淀区政协港澳台侨委、海淀区侨联联合主办“海侨之月·情满中秋”诗乐会。与北京大学校友会、北京大学创业训练营合作举办“创享海淀”新青年创客海外学

9月29日，致公党中央参政议政部调研组到海淀调研　（致公党海淀区委 供图）

堂暨北京大学创业训练营海外特训班。到门头沟区梁家庄村开展调研、交流座谈，支持门头沟区发展“8+1”行动。组织党员参加对重庆酉阳、内蒙古的电商帮扶活动3次，通过电商渠道购买物资5000元。组织党员捐赠抗疫物资1次，捐赠N95口罩3000只、防护服300套。

（翟晓玮）

九三学社北京市海淀区委员会

【概况】 2022年，九三学社北京市海淀区委员会（简称九三学社海淀区委）有基层委员会8个、支社（小组）64个，社员2363人。社员中有九三学社中央委员6人（主席1人）、九三学社市委委员13人，有全国人大代表1人、市人大代表5人、区人大代表4人，有全国政协委员4人、市政协委员9人、区政协委员31人，有院士2人、长江学者8人、国家杰出青年科学基金获得者11人。

全年编报信息107篇，被有关部门采用81篇，其中《关于北京冬奥村入口临建大门存在安全隐患的反映》《关于利用既有铁路资源支撑北京市通勤与旅游产业的建议》2篇得到中共北京市委书记蔡奇批示。出版《海淀九三》4期，“海淀九三”微信公众号发推文236篇。“海淀九三”荣获今日头条2022年政务头条号优秀创作者奖项。九三学社海淀区委获九三学社中央全国宣传思想工作先进集体称号、九三学社中央社会服务先进集体称号；中国农业大学委员会获九三学社中央社会服务先进集体称号；12名社员获评九三学社中央社会服务先进个人，1名社员获评九三学社中央优秀信息员，3名社员获评海淀区政协反映社情民意优秀信息员。

（赵国春）

【参政议政】 年内，九三学社海淀区委对18项调研课题予以资助，其中重点课题9个、一般课题9个。《新时代海淀开放创新的路径与策略研究》《海淀区数字乡村建设研究》两篇调研报告转化为区政协大会发言和党派提案，部分调研成果转化为委员提案。重新组建科技、教育、医药卫生、城建环境、农林5个专委会。九三学社海淀区委提交的《关于海淀区吸引高精尖高端人才的政策与措施的建议》被区政协评为党派优秀提案，窦豆、崔丽娟、张轲等3位区政协委员分别提交的《关于医养结合新型养老社区创建与实施的建议》《关于疫情期间确保消防通道畅通的建议》《关于海淀区城市更新工作的建议》被评为委员优秀提案。

（赵国春）

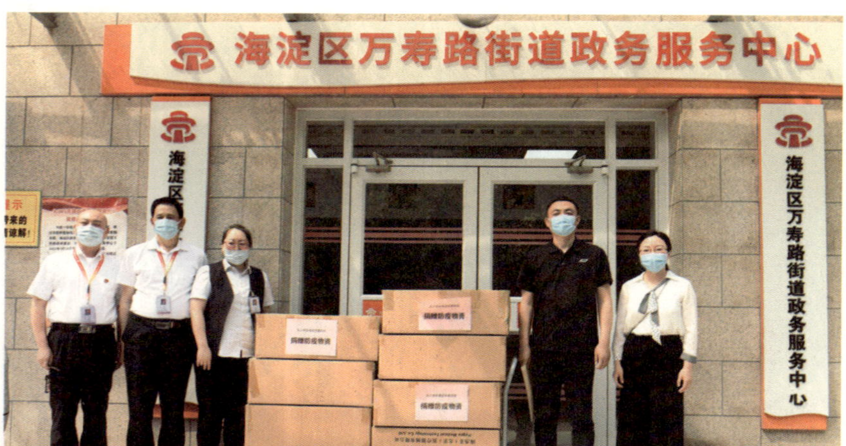

5月19日，九三学社海淀区委慰问万寿路街道政务服务中心（刘艳 摄）

【组织建设】 年内，九三学社海淀区委发展新社员106人。其中，研究生以上学历100人，占94.3%；高中级职称93人，占87.7%；主体界别93人，占87.7%；女社员43人，占40.6%。中国农科院委员会、中国农科院委员会第五支社、中石化石勘院支社、北京外国语大学支社、中国科协支社5个基层组织完成换届。九三学社海淀区委所属6所高校基层组织联合举办以“思政融教、立德树人”为主题的第六届“九三学社基层组织教育与创新论坛”。在疫情防控形势下，基层组织采取线上讲座方式开展活动，首师大委员会举办“科学与艺术沙龙”、北京邮电大学委员会举办“鸿雁讲堂”、海淀第五综合支社每月举办“跨界漫谈”、海淀第七综合支社举办“海棠大讲堂”、中信所支社举办科普讲座交流会等。万建民、崔丽娟被九三学社中央评为2022年度“九三楷模”，赵国春、彭祚登被九三学社中央评为九三学社组织工作先进个人。

（赵国春）

【思想建设】 年内，九三学社海淀区委召开六届三次全体（扩大）会议，邀请全国政协委员传达全国两会精神。扎实开展“矢志不渝跟党走，携手奋进新时代”主题教育活动。召开九三学社海淀区委理论中心组学习会，专题学习中共二十大报告；开展“喜迎二十大，社员说变化”征文活动，收到征文19篇。举办学习贯彻中共二十大精神宣讲会，260余名社员在线参与。举办“学习党的二十大，迎新春送祝福”笔会活动，收到作品32篇。举办2022年新社员培训班，加强社史学习，引导新社员不断增进对中国共产党和中国特色社会主义的政治认同、思想认同、理论认同、情感认同。北京邮电大学委员会、北京理工大学支社、北京石墨烯研究院支社等50余个基层组织以议政会、报告会、读书会的形式开展丰富多彩的主题教育活动。

（赵国春）

【社会服务】 年内，“九三学社名师工作站”在首都师范大学附属育新学校开设生物科学探索、化学实验研究、轨道交通探究3门研究课程，26名社员参加52次授课。九三学社海淀区委青工委线上举办“小科学大梦想——走进中国科技馆，感受科学魅力”“小科学大梦想——探秘北京冬奥场馆规划设计”“小科学大梦想——金融发展史探究”3期科普公益活动，600余人参加。九三学社中国气象局支社到房山区良乡第四小学开展气象防灾减灾科普讲座，并赠送6套240本气象预警科普系列丛书，100余人次参加；九三学社首师大委员会与北京九三书画院联合举办线上“诗苑漫步”科普讲座，300余人参加。捐赠、筹措抗疫物资20余万元。机关干部到裕和嘉园社区、京东快递四季青营业部、万寿路街道政务服务中心慰问抗疫工作人员，捐赠抗疫物资。

（赵国春）

台湾民主自治同盟北京市海淀区工作委员会

【概况】 2022年，台湾民主自治同盟北京市海淀区工作委员会（简称台盟海淀区工委）有3个支部；盟员85人，比上年增加1人。盟员中有全国人大常委会委员1人，市人大代表1人、市政协委员4人（政协副主席1人），区人大代表1人（常委会委员1人）、区政协委员8人（常务委员1人，副秘书长1人）。

台盟海淀区工委以“学六史·筑同心”为主题，学习宣传贯彻中共十九届六中全会和中共二十大精神、台盟十一次全盟代表大会精神、中央统战工作会议精神、《台湾问题与新时代中国统一事业》白皮书精神等，编辑出版“台湾问题与新时代统战工作”“学习宣传贯彻中共二十大”等专刊。举办纪念台湾人民“二二八起义”75周年学习会和第六期“传承·筑梦——盟员讲故事”活动。组织盟员参加台盟中央“阅·思源”读书学习活动，报送《中国新型政党制度》第一章导读文章1篇；组织盟员参加台盟中央“我的入盟初心和履职故事”征集活动，报送作品3件。与台盟朝阳区工委联合开展以“悦思源·共圆中国梦”为主题的“分享悦读会”活动，进行新型政党制度的学习和分享。组织骨干盟员参加全国两会精神报告会，参观“百川归海 人民至上——香山时期中国共产党领导的协商建国实践专题展览”，到西山国家森林公园无名英雄纪念广场瞻仰无名英雄。协助中共海淀区委统战部开展“同心冬奥”观赛活动，征集“喜迎中共二十大暨台盟成立75周年书画作品展”作品1件。

全年报送社情民意信息232篇。被台盟中央、全国政协以及中共北京市委、市政协、中共市委统战部等采用35篇。其中，杨旭主委的《对政府工作报告的反映》被全国政协采用，《对中共十九届六中全会的反映》《关于加强对刑满释放人员、社区矫正对象等特殊人群的监督与管理建议》《关于助推“舌尖上养老”助餐惠老尽快实现的建议》《关于留学生思政教育改革的建议》《关于疫情防控下肿瘤患者接种新冠疫苗存在的问题及建议》《关于新型高危害性变种传销的治理建议》6篇信息被台盟中央采用；《关于尽快清空美国国债并收回黄金的建议》《从万安桥失火事件浅谈对我国木质古建筑保护的建议》等27篇被市政协和中共北京市委统战部采用；无疫社区（村）创建的经验做法、面临的问题及建议专题约稿，关于发挥金融机构优势支持科创企业发展的建议等9篇信息被中共海淀区委统战部采用。

台盟海淀区工委获台盟第十届中央委员会地级市参政议政先进集体奖、地市级突出进步奖，获台盟中央2022年度地级市参政议政先进集体奖，获台盟中央2022年地市级突出进步奖，获评区政协2022年度反映社情民意信息工作先进单位。4位盟员被区政协评为优秀信息员，2位盟员被中共海淀区委统战部评为优秀信息工作者。

（曾军）

【参政议政】 年内，在区政协十一届一次会议上，台盟海淀区工委提交《关于紧抓“两区”建设机遇，推动海淀科技服务业高质量跨越发展的建议》《关于促进海淀北部区域集体经济发展，实现共同富裕的建议》《关于提升信息规划和管理水平，进一步打造智慧社区的建议》3件党派团体提案，作《紧抓“两区”建设机遇，推动海淀科技服务业高质量跨越发展》的大会发言，提交《关于促进海淀北部区域集体经济发展，实现共同富裕的建议》的书面发言报告。提交个人提案8件，反映社情民意信息15篇。团体提案《紧抓“两区”建设机遇，推动海淀科技服务业高质量跨越发展》《关于提升信息规划和管理水平，进一步打造智慧社区的建议》被区政协评为优秀提案。

（曾军）

【社会服务】 年内，台盟海淀区工委连续11年对口慰问帮扶温泉镇敬老院孤寡老人，为13位“五保户”和孤寡老人每人送上500元温暖红包，并为敬老院送去毛巾、香皂、洗涤灵、抽纸等生活用品。33位盟员为“助梦启航”爱心助学捐款3700元。

（曾军）

【台盟中央调研宣传思想工作】 4月27日，台盟中央宣传部部长穆学锋、副部长王若锟一行到台盟海淀区工委开展宣传思想工作调研，并召开座谈会。台盟北京市委会副主委、区工委主委杨旭主持调研座谈会。调研组听取台盟北京市委会“矢志不渝跟党走、携手奋进新时代”政治交接主题教育进展情况和工作安排，以及盟史资料收集整理、“阅·思源”读书学习活动等各专项工作开展情况汇报；听取台盟海淀区工委“矢志不渝跟党走、携手奋进新时代”政治交接主题教育开展情况、盟员思想态势、宣传思想特色亮点工作，特别是加强盟员思想政治引领方面的工作汇报。穆学锋对台盟海淀区工委下一阶段宣传思想工作提出3点要求。主要为扎实开展“矢志不渝跟党走、携手奋进新时代”政治交接主题教育，不断巩固多党合作的共同思想政治基础；切实加强宣传工作，讲好中国共产党领导的多党合作故事的台盟篇；充分调动广大盟员和所联系台胞的积极性，不断提高参政议政质量，将主题教育激发的热情和干劲转化为履职尽责的自觉行动和实际成效。台盟海淀区工委盟员代表围绕主题教育开展、读书学习活动体会、盟史资料征集等方面作交流发言。台盟中央宣传部、台盟北京市委会宣传处及台盟海淀区工委办公室有关人员参加会议。

（钟冷）

人民团体

2023

北京海淀年鉴

总工会

【概况】2022年，北京市海淀区总工会（简称区总工会）下属海淀工人文化宫、海淀区职工服务（帮扶）中心2个直属事业单位。全区有已建会用人单位3985家。其中，区总工会直属基层工会125家，工会会员66.6万余人。有专职工会干部997人，兼职工会干部8848人。组织838人次参加北京冬奥会演练和活动。各级媒体登载区总工会宣传报道160余篇，微信公众号累计发布文章200余篇，累计阅读量40万人次。推出新媒体专题“战疫情”80余篇。

（刘婷婷）

【基层工会组织建设】年内，区总工会开展“十百千”工会组建专项行动。全区新建单位工会组织198家，其中千人以上建会单位5家、百人以上建会单位26家；发展会员41623人。互联网重点企业爱奇艺集团、快手集团分别以集团形式建会，今日头条公司完成建会工作。推树全国级最美户外劳动者服务站点21家，北京市级最美户外劳动者服务站点23家。

（张剑）

【产业工人队伍建设改革】年内，区总工会成立海淀区推进产业工人队伍建设改革协调小组，将与产改相关的重要职能部室和单位均纳为小组成员，起草制定《关于全面推进海淀区产业工人队伍建设改革实施方案》，不断推进改革工作走深走实。

（刘萍）

【职工职业技能提升】年内，区总工会组织开展“师带徒”活动，共申报121对师带徒，其中被评为优秀师带徒42对。北冶功能材料有限公司1人获市级2021年度“名师带徒”的称号。北京四方继保自动化股份有限公司的1项技术研究获得市级创新助推项目，69名职工获得创新发明专利助推。对本年申报取得职业资格证书的78名在职职工开展职业助推。推荐6名职工参与“北京大工匠”评选。

（刘萍）

【法治宣传】年内，区总工会开展送法进企业活动，将千册《中华人民共和国工会法》（简称《工会法》）读本送进企业20余家，引导企业提高运用《工会法》依法治企能力。组织线上培训，面向全区企业、职工及工会干部，讲授《工会法》《中华人民共和国劳动合同法》《中华人民共和国劳动法》等内容，覆盖职工千余人。打造工会法治宣传阵地，依托法治公园对“八五”普法规划、新业态劳动者劳动权益保障、法律援助等内容进行宣传。

（温远清）

【职工法律服务】年内，区总工会建立健全法律服务人才队伍，通过法律服务窗口及三方工作站，定期为广大职工和企业提供法律服务。开展劳动争议调解及法律援助工作，调解成功案件350件，其中集体案件40件，为职工挽回经济损失2411.7万元。受理法律援助案件51件，为职工挽回经济损失1617万元。12351职工服务热线接市总工会派单840余件、12345热线派单3件，结案率100%。

（温远清）

【职工服务】年内，区总工会开展疫情防控慰问活动6次，累计投入慰问资金近1100万元，慰问新业态劳动者、疫情防控一线人员、城市运行保障一线人员以及下沉一线社区工作者等，覆盖职工19万人次。开展12351App会员服务项目248项，服务职工28万人次。推进建设职工健康服务品牌，建成基层街道健康驿站5家。组织开展专家走基层特色服务活动80场，服务职工1000余人次；开展心理健康服务活动48场，服务职工800余人次。

（赵朋超）

【选树和服务劳模】年内，区总工会完成2022年先进集体和个人的选树推评工作，评选出全国五一劳动奖章2名、全国工人先锋号3个、首都劳动奖状集体6个、首都劳动奖章24名、北京市工人先锋号9个。向全区在库的570名劳动模范发放市级、区级春节慰问金109.7万元。开展劳模健康医疗服务保障工作，为在库劳模制作劳模医疗服务卡。

（刘萍）

【集体协商与民主管理】年内，全区共建立并实行职代会制度和厂务公开制度的企业8121家，覆盖职工36.5万人。签订集体合同企业2960家，覆盖职工20.4万人。开展物业、评估拆迁、民营医疗、民办教育、商业、建筑6个区级行业协商，覆盖企业152家、职工23072人。

（温远清）

【职工文体活动】年内，全区累计申报区级职工书屋59家。区总工会组织各级工会开展读书沙龙、职工教育大讲堂20余场。举办“喜迎二十大 建

9月23日，快手集团（北京）第一届工会会员代表大会召开　（李欣 摄）

功新时代”职工书画大赛、职工“云诵读”活动，把抗疫风采等主题作品作为重要展示单元。

（王金）

【工会志愿服务】 年内，区总工会组织职工参与防疫宣传、复工复产、垃圾分类、心理疏导等志愿服务120万人次，累计服务超过5000万人次。安排公益电影演出4000余场，观影10万余人次；举办公益培训1005场，服务职工9.1万人次。

（郝丽娜）

【“工匠杯”职工职业技能大赛】 3月至11月，区总工会举办海淀区2022年“工匠杯”职工职业技能大赛。比赛涉及科技、市政、餐饮、旅游、住建五大行业，以信息技术、人工智能、现代服务业、数字文化创意为代表的16个工种，近万名一线职工通过“线上+线下”“笔试+实操”的方式进行比拼。

（刘萍）

9月22日，“工匠杯”职工职业技能大赛现场 （区总工会 供图）

共青团

【概况】 2022年，共青团北京市海淀区委员会（简称团区委）所属基层团组织5426个，比上年增加502个，其中团委186个、团工委30个、团总支229个、团支部4981个。在基层团组织中，包括村（居）团组织51个、社区团组织606个、学校团组织1100个、机关事业团组织1203个、国有企业团组织183个、非公企业团组织1940个、社会组织团组织343个。有团员52216人，比上年增加3578人；专职团干部333人，兼职团干部4160人。

贝壳找房（北京）科技有限公司团委获得“全国五四红旗团委”称号，北京鼎普科技股份有限公司获评“全国青年文明号”；中关村医院护理部干事李春续、北京市小米集团策划专员张宇2人获得“全国优秀共青团员”称号，新浪技术（中国）有限公司团委书记常俊、海淀区民族小学少先队大队辅导员李艳获得“全国优秀共青团干部”称号。10家基层团委获“北京市五四红旗团委”称号，6家基层团支部获“北京市五四团支部”称号；13人获“北京市优秀团员”称号，14人获“北京市优秀团干部”称号。清河街道青年突击队、中国移动北京公司城区三分公司冬奥会通信保障青年突击队被命名为北京市青年突击队。15个项目获北京市2022年“团建百强”品牌项目。

表6 2022年海淀区入选“团建百强”品牌项目

序号	项目名称	申报组织
1	“京蒙协作 乡村振兴”项目	海淀团区委
2	爱心伴成长项目	海淀团区委
3	“青合”项目	海淀区清河街道团工委
4	“暖新”服务为基层社会治理赋能项目	海淀区八里庄街道团工委
5	“紫竹·丰收 守护成长”笔友计划	海淀区紫竹院街道团工委
6	“奋进新征程，建功新时代”项目	北京市公安海淀分局万寿路派出所团支部
7	“二小聚力 青春有我”项目	海淀区中关村第二小学教工团支部
8	“双奥之城 服务有我”服务项目	海淀区北下关街道五塔寺社区团支部
9	小米青年志愿服务队项目	小米集团团委

续表

序号	项目名称	申报组织
10	城市志愿者站点项目	海淀区海淀镇团委
11	“甘心相助”课后公益暖心课堂项目	海淀区甘家口街道团工委
12	“育·树”创新团建项目	海淀区双榆树第一小学教工团支部
13	ICON 创新生态圈项目	国电科技环保集团股份有限公司团委
14	“税蓝逐梦园”青年沙龙项目	海淀区税务局团委
15	“贝壳友邻”新时代文明实践志愿服务项目	贝壳找房（北京）科技有限公司团委

【北京市海淀区志愿服务联合会】 北京市海淀区志愿服务联合会是海淀区十大“枢纽型”社会组织之一，秘书处设在团区委。截至年底，海淀区通过验证的注册志愿者1018058人，注册志愿服务团队11026个，登记志愿服务项目77103个。

（焦孟琳）

【社区青年汇】 年内，海淀社区青年汇开展“学习二十大、永远跟党走、奋进新征程”等系列学习教育活动170场，直接覆盖青少年1.1万余人。围绕北京冬奥会和冬残奥会，开展“魅力冬奥”知识传播活动、“激情冰雪 相约冬奥”、“喜迎冬奥会 奔跑向未来”等系列主题活动近300场，覆盖青少年1.5万余人。海淀社区青年汇全年组织开展青少年主题活动3732场，其中思想引领类1500余场。吸引、联系、服务青年10万余人，新增服务青年2万余人，影响青年百万余人次。

（李晔晗）

【阳光地带社区青年汇】 年内，团区委与公检法部门和社工组织合作，推进海淀区阳光地带社区青年汇“提质增效”“转型升级”。依托市级三家专业社会组织，结合区级重点项目，发挥阳光地带“预防青少年违法犯罪、维护青少年合法权益、服务青少年健康成长”的功能定位，开展青少年普法自护活动、心理疏导和司法保护等工作。全年开展青少年普法自护活动25场，覆盖3500余名青少年；开展“阳光筑心桥”心理疏导个案服务189人次，青少年团体辅导活动5场；开展海淀区青少年心理关爱服务，为14名涉诉未成年人、未成年被害人和重点青少年开展心理咨询服务117人次，亲职教育讲座5场。

（赵思维）

1月25日，团区委组织青年干部在紫竹院街道提供志愿服务　（团区委 供图）

【青少年法治教育】 年内，团区委在国家安全日、国家宪法日等重要时间节点开展青少年普法自护教育活动4场，内容涵盖“预防溺水及踩踏”“校园欺凌的正确处理方式”“挫折耐受力的培养和提高”，覆盖1200余名青少年。结合新时期青少年特点，创新青少年普法教育形式，围绕《关于建立侵害未成年人案件强制报告制度的实施意见》，设计制作《“小海带你学”强制报告制度》法治动漫微视频。组织发动58家社区青年汇开展全民禁毒宣传月活动，覆盖青少年3500余人次。

（赵思维）

【困境青少年精准帮扶】 年内，团区委对“海淀区重点青少年服务管理系统”中的461名困境青少年开展走访慰问工作，了解、掌握、跟进青少年的思想、生活、学习、心理等情况以及存在的困难和诉求。在春节、元旦期间开展慰问活动，为海淀区461名困境青少年家庭送去生活、文体用品和新春祝福。发放市级、区级以及北京市青基会慰问物资920份。发动各街镇团组织帮助家庭困难、品学兼优的青少年24人成功申请北京市“希望之星1+1”助学金共计2.5万元。为生活困难家庭优秀大学生80名、小初高学生80名贫困青少年发放海淀“树人助学基金”24万元。

（赵思维）

【未成年人权益保护】 年内，海淀区涉诉未成年人司法保护项目以政府购买服务的方式，动员专业社工力量，对公安、检察院、法院、司法局等单位委托的180名涉法涉诉未成年人开展个案服务1130人次，其中针对107名违法未成年人开展557人次服务、针对43名涉罪未成年人开展413人次服务、针对18名未成年被害人开展182人次服务、针对1名民事观护未成年人开展8次活动。开展小组活动60场，服务314人次。根据学校需求开展预防犯罪宣传讲座5场。针对违法犯罪青少年经常出入的娱乐场所、居住社区等地开展深宵外展服务2场。

（赵思维）

【冬奥城市志愿服务】 年内，团区委招募6000余名志愿者参与北京冬奥会和冬残奥会城市志愿服务。在冬奥场馆周边、重要交通枢纽、旅游景点等重点地段设置9个城市志愿服务站，服务城市运行、旅游推介、便民利民之所需。在全区153个重点社区开展冬奥知识普及、冰雪运动宣传等活动。城市志愿者累计上岗20104人次，累计服务时长121183.5小时，累计服务观众约2.7万人次，服务市民游客约10万人次。

（焦孟琳）

【“人大、政协与共青团”面对面活动】 年内，团区委动员各街镇团（工）委，邀请地区人大代表、政协委员与青年代表开展交流活动，及时了解和研判青少年发展状况，为青少年工作决策提供参考。在全区开展青少年模拟政协提案征集活动，进一步拓展青少年权益表达渠道，引领全区广大青少年参与区域经济社会建设，共收到提案293个。

（赵思维）

【垃圾分类志愿服务】 年内，团区委发动29个街镇各社区（村）在青年志愿者服务队账号发布“垃圾分类桶前值守行动”志愿服务项目。共发布垃圾分类桶前值守志愿服务项目1836个，累计发动团员青年志愿者3.5万人次，服务时长47万小时。

（焦孟琳）

【新就业群体服务】 年内，团区委依托社区青年汇和各种社会资源建立257家“小哥加油站”，为新就业群体青年提供饮水、热饭、充电、医疗急救等服务，开设义剪理发、交友联谊等常态化服务项目。在节假日，开展为新就业群体送温暖、送祝福等关心关爱活动，向“小哥加油站”发放消暑防寒防疫等保障物资，切实提升新就业群体的获得感和幸福感。

（李晔晗）

【“网上共青团”宣传平台】 年内，团区委新媒体矩阵围绕中国共产主义青年团成立100周年、党的二十大等重要主题，开辟“‘团’聚青春，致敬百年”“团委书记说”“我的团我的家”“海淀青年榜样”等10余个栏目，发布微信推文616篇、视频121条、原创视频48条次，拍摄“学习二十大 永远跟党走 奋进新征程”主题微团课4期，阅读量达200万余次。

（蔡蕊）

【驻区高校人才就地转化研究】 年内，团区委围绕“抓住重点群体、重点领域促进高校毕业生更充分更高质量就业”主题，联同北京大学调研了解高校毕业生就业形势、影响因素等情况，形成区级调研报告——《海淀区驻区高校人才就地转化研究报告》。报告响应了习近平总书记有关培养造就大批优秀科技人才、释放各类人才创新活力的要求，旨在深入了解海淀区毕业生人才留区工作的现状，以及高新技术领域的人才留用转化情况，为未来海淀区的人才服务政策提供参考和支持。

（蔡蕊）

【海淀片区高校共青团校地共建】 年内，海淀片区高校共青团校地共建工作启动会召开，会议强调，高校共青团扎实推进思想政治引领与改革创新工作取得一定的成效。聚焦当下，如何让高校共青团工作进一步融入“大思政”工作体系，进一步厘清团、学、社的核心职能，增强团支部的组织机制建设，让工作实效落到支部、团员，是下一阶段共青团工作的目标和方向。海淀高校共青团将全面学习贯彻党的二十大精神，加强学习研讨，形成“2+N”交流合作机制；推动社区实践，形成网格化工作机制；落实工作督查，形成自查互查相结合督查机制；开展工作考核，形成多维双向考核工作机制；强化资源共享，形成区域共建工作机制，挖掘各高校资源优势，打造“五个一”重点工作成果。

（莫穷）

【对口帮扶和协作】 年内，团区委与内蒙古科右前旗团委共同发起“少喝一杯奶茶，认养一棵树木”公益活动，共建“前·海青年友谊林”。共有721人参与认养，募集资金5万余元。团区委强化助学扶困，开展“希望之星1+1一家亲——我在北京有个家青少年助学帮扶项目”。动员团干部、青联委员、企业家等爱心人士参与活动，与新疆和田、西藏拉萨、青海玉树等对口支援地区的贫困青少年结亲结对帮扶，累计捐款达163603元。首次将帮扶地区在京就读大学生

10月28日，团区委召开海淀片区高校共青团校地共建工作启动会（区团委 供图）

纳入“海淀树人助学金”项目，向内蒙古科右前旗、科右中旗、敖汉旗和新疆和田共计20名在海淀就读高校的贫困大学生发放助学金4万元。开展“前海·云课堂——东西部协作知识产权推广”专题培训会，围绕知识产权、商标基础知识等方面进行授课，为兴安盟50位创业青年提供指导。

（莫穷）

【慰问两新组织青年群体】 春节、“双11”期间，团区委开展2场两新组织青年群体慰问活动，为清河街道、八里庄街道、上地街道、西北旺镇、四季青镇等25个街镇以及韵达快递、德邦快递公司共计400名快递从业青年送去慰问物资和防寒保暖物品，物资包括食品、护膝、电动车风挡等。

（赵思维）

【首都志愿服务项目大赛海淀分赛】 4月15日，北京市海淀区精神文明建设委员会办公室、共青团北京市海淀区委员会、海淀区志愿服务联合会启动2022年首都志愿服务项目大赛海淀分赛。4月20日至5月15日期间，面向社会公开征集到118个参赛项目，涉及文明实践、服务民生、社会治理、文化科技、国际交往、生态文明、卫生健康、安全应急、公益创业、其他领域等10个类别。经过综合评定，选出32个优秀项目代表海淀区参加2022年首都志愿服务项目大赛复赛。其中，15个项目进入决赛，获1个金奖、2个银奖、5个铜奖、7个提名奖，获奖志愿者团队涉及服务民生、文化科技、其他领域、生态文明、安全应急、文明实践等领域。

表7　2022年首都志愿服务项目大赛海淀区获奖项目表

序号	项目领域	项目名称	项目单位	奖项
1	其他领域	“‘萤火虫计划’乡村科普百校行”志愿服务项目	北京一片星空天文科普促进中心	金
2	服务民生	“你的声音 我的视界”志愿服务项目	清华大学机械系紫荆志愿者支队	银
3	服务民生	“关爱听障儿童 共建爱心菜园”志愿服务项目	北京市上地实验学校（银河爱心公益）	银
4	文明实践	“‘小驿站大作为’京张铁路遗址公园（五道口）文明实践驿站”志愿服务项目	生命缘志愿服务总队	铜
5	服务民生	“‘笔墨守望’书信交流志愿服务”项目	彩虹明天公益社	铜
6	文化科技	“‘烛光育星’高校志愿者+儿童一对一帮扶新模式”志愿服务项目	中国农业大学烛光社	铜
7	文化科技	“科技职业启蒙公益实践课程”志愿服务项目	小米青年志愿服务队	铜
8	文化科技	“‘小志荐书’线上志愿服务”项目	海淀区图书馆志愿服务分队	铜
9	服务民生	“京津冀社区老年人金融教育公益行动”志愿服务项目	北京拾翠艺术发展促进中心	提名奖
10	服务民生	“‘邻里e家’燕保公租房社区文明实践志愿服务”项目	燕保辛店志愿服务站	提名奖
11	文化科技	“云支教”志愿服务项目	北京林业大学青年志愿者协会	提名奖
12	文化科技	“XXGL小豆包故事屋”志愿服务项目	北京市信息管理学校	提名奖
13	文化科技	“‘云上传心 放飞梦想’乡村振兴系列志愿服务”项目	北京语言大学志愿服务总队	提名奖
14	生态文明	“爱心衣物回收志愿服务”项目	中国农业大学向日葵爱心社	提名奖
15	安全应急	“乐活助消防 科技展未来”志愿服务项目	中关村街道消防志愿者服务队	提名奖

（钟冷　焦孟琳）

【共青团海淀区十四届四次全会暨海淀共青团2022年工作会】 4月21日，共青团北京市海淀区十四届四次全会暨海淀共青团2022年工作会召开。副区长徐振涛出席会议，团区委书记班子全体成员，十四届委员会委员、候补委员，各直属团组织单位主管领导、团组织负责人，团区委机关各部室中心负责人等140余人参加会议。全会审议通过《海淀共青团2022年工作要点》《共青团北京市海淀区委员会专项工作委员会工作规则》和《共青团北京市海淀区十四届四次全会关于十四届委员会委员、候补委员卸职递补确认案》，递补赵申为共青团北京市海淀区第十四届委员会委员，共青团北京市海淀区第十四届委员会由25名成员组成。团区委书记陈培宇传达全市共青团工作会议精神，对2022年重点任务作出部署，共青团重点抓好5个方面工作：围绕迎接党的二十大，着力提升青少年思想政治引领的针对性实效性；坚持围绕中心服务大局，团结引领海淀广大团员青年建功新时代、奋进新征程；聚焦青少年成长发展，着力提升服务青少年工作的专业化精准化水平；以全面深化改革为重点，坚定不移推动共青团改革进一步向纵深发展；落实新时代全面从严治团要求，抓好团的规范化建设。

（钟冷　李晔晗）

【海淀区青年工作联席会】 4月21日，团区委召开海淀区青年工作联席会议2022年第一次全体会议。会议贯彻落实中共中央、国务院印发的《中长期青年发展规划（2016—2025年）》和《中长期青年发展规划》实施试点工作要求，听取区联席会办公室关于《海淀区“十四五”时期青少年发展规划》编制情况的汇报，审议并通过《海淀区“十四五”时期青少年发展规划（草案）》，结合海淀科技、教育、文化大区特色，以打造“海淀青少年成长发展友好城区”为主线，高标准构建集青少年思想引领体系、青少年受教育体系、青年人才发展政策体系、青少年综合服务体系、青少年建功体系“五位一体”的“海淀与青少年贯通式友好成长发展”的生态城区。

（赵思维）

【海淀青年运动百年回眸主题展】 4月底至8月，团区委分别在星航学舍、温泉镇举办“喜迎二十大、永远跟党走、奋进新征程——党领导下的海淀青年运动百年回眸”主题展览。依托街道、社区青年汇组织青年通过线上VR、视频、图片的形式进行线上参观展览近30场，覆盖青少年万余人。主题展览从“投身社会主义建设”“争当改革开放的先锋”“迈进新时代的海淀共青团”“重大活动服务保障”“海淀社区青年汇”等几个篇章展现海淀共青团在党的领导下百年青年运动史。

（李晔晗）

【共青团海淀区十四届五次全会】 5月19日，共青团北京市海淀区十四届五次全会召开，审议确定出席共青团北京市第十五次代表大会代表候选人预备人选29名。

（李晔晗）

【“中关村U30”活动】 7月21日至12月，“中关村U30”活动举行。活动由中国科协科学技术传播中心，共青团北京市委、北京市科委、中关村科技园区管理委员会，海淀区人民政府主办，中关村科学城管委会、共青团海淀区委、北京市青年企业家协会、优卅青年服务中心承办，“中关村U30——寻找改变世界的青年创业力”为口号与目标，选拔出30位35岁以下青年创新创业优胜者。活动采取网络评选和现场闭门路演评选双级评审规则，并单设台湾地区专场，分为战略性新兴产业组、数字经济产业组、生产性服务业组、生活性服务业组、文化创意产业组和乡村振兴产业组，涵盖人工智能、大数据、芯片设计、医疗健康、3D打印、储能、教育等领域。通过报名、海选、复赛、决赛，评选出30位年度优胜者，根据秘书处统计，2022年度的30位优胜者平均年龄33岁，最小的23岁。高学历、高精尖、高融资、促就业依然是年度优胜者的显著特点。从学历看，硕士研究生及以上学历23人，其中包括博士研究生14人，8位拥有海外求学或访学经历，多位优胜者曾经在国际知名期刊发表多篇论文或申请到国内外发明专利授权；从领域看，主要集中在人工智能、芯片设计、大数据、智能制造、医疗健康、清洁能源等，不少创业者的团队中出现了院士、科学家的身影；从融资看，超过80%的优胜者所在企业完成至少一轮融资，最高的已拿到4轮融资，创业者在技术、产品、商业模式等方面，已经具备很强的创造力和颠覆能力；从就业看，30位年度优胜者在通过创新解决当下问题的同时，为社会提供数千个就业岗位，以创业促就业，为经济发展贡献自己的青年力量。活动向30位优胜者提供包括进行多维宣传、开展创业交流、对接优质资源、拓展联系网络的精准性服务，面向所有参与选手同步开展基础性扶持活动，全方位助力青年创新创业。

（莫穷　曹沛函）

【共青团北京市海淀区代表会议】 7月28日，共青团北京市海淀区代表会议召开。会议采取线上线下相结合的方式举行，由团区委书记陈培宇主持，来自全区基层团组织推选的92名团员代表参加。会议学习北京市第十三次党代会精神，听取《关于海淀区出席北京市第十五次团代会代表推荐提名情况和代表候选人预备人选产生情况的说明》，表决通过《共青团北京市海淀区2022年代表会议大会选举办法（草案）》、代表候选人名单等，选举产生出席共青团北京市第十五次代表大会代表25名。

（钟冷　李晔晗）

【青少年航天科普活动】 8月10日至26日，团区委携手中国航天科工三院310所航科传媒启动“青少年暑期航天科普项目”——航天知识“萌探团”活动。项目根据中国航天的发展历程，设计空间站、太空实验、火星探测、“两弹一星”、巡航导弹、导弹发射车、发射水火箭、冬奥特种火炬、

8月12日，团区委开展航天知识“萌探团”《航天科技在身边——冬奥会水下特种火炬》课程

（团区委 供图）

航天育种9个航天主题课程，2000余名青少年通过线上线下相结合的方式参与活动。

（赵思维）

【“海漾青年——海淀青年科技创新赋能活动”】 11月10日，由团区委主办的“海漾青年——海淀青年科技创新赋能活动”正式启动。全年共举办青年创新人才私董会2期，通过邀请政府领导、知名专家、学者、投资人、行业头部企业家等就科技创新人才发展问题开展对话交流，帮助青年人才解决科技创新瓶颈，寻找发展方向；选拔出30位青年科技创新创业优秀代表，通过公交车车身广告投放等形式开展宣传，提高海淀青年人才知名度。

（莫穷）

妇女联合会

【概况】 2022年，海淀区妇女联合会（简称区妇联）下属海淀区妇女儿童活动中心事业单位，海淀区女企业家协会、海淀区巧娘协会、海淀区家庭教育研究会、海淀区智慧社区与家庭服务协会4个法人社团。新建第四范式（北京）技术有限公司妇女工作委员会和北京大北农科技集团股份有限公司妇女联合会2个非公企业区级妇联组织。截至年底，全区有基层妇联组织789个。其中，街道妇联22个，镇妇联7个，行政村、社区妇联646个，其他领域妇联组织114个。

推选全国巾帼建功标兵1名、全国巾帼文明岗2个、全国“最美家庭”1户、全国“五好家庭”3户，推选区级三八红旗集体100个、三八红旗手200名。区妇联获全国妇女宣传舆论阵地建设优秀榜单位，区妇联婚姻家庭纠纷人民调解委员会获2018—2022年度北京市司法行政系统先进集体称号。

群众性主题教育活动。开展“迎二十大踔厉奋发，扬巾帼志笃行不怠”巾帼风采展示、“巾帼心向党·喜迎二十大”宣讲、“首都最美巾帼奋斗者”选树等群众性主题教育活动。“海淀女性”微信公众号推送信息640条，阅读量超22万次，区妇联官网宣传168条，浏览量达9.5万余人次。在“海淀女性”公众号开设“巾帼大学习”“追梦路上的她力量”专栏，宣传全区各行业女性先进事迹，发挥优秀妇女典型示范作用。

北京冬奥会、冬残奥会服务保障。走访慰问闭环内服务保障人员，做好观众物资保障和颁奖仪式观众组织工作，向观众发放1.5万余份物资包和餐包，组织200余名各届优秀女性代表、家庭和青少年代表参加冬奥会颁奖广场活动。

科技创新巾帼行动。持续开展中关村女性创新蕙智发展项目，举办“中关村她力量”女性与高质量发展交流研讨会和中关村女企业家创业创新特训营二期班，组织开展“巾帼心向党 科技她力量”女科技工作者风采展示活动。

妇女创业就业。开展妇女就业技能培训20场，培训625人次，帮助小微企业创业女性提升电商运营能力。挖掘扶持有发展前景的妇女创业项目，树立创新创业典型，举办海淀区新型女农民农业运营专题培训，动员社会各界筹集12.36万元用于对口协作帮扶。

妇女维权。开展“三八维权周”、禁毒宣传月、“家庭教育宣传周”等法治宣传活动，组织线上以案普法、法律知识宣贯48次。联动法院、公安、民政、信访等社会多元力量开展婚姻家庭矛盾化解工作，调动妇联干部、执委、巾帼律师团、巾帼亲情服务队员等力量，组织4次婚姻家庭矛盾排查和调处化解专项行动。

家庭教育。成立海淀区家庭教育指导中心，制发《海淀区关于指导推进家庭教育的五年规划（2021—2025年）》，建立10个家庭家教家风创新实践基地、4个区级试点“家庭教育指导服务站”和3个“海淀区亲子教育示范基地”。启动家庭教育指导工作者“领头雁”计划，举办家庭教育“卓越父母”惠民公益讲座，并通过线上平台辐射全区。开展“阳光家长云课堂”“海淀家庭教育讲坛”等家教服务课程29期，观看直播量超过100万人次。举办2022年“海淀最美家庭”风采展示主题活动，评选300个海淀“最美家庭”。开展“海淀阅读小达人”“超级爸爸亲子训练营”“航天新时代 共筑飞航梦”少儿绘画艺术征集、“共建绿色家园、共享美好生活——小家庭对话2050”等主题实践活动。

妇儿关爱服务。为中关村创业大街、旷视科技、小米集团等科技行业女性举办青年联谊活动和健康培训课程，送去150份暖心包。走访慰问老妇救会主任、环卫女工、困境妇女儿童，落实低收入妇女“两癌”救助项目。搭建妇幼健康科普平台，组织拍摄10场“海暖妇幼，淀积健康”妇幼健康云课堂。实施假期社区预防儿童伤害项目，开展安全宣教活动20余场。开展关注青少年成长“关爱进万家”活动，继续开展“春蕾计划——梦想未来”等公益活动，募集22万元帮助33名困境女童继续学业。

基层妇联组织建设。召开海淀区第十四次妇女代表大会，制定完善执委领办实施方案和妇女代表联系制度两项机制。开展“我为妇女群众办实事”实践活动。加大对新业态新就业群体女性的联系服务，加强“驿姐”“驿家”群建设。指导第四范式公司成立妇女工作委员会、大北农集团成立妇联。下拨100万元专项经费用于社区“妇女之家”巩固拓展阵地建设。

（唐馨玲　黄萍）

【妇女儿童活动中心】 年内，妇女儿童活动中心举办“激情冰雪 冬奥有我”线上知识竞赛、“喜迎二十大 知识润初心”知识竞赛、“玫瑰之约 牵手海淀”青年联谊会、图书交换以及女性京剧比赛、女性模特风采展示、海淀女性舞蹈比赛等活动100余场次，受益人数1万余人次。活动采取“线上+线下”模式，开设舞蹈、瑜伽、书画、古琴、合唱、服饰裁剪、中国结、布艺、非遗剪纸、茶艺师、美学与色彩搭配、运动保健等课程1000余期，其中结合冬奥主题开设冬奥吉祥物“雪容融”刺绣、“冰墩墩”毛线编织、二十四节气与饮茶等冬奥主题培训课程，惠及妇女约3万人次。开设“创意美术”“声乐启蒙”“口才与表演”“尤克里里”等儿童培训课103次，受益人数1750余人次。

（唐馨玲　黄萍）

【寻找“海淀阅读小达人”活动】 3月，由区妇联主办、北京外研书店承办的寻找“海淀阅读小达人”活动启动。活动以“红色记忆”为主题，吸引全区29个镇、街道及其他区的400余名少年儿童参加。通过朗诵红色诗歌、分享冬奥见闻、读书感悟、故事讲解、原创诗歌、乐器演奏、儿童阅读、亲子阅读、亲子伴读和家庭阅读等方式，引导少年儿童重温红色革命历史，传承红色基因和优良家风。7月31日，2022年“海淀阅读小达人”揭晓活动在中关村东升科技园举办，41人被评为“海淀阅读小达人”。

（唐馨玲　黄萍）

【巾帼风采展示活动】 4月19日，区妇联在中国宋庆龄青少年科技文化交流中心举办以“迎二十大踔厉奋发，扬巾帼志笃行不怠”为主题的巾帼风采展示活动。全国妇联兼职副主席、中央民族大学教授蒙曼，市妇联副主席陈延平以及于军、刘长利等区领导出席活动。活动通过主题宣讲、播放风采短片、先进妇女典型代表发出倡议等形式，彰显海淀新时代女性巾帼风采、巾帼担当。获得全国三八红旗手、全国妇联系统先进集体荣誉称号的个人和集体代表发言，分享立足岗位创新创造的奋斗故事。区妇联宣读《关于表扬海淀区三八红旗手和三八红旗集体的决定》，授予200名个人“海淀区三八红旗手”称号，授予100个单位“海淀区三八红旗集体”称号，并颁奖。海淀女性官方微信公众号做现场直播，105万人次观看。

（唐馨玲　黄萍）

【“巾帼大学习·今天我来读”云接力活动】 4月，区妇联组织全区各级妇女组织参与“巾帼大学习·今天我来读”云接力活动。各镇街妇联、村（社区）妇联和各妇工委（妇委会）以视频形式接力领读领学习近平总书记关于妇女儿童和妇联工作的重要论述中的金句，迎接党的二十大胜利召开。共产生50条视频，20家单位参加。

（唐馨玲　黄萍）

【“海淀最美家庭”风采展示大会】 7月12日，2022年“海淀最美家庭”揭晓暨风采展示大会在中关村展示中心召开。大会由区委宣传部、区文明办、区妇联主办，以“汇聚家力量 厚植家国情”为主题，分为文字里的历史印记、叮嘱里的家风传承、奋进中的信仰之光三个部分，展现爱国爱家、向上向善、共建共享的海淀家庭文明新风尚。大会对在基层社会治理、助力冬奥、科技创新、“双减”教育等方面表现突出的300户家庭授予2022年“海淀最美家庭”荣誉称号，为海淀家庭家教家风建设创新实践基地授牌。市、区有关委办局负责人，各级妇联干部和“最美家庭”代表参加活动。

（唐馨玲　黄萍）

【小家庭对话2050活动】 8月7日，由区妇联主办、中国航天科工三院310所航科传媒协办的“共建绿色家

7月12日，区妇联在“海淀最美家庭”揭晓暨风采展示大会上，为首批10个“海淀区家庭家教家风建设创新实践基地”授牌　（区妇联 供图）

园、共享美好生活”——小家庭对话2050活动在中关村国家自主创新示范区展示中心举办。活动以“昨天、今天、明天”为时间线贯穿全场，邀请新中国第一代播音艺术家葛兰老师、海淀区最美家庭代表赵伟、苏州桥西社区党委书记李春燕、航天科普专家周武，从不同的视角分享绿色生活的故事，畅想绿色科技的未来。现场嘉宾启动“时间舱”，共同畅想“2050”，将建设绿色海淀、美好中国的愿望传递到四面八方。近200人参加现场活动。

（唐馨玲　黄萍）

【女性与高质量发展交流研讨会】 9月26日，由区妇联主办、区女企业家协会承办的第二届中关村她力量——女性与高质量发展交流研讨会在中国宋庆龄青少年科技文化交流中心举办。来自海淀各领域的专家学者、优秀女性代表、女企业家等近百名嘉宾参与活动，同时在“海淀女性”官方微信公众号直播，线上观看直播人数达150万人次。研讨会围绕“女性与高质量发展”主题，设置TED演讲、圆桌讨论两大环节，邀请5位嘉宾讲述新时代海淀女性的风采和精神风貌。现场举办中关村女企业家创业创新特训营二期班授旗仪式，北京女科技工作者协会与海淀区女企业家协会“巾帼科技创新协同发展”项目启动，7位女科学家将与海淀女企协7位女企业家结对，推动实现科学家与企业牵手。

（唐馨玲　黄萍）

【海淀区第十四次妇女代表大会】 9月28日至30日，海淀区第十四次妇女代表大会举行，市妇联主席张雅君，王合生、李俊杰、刘长利、张若冰、林航等区领导，以及区群团组织负责人出席开幕式。来自全区各行各业、各条战线的305名妇女代表参会。大会通过海淀区妇联第十三届执行委员会工作报告，选举产生区妇联第十四届执行委员会委员73名和主席、副主席以及常委19名。吴红蓉当选为区妇联主席，张淑霞、翟威、董利亚当选为副主席，蒙曼、雷海环、于晴、李黎、何银萍、陈聪慧当选为兼职副主席，仇萍当选为挂职副主席。

（唐馨玲　黄萍）

【女性创新创业实战专题培训班】 9月至11月，区妇联举办4期女性创新创业实战专题培训班，培训内容包括初级茶艺师培训、初级评茶员培训、小微企业创业女性电商运营培训以及农业电商培训。培训旨在帮助有产品、有思路的创业女性提升电子商务网络认知能力，促进海淀区特色商品的网络经营效益，提升品牌影响。105名创业女性、“双学双比”示范基地负责人和技术骨干参加。

（唐馨玲　黄萍）

9月26日，区妇联主办中关村她力量——女性与高质量发展交流研讨会

（区妇联　供图）

【中关村女性创新蕙智发展项目结对共创活动】 10月27日，由区妇联主办、区女企业家协会承办的中关村女性创新蕙智发展2期项目结对共创暨区妇联主席会客厅活动举办。“中关村女性创新蕙智发展项目2期结对共创”充分整合海淀区优势资源，打造高端人才引领型特色平台服务海淀女性，搭建成功企业与初创企业家、资深职场女性与初入职场大学生、本土企业家与海归企业家、科技赋能企业等结对共创机制。区妇联向20位结对共创导师代表颁授聘书、聘牌。

（唐馨玲　黄萍）

【首届海淀区家庭教育论坛】 11月10日，由区妇联主办，海淀区家庭教育研究会承办的首届海淀区家庭教育论坛举行，海淀区妇联主席吴红蓉出席并致辞。论坛邀请首都师范大学教授康丽颖、北京师范大学教授宋振韶、著名电影人王浙滨，从家庭、学校和社会教育3个角度作主旨演讲。论坛设立圆桌对话环节，邀请专家代表、校长代表、教师代表、家长代表，就亲子沟通等问题展开讨论。区妇联为首批海淀区家庭教育智库专家颁发聘书。65名教师分获首届海淀家庭教育论坛征文一、二、三等奖及优秀奖，为部分获奖代表颁发证书。近80人参加线下论坛。海淀区特殊教育研究与指导中心、海淀区教委、相关学校等领导参加会议。

（唐馨玲　黄萍）

【区首个文明实践巾帼志愿服务项目启动】 12月5日，海淀区首个全国文明实践巾帼志愿“阳光站”“青之光”巾帼志愿服务项目启动。“阳光站”位于青龙桥街道志愿服务促进中心，是推进巾帼志愿服务工作创新发展，推动形成助老护童、家庭志愿、巾帼科普行动深入开展的孵化平台。“青之光”巾帼志愿服务项目下设“青之光”巾帼志愿孵化和“青听阳光”家庭家教家风服务两个主题。海淀“青之光”巾帼志愿服务队的服务地点在颐和园北宫门，现有80人，主要为游客提供现场帮扶、助老指引、护童传承等服务及弘扬红色文化、三山五园文化和志愿服务文化。海淀“青听阳光”家庭家教家风服务队以助老护童为主要任务，以访谈家庭故事传承家风形式引导少年儿童向善发展提供关爱陪伴、科技助老等服务。服务队由“家庭+高校”志愿者构成；有队员511人，其中家庭志愿者60户，其他队员来自首都师范大学、中国人民大学、北京林业大学等10余所驻区高校。

（唐馨玲　黄萍）

【海淀区指导推进家庭教育的五年规划印发】 12月27日，《海淀区关于指导推进家庭教育的五年规划（2021—2025年）》印发。区妇联联合区宣传部、教委、检察院、民政局、财政局、人力社保局、文旅局、卫健委、海淀融媒、科协、关工委等12家单位统筹布局，以促进儿童全面健康成长为目标，以强化家长家庭教育主体责任、提高家长家庭教育水平为主线，以家庭文明创建活动及家庭教育宣传实践活动为载体，编制该规划。

（唐馨玲　黄萍）

科学技术协会

【概况】 2022年，海淀区科学技术协会（简称区科协）以弘扬科学家精神为内核，以国际科技创新中心建设、全民科学素质提升为着力点，深化落实区委“两新两高”战略，进一步发挥区科协的政治能力和组织力，切实为科技工作者服务、为创新驱动发展服务、为提升全民科学素质服务。

开展科普之春、科普创新大讲堂、科普日、公民科学素质大赛、科技周、海淀区青少年科技创新大赛、全国科技工作者日等品牌活动，不断提高科普供给和科普服务能力。首批打造农业科普之路、创新科普之路、未来科普之路、绿色科普之路、科学家精神之路等5条科普文化之路。探索建立海淀院士信息服务系统，推进建设涵盖科技、教育、卫生等领域的“海淀区高层次人才库”。依托驻区高校、科研院所、农业企业等单位组建专家智库，首批17位专家入库。组织全区基层青年科技人才参与金桥工程，完成各类科技工作者推荐工作。完成第八次在海淀工作或居住的两院院士调查和第五次全国科技工作者状况调查。海淀区公民具备科学素质的比例达31%，在全国地市级区域居首位。

全区有1392家科协。其中，街镇科协29家，社区（村）科协（科普）组织1212家，企业、园区、楼宇科协151家。有97家全国学会，89家市区学协会。有市、区级科普基地92家，其中67家区级科普基地（新命名4家）。

区科协获评2022年京津冀公民科学素质大赛北京地区优秀组织奖、2022年全国科普日活动优秀组织单位。中国农科院植保所研究员高利当选2022年北京“最美科技工作者”。

（赵竞雄）

【“少年科幻说”活动】 年内，区科协联合北京广播电视台开办“少年科幻说”访谈节目，为全国首档少年科幻类访谈节目。在北京广播电视台播出两期《拥抱芯时代　畅享元宇宙——海淀科协“少年科幻说”》系列演讲类直播节目。邀请中关村第三小学的5位科幻少年朱麟晁、郑经纶、田荣、熊禹道、董泽诚和他们的科技指导老师郝石佩、付强，近距离对话“嫦娥之父”欧阳自远院士，观看人数达4.8万余人次。

（赵竞雄）

【科学家进校园系列科普活动】 年内，区科协开展“双进”助力“双减”科普专项行动，探索“双减”政策下学校教育与科普教育相融相促的育才模式。区科协依托中国科学院、清华大学、北京大学、北京航空航天大学等大学及科研院所的老中青年科学家群体，建立科普教育团队，筛选一批科普教育基地，开展科学家进校园等系列科普活动。以青少年科技创新大赛、机器人竞赛、信息学奥赛等为载体，弘扬科学家精神，培养未来科技之星，凸显海淀科普特色。区科协、一零一中教育集团、中国科学院理化技术研究所签署三方合作协议。协议主要内容是在海淀科协指导下，与一零一中教育集团在科学教育、拔尖创新人才培养、师资培训、科教融合等方面开展全面深入合作，让理化所的院士、教授、博士走进校园、走进课堂，让我们的中学生走进研究所、走进实验室，以“双进”助力“双减”，共同探索创新人才培养新模式。

（赵竞雄）

【金桥工程高质量发展提升计划实施】 年内，区科协组织海淀区基层青年科技人才参与金桥工程高质量发展提升计划。围绕产业链关键核心技术和发展瓶颈开展技术革新、技术改造、技术发明、学术研究、联合攻关、新产品研发6个方面，申报56个科技项目，其中港口无人驾驶和云控系统、基于AI技术打造营销数智化平台等8个项目获得北京市科协支持。

（赵竞雄）

【科普创新大讲堂品牌活动】 年内，区科协结合全国科普示范区创建方案与全民科学素质行动规划纲要实施方案，开展海淀区科协2022年“科普创新大讲堂”品牌活动330场，重点提升青少年、农民、产业工人、老年人、领导干部和公务员五类人群的科学素质。

（赵竞雄）

【第八次两院院士调查统计】 年内，区科协开展第八次两院院士调查统计工作。调查统计显示，在海淀区工作或居住的两院院士有636名，比第七次（2020年）调查统计增加16名，其中中国科学院院士351名、中国工程院院士285名。海淀区域内两院院士占全国两院院士总数的35%，占北京市两院院士总数的76.72%。

表8 在海淀区域内工作和居住的院士情况统计表

		中国科学院院士	中国工程院院士	两院院士合计
全国院士	中国籍（人）	852	965	1817
	外籍（人）	129	111	240
在京院士	人数（人）	424	405	829
	占全国院士总数（%）	49.77	41.97	45.62
在海淀院士	人数（人）	351	285	636
	占全国院士总数（%）	41.2	29.53	35%
	占北京院士总数（%）	82.78	70.37	76.72

说明：调查统计时间节点为2022年9月底。

（赵竞雄）

【第41届区青少年科技创新大赛】 1月至3月，区科协举办第41届海淀区青少年科技创新大赛，共有77所学校、千余名青少年参加。收到参赛作品500项，涉及数学、物理学、化学、微生物学、环境科学、生物化学、工程学、动物学、植物学、医药与健康学、地球与空间科学、计算机科学、社会科学共13个学科。经评审委员会评审，评出一等奖123项、二等奖120项、三等奖240项。123项一等奖项目被推荐参加北京市第41届北京青少年科技创新大赛，获得市级一等奖23项、二等奖76项、三等奖78项。

（赵竞雄）

【“科普之春”活动】 3月至5月，区科协组织各街镇科协、海淀区全民科学素质行动规划纲要办公室成员单位、科普基地开展主题为“提升科学素质 助力乡村振兴”的科普之春活动。开展活动32项，直接受益10.67万人次，其中线上参与4.55万人次。

（赵竞雄）

【创建全国科普示范区工作动员部署会】 5月9日，海淀区创建2021—2025年度全国科普示范区工作动员部署会召开。区委常委、副区长林剑华出席会议。区科协对科普示范区创建工作进行部署，区应急管理局和紫竹院街道进行科普工作典型发言。会议强调，以促进科学素质持续提升服务高质量发展为目标，以深化科普理念和实践“双升级”驱动供给侧结构性改革为重点，积极促进文化科技融合，为建设世界领先的科技园区和创新高地，实现高水平的科技自立自强，提供高素质人力资源保障和健康文明的人文基础。

（钟冷）

【《海淀区实施〈北京市全民科学素质行动规划纲要（2021—2035年）〉工作方案》印发实施】 5月17日，第八次区政府常务会议审议通过《海淀区实施〈北京市全民科学素质行动规划纲要（2021—2035年）〉工作方案》（简称《方案》）；6月25日，由区政府办印发实施。《方案》包括前言，指导思想、工作原则和发展目标，提升行动，重点工程，组织实施5个部分。两个阶段性目标为2025年公民具备科学素质的比例达到32%，2035年远景目标为公民具备科学素质的比例高于国际创新型城市水平、科普信息化智慧化水平全国领先、科普公共服务均等化有效实现、公民科学素质和社会文明程度达到新高度。实施5项提升行动，主要有青少年科学素质提升行动、农民科学素质提升行动、产业工人科学素质提升行动、老年人科学素质提升行动、领导干部和公务员科学素质提升行动；实施6项重点工程，主要是科技资源科普化工程、科普智慧提升工程、创新文化发展工程、科普基础设施建设工程、基层科普能力提升工程、科学素质交流合作工程。

（钟冷）

【首届海淀区公民科学素质大赛暨科技周主场活动】 8月9日，首届海淀市民科学素质大赛暨全国科技活动周初赛举行，全区29个街镇通过线上答题的方式参与。经过选拔，苏家坨镇、西北旺镇、香山街道、中关村街道、花园路街道、甘家口街道6支队伍进入决赛。8月29日，决赛在区融媒体中心举办，设置“赢得比赛”的规定环节、“快速反应”的快速环节和“力挽狂澜”的风险环节3个环节，题目涉及天文、地理、航空航天等领域。最终，香山街道队获得一等奖，西北旺镇队、花园路街道队获得二等奖，中关村街道队、甘家口街道队、苏家坨镇队获得三等奖。花园路街道、甘家口街道、中关村街道、香山街道、苏家坨镇、西北旺镇获得大赛优秀组织奖。中国工程院院士、清华大学化学工程系教授金庸，中国科普研究所副研究员李宏琳应邀作题为“科学素质的培养——多维思维方法简介与新时代提升公民科学素质的新着力点”讲座。

（钟冷）

【全国科普日海淀主场系列活动】 9月16日，由区科协主办的“2022年全国科普日海淀主场系列活动”在圆明园遗址公园举办。活动以“喜迎二十大 科普向未来”为主题，通过线上线下方式，聚焦科学家精神、科幻教育、科学实践、科技创新、科学文化5大方面。活动现场设置多个展示区、互动体验区，展览展示涵盖液态金属电子服装、天文望远镜、四足仿生机器人等40余项展品，多角度、零距离、全方位地向公众展现前沿科技创新产品。活动邀请院士、专家，分别围绕空气净化技术在疫情防控中的利用、海淀大科普工作格局、海淀在创建全国科普示范区中的优势、提升公民科学素质进行交流分享。活动现场，八一学校科学技术协会揭牌成立，科技馆之城联盟启动。41家单位共开展活动524场，直接受益32.95万人次。

（钟冷）

【全国科普示范区创建通过验收】 9月28日，海淀区创建2021—2025年度全国科普示范区通过北京市验收评估专家组验收。开发创建工作数字平台，形成3大类12项内容47项任务指标的15册300多万字的创建材料。专家组听取观看海淀区创建全国科普示范区宣传片，听取海淀区创建全国科普示范区工作的汇报，现场审阅海淀区创建全国科普示范区相关材料。随后到海淀公共安全馆、海淀公园及中关村国家自主创新示范区展示中心实地点位进行验收评估。

（赵竞雄）

【第五次全国科技工作者状况调查】 9月，区科协通过“科情调查”微信服务号，在海淀区开展第五次全国科技工作者状况调查。调查内容包括科技工作者的个人基本情况、科技活动、职业发展等情况，以及对党和国家科技工作方针政策的态度和建议。最终完成200份样本调查，调查对象包括大中型企业、科研机构、高等院校、大型卫生机构、普通中学等。

（赵竞雄）

归国华侨联合会

【概况】 2022年，北京市海淀区归国华侨联合会（简称区侨联）下设海淀园侨联和22个街道侨联组织（本年新增3个街道侨联组织）。

区侨联组织侨界人士围绕“两区”建设、海创企业发展的机遇与挑战、“一带一路”建设、助力国际国内双循环、海外民间外交等方面开展11项课题调研，其中《深耕侨界基层，创新合作机制，拓展合作渠道，丰富合作成果，进一步做好新时代远郊区侨联工作》课题被列为北京市侨联重点课题。《关于发挥侨海人才优势助力“两区”建设的建议》被区政协评为2022年度优秀提案。组织收集、汇总社情民意、建议信息58篇，其中13篇被中国侨联《侨情专报》采用。

（冀敏）

【思想建设】 年内，区侨联组织侨界群众、海外侨胞、归国留学人员观看党的二十大开幕会，召开动员部署暨宣讲座谈会，征集推送学习体会感悟100余篇。联合三山五园研究院举办“喜迎二十大 重走赶考路”主题党日活动，重温中共中央“进京赶考”的故事。

（冀敏）

【组织建设】 年内，区侨联以党建带侨建，在羊坊店、青龙桥和万寿路3个街道成立基层侨联组织，实现全区22个街道侨联组织全覆盖。探索街道侨联组织与园区、楼宇、新阶层共建共享工作，逐步推进园区、楼宇、新阶层等新侨组织建设工作，指导北京炜衡律师事务所和中关村国际孵化器成立侨界联合会。

（冀敏）

【主题活动】 年内，区侨联开展“我心中的冬奥”“我们在冬奥现场”“冬奥观赛有感”“双奥之城·春节”等系列专题宣传活动，征集推送书画、摄影、征文500余篇（幅），区侨联被北京市侨联评为“我心中的冬奥”宣传作品征集活动优秀组织奖。组织侨界开展“喜迎二十大·奋进新时代”主题系列活动，征集推送喜迎二十大宣传作品100余篇（幅），其中国画《花开盛世》被推荐并入选中国侨联主办的第四届“亲情中华·世界华侨华人美术书法展”。

（冀敏）

【交流联动】 年内，区侨联搭建侨界交流发展平台，通过举办论坛、沙龙等活动，进一步团结凝聚新侨和归国留学人员。与区工商联联合成立侨界（港澳）企业家专委会，开展“侨爱无疆·助企发展”线上交流会5期。拓展联系服务侨界企业家阵地，设立“海淀区侨联侨企之家”，举办“侨海沙龙”品牌活动10期。

（冀敏）

【侨胞慰问】 春节、十一前夕，区侨联及各街道侨联对辖区241户侨界代表人士、特困家庭开展走访慰问。全年向241户侨胞发放5万元慰问金和价值5.3万元的慰问品以及5.9万件防疫物资。

（冀敏）

【市侨联调研】 3月8日，市侨联党组书记严卫群到海淀区调研。调研围绕2022年6项重点工作与区委常委、统战部部长牟晓春进行交流。严卫群希望区侨联充分调动海内外侨界资源，助力民间外交、民间外宣、民间华文教育，建好侨联工作者队伍、侨界代表性人物队伍、首都高校海外校友会队伍，团结动员广大归侨侨眷和海外侨胞，推动新时代首都发展。6月22日，严卫群带队到海淀区开展企业纾困调研。在利亚德集团，围绕公司发展、科技创新转化、跨国业务、战略布局等与企业负责人进行交流；在海淀创业园，与中关村科学城科创服务有限公司、北京达影科技有限公司、北京艾厚木网络科技有限公司等9家企业交流座谈，重点了解企业在疫情压力下，面临的产业链上下游流通、技术人才招聘、股权债权融资等突出问题，以及在惠企政策方面的相关诉求。

（冀敏）

【海淀区侨联侨企之家揭牌】 4月15日，海淀统一战线企业家会客厅暨海淀区侨联侨企之家正式揭牌，全国工商联办公厅、市委统战部、市工商联、市侨联有关领导以及牟晓春、林航等区领导出席揭牌仪式。区侨联将以“海淀区侨联侨企之家”为阵地，进一步搭建广泛团结、联系、服务归侨侨眷、海外侨胞、港澳同胞在海淀兴办企业的平台，增进相互之间的沟通与合作，促进企业的经济交往，加强与政府有关部门的联系和对话，推动侨资企业的发展和技术进步，为建设北京国际科技创新中心核心区，打造以首都发展为统领的现代化强区、高品质海淀贡献力量。

（冀敏）

【网上夏令营北京海淀营】 6月21日至30日，由中国侨联主办、北京市侨联和区侨联共同承办的“亲情中华·为你讲故事”“北京情思·双奥之城”2022年网上夏令营北京海淀营举行。来自西班牙巴塞罗那孔子文化学校、乌兰语言学校、华文教育中心和捷克布拉格爱华学校、斯洛伐克敦敏书院、南非开普敦华星学前华教中心、埃及德仁中文学校的305名华裔青少年参加为期10天的“云端”学习之旅。线上开启中华文化学习之旅，以微信群、直播课等方式学习了解中华传统文化故事、冬奥知识，跟随沉浸式直播云游北京、云游海淀，通过录制音频、视频、绘画图文等方式，完成500余份打卡作业；通过做客夏令营“少年会客厅”的形式，分享对中华传统文化、北京冬奥会、“三山五园”和中关村科技以及夏令营学习的感受。中国网、未来网、中国青年网等10家主流网站对海淀营活动进行报道。

（冀敏）

【创业中华·中关村侨海创新发展高峰论坛】 6月29日，由中国侨联、中关村论坛执行委员会办公室指导，市侨联、区政府共同主办，区侨联、海淀地区海外联谊会、中关村科学城管委会承办的2022中关村论坛系列活动——“创业中华·中关村侨海创新发展高峰论坛”举行。中国侨联党组成员连小敏，代区长李俊杰为论坛开幕式致辞。论坛以“‘侨海’联世界、一起向未来”为主题，聚焦能源安全和绿色发展，邀请全球科技前沿科学家、学者展开分享与探讨。作为中国侨联“创业中华”品牌活动，论坛发表3个主旨演讲，举办2场圆桌论坛，集中发布100个侨海创新项目，其中10个项目进行路演并对接。近百家海外知名高校在京校友会、海外名校创业协会及相关投资机构参加。通过中关村论坛官方账号、中国国际教育电视台、新浪微博、爱奇艺等平台进行全球直播，观看量达50万人次、全网点击量1000万人次。

（钟冷　冀敏）

【港澳侨人士到平谷区走访调研】 8月10日，区侨联、市侨联公益专委会、区工商联侨界（港澳）企业家专委会组织30余名港澳侨人士到平谷区大华山镇前北宫村大桃市场走访调研。调研组一行实地参观了大桃的分拣流水线及物流基地，深入了解了前北宫村通过加大农业科技转化力度和互联网技术赋能大桃种植、分拣、销售、快递全过程，并表示将进一步发挥侨界人士和侨资企业智力密集、融通中外、联系广泛的优势，积极为京郊优质产品推介，共同助力桃农增收，推动乡村产业发展。

（冀敏）

【区侨联八届二次全会】 8月27日，区侨联召开八届二次全会。全会传达中央统战工作会议、市委常委会（扩大）会议、市十三次党代会、市侨联十五届六次常委会议等会议精神，通报区侨联2022年上半年工作情况和下半年工作重点。参会的区侨联委员围绕“侨联如何搭建平台、委员如何结合自身优势发挥主体作用”主题，进行讨论交流。

（冀敏）

【信息工作培训会】 8月27日，区侨联举办八届委员会委员信息工作培训会。邀请市侨联郑泽军作题为《如何做好新时代侨联信息工作》授课，从信息工作的重要意义、侨联信息工作的相关情况介绍、工作动态信息、建言献策类信息、进一步加强信息工作的建议5个方面，围绕如何选题、如何组稿、正文内容如何编写进行讲解。

（冀敏）

【“海侨之月·情满中秋”诗乐会】 9月9日，区侨联与区委统战部（区侨办）、区人大、区政协、致公党海淀区委等在圆明园正觉寺举办“海侨之月·情满中秋”2022年海淀区侨界人士中秋诗乐会。市侨联、市委统战部、致公党北京市委，区人大常委会、区政协、区委统战部有关领导以及来自驻区高校、科技园区的侨界人士、部分在京海外侨胞200余人参加活动。诗乐会以三山五园为背景，打造沉浸式交流现场，穿插中秋祈愿、海外连线等互动环节，叙侨情、汇同

6月29日，区侨联承办“创业中华·中关村侨海创新发展高峰论坛”（区侨联 供图）

心，共享中国梦。在《那一刻，我看见了》节目中，圆明园管理处负责人讲述圆明园马首铜像回归背后的故事。活动现场，举行授予圆明园遗址公园“中华文化学院中华优秀历史文化传承基地”揭牌仪式。

（钟冷 冀敏）

【首都海外华文教育联盟成立】 9月18日，区侨联承办首都海外华文教育联盟成立仪式暨2022海外华文教育论坛在北京大学举行。中国侨联、教育部、北京大学、市侨联以及区委统战部、区侨联有关领导出席，北京大学对外汉语教育学院、首都师范大学国际文化学院等15家联盟首批成员单位及百余所海外华文学校负责人和老师分别通过线下线上方式参加。仪式由市侨联副主席李登新主持，北京大学对外汉语教育学院院长赵杨宣读联盟倡议书，首都师范大学国际文化学院、北京市第八十中学、北京国际汉语研修学院、全美中文学校协会4家联盟成员代表发言。仪式通过多家媒体及线上平台进行同步直播，全球超过100万名华侨华人在线观看。联盟举办以“新时代海外华文教育高质量发展”为主题的2022海外华文教育论坛，北京大学资深教授陆俭明作《必须重视和加强汉语书面语教学》报告、中国人民大学国际文化交流学院教授李泉作《新时代海外华文教育的大目标：华文书面语教学与研究》报告、北京师范大学国际中文教育学院教授冯丽萍作《从传承语的研究谈对华文教育的思考》的报告、北京大学对外汉语教育学院教授辛平作《华文教学的新特征》的报告。在论坛互动环节，4位嘉宾与现场观众先后围绕“先语后文”、华裔与非华裔的学习差异、多元教学方法、“高水平人才”界定、汉字与书面语教学等问题展开探讨。

（钟冷 冀敏）

【中关村归国留学人员联创中心揭牌】 9月25日，由海淀区委人才工作领导小组、区侨联、中关村科学城管委会指导，海淀区侨创产业协会承办的“中关村归国留学人员联创中心揭牌仪式暨2022全球高校校友交流会”在中关村创业大街举行。活动作为2022“智汇·海淀”人才主题周的活动之一，通过线下线上相结合的方式，与50余所海外高校在京校友会、30余家海外学联联动，通过宣传北京及海淀的发展机遇和成就，吸引并助力海外优质人才落地。两位海外高校校友会代表发言，希望能够进一步发挥自身的桥梁纽带作用，搭建留学人员与海淀区联系交流、分享合作的平台，通过联创中心进一步助力新侨海归参与到建设中来。在圆桌对话环节，耶鲁创投俱乐部负责人、晨壹基金法律合规负责人围绕“新形势下海内外金融投资的机遇与挑战”进行对话。在海归项目分享环节中，北京中科纳泰生物科技有限公司董事长、Jina AI（极纳科技）联合创始人兼COO何烜彬、中关村创业大街管理公司总监分享多个优质海归创业项目，中关村归国留学人员联谊会会长发布联创中心2023活动计划。

（冀敏）

9月9日，区侨联举办“海侨之月·情满中秋”2022年海淀区侨界人士中秋诗乐会
（区侨联 供图）

【中国侨联调研】 10月19日，中国侨联党组成员连小敏一行围绕党的二十大提出的“坚持科技自立自强，加快建设科技强国、人才强国战略”，到中关村科学城（海淀区）规划展览馆、中关村国际孵化器走访调研，与区侨联干部、侨资企业代表、归国留学人员代表以及中关村国家自主创新示范区核心区发展研究中心和中关村软件园科研人员进行座谈交流。连小敏在座谈时指出，要团结引领海外高层次人才，为建设“首善之区”贡献侨界力量；以侨为桥，构建“大侨务”工作格局。中国侨联副秘书长赵红英、市侨联党组书记严卫群等参加调研。

（钟冷 冀敏）

【北京网上冬令营】 11月26日至12月3日，由中国侨联、市侨联主办，区侨联承办，北京中科智媒协办，北京首开集团支持的“亲情中华·为你讲故事”“北京情思·双奥之城”2022北京网上冬令营举行。来自美国、加拿大、英国、意大利、西班牙、捷克、斯洛伐克、巴基斯坦、泰国、毛里求斯等10个国家的14所海外华文学校和机构的847名华裔青少年相聚云端。冬令营以“大国首都的文化自信”为主线，讲好中国故事、讲好北京故事，带领营员们云访北京中轴线和三山五园，领略后冬奥的北京风采，去认识中国文化自信和中华民族精神追求，读懂古代中国和现代中国的故事。开设《北京的脊梁》《后冬奥北京》《年画话节气》《纸扇映中华》《三山五园之颐和园、圆明园》6堂直播课和《四季中国》10堂推送课，直播课时长354分钟，推送课时长153分钟，观看总时长6969分钟，观看人数52460人次，获打卡点赞10万+，共完成300余份打卡作业。冬令营结合宣讲北京中轴线故事，向每个参营学校赠送精心设计制作的“打卡中轴”——海内外儿女共同讲好北京中轴线故事的电子宣传海报。

（冀敏）

青年联合会

【概况】2022年，海淀区青年联合会（简称海淀青联）下设团体会员组，科学教育组，经济金融组，公共管理组，文艺体育组，解放军政法组，医药卫生组，民族、宗教、民主党派组，新的社会阶层组9个界别组；有委员318名。海淀青联组织开展疫情防控、助力冬奥、精准帮扶捐款捐物、乡村振兴、服务创新创业、基层志愿服务等工作，参加两岸青年峰会并承办“融合与发展”专题分论坛等活动。

（莫穷）

【“燃梦讲堂”活动】年内，团区委、海淀青联举办8期“燃梦讲堂”品牌活动，以服务青年创业创新为重点，助力青年企业家和青年人才融入海淀区发展大局。活动以主题演讲、交流座谈、分享互动、实地参观等形式，邀请专家学者、优秀创业者、投资人、科创服务机构负责人作为讲师，围绕中关村科学城支持创新创业相关政策、政府引导基金申请攻略、专精特新“小巨人”企业经验分享、股权设计与分配、高校科技成果转化、党的二十大报告精神学习等进行主题授课，共计500余人次参加活动。

（莫穷）

【“创业军机处”活动】年内，团区委、海淀青联举办7期“创业军机处”品牌活动。活动围绕新时期海淀双创定位，助力青年高精尖创新企业快速发展，内容覆盖数字科技、医疗健康、军民融合、能源环保、文化创意、新消费等领域，为创业企业提供精准匹配的资源对接交流服务，打通政策服务和创业辅导“最后一公里”。2022年全年共举办7期专场活动，其中邀请25名创业导师参与辅导，累计服务创新创业项目7家。其中，国家高新技术企业3家（匠数科技、迈吉客科技、衡燃科技），“瞪羚”企业1家（衡燃科技），“专精特新”中小企业4家（匠数科技、迈吉客科技、衡燃科技、海百川科技），中关村高新技术企业4家（匠数科技、迈吉客科技、衡燃科技、海百川科技）。所服务的7个项目涉及发明专利权217项、知识产权160项，融资规模近1.4亿元。

（莫穷）

【台湾青年驿站】年内，海淀青联共有6家台湾青年驿站（年底调整1家）。各台湾青年驿站分别举办“在京台青助力冬奥”暨一日滑雪体验活动、“一起向未来”北京冬奥会志愿服务云分享活动、2022实习就业在线分享系列活动、“情满海淀，桑梓团圆”北京港澳台青年共话中秋活动、“同心筑梦”两岸青年羽毛球交流赛、2022海淀台湾青年人才实习就业分享推介会、2023台生考研秘籍分享会等十余场主题活动，影响面逐渐扩大，总参与人数超过2000人次。

（莫穷）

【帮扶协作】年内，海淀青联持续开展“千村计划”，建设青联希望小屋。成立5个千村计划服务团，发动9家青联委员企业及海淀非公企业与内蒙古自治区科右前旗、科右中旗嘎查（村）结对，签订结对帮扶协议，内容涵盖医疗帮扶、人才就业帮扶、公益慈善帮扶和消费帮扶等，并建立完善常态联系机制。海淀青联组织青联委员代表对口帮扶内蒙古科右前旗、科右中旗、敖汉旗以及新疆和田市等。捐赠43.8万元物资，与当地达成特色农产品采购意向约20万元；为当地提供市场价值约10万元的专家远程会诊、人员培训等医疗服务项目；与受援地就加强青少年沟通交流、农副产品推广销售、助力文旅产业发展等方面达成共识。

（莫穷）

【助力疫情防控】年内，海淀青联组织、动员青联委员和爱心企业员工共百余人参与数据核查等一线防疫工作。各界别委员和爱心企业累计捐赠N95口罩2.35万个、水和饮料近3000箱、防护服2500套、防护面罩1200个、消毒液2吨、核酸检测车18辆等物资，折合人民币约200万元。

（莫穷）

【台湾青年冬奥城市志愿者服务队】1月25日至3月13日，由海淀青联发起，共10名在京台湾青年组成的台湾青年冬奥城市志愿者服务队，在紫竹院东门开展冬奥城市志愿服务。志愿队主要开展两岸主题文化活动，提供冬奥线上线下拍照打卡、闽南语加油、舞蹈教学等服务，受到新华社、

2月15日，区青联委员代表慰问五棵松体育馆、首都体育馆场馆周边冬奥城市志愿者

（海淀青联　供图）

7月22日，2022两岸青年峰会“融合与发展”专题研讨在北京海淀举行

（海淀青联　供图）

人民网、凤凰网、环球网等境内外媒体百余次报道。

（莫穷）

【冬奥会志愿服务】 2月至3月冬奥会期间，海淀青联5名委员以及他们成立的志愿服务团队20余人参与了冬奥城市志愿服务。青联委员自发组织向冬奥会场馆周边志愿者捐赠120盒板蓝根、200多份新春福袋、40个新春礼盒、2000箱饮料、200箱豆奶、100提酸奶和500条毛毯、800贴暖身贴等慰问物资，折合人民币50余万元，为冬奥会城市志愿者送去温暖。

（莫穷）

【两岸青年峰会“融合与发展”专题研讨】 7月22日，由区政府主办、海淀青联承办的2022两岸青年峰会“融合与发展”专题研讨在海淀举行。研讨以“两岸青年融合发展　携手共创事业新篇”为主题，包括嘉宾致辞、主题演讲、圆桌沙龙和冬奥分享4个环节。市委常委、副市长杨晋柏出席并致辞，中央台办、市台办、民革北京市委、台盟北京市委、市台联、其他区的相关领导和区委常委、统战部部长牟晓春，区政协副主席许云，以及来自大陆、台湾的优秀青年代表8人参加研讨。牟晓春主持嘉宾致辞环节。活动中，台湾青年和大陆青年共同朗诵由AI完成的诗歌《我在北京有个家》。在沙龙环节，台湾和大陆青年分享着自己与北京、海淀的青春故事，分享发展机遇，增强台湾青年在海淀的获得感，激励广大台湾同胞特别是台湾青年来大陆发展事业。

（钟冷　莫穷）

工商业联合会

【概况】 2022年，北京市海淀区工商业联合会（简称区工商联）有会员单位2118家，有10个团体会员、15个地区基层商会、3个园区商会、5个行业商会、1个联谊会。

围绕“喜迎二十大　奋进新征程”主题开展系列活动，包括遴选20位海淀区优秀民营企业家组成“青年企业家导师”团，开展11期新时代企业家精神主题宣讲，在爱奇艺等平台直播，观看近10万人次，点赞近40万人次。为20位企业家颁发“新时代企业家精神践行者”牌匾，编辑、出版《新时代企业家精神践行者——海淀区民营企业家访谈录》图书。录制《海淀区民营经济代表人士热议党的二十大报告》专题节目，观看1.6万人次。设立“红色领导力研修中心”，举办5期红色领导力大讲堂和主题沙龙活动，为统战成员学习红色管理理念和方法、提升整体素质、促进“两个健康”铸魂赋能。结合乡村振兴工作，在内蒙古科右前旗和北京延庆区分别建立民营经济人士理想信念教育基地，开展教育活动，推动乡村振兴。

海淀工商联融媒体中心全年编发学习中共二十大、疫情防控、政策解读、企业动态等报道1600余篇，阅览近30万人次。

（曹丹宁）

【参政议政】 年内，区工商联向全国工商联、市工商联上报建言类信息130余篇，其中被全联、市联采用70余篇，被市委、市政府采用2篇。获全国工商联、北京市工商联2022年信息工作先进单位。与区统计局合作开展“企业家之声”微调查，为民营企业发展“把脉”。依托工商联会员企业发起成立“赛先生的咖啡馆”，打造企业家会客厅（会员之家），搭建促进海淀区“两个健康”的创新平台，经验材料被《北京统战信息》、全国工商联《工商联改革情况》专版刊登，获得全国和北京市工商联系统2022年工作实践创新成果奖。协同区医保局、区卫健委、区市场监管局、中关村科学城管委会共同发起设立“海淀区大健康政企协作创新平台”，促进地区大健康产业发展。区政协在会客厅挂牌“工商联界委员工作站”及“悦读书屋”，组织开展政协委员建言资政及读书分享活动，推进“读书+履职”深度融合，促进工商联界别委员更好履职。

（曹丹宁）

【服务民营企业】 年内，区工商联提出“1248”工作思路，即坚持党建引领“一面旗帜”，围绕“两个健康”工作主题，推动政企、校企、社企、企企‘四方联动”，形成政、产、学、研、用、介、金、媒“八方协同”的创新合伙人服务体系和工作机制。打造“1248工作坊”活动和服务品牌。启动“‘1248工作坊’多维赋能计划”，围绕时政热点、学术前沿、企业家风采、企业发展等主题开展系列活动30余场，参与2万人次。区工商联（商会）针对中小企业生产经营需求，制定《疫情期间加大服务中小企业力度的具体措施》，推出法律服务、财税服务、公证服务、餐饮服务、金融服务、人力资源服务、科技防疫、防疫物资、产品推介9个方面措施。协同银行通过争取续贷延期等助贷措施，累计服务企业210余家，帮助解决资金4000余万元。利用全国工商联“信息直报点”平台，及时收集反映企业在复工复产方面面临的困难问题，为上级部门制定助企政策提供参考。与区直机关工委联合开展政企党建牵手共建活动，区直系统65家单位的党组织和工商联执委单位的党组织“拉手共建”，探索推动政企沟通的新模式，持续推动优化营商环境。协同区市场监管局主动靠前服务，解决会员企业遇到的公司变更登记困难。

（曹丹宁）

【帮助困难原工商业者】 年内，区工商联帮助原工商业者解决生活困难，为原工商业者34人发放临时困难补助共计10万余元。

（曹丹宁）

【组织建设】 3月18日，海淀区工商业联合会专门委员会正式成立。18个专委会各安排1名企业家副主席（副会长）担任主任，安排2名至7名企业家副主席（副会长）或执常委担任副主任，安排1名有能力、有意愿、有资源的企业家副主席（副会长）或执常委担任秘书长，其他相关执常委为主要成员。开展海淀街道和学院路街道2个街道统战工作综合创新试点和中关村街道1个街道统战工作专项创新试点工作，进一步推进商会规范化建设。18个专委会为参政议政专委会、社会服务专委会、文化科技融合发展专委会、对外联络专委会、女企业家专委会、乡村振兴专委会、科技装备产业发展专委会、金融服务专委会、“一带一路”产业合作专委会、京津冀协同发展专委会、工业互联网产业发展专委会、“双碳”产业发展专委会、“专精特新”企业发展专委会、数字经济专委会、大健康产业发展专委会、人工智能产业发展专委会、网络安全专委会、侨界（港澳）企业家专委会。

（曹丹宁）

【区工商联企业家会客厅启用】 4月15日，海淀区工商联（商会）企业家会客厅（会员之家）正式启用。企业家会客厅以服务与活动为重点，向海淀区民营经济和民营经济人士搭建服务平台。在服务方面，打造创新、立体式的会员服务实体平台，延伸服务全区28万家民营经济市场主体的触角，同时向会员单位提供入会咨询、政策梳理、需求对接、企业展示、会议组织、活动开展等常态化的专业、专属服务。在活动方面，遵循“1248”工作思路，打造“时政热点”“学术前沿”“企业家风采”“企业发展”“企业家关怀”5个“‘1248’工作坊”活动品牌，促进工商联的凝聚力，增进企业家之间交流互动。

（钟冷）

【24家企业入围2022中国民营企业500强】 9月7日，全国工商联发布2022中国民营企业500强、制造业500强及服务业100强榜单，海淀共有13家企业入围。其中，联想控股股份有限公司、小米通讯技术有限公司、北京三快在线科技有限公司（美团）、百度公司、贝壳控股有限公司、北京学而思教育科技有限公司、迪信通科技集团有限公司等13家企业入围“2022中国民营企业500强”榜单，联想控股股份有限公司、小米通讯技术有限公司、奥瑞金科技股份有限公司3家企业入围“2022中国制造业500强”榜单，北京三快在线科技有限公司（美团）、百度公司、贝壳控股有限公司等8家企业入围“2022中国服务业100强”榜单。

（曹丹宁　钟冷）

表9　2022中国民营企业500强海淀上榜名单（13家）

企业名称	榜单排名	企业名称	榜单排名
联想控股股份有限公司	8	北京国联视讯信息技术股份有限公司	311
小米通讯技术有限公司	18	翰林汇信息产业股份有限公司	367
北京三快在线科技有限公司（美团）	41	北京大北农科技有限公司	375
百度公司	66	北京爱奇艺科技有限公司	394
贝壳控股有限公司	106	北京学而思教育科技有限公司	414
北京快手科技有限公司	137	迪信通科技集团有限公司	462
帝海投资控股集团有限公司	270		

表10　2022中国制造业500强海淀上榜名单（3家）

企业名称	榜单排名	企业名称	榜单排名	企业名称	榜单排名
联想控股股份有限公司	4	小米通讯技术有限公司	12	奥瑞金科技股份有限公司	467

表11 2022中国服务业100强海淀上榜名单（8家）

企业名称	榜单排名	企业名称	榜单排名
北京三快在线科技有限公司（美团）	14	帝海投资控股集团有限公司	67
百度公司	21	北京国联视讯信息技术股份有限公司	83
贝壳控股有限公司	35	翰林汇信息产业股份有限公司	92
北京快手科技有限公司	43	北京爱奇艺科技有限公司	96

【171家企业入围北京民营企业百强】 9月26日，北京市工商联、中国工商银行北京市分行联合召开2022北京民营企业百强发布会，发布北京民营企业“1+4”百强榜单。海淀区企业总榜单获得171个奖项，占全市的34%；主榜单获得41个奖项，占全市的41%；科技百强榜单入围50家企业，占全市的50%。

表12 2022北京民营企业百强海淀上榜名单（41家）

企业名称	榜单排名	企业名称	榜单排名
联想控股股份有限公司	2	利亚德光电股份有限公司	51
小米通讯技术有限公司	4	兆易创新科技集团股份有限公司	52
北京三快在线科技有限公司（美团）	7	北京高能时代环境技术股份有限公司	53
百度公司	8	北京金山云网络技术有限公司	57
神州数码（中国）有限公司	9	北京恒安卫士保安服务有限公司	58
贝壳控股有限公司（贝壳找房）	10	北京车之家信息技术有限公司	59
北京快手科技有限公司	12	拉卡拉支付股份有限公司	62
帝海投资控股集团有限公司	15	北京中公教育科技有限公司	63
翰林汇信息产业股份有限公司	20	北京石头世纪科技股份有限公司	67
北京大北农科技集团股份有限公司	21	北京趣拿信息技术有限公司	68
北京爱奇艺科技有限公司	22	鸿合科技股份有限公司	69
腾讯云计算（北京）有限责任公司	24	广联达科技股份有限公司	72
迪信通科技集团有限公司	25	博彦科技股份有限公司	73
神州数码软件有限公司	30	引力传媒股份有限公司	75
软通动力信息技术（集团）股份有限公司	31	北京纳通科技集团有限公司	76
北京数字天域科技有限责任公司	32	昆仑万维科技股份有限公司	85
北京微梦创科网络技术有限公司	33	亚信科技（中国）有限公司	90
华扬联众数字技术股份有限公司	37	启明星辰信息技术集团股份有限公司	91
东华软件股份公司	44	北京四方继保自动化股份有限公司	92
北京千方科技股份有限公司	46	网易有道信息技术（北京）有限公司	100
用友网络科技股份有限公司	50		

表13　2022北京民营企业文化产业百强海淀上榜名单（17家）

企业名称	榜单排名	企业名称	榜单排名
北京快手科技有限公司	3	北京世纪超星信息技术发展有限责任公司	39
华扬联众数字技术股份有限公司	5	北京数码视讯科技股份有限公司	43
利亚德光电股份有限公司	7	北京趣拿信息技术有限公司	64
北京点众科技股份有限公司	12	北京掌趣科技股份有限公司	65
北京新亚天影电影科技股份有限公司	16	北京国学时代文化传播股份有限公司	79
北京爱奇艺科技有限公司	17	引力传媒股份有限公司	80
北京微梦创科网络技术有限公司	34	北京航星永志科技有限公司	98
北京淳中科技股份有限公司	36	北京多氪信息科技有限公司	99
北京中公教育科技有限公司	37		

表14　2022北京民营企业中小百强海淀上榜名单（29家）

企业名称	榜单排名	企业名称	榜单排名
北京海泰方圆科技股份有限公司	1	北京展心展力信息科技有限公司	36
北京华夏电通科技股份有限公司	2	北京新亚天影电影科技股份有限公司	38
百望股份有限公司	3	北京腾云天下科技有限公司	39
北京声智科技有限公司	4	北京宏锐星通科技有限公司	42
北京江南天安科技有限公司	6	北京速迈医疗科技有限公司	46
北京五一视界数字孪生科技股份有限公司	10	北京航天驭星科技有限公司	55
北京金山顶尖科技股份有限公司	11	闪联信息技术工程中心有限公司	57
北京微步在线科技有限公司	13	拓尔思天行网安信息技术有限责任公司	63
北京康吉森自动化技术股份有限公司	14	北京中科国信科技股份有限公司	76
北京慧辰资道资讯股份有限公司	17	北京雷神博峰信息技术有限责任公司	78
北京瑞莱智慧科技有限公司	18	华青融天（北京）软件股份有限公司	81
北京珞安科技有限责任公司	23	北京世纪超星信息技术发展有限责任公司	89
北京数码视讯科技股份有限公司	24	北醒（北京）光子科技有限公司	98
北京九天利建信息技术股份有限公司	26	北京左江科技股份有限公司	99
北京数码视讯技术有限公司	35		

表15　2022北京民营企业社会责任百强海淀上榜名单（34家）

企业名称	榜单排名	企业名称	榜单排名
北京三快在线科技有限公司（美团）	1	拉卡拉支付股份有限公司	34
北京高能时代环境技术股份有限公司	2	北京四方继保自动化股份有限公司	37
贝壳控股有限公司（贝壳找房）	3	北京千方科技股份有限公司	40
北京纳通科技集团有限公司	4	北京天宜上佳高新材料股份有限公司	41
百度公司	6	北京佳讯飞鸿电气股份有限公司	44
北京大北农科技集团股份有限公司	7	北京中百信信息技术股份有限公司	46
网易有道信息技术（北京）有限公司	8	北京万集科技股份有限公司	50
启明星辰信息技术集团股份有限公司	9	北京中公教育科技有限公司	59
北京国联视讯信息技术股份有限公司	14	北京微步在线科技有限公司	69
利亚德光电股份有限公司	16	亚信科技（中国）有限公司	71
完美世界（北京）软件科技发展有限公司	17	绿盟科技集团股份有限公司	77
小米通讯技术有限公司	19	北京慧辰资道资讯股份有限公司	78
北京天融信网络安全技术有限公司	22	北京瑞莱智慧科技有限公司	90
用友网络科技股份有限公司	23	北京亚鸿世纪科技发展有限公司	91
广联达科技股份有限公司	25	博彦科技股份有限公司	96
软通动力信息技术（集团）股份有限公司	30	北京乾景园林股份有限公司	97
东华软件股份公司	33	北京数字天域科技有限责任公司	98

表16　2022北京民营企业科技创新百强海淀上榜名单（50家）

企业名称	榜单排名	企业名称	榜单排名
百度公司	1	北京微梦创科网络技术有限公司	15
北京三快在线科技有限公司（美团）	2	用友网络科技股份有限公司	16
北京车之家信息技术有限公司	3	北京天融信网络安全技术有限公司	19
第四范式（北京）技术有限公司	4	北京掌趣科技股份有限公司	20
神州数码（中国）有限公司	5	绿盟科技集团股份有限公司	24
广联达科技股份有限公司	8	启明星辰信息技术集团股份有限公司	25
神州数码软件有限公司	9	网易有道信息技术（北京）有限公司	26
完美世界（北京）软件科技发展有限公司	10	联想控股股份有限公司	27
小米通讯技术有限公司	11	北京爱奇艺科技有限公司	29
北京慧辰资道资讯股份有限公司	13	软通动力信息技术（集团）股份有限公司	33
腾讯云计算（北京）有限责任公司	14	北京万集科技股份有限公司	37

续表

企业名称	榜单排名	企业名称	榜单排名
圣邦微电子（北京）股份有限公司	41	北京亚鸿世纪科技发展有限公司	70
随行付支付有限公司	42	北京展心展力信息科技有限公司	71
北京趣拿信息技术有限公司	45	北京左江科技股份有限公司	73
北京宇信科技集团股份有限公司	48	北京中网易企秀科技有限公司	74
北京千方科技股份有限公司	50	北京昂瑞微电子技术股份有限公司	75
贝壳控股有限公司（贝壳找房）	51	科大讯飞（北京）有限公司	77
昆仑万维科技股份有限公司	53	百望股份有限公司	80
亚信科技（中国）有限公司	55	北京腾云天下科技有限公司	88
兆易创新科技集团股份有限公司	58	北京旋极信息技术股份有限公司	89
瑞斯康达科技发展股份有限公司	59	北京金山云网络技术有限公司	95
北京四方继保自动化股份有限公司	60	汉王科技股份有限公司	97
北京微步在线科技有限公司	63	禾多科技（北京）有限公司	98
东华软件股份公司	66	北京百分点科技集团股份有限公司	99
北京瑞莱智慧科技有限公司	69	京北方信息技术股份有限公司	100

（钟冷　曹丹宁）

【8家企业入选2022北京隐形冠军名单】 10月14日，北京市经济和信息化局、北京市工商业联合会联合公布《关于2022年北京市隐形冠军企业名单》，全市共有12家企业入选，其中8家来自海淀区、2家来自北京经济技术开发区、1家来自朝阳区、1家来自顺义区。入选的海淀区企业为北京天融信网络安全技术有限公司、凌云光技术股份有限公司、北京千方科技股份有限公司、北京四维图新科技股份有限公司、第四范式（北京）技术有限公司、北京纵横机电科技有限公司、亚信科技（中国）有限公司、北京北冶功能材料有限公司。北京市将对隐形冠军企业实施服务保障、阶梯培育、专业化创新发展、国际化经营、知识产权保护、融资支持、人才培养七大举措，加快培育一批具有国际影响力的隐形冠军企业。

（钟冷）

法　治

2023
北京海淀年鉴

政法委工作

【概况】 2022年，海淀区委政法委（简称区委政法委）以党的二十大安保工作为主线，为建设更高水平的平安海淀、法治海淀，为党的二十大胜利召开营造安全稳定的政治社会环境。深化政法队伍教育整顿成果，推进政法领域改革纵深发展，常态化开展扫黑除恶专项斗争。推进市域社会治理现代化试点建设，切实维护区域社会政治安全、大局稳定。坚持每日情报会商，及时排查化解风险隐患。坚持专群结合、群防群治，全面发动治安志愿者、交通协警等力量加强社会面巡防。围绕北京冬奥会和冬残奥会安保重点任务和关键环节，统筹协调各方力量，实现安全保障零失误、人员新冠疫情零感染。

（朱亮）

【平安海淀建设】 年内，区委政法委紧盯人民群众反映强烈的违法犯罪、影响重大活动安全的治安问题和顽瘴痼疾，清理办结伤害类、经济类未结余案件。“四大检察”[①]发展趋于均衡，检察权的监督和办案属性更趋融合。推进市域社会治理现代化试点建设，组织开展迎检自评。常态化开展扫黑除恶专项斗争，推进“雪亮工程”和智慧平安小区建设，累计建成572个智慧平安小区。加强铁路沿线治安环境治理。开展打击整治养老诈骗专项行动。持续开展群众安全感提升工作，海淀区群众安全感全年续位居城六区第一。

（朱亮）

【法治建设服务保障】 年内，区委政法委全面优化法治营商环境。在中关村壹号园区挂牌中关村人民法庭巡回审判工作站，“优化营商环境工作室”工作经验入选最高人民法院“助力中小微企业发展创新机制”。落实《为海淀“两区”建设提供司法服务和保障的意见》，深化知识产权纠纷“源头回溯”机制。办理假冒注册商标、侵权商业秘密等知识产权保护案件。探索“羁押必要性审查+企业合规+听证”模式，制定企业合规整改效果评价指南。推进全区“八五”普法规划，开展系统宣传活动1600余场次，海淀普法抖音号推送普法微视频225部。

（朱亮）

【政法领域改革】 年内，区委政法委优化速裁工作格局，实现75%以上劳动争议以非诉方式化解。“多元调解+速裁”结案4.22万件，74%的民商事案件在诉讼前端化解。推广“2+N”[②]联动联治诉源治理机制。提升“人和海淀”需求响应平台接诉即办水平，实现全区街镇知晓使用全覆盖，平台获评全国法院“政务网站精品栏目”。打造“无讼四区”[③]，建成7个法官工作站、37个联系点，人民法庭收案数比上年下降40.3%。深化“两队一室”[④]改革，推进平台警务建设，推动警务工作“系统性重塑、整体性变革”。

（朱亮）

【市域社会治理现代化试点建设】 年内，海淀区全国市域社会治理现代化试点建设工作领导小组积极参与全国及全市市域治理交流会、研讨班等，不断探索社会治理体制机制创新路径；组织召开海淀区全国市域社会治理现代化试点建设迎检工作部署暨自评培训会、网络安全座谈会等试点工作会议，传达贯彻中央和市委要求；对照第二版试点工作指引和新版区域特色指引，制定并下发《海淀区全国市域社会治理现代化试点建设迎检自评工作手册》，夯实迎检验收工作基础；梳理审核区级市域社会治理创新项目129个，深入总结梳理创新经验材料，推动试点工作向纵深发展；制定《2022年海淀区全国市域社会治理现代化试点建设工作要点》，发挥政治、法治、德治、自治、智治作用，共建共治共享的社会治理制度进一步健全，市域社会治理水平迈上新台阶。

（朱亮）

【打击整治养老诈骗专项行动】 年内，海淀区成立由区委政法委牵头，区法院、区检察院、公安海淀分局、区委网信办、区民政局等14家单位及29个街镇为成员单位的专项行动整治组；制定专项工作方案，明确各单位职责分工和任务目标；建立信息报送、情况会商督导检查等工作机制。区委常委、区委政法委书记、区委办主任吴计亮组织召开3次工作推进会，专项工作领导小组召开协调会7次、深入基层检查督导5次。各职能部门各司其职积极推进，充分发挥自身工作优势，依托“大数据”手段开展涉老领域互联网App违法犯罪风险专项审查，全面加强所属行业问题排查。区网信办依托大数据舆情监测系统，建立完善“养老诈骗”监测专题，不断丰富关键词库，开展全天候7×24小时“机器+人工”舆情监测预警工作；区市场监管局共出动监督检查人员2683人次对相关涉保健类等食品广告进行巡查；各街镇采取台上台下、线上线下、文字影音等多种方式持续深入开展防范养老诈骗宣传活动，在广大居民中推进反诈App的安装，提高智能反诈预警能力。

（朱亮）

【区政法系统党的建设工作会议】 2月24日，海淀区政法系统召开2022年党的建设工作会议，深入学习贯彻市委政法委、区委有关会议精神，总结2021年全区政法系统党建工作，全面部署2022年党建重点工作。区委常委、区委政法委书记、区委办主任吴计亮主持会议并讲话。

（朱亮）

---

① “四大检察”：刑事检察、民事检察、行政诉讼检察、公益诉讼检察。

② “2+N”：主动争取区委、各级党委的指导和区政府支持，主动接受区人大和各级人大代表监督，在民商事、行政、知识产权等审判中探索建立体现区域特色和案件特点，动员多部门、多行业、多层级联动联治的治理机制，全面助力“两区”建设和市域治理现代化。

③ “无讼四区”：无讼社区、无讼片区、无讼商区、无讼园区。

④ “两队一室”：案件办理队、社区警务队和综合指挥室。

【区委政法委员会全体委员（扩大）会】 3月1日，海淀区委政法委员会全体委员（扩大）会召开。区委常委、政法委书记、区委办主任吴计亮，副区长徐振涛、区法院院长邵明艳、区检察院检察长刘惠出席会议。区委政法委员会委员和街镇政法委员参加。传达学习习近平总书记对政法工作的重要指示，中央、市委政法委工作会议精神及书记于军对全区政法工作的批示；宣布区委政法委员会委员调整情况，部分区委政法委员会委员和街镇政法委员进行现场述职；审议通过《关于进一步完善街镇政法委员工作机制的指导意见》和《2022年海淀区政法工作要点》。会议要求，全区政法各单位及属地街镇要切实弘扬伟大建党精神，巩固党史学习教育整顿成效，始终把维护社会稳定作为重中之重，统一思想、严格责任，在促进政法工作高质量发展和维护全区稳定大局上持续发力。

（朱亮）

【全区政法工作会议】 3月10日，2022年海淀区政法工作会议、平安海淀建设暨市域社会治理现代化试点建设工作会议召开。区委副书记、区长王合生主持会议，区委政法委员会委员、区政法系统各成员单位参加会议。会议听取关于2021年全区政法工作、平安海淀建设情况和市域社会治理现代化试点建设工作情况的汇报，以及关于2022年海淀区政法工作要点、平安海淀建设工作要点和市域社会治理现代化试点建设工作要点的说明。区委书记于军强调，要深入贯彻习近平法治思想，深刻领会习近平总书记对平安中国建设作出的重要指示精神，认真落实中央、市委部署要求，紧扣区第十三次党代会确定的目标任务，坚持稳中求进工作总基调，勇于担当、锐意创新，全面提升市域社会治理现代化水平，奋力推进全区政法工作再上新台阶，努力建设更高水平的平安海淀和法治海淀。

（朱亮）

【“4·15”全民国家安全教育日主场活动】 4月15日，海淀区委政法委（国安办）以“树牢总体国家安全观，感悟新时代国家安全成就，为迎接党的二十大胜利召开营造良好氛围”为主题，协同区国家安全工作相关部门、街镇采取线上与线下相结合的方式开展丰富多彩的宣传活动，在羊坊店街道中华世纪坛现场举办“海淀区4·15全民国家安全教育日主场活动”。组织万寿路街道、北下关街道、香山街道、上地街道、清华园街道等街镇，结合迎接党的二十大、海淀科技发展、海淀高校情况等元素拍摄宣传片，举办演讲比赛、征文活动，召开座谈会等形式实地开展；充分利用海淀抖音平台、“海淀融媒”App、“北京日报”App、海淀政法公众号等平台进行网络宣传。

（朱亮）

【街镇政法委员专题示范培训班】 4月19日至21日，由区委政法委、区委组织部、区委党校联合举办的2022年街镇政法委员专题示范培训班开班。培训以线上线下相结合的方式进行，内容涵盖政治理论、法治思想及业务工作指导等。区委常委、政法委书记、区委办主任吴计亮参加并作动员讲话。邀请中央党校老师讲解《学习党的十九届六中全会精神》《习近平法治思想》《〈中国共产党政法工作条例〉解读》《党建引领基层社会治理的有效途径》等课程。区委政法委二级巡视员王际宝，副书记高超、秦小英分别对市域社会治理工作、街镇政法委员工作机制、加快提升法治海淀“能力建设”、做好2022年反邪教工作等方面进行业务指导。

（朱亮）

【打击整治养老诈骗专项行动工作部署会】 5月10日，海淀区打击整治养老诈骗专项行动工作部署会召开。区委常委、政法委书记、区委办主任吴计亮出席并讲话。区委政法委二级巡视员王际宝主持会议，相关委办局和全区29个街镇的分管负责人分别在现场和通过视频方式参加会议。区委政法委副书记王跃华部署《海淀区打击整治养老诈骗专项行动实施方案》，重点明确全区打击整治养老诈骗专项行动的目标任务、组织领导、实施步骤和工作要求。按照全国和北京市打击整治养老诈骗专项行动的统一部署，海淀区在区委平安海淀建设领导小组的直接领导下，成立区“打击整治养老诈骗专项行动办公室”。专项行动办公室由区委政法委牵头，包括区委宣传部、区委网信办等13家成员单位，内设综合组、打击组、整治组、宣教组等4个工作组。专项工作通过宣传教育、依法打击、整治规范“三箭齐发”，依法严惩养老诈骗违法犯罪，延伸治理侵害老年人合法权益的涉诈乱象问题，促进养老事业健康发展，为广大老年人安享幸福晚年营造良好社会环境。吴计亮指出，要提高政治站位，深化思想认识，切实增强开展打击整治养老诈骗专项行动的

9月20日，区委政法委召开打击整治养老诈骗专项行动调度会（区委政法委 供图）

责任感和紧迫感；要抓好宣传发动，畅通举报渠道，引导广大群众积极提供违法犯罪线索、有效识骗防骗，形成“不敢骗、不能骗、骗不了”的良好态势；要突出打击重点，严格依法办案，全力追赃挽损，特别要集中打掉一批有影响的犯罪团伙和犯罪分子，并与常态化扫黑除恶相结合，注意发现和识别养老诈骗犯罪团伙中可能存在的黑恶势力，深挖背后的腐败和“保护伞”，确保专项行动打深打透；要狠抓整治规范，突出整治重点，加强风险防控，抓好建章立制，切实铲除养老诈骗滋生土壤；要加强组织领导，拧紧责任链条，健全工作机制，强化统筹协调和责任落实，确保专项行动推进有序、开展有力。

（朱亮）

【区委政法委员会（扩大）会议】 9月2日，海淀区委政法委员会（扩大）会议召开。区委常委、政法委书记、区委办主任吴计亮主持并讲话。会议传达市委政法委员会（扩大）会议精神，听取区委政法委委员、街镇政法委员代表述职情况的汇报，审议《中共海淀区委贯彻落实〈中国共产党政法工作条例〉的若干措施》《关于进一步加强政法队伍建设的实施意见》《海淀区政法单位服务企业复工复产保障经济社会发展“十条措施”》《海淀区政法队伍政治轮训实施方案》。

（朱亮）

法治政府建设

【概况】 2022年，海淀区政府学习宣传贯彻党的二十大精神，深入贯彻习近平法治思想，围绕全区经济社会发展大局，持续巩固拓展“全国法治政府建设示范区”成果，发挥法治固根本、稳预期、利长远基础性作用。推进政府职能转变和优化，提升行政决策公信力和执行力，严格规范公正文明执法，加强行政权力制约监督，多元化解社会矛盾纠纷，推动法治政府建设提质增效。深化民主法治示范社区（村）建设，上庄镇西闸村被司法部、民政部命名为第九批“全国民主法治示范村”。全区646个社区（村）遴选推荐“法律明白人”2031名。落实党政主要负责人年终述法工作，把各委办局、街镇党政主要负责人履行推进法治建设第一责任人职责情况纳入个人年度述职报告，并提交述法报告。推进行政机关负责人出庭应诉工作，区长、副区长出庭应诉3次，区属单位行政负责人出庭应诉77人次。

（王轶男）

【政府机构法治职能优化】 年内，海淀区加强应急管理综合行政执法体系建设，推进行政复议体制改革，优化行政复议机构设置。调整优化海淀区权力清单联席会议工作机制，印发《海淀区权力清单动态管理制度》，编制形成海淀区权力清单（2022年版）。

（王轶男）

【行政审批制度改革】 年内，海淀区23家单位的243个政务服务事项实行“告知承诺”，累计办件量16.1万余件，推动16个集成场景落地实施。推进“证照合一”“证照联办”，构建“快入准营”市场环境。发出全市首张“证照合一”营业执照、首例药店领域五证“联办证照”；发出全国首张加载“市场主体身份码”的营业执照，实现扫码即查。优化个体工商户“一站式”开办服务，全市首家台胞个体户落户海淀。在全市实现食品经营许可“云”核查，许可审批再提速。

（王轶男）

【“数字政务”能力建设】 年内，海淀区实现1675个事项“全程网办”，实现224类电子证照市级联调使用，区“一网通办”平台网上办理1.2万余件。海淀区入选“国家区块链创新应用试点”，成为北京市16区唯一获批的地区。实现609个“区块链+政务服务”应用场景落地，其中148个线上落地事项平均减少办事人提交材料40%以上，87个事项实现“全程网办”，60个事项实现“只跑一次”，场景上线总办件量达5.1万件，证照调取量达9.9万次。

（王轶男）

【优化法治化营商环境】 年内，海淀区推进25项重点行动、159项优化营商环境任务。推进北京市营商环境创新示范区建设工作，制发《海淀区关于促进中小微企业恢复发展的工作方案》《海淀区提升服务独角兽等高成长企业能力集成办事场景建设实施方案》。海淀区获批“国家知识产权强市建设示范城市”，成为知识产权服务出口基地、商业秘密保护创新试点地区。落实“繁简分流”改革，发挥“前端增速”“后端清积”的商事审判工作机制，以“多元调解+速裁”工作驱动实现“前端增速”，以专业化商事审判驱动实现“后端清积”。

（王轶男）

【接诉即办工作机制】 年内，海淀区把各单位接诉即办工作纳入全面从严治党主体责任检查考核内容。上线海淀接诉即办新系统，新增成绩测算、各类统计分析图表和知识库等模块，实时动态掌握诉求情况。建立“每月一题”责任制，加强督办落实。12345市民热线承办群众各类诉求107.6万余件，解决率、满意率分别达92.37%、93.73%。

（王轶男）

【重大行政决策管理】 年内，海淀区严格执行《海淀区重大行政决策程序规定》，严格执行公众参与、专家论证、风险评估、合法性审查、集体讨论决定等法定程序。区政府共有5项重点工作纳入重大行政决策管理。在区政府网站公示年度重大行政决策事项目录。各部门、各街镇严格遵循法定权限和程序作出决策，确保决策内容符合法律法规规定。

（王轶男）

【行政规范性文件管理】 年内，区政府印发4件行政规范性文件，并按照规定的程序和时限向市级部门和区人大报送备案。指导和监督区属部门、街镇报送3件备案规范性文件。区司法局完成提交550余件次需区政府审议的各类文件的合法性审核，提出910余条法律意见建议；市政府法规、规章征求18件意见，提出20余条建议。开展规范性文件清理工作，规范性文件清理结果为区政府修改规范性文件2件、废止31件。

（王轶男）

【综合执法体制改革】 年内，海淀区制发《海淀区关于进一步加强街镇法治政府建设工作的意见》《海淀区镇级职责清单（2022版）》等文件，加强街镇开展综合执法的配套政策支持。区级职权下放部门加大培训力度，建立巡回指导机制。加强应急管理执法机构建设，构建统筹应急管理行政执法体系。市场监管部门集中行使商务、价格、教育、民族等领域行政处罚权。

（王轶男）

【行政执法行为规范】 年内，海淀区对照《北京市行政执法公示办法》《北京市行政执法全过程记录办法》《北京市重大行政执法决定法制审核办法》要求，推动行政执法公示、执法全过程记录、重大执法决定法制审核工作。对区属部门和街镇开展执法公示专项督导。组织开展行政执法案卷评查，抽取17个执法部门和29个街镇的107个行政处罚案卷进行评查，印发行政处罚案卷工作提示。落实行政检查单制度，推动各部门及街镇使用移动执法终端。推进行政执法队伍规范化建设，换发2539人次新版行政执法资格证件。

（王轶男）

【行政执法方式创新】 年内，海淀区落实“6+4”[①]监管执法改革，构建以“风险+信用”为基础、“分级分类+协同”为关键、“科技+共治”为驱动的新型监管体制，获批创建“全国首批网络市场监管与服务示范区”。夯实“双随机、一公开”监管，建立由37个部门组成的联合执法检查机制，开展89次多部门联合“双随机”抽查，5658户次检查主体。全面落实轻微违法免罚和初次违法慎罚制度，173件适用包容审慎清单办理的不予处罚、不予立案，570件清单外作出减轻、不予处罚、不予立案的案件数。

（王轶男）

【政务公开】 年内，区政府印发《海淀区政务公开领导小组工作规则》《海淀区政务公开工作全流程规范（试行）》，规范政务公开工作流程。区政府网站集中展示重大行政决策目录，推送22个助企纾困政策。开展90余场政务开放日和政策公开讲活动，主动公开政府信息2万余条，受理1500余件政府信息公开申请。

（三轶男）

【行政复议体制改革】 3月22日，海淀区召开推进行政复议体制改革工作专题会议。区司法局汇报行政复议体制改革有关工作情况及2021年全区行政复议应诉工作总体情况；公安海淀分局、海淀交通支队、区人力社保局、区市场监管局简要说明近两年办理行政复议、应诉案件情况，包括复议中的行政调解情况；区委编办、区财政局、区机关事务管理服务中心分别从编制保障、经费保障、办公用房选址等方面说明情况。6月3日，区长王合生主持召开区政府专题会议，审议通过发布《海淀区统一行使行政复议职责工作方案》《海淀区人民政府关于统一行使行政复议职责的通告》，区政府集中行使行政复议权。海淀区公共法律服务中心大厅设立复议接待室，增设公安类、交通类、市场监管类、社会保障类等8个接待窗口。

（王轶男）

【68份法治政府建设年度情况报告集中发布】 3月30日，区政府和39家委办局、29个街镇共计68份法治政府建设年度情况报告在区政府网站集中发布。

（王轶男）

【专项督导】 4月21日，由依法治市办成员、市司法局副局长郭卫带领的第4督导组对海淀区督察整改工作开展督导。副区长徐振涛参加督导会议。市督导组介绍督导工作任务及工作要求。海淀区从研究部署及其组织落实情况、依法治区办队伍能力建设及履职情况、党政主要负责人履行推进法治建设第一责任人职责情况、行政复议体制改革、综合执法改革、街镇法治政府建设、街镇复议应诉等8个方面整改任务落实情况进行了详细汇报。督导组对重点督导任务有关情况现场询问，就整改过程中的重点和难点开展交流，市督导组对下一步整改工作提出整改要求。副区长徐振涛表态，全区将以督察整改为契机，坚持问题导向，发现不足、举一反三、补齐短板，推动整改取得成效；海淀区将着重抓好三个方面工作：进一步加强组织领导，全面压实整改责任。加大法治政府建设力度，巩固提升“全国法治政府建设示范区”创建成果。高度重视基层法治队伍建设，全面提升海淀区依法行政的能力水平。

（王轶男）

【守法普法协调小组会议】 6月16日，区委全面依法治区委员会守法普法协调小组会议召开。区委常委、宣传部部长、区守法普法协调小组组长肖丹出席会议并讲话，区守法普法协调小组55个成员单位主管领导、科室负责人，29个街镇主管领导、宣传部部长、司法所所长等共计200余人参加会议。会议传达市委全面依法治市委员会守法普法协调小组第六次全体会议主要精神，审议并原则通过《区委宣传部、区司法局关于在全区开展法治宣传教育的第八个五年规划（2021—2025年）重点任务分解》和《海淀区“法律明白人”培养工作实施方案》。

（王轶男）

【区政府常务会会前学法】 8月20日，区政府第15次常务会举办会前学法。区委副书记、代区长李俊杰以“学习《习近平法治思想学习纲要》需要重点把握的几个问题”为题为全区领导干部讲授习近平法治思想。区政府领导班子组成人员，区政府各委办局主要负责人，各街镇党政领导班子成员共计350余人在主会场和各视频分会场参加。

（王轶男）

① “6+4”：建立完善风险、信用、分级分类、协同、科技、共治6项监管制度和“一业一册”“一业一单”“一业一查”“一业一评”4项场景化措施。

【区领导出庭应诉】 9月9日，区法院公开开庭审理原告刘某诉被告海淀交通支队公主坟大队行政处罚决定和海淀区政府行政复议决定一案，区委副书记、代区长李俊杰作为区政府负责人出庭应诉。案件审理结果为判决驳回原告诉讼请求。9月21日，区法院线上开庭审理原告王某不服北京市规自委海淀分局不动产登记不予受理告知书和区政府行政复议决定一案，副区长岳立作为区政府负责人出庭应诉。案件审理结果为判决驳回原告诉讼请求。11月9日，区法院线上开庭审理原告张某不服海淀公安分局作出的行政处罚决定及区政府行政复议决定一案，副区长徐振涛作为区政府负责人出庭应诉。案件审理结果为判决驳回原告诉讼请求。

（王轶男）

公安

【概况】 2022年，北京市公安局海淀分局（简称海淀公安分局）按照“大事牵动、区情推动、平台驱动、党建带动”的工作思路，开展积案清理、走失人员查找、高校家属区维稳、五道口商圈复杂点位防范等工作，应对化解涉政、涉访、涉校、涉疫领域突出风险，启动一级以上防控等级308天，完成北京冬奥会冬残奥会、党的二十大等重大活动的安保任务。

核心安全。坚持把“五活”要求贯穿始终，大力弘扬“两山哨兵”精神，优化活动现场、常备路线、住地外围等常备方案，固化重大活动提前会商、徒步踏勘规定动作，总结提炼复杂路口管控创新举措，确保绝对安全。

专项安保。搭建安保组织架构和战时指挥体系，固化联勤指挥部“实战化、决策性、全流程”职能定位，全面提升实战指挥、异动处置效能。周密部署落实点线安保任务措施，强化近端警戒、远端过滤、应急处置，确保万无一失。主动开展现场周边“小区域、小专项”清理整治，提升要素掌控力。

安全稳定。快处妥处涉高校敏感案（事）件，推动化解矛盾隐患。深化网上情报挖掘，清理涉政有害信息，第一时间落地稳控。重点点位24小时看控，侦清查细关联案件。以反恐标准加强五棵松华熙等6个繁华商圈安防措施，坚决守住“不发生暴恐活动”的底线。

警务改革。立足“分局主战、派出所主防”要求，深化“两队一室”改革，探索实践大部门大警种制改革，建立跨部门、跨警种的平台警务运行机制，截至年底，“情指行”（情报、指挥、行动）、基层基础平台、侦查打击平台建成并投入使用，执法办案、队伍管理平台有序推进。

案件侦破。刑事治安警情4688件，比上年下降1.2%；刑事立案13088起，比上年下降16.4%；破案5934起、破现案4904起，刑事拘留4120人、治安拘留6748人；清理办结伤害类、经济类未结积案1.4万余起，命案（4起）连续12年100%侦破。入室盗窃发案32起，比上年下降74.2%，发案数为近20年最低，全区共有“零发案”社区599个，占比96.5%。接报黄赌警情91件，同比下降72.7%，拘留黄赌类违法犯罪人员2408人。接报盗窃非机动车警情307件，比上年下降19.8%，拘留违法犯罪人员737人，打击数与警情数之比达到240%。破获环食药旅领域案件29起，刑事拘留231人。查办合同诈骗、信用卡诈骗、职务侵占、非国家工作人员行受贿、挪用资金、非法经营等民生案件（共占比72.7%）367起，占破案总数的65.7%，挽回经济损失7675万元。

社会治安。常态化开展清理整治工作，快速落地行骗线索1739条、1824人次，有效稳控“开课吧”“知金大鹏”等爆雷风险。建立高校、高科技园区、写字楼等四级劝阻中心，开展防电诈预警劝阻357.5万余人次，避免经济损失11.9亿元。落实医警会商工作机制，排查医患纠纷线索54件，调处化解矛盾纠纷41件。接收办理接诉即办派单15328件，派单综合“三率”98%。

文化育警。策划制作党史纪录片《香山脚下》《中关村前》《复兴路上》，编发《2022记“疫”》通讯，创作推广公安歌曲《红色守望》，启动“非凡十年·警心向党”主题宣传。大力宣传推树先进典型，开展2022“最美警察·海淀榜样”评选活动。

表彰奖励。海淀公安分局执法办案管理中心被公安部授予“全国公安楷模”荣誉称号；局属5个建制单位被公安部评为先进集体；西三旗派出所社区民警王木香被评为全国特级优秀人民警察，12名优秀干部得到市局党委选拔使用，72名民警荣立个人二等功以上奖项。

年内，海淀公安分局基层基础平台建成 （海淀公安分局 供图）

监督检查。受理信访举报140件，结办166件，查证属实或部分属实76件，立案查处违纪案件10起11人；接110投诉、12389举报720件，比上年下降12.6%；查实和部分查实99件，查实率14.6%；完成审计项目335项，审计发现问题503个，提出审计意见和建议566条。

（刘金凯）

【构建警卫安保新模式】 年内，海淀公安分局立足防范重大涉稳风险、处置重大突发案事件、应对重大敏感舆情、服务重大安保任务和支撑重大专项工作重点任务，构建风险防控全面精准、决策指挥高效顺畅、警务数据融合共享、警种优势合成作战、网上网下同步应对的一体化运行机制。突出联勤指挥，以“两台合一”[①]为契机，推动多警种、多部门常态化联合值守，强化一线融合执法，实现突出敏感案事件处置与社会面巡逻布防一体调度。固化重大安保联勤指挥模式，强化公安、武警、交警多警种协调联动，由各警种主要领导或业务骨干联合值守，提升综合指挥效能。依据形势要求，精准测算最大用警量达42版，累计科学调配警力34.8万人次，及时申请警力支援执勤，为专项勤务顺利完成提供警力保障，实现警力、车辆、岗位动态匹配，为精准化、扁平化、可视化指挥调度提供支撑。突出推进系统应用，以电子地图为基础，全面汇聚、全量整合警务资源、警力位置、勤务岗位、异动报警等数据，建设5项场景应用，实现一图通览、一图感知、一图指挥。

（付晓波）

【平台警务运行机制建立】 年内，海淀公安分局探索实践大部门大警种制改革，建立跨部门、跨警种的平台警务运行机制，初步搭建“情指行”一体化实战、基层基础、侦查打击、执法办案、队伍管理服务五大平台，建立“平台+侦查员”“平台+社区民警”警务运行新模式。倒逼职能部门重新梳理公安业务流、管理流、数据流，压缩指挥层级、优化业务流线、再造警务流程，构建起集约、扁平、整体、协同、高效、共享的警务工作新生态。“情指行”一体化实战平台立足实战发起端、统筹端定位，建成安保点线、重点高校等场景模块，“两台合一”融合布警11726件。基层基础平台建立“平台+社区民警”模式，动态更新数据119项13.7万条，实现部署“一发三达”、结果“一口汇总”。侦查打击平台建立“平台+侦查员”模式，将刑、技、网、图、数“五侦”手段整合纳入平台建设，建成四季青实体运行平台办公地，24小时专人值守、会商盯办。执法办案平台健全完善三级执法质量保障体系。队伍管理服务平台以“六警”[②]管理模式为框架，完成模块板块基础设计，提升队伍管理服务实战能力。

（殷漠凌）

【社会治安防控体系建设】 年内，海淀公安分局推进以平台警务建设为框架、以科技信息化手段为支撑的社会治安防控体系建设，构建以“情指行”一体化实战平台为统领、以基层基础和侦查打击平台为两翼、以执法办案和队伍管理服务平台为保障、以大数据中心为基座的平台警务体系，打造出契合首都安全稳定形势及未来发展趋势的社会治安防控体系“海淀模式”。打造预防警务体系，优化异动识别算法算力，接入全区探头、人车卡口、内部视频1.4万路，布设周界异动报警、制高点触控设备560套，实现风险预警感知；打造以“平台+社区民警”模式为核心的基层基础平台，搭建“所站室”（30个派出所、46个社区警务工作站、584个社区警务工作室）三级警务体系，实行“队组格”（124个社区警务队、312个社区警组、771个警务网格）专业管理，推动任命570名穿警服副书记、院警副书记，夯实基层党务、警务、政务根基；构建科技赋能新体系，持续推进智慧平安小区、“雪亮工程”等重点项目，规划并推进2批1389个智慧平安小区建设；助力精准化案件查控，搭建线上防电诈“一站式”预警劝阻通道，建立30个三级、15个四级反诈中心，推动字节公司成立全市首家企业反诈平台，做到“8分钟劝阻”“30分钟止付”，实现警情、立案、损失“三下降”；加快大数据中心和警务云平台建设，汇聚数据信息243类1.23亿条，提升社会面掌控力，为海淀社会治安防控体系建设持续发展注入科技动力。

（赵康圣）

【风险预警体系建立】 年内，海淀公安分局建立健全风险预警体系，防范化解重大涉稳风险，提升整体防范处置能力。做实会商研判，常态化开展高等级情报会商，坚持早中晚三次常态会商、突出问题即时会商、敏感节点专项会商，针对行煽线索、扬言警情，牵动职能部门主动介入，实现“研—交—办—督—结”全流程闭环处置；加强视频监控，对异常行为进行自动化识别预警，完成视频图像实名制人员档案、非实名制人员档案、车辆档案。整合汇聚110报警电话、12345市民服务热线、舆情、视频人脸预警、物联网报警等动态数据，实现异动情况精准掌握、广泛感知。在五棵松华熙商圈，按照反恐标准，制定落实专项勤务方案、建立人流车流感知预警、强化“十户联防”组织联动，提升快反处突能力。在香山地区，汇聚人流车流、停车场数据，接入售票点、标志物、公园门区等点位视频监控，加强与街镇联动对接，强化秩序维护，严防大人流、大拥堵情况。建立全区中学、小学、幼儿园勤务点位电子化台账，接入公安民警实名制打卡信息以及交警执勤点位图像化展示，确保校园高峰勤务时段警力在岗在位，守护校园安全。

（付晓波）

【巡逻防控体系建设】 年内，海淀公安分局优化巡逻防控体系，围绕辖区

---

① “两台合一”：110报警台、122报警台。
② “六警”：政治建警、从严治警、素质强警、文化育警、改革兴警、爱警暖警。

重点部位，精细划分巡区巡段，做好高校门区秩序维护和一报直报点建设运行工作，重点时期启动“千车夜查夜巡”，织密巡逻防控网，实现街头见警车、乱点见警察。依托视频巡控网络，发现妥善处置突发情况，协破案件3282起，拘留违法人员2718人。规范110接处警，坚持“以快制快”，落实就近出警，平均出警时长6.4分钟。针对群众关心的走失警情，落实提级处置，建立健全台账，闭环跟进督导，及时找回4865名走失人员。

（付晓波）

【电信网络诈骗防范打击】 年内，海淀公安分局坚持“打防并举、防范为先”的思路，依托区级联席会议机制，组织各街镇督促“进网络、进公司、进高校、进社区、进机关”的措施落地落实，实现新入职员工和新入学学生100%参加防范电信网络诈骗宣讲培训。建立海淀公安分局综合预警二级平台，流转研判预警线索331.7万条，避免群众经济损失5.45亿元。在全区所有企业和高校普遍推行四级劝阻中心建设，利用人流密集区域的广告大屏及全区29个街镇的社区电子显示屏滚动播放防电诈宣传广告片或海报，实现劝阻和宣传并行。将电信网络诈骗与入室盗窃、盗窃非机动车列为“新三类”可防性案件，加强监测分析，建强专业打击队伍，以打团伙、打规模、打链条为重点，打深打透非接触类犯罪黑灰产业链。刑事拘留涉案嫌疑人457人，破案2149起，全区非接触类犯罪立案数量逐步趋缓。

（殷漠凌）

【确保校园安全】 年内，海淀公安分局高强度开展校园安全检查，加强从业人员背景审查，组织警力1246人次入校安全检查568次，消除问题隐患82件。健全完善涉校案事件快速出警、建账管理、跟踪处置、案件侦查等工作机制，指导学校完善应急预案136件，组织开展演练培训568次，平稳处置涉校警情46件，依法拘留4人。

（唐轶男）

【基础设施安全监管】 年内，海淀公安分局统筹开展基础设施日常安全监管，牢固树立“非勤务即清查”理念，依托区“三电”办、区“输油气”办，明确日常、战时不同阶段工作重点，确保全区812处重点基础点位、25条重点线路全覆盖检查，确保41处重点基础设施绝对安全。

（唐轶男）

【智能执法管理】 年内，海淀公安分局加强执法全流程管理平台建设，完善执法问题自动预警、异常执法数据动态监测、执法质量智能考评等功能，强化数据关联共享、内外协同保障，形成执法全流程监督流转工作闭环，实现两级（分局法制部门和局属办案单位）交流互动紧密化、监督管理透明化、培训学习自主化。健全执法活动全流程网上管理机制，研发执法音视频管理系统，推进分局音视频平台建设项目，实现全局执法音视频资源集中存储及全面共享。完成电子数据采集设备项目落地，在各派出所和9个职能部门配备396台电子签名捺印板及148台智能交互终端，通过应用电子签名、电子指纹捺印制作笔录、电子文书、管理台账等，实现办案效率和智能化管理水平提升。

（左鑫明）

【侦查打击平台建设】 年内，海淀公安分局全面深化平台警务建设改革，设置侦查手段、专项工作、侦查支撑、资金穿透、形势分析、案件交流、反诈防诈、侦查内控、人力情报9个板块和项目指令、人员画像、调查取证等25个子模块；落实新址搬迁、试点运行，场景应用、机制建设，推进侦查打击平台向“支撑打击办案、规范侦查行为、融入社会治理、培育核心能力”建设目标迈进。

（潘乐）

【媒体宣传】 年内，海淀公安分局通过图文、短视频、直播等载体，开展践行新时代“枫桥经验”、防范电信网络诈骗、打击整治养老诈骗等宣传活动，其中150余篇新闻报道分别被《人民日报》、新华社、《法治日报》、中央政法委长安剑、《人民公安报》、中国警察网、《北京日报》、海淀融媒等刊载。聚焦涉政涉稳涉访舆情事件，开展舆情风险评估和提示，启动“5+X”①网络舆情管控机制，主动发布新闻通稿9次，回应社会关切，稳妥处置多起涉警舆情事件。运营的19个官方新媒体账号发布短视频180余部、图文资讯4000余条。发布新闻通稿263篇，组织媒体通气会54场次，制作《警方在线》节目22期，讲好海淀警察故事。“海淀公安”一点号和百家号被中央政法委评为第三届“四个一百”优秀新媒体账号。

（苗春萌）

【民警培训】 年内，海淀公安分局围绕社会面查控、执法办案、常见警情处置、防范电信诈骗、反恐法处罚等科目，拉列阶段性专项培训账单670项，累计开展培训2000余场次，培训民警4.6万余人次。

（成石）

【北京冬奥安保任务完成】 2月至3月北京冬奥会和冬残奥会期间，海淀公安分局扁平化搭建组织架构和方案体系，开展39轮次警力测算，制发《政治动员令》，编制多种情况系列处置指引。全面升级改造7处签约酒店和17处保障酒店物技防设施，开展“冰锋·2022平安冬奥”专项攻坚行动，确保首都体育馆、五棵松体育中心两个场馆比赛、训练赛顺利举行，运动员参赛、观众观赛安全。

（刘金凯）

【户政服务】 5月1日，海淀公安分局户政事项在联想桥办公区增设公安“一窗通办”窗口，至年底共受理业务1030件。8月1日，开通户籍数字档案信息化全区通查系统，共提供

---

① “5+X”：指挥处、警务督察大队、警务支援大队、法制支队、一支队和涉事单位。

查询服务55938人次，实现政务服务“只跑一次路”的服务要求；8月，运行“北京警务”小程序，符合线上办理条件的公民可自主选择办理方式，实现公安派出所内地居民犯罪记录查询全程网办，共办结10622件；10月1日，局属33个派出所全部前置受理外省市人员投靠亲属进京业务，改变了长期以来这项业务由分局业务处专门受理的情形，方便群众。年内，共办理居民身份证346885张、临时身份证10545张、港澳台居民居住证602张、流动人口居住证（卡）97189张。

（于天宇）

【夏季治安打击整治“百日行动”】 6月25日至9月底，海淀公安分局组建集中办公、实体化运行的“百日行动”工作专班，细化76项具体任务，拉列56个行动计划，每日梳理汇总，早晚情况会商，下发工作指令313条；坚持以打开路，紧盯警情发案、舆论关注、群众关切，打击一批多发要案、打赢一批舆情热案、打好一批民生要案，提升治安秩序；坚持防患未然，守牢重点部位，稳控涉访群体，紧盯矛盾化解，落地稳控363人，化解矛盾纠纷236件，夯实安保维稳防线；坚持强基固本，开展集中清查夜查，核录人员3.2万余人，发现整改隐患372处，开展隐患清零整治，检查出租房屋、“七小”门店、宾馆旅店等2.6万余处，处罚出租房主76人，处罚交通违法行为7.3万起，强化社会面巡逻防控，夜间加派警力126人，累计发动群防群治力量3.6万人次，全面落实武装巡逻、大人流秩序维护等措施，做到见警察、见警灯、见警车，让群众切实感受到安全就在身边。

（赵康圣）

【外国人出入境服务厅正式运行】 9月30日，海淀分局外国人出入境服务厅、海淀区国际人才综合服务中心在中关村壹号C区会议中心揭牌，海淀公安分局外国人出入境服务厅正式运行。在出入境服务厅，海淀公安分局与区人力社保局联合办公，创新“一窗受理、同时取证”工作模式，提升辖区外籍人才服务体验。截至年底，共受理外国人签证业务1927件，外国人永久居留3件，提供咨询服务620余人次，受理外籍人才“两证联办”（工作许可证、工作居留许可证）业务36件。

（张萌）

【联合反恐演练】 12月23日，海淀公安分局与区属部门在中关村公园联合开展反恐应急处置综合演练。演练模拟在公园景区出现可疑爆炸物的情景，涉及民警先期处置、特警警犬排爆处置、消防力量支援、院前急救等演练科目。调动公安专业车辆2部、警用车辆3部，警力12人，警犬1只；调动区属消防、急救等专业车辆2部，专业处置力量7人。演练强化区级各应急力量在突发事件环境下的应对处置能力，磨合公安与区属部门的行动配合机制。

（王伯羊）

·案例选辑·

【非法吸收公众存款案】 3月22日，北京某科技有限公司爆雷，引发大量学员退费报警。海淀公安分局快速调查取证，于3月29日集中收网，抓获涉嫌非法吸收公众存款罪的郑某（男，1996年5月出生，辽宁省沈阳市人）等犯罪嫌疑人8名，刑事拘留5人。

（齐晓辉）

【北京首例骗取“留抵退税”案件】 5月5日，海淀公安分局通过办理一起职务侵占案件，深追细查，成功打掉一个通过虚开增值税专用发票，偷逃骗取国家“留抵退税”税款的犯罪团伙，抓获张某（男，1984年6月出生，本市朝阳区人）等4名犯罪嫌疑人，涉及票面金额1.25亿余元，“留抵退税”税款708万余元。这起案件系2022年3月21日国家“留抵退税”新政策实施以来破获的北京首例骗取“留抵退税”案件，也是全国骗取“留抵退税”税款额度最大案件。

（齐晓辉）

【盗窃茅台酒案】 7月7日，海淀公安分局牵动相关派出所连续破获4起在社区地下室、储物室盗窃茅台酒案件，抓获豆某均（男，1992年5月出生，重庆市彭水县人）等犯罪嫌疑人12名，涉案茅台酒总计63箱。

（潘乐）

【特大诈骗案】 7月9日，海淀公安分局破获一起特大诈骗案，抓获赖某新（男，1967年2月出生，浙江省宁海县人）等犯罪嫌疑人3名，在犯罪嫌疑人仨处起获现金556万元，奔驰牌（GLS）越野车1辆。经查，该犯罪团伙对以帮助给事主名下的两家建筑公司办理资质升级为由，诈骗事主钱款1110万元的犯罪事实供认不讳。

（潘乐）

【某新媒体公司的诈骗团伙】 7月11日，海淀公安分局组成专案组，分赴山东、河南、辽宁等5地，一举抓获涉嫌诈骗罪的杨某红（男，1970年12月出生，山东省菏泽市人）等13人的诈骗团伙。这些嫌疑人内外勾结，通过内部人员违规审批，外部商家开办公司业绩造假的手段，骗取公司“激励费”共计1.33亿元。

（潘乐）

【打掉涉嫌帮助信息网络犯罪的犯罪团伙】 7月19日，海淀公安分局在吉林省长春市开展抓捕行动，打掉以臧某新（男，1992年9月出生，黑龙江省五常市人）为首的涉嫌帮助信息网络犯罪活动罪的犯罪团伙，抓获犯罪嫌疑人4名，当场起获作案计算机2台、手机5部。经审查，该团伙交代了从境外电报群组及境内微信群组中购买大量微信账号密码，通过其搭建的“熊猫授权”网络平台向下游犯罪团伙出售授权码、微信账号428万个，非法获利140余万元的犯罪事实。

（周京华）

【特大危害珍贵濒危野生动物案】 8月17日，海淀公安分局在海淀区广源文玩市场将涉嫌危害珍贵、濒危野生动物罪的张某鹏（男，1982年3月出生，北京市石景山区）抓获，从其摊位查获19根白色螺旋棍状物。经权威部门鉴定，均为国家二级保护动物独角鲸牙制品，价值498万元。

（曹国玲）

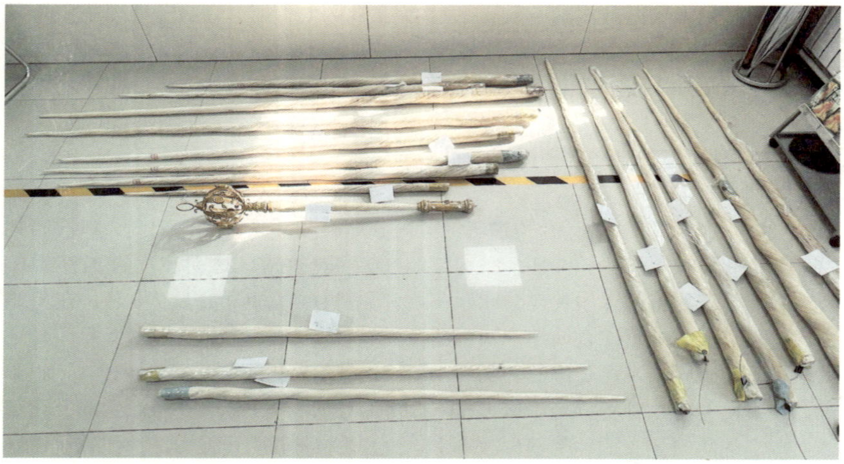

8月17日，海淀公安分局破获特大危害野生动物案　（海淀公安分局 供图）

【“9·12”抢劫杀人案】 9月13日，海淀公安分局快速破获一起抢劫杀人案，抓获犯罪嫌疑人庞某新（男，1989年11月出生，内蒙古自治区翁牛特旗人）。经审查，嫌疑人对9月12日22时许，在海淀区上庄镇梅所屯村北沙河南侧，以暴力、威胁等手段，抢劫事主9200余元后将其掐死并藏匿于草丛中的犯罪事实供认不讳。

（潘乐）

【系列强制猥亵案】 9月21日，海淀公安分局破获系列强制猥亵案，抓获犯罪嫌疑人赵某弦（男，2001年11月出生，北京市海淀区人）。经审查，嫌疑人交代了以导演之名诱导、逼迫女同学配合其拍摄，对20余名女同学实施强制猥亵的犯罪事实。

（李柯）

【抓获潜逃15年杀人犯】 9月22日，海淀公安分局在梳理2007年9月发生的熊某被杀案时，通过对现场提取物证进行复核复检，对现场遗留凶器上的DNA进行“Y”系及亲缘比对，结合情报分析判研，最终确定嫌疑人身份为宋某祥（男，1986年6月出生，安徽省宿州市人），并在门头沟区一社区物业中控室将其抓获，一举侦破15年前的命案。

（潘乐）

【普照寺文物被盗案】 10月6日，海淀公安分局抓获沈某林（男，1961年12月出生，北京市密云区）等5名涉嫌盗窃位于苏家坨镇的普照寺文物的犯罪团伙，起获被盗莲瓣纹石座、素面石底座构件、锥形塔尖石刻件各1个，石供桌2个。受公安部通报表扬。

（潘乐）

检察

【概况】 2022年，海淀区人民检察院（简称区检察院）按照“传承深化、打造精品、改革创新、稳中求进”的工作思路，依法全面履行刑事、民事、行政和公益诉讼四大检察职能，为海淀区现代化强区建设提供有力司法保障。

起诉抢劫、强奸等严重暴力犯罪30人，起诉盗窃、诈骗等多发性侵财犯罪391人，起诉寻衅滋事等妨害社会管理秩序犯罪254人。对轻微犯罪依法从宽处理，不批捕729人、不起诉1212人。依法开展羁押必要性审查工作，诉前羁押率降至33.5%。针对超市盗窃、危险驾驶等类案制发检察建议200余份。研发并运用“轻罪治理图鉴”，形成“数据碰撞—线索形成—监督治理—成效反馈”诉源治理模式，两案件获评全市检察机关典型案例。依法打击非法吸收公众存款等涉众型犯罪，起诉343人，累计追赃挽损5亿余元。参与全国打击整治养老诈骗专项行动，起诉117人。办理危害税收征管类犯罪案件162件367人，协助挽回国家税款损失1.3亿元。起诉电信诈骗、套路贷等涉网犯罪124人。办理假冒注册商标、侵犯商业秘密等各类案件101件。探索“羁押必要性审查+企业合规+听证”模式，办理企业合规案件13件。依法办理各级监委移送职务犯罪案件37人，起诉23人。办理行贿案件8件。配合追逃追赃、反洗钱工作，追赃挽损700余万元。向发案单位制发检察建议10余份。办理涉及成年人刑事、民事、救助等16类案件656件。对情节较轻的41名涉罪未成年人作出不批捕、不起诉决定。对侵害未成年人犯罪保持零容忍，批捕、起诉82人，会同教育、民政等部门救助未成年被害人34人。针对家庭监护侵害等问题发出“督促接受家庭教育指导令”“督促监护令”40余份，联合纪检、行政执法等单位开展重点场所专项监督，助推家庭、学校、社会、网络、政府、司法“六位一体”的未成年人保护格局。

侦查监督立案49件，监督撤案79件，制发侦查活动监督文书229份，采纳整改率100%。依托北京市行政执法信息服务平台，建议移送涉嫌犯罪案件6件，均监督立案。依法查办司法人员职务犯罪，立案侦查1件1人。海淀检警联动模式被最高人民检察院、公安部规范性文件吸收并推广至全国。审判监督审查一审裁判文书1000余份，提请审判监督程序抗诉3件，提出二审抗诉8件，发出各类监督检察建议25件。检察长列席法院审委会15次。执行监督制发书面监督意见131份，均被采纳。1个案件获评最高人民检察院指导性案例。办理民事诉讼监督案件1329件，提请抗诉3件，提出各类检察建议341件。聚焦大标的额民商事审判，办理案件61件，提出纠正违法检察建议19件。办理涉农民工支持起诉案件231件，帮助追讨薪资270万元。聚焦虚假诉讼，就民间借贷纠纷等案件提出再审检察建议3件，一份再审检察建议书获评全国检察机关优秀文书。聚焦劳动仲裁，办理案件52件，针对送达不当等问题制发检察建议。聚焦财产保全，办理案件151件，针对立审执衔接等问题制发检察建议批量纠正。办理行政诉讼监督案件221件，其中依职权主动监督占比97%。向审判机关、行政机关提出监督意见100余件，采纳整改率100%。针对行政审判程序、涉毒行政案件、非诉执行等问题制发检察建议。办理公益诉讼案件119件，发出诉前公告69件、诉前检察建议27件，提起诉讼3件。与行政机关合力督促8家加油站补缴税款880余万元。与北京军事检察院联合办理涉军文物保护、机场净空保护等公益诉讼案件。针对辖区内部分公共停车场未按标准设置无障碍停车位开展专项治理，督促行政机关履行监管职责，形成长效监管机制。组织听证120件次。办理当事人申请监督等各类案件158件。对依法不支持监督申请的案件，做好释法说理、息诉服判工作。

办理群众来信1125件、网络信访1317件、12345民生热线116件。妥善处置来访、来信等信访问题。会同区司法局搭建“检调对接”刑事和解平台，建立启动评估、提前介入、联席通报等配套机制，修复破损的社会关系。

利用“两微一端”等自媒体平台，发布原创稿件等503篇，其中210余篇被《人民日报》、最高人民检察院微信公众号等平台转发。拍摄的反诈普法作品《分生》获得全市检察机关微电影大赛一等奖。参与录制教育部2023年寒假教师研修课，帮助教师提高网暴防范能力，受众人数达300余万人。

18人获评“全市检察业务专家”，35人获评“全市检察专业骨干”，18人在全市检察业务竞赛中荣获“标兵”“能手”等称号。完成本院课题立项53项，中标国家级课题4项，入选市级以上典型案例、精品案例20余个，一门课程获评“全国检察教育培训精品课程”。

（付强　徐云）

【未成年人校园周边禁酒保护】 年内，区检察院收到北京市人民检察院转交的线索后，通过分析研判、个别调查、与大数据公司协调增补排查数据、与海淀区市场监督管理局沟通磋商，在海淀区辖区内学校、幼儿园周边建立违法销售酒类网点台账。对区某管理局就部分经营者未在显著位置设置禁止向未成年人销售酒标志履职的相关问题一并予以监督，并立案调查。

（付强　徐云）

【公诉郑某非国家工作人员受贿、伪造公司印章案】 2021年11月，区检察院公诉郑某非国家工作人员受贿、伪造公司印章案，此案为北京市首例央企纪检监察组调查职务犯罪案件。2015年3月至2021年4月，郑某利用职务便利，通过擅自为合作方变更提货、提供业务合作机会等方式，为多家公司谋取利益，多次收受财物共计人民币450余万元，并伙同他人伪造公司印章。郑某非国家工作人员受贿案是北京市首例由中央企业纪检监察组立案调查并直接移送检察机关审查起诉的职务犯罪案件，也是区检察院办理的首例被调查人既涉嫌调查机关调查的职务犯罪，又涉嫌公安机关侦查的其他犯罪的“互涉案件”。其中，职务犯罪案件的调查由某集团有限公司纪检监察组调查终结向北京市人民检察院移送审查起诉，市人民检察院将该案移交区检察院办理；郑某伪造公司印章罪的侦查由北京市公安局海淀分局侦查终结并向区检察院移送审查起诉。审查起诉期间，区检察院将上述两案并案起诉至海淀区人民法院。2022年1月，区法院采纳区检察院的认罪认罚量刑建议，判决郑某犯伪造公司印章罪，判处有期徒刑一年四个月，并处罚金人民币5万元；犯非国家工作人员受贿罪，判处有期徒刑五年，并处罚金人民币30万元，合并执行有期徒刑六年，罚金人民币35万元。

（付强　徐云）

【社区矫正监督案例获评最高检首次发布指导性案例】 2月14日，区检察院的社区矫正对象“孙某某撤销缓刑监督案”作为第一个案例入选。最高人民检察院第三十三批指导性案例，为最高人民检察院首次发布社区矫正监督主题的指导性案例。

办案组在司法所开展日常检察时，发现孙某某可能存在故意逃避监管等违法违规线索，经调查核实发现其未经批准擅自外出，利用故意对电子定位装置不充电和每个月到司法所当面报到的间隔期间擅自出京20余次，其中违法出境两次。经审查，孙某某符合撤销缓刑的条件，办案组依法监督社区矫正机构提请人民法院对其撤销缓刑，最终法院裁定撤销孙某某宣告缓刑四年，收监执行原判有期徒刑三年。

（付强　徐云）

【民事检察案例入选全国典型案例】 2月24日，最高人民检察院召开“深化司法民主建设 推进全过程人民民主”新闻发布会，发布“检察机关深化司法民主建设 推进全过程人民民主”十六典型案例。区检察院办理的肖某某与北京某股份有限公司劳动争议纠纷检察监督案作为北京唯一的案例入选，也是全国唯一入选的民事检察案例。

本案中，肖某某与北京某股份有限公司已经过多次劳动仲裁、民事诉讼，因超过劳动仲裁时效而无法获得支持，肖某某年龄较大、身体状况不好，双方矛盾比较尖锐，多项纠纷持续4年未得到化解。办案人员经过全面审查卷宗和听取双方当事人意见，认为申请人肖某某符合国家政策规定的独生子女父母退休后领取奖励的条件。由于案件涉及劳动人事、计划生育等专业政策，海淀院检察官专程走访海淀区劳动仲裁委、卫生健康委员会及税务部门，咨询政策规定，了解到独生子女一次性奖励应当由退休职工退休前所在单位发放、企业支付独生子女一次性奖励可享受税收扣减等政策。检察官与区卫生健康委员会工作人员一同前往该公司当面送达了《落实独生子女父母奖励督办通知单》，督促该公司严格落实法律法规，并开展释法说理。2021年4月19日，海淀院组织召开听证会，邀请海淀区人大代表、区卫生健康委员会工作人员、法律援助律师担任听证员，就案件当事人的多项民事纠纷共同开展听证。最终由该公司一次性支付肖某某3000元并当场履行，肖某某向检察机关提交了撤回监督申请。

（付强　徐云）

【打击电信网络诈骗犯罪前端技术支持犯罪案入选典型案例】 5月，北京市人民检察院发布《北京市检察机关打击治理电信网络诈骗犯罪典型案例》，区检察院办理的刘某某等人帮助信息网络犯罪活动案入选。2019年9月至2020年7月，被告人刘某某、邴某某、潘某某在海淀区等地运营提供短信息群发服务的“信息营销平台”，明知他人从事电信网络诈骗、网络赌博、非正规网贷等违法活动，仍为其提供跨境短信群发服务。刘某某等三人为规避国内监管，非法租用境外的短信通道，使用繁体字、变体字、火星文、短网址作为短信内容，向境内外发送违法短信。作案期间刘某某等人收到后端违法犯罪分子（该非法平台的使用者）转账人民币183万余元。区检察院向区法院提起公诉，2021年6月4日，区法院以帮助信息网络犯罪活动罪判处被告人刘某某有期徒刑一年四个月，罚金人民币1万元；判处被告人邴某某有期徒刑一年二个月，罚金人民币1万元；判处潘某某有期徒刑一年，罚金人民币1万元。

（付强　徐云）

【“涉科创企业法律监督模型”获全国竞赛三等奖】 6月，区检察院参加最高人民检察院举办的全国检察机关大数据法律监督模型竞赛，“涉科创企业法律监督模型”获得三等奖。“涉科创企业法律监督模型”由中国人民大学未来法治研究院、网络安全企业神州网云公司提供技术支持，以电信网络诈骗及其关联犯罪案件为切口，以案件背后反映出的通信、推广、资金、信息等渠道类企业的法律问题设计监督模块，确定“个案发现—类案梳理—线索形成—源头治理”的法律监督思路。模型根据不同的法律监督，分设多个子模块，包括通信渠道监督模块、推广渠道监督模块、资金渠道监督模块、信息渠道监督模块，通过大数据检索分析、综合外部数据碰撞比对，挖掘网络黑灰产犯罪源头，查找链条上的科创企业及其行政主管部门的监管漏洞。

（付强　徐云）

【侵犯公民个人信息案】 区检察院公诉的某科技公司、王某某等人（该案被告人为1个单位和19名个人）侵犯公民个人信息案，1月，经北京市第一中级人民法院裁定维持原判，案件一审判决生效。2015年至2019年，某科技（北京）有限公司（简称某科技公司）组建专门爬虫技术团队，在未取得求职者和平台直接授权的情况下，秘密爬取智联招聘、58同城、前程无忧等国内主流招聘平台上的求职者简历数据达2.1亿余条。获取上述数据后，某科技公司对数据进行重整，用于开发“保险关系多”等产品，向保险代理人提供相关服务意图谋利。爬虫技术团队负责人欧某某私自将公司窃取的简历数据对外出售，个人非法获利人民币30余万元。2021年9月，海淀区检察院向区法院起诉某科技公司、王某某等人侵犯公民个人信息罪，区法院作出一审判决，被告单位某科技公司被判处罚金人民币4000万元，被告人王某某被判处有期徒刑七年，罚金人民币1000万元，其他被告人均被判处相应刑罚。对被告单位判处的罚金数额、对被告人判处的刑期和罚金数额，均系近年来全国同类案件判罚最重案例。

（付强　徐云）

法院

【概况】 2022年，北京市海淀区人民法院（简称区法院）收案91058件，结案91075件，法官人均结案438件，收案同比下降25.36%，结收比同比上升9.9个百分点。其中，审结刑事案件1243件、民商事案件51751件、知识产权案件2615件、行政案件1331件，执结案件34135件。区法院共有人民法庭7个，在中关村壹号设立首个“巡回审判工作站”——中关村人民法庭巡回审判工作站。

区法院全年审理刑事案件1319件。其中，审理养老诈骗案件8件，犯罪金额9500万余元；非法吸收公众存款、集资诈骗犯罪案件269件，同比上升83%，涉投资人58万人、犯罪金额2653亿余元；办理翟某等9人出售假冒新冠疫苗案。受理民商事案件52111件，调判结合审结涉“双减”案件2124件。受理涉区属行政机关案件1045件，同比下降20%。受理知识产权案件2501件，审结2615件。

案件执行。依托“云管理、云流转、云外勤、云交流”财产“云处置”模式，处置涉案财产2322件，成交金额22.16亿元。实现无合法理由超期未发还案款“动态清零”，终本案件合格率达100%。公布失信被执行人2790人，限制高消费2.2万人，移送拒执罪16件。涉诉信访。回复政法民声热线4753件次。开展司法救助，向7位涉诉困难群众发放救助金70.5万元，“为退伍军人张某畅通司法救助绿色通道”一案入选全国法院“涉军司法救助典型案例”。

区法院12个集体、31人次获国家级荣誉7项、省部级荣誉31项、区级荣誉5项。温泉法庭获评“全国法院少年审判工作优秀集体”，综合审判庭“与民心贴心”党建品牌获评全国“新时代人民法院党建创新优秀案例”，区法院官方微博连续第三次获评“全国法院十大微博”，6篇案例入选全国法院系统2022年度优秀案例分析，与最高人民法院司法大数据研究院共同开展2项统计分析课题，2人分别获评全国法院先进个人、政治工作先进个人，1人获评全国“2022年度人民法院十大亮点人物”，18篇论文获市级以上奖项，8篇文书入选北京法院“百篇优秀裁判文书”，中标北京法院专项课题、重点课题4项，1项课题中标北京市法学会2022年市级课题。

（郭丽娜　瞿倩）

【司法改革】 年内，区法院强化审判权监督，严格落实合议制、随机分案等规定，坚持“双点位”审判管理机制，加强院庭长对“四类案件”[①]监管；坚持审限监督“月连查”，审限合格率提升至100%；加强审判委员会监督管理，强化法律统一适用。推进审级职能定位改革试点。在商事案件审判中，首次采用“双专”并用审结制度，即运用专家辅助人制度、邀请技术专家参与商事专业法官会议研讨技术问题。建设智慧法院，推进全流程在线诉讼，推广“云法庭”，推行“一键上诉”；推进全领域“数助决策”，2份大数据研究报告获最高人民法院领导批示肯定。推进“电子档案为主、纸质档案为辅案件归档方式”改革工作，强化干警电子卷宗的归档意识和质量意识。

（郭丽娜　瞿倩）

【未成年人保护】 年内，区法院审结各类未成年人案件539件。向区人大常委会专题报告未成年人审判工作情况。区法院未成年人审判工作以审判为中心，前置建立“警示+预防”审前防御机制，后续设置“帮教+救助”判后保护机制，创新建立“2+1+2”防护型少年审判“海淀模式”；发布学生、家长手册，推出“绿茵小筑”法治课堂；开展“非凡十年看法院”活动，直播推广少年法庭工作经验；审结全国首例对猥亵儿童的教职人员宣告终身禁业案，发出首份家庭教育指导令，织密立体“保护网”；完成最高人民法院《未成年人保护司法政策研究》重大课题并通过验收。

（郭丽娜　瞿倩）

【诉源治理工作】 年内，区法院推广双主动、多联动“2+N”联动联治诉源治理机制，主动融入市域社会治理现代化体系，与区司法局、7家街道司法所对接推广12368司法服务热线和“人和海淀”应用平台；提升平台接诉即办水平，实现全区29个街镇知晓使用全覆盖。“人和海淀”诉源治理需求响应平台获评“2022·政务网站精品栏目”，是全市法院系统唯一获奖单位。强化类案治理，提升诉前调解成功率，十类重点案件[②]同比下降32.96%。强化衍生案件治理，“立审执联动”督促履行，裁判文书自动履行率提升15个百分点，执行案件同比下降27.79%。发布“推进诉源治理 服务乡村振兴”涉腾退拆迁类纠纷典型案例5件。与北京林业大学、四季青镇司法所、东升镇政府、香山公园等开展诉源治理工作，就教职工参保、调解平台实操、道路交通安全等问题答疑解惑，积极回应司法需求，充分发挥司法服务保障作用。

（郭丽娜　瞿倩）

【知识产权“源头回溯”治理机制】 区法院干警韩筱应邀参加北京市“两区”办召开的“两区”建设改革创新经验研讨会，就海淀组团牵头报送案例“知识产权‘源头回溯’治理机制”的创新性、突出成效进行介绍。该机制系区法院在知识产权审判领域的诉源治理机制，通过回溯行业类案、关键规则、共性需求，找准行业实践和法律规制中的共性、难点问题，推动纠纷源头预防、柔性化解；是北京市“两区”建设首批改革创新实践案例，为全市政法系统唯一入选案例。

（郭丽娜　瞿倩）

【服务“两区”建设】 年内，区法院强化“两区”建设司法保障，实施《区法院为海淀“两区”建设提供司法服务和保障的意见》，以6项25条措施推进“两区”建设司法服务保障工作。主要包括：强化知识产权审判，切实推动科技创新；助力服务业扩大开放，保障示范区建设；支持数字领域创新，护航数字经济发展；培养国际化司法视野，营造高水平法治环境；参与社会治理，协同保障区域高质量发展。

（郭丽娜　瞿倩）

【优化营商环境】 年内，区法院以“双驱动”商事审判机制持续优化营商环境，缩短诉讼周期、引入专家辅助人查明技术事实、及时作出保全“禁令”、成立金融案件速裁团队、运用全市首个“执行和解监管平台”促成922件案件和解。《北京市海淀区人民法院成立“优化营商环境工作室”有力服务保障“六稳”“六保”》获评最高人民法院发布的人民法院助力中小微企业发展三项创新机制之一。促成锦绣大地物流港商铺系列纠纷双方当事人达成和解，百余起纠纷得以化解。

（郭丽娜　瞿倩）

【“多元调解+速裁”模式】 年内，区法院聚焦繁简分流，推进“多元调

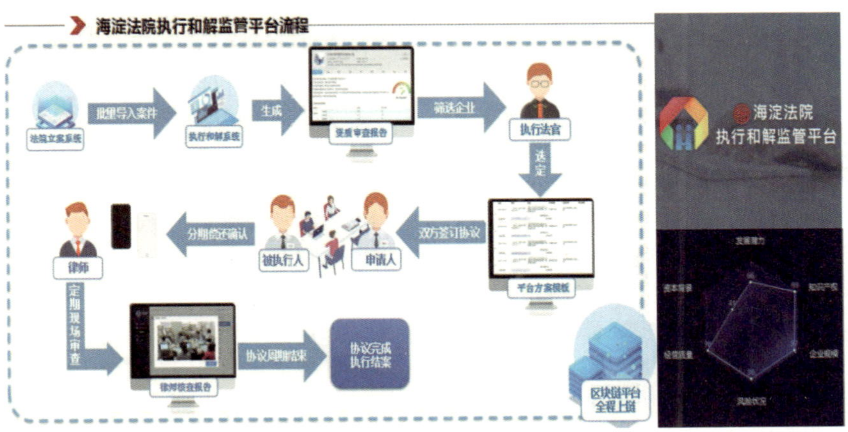

年内，区法院运行全市首个“执行和解监管平台”。图为海淀法院执行和解监管平台流程图　（区法院　供图）

① “四类案件”：（1）涉及群体性纠纷，可能影响社会稳定的；（2）疑难、复杂且在社会上有重大影响的；（3）与本院或者上级法院的类案判决可能发生冲突的；（4）有关单位或者个人反映法官有违法审判行为的。

② 十类重点案件：包括物业服务合同纠纷，供用热力合同纠纷，合同纠纷，房屋租赁合同纠纷，买卖合同纠纷，民间借贷纠纷，信用卡纠纷，金融借款合同纠纷，著作权权属、侵权纠纷，侵害作品信息网络传播权纠纷案件。

解+速裁”工作模式，把150家调解组织纳入特邀调解组织名册、28家区属基层治理单位纳入法院调解平台。与中国专利保护协会知识产权纠纷调解委员会就知识产权案件进行“多元调解+速裁”调研交流，双方将深化合作，探索创新知识产权纠纷化解新模式。

（郭丽娜　瞿倩）

【法治宣传】 年内，区法院深化普法人才、资源、平台“三融合三共享”机制，推动“人和海淀”百人宣讲团开展“法律十进”活动百余次，法治副校长授课50次，惠及群众3万人。以案释法提升全民守法意识，围绕防范养老诈骗、优化营商环境等进行专题宣传，刊发普法稿件3000余篇，出版《法官说法丛书》5册。“云端说法”创新传播模式，制作微视频、动画82个，总观看量1400万次。2月、11月，区法院分别入选中央政法委第三届、第四届“四个一百”优秀政法新媒体“微博账号榜单”。

（郭丽娜　瞿倩）

【“我为群众办实事”活动】 年内，区法院全面完善“为群众办实事”机制。开通“闲时庭审通道”，满足群众下班应诉需求；快速调解群体性纠纷，解决批发市场商户用电问题；为失明老人上门调解，实现继承纠纷“一堂清”。

（郭丽娜　瞿倩）

【诉讼服务】 年内，区法院新增8条12368热线，高效办结工单28.3万件，比上年增长2.4倍。完善送达、在押人员联络等集约化途径，提供手语、少数民族语言法庭翻译，保障庭审实质化，一起为残障人士提供聋哑手语翻译的刑事案例获评最高人民法院“一站式无障碍诉讼服务典型案例”。

（郭丽娜　瞿倩）

【人民法庭建设】 年内，区法院坚持“三个服务”①原则，与街镇司法所深化对接联调，建成7个法官工作站、37个联系点，巩固“庭、站、点”三级治理网络，形成便捷诉讼服务圈。服务群众多元需求，在温泉法庭建制上完成少年法庭改造，加强上地、中关村法庭商事审判专业化建设，发挥综合性、专业性相结合的法庭功能。服务“无讼四区”建设，连续十年开展“巡回审判进中关村科技园区”普法活动，打造“无讼园区”；创设“行业分类”示范判决机制，促进企业合规管理，打造“无讼商区”；制作案例手册指导社区常见纠纷化解，打造“无讼社区”；参与北部浅山区纠纷治理，打造“无讼片区”。

（郭丽娜　瞿倩）

【合作共建】 1月13日，区法院与北京城市学院举行合作共建签约仪式，建立实践教学基地，联合培养法治人才。双方夯实双向交流，选派优秀法官开展司法实务课程并引进学校的专家学者，实现“学术资源”与“案例资源”优势互补；借助共建平台持续推进调研数据共享、调研成果资源开放；充实学生实习项目，发挥法官兼职教师作用，引导学生在实习期间做好未来职业规划。

（郭丽娜　瞿倩）

【知识产权审判白皮书及新类型网络不正当竞争纠纷典型案例发布】 4月19日，区法院召开新闻发布会，发布《北京市海淀区人民法院知识产权审判白皮书（2022年度）及新类型网络不正当竞争纠纷典型案例》，对2021年区法院知识产权审判情况及近三年新类型网络不正当竞争案件审判情况进行通报。2021年，区法院在案件审判、诉源治理、职能延伸上多点发力，以“源头回溯”诉源治理机制保护区域创新生态，以知识产权“七个平台”建设强化知识产权司法保护力度。近3年，区法院受理的网络不正当竞争案件呈现数量增长迅猛、类型化案件集中、新类型案件频发的特点，特别是新类型网络不正当竞争案件呈现出诸多新特点、新趋势。同时发布新类型网络不正当竞争纠纷十大典型案例②，8件案件入选全国、北京市知识产权保护典型案例，其中百度在线网络技术（北京）有限公司与北京子乐科技有限公司、北京经纬智诚电子商务有限公司不正当竞争纠纷案入选“2021年中国法院50件典型知识产权案例”，“小度”语音指令不正当竞争纠纷案、以虚拟货币认定违法所得侵犯商业秘密案入选“2021年度北京法院知识产权司法保护十大案例”。

（钟冷　郭丽娜　瞿倩）

【《全国涉代孕案件司法大数据分析报告》发布】 5月25日，区法院与司法大数据研究院联合撰写的《全国涉代孕案件司法大数据分析报告（2016.1—2021.12）》（简称《报告》）发布。《报告》对2016年至2021年全国各级人民法院审结的涉代孕案件进行分析，揭示代孕案件特点、趋势、审判态势，梳理关键主体、环节，揭示人工辅助生殖等行业治理以及与民生权利保障密切相关领域存在的问题，提出符合中国社会实际和法治需求的举措建议。

（郭丽娜　瞿倩）

【《法官说法丛书》出版】 5月，区法院组织编写的5本《法官说法丛书》出版。丛书精选搬迁补偿、投资理财、知识产权、信息网络犯罪、诉讼立案审查5大领域共103个典型案例编写而成，深入解析，发挥典型案例的示范裁判作用。

（郭丽娜　瞿倩）

【“助企纾困·法律护航”助力复工复产线上普法会】 6月16日，区法院举办“助企纾困·法律护航”助力复工复产线上普法会，法官针对新冠肺炎疫情背景下的劳动争议、合同纠纷、司法鉴定等常见法律问题进行普

---

① “三个服务”：发挥面向农村优势，积极服务全面推进乡村振兴；发挥面向基层优势，积极服务基层社会治理；发挥面向群众优势，积极服务人民群众高品质生活需要。

② 十大典型案件：提供网络文库文档下载服务不正当竞争纠纷案，智能语音指令不正当竞争纠纷案，“分身”软件不正当竞争纠纷案，“鹰击”系统抓取微博舆情数据案，“超级星饭团”App抓取并使用明星微博数据案，租号平台提供视频网站会员账号租赁案，浏览器“搜索推荐词”不正当竞争纠纷案，安全软件妨碍浏览器云正常运行行为保全案，非法抓取并展示短视频行为保全案，驳回行为保全申请案。

法宣传、答疑解惑。中关村民营科技企业家协会相关负责人及44家协会会员企业参加会议。

（郭丽娜 瞿倩）

【行政审判年度报告发布】 7月4日，区法院发布《北京市海淀区人民法院行政案件司法审判年度报告（2021年度）》。该报告梳理2021年区法院行政审判工作情况，阐述区属行政机关行政执法和应诉工作存在的主要问题，提出相应建议。

（郭丽娜 瞿倩）

【打击整治养老诈骗专项工作】 9月15日，全国打击整治养老诈骗专项行动办公室整治组、打击组领导到访区法院，旁听由区法院党组书记、院长邵明艳担任审判长审理的一起涉养老诈骗的刑事案件，并开展座谈交流，听取北京市高级人民法院、区法院关于打击整治养老诈骗专项行动工作情况汇报。区法院充分发挥审判职能，针对养老诈骗案件加强对被告人及其家属的主动退赔工作，稳妥运用好认罪认罚从宽制度，最大限度维护老年人合法权益；持续推动养老反诈宣传教育，组织干警通过线上录制网络微课堂和线下进社区等模式，最大限度挤压“行骗空间”，形成“不敢骗、不能骗、骗不了”的良好社会态势。全国专项行动办领导对北京法院和区法院的相关工作予以肯定。

（郭丽娜 瞿倩）

【人大代表联络活动】 11月3日，区法院开展“走进法院 走近法官”人大代表系列联络活动。11位区人大代表到区法院了解感受法院环境和法官工作状态，从改善办公环境、加强诉源治理、开展普法宣传、助力法院工作等方面提出意见和建议。11月11日，18名区人大代表通过线上方式参加“走进法院 走近法官”人大代表系列联络活动，从加强联动协作、打击虚假诉讼、开展普法宣传等方面对法院工作提出建议。

（郭丽娜 瞿倩）

·案例选辑·

【著作权侵权案】 北京爱奇艺科技有限公司认为广州虎牙信息科技有限公司未经许可，擅自在其开发经营的“虎牙直播”网及“虎牙直播”App中以直播形式向公众提供《琅琊榜》的在线播放服务，侵害爱奇艺公司对涉案作品享有的著作权并构成不正当竞争，故诉至法院，请求判令虎牙公司赔偿其经济损失及合理开支共计500万元。2021年4月25日，区法院经审理认为，涉案行为由虎牙平台主播实施，无证据证明虎牙公司与主播间存在分工合作、共同提供涉案作品的情形；但虎牙公司作为平台经营者，在应当知晓涉案主播直播涉案作品的情况下，未采取合理有效措施制止涉案行为，主观上具有过错，构成帮助侵权，应承担相应法律责任，故于2021年9月30日依法判决虎牙公司赔偿爱奇艺公司经济损失20万元及合理开支3万元。二审驳回上诉，维持原判，该案判决于2022年3月15日生效。该案裁判厘清了直播平台与主播间的法律关系及直播平台的注意义务，对规范直播平台管理、推动规范有序发展具有积极作用，被中央电视台《今日说法》《法治在线》栏目宣传报道。

（郭丽娜 瞿倩）

【申请强制执行人身安全保护令案】 3月7日，区法院受理该院首例申请强制执行人身安全保护令案件。原告季某（女）称王某（男）在婚姻关系存续期间多次对其进行殴打，故在离婚案件审理期间，区法院于1月13日作出人身安全保护令裁定，裁定有效期6个月。在此期间，王某试图更换二人名下房屋门锁，双方在王某父母家爆发言语冲突，季某于3月7日向区法院申请强制执行人身安全保护令。法院于同日受理，通过释法明理，敦促被执行人遵守人身安全保护令，加强协同联动、信息共享，发挥派出所、街道等相关部门职能作用，汇聚各方合力。该起人身安全保护令执行案件于7月14日结案。

（郭丽娜 瞿倩）

【房源数据侵权案】 贝壳网、“贝壳找房”App是房地产交易信息平台，天津小屋信息科技有限公司（简称天津小屋公司）是其运营者；北京链家房地产经纪有限公司（简称链家公司）授权天津小屋公司使用链家公司“楼盘字典”房源数据。原告链家公司、天津小屋公司认为北京神鹰城讯科技股份有限公司、成都神鹰城讯科技有限公司通过其运营的“推推99”产品，抓取、存储并传播上述房源数据，构成不正当竞争，遂将北京神鹰城讯科技股份有限公司、成都神鹰城讯科技有限公司诉至区法院，要求两被告停止侵权、消除影响并连带赔偿经济损失及合理开支共计1050万元。

6月16日，区法院举办“助企纾困·法律护航”助力复工复产线上普法会

（区法院 供图）

区法院审理认为，二被告通过技术手段抓取、使用贝壳找房网中公开房源数据的行为，损害了二原告合法权益及消费者利益，破坏了房产经纪行业竞争秩序，构成不正当竞争，于2022年7月29日判令二被告连带赔偿二原告经济损失500万元。该案现已生效。

（郭丽娜　瞿倩）

【收藏品售卖诈骗案】 2019年至2020年，被告人董某某、雷某某、任某某伙同他人虚构王某等画家的字画能够短期升值，公司能够对外代卖，保证稳赚不赔等，欺骗多名高龄被害人高价购买字画等收藏品。被告人董某某等三人系公司销售人员，分别参与骗取金额73.26万元、34.43万元、11.57万元。区检察院于2021年10月22日向区法院提起公诉。2022年9月15日，区法院公开开庭审理，当庭宣判被告人董某某等三人构成诈骗罪，分别判处一年到三年有期徒刑并处罚金1万元至4万元。宣判后，三被告人均表示服从判决，未提起上诉。该案是犯罪分子利用老年人对收藏品市场相关专业领域认知局限实施的诈骗犯罪典型案件。

（郭丽娜　瞿倩）

【全国首例猥亵儿童教职人员终身禁业案】 被告人王某某在担任北京某高校附属学校交响乐团外聘指导教师期间，利用“一对一”单独授课机会，多次在该校教室内触摸该校学生刘某某隐私部位。2022年3月，经被害人及其家人报案，王某某被抓获归案。11月15日，区法院依法不公开审理并当庭宣判被告人王某某犯猥亵儿童罪一案，依法从重判处王某某有期徒刑六年，判决禁止王某某从事密切接触未成年人的工作。宣判后，被告人王某某当庭表示服从判决，不提起上诉。此案系《最高人民法院、最高人民检察院、教育部〈关于落实从业禁止制度的意见〉》出台后，全国首例适用《中华人民共和国未成年人保护法》，对性侵害未成年人的教职人员宣告终身不得从事密切接触未成年人工作的刑事案件。

（郭丽娜　瞿倩）

【非法吸收公众存款罪案】 2016年至2019年，被告人李某某等17人在北京市海淀区、朝阳区/吉林省长春市等地，以北京某信息技术有限公司运营“海投汇”的名义，向社会公众公开宣传并许以高额利息回报，通过签订借款合同等形式，向社会公众变相吸收存款41.9亿余元，给投资人造成直接经济损失1.7亿余元。区检察院向区法院提起公诉，宣判前本案查封、扣押、冻结财物及被告人退赔钱款已覆盖投资人全部本金损失，被告人退赔违法所得1.7亿余元，有效减轻案件危害后果。2022年1月26日，区法院以非法吸收公众存款罪，依法判处被告人李某某等人有期徒刑十个月至三年，并处罚金2万元至50万元，对部分被告人宣告缓刑。该案于2022年2月9日生效。

（郭丽娜　瞿倩）

司法行政

【概况】 2022年，海淀区司法局（简称区司法局）学习贯彻习近平法治思想和党的二十大精神，以服务保障党的二十大、北京冬奥会和冬残奥会为主题主线，切实履行统筹依法治区、推进依法行政、强化法律服务、做实普法宣传四大职能，着力推进司法行政工作高质量发展。

组建由主要领导担任总指挥的安保指挥部，全面落实北京冬奥和党的二十大安保维稳工作任务。完成北京冬奥相关物品采购、场所预订、劳务服务各类协议、合同文件法制审核280余份，提出意见建议430余条。

全区有493个律师事务所，专业律师6105人，办理诉讼案件59576件、非诉业务30554件。公职律师105人。街镇司法所29个，基层法律服务所11家，基层法律服务工作者66人。区属3家公证处，有公证员59人，办理公证事项74056件，其中国内公证39302件、涉外公证34400件、涉港澳公证354件。有712个人民调解组织，4151名人民调解员，受理8119件人民调解案件，调解成功7653件，调解成功率94.3%。开展矛盾排查47468次，处理2531起矛盾纠纷隐患。

2022年，区司法局获“司法行政系统北京2022年冬奥会和冬残奥会安保维稳工作优秀团队”。

（王轶男）

【依法治区】 年内，区委全面依法治区委员会召开第四次会议，部署依法治区重点工作。迎接市委依法治市办法治政府建设督察整改专项督导，落实法治政府建设督察反馈意见整改，15个海淀区关联问题全部整改，包括责任整改9项、对照整改6项。把党政主要负责人年终述法工作纳入处级领导班子建设和运行情况考核，推动党政主要负责人履行推进法治建设第一责任人职责落实。开展区市域社会治理现代化试点建设验收迎检工作。与中国政法大学合作开展市级重点研究课题《科技创新与依法治区协同机制》，完成约4万字的调研报告。

（王轶男）

【依法行政】 年内，区司法局编制全区重大行政决策目录，确定5项重大行政决策，通过区政府门户网站向社会公示。推进严格公正规范文明执法和行政执法“三项制度”（《北京市行政执法公示办法》《北京市行政执法全过程记录办法》《北京市重大行政执法决定法制审核办法》）落实。撰写《2021年海淀区行政执法情况监测报告》。指导各执法单位制作并公示涉企检查单，对57家单位2280个执法公示栏目1.1万余项内容进行公示。加强行政执法资格管理，集中换发新版行政执法证2539件。组织开展行政执法案卷评查，定期监测各执法单位实施的行政检查和行政处罚。实施行政处罚23296件次，行政检查911550件次。强化规范性文件审核工作，以区政府名义印发行政规范性文件4件，审核各委办局征求意见文件550余件，提出法律意见建议910余条。办理以区政府为被申请人的履职申请案件60余件，审核以区政府名义责成违法建设强拆案件22件。发挥行政复议化解矛盾纠纷主渠道作用，区政府集中行使行政复议职责正式实施。

（王轶男）

【行政审批】 年内，区司法局推动律师类审批及政务服务事项便利化改革，全面落实“全程网办”和告知承诺制审批模式，政务事项网办率达100%。办理律师类行政许可、备案服务等各类业务2363件。办理司法鉴定机构行政许可初审266件，办结投诉案件64件，办理司法鉴定业务22080件。

（王轶男）

【法律服务】 年内，区司法局打造“海淀律师大讲堂”等工作品牌。利用“海淀仲裁庭审服务中心”为企业提供国际商事仲裁庭审服务。组建“海淀区乡村振兴法律服务律师团”，推进村居法律顾问工作。为中关村高新技术企业开展“法治体检”，开展服务1320余场次，受众企业达3600多家。面对“中公”“开课吧”等教育机构爆发新经济业态问题，指派25家律师事务所近百名律师提供专项服务。组建海淀区中小微企业律师服务团，编发法律指引性文件21件。区政府法律顾问团队参加区长专题会、协调会等58次，出具法律意见293件。深化“我为群众办实事”“公证服务周末不打烊”等民生项目。推出“周末法律之声”“法律援助陪护员”等专项服务，开展“法援直通车·送法到家门”专项活动860余场次。

（王轶男）

【法律援助】 年内，区司法局打造“法律援助+支持起诉”模式，向区检察院流转案件信息518人次。推进刑事辩护法律援助全覆盖机制，办理通知案件1145件，实现刑事审判案件法律援助兜底保障。办理个人经济困难承诺2096人次。区法律援助中心受理指派法律援助案件10347件，办结8171件。开展“公共法律服务高质量发展年”活动，推进公共法律服务规范高效，打造多平台公共法律服务顺畅流转。区公共法律服务中心接待来访10113人次，接听电话咨询61685人次，办理各类事项3500余件。

（王轶男）

【法治宣传教育】 年内，区司法局推进海淀区“八五”普法规划和区人大决议贯彻落实。利用新媒体开展普法宣传，“海淀微说法”公众号发布普法信息260余期530余条，“海淀普法”抖音号推送普法微视频225部，观看累计超800万人次。开展“迎接冬奥·法治同行”“美好生活·民法典相伴”“迎接二十大·送法进万家”“12·4”国家宪法日暨宪法宣传周等法治宣传教育活动7600余场次，发放宣传资料和宣传品260万余份，惠及群众293万余人次。

（王轶男）

【社区矫正】 年内，依法成立海淀区社区矫正委员会，29个街镇成立街镇社区矫正委员会，负责统筹、协调和指导辖区社区矫正工作。推进“智慧矫正”。全区接收社区矫正对象303人，解除153人，在管社区矫正对象359人；接收安置帮教人员236人，解除198人，在管安置帮教人员2219人。开展线上分类教育48期，社区矫正对象1.2万人次参加学习，开展心理测评325人次。安置“三无”刑释人员5人，进行就业指导38人次，为21名生活困难的“两类”人员提供临时生活救助金、生活困难救助金和实物生活救助。解决社区矫正、安置帮教问题72件。

（王轶男）

【海淀律师大讲堂】 年内，区司法局和区律师协会共同举办的“海淀律师大讲堂”采取现场讲座与线上直播的方式，组织开展各类律师业务培训53期，培训主题涉及刑事、民事、商事、金融、知识产权及社会热点法律问题等，邀请北京市海淀区律师行业的优秀专业律师、领军律师，法学院校相关领域的教授、专家、学者，以及司法实践经验的法官、检察官等作专题授课，培训课题紧扣律师实务技能，理论联系实际，聚焦于律师法律思维和执业水平的提升，推动律师办案达到政治效果、社会效果与法律效果的统一。全国有律师近76万人次参加线上收看学习，推动社会主义法治理念的传播和律师执业技能的提升，得到业界认可。

（王轶男）

【《海淀区行政复议——典型案例选编（2020）》印发】 1月，区司法局印发《海淀区行政复议——典型案例选编（2020）》。在2020年度海淀区政府办理的行政复议案件中选择15个典型案例纳入该文集，包括宋某申请北京市公安局公安交通管理局海淀交通支队不予信息公开案、高某不服海淀区城市管理综合行政执法局作出的行政处罚案等，涵盖市场监管、违建查处、交通处罚等，具有较强的针对性、指导性和实用性。

（王轶男）

【《关于全面推行告知承诺制、规范行政审批工作的提示》发布】 1月

7月5日，海淀区司法局举办“法援直通车 送法到家门”主题活动

（区司法局 供图）

20日，区司法局通过“海淀律师”发布《关于全面推行告知承诺制、规范行政审批工作的提示》，就律师事务所、律师日常审批环节适用告知承诺制改革发现的问题（申请材料和办事流程）做出工作提示。该提示要求各律师事务所、各律师事务所负责人在日常行政审批工作中切实加强业务办理、材料审查的把关责任，切实规范律师事务所、律师的日常管理工作。

（王轶男）

【律师行业服务海淀高质量发展指导意见发布】 1月25日，区司法局发布《关于构建律师行业发展新型生态 服务海淀高质量发展的指导意见》（简称《意见》）。《意见》包括总体要求、全面提升发展质量和综合提高服务能力3部分共12条内容，具体为：指导思想；主要目标；基本原则；党建引领行业发展；发挥领军律师和领军律所的引领作用；鼓励律所律师服务创新、全面推动区域经济发展；支持律师律所间交流协作、提升服务综合能力；推进法律与科技深度融合创新、实现转型升级；实现公共法律服务全覆盖，提高社会治理法治化水平；服务中小微科技企业，为创新创业提供法律保障；优化执业环境，保障律师执业权利；规范律师执业，实现律师行业高质量发展。

（王轶男）

【海淀区社区矫正委员会成立】 3月18日，区司法局组织召开2022年海淀区司法行政工作会议暨海淀区社区矫正委员会第一次全体会议，海淀区社区矫正委员会正式成立。海淀区社区矫正委员会性质为议事协调机构，负责对全区社区矫正工作统筹协调和指导。主要职责任务：贯彻落实市委、市政府和市社区矫正委员会有关社区矫正工作决策部署和工作要求；研究本区社区矫正工作发展规划和重要政策措施，指导监督相关法律法规的实施；协调解决社区矫正工作机构、队伍建设、经费保障、场所装备配备及其他重大问题；督促协调成员单位依法履职、密切协作、信息共享；建立完善典型经验推广和问题通报机制等。

（王轶男）

【司法行政工作会议暨区社区矫正委员会第一次全体会议】 3月18日，区司法局组织召开2022年海淀区司法行政工作会议暨海淀区社区矫正委员会第一次全体会议。主会场设在区机关，各相关单位、各街镇设分会场。会议书面总结2021全区司法行政工作，部署2022年任务，全区政府法治工作和司法行政工作要做到以下三点：深入学习贯彻习近平法治思想，共同做好新时期社区矫正工作，聚焦聚力重点工作再上新台阶。区司法局专题部署社区矫正、依法行政与行政执法、行政复议应诉工作；宣布区社区矫正委员会组成人员名单；区城管执法局、区市场监管局、中关村街道3家单位作交流发言。

（王轶男）

【海淀区首个“遗产管理人库”启动】 3月18日，由北京市乾坤律师事务所人民调解委员会、北京市海诚公证处联合主办海淀区首个遗产管理人库——“家事和谐遗产管理人库”启动仪式，并为首批入库的北京市乾坤律师事务所、北京市法大律师事务所、北京市邦盛律师事务所、北京清律律师事务所和北京尚勤律师事务所5家律师事务所授牌。首批入库单位将为当事人提供“律师+公证+人民调解委员会+区块链”的集成式创新遗产管理模式。

（王轶男）

【全市首个律师协会企业刑事合规研究会成立】 4月15日，海淀区律师协会企业刑事合规研究会启动仪式暨第一次全体会员大会召开。大会宣读研究会组成人员名单，并向研究会成员单位颁发聘书。海淀区律师协会企业刑事合规研究会是北京市律师行业首个开展企业刑事合规的研究会，旨在以合规激励为导向，督促涉案企业构建并完善合规体系，防范各类风险，助推企业修复或优化合规治理结构，从而保障企业健康成长。

（王轶男）

【全方位版权保护服务协议签订】 4月24日，海淀区国信公证处知产中心（北京市知识产权公证服务中心）与首都版权协会签订全方位版权保护服务协议，合作共建并启动“公证证据保护平台”，将新技术、新手段运用到版权保护工作中。北京市知识产权公证服务中心是依托北京市国信公证处，经北京市司法局批准并与北京市知识产权局共同授牌成立的北京市第一家提供全方位知识产权公证服务机构。

（王轶男）

【“美好生活·民法典相伴”宣讲活动】 4月至10月，区委全面依法治区委员会守法普法协调小组、区司法局组织“法之声”普法宣讲团，通过以案释法形式，在全区开展“美好生活·民法典相伴”宣讲活动。普法进社区（村）宣讲活动由普法进社区（村）、特殊关爱人群及专题普法宣讲团共同负责，宣讲内容包括婚姻家庭、财产继承、房屋租赁、城市管理、交通安全、消费者权益保障、妇女儿童权益保障、老年人权益保障等方面。全年开展线上线下主题宣讲121场次，受益群众9600余人次。

（王轶男）

【残疾人公共法律服务专项维权活动】 5月13日至18日，区司法局结合全国助残日，在全区开展残疾人公共法律服务专项维权活动。活动期间，海淀区公共法律服务中心畅通残疾人法律咨询、服务渠道，选派精通业务、经验丰富的律师值守法律咨询热线，在服务大厅开辟绿色通道，接待解答法律咨询；全区各街镇发挥社区居民微信群、微信公众号等新媒体的作用，通过网络开展残疾人专项维权活动。活动期间，海淀区公共法律服务中心大厅及市、区“148”法律服务专线接待残疾人法律咨询1171人次，受理指派残疾人法律援助案件98件；组织开展残疾人法律援助宣传活动45场次，现场接待法律援助咨询、发放法律援助宣传资料300余份，累计参与群众3.1万余人次。

（王轶男）

【“人民陪审员法宣传月”活动】 5月，区司法局在全区开展以“保障人民参与促进司法公正”为主题的“人民陪审员法宣传月”活动，区司法局通过在《海淀报》等平台报道有关工作情况，提升人民陪审员工作公众知晓率，各街镇司法所在本地区组织开展形式多样的宣传活动，各司法所组织发放人民陪审员工作宣传资料和宣传品，现场解答群众有关人民陪审员常识问题，宣传《中华人民共和国人民陪审员法》对促进司法公正、保证司法廉洁、提升司法公信的意义，惠及人民群众3万余人次。

（王轶男）

【首例“继承公证+不动产登记”一网通办】 6月17日，区司法局完成海淀区首例不动产继承转移登记网上申请服务，“继承公证+不动产登记”一站式法律服务模式成功落地。“继承公证+不动产登记”是市司法局推行“一网通办”的重要民生服务事项，是解决办事群众因继承不动产办理公证、不动产登记“往返跑、多次跑”问题的创新举措，群众只需在公证机构的一个服务窗口就可以完成办理公证、申请不动产继承转移登记并拿到电子证照。

（王轶男）

【上门送法律援助主题活动】 6月至12月，区司法局举行“法援直通车 送法到家门”活动。通过活动扩大法律查询咨询和法律援助服务范围，推广特殊群体专项维权活动，强化区、街镇、社区（村）三级实体平台建设，加大法律法规宣传力度、培养和壮大公益法律服务队伍等8个方面的具体举措，创新法律服务方式，提升服务质量，打造海淀法律援助专业品牌和形象，为群众提供更加优质、高效、便捷的公共法律服务。

（王轶男）

【“迎接二十大 送法进万家”主题普法宣传活动】 6月至12月，区委全面依法治区委员会守法普法协调小组在全区范围开展“迎接二十大 送法进万家”主题普法宣传活动。活动采取送法“进机关”“进校园”“进社区”“进农村”“进企业”“进重点公共场所”“进网络”等形式，重点宣传习近平法治思想、宪法、民法典等，全面宣传疫情防控法律法规，广泛宣传与推动高质量发展、社会治理现代化、维护安全稳定等密切相关的法律法规，宣传新颁布、修订的地方性法规等内容。主题宣传活动累计开展1900余场次，受益群众31万余人次。

（王轶男）

【司法部督查调研安置帮教工作】 7月7日，司法部人民参与和促进法治局督察组到海淀区社区矫正中心督查调研安置帮教工作。区司法局汇报海淀区安置帮教工作开展情况，中关村街道司法所、北下关街道司法所分别作交流发言。督察组到四季青镇司法所开展实地督查。

（王轶男）

【军人军属、退役军人专项维权活动】 7月28日至8月3日，法律援助中心在全区开展军人军属、退役军人公共法律服务专项维权活动，加大法律拥军力度。其间，开展公共法律服务进军营活动；为军人军属、退役军人提供法律咨询、法律服务、法律援助，并开展法治宣传；对于伤病残等行动不便的优抚对象，法律援助机构提供上门受理等便利服务。活动期间，海淀区公共法律服务中心大厅及市、区“148”法律服务专线接待法律咨询1086人次，受理指派法律援助案件221件；全区组织开展军人军属、退役军人法律援助宣传活动145场次，累计参与群众2万余人次。

（王轶男）

【人民调解员培训】 7月至12月，区司法局利用“海淀区人民调解员培训云平台”，开展线上人民调解员培训，街镇专职人民调解员、司法助理员等90人分期分批参训。选定“习近平法治思想”、人民调解业务知识、常见法律知识以及案例讲解等培训课程共计72学时，录制《民间纠纷调解注意事项及实用技巧》《人民调解综合管理系统应用》等课程。组织全区人民调解员参与全市《疫情防控矛盾排查化解工作方式方法和注意事项》《劳动关系法律调整的新趋势与新就业形势劳动者权益维护》《疫情防控背景下劳动争议表现特点争议焦点法律解析及调解技巧》《婚姻家庭纠纷人民调解工作线上系列专题培训》等在线培训课程，累计3000余人参训。

（王轶男）

【依法治区自查工作】 7月至12月，海淀区委依法治区办会同推进依法行政工作领导、执法协调、守法普法、司法协调小组开展自查工作。主要从学习宣传研究阐释贯彻落实习近平法治思想情况，党领导法治建设的制度机制贯彻落实、发挥作用情况，深入推进依法行政、加快建设法治政府情况三大方面40个具体表现情况开展自查，形成《2022年海淀法治建设工作自查报告》。通过自查发现存在的问题8个，截至12月，已基本完成整改任务。

（王轶男）

【科级干部依法行政专题培训班】 8月29日至31日，区司法局会同区委组织部在区委党校举办科级干部依法行政专题培训班，全区66家承担依法行政工作的单位相关科室负责人参加培训。培训课程的设置均围绕依法行政相关工作。海淀法院行政庭庭长黄志勇以“行政诉讼实务”为题、中国政法大学法治政府研究院教授曹鎏以“《习近平法治思想学习纲要》解读”为题、中央党校政治和法律教研部教授张效羽以“行政执法中常见法律错误剖析”为题、市司法局执法协调监督处四级调研员王伟以“行政执法‘三项制度’”为题、中央党校政治部教授任进以“建立和完善政府部门权责清单制度”为题、对外经贸大学副校长王敬波以“重大行政决策”为题，为参训学员细致解读依法行政的工作标准和任务目标。

（王轶男）

【派驻区人民检察院人民调解室暨刑事和解工作室成立】 8月，区检察院检察服务中心派驻区检察院人民调解室暨刑事和解工作室成立。旨在发挥人民调解组织在刑事和解中的重要作用，推进认罪认罚从宽制度，化解矛盾纠纷，维护社会稳定。截至年底，共调解案件3件，成功2件。

（王轶男）

【政务开放日系列宣传活动】9月，区司法局开展2022年海淀区司法局政务开放日“全程网办不跑腿、政策宣讲零距离”系列宣传活动。系列活动宣传推广局政务服务工作办事流程简、效率高、网上批改革成果。首场活动以腾讯会议线上直播形式进行，重点就本年度政务服务工作成果、“告知承诺制”改革推进情况、“全程网办”业务系统操作指南等问题与律师开展交流、宣讲，120余家律师事务所工作人员、部分律师行业市、区人大代表、政协委员在线参与。系列活动期间，举办了公职律师政策专题宣讲，50多家单位的法制工作人员参会；深入区域内重点企业中关村科学城创新发展有限公司开展企业公司律师政策宣传活动。

（王轶男）

【海淀区第四次律师代表大会】10月30日，海淀区律师协会召开海淀区第四次律师代表大会。市司法局、区政府、市律协有关负责人出席开幕式，市司法局、区司法局及律师代表110人参加。大会听取第三届海淀区律师协会理事会工作报告、监事会工作报告和财务报告，选举产生区律协新四届会长、监事长、副会长、副监事长，并任命秘书长。

（王轶男）

【全市首家知识产权公证调解工作室落户海淀】11月17日，首都版权协会知识产权纠纷人民调解委员会驻北京市知识产权公证服务中心调解工作室揭牌成立。是全市首家知识产权公证调解工作室，发挥公证职能作用，创新“区块链+公证+调解”线上线下一体化服务新模式，积极参与知识产权纠纷多元调解，凝聚法治合力推动北京知识产权矛盾纠纷调解全链条升级优化。

（王轶男）

【处级干部法治建设专题培训班】11月23日至24日，区司法局联合区委组织部、区委党校利用线上形式举办第九期处级领导干部“法治思维养成与法治政府建设专题培训班”，参训处级干部76名。培训主要围绕党的二十大精神解读、习近平法治思想学习纲要、民法典解读、法治政府建设等相关内容设置、活学活用民法典、迈向新时代的宪法等课程，进一步促进领导干部提升法治思维，增强法治意识，提高依法行政能力和水平。

（王轶男）

【“12·4”国家宪法日暨宪法宣传周系列宣传活动】12月4日至10日，区司法局发挥区委全面依法治区委员会守法普法协调小组统筹协调作用，在全区开展“12·4”国家宪法日暨宪法宣传周系列宣传活动。制定印发《关于在全区开展2022年“12·4”国家宪法日暨宪法宣传周系列宣传活动的通知》，部署活动工作方案，明确全区85个成员单位宪法宣传工作任务、工作责任和工作要求，在全区统筹协调组织开展宪法进机关、进校园、进企业、进社区、进乡村、进网络、进公共交通场所等宪法宣传活动。宪法宣传周期间，全区开展多种形式的宪法主题宣传活动170余场次，发放宣传资料和宣传品3万余份，惠及群众近百万人次。

（王轶男）

仲裁

【概况】2022年，海淀区劳动人事争议仲裁院（简称区仲裁院）办理劳动人事争议案件31696件，其中立案受理23614件、案外调解5344件、不予受理2738件，结案率90%、调解率67%、终结率74%。接诉即办办理信件1705件。其中，流程类735件，占43.10%；裁决不服类284件，占16.65%；裁决后执行类333件，占19.53%；其他类330件，占19.35%。

新建北京超市发连锁股份有限公司劳动争议调解委员会、东华软件股份有限公司劳动争议调解委员会、浪潮（北京）电子信息产业有限公司劳动争议调解委员会、北京佳讯飞鸿电器股份有限公司劳动争议调解委员会、北京北斗星通导航技术股份有限公司劳动争议调解委员会、民建海淀区委企业委员会劳动争议调解中心、海淀区新就业形态劳动争议调解中心7家基层调解组织。全区调解组织总数达103家，调解员437人。清河街道劳动人事争议调解中心被授予第二批“北京金牌劳动人事争议调解组织”。区仲裁院有2个派出庭、2个分庭。

（刘佳　郝晓琳）

【智慧仲裁】年内，区仲裁院推进智慧仲裁平台应用，智慧仲裁小程序登录注册用户10036人。网上开庭调解668件，办理网上撤诉3024件，线上确认调解文书276件，线上发送短信10790条，线上确认庭审笔录212件，电子文书发送3438件。

（刘佳　郝晓琳）

【特大集体劳动争议案】年内，区仲裁院牵头负责处理某公司超3500人特大集体劳动争议案件，涉及金额1.8亿余元。优化重大集体劳动争议案件处理流程，按照“快立、快调、快审、快裁”要求，设立案件绿色通道，高效推进“立调审裁执”各环节，分批分类开展案件调解仲裁工作，确保案件审理质效。与区法院执行立案庭沟通，发放裁决时同步发放“申请执行指引”。该案结案率98%以上，结案案件中约半数案件调解结案。

（刘佳　郝晓琳）

【普法宣传】年内，区仲裁院联合区发展改革委、区融媒中心，在海淀区政府网、“海淀新闻”微博、“北京海淀”头条号等7平台同步直播“企业规范用工解读”，吸引76万人次观看。在报刊、市局日情、海淀区情、区政府网站等刊登宣传报道41篇。通过“北京海淀劳动仲裁”微信公众号推送“劳动法小课堂”等文字、视频宣传52条。开展法律大讲堂、公开庭培训活动，200余人参加。组织开展“百名调解员联千企活动”，各基层调解组织通过政策咨询、培训、走访等形式与企业对接，参加847人次，对接服务企业116家。

（刘佳　郝晓琳）

军　事

2023
北京海淀年鉴

人民武装部

【概况】 2022年，海淀区人民武装部（简称区人武部）坚持以习近平新时代中国特色社会主义思想为指导，深入贯彻习近平强军思想，学习贯彻党的二十大精神，牢牢把握稳字当头、稳中求进的总基调，围绕全面过硬、全面发展先进人武部建设目标，按照“统思想、抓制度、打基础、促融合、保稳定”的工作思路，狠抓各项工作落实，取得新进步。

统思想，用习近平新时代中国特色社会主义思想统一思想、凝聚意志。坚持用理论拴魂，围绕学习和宣传党的二十大精神，抓党的创新理论武装；坚持教育奠基，用主题教育统揽各项教育，内容全覆盖、有重点，在教育中解决问题、统一思想；坚持活动牵引，开展“学思想、铸忠诚、担使命”实践活动和“热爱海淀人武部、建设海淀人武部、奉献海淀人武部”活动，激发全体人员集体认同感和荣誉感。抓制度，严格落实党管武装工作制度，持续提升党管武装工作质效。组织区四套班子领导过军事日活动，强化领导干部国防意识；落实区委书记兼任区人武部党委第一书记，街镇党（工）委书记兼任街镇人武部政治教导员制度，强化党管武装第一责任人意识；区人武部主要领导参加区委常委会、区政府常务会，加强军地沟通协调联系，合力推动国防后备力量建设。打基础，着力夯实人武部全面过硬全面发展的建设基础。着力强化自身建设，通过修订完善党委议事规则、战备训练方案等，进一步规范“四个秩序”（战备秩序、训练秩序、工作秩序、生活秩序）；深入推进基层人武部正规化建设，遴选部分街镇人武部组织试点，对战备库室、工作秩序等进行规范，贯穿全年抓好调研指导、检查考评。促融合，充分发挥桥梁纽带作用支援地方、保障部队。深入开展拥军优属活动，进一步密切军政军民关系；全力推进支持军队不经营军地联合工作，妥善处置解决遗留问题；积极参与支持地方建设，协调驻区部队参与地方防汛、防火等应急救援任务，组织专武干部、民兵参与疫情防控。保稳定，全力以赴守住安全底线、推动安全发展。抓好政治安全，打好意识形态领域斗争主动仗，加强网络涉军舆情管控，严防发生政治性问题；抓好安全预防工作，定期进行安全形势分析，围绕酒驾醉驾、网赌网贷等倾向性问题，搞好警示教育，做好隐患排查整治；抓好疫情防控，严格落实上级和属地关于疫情防控要求，在特殊时期严格落实营区封闭管理等相关措施，确保安全。

（强晓凯　张硕）

【思想政治建设】 年内，区人武部以学习宣传贯彻党的二十大精神为主线，采取“八学”方式（领导领学、及时跟学、个人自学、实践促学、集体研学、专家讲学、氛围助学、全程抓学）狠抓党的创新理论武装。落实党委理论学习中心组学习制度，每月集中利用两天时间组织开展专题学习；在早交班时段，学习习近平最新讲话精神；部党委组织党的二十大专题学习，通过布设灯箱展板、印发学习党的二十大精神口袋书、开展理论知识竞赛等活动，推动党的二十大精神入心入脑。对民兵骨干开展政治教育和国防教育，前往圆明园遗址公园、香山革命纪念馆接受革命优良传统教育。

（强晓凯　张硕）

【主题教育】 年内，区人武部坚持用主题教育统揽各项教育。深入开展“忠诚维护核心、矢志奋斗强军”主题教育，围绕“十个正确对待”（正确对待成长进步、正确对待伤病疾患、正确对待批评处理、正确对待荣誉得失、正确对待婚恋交往、正确对待家庭矛盾、正确对待苦累压力、正确对待手机网络、正确对待严格管理、正确对待娱乐消费）开展经常性思想教育，领导带头参教、带头授课，在教育中统一思想、提升觉悟。组织“学思想、铸忠诚、担使命”实践活动，部全体党员在办公楼前面向党旗重温入党誓词；系统学习新修订的《中国共产党章程》，观看《支部建在连上》等红色影片，补足精神之钙，锤炼对党忠诚的政治品质。开展“热爱海淀人武部、建设海淀人武部、奉献海淀人武部”活动，召开党小组会、党委会、党员大会反复讨论剖析个人与单位、责任与担当、奉献与收获之间的关系；邀请309医院心理专家，对全部人员进行心理普查和疏导辅导，及时发现和矫正思想和心理行为偏差，不断激发全部人员以部为家、爱部如家的集体认同感和责任感。

（强晓凯　张硕）

【民兵整组训练】 年内，区人武部突出民兵编组优化，采取区域编、行

7月30日，海淀区四套班子领导前往66429部队过“军事日”　（区人武部 供图）

业编、动态编相结合的方式，扩大科研院所、高新产业编兵比例，完成普通民兵、基干民兵编组和新域新质民兵力量建设任务。组织应急分队、防空分队参加北京市轮训，组织专武干部和民兵骨干进行实弹射击训练，在2022年度首都民兵比武竞赛中取得总成绩第四名，1人取得单项课目第一名。

（梁爱祥 张燚）

【兵员征集】 年内，区人武部高标准完成年度征兵任务，其中大学生报名人数是大学生征集任务数的3.3倍。应征青年上站体检人数为征集任务数的3倍，其中男性大学生体格检查、政治考核双合格人数超过年度征集任务数的1.2倍。在征集的新兵中，大学毕业生占总数的40%，京籍新兵占比38.2%，全年无退兵情况。海淀区人民政府征兵办公室被北京市评为“征兵工作先进单位”。

（刘钊 梁爱祥）

【双拥共建】 年内，区人武部协调地方为部队办实事、做好事、解难事。累计接听军人、军属和退役军人咨询电话900余次，接待退役军人开具入伍证明等材料300余份。协调公安海淀分局完成高中生考军校、军队社会招聘文职人员、直招士官等1000余人的政审工作。配合区退役军人局做好军人转业安置、子女入学、家属就业等工作，为立功受奖军人家属送喜报200余份。协调区政府大力推进海淀区支持军队不经营军地联合工作，处置解决遗留问题34项；协调区人民法院为涉部队5起案件提供审理绿色通道；协调军事科学院保留青龙桥社区卫生服务中心房屋租赁使用权；协调翠湖等地块项目周边部队为项目承建单位获得行政审批提供帮助。帮助海淀区17所中小学入选“全国国防教育示范学校”。

（强晓凯 张硕）

【“军事日”活动】 7月30日，区人武部组织区四套班子领导前往66429部队开展“军事日”活动。活动期间，区四套班子领导参观警卫执勤装备、观看警卫部队军事课目演示、参观部队军史馆、参加国防教育讲座，增强全民国防观念、提高履职尽责能力。

（冯开春 张硕）

【海淀区党管武装工作会议】 9月27日，海淀区党管武装工作会议召开。会议传达北京市党管武装工作会议精神，宣读《关于表彰2021年度党管武装先进单位和个人的通报》，讲评部署全区党管武装工作。羊坊店街道、永定路街道、香山街道、苏家坨镇党（工）委书记作党管武装工作述职。区委书记、区人武部党委第一书记王合生出席会议并讲话。会议强调，要持续完善国防动员体系，高标准落实国防动员体制改革实施任务，深入开展国防动员联演联训；加强组织领导，各级党委（党工委）要认真履行主体责任，第一书记担负起第一责任人职责，军地各司其职、相互配合，全面提升党管武装工作质效。区领导张若冰、刘传忠、程培衡，区人武部、各有关部门主要负责人，各街镇党（工）委书记、武装部部长分别在视频主会场和分会场参会。

（钟冷）

【国防教育】 10月20日，区人武部开展“国防教育进社区”活动。在全区29个街镇和23所驻区高等院校设置3000多个国防教育宣传栏，宣传兵役和国防知识；在核酸检测点放置征兵宣传海报、设置“一米线”征兵宣传标语，提升宣传效果。开展“征兵宣传周”活动。设立征兵宣传站54处，制作征兵墙报、黑板报150余块，设立宣传栏200余处，悬挂宣传横幅180余幅，张贴征兵公告6000余张，发放宣传材料6万余份；在海淀区域11个地铁站利用20块灯箱进行国防宣传。全社会“关心国防、热爱国防、建设国防、保卫国防”的良好氛围初步形成。

（强晓凯 张硕）

人民防空

【概况】 2022年，海淀区人民防空办公室（简称区人防办）坚持“人防为民”的理念，推进人防精细化管理，提升干部能力素质。围绕“两清单”[①]40项重点任务，推进人防治理体系和治理能力向现代化、精细化迈进。修订完善海淀区人民防空袭方案。推进区、街镇和社区（村）三级防空方案建设三级数字化方案。落实《海淀区关于加强人民防空工程精

10月20日，区人武部在圆明园开展国防教育　（区人武部 供图）

① “两清单”：年度工作责任清单和措施认领清单。

细化管理的实施意见》，结合人防工程街镇属地管理，加强常态化人防工程管理。制定《2022年海淀区人防工程防汛预案》《2022年海淀区人防工程防汛工作方案》，加强人防工程防汛工作。参加市人防办组织的支援通信演练，开展应急指挥通信装备互联互通，提高实战演练能力。

（张金升）

【人防工程安全管理】 年内，区人防办加强人防工程安全检查，出动11.98万人次，检查工程6万余处次，消除安全隐患230处。对“住人类人防工程清理”整治，实现动态清零，出台《海淀区人民防空工程再利用与使用管理指导意见》，向社会提供759个新增车位，审批充电桩51个。组织对90处人防工程进行维护维修，对2处有安全隐患的早期工程进行回填。

（张金升）

【人防工程审批】 年内，区人防办完成《海淀区人民防空分区规划（2021—2035）》编制。受理区建设项目人防工程审批申请31件，验收新建人防工程43处，办理竣工备案13件，受理人防工程平时利用审批申请526件，完成人防工程审批所有事项“全程网办”目标。

（张金升）

【人防行政执法】 年内，区人防办制定标准化案卷模板，行政执法参与执法率、人均执法量、违法行为纳入检查率均达标。与上地、羊坊店、马连洼、清河等街道开展联合执法7次，约谈人防工程使用管理单位10次，行政处罚6起，罚款11万元。主动公开行政执法相关信息3710条次，受理区级接诉即办案件608件；主要领导包案30件，调度、回访50余次。受理市级接诉即办督办件600件，信访案件20件。

（张金升）

【人防工程信息化建设】 年内，区人防办根据《北京市“十四五”时期人民防空建设发展规划》等规划，制定完善《海淀区人民防空办公室关于人防工程视频监控建设的指导意见》，完成信息化项目建设1项。完成600个人防视频监控、6处高点升级改造项目。

（张金升）

年内，区人防办在海淀航天城五院进行普法宣传　（魏雪梅 摄）

【社区人防建设】 年内，区人防办以社区人防建设为抓手，实现社区人防规范化管理。把社区人防建设管理维护纳入海淀区财政预算，每个社区（村）每年给予管理维护和活动补贴1万元，为社区人防建设、组织活动提供保障。

（钟冷　张金升）

【人防干部训练】 年内，区人防办组织机关干部和街镇人防干部160人，在怀柔区开展以防汛和水域灾害救援为内容的专业训练，提高人防系统组织指挥、情况处置、自救互救技能。

（张金升）

【人防宣传教育】 年内，区人防办制定出台《关于加强中小学校人民防空教育工作的实施意见》，完善海淀区人民防空教育体系建设。开展“迎接二十大、送法进万家”“北京人民防空条例二十周年”“以案释法”“信访工作条例宣讲”“信访知识竞赛答题”等10场主题普法宣传活动。利用互联网、电视台、公众号、宣教场所等开展宣教活动。组织人防教育培训5000余人次，发放宣传资料6万余份，发布人防信息200余条，在电台发布消息10余条，报纸杂志发表文章20余篇。组织海淀区五环内的16个街镇在各自属地开展以“开启时代新征程，爱国强军谱新篇”为主题的宣传教育活动，共1600余人参加。

（张金升）

【警报试鸣及演练活动】 9月17日，区人防办组织海淀区五环外13个街镇13个社区同步进行警报试鸣，同时组织人员疏散为主要内容的演练活动。

（张金升）

中关村科学城

2023
北京海淀年鉴

综述

【概况】 2022年，中关村科学城党工委、管委会聚焦世界领先科技园区建设，全面落实中关村新一轮先行先试改革措施，围绕中关村科学城功能定位，着力提升区域创新能级，为海淀区高质量发展提供强力支撑。园区高新技术企业收入37021.84亿元，比上年增长5.2%。实现工业总产值2749.1亿元，比上年下降15.3%；占全市总量的12%。有国家高新技术企业9764家，中关村高新技术企业10729家。

中关村新一轮先行先试改革。先行先试，改革落地见效。制定实施落实中关村新一轮先行先试改革工作方案，出台科技应用场景、科技成果先使用后付费、"揭榜挂帅"等配套措施，发布关键核心技术产品入链应用项目、应用场景验证项目、关键核心技术"揭榜挂帅"专项申报指南，围绕人工智能、集成电路、互联网3.0等重点领域发布45个攻关方向，加强政策宣贯，促进一批重大项目和改革案例落地。华为等14家领军企业与18家企业签署技术集成采购协议；天智航等7家企业发榜创新需求项目12个；北京银行等5家金融机构发布科技金融创新产品7项。教育部向12所高校下达与新型研发机构联合培养博士研究生专项指标173个；北京市公安局海淀分局外国人出入境服务厅正式揭牌运行，实现外籍人才工作许可和居留许可"两证联办"；会同北京银保监局共同设立科创金融服务中心，在并购贷、人才贷、认股权贷款等方面开展政策突破试点；推动首都师范大学、北京信息科技大学专利先使用后付费许可案例落地；聚焦工业互联网、智慧医疗等领域落地5G应用项目15个；一批科技型中小企业、有基础研究支出的企业享受研发费用加计扣除税收优惠。

国家战略。支持新型研发机构开展关键核心技术攻关，量子院量子直接通信样机创造100千米的世界最长通信距离、国内首台产品级掺镱高功率飞秒振荡器研发完成，智源研究院、微芯研究院分别发布高精度仿真秀丽线虫"天宝1.0""九鼎"智算平台、面向区块链底层的自主可控P2P网络"若水"、全球最大区块链存储引擎"泓"等技术成果。支持启元实验室科研团队建设及科技成果转化，落地元潼（北京）技术有限公司等企业2家。推进京津冀国家技术创新中心建设，新挖掘项目122个，立项项目34个，新落地企业6家，自主培育企业新增融资约10.66亿元。做大做强北京市自然科学基金——海淀原始创新联合基金，参与企业数量达8家，签署北京市自然科学基金——海淀原始创新联合基金第二期合作协议，总规模达7000万元，较上年提高133%，科技成果转化支持能力不断增强。推进概念验证中心建设，全国首个临床医学概念验证中心——中关村科学城——北京大学第三医院临床医学概念验证中心揭牌运行。

高精尖产业。支持人工智能超大规模模型训练平台、算力平台建设，打造自主可控基础软硬件技术体系和算力支撑。推进区块链技术示范应用，支持先进算力实验平台建设，打造可信基础设施体系；推进国家区块链创新应用综合试点建设，梳理政务服务、信用支付、知识产权保护等区块链应用场景，促进技术应用场景建设，首个基于长安链技术的央企子公司北京商银微芯科技有限公司落地。加强集成电路龙头企业培育，支持兆易创新、昂瑞微等企业开展核心技术攻关；加强前瞻技术布局和产业生态构建，支持中关村集成电路设计园打造芯创技术服务平台，加快产业聚集发展，入驻地平线等企业90余家。加快大健康产业发展，聚焦创新药物、高端医疗设备、智慧医疗细分领域，梳理产业图谱。布局贝伦产业园（海新域A区）、前孵化创新中心等医药健康产业园区，规划上庄国际医谷、飞驰绿能、巨山产业园等新增产业空间。搭建细胞与基因治疗、重组蛋白药物、绿色化学原料药、药物递送、基因编辑、类器官芯片等一批专业技术平台。推动AI辅助诊断、高端医疗器械、智慧医疗等应用场景建设。编制信创领域项目方案，与华为等企业合作建设自主可控软件创新中心，加强同麒麟软件、统信软件等企业沟通对接，推进基础软件创新研发，完善信创产业生态。推进国家网络安全产业园（海淀）建设，入驻50余家网络安全相关企业及平台。

智能制造。发展支持智能制造产业。支持小米公司成立全国首家3C智能制造创新联合体，梳理机器人及人形机器人产业图谱。创新平台在关键领域开展工业软件研发、成果转化模式探索；围绕研发设计、生产制造、仓储物流、运维服务、行业应用等上下游以及机器人、工业软件、智能检测装备等产业集群，开展产业链发展路线图课题研究。进一步推动空天产业集聚区建设，在北部集聚企业30余家，举办中关村论坛技术交易活动空天专场，推动技术交易和项目落地。推动空天产业与新一代信息技术等产业融合发展，鼓励银河航天、微纳星空等企业开展卫星核心技术攻关，围绕产业链梳理重点企业和项目。加快推进中关村自动驾驶示范区建设，实现自动驾驶示范区全域330余千米测试道路开放；搭建协同创新平台，50余家企业、机构参与，共同推动智能网联汽车软硬件、安全、测试等方面协同发展。依托国际氢能中心建设，支持关键核心技术攻关；培育扶持亿华通、氢璞创能、中科富海、思伟特等企业，推动派瑞华氢落地；推进160辆氢燃料电池汽车示范应用。开展超高清视频领域集群协同创新，突破8K超高速网络存储、硬件编解码、纯软件编解码等关键核心技术。在当代商城建设8K LED大屏，开展北京冬奥会等示范应用。支持协同中心改制。开展以需求为导向的新材料领域关键核心技术应用推广，征集《北京市重点新材料首批次应用示范指导目录（2022版）》产品46项。

创新创业。"两区"建设4批重大项目签约，华峰测控、拓尔思等

54个项目落地。“双创”工作连续6年获国务院通报表扬。建设巢生生物、奇绩创坛、中科创星3家引领类标杆孵化器，占全市总数的三分之一；建设创新工场、中关村智友、璞跃（PNP）、联想之星、翠湖、中关村前孵化创新中心6家培育类标杆孵化器，占全市总数的40%。加强企业培育，拥有“专精特新”中小企业1914家，占全市的35.7%；国家级专精特新“小巨人”企业265家，占全市的45.1%。支持字节、快手、美团等平台企业向硬科技转型。加强科技冬奥应用场景建设，在科技防疫、智慧服务、人工智能等领域助力冬奥创新。推动基于低轨卫星星座的北京凤凰岭景区通导应用、空间计算操作系统2.0应用在中关村西区、海淀医院智慧医疗应用等场景项目。开展“海英人才”专项评审，完善落实人才举荐制，加大对创新创业领军人才支持力度。落地“人才E+”工作站，提升海外人才服务水平。园区博士后分站新增25家，总数达112家，支持园区博士后站引进高水平青年博士后科技人才74人，覆盖人工智能、医药健康等多个高精尖产业领域。优化知识产权环境，发行新一期知识产权证券化产品，为15家科技企业融资2.02亿元，中关村知识产权保护中心扩大快速预审服务专利分类号，2022年服务创新主体专利快速预审5410件，比上年增长113.2%；先后获批国家知识产权强市建设示范城区、国家知识产权出口基地、国家专利导航基地，中关村软件园入选首批海外知识产权维权服务联络站。通过区级投资平台强化对优质项目扶持，基于产业链图谱精准开展产业投资，中关村科学城科技成长基金累计决策项目22个，决策金额18.93亿元。以创建社会信用体系建设示范区为抓手，持续推动社会信用体系建设，全面提升区域政务诚信、商务诚信、社会诚信等领域信用环境。信用海淀网站向市级信用平台推送“双公示”信息18973条，归集履约践诺和主动承诺信息421568份，归集“五类信用信息”19份，推送红黑名单信息18661条，推送信用新闻信息1569条。优化产业空间布局，研究制定“8+1”组团规划。加快释放产业空间，推动元中心、金隅科技园等项目建设，释放产业空间103万平方米。提升园区运营服务能力，推广东升科技园专业化“精耕细作”的运营服务模式。组建29个由处级干部带队、全员参与的工作组，对接协同全区29个街镇围绕企业经营与发展开展全方位服务。用好北京市企业服务包平台，已覆盖81家平台企业，做好平台企业空间保障、子女入学、高管体检、非公党建等综合服务，加强舆情监测和舆论引导等，有力促进平台经济规范健康发展；探索网络市场监管服务新模式，以“集群注册”方式为互联网直播服务主播办理市场主体登记，落地有限公司9户，个体户6户。

工业。规模以上工业总产值2749.1亿元，比上年下降15.3%；完成固定资产投资5.1亿元；完成工业和信息化固定资产投资项目备案169项，开展事中、事后监管工作，平稳有序推进不符合首都城市战略定位的一般制造业企业调整退出，完成2家一般制造业企业调整退出。持续加强安全生产和生态环境保护责任指导工作，把火灾防控、危险化学品、工厂宿舍等重点安全工作列入安全生产宣传指导内容，现场指导企业480余家次；建立400家规模以上工业企业台账和涉危使用14家工业企业基础台账，进行全覆盖走访指导。

国际创新与区域协作。开展国际交流活动，探索建立新形势下遴选优质国际科创项目渠道。推进国别（地区）创新平台和跨境领域创新中心建设，推动与德国史太白技术转移公司合作。探索海外项目投资资金通道，制定北京中关村科学城创新发展有限公司国际基金成立方案。推进“环球商机”“外交官走进科学城”活动，加强同德国、中东及欧洲沟通交流。组织优质企业参加CES展等高级别展览。完成2022中关村论坛服务保障工作，成功举办金融科技论坛年会、新技术新产品首发专场（航空航天领域）活动、“第四届智源大会”等6场活动。推荐5个高精尖项目落地北京城市副中心。推荐优炫和用友公司为雄安在线公共服务平台相关子板块提供解决方案，支持东华软件、利亚德等企业在雄安打造“智慧雄安”等标杆项目。推动经开区与北医三院、中国科学院概念验证中心开展成果转化合作，支持高校院所在经开区策划10场路演活动，推动中关村E谷向未来科学城提交3万平方米科创中心招商运营方案，支持20余家民营企业与怀柔科学城对接使用大科学装置。

（程晓荷）

【北京中关村科学城创新发展有限公司】 年内，中关村科学城创新发展有限公司有自管基金6只，认缴管理规模75亿元。累计投资股权项目41个，投资金额20.3亿元，实缴金额19.9亿元。累计投资支持18只优质子基金，投资金额14.5亿元，实缴金额7.9亿元，18只子基金总规模超200亿元。实现对桦冠生物、志道生物、艺妙神州、罗森博特、澜舟科技、安声科技、昙云互联等7个项目的领投（含联合领投），主要集中在生物医药、信息技术领域，共计投资4.3亿元，投资方向涵盖小分子、大分子、细胞治疗、高端医疗器械、人工智能、声学降噪等。公司与巢生Nest.Bio联合打造的巢生北京创新实验室入选市科委、中关村管委会认定的首批“北京市引领类标杆孵化器”。截至年底，巢生实验室累计孵化24家企业，包括2家独角兽、3家准独角兽、4家国家高新技术企业、2家中关村高新技术企业，主要集中在创新药、细胞基因治疗、AI制药、合成生物学、蛋白组学等前沿生物医药领域。

（武耀亭）

【中关村国家自主创新示范区展示交易中心】 年内，中关村国家自主创新示范区展示交易中心（简称示范区展示交易中心）由展示中心、会议中心、海淀公共安全馆三部分构成，完成日常接待任务及各项活动的服务保障工作。展示中心共接待7727人，其中参观团79批2693人；公众开放日累计开放9天，接待534人。海淀公共安全馆接待22458人，其中团队42个1971人，散客18777人。会议中心保障会议704场，接待32790人次，其中大型会议（5个厅）168场14230人次。完成北京冬奥会和冬残奥会、“首届全民阅读大会”保障任务。

（王自杰）

【北京实创高科技发展有限责任公司】 年内，北京实创高科技发展有限责任公司（简称实创高科公司）资产总额203.3亿元，负债总额181.3亿元，净资产22亿元，其中归属母公司净资产21.3亿元；实现总收入31.05亿元，利润总额1.55亿元，净资产收益率4.1%。

方舱医院建设。实创高科公司下属北京实创酒店管理有限公司（简称实创酒店）完成建设方舱医院，施工总面积6834.65平方米，室内装修改造隔离间92间360个床位，西小院室内装修改造隔离间27间64个床位；室外新建集装箱式更衣室、淋浴室，新建轻钢结构的配电房和垃圾房，新建室外连廊、方舱CT室、日检3万管PCR实验室，酒店B座加装外挂电梯以及污水处理站扩容等工程。二期东小院改造1165平方米，包括方舱医院指挥部、洗消中心工作人员及外围保障人员办公和住宿用房的装修改造等工程。方舱医院11月10日至12月22日启用期间，累计收治隔离人员710人。新建以储备检测能力为主、日检测能力10万管的PCR实验室，总建筑面积880平方米，分别由2万管、3万管、5万管3个集装箱式成品实验室组成。11月20日，完成海淀区方舱医院第二院区（温泉方舱医院）建设主体，改造乒乓球馆、羽毛球馆、网球馆、篮球馆4个场馆空间共计7200平方米，可提供670张床位，配有移动卫生间、热水器、无线网络等生活配套设施，于11月24日至12月20日期间启用。11月23日完成海淀区方舱医院第五院区（永丰方舱医院）。A座、B座改造为方舱医院主体，C座作为医护用房，共计2.8万平方米，提供2209张床位，配有开水炉、移动淋浴间、无线网络等生活配套设施及物资。11月27日至12月27日启用期间，收治隔离人员近2000人。

永丰产业基地（新）园区建设。完成永丰基地（新）一级开发建设投资3.17亿元。其中，完成土地一级开发15.86公顷、供地20.88公顷，完成土地腾退4.8公顷、腾退30户、拆除面积3.69万平方米。完成永丰产业基地（新）皇后店北一街、皇后店北二街、皇后店东三路共计2.39千米的三条便民道路建设完工验收并开放通车。完成永丰产业基地（新）J地块辛店南街、辛店北小街、辛店东一路、辛店东二路4条道路共计2.8千米的市政管线和道路建设完工验收并开放通车。完成海淀区西北旺镇HD00-0403街区永丰产业基地（新）F2地块多个用地挂牌出让。其中，0013地块R2二类居住用地出让宗地规模4.78公顷，地上建筑规模71740.59平方米；0015、0016地块R2二类居住用地、A33基础教育用地出让宗地规模4.63公顷，地上建筑规模104753.24平方米；0018、0019地块R2二类居住用地、F3其他多功能用地出让宗地规模5.24公顷，地上建筑规模123492.16平方米。

改造升级工程。完成北京市公共空间改造试点项目——上地信息路重要区域城市空间重塑项目，总投资额3125万元，其中上地憩园、上地公园提升改造项目完工并重新开放。上地信息路“U形”路提升改造项目完工、上地泵站施工改造完工并投入使用。下属实创酒店作为北京冬奥会、冬残奥会服务保障单位，完成提升改造工程，通过国际奥委会、北京奥组委和国家卫健委专家组的验收检查，高质量完成为北京冬奥会和冬残奥会提供舒适、便捷、安全的服务保障任务。

（韩颖）

【北京实创科技园开发建设股份有限公司】 年内，北京实创科技园开发建设股份有限公司承担中关村科学城北区开发建设任务29项，计划总投资73.9亿元。截至12月底，实际完成投资79.8亿元。承担海淀区固定资产投资项目15项，计划总投资66.9亿元。截至12月底，实际完成海淀区固定资产投资73.1亿元，投资完成率109%。公司承担翠湖、永丰两大组团7个地块共计193公顷的一级开发工作。翠湖B地块具备申报征地手续条件，启动线杆迁改工作；翠湖A2、R地块正在推进立项手续办理；翠湖G地块取得重新立项批复，与三星庄村签署征地补偿协议，支付征地补偿款；翠湖G3地块签署辛庄村、高里掌村征地补偿协议，支付征地补偿款；确定温泉小城镇C地块安置房与海保发公司签订安置房购房协议，F地块启动代征绿地内剩余地上物搬迁腾退工作。创新园D（央行二期）完成供地。公司承担16个二级项目手续及建设工作，开复竣工面积132万平方米，其中新开面积62.4万平方米、竣工25万平方米。翠湖6001小学建成并交付使用，面积2.92万平方米；永丰0151小学主体工程基本完工面积4.15万平方米；翠湖医谷产业园二期项目竣工面积18.59万平方米；完成环保园启元实验室装修改造面积6.01万平方米；翠湖通用人工智能产业园1号楼完成结构封顶面积1.5万平方米；环保园国际人才社区完成二次结构施工16万平方米；永丰TOD综合体、环保园驭智、永丰J等一批重大项目开工建设。推进8条次干路、7条支路总长13.5千米的道路建设及移交工作。协调推进启元实验室、中关村国家实验室工程建设及需求落地，启元实验室298项目1号楼、中关村国家实验室项目汇智中心1号楼、3号楼完成交付使用，面积2.54万平方米，推进国家实验室二期工程装修。完善环保园自动驾驶示范区应用场景，各类型自动驾驶车辆在示范区内测试运行739天，完成测试47890余小时、6190余车次，参与测试人员9900余人次。开放中关村自动驾驶二期测试道路97条，总长331.2千米，实现示范区全域开放。推进百度自动驾驶出行服务平台“萝卜快跑”开通运营，园区实现无人驾驶通勤。

（梁建秋）

【北京威凯建设发展有限责任公司】 北京威凯建设发展有限责任公司是北京实创科技园开发建设股份有限公司全资子公司，主要承担实创系统二级开发建设工作。截至2022年底，公司资产总额94亿元，负债80亿元，所有者权益14亿元，资产负债率84.98%，结转收入6.5亿元，实现利润总额0.2亿元，与上年持平。共申请11个政府投资项目建设资金，收到区财政拨付建设资金2.3亿元，落实资金额度15.81亿元。下属企业威凯体育公司营业额86.34万元。根据实创股份《2022年度半年调整后重点经营任务表》，威凯公司主责的建设项目（温泉三号路、翠湖6001、永丰0151小学、298项目）共4项，计划全口径投资21450万元，完成投资37342万元，完成全年计划的174%。温泉三号路项目实现开工建设；完成启元实验室项目装修改造，1号楼已入驻；安宁庄综合开发项目地震活动断裂带论证工作通过专家组审查。完成代建工程翠湖科技园6005项目1号楼主体结构封顶，其余正在结构施工；翠湖6001小学工程年内完工并交付；永丰0151小学正在进行室内外和小市政施工；永丰及翠湖两个北部医疗卫生配套正在进行结构施工。完成环保园209竣工备案和工程结算，签订租赁合同；完成西北旺C2配套设施的移交及部分不动产权首次登记；完成辛店项目结算和配套设施的移交，完成A01地块规划验收和人防验收，完成A02、A03竣工备案预验收；完成吴家场项目配套公建移交协议的签订，完成C1幼儿园移交工作，完成B1#B4#不动产首次登记和170套房屋的不动产转移登记，A1楼正在进行核实意见程序；上庄B18、B19安置房项目已完成消防验收，签订社区卫生服务站移交协议。

（刘梦妮）

【中关村永丰产业基地发展股份有限公司】 12月，根据《海淀区国资委关于同意实创股份开展永丰公司增资及股份制改制工作的批复》精神，在北京实创科技园开发建设股份有限公司（简称实创股份公司）统筹下，中关村永丰产业基地发展股份有限公司（简称永丰公司）接受增资扩股，注册资本变更为31118.93万元，股东变更为实创股份公司与北京海国贰号科技产业股权投资基金合伙企业（有限合伙）。永丰公司改制为股份有限公司，更名为北京中关村永丰产业基地发展股份有限公司。永丰公司承担的三山五园艺术中心项目进展顺利，全年完成投资8500万元，完成全部主体结构施工，基本完成二次结构、机电安装、装修施工。以中关村壹号为核心，优化服务触达模式，提升园区智慧化服务管理水平；加强园区产业服务设施和公共服务设施建设，打造特色鲜明、功能完备、配套完善的产业承载空间，促进园区高端化、专业化、集约化发展；重点引入金融服务、医疗服务等业态，提升城市服务功能。中关村壹号成功入选北京10家高品质科技园区建设目录，获评北京市商务局发布的新一批培育类首发中心。落实北京市政府对中小微企业的扶持政策，给予租户和商铺6个月的租金减免，为100余家园区企业减免租金6373万元。

（何魏）

中关村新一轮先行先试改革

【概况】 2022年3月4日，中共中央办公厅、国务院办公厅正式印发《关于支持中关村国家自主创新示范区开展高水平科技自立自强先行先试改革的若干措施》，涵盖“做强创新主体、集聚创新要素、优化创新系统”三部分内容共24条，支持中关村国家自主创新示范区开展高水平科技自立自强先行先试改革，加快打造世界领先科技园区和创新高地。海淀区第一时间贯彻落实中央、市委重大决策部署，启动中关村新一轮先行先试改革，将其作为全区的一号政治工程来抓落实，取得积极成效，“提高科技型中小企业研发费用加计扣除比例”税收新政2022年惠及全区4642家企业；推动教育部向12所高校下达与新型研发机构联合培养博士研究生专项指标173个；外国人出入境服务厅正式揭牌运行，实现外籍人才居留许可和工作许可“两证联办”；制定出台关键核心技术“揭榜挂帅”、科技应用场景、科技成果先使用后付费等区级配套措施，2所高校的4个专利通过先使用后付费方式落地。

（姬梦星　程晓荷）

【中关村新一轮先行先试改革动员部署会】 3月21日，区委常委会召开扩大会议，传达学习贯彻中关村新一轮先行先试改革动员部署会精神，对全区开展中关村新一轮先行先试改革工作进行部署。会议强调，认真落实中央、市委重大决策部署，当好改革创新“试验田”，全力推进中关村先行先试改革，加快建设北京国际科技创新中心核心区，为实现高水平科技自立自强、建设世界科技强国作出海淀贡献。中关村科学城管委会作为牵头部门，牵头制订工作方案，组建工作专班，加强对中关村新一轮先行先试改革工作的总体谋划、统筹协调、整体推进和督促落实。各项政策的责任落实部门主动加强与市级部门的对接联系，明确改革时间表和路线图，实行挂图限时作战，保证改革措施落实到园区、企业、项目，确保责任落实到岗到人。动员组织驻区相关创新主体，开展集中宣讲、专题培训、政策上门等政策解读活动，确保各项政策执行好、落地快、见效早。区委书记于军主持会议，王合生、刘长利、鲍雷、吴计亮、张若冰、牟晓春、林剑华等区四套班子领导出席会议。

（程晓荷）

【中关村科学城先行先试重点项目签约】 3月21日，中关村科学城管委会举行中关村科学城先行先试重点项目签约仪式，落地15个建设投资项目，航天宏图、四象科技、微纳星空等8家领军企业与11家企业签署技术集成采购协议，天智航、联影智能、利亚德、苏伊士智慧水务等4家企业发布6项创新项目需求榜，北京银行、中关村银行、民生银行、人保财险、国寿财险等5家金融机构发布“专精特新”领航贷等7项定制化科技金融创新产品，推动构建全链条的创新创业金融支持机制，强化创新链、产业链和资金链的三链协同。

（程晓荷）

【《海淀区落实中关村新一轮先行先试改革工作方案》印发】 5月24日，区委、区政府正式印发《海淀区落实中关村新一轮先行先试改革工作方案》（简称《方案》）。《方案》突出改革协同，落实落细各项措施，包括总体要求、组织机构、工作机制、进度安排、任务分解5个部分。

（姬梦星）

【科技部调研先行先试改革工作】 6月15日，科技部战略规划司，市科委、中关村管委会，中关村科学城管委会等相关领导一行10余人，到中关村东升科技园调研中关村新一轮先行先试改革工作。调研组在科技园入驻企业北京齐碳科技有限公司、平凯星辰（北京）科技有限公司，实地了解企业创新发展的最新动态及存在的问题，现场组织召开中关村新一轮先行先试改革落地工作推进会。会议强调，中关村新一轮先行先试改革众人瞩目，党中央、国务院对此寄予厚望，海淀区要加强协同联动，积极对接相关部门，确保改革政策落地见效。

（姬梦星）

【中关村新一轮先行先试改革三项配套措施发布】 6月21日，海淀区举办中关村科学城重点项目签约发布活动，发布关键核心技术“揭榜挂帅”、科技应用场景、科技成果先使用后付费等3项区级层面落实中关村新一轮先行先试改革配套措施，集中签约24个中关村科学城重点项目。其中，支持关键核心技术“揭榜挂帅”措施，旨在建立以企业需求为导向的“揭榜挂帅”机制，遴选聚焦关键核心技术突破的优秀团队和项目。首批聚焦人工智能，集成电路设计，新一代信息技术，智能网联汽车以及智能制造、材料等5大领域发布具体攻关方向。海淀区将持续发挥中关村企业大本营作用，持续释放科技创新主体和市场主体活力，努力为企业“遮风挡雨”，落实好国家和本市“一揽子”稳增长政策，实施好支持中小微企业恢复发展22条措施、统筹疫情防控和稳定经济增长31条措施等区级政策，确保各类政策精准直达、惠企见效，打好稳链降本保畅纾困“组合拳”。区领导王合生、吴计亮、林剑华，区相关部门负责人出席活动。

（程晓荷）

【先行先试改革进展工作通报会】 7月7日，中关村科学城管委会向十一届海淀区政协常委会第三次会议通报关于《海淀区落实中关村新一轮先行先试改革工作方案》及改革进展落实的情况，来自华为、快手、中国科学院自动化所等驻区企业、科研机构的6位政协委员，围绕中关村新一轮先行先试改革提出可行性建议。会议要求中关村科学城相关部门落实好改革的配套措施，持续提升专业化服务能力，释放科技创新主体活力，打造高水平科技自立自强的海淀样板，推动中关村新一轮先行先试改革取得实效。8月15日，区政府专题会听取中关村科学城管委会关于落实中关村新一轮先行先试改革进展情况，国资委、金融办、商务局等24家区级成员单位参会。会议强调，全区做好改革措施落实推进工作，加强政策宣贯，主动加强与上级部门沟通，做好改革工作的经验梳理、成果输出，挖掘改革成果，凝练改革案例。

（姬梦星）

【先行先试改革财税政策宣讲会】 8月24日，中关村科学城管委会、区税务局会同市科委、中关村管委会，在中关村壹号联合开展中关村先行先试改革财税政策宣讲会。宣讲会围绕科技型中小企业研发费用税前加计扣除、上市高新技术企业股权激励分期纳税、基础研究税收优惠等先行先试政策进行宣讲解读，50余家中关村示范区核心区企业代表参加宣讲会。

（姬梦星）

【中关村新一轮先行先试改革工作评估会】 9月7日，科技部科技评估中心到海淀区开展中关村新一轮先行先试改革进展评估，召开专题调研座谈会，中关村科学城管委会相关业务处室、区金融办、驻区企业代表参加座谈调研。参会单位围绕改革落实过程中开展的重点工作、掌握的典型案例、面临的困难问题、下一步意见建议等进行汇报，科技评估中心对海淀区开展的工作及取得的成效表示肯定，强调要及时总结梳理阶段性改革成效，加快推动改革任务落地实施，加强政策宣贯、精准解读，确保将中关村新一轮先行先试改革措施落到园区、企业和项目。

（姬梦星）

【科技成果转化先行先试政策解读会】 9月20日，中关村科学城管委会、区知识产权局举办科技成果转化先行先试政策解读会，就海淀区先使用后付费专利许可等科技成果转化政策进行解读。中国技术交易所、北京海淀科技企业融资担保有限公司相关负责人就专利开放许可信息发布流程及交易服务平台、科技成果转化履约担保及融资担保服务等进行介绍，60余家高校及企业代表参会。

（王伟英）

【科技成果先使用后付费先行先试试点4个案例落地】 10月13日，海淀区科技成果先使用后付费试点首个案例落地，首都师范大学“使用阶梯加红外热波技术测量材料厚度的方法”专利技术，通过先使用后付费方式许可给驻区企业北京维泰凯信新技术有限公司使用。该案例不仅提升高校专利成果许可效率，实现专利成果经济价值，同时降低企业实施专利转化的经济压力和转化风险，对于中小微企业开展科技创新、产品研发及技术熟化起到推动作用。此外，北京信息科技大学有3

件发明专利通过先使用后付费落地，分别是“一种仪用氙灯电源”发明专利许可给廷禄（北京）科技有限公司；“一种对电感式传感器进行激励的交流电流源”许可给北京朗信智能科技有限公司；“基于果蝇修正的DV-hop的可见光定位方法”许可给北京电记科技有限公司。

（姬梦星）

【中关村科创金融服务中心成立】 10月28日，由北京银保监局、海淀区政府共同设立的中关村科创金融服务中心揭牌。科创金服中心充分依托中关村优质科创企业资源，叠加入驻机构示范效应，可提供包括信贷支持、保险服务、投融资对接、区域性股权交易等在内的“一揽子”优质金融服务，引导辖区内金融机构加大科创金融服务技术创新、机制创新、产品创新，打造金融支持科创企业的“创新中心”及“服务中心”，为建设国际科技创新中心和世界领先的科技园区提供金融方案。

（姬梦星）

【技术经理人专题培训班】 12月1日至2日，由中关村科学城管委会、区科信局、区知识产权局主办，中关村知识产权保护中心联合中关村技术经理人协会共同承办的技术经理人线上专题培训班举办。培训围绕海淀产业发展定位，贯彻落实中关村新一轮先行先试改革、《北京市促进科技成果转化条例》《关于推动北京市技术经理人队伍建设工作方案（2022—2025年）》，邀请从事技术转移、知识产权运营转化等方面的专家，从科技创新生态构建、科技成果转化系统平台建设、高价值专利转化运营、科技成果评估管理、专利开放许可、发挥技术经理人作用等全链条进行深入交流分享。驻区高等院校、科研院所、高科技企业、产业园区、创新孵化器、技术转移和知识产权服务机构等创新主体，从事知识产权运营、科技成果转化、技术转移服务、技术孵化、产学研合作等的相关人员600余人次参训。

（姬梦星）

高精尖产业

概述

2022年，海淀区全力服务高精尖产业发展。建立经济运行监测反馈机制，定期反映园区经济运行态势，完善项目管理系统，并入企业综合服务平台，开通全库查询功能，与市经信项目库数据对接，实现全面查询市、区两级项目。完成规模以上企业二级产业领域标签，将新基建项目纳入数字经济调度机制。

产业增速放缓。除人工智能增速较快外，其他高精尖产业增速放缓。人工智能增速最快。集成电路产业实现总收入389.83亿元，比上年增长7.5%。新一代信息技术产业降幅略有扩大，实现总收入5370.82亿元，比上年下降6.8%；星云博创、睿银华信、比邻弘科、方正数码等10家收入超亿元企业营收增长超一倍。新材料产业实现总收入1097.82亿元，比上年下降7.6%；其中收入过亿元企业中有7家企业总收入比上年增长超50%，安泰非晶科技、天科合达2家企业总收入比上年增长超一倍。智能装备产业实现总收入1039.86亿元，比上年下降1.5%，在收入过亿元企业中有8家企业总收入增长超50%，华云东方、北京能高自动化、普天物流技术、美冠（北京）总收入比上年增长1倍以上。节能环保产业实现总收入711.56亿元，比上年下降3.5%，在收入过亿元企业中有14家企业增速比上年超过1倍，双杰新能增速最快，超过15倍。医药健康产业实现总收入456.89亿元，比上年下降9.0%，在收入过亿元企业中有9家总收入增速超50%，优迅医学、康旭医学、怡和嘉业、绿色金可等4家企业增速超过1倍。新能源智能汽车产业实现总收入28.40亿元，比上年下降19.4%。

研发投入持续增长。除新材料产业研发投入比上年下降外，其余产业研发投入持续增长。集成电路产业研发投入合计60.49亿元，比上年增长29.5%；在收入过亿元企业中，嘉楠捷思、中科飞鸿等4家企业研发投入翻番。人工智能产业研发费用增速仅次于集成电路产业，比上年增长22.7%，研发投入合计536.98亿元；在收入过亿元企业中，数据堂（北京）、航天神舟智慧、地平线机器人、智米科技、海天瑞声等公司研发费用比上年增长超1倍，数据堂（北京）研发投入增速超过4倍。新一代信息技术研发投入总金额最高，达到598.19亿元，比上年增长11.4%；在收入过亿元企业中，蚂蚁云创、万里红科技、中兴高达、忆恒创源及金山云等59家企业研发经费支出均超亿元。新材料产业研发投入降幅稍有扩大，较上年下降28.6%，在收入过亿元企业中，钢研高纳、大禹伟业、鼎材科技、天科合达等12家企业研发费用增幅均超30%。

（黎朝晖　程晓荷）

大健康产业

【概况】 2022年，中关村科学城管委会聚焦创新药物、高端医疗设备、智慧医疗等产业细分领域，梳理医药健康产业图谱，研提产业发展思路。发布医药健康产业发展专项和应用场景项目申报指南。研究中关村综保区全产业链保税模式，梳理拟入区项目清单。百图生科、圆因生物等一批项目落地。致远慧图的眼底照片眼底疾病辅助诊断软件、纳通的个性化膝关节假体等产品进入国家创新器械创新通道；推想的胸部骨折CT图像辅助分诊软件、联影的乳腺数字X射线图像处理软件、慧影医疗的肺结节CT图像辅助检测软件等一批人工智能辅助诊断软件和朗视的耳鼻喉双源锥形束计算机体层摄影设备、柏惠维康的神经外科手术导航定位系统等一批高端医疗设备获批上市。推动百放英库原创新药孵化器、巢生实验室等专业孵化器、医疗机器人CDMO平台、中关村生物医药园、前孵化创新中心、全球健康药物研发中心等公共服务平台建设；支持志道生物与桦冠生物的蛋白质平台和合成生物学平台等建设；加快卫星制造厂存量空间项目改造、上庄国际医谷建设、科实五金细胞与基因平台建设等空间规划。推动智慧医疗、数字医疗等应用场景建设，支持以医疗机器人为代表的智能诊疗设备等多技术赋能医疗行业的创新示范应用，组织术锐、真健康、精准医械等一批企业对接海淀医院、羊坊店医院等，促进智慧医疗场景落地；对接协和医科院、天坛医院、北医三院、301医院等机构，推动医院端科技成果转化；收集双鹭、伟德杰、罗森博特等企业的药械进院需求，与区卫健委、区医保局等机构加强联动，促进医药健康研究成果转化应用。

（程晓荷）

【环状RNA疫苗研发成功】 3月31日，海淀企业圆因（北京）生物科技有限公司（简称圆因）团队在顶级期刊*Cell*在线发表题为*Circular RNA Vaccines against SARS-CoV-2 and Emerging Variants*的研究论文。团队建立体外高效制备高纯度环状RNA技术平台，针对新型冠状病毒及其变异株，设计编码新冠病毒刺突蛋白（Spike）受体结构域（RBD）的环状RNA疫苗。实验证明，该疫苗可以在小鼠和恒河猴体内诱导产生高水平的新冠病毒中和抗体以及特异性T细胞免疫反应，可有效降低新冠病毒感染的恒河猴肺部病毒载量，显著缓解新冠病毒感染引起的肺炎症状。该项研究中，针对奥密克戎变异株的环状RNA疫苗诱导产生的抗体只能够中和奥密克戎变异株，而针对新冠病毒德尔塔变异株的环状RNA疫苗对多种新冠病毒变异株（包括奥密克戎变异株）具有广谱保护力，团队将据此开发新冠病毒及变异株疫苗产品。

（赵媛　卢诚）

【3D微载体细胞规模化智造技术获日内瓦发明金奖】 4月8日，清华大学医学院生物医学工程系教授杜亚楠及转化团队北京华龛生物科技有限公司自主研发的“3D微载体细胞规模化智造技术”亮相2022日内瓦国际发明展（International Exhibition of Inventions of Geneva），斩获日内瓦国际发明展金奖。3D微载体细胞规模化智造技术可为细胞药物研发企业提供定制化扩增工艺整体解决方案，同时在再生医学、类器官与食品科技（细胞培养肉等）领域也具有广泛的应用前景。其核心产品3D TableTrix®微载片（微载体）是一种多孔微球，具有化学、物理性质精准可控的特点，可以根据细胞种类进行细胞微环境的定制化设计。通过特异性裂解技术，能够实现细胞100%收获，是全球创新型、国内首款可用于细胞药物开发的药用辅料级微载体。

（赵媛）

【推想医疗3款软件获批NMPA医疗AI三类证】 5月6日，海淀企业推想医疗科技股份有限公司（简称推想）的胸部骨折CT图像辅助分诊软件正式获批国家药品监督管理局（NMPA）医疗AI三类证。推想医疗胸部骨折CT图像辅助分诊软件适用于成人胸部CT图像的显示、处理和分析，可对胸部骨折进行影像学识别并提供分诊提示，具备MPR、骨VR、肋骨分析、深度学习影像分析、病灶列表以及检查报告等多种功能，可秒级精准完成包括肋骨、肩胛骨、锁骨及胸骨骨折的胸部骨折分诊。7月12日，推想医疗颅内出血CT图像辅助分诊软件获批国家药品监督管理局（NMPA）医疗AI三类证。推想医疗颅内出血CT图像辅助分诊软件可对颅脑CT平扫影像进行显示、处理、测量出血体积，用于对超急性期、急性期颅内出血患者的分诊提示。可将传统诊疗中30分钟的流程压缩到5分钟，为卒中抢救赢得宝贵的时间。12月27日，推想医疗胸部CT图像处理与分析软件获批国家药品监督管理局（NMPA）医疗AI三类证。该产品用于肺部手术规划，是全球首个获批NMPA三类证的癌症手术治疗人工智能应用，也是首个且唯一一个获得NMPA三类证批准的肺部手术规划产品，可为胸外科医师制订肺部手术计划提供参考。

（赵媛）

【海杰亚新一代康博刀获批】 5月30日，海淀企业海杰亚公司研发生产的全新一代康博刀AI Epic系列“复合式冷热消融系统”和Elite系列“一次性使用无菌复合式冷热消融针”分别获得国家药品监督管理局注册审批。新一代的系统按照临床应用导向重新进行系统设计，包括重新设计的临床工作流和直觉式软件界面、工质自动灌注，设备电驱移动，手术室外无线控制等功能；新一代消融针根据临床需求采用系列化设计，提供20种规格型号以适应不同临床需求，最细消融针直径仅1.7毫米，多层结构间隙仅0.1毫米，绝热保持时间从1年提升到2年，刷新海杰亚保持的全球最细液氮消融针纪录。

（赵媛）

【推想肺结核人工智能解决方案入选联合国全球采购名录】 据《海淀报》6月17日报道，海淀民营企业推想医疗科技股份有限公司和联合国项目事务署（UNOPS）签署续约协议，推想肺结核人工智能解决方案作为全球首批人工智能解决方案入选联合国全球医药设备采购名录（GDF），是全球首批次入选且唯一入选的人工智能产品，成为全球各政府主权基金采购、援助基金采购和各个国际组织采购的全球供应商。6套推想肺结核人工智能解决方案通过联合国项目事务署，发送至欧洲东部国家摩尔多瓦，帮助改善该国的肺结核现状。摩尔多瓦是全球肺结核严重情况排名前30的国家。

（钟冷）

【凡知三个核酸检测试剂盒获欧盟CE准入资格】 6月21日，北京凡知医学科技有限公司自主研发的猴痘病毒核酸检测试剂盒、呼吸道病毒多重核酸检测试剂盒和人乳头瘤病毒（14型）DNA检测试剂盒均获得欧盟CE准入资格，可在欧盟国家以及认可欧盟CE认证的国家进行销售（目前该产品未落地海淀）。猴痘是一种烈性人畜共患传染病，凡知科学家团队快速筛选出猴痘病毒的特异性靶基因序列，根据特异靶基因序列设计并合成荧光PCR引物和探针，自主研发猴痘病毒核酸检测试剂盒（PCR荧光探针法）。该试剂盒检测猴痘病毒特异性靶基因，灵敏度高，平台兼容性好，操作简单，适用于猴痘多种检测场景及口岸猴痘病毒的检疫。

（赵媛）

【全球首款病毒采样与核酸提取一体管获备案许可】 6月28日，海淀企业友康生物科技（北京）股份有限公司（简称友康）推出全球首款病毒采样与核酸提取一体管，将核酸的提取时间缩减至4分钟，减少1—2个小时的等待时间。6月28日获海淀区市场监管局医疗器械产品备案。一体管全称“快多纯—病毒采样与核酸提取一体管”，核心技术为友康自主开发的条件高分子材料提取棒，该高分子材料具有多维空间结构，病毒外壳在采样液中被裂解后，提取棒可持续吸附病毒核酸，即可在转运过程中实现核酸提取，在4分钟内完成纯化。

（赵媛　卢诚）

【优迅医学人循环肿瘤DNA多基因突变联合检测试剂盒获CE证书】 6月30日，海淀企业北京优迅医学检验实验室有限公司的人循环肿瘤DNA多基因突变联合检测试剂盒及试剂盒配套生物信息软件获欧盟医疗器械CE证书。人循环肿瘤DNA多基因突变联合检测试剂盒搭载于优迅医学USCISEQ-200测序平台，通过分析患者血液样本中的ctDNA，可一次检测覆盖单核苷酸变异（SNV）、拷贝数变异（CNVs）、插入和缺失（indels）、基因融合（Fusions）等多种变异类型，结合配套分析软件，可为医院、第三方临检机构提供可靠的检测结果，为患者提供全面、精准的靶向治疗解决方案。

（赵媛）

【艺妙神州获CAR-T细胞治疗产品生产许可证】 7月27日，海淀企业北京艺妙神州医药科技有限公司（简称艺妙神州）获批CAR-T细胞治疗产品《药品生产许可证》，成为北京首家获批CAR-T细胞治疗产品《药品生产许可证》的企业。该许可证的获批进一步加速艺妙神州首款自主CAR-T产品IM19 CAR-T细胞注射液的上市申请（NDA）进程，为该药物上市后的商业化生产奠定坚实基础。作为艺妙神州自主开发的首款CAR-T产品，IM19针对弥漫大B细胞淋巴瘤管线产品目前已进入II期临床阶段。针对急性B淋巴细胞白血病和套细胞淋巴瘤管线均已进入I期临床阶段。IM19有望成为国内首个自主研发上市的CD19 CAR-T治疗产品。此外，IM83针对肝癌管线是艺妙神州获批临床的第4个CAR-T细胞药物。该管线也是第一个用于治疗实体肿瘤的CAR-T细胞药物，已开启I期临床试验。

（赵媛）

【动脉瘤CT造影影像辅助检测软件获创新产品奖】 8月15日，海淀企业北京深睿博联科技有限责任公司（简称深睿医疗）的“动脉瘤CT造影影像辅助检测软件”获中国计算机协会2022年度创新产品奖一等奖。“动脉瘤CT造影影像辅助检测软件”是集合颅内血管3D后处理、颅内动脉瘤检出与辅助分析的一站式动脉瘤检出AI解决方案，可对头颅和头颈内CTA影像进行自动三维重建、实现自动去骨、检出与标记颅内动脉瘤，并生成结构化报告。产品已获准进入NMPA创新医疗器械审核通道。

（赵媛）

【志道I类抗肿瘤创新药LTC004临床获批】 9月26日，海淀企业北京志道生物科技有限公司（简称志道生物）自研的I类创新药——LTC004注射液获国家药监局药物临床试验批准，同意该药品开展恶性肿瘤临床试验。LTC004是由志道生物独立开发的新一代抗肿瘤细胞因子I类创新药，临床前研究表明，相对于传统的抗肿瘤细胞因子类药物，LTC004具备更低毒性和更大的给药窗口，解决细胞因子类药物因毒性较大造成临床给药窗口狭窄的问题。LTC004在多种动物模型中展现出优异的肿瘤抑制效果，与PD-1/PD-L1抗体等常规的免疫治疗手段具备协同效应。

（赵媛）

【大健康·大中小企业融通发展平台成立】 9月30日，由北京纳通科技集团有限公司、北京实创科技园开发建设股份有限公司、北京中关村科学城创新发展有限公司、京津冀国家技术创新中心联合发起的大健康·大中小企业融通发展平台成立仪式暨“和·医械企业加速营”开营。大健康·大中小企业融通发展平台通过提供开放性、共享性基础研发条件支撑，以及科技服务、创新创业服务和科技资源共享服务，助力产业链上中小企业、高校科研院所初创项目的快速迭代，形成技术创新的双向流通，打造良性共生的生态体系。

（范凯源）

【小蝇科技获全国首张体外诊断行业AI三类医疗器械注册证】 11月4日，北京小蝇科技有限责任公司（简称小蝇科技）与中国医学科学院北京协和医院联合研发的外周血细胞图像白细胞辅助识别软件，获得国家药品监督管理局（NMPA）审批通过，成为体外诊断行业（IVD）全国首张AI三类医疗器械注册证。该软件外周血细胞形态学检验主要依赖于人工镜检，弥补现有检验手段和人才的不足，提高检验效率和准确率。

（赵媛）

【清华大学—江苏先声药业有限公司创新药物发现联合研究中心成立】 12月23日，清华大学与江苏先声药业有限公司联合宣布，共同建立清华大学—先声药业创新药物发现联合研究中心并签署战略合作协议书。该中心是清华大学首次在生物医药领域与国内头部药企联合开展的校级合作。联合研究中心成立后，清华大学和先声药业双方将在神经疾病、肿瘤、自身免疫等领域开展创新药物发现联合研究工作。中心的发展进一步推动校企学术交流，促进清华大学药学及相关学科建设和人才培养，以及先声药业研发团队的完善和提高，为推动原创性校企合作科技创新、培养兼具产学研视野的高级综合型人才、构筑民族医药健康高质量发展的生态系统提供重要力量。

（程晓荷）

空天产业

【概况】 2022年，中关村科学城管委会围绕产业链梳理重点企业和重点项目清单，对接中国航天科技集团公司第九研究院、中国航天科技集团公司第五研究院、中国航天科工防御技术研究院，推动新增项目和成果转化项目落户。推动空天产业与新一代信息技术等产业融合发展，鼓励银河航天、航天宏图、微纳星空等企业开展低轨通信卫星、SAR遥感卫星等卫星星座组网建设，支持航天驭星、天链测控等企业在全球范围内布局卫星测控站，吸引哈工大卫星、艾可萨等外地明星企业在海淀落地子公司，推动国科天成星谷红外热成像仪项目投产，推动微焓宇航换热项目落地。举办2022中关村论坛系列技术交易活动航空航天领域专场，共有8家企业单位签约，10家企业、创业团队发布新技术新产品。支持北斗星通开拓惯性导航业务板块，支持“云芯”平台项目和新一代高精度定位芯片研发等定增项目。推动海国投中标卫星制造厂改造项目，引入4家高端制造项目，完成定制化改造。推动银河航天、微纳星空等完成转统工作。

（程晓荷）

【低轨宽带通信卫星首次批量生产】 1月21日，中关村科学城重点企业银河航天（北京）科技有限公司研制的6颗低轨宽带通信卫星——银河航天02批卫星从其自主建设的卫星研发产线下线，完成出厂评审，这是中国首次成批量生产低轨宽带通信卫星。银河航天6颗卫星具有国际先进水平，单星设计通信容量超过40Gbps，卫星平均重量约为190千克。多颗低轨宽带通信卫星使用技术难度较高的Q/V等频段，具备大带宽、大容量、窄波束和低成本等优势，成功实现V频段卫星测控，对于中国卫星互联网实现弯道超车具有积极意义。3月5日，在西昌卫星发射中心发射成功。

（韩焱森）

【清华大学新型发动机成功点火】 1月24日11时30分，由清华大学航天航空学院教授王兵团队自主研发的新型发动机——飞行演示试验发动机在预定的高度和速度范围内成功点火，并实现稳定工作。飞行试验任务由“清航·大兴号”两级火箭助推执行，发动机为连续旋转爆震冲压发动机，解决发动机点火、宽当量宽流量调节、自主可控等关键问题，在机理研究、数值计算、结构设计、实验方法等方面都取得重要突破，与基于等压燃烧的传统发动机相比，具有更高的热循环效率、更简单紧凑的结构、更低的氮氧化物排放等优点。

（钟冷）

【微纳星空五星发射成功】 2月27日11时06分，长征八号遥二运载火箭在海南文昌航天发射场将22颗卫星分别送入预定轨道，“一箭22星”发射任务取得圆满成功，创造中国一箭多星发射的最高纪录。卫星主要用于提供商业遥感信息、海洋环境监测、森林防火减灾等服务。其中包括海淀民营企业北京微纳星空科技有限公司研制的泰景三号01星、泰景四号01星、文昌一号01星、文昌一号02星以及西电一号5颗卫星，标志着微纳星空卫星研制迈入商业化交付新阶段。

（韩焱森）

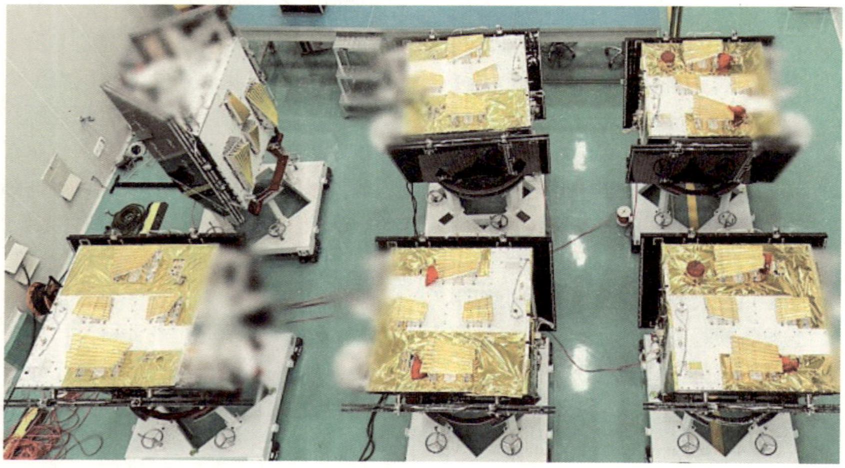

1月21日，银河航天（北京）科技有限公司研制的低轨宽带通信卫星获批量生产

（中关村科学城管委会 供图）

【10项航空航天领域新技术新产品首发】 4月22日，2022中关村论坛系列活动——技术交易新技术新产品首发专场（航空航天领域）在中关村壹号举行。航空航天领域技术交易合作项目和产业园区入驻签约仪式举行，天仪研究院与东方至远、君航电子与航天星泰、北京微焓科技有限公司与中关村e谷、哈工大卫星与中关村壹号等8家企业单位签约，发布10项国内外空天领域新技术新产品，分别是：中国长城工业集团有限公司发布“共享火箭”拼车发射服务，中国科学院力学研究所发布mN级射频离子推力器，北京微动时空科技有限公司发布微小卫星太阳帆板驱动机构（SADA），遨天科技（北京）有限公司发布商业卫星用霍尔电推进产品，北京精航伟泰科技有限公司发布基于模型操作系统的智能无人系统数字孪生虚拟实验室ModelStudio，北京微焓科技有限公司发布商业SAR卫星结构热控一体化技术与产品，长沙天仪空间科技研究院有限公司发布商业SAR卫星遥感与应用，西班牙Orbital EOS发布海上溢油在轨监测系统，北京佳格天地科技有限公司发布“高绘”遥感地物深度学习系统、北京四象爱数科技有限公司发布遥感金融大数据平台。活动采取“线下+线上”直播形式开展，吸引40余万线上观众参与，100余家主流媒体关注报道。

（程晓荷　钟冷）

【“四维高景一号”双星发射成功】 4月29日12时11分，中国航天科技集团所属中国长城工业集团有限公司

（长城公司）使用长征二号丙运载火箭，在酒泉卫星发射中心一箭双星成功将“四维高景一号01星”和“四维高景一号02星”发射升空，卫星顺利进入预定轨道，任务获得圆满成功。“四维高景一号”01、02星将高效服务资源环境监测管理、生态文明建设、应急管理等卫星遥感传统应用行业，同时服务智慧水利、实景三维、城市信息模型、智慧农业、智能交通等新兴市场。

（韩焱森）

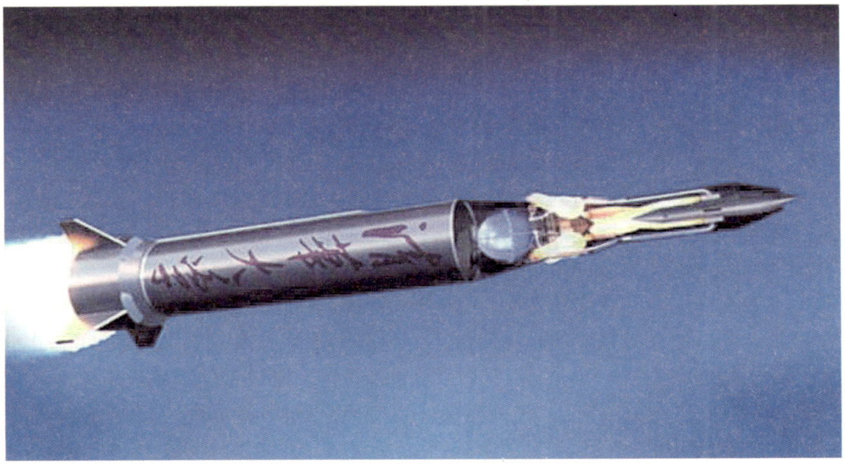

1月24日11点30分，清华大学研发的新型发动机成功点火。图为点火示意图

（清华大学 提供）

新材料产业

【概况】 2022年，中关村科学城管委会保障航材院完成4个拟落地海淀区募投项目的备案和环评手续，关注康美特pre-IPO融资工作、北冶土地产权手续办理工作。鼓励碳基研究院开展产业化尝试，在海淀落地生物传感器、氢气探测器项目和红外探测器项目，生物传感器核酸检测设备对接市疾控中心进行验证；氢气探测器项目对接国际氢能中心及相关企业。支持石墨烯技术研究院申报石墨烯领域国家制造业创新中心，配合市经信局组织征集《北京市重点新材料首批次应用示范指导目录（2022版）》，征集产品26项。引导新材料企业转入规模以上制造业库并加大投产，石墨烯技术研究院、康美特公司已转入，安泰天龙、奥精医疗等企业完成转统纳统。

（陈璐）

【石墨烯技术助力冬奥会】 1月，中国航发航材院研发出第二代石墨烯发热材料。中国航发航材院北京石墨烯技术研究院针对本届冬奥会需求，应用石墨烯发热技术研发出的发热围巾、手套、袜子等多种产品，满足各场馆、各工种工作人员的保暖需求。石墨烯是“碳材料家族”中的一员，是现阶段为止发现的导热系数最高的材料。在通电的情况下，碳分子团之间相互摩擦、碰撞而产生热能，热能又通过远红外线以平面方式均匀地辐射出来，可以很好地被人体接受，产生一种由内而外的温暖。它可以快速升温，帮助工作人员抵抗零下30多摄氏度的严寒。石墨烯技术与5G转播技术成果碰撞融合，研发出石墨烯加热装置改进云转播背包，在云转播背包内设计石墨烯加热层、保温层等，并配合低温电池现场使用，使冬奥会设备可以在低温环境下工作并有效续航。

（陈璐 程晓荷）

【中国钢研完成时速350公里首次表征试验】 7月，中国钢研王海舟院士团队联合中国原子能科学研究院、中国铁道科学研究院集团有限公司金化所、中南大学、马鞍山钢铁股份有限公司等单位，依托中国先进研究堆（CARR）工程应力谱仪，率先在国内搭建全尺寸高铁车轮表征专用台架，首次完成时速350千米复兴号动车组全尺寸国产车轮深部三维应力场无损表征，为下一步在CARR堆及中国散裂中子源继续开展系统化评价积累宝贵实战经验，有望为高铁车轮评价体系提供新判据，助力中国高铁车轮自主创新的安全运行及未来更高速度等级车轮的研发。

（陈璐）

【航空材料通过上交所科创板上市委审核】 11月17日，中国航发北京航空材料研究院所属北京航空材料研究院股份有限公司，首次公开发行股票申请通过上海证券交易所科创板上市委员会审核，后续将向证监会提交注册申请。这是事业单位重组部分产业化资产并改制上市的有益探索，也是中国航发全力打造航空新材料产业上市平台迈出的关键一步。航空材料公司首次公开发行募集资金拟投资航空高性能弹性体材料等项目，用于提升公司的生产能力和科技创新实力，加快科技成果转化，更好地满足中国航空事业发展需要。

（陈璐）

能源环保产业

【概况】 2022年，中关村科学城管委会全面梳理节能、环保、新能源领域的产业链，制定《海淀区推动京津冀燃料电池汽车示范城市群工作相关措施》，以国际氢能中心为平台，梳理氢能全产业链底层技术，涉及可再生能源制氢、储氢运氢、氢供能、氢动力和氢原料等5大方向、16大集成系统、47类核心装备和140项关键技术的氢能产业链。推动氢能产业链构建所需的国际交流、技术研究和装备研发。培育扶持亿华通、氢璞创能、中科富海、思伟特等科技型企业，推动派瑞华氢落地，在氢燃料电池、电堆、低温液氢、电解制氢系统等关键核心技术方面均取得突破，形成较大规模产值。制订海淀区促进氢燃料电池汽车推广应用的实施方案，完成160辆氢燃料电池汽车的示范应用。

推动北京（永丰）加氢站办理氢气经营许可。

（郑雪）

【智慧能源联合实验室揭牌】 4月13日，瑞斯康达科技股份有限公司与华北电力大学新能源实验室联合成立智慧能源联合实验室，落户上地六街28号院瑞斯康达总部。双方将在智慧能源、多能互补、能源数字化等领域合作研发产品、整合方案，实现科研成果的转化与推广。

（郑雪）

【《电力储能项目经济评价导则》发布】 4月20日，由中关村储能产业技术联盟主持编制的团体标准《电力储能项目经济评价导则》批准发布，标准对储能参与不同场景服务收益进行具体分析，包含提高可再生能源消纳收益、减少新能源并网考核收益、调频辅助服务收益、调峰辅助服务收益、黑启动收益、旋转备用收益、用户分时电价管理收益、用户基本电费管理收益、提高用户供电可靠性收益、提高用户电能质量收益、需求响应收益、延缓电网投资收益。

（郑雪）

【"固体氧化物电解池（SOEC）制氢系统样机开发"验收通过】 7月16日，由思伟特承担的清华大学"固体氧化物电解池（SOEC）制氢系统样机开发"通过专家验收。该千瓦级的样机系统每小时产氢量接近一标方，是千瓦级SOEC制氢系统的成功运行和测试。此次系统样机的成功运行，验证SOEC技术的优势和可行性，为SOEC大规模制氢打下坚实的基础，也为电解水制氢提供技术储备与支撑，对于探索减碳的技术路径具有重要意义。

（郑雪）

区块链产业

【概况】 2022年，中关村科学城管委会推进区块链技术示范应用，强化底层技术创新布局。支持微芯研究院持续推动区块链基础理论研究和核心技术攻关，发布长安链2.3.0版本，研发完全支持国密的底层加密通信组件、面向区块链底层的自主可控P2P网络"若水"等技术成果。全球首创基于RISC-V开源指令集的96核区块链芯片架构，完成第一代区块链专用芯片架构设计与MPW流片，实现智能合约大规模并行加速处理。同时开展第二代区块链专用芯片研发，完成RTL代码设计和模块级验证。建设可信基础设施体系。支持微芯研究院牵头建设区块链先进算力实验平台，完成共性基础服务平台架构设计和系统原型设计，初步完成区块链服务网络的系统研发，分布式数字身份、跨链服务、存证服务等子系统已完成主要功能模块的研发，为带动区块链产业生态发展奠定坚实基础。支持腾讯建设区块链商用算力平台，依托长安链自主可控软硬件技术体系，打造绿色节能的碳中和算力平台标杆，为区块链场景应用落地提供算力支撑。围绕合资公司落地、长安链生态联盟发展等进一步深入研究。首个基于长安链技术央企子公司北京商银微芯科技有限公司在海淀注册落地，为200余家重点客户、1万余家上下游企业提供供应链金融服务，贷款余额达300亿元。推动建设国家区块链创新应用综合试点，会同区政务局、医保局等业务部门，梳理政务服务、信用支付、知识产权保护等区块链应用场景，正在加快推进场景建设和应用落地。

（程晓荷）

【国际首个区块链与隐私计算科技创新中心成立】 1月28日，未来区块链与隐私计算高精尖创新中心在海淀揭牌成立。中心为北京市教委批准成立的首个新一期北京高校高精尖创新中心，是国际首个区块链与隐私计算科技创新平台，依托北京航空航天大学、北京微芯区块链与边缘计算研究院设立，多家单位共同建设。中心围绕长安链场景应用重大需求和前沿科技发展趋势，在区块链与隐私计算基础理论、动态自适应区块链系统、多尺度隐私计算算法与开源平台、安全监管等方面开展技术攻关。在组织架构上，中心实行理事会领导下的双主任负责制，推进高校与新型研发机构深度合作。

（钟伶）

【入选国家区块链创新应用综合试点名单】 1月30日，中央网信办发布国家区块链创新应用试点名单，包括15个综合性试点单位，涵盖16个行业的164个特色领域试点单位，海淀区以得分第一名的成绩入选。2018年，海淀区开始区块链技术在政务服务领域应用的探索；2019年推广区块链应用，打造政务服务领域区块链应用示范区；2021年，持续推进区块链、大数据、人工智能等新技术在政务服务领域应用。区政务服务管理局开展区块链政务服务领域深化应用工作，推进"放管服"改革及服务型政府建设。中关村科学城管委会联合区政务局、区医保局、区司法局、区民政局等部门，梳理"区块链+政务服务"、信用支付、知产保护、智慧养老、企业数字化转型等重点场景，加快推进场景建设和应用落地，形成一批可复制、可推广的区块链创新应用案例。截至2022年，全区共有14类国家级数据、24类市级数据、6类区级数据上链应用。市公安局、市税务局、市民政局、市规自委、怀柔区等共计25个单位加入海淀区政务服务区块链联盟，累计实现605个政务服务应用场景落地，平均减少办事人提交材料40%以上。

（钟伶　程晓荷）

【北京微芯智能建造区块链技术联合创新研究院揭牌】 4月20日，中国建筑—北京微芯智能建造区块链技术联合创新研究院（简称研究院）揭牌。该研究院由中国建筑集团、北京微芯区块链与边缘计算研究院共同建设，标志着基于长安链打造智能建造区块链节点，融入长安链协作网络。研究院以技术研究为基础，以应用落地为导向，建立起建筑行业的区块链生态，实现施工设计、施工进度、施工用料、施工人员、施工工时等信息

"留痕"。双方依托联合研究院持续深化建筑业碳达峰、碳中和以及数字化转型等方面合作，在智能建造、建筑区块链技术、行业和企业"双碳"等领域深化务实合作，携手推动建筑行业智能化、高质量发展。

（程晓荷）

【大规模对等网络通信技术Liquid"若水"研发成功】 4月，北京微芯研究院成功研发自主可控大规模对等网络通信技术Liquid"若水"。"若水"突破多连接并发复用、大报文拆包并行传输、消息优先级管理、基于ID的隐私通信等多项技术，高效支持多中心、分布式网络通信，实现百万级节点动态组网、各节点间自主发现、任意节点间对等、安全通信，切断任一节点间的网络连接，不影响整个通信网络的正常运转，提高网络安全性、稳定性。"若水"在政务、金融、贸易、物流等领域成功应用。

（李海松）

【长安链安全体系取得重大突破】 6月，由北京微芯区块链与边缘计算研究院牵头研发的长安链安全体系取得重大突破，实现高性能对抗量子攻击。为应对量子计算对传统区块链加密技术造成的加速破解风险，长安链团队成功研发高性能后量子数字签名算法，嵌入长安链底层架构，使长安链成为全球首个具备抗量子攻击的区块链开源技术。包括量子计算在内的已知技术都无法攻破长安链的加密体系，可更好地保障大国竞争中金融、民生、军事等核心领域的信息安全。标志着中国自主区块链技术在量子密码技术方面走在全球最前列。长安链发布一年来，在政务数据共享、信用税务、司法存证、碳交易、供应链、食品安全等重大领域和关键行业，实现140余个场景应用，支撑国家数字基础设施主链建设；长安链协作网络已在四大洲15个国家布局节点，帮助大批中国企业布局全球业务，高水平参与国际分工。

（程晓荷）

【微芯院与中国民航签署战略合作协议】 7月5日，北京微芯区块链与边缘计算研究院和中国民航信息集团有限公司签署战略合作协议。双方将基于中国首个自主可控区块链技术体系"长安链"，依托"长安链"协作网络，促进全球民航信息与物流、贸易、消费等信息资源的互联互通，助力民航跨境贸易、商旅出行、供应链金融等业务创新，扩展长安链国际生态，建设符合民航发展特点和满足行业需求的区块链基础设施——"民航链"，推动区块链创新技术在民航领域落地实施。

（李海松　程晓荷）

【微芯院与SGS签署战略合作协议】 8月，北京微芯区块链与边缘计算研究院作为长安链的牵头研发单位，和全球顶级认证机构——通标标准技术服务有限公司（SGS）签署战略合作协议。双方将在碳足迹核算与认证领域开展合作，联合打造跨境贸易"认证链"，支持SGS相关碳认证、碳核查数据上链，实现商品的碳足迹核算原始数据可信存证，简化人工交叉核验等审核流程，大幅提升企业获得各国进出口认证的效率。通过本次合作，将使中国出口企业在长安链上存证的碳足迹、碳标签在国际上获得权威认证，简化人工交叉核验等审核流程，大幅提升企业获得进出口认证的效率，帮助中国出口企业避免碳税数据问题带来的贸易竞争力挑战，让钢铁、建材、塑料、汽车等各领域的一大批中国企业加快拓展全球市场。

（李海松）

【全球最大区块链开源存储引擎"泓"问世】 11月15日，北京微芯区块链与边缘计算研究院长安链团队成功研发全球最大区块链存储引擎"泓"（Huge），支撑国家大规模、高安全区块链场景应用。"泓"采用混合式存储架构、数据分片、冷热分离等技术，突破现有区块链大规模数据存储瓶颈，支持拍字节（PB）级数据存储，具备更高效的数据读写、查重、调用、归档、加密等功能，能充分适应5G、人工智能等技术产生的海量数据对区块链存储能力的要求，支撑国家金税四期系统千亿发票可信流转、14亿人分布式数字身份认证等大规模、高安全区块链基础设施建设，为网络强国、数字中国建设提供自主领先的底层技术。

（程晓荷　李海松）

人工智能与机器人

【概况】 2022年，中关村科学城管委会支持智源研究院推进超大规模人工智能模型训练平台建设，发布高精度智能线虫"天宝1.0""九鼎"智算平台、"悟道"大模型落地应用等重大成果。翠湖A1地块通用人工智能创新园规划建筑面积约9.6万平方米，其中1号楼垫层全部完成。优化产业空间布局，智源大厦完成装修改造，入驻智源研究院、奇岱松、奇绩创坛等重点企业和机构。北京通用人工智能研究院入驻未来科技大厦。北京华航唯实机器人科技股份有限公司入选北京市经济和信息化局"2021年度第二批北京市市级企业技术中心新创建名单"，通过"北京市市级企业技术中心"认定。思灵机器人获中国专利外观设计优秀奖。

（郑雪）

【北京智源发布高精度智能线虫"天宝1.0"】 5月31日，北京智源人工智能研究院发布高精度智能线虫"天宝1.0"（MetaWorm）。智能线虫是探索生命智能的典型模式动物，仅约1毫米长，具备感知、觅食、逃逸、交配等各种复杂智能行为，在智能表征能力、三维动态仿真环境、生物功能重现等维度上实现突破。"天宝1.0"以生物秀丽线虫为蓝本，是目前全球生物精度最高的仿真秀丽线虫，完成秀丽线虫全部302个神经元及连接关系的精细建模，对106个感知运动神经元组成的嗅觉和运动神经环路完成高精度建模，构建由具有解剖学意义的96块肌肉控制、3341个力学计算单元构成的秀丽线虫身体，以及适合线虫智能训练的三维流体动态实时仿真环境，其场景尺度达到线虫身长的1300倍，CPU单核条件下单线虫仿真和可视化迭代时间快于0.1秒，支持线虫群体仿真，迈出智能生命关键一步。

（钟冷）

【北京智源发布“九鼎”智算平台】 5月31日，北京智源人工智能研究院发布“九鼎”智算平台。“九鼎”智算平台是专注AI科研的大型云计算服务平台，将围绕通用大模型、AI for Science等方向，提供算力、数据、算法三方面的创新支持。九鼎智算平台正在北京地区扩建1000P算力平台，其中有300P已建成并投用，目标是向上支撑通用智能大模型、AI for Science等未来十年的科研新范式，向下致力于为产学研加速融合、软硬件协同创新、国产AI芯片生态建设提供强大基座。

（钟冷）

【2022北京智源大会】 5月31日至6月2日，2022中关村论坛系列活动——2022北京智源大会在线上举办。大会由北京智源人工智能研究院主办，图灵奖得主领衔的200余位国内外人工智能顶尖专家参会，围绕学术前沿、技术创新与产业应用，举办图神经网络、视觉模型、自然语言处理、强化学习与决策智能等AI基础技术话题，AI与生命健康、AI与生物医药产业、AI平台与系统论坛等产学交叉应用方向，AI开源共享，AI开放研究论坛等26场专题论坛。其间，智源研究院发布高精度智能线虫“天宝1.0”、“九鼎”智算平台、“悟道”大模型落地应用等重大成果。

（程晓荷）

【适创科技完成近亿元A及A+轮融资】 6月1日，由IDG资本、红杉中国领投，亚杰基金、水木清华、方信资本跟投，专注于计算机辅助工程（CAE）及智能工业设计的适创科技宣布完成近亿元A及A+轮融资。融资将用于CAE产品的持续研发和算法升级，加快智能设计等新品的研发和推出，完善“培训+实践+认证+社区”的用户技能培训服务网络，以及SaaS化产品模式下的市场拓展，搭建多层级、多维度的全方位品牌体系。

（郑雪）

【首届人工智能安全大赛】 7月13日，首届人工智能安全大赛启动。大赛是中关村论坛前沿大赛的专题赛，以“共筑AI安全安享智能未来”为主题，由国家工业信息安全发展研究中心、清华大学人工智能研究院、北京瑞莱智慧科技有限公司等单位联合主办。大赛聚焦“人脸识别安全”“自动驾驶安全”“深度伪造安全”三个前沿方向设置赛题，来自国内70多所高等院校、科研院所、企业机构的400余支团队计600余名选手参赛。大赛分为报名及线上初赛、初赛评审、线下决赛及颁奖典礼三个阶段。9月16日，大赛颁奖仪式在中关村展示中心举行，来自清华大学、北京理工大学等单位的9支代表队获奖，其中上海交通大学联合战队“AreYouFake”与北京交通大学战队“BJTU-ADaM”分别摘得深度伪造安全与自动驾驶安全赛道桂冠，北京理工大学战队“DeepDream”与建信金科战队“TianQuan&LianYi”共同列人脸识别赛道第一名。总决赛冠军获得5万元单赛道奖金、总决赛亚军获得2万元单赛道奖金、总决赛季军获得1万元单赛道奖金。大赛期间，国家工业信息安全发展研究中心发布《人工智能算力基础设施安全发展白皮书》。

（钟冷）

【全国首家3C智能制造创新联合体成立】 7月30日，由小米集团牵头的3C智能制造创新联合体启动会在北京小米科技园举行。3C智能制造创新联合体由小米集团联合产业链上下游企业、高校院所等20家创新主体组建，集聚智能制造领域科研、产业、应用优势资源，围绕5G高集成度有源天线关键射频器件实施中关村“强链工程”。创新联合体设立理事会作为领导机构，并设行政、技术双总师，成立专家委员会，聘请中国工程院李培根院士、侯晓院士和李克强院士为名誉顾问，成立专职工作推进组负责日常组织协调，打造智能装备、智能机器人、智能工艺、智能制造系统、体系标准等5个研究中心和1个成果转化中心。

（郑雪）

【小米集团入选“生态圈融通模式”标杆企业】 9月8日，2022全国“专精特新”中小企业发展大会在南京召开，会上发布《大中小企业融通创新典型模式案例集（2022年）》，小米集团作为“生态圈融通模式”标杆企业入选。针对中小企业，小米集团通过投资赋能、技术赋能、全面孵化三种途径，助力生态圈中小企业提质升级、加速成长，培育高品质、高技术、高性价比的智能终端产品。小米集团累计投资超过500家企业，其战略投资企业发展质量和存续时间，均高于国家平均水平。2021年在小米集团投资的企业中，营收超过1亿元的企业达50余家，营收超过10亿元的企业达20余家，超过15家企业上市，成功打造立体赋能、深度耦合的创新生态圈。

（郑雪）

【中关村国际前沿科技创新大赛人工智能领域决赛】 9月13日，2022中关村国际前沿科技创新大赛人工智能领域决赛在中关村展示中心会议中心举办。大赛由中关村科学城管委会、中关村高科技产业促进中心、中关村前沿科技与产业服务联盟主办，城乡安全态势天地感知网、云柚超级调度语音机器人等15个优秀项目共同角逐2022中关村前沿科技人工智能TOP 10。慧安金科（北京）科技有限公司、北京盈迪曼德科技有限公司等10家硬科技企业入围2022中关村前沿科技人工智能TOP 10；慧安金科（北京）科技有限公司、北京盈迪曼德科技有限公司、北京领骏科技有限公司位列前三名，分别获得10万元、5万元、3万元奖金。前两名获得总决赛入场券。

表17　2022中关村前沿科技人工智能TOP10名单

序号	公司（团队）名称
1	慧安金科（北京）科技有限公司
2	北京盈迪曼德科技有限公司
3	北京领骏科技有限公司
4	北京玻色量子科技有限公司
5	北京睿科伦智能科技有限公司
6	北京香依慧语科技有限责任公司
7	北京拓疆者智能科技有限公司
8	北京中关村智连安全科学研究院有限公司
9	北京时代拓灵科技有限公司
10	北京江行科技创新有限公司

（余璐）

【百度发布新一代小度配送机器人】 9月21日，百度公司发布新一代小度配送机器人——D2。D2由百度大脑公司联合小度科技公司推出，以“全新一代智慧酒店机器人”为定位，基于飞桨文心大模型的人机主动交互系统，具备主动多模态交互能力以及对话能力，可实现全程无接触配送。在运动控制系统实现层面，小度配送机器人搭载百度最新自研运动平台，采用激光雷达、视觉传感器和摄像头、超声波传感器相融合的全新定位导航算法，可准确识别障碍物，配合最新的悬挂减震方案，小度配送机器人可以适应90%以上的酒店复杂环境。在人机交互层面，小度配送机器人集成百度飞桨文心对话模型PLATO，中文识别准确率达98%，配合内置的百度知识图谱，可以满足顾客问候、引导住宿、旅游咨询、美食推荐等问询需求；能根据顾客反馈，做出包含表情、动作、丰富话术的多模态交互。

（郑雪）

【百度移动生态大会】 9月23日，2022万象·百度移动生态大会召开。首次对外全面解读百度移动生态战略，发布“创作者AI助理团”和“百度App数字人计划”等AIGC（人工智能自动生成内容）创新。百度移动生态坚持推进“智能搜索+智能推荐”的双引擎驱动模式，坚持“信息+服务”的战略方向。只要用户在百度搜索框中搜索某种服务，百度就能识别出用户的需求，对于一些基础需求，会直接为用户展示“惠生活”入口，直接以小程序的形式为客户提供服务；对于一些复杂需求，百度会向用户推荐可以满足诉求的服务商；对用户的个性化服务需求，百度会提供一对一问答。数据显示，2021年，百度搜索规模比上年增长17%；百度App月活跃用户数比上年增长8%，达6.28亿；“问一问”咨询规模比上年上涨16倍，百度“惠生活”订单量同比提升近1.8倍，商品类订单量提升80%。“百度App数字人计划”将数字人技术与AIGC图文转视频、TTS语音合成技术结合，为媒体及创作者定制真人孪生数字人。创作者输入文本即可生成有数字主持人口播的视频，保证信息播报准确性，具备多国语言口播、情绪识别等人格化功能，实现AI驱动24小时不停播。

（钟冷）

智能网联汽车产业

【概况】 2022年，中关村科学城管委会加快推动智能网联汽车产业发展，梳理完善智能网联汽车产业链图谱，进一步明确产业组织路径和发展思路，推动产业链、创新链、资金链和政策链深度融合发展。稳存量引增量做好智能网联汽车产业招商工作，主动对接优质外部企业，吸引后摩智能在海淀落地布局。推进中关村自动驾驶示范区建设，实现自动驾驶示范区全域330余千米测试道路开放。完善提高环保园自动驾驶应用场景示范区自动驾驶车辆测试及运营管理工作，推动企业积极探讨车云协同、交通治理、便民出行等方案。促进产业协同创新，搭建中关村科学城智能网联汽车产业协同创新平台，举办“软件定义汽车”“车规级测试”“汽车芯片”“开源生态”“信息安全”等系列产业沙龙，推动智能网联汽车软硬件、安全、测试等方面协同发展。举办中关村智能网联汽车前沿技术创新大赛，一径科技、五一视界、轻舟智航、北醒光子、禾多科技等5家海淀企业入围前10，体现海淀智能网联汽车产业的良好发展态势和创新引领优势。

（程晓荷）

【“智车智驾，智向未来”产业沙龙】 6月29日，由中关村科学城管委会指导、中关村智能网联汽车协同创新平台主办的“智车智驾，智向未来”产业沙龙举行。沙龙主题为“智能汽车与自动驾驶中的安全”，来自智能制造、运营商、法律、互联网等行业的近2000位专家在线参与并进行深度讨论。中国信通院安全所、ICMA智联出行研究院及多家企事业单位的行业专家，分别就车联网安全融通发展的形势与挑战、数据安全与法规热点问题研究，以及自动驾驶中的安全实践等相关主题进行分享。

（程晓荷）

【《海淀区推动京津冀燃料电池汽车示范城市群工作相关措施》实施】 8月12日，区政府审议通过《海淀区推动京津冀燃料电池汽车示范城市群工作相关措施》，以京津冀燃料电池汽车示范城市群建设为牵引，通过“揭榜挂帅”、车辆推广和车辆运营补贴等方式，利用区内优势创新力量完善燃料电池的核心产品和技术链，培育氢能行业的“专精特新”企业，打造绿色氢能应用场景，推动氢能产业高质量发展。

（程晓荷　付民庆）

【2022中关村国际前沿科技创新大赛智能网联汽车领域决赛】 9月14日，2022中关村国际前沿科技创新大赛“中关村银行杯”智能网联汽车领域决赛在中关村展示中心会议中心举办。大赛由中关村科学城管委会、中关村高科技产业促进中心、中关村前沿科技与产业服务联盟主办，北京实创科技园开发建设股份有限公司、北京翠湖智能网联科技发展有限公司、TIE国际创新走廊承办。经初赛选拔，共有15个优质企业和团队进入决赛。经过公开路演，北京宏景智驾科技有限公司、南京芯驰半导体科技有限公司等10家硬科技企业入围“中关村前沿科技智能网联汽车领域TOP 10”。前三名企业分别获得10万元、5万元、3万元奖金。

（李海松　程晓荷）

表18　智能网联汽车领域TOP10榜单

序号	企业（团队）名称
1	北京宏景智驾科技有限公司
2	南京芯驰半导体科技有限公司
3	北京一径科技有限公司
4	北京五一视界数字孪生科技股份有限公司
5	新石器慧通（北京）科技有限公司
6	北京智行者科技有限公司
7	北京轻舟智航智能技术有限公司
8	北醒（北京）光子科技有限公司
9	北京斯年智驾科技有限公司
10	禾多科技（北京）有限公司

【自动驾驶车辆测试道路开放】 10月9日，北京市公安局公安交通管理局、北京市交通委员会、北京市经济和信息化局联合发布《关于指定海淀区自动驾驶车辆测试道路的通告》，指定海淀区97条道路作为自动驾驶车辆测试道路。中关村自动驾驶创新示范区开放测试道路331.2千米，基本实现100平方千米范围的示范区全域开放，示范区范围、测试道路里程均居国内前列。

（程晓荷）

10月9日，中关村自动驾驶创新示范区开放97条道路作为自动驾驶车辆测试道路示意图
（中关村科学城管委会 供图）

集成电路产业

【概况】 2022年，中关村科学城管委会整合空间、人才、资本、场景等资源，培育兆易创新、北京君正、龙芯中科等一批龙头企业。支持企业聚焦集成电路关键环节、“卡脖子”技术，提升自主创新能力，打造高附加值生态链。通过综合统筹产业专项资金，围绕集成电路设计企业流片及掩膜版制作、研发投入、芯片企业与整机企业联动、共性技术和产业服务平台建设、产业集聚等全链条，支持兆易创新、智芯微、圣邦微、昂瑞微等集成电路设计企业持续发展。深化产业平台建设，加强前瞻技术布局和产业生态构建。支持北京元芯碳基集成电路研究院开展碳基集成电路技术研发及成果转化，在90纳米技术节点关键工艺、碳基高频射频技术、碳基高性能数字芯片等方面争取技术突破。加强产业协同创新，支持企业共建北京市工业芯片创新中心，推动电网、轨道交通等关键领域国产芯片研发应用，推进低功耗主控芯片研制和检测平台搭建。深化产业空间布局，支持建设中关村集成电路设计园，搭建涵盖EDA、IP、检验检测等在内的芯创技术服务平台，持续完善服务、优化环境，形成集成电路设计产业集聚。

（程晓荷）

【第一代MUSA系统架构GPU芯片产品发布】 3月30日，摩尔线程智能科技（北京）有限责任公司（简称摩尔线程）举行春季发布会，发布第一代MUSA（Moore Threads Unified System Architecture）系统架构GPU芯片产品——苏提。MUSA是摩尔线程产品系列采用的统一系统架构，包括统一的编程模型、软件运行库、驱动程序框架、指令集架构和芯片架构。苏提内置现代图形渲染引擎、智能多媒体引擎、AI计算加速引擎、物理仿真及科学计算四大引擎，充分满足数字经济云边端多元算力需求。同时发布面向PC和工作站的桌面级显卡MTT S60和专为数据中心打造的图形渲染和计算卡MTT S2000、GPU物理引擎AlphaCore、DIGITALME数字人解决方案、助力数字经济发展的多个元计算应用解决方案等多款新品。

（李海松　林琳）

【第六届“芯动北京”中关村IC产业论坛】 8月19日，2022中关村论坛系列活动——第六届“芯动北京”中关村IC产业论坛以线上云会议方式举办。论坛以“开源、开放，共生、共荣”为主题，包括开幕式、高峰论坛、路演等环节，邀请中国工程院院士倪光南、RISC-V国际基金会软件委员会主席Philipp Tomsich、北京市经济和信息化局副局长顾瑾栩、中国科学院计算技术研究所副所长包云岗等出席，探讨芯片开源、RISC-V（基于精简指令集原则的开源指令集架构）技术与生态发展，助力RISC-V社区和中国的芯片产业实现共同发展。7家精选路演项目负责人以及24家投资机构现场参加“IC PARK芯创之星”项目路演。论坛上，IC PARK（中关村集成电路设计园）共性技术服务中心揭牌成立。

（程晓荷）

【IC PARK共性技术服务中心揭牌】 8月19日，在第六届“芯动北京”中关村IC产业论坛上，IC PARK（中关村集成电路设计园）共性技术服务中心揭牌成立。IC PARK共性技术服务中心是由中关村集成电路设计园联合高校院所、行业企业、第三方检验认证机构等发起成立，下设集成电路测

3月30日，摩尔线程发布第一代MUSA系统架构GPU芯片产品——苏提
（林琳　供图）

8月24日，第二届RISC-V中国峰会首届北京开源芯片生态产业论坛举办
（中关村科学城管委会　供图）

试联合实验室、工业芯片质量检测认证联合实验室等七大实验室，涵盖芯片产业化各阶段服务能力，旨在为集成电路企业提供全周期、全过程的“一站式”技术服务，解决泛IC领域广大企业的共性技术需求，帮助企业降低研发成本。中心发起创新生态金融支持战略合作伙伴计划，与北京农商银行海淀新区支行、北京科技创新投资管理有限公司、北京中关村科技创业金融服务集团有限公司、国信证券股份有限公司北京分公司、北京中关村科技融资担保有限公司、北京中创聚源投资管理有限公司6家不同领域投融资服务机构签订IC PARK创新生态金融支持战略合作伙伴计划。

（程晓荷）

【首届北京开源芯片生态产业论坛】 8月24日，第二届RISC-V中国峰会北京会场系列活动——首届北京开源芯片生态产业论坛以线上线下方式在中关村国家自主创新示范区展示中心举办。论坛由市科委、中关村管委会，区政府等指导，北京开源芯片研究院、中国开放指令生态（RISC-V）联盟、北京中关村创业大街科技服务有限公司共同主办，为2022中关村创新创业季重点活动，相关政府部门领导、开源芯片领域的行业专家学者、企业代表、新闻媒体等100余人出席线下会议，政产学研用各界代表以线上形式参加会议。论坛设置开幕式、论坛、圆桌对话环节。在开幕式上，举行第三代香山（昆明

湖架构）高性能开源RISC-V处理器核联合研发启动仪式、“天箭芯片验证平台”的源代码捐赠仪式、共建RISC-V产业创新中心签约仪式、“芯人才”处理器人才培养计划发布等活动。论坛环节，北京开源芯片研究院首席科学家包云岗、阿里平头哥副总裁孟建熠、英特尔中国研究院院长宋继强、算能科技首席科学家杨柳西、腾讯蓬莱实验室总监高剑林、奕斯伟计算高级副总裁何宁、微核芯总经理郇丹丹发表精彩主题演讲。圆桌对话环节，举办第三期“香山论芯”主题活动，嘉宾围绕构建开源芯片创新联合体、RISC-V在云和端领域的应用前景、RISC-V软硬件基础设施平台建设、RISC-V开源生态体系建设方面进行交流讨论。

（李海松　林琳　钟冷）

超高清视频产业

【概况】 2022年，中关村科学城管委会组织开展科技冬奥8K超高清示范应用活动，在当代商城、展示中心、区政府、首都体育馆、五棵松体育中心和10个社区分别部署8K LED大屏和8K电视机，完成8K开闭幕式和重要赛事的8K转播，累计组织近2000名观众观看。推动超高清协同中心联合联想等行业领军企业开展超高清内容制作基地规划。推动重点项目落地，签约寰宇信任（北京）技术有限公司，开展超高清视频数字版权保护研究。

（郑雪）

【北京冬奥高铁5G超高清演播室上线】 1月6日，北京冬奥列车暨高铁5G超高清演播室在京张高铁清河站上线。在首发冬奥列车上，高铁5G超高清演播室正式运行，这是全球首次在350千米时速的高铁列车上，依托5G技术打造超高清直播演播室，实现超高清信号的长时间稳定传输。这是海淀区重点工业企业数码视讯视频技术服务平台公司的产品，公司拥有自主研发的AVS系列超高清视频算法库，持续基于相关技术进行超高清核心产品迭代，支持国内所有上星超高清频道的建设和开播工作。

（郑雪）

【全球首创8K技术直播体育赛事】 2月4日，北京冬奥会开幕。海淀区在当代商城、中关村国家自主创新示范区展示中心会议中心和10个社区部署的8K户外大屏、8K室内大屏和8K电视机，通过8K超高清直播2022北京冬奥会开幕式，实现全球首次规模化使用8K技术直播体育赛事活动，也是奥运会历史上首次使用8K技术进行开幕式直播。

（郑雪）

【数码视讯参与首批“百城千屏”技术标准制定】 2月16日，由中央广播电视总台超高清视音频制播呈现国家重点实验室牵头、世界超高清视频产业联盟（UWA）制定的首批《“百城千屏”超高清视音频传播系统技术标准》正式对外发布。数码视讯作为该项标准的主要参编单位之一，为标准的制定献策献力。该标准率先应用于中央广播电视总台的“百城千屏”推广活动中，在全国35个城市100多块超高清大屏采用总台CCTV-8K超高清频道信号同步播出。

（郑雪）

2月4日，全球首次使用8K技术进行冬奥会开幕式直播

（中关村科学城管委会 供图）

【利亚德三款产品获德国红点设计大奖】 3月22日，海淀企业利亚德集团发布，其TX-Micro系列LED显示屏、TVS系列小间距LED、HKS LED显示屏三款产品同时斩获素有设计界“奥斯卡”之称的2022年德国红点设计大奖。TX-Micro系列采用利亚德独创的调节机构，仅通过一个六角扳手，调节相邻的两个箱体之间出现高度差及缝隙，提高LED显示屏的显示质量。TVS小间距LED产品采用全压铸铝箱体，将天地六合的哲学思想通过层叠线条拼接呈现，手势的抽象线条环抱“利亚德LOGO”形成天使之眼，手与手环环相扣寓意诚信共赢的理念和卓越的品质。HKS LED显示屏经多次拼装后可形成完整几何图案，极具韵律美，每个单元都有一个相对独立的视觉中心，即三角形中心，整个产品呈放射状，传达单元之间的联系感。

（郑雪）

【国内首个全自主知识产权8K讯道摄像机系统样机通过测试】 6月28日，超高清视频（北京）制作技术协同中心/北京中联合超高清协同技术中心有限公司完成卓曜（北京）科技有限公司研制的国内首个全自主知识产权8K讯道摄像机系统样机的系统架构和核心功能验证测试。测试证明卓曜科技研发代号为“Vessel”的国产8K讯道机系统能够满足完整的广播级直播讯道摄像机业务流程。全画幅高画质8K成像、8K基带无压缩信号远程传输、集成供电与摄像机控制、节目返送、专业通话、TALLY提示等主要核心功能，均已达到广播级直播/转播应用基本技术要求。该系统是目前全球最轻量化、最小型化的8K讯道摄像机系统，代表着具有完整自主知识产权的国产8K讯道摄像机系统首次获得重大突破。

（郑雪）

专业园区建设

概述

2022年，中关村科学城管委会聚焦大信息、大健康等核心产业，进一步完善产业空间格局，将中关村科学城范围拓展至海淀全域，形成“一轴一带两区”的总体布局。落实海淀区“1+3”[①]高精尖产业空间政策，实行“先定项目后供土地”，确保土地、空间与科技、产业精准匹配，实施产业用地准入、退出的全生命周期管理。通过追溯前期已出让产业空间项目，完善履约监管协议条款，与司法部门沟通对接法拍项目增加告知条款，统筹产业空间资源。在中关村科学城北区，重点提升北清路的战略腹地轴线功能，叠加“两区”建设优势，推动高端创新要素集聚，构建高精尖产业聚集区。在中关村科学城南区，打造中关村大街创新主轴，加快城市功能重组与空间整合，构建高端创新要素聚集区、国际化创新企业总部集聚区。形成中知学组团、西三旗组团、四季青组团、金科新区组团、永丰组团、上地软件园组团、东升组团、翠湖组团、大学科技园即“8+1”组团。

（侯硕　何欢）

产业空间供给

【产业空间资源】 年内，全区实现增量和存量产业空间资源台账动态更新。新增空间资源台账共计30宗产业用地，建筑规模约175万平方米；社会产业空间资源台账共计18宗，地上建筑规模约353.9万平方米。存量产业空间梳理，其中商务办公楼宇共计737个楼宇（项目），建筑规模约3272.22万平方米；乡镇集体产业空间共计162个项目，建筑规模约336万平方米；重点产业园区共45个，楼宇771座，建筑规模约771.7万平方米。优化产业空间布局，推动上地元中心、金隅科技园等项目建设，释放产业空间103万平方米。

（任彬容）

【中关村大街沿线改造提升项目】 年内，中关村科学城管委会推进中关村南大街东侧数码大厦到魏公村地铁站900米景观改造提升，并对公众开放，改造内容主要包括园林绿化、城市家具、地面铺装、市政设施、夜景照明及慢行系统等。中关村南大街西侧民族大学至神舟大厦段600米公共空间基本完成改造提升工作，建设范围包括建筑后退红线空间、市政绿地及市政辅路、人行步道等。中国农业科学院国际交流中心项目部分楼宇竣工。百花鞋厂研发办公项目施工至地上9层，主要建设为新一代信息技术和科技金融、智力密集型服务业等产业的综合科技办公园区。丽金智地中心已竣工，定位为北京高品质国际超甲级写字楼，注册LEED绿色建筑金级认证、WELL健康建筑金级认证，目标客户主要是TMT科技创新企业、科技金融企业总部和为科技企业提供服务的专业服务企业。

（张丛）

【产业空间签约项目】 1月，区政府与腾讯科技（北京）有限公司、北京齐顺启扬科技有限公司签署《海淀区高精尖产业用地履约监管协议书》，同意腾讯科技（北京）有限公司在永丰产业基地（新）L地块HDOO–0402–0176号地块建设区块链算力平台项目。9月，中关村科学城管委会与伟仕佳杰控股有限公司（北京伟仕佳杰云创科技有限公司）签署《海淀区高精尖产业项目履约监管协议书》，同意伟仕佳杰公司在中关村软件园10号楼建设总部项目；与北京四季兴海网络信息技术有限公司签署《海淀区高精尖产业项目履约监管协议书》，同意其受让东冉北街9号院北京现代物流商业中心项目。10月，与北京京香伟业房地产开发公司签署《海淀区高精尖产业项目履约监管协议书》，同意其受让闵庄路辅路瀚河园180号项目。12月，与北京市海淀区机关事务管理服务中心签署《海淀区高精尖产业项目履约监管协议书》，同意其受让东北旺南路29号院蓝海4#楼，建设政务办公中心。

（任彬容）

【龙徽1910文化创意产业园开园】 7月29日，龙徽1910文化创意产业园

7月29日，龙徽1910文化创意产业园开园　（陈芳　摄）

① “1+3”：北京市海淀区人民政府《关于构建高精尖经济结构产业空间资源管理和利用的实施意见（试行）》（海行规发〔2019〕4号）及其三个实施细则。

完成改造升级，正式开园。作为北京市首批保护利用老旧厂房拓展文化空间项目，园区以“一个街区、两个中心”为规划定位，以“园区、街区、社区”三区融合为核心理念进行全方位升级改造，着力打造文化与科技融合示范街区、国际葡萄酒文化传播中心和科技商务交往交流中心。龙徽1910文化创意产业园前身为北京龙徽葡萄酒厂，发源于1910年，原厂区建筑多修建于20世纪50至80年代。2018年，在持续疏解非首都核心功能背景下，龙徽葡萄酒厂将劳动密集型的生产环节迁移，与海国投合作，探索市、区两级国企合作开展城市更新项目新模式。更新改造坚持还原老旧厂区红砖绿瓦的时代风格，采用锈板、铁艺、玻璃、暖钢、陶瓷等现代设计元素打造“源于1910”“从马尾沟到玉泉路”“国宴上的中国红”“前进中的百年龙徽”“跨进新时代”等景观主题节点。龙徽1910文化创意产业园重点定位与市民美好生活息息相关的“消费型”产业，着力发展数字文化、公共艺术、创意商业三大重点产业，吸引50多家企业入驻，其中数字文化类企业约占1/3。

（钟冷）

主要园区简介

【中关村软件园】 年内，中关村软件园企业总数789家，比上年增加44家；拥有上市企业72家，比上年增加2家；拥有收入过亿元企业93家，比上年增加3家；拥有国家规划布局重点软件企业27家、中国互联网百强企业7家、独角兽企业7家。新增企业从业人员0.3万人，累计9.68万人。拥有高端人才142人，比上年增加2人，其中院士10人、享受国务院特殊津贴人员16人、“科技北京领军人才”13人、“长江学者”14人、“海聚工程”人才23人、“高聚工程”人才14人、中关村高端领军人才15人等。园区企业总收入4759.3亿元，比上年增长10.8%；拥有知识产权110912件，比上年增加23473件，其中授权专利56001件、注册商标33637件、软件著作权21274件。企业投入研发经费613.4亿元，比上年增长20%，研发投入占企业总收入的12.9%；完成科技成果转化588项，比上年增加44项。3月31日，与全球知名中文IT技术交流平台（CSDN）签约，共建国际化开源创新社区。培育和落地一批开源技术及相关领域创新项目，支撑“科创中国”开源试点建设，促进开源生态优化发展。举办2022中关村融通创新高峰论坛和线上“科技向北”系列活动。4月，中关村软件园入选北京市第一批海外知识产权维权服务联络站名单。11月，中关村软件园云计算数据中心入选国家金融业数据中心基础设施等级认证首批机构；中关村软件园孵化器基地被授予2022年度“国家小型微型企业创业创新示范基地”称号。

（张蕾）

【中关村壹号】 年内，中关村壹号新增15家硬科技企业入驻，入驻企业达150余家，园区入驻率达95%，产业精准度达85%，主要聚焦在人工智能、商业航天、金融科技等硬科技领域。园区上市企业约占7%，独角兽企业占比10%，高新技术企业占比超70%，“专精特新”企业占比约20%。人工智能代表企业占比超过50%，主要有小马智行、滴滴自动驾驶、网易有道、爱笔智能、声智科技等标杆企业，基本涵盖AI大数据、算法、计算机视觉、语言语义以及AI应用等领域。商业航天企业占比近40%，主要有微纳星空、国科天成、速度中国、未来宇航、中科星图等企业，产业链涵盖卫星制造、北斗导航、航天测运控等领域。园区企业知识产权数量近万件，总产值达220余亿元，企业研发投入占收入总额的1/2以上。中关村壹号——世界数字友好园区、自贸区科技创新片区海淀组团科创金融会客厅中关村壹号分站揭牌。运营团队全力打造全链条“一站式”硬科技加速平台，提供人才、技术服务、金融、市场、圈层、社群服务783次，拓展外部合作伙伴89家，签约15家。触达企业93家，触达率达95%。举办高端产业活动24场，国际家交流活动2场，完成跨境平台企业流程服务30余次，完成政府推荐虚拟入驻企业办理20家，协助企业成功融资近5000万元。为园区企业减免房租4000多万元。开展社群活动100场，行政沙龙活动4场。办理工商注册104家，企业服务覆盖率100%，满意度达98%。接待各类政商团体300余个，完成接待446场次，累计接待参观人数达1万余人次。举办10余场大型活动。中关村壹号入选“全球首发中心”，成功入选数字经济“网红”打卡地推荐点位；入围北京高品质科技园区建设首批10个项目；获年度智慧园区金地标奖。

（张佩佩）

中关村壹号园区（中关村壹号 供图）

【中关村环保科技示范园】 年内，北京实创环保发展有限公司（简称实创环保公司）推动中关村环保科技示范园区3-3-263项目A2楼酒店项目实施，完成环保园加速器核心区域产业空间商业配套备案工作，启动酒店项目设计工作。与北京实创科技服务有限责任公司共同推进龙芯产业园项目I07-2地块用地供地，调整纳入2023年供地计划。统筹推进园区市政建设和道路绿化移交工作，环保园三街、四街、六路、八路、十路等5条路完成全部工程量的40%。园区15条路共计11.2千米的市政道路绿化及代征绿地移交给区园林局。验收京密引水渠北侧规划路场地清理及环境治理工程及3-3-302地块、3-3-308地块、3-3-338地块街边景观带工程；建成南侧临时停车场及室外足球场并投入使用。与国家电网合作，构建"园区+能源"全景时空智能研判模型，探索园区数据智慧化工作，采用三维数字孪生高精尖建模技术，实现园区全景可观，智慧园区建设初见成效。围绕园区重点商业配套，修缮外摆、彩绘路障及步道等，提升园区环境形象。推出城市服务公众号"齐物邻里"，建成不同种类功能社群33个，吸引园区8000人次加入。开展多品类活动30余场，持续吸纳多元资源，实现供需精准对接；与相关委办局和镇域政府在城市功能完善、商业业态引进升级等方面展开合作。落实市国资委《关于减免服务业小微企业和个体工商户房屋租金有关事项通知》的要求，共减免租金1338万元。其中配套空间减免面积约为1.91万平方米，减租金额651万元，惠及服务业小微企业及个体工商户共计33家；科技空间减免面积约为1.21万平方米，减租金额687万元，惠及服务业小微企业共计22家。

（苗丽）

服务体系

【概况】 2022年，中关村科学城管委会瞄准央企战略布局和科技前沿企业，发掘优质项目资源，加快推动项目落地，培育优质企业。在搭建企业综合服务平台、市级服务包事项、企业迁转挽留、服务企业助推发展等方面取得成果。在推动"双创"政策落地、促进创业带动就业、构建"双创"发展生态、打造"双创"升级版等方面成效明显，连续第6年被国务院点名表扬。重点推动"两区"建设重大项目引进和落地，累计对接华拓集团、国家能源集团物资公司等50余个在谈项目；苹果广告公司落地，普联技术华北总部完成工商注册。中船资产、融通资源、融通财务、中车系、国电投等10余家央企子公司落地，注册资金近200亿元。入库项目合计721个，其中促签约项目94个、促投产项目50个、投产项目100个、促服务项目477个。推进4批"两区"建设重大项目签约仪式，累计54个项目落地。支持字节跳动、小米、快手、腾讯、航天医科等33家企业的项目15个，拨付支持资金12.83亿元。"两区"招商新增666个项目，超额率283%；

表19　2022年度主要专业园区一览表

序号	园区名称	序号	园区名称	序号	园区名称
1	中国农业大学国家大学科技园	14	中关村生物医药园	27	玉渊潭定慧文化科技融合产业园
2	北京化工大学国家大学科技园	15	中关村软件园	28	中关村玉渊潭互联网文化创意产业园
3	中国人民大学文化科技园	16	中关村集成电路设计园	29	中关村创客小镇
4	中国矿业大学（北京）国家大学科技园	17	中关村航天科技创新园	30	中关村768创意产业园
5	北京林业大学国家大学科技园	18	中关村航空科技园	31	京城尚德智造科技园
6	北京交通大学科技园	19	中关村东升科技园（北领地）	32	金隅·智造工场
7	中关村国防科技园	20	中关村东升国际科学园	33	健康智谷大健康产业园
8	清华科技园	21	中关村智造大街	34	中关村壹号
9	北航科技园	22	奥北科技园	35	下一代互联网及重大应用技术创新园
10	北大科技园	23	四季慧谷网安园	36	中关村环保科技示范园
11	北师大教育科技产业园	24	中关村科学城四季科创中心	37	中关村创新园
12	中关村信息服务创新园	25	益园文化创意产业基地	38	中关村翠湖科技园——云中心
13	中关村数字电视产业园	26	龙徽1910文化创意产业园	39	北京中关村永丰高新技术产业基地

新增预计投资额1036亿元，超额率105%。支持初创企业发展，加快促进科技型企业的新技术、新产业、新业态快速增长。挖掘科技园区、孵化加速平台、公共服务平台、大中小企业融通平台的创新孵化资源，强化对在孵企业的培育能力。

以创建社会信用体系建设示范区为抓手，持续推进社会信用体系建设工作，全面提升区域政务诚信、商务诚信、社会诚信、司法公信等四大领域信用环境。归集共享59个区属行政部门行政许可、行政处罚信息共计1.53万条，信用承诺1.8万条，完成信用中国信用修复1458条。推动国家诚信万里行宣传工作，开展诚信进社区、进企业、进园区、进商圈、进校园等五进活动。信用海淀网站向市级信用平台推送“双公示”信息18973条，归集履约践诺和主动承诺信息421568份，归集“五类信用信息”19份，推送红、黑名单信息18661条，推送信用新闻信息1569条。中关村科学城被命名为“全国和谐劳动关系创建示范工业园区”，4家企业被命名为“全国和谐劳动关系创建示范企业”。

（程晓荷）

【创新型中小企业认定】 年内，中关村科学城管委会组织开展三批次创新型中小企业征集及评审工作。经审核，651家企业获批，向社会予以公布。认定的651家创新型企业涵盖新一代信息技术领域、高端装备领域、新材料领域、新能源领域、节能环保领域、生物医药领域。

（程晓荷）

【“诚信建设万里行”暨2022年度核心区企业信用管理系列讲座】 年内，中关村科学城管委会主办3次“诚信建设万里行”暨2022年度核心区企业信用管理系列讲座。3月31日，“诚信建设万里行”暨2022年度核心区企业信用管理系列讲座开幕。系列讲座第一讲以视频的形式召开，对北京市和海淀区的信用政策制度、信用承诺、信用公示与修复及国家税务信用等级评定标准和金税四期系统对企业监管中影响信用等级评定的内容等信用知识进行解读与介绍。中关村国际孵化园、北京人大文化科技园、中关村软件园、盈创动力科技园、鼎新至诚集中办公区、创富港集中办公区等43家孵化器、集中办公区、产业园以及近百家运营单位、企业参与。6月14日、11月28日分别以视频形式向核心区企业宣讲北京市和海淀区的信用政策制度、信用承诺、信用公示与修复等信用知识；以推动行业诚信自律、企业自主亮信为主，向参会企业宣讲信用建档和信用修复等相关知识，引导企业自证信用，自觉守法守信，增进社会互信，减少增信成本，提高参与企业知信、守信、用信意识。

（王泽）

【2022年“诚润文明 信美海淀”诚信主题宣传系列活动】 年内，由中关村科学城管委会统筹海淀区社会信用体系建设宣传工作，按照《2022年海淀区“诚润文明 信美海淀”主题宣传活动方案》指导要求各单位宣传诚信海淀。其中，区文明办组织成立“诚信之星宣讲团”深入学校、社区、企业开展诚信宣讲。区教工委在海淀教育网设置“诚信讲堂”专题宣传网页，分为“专家讲座”和“诚信演讲”两个板块，为学校开展诚信教育提供教育资源，特别宣传各学校开展诚信教育的经验和做法。区市场监管局开展“诚信承诺经营，提振消费信心”3·15国际消费者权益日主题活动。区消协制作《识别消费“刺客”，提振消费信心》宣传折页，全方位展示消费者权益保护领域的措施。区金融办牵头，区发改委、公安海淀分局等单位配合开展涉金融领域失信专项治理工作，组织开展多场次金融安全宣教活动，通过吊注销、约谈整改等多种手段，在账的8家涉嫌非法集资高风险企业全部清零。由区市场监督管理局牵头，区商务局、区卫健委等单位配合开展防疫物资产品质量和市场秩序等诚信缺失突出问题专项治理工作，针对新增防疫物资产品范围经营企业、新注册产品以及信息提示风险较高产品加强抽检力度，重点加大对采样器、病毒采样管、核酸提取试剂等疫情防控第一类产品生产企业监管，保证疫情防控用医疗器械和有关药品质量、物价平稳、供应充足。由区生态环境局牵头开展生态环境保护失信专项治理工作，落实正面清单制度，实施差异化执法监管，坚持“问题、时间、区位、对象、措施”5个精准，开展52个专项执法行动，查处固定源违法118起、移动源违法393辆（台）。由区委网信办牵头，海淀区人民法院、公安海淀分局等配合单位开展互联网信息服务领域失信问题专项治理工作，加强7×24小时“机器+人工”全网监测，有效调控处理重大舆情事件83件。协助区文明办开展诚信典型选树行动，协助组织开展2022年“海淀区诚信典型选树活动”，最终确定诚信典型112个，推荐“北京市共铸诚信企业”30家，其中4家荣获“北京市诚信品牌企业”。区税务局在纳税人信用等级发布当月，集中开展宣传讲座，组织召开系列纳税信用评价培训。区统计局完成2022年度统计诚信示范企业认定工作，共认定出统计诚信示范单位16家。全年推动全区各单位、各街镇组织开展“诚信知识”进社区、进商圈、进园区主题宣传活动，共计对外发布活动新闻798篇，以信用监管为重点，深入开展质量提升行动，营造全区企业“知信、守信、享信”良好氛围。

（叶骥聪）

【“集群注册”平台联席会】 1月24日，中关村科学城管委会主持召开2022年第一次“集群注册”平台联席会。中关村科学城、区发改委、区市场监管局、区税务局、区委网信办、区财政局、区人力资源社会保障局等联席会部门负责人参会。会议讨论并原则性通过修订“集群注册”平台工作机制。申请集群注册运营主体应为国有或集体所有制企业、事业单位，开办场地应为国有或集体产权，集群注册平台无须实际面积即可为企业提供2年免费的注册地址，修订后允许互联网平台主播以集群注册方式落地。相比集中办公区，集群注册具有工位免费、国有（集体）运营方主导、无实际注册面积等特点。决定增加区委网信办、区财政局为集群注册联席会成员单位。

（范凯源）

【“专精特新”中小企业专题线上培训会】 2月24日，中关村科学城管委会与北京中关村外商投资企业协会举办申报2022年北京市“专精特新”中小企业专题线上培训会，邀请北京市中小企业公共服务平台相关负责人，就北京市“专精特新”中小企业认定政策进行解读。海淀区中小企业以及创业孵化机构、社会组织等科技服务机构200余人参加。

（吴茜）

【第一届“专精特新”技术创新大会】 7月29日，市发展改革委，市科委、中关村管委会，中关村科学城管委会指导，中关村智友研究院主办，中关村科学城公司、中关村创业大街、智源研究院、雅瑞资本与华兴Alpha参与协办第一届“专精特新”技术创新大会暨科学家创新创业论坛。大会与论坛为2022中关村创新创业季系列重点活动之一，聚焦“专精特新”企业成长与科学家创新创业，来自政府领导，学术界、投资界、产业界的负责人及创业者参会，线上观众达10万余人。由北航机器人所、中关村智友研究院牵头发起，联合多位科学家共同出资成立智友科学家基金一期，共孵化投资17家硬科技团队，其中包括快速成长起来的“专精特新”中小企业与专精特新“小巨人”企业。大会特设中关村智友科学家基金“专家贡献奖”，授予10位科学家。

（程晓荷）

【“创客北京2022”创新创业大赛海淀区级赛】 8月9日至11日，由中关村科学城管委会主办、北京中关村科学城科创服务有限公司（海淀创业园）承办的第七届“创客中国”北京市中小企业创新创业大赛暨“创客北京2022”创新创业大赛（简称创客北京2022）海淀区级赛复赛路演在海淀创业园举行。273个优秀项目进入复赛，通过路演，展示最具创新的前沿技术、创新思想和创业理念，决出141个企业和项目晋级北京市级赛，其中创客组晋级16个项目、企业组晋级125个项目，高精尖产业领域涵盖134个项目，占比95%。

（程晓荷）

【三项目获全球创业大赛一等奖】 8月26日，HICOOL2022全球创业者峰会暨全球创业大赛颁奖盛典在顺义区新国展中心举办。海淀·中关村科学城展厅以“智汇海淀，创见未来”为主题，展示2020年以来参与HICOOL大赛获奖情况和典型案例以及中关村科学城的空间布局、重点产业聚集区和服务体系等情况；中央展屏以图形化的形式展现中关村科学城2022年上半年创新指数。在获评的7个一等奖中，海淀区企业墨奇科技的《下一代人工智能和AI数据库》、清云智通的《流程工业数字孪生系统》、剂泰医药的《人工智能驱动药物递送和药物发现》3个项目获得一等奖。

（程晓荷）

【“海淀之夜”医疗大健康最新成果展示】 9月2日，由区政府主办的2022年服贸会“海淀之夜”专场推介活动在中关村国家自主创新示范区展示中心举行。活动以“数字智慧赋能医疗健康新发展”为主题，来自英国、德国、荷兰、意大利、以色列等国嘉宾对所在国家相关项目进行推介。海淀“两区”建设重点项目新一批项目签约仪式举办，13家重点企业签约。设立医药健康成果展，集合北京市医疗机器人产业创新中心、纳通科技、腾盛博药、推想科技、怡和嘉业、朗视仪器、诺维信（中国）、志道生物、友康生物、剂泰医药、未磁科技、信达和众等14家海淀区医疗大健康领域领军企业，展示医疗大健康领域最新产品与尖端科技成果。

（程晓荷）

【“科技向北”系列活动】 9月6日至8日，中关村软件园举办线上“2022科技向北”系列活动。“科技向北”是中关村软件园2020年打造的科技、文化、音乐、运动跨界融合的年度品牌盛会，由“科技产业+活力人文”两大类组成，已连续举办两届。本届系列活动包括创新之夜音乐节、创新创业科技脱口秀“Zpark说”、中关村融通创新高峰论坛、创新之源大赛、世界领先科技园区发展论坛、中关村工业互联网国际峰会等10余项科技产业活动。“Zpark说”由来自知名高校、科研单位、科技公司的专家学者，分

8月26日，海淀·中关村科学城展厅在HICOOL2022全球创业者峰会暨全球创业大赛颁奖盛典上展示获奖情况和典型案例及中关村科学城的空间布局

（中关村科学城管委会 供图）

9月6日至8日，中关村软件园举办“科技向北”系列活动（中关村软件园 供图）

享深空探测、AI应用、元宇宙等前沿科技话题。STEPVR合伙人、高级副总裁张振华，“月宫一号”总设计师、首席科学家刘红，奥运冠军、191运动空间创始人惠若琪，科大讯飞联合创始人、聆思科技董事长胡郁，中国商飞北研中心项目预研总师张驰，分别作“追光、探秘、超越、破界、深耕”主题演讲。2022“科技向北”创新之源打造人工智能领域场景的TopShow，百万重奖助力金种子企业进入创新发展快车道。创新之源大赛在往年“赛—会—营—孵—投”的特色孵化基础上，进行模式创新：围绕人工智能、信息技术的大方向，在项目筛选阶段新增智能制造、工业创新、数字孪生、集成电路和传感器等细分赛道，从近千个报名项目中筛选出16强项目进入双创加速营进行重点孵化。活动还邀请著名企业家、优客工场创始人毛大庆等嘉宾进行创业经验分享及主旨演讲授课，构建大中小企业融通发展的创新生态。重磅发布《2022中国AI技术应用场景市场研究及产品选型报告》。

（张蕾）

【双创周北京会场暨中关村创新创业季活动】 9月15日，2022年全国大众创业万众创新活动周北京会场暨中关村创新创业季活动在中关村国家自主创新示范区展示中心启动。市政府、国家发展改革委高技术司、中国科协科技传播中心以及北京市各区相关负责人，在京双创示范基地、创新创业企业代表110余人出席。双创周北京会场活动以“创新增动能，创业促就业”为主题，包括启动仪式、线上展示、大赛路演等。在启动仪式上，市政府发布2021年北京“双创”成果，市科委现场发布“北京智慧应用场景‘揭榜挂帅’榜单”，创业者代表艺妙神州CEO何霆分享创业经历和感想。双创周活动采用线上线下结合的形式，在“云上展厅”设置新技术助力自立自强、新业态拓展就业空间、新动能提升发展韧性、新生态激发主体活力4大展示区域，展示创新创业项目170项。双创周持续至9月21日。

（程晓荷　钟冷）

【第二期“薪火共燃”培训计划结业】 9月18日，北京大学光华管理学院—海淀区政府“薪火共燃”培训计划结业仪式在中关村国家自主创新示范区展示中心会议中心举行。中关村科学城60位创新创业生力军、优秀企业家通过一年的学习，获得北京大学结业证书。“薪火共燃”培训计划是海淀区探索建立“政府引导、高校培养、企业参与”的企业家培训机制的一次有益尝试，对接清华、北大等高校的优质教育资源，打造系统全面的“创业+金融+管理”课程体系，培养一批具有全球战略眼光、市场开拓精神、管理创新能力和社会责任感的优秀企业家。自2019年10月31日启动，“薪火共燃”计划已在清华五道口金融学院、北大光华管理学院举办2期，近120名上市企业、独角兽企业、潜力型企业的创始人、合伙人或高管参加培训计划，涵盖人工智能、智能制造、集成电路、自动驾驶、医疗健康、航空航天等前沿领域。

（钟冷　韩东风　程晓荷）

【“创响中国”海淀站暨京津冀双创示范基地联盟主站活动】 9月20日，由国家发改委和中国科协指导，区政府主办，中关村科学城管委会、京津冀双创示范基地联盟承办的2022年“创响中国”海淀站暨京津冀双创示范基地联盟主站活动在中关村壹号下一代互联网创新园国际会议中心举行。百余位京津冀双创示范基地联盟成员、院士专家和创新创业企业代表通过线上线下方式参加。活动发布第四届“创世技”颠覆性创新榜榜单，北京未苗生物科技有限公司、超硅（北京）量子科技有限公司、北京蓝犁智能科技有限公司、北京海赛未来数字科技有限公司、北京高企云服科技有限公司5家颠覆性创新技术企业签约落地中关村科学城；举办创新主题对话会，6位专家、企业代表进行对话交流；举办“创客北京2022”海淀赛区颁奖仪式，4家企业和项目获特等奖。北京中关村科学城科创服务有限公司与创新创业服务机构签约，共同打造科技创新孵化平台，赋能企业创新创业发展。

（程晓荷）

【社会信用体系建设示范城区创建工作部署会】 9月21日，海淀区召开区社会信用体系建设联席会议，研究部署创建社会信用体系建设示范城区工作，区委组织部、区委宣传部、区委网信办、区发展改革委、区商务局、区市场监管局、中关村科学城（区科信局）等71家区社会信用体系建设联席会成员单位（简称联席会议成员单位）参加会议。会议听取区社会信用体系建设联席会议办公室对海淀区社会信用体系建设现状、创建社会信用体系建设示范区工作进展等情况进行简要汇报，对下一步工作进行部署，要求联席会议成员单位按照分工尽快开展材料收集撰写工作，按照要求时间向专班办公室报送。

（程晓荷）

【中小企业政策线上宣讲会】 11月3日，中关村科学城管委会举办北京市“创新型”中小企业和“专精特新”中小企业政策线上宣讲会，北京市中小企业公共服务平台相关负责人，来自全区中小企业以及创业孵化机构、社会组织等科技服务机构的500余人参会。北京市中小企业公共服务平台马静，从发展背景、支持措施、认定政策、申报流程等方面，对北京市优质中小企业梯度培育政策进行解读，并就申报创新型中小企业、“专精特新”中小企业以及专精特新“小巨人”企业的各项具体要求和材料准备进行细致讲解；中信银行、兴业银行和海淀科技担保公司等3家机构介绍各自的特色金融产品和服务。海淀区培育北京市“专精特新”中小企业超过1900家，国家级专精特新“小巨人”企业260余家，均占全市总量的约四成。

（程晓荷）

人才建设

【概况】 2022年，中关村科学城管委会持续打造“海英人才”品牌优势。以海英计划和博士后工作站为依托，持续加强对高层次人才聚集和培育力度；完善探索“海英人才”举荐制；落实海英政策配套服务举措，为各类“海英人才”提供公租房、子女教育等服务事项30人次，举办“海英人才”企业专场辅导1场；开展历年“海英人才”发展情况评估，梳理725名“海英人才”情况。新增25家企业博士后工作站分站，累计达112家。截至年底，园区引进博士后79人，组织开展博士后沙龙5期。组织推荐3人工作。探索人才高地建设支持方案，完成《海淀区落实人才高地建设支持高精尖产业领域人才措施（讨论稿）》及《海淀区关于加强科技人才力量推动人才高地建设工作方案（讨论稿）》。推进各类国际人才引进及培育工作，依托孵化器等平台持续跟踪国际人才港、巢生实验室、奇绩创坛等企业对国际人才的支持情况；落实先行先试改革举措，协同人力社保局、公安等部门推进国际人才引进服务及相关举措落地。持续完善高层次人才服务体系，完成青年北京学者、第十四批“北京突贡”项目等归口推荐工作，形成首批直接入库人才名单26人，征集推荐10余人为2022年青年北京学者候选人。

（程晓荷）

【新设企业博士后工作分站管理人员线上培训会】 1月21日，中关村科学城管委会为帮助新设站单位尽快了解国家博士后工作制度、办理流程、存档落户等相关政策，召开新设企业博士后工作分站管理人员培训会，30余家设站单位管理人员参训。

（李文萍）

【人才计划政策宣讲会】 3月31日，中关村科学城管委会联合区委组织部召开国家人才计划政策宣讲会。9月13日，配合区委组织部组织召开外籍高层次人才资助计划政策宣讲会。

（李文萍）

【“海英人才”专项启动】 10月14日，中关村科学城管委会启动2022年“海英人才”专项申报工作。10月25日，组织召开2场“海英人才”政策宣讲会，面向企业进行政策宣讲、答疑，累计超100人参加。

（李文萍）

【海淀园新增设立25家博士后科研工作站分站】 11月24日，北京市和海淀区人力资源和社会保障局批复（京人社专技字〔2022〕173号），同意在海淀园博士后科研工作站新增设25家分站。北京华如科技股份有限公司、北京基石生命科技有限公司、北京海博思创科技股份有限公司、银河航天（北京）网络技术有限公司、第四范式（北京）技术有限公司、北醒（北京）光子科技有限公司、北京瑞莱智慧科技有限公司、芯视界（北京）科技有限公司、北京卡尤迪生物科技股份有限公司、中关村泛联移动通信技术创新应用研究院、北京中岩大地科技股份有限公司、北京智谱华章科技有限公司、北京茵诺医药科技有限公司、北京中科闻歌科技股份有限公司、北京华龛生物科技有限公司、北京未磁科技有限公司、北京脑陆科技有限公司、北京佳格天地科技有限公司、北京维德维康生物技术有限公司、中科天玑数据科技股份有限公司、北京新领先医药科技发展有限公司、航天中认软件测评科技（北京）有限责任公司、北京嘉博文生物科技有限公司、北京理工亘舒科技有限公司、北京北航天宇长鹰无人机科技有限公司等25家分站（占全市1/3）获批。至2022年底，海淀园区拥有博士后工作站分站112家，首次突破百家。

（程晓荷）

交流合作

【概况】 2022年，中关村科学城管委会拓展对外交流合作渠道，持续推进“环球商机”活动。线上线下举办中德、中阿（两场）、中欧、中英5场交流对接会。举办创业中华·中关村侨海创新发展高峰论坛；组织3场外交官走进科学城活动。接待13个阿拉伯国家近30名青年外交官，参观展示中心并举办中国—阿拉伯国家青年科技交流座谈会；组织哈萨克斯坦、巴基斯坦使馆外交官参访中关村。支持政府、企业、协会等机构开展国际交流合作，助推企业对接高端政商资源。协助科技部火炬中心、瑞士创新园对接中关村壹号园区人工智能企业。支持“一带一路”促进会举办“中巴技术投资大会”。

（程晓荷）

【中关村科学城—德国乌尔姆科学城合作视频会议】 1月17日，中关村科学城管委会召开中关村科学城—德国乌尔姆科学城合作视频会议。中方中关村科学城管委会专职副主任何建吾出席并介绍中关村科学城情况。德国乌尔姆科技孵化园TFU首席执行官介绍德国乌尔姆科技孵化园TFU情况，Hölzer教授巴登符腾堡州太阳能与氢能研究中心主席、Janet QIN Yan覃焱德国史太白经济促进基金会中国首席代表，中德双方共计12人参加视频会议，与会各方就共建绿色创新产业生态交流看法，推进中德创新资源和项目双向互动和务实合作，共同打造中德科学城间的绿色创新生态。

（李文萍）

【“中关村—世界数字友好园区”政策研讨和试点合作研讨会】 3月29日，中关村科学城管委会和中国世界贸易组织研究会数字经济和数字贸易专业委员会（CWTO数贸会）联合召开“中关村—世界数字友好园区”政策研讨和试点合作研讨会。中国科学院院士黄维、国家重大科技专项总体组首席专家许正中、吉布提国际自贸区市场商务部总经理闫恒胤等专家，巴基斯坦国民银行首席代表、苏丹驻华大使馆前商务参赞和中关村科学城企业代表线上或线下出席研讨会。研讨会以全球化视野谋划中关村科学城国际化发展布局，围绕首都城市战略定位，聚焦北京建设国际科技创新中心，为中关村科学城加快建设世界领先科技园区和创新高地提供更加理论化、科学化、国际化、公共产品化、标准化的支撑体系。专家建议中关村科学城要抢抓数字经济和数字贸易产业密集创新和高速增长的战略机遇，加快推动首都数字经济产业创新发展，着力打造中关村数字经济先行区，建议加快推动“中关村世界数字友好园区”建设，以全球视野加快推动中关村全球新话语体系建设。会上，CWTO数贸会、中关村壹号和吉布提自贸区签署战略合作，开启中关村数字友好国际通道建设。世界数字友好园区联合创新实验室正式成立，中关村壹号—世界数字友好园区、吉布提—世界数字友好园区揭牌。

（林琳）

【2022中关村—阿布扎比商机交流会】 4月19日，由中关村科学城管委会、阿布扎比投资办公室主办，北京实创亿达科技服务有限公司、阿布扎比投资办公室中国办事处承办的2022中关村—阿布扎比商机交流会举办。中关村科学城管委会、阿布扎比投资办公室、阿布扎比投资办公室中国办事处等相关负责人以及中关村科学城上市企业、独角兽企业、“专精特新”企业高层120人参会。中关村科学城管委会专职副主任何建吾会上致辞并介绍中关村科学城概况。阿布扎比投资办公室投资者关怀主任Souad AI Hosani海外连线致辞。活动旨在推动国际创新资源汇聚海淀，服务中关村科学城企业跨境发展，推进海淀区国际科技创新中心核心区建设。活动采用线下会场和线上直播结合的方式，线上点击量达到1.65万人次。

（李文萍　程晓荷）

【环球商机——2022中欧合作交流会】 5月12日，由中关村科学城管委会、商务部投资促进事务局联合主办线上环球商机——2022中欧合作交流会，共135人参加。商务部投资促进事务局、中关村科学城管委会相关负责人参会。波兰投资贸易局驻华首席代表、中国国际投资促进中心（德国）副主任、欧洲科技商会China Alliance负责人Federico Gonzalez以及科技服务机构、海淀区重点企业代表做专题发言。活动通过多平台中英双语直播，在欧洲科技商会官方网站和社交媒体面向欧洲进行延时直播。

（李文萍）

【中关村科学城“英国日”活动】 6月28日，中关村科学城创新发展有限公司举办中关村科学城“英国日”活动。海淀区委、中关村科学城管委会有关领导，英国驻华使馆国际贸易部贸易副使节Tom Duke、英国国家科研与创新署（中国处）主任Daniel Brooker等嘉宾以及英国、中关村科学城的投资机构代表、企业代表等参与活动，共同探讨中英科创投资与合作机遇。活动设置开场致辞、主题演讲、中英科创投资与服务介绍、中英科创企业交流、企业走访座谈等环节，为中英企业科技创新合作创造新机遇。主题演讲环节，中关村科学城管委会负责人就中关村科学城创新创业情况进行介绍；英国驻华大使馆国际贸易部负责人详细介绍英国在生物健康领域的发展情况以及与中国在该领域的科创、商贸合作契机在中英科创投资与服务环节，中关村科学城公司、IDG资本投资、英中贸易协会、中国英国商会负责人分享企业和机构的科创投资与服务。在中英科技企业交流环节，中国企业代表和英国企业代表分享中英在医疗器械合作、人工智能等生物健康技术领域的合作空间与市场潜力。参会人员参观东升科技园和东升国际科技园，走访包括亿华通、博创联动、北京市医疗机器人产业创新中心、巢生、全球健康产业创新中心5家企业和科研机构，并与园区运营负责人座谈交流。

（李文萍　程晓荷）

【“创业中华·中关村侨海创新发展高峰论坛”】 6月29日，2022中关村论坛系列活动——“创业中华·中关村侨海创新发展高峰论坛”举办。中国侨联党组成员、副主席候选人连小敏与海淀区委副书记、代区长李俊杰为论坛开幕式致辞，法国政府前内阁部长、欧洲议会议员、法国南部普罗旺斯—阿尔卑斯—蓝色海岸大区议会及“未来地中海”论坛委员会委员Thierry Mariani，美国国家小企业协会主席Todd McCracken与美国国家小企业协会原董事局主席、美国密歇根商业联盟主席Chris Holman，悉尼大学中国中心主任Michael Milne为论坛致贺词。北京市侨联党组书记严卫群主持开幕式，北京市侨联主席荣洋、海淀区人民政府副区长徐振涛共同宣布论坛开幕。本次活动通过中关村论坛官方账号、中国国际教育电视台、新浪微博、爱奇艺等平台进行全球直播，当日观看量达50万人次、全网点击量1000万人次。“创业中华·中关村侨海创新发展高峰论坛”以“‘侨海’联世界、一起向未来”为主题，旨在充分发挥侨联组织融通中外、联系广泛的独特优势，有效融合海内外侨海资源，进一步促进国际交流与合作，激发侨海人才创新发展动力，服务北京国际科技创新中心建设。本次论坛聚焦能源安全和绿色发展，邀请全球科技前沿科学家、学者展开分享与探讨。作为中国侨联“创业中华”品牌活动，本次论坛发表3个主旨演讲，举办2场圆桌论坛，集中发布100个侨海创新项目，其中10个项目进行路演并对接。近百家海外知名高校在京校友会、海外名校创业协会及相关投资机构共同参与。

（程晓荷）

【中国—阿拉伯国家青年科技交流座谈会】 7月26日，中关村科学城管委会在展示中心召开中国—阿拉伯国家青年科技交流座谈会。中联部三局，中关村科学城管委会，中关村科学城高新企业代表，13个阿拉伯国家的27名青年外交官、在京留学生参会。与会人员围绕继续推动“中阿”在科技创新等领域合作，为“中阿”发展创造更多机遇等方面交流座谈。阿联酋驻华使馆文化、公共外交参赞玛利亚姆·沙姆希，阿尔及利亚驻华使馆文化参赞比拉勒·哈鲁非，黎巴嫩驻华使馆副馆长扎赫尔·阿里迪，清华大学博士留学生穆罕默德·哈马德等代表发言，表达“中阿”共谋合作发展。

（程晓荷）

【多国驻华使馆参观中关村科学城】 9月23日、9月28日、11月1日、11月8日，哈萨克斯坦驻中国大使馆公使衔参赞暨哈萨克斯坦驻上合组织秘书处常驻代表，巴基斯坦驻上合组织秘书处常驻代表鲁曼·阿哈迈德一行，菲律宾驻中国大使馆商务参赞洪福盛一行，马来西亚驻华大使馆投资处投资参赞王程星一行分别到中关村科学城参观中关村国家自主创新示范区展示交易中心、中关村创业大街、北京纳通科技集团，并就双方科技合作进行座谈交流。

（程晓荷）

【首届中关村外商科技企业数字经济发展高峰论坛】 10月12日，由中关村科学城管委会指导，北京中关村外资协会与微软、英特尔、通标标准、威盛等4家外企在中关村展示中心联合举办“2022年首届中关村外商科技企业数字经济发展高峰论坛”。论坛以“创新引领·数智赋能·打造全球数字经济新标杆”为主题，探讨数字经济新趋势、数字技术新发展、数字产业新变革，从国际视野为北京全球数字经济标杆城市建设建言献策，植根中国、服务中国、共同发展。区委常委、副区长林剑华出席并致辞，中关村科学城管委会相关处室领导和嘉宾出席论坛。来自中关村的中外科技企业代表、专家学者、媒体等100余人参会。

（程晓荷）

中关村科学城北区

【概况】 2022年中关村科学城北区主要指海淀区百望山以北区域，其范围南起马连洼北路及山脊线，北与昌平区接壤，东临京新高速，西与门头沟区隔西山相望，面积235平方千米，占全区面积的54%。2022年，由北部办牵头完成《2022年中关村科学城北区开发建设计划》编制，获批开发建设，共承担项目134个，其中续建80项、新建54项，总投资576.65亿元，分为村庄腾退、安置房、一级开发、二级建设、三大设施、商品房及租赁房等6大类项目，实现开复工面积538万平方米，竣工面积152万平方米。完成投资446亿元，其中由北部办主协调的固定资产项目完成总投资299.9亿元（纳统249.9亿元）。

（韩雨华）

【土地供应】 年内，北部办牵头编制科学城北区第一批12个街区控制性详细规划，落实中关村综合保税区、永丰屯等4个村庄安置房等重点项目选址，明确21个拟供地项目的规模指标，遵循“城市跟着轨道走”原则在地铁16号线周边提升用地强度。完成永丰F1、F2地块、翠湖新增H地块等13宗土地供应工作，建设用地面积33.17公顷，建筑规模62.65万平方米。9宗土地完成协议出让公示，可实现开发补偿费回款212.5亿元。

（韩雨华）

【空间资源保障】 年内，北部办牵头实施空间资源清单化管理，共有可利用空间1063.37万平方米，其中自贸区片区874.66万平方米。通过申请政府专项债等多渠道筹集资金277亿元，合理配置资金和项目。

（韩雨华）

【产业项目】 年内，海淀区大北农生物农业创新园项目竣工入住。翠湖国际人才社区进行地上结构施工，局部结构封顶。通用人工智能创新

10月12日，2022年首届中关村外商科技企业数字经济发展高峰论坛举办

（中关村科学城管委会 供图）

园进行地下结构施工。西小营集租房项目结构封顶，进行室内外装修。中关村创客二期项目336地块二次结构施工和室外装修，345地块正在进行地下结构施工。西北旺旺悦云城B地块结构施工，CD地块进行精装修工程。

（韩雨华）

【配套设施建设】 年内，中关村科学城北区翠湖东路、翠湖南路、上庄东路等主干路建成通车，向山路、皇后店北一街等次干、支路项目建成移交，科学城北区主干路网骨架基本建成。开工建设西埠头、北安河等多个110千伏输变电工程。推进稻香湖再生水厂（二期）主体结构施工、温泉自来水厂项目前期手续办理。十一学校北安河校区、清华附中辛店校区等学校建成办学，中关村三小大牛坊校区完工移交；北部医疗中心、苏家坨中心医院等医疗配套设施建设进展顺利。西北旺华润万象汇基本完工，中粮大悦城进入主体结构施工阶段。西山锦绣府、瑞泽佳园等房地产项目基本完工，华润幸福里润园、中海汇德里等项目开工建设。

（韩雨华）

【城乡一体化建设】 年内，北部办牵头协调推进苏家坨镇西小营村宅基地腾退工作，签约率100%；北部四镇7个村村庄腾退收尾工作，有效保障重点地块上市和重点项目开工建设。太舟坞二期安置房完成交房手续办理，上庄C02安置房、西北旺B3安置房正在完善竣备手续，温泉F、C地块安置房实现开工建设。启动温泉镇温泉村、白家疃村非宅腾退项目，共拆除61处非宅院落28万平方米。西北旺镇旺悦云城、温泉科技园二期、苏家坨镇集体租赁房等5个“一镇一园”在施项目实现开复工面积约100万平方米。加快温泉科技园三期、上庄镇中关村科学城国际医谷等“一镇一园”项目用地布局、指标释放等工作。

（韩雨华）

中关村西区

【概况】 2022年，中关村西区占地面积94.6公顷，东起中关村大街、西至苏州街、南起海淀南路、北至北四环路，建成楼宇75座，现有企业约1万家，从业人员10万人，资产总计1.6万亿元。规模以上企业481家，实现营业收入4415.6亿元，实现利润总额246.8亿元，上缴各项税金合计140.1亿元。

（李雅姝）

【中关村国际人才社区建设】 年内，中关村西区在创富大厦一层的赛先生咖啡馆挂牌中关村国际人才会客厅创富分厅，在创业大街拓荒族开辟创业大街分客厅。会客厅结合国际化人才特点和行业热点，重点围绕国际创新路演、国际学术交流、国际青年交流、海外项目服务等主题内容开展3场国际创新路演与2场国际创新分享主题活动。2场分客厅活动汇聚18个创新创业项目，1000余名创新青年参与。

（李雅姝）

【中关村西区重点企业联盟成立】 4月22日，中关村西区重点企业联盟成立，进一步加强中关村西区重点企业之间、企业与政府各部门之间的联系。走访调研企业，为辖区企业办实事解难题11项。协调中关村广场管理方为中钢集团在楼外安装60组电动自行车充电柜，解决央企总部安全充电问题；对接科学城管委会与移动设计院签署企业服务包框架协议；为微软对接消防支队现场指导，解决跨层办公空间防火卷帘合规事项，为企业节省改造费用近百万元；协助商汤科技解决28名员工就近停车费用高的问题，每年为企业员工节省停车费总计11.2万元；对接科学城管委会为上市企业大北农提供政策咨询，解决企业股权拆分难题；对接区市场监管局解决盛景网联入驻鼎好大厦、新中关地下及中关村5号餐饮商户登记注册，惠及近30家企业；协调量化数科与微软集团达成知识产权和解协议，为量化数科赴港上市消除法律隐患；协助未来子公司落户西区，助力企业转型发展。

（李雅姝）

【科技赋能城市管理】 年内，中关村西区办协助推进奇岱松空间操作系统需求调研，与奇岱松公司开展多轮调研，建立区域人流量实时动态数据大盘、健康宝防疫卡口对接、整合现有公共摄像头数据、动态感知为决策提供依据等4个场景应用试点。系统上线运行为优化西区核酸点位、共享单车存量管理提供实时可靠决策辅助。承接海淀区城市大脑海淀街道节点平台试点工作，确定初设方案，启动新海大厦10层北侧400平方米的空间基础装修工程，完成节点平台建设。

（李雅姝）

【西区发展状况调查】 年内，中关村西区办开展西区发展状况调查，形成5份报告（3个季度报告，1个年度报告，1个典型企业基本情况报告），完成两个专项调查（《中关村西区双创成果集中展示意向调查》及《中关村西区商务楼宇空置情况及原因调查分析》）。调查显示，西区发展总体情况：规上单位数和经济指标均实现增长；商务楼宇出租率近八成，可出租商业面积增加；行业进一步集中，信息业、批零业为主导产业；资产上亿元单位数增加，信息业数量最多；三大行业收入均超千亿元，占西区比重近九成。西区经济运行主要特点：收入亿元以上单位数量增加，引领西区经济发展；高新技术企业发展企稳向好，主要经济指标均实现增长。

（李雅姝）

【西区综合治理】 年内，中关村西区办对西区内安全生产、环境秩序、门头牌匾、疫情防控、违法建设、消防安全等20余个项目进行全面检查。对西区内楼宇商超进行地毯式全面排查，对发现的问题全部上账、分类造册，联合职能部门处罚一批顽固企业，确保问题整改到位。采取现场整改加限期整改的方式处理400余个问题，整治效果明显。为45个楼宇建立“明白卡”，累计整改楼宇消防安全隐患300余处；恢复地下空间违规占用停车位面积约4100平方米，恢复地下空间停车位约180个；滚动检查西区“七小门店”140余家，整改40余家。

（李雅姝）

【中关村西区物业联盟成立】3月24日，中关村西区物业联盟成立，打通西区楼宇与海淀区政策、空间、资金、服务等配置保障的“最后一公里”。中关村西区办按照政府指导、企业协同的方式搭建西区物业联盟服务平台。物业联盟在疫情防控、消防安全、企业服务等方面发挥重要作用，动员辖区企业230余人支援疫情防控工作。在党的二十大会议期间，抽调物业人员350人次，完成6个西区重点点位值守任务，保障地区安全稳定。

（李雅姝）

园区基础设施建设

【概况】2022年，中关村科学城指挥部辖6个分指挥部，固定资产投资项目总计22个，完成投资89.02亿元。其中，玉渊潭地区分指挥部固定资产投资项目1个，完成投资1.11亿元；东升地区分指挥部固定资产投资项目7个，完成固定资产投资31.67亿元；中知学地区分指挥部协调推进3个项目建设，实际完成固定资产投资6.5亿元；四季青地区分指挥部完成固定资产投资项目10个，实现纳统45.63亿元；西三旗地区分指挥部完成固定资产投资项目1个，完成固定资产投资4.11亿元。北下关分指挥部无项目。

（林琳）

【玉渊潭地区建设】年内，玉渊潭地区分指挥部固定资产投资项目1个，即中裕花园改造项目，计划投资1.92亿万元，实际完成投资1.11亿万元。主要进行土方开挖、护坡施工、挡土墙抹灰、降水井砌筑等工作。取得水影响评价、绿色建筑评价、施工图审查报告、施工许可证，协调办理水、电、燃气等各项市政手续。

（胡蝶）

【东升地区建设】年内，东升地区分指挥部固定资产投资项目7个，计划投资23.3亿元，其中计划建安投资19.32亿元。实际完成固投投资31.67亿元，其中完成建安投资30.9亿元。

东升科技园集体租赁房项目。项目2017年完成供地，2022年结构主体完工并通过验收，正在进行精装修工程。全年固投任务为3亿元，计划建安投资1.9亿元，实际完成固定资产投资2.19亿元，其中完成建安投资2.08亿元。

东升科技园二期集体产业项目。项目2019年完成供地，2022年完成主体结构、外幕墙、室内装修、小市政。全年固投任务为8亿元，计划建安投资7亿元，实际完成固定资产投资21.01亿元，其中完成建安投资21.01亿元。

东升科技园三期集体产业项目。项目2020年完成供地，2022年主体结构封顶，幕墙工程正在进行深化图纸，泛光照明及智能化工程专业分包单位已进场，开展施工前准备工作。全年固投任务为5亿元，计划建安投资4亿元，实际完成固定资产投资7.29亿元，其中完成建安投资6.85亿元。

清河市场集体租赁房项目。项目2018年完成供地，2022年完成钢构工程、防火涂料（除室外电梯）影响处。全年固投任务为1.9亿元，计划建安投资1.9亿元，实际完成固定资产投资1.36亿元，其中完成建安投资1.31亿元。

马坊村集体租赁房项目。项目2018年完成供地。2022年完成二次结构，正在进行室内精装和小市政。全年固投任务为1.5亿元，计划建安投资1.45亿元，实际完成固定资产投资1.47亿元，其中完成建安投资1.38亿元。

永泰安置楼项目。立项手续上报区政府。全年固投任务为5000万元，计划建安投资5000万元，实际完成固定资产投资7357万元，其中完成建安投资7357万元。

学院路科技园东升园（GHI）地块项目。完成项目施工图消防审查及备案工作，组织现场施工及市政报装相关工作（正式电力、燃气、自来水等端口）。全年固投任务为3.4亿元，计划建安投资2.5亿元，实际完成固定资产投资2.21亿元，其中完成建安投资1.91亿元。

（李珠峰）

【中知学地区建设】年内，中知学地区分指挥部聚焦中关村科学城建设，推进3项重点项目建设，实际完成固定资产投资6.5亿元，其中完成建安投资5.3亿元。

中坤广场装修改造项目。7月15日改造完成，改造规模约11万平方米，完成固定资产投资4.2亿元，其中完成建安投资3.9亿元。

未来科技大厦（原硅谷电脑城）主楼装修改造项目。10月27日改造完成，装修规模约4万平方米，完成固定资产投资1.8亿元，其中完成建安投资1亿元。

北京卫星制造厂中关村厂区改造项目。12月30日完成改造，改造规模约3万平方米，完成固定资产投资0.5亿元，其中完成建安投资0.4亿元。

（王宇佳）

【四季青地区建设】年内，四季青地区分指挥部完成固定资产投资项目共计10个，其中科学城平台5个、三山五园平台5个，实现纳统约45.63亿元。

巨山创意园项目。项目位于四季青镇巨山村，用地性质为绿隔产业用地，建设用地面积3.78公顷，建筑使用性质为绿隔产业用房，总建筑面积138635.05平方米（其中地上建筑面积75623.84平方米、地下建筑面积63011.21平方米）。项目实施主体为巨山村属企业北京九龙广厦物业管理中心。主体结构、二次结构、防火涂料、轻钢龙骨隔墙全部完成，基础底板、外墙、车库顶板防水完成，屋面防水完成60%。实现纳统投资3.24亿元。

宝山棚改项目。宝山村回迁安置

房地块（一期）项目位于四季青镇宝山村，东至101铁路，南临阜石路，西至什坊南路，北临田村路，总用地面积为22.18公顷，其中建设用地面积约15.7公顷，地上总建筑面积为32.9万平方米。一标段、二标段完成主体结构施工；三标段、四标段、五标段、六标段、615地块、617地块正在进行地下结构施工。实现纳统投资5.96亿元。

常青安置房项目。项目位于四季青镇常青村，用于安置常青东冉村村民及西山杜家坟村未安置村民。项目东至常青路，南至部队用地，西至常青西路，北至东冉北街，总用地面积约6.4公顷，其中建设用地面积约5.35公顷，容积率1.5，地上建筑面积约8万平方米。结构全部封顶，地下装修完成30%，外墙装修完成60%，回填土全部完成，实现纳统投资1.03亿元。

常青互联网金融产业园项目。位于四季青镇常青村，东至区政府第二办公区，南至东冉北街，西至互联网金融产业园，北至变电站办公用地，总用地面积7.11万平方米，总建筑面积17.22万平方米。截至年底，土方、基坑支护工程全部完成，实现纳统投资1.12亿元。

巨山医物园养老项目。项目位于四季青镇巨山村，总用地面积54715平方米，其中建设用地面积34626平方米，总建筑面积13.35万平方米，其中地上建筑面积6.92万平方米、地下建筑面积6.43万平方米，主要建设内容包括养老设施用房。截至2022年底，结构已全部封顶，正在进行二次结构、机电安装工程，实现纳统投资2.43亿元。

香山一期安置房项目。项目位于四季青镇祁家村，东至巨山路，西至祁家村西一路，南至祁家村南街，北至祁家村北路，总建筑面积约58万平方米，其中地上34.3万平方米，容积率1.6，高度18米（局部24米）。项目主体已完工，正在做项目绿化工程、市政配套及收尾工作，实现纳统投资5.56亿元。

双新棚改安置房项目。项目位于四季青镇双新村，东至规划北辛庄东路，南至双新园南区，西至双新园北区，北至规划双新村北街。规划建设用地约12.5公顷，容积率1.51，地上建筑面积约18.86万平方米。双新平衡资金用地约10.58公顷，容积率1.05，地上建筑面积约11.1万平方米。一期33号楼工程正在进行主体结构施工；小学校、幼儿园工程准备开工建设；三期正在进行地上二次结构、外墙保温施工；四期正在进行外墙保温、地下室装修、地下机电工程施工。实现纳统投资10.9亿元。

“三山五园”地区（东西红门荷叶山）环境整治项目。项目位于四季青镇香山村，拆除范围东至玉泉山西墙，西至香泉环岛，南至玉泉山路，北至五环路，项目拆除房屋及地面硬化约26万平方米，拆除后实施简易绿化。项目简易绿化已全部完成，实现纳统投资0.76亿元。

中坞南地块项目（香山壹号院）。项目位于杏石口路北侧、巨山路西侧，主体为北京海益嘉和置业有限公司。项目结构已完成，正在进行室内装修，园林景观施工，实现纳统投资8.87亿元。

中坞北地块项目（颐和金茂府）。项目位于杏石口路北侧、巨山路西侧，主体为北京青茂置业有限公司。截至2022年底，项目已竣工，实现纳统投资5.76亿元。

（王雪）

【西三旗地区建设】 年内，西三旗地区分指挥部加快推进中关村西三旗（金隅）科技园项目二期建设，完成投资4.11亿元，其中建安投资3.85亿元，分别完成全年固投计划和建安计划的187.10%、192.60%。协助金隅智造工场等科技园区合理规划产业布局，以智能制造产业为核心，引入智能制造、大信息等领域的优质产业，积聚科技创新创业要素，实现科技产业的集聚发展。梳理存量用地，盘活挖潜新项目，推动金隅智药园、北空云数字科技园等项目完善方案。申请区发展委谋划专项经费，形成五星啤酒厂地块更新重大投资项目谋划成果。申请市发展委“疏整促”项目资金支持，推动西三旗重点大街项目，对建材城东西路3.6千米长的道路空间进行交通优化和道路景观、公共空间品质的综合提升。

（周天）

“两区”建设

2023
北京海淀年鉴

科技创新片区

【概况】 2022年，中关村科学城管委会统筹推进“两区”[①]建设重点任务，组织4批重大项目签约，华峰测控、拓尔思等54个项目落地。牵头“两区”建设高端产业协调组，制定2.0工作方案并推动实施；推动数字经济、科创中心、海淀园三年提升发展等重点项目建设。通过区级投资平台强化对优质项目扶持，基于产业链图谱精准开展产业投资，科技成长基金累计决策项目22个，决策金额18.93亿元。推动上地元中心、金隅科技园等项目建设，释放产业空间103万平方米。提升园区运营服务能力，推广东升科技园专业化“精耕细作”的运营服务模式。自贸试验区科技创新片区海淀组团新增工商注册企业数2127家，其中内资企业2107家、外资企业20家。组织宣传推介14次，媒体报道200余次，印制“两区”建设两周年大事记、招商地图宣传册。依托中关村科学城（海淀区）规划展览馆“两区”建设展厅，打造“两区”主题展示推介空间和各产业园区展示推介空间。

（程晓荷）

【海淀区“两区”建设项目签约54项】 年内，中关村科学城共组织四批重大项目签约，54个项目落地海淀。其中，3月21日，落地的15个建设项目，聚焦人工智能、集成电路、医药健康、大数据、能源环保等数字经济和高精尖领域，同时8家领军企业与11家企业签署技术集成采购协议，4家企业发布6项创新项目需求榜，5家金融机构发布7项科技金融创新产品。6月21日，云脉芯联等24个高精尖、“两区”建设、产业投资平台和专业化孵化平台项目集中签约。9月2日，海淀区委常委、副区长林剑华代表区政府、中关村科学城管委会与昱言科技、巢生源科、艺庙神州等13家重点企业签约。12月15日，与北京生物几何科技有限公司和北京建贸新科建材有限公司2家企业签约。

（程晓荷　韩东风）

【科技创新片区海淀组团创新论坛】 4月12日，由区金融办、实创公司联合主办的北京自贸试验区科技创新片区海淀组团创新论坛在中关村壹号举行。市地方金融监督管理局副局长赵维久，区委常委、副区长林剑华出席。实创公司与北京银行中关村分行达成战略合作，北京银行中关村分行支持实创公司的自贸区建设，支持自贸区入区企业的融资需求。推进科技金融服务体系建设、创新科技金融特色产品，重点支持园区建设、助力区域内企业高质量发展。北京实创科技投资有限公司和北京市中小企业引导基金共同发起设立2亿元规模的北京翠湖原始创新二号创业投资基金（简称翠湖二号）正式启动，以“空间+投资+服务”的模式，通过资源整合、资本合作、科技服务等多种方式助推科技创新片区高新技术企业快速健康发展。丝路科华基金、民生银行、中国银行、邮蓄银行、国信证券自贸区分支机构等签约落户。

（张天昊）

【创业投资基地和科创金融会客厅挂牌】 4月12日，在2022北京自贸试验区科技创新片区海淀组团创新论坛上，北京自贸试验区科技创新片区海淀组团“创业投资基地”和“科创金融会客厅”正式揭牌。丝路科华基金，以及民生银行、中国银行、邮蓄银行、北京银行、国信证券自贸区分支机构等金融机构正式落户自贸区。“创业投资基地”是海淀区推动社会资本助力自贸区建设的重要抓手，将从股权投资机构集中注册、房租补助、投资奖励、一次性注册资金补助等方面予以配套支持。“科创金融会客厅”是创业投资基地的核心平台，由实创股份、区金融办、北京基金业协会共同支持打造，为投资机构提供融资路演、会客洽谈、宣传展示等“一站式”服务，后续将引入园区服务、政务咨询、信贷等相关内容，促进科技企业加速成长。

（钟冷）

【科技创新片区海淀组团“创业合伙人招募计划”启动】 8月15日，北京自贸试验区科技创新片区海淀组团创业合伙人招募计划正式启动。“创业合伙人招募计划”是由市科委、中关村管委会，中关村科学城管委会指导，北京实创科技园开发建设股份有限公司联合中关村科学城北区的大企业、科研院所、投资机构等共同发起的创新产业品牌，是海淀区“创新合伙人”机制的延伸，是推动大企业开放创新、大中小企业融通发展、创投资本服务硬科技创业的新机制、新模式。9月30日，医疗生态“营地”——大健康·大中小企业融通发展平台成立，并迎来首批入孵项目。项目涉及量子传感技术新型脑磁图，轻量级医学导航，个性化、定制化、通用化的肿瘤疫苗平台技术，无线可穿戴PSG设备，肿瘤的主动靶向给药治疗机器人技术，精准可控放化疗产品，软体组织穿刺手术等方向。医械企业加速营同日开营，首期40家医疗器械生态圈内企业创始人及管理团队成为培育对象。

（钟冷）

【“两区”建设两周年成果发布】 9月9日，北京市“两区”建设两周年工作新闻发布会召开，对两年来北京市“两区”建设在科技创新领域取得的成果进行介绍和解读。海淀区发布2020—2022年海淀区“两区”建设成果，主要包括三个方面。落地一批重大创新成果和改革措施：北京量子信息科学研究院成功制备出寿命达500微秒的超导量子比特芯片，为

---

① “两区”：国家服务业扩大开放综合示范区、中国（北京）自由贸易试验区科技创新片区。海淀区“两区”专指海淀服务业扩大开放综合示范区、中国（北京）自由贸易试验区科技创新片区海淀组团。

国际最高值；研制成功国际首台量子直接通信原理样机，是当前世界最长的量子直接通信距离，可实现城市间无中断量子直接通信；研发世界首台“桌面”超快同步辐射光源样机，在新型高端科学仪器（航空发动机叶片）、工业国防关键装备、超低剂量高清医学影像等领域具有巨大应用潜力。围绕数字经济试验区、全球创业投资中心以及科技体制改革先行示范区即“两区一中心”建设，已落地一批重大创新成果。全球创业投资中心2021年至此共发生股权融资披露案例788起，获投金额1539亿元，在全市占比超过40%。区域人才资源总量达到197.4万人，占全市的25%。通过中关村新一轮先行先试改革，率先推动科技型中小企业研发费用加计扣除、企业基础研究支出加计扣除、上市高新技术企业股权激励分期纳税、技术转让所得税优惠、高新技术企业报备即批准等一批改革措施落地，惠及2000余家企业，46个拟入研发创新为特色中关村综保区项目，支持23家高价值专利培育运营中心建设。落地全市首单专利许可知识产权资产证券化项目，驻区科研院所职务科技成果赋权改革取得首例突破。北京知识产权交易中心在全国率先开展专利技术拍卖、科技成果挂牌交易、成果信息公示业务，累计完成交易项目2300余项，成交额超20亿元。推出北京市首只专利许可知识产权证券化储架产品，总规模10亿元，为海淀区15家科技企业融资3.37亿元。联合银行开展知识产权质押融资服务，为10余家企业成果融资7亿元。驻区高校院所完成成果转化、知识产权交易、科技企业金融、技术合同登记项目6000余项，成交额超过1500亿元。推进全域园区联动开放和重点项目落地；推进“1+2+N”全域园区联动开放行动（以自贸试验区科技创新片区海淀组团为核心、中关村软件园和东升科技园为联动创新区、N个重点园区为辐射带动区），聚焦集成电路、生物医药、人工智能、区块链等重点产业发展，集聚华为、龙芯中科、纳通医疗等一批行业领军企业，国家实验室、京津冀国家技术创新中心等一批高端型研发机构。自贸试验区科技创新片区海淀组团挂牌以来，新增工商注册企业3639家，新增“两区”项目520个，其中外资项目208个，占比40%。2021年利用外资比上年增长10.30%，全市占比40.12%，居全市首位。2022年1月至7月，实际利用外资同比增长47.9%，全市占比44.6%。

（钟冷　张天昊）

服务业扩大开放综合试点示范区

【概况】 2022年，海淀区“两区”办承担自贸试验区海淀组团管理职能，北京实创科技服务有限责任公司为海淀组团的实体化运营公司。编制《海淀区“两区”建设深化改革创新实施方案》，研提149项制度创新政策；编制《中国（北京）自由贸易试验区科技创新片区海淀组团发展建设三年行动方案》，研提50项任务措施，形成125项任务清单。优化“服务包”和重大项目入库管理机制，新增“两区”重点项目666个。推进“1+1+N”[①]全域园区联动开放行动，加强政策联动创新。研究构建“六单”管理模式（政策诉求清单、政策建议清单、政策清单、空间资源清单、目标企业清单、政策及项目收获清单），引导企业和人才用足用好政策。在全市率先实施住所标准化等级和“集群注册”，600余个区块链政务服务应用场景落地办理。推动任务落地，形成创新案例21个，向北京市“两区”办报送3批14个案例，其中向全国复制推广1个案例（常态化生态环境正面清单差异化监管新模式入选生态环境部“自贸试验区高质量发展典型案例”），向全市复制推广3个案例（先行先试海淀联合基金打造基础研究政产学研用新模式、以数字化公共服务赋能出口基地高质量发展、大中小企业融通创新新模式）。在北京、上海举办“两区”建设推介系列活动，加大招商引资力度，提升创新维度，构建主动融入全球创新网络、集聚全球创新资源的开放发展新格局。

（张天昊）

【“两区”建设云推介活动】 5月26日，由区商务局主办、德勤中国协办的海淀区“两区”建设云推介活动举办。推介会以线上的形式，邀请默克投资、赛诺龙、佳能等16家世界知名企业，围绕医疗科技、智能制造等海淀主导产业探讨交流。区商务局相关负责人分别从市场准入、金融创新、人才支持、财税政策等4个方面介绍“两区”特色政策和支持高质量发展优势主导产业的创新政策。德勤中国相关负责人就自贸区发展作专题讲解。上海通擬科技有限公司首席执行官、因美纳（中国）科学器材有限公司因美纳全球初创企业平台大中华区负责人、伦琴（上海）医疗科技有限公司总经理助理作为嘉宾代表，结合各自公司投资规划及所属产业的相关政策进行发言和分享。

（钟冷）

【“两区”建设线上推介会全球同步直播】 7月13日，由区政府主办，区商务局与区国际商会承办，中欧数字协会支持的“全球互联·智赋未来：2022年海淀区‘两区’建设线上推介会”在中关村壹号举办。区委常委、副区长林剑华，国际战略合作伙伴中欧数字协会主席鲁乙己（Luigi Gambardella）、中国欧盟商会政府事

① “1+1+N”：第一个“1”是指以海淀组团作为核心区，第二个“1”是指以中关村软件园作为联动创新区，“N”是指以若干个重点园区作为辐射带动区，加快建立海淀组团与中关村软件园、东升科技园等重点园区的联合合作机制。

务论坛主席刘畅博士发表致辞。活动通过线上线下相结合的形式，邀请来自多个行业的中欧企业家与学者聚焦海淀区最新“两区”发展重点战略以及2022年国际招商引资重点行业、中欧高新技术与产业深度合作等热点内容。林剑华详细介绍海淀区“两区”建设情况及营商环境。邀请嘉宾与听众覆盖英国、比利时、德国、意大利、西班牙、葡萄牙、匈牙利、塞尔维亚等国家，20多家欧洲企业和机构线上参会，13名欧洲企业家代表同步对话海淀区五大政府职能部门。英中贸易协会科技创新行业总监Mark Hedley，罗兰贝格全球管理委员会联席总裁戴璞（Denis Depoux），葡中工商会秘书长伯纳（Bernardo Mendia）就数字创新产业发展、海淀区经济区位优势、产业融合创新、中欧商贸交流等话题进行分享。10余家欧洲高新技术企业、商业机构对海淀“两区”建设的战略规划、中欧数字经济与高新技术企业技术研发合作、商业场景落地以及高科技企业“两区”落地政策等方面进行交流。区国际商会与中欧数字协会现场签署《国际战略合作备忘录》，双方将加强会员企业在技术、资本、信息、人才等领域的深度合作，提高企业国际化水平，为企业落地提供帮助。

（张天昊）

【“两区”建设推介会走入进博会】 11月5日至10日，第五届中国国际进口博览会（简称进博会）在上海举办。6日，由区政府主办，区商务局和区国际商会承办，全球著名会计师事务所德勤中国支持的“智投海淀创赢未来”2022年海淀区“两区”建设系列推介活动走进进博会。活动以线下推介、海外连线和线下座谈形式举办。区商务局负责人对海淀区“两区”建设情况及投资环境进行详细介绍；德勤中国相关领域专家分析北京“两区”建设的优势；实创股份针对海淀区“两区”建设重点园区项目进行推介；外资企业北京西门子西伯乐斯电子有限公司分享入驻海淀20余年的发展成绩；北京实创科技服务有限公司介绍海淀区“两区”建设重点园区项目。活动现场发布海淀“两区”招商地图，涵盖璀璨创新、蝶变开放、蓬勃腾飞、幸福安居、“两区”政策惠企赋能、制度创新特色服务6大板块，诚邀企业、投资者在海淀投资兴业。

（钟冷）

三山五园建设

2023
北京海淀年鉴

三山五园国家文物保护利用示范区创建

【概况】 2022年，海淀区全面推进国家文物保护利用示范区建设工作，落实北京城市总体规划和《三山五园地区整体保护规划（2019年—2035年）》，突出文物与城市更新、科技创新、旅游教育融合发展，形成党委领导、政府负责、部门协同、社会参与的创建工作格局，北京海淀三山五园国家文物保护利用示范区建设被写入市、区两级党代会报告。市领导多次专题调度、实地调研文物保护利用相关工作。海淀区12次召开研究会、专题会、调度会，研究部署示范区创建工作、推进重点任务。协调中央、北京市有关单位加强配合、上下联动，推动重点难点项目实施。

按照《北京海淀三山五园国家文物保护利用示范区建设实施方案》，《北京海淀三山五园国家文物保护利用示范区创建任务分解表》梳理出9大类创建任务，细化分解为45项具体任务（2022年新增一项）。截至年底，完成22项，占49%；持续推进22项，占49%；1项推进困难，占2%。

文物保护。海淀区采用政府购买、属地管理、分级负责的原则，组建专职与兼职相结合的街镇文物巡查员队伍，首批28名专职巡查员到岗。启动开展全域文物资源调查及现状评估，将历史建筑、水文化遗产、非物质文化遗产、古树名木等纳入调查和统计范围，建立海淀区文物资源总目录，对文物制图、影像采集等制定明确标准和工作规范。同步建立定期评估机制，对区级及以下文物开展文物本体、周边环境、“三防四有”、展示利用、保护工程等状况评估。

科技赋能。在三山五园地区部分价值高、基础弱、风险高的文物周边加装不可移动文物智能保护系统智能感知终端，通过实时感知、主动研判、及时处置，达到对文物巡查的智能化，实现文物保护的“全过程、全天候”，可实现全域文物的态势研判、智能分析、综合决策、仿真推演、业务协同等功能。

“央地”合作。“进京赶考之路”清华园车站是中共中央踏上北平的第一站，是香山红色片区的重要组成部分。海淀区与北京铁路局以及各部门、单位通力合作，3个月完成旧址拆迁腾退和主体结构修缮工程。“走向新中国的步伐——中共中央进京‘赶考’路之清华园车站复原展陈大纲”基本确定，环境整治基本完成，展览设计和运营方案已得到区政府批准。

文物利用与传播。三山五园艺术中心主体结构封顶，与中关村展示中心、中关村论坛永久会址形成南部城市文化新形象。“海淀历史文化展”展览大纲形成初稿，三山五园数字展正在开展建模工作。

山形水系修复。开展万泉河、金河河道治理工程，通过补水、生态修复、岸坡改造等措施，将万泉河、金河重新打造成联结人与水、人与绿、人与历史、人与城市的生态纽带。金河全面完工并开放，万泉河全部完工，部分恢复历史水系脉络，自然生态的河湖水网格局基本成型。京张铁路遗址公共空间提升工程（一期）有序推进。

文物+旅游协同发展。挖掘三山五园地区的红色文化资源，开展“红亭诗会”、“红亭讲堂”、“听见·三山五园”原创音乐创作、“云游览”等系列主题活动，实景演出话剧《香山之夜》，颐和园、圆明园的文创产品爆款频发，成为文化创意产业发展的新亮点。初步形成29家区域博物馆群，有力支撑北京博物馆之城建设。

（朱玉京）

【三山五园国家文物保护利用示范区复核迎检工作启动】 年内，区文旅局启动三山五园国家文物保护利用示范区（简称示范区）复核迎检工作。邀请北京大学专家团队对示范区复核工作进行指导和全面解读，开展《海淀区国家公共文化服务体系示范区创新发展》课题研究，形成《海淀区公共文化服务示范区创新发展报告》《海淀区公共文化服务创新案例报告》，系统总结示范区创新发展成效措施和特色亮点。

（朱玉京）

【三山五园国家文物保护利用示范区工作推进会】 4月8日，海淀区主持召开三山五园国家文物保护利用示范区工作推进会，18家牵头单位和9个街镇相关负责人参会。会议要求全区各相关单位全力支持示范区创建工作。

（魏嘉臻）

【三山五园国家文物保护利用示范区建设专题调度视频会】 5月25日，市文物局主持召开“三山五园国家文物保护利用示范区建设”专题调度视频会，听取北京海淀三山五园国家文物保护利用示范区建设工作进展。会议要求，要进一步完善示范区创建体制机制建设，在文物保护措施、考古、公众参与方面开展有益探索，加强对示范区创建经验的总结和梳理，通过各级各类研究部门主动约稿，持续跟进，加强创建亮点成果共享。

（魏嘉臻）

【“文化和自然遗产日”主题宣传活动】 6月11日至月底，区文旅局开展海淀区2022年“文化和自然遗产日”主题宣传活动。活动结合北京海淀三山五园国家文物保护利用示范区创建，以“诗意三山五园·照焕古今同辉”为主题，深耕历史文化内涵，讲好三山五园故事。集中开展“诗意三山五园”专题讲座、三山五园诗词创意演绎、“争咏三山五园”网络推广等重点活动，线上参加超300万人次。

（高五一）

【国家文物局调研圆明园文物保护工作】 11月15日，国家文物局副局长解冰一行到圆明园调研文物保护工作情况。解冰听取圆明园的基本情况和近年来的主要工作进展汇报，参观

“百年梦圆——圆明园马首铜像回归展”，了解马首铜像归藏过程和圆明园博物馆筹建情况。根据三山五园国家文物保护利用示范区建设任务，圆明园持续提升以正觉寺为核心的圆明园博物馆建设，东西配殿展陈方案已经专家多轮论证，馆内基础设施改造升级工作在推进中。在澹泊宁静考古发掘现场和西洋楼遗址区，听取圆明园考古挖掘和遗址保护利用情况的汇报。解冰高度评价圆明园近年来在遗址考古挖掘、保护展示研究方面取得的成绩，提出持续提升文物保护利用水平，讲好圆明园故事下一步工作要求。国家文物局、市文物局、圆明园管理处相关领导参加调研。

（韩燕丽　胡晓莹）

“进京赶考之路（北京段）”保护利用

【概况】 2022年，北京市启动“进京赶考之路（北京段）”保护利用工作。此项工作是首都三大红色文化主题片区之一——新中国成立主题片区建设的重要承载和最新成果、北京市推进全国文化中心建设的标志性项目之一、海淀区三山五园国家文物保护利用示范区建设的重点示范项目。2021年11月，北京市文物局印发《北京市“十四五”时期文物博物馆事业发展规划》，提出建设“进京赶考”新中国主题片区保护利用工程，开展清华园车站旧址文物修缮工程。

“进京赶考之路（北京段）”保护利用工作以毛泽东等中共中央领导1949年3月25日进京“赶考”在北京地区活动线路为脉络，以清华园车站、颐和园益寿堂、香山革命纪念地等革命旧址、纪念设施为沿线重点点位支撑，全长约28千米。

北京市委主要领导就清华园车站旧址革命文物保护利用作出批示意见，北京市推进全国文化中心建设领导小组办公室召开会议，专题研究“进京赶考之路（北京段）”保护利用问题，要求市文物局牵头，会同海淀区做好清华园车站修缮保护利用工作。市委宣传部、市委办公厅、市文物局强力统筹推进多层级部门联动，并实地调研清华园车站、颐和园益寿堂。

海淀区及时启动清华园车站重点文物修缮保护项目。区委书记主持召开区推进全国文化中心建设领导小组专题会，听取清华园车站文物修缮工作方案汇报；区长主持召开专题会，研究清华园车站保护利用工作；分管副区长召开专题会，推进相关工作。区委宣传部、区文旅局、区住建委、区规自分局、区文旅局、海开公司等各职能部门与国铁北京局以及各相关单位通力合作，推动开展清华园车站站房腾退及址外环境整治、改移市政管线、文物修复、“进京赶考之路”革命文物主题游径等工作。10月13日，区政府正式印发文件，确定清华园车站为海淀区文物保护单位。

（钟冷　郭君兮　丁宇宁）

【“进京赶考之路”革命文物现状调查】 年内，区文旅局对“进京赶考之路”沿线的红色资源开展拉网式调查调研，将沿途地区反映新中国成立的主要革命旧址、纪念设施统筹规划、一体设计，全面厘清片区内“点（革命旧址、纪念设施）、线（‘进京赶考之路’）、地（纪念地）、片（主题片区）”的关系，分类施策、各有特色，形成红色文化宣传的连片态势。“进京赶考之路”与“三山五园”交会叠加，沿途有世界文化遗产颐和园，国家考古遗址公园圆明园，全国重点文物保护单位双清别墅、清华大学早期建筑、未名湖燕园建筑等各级别不可移动文物83处；线路途经皇家园林、京张铁路、西郊水田和古村镇、古河道、古桥梁，与三山五园御道重合达到60%；途经清华大学、北京大学、中国科学院、中共中央党校等重要科研教育场所，以及全国科技创新核心区中关村。其中，清华园车站是京张铁路沿线重要的历史见证，是中共中央“进京赶考”的第一站，具有重要的历史价值和现实意义。

（钟冷　郭君兮　丁宇宁）

【“进京赶考之路”革命文物主题游径建设】 年内，海淀区开展“进京赶考之路”——北京海淀三山五园国家文物保护利用示范区革命文物主题游径建设。为提升沿线资源整体保护利用水平，构建全线可认知、重要节点和片区保护利用融入区域规划的可持续发展模式，打造“清华园车站旧址、颐和园益寿堂、香山革命纪念地、香山革命纪念馆”精品红色研学游径线路，海淀区与有关部门结合“新中国成立片区”和“进京赶考之路（北京段）”红色文化特质、革命旧址现状，开展调研工作，设计“新中国成立片区主要革命旧址、纪念设施标识标牌”，将清华园车站、颐和园益寿堂、中共中央香山驻地旧址、香山革命纪念馆作为第一批立牌单位。“进京赶考之路”革命文物主题游径的打通，是北京市、海淀区以充分利用不可移动文物资源为主干，充分挖掘有机关联的“三山五园”深厚历史文化内涵，发挥政府解决文物保护利用堵点的主体作用，将文物保护利用和文化旅游融合发展的一次成功尝试，为在城市中的革命文物主题游径打造提供了有益的经验借鉴，成为文物保护利用合作共享的创新线路。

（钟冷　郭君兮　丁宇宁）

【清华园车站修缮工程完成验收】 8月9日，北京市文物局主持召开线上专题会，研究“进京赶考之路”保护利用工作。清华园车站站房腾退工作同步启动。8月16日，北京市推进全国文化中心建设领导小组办公室召开会议，要求市文物局牵头，会同海淀区做好清华园车站修缮保护利用工作。8月18日，区长主持召开专题会，研究清华园车站保护利用工作，决定由区文旅局作为修缮主体，负责修缮工作。8月26日，区住建委完成清华园车站站房10户居民全部签约。9月初，以三开间现存文物修缮为主的设计方案得到中国文化遗产研究院、北京市文化遗产研究院专家的认可。区

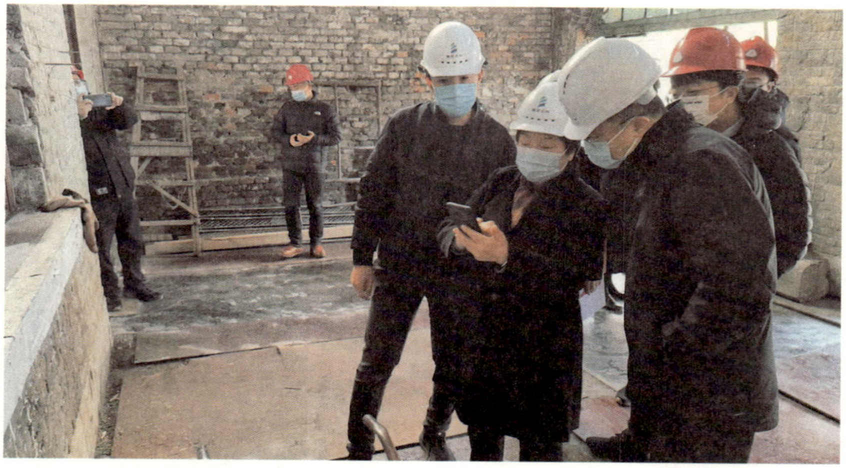

11月16日，清华园车站旧址修缮现场　　（区文旅局 供图）

文物部门按照“现状整修、修旧如旧”的修缮原则，广泛邀请知名文物古建修复专家，遵循文物建筑修缮的原工艺、原材料、原结构的原则，完全按照1910年的材料、结构和工艺进行修缮，以求保留最大的历史信息。12月22日，清华园车站文物保护修缮工程完成结构工程验收。区城管委合理改移市政管线；中关村街道对清华园车站旧址外环境进行整治，拆除违建；区园林局在还原车站历史面貌的基础上，更新提升周边腾退区域，打造生态良好的城市公共空间，形成与清华园车站相匹配的文化氛围。

（钟冷　郭君兮　丁宇宁）

环境建设与修复

【三山五园地区水系全面建成】 年内，区水务局加快南部地区循环水网构建，实施万泉河、颐和园昆明湖与万泉河水系连通等工程，通过长河、颐和园（昆明湖）与万泉河之间的地下管廊，实现玉泉山、圆明园两个片区多个水域的河河互通，为万泉河周边北京大学（未名湖水系）、圆明园、一零一中学、清华大学提供优质的水源补充。两大循环补水片区串联京密引水渠—北长河—北长河南支沟—金河—北旱河—南旱河等多条河道，增加水面面积15公顷，地下水位回升13.29米。三山五园地区完整的水系格局全面建成。

（曹晓霞）

【颐和园检疫病虫害防治】 年内，颐和园完成美国白蛾、松材线虫病等检疫病虫害防治工作，绿色生态园林建设持续推进，“北京市林木有害生物绿色生态综合防控示范区”挂牌落地。完成美国白蛾三代普查、松材线虫病春秋两季普查、杨柳飞絮普查1次和园林绿化外来入侵物种普查等6次专项普查。开展生物和物理防治，设置黑光灯12台，悬挂各类诱捕器共计2842套，诱杀美国白蛾成虫379头，剪除幼虫网幕110处，人工挖蛹1275只，剪槐豆77株，刷除蚧壳虫105株，树干围环767棵，夜间人工捕捉中华裸角天牛、金龟子等害虫240只。全园释放天敌包括蒲螨、肿腿蜂、捕食螨、瓢虫、蠋蝽、周氏啮小蜂、赤眼蜂、花绒寄甲和病原线虫共计106.47亿只。对绿控示范区内各项绿色防控措施的防效调查发现，美国白蛾、桃粉大尾蚜、柳蚜、柳毒蛾、槐尺蛾、槐豆木虱、国槐小卷蛾等常规有害生物的发生量已成功控制在经济阈值之内。开展应急防治，采取树洞修补、树体复壮、防治蛀干害虫、治疗枝干病害、施撒饵剂等局部防治5988株次；对农药施用总量按月进行同比监测控制，按要求上报农药施用量。

（王爽）

【香山公园有害生物防治】 年内，香山公园根据香山物候气候特点，有效预防美国白蛾等病虫害发生。手推式打药机打药66次，背负式打药1273箱，灌根450株，使用低毒农药186千克，设诱木30根、美国白蛾诱捕器6个、国槐叶柄小蛾诱捕器50个、木蠹蛾诱捕器70个、黄板280块；释放异色瓢虫卵卡3000卡、异色瓢虫成虫3900只，释放周氏啮小蜂1100茧；蛀干巡查防治166次，虫情巡查11000余株次、美国白蛾巡查118次，处置美国白蛾虫害3次、苹掌舟蛾虫害5次，替换各种诱芯105个、黄板220块。

（安芳名）

【颐和园春季植物调整】 3月28日至4月30日，颐和园实施春季植物调整工程。工程内容包括：调整各类树木300余株、竹类7000余根；治理陡坡、改善坡面水土流失严重现状、完善植被体系，种植乡土地被1980余平方米；改善西区裸露林下地面现状，提升景观环境，种植乡土地被750平方米。施工单位为北京众宇天成建设工程有限公司。

（高杨）

【颐和园平台亭修缮工程】 4月26日至11月9日，颐和园实施平台亭修缮工程。平台亭为六角亭与平台敞厅的组合体，占地面积127平方米，建筑面积67.57平方米。经现场勘察：六角亭阶条石轻微外闪，局部断裂；地面砖局部碎裂；虎皮石台帮勾缝灰酥碱、脱落；大木梁架保存较好；屋面瓦件酥碱、破损，裹垄灰酥碱、破损脱落，钩头滴水局部破损、缺失；坐凳砖砌体局部酥碱；大木油饰地仗及彩画破损严重。平台敞亭阶条石轻微外闪，局部断裂；地面砖杂乱无章，局部碎裂；虎皮石台帮勾缝灰酥碱、脱落；大木梁架歪闪，部分木构件糟朽严重；屋面漏雨，后铺防水卷材开裂，冰盘檐砖体局部酥碱，坐凳砖砌体局部酥碱，大木油饰地仗及彩画破损严重。项目方案经国家文物局和北京市文物局批准，修缮内容包括：六角亭揭瓦修缮，恢复3号筒瓦捉节夹垄屋面；下架大木重做地仗、油饰；彩画做除尘处理；平台敞厅挑顶修缮，重做平顶屋面及防水；大木构架归安、打牮拨正；地面方砖局部剔补；重做地仗、油饰，对彩画全面物理除尘，脱落彩画进行回贴，缺失彩画补做地仗局部重绘，地仗较好仅颜料层脱落的彩画进行局部补绘。工程施工单位为北京房地集团有限公司，设计单位为北京国文琰园林古建筑工程有限公司，监理单位为北京清华技科工程管理有限公司。

（张斌）

【颐和园耕织图至半壁桥排水管线改造工程】 5月31日至9月29日，颐和园实施耕织图区域排水管线改造工程。排水系统为独立的有组织的排水系统，建于20世纪70年代，出园排水管线位于西北门，与园外功德寺村排水管线相连。由于功德寺村拆迁，其排水管线已废止，耕织图区域的污水无法正常外排，导致现有排水管路淤堵严重，管道淹没。为满足耕织图区域排水需求，将耕织图区域的排污方向改为自南向北，与半壁桥卫生间现有排水管线连通，使污水顺利排出公园。工程共更换管线730延米，现有管线清淤571延米，设置提升井4座，新做污水检查井32座。施工单位为北京市顺建工程有限公司，设计单位为北京华宇星园林古建设计有限公司，监理单位为北京佳德建设监理有限责任公司。

（王娟）

【颐和园古树养护及复壮项目】 6月1日至11月30日，颐和园实施古树养护及复壮项目。该项目由古树日常养护、古树专项保护及零修和古树树体检测及保护三部分组成，在对1607株古树日常养护基础上，对部分古树设施进行零修，通过超声波无损探伤的方式对31株古树进行树体检测，通过树上作业对30株古油松进行上树调查。该项目由北京运运通园林绿化有限公司施工，北京智诚和信工程管理有限公司监理。

（于龙）

【香山公园古树养护及复壮工程】 6月18日至11月22日，香山公园开展古树养护及复壮工程。制定《香山公园2022年古树复壮养护专项方案》并召开方案论证会，根据专家意见完善古树复壮养护方案。全年复壮古树269株，包括支撑、补洞、复壮沟、去撅、枝条整理、摘果、绿地改造、护坡、围栏、支撑、抱箍、拉纤等13小项338项保护措施。

（王雪涵　杨莉）

【圆明园片区水网循环系统建成】 6月，海淀区完成圆明园片区水网循环系统建设。圆明园片区水网循环通过向万泉河、一零一中学、圆明园、北京大学、清华大学校园补水，形成圆明园片区水网循环系统。促进万泉河片区区域水系连通、循环流动的水系格局，有利于完善三山五园地区蓝绿交融的生态水乡格局建设。

（王东东）

【颐和园水生植物管理项目】 8月至11月，颐和园实施2022年水生植物管理项目。颐和园园内水生植物景观总面积25万平方米，工程主要对藻鉴堂、高钓湖、谐趣园、后溪河、葫芦河、西堤沿岸等区域水生植物芦苇、荷叶等进行整理性清割，对水边沿岸葎草进行彻底清理，清理水生植物面积9.3万平方米。

（闫宝兴）

【颐和园东宫门外广场文物修缮工程】 9月30日竣工。工程于2021年10月26日开工。东宫门外广场位于东宫门影壁以东，涵虚牌楼以西区域，占地面积12360平方米，修缮范围是东宫门外广场、内务府公所西所、南官厅所在区域，以及南北如意桥外侧的月牙河部分，不包括现有道路及南北如意桥。修缮内容包括：在现已回收产权的范围内，在不改变现有广场地坪标高的前提下，恢复甬路。排除现存建筑安全隐患，包括河道驳岸、影壁、南官厅院落以及内务府公所西所院落，不对已毁建筑进行复建。河道以东广场地面采取的措施是突出甬路，选用花岗岩铺装，河道以西至影壁间这一区域，种植浅根草坪，对现有毛石驳岸做法进行现状拆砌、加固，并对河道进行清淤处理。工程施工单位为北京市园林古建工程有限公司，设计单位为天津大学建筑设计规划研究总院有限公司，监理单位为北京英诺威建设工程管理有限公司。

（王晨）

【颐和园冬季景观提升】 冬季，根据北京市关于“坚持最高规格最严部署最强措施确保北京冬奥会、冬残奥会安全顺利举办”的要求，颐和园作为奥运圣火传递地，为保证圣火传递沿线环境景观，对火炬传递沿线（知春亭—廓如亭—绣漪桥—西堤—界湖桥）绿地围栏进行维修、更新，对沿线景观大树进行整形修剪。完成930余株树木整形修剪和1900余延米绿地围栏的维修、更新，为公园冬季奥

年内，圆明园片区水网循环系统建成　（《海淀报》供图）

运圣火传递沿线环境景观助力。

（闫宝兴）

文物保护与利用

【颐和园世界文化遗产保护】 年内，颐和园完成2021年世界文化遗产保护管理状况监测报告，2022年上半年、下半年每半年遗产评估报告编写工作，在线提交中国世界文化遗产监测预警总平台。开展日常监测，完成4个季度古建日常巡查。对全园800余座古建单体建筑屋面、台明、墙体、大木构架等进行详细现状评估和病害调研，拍照记录上报市公园管理中心古建筑巡检信息系统。开展专项监测，完成全园桥梁、山石普查。共普查桥梁50余处、山石百余处，全面勘查测量统计并进行安全隐患排查，进一步完善基础数据信息，建立安全自查台账，建立常态化机制，为颐和园不可移动文物保护监测工作提供数据支持。开展监测项目。完成西宫门南北朝房、苏州街绘芳堂、如意庄、竹板亭、新建宫门、多宝塔等105处古建病害巡查和诊断评估，分别记录古建房屋病害情况，从地基基础沉降、柱子倾斜、梁枋挠度等多个方面评估建筑安全稳定性，针对古建筑的安全性给出鉴定意见和保护建议并形成专业监测报告。2022年颐和园世界遗产总体保护状况良好，遗产价值有效传承，管理体系科学有序。

（高翠萍）

【颐和园文物安全隐患排查整治】 年内，颐和园以事故原因未查清不放过、责任人员未处理不放过、整改措施未落实不放过、有关人员未受到教育不放过“四个不放过”为工作要求，开展文物安全隐患排查整治工作，对殿内文物、库房文物、露陈文物进行专项检查共计16次，有效处理报修问题17频次。

（汪洋）

【香山公园文物保护】 年内，香山公园完成《双清别墅文物保护规划》文本，上报北京市文物管理局，按专家反馈意见修改完善；全面核对、踏勘可移动文物、石雕石刻、展览展陈；文物库藏品清点核查，账物相符。修订《香山公园文物保护管理体系》，完善文物台账、健全文保机制，提高文保管理专业水平。和北京云智银河科技有限公司协调西山晴雪碑、梅石、朝阳洞5G文物监控设备使用维护工作，开展月度巡线，加强设备保障，形成分析报告；与北京石刻艺术博物馆就历史文化研究及石质文物保护开展交流。

（贾政）

【颐和园《香山路程图》鉴定定级】 2月9日，颐和园邀请国家图书馆研究员赵前、中国人民大学古籍研究所研究员宋平生、文物出版社编审孟宪钧三位古籍专家，对颐和园博物馆馆藏《香山路程图》进行文物鉴定及定级工作。专家从藏品纸张、装裱方式、内容、书法、绘画以及材料等方面，结合图中从新建宫门至北宫门一段绘制内容和文字标注，对《香山路程图》的艺术性与文献价值给予高度评价。专家依据文物内容、装裱形式、绘画风格，判断该书制作年代应为清代末期，根据古籍定级标准，《香山路程图》可定为三级文物。

（王晓笛）

【颐和园取得1项国家专利】 4月25日，颐和园管理处根据文化遗产监测保护需要，自主开发设计完成《公共园林环境生态监测系统V1.0》。此系统主要是针对生态环境进行指标监测的系统，包括环境监测基本情况了解、监测报告、信息维护、监测仪器设备添加、指标分析等功能，进一步满足和适应园林生态监测需要。8月11日，该系统获得国家版权局计算机软件著作权登记证书。

（高翠萍）

【颐和园长廊彩画修复实验工程】 6月至11月，颐和园实施长廊彩画修复实验工程。在完成长廊彩画保护大量前期勘察、试验基础上，依托中国文化遗产研究院收集整理的长廊彩画病害图集、保护试验报告及保护修缮方案等，组织经验丰富、技艺水平较高的古建筑彩画技艺传承工匠，开展长廊彩画的局部修复实验。实验范围位于排云门以东的6间廊子。由于长廊建筑彩画具有极高的历史价值和艺术观赏价值，修缮实验不对现存包袱、方心、聚锦彩画进行大面积满砍重绘的原则，将实验区域内尚无画面内容的彩画参照历史档案及照片内容进行复制重绘。针对现状保存相对较好的彩画通过除尘清洗、软化、回贴、加固，以及局部补绘的方式，最大限度保存其历史信息，包袱、方心、聚锦以外的规矩活部位，按照最小干预原则，打磨地仗、修补地仗后，卡子、烟云、博古、卷草、黑叶子花等所有画面规矩活部位，均按修复前拓稿原样恢复，力争达到最佳保护水准。实验项目实施单位为北京市园林古建工程有限公司，监理单位为北京清华技科工程管理有限公司。

（张斌）

【颐和园文物设施清消熏蒸】 7月13日至22日，颐和园对原状殿堂、展厅、库房进行虫害清消与熏蒸工作。主要针对颐和园博物馆、仁寿殿、德和园、乐寿堂、玉澜堂、清华轩、澹宁堂等全园31处3万立方米的古建殿堂、展厅、库房进行清消，以及后9间文物库房1459立方米进行熏蒸。清消工作通过对地面施药喷洒和空中施药喷雾两种作业方式同时开展，熏蒸工作是通过密闭打药的方式开展。该项工作对古建内部容易滋生虫卵的重点区域进行虫害干预，防止文物和古建内虫害交叉滋生，从而有效保护文物殿堂、展厅、库房内的文物和古建本体。

（汪洋）

【颐和园仿制9块匾联】 7月至11月，颐和园联合北京市文物古建公司完成怀仁憬集、延清赏楼、斜门殿、穿堂殿和藕香榭5处建筑上的9块匾联仿制工作。原有匾额现状破损、漆皮剥落、字体脱金，仿制工作按照历史规制和传统工艺进行，将原外檐匾联除尘后放入库房登记保存，在5处建筑上悬挂新仿制匾联。

（王晓笛）

【圆明园“修复1860”第五期文物修复】 8月至10月，圆明园管理处开展“修复1860”圆明园文物修复第五期工作。修复项目共修复馆藏瓷器文物10件，包括黄釉绿彩云纹碗1件、蓝釉盘2件、青花红彩龙纹盘2件、青花云凤龙纹碗2件、紫釉莲瓣纹碗1件、釉里红夔龙纹碗2件。

（陈辉　武思竹）

【圆明园澹泊宁静遗址考古发掘（三期）】 9月30日至11月30日，市文物局组织市考古研究院、圆明园管理处、北京大学考古文博学院、北京联合大学考古研究院、首都师范大学历史学院，对圆明园澹泊宁静遗址进行第三期考古发掘，包括对“田字房”余下部分基址和稻田进行考古发掘，对整个澹泊宁静遗址的保存状况、布局以及水稻种植技术进行研究。发掘面积500平方米，清理出“田字房”和皇家稻田遗址。澹泊宁静遗址位于圆明园西北部，是圆明园四十景之一，清雍正五年（1727年）建成。“田字房”是澹泊宁静的主体建筑。通过连续3年的发掘，建筑基址全部清理。“田字房”共33间，各间皆4.48米见方，廊深1.28米，地面以上部分已不存在，基址保存尚好，台基保存高约0.55米，局部残存虎皮石陡板、阶条石。台基面上可见柱顶石、铺地方砖、排水沟，台基外围可见如意踏跺、卵石散水和道路。基础“满堂红”做法，基槽底部满布地钉，防止建筑下沉。台基由9层夯土夯打而成。天井由大小不等的石板铺成，3.8米见方，设置有完善的排水设施。可见台基表面、天井、道路多处经火烧过，地面发红，铺地方砖、石板龟裂。“田字房”以北发掘的稻田遗迹，发现南北两侧的田埂，南侧田埂可见两次修整痕迹，稻田内此前以植物考古的手段发现有水稻植硅石。澹泊宁静发掘工作厘清“田字房”的形制和工程做法，为清代皇家园林建筑研究提供新材料。考古发掘全程向公众开放，通过直播等方式与社会共享考古成果。

（胡晓莹　许沙沙）

【《须弥灵境建筑群遗址保护与修复工程大修实录》出版】 11月，颐和园编写的《须弥灵境建筑群遗址保护与修复工程大修实录》由文物出版社公开出版。本书自2021年7月开始编写，包括须弥灵境建筑群历史变迁、营建过程、设计分析、施工技术、工程管理等专项研究，分为8个篇章，包括颐和园后山中轴线宗教建筑群营缮历史，须弥灵境建筑群复原研究，乾隆朝清漪园后山中轴线宗教建筑群设计分析，项目背景，勘察设计，须弥灵境大殿遗址保护，须弥灵境配楼修复、牌楼修缮及周边环境整治，施工组织工作、组织管理机构与现场管理等内容。

（朱颐）

【《画中游建筑群修缮工程大修实录》出版】 11月，颐和园编写的《画中游建筑群修缮工程大修实录》由文物出版社公开出版。本书自2021年7月开始编纂，包括5个篇章，其中研究篇：开展画中游营修史与复原研究、规划设计与空间营造、园林文化与园林活动三项专题研究，对画中游造园思想、园林艺术、文化内涵的系统的分析，丰富并深化相关研究及价值认知；勘察设计篇、施工记录篇、彩画保护篇、施工管理篇：对施工过程中勘察、设计、修缮研究、施工等各阶段积累的材料进行搜集整理并汇编成册，将施工过程及详细做法存档，对施工中遇到的问题进行研究、解决并记录，为同类遗产的修缮与保养工程提供借鉴与参考，具有推广价值。

（朱颐）

【圆明园马首铜像回归两周年纪念日直播活动】 12月1日，圆明园联合“快手人文”进行圆明园马首铜像回归两周年纪念日专题独家直播活动。圆明园管理处向观众分享马首铜像入藏圆明园的过程；邀请高校学者，从科技考古的角度讲解马首铜像检测全过程，展示马首的铸造工艺、材质；讲述圆明园西洋楼及十二生肖兽首的历史；圆明园文创设计师和圆明园首届文创大赛获奖作品者、十二生肖兽首盲盒设计师分别介绍圆明园文创设计大赛、马首文创产品相关情况，分享文创设计理念，推出《圆明园·兽首临潮》十二生肖兽首盲盒。直播观看量达377万人次。

（邱静　田建芬）

历史文化研究

【三山五园“一院两馆”合作项目】 年内，区文促中心与北京联合大学应用文理学院持续建设三山五园研究院及其所属的三山五园文献馆和三山五园数字体验馆建设——“三山五园文化智慧服务系统”（二期）。二期项目依据古地图图册、古籍文献记载，完成畅春园（含西花园）区域的山水地形三维模型构建；以地理信息技术为支撑，完成构建清康熙时期畅春园区域的数字孪生应用系统；完成三山五园文献馆数字系统建设，实现三山五园历史文化电子资源管理的科学化、信息化、自动化。

（吴桐君）

【海淀文化沙龙暨三山五园阅读沙龙】 年内，区文促中心指导，在圆明园文化体验中心由北京圆明园研究会主办，圆明园研究院及北京艺连科技有限公司承办5期海淀文化沙龙暨三山五园阅读沙龙。分别邀请中国人民大学清史研究所副教授阚红柳分享“追寻清代历史上的畅春园”以及《清代畅春园史料初编》的编著、出版过程和整体情况，从历史学研究的角度，深入解读畅春园与圆明园的共同属性、畅春园在清朝的历史变迁、康熙居园理政的详细情形；资深出版人刘霆昭现场讲授《北京名片之圆明园》，和与会嘉宾探讨相关知识，向圆明园管理处捐赠《北京名片之圆明园》1000册；国家图书馆研究馆员、舆图组组长白鸿叶以“国家图书馆藏三山五园样式雷图档的整理出版”为题，分享《大国工匠——样式雷》的编著、出版情况；清华大学未来实验室首席研究员、教授唐克扬解读《从废园到燕园：海淀的历史和“我”之小史》；曹雪芹纪念馆研究馆员、中国红楼梦学会理事、《曹雪芹研究》常务编委樊志斌解读曹雪芹的北京见闻与《红楼梦》的北京书写兼谈从圆明园的建造到大观园的书写。

（马婧妮　孙思）

【海淀文化印象系列画册编印】 年内，区文促中心挖掘大西山文化带和三山五园文化圈历史脉络，邀请自由摄影人张晓莲等人拍摄百望山圣母院、圣母山遗迹、圣若瑟楼、贝家花园和上庄三庙（龙王圣母庙、东岳庙、北玉河关帝庙）遗址遗迹，编印《圣母院 圣母院遗址和圣若瑟楼》《龙王圣母庙 上庄东岳庙 北玉河关帝庙》《贝家花园》三本画册。

（吴桐君）

【香山公园文旅融合发展路径调研】 年内，香山公园开展文旅融合发展路径调研，搜集相关资料75篇；制作调查问卷50份，对旅游客源群体进行调研，剖析香山在文旅融合发展的优势、制约因素，提出发展策略，撰写调研报告4000字，上报市公园管理中心。

（李博）

【《颐和园》报创刊】 1月1日，颐和园创刊《颐和园》报，为内部新闻性月报，报刊版式为8开对开，每期4版，每月1日出刊，以电子版形式内部传播。全年出刊12期，48版面。

（李昆）

【第十九届中国文化产业新年论坛·海淀文化产业对话会】 1月8日，由区委宣传部、北京大学艺术学院主办，区文促中心、北京大学文化产业研究院承办，大有书馆（北京）有限公司协办的第十九届中国文化产业新年论坛·海淀文化产业对话会举办。对话会以“三山五园文化的创意传承与多元生发”为主题，线上线下相结合的形式召开，论坛由嘉宾致辞、主题演讲及圆桌研讨三个部分组成。关注三山五园文化传承传播的政、学、企界代表近20人，就三山五园文化的新时代表达、“三山五园”文化的文艺创作与文化传播等战略命题展开跨界交流。

（富星烨）

【第八届三山五园线上学术研讨会】 1月12日，由市文物局指导，区委宣传部、北京联合大学、区文旅局联合主办的“三山五园整体保护与活化利用——第八届三山五园学术研讨会”在线上召开。会议以“三山五园整体保护与活化利用”为主题，分专题发言、主旨发言，收到论文57篇。来自国内外的110多位领导和专家学者参会。

（吴桐君）

【三山五园园林画境艺术展】 1月23日至4月18日，由区文旅局指导，北京艺连科技有限公司主办，圆明园管理处、区文促中心、区图书馆支持的“园林画境——三山五园主题书画创作展”在颐和园德和园展出，展品包括29位艺术家的45幅绘画作品、玉雕作品2组，接待观众6.2万余人次。6月11日至7月18日，“园林画境——艺术视野下的圆明园”展览在圆明园正觉寺最上楼展出，展品包括22位当代艺术家的47幅绘画作品，内容涉及以圆明园题材为主的“三山五园”自然风光和人文内涵。8月23日至9月19日，“园林画境·圆明园40景新意象”展览在圆明园正觉寺最上楼展出，以“圆明园四十景”作为绘画主题，展出21位画家的40余幅作品。9月26日至10月25日，“园林画境·三山五园摄影展”在圆明园正觉寺最上楼展出，展出14位摄影师的40幅作品，用摄影描绘“三山五园”天乐人和的壮美画卷。12月17日至25日，“园林画境三山五园主题艺术展”在中华世纪坛展出，包括38位艺术家的绘画及摄影作品。

（吴桐君　王晓笛）

【“玉见生机”——中国古代动植物题材玉器展】 1月28日至4月10日，颐和园管理处、中国人民大学清史研究所和北京艺术博物馆在颐和园博物馆联合举办“‘玉’见生机——中国古代动植物题材玉器展”。展览精选商代至民国初年动植物题材玉器230余件，以古代动植物题材玉器为核心，用不同造型的玉饰传达古人禳灾祈福的美好寓意、精雕细琢的大国工艺及“以玉比德”的高尚品格，共接待参观7万余人次。其中2月26日、27日，开展两场线下科普体验活动，向参与者传播玉器基础知识；通过雕刻知识小课堂，传播玉雕基础知识，18组家庭40余人参与活动。

（杨川　颜素　黄璐琪）

【圆明园爱国主义教育主题展】 2月1日，由圆明园管理处主办的“劫灰飞尽 笃行致远——圆明园爱国主义教育主题展”在圆明园展览馆开展，展览为历年文物考古和保护成果专题展，以西洋楼为出发点，分为“美贯中西”“劫后遗珍”“西洋残影”和“传承保护”四大展区，涵盖西洋楼图文介绍，石构件、瓷片、琉璃、过火木等实物展品，老照片、领导关怀、大事记、考古项目成果等内容，多角度、全方位展现出圆明园深厚的文化底蕴、精湛的园林艺术和新时代的保护典范。此展长期陈列。

（庞晓寒　贾贯峰）

【“画中海淀 四季之美”线上展览】 2月4日，区文保中心举办“画中海淀 四季之美”线上展。展览依托节气，介绍海淀地上文物，包含每个节气对应文物景点设计、文物景点绘画、片头视频制作、动图制作、壁纸制作等。展览持续至2023年1月20日，共推送24期，阅读量超5000次。

（马明杉）

【三山五园地区整体保护规划解析】 3月11日，北京学研究基地举办第40次云上北京学学术沙龙，200多名听众参与。学术沙龙邀请北京清华同衡规划设计研究院有限公司副总规划师张晓光，作《三山五园地区整体保护规划（2019年—2035年）》专题报告，解析三山五园地区的历史沿革与整体价值、保护现状、保护目标与重点内容，分别阐释6大保护重点。在会谈环节，北京联合大学应用文理学院副院长张景秋从区域独特性、保护与发展的关系、整体性保护三个方面进行总结和概括。《三山五园地区整体保护规划（2019年—2035年）》（简称《规划》）由北京市规划和自然资源委员会、海淀区人民政府组织编制，于

2021年9月30日获市政府批复。《规划》主要内容包括：提出“两带（文化传承发展带、生态文化游憩带）、三区（生态休闲游憩区、历史文化旅游区、教育科研文化区）、多点（围绕三山五园核心，塑造若干关键节点）”总体空间结构。功能定位：首都功能建设重要承载区、国家历史文化传承典范区。6个保护重点：保护与老城的密切联系、保障首都四个中心功能；保护山水形胜的整体格局，延续独特的空间秩序；保护丰富多样的文化遗产，擦亮历史文化金名片；保护绿地成片的生态基底，构建中心城绿色屏障；保护有机融合的文化景观，塑造古与今和谐风貌；保护和谐优越的人居环境，提升人民生活幸福感。

（郭君兮　钟冷）

【《香山慈幼院历史文化研究》课题取得阶段性成果】 3月，《香山慈幼院历史文化研究》课题启动。课题为市公园管理中心两年课题，通过档案馆查询、搜集与香山相关的民国老报纸（影印件）、书籍、影像等资料1200余幅（本、篇），香山慈幼院实物资料4本；现场踏勘香山民国建筑、墓园10处；举办两场宣教活动；撰写《香山慈幼院体育教育研究》论文5000余字；编写《文献中的香山慈幼院》一书，10万字，图片160余幅。该课题从历史文献和香山慈幼院在香山时期发生的各类逸事角度进行深入研究，不断补充香山公园民国时期的研究历史空白。

（李博）

【香山公园展览展陈】 3月，香山公园接收中央美术学院副教授张峻明《双清别墅》油画捐赠，悬挂在双清别墅红色书屋。3月，与中国园林博物馆签订《捐赠协议》，提供展品14件。7月1日，接受朱和平捐赠朱德藏书6册：《列宁论战争、和平的三篇文章》，《1848年至1850年的法兰西阶级斗争》，《欧体九成宫标准习字帖》，《〈哥达纲领批判〉提要和注释》，《人民空军》杂志第3期、11期。8月底，完成中央礼品文物管理中心承办的“中央文物展”（暂定名）香山文物藏品“绣墩”借展。9月，参与“园说Ⅳ——这片山水这片园”展，提供展品11套20件。完成《2022年度香山公园文物保护及展览展陈维护项目》《香山革命纪念地旧址展览展陈日常维修及养护项目》的比选、合同签订。做好展览的常规维护、展板更换和设备设施维护等工作。

（贾政　王奕）

【三山五园艺术中心展陈项目】 3月至5月，区文保中心与区文物交流中心签订《服务框架协议》，论证多个临时展览意向，为临时展览提供多个方向展览主题。筹备“三山五园暨海淀古代历史文化展”“海淀发展成就展”展陈大纲，形成初稿并启动设计。“三山五园数字展”完成三山五园山形水系、整体布局以及畅春园西花园的地理定位、部分建筑格局、建筑形制、植物配置的考证研究，正在开展建模工作。向公众征集444件数字、实物和复仿制展品。

（马明杉）

【《颐和园可移动文物保护与利用工作探究》课题完成】 3月至11月，颐和园完成《颐和园可移动文物保护与利用工作探究》课题。该课题是2022年北京市公园管理中心调研课题之一，通过实地调研、资料搜集等方式，首次对颐和园可移动文物保护和利用工作进行系统梳理，摸清文物制度、相关事项办理流程及日常工作等方面的基本情况，分析颐和园可移动文物保护与利用在制度统筹、机构建设、人才培养、硬件设施等方面存在的问题，从客观实际、主观能动、发展痛点等方面分析产生问题的深层次原因，提出下一步从制度、流程到基础工作针对问题的解决办法，为制定颐和园博物馆规划提供参考。

（杨川）

【“绝艺交辉”——英国维多利亚和艾尔伯特博物馆与颐和园博物馆艺术精品展】 4月30日至7月1日，由中国文物交流中心、北京市公园管理中心指导，英国维多利亚和艾尔伯特博物馆与颐和园博物馆联合主办的“绝艺交辉——英国维多利亚和艾尔伯特博物馆与颐和园博物馆艺术精品展”在颐和园博物馆开展。展览首次聚焦16至20世纪的中欧物质文化与艺术主题，英国维多利亚和艾尔伯特博物馆于2008年入藏的罗莎琳德和亚瑟·吉尔伯特夫妇捐赠的金银器、鼻烟盒及微型马赛克等欧洲上流社会艺术精品，与颐和园博物馆所藏的明清时代各类宫廷艺术珍品共同展出。展出英国V&A馆藏88件/套、颐和园馆藏56件/套，共计144件/套文物。展览分为云直播、云观展、云讲座、云推送等系列线上活动，点击量2894人次，线下展览参观人数总计1.5万余人。

（王晓笛）

【《颐和讲堂》】 4月起，由颐和园主办的每月一期的《颐和讲堂》改为线上直播，157万余人次观看。4月23日（世界读书日），举办“一人一书”系列——计成与《园冶》主题文化沙龙直播活动。5月18日，邀请故宫博物院钟表修复专家讲述与颐和园联合开展文物修复研究的故事。6月11日，举办主题为“世界遗产在北京”文化沙龙直播活动，介绍北京7处世界文化遗产。7月23日，举办《水利在北京城市发展中的地位》直播讲座。8月20日，举办《守正与创新——追忆孟兆祯先生》主题讲座。9月10日，举办《百年中国美术史中的颐和园与戴泽》文化沙龙活动。9月28日、10月29日、11月19日借“园说Ⅳ”举办《这片山水这片园》《清代三山五园的赐园研究》《香山静宜园若干画作浅析》系列讲座。

（段润宇）

【《听见·三山五园》原创音乐活动】 4月至5月，由区委宣传部指导，区文促中心、腾讯音乐娱乐集团联合主办的《听见·三山五园》原创音乐项目公开发行原创歌曲《飞趋清漪赋》《行叹绝景》《沿湖有回音》《山林音律》四个篇章14首数字音乐作品。歌曲将中国风与流行、嘻哈、摇滚等不同音乐风格融合碰撞，加深听众群体对三山五园文化的了解。活动通过腾讯音乐人平台官网、官方微博等渠道在专业音乐人群体中传播，触达20余万名音乐人，曝光500万次以上。腾讯音乐集团在旗下QQ音乐、酷我音乐等渠道中播放14首歌曲超1563万次，覆盖有效听众500余万人，总曝光量超过1亿次。新浪网等合作媒体传播推广覆盖人群100万余人，曝光量达3000万次，音乐人微博、视频号等渠道自发传播后阅读量超532万次。

（吴桐君）

【《样式雷》纪录片完成】 4月至9月，颐和园配合中央广播电视总台完成纪录片《样式雷》拍摄工作。颐和园配合摄制方对拍摄大纲进行修改完善，派出专家团队对样式雷设计理念和园内样式雷家族设计实例进行讲解。纪录片共5集，全面介绍中国皇家建筑师样式雷家族的兴衰史，其中关于样式雷家族设计颐和园的相关内容集中在第2集和第5集。《样式雷》纪录片将于2023年2月26日至3月2日在中央电视台纪录频道播出。

（张鹏飞）

【《书画里的中国》拍摄完成】 5月7日，颐和园配合北京电视台完成《书话里的中国》第二季第二集拍摄工作。本集节目以“小青绿”山水名作《惠山茶会图》为起点，以谐趣园内的乾隆所写的《题惠山园八景》为线索，找寻“惠山八景”的印记，向观众呈现古代文人墨客的品茶雅集、文徵明与友人聚会背后的故事以及中国悠久的茶文化历史。本集节目于5月21日周六20：20黄金时段在北京卫视播出。

（段润宇）

【“5·18”国际博物馆日活动】 5月18日，圆明园管理处联合多个线上平台开展国际博物馆日活动，用直播、纪录片等形式带观众感受圆明园的历史文化。在快手平台开通圆明园遗址公园官方账号，联合快手开展《百年梦圆——圆明园马首铜像回归展》直播活动，介绍圆明园流散文物回归情况、文物修复以及遗址考古发掘工作，向社会各界呼吁关注和支持圆明园遗址文物保护发展。直播观看量达66.6万人次，#圆明园入驻快手#话题阅读量达662.2万人次。在圆明园官方微信公众号开展圆明园大讲堂直播《博物馆的力量——2022年国际博物馆日主题分享》《乾隆帝与圆明园正觉寺文殊像》，邀请中央美术学院教授分享博物馆历史知识、乾隆帝与圆明园正觉寺文殊像相关研究成果。联合区融媒体中心推出文博非遗科普类纪录片《镇“淀”之宝第一集——圆明园遗址公园》。

（邱静　任翾）

【圆明园官方数字藏品首发】 8月4日，圆明园举办以《圆明七夕：皇家园林、荷花文化与七夕》为主题的文化直播活动，邀请文化学者讲述圆明园造园类别和理念，皇家园林、荷花文化，带观众走进古代帝王园居消夏的历史时空；圆明园官方数藏设计师介绍以圆明园荷花为主题的数字藏品设计思路。在“星原数艺”平台公开首发圆明园“创世徽章”“并蒂圆明”两款官方数字藏品，巧妙融合多个具有圆明园代表性的文化元素，并以新颖的创意设计进行呈现。“创世徽章”将圆明园文化中的爱国主义精神与东方美学典范相结合，塑造平行时空中依然瑰丽的皇家园林；“并蒂圆明”的设计灵感源自圆明园盛开的并蒂莲，并蒂莲一茎两花，象征同心、同根、同福、同生。

（余娜　刘瑜）

【圆明园历史文化展】 8月26日至10月7日，由圆明园管理处与内蒙古赤峰市敖汉旗人民政府共同举办的“山高水长 安和万方——圆明园历史文化展”在敖汉第一村民俗博物馆举行。展览分为“远逝辉煌”“百年沧桑”“涅槃重辉”三个单元，展出展品40余件，包括圆明园大宫门出土的琉璃构件、铜鎏金象首、“花甲联芳”玉扳指、梵文青花高足碗、海晏堂十二生肖铜像仿制品等，通过对圆明园兴盛、浩劫、新生各个历史时期的展示，弘扬爱国主义精神，促进民族文化交流融合。

（庞晓寒　马菱汕）

【“一村三山五园——北京海淀特色文化虚拟展”参展服贸会】 8月31日至9月5日，2022年中国国际服务贸易交易会（简称服贸会）在京举办，在北京国家会议中心和首钢园区设置会场。在首钢园1号馆的S1T019展位，由区文促中心主办，朱强三山五园工作室等承办，北京元一畅想科技有限公司等协办的“海淀文化元宇宙展厅”重磅亮相。作为“元宇宙+文旅展区”的重要组成部分，展厅首展主题为“一村三山五园——北京海淀特色文化虚拟展”，分为“皇·园林典范”“红·曹公红楼”“兰·纳兰词韵”“法·中法敦睦”“中·智能中关”五个单元，以海淀区五大特色文化“皇、红、兰、法、中”为核心，以虚拟仿真技术、数字技术为载体，通过50件套数字展品，紧扣“一村三山五园”的历史文化景观映射出的人地关系，构建出独具特色的海淀文化品牌。

（朱强　吴桐君）

【《畅春园清代诗文辑录》发布】 9月25日，《畅春园清代诗文辑录》新书发布暨张宝章先生“三山五园”学术思想座谈会在圆明园管理处召开，《北京志》主编段柄仁，著名清史专家、“三山五园”研究专家王道成等20余位专家学者参会。《畅春园清代诗文辑录》由张宝章著，包括有关畅春园的清代诗文364篇，有关西花园的清代诗文81篇，收录《“三山五园”——第一园畅春园》《从头再写西花园》《畅春园恩佑寺与恩慕寺》三篇论述，通过史料发掘和学术研究还原其昔日风采，对于抢救和保护畅春园遗址，全面梳理畅春园的历史文化研究成果具有重要意义，填补畅春园研究空白。张宝章介绍《畅春园清代诗文辑录》的创作历程及“三山五园”研究心得，与会专家学者围绕《畅春园清代诗文辑录》出版以及“三山五园”研究进行讨论。市文物局局长陈名杰就如何做好“三山五园”研究提出有阵地、有人才、有机制、有成果的建议。

（王浩　刘慧）

【盛世回归——海外回流文物特展】 9月26日至12月18日，由圆明园管理处与上海市闵行区博物馆、保利艺术博物馆联合举办的“盛世回归——海外回流文物特展”在上海市闵行区博物馆举行。展览分为“盛世重逢”“华美赓续”两个部分，汇聚来自保利艺术博物馆和圆明园的47件海外回流精品文物，展出圆明园海晏堂十二生肖之牛首、虎首、猴首、猪首、马首（复制品）5件铜兽首，以及商周、春秋战国、两汉时期40余件国宝级青铜重器。

（庞晓寒　郭雨杉）

【“园说Ⅳ——这片山水这片园”展】 9月28日，由北京市公园管理中心主办、颐和园承办的“园说Ⅳ——这片山水这片园”展在颐和园博物馆开展。展览甄选展品171件/套，首次以文物为载体，展示“这片园林”钟灵毓秀的山水环境、经年累月的造园历程、登峰造极的艺术成就、园居理政的多元功能和方兴未艾的保护发展进程。展览持续至2023年2月5日，接待观众12万人次。

（杨馥华）

【“志喻金汤——健锐营历史文化展”】 9月，团城演武厅推出固定陈列展“志喻金汤——健锐营历史文化展”，展览分为健锐劲旅、诘戎扬烈、太平安乐、壮肄声威、策功绩武5个单元，全面讲述清代健锐营的历史文化。展区面积570平方米，采用原状陈列与现代化展陈相结合方式，开放东西值房及南北城楼作为新的展示区域，全面展示健锐营历史文化内涵，至年底接待观众8868人次。

（田硕苗）

【《基于空间句法的不同历史时期谐趣园空间组织特征分析》发表】 9月，三山五园研究团队成员付菁、朱强及指导老师秦岩在《华中建筑》杂志2022年第9期发表《基于空间句法的不同历史时期谐趣园空间组织特征分析》。谐趣园是颐和园中现存古典园林中一座典型的园中之园，自乾隆时期初建以来，谐趣园经历多次不同规模的改建与修缮。文章基于样式房图档、陈设档等史料，对清嘉庆、光绪和现状三个时期的谐趣园格局开展考证和复原，借助空间句法理论的Depthmap软件对园林空间的变迁开展定量分析，比较整合度、深度、连接度等反映空间组织特征的指标，用定量的方式解读其空间组织特征，置于历史背景下思考造成空间组织变迁的原因。

（朱强）

【《颐和园日历·2023（草木贲华）》出版】 10月，《颐和园日历·2023（草木贲华）》出版发行。此为颐和园系列日历之一，以园林中的花木文化为主题，包括植物种类、植物文化、科普小知识、宫廷插花等，按照不同月份的植物种类进行编排，收录公园春夏秋冬四季的主要植物共计45科79属110种，配以专业兼具科普性的文字介绍、诗词文化和精美图片398幅，融园林游览和植物识别于一体，为读者呈现一幅幅园林植物文化画卷。

（刘精）

【《中国——二十一世纪的园林之母》出版发行】 10月，由国家植物园（北园）主编的系列丛书《中国——二十一世纪的园林之母》由中国林业出版社出版发行。系列丛书共五卷，首批出版一、二两卷。第一卷共计120万字，采用图片200余张；第二卷共计116万字，采用图片300余张。本系列丛书对中国观赏植物以及具有潜在观赏价值的植物资源进行总结，充分记载中国观赏植物的资源现状及海内外引种传播历史和对世界园林界的贡献；对海内外业界有关采集并研究中国观赏植物突出的人物与事迹、相关机构进行介绍。

（石鑫）

【《清代三山五园地区水陆御道的空间分布初探》发表】 10月，由朱强博士撰写的《清代三山五园地区水陆御道的空间分布初探》在《三山五园研究》（第二辑）上发表。文章基于清代样式雷图档、近现代测绘图及老照片、文献等一手资料，利用空间制图手段复原清代光绪时期全程35.54千米的陆上石板御道及土质御道的准确分布，将其划分为西直门至畅春园段、畅春园至圆明园段、颐和园至静明园段及静明园至静宜园段四段，分析其分布和使用特点；依据《穿戴档》、御制诗等文献，考证清帝在4条河流和两大湖泊中常用航行线路；通过叠加图纸与调研，认为现状的保护情况不乐观，对于三山五园有着“文化线路”的重要意义的御道迫切需要进行整体的梳理、保护与文化挖掘。本文系北京学研究基地2020年度开放课题《清代皇室三山五园园居生活及运营管理研究》（编号BJXJD-KT2020-YB03）的阶段成果。

（朱强）

【第五届北京南海子文化云论坛暨颐和园研究院第三届学术研讨会】 11月12日，由中国人民大学、天津大学、中国第一历史档案馆、北京市文物局、北京市文化和旅游局、北京市大兴区人民政府、北京市颐和园管理处联合主办，大兴区委宣传部、中国人民大学清史研究所、北京南海子文化研究院等多家单位承办的“居园理政古苑囿 风生水起新国门”第五届北京南海子文化云论坛暨颐和园研究院第三届学术研讨会在颐和园举行。活动分为论坛和文化展两部分。论坛由三个议题环节组成：溯·居园理政，邀请中国人民大学、中国第一历史档案馆、颐和园等单位的专家，通过访谈的形式讲述清朝居园理政模式由京南向西北转移的历史，解读皇帝在紫禁城外理政的脉络；品·营造之道，邀请北京大学、天津大学、北京市园林绿化局、颐和园等单位领导和专家，探讨南海子及颐和园蕴含的营造之道；看·风生水起，从西山永定河文化带、博物馆之城建设和中轴线“申遗”保护切入，探讨大兴区推进全国文化中心建设总体思路框架；论坛发布《南海子历史档案整理研究》《瀔水汤汤，凤河泱泱——图像南海子》《南海子营房图档研究》南海子最新学术研究成果；颐和园管理处与大兴区委宣传部签订战略合作框架协议。央视频移动网、新华社现场云、网易新闻、优酷视频等线上平台进行直播，340万人次在线观看。“北京南海子文化展”于11月5日亮相颐和园东堤，展览持续半个月。文化展览分为两个单元，第一单元以南海子文化历史遗迹为主线，第二单元以“绿水青山润大兴”“文化悠长读大兴”“风生水起看大兴”为主线，展示南海子的历史变迁在清朝居园理政中举足轻重的作用；第二单元以“绿水青山润大兴”“文化悠长读大兴”“风生水起看大兴”为主线，展示大兴区近年在生态、文化、经济社会发展等方面丰硕的建设成果。

（钟冷　张鹏飞）

【北京纪念《保护世界文化和自然遗产公约》50周年主会场活动】 11月26日，由北京市文物局、北京市公园管理中心主办，北京市颐和园管理处承办的“北京纪念《保护世界文化和自然遗产公约》50周年主会场活动”在颐和园举行。活动以“下一个50年：挑战与发展共存的世界遗产”为主题，采取线上线下相结合的方式进行。活动现场，发布《世界遗产在北京》手册和“北京世界文化遗产保护管理联盟”倡议、宣读“2022年度亚太地区文化遗产保护奖”评奖结果、遗产保护专家介绍最新研究成果。在主旨演讲环节，中国建筑设计研究院总规划师陈同滨介绍“首都核心区整体保护之遗产价值研究”课题成果，北京建筑大学建筑遗产研究院原常务副院长汤羽扬介绍北京在长城保护方面的创新探索和保护成果，联合国教科文组织世界遗产中心主任拉萨雷·埃伦杜·阿索莫和联合国教科文组织与国际文化遗产保护与修复研究中心亚洲遗产管理学会秘书长董卫分别进行主旨发言。联合国教科文组织世界遗产中心、亚洲遗产管理学会、北京世界文化遗产保护机构、遗产保护专家等线上参加活动。主会场活动通过市文物局、颐和园、颐和园学会官方微博，以及首都之窗、光明网线上平台直播，220.4万人次观看。

（李倩　钟冷）

【“三山五园”石刻调查课题结题】 11月，“三山五园”石刻调查课题通过专家论证结题。本课题是延续性课题“北京地区露天、半露天石质文物保存环境与病害调查”的第三期，在第一期（东城区、西城区）、第二期（石景山区、门头沟区）形成的工作模式基础上，采纳专家意见，采取点面结合的方式，对三山五园区域的石刻文物保存状况与病害情况进行重点调查，掌握石刻文物保存现状，为有针对性地制定保护修复方案提供参考文物进行调查。课题完成53处石刻文物病害调查工作。

（史迪威）

【第九届三山五园学术研讨会】 12月17日，由市文物局指导，区委宣传部、北京联合大学、区文旅局联合主办的“三山五园价值阐释与创新发展——第九届三山五园学术研讨会”在线上召开。会议以“三山五园价值阐释与创新发展”为主题，分专题发言、主旨发言、两个分会场研讨，分会场主题分别为“三山五园历史沿革与文化内涵”及“三山五园遗产保护与文化传播”，收到论文45篇。来自国内外的120多位领导、专家学者和北京联合大学师生参会。

（吴桐君）

【圆明印象·皇家游礼文创设计展】 12月30日，由圆明园管理处主办的圆明印象·皇家游礼文创设计展在中华世纪坛—世界艺术展厅（东厅）开幕。展览集中展示2021年、2022年两届圆明园文创设计大赛优秀作品108件（组），包括平面设计10件、产品设计56件、数字创意7件、中小学作品35件。设置文创产品实物展区与VR数字互动体验区，让观众在现场“能看、能体验、能互动”。展览现场特别运用灯光设计，打造全方位沉浸式观展体验，让观众置身其中领略别样观赏设计之美。展览持续至2023年1月28日。

（余娜　刘瑜）

【《国家植物园植物名录》出版】 12月，国家植物园编纂的《国家植物园植物名录》（简称《名录》）由中国林业出版社出版发行。《名录》主编魏钰，分上、下两册，共计123万字，收录至2020年底国家植物园引种栽培及野生（逸生）的植物种类共计274科2185属（含41杂交属）17435个类群（8141种136杂交种220亚种379变种12变型7961品种126杂交群19栽培群200杂交组合241栽培类型），其中北园229科1689属（含35杂交属）11111个类群（5469种78杂交种152亚种242变种4变型4735品种121杂交群14栽培群178杂交组合118栽培类型）、南园245科1478属（含10杂交属）8669个类群（4209种83杂交种98亚种206变种9变型3885品种10杂交群7栽培群28杂交组合134栽培类型）。在《名录》编排上，采用先进的分子分类系统进行排列，与国际学术接轨。其中，石松类和蕨类植物按照PPGI（2016）系统进行排列，属排列顺序参考Christenhusz等（2011）系统；裸子植物科属范围按照Christenhusz等（2011）系统，排列顺序依据最新系统发育研究成果进行调整，将买麻藤亚纲改置于最后；被子植物科属基本按APG IV系统排列（APG，2016），同时参考新发表的系统发育以及命名等方面的研究成果进行微调，如将五福花科（Adoxaceae）改名为荚蒾科（Viburnaceae）。在科属的界定上基本采用APG IV和《Flora of China》有关类群处理的意见，但一些类群参考最新的分子系统学研究成果，对一些传统属进行拆分或合并。各属种及种下等级按照学名字母顺序进行排序。

（石鑫）

经济管理

2023
北京海淀年鉴

经济社会发展与综合调控

【概况】 2022年，海淀区发展和改革委员会（以下简称区发改委）统筹经济社会发展和复工复产防控工作，建立常态化经济运行调度机制，构建安全发展环境和优质营商环境、推进固投项目和城市更新，推动全区经济社会高质量发展。落实中央和市级稳经济一揽子措施、“京12条”等稳增长政策，牵头制定“稳增长31条”“中小微22条”等区级政策助企纾困，出台一揽子优化调整方案推动全区快速实现全面复工复产。实现地区生产总值10206.9亿元，占北京市经济总量的24.5%，按不变价格计算，比上年增长3.5%，经济总量和增长贡献继续保持全市第一。区级一般公共预算收入实现490.5亿元，同口径比上年增长8.4%。固定资产投资比上年增长5.2%。规模以上高新技术企业总收入比上年增长3.8%。社会消费品零售额2716.5亿元，其中网上零售额961.2亿元，比上年增长1.2%。园区企业研发费用达2038.3亿元，比上年增长7.8%；技术合同成交额达874.4亿元；PCT[①]专利申请量4500余件。居民人均可支配收入96153元，比上年增长2.9%。城镇登记失业率控制在3%以内；食品、药品安全监测抽检合格率分别达到98.5%、99%以上。海淀区获批国家知识产权强市建设示范城市和国家知识产权服务出口基地，“双创”工作连续6年获国务院通报表彰。深入落实市优化营商环境5.0改革任务，率先完成企业住所标准化登记改革，997个产权方5021处经营性房产纳入住所标准化数据库。全年新增企业3.5万户左右，新增上市企业19家，上市企业总数268家。区发改委为驻区企业争取国拨资金支持，10家企业合计当年资金到位3.72亿元。统筹组织完成130余家企业参加国家发展改革委和北京市发展改革委17个专项的申报推荐工作。其中，组织12家企业申报2022年（第29批）国家企业技术中心，九强生物技术股份有限公司等4家企业被国家发改委认定为“国家企业技术中心”，占全市上报企业的60%；组织82家驻区企业申报国家发改委、税务总局等5部门举办的“2022年享受税收优惠政策的集成电路企业或项目、软件企业清单”制定工作。

区发改委推进11项专项课题调研与咨询调研，获得2021年度海淀区调研先进单位。编印《海淀发展与改革研究》（内刊）4期。办结《关于规范平台经济发展 搞活小微企业的提案》等7件区政协提案、《关于海淀区积极建设“儿童友好城市示范区”的建议》等6件人民代表建议。受理接诉即办案件1800余件，承办接诉即办案件700余件。其中，停车收费类案件约占57%，房租减免类案件约占16%，空气源热泵采暖类案件约占14%，复工复产类案件约占7%，招投标类案件约占5%，其他案件约占1%。受理公检法委托价格认定案件2290件，总计鉴定金额1885万元。

（黄琪）

【经济动态监测】 年内，海淀区经济大脑以“全区域、全时空、全场景”为重点推进应用建设，建立新设、迁转等企业动态监测机制，按照部门、街镇对迁入迁出企业进行分类分层实时监测；以服务经济、税源建设工作为重点，架构企业迁转、异地企业排查、重点企业深度画像、税收风险管理、高精尖产业服务等业务应用，累计预警1547家企业外迁并开展相关服务；启动政府投资项目全生命周期管理系统建设，实现审批工作线上跟踪运行。

（黄琪 刘佳）

【固定资产投资】 年内，海淀区安排233个固定资产投资支撑项目。完成全社会固定资产投资1133.1亿元，比上年增长5.2%，增速高于全市1.6个百分点。组建重大投资项目谋划工作专班，投资总额293亿元，23项重大谋划项目成果通过市发改委验收。大北农生物农业创新园、仁创砂产业园、西三旗金隅科技园二期、北部医疗中心、苏家坨中心医院等项目加速建设。扩大增强发展内生动力的生产性投资、补齐基础设施和民生服务短板、推动投资结构优化和质量提升、聚焦科学城北区集约发展、科学城南区城市更新以及三山五园地区品质提升等重大工程项目。

（黄琪）

【政府投资】 年内，区发改委统筹安排教师进修学校、金河生态治理等政府投资193个项目，项目总投资425.5亿元，其中区级总投资380.2亿元，区政府投资资金120亿元。政府投资固投[②]完成68.80亿元，完成率为141.23%；建安投资完成52.22亿元，完成率为135.12%。建安投资与设备购置投资规模占比超过50%。完成156个项目的评审，批复2022年老旧小区综合整治项目、2022年平原造林及园外园五期工程方案。联合区财政局，配合区审计局完成海淀区2022年慢行系统完善工程等202项政府投资项目的委派审计及协调管理工作。

（刘英 黄琪）

【市级重点项目投资】 年内，“3个100”市级重点工程（100个重特大基础设施建设项目、100个重特大改善民生项目、100个科技创新及高技术产业链项目）涉及海淀区的有20个。区发改委通过定期调度、靠前服务、倒排工期等方式，促进市级重点工程开工纳统，中坤广场升级改造项目等12个续建项目达产。

---

① PCT是Patent Cooperation Treaty的英文简称，中文意思为专利合作条约，是在专利领域进行合作的国际性条约。
② 固投即固定资产投资，是以货币形式表现的，一般是指为获取未来经济收益或使用效益，新建、改建、扩建、购置固定资产。

表20 2022年海淀区“3个100”市级重点工程一览表

序号	项目名称	项目法人单位	建设地点	建设规模及内容
1	中关村论坛永久会址	海淀区国有资产投资经营有限公司	海淀区—麦德龙地块	建设约5万—5.5万平方米规模的主会场及2.1万平方米规模的配套酒店
2	学院路科技园东升园	北京新东源中实投资管理有限公司	海淀区—学院路科技园东升园G、H、I地块	建设规模约12.3万平方米，建设内容为教育科研及配套
3	通用人工智能产业园	北京实创智源有限责任公司	海淀区—西北旺镇	建设规模约9.7万平方米，建设内容为人工智能基础资源与技术平台、展示中心、科研楼以及相关服务配套设施等
4	中国电建科技创新产业园	北京海赋置业有限公司	海淀区—西八里庄0711–652、640、641地块	建设规模约33万平方米，建设内容为商业、办公用房
5	中坤广场升级改造项目	北京中坤长业房地产开发有限公司	海淀区—北下关地区	建设规模约40万平方米，建设内容包括对字节跳动总部外立面改造，地上装修改造，地下室改造，机电系统更新，新建地铁一体化工程与地铁12号线及13号线相连
6	中关村东升科技园三期项目	东升新时代（北京）科技有限公司	海淀区—北沙滩桥西北角	建设规模约20万平方米，打造学研融合、创新引领为一体的科技创新园区
7	中关村创客小镇二期项目	北京兴泉资本有限公司	海淀区—温泉镇	建设规模约19万平方米，建设内容为产业办公、区域商业服务配套等
8	中关村科创生态产业园	海淀区西北旺镇合作经济联合社	海淀区—西北旺镇X2地块	建设规模约29.2万平方米，建设内容为产业办公及配套等
9	中国电科科技创新园	中电科（北京）置业发展有限公司	海淀区—西八里庄0711–653地块	建设规模约12.8万平方米，建设内容包括创新管理中心、未来信息系统技术研究中心、微系统技术中心、物联网技术中心、知识产权交易中心和综合体验中心等
10	中关村西三旗（金隅）科技园建设	北京金隅创新科技孵化器有限公司	海淀区—西三旗（金隅）科技园	建设规模约18.2万平方米，建设内容包括科研办公、人防及地下车库等
11	自贸区（海淀）永丰TOD综合体	北京实创城市空间有限责任公司	海淀区—西北旺镇	建设规模约10万平方米，建设内容包括商业、办公和公交枢纽
12	海淀温泉水厂	北京市自来水集团有限责任公司	海淀区—温泉镇	建设规模约5.2万平方米，新建地表水厂一座，供水能力24万吨/日
13	稻香湖再生水厂二期工程	海淀区水务局	海淀区—翠湖南路以南、周家巷沟以东	建设规模约3万平方米，建设内容包括新建粗隔栅及进水泵房、细隔栅及曝气沉沙池、膜隔栅、生物池、MBR膜池及设备间、鼓风机房、清水池及配水泵房、加药间、配电间及机修间等
14	三山五园水系（北旱河、金河、万泉河）建设项目	海淀区水务局	海淀区—北旱河、金河、万泉河	三山五园地区北旱河、金河、万泉河水系连通工程
15	翠湖国际人才社区	北京翠湖城市空间有限责任公司	海淀区—苏家坨镇	国际人才社区，建设规模约16万平方米
16	海淀区苏家坨中心医院建设工程	海淀区卫生健康委员会	海淀区—苏家坨镇	建设规模约6.3万平方米，建设内容包括门诊医技住院综合楼、液氧站、锅炉房等
17	医物园养老项目	北京医物园置业有限公司	海淀区—四季青镇	建设规模约13.3万平方米，主要建设内容为养老设施用房及室外工程，设置床位956床
18	三山五园艺术中心项目（海淀博物馆升级改造）	海淀区文化和旅游局	海淀区—新建宫门路	建设规模约2.1万平方米，建设具备举办当代艺术和美术展览的展厅

续表

序号	项目名称	项目法人单位	建设地点	建设规模及内容
19	中关村广场城市更新	光控安石（北京）投资管理有限公司	海淀区—中关村西区	建设规模约19万平方米，对中关村广场现有建筑进行立面优化和内部装修，统筹区域交通，提升空间品质
20	京张铁路遗址公园建设工程（一期）	海淀区园林绿化局	海淀区—西直门至北五环	一期拟实施25.8公顷，建设内容包括绿化种植、湿地花园、道路广场、铁轨铺设、廊架平台、喷泉水池、庭院小品、运动跑道、管理用房、铁路文化展示等

（黄琪）

【助力企业资金筹措】 年内，海淀区争取2023年市级固投资金4.4亿元，发放政府专项债券164亿元，共计10个项目。申报2023年地方政府专项债提前批项目10个，项目总投资1646.78亿元，2023年债券资金需求253.5亿元。统筹用好设备购置与更新贷款财政贴息、制造业中长期贷款、基础设施REITs[①]等政策性金融工具，帮助项目主体争取各类投资项目资金支持。为驻区企业争取国家资金支持，10家企业合计当年资金到位3.72亿元。完成29项上市募集资金、专项备案工作，涉及总资金约70亿元。

（刘英　黄琪）

【助企纾困政策落实】 年内，海淀区顶格落实中央和市级稳经济一揽子措施、“京12条”等稳增长政策，出台“中小微22条”“稳增长31条”等区级政策，全区1.28万户中小微企业及个体工商户享受增值税留抵退税164.9亿元，15.6万户中小微企业及个体工商户享受“六税两费”减半优惠23.2亿元，7120家企业获得房租减免12.8亿元，续贷中心发放1.4万余笔、404.8亿元首贷、续贷贷款，财金协同平台发放801笔、34.64亿元贴息贷款，缓缴近7000家企业、20万名职工社会保险费28.8亿元。

（周燕燕）

【疫情防控与复工复产】 年内，区发改委作为区复工复产防控组牵头部门统筹落实疫情防控措施，制定印发企业、生产经营场所疫情防控及复工复产相关工作方案及操作指引，压实压细楼宇防控责任，组织协调进京物资车辆，全力做好复工复产防控工作。制定下发《“白名单”企业闭环管理工作指引》，编制《规模性疫情下重点企业闭环运行服务保障方案》《应对每百万人口30例以上规模性新冠病毒疫情应急处置工作方案》，全面提升疫情防控水平、经济保障水平。印发《疾控介入前密接、次密接人员关联的生产经营场所防控建议》《居住在复工复产场所风险人员的管理细则》等文件，编制《海淀区复工复产领域防疫手册》《海淀区企业复工复产常态化防疫指南》，印发工作提示280余次，突出防控重点，指导复工复产场所做好日常防控、涉疫处置、有序复工。坚持抓好常态化防控工作，组织开展执法检查，做好风险人员排查落位管控，快速开展涉疫场所应急处置，阻断疫情传播扩散风险。落实“国十条”“京十条”等优化防控措施要求，迅速制定《海淀区平稳高效有力推进复工复产相关措施》，连续召开8场工作部署会，确保防控措施调整转段平稳有序。推动市区两级9项复工达产任务清单落地。完成市区督办事项370余件，处理市级重点企业督办19件，帮助重点企业解决保供稳链、防疫物资短缺、高管进返京隔离、健康宝“弹窗”解码等各类诉求，畅通企业商务交往，积极推进企业复工达产。

（复工复产防控组）

【京津冀协同发展】 年内，海淀区严格执行《北京市新增产业的禁止和限制目录》，完成企业住所登记标准化改革，创新建立住所负面清单管理和登记信息双告知工作机制。支持京津冀国家技术创新中心在通州区以及河北省三河市、大厂回族自治县、香河县设立分中心，就地转化高精尖项目。推进中关村第三小学、中国人民大学附属小学、北京市六一幼儿院持续为雄安新区提供远程教研支持。推进北大肿瘤医院与保定第一中心医院开通远程联合门诊，建设北京大学第三医院秦皇岛医院。推进京津冀国家技术创新中心（北京协同创新园）对接服务。

（邹艳　黄琪）

【区域协同发展】 年内，区发改委坚持市域、环京、结对地区协作一体推进，组织11家驻区企业参加城市副中心项目对接，5个高精尖项目落地城市副中心。遵照北京市委市政府安排，海淀区与延庆区开始新一轮平原区和生态涵养区结对协作（2023—2027年）。年内，两区围绕产业发展与生态保护、公共服务与民生保障、乡村振兴、文体旅游等方面，完成22件协作实事。新增延庆井庄中学与八一学校附属玉泉中学等3所学校结对，推动“经济师”下乡进村，开

① 基础设施REITs（Real Estate Investment Trust）是指基础设施领域不动产投资信托基金，是国际通行的向投资者发行收益凭证，募集资金投资于不动产，并向投资者分配投资收益的一种投资基金。

展社区卫生服务中心交流合作，协助剩余劳动力赴海淀区稳定就业，划拨结对协作专项资金助力生态涵养区星猎南山塞外风情湾项目等9个重点项目开工建设，支持设立生态产品总值（GEP）奖励资金、信贷风险补偿资金、困难人群补助资金，持续拓宽协作范围，不断增强延庆区绿色高质量发展内生动力。

（邹艳　薛岭）

【企业服务】 年内，海淀区为驻区企业争取国拨资金支持，10家企业当年资金到位合计3.72亿元。国家发展改革委和北京市发展改革委17个专项涉及130余家企业的推荐工作，其中组织12家企业申报2022年（第29批）国家企业技术中心，经过市级复审，4家企业上报国家发展改革委参与并通过国家企业技术中心，占全市上报企业的60%；组织82家驻区企业申报国家发展改革委、国税总局等5部门联合下发的“2022年享受税收优惠政策的集成电路企业或项目、软件企业清单制定工作”。协调科学城管委会、金融办等相关单位，组织科学城公司对2022年区政府出资产业投资基金开展绩效评价，并定期组织科学城公司对基金运行情况进行风险排查。

（张浩）

【重点企业服务】 年内，海淀区扩大“服务包”覆盖面，把地方级税收500万元以上中央企业、“专精特新”企业等纳入服务包，配备服务管家，建立日常沟通途径。统筹各责任部门限时办结企业诉求，全年共办结各类企业诉求3156项，企业满意度超99%。坚持走访服务企业，深挖企业资源，全年统筹各行业部门和街镇主管领导常态化走访企业3000余家。“服务包”企业新设控股和全资子公司102家、累计注册资本74.89亿元，新落地投资项目40个、总金额139亿元，新增上市公司18家。

（张东阳　黄琪）

【优质项目引进】 年内，海淀区成功引入北京筑而瑞科技有限公司，与相关部门通力合作，共同推动中国融通集团财务有限责任公司落地，上述两家公司注册资金累计超30亿元。对接中国矿产资源集团有限公司新成立的数据科技板块和北京分公司，推进中国中药集团落地以及国药集团选址等工作。

（张东阳）

【城市公共空间改造项目】 年内，林业大学北路交叉口小微公共空间改造提升项目等16个小微公共空间项目取得立项批复并完成施工建设；紫竹院街道城市公共空间更新改造项目等3个项目获得批复。推进京张铁路遗址公共空间提升改造工程（一期）等重点项目建设。中关村大街片区公共空间改造提升项目等片区更新类项目开始前期谋划。

（刘英）

【价格监测】 年内，区发改委发挥区价格调控联席会议办公室职能，针对极端天气、疫情及节日效应导致的生活必需品价格异常波动，多次组织相关部门会商、共享价格监测数据，研究落实生活必需品保供稳价工作，保障辖区生活必需品市场供应，价格异常波动快速趋于稳定。完成生活必需品和北京冬奥会和冬残奥会住宿餐饮价格应急监测工作。开展40余个冬奥餐饮住宿点位全覆盖市场巡查，组织辖区冬奥场馆、重要商圈周边40余个点位每日报送餐饮、住宿价格数据，完成冬奥会冬残奥会运行保障。开展节假日、疫情期间生活必需品市场巡查，组织辖区超市、农贸市场、社区菜店等价格监测点位每日报送蔬菜价格数据，督促各点位发现抢购、空架断货等异常情况随时报告。加强蔬菜、副食品价格数据统计分析，及时报送辖区市场供应和价格变动情况信息，供上级政府决策参考，被市级平台采用、转发170余篇。

（贾帅争）

【价格管理】 年内，区发改委会同区教委宣传解读北京市义务教育阶段学科类校外培训收费政策，确保培训机构均知悉政策要求，按照政府指导价标准执行。启动科技类、艺术类培训机构收费价格监测。完成5所幼儿园保育费收费备案工作。配合做好民办校转公办校相关工作，完成北京市建华实验学校、北京理工大学附属中学分校、北京外国语大学附属外国语学校住宿费审批工作。参与教育收费行为专项检查，对教育收费领域政府定价项目进行解读。组织全区40余家单位开展涉企违规收费自查自纠工作，摸排交通物流、水电气暖、地方财经、金融、行业协会商会等重点领域涉企收费情况，推动降费减负各项政策落到实处。开展北京市居民住宅小区电动自行车充电设施收费标准政策宣传。协助市发展改革委开展市场化程度测算、非学科类培训机构收费、旅游价格政策、保障性租赁住房执行优惠价格政策情况跟踪评估、资源能源价格政策执行环节存在问题等专项调研。

（贾帅争　王璐）

【“疏整促”专项行动】 年内，区发改委统筹创新开展25项具有海淀特色的“疏解整治促提升”（简称疏整促）专项任务，完成任务点位5427个，占全市销账任务点位的7.5%。按照场清地净标准拆除违法建设214.6万平方米，腾退土地212.8公顷，完成“基本无违法建设区”创建。完成2家企业疏解退出，3家企业绿色化、智能化改造。完成122处桥下空间清理整治，规范治理围挡277处，临时建筑3处，治理无证无照经营30处，“开墙打洞”、占道经营等清违治乱任务保持“动态清零”，街面秩序明显改善。完成6.2公顷代征道路用地移交，实现强佑清河新城配建成志幼儿园、清华附小清河分校移交并投用。实施“留白增绿”20.1公顷、“揭网见绿”597.2公顷，完成翠湖北路林荫路改造。发展老年餐桌15个，保障基本养老服务对象就餐需求，建设提升便民商业网点50个，实现社区基本便民商业服务功能全覆盖。实现14处人防工程公益化再利用，“一村一策”加强城乡接合部14个重点村人居环境、秩序安全、房屋出租整体管控，接报110警情比上年下降3.6%，刑事立案比上年下降18.1%。西北旺镇正式退出治理类街乡镇。科学城北区X2地块项目建设集生态、科创、文化于一体的“家门口的公园”，提高公园绿地500米服务半径率；新永丰产业基地J地块项目助力完善中关村科创生态小镇绿地和G7生态廊道系统，发挥绿地防护隔离、降噪、雨水蓄积等生态作用，完善绿廊贯穿的城市绿色空间骨架；完成南长河沿线（西段）整治提升，打通桥梁下穿空间，解决滨水道路与白石桥、西三环北路的市政公路贯穿问题，同时在现状基础上建设紫竹院东二门，使长河滨水步道直接接入公园游步道，实现“南长河广源闸—紫竹院公园—国家图书馆—首都体育馆”段全线贯通成环，完善城市慢行交通路网，构建全流域、多景点、“一站式”城市旅游体系。

（邹艳　黄琪）

【东西部协作和支援合作】 年内，按照市支援合作办安排部署，海淀区继续保持与内蒙古敖汉旗、科右前旗、科右中旗，新疆和田市、兵团第十四师昆玉市皮山农场，湖北丹江口市6个结对地区的结对关系。召开7次双边高层联席会议，安排并拨付区级援助专项资金7800万元、街镇结对资金2700万元。选派24名挂职干部在结对地区挂职，聚焦乡村振兴主责主业，选派83名教育、医疗、农业领域专业技术人才到结对地区进行交流。新增引导7家企业到当地投资兴业，实际到位1.872亿元。全区29个街镇与内蒙古结对地区45个乡镇签订结对协议，继续保持乡镇结对全覆盖。帮助内蒙古结对地区农村劳动力实现就业7613人。帮助结对地区销售特色产品和农畜牧产品约12.52亿元。

（焦松涛　杨雅珺）

【节能减碳】 年内，区发改委牵头建立海淀区碳达峰碳中和领导小组，明确领导小组及办公室工作职责、会议制度、组成部门，统筹全区碳达峰碳中和各项工作。组织开展专题学习培训，对接中央和北京市“双碳”领域“1+N”政策体系①，启动海淀区碳达峰碳中和顶层设计研究，探索碳达峰碳中和时间表、路线图。支持区内用能单位开展节能技术改造，应用节能新技术新产品。开展2022年节能专项资金征集、评审等工作，支持45个项目，支持资金2600万元。统筹管理年综合能耗2000吨标准煤以上的重点用能单位，组织开展能源利用状况报告报送、节能目标评价考核、节能监察、清洁生产等工作。

（殷丽娜　蒋凛）

【低碳节能机关创建】 年内，区发改委实施《海淀区绿色学校创建工作方案》，151所学校通过绿色学校评估验收，创建率达88.8%，超过创建70%的目标任务。开展绿色社区创建行动，全区60%以上社区达到创建要求。印发《海淀区党政机关节能低碳行为规范（试行）》，从节约用能、节约用水、绿色办公等方面明确节能低碳要求，完成全区90个党政机关“节约型”机关创建工作。

（殷丽娜　蒋凛）

【宣传节能】 年内，区发改委会同机关事务管理局服务中心、区生态环境局共同组织开展2022年节能宣传周、低碳日等主题宣传活动，活动涵盖节能科技、循环利用、节约粮食、绿色出行、减塑限塑等内容，新华网、北京电视台等60余家媒体及网络平台进行宣传报道，通过“线上+线下”方式开展宣传活动，引导社会各界自觉践行绿色低碳的生活方式。

（殷丽娜　黄琪）

【新能源可再生能源利用】 年内，海淀区挖掘本地光伏、热泵等可再生能源利用潜力，备案光伏项目30个，装机容量14.4兆瓦。重点推进海淀北部医疗中心热泵应用等5个项目建设，获得市级可再生能源利用资金支持8048万元，促进能源结构转型。

（殷丽娜　蒋凛）

【价格认证】 年内，区发改委为司法机关、监察机关办理价格认定案件2290件，比上年增加531件，总计鉴定金额1885万元。

（蔡秀）

【开展调查研究及刊物印发】 年内，海淀区发展改革委获评“2021年度海淀区调查研究工作先进单位”。全年，推进11项专项课题调研与咨询调研。编辑印发《海淀发展与改革研究》4期，加大相关领域调查研究类报告的刊发。

（黄琪）

【高质量发展综合绩效评价指标】 年内，依据《北京市高质量发展综合绩效评价办法（试行）》，区发改委会同区绩效办、区统计局等24家单位，全面摸排海淀区高质量发展综合绩效评价指标情况。会同相关单位召开专题对接会，围绕高质量发展综合绩效工作的要求，明确路线图、时间表、任务单，强化工作措施、压实工作责任，科学、全面评估海淀区高质量发展情况。海淀区高质量发展综合绩效评价指标位列全市各区第一。

（王倩　刘妙）

【重大投资项目管理】 年内，区发改委加强项目谋划储备管理，推动组建区级重大投资项目谋划工作专班，推动印发《海淀区重大投资项目规划谋划工作方案》《海淀区重大投资项目规划谋划工作管理细则》，发布《海淀区2022年重大投资项目谋划专项经费申报指南》，召开线上培训会2次，线下部门对接会4次，谋划项目评审联席会2次，按月、按需报送区政府、市发展改革委相关工作进展，形成重大投资谋划项目成果23项，投资总额293亿元，通过市发展改革委谋划项目成果验收。

（黄琪）

【经济体制与转变政府职能专项改革】 年内，区发改委会同编办、财政局、税务局、市场监督管理局、政务服务局、商务局、统计局等专项改革小组成员，推进“两区”建设，打造高水平国际经贸规则承载区和数字贸易示范区，优化区域营商环境，加快印

① “1+N”政策体系：“1”是指《中共中央 国务院关于完整准确全面贯彻新发展理念做好碳达峰碳中和工作的意见》，发挥统领作用；“N”是指国务院印发的《2030年前碳达峰行动方案》为首的政策文件，包括能源、工业、交通运输、城乡建设等分领域分行业碳达峰实施方案。

发《海淀区"十四五"时期进一步优化营商环境行动计划》，推动智慧北京税务建设，稳步实施发票电子化改革，构建统计监督体系，建立健全统计监督协同配合机制、巡查工作机制，设立海淀稳保投资基金，提升资金效益，控制成本等经济体制与转变政府职能专项改革重点及专项任务，加大"微改革、微创新"探索，深化供给侧结构性改革，助力海淀高质量发展。

（王倩　刘妙）

【优化营商环境】 5月6日，区发改委制定并以区政府名义印发《海淀区"十四五"时期优化营商环境行动计划》，包括总体要求、发展目标、建设更具活力的市场环境3个部分。区发改委制定并以区政府名义印发《2022年海淀区"创新+活力"优化营商环境工作要点》，统筹推进25项重点行动涉及营造活力市场环境、打造高效对企服务、提升监管执法效能、筑牢法治保障基石、建设前沿创新高地、建设宜业宜居幸福海淀、打造包容开放国际海淀七方面，159项具体任务。区发改委协同相关单位推出"惠企政策零距离，'闪淀'服务暖人心"2022年优化营商环境惠企政策系列云解读活动六场，着力打造北京市营商环境创新试点示范区。

（黄琪　韩枫）

【促进中小微企业恢复发展22条措施出台】 5月26日，区政府发布《海淀区关于促进中小微企业恢复发展的工作方案》（简称《方案》）。《方案》针对减轻中小微企业负担、加大金融支持力度、加强受疫情影响突出行业帮扶三个方面提出22条扶持措施，其中减轻中小微企业负担12条、加大金融支持力度5条、加强对受疫情影响突出的行业帮扶5条。受疫情影响突出的行业主要是餐饮业、零售业、旅游业、公路铁路运输业、文化演出等5个行业。

（黄琪　钟冷）

【疫情防控和稳定经济增长31条举措细则出台】 6月11日，区政府印发《海淀区统筹疫情防控和稳定经济增长若干措施》。该措施聚焦持续发力助企纾困、有力有序推进复工达产、提升高精尖产业发展能级、着力发挥好投资拉动作用、加快恢复和挖掘消费潜力、筑牢民生保障底线6个方面提出31条措施，全力统筹区域疫情防控和稳定经济增长。

（黄琪）

【区委财经委会议】 9月3日，召开区委财经委员会会议，审议经济运行总体情况，固定资产投资工作情况，"疏整促"工作情况，城市更新工作情况，消费、外贸和进出口工作情况，制造业工作情况，信息及科技服务业工作情况，财税工作等8项议题。

（王倩　刘妙）

财政

【概况】 2022年，海淀区财政局（简称区财政局）持续提升积极财政政策效能，克服疫情形势多变、宏观经济下行和减税降费政策持续扩围等多重因素影响，财政收入实现正增长，财政支出聚焦重点、效能和可持续，全力稳住经济基本盘。全区一般公共预算收入为750.3亿元，完成调整预算的108.1%。其中，区级一般公共预算收入490.5亿元，完成调整预算的96.2%，同比增长0.1%；全区一般公共预算支出为750.3亿元，完成调整预算的108.1%。其中，区级一般公共预算支出664.1亿元，完成调整预算的103.5%。

落实各项减税降费政策，仅留抵退税全年净退库165亿元。安排区级财政帮扶专项资金7800万元，支持6个东西部协作和支援合作地区的51个区级援助项目。投入资金170亿元，完善中关村科学城城市功能；投入资金39.3亿元，支持构建高精尖产业体系；投入资金145.2亿元，支持教育事业优质发展；投入资金117亿元，健全多层次社会保障体系；投入资金57.5亿元，推进健康海淀行动深入实施。

（江珊）

【财金协同平台】 年内，区财政局发布《财金协同助企专项行动补贴实施细则》，通过"财金协同专项助企补贴包"，向731家中小微企业发放贷款34.6亿元，降低企业融资成本5669万元。开拓财金协同发展新模式，成立海淀区稳保投资基金，为全市首创，实缴到位25亿元，专项支持区属国企加快构建产业空间；推进城市更新与发展基金项目投资，出资16亿元支持中关村东升科技园二期项目；完善海淀区政府融资担保基金运营机制，扩大合作担保机构范围，为297家中小微企业9.9亿元贷款提供担保；海淀区政府投资引导基金平稳运行，累计上缴收益2.8亿元。

（江珊）

【财源建设】 年内，区财政局不断深化财源稳存量工作，制定完善《海淀区街镇财源建设工作指南》《海淀区关于加强企业服务有序开展外迁工作方案》等政策，为有效开展企业服务、增强服务能力、优化工作绩效提供支撑；街镇"四所一队"①578人的专班队伍初具规模，支持街镇走访服务，完成1270栋楼宇基础信息梳理，走访服务企业5685家，引导221户企业纳税回迁，招商引资引入企业216户。建立1.9万家重点企业库，进行收入常态化监测，针对性开展稳收入工作。完成1270栋楼宇梳理统计，新引入财源229户。取得地方级收入规模全市第一，区级收入规模全市第二。

（江珊）

【高精尖产业体系资金投入】 年内，区财政局投入资金39.3亿元，支持构建高精尖产业体系，在人工智能、区块链、集成电路等领域推动市场化应

① "四所一队"：税务所、市场监管所、派出所、统计所、城市执法队。

用，支持中关村集成电路设计园打造芯创技术服务平台，加快产业聚集发展，引导地平线等90余家企业入驻；在医药健康、智能制造、智能网联汽车领域做大做强，助力华创新冠病毒创新药物等10余家企业医疗器械产品获批上市，支持小米成立全国首家3C智能制造创新联合体，金竟科技成功签约；支持国家数字化设计与制造创新中心北京中心、智能网联汽车产业前沿技术创新中心建设；在空天、新材料、新能源领域布局谋篇，推动空天产业与新一代信息技术等产业融合发展，鼓励银河航天、微纳星空等企业开展卫星星座组网建设，支持航天驭星、天链测控等企业在全球范围布局卫星测控站，吸引哈工大卫星、艾可萨等企业落地子公司。

（江珊）

【中关村科学城建设资金投入】 年内，区财政局投入资金170亿元，完善中关村科学城城市功能。编制中关村科学城北区第一批12个街区控制性详细规划；翠湖东路等4条主干路实现全线贯通总里程17.7千米；稻香湖再生水厂（二期）、苏家坨中心医院、北部医疗中心正在结构施工，建成10个卫生服务站；清华附中辛店校区等学校建成办学；完成西小营村宅基地腾退；推进南部地区城市更新，完成19个老旧小区74.2万平方米整治；中坤广场、中关村广场、京张铁路遗址公园等重点项目有序实施，为产业发展科学匹配空间资源。

（江珊）

【教育经费投入】 年内，区财政局投入资金145.2亿元，支持中小学及幼儿园改扩建项目，推进学前教育事业普及普惠、安全优质发展，增加中小学学位10040个、学前教育普惠性学位1350个，推进全区教育布局结构调整。提升教育信息化水平，发展“互联网+教育”、智能教育新模式，构建海淀特色智慧教育体系。推进“五育并举”①人才培养模式改革，构建德智体美劳全面培养的教育体系，全面提升学生综合素养；助力“公参民”学校②完成平稳转制，推进集团化办学模式创新，增加优质教育资源供给。

（江珊）

【社会保障资金投入】 年内，区财政局投入资金117亿元，健全多层次社会保障体系。稳定和扩大就业，做好就业服务，保障劳动者待遇和权益。完善养老服务体系，落实养老津贴补贴制度，建成家庭养老照护床位2.5万张，养老服务覆盖面和保障水平居全市首位。推进海淀区儿童福利院建设；落实社会救助、残疾人事业保障等政策，推进全区职康中心建设。完成军队移交政府的离退休人员、军转干部、优抚对象和退役士兵安置等服务保障工作。

（江珊）

【公共卫生资金投入】 年内，区财政局投入资金57.5亿元，保障基本公共卫生和重大公共卫生服务，开展核酸检测，提升公共卫生应急管理水平。加强院前急救站点建设，完成确保三年行动计划工作任务；推进基层卫生服务机构建设，织密织牢基层服务网底；支持公立医院发展，提升公立医院服务能力和医疗保障水平；落实行政事业单位医疗保险制度、城乡居民基本医疗保险、医疗救助等各项保障政策。

（江珊）

【全域无隐性债务试点工作】 年内，区财政局以“全过程管理”为抓手，严格债务管理，会同主管部门压实项目单位主体职责，增加协调调度频率，确保债务资金规范高效使用，同时按需调整资金用途，保障重点工作。全区新增政府债券206.82亿元，其中一般债13.82亿元、专项债164亿元、再融资一般债券14亿元、再融资专项债券15亿元，用于深入推进中关村科学城北区建设、三山五园地区环境整治和南部城市更新等区委区政府重点任务。全域无隐性债务试点工作通过市级部门核实认定，成为全市第一个试点工作完成区。

（江珊）

【绩效评价】 年内，区财政局完善绩效评价体系，以部门自评为基础，以财政评价为核心，实现部门整体自评和项目自评范围全覆盖，完成27个项目支出和2个部门整体支出的财政绩效评价工作。按照“一政策一评价”原则，选定12项政策性资金进行评价，涉及金额23亿元；按照“一成本一分析”原则，选定9个项目开展成本绩效分析，涉及金额2.6亿元。全面推进绩效评价信息公开，部门决算首次实现部门整体绩效评价信息全面公开。

（江珊）

【政府采购管理】 年内，区财政局完成简化对政府采购供应商资格条件的形式审查，采购文件中不再要求供应商提供相关财务状况、缴纳税收和社会保障资金等证明材料，供应商作出承诺符合相关要求，即可参与政府采购活动；实现政府采购一体化信息平台与财政预算管理一体化系统互联互通，实现采购预算、采购意向、采购计划、交易执行、合同支付、履约验收、信用评价的全流程闭环管理。

（江珊）

【国有资产管理】 年内，区财政局完成区属464家单位2021年度部门决算固定资产数据的审核工作；组织编报

① “五育并举”：德智体美劳全面发展。2018年9月，习近平总书记在全国教育大会上提出，要培养德智体美劳全面发展的社会主义建设者和接班人。在深入贯彻习近平总书记重要讲话精神过程中，教育系统逐步形成“五育并举”提法，将其作为加快推进教育现代化、建设教育强国、办好人民满意的教育的重要指导理念。

② “公参民”学校：公办学校（含其附属学校、校办企业、学校基金会、学校工会等附属机构，下同）充分发挥自身优势，通过举办或者参与举办民办义务教育学校（含十二年一贯制学校、九年一贯制学校、完全中学，以下统称“公参民”学校），积极扩大优质教育资源覆盖面。“公参民”学校主要包括以下三类：公办学校单独举办的义务教育学校；公办学校与地方政府及相关机构（含具有财政经常性经费关系的其他单位、政府国有投资平台、政府发起设立的基金会、国有企业等，下同）合作举办的义务教育学校；公办学校与其他社会组织、个人合作举办（含公办学校以品牌、管理等无形资产参与办学）的义务教育学校。

区属464家行政事业单位2021年度行政事业性国有资产年报。截至2021年12月31日，全区行政事业性国有资产账面资产净值611.02亿元，比上年增加26.96亿元，增长4.61%，其中行政单位354.09亿元、事业单位256.93亿元。完成2022年度全区368家事业单位及4家事业单位所办企业产权登记工作。

（江珊）

【小微企业房屋租金减免政策出台】5月23日，根据区政府《海淀区关于促进中小微企业恢复发展的工作方案》相关要求，区财政局印发《关于落实服务业小微企业和个体工商户承租区属行政事业单位房屋租金减免工作的通知》（简称《通知》）。《通知》规定：减免对象为在北京市注册纳税并承租海淀区属各级行政事业单位京内国有房屋的服务业小微企业和个体工商户（简称小微企业）；根据房屋租赁合同约定的租金标准减免2022年6个月租金，减免工作应在上半年完成；承租方2022年内实际租期不满一年的，根据实际租期按比例享受减免；租赁合同已涉及免租期等特殊情形的，由租赁双方协商约定。此次行政事业单位房产租金减免政策与2020年相关减免政策相比，不仅要求行政事业性房屋出租方及时、主动将减免政策、申请流程、申请材料要求以及联系方式等信息告知承租方，还在减免对象、减免标准、减免方式等方面做出一定突破。新政策将减免对象由原“海淀区注册纳税”中小微企业扩展到“在京注册纳税”小微企业，扩大了减免企业的注册范围，切实落实国家及北京市的政策要求。在减免标准上，新政策减免标准统一为6个月，对2022年实际租期不满一年的按照实际租期比例享受减免，超出原政策3个月减免标准的一倍，切实有效降低服务业小微企业和个体工商户的经营成本。在减免方式上，新政策要求行政事业单位可采取免收、退还等方式减免租金，经双方协商一致，也可以按照减免标准采取免费延长合同租期等其他方式实施。同时，对于存在转租情况的房屋，要求减免租金全部减免至最终承租经营的小微企业。

（钟冷）

税务

【概况】2022年，海淀区税务局（简称区税务局）累计登记纳税人2.97万户，包含单位纳税人登记2.87万户、个体经营纳税人税务登记0.1万户，其中处于正常状态的2.41万户。累计完成各项税费收入4058亿元，比上年增长6.3%；完成税收收入2785.9亿元，比上年增长3.4%。其中，完成地方级税收收入1020.3亿元，比上年增长1%，收入规模全市第一；完成区级税收收入500.5亿元，比上年增长9.8%。完成区级一般公共预算收入516.7亿元，比上年增长8.4%。获全国工人先锋号等15项集体荣誉，北京市“贴心服务标兵”等17项个人荣誉。

（成晓曈）

【企业所得税】年内，全区企业所得税完成收入1354.1亿元，比上年增长16.5%。完成2021年度汇算清缴企业近20万户。2021年度，全区有1.13万户企业享受研发费加计扣除政策，享受金额1185亿元；7774户高新技术企业享受研发费加计扣除政策，享受金额1088亿元。区税务局录制10期《汇算来了》线上辅导视频，观看量达8万人次；联合外资企业协会、中关村企业协会等企业协会组织，向海淀区企业“云上”讲解企业所得税年度汇算申报重点，为纳税人提供政策服务。

（成晓曈）

【个人所得税】年内，全区完成个人所得税收入604.3亿元，比上年增长0.4%。全区有198.06万人申报个人所得税综合所得汇算清缴，比上年增长8.99%。区税务局通过“5G云直播”向纳税人宣讲汇算政策和要求，录制《汇算来了》线上个人所得税政策辅导视频。制作“网红版”汇算宣传视频，引导纳税人下载个人所得税汇算App，完成年度汇算。

（成晓曈）

【财产和行为税】年内，区税务局开展“一网通办”、全程网上办、“掌上办”、智能算税、企业存量房卖方税后置等试点工作，对纳税人开展线上辅导和线下教学共6场，涉及2300余户次，为广大群众提供高效便捷的税务政务服务。同时积极推进历史遗留问题小区办理不动产权证难的问题，共解决10个小区2万余户。通过对系统更新、数据切换、基层调研、线上

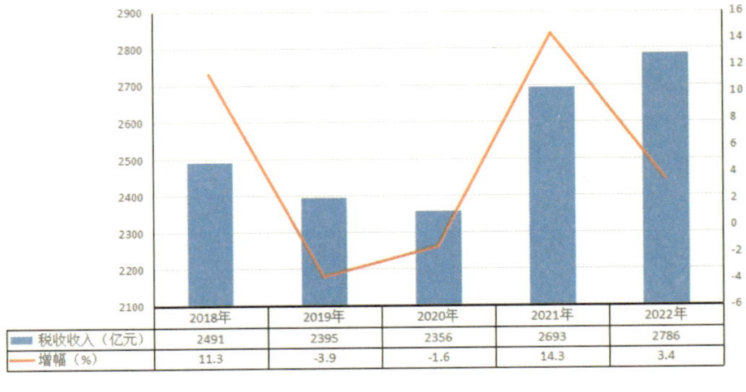

图1　北京市海淀区税收收入情况（2018—2022年）

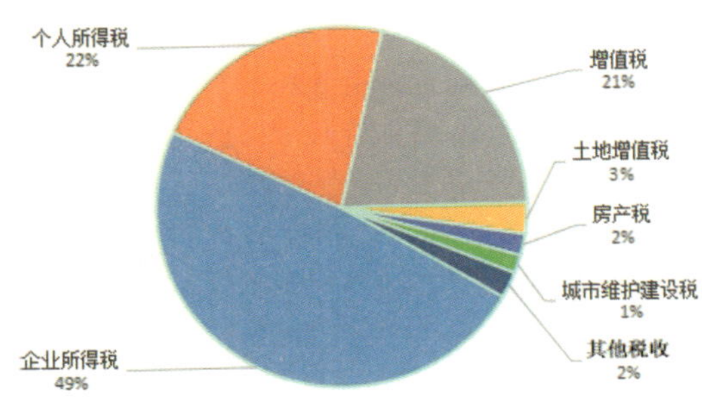

图2　2022年海淀区税收收入分税种结构图

培训、线下交流等举措，确保《中华人民共和国印花税法》在海淀区实施。加强土地增值税制度建设、日常征管和清算管理等各项工作，确保税源管理底数清思路明。年内，实现房产税入库税款53.69亿元，同比减少1.83亿元，减幅3.3%；印花税入库税款24.36亿元，同比减少3.54亿元，减幅12.7%；土地增值税入库税款78.23亿元，同比增长47.39亿元，增幅153.7%。

（成晓曈）

【社会保险费】 年内，区税务局实现各项社会保险费征收额1166.37亿元，比上年增加9个百分点，居全市各区首位，社会保险费户数征缴率平均在99.1%以上。联合区教委、医保、人社部门，分批开展城乡医疗保险培训，覆盖265家大、中、小院校及29个街镇，确保48万名参保人应保尽保。试点征收美团、闪送两家大型平台企业职业伤害保障费，涉及4亿余单外卖、即时配送业务。协助区人力社保局、医疗保障局开展疫情期间社会保险费减、免、缓、退的政策宣传，优化数据共享，推动实现港澳台、低保、特困等群体社会保险费优惠应享尽享。

（成晓曈）

【非税收入】 年内，区税务局共征收（代收）非税收入14项，共计118.28亿元。完成全市首笔水利部审查批复项目水土保持补偿费征收，涉及征占土地面积18.99万平方米，入库费款26.59万元。完善征收流程，线上线下联动配合，推进国有土地使用权出让收入和矿产资源专项收入统一划转至税务部门征收。

（成晓曈）

【减税降费】 年内，区税务局落实新的“组合式”税费支持政策，新增减税降费及退税缓税缓费538.1亿元，办理退税441.7亿元（含出口退税112.3亿元）。共有2.4万户次纳税人享受增值税即征即退政策，退税49亿余元；1.3万户次纳税人享受留抵退税政策，退税173亿余元（不含缴回）；超万户一般纳税人享受生产、生活性服务业增值税加计抵减政策，减免金额78.57亿元。优化出口退税管理，确保出口退（免）税分类管理类别为一类、二类的出口企业（依照相应管理办法综合评定），正常出口退（免）税的平均办理时间在3个工作日内，办理出口退税112.34亿元。

（成晓曈）

【货物和劳务税】 年内，区税务局加强货物和劳务税风险管理，优化风险模型，对5422家高风险企业及时识别应对。形成供全市推广的《留抵退税简易审核指导意见》，税务机关审核留抵退税额小于等于10万元的留抵退税申请时，满足条件的，可以采取“简易审核流程”，实现纳税人“轻松退”。深化运用风险数据模型开展事后核查，接收并完成系统自动形成留抵退税风险分析任务888户次，主动筛选并完成留抵退税存在风险疑点企业开展分析任务2426户次，实现关注动态、管住风险。

（成晓曈）

【大企业管理】 年内，区税务局成立大企业税收工作领导小组，提升重点税源服务。完成53个集团2万余户成员企业的财务账套和财务报表采集、核对与上报工作，组织全区2500余户重点企业财务报表规范报送、55户千户集团总部企业数据直报工作。

（成晓曈）

【纳税服务】 年内，区税务局开展政策直播和云解读，吸引70万网友打卡关注。主动对15家小微企业供需补链，为中小市场主体纾困解难。健全企业纳税信用联合激励机制，完善“银税互动”，帮助1327户守信小微企业引入10.49亿元资金。完善纳税人缴费人合法权益保障，优化接诉即办管理机制，推动平台企业、教培行业诉求解决，处理工单5100余件，响应率、解决率、满意率均在90%以上。完善政务服务“好差评”制度体系，接听咨询电话50.9万次，解决纳税人急难愁盼问题。

（成晓曈）

【征收管理】 年内，区税务局持续深化“非接触式”办税缴费服务，启用全市首个24小时“导办一体化”智慧办税厅，315种涉税费事项“无感智办”。研发上线“灵活就业人员缴费情况查询”小程序，征缴双方信息一键查询、一键获取。推出智慧税务“码”上办举措，帮助个体工商户解决办税难题。落实全面数字化的电子发票受票扩围试点，辅导纳税人接收超10万份全电发票。精准扩围存量房智能审核，推行增量房缴税“网上办”“掌上办”，优化线上办税新体验。设置潮汐、简事快办窗口及“个人股权转让”预审专区，个人股权转让业务户均等待时长、办理时间均压缩近半。与社保、市监局、规自委、财政等部门信息互联，以“信息跑路”代替“群众上门”。精准落实制造业中小微企业缓缴，做好“线上+线下”辅导，建立专项工作退费绿色通道，确保退费审核及时高效。创新探索平台企业委托代征模式。

（成晓曈）

【国际税收】 年内，区税务局完成国际税收收入166.09亿元，比上年增长23.38%。探索税收监管新路径，通过非强制性执法方式，破解“境外股东间接转让股权不申报不备案”难题。制作并发放《冬奥会税收政策口袋书》200余册，为北京冬奥会冬残奥会相关实体做好政策宣讲和申报辅导工作，累计减免涉冬奥非居民个人所得税45.54万元。服务“走出去”和“一带一路”倡议，主体在境外减免税款4.2亿元。

（成晓曈）

【电子税务】 年内，区税务局运用电子税务局“定制e服务”点对点精准推送税费辅导信息和提示提醒53批次，覆盖主体超23万户次。通过“在线导办”辅导纳税人3.19万户次，通过电子税务局为纳税人办理业务超50万笔。实施“票e送”服务政府买单，拓展“非接触式”发票申领服务，为14.9万户次企业免费提供“票e送”服务，涉及领用发票3597.52万份，节约企业成本257.96万元。

（成晓曈）

【税收法治】 年内，区税务局推进行政执法“三项制度”[①]，通过税收执法公示平台公示行政许可、一般处罚结果、欠税信息等33368条，使用执法记录仪拍摄并上传执法音像记录3310条，进一步促进严格规范公正文明执法。

（成晓曈）

【税收风险管理】 年内，区税务局对接北京市税务局第三稽查局，开展联动执法，推进专项整治工作和风险企业移送等工作。与区金融办、市场监督管理局加强对“打非”专项中高风险企业的情况核查和风险防范，化解区域金融风险。运用风险系统数据，累计发布各级各类税收风险应对任务395批次10126户次，查补税款及滞纳金合计4.2亿元。

（成晓曈）

【税收宣传】 年内，区税务局在中央级、市、区各级媒体发表新闻稿件近百篇。发挥《曹老师小课堂》品牌效应，录制32期辅导视频、覆盖近3.2万人次；“流动办税厅”进乡镇，打通偏远地区个体工商户税费服务的“最后一公里”；“游园打卡”“快闪课堂”走出纳税窗口，“走心”宣传更接地气；走进海淀区实验小学开展北京税务博物馆线上展览，走进中国人民大学附属中学开展普法“云课堂”和赠书活动；与北京大学生电影节组委会对接合作，承办“中国税务”特别单元活动，拍摄的微电影《她的新朋友》获评优秀作品，讲好海淀税收故事。

（成晓曈）

审计

【概况】 2022年，海淀区审计局（简称区审计局）组织开展审计项目34个，查出主要问题金额39.58亿元，发现非金额计量问题71个，审计期间整改金额3.69亿元，出具审计报告和专项审计调查报告29篇，审计处理处罚金额4.07亿元，审计促进整改落实有关问题资金5.71亿元。移送相关线索1条，提出审计建议443条，提交审计信息76篇。

撰写的《以研究型审计助力推动投资审计高质量发展的路径研究》入选《“十四五”时期国家审计创新发展东华北片区专题研讨会文集》，《海淀区审计局关于政府信息依申请公开工作的总结与思考》在全市审计机关调研评选中获优秀二等奖，《基层审计机关推进“两统筹”探索及思考》获区级调研成果优秀三等奖。

（尹广景）

【政策落实审计】 年内，区审计局按照审计署、市审计局工作部署，重点围绕房租减免政策落实情况、行业协会商会涉企违法收费、罚款、摊派情况开展政策措施落实跟踪审计，完成4个季度政策审计工作，促进稳住经济一揽子政策措施在海淀区落地落实。对海淀区网络安全和信息化建设专项资金进行审计，揭示设备回收利用不及时及合同管理方面存在问题，促进专项资金高效使用。

（尹广景）

【预算执行审计】 年内，区审计局持续加大对市级专项转移支付、政府债券使用资金、国有资本经营预算等重点资金审计力度，将财政本级预算执行审计与重大政策跟踪落实审计相融合，及时反映财政预算管理执行中存在的转移支付资金管理不完善，部分资金拨付及项目进展缓慢、实拨资金管理不够规范等突出问题，审计督促收回财政资金3.18亿元。扩大审计覆盖面，在重点审计76家一级预算单位基础上，延伸审计382家二级单位，对3个重点行业的6家基层单位进行现场审计。首次采用45项绩效量化指标，以69家单位的平均值作为衡量依据综合评价预算管理情况，有效增强审计效能。

（尹广景）

【经济责任审计】 年内，区审计局对18家区属单位的27位主要领导干部、领导人员开展任中或离任审计，对区生态环境局及苏家坨镇、上庄镇主要领导干部同步开展自然资源资产离任（任中）审计。组织召开2022年度经济责任审计联席会议，起草《海淀区经济责任审计结果运用办法》，发挥审计在规范权力运行方面的促进作用。配合区委组织部开展各类代表委员资格审查工作。

（尹广景）

【政府投资审计】 年内，区审计局采取指导中介机构跟踪审计与自主立项审计相结合的方式，推进政府投资审计全覆盖。会同区发改委、区财政局组织中介审计机构审结31个政府投资项目，其中拆迁类项目2个、竣工决算项目29个，主要涉及民生改善、社会服务、教育提质、景观提升等方面。竣工决算项目送审金额133.79亿元，审定金额123.68亿元，促进减少财政支出10.11亿元。通过审计监督和指导，多部门联合审查、共同督办等方式，不断强化项目前期论证、促进政府投资管理规范，最大限度节约政府投资，提升财政资金使用绩效。配合并完成海淀区2022年北京冬奥会和冬残奥会财务组资金管理审计工作。

（尹广景）

【专项资金审计】 年内，区审计局对就业补助资金使用情况、电梯管理及加装情况、道路停车电子收费设施建设及管理运营情况、全民健身资金使用情况4项民生项目开展专项审计。运用信息化技术，开展园林绿化资源资产审计，汇总近两年的自然资源资产成果，向区人大常委会报告全区自然资源资产管理审计情况[②]，重点审查了自然资源资产管理利用、保护、财政资金投入及使用效果等情况，促

---

① “三项制度”：行政执法信息公示、执法全过程记录、重大执法决定法制审核制度。

② 审计情况：审计范围涉及森林、水资源和大气污染防治等领域，重点审查了自然资源相关制度建设、政策制度执行以及目标任务落实情况，关注自然资源资产管理利用、保护、财政资金投入及使用效果等情况。基于上述6个项目审计结果，汇总形成了海淀区国有自然资源资产管理情况专项审计报告。

进领导干部及有关部门履行自然资源资产管理和生态环境保护责任。

（尹广景）

【审计整改落实】 年内，区审计局推进审计与各类监督贯通协同，与区人大、纪委监委、组织、人事、财政等多部门建立固定的协调联动机制，配合区人大开展审计整改监督检查，对预算管理问题、国有资本经营预算管理问题、专项转移支付资金管理问题、部门、街道预算管理问题、金融产业发展专项资金管理问题、促消费专项资金管理问题、政府投资管理问题7项突出问题通过现场走访调研、书面报告等方式进行重点检查，审计工作报告查出问题整改率达99.53%，推动出台完善区级及部门90余项规章制度。全面梳理近年来审计领域发现的问题，编辑制作《部门预算执行审计发现问题提示提醒清单》和《政府投资审计发现问题提示提醒清单》，通过典型问题的提醒警示，促进全区各单位、各部门自查自纠、防范风险、规范管理、履职尽责，实现“审计一点、整改一片、规范一面”的效果。

（尹广景）

统计

【概况】 2022年，北京市海淀区统计局北京市海淀区经济社会调查队（简称区统计局队）编发各类统计报告295篇，其中33篇获区领导批示。收到数据需求140余次，提供数据9万余条。在区政府信息公开大厅发布统计数据信息200余条、指标千余个。完成各类调查任务33项，收集调查样本14.7万余个。统计执法检查单位1053家，依法查处统计违法案件42起，认定统计诚信示范企业16家。承担北京市第五次全国经济普查专项试点工作，完成清查试点登记4349家。制作推出统计法律底线“26个不得”系列漫画、统计信用“五知道”和原创系列插画《假如宝宝也会做统计》，成立“海星主播团”。以线上展演的方式举办2022年海淀统计开放日活动，在“海淀统计”公众号发布可视化数据、MV和海报。完成“我为群众办实事”项目170件。区统计局队获全国统计系统先进集体、全国公共机构节约能源资源工作示范案例、海淀区文明单位等称号，连续14年获全市优秀统计分析评比一等奖。

（朱天慕）

【市统计局调研企业生产经营情况】 1月6日，北京市统计局到海淀区调研企业生产经营情况，到北京中创腾锐技术有限公司和北京神州龙芯集成电路设计有限公司了解公司的组织架构、主营业务、核心技术、2021年生产经营情况、主要面临的困难，并听取企业提出的政策期待和建议。

（朱天慕）

【数据平台建设座谈会】 4月15日，北京市丰台统计局队到区统计局队交流座谈，区统计局队介绍智慧统计数据平台的应用情况，对系统进行演示；对能源智能评估功能进行讲解；演示调查数据平台的功能。双方就智慧统计数据平台、调查数据平台建设工作进行研讨，围绕数据审核、数据处理及分析应用展示进行交流。

（朱天慕）

【劳动年龄人口受教育水平研究】 4月，区统计局队以第七次全国人口普查（简称七次人口普查）海淀区常住人口数据为基础，选取16—59岁劳动年龄人口为研究对象，对此群体的人口规模、受教育程度、就业状态等情况进行分析发现，10年来海淀区16—59岁劳动年龄人口受教育水平显著提高。七次人口普查数据显示：常住人口中16—59岁劳动年龄人口数量为216.8万人，占全区常住人口比重为69.2%。从年龄结构来看，16—29岁劳动年龄人口占比高达33.1%，30—39岁人口比重为26.8%，50—59岁比重为19.0%。从受教育水平来看，大学（指大专及以上）文化程度的人口比重达到71.6%。其中，研究生比重为22.1%，比10年前提升10.8个百分点；本科比重为36.9%，提升8.9个百分点；专科比重为12.7%，下降2个百分点。海淀区常住人口中，16—59岁劳动年龄人口比重略高于北京全市水平（北京市16—59岁劳动年龄人口为1490.7万人，占全市常住人口的68.1%）；高于全国水平（全国人口14.1亿人，其中16—59岁劳动年龄人口为8.8亿人，占全国人口总数的62.4%）6.8个百分点。

（钟冷）

【劳动年龄人口就业情况分析】 4月，区统计局队分析研究海淀区常住16—59岁劳动年龄人口就业情况。区统计局队通过七次人口普查长表抽样（在第七次全国人口普查中抽取10%的户进行填报，在31.7万人长表填报中有22万名常住人口处于1—59岁劳动年龄），对常住人口就业相关情况进行分析。七次人口普查长表抽样数据显示：在22万名16—59岁劳动年龄人口中，就业人口为14.4万人，占比65.5%，较第六次人口普查上升0.4个百分点。就业人口中，第一产业和第二产业就业人口所占比重分别为0.2%和10.7%，与第六次人口普查相比下降0.5个百分点和2.6个百分点；第三产业就业人口比重达到89.1%，与第六次人口普查相比提高3.1个百分点。就业人口所处行业分析显示，就业人口最多的3个行业分别是“信息传输、软件和信息技术服务业”“科学研究和技术服务业”“批发和零售业”，在就业人口中的比重分别达到13.7%、11.7%和10.5%。与第六次人口普查相比，“批发和零售业”“住宿和餐饮业”“制造业”3个行业就业人口占比下降较多，“信息传输、软件和信息技术服务业”“科学研究和技术服务业”“租赁和商务服务业”3个行业就业人口占比上升较多。分年龄段来看，30—49岁就业人口比超过80%，其中35—39岁就业人口比最高，达到86.3%；其次是40—44岁，就业人口比达到85.6%；30—34岁就业人口比为85.4%。在50—54岁年龄段人口中，68.1%的人口在工作，比六次人口普查提高10.4个百分点，离退休人口比重下降12.2个百分点；在55—59

岁人口中，44.5%的人口在工作，比六次人口普查提高10.2个百分点，离退休人口比重下降12.9个百分点。分户籍来看，长表数据16—59岁劳动年龄人口中，外省市户籍就业人口比为74.5%，北京市户籍就业人口比为58.7%。原因分析表明，16—29岁北京户籍人口中在校学习人口比重较高，50—59岁北京户籍人口中处于离退休状态人口比重较大，16—29岁与50—59岁外地户籍就业人口比明显高于本市户籍人口。对此，区统计局队建议，海淀区应主动将人力资源要素观念转变为人力资本投资观念，并将其作为参与国内国际双循环、京津冀协同发展等战略布局中的重要一环，以技术领域需求为导向，搭建高校与企业桥梁，以产业链为载体，在职业教育方面取得先机，在区域发展联动中进行人才与就业布局。同时可建立“积分制管理+时间银行+工资”的互助养老制度，由低龄老年人照护高龄老年人口，既解决高龄老年人口照护问题，又能在一定程度解决老年人口就业需求。

（钟冷）

【《海淀区社情民意调查中心工作规范手册》编印】 4月，区统计局队社情民意调查中心编印《海淀区社情民意调查中心工作规范手册》（简称《手册》）。《手册》涵盖调查各环节的管理制度，从调查项目管理、全过程数据质量把控、工作流程、调查员管理、应急保障等方面入手，对日常工作进行规范化管理，加强对调查过程中各关键环节的数据质量控制，明确调查员的岗位职责和工作要求，由经验管理向科学管理转型，提升统计调查的科学性、权威性。《手册》共2.7万字。

（朱天慕）

【“海星主播团”成立】 4月，海淀区统计局队希望将多年来积累的工作基础形成正式的机制，以团队的形式统筹运行，以更加专业高效的方式有计划地推出新媒体产品，同时为了进一步凝聚局队宣传干部，锻炼队伍、形成合力，提出成立“海星主播团”。“海星主播团”由海淀统计宣传骨干，包括但不限于各部门信息员、党工团主力成员、局队宣传积极分子组成，主要职责在于凝聚海淀统计宣传力量，发挥统计宣传能量。“海星主播团”举办春日诗会、秋韵之约、“海星之光”主播大赛等5场系列活动，结合“海淀统计开放日”直播活动，在统筹疫情防控的前提下运用线上线下多种渠道组织统计特色活动，开创“海淀统计”公众号、《统计要闻》视频板块等方式宣传，每季度发布内容1条共计3条，向公众介绍海淀统计工作，提升统计社会宣传的影响力。

（朱天慕）

【市统计队调研“五经普专项试点”工作】 6月28日，北京市经济社会调查队到区统计局队督导调研“五经普专项试点”①工作，召开调研座谈会。在调研座谈会上，区统计局对海淀区“五经普专项试点”工作前期准备与布置情况进行汇报。北京市经济社会调查队总队对区统计局队的前期准备布置情况给予肯定，并提出严抓质量、精心组织、做好培训、积极创新的要求。随后北京市和海淀区统计局队工作人员对试点过程中的数据质量、宣传工作、疫情防控等问题进行详细讨论。

（朱天慕）

【中小微企业研发情况调研】 6月，区统计局队面向辖区具有发展潜力的“专精特新”、科创型中小微企业，通过网络调查、电话访谈相结合的方式开展问卷调研，超五成被访企业近三年有研发活动，近三成企业研发投入高于上年，“研发费用加计扣除”优惠政策落实良好。调研结果分析显示：52.5%的被访企业表示，近三年有研发活动。在有研发活动的企业中，53.9%的被访企业表示研发投入水平与上年二季度相比基本保持不变；28.5%的被访企业表示研发投入比上年二季度增加；五成以上企业研发增加幅度处于10%以下。分行业看，信息业、制造业、教育业等行业研发增加的占比均超过三成；从重点企业看，“专精特新”企业研发增加的占比为44.8%，高于平均水平16.3个百分点；从高新企业来看，“双高新”企业研发增加的占比为34.3%，高于平均水平5.8个百分点。44.6%的被访企业表示享受过“研发费用加计扣除”。分行业看，制造业已享受占比最高，为86.3%，其次是信息业和科研业，已享受占比分别为78.6%、67.9%。分规模看，大型和小型企业已享受占比均超过六成。从重点企业来看，“专精特新”和平台企业已享受占比分别为84.9%、69.0%。“双高新”和“国高新”企业已享受占比较高，分别为83.7%、78.6%。针对“企业已经增加或计划增加哪些方面的研发投入”调研中发现，短期可以转化成果应用的研发投入高于基础性研究投入。其中，55.6%的被访企业表示增加原有技术拓展式研究与试验投入；48.2%的被访企业表示增加应用类研究投入；36.2%的被访企业表示增加基础类研究投入。增加“探索性研究或试验”“采购或引入技术”“研发人员成本等其他研发投入”的占比均不超过二成。

（钟冷）

【国家统计局调研“五经普专项试点”工作】 8月25日，国家统计局党组成员、副局长蔺涛到海淀区调研第五次全国经济普查专项试点工作。蔺涛采取实地走访专项试点企业和召开座谈会形式，对专项试点、五经普筹备工作进行全面调研指导。市统计局党组书记、局长李素芳主持调研座谈会，区委常委、副区长林剑华参加调研。座谈会上，市经济社会调查总队汇报全市“五经普专项试点”工作情况；林剑华汇报海淀区“五经普专项试点”工作情况；中国信息通信研

① 五经普专项试点：按照第五次全国经济普查试点方案，北京选取海淀区和通州区进行专项试点，海淀区承接6项专项试点任务。

究院汇报数字经济专项试点工作情况。蔺涛对北京市在专项试点以及五经普筹备方面开展的工作充分肯定。调研期间，到中国航空油料有限责任公司、中国信息通信研究院了解经营情况及主要业务活动和投入产出调查专项试点情况、数字经济调查专项试点情况，就能源核算、数字经济统计等重点问题与企业代表进行交流。国家统计局普查中心、能源司、设管司、数管中心、核算司、办公室等部门负责人参加。

（朱天慕）

【人口抽样调查入户登记工作启动】 8月，海淀区开展2022年人口抽样调查登记工作。根据国家、北京市下发的调查样本，2022年度人口抽样调查涉及28个街镇、402个社区、580个样本块、3412个调查小区、约2.3万个住房单元，涉及样本块数量较大。人口抽样调查分住房单元核实、入户登记复查、质量核查验收三个阶段。为了有效应对人口抽样调查工作的新变化及新冠肺炎疫情等因素影响，区人口抽样调查办公室完成机构组建、业务培训、物资发放、两员选聘、住房单元核实等各项前期准备工作，组织街、镇人口抽样调查办公室抓紧做好正式登记核查阶段各项任务。

（钟冷）

【区域治理数据建设工作】 10月14日，海淀区召开区域治理数据建设工作专题调度会议，副区长徐振涛听取区统计局队关于海淀区城市大脑区域治理数据建设整体目标、重点任务、实施计划及近期工作成果汇报。会上，徐振涛充分肯定区域治理数据建设前期工作，要求继续深化治理思路，从数权确定、数库建设、数据估值以及数据应用等多方面抓紧推进落实，推动形成数据支撑调度、数据驱动决策的治理机制，赋能精细化城市治理，全面对接和服务海淀智慧城市建设。区统计局队加入海淀城市大脑专班，以数据共建共享共用为核心，基于统计元数据管理方法，运用大数据、云计算、数字孪生等前沿技术，探索提升全区整体数据治理能力，开展一系列试点研究工作。

（朱天慕）

【《北京市优化营商环境条例》执行效果调研】 11月2日，北京市人大财经办、市统计局专项处一行到海淀区调研《北京市优化营商环境条例》执行效果情况，邀请北京微播易、九洲科瑞、同城必应科技等9家辖区“专精特新”企业参加座谈会。参会企业介绍目前发展状况和困难，重点是融资、人才、疫情防控等领域遇到的问题，对营商环境优化相关方面提出意见建议。市统计局专项处听取“专精特新”企业对优化营商环境工作的意见建议，提出深入调研、构建长效沟通机制的要求。撰写统计专报《2022年〈北京市优化营商环境条例〉执行效果调查报告》，调查结果显示：条例实施两年以来，被访企业对优化营商环境政策评价较好，超九成被访企业对目前营商环境满意，其中近四成非常满意。在市场环境优化方面，超四成被访企业认为政采与招投标、市场准入方面非常公平；在政务服务优化方面，近四成被访企业对12345热线、网上办事服务非常满意；在监管执法和法治保障运行方面，近六成被访企业认为负担减轻。从融资情况看，超二成被访企业认为融资可得性和便利性好转，超三成认为融资成本下降；近七成被访企业知晓融资支持政策。针对人才落户、涉企服务、融资等方面存在的问题，建议持续优化市场环境、持续改进政务服务、持续改善融资环境，促进营商环境进一步提升。

（朱天慕）

【城市大脑数据建设及劳动工资统计工作调研】 11月4日，北京市统计局到海淀区调研城市大脑数据建设及劳动工资统计工作。市统计局、规自分局、城市大脑研究院相关人员参加调研座谈。调研组参观“智慧城市服务体系智能+”展览，重点观看不同治理场景的数字化应用，了解利用大数据、人工智能等前沿技术推进城市治理现代化探索与实践。听取海淀局队关于数据建设整体目标、重点任务、实施计划等相关工作汇报。市统计局对海淀局队创新开展数据建设工作给予充分肯定，对劳动工资统计工作、劳动工资分行业增速测算方法和GDP核算等工作进行深入沟通与指导。

（朱天慕）

【《海淀统计年鉴（2022）》完成】 12月30日，区统计局队完成《2022北京海淀统计年鉴》编印工作。收录了全区2021年度内的经济发展、社会民生、科技进步等各方面的变化情况，包括三个部分：统计图、统计公报、统计表及相关指标解释。其中，第三部分包括综合，人口，从业人员、劳动工资，投资，农业及农村经济，工业，建筑业，第三产业，商业，高新技术企业，北京市及城六区主要指标，外经、旅游，金融、价格，教育、文化、科技，卫生、体育，城市建设，人民生活，社会福利、政法及其他，工商、税务，共19章，收录200余张统计表。

（朱天慕）

市场监督管理

概述

2022年，海淀区市场监督管理局（简称区市场监管局）开展市场安全保障、持续优化营商环境、营造放心消费环境、维护市场竞争活力等工作，注入市场监管新动能。11月，海淀区入选“国家食品安全示范城市”。

重大活动服务保障。完成北京冬奥会、冬残奥会服务保障任务，实现全国两会等重大活动和重要会议食品药品、特种设备、计量技术服务保障零事故、零感染、零差错。党的二十大期间对6家驻地酒店开展24小时驻会服务保障，实现保障点位食品安全无事故。

质量监管。推动落实党政同责，严格食品药品质量安全监管，成功创建国家食品安全示范城市。食品、药品、医疗器械、化妆品抽检合格率分别达98.9%、100%、96%、100%。开展特种设备超期未检、消防产品、电动自行车专项整治，完成电梯隐患治理850台，强制检定计量器具4.6万台件、特种设备3.9万台次，消除燃气违法安全隐患917处，实现市场领域安全生产零事故。国务院点名表扬海淀区推进质量强国建设工作成效突出。

先行先试改革。市场主体住所（经营场所）标准化登记改革。完成企业住所登记标准化改革，1057个产权方5342处经营性房产纳入住所标准化登记数据库。推进“证照合一”“证照联办”，构建“快入准营”市场环境，发出全市首张“证照合一”营业执照、首例药店领域五证联办证照、全国首张加载“市场主体身份码”营业执照。把直播电商纳入区级“集群注册”平台，支持主播办照。优化个体工商户“一站式”开办服务，全市首家台胞个体户落地海淀。实现食品经营许可“云核查”；推广登记注册“零见面”服务，许可审批安全与效率双提升。

标准化建设。成功申报全国首批网络市场监管与服务示范区、商业秘密保护创新试点地区两个创建试点。实施标准化战略，举办首届海淀区标准创新论坛，建成北京首个国家高新技术产业标准化区域试点，全区主导研制高新技术标准4532项、国际标准104项、国家标准1893项，全国占比达54%。通过标准创新发展专项支持5G、车联网等领域标准化进程，2家国家高端装备制造业标准化试点通过终期验收。

企业服务。践行“创新合伙人”理念，构建“无处不在、无事不扰、无微不至、管服一体”新服务模式。聚焦企业恢复发展难点，落地助企发展15条措施。开通“60812315”服务热线和微信小程序，解决企业群众诉求4956件。为教培、零售等传统行业转型网络市场提供合规指导，推动翠微商城与抖音商城合作打造“线上+线下”经营新模式。推进轻微违法免罚慎罚，包容审慎办理行政处罚案件743件，减轻减免企业罚款4128.9万元。

综合监管。智慧餐饮、智慧电梯、住所标准化、接诉即办、无证无照和药品监管的智慧监管“六张图”初步形成。实施复议诉讼败诉追责，525个复议诉讼案件，未出现有责败诉。探索区级市场监管科队所事权划分，健全综合执法体系。牵头全区“双随机、一公开”监管，37家联席会议成员单位开展跨部门“双随机”89次。牵头全区“6+4”监管执法改革，实现机动车驾驶员培训行业“一业一单”场景化监管，建立以“风险+信用”等级为依托的跨部门综合监管制度。

重点领域执法。坚持街镇主导、部门协同、动态清零，完成无证无照经营年度治理任务，整治各类问题点位576处。处置互联网广告涉嫌违法线索3.2万条。对金准医学核酸检测违规行为作出吊销营业执照处罚决定，查处某摄影工作室高价代售抗原试剂案件，重拳打击利用疫情不法牟利行为。实施行政处罚5912件，罚没款2602.5万元。

新冠疫情防控。牵头区市场防疫组、冷链指挥部和社会面风险排查专班办公室，建立高效闭环工作机制，统筹牵动四方责任有效落实。推进从业人员疫苗接种、核酸检测。加强重点药品供销存监管，统筹分配药品32.3万盒、抗原试剂245.8万份；开展48家一级医院、社区卫生服务中心驻场服务；向全区在营药店派驻350名秩序监管员，自主开发的药店库存小程序在全区推广，有效解决群众紧急购药需求3000余人次。

接诉即办。推广“四见面”[①]工作法，构建“四办诉”[②]工作体系。承办工单10.7万件，月均8925件。工单总量比上年下降15.1%，为30个市场监管所平均减负630件。

（郭洁）

市场主体注册登记

【概况】 2022年，全区新设企业3.5万户，比上年增长56.8%。新设科技型企业1.9万户，比上年增长60.5%，提前完成海淀区促进经济增长支撑指标“全年新增科技型企业1万户”任务。科技型企业存量13.7万户，增量、存量及占比均居全市各区第一。

（郭洁）

【重点企业登记绿色通道启动】 年内，区市场监管局为中国船舶集团资产管理有限公司（简称中船集团）、中船柴油机有限公司、国家电投集团智慧能源投资有限公司、中街（北京）开发建设有限公司、北京卡尤迪生物科技股份有限公司、国新致远（北京）投资有限公司、中国融通集团财务有限责任公司、中铁二局集团有限公司国际建设分公司、美团公司、中建材石墨新材料有限公司、联通（北京）产业互联网有限公司启动重点企业登记办理“专人负责、全程指导、即时办结”绿色通道服务，“一对一”对接企业，通过“全程帮办”等举措完成企业设立登记，现场发放营业执照、公章。

（郭洁）

【“集群注册”服务推出】 年内，区市场监管局在中关村创客小镇、创业大街、东升北领地、中关村科学城科创服务等4家区级创业服务平台推出“集群注册”服务，实行联席会管理制度，对平台和入驻市场主体进行指导、监督和管理，支持高精尖产业发展。推出两年期免费孵化服务，支持符合首都高精尖产业和区域产业功能定位的企业入驻“集群注册”平台，

① “四见面”：见到问题、见到本人、见到现场、见到成效。
② “四办诉”：即推广“创新合伙人”服务热线（010-60812315），确保全天候响应；优化诉求办理流程，政企协作共同办理诉求；组建诉求专员队伍，凝心聚力破解民生难题；做好诉求分析研判，聚焦热点诉求持续发力。

享受免费注册地址及企业年报公示、税务报到、纳税申报指导等政策福利。入驻企业规模与数量不设上限，减少企业创业与运行成本，缓解高精尖企业、创新创业小微企业住所资源稀缺等问题，疫情期间推出线上审核服务，实现“集群注册”申请零见面。把平台经济纳入“集群注册”范畴，鼓励从事互联网直播服务等自然人以“个体工商户”形式入驻“集群注册”平台，支持“互联网+”新经济模式落地发展。

（郭洁）

【《中华人民共和国市场主体登记管理条例》实施】 3月1日，《中华人民共和国市场主体登记管理条例》（简称《条例》）正式实施。区市场监管局做好落地实施前期准备工作。全面展开培训，保障《条例》顺利落地；通过同步更新微信公众号、政务大厅及各市场所电子屏、《条例》宣传页、新版登记规范表格及告知单等形式，帮助办事人知晓政策措施；与区政务服务局等相关部门建立协同配合工作机制，制定应急处置机制，优化企业群众办事体验。在落地实施首日，通过线上线下方式共办结约600户市场主体各类登记事项。

（郭洁）

【首家进口冷链食品首站中转查验运营主体成功注册】 5月23日，区市场监管局为助力企业“快入准营”主动作为，收到检测中心注册申请材料后，在尚未有此类行业注册先例的情况下，基于疫情防控时期的特殊需求，第一时间启动登记办理“专人负责、全程指导、即时办结”绿色通道服务，在企业名称、经营范围和住所等方面对企业靠前指导，帮助海淀区首家进口冷链食品首站中转查验运营主体——北京超市发连锁股份有限公司榆庄子进口冷链食品中转检测中心顺利注册成功，营业执照实现“秒批秒办”。

（郭洁）

【北京首户台胞个体工商户落地】 7月5日，区市场监管局协助北京古韵华夏文化娱乐经纪工作室在海淀办理个体工商户营业执照，该工作室是国务院台办、商务部、国家市场监督管理总局3月16日联合发布《关于做好台湾居民在服务贸易创新发展试点地区申请设立个体工商户工作的通知》以来，北京首个由台湾青年同胞创办的个体工商户，经营范围包括文化娱乐经纪人服务。

（郭洁）

【助力紫光集团司法重整】 7月，区市场监管局探索推进破产重整登记便利度，助力紫光集团司法重整，解决企业破产和市场主体退出的痛点难点问题。提前对紫光集团进行专项辅导，详细解读市场主体登记变更相关规定，全程指导完成所需登记材料的准备工作，协助紫光集团完成登记变更事项。协助法院解除股权冻结并完成股权交割过户，无缝衔接法院、管理人及新股东，高效完成紫光集团法定代表人、高管变更及股权出质等多项登记业务办理，助力紫光集团通过司法重整恢复成为正常市场主体。

（郭洁）

【全市首张“证照合一”营业执照发出】 7月，海淀区推进商事制度改革，在“证照联办”基础上创新推出“证照合一”。向北京宏家优品科技有限公司发出全市首张“证照合一”营业执照。把“分头跑、挨个办”办理模式优化升级为“一点受理、多点联审、信息共享、证照一体”，窗口一次性收齐营业执照与许可证办理所需材料后，实施后台联动审批。结合“疫情+行业”特点，通过“云核查”推送许可信息，生成载有许可信息的营业执照，在优化审批流程的同时最大程度降低疫情对企业办事的影响。

（郭洁）

【全国首张加载“企业码”营业执照发出】 8月30日，市市场监管局在海淀区政务大厅为北京艾纳医学检验实验室有限公司发出全国首张加载“市场主体身份码”（简称“企业码”）的营业执照。“企业码”归集整合企业执照信息和电子许可证等常用涉企信息，通过电子营业执照小程序、微信、支付宝、百度等移动端扫描营业执照上的“企业码”，可查看执照和“一照多址”信息。自9月1日起，加载“企业码”营业执照在全市范围内发放，企业可持原有营业执照到发照机关免费更换。市场监管部门将持续丰富“企业码”归集内容，全面关联企业和群众常用的市场主体相关信息，强化营业执照身份信任源点作用，实现市场主体身份信息“一码全覆盖、扫码即可查”。

（郭洁）

【全市首个药店领域“五证联办”证照发出】 9月7日，区市场监管局向北京祥云安济医药有限公司一次性发出营业执照、药品经营许可证、医疗器械经营许可证、第二类医疗器械经营备案凭证、食品经营许可证（电子许可证）等5类证照，进一步将“证照联办”改革拓展至药店应用场景，改变证照“多表申请、多窗办理、多次跑动、串联审批”传统办理模式，对市场主体提交的证照办理申请实行“一次受理、并联审批、同步办结”，一体化实现“准入”又“准营”，最大程度减环节、减材料、减时限，进一步降低企业制度性交易成本。

（郭洁）

【首张小食杂店备案卡电子证书发出】 11月16日，区市场监管局通过新升级的E窗通2.0版审批系统，为北京一本古法农业科技有限公司发放海淀区首张《北京市小食杂店备案卡》电子证书，在食品经营开办领域实现“一次不用跑，全程不见面”办理新模式。

（郭洁）

市场主体监管

【概况】 2022年，区市场监管局开展“一址多照”专项治理，管理282条中高风险地址纳入负面清单。开展商务楼宇摸排“扫楼”行动，归集500余条异地经营企业信息，引导20户落户海淀区，有效清理458户，支持街镇财源建设，持续释放住所资源。设立企业迁移服务期，鼓励优质企业驻区发展。为区属经济部门提供企业迁出预警1041次。扭转企业净迁出趋势，全年净迁入724户，营商环境优势凸显。

（郭洁）

【百余户科技型企业集中入驻鼎好大厦】 年内，为助力中关村西区产业升级，区市场监管局集登记注册专业人员，在两个工作日内优先完成此次百余户科技型企业设立登记，推进鼎好大厦成为中关村核心区内集办公、展示、交互和商业服务于一体的科技商务综合新地标，吸引全球科创头部企业入驻，进一步盘活区域资源，实现优势互补、推进产业结构优化。目前已确定引进腾讯、创新工场、上海米哈游等优质科技企业入驻，为中关村核心区蓬勃发展注入新动能。

（郭洁）

【“双减”工作】 年内，区市场监管局加强寒假“双减”工作检查，把晚间夜查和周六日检查作为重点，联合区教委对学而思、新东方、高思等原学科教育培训机构进行突击检查。对智高培优、新东方、高思教育等机构开展多部门联合约谈，要求智高培优教育机构不得在寒假期间开展学科教育培训，不得以“素质拓展”“研学”等名义变相开展学科培训，并督促其妥善处理相关退费事宜。对新东方、高思教育培训机构转型发展方案进行政策宣讲与合规建议，正面引导企业合规合法经营。在寒假开始前，对辖区内各写字楼物业经营单位和其他存在办公用房出租行为的经营单位开展“双减”政策宣讲，向辖区物业出租经营管理单位送达《行政提示书》，提示不得将场地租给无证办学机构使用，严格遵循节假日不得开展学科类教育培训要求。

（郭洁）

【北医三院殡仪服务收费问题查处】 年内，区市场监管局针对“北京某三甲医院收取天价殡葬费”舆情做出迅速反应，联合北京市市场监管局到北医三院太平间实地检查，对殡仪服务收费问题进行核实。执法人员与殡仪服务提供商进行现场沟通和调查，对殡仪服务的“告别间”等情况进行核实，调取殡仪服务相关收费材料千余份。经核查，承包该医院太平间的北京天堂祥鹤殡仪服务有限公司在殡仪服务收费过程中涉嫌存在价格违法问题，由北京市市场监督管理局于2022年6月6日对北京天堂祥鹤殡仪服务有限公司涉嫌不标明价格、不执行政府定价的违法行为作出没收违法所得1096030元、罚款5652950元的行政处罚。

（郭洁）

【疫情防控问题企业约谈】 3月，区市场监管局根据近期北京市督导组通报和区领导要求，对物美学清路店、家乐福中关村广场店等出现不符合疫情防控工作要求的超市门店和总部负责人进行集体约谈。向各企业负责人通报市督导组检查发现的冷链从业人员统计标准不符合要求、冷库数目不准、个别冷链从业人员核酸检测超期、未对店内冷链从业人员共同居住者核酸检测情况进行统计等问题，听取企业整改情况汇报。责令问题超市暂停销售冷链食品，对存在问题进行彻底整改，从“四个不放过”[①]帮助企业查找问题、分析原因、促进整改落实，规范经营行为。指导问题超市动态更新冷库和冷链人员台账，严格落实冷链食品各项标准和要求，对辖区各超市整改落实情况及时组织开展复查，确保问题整改到位。

（郭洁）

【北京金准医学检验实验室查处】 5月27日，区市场监管局收到北京金准医学检验实验室在核酸检测过程中存在涉嫌违法犯罪的线索后，立即成立专案组，连夜快速查处，于23时30分，对该公司作出“吊销营业执照”的处罚决定。专案组从接到线索、调查取证到作出处罚决定，仅用14个小时。

（郭洁）

【首例高价销售抗原试剂盒案查处】 12月，区市场监管局查处海淀区某摄影工作室高价代售抗原检测试剂盒案。经突击检查，执法人员发现已售空的不同厂家的抗原试剂盒7箱，在收银台发现三张手工记录的销售明细表和未售出的抗原检测试剂盒2盒，执法人员依法依规对相关情况进行处置，并对涉案物品进行证据固定和暂扣处理。根据现场检查情况及初步调查，对涉嫌哄抬物价及无证经营的违法行为，行政处罚30万元。

（郭洁）

市场监管

【个体户营商环境优化】 年内，区市场监管局的个体开办业务入驻区政务服务中心，设置“一窗办理”专区，可领取营业执照、公章、发票等全套资料。开通简易注销程序，通过线上“e窗通”或线下窗口可便捷注销，无须承诺书、公示等环节。辅导个体户及时享受优惠政策，实时监测确保应享尽享。2021年为2406户纳税人减免所得税287万元，为制造业个体工商户缓缴税费8.88万元。针对个体户用票量大、财务知识缺乏的情况，委托集贸市场代征税款、代开发票，降低纳税人开票难度，加强零散税源管理。2021年共委托海淀33家集贸市场代开发票21万份，涉及金额20.7亿元。

（郭洁）

【节日市场保障】 节日期间，区市场监管局协助属地街镇和所对接社区，开展疫情防控和保供稳价检查。执法人员加大对辖区商超、市场、药店、餐饮等经营主体的监督检查力度，对检查发现的风险隐患问题督促立即整改。局领导班子成员每日带队对辖区关键点位、重点场所以及涉及民生物资的业态开展督导检查，保障节日期间市场秩序运行平稳。

（郭洁）

① “四个不放过”：问题未查清不放过、原因未分析透不放过、责任单位责任人未受教育不放过、整改措施未落实不放过。

【重点业态风险排查和全覆盖核酸检测】 1月，区市场监管局开展重点业态风险排查和全覆盖核酸检测。启动24小时应急响应机制，对所有涉关联的场所、物品和人员开展全覆盖摸排，对排查中可能涉疫的物品全部就地封存，开展人、物、环境核酸检测，做好物品的全流程监管排查及追踪溯源工作。通过开展实地检查，对辖区所有进口冷链、食品冷库、冷链食品进行摸排，完善进口冷链、冷库、批发市场、农贸市场、国产冷链食品从业人员及共同居住者台账。应用“北京冷链”平台逐一梳理掌握涉疫物品来源，确保进口冷链食品来源可追溯。统筹协调多方资源，连夜迅速搭建规范临时检测点，满足辖区内食品冷库、冷链食品、批发市场从业人员及共同居住者检测需求。建立协同联动机制，对辖区内冷链重点业态从业人员及共同居住者开展人、物、环境全覆盖核酸检测。

（郭洁）

【疫情期间保供稳价】 3月，区市场监管局依托“市—区—街镇—社区”四级联动，掌握生活必需品供、储、销全环节运行情况，做好缺断货监测。强化区、企多方对接，建立货源调度机制和商品随时调配机制，拓宽供应渠道，稳定物价。在全区价格监测点位开展蔬菜、副食品市场专项巡查，加大线上、线下巡查频次，及时了解生活必需品市场供应和价格变动情况。通过市场巡视、舆情监测等方式，对价格异常波动早发现、早报告、早预警。开展线上线下配送模式，由专人上门送货，实施无接触配送，确保防护和生活物资配送及时。

（郭洁）

【全国网络市场监管与服务示范区创建】 5月29日，海淀区获市场监管总局正式批复，创建全国网络市场监管与服务示范区。随即成立创建工作领导小组，28个部门各司其职；出台创建工作实施方案，完善部门联席会议机制，全面深化海淀区网络市场治理创新成果。持续巩固“首善引领、创新驱动、智慧赋能”的现代化治理模式，保障网络市场生态健康有序。不断提升科技创新能级，着力构建“党建引领、多元协同、政企共治、社会参与”的网络市场治理体系，推动平台经济、数字经济高质量发展。海淀区与企业共同打造“无处不在、无事不扰、无微不至、管服一体”的“创新合伙人”模式，建设适应平台经济发展特点的新型监管机制，形成全球数字经济发展高地和头部平台企业孵化高地。创新网络服务“三个模式”（打造“服务管家”模式、完善“高效准入”模式、优化“诉求响应”模式），促进监管方式“三个转变”（分散式监管向场景化监管转变、事后干预惩治向事前风险预警转变、个体行为规制向行业规则治理转变），推动发展实现“三个提升”（网络市场发展规模取得稳步提升、网络市场发展质量取得快速提升、新经济新业态新模式实现高速提升）。海淀区已建成国内首个自主可控的区块链软硬件技术体系“长安链”，开发“长安链+政务服务”全场景应用，实现全流程“亮证确权、鉴证减材、审证秒批、存证溯源”。

（钟冷　郭洁）

【国务院联防联控机制检查组督导检查疫情防控工作】 7月2日，国务院联防联控机制检查组到海淀区检查农贸市场疫情防控工作。检查组一行到五道口集贸市场，对市场入口扫码测温、环境消毒、从业人员核酸检测、应急预案及疫苗接种等情况进行检查，详细了解区市场防疫组创新“无证件不进场、无核酸不上岗、不接种就换岗”，确保市场领域重点从业人员监管“不漏一人、不留盲区”的工作举措。对市场内经营商户疫情防控措施落实情况进行随机抽查，未发现明显问题。检查组听取区市场防疫组关于科技赋能提升市场环节疫情防控工作质效的汇报，充分肯定海淀区在市场领域疫情防控工作取得的成绩，对海淀区创新智慧监管手段，为首都疫情常态化进程贡献海淀科技力量给予高度赞扬，并对农贸市场疫情防控工作提出3点要求。副区长林航以及区市场防疫组、市场监管局、北太平庄街道有关领导参加调研。

（郭洁）

食品药品安全监管

【北京冬奥会和冬残奥会食品安全保障】 年内，区市场监管局成立疫情防控和冬奥保障工作大专班，组建冬奥食品安全保障专业团队，保障24家酒店闭环内7320人次、2个比赛场馆4014人次、火炬接力活动1340人次的餐饮安全。对涉奥酒店、场馆、集配单位开展食品安全风险监测和新冠诺如检测，重点就食品原材料来源、储存运输、加工过程等进行检查，累计进行食品安全快速检测17165件，食品留样42355件。对场馆、酒店驻地、重点商业区、定点医院等重点区域开展市场秩序和市场防疫监督检查，发现隐患及时督促整改。制定食品安全突发事件应急预案、突发事件检验检测应急预案、特种设备安全突发事件应急预案，组织开展冬奥食品安全保障业务、餐饮食品快速检测、食品安全突发事件现场处置等11场专业性培训，对保障点位和保障人员进行现场业务实操演练。每日由局领导带队，99名工作人员进行24小时应急值守，随时处置突发事件。按照冷链“一天一检”、冷库“一天一查”的防疫要求，对保障点位和周边冷链食材及冬奥保障人员、物品、环境按照频次要求进行核酸检测，结果均为阴性。

（郭洁）

【地铁便利店食品安全监管】 年内，区市场监管局实施常态监督检查，将地铁便利店销售食品行为纳入常态化日常监督管理，及时消除食品安全隐患，发现问题依法查处。主动提供上门服务，开通行政审批绿色通道，为辖区地铁站内新开设的罗森、京轻等品牌便利店提供业务指导。深度开展普法宣传，督促地铁便利店经营者落实食品安全主体责任和安全生产主体责任，主动开展食品安全、电器使用、消防安全自查自纠，采取有效措施防控并消除安全隐患。优化便民服务措施，提示便利店经营者设置临期食品区，早晚高峰前及时清理超过保质期的食品，更好地为乘客提供安全、便捷、高效的便民服务。

（郭洁）

【化妆品“线上净网线下清源”专项整治】 年内，区市场监管局开展化妆品“线上净网线下清源”专项整治，制定《关于开展化妆品“线上净网线下清源”专项行动工作方案》，明确工作目标、职责分工、工作重点，细化工作措施、工作要求等。详细分解各阶段任务并开展实操培训1场次，人数71人。梳理化妆品网络经营者台账，通过多种形式摸排，全面摸清辖区网络经营者情况。各市场监管所针对专项整治重点，对化妆品网络经营者开展检查190余户次，约谈30余家，对网络经营者经营的10余批次化妆品进行抽检。针对监督检查中发现的化妆品标签不合格等问题，依法依规查处网络经营化妆品违法案件3件，罚款1万元，没收违法所得916元。面向化妆品经营者开展多种形式的法律法规宣贯。开设线上“空中云课堂”及“安全用妆小科普”，线上受众人数约1000人，加大对网络化妆品经营者的培训指导力度，引导、帮助经营主体更好地落实企业主体责任。

（郭洁）

【节日食品安全保障】 年内，区市场监管局开展节日期间食品安全监督检查，将风险排查与物资保供相结合，进一步规范食品经营行为。根据辖区节日市场特点和消费特点，以节日消费量大、风险高的食品种类为抽检重点，开展食品抽检（检测数量9840批次，检测合格率98.9%），确保食品安全风险可防可控。做好节日期间应急值守，及时受理和处置消费者投诉举报，依法维护消费者合法权益。

（郭洁）

【“年夜饭”监管】 春节期间，区市场监管局做好“年夜饭”等聚餐活动管理，提倡外卖外送等方式以及无接触配送，避免人员扎堆聚集。制定“年夜饭”经营单位食品安全工作要求，提示“年夜饭”经营单位注意防范食品安全和疫情防控风险。对“年夜饭”经营单位开展监督检查，以场馆、驻地酒店周边餐饮服务单位以及涉奥集体用餐配送单位为重点，对社会面餐饮单位食品安全及疫情防控工作进行督导检查。重点关注进口冷链食品、人员核酸检测、疫苗接种情况及有风险食品，对督导检查发现的问题督促立即落实整改。

（郭洁）

【全国两会食品安全保障】 3月上旬全国两会期间，区市场监管局成立全国两会食品安全保障领导小组，制订保障工作方案和突发事件应急预案。召开全国两会保障工作部署会、交流会。分类开展动员培训，相关业务科室、综合执法大队按照任务要求，对保障监管人员开展针对性业务培训，召集两会代表驻地酒店负责人进行食品安全责任约谈，签订重大活动食品安全责任承诺书。对驻地酒店开展前期食品安全监督检查，主要围绕关键控制点开展重点监控，发现风险隐患及时督促整改。强化驻地酒店、会议场所周边社会面监管，加强应急备勤和值班值守力量，严格常态化疫情防控措施，力争实现食品安全工作“零事故”、疫情防控工作“零感染”、服务保障工作“零差错”。

（郭洁）

【立案调查“叮咚买菜”】 3月16日，针对媒体报道的北京不姜就电子商务有限公司（“叮咚买菜”）前置仓存在用死鱼冒充活鱼、擅自“翻包”换签、日常消毒流于形式等问题，区市场监管局高度重视、立即行动，对其进行行政约谈，秉承“四个最严”的原则，即刻开展专项行动，及时回应社会关注。对“叮咚买菜”总部相关负责人进行行政约谈，要求企业切实落实疫情防控和食品安全主体责任，帮助企业查找出现问题的深层次原因，提出解决问题的思路和建议，指导企业对124个前置仓开展全面自查，主动发现风险、消除隐患；对北京不姜就电子商务有限公司进行立案查处，因当事人首次违法，未造成危害后果，且及时改正其违法行为，决定不予处罚；开展专项检查，组织30个市场监管所对辖区“叮咚买菜”“美团买菜”“每日优鲜”等生鲜电商前置仓开展全覆盖专项检查，坚守食品安全防线。

（郭洁）

【食品药品安全委员会全体会议】 5月12日，海淀区召开2022年食品药品安全委员会全体会议。区食药安办通报2021年全区食品药品安全工作情况、各街镇食品药品安全工作考核评价结果，对2022年全区食品药品安全工作任务进行部署。副区长徐振涛到会并讲话。区食药安委各成员单位主管领导、各市场监管所负责人参加会议。

区食药安委各成员单位健全食品药品安全治理体系，严格食品全链条质量安全监管，巩固深化国家食品安全示范城市创建成果，加强重点领域治理，有效防控输入性风险，切实提高保障能力。下一步，海淀区要遵循“四个最严”要求，聚焦重点、把握关键、紧盯突出问题，持续推进各类专项整治工作，全面提高食品药品安全综合治理能力和水平。毫不松懈抓紧抓实抓细常态化疫情防控，全面落实食品生产经营各环节疫情防控措施，充分发挥药店“哨点”作用，始终坚持“外防输入、内防反弹、人物并防”基本策略，继续压实“四方责任”。严格按照市委、市政府工作安排，把全面从严贯穿于食品药品安全工作始终，把做好食品药品安全工作和常态化疫情防控当作重大政治责任抓紧抓好，确保人民群众身体健康和社会和谐稳定，以实际行动迎接党的二十大胜利召开。

（郭洁）

【进口冷链食品“首站中转查验库”建成】 5月20日，海淀区进口冷链食品“首站中转查验库”建成，该库是全市第二批建设进口冷链食品中转查验库之一，位于后八家西路榆庄子32号，由后八家超市发榆庄子库房升级改造而成。库区占地面积2720平方米，其中冷库区面积495平方米，内设320平方米、库容200吨的冷库，分为恒温、冷藏、冷冻和生冻四小库区，严格按照市冷指办印发的《首站中转库建设运行与监管指引清单》设置区域，配有监控、消杀、核酸检测、医废处理等设备设施，按照疫情防控要求合理划分功能区域。中转库为进口冷链食品进京首站查验关口，所有进入辖区内的进口冷链食品，必须经过该库区查验、核酸检测、消杀等程序，查验合格后，才能流向市场销售。所有进口冷链食品需在“北京市冷链平台”注册登记，每一批都有相应“二维码”，顾客购买时通过扫码可追溯食品信息，最大限度降低疫情通过进口冷链食品传播蔓延风险。

（郭洁）

【药品安全突发事件应急演练】 10月18日，区市场监管局举行2022年度药品安全突发事件应急演练。应急管理科、药品监督管理科、宣传科、综合执法大队七队、中关村西区市场所、食药安全监控中心参加此次演练，药械流通监督管理科、医疗器械监督管理科、化妆品科、食品药品安全协调科、综合执法大队十五队全程观摩此次演练，参演人员与观摩人员20余人。演练以桌面推演方式进行，设置接报和上报、应急启动、现场调查处置、舆情处置、报告环节以及善后处置6个环节，全面展现药品安全突发事件的发生、发展及处置全过程。各参演部门通过启动响应、现场调查、危害控制、医疗救治、正面宣传等有效举措，确保事件得到有效、平稳处置。

（郭洁）

【疫情防控药品供应保障】 12月，区市场监管局向5家大型药品批发企业派驻专员，协调市级部门、批发企业、配送单位和药店各方力量，帮助医药企业解决进货、运输、人力资源、车辆保障等工作。“线上线下一体化”推动药品供应信息共享。开发购药“互助通”小程序，扩大药店覆盖范围，及时同步7类药品（连花清瘟、对乙酰氨基酚、布洛芬、泰诺、美林、其他药品1、其他药品2）供应信息，实现药品库存全天候“掌端查询”。选派300余名“秩序监管员”全天驻守药店开展巡查，维持现场购药秩序，协调居民购药需求，引导居民理性购药、科学用药。开展热销药品价格、进销存情况等监管工作，督促药店不得囤药、不得哄抬价格。推出“线上预购”方式便捷群众购药。支持、鼓励华润医药旗下零售药房——医保全新大药房积极拓展线上渠道，引导居民通过华润医药商业自主开发的“润曜优选”小程序自主添加药品，提前预订商品，加快购药效率。

（郭洁）

质量技术监督

【服务中央单位标准创新】 年内，区市场监管局主动为15家驻区中央单位提供国家级标准化试点建设申报及推进、对标达标、企业标准领跑者等标准创新服务，支撑中央单位申报国家智能制造标准化试点，有针对性地为企业讲解申报政策，解答企业在填写申报书时遇到的问题，助力企业顺利完成项目申报，完成国家高端装备制造业标准化试点和申报中国标准创新贡献奖，协助中央单位申报首都标准化战略资金补助。为中国信息通信研究院、中国科学院、清华大学、中能电力科技开发有限公司等中央部委直属科研院所、中央在京高校、中央在京企业提供政策咨询，解答申报疑难问题，组织中央单位参加市场监管部门政策培训会，通过分类对接、分批审核、多轮指导，支持27家中央单位如期完成申报首都标准化战略资金补助工作。

（郭洁）

【电梯安全隐患风险排查】 3月，区市场监管局以运行15年以上的老旧住宅电梯和人员密集场所电梯为重点，将存在安全隐患风险的老旧电梯全部纳入风险评估台账。指定专人负责，妥善协调解决安全评估工作中出现的问题，及时跟踪监控评估发现的安全隐患，第一时间督促重大安全隐患电梯整改。按照多元共治、综合治理的原则，将850台隐患电梯按照属地和行业监管部门进行归属划分，构建“政府统一领导、街镇属地管理、部门综合监管、企业落实责任、社会广泛参与、检验技术支撑”的电梯安全齐抓共管工作格局。强化执法，加强监管，将高风险电梯安全隐患治理与风险评估工作同日常执法检查、接诉即办和重大活动保障等工作相结合，督促高风险电梯使用单位落实安全主体责任；对老旧住宅小区、商场、学校、医院、地铁等人员密集场所进行重点监督检查，严肃查处各种违法违规行为，有效保证电梯安全稳定运行。

（郭洁）

【海淀区获政府质量工作考核A级】 4月22日，北京市贯彻质量强国战略工作领导小组办公室印发《关于反馈2021年区政府质量工作考核情况通报的通知》。该通报显示：海淀区2021年政府质量工作考核得分93.64分，结果评定为A级。通报指出，海淀区政府紧紧围绕市委、市政府中心工作，聚焦企业群众关切，大力开展质量提升行动，在优化公共服务水平、维护更新城市部件、推动旅游服务质量提升、完善质量基础设施建设等方面成效突出；在开展质量基础设施“一站式”服务试点、产品质量安全风险防控、群众居住品质提升等工作中起到了良好带头作用。公众满意度调查显示，群众对电子产品质量和住房工程质量的满意度均有较大幅度提升。

（郭洁）

【59个项目获首都标准化战略补助资金】 11月，市市场监管局公布2022年实施首都标准化战略补助资金项目，对参与标准制修订、标准化试点示范活动、标准化服务机构和推动标准国际化的单位给予补助。全市144个项目获得1500万元补助，其中海淀59个项目获得660万元补助，项目数、金额均位居全市各区第一。

（郭洁）

【国家高新技术产业标准化区域试点建成】 12月15日，受市场监管总局标准技术管理司委托，北京市市场监管局组织专家对海淀区政府承担的国家高新技术产业标准化试点项目进行考核评估。专家组按照国家高新技术产业标准化试点考核评估要求，通过听取报告、审查资料、专家质询等形式，对项目进行考核评估。专家组一致认为，项目承担单位圆满完成计划任务，顺利通过试点考核评估，海淀区建成全市首个国家高新技术产业标准化区域试点。2018年4月，海淀区获批北京市首个国家高新技术产业标准化区域试点。几年间，围绕科技成果转化为技术标准、培育团体标准、标准产业化方面开展探索，累计投入近3000万元用于支持高新技术企业和社会组织开展标准化工作，形成多元主体有机互动、交叉互融的标准创新生态体系，打造了新时代标准创新引领经济高质量发展的“海淀样板”。试点建设期间，全区共主导研制高新技术相关领域标准4532项、国际标准104项，占全国比例为54.4%；国家标准1893项，占全国比例为54%。全国团体标准信息平台新增海淀区注册社团组织60家，新增发布团体标准757项，比试点建设前增长2.4倍；承担23个国际标准化组织秘书处，数量占全市的45.1%，占全国的27.4%；108家企业建立“企业科研与标准同步”的工作机制，占参与试点建设企业的90%；99家企业建立“自主创新技术与标准相结合”的工作机制，占参与试点建设企业的82.5%。大数据、云计算、人工智能、石墨烯等领域涌现出中关村无线网络安全产业联盟、中关村智通智能交通产业联盟、中关村华清石墨烯产业技术创新联盟等一批知名团体标准制定组织，形成《自动驾驶车辆测试道路要求》《智能道路照明终端控制接口要求》等一批技术先进、引领产业的团体标准精品。出台《关于加快中关村科学城人工智能创新引领发展的十五条措施》，支持人工智能、智能网联汽车等领域标准创制，给予最高300万元资金支持。打造小米智能家居国家新一代人工智能开放创新平台、北京新岸线车地无线通信系统等一批高新技术产业领域标准产业化示范项目，小米、百度、大唐电信、旷视科技、纳恩博等一批行业领军企业标准创新能力和国际标准影响力显著增强。

（郭洁　钟冷）

消费者权益保护

【消费纠纷解决】 年内，区市场监管局推动《北京市单用途预付卡管理条例》贯彻实施，完善互联网平台消费纠纷解决机制。督促企业主动召回缺陷产品3.6万件。提升监测预警能力，针对突发爆单问题发布消费预警9次。接收处置投诉举报58.4万件，助力消费市场回暖复苏。

（郭洁）

【接诉即办新系统上线】 1月，海淀区搭建市场监管领域接诉即办新系统上线，在工单流转、文书审批、业务指导、数据分析等方面大幅提升工作效能。利用AI人工智能，实现诉求受理的自动分类、智能标签、地址匹配、定位落图功能，提高工单受理与流转效能。以权责清单为核心，实现多级联动，强化对市民诉求处理的全过程监控、全流程指导、全方位协调，形成诉求办理业务协同、信息共享、全程闭环。全面对标市级平台考核要求，建立多维度可灵活配置的考核评价体系，实现对各部门及人员的高精度实时考评，提升工作效能。依托线上平台及录音系统，建立工单的事前查询、事中办理、事后回访全过程数据采集和存储。实现工单办理全过程可视化。应用大数据分析技术，构建具体业务场景的深度分析模型，为具体业务流程优化增效、汇总诉求规律、预警预测及专题评估等各类业务场景提供全面有效的辅助和支撑。受理接诉即办案件107098件，年均成绩91.48分，位列委办局一组第四。

（郭洁）

【平台企业行政约谈视频会】 3月9日，区市场监管局组织美团、小米、百度、滴滴、搜狗、微博、抖音、快手、爱奇艺、去哪儿网、优酷等17家平台企业召开行政约谈视频会，针对近期易发问题，提出明确要求。要求各企业严格商品登记管理，落实食品安全主体责任，切实履行进货验收制度，特别是对进口冷链食品做好进货查验记录，对入境货物检验检疫证明、核酸阴性报告、消毒证明等信息查验留存。严格遵守法律法规，畅通消费者的投诉渠道，健全和完善网络交易在线投诉和售后维权机制，加强客服人员培训和管理工作，妥善处理好消费者的合法诉求和集中性质量问题诉求。加强商品管控筛查，对含有违法违规内容的商品或者服务及信息等，要立刻删除、屏蔽、下架，及时向监管部门报告，对平台自营及平台内经营者销售的列入目录产品的CCC证书信息进行公示，持续打击网售假冒检验检测报告违法行为。加强广告宣传审核把控，做好冬奥主题知识产权保护工作，杜绝虚假宣传、刷单炒信、不正当有奖销售等违法行为，禁止利用虚假或使人误解的标价形式或价格手段欺骗、诱导消费者进行交易。

（郭洁）

【“共促消费公平 共谋未来发展”座谈会】 3月15日，区市场监管局与华为、美团、新东方、抖音、新浪、爱奇艺、百度、快手、腾讯等10家海淀区重点企业负责人展开座谈，共商探索消费者权益保护新格局，副区长徐振涛参会并讲话。区市场监督管理局介绍2021年度消费者权益保护基本情况，强调13类重点投诉监管领域。与会企业代表介绍发展情况，交流消费者保护体制建设经验，围绕政企帮扶、监管创新、程序简化等议题反映企业迫切需求。将便企利企措施落到实处，形成“无事不扰、无处不在、主动服务、监管一体”的新型监管模式。政企携手，提高政治站位，做好权益保护工作，始终坚持民有所呼、我有所应，共建和谐双赢政企格局，共创文明富强海淀新风。

（刘为民）

【“3·15”国际消费者权益日主题宣传活动】3月15日至16日，区市场监管局、区消费者协会在华熙五棵松中央广场开展以“诚信合规经营 提振消费信心”为主题的“3·15”国际消费者权益主题线上线下宣传活动，副区长徐振涛、市市场监管综合执法队、区市场监管局、万寿路街道的有关领导出席活动，海淀区27家企业代表和200余位市民参加活动。活动现场播放《海淀区创建网络市场监管与服务示范区》宣传片，宣传2022年度海淀区诚信服务承诺先进单位和2023年度海淀区诚信服务承诺单位，为获得2023年度海淀区“诚信服务承诺单位”称号的企业颁发牌匾。区市场监管局各部门和区消协向现场市民群众开设“法律咨询集市”，面对面回答市民消费疑问，科普消费维权法律法规，以真实案例提示市民朋友甄别消费陷阱，维护自身合法权益。线上宣传惠及居民、企业、学校微信群15512人；线下宣传活动30余次，发放宣传材料5800余份。

（刘为民）

国有资产监管

【概况】2022年，海淀区人民政府国有资产监督管理委员会（简称区国资委）直接监管企业18家。区属国有及国有控股企业资产总额3874亿元，比上年增长11.71%；所有者权益980亿元，比上年增长5.24%；归属母公司所有者权益823亿元，比上年增长10.96%。实现营业总收入402亿元，比上年降低4.72%；上缴税费31.59亿元，比上年增长24.53%。组织区属国企贯彻落实市、区对小微企业房租减免政策，对承租国有企业房屋的3595家服务业小微企业和个体工商户减免租金7.51亿元。组织区属国企向内蒙古敖汉旗、科右前旗、科右中旗3个东西部协作和支援合作地区捐赠260万元。

表21 2022年海淀区国资委下属企业一览表

序号	企业名称	企业简称
1	北京市海淀区国有资本运营有限公司	海国运营
2	北京市海淀区国有资产投资集团有限公司	海国投
3	北京海淀置业集团有限公司	海淀置业
4	北京实创高科技发展有限责任公司	实创高科
5	北京海开控股（集团）股份有限公司	海开控股
6	北京翠微集团有限责任公司	翠微集团
7	北京海融达投资建设有限公司	海融达
8	北京中海投资管理有限公司	中海投资
9	北京西农投资有限责任公司	西农投资
10	北京海工控股集团有限责任公司	海工控股
11	北京绿海能环保有限责任公司	绿海能
12	北京实创科技园开发建设股份有限公司	实创股份
13	北京海淀科技金融资本控股集团股份有限公司	海科金
14	北京市海淀区保障性住房发展有限公司	海保发
15	北京海房投资管理集团有限公司	海房投资
16	北京海淀文化旅游产业发展集团有限责任公司	文旅集团
17	北京市通联实业有限责任公司	通联实业
18	北京市海淀区市政服务集团有限公司	海淀市政集团

（朱锐）

【海淀区国有资产投资集团有限公司】年内，北京市海淀区国有资产投资集团有限公司（简称海国投集团）继续经营城市服务、金融投资、低碳环保、文化教育、资产管理五大核心业务，实现营业收入184亿元，比上年增长4%，资产总额1778亿元，比上年增长5%，利润总额5.5亿元。

经营管理。组建二级子公司——北京海新域城市更新建设发展有限公司，专注老旧产业园区、办公楼宇、闲置土地、不良资产的升级改造，产业培育，产业资源整合及优化。海国投集团所属企业北京凯文德信教育科技股份有限公司与泸州职业技术学院、新迈尔（北京）科技有限公司签署校企合作协议，开展生产性实训项目；与内蒙古赤峰市敖汉旗职业中学签署合作框架协议，在实训基地建设、专业共建、五年一贯制培养、“双师”培训、引产入校、实习就业推荐等方面展开深度合作；与亚马逊云科技联手打造“未来青少年人工智能社区”，提升学生人工智能的知识素养和实践能力。海国投集团所属企业北京本应科技有限公司上线更新主题产业链，产业数据涉及11个领域42个主题产业链，3000余个产业节点。参与起草国家能源局《烃基生物柴油》（NB/T 10897—2021）标准。承办西北旺镇华润幸福里配套幼儿园。

项目建设。启动北京卫星制造厂改造项目，此项目为海淀区2022年城市更新示范项目。龙徽1910文化创意产业园开园。所属企业北京中关村大街建设发展有限公司推进中关村论坛永久会址项目开工建设，是市、区两级重点工程建设项目。未来科技大厦（原硅谷电脑城）主楼装修改造项目完成竣工，聚集人工智能、新一代信息技术等高端创新要素。所属企业北京稻香湖投资发展有限责任公司打造的冬季热点消费项目“稻香湖冰雪小镇”开园。海国投集团下属企业鑫泰置业公司建设宝山回迁安置房二标段工程主体结构完成封顶，总建筑面积73871.05平方米，包含住宅楼7栋，401套住宅。

（余璐）

【北京中海投资管理有限公司】 年内，北京中海投资管理有限公司的全资子公司中关村科学城城市大脑股份有限公司（以下简称中科大脑），作为海淀区属国资控股企业顺利入选北京市第四批专精特新“小巨人”企业和第一批专精特新“小巨人”复核通过企业，成为全国首例城市大脑领域专精特新“小巨人”。

12月24日，中科大脑自主研发的“脑库城市大脑基础平台关键技术研究及应用”项目通过国家工业信息安全发展研究中心组织的科技成果评价会，成为城市大脑领域全国第二例科技成果评价，中科大脑主导产品脑库首次实现城市大脑平台一体化建设，实现国际城市大脑软硬件一体化产品从0到1的原始创新，填补城市大脑逻辑模型的技术理论空白。“脑库”突破系列关键技术，自主研发了由5类硬件单元和5种软件组件组成的脑库城市大脑基础平台，实现了城市数据的高效收集和存储、城市人工智能模型的训练和推理、城市时空数据的建模和应用、城市知识图谱的构建和展示，可显著提高城市治理现代化水平。

截至年底，“脑库”产品拥有超50项专利技术，通过算法模型测试、兼容性测试、硬件测试、验收测试等检测，在多个地区城市大脑建设中部署应用，社会经济效益显著。全国已有超50座城区与中科大脑达成强战略合作意向。

（毛梦璇）

【国有企业经营发展】 年内，区国资委落实《海淀区国企改革三年行动实施方案（2020—2022年）》要求，完成国企改革发展的23项措施。翠微集团所属翠微店B座、中关村店、大成路店门店调改升级取得新进展，“商业+科技”逐渐融合。海淀置业房产租赁面积达80万平方米；推进亿世界回购相关工作，累计整合面积4.25万平方米；优化业务结构，华光商厦成为超市发连锁公司子公司。海开控股完成倍升互联并购重组工作，优化公司业务及收入结构。海科金集团拓展科技金融服务，助推高科技企业发展，履行区政府投资引导基金、区稳保投资基金管理人职责。海保发启动公募REITs申报工作，促进存量资产带动增量投资，降低企业运营成本。文旅集团依托圆明园文化资源，开发食品、服装、数字影片等文创产品，打造数字文化体验项目与特色文化消费空间。中海投资编制城市大脑三年行动计划，脑库2.0亮相2022世界人工智能大会，中科大脑荣获北京市和国家专精特新“小巨人”企业双认证。海工控股所属六一公司获北京市“专精特新”中小企业认定，提升科技创新能力水平。绿海能推进建筑垃圾循环利用综合处置、厨余垃圾就地处理、六里屯填埋场等相关项目建设，处理厨余垃圾约914吨。海房投资参与老旧小区综合改造，承担海淀区铁路医院5号勘测社区“甲乙丙”危楼改造项目，为4.3万户居民、300万平方米住宅保障供暖。海保发管理保障房项目53个，房源3.7万套，为保障家庭、企业人才、重点单位提供住房1.21万余套。西农投资所属凤凰岭体育公园挂牌成为海淀区首家体育公园。

（朱锐）

【国有资产管理】 年内，区国资委研究制定《海淀区区属国有企业违规经营投资责任追究实施办法（试行）》，完善区属国资监管制度。组织区属国企上缴国有资本收益2.43亿万元。受理12345市民服务热线投诉件（接诉即办）3300件；办理信访件175件，办结率为100%。开展安全生产督查检查331次，安全生产形势平稳。

（朱锐）

金融业

金融服务

【概况】 2022年，海淀区金融服务办公室（简称区金融办）纳入督查督办范围的工作任务5类32项；承办人大代表、政协委员建议提案25件，均按时限办理完毕，满意度100%。

截至年底，在海淀区注册或纳税的各类金融机构及其分支机构达3688家，比上年增加142家，其中58家机构受中国人民银行、银保监会和证监会管理。其中，银行类736家、财务公司22家、股权投资管理公司787家、第三方支付机构17家。金融业实现总税收862.89亿元，比上年增长6.5%。实现区级税收38.92亿元，比上年减少2.82亿元，下降6.8%。从行业税收看，银行税收13.92亿元、财务公司税收7.37亿元、第三方支付税收2.21亿元、证券税收1.5亿元。从重点企业税收看，19家企业区级税收超5000万元，占区级总税收的49.3%；70家企业区级税收超千万元，占区级总税收的79.8%，比上年减少10家。实现金融业增加值1048.6亿元，比上年增长5.8%，占地区生产总值的10.3%，为第三大经济支柱产业。

（欧阳小沛）

【银行业】 年内，海淀区有驻区银行机构及其网点736家，占全区金融机构总数的1/3。区域银行人民币存款余额达42748亿元，比上年增长8.54%；区域期末银行贷款余额13058亿元，比上年增长7.2%。银行业存贷差为29690亿元，银行业存贷比为30.55%，比上年存贷比低0.38个百分点。银行业总税收711.66亿元，比上年增长3.54%，其中中国农业银行总纳税657.55亿元、区级纳税1.19亿元；区级税收14.58亿元，比上年增长2.75%。

（徐利燕　薛瑞芳）

【财务公司】 年内，在海淀区注册或纳税的财务公司有23家，总注册资本912亿元，贡献总税收33.64亿元，区级税收7.02亿元，参保人数共计1279人。

（薛瑞芳）

【股权投资】 年内，海淀区有备案的私募股权投资管理机构787家，占全市的19.9%，披露金额的管理资本量达7124亿元，占全市的24.3%，占全国的6.5%。在中国证券投资基金业协会备案且注册地在海淀区的私募股权投资基金共785只，募集规模达6867亿元，占全国的6.3%。全区股权投资管理企业发生511起股权融资案例，占北京市获投案例总数的42.2%，其中272起案例披露金额，获得投资达490.8亿元，占北京市获投总额的33.5%。

（欧阳小沛　马也）

【证券机构】 年内，海淀区有证券机构及网点152家，证券业贡献总税收10.77亿元，比上年下降18.5%；区级税收1.5亿元，比上年下降24.62%。

（欧阳小沛　马也）

【企业上市（挂牌）】 年内，海淀区有存量上市（挂牌）企业798家，境内外上市公司268家（境内178家，境外90家）、新三板挂牌企业327家、四板（不含孵化板）挂牌企业203家。其中，存量境内A股上市公司178家，占全市（456家）的39%，占全国（5066家）的3.5%；存量新三板挂牌企业327家，占全市（845家）的38.7%，占全国（6539家）的5%；创新层企业83家，占全市（170家）的48.8%，占全国（1631家）的5.1%；存量四板（不含孵化板）挂牌企业203家，占全市（524家）的38.7%。新增上市企业19家，存量上市公司总数连续多年稳居全国地级市（区）之首。

（李冬）

【小额贷款】 年内，海淀区有小额贷款公司16家，占全市（129家）的12.4%；注册资本金30.15亿元，占全市（159.2亿元）的18.94%，贷款余额25.82亿元，占全市（131.33亿元）的19.66%。发放贷款34.8亿元，占全市（148.4亿元）的23.45%。其中，向农户及农村企业、组织贷款2.27亿元，占全市（27.59亿元）的8.22%；向小微企业客户贷款22.74亿元，占全市（41.63亿元）的54.62%；行业总税收5956.98万元，其中区级税收1284.76万元。

（代瑞丹）

【融资担保】 年内，海淀区有融资担保公司7家，占全市（56家）的12.5%；实收注册资本总计277.13亿元，占全市（730.56亿元）的37.93%，担保余额4063.18亿元，占全市（5600.69亿元）的72.53%。新增担保业务规模3523.83亿元，占全市（6588.75亿元）的53.48%；担保业务收入26.23亿元，占全市（58.84亿元）的44.58%；行业总税收6.49亿万元，其中区级税收1.29亿万元。

（代瑞丹）

【金融科技】 年内，区金融办推进金科新区建设，海淀金融科技成长基金投资科杰大数据、视野数科等23个项目，投资金额4.05亿元。开展“一会一赛三论坛”主平台活动，组织科技企业走进光大银行、中信银行等金融机构，推动华控清交、拉卡拉等3个金融科技企业合作项目落地。开展“数字人民币进社区”活动，推动数字人民币覆盖商户超6000家。

（欧阳小沛）

【金融科技“10+10”对接活动】 年内，区金融办组织3场金融科技“10+10”对接活动，组织科技企业走进光大银行、中信银行等金融机构，推动华控清交、拉卡拉等3个金融科技企业合作项目落地。

（欧阳小沛）

【金融风险防范】 年内，区金融办开展打击非法集资和非法证券经营活动工作。按照“整改一批、挤压一批、吊销一批、打击一批”的原则，出清在账高风险企业9家，实现高风险企业“动态清零”。防范化解网贷风险，累计销账29家网贷机构，原挂账的147家全部销账，完成全市网贷整治工作任务。海淀区网贷专班现场接待来访253人次，电话接待8921人次，信访件51302件。开展金融安全宣传教育活动，推进宣教“七进”（进机关、进学校、进企业、进社区、进村屯、进家庭、进网点）活动，举办线上宣教活动8场，参与3万余人；发布宣教文章155篇，印制防范非法集资宣传地胶贴2万张，在各社区核酸检测点作为间隔两米线使用；组织各社区张贴宣传海报1.5万张，发放宣传折页3万张；组织开展“海淀区2022年无非法集资社区”的评选申报工作，历时一个多月，共评选出29个无非法集资社区，形成良好的示范效应。

（陈一康）

【第六届中关村“番钛客”金融科技国际创新大赛】 3月，中关村“番钛客”金融科技创新大赛启动，由北京市地方金融监管局，北京市科委、中关村管委会，海淀区人民政府，西城区人民政府指导，中关村金融科技产业发展联盟、中关村互联网金融研究院、中国互联网金融30人论坛（CIF30）联合主办。作为北京市金科新区建设“一会一赛三论坛”重要一环和国内金融科技领域的顶层赛事，大赛迄今为止已举办6届，通过“赛马制”提升赛事品质，已有近60家优质企业通过该赛事获得各项融资约200亿元，20家金融科技企业与银行开展合作或入选银行合作企业库，受到众多金融科技企业、投资机构、服务机构的广泛关注，先后吸引数百个项目报名参赛，举办银行科技、安全科技等4个分组赛。最终评选出2022中关村“番钛客”金融科技国际创新大赛一、二、三等奖，技术创新奖，应用创新奖，海淀区企业占比超六成。其中一等奖北京赛博昆仑科技有限公司，二等奖达而观科技（北京）有限公司、北京澜舟科技有限公司，三等奖北京宽拓智融科技有限公司、北京易道博识科技有限公司、亚信科技（中国）有限公司。

（欧阳小沛）

【“金融+”——融资促进中小微企业高质量发展公益活动】 5月31日，由中关村科学城管委会指导，海科金集团和中关村科学城科技服务业促进会主办的“金融+”——融资促进中小微企业高质量发展公益活动举行，有百余人参加。活动围绕海淀区中小微科技创新企业开展，聚焦专精特新“小巨人”企业，通过政策、金融等方面的服务，带动更多中小企业走“专精特新”之路。

（陈晨）

【中关村东升科技园企业上市发展基地成立】 12月29日，由区金融办、东升镇政府、东升博展共同建设的“中关村东升科技园上市企业发展基地”在中关村东升科技园B2楼“一站式”服务中心挂牌成立。中关村东升科技园上市企业发展基地成立，是落实中关村新一轮先行先试改革的务实举措，旨在全面整合政府、园区、交易所、社会资本、中介机构等力量，将上市服务关口前移，完善涵盖企业筛选、资本对接、上市辅导等全链条的上市服务体系，加快推动“专精特新”企业登陆资本市场，助力打造产业高质量发展“园区样本”。基地设立“直通车”优先服务窗口，建立政府与基地重点企业的沟通对话机制，协调相关部门为重点企业转型升级开辟绿色通道。建立上市后备企业资源库，根据入库企业具体情况的不同提供精准定制化服务。建立与中关村科创金融服务中心的联动机制，将基地内符合条件的科创企业纳入中心首批试点范围并予以重点服务保障，优先享受包括信贷支持、保险服务、投融资对接、区域性股权交易等在内的一揽子金融服务。引导国有资本、社会投资机构参与基地企业股份制改造。为基地企业搭建与交易所的零距离“对话平台”，强化与交易所、上市保荐团队、专业中介团队的合作，为基地重点企业提供精准、高效的上市辅导和综合服务。

（钟冷　韩慧新）

专项基金

【北京市自然科学基金—海淀原始创新联合基金】 年内，中关村科学城管委会与北京市自然基金委签署北京市自然科学基金—海淀原始创新联合基金二期合作协议，扩大参与企业和领域范围，新增医渡云（北京）技术有限公司、北京朗视仪器有限公司和北京柏惠维康科技股份有限公司加入联合基金，联合基金总规模达7000万元，比上年增长133%。召开海淀联合基金管理委员会二届第一、第二、第三次会议，通过新一期合作2022年度申报指南，发布征集并完成两轮评审，智慧骨科等8个领域的156个项目获得支持，支持金额6966.6万元。

（程晓荷　孙猛）

【科技成长基金】 年内，科技成长基金累计决策项目22个，决策金额18.93亿元。科技成长基金成立于2021年，基金总规模提升至50亿元；主要聚焦5G与物联网、人工智能与大数据、集成电路设计、量子信息、创新药与高端医疗器械、颠覆性新材料、先进制造等硬科技优势产业，重点关注成长期到Pre-IPO轮次的优质项目。

（周鹣）

【金海诚科创基金】 年内，金海诚科创基金认缴出资总额1.98亿元，重点围绕金隅科技园区和中关村科学城的其他区域，对智能制造、高端医疗器械、大信息等领域优质成长期项目进行投资。截至2022年底，金海诚基金累计投资决策未磁科技、华控清交项目6个，累计决策资金1.086亿元。

（周鹣）

【翠湖基金】 年内，北京实创科技园开发建设股份有限公司组织参与翠湖原始创新二期基金设立。截至年底，翠湖基金已设立两期，其中翠湖一号基金规模1.85亿元，投资项目7个，完成投资金额1.33亿元；翠湖二号基金规模2.12亿元，投资项目11个，完成投资金额1.35亿元。这18个项目中落地海淀项目16个，占比89%，落地中关村科学城北区项目14个，占海淀项目的87.5%；基金项目累计投资额2.68亿元，其中海淀项目获投额2.21亿元，占比83%，中关村科学城北区项目获投额1.56亿元，占海淀项目投资金额的71%。翠湖基金形成实创自身特色，主要表现为：通过向科技企业宣传推荐中关村科学城北区，以投资促进园区招商服务；探索搭建产业生态圈，以投资促进园区产业聚集，如组织隐私计算行业研讨会，邀请隐私计算数据方、技术开发方等相关企业参与研讨，加强了企业合作，促进隐私计算技术产业生态的发展；构建投资生态圈，以投资促进园区科技服务；通过基金这一纽带，与诸多科技企业、高校及科研院所建立关系，促进产学研合作，有利于为企业提供不同发展阶段的人才、技术及资金等服务。通过基金投资增强科技企业快速发展的动力，产业聚集初见成效，丰富“空间+服务+投资”业务模式的内涵。

（梁建秋）

【北京市海淀区稳保投资基金设立】 5月24日，北京中海创业投资有限公司参与设立北京市海淀区稳保投资基金，基金规模100.01亿元，中海创投担任基金管理人，区财政局为基金单一出资人。北京市海淀区稳保投资基金的设立旨在贯彻落实北京市政府《北京市关于创新绿化隔离地区等区域超转人员保障方式的意见》文件精神，本着“趸交变分期、资金变资产、死钱变活钱”的思路，创新超转人员保障方式，海淀区筹集的超转人员保障资金通过稳保投资基金先期用于海淀区投资，在不降低超转人员保障标准的前提下，利用投资收益降低筹集资金总量，保障长期稳定收益，降低规划实施成本，提升资金效益。截至2022年底，稳保投资基金实缴资金24.91亿元，基金投资金额10亿元，投资标的为北京实创科技园开发建设股份有限公司负责开发建设的永丰产业基地J地块项目。

（毛希涛）

【小米创新联合基金设立】 7月7日，第七届北京市自然科学基金委员会成立大会召开。会上，北京市自然科学基金与小米公益基金会签约设立“北京市自然科学基金—小米创新联合基金”，北京小米公益基金会合计向市自然基金捐赠5亿元（每年捐赠5000万元，捐赠期10年），重点支持北京市人工智能、电子信息、智能制造等领域的基础研究。

（谭修一）

7月7日，北京市自然科学基金—小米创新联合基金设立

（中关村科学城管委会 供图）

区属主要金融企业

【北京海淀科技金融资本控股集团股份有限公司】 年内，北京海淀科技金融资本控股集团股份有限公司（简称海科金集团）资产总额267.40亿元，比上年下降6%；负债总额229.54亿元，比上年增长5%；净资产37.86亿元，比上年下降44%；归母公司净资34.25亿元，比上年下降46%。实现经营收入18.32亿元，比上年下降76%；实现利润总额-23.28亿元，净利润亏损23.37亿元、归属于母公司的净利润亏损23.33亿元。与上年净利润实现盈利4830万元相比，本年出现大幅经营亏损，主要是收入规模下滑，且对应收债权计提大额减值所致。

（陈晨）

【北京海金商业保理有限公司】 年内，北京海金商业保理有限公司（简称保理公司）共有客户43个，发放保理融资款余额47.27亿元，资产总额35.46亿元，实现收入9468.87万元，净利润-10.078亿元。导致净利润为负值的主要原因是计提信用资产损失-10.38亿元。

（岳艳文）

【北京海鑫资产管理有限公司】 截至2022年末，公司资产总额152.33亿元，较年初的114.16亿元增加38.16亿元，增长33.43%；负债总额113.87亿元，较年初的112.36亿元增加1.5亿元，增长1.34%；所有者权益38.46亿元，较年初的1.8亿元增加36.66亿元，增长2040.49%；归属于母公司所有者权益62.35亿万元，较年初的-5亿元增加67.34亿元，增长1348.72%。所有者权益增长较多主要是其他权益工具增加投资83.19亿元导致。2022年度，公司实现营业收入18.4亿元，比去年同期的30.13亿元减少11.74亿万元，同比下降38.95%；实现利润总额-42.39亿元，比去年同期的-18.42亿元减少23.96亿万元，同比下降130.07%；实现净利润-46.98亿元，比去年同期的-17.3亿元减少29.69亿万元，同比下降171.64%；实现归属于母公司的净利润-16.2亿元，比去年同期的-5.6亿元减少10.6亿万元，同比下降189.04%。导致亏损规模扩大的主要原因是主营业务规模缩减，同时本期计提的财务费用、信用减值损失和资产减值损失大幅增加。

（崔丽雅）

【北京海淀科技企业融资担保有限公司】 年内，北京海淀科技企业融资担保有限公司（简称海淀科技担保）新增担保业务规模74亿元（不含免责），公司在保余额63.5亿元，其中融资类业务在保余额61亿元，比上年下降8.8%。完成营业总收入1.58亿元，其中担保扶持基金管理费收入及其他收入1340万元，政府补贴收入1018万元。实现净利润4404万元，与上年基本持平。为50余家北京冬奥会服务商提供近6亿元的融资担保支持。推出“科创保”产品，累计为250余家专精特新“小巨人”及具有自主创新技术的科技型企业提供超15亿元融资担保服务。网商贷（与浙江网商银行合作的针对注册地在北京的小微企业，单笔金额限额不超过200万元，无需提供反担保措施，由网商银行受理、审批，线上签约相关协议，海淀科技担保公司自动批量担保）累计服务客户超万户，单户户均余额降至100万元以下，实现普惠业务的降价、增额、扩面。联合网商银行共同为北京市超8000位小微“三农”客户提供超12.5亿元担保贷款，户均担保金额8万元；其中服务涉农适度经营主体客户累计放款近1600万元。通过引入互联网银行“非接触式”金融服务和主动授信随借随还产品，对小微企业、个体工商户和经营性农户的复工复产起到积极作用。对受疫情影响较大的服务业小微企业降低担保费率，按0.5%的年化费率收取综合融资担保费（有17家小微企业享受此待遇，共计收费118.64万元）。获得30家银行等金融机构授信，授信额度近200亿元，比上年增加11亿元。

（徐嘉）

【北京中技科融小额贷款有限公司】 年内，北京中技科融小额贷款有限公司（简称中技小贷）以稳健发展为目标，开展放款业务，实现营业收入2232.06万元，上缴税金365.43万元。公司在贷业务项目42个，贷款余额2.64亿元，累计发放贷款114笔，金额5.59亿元；累计收回贷款115笔，金额5.42亿元。推进集团内部各公司之间的业务协同，完成放款24笔，放款金额1.20亿元。

（赵经纬）

【北京中技商业保理有限公司】 年内，北京中技商业保理有限公司（简称中技保理公司）保理资产规模28.66亿元，较上年末增长2%；净资产规模即国有资产净额达3.02亿元；收入总额5879万元，上缴税金568万元。放款21户（60笔），放款金额

15.87亿元。重点开拓ABS/ABN[①]等通道业务、央企作为核心企业的供应链保理业务、低风险出表业务等风险可控的业务。国金证券——中关村担保“1+N+N”[②]供应链ABS业务于三季度实现发行，这是北京首单由专业担保公司提供外部增信的供应链证券化产品，储架发行额度10亿元，首期发行规模0.95亿元。产品项目主要面向国家战略性新兴产业和北京市高精尖产业领域核心企业及其上游供应商企业，采用基于应付账款为基础资产的反向供应链ABS模式。首期支持19家中小型供应商。该业务为公司实现保理通道费收入14万元。

（赵经纬）

【北京中技知识产权融资担保有限公司】 年内，北京中技知识产权融资担保有限公司完善产品体系，包括政采贷产品、房贷产品、法拍贷产品、小微快贷（科创/政采）产品、中企云链担保合作产品设计等。实现收入1.37亿元，净利润5552.23万元。期末担保在保余额72.43亿元，期末在保笔数840笔，期末在保户数540户，银行类融资担保业务发生额69.16亿元。其中，海淀区企业融资担保户数95户，占期末在保户数比重17.78%，融资担保金额为12.32亿元，占期末担保在保余额比重17.01%；科技型企业融资担保户数为141户，占期末在保户数比重26.11%，融资担保金额为18.40亿元，占期末担保在保余额比重25.40%；小微企业融资担保户数为483户，占期末在保户数比重89.44%，融资担保金额为59.89亿元，占期末担保在保余额比重82.67%。公司纳税金额2766.87万元。

（赵经纬）

【北京鑫泰小额贷款股份公司】 年内，北京鑫泰小额贷款股份公司营业收入1888万元，比上年下降40.9%；利润总额-420万元，比上年下降120.34%；净利润-334万元，比上年下降121.48%；净资产收益率-1.56%，比上年下降121.33%。

（王璟）

【北京海科融信供应链管理有限公司】 年内，北京海科融信供应链管理有限公司资产总额13.66亿元，比上年下降56.94%；负债总额12.61亿元，比上年下降58.90%；净资产1.05亿元，比上年增长0.31%；归母公司净资产1.086亿元，比上年增长4.31%。实现经营收入14.14亿元，比上年下降76.81%；实现利润总额316.77万元，比上年下降65.50%；实现净利润33.06万元，比上年下降95.47%；实现归属于母公司的净利润448.71万元，比上年下降34.02%。

（尚春颖）

【北京中海创业投资有限公司】 年内，北京中海创业投资有限公司市场化运作多只股权投资基金，管理基金认缴总规模为303.91亿元。基金业务类型涵盖政府投资基金、直投业务基金等，投资产品主要有股权投资、投保通、投贷联动、可转债等。截至年底，中海创投公司累计投资企业16家，管理2只政府投资基金（海淀区政府投资引导基金、海淀区稳保投资基金），参与设立2只基金（中海数据存储产业基金、中海绿色基金），累计投资额约4.25亿元。

（齐淇）

【北京海科融通支付服务有限公司】 北京海科融通支付服务有限公司（简称海科融通）是翠微股份（证券代码：603123）旗下子公司，于2001年4月成立，公司注册资本2.558亿元，是一家专业面向中小微商户、为行业提供完整支付解决方案及综合金融服务的高新技术企业。截至2022年底，在全国设有9个销售大区、35家分公司，与中国银联、支付宝、财付通及30余家商业银行达成合作，累计服务商户超过1000万户、合作方超2万余家，实现业务辐射全国，市场规模位居第三方银行卡收单行业头部。全年实现交易额17281亿元，营业收入30.40亿元，比上年增长28.96%，扣非后归属于母公司股东的净利润为2.46亿元，盈利完成率102.84%。实施翠微各大百货商场收单系统和设备的全面更换和升级改造，推进海科融通收银项目在翠微龙德店的试点工作。取得137项软件著作权和12项专利授权，海科融通自有知识产权的数据平台——“融数平台”于9月取得国家版权局颁发的软件著作权证书，实现覆盖全公司的数据服务。

（高梦云）

烟草专卖与管理

【概况】 2022年，北京市海淀区烟草专卖局（北京市海淀烟草公司）（简称海淀烟草公司）资产总额13.44亿元，比上年增加2197.75万元，增长1.66%；净资产11.77亿元，比上年减少8216.77万元，下降6.52%；固定资产净值2904.49万元；流动资产13.12亿元。全区持有烟草专卖零售许可证有效户3217户，正常经营户3079户。

（刘奕歌）

【烟草专卖经营】 年内，海淀烟草公司完成销量76562箱，完成年销量计划的94.66%，比上年减少4746

① ABS英文全称Asset-backed Securities，中文名称资产证券化，是金融机构以基础资产未来所产生的现金流作为偿付支持，通过结构化设计进行信用增级，将流动性差的资产转换成为可流通资本市场证券，在此基础上发行资产支持证券的过程。根据证券化的基础资产不同，可以将资产证券化分为不动产证券化、应收账款证券化、信贷资产证券化、未来收益证券化（如高速公路收费）、债券组合证券化等类别。ABN英文全称Asset Backed Medium-term Notes，中文名称资产支持票据，是指非金融企业为实现融资目的，采用结构化方式，通过发行载体在银行间债券市场发行，由基础资产所产生的现金流作为还款支持的，约定在一定期限内还本付息的证券化融资工具。通常由大型企业、金融机构或多个中小企业把自身拥有的、将来能够生成稳定现金流的资产出售给受托机构，由受托机构将这些资产作为支持基础发行商业票据，并向投资者出售以换取所需资金。

② “1+N+N”：“1”是指金控平台/担保公司牵头发起的资产管理计划，“N”是指具有延长应付账款需求的N户核心企业，“N”是指供应链中的N个中小微企业，是以中小微企业与核心企业的真实交易为基础，将中小微企业对核心企业的应收账款作为基础资产打包成资产管理计划进行证券化发行。金控平台/担保公司发挥自身主体评级优势，为核心企业的应付账款提供增信支持，提高项目的信用评级和发行成功率。

箱，下降5.4%。实现税利6.28亿元，比上年的6.55亿万元减少2653.34万元，下降4.05%；实现毛利6.18亿元，比上年减少1072万元，增长1.77%。单箱销售额41857元，比上年增加3795元，增长9.97%。其中，一类烟28118箱，比上年增加3029箱，增长12.07%；二类烟18799箱，比上年减少1204箱，下降6.02%；三类烟29559箱，比上年减少6428箱，下降17.86%；四类烟0箱，比上年减少139箱，下降100%。重点品牌卷烟累计销售70235箱，比上年减少3954箱，下降5.33%；销量占比91.74%，比上年上升0.49个百分点。低焦油卷烟累计销售24131箱，比上年减少87箱，下降0.36%，销量占比31.52%。细支卷烟累计销售14883箱，比上年增加832箱，增长5.92%。中南海品牌累计销售7509箱，比上年增加206箱，增幅2.82%。中华品牌累计销售3062箱，比上年减少59箱，降幅1.89%。

（张丽君）

【烟草市场监管】 年内，海淀烟草公司与相关职能部门联合执法，共查办违法案件86起，其中5万元以上大要案23起，查获各类违法卷烟590.05万支，其中一般程序案件查获假私卷烟26.19万支，非渠道卷烟517.90万支。依法向公安机关移送追刑2人。

（靳畅阳）

【烟草行政执法】 年内，海淀烟草公司共移送公安局涉刑大要案1起，移送工商局无证经营案件12起，抄备检察院大要案1起，案件移送、抄备率达100%。审核行政处罚案件60起，审查行政处罚案卷60本。参加市烟草专卖局组织案卷评查1次，参评案卷5本。区政府参评案卷15本，成绩优秀。

（刘奕歌）

【烟草行政许可】 年内，海淀烟草公司共办理各类行政许可2088件，其中新办行政许可747件、变更行政许可110件、延续行政许可820件。停业29件，恢复营业9件，补办13件，歇业140件；责令停业整顿0件，审批注销86件；收回134件。全区持有烟草专卖零售许可证有效户3217户，正常经营户3079户。

（刘奕歌）

【预警处理】 年内，海淀烟草公司内管部门向营销部门发送改进建议书19份；向专卖部门传递市场反馈单21份；涉及零售户318户次，其中外流零售户116户次，违规零售户38户次。

（刘奕歌）

【约谈“美团”平台】 1月12日，海淀烟草公司联合区市场监督管理局共同约谈“美团”平台。海淀烟草专卖局从信息网络非法经营烟草专卖品法律风险、美团帮买服务协议规定、未成年人保护以及电子烟等新型烟草制品最新规定等方面向平台进行提示，要求平台通过管理制度、技术措施积极开展自查清理工作；区市场监管局提示“美团”平台要落实企业主体责任，承担社会责任，加强企业和平台的内部管理，利用技术手段辅助筛查识别禁用信息，发挥筛查机制作用。“美团”平台落实相关要求，进一步完善平台清理筛查机制、日常巡检机制，补充完善敏感词库和图库，提升有害信息、图片的拦截能力，强化工作人员教育培训，为未成年人健康成长保驾护航。

（赵世栋　刘奕歌）

【突击执法检查专项行动】 1月21日，海淀烟草公司开展突击执法检查专项行动，在辖区烟草持证户店内查获云烟（黑金刚印象）、凤凰（五彩细支出口）、试制样SH-8（硬金）等36个品种6.10万支卷烟，涉案金额13.69万余元，其中真品卷烟2.96万支、假私卷烟3.14万支。10月27日，区烟草局对辖区内的重点监管户进行突击检查，在一持证户经营场所内查获中华（双中支）、中华（软）、555（冰炫）等国产真品卷烟及走私烟共计31个品种4万支，涉案金额11.73万元。10月28日，区烟草局在一重点监管户店内查获钻石（荷花）、泰山（心悦）、ESSE（Change 4mg）等违法卷烟共计91个品种7.46万支，涉案金额8.88万元。两起案件查获的违法卷烟多为外埠卷烟，码段均被损毁。11月1日晚，区烟草局分别在辖区某零售户经营场所内查获人民大会堂（盛京中支）、中华（软）、玉溪（硬）等违法卷烟共计5.12万支，涉案金额8.36万元；在辖区某零售户经营场所及其库房，查获中华（软）、ESSE、利群（新版细支）等国产真品卷烟、走私卷烟及假烟共计84个品种6.56万支，涉案金额10.5万元。两起案件真品卷烟码段均被损毁。11月8日，区烟草局在辖区太平路一零售户库房内当场查获假私非（假烟、走私烟、非渠道卷烟）违法卷烟共计53个品种3.14万支，涉案金额7.13万元。非渠道卷烟主要来自外省。

（马江林　靳畅阳　赵世栋　刘奕歌）

【部署冬奥会卷烟市场监管工作】 1月，海淀烟草专卖局采取5项工作措施，加强冬奥和冬残奥会期间市场监管和控烟宣传力度。加强执法检查，对重点大户、历史违规户、特定区域户进行清理整顿、错时检查，切实维护辖区良好市场秩序；开展控烟宣传，鼓励引导辖区采取电子屏循环播出、张贴海报、悬挂横幅等形式，开展系列控烟宣传工作；举报投诉管理，认真做好12313、12345举报投诉书处理，对投诉举报认真核实、及时处理，全程记录、耐心解答；筑牢执法协作，主动与联合执法单位进行沟通，在联防联控的大环境下，借助有利时机，加强工作衔接；坚守执法规范，坚持严格规范公正文明执法。

（赵世栋　刘奕歌）

【“蓝剑2022·平安烟草”专项行动】 2月至10月，海淀烟草公司开展北京市烟草专卖局（公司）与北京市公安局联合部署的“蓝剑2022·平安烟草”专项行动，破获多起“双五”案件[1]。2月26日，在辖区某零售店门前车内

[1] “双五”案件：指本地或者外地持证零售户，违法违规经营卷烟5万支或价值5万元以上已做出行政处罚决定，且存在“二次批发、左右价格、扰乱市场”等行为的案件。

发现违法经营卷烟，现场查获黄鹤楼（软1916）、白沙（和天下）、凤凰（五彩细支出口）等卷烟共3.42万支，涉案金额12.74万元。3月3日，在辖区某软件园停车场私家车内，现场查获南京（炫赫门）、南京（雨花石）、ESSE（LIGHTS）等违法卷烟共计78个品种5.78万支，涉案金额13.02万元。3月24日，在辖区某大厦地下停车场库房内，现场查获黄鹤楼（天下名楼）、云烟（细支云龙）、云烟（小熊猫家园）等违法卷烟共计25个品种15.32万支，涉案金额12.66万元。8月29日，海淀烟草专卖局根据12313举报，在辖区某零售户店内现场查获云烟（细支云龙）、钻石（细支）等真品卷烟共计76个品种10.31万支，查获ESSE（CHANGE 4mg）、ESSE（MENTHOL）等走私卷烟共计11个品种1.1万支，涉案金额10.32万元。10月14日，海淀烟草专卖局在辖区永定路某持证户经营场所及暗格内，当场查获违法卷烟4.4万支，其中走私卷烟0.64万支、真烟3.76万支，涉案金额6.99万元。

（马江林　靳畅阳　赵世栋　张叶　刘奕歌）

【电子烟检查专项行动】 3月2日，海淀烟草公司联合区市场监管局，对中关村地区开展电子烟检查专项行动。此次专项检查以中关村世纪科贸大厦为重点检查区域，先是对电子烟销售网点进行摸排登记、建立档案，同时检查守法经营坚持不向未成年人销售电子烟等情况，并着重进行法律法规宣传，检查控烟标识张贴情况。此次专项行动共出动执法人员18人，检查商户16户。

（靳畅阳　刘奕歌）

【校园周边售烟集中检查】 4月2日，海淀烟草公司联合区检察院未保部、区市场监管局，对辖区校园周边零售户持证户及无证户开展集中整治活动。对建档的校园周边卷烟零售户15户、电子烟销售网点2户进行逐一走访，检查控烟标识张贴情况，向零售户宣传提醒，禁止向未成年人销售卷烟及电子烟等法律法规，走访校园周边的存在销售情形或未登记备案的2户纳入监管范围；对校园周边无证户进行清理整治，并将无证户4户列为持续监管对象。6月21日，海淀烟草公司联合区市场监管局，对校园周边开展控烟专项检查，走访校园周边持证户及无证户10户次，劝导无证户下架违法卷烟，宣传禁止无证售烟。

（靳畅阳　刘奕歌）

【首张电子烟零售许可证发出】 6月8日，海淀烟草公司发出海淀区首张电子烟零售许可证。电子烟等新型烟草制品依法纳入监管是2022年以来烟草专卖管理的一件大事，海淀烟草公司制订专项工作方案，成立工作专班，全面开展电子烟经营市场主体申报登记、信息审核和实地核查等工作，摸清辖区电子烟市场情况，确保"底数清、工作稳、防风险"。自《北京市电子烟零售点布局规划》发布实施以来，海淀烟草公司采用线上形式面向既存市场主体全面开展电子烟相关政策宣贯，开展内部培训，严格掌握相关工作的要求和流程，确保电子烟零售许可审批发放工作有序进行。截至6月8日，海淀烟草公司严格落实《电子烟管理办法》及《北京市电子烟零售点布局规划》等文件要求，已受理申请70余户，积极稳妥推进过渡期内电子烟行政许可和零售证发放工作。

（马江林　刘奕歌）

【电子烟监管】 10月26日，海淀烟草公司对中关村、五道口、世纪城、甘家口等电子烟经营密集区域开展宣传调研。重点对过渡期新办持证户、常态化监管以来新办持证户及个别无证户加大电子烟监管新政的宣传；以依法持证经营、售卖合规电子烟、禁止中小学校园周边及向未成年人售卖等问题作为宣传调研要点，指导电子烟市场零售主体依法开展经营活动，不得违反有关禁止性规定。

（赵世栋　刘奕歌）

案例选辑

【查获香烟伪装运输案】 1月12日，海淀烟草公司在辖区内某物流场站查获无证运输烟草专卖品，现场查获中华（硬）、玉溪（软）、黄金叶（天叶）等共计5个品种4.72万支，涉案违法金额8.56万余元。被查获的卷烟全部采用印有"茶韵"的长方形包装箱伪装包装，涉案卷烟由北京运至江苏省扬州市，检验均为国产真品卷烟。

（靳畅阳　刘奕歌）

【查获首例向未成年人销售电子烟案件】 2月7日，海淀烟草公司接到中学生家长匿名举报，称初中在校学生在甘家口街道某商户购买电子烟，受到学校处分。海淀烟草公司立即成立专案组，联合区人民检察院未成年人保护部（第七检察部），对涉案商户进行现场检查，提取视听资料、电子交易记录等相关证据；联合区教委、属地

3月2日，海淀烟草公司联合区市场监督管理局，对中关村地区开展电子烟检查专项行动

（海淀烟草公司　供图）

派出所排查该区域学校，在征得该名未成年人监护人同意后，采集书证、证人证言和电子交易数据。经比对，交易记录吻合无误，至此完整闭环的证据链条形成，当事人某商户对向未成年人销售电子烟的行为供认不讳。因涉案商户存在数次销售情形，予以从重处罚，作出没收违法所得78元、罚款3000元的行政处罚决定。

（赵世栋　刘奕歌）

【查获“6·14”特大非法经营案】 6月6日，海淀烟草公司成立专案组，根据举报开展实地调查，发现有快递车辆多次往返海淀、西城两区运送卷烟。因该案跨区域，经向市烟草局稽查总队请示汇报，6月14日，海淀烟草公司与西城烟草公司联合协作，破获特大非法经营卷烟案，在西城辖区卷烟经营场所及库房内现场查获违法卷烟112个品种222余万支，案值133万余元。经鉴定，该批卷烟全部为真品国产卷烟，根据卷烟外包装快递面单及卷烟喷码信息判断，“6·14”涉案卷烟以外埠中低档卷烟为主，主要品规包括红梅（软黄）、云烟（硬精品）、金桥（软混）等。

（倪勇　刘奕歌）

【查获非法经营案】 7月1日，海淀烟草公司联合区公安分局环食药旅中队，在辖区某干休所内查获无证经营香烟案，现场查获钻石（双中支荷花）、云烟（小熊猫家园）、南京（十二钗薄荷）等违法卷烟共计133个品种28.38万支，涉案金额29.78万元，经依法抽样鉴定均为国产真品卷烟。鉴于本案2名当事人涉嫌犯罪，当日将此案移送区公安分局，均被刑事拘留。

（靳畅阳　刘奕歌）

【查获向未成年人售烟案】 8月5日至13日，海淀烟草公司接到辖区某研修学院内有无证经营情况的多次重复举报，经前期调查显示，经营人为多人且购买主体为未成年人可能性较大。对此，8月15日海淀烟草公司成立专案组，联合区市场监管局、学校管理方，共同对该研修学院开展严打向未成年人售烟专项治理。8月18日，海淀烟草进行立案调查，在对无证经营商户的检查中，现场查获快递驿站内无证经营卷烟共计1.06万支。经查案件涉及3人，分别为在校学生、已毕业学生及某商店店主，以通过学生群发送小程序、其他学生购买并支付后进行配送的形式获取利润。经依法询问，3人对向未成年人销售香烟的违法事实供认不讳。8月24日，海淀烟草公司对案件当事人均作出罚款的行政处罚，并对研修学院进行行政提示。

（赵世栋　刘迪　刘奕歌）

中关村海关

【概况】 2022年，中关村海关征收税款9.67亿元，部分法定减免和特定减免税39.5亿元。审核出口原产地证书38708份，涉及出口货物金额32.2亿美元，比上年增长14.5%；现场签发证书8621份，占北京关区总现场签发份数的57%。办结企业稽查作业19起，其中移交8起、补税9起，稽查有效率89.5%；主动披露作业4起、其他作业3起，开展核查作业30起，定期管理作业8起。补税入库约2.48亿元。办结简快案件5起，涉案货值51万元，罚款2.26万元。

完成海关要情3篇、行业分析22篇，报送信息24篇。完成先导指数、出口企业技贸调查、对美市场化排除政策使用情况等涉企问卷调查及调研37项。参与《出口逆势增长的中关村力量》课题研究。

（张宁）

【营商环境优化】 年内，中关村海关开展海关政策进万家活动，对属地“专精特新”、“双自主”企业、RCEP海关原产地出口企业精准开展宣讲。梳理辖区高新龙头企业、“双自主”企业、“专精特新”企业等重点企业名单，按照“储备一批、培育一批、提升一批”的原则，建立“重点企业培育库”，助力重点企业海关信用提升。全年进口提前申报率96.58%，位列北京关区第一，整体通关时间0.83小时，位列北京关区第一，“两步”申报率98.56%，位列关区第一。与海淀区商务局及北京海关组织开展政策宣讲1次。举办3场原产地政策宣讲，通过视频直播线上培训，为出口企业介绍《区域全面经济伙伴关系协定》（RCEP）关税减让和原产地规则相关政策，帮助企业熟悉原产地证书申报流程及操作要点，引导企业不断提升享惠能力。协助1家“双自主”企业办理企业品牌知识产权备案，1家企业参加中俄海关“绿色通道”合作项目，1家企业参与优化真空包装等高新技术货物布控查验模式试点工作。

（张宁）

【属地纳税人管理】 年内，中关村海关围绕海淀区的企业特点“量身打造”相关课题，报送税政调研建议36条。累计为两家企业减省税款1005万元。服务企业做好合规申报工作，对240余家未规范申报属地企业逐一告知申报差错情况，引导企业落实规范申报要求，提升企业合规申报水平。

（张宁）

【“两税”减免】 年内，中关村海关依法履行部分法定减免和特定减免职责，电子审核办理《征免税确认通知书》15309份，较2019年增长30%，较2020年增长39%，较2021年增长224%。减免“两税”37.7亿元，涉及货值69.76亿美元。

（张宁）

【专题培训】 年内，中关村海关组织“‘十四五’科技创新政策解读以及减免税商品认知与申报”“推进‘十四五’国家重点科研任务实施专项政策、法规送万家培训”两次大型专题网上培训。通过线上专家直播方式、远程讲解方式，逐条解读政策内容、详细阐释办理要求，同时在线互动答疑解惑，确保政策宣讲和企业认知达到预期效果。清华大学、北京大学、中国科学院系统相关单位及其代理公司等300余家重点单位、400余人在线参与培训。

（张宁）

【航材税减免】 年内，中关村海关收集并开通25家航材企业“事后批量复核”系统申请，简化办事流程。根据部分企业无法通过报关单正常修改完成后续退税操作的情况，创新应用针对分送集报单据的简化操作模式，大幅降低制度性成本。航材减免税申请企业实现无纸化申报模式全覆盖。共办理航材征免税证明3362份，涉及商品7310项，审核总货值3.57亿元，减免“两税”8244.8万余元。

（张宁）

【出口原产地管理】 年内，中关村海关实施“智能审核”“自助打印”“邮寄签证”“预约取证”等便利措施，审核北京关区出口原产地证书38708份，比上年下降9.2%；涉及出口货物金额32.2亿美元，比上年增长14.5%。审核数量最多的三种证书是中国—东盟自贸区原产地证书、非优惠原产地证书和RCEP原产地证书，占总审核份数的64.1%。审核金额最多的三种证书是中国—东盟自贸区原产地证书、非优惠原产地证书和中国—智利自贸协定原产地证书，占总审核金额的75.8%。现场签发原产地证书8621份，占北京关区总现场签发份数的57%。

（张宁）

【动植物检疫】 年内，中关村海关实施入境特殊物品、生物材料转场检查2524批次，货值1.46亿美元，比上年分别增长29.90%、51.64%。实施进境实验动物目的地检查163批，比上年减少15.98%。共查获不合格货物52批次，查验不合格率2.06%。受理出境特殊物品申报1778批次，货值8816.85万美元。辖区出口新冠诊断试剂522批6778.13万人份，货值6932.93万美元。出境伴侣动物检疫377批次412只。通过专人对接、7×24小时服务、即报即核、即查即放等措施，助力万泰鼻喷流感病毒载体新冠肺炎疫苗出口菲律宾、越南、南非、哥伦比亚、中国香港等国家和地区开展三期临床试验。受理出口属地申报13批次，共计9.76万人份。

（张宁）

【出口RCEP原产地证书签发】 1月《区域全面经济伙伴关系协定》（RCEP）生效后，中关村海关完成北京地区多个首份RCEP原产地证书的签发，为北京大源非织造股份有限公司出口日本的一批无纺布审核签发一份RCEP原产地证书、为中昊国际贸易有限公司出口韩国的一批三氯化磷审核签发一份RCEP原产地证书、为北京福田国际贸易有限公司出口马来西亚的24台卡车审核签发一份RCEP原产地证书。审核北京关区出口RCEP原产地证书4304份，签证金额2.45亿美元，累计帮助企业享受进口国关税减让超过1600万元。从商品类别看，签证商品主要为服装及衣着附件、鞋靴、塑料及其制品，份数占比64%；从贸易国别看，出口日本的RCEP证书数量最多，占比94%。关区超过79%的RCEP原产地证书实现自助打印签发，企业足不出户即可获得RCEP原产地证书。

（张宁）

【中关村综合保税区申建】 1月至6月，中关村海关与海淀区商务局、中关村综保区建设及后期运营方北京实创股份有限公司、规划设计部门北京建筑设计研究院、信息化团队进行多轮磋商沟通，对综保区申报选址、政策创新和拟入区项目、空间布局规划、园区建设方案、功能配置以及运营公司应发挥的作用等核心问题20余次研讨调研，形成《中关村综保区概念设计方案》和《中关村综保区信息化建设规划方案》。7月，北京市政府将申请设立海淀区综保区的请示和可行性研究报告上报至国务院。同月，国务院签批至海关总署。7月27日，海关总署自贸司司长陈振冲一行到中关村综保区实地调研，考察选址情况，听取工作汇报，并就综保区申建工作、产业规划、项目储备及综保区运行、人才储备、金融服务、土地、资金等方面提出要求。

（张宁）

【国门生物安全】 4月8日，开展国门生物安全宣传，邀请进出口生物医药材料相关科研、生产单位及代理企业，采用线上直播形式，介绍进口生物医药材料的监管要求和通关流程，并通过积累的真实案例详解进口合规申报的关键点及进口单位的法律责任。47家单位参加此次交流活动。10月27日，开展进口特殊物品安全防护和应急处置岗位练兵，贯彻落实国门生物安全把关要求。

（张宁）

【服务海淀“两区”建设】 4月，中关村海关主动对标海关总署和市委市政府服务“两区”建设要求，报送“对建立生物医药企业（研发机构）研发用物品进口‘白名单’的企业和物品动态调整，提升进口便利化程度”和“逐步简化无特定病原体（SPF）级及以上级别实验动物进口手续，缩短隔离检验期”2条“两区”创新举措，配合相关部门确保创新举措落地落实，报送相关创新案例1例。6月，参加“研究确定海淀区‘两区’建设深化改革创新实施方案专题会议”，研究制度创新政策清单，涉及研发用物品进口、缩短实验动物隔离检验期、RCEP惠企服务等方面。参加海淀区人民政府与中欧数字协会联合主办的“两区”建设线上推介会，详细讲解AEO高级认证企业可享受的便利措施，约9000人同步在线观看。配合海淀区“两区”办完成《中国（北京）自由贸易试验区科技创新片区海淀组团发展建设三年行动方案（2022—2024年）》意见征求工作。

（张宁）

区属传统工业管理

【概况】 2022年，北京海工控股集团有限责任公司（简称海工控股）是海淀区国资委一级监管国有独资公司，有下属企业20家，其中国有及国有控股企业10家、集体企业9家、挂靠党群关系企业1家。稳步推进公司经营发展各项任务，做好疫情常态化防控工作和复产复工。合并报表企业完成收入8422万元，比上年下降19%；完成利润总额974万元，比上年下降36%；实现净资产收益率2.61%。完成国资委经营业绩考核指标和各项管理任务。

表22 2022年北京海工控股集团有限责任公司所属企业一览表

序号	企业名称	企业性质	注册地址
1	北京砂轮厂有限责任公司	国有企业	海淀区清河三街99号
2	北京市海佳利企业管理有限公司	国有企业	海淀区车道沟南里A楼商业楼一层
3	北京京海联实业开发有限公司	国有企业	海淀区北四环中路283号
4	北京市海淀区海工湖畔文创有限责任公司	国有企业	海淀区玉渊潭公园北侧东钓鱼台甲1号
5	北京市海淀区铸钢厂有限责任公司	国有企业	海淀区白家疃村东口
6	北京市海淀区水泥厂有限责任公司	国有企业	海淀区北安河乡寨口
7	北京海工物业管理有限公司	国有企业	海淀区东王庄小区33号楼6层
8	北京领先饮食品有限公司	国有企业	海淀区太舟坞408号
9	北京六一生物科技有限公司	国有控股企业	北京市金融安全产业园（房山区阎富路69号院25楼）
10	北京市康而富商贸有限责任公司	国有控股企业	昌平区科技园区中兴路10号
11	北京市华都换热设备厂	集体企业	大兴区黄村镇芦城创新路9号
12	北京市海淀区机电设备厂	集体企业	海淀区海淀南路11号楼
13	北京长城节能锅炉厂	集体企业	海淀区苏家坨镇柳林村
14	北京市第二皮鞋厂	集体企业	海淀区新街口外大街文慧园南路2号
15	北京市雪花冷冻箱厂	集体企业	海淀区阜外半壁店77号
16	北京风机二厂	集体企业	海淀区西三旗东路
17	北京中安电子集团	集体企业	海淀区东王庄小区33号综合楼6层
18	北京汽枪厂	集体企业	海淀区西四环北路131号院1号楼215室（新奥特科技大厦2层）
19	北京海淀电子医疗仪器厂	集体企业	海淀区三才堂
20	北京第一机床电器厂有限公司	挂靠企业	海淀区中关村大街32号

（章珩）

【项目管理】 年内，海工控股下属北京六一生物科技有限公司获北京市2022年度第二批“专精特新”中小企业认定；升级ERP系统，引入二维码管理，实现产品溯源管理与防窜货功能，提升企业管理运营水平。取得实用新型专利1项、外观专利10项、软著专利1项；获得“国家级高新技术企业”认定奖励资金5万元；全新升级的M1N12、M1N14与TRANS2三款电泳仪产品完成定型。完成北京市雪花冷冻箱厂与中国行为法学会合作项目“中国廉政法治文化产业园”主楼结构加固改造并验收，进入装修阶段。北京风机二厂招商工作进展顺利，11家企业入驻；完成B区出租，新增出租面积3100平方米，A区二层东北3500平方米达成出租意向，进入装修阶段。北京长城节能锅炉厂整体出租，承租方完成“朋博产业园”整体改造装修工作。

（章珩）

【海国睿鑫基金项目】 年内，海工控股出席海国睿鑫基金合伙人大会，参与审议合伙企业投资决策，向合伙企业缴款133万余元，由合伙企业投资项目。海国睿鑫基金聚焦集成电路、人工智能、新基建、5G信息技术应用、智慧城市、新兴消费等领域，采用一级市场和一级半市场相结合的方式组合投资，让基金尽快形成投资收益，加快资金流转。本年度基金收益情况为零。

（章珩）

农业农村

2023
北京海淀年鉴

农业

【概况】 2022年，海淀区农业农村局（简称区农业农村局）做好乡村发展、乡村建设等“三农”（农业、农村、农民）各项重点工作。抓好重要农产品稳产保供，超额完成市级下达的粮食蔬菜生产任务，粮食、蔬菜播种面积8126亩（542公顷）、11700.6亩（780公顷），分别完成全年任务的121%、114.7%。全区共有水田、水浇地和果园等各类农用地4.86万亩（3240公顷），其中永久基本农田0.98万亩（653公顷）。落实“田长制”，建立三级巡查制度，指导镇、村巡田2100余次。落实种业振兴工作要求，推动13家企业入选国家种业阵型企业；开展小麦、设施蔬菜2个种质创制及品种选育联合攻关。打造现代农业高地，建成国家数字农业创新应用基地（设施蔬菜），稳步推进海淀区智慧农业综合监管平台建设。北京百旺农业种植园“百旺”蔬果和北京大道农业有限公司的“御前青玉”大米两个农产品品牌获得“北京优农”品牌认定。

海淀区被农业农村部、国家乡村振兴局评为“2021年全国村庄清洁行动先进县”。区农业农村局被农业农村部评为“第四批全国农业综合行政执法示范单位”。区农业技术综合服务中心（原海淀区农业科学研究所）被农业农村部评为“全国星级基层农技推广机构”。区农业技术综合服务中心试验基地被中国科学技术协会评为“2021—2025年第一批补充认定的全国科普教育基地”。海淀区弗莱农庄、中国农业大学农耕文化实践营地（上庄）入选全国首批农耕文化实践营地。北京百旺农业种植园、北京市海淀区农业科学研究所试验基地、海淀组培室农业科技园、翠湖智慧农业创新工场4家单位入选北京市农业科普示范基地。1人获全国行政执法“先进个人”称号，3人获全国农业综合行政执法大比武三等奖。

（潘高峰）

【北京西农投资有限责任公司】 年内，北京西农投资有限责任公司（简称西农投资）资产总额10.19亿元，比上年增长1.02%；净资产（归属于母公司）5.14亿元，比上年增长15.3%，净资产收益率（归属于母公司）17.2%；营业总收入1.52亿元，营业收入增长率14.1%；实现利润1.09亿元，利润率57.32%。拥有北京凤凰岭景区管理有限责任公司、北京市长安园公墓有限责任公司、北京市海淀区聂各庄乡西山公墓管理处、北京京海龙物业服务有限责任公司、北京市海淀区聂各庄敬老院、北京市西山农场有限责任公司、北京大美西山文化传播有限责任公司7家直属单位和北京小西保健食品有限公司（占股35%）、北京鑫泰小额贷款股份公司（占股8.57%）2家合资企业。北京凤凰岭景区继续推进“一核双翼四区”建设，围绕“文化凤凰岭”和“运动凤凰岭”两条主线，开展杏花节庆赏花系、户外运动大会、凤凰岭民族文化节等系列活动，打造凤凰系列文化产品和“旅游+体育”系列品牌活动，成为首家区级体育公园，获评首都文化和旅游紫禁杯先进集体。不断开发旅游产品，通过优化杏花文创雪糕、引入“网红”“喊泉”新颖项目、开展系列云游活动，拓展旅游收入渠道。大美西山利用“贝家花园”开展中法文化交流项目建设，开发经典红色旅游产品，开展“两道一线”（白求恩大道、林迈可小道、自行车驼峰航线）系列活动，打造海淀区爱国主义教育基地。养老服务企业聂各庄敬老院严格落实民政部门疫情防控要求，全力做好入住老人的身心健康和服务保障工作，确保零感染。强化“双墓区”（西山公墓和长安园公墓）经营管理模式，公益性公墓（西山公墓）充分发挥民生保障功能，经营性公墓（长安园公墓）创新服务产品，做好服务保障，确保祭扫高峰平安有序。持续加强农用地管理，新培育的高架草莓获北京市草莓之星“四星奖”。开展农业文化体验活动，打造地区农产品品牌。严格落实区委、区政府“河长制”“林长制”“田长制”工作要求，做好河道、生态林和农用地管护工作。以落实网格化社会管理工作为抓手，全年共处理网格化案件691件。落实创建“基本无违法建设区”工作，拆除违法建设3.63万平方米。

（张春雨）

【种业振兴】 年内，区农业农村局制定印发《海淀区种业振兴实施方案》《2022年海淀区种业工作要点》《海淀区2022—2023年种业监管执法年活动方案》等文件，指导开展种业振兴各项工作。全面完成北京市第三次农作物种质资源普查和收集工作，开展第三次畜禽遗传资源普查工作，配合完成第一次全国水产养殖种质资源普查工作。13家种业企业及平台（机构）入选国家种业阵型企业，涉及农作物及畜牧两大领域。与海淀区8家国家级农作物、农业微生物种质资源库（圃）签订三方协议，履行种质资源保护属地责任。持续推进2项北京市种质创制及品种选育联合攻关项目（高效设施蔬菜种质创制及品种选育、优异小麦种质创制及节水品种选育），组织申报国家育种联合攻关项目。

（潘高峰）

【第一次全国水产养殖种质资源普查】 年内，区农业农村局开展第一次全国水产养殖种质资源普查工作，对水产种质资源繁育主体进行全覆盖核查，配合市水产站完成1家水产种苗单位的现场核实及补充完善工作。

（潘高峰）

【玉米良种更换】 年内，区农业农村局制定印发《2022年海淀区玉米良种更换工作实施方案》，组织西北旺镇、温泉镇、苏家坨镇、上庄镇4个镇完成2488.72亩（166公顷）玉米良种更换工作，共补贴资金12.44万元。

（潘高峰）

【外来入侵物种普查】 年内，区农业农村局制定印发《海淀区农业外来入侵物种普查实施方案（2022—2023年）》，成立农业外来入侵物种普查工作领导小组，组建农业外来入侵物种普查队伍。委托中国农科院农业环境与可持续发展研究所专业技术团队开展海淀区农业外来入侵植物、农业外来入侵病虫害、农业外来入侵水生动物样本采集和鉴定等年度阶段性工作。

（潘高峰）

【家庭农场示范创建完成】 年内，区农业农村局按照《2021年海淀区家庭农场示范镇和示范户创建项目实施方案》，完成西北旺镇、上庄镇2个家庭农场示范镇及5个家庭农场示范户创建任务。制定印发《海淀区区级家庭农场标准》，梳理更新"全国家庭农场名录"系统。

（潘高峰）

【蔬菜粮食生产】 年内，根据市农业农村局下达的任务，海淀区粮食种植面积不低于6700亩（447公顷），大豆播种面积不低于100亩（7公顷），粮食产量不低于2200吨；蔬菜种植面积不低于10200亩（680公顷），蔬菜产量不低于20300吨。海淀区超额完成蔬菜粮食生产任务，实际完成粮食播种面积8126亩（542公顷），占全年任务量的121%；大豆播种面积791亩（53公顷），产量2598吨，占全年任务量的118%；完成蔬菜播种面积11700.6亩（780公顷），占全年任务量的114.7%，产量23729.9吨，占全年任务量116.9%。

（潘高峰）

【标准化果园建设】 年内，区农业农村局开展数字果园试验示范，在区农业技术综合服务中心试验基地建设15亩现代化标准示范果园。指导温泉镇杨家庄樱桃园建设20亩樱桃标准化果园。指导新海园林建设20亩苹果标准化园区，从果树新品种更新、培肥地力、农产品质量安全管护、果树机械化装备购置、环境提升改造等方面，提升园区生产能力和果品品质。

（潘高峰）

【动物卫生监督】 年内，区农业农村局制定《海淀区涉新冠疫情地区家庭宠物管理应急预案》，建立动物应急安置体系，协调区内21家动物诊疗机构和区外2家动物方舱，储备应急笼位400余个，累计安置宠物182只。修订《海淀区重大动物疫情应急预案》《海淀区高致病性禽流感应急实施方案》。健全完善外来入侵生物应急处置机制，妥善处置鳄雀鳝和太阳鱼事件各1起。做好病死动物无害化处置工作，暂存并无害化处理病死动物728只（27785千克）。

（潘高峰）

【鱼类资源调查】 年内，区农业农村局在沙河水域5处调查点位开展鱼类捕捞调查3次，开展外业调查26次，共记录鱼类7科16属17种。其中，鲤科10种，为种数最多的科，鳅科2种，其他科均为1种。鲤科中，鱊属为种数最多的属，有两种，其他均为1种。调查期间记录17种鱼类，共1569尾。其中以麦穗鱼（*Pseudorasbora parva*）数量最多，共记录328尾，占比20.91%。记录尾数位于前5的鱼类分别为麦穗鱼（*Pseudorasbora parva*）328尾、高体鳑鲏（*Rhodeus ocellatus*）305尾、大鳍鱊（*Acheilognathus macropterus*）301尾，兴凯鱊（*Acheilognathus chankaensis*）244尾和鲫（*Carassius auratus*）103尾。只记录到1尾的有2种，分别为圆尾斗鱼（*Macropodus opercularis*）和河川沙塘鳢（*Odontobutis potamophila*）。

表23　2022年南沙河水域鱼类资源调查表

序号	科	属	种	拉丁名
1	鲤科	鱊属	大鳍鱊	*Acheilognathus macropterus*
2			兴凯鱊	*Acheilognathus chankaensis*
3		鳑鲏属	高体鳑鲏	*Rhodeus ocellatus*
4		麦穗鱼属	麦穗鱼	*Pseudorasbora parva*
5		𩾌属	𩾌	*Hemicculter leuciclus*
6		原鲌属	红鳍原鲌	*Cultrichthys erythropterus*
7		鲫属	鲫	*Carassius auratus*
8		棒花鱼属	棒花鱼	*Abbottina rivularis*
9		鲢属	鲢	*Hypophthalmichthys molitrix*
10		鳙属	鳙	*Aristichthys nobilis*
11	鳅科	副泥鳅属	大鳞副泥鳅	*Misgurnus anguillicaudatus*
12		泥鳅属	泥鳅	*Mastacembelus aculeatus*

续表

序号	科	属	种	拉丁名
13	虾虎鱼科	吻虾虎鱼属	子陵吻虾虎鱼	*Rhinogobius giurinus*
14	鲿科	黄颡鱼属	黄颡鱼	*Pelteobagrus fulvidraco*
15	斗鱼科	斗鱼属	圆尾斗鱼	*Macropodus opercularis*
16	鳢科	鳢属	乌鳢	*Channa argus*
17	沙塘鳢科	沙塘鳢属	河川沙塘鳢	*Odontobutis potamophila*

说明：海淀区南沙河属北运河—温榆河水系，海淀区南沙河鱼类采集17种，除去草鱼、鲢、鳙这些的引入种，调查期间能在区域内采集到的原生野生鱼类为15种。与2002—2010年对北京及周边地区野外调查记录的北运河数据15种相比，增加高体鳑鲏、大鳞副泥鳅、泥鳅、乌鳢共4种原生野生鱼类。减少马口鱼、翘嘴鲌、青鳉共3种原生野生鱼类。总体原生野生鱼类种数丰富度与2010年相比基本维持不变。

表24　2022年南沙河各点位优势物种比对表

点位	优势种	拉丁名	数量（尾）	该点位占比（%）
一号点位	高体鳑鲏	*Rhodeus ocellatus*	300	28.14
	大鳍鱊	*Acheilognathus macropterus*	290	27.20
	兴凯鱊	*Acheilognathus chankaensis*	227	21.29
二号点位	鲫	*Carassius auratus*	13	20.63
	红鳍原鲌	*Cultrichthys erythropterus*	12	19.04
三号点位	麦穗鱼	*Pseudorasbora parva*	52	40.62
	鲫	*Carassius auratus*	34	26.56
四号点位	鲫	*Carassius auratus*	22	52.38
五号点位	麦穗鱼	*Pseudorasbora parva*	194	71.85

（潘高峰）

【永久基本农田调查评估】 年内，区农业农村局制定《海淀区永久基本农田调查评估方案》，从立地条件、土壤条件、田间配套设施、种植利用情况等方面对永久基本农田进行质量调查评估。永久基本农田范围内坡度小于25°，耕作层无表面硬化现象性状良好，土壤清洁程度符合管控标准，土壤酸碱适中，耕种条件良好。

（潘高峰）

【落实“田长制”】 年内，区农业农村局全面落实区、镇、村三级“田长制”责任体系和配套制度，制定并下达2022年海淀区总田长令，明确2022年海淀区“田长制”任务清单。调整区级田长名单和责任区，动态更新镇、村级田长人员名单，压实区、镇、村三级“田长制”责任体系。督促镇村定期巡田，重点巡查“大棚房”“非粮化”“非农化”等情况，未发现相关问题。

（潘高峰）

【2022年耕地质量评价】 年内，区农业农村局完成海淀区2022年耕地质量等级划分和海淀区耕地质量等级及变动表编制。布设150个耕地质量评价采样点，完成调查和样品采集、存储工作，完成耕地质量评价23个指标野外调查、室内检测工作及1310个评价单元的单元赋值。

（潘高峰）

【《2022年海淀区测土配方施肥手册》编制】 年内，区农业农村局编制《2022年海淀区测土配方施肥手册》，布设并完成100个测土配方施肥采样点调查和样品采集工作，形成16个作物30个配方，确定主导作物、特色蔬果以及主要果树品种的施肥量、施肥方式以及施肥建议。

（潘高峰）

【畜禽养殖】 年内，海淀区散户畜禽存栏鸡179只、奶牛232头、羊23

头、鸭16只、鹅145只。全区教育系统中2家存在动物饲养情况，其中幼儿园（含办园点）1家，中小学1家，饲养动物种类11种，动物数量128只/头/羽。全区有微型动物园1个，其中稻香湖饲养动物4种，总数168只/头/羽。

（潘高峰）

【农产品质量安全监管】 年内，区农业农村局加强对农产品质量安全风险监测，突出重点季节、重点环节和重点产品的定期、定点监测。开展农产品质量安全农药残留风险监测工作，涉及样本1万余个，合格率100%。加强农产品质量安全网格化监管，建立“层层负责、上下联动、边界清晰、责任明确、覆盖全区”的区、镇、村三级农产品质量安全网格化管理体系。划定区级网格1个、镇级网格5个、村级网格54个，各级网格员62名，夯实农产品质量安全监管工作基础。

（潘高峰）

【绿色有机农产品认证】 年内，海淀区绿色有机认证农产品2049吨，持证主体22个，认证品种101个。

表25　2022年海淀区绿色有机认证企业一览表

序号	企业名称	认证产品	产量（吨）
1	北京古稻西丰农业有限公司	稻谷	2.5
2	北京凤凰四季农业发展有限公司	莴苣	0.75
		韭、黄瓜、甘蓝、番茄	5.87
		玫瑰花	0.15
3	北京绿安食品有限公司	白菜、韭、黄瓜、莴苣、旱芹、草莓、茄、辣椒、番茄	39.8
4	北京市海淀区温泉镇太舟坞村经济合作社	葱、大豆、番薯、花生、玉米	277.4
5	北京市海淀区苏家坨镇南安河村经济合作社	大豆、玉米	104.25
6	北京周家巷农业发展有限公司	白菜、黄瓜、茄、番茄	110
7	北京福莱科技发展有限公司	稻谷、黄瓜、番薯、萝卜、番茄	133.8
8	北京金地丰源科技有限公司	大豆、玉米	201.75
9	上庄联拓农业科技发展（北京）有限公司	白菜、豇豆、南瓜、黄瓜、番薯、萝卜、辣椒	101
10	北京百旺农业种植园	白菜、稻谷、番茄、番薯、玉米、黄瓜、韭菜、茄子、蒿子杆	181.19
11	国仁城乡（北京）科技发展中心	白菜、萝卜、胡萝卜	210
12	北京绿色桃源商贸中心	白菜、韭、冬瓜、甘蓝、辣椒、番茄	60.3
13	北京市海淀区西北旺镇刘瑞坡鲜花店	白菜、南瓜、甘蓝、萝卜、番茄	59.1
14	北京一品盛园农业技术有限公司	白菜、莴苣、番薯、胡萝卜、番茄、玉米	101.3
15	北京良之悦生态农业科技有限公司	番茄	0.6
16	北京正源轩有机农业科技有限公司	白菜、萝卜	2.1
17	北京都市绿吉种植中心	芸苔	1
18	北京鑫盛鸿种植技术服务有限公司	番茄	5.423
19	北京市海淀区农业技术综合服务中心	草莓、玉米	2.05
20	北京三元农业有限公司	黄瓜、番茄	40

续表

序号	企业名称	认证产品	产量（吨）
21	北京双塔绿谷农业有限公司	草莓、西葫芦、生菜、水果玉米、豆角、芹菜、苦菊、番茄、莜麦菜、西瓜、黄瓜、甜瓜、樱桃、菜花、辣椒、甘蓝、茄子、水果黄瓜、茼蒿、丝瓜、菠菜、南瓜、娃娃菜、胡萝卜、油菜、苤蓝、茴香	49.2
22	北京大道农业有限公司	京西稻	360

（潘高峰）

【惠农补贴政策落实】 年内，区农业农村局落实6项惠农补贴政策，组织发放补贴资金8157.94万元，覆盖面积6.4万亩（4268公顷）次。其中，市级惠农补贴中，发放菜田补贴244.06万元，小麦一次性补贴2.34万元，三批实际种粮农民一次性补贴9.56万元，耕地地力保护补贴147.09万元。在区级惠农补贴中，发放2021年农田生态补贴资金7754.89万元。

（潘高峰）

【政策性农业保险】 年内，区农业农村局进一步简化政策性农业保险补贴流程，将补贴形式由参保主体缴纳50%、次年返还40%，调整为一次性缴纳10%。海淀区政策性农业保险共涉及488户次、6681.51亩（445.43公顷）土地，总保险费186.56万元，其中区级保险费补贴74.34万元。区农业农村局督促保险承包机构开展2021年定损、理赔等工作，对312户次、2327.54亩次（155.17公顷）进行赔付，赔款金额共计122.49万元。

（潘高峰）

【金融扶持】 年内，区农业农村局组织审计核算2020年7月1日至2021年6月30日期间农业领域贷款贴息申请材料，共有7家农业企业13项贷款贴息申请和1项担保费补贴申请符合要求。发放贷款贴息和担保费补贴共计364.67万元。涉及的7家农业企业分别为：北京大伟嘉生物技术股份有限公司、北京挑战生物技术有限公司、北京挑战牧业科技股份有限公司、北京博农利生物科技有限公司、北京君德同创生物技术股份有限公司、北京金色农华种业科技股份有限公司、北京一品盛园农业技术有限公司。

（潘高峰）

【农业安全生产检查】 年内，区农业农村局对农业园区、种子经营、动物诊疗医院等涉农企业的用电、用气、消防、有限空间、农业设施等开展安全生产督查检查工作。检查企业333家、658家次，出动检查人员1346人次，查出安全生产隐患540处，全部整改完成，隐患整改率100%。

（潘高峰）

【农业执法】 年内，区农业农村局开展执法检查19734次，出动58203人次。立案223起，罚没款总额17.19亿元，没收违法所得29309.26元，办理投诉举报329件。

（潘高峰）

【动物免疫】 年内，海淀区畜禽重大动物疫病累计5762头（只）次。其中禽类禽流感三价累计免疫1884只次，偶蹄动物口蹄疫疫苗累计免疫2828头次，小反刍兽疫累计免疫102头次，羊布病累计免疫102头次，鸡新城疫累计免疫846只次。应免率达到100%。全区犬狂犬病累计免疫27729条。

（潘高峰）

【动物疫病防控】 年内，区农业农村局对动物疫病进行监测，共检测样品3133份，其中畜禽样品1162份、犬猫样品1491份、环境样品480份。根据市疫控中心采样要求完成送样工作，累计送检样品1452份，其中禽便拭子540份、畜样品885份。

（潘高峰）

【农技服务】 年内，区农业农村局落实菜粮稳产保供任务，开展菜粮新优品种示范推广。召开现场培训会6次，传授相关种植技术，示范推广优质高产大豆种子1500千克、优质小麦种子7500千克，鲜食洋葱苗50万株、高产型大白菜种子8.2千克，发放快菜、香菜、茼蒿等速生短周期叶菜种子22千克（增加种植面积300余亩）。

（潘高峰）

【13家园区获评北京市“草莓之星”】 3月3日，在第八届“北京草莓之星”评选活动中，海淀区多家园区参赛并取得优异成绩。其中，北京上庄逸然种植合作社获五星奖，玉泉采摘园、西山农场、梁家园草莓基地、水岸乡林草莓采摘园、绿色果品获四星奖，草莓树生态农园、北京百旺种植园、北京百旺田园农业科技有限公司、北京都市绿吉种植中心获三星奖，中关村科普农庄、大自然农场、精灵农庄获优秀奖。

（潘高峰）

【获4项农业专利技术】 3月8日，海淀区植物组织培养技术实验室申报的“一种辣椒或茄子单倍体植株的染色体加倍方法”专利技术获得国家知识产权局授权（专利号：ZL202010353750.2）。该专利技术改进传统的染色体加倍方法，提高辣椒、茄子单倍体植株的一次加倍成功率，作为单倍体育种技术中的一项关键技术，对于DH（双单倍体）群体的高效构建具有重要意义。利用该项技术年内共获辣椒、茄子双单倍体株系近千个，用于种质资源创新和新品种选育，育种效率显著提高。3月22日，区农业技术综合服务中心获国家知识产权局颁发的果树智能栽培系统专利证书（专利号：2021224711392），该系统对果园生产全过程进行监控和操作，实现对果园环境全方位、全时段实时监测，自动喷洒水、肥、农药，可极大节省人工成本，提高果实品质和管理水平。该系统在区农技中心试验基地进行应用，有效减少人工投入，大大提升桃树的品质。5月6日，区农业技术综合服务中心获国家知识产权局颁发的作物高架栽培控制系统专利证书（专利号：2022201574465）；5月17日，获国家知识产权局颁发的一种作物高架栽培系统专利证书（专利号：2022201555869），这两项技术能够提高工作效率，节省农业投入成本，利于观光采摘，符合海淀区都市型现代农业发展理念。全区有50余个日光温室采用该两项作物高架栽培控制系统专利技术，种植品种有草莓、水果萝卜、水果苤蓝等。

（潘高峰）

【海淀区农业技术综合服务中心成立】 8月2日，根据区编办《关于区委农工委、区农业农村局所属事业单位改革方案的批复》，区农业技术综合服务中心正式挂牌成立，区农业农村局下属原农科所、农机所、疫控中心、水产站、信息中心等5个单位合并成立区农业技术综合服务中心。区农业技术综合服务中心属于公益一类事业单位，由区农业农村局归口管理。区农业技术综合服务中心主要职责：履行本区的农业产业发展技术支撑，农业综合管理服务性工作，组织开展农村人才培养工作；负责本区农业新技术、新品种和农业机械新设施的引进、试验、示范和推广工作；负责本区内畜禽、伴侣动物、水产养殖的规范管理、技术指导等工作；负责动物免疫定点诊疗机构管理和业务指导，负责动物疫情综合防治；负责本区内农产品质量安全，农业安全生产管理事务性工作；负责本区内生态保护和植物疫情综合防控工作；协助开展本区农作物、林果、畜禽、水产等种质资源的普查、保护及利用；承担本区农村建设管理服务性工作等。

（潘高峰）

【农作物病虫害防治】 8月，区农业农村局在上庄镇西马坊村京西稻田，启动无人机防治水稻、玉米病虫害工作。此为北京市首次采用生物食诱剂诱杀技术，害虫信息素协同农药增效技术，多种赤眼蜂混合释放技术和新型缓释颗粒剂与无人机撒施技术4项国家级绿色防控技术开展农作物病虫害防治工作。

（潘高峰）

【2项目获北京市农村创业创新大赛奖】 8月，区农业农村局组织推荐10个项目参加“2022年北京市乡村振兴人才优秀创业项目评选资助活动暨第六届北京市农村创业创新大赛”。最终，“农业废弃物生物治理”和“家禽养殖产地供应链软件服务”被评为“市级乡村振兴人才优秀项目”。

（潘高峰）

【海淀区“中国农民丰收节”】 9月23日，由区农业农村局、海淀区乡村振兴局、上庄镇人民政府共同举办的2022年海淀区“中国农民丰收节”在上庄镇常乐村京西稻智慧农场举办，科研院校、企业园区、群众代表等100余人参加现场活动。活动以“庆丰收迎盛会”为主题，设置启动仪式、农副产品及农业品牌宣传、农事活动与农耕文化体验及乡村味道掌门等环节，包括开场歌舞、视频《海淀“三农”十二时辰》、“农事劳动教育研究实践基地”授牌、红色虚拟主播“甜园”首发亮相、海淀区农业科技创新联合会揭牌、胡琴联奏《欢庆》、海淀“曹氏风筝”与延庆“巧娘”剪纸互赠仪式、歌舞大联欢等内容。农业科技虚拟主播“甜园”首发亮相，与真人主持同框讲述海淀“三农”故事。设置十余个展位，用于农业品牌展示、农耕文化和非遗体验等。在农事活动与农耕文化体验区，可观看和体验手动玉米脱粒机、手摇石磨豆浆机、五谷贴画，竹编多彩小船等；在海淀农业品牌展区，展出十余个本地农业品牌，涵盖瓜果蔬菜、乡土植物、花卉、杂粮、种子、有机零食、酿制品等；在乡村味道掌门展区，中国烹饪大师郝振江就地取材，用“优农”品牌时令农产品制作应季美食。授予百旺农业种植园、大道农业、中关村科普农庄、区植物组织培养技术实验室、弗莱农庄、北京市农林科学院6家单位为海淀区首批“农事劳动教育研究实践基地”。丰收节活动通过新华社、新华网、百度、腾讯等媒体同步直播，直播观看量达39.6万人次。

（潘高峰　钟冷）

【“未来农业人才会客厅”现代农业科技展活动】 9月28日，由区委农工委、区农业农村局、区乡村振兴局组织的“未来农业人才会客厅”现代农业科技展活动在海淀中关村科普农庄举办。市委农工委、区委组织部、延庆区委组织部相关领导，中国农业大学、国家农业信息化工程技术

8月10日，海淀区上庄镇西马坊村京西稻田用无人机防治病虫害

（区农业农村局 供图）

9月28日，区农业农村局组织"未来农业人才会客厅"现代农业科技展
（区农业农村局 供图）

研究中心专家学者，15家农业高新企业、农业园区代表等30人参加活动。未来农业人才会客厅是2022年"智汇·海淀"人才主题周的重要组成部分，聚焦未来农业"会聚、会商、会友"，展现海淀农业人才队伍风采和现代农业发展成果。"5G云端草莓智能温室"全方位展示数字农业科技场景，无人割草机、草莓机器人等现代农业智能设备的实操演示，从大田到温室，从机器人到智能装备，展现海淀农业硬实力。线上直播观看2600余人次，活动被《农民日报》等10余家媒体报道。

（潘高峰）

【渔业管理】 10月28日，区农业农村局开展渔业增殖放流工作，在南沙河水域放流青鱼、草鱼、鲢鱼、鳙鱼鱼苗4万尾。完成1家水产种苗单位的现场核实工作，核实确认水产养殖种质资源基本情况。

（潘高峰）

【京西稻智慧农场项目（一期）建成】 10月，海淀区京西稻智慧农场项目（一期）建成，总投资910万元。项目位于上庄镇常乐村405亩京西稻种植区，主要建设内容包括建设覆盖水稻耕、种、管、收全过程的无人作业农机，建设基于物联网的作物精准种植系统，构建智慧农场数字化综合管理云平台，建设京西稻全过程质量追溯系统，建设智慧农场综合运营指挥中心等。

（潘高峰）

【高标准农田建设规划出台】 11月22日，区农业农村局印发《北京市海淀区高标准农田建设规划（2021—2030年）》，深入分析当前海淀区高标准农田建设面临的形势，阐述未来十年全区高标准农田建设的总体要求、建设内容、建设标准、建设布局和建设重点，进行投资估算和效益分析，提出保障措施，是指导全区科学有序开展高标准农田建设的重要依据。

（潘高峰）

【海淀智慧农业综合监管平台建成】 11月，海淀智慧农业综合监管平台建成，完成初步验收。平台汇集卫星遥感、物联网监测等信息化技术，主要建设内容包括农业大脑、耕地保护监管、农业生产监管、农产品质量安全监管、农业专题库和海淀农事App 6个板块，构建海淀农业基础数据资源体系，推进管理服务数字化转型，促进生产经营数字化改造，实现监测预警、决策辅助、展示共享，为推进海淀农业高质量发展提供数据支撑。

（潘高峰）

【国家数字农业创新应用基地建设项目（设施蔬菜）竣工】 12月，国家数字农业创新应用基地建设项目（设施蔬菜）竣工，总投资3771.10万元。项目位于上庄镇翠湖智慧农业创新工场、四季青镇墨蔬苑，于2021年11月开工建设，建设规模为1栋150亩连栋温室、1栋10亩连栋温室、37栋日光温室、2座加工冷藏车间。建设内容包括在翠湖农业创新工场建设工厂化育苗系统1套、环境监测控制和生产过程管理系统1套、农产品质量安全监测系统1套、采后商品化处理系统1套、设施农业科技展示系统1套；在墨蔬苑蔬菜种植基地建设环境监测控制和生产过程管理系统1套、采后商品化处理系统1套。

（潘高峰）

农村经济

【概况】 2022年，全区农村集体经济总收入142.8亿元，比上年降低0.3%；农村集体所有者权益783.1亿元，比上年增长4%。农村集体资产总额2198.7亿元，比上年增加90.8亿元，增长4.3%；净资产783.1亿元，比上年增加30亿元，增长4%。农村居民人均所得5.62万元，比上年增长18.2%。

（张馨予）

【"三资"管理专项考核】 年内，区农经站按照海淀区2022年度乡村振兴战略实绩考核和绩效考核工作要求，对全区7个镇及玉渊潭股份经济合作社进行考核，考核内容包括落实农村集体经济组织财务制度、落实"村地区管"中合同管理制度机制、农村涉地合同及集体资产资源核查、农村集体经济创新发展情况4个方面。

（张馨予）

【产权制度改革】 年内，区农经站指导和督促镇、村集体经济组织做好收益分配工作。完成163个农村集体经济组织登记证书年检工作，完成20个集体经济组织变更登记。指导全区74个股份经济合作社完成章程修订。区农经站获评"全国农村集体产权制度改革工作先进集体"。

（张馨予）

【资产清查及产权流转交易】 年内，区农经站组织开展全区农村集体资产年度清查，91家农村集体经济组织完成清查数据审核上报工作，涉及资产1863.47亿元。推进农村产权流转交易，完成交易4宗。

（张馨予）

【经济合同管理】 年内，区农经站按照《海淀区涉地集体经济合同区级联审办法（试行）》规定，牵头组织区农业农村局、北京市规划和自然资源委员会海淀分局、区园林绿化局、中关村科学城管委会，对达到区级联审标准的涉地集体经济合同开展联审，共召开涉地集体经济合同区级联审会14次，审核通过24份涉地集体经济合同，总金额40亿元。加强对镇级集体经济合同联审工作的指导，7个镇和玉渊潭农工商总公司均制定镇级农村集体经济合同管理办法，建立镇级集体经济合同联审机制。截至年底，镇级联审共审核通过2006份集体经济合同。

（张馨予）

【农村集体经济组织房屋租金减免】 年内，区农经站指导各镇、玉渊潭农工商总公司，推动所辖农村集体经济组织开展减免房屋租金工作。截至年底，为2917家符合条件的小微企业和个体工商户减免租金3.63亿元。

（张馨予）

【“基本无违法建设区”认证材料审核】 年内，区农经站开展创建“基本无违法建设区”持续治理类项目举证认定工作，指导各镇按照区级工作方案要求上报认证材料。完成对提交认证材料的审核工作。审核线下提交材料3385份，通过3192份，并按要求完成创建系统线上认证操作。

（张馨予）

【集体财务管理】 年内，区农经站对各镇及玉渊潭农工商总公司财务管理制度进行摸底调研，收集、汇总、梳理制度建设情况，及时反馈待完善清单，印发《关于落实农村集体经济组织财务制度的通知》，明确财务制度修订工作要求，按时报送“三农”重点工作进展情况表。

（张馨予）

【专项补助资金审计】 年内，区农经站组织7个镇完成84个行政村2021年市、区财政拨付的村级公益事业专项补助资金及以前年度结余资金共计1781.53万元的使用情况审计；同步推进完成3个区级年度审计项目。

（张馨予）

【农村经管人员培训】 年内，区农经站分层分类组织6次镇、村两级农经队伍和股份社高级管理人员培训，内容涵盖财务、统计、审计、合同、资产和信息化管理等专业领域147人参加。

（张馨予）

美丽乡村建设

【概况】 2022年，全区辖7个镇（全部加挂地区办事处牌子），共有53个村委会、73个居委会，常住人口313万人。通过整建制农转非，已基本没有户籍农业人口。区农业农村局持续改善农村人居环境，通过定期调度、跟踪督办、奖优罚劣开展农村人居环境拉练检查。推动美丽乡村建设，开展地下、地上工程建设，完成11项建设任务。规范宅基地管理，加强农村基层治理，加快农村现代化步伐。

（潘高峰）

【农村人居环境整治】 年内，区农业农村局印发《海淀区提升农村人居环境建设美丽乡村五年行动方案（2021—2025年）》和《海淀区2022年改善农村人居环境推进美丽乡村建设工作方案》，确定工作目标、重点任务和职责分工等。坚持分类施策推进整治，将42个现状村庄分为争优（10个村）、进步（22个村）、提升（10个村）三类，分类制定各村区级季度工作目标分数，有针对性地提升环境质量。通过建立调度、检查、约谈等机制和“区城市管理指挥中心每月全覆盖查、区农业农村局不定期抽查、区相关部门专项查”检查体系，督促镇、村及时发现并解决问题。对市级挂账的9个城乡接合部重点村开展每月全覆盖检查，实现以检查促整治。开展美丽庭院创建活动，评选出30户美丽庭院。

（潘高峰）

【美丽乡村工程建设】 年内，区农业农村局全面推进规划保留村美丽乡村工程建设，完成村庄实施方案审批和立项批复工作。苏家坨镇车耳营村、上庄镇东马坊村2个村完成工程建设，苏家坨镇梁家园、柳林、聂各庄、台头，上庄镇后章、永泰庄、前章、西辛力屯、梅所屯共9个村完成主体工程，剩余村庄工程建设取得阶段性进展。指导上庄镇罗家坟村和苏家坨镇七王坟村参与市级“百村示范村”创建，完成“百师进百村”乡村振兴特色营造策划方案编制，培育乡村振兴典型示范。

（潘高峰）

【村庄物业化管理】 年内，区农业农村局组织区城市管理委等相关部门开展农村基础设施季度联合检查，确保农村基础设施运行正常。加强村庄准物业化管理，完成罗家坟等6个村准物业化管理年度考核验收，及时拨付区级准物业化管理资金。开展深化村庄准物业化管理研究，为下一步深化推广准物业化管理工作提供依据和思路。委托专业审计公司对2021—2022年7月村庄准物业化管理资金进行延伸审计，形成审计报告，督促镇村做好整改。

（潘高峰）

【老旧防空洞治理】 年内，区农业农村局采取汛前通知、实地检查、专题调研等措施开展老旧防空洞治理工作，确保全区122户老旧防空洞上危险房屋安全度汛。专题调研温泉镇白家疃村D级危房安置情况，要求镇、村两级加强巡查，利用技术手段及时发现问题，做好安全隐患应急预案演训。

（潘高峰）

【农村基层组织建设】 年内，区委农工委、区农业农村局以“红色样板田、红色播种人、红色新名片”为主题，实施农村基层党建红色品牌创建三年行动计划。以“红色样板田”为主题，会同区委组织部，对7个镇和玉渊潭总公司申报的8个党建创新项目实地走访考察，拨付120万元专项资金支持四季青镇、西北旺镇等开展党建阵地建设，以品牌创新激发党建内生活力。制定印发《关于做好农村基层党建创新项目资金使用的通知》，梳理项目申报流程，明确项目资金使用要求。落实区级联审长效机制，配合完成部分村（社区）党组织书记人选、部分街镇业委会（物管会）相关人选、发展党员排查整顿等各类资格联审，累计52批次2949人次。

（潘高峰）

【农村基层干部培训】 年内，区农业农村局开展5期新时代农村基层干部区级示范培训班，培训党组织干部300余人，实现村、社区、股份社和农村两新党组织干部培训全覆盖，提升农村干部综合能力。

（潘高峰）

【区委农村工作领导小组会议】 8月3日，区农业农村局组织召开区委农村工作领导小组2022年工作会议，区委书记、区委农村工作领导小组组长王合生主持，审议《海淀区提升农村人居环境建设美丽乡村五年行动方案（2021—2025年）》《海淀区各镇党政领导班子和领导干部推进乡村振兴战略实绩考核工作暂行办法》等方案，听取乡村振兴重点工作推进、上半年农村人居环境检查等情况汇报。

（潘高峰）

【农村宅基地及建房管理工作专题培训】 8月10日至11日，区农业农村局与市规划和自然资源委员会同海淀分局、区住房和城乡建设委员会联合组织农村宅基地及建房管理工作专题培训。解读海淀区宅基地及建房管理相关政策，普及宅基地建房施工质量安全重要性及农村自建房施工现场安全管理知识。北京市农业农村局、海淀区农业农村局相关领导，苏家坨、上庄两镇规划、综合执法部门及24个保留村村干部等60余人参加。

（潘高峰）

商贸服务业

2023
北京海淀年鉴

商业服务业

【概况】 2022年，海淀区国际消费中心城市建设取得显著的阶段性成效，中关村、五道口、公主坟、五棵松、世纪城、万柳、清河7个现有商圈和西北旺、永丰2个待培育商圈被纳入全市重点商圈名录，新建早餐、便利店等业态在内的便民服务网点50个，区域便民服务品质不断提升。开展悦动海淀系列促消费品牌活动，借助各大节日节点，开展品牌消费节、国际美食节、社区生活节、冰雪消费节、中关村舞剧节等主题活动。打造具有影响力的“夜京城”特色消费地标、融合消费打卡地、品质消费生活圈，开展景区公园夜游和夜间特色文体活动等，丰富夜消费供给。华熙LIVE·五棵松获“年度城市商业新地标”奖。社会消费品零售总额实现2716.5亿元，比上年下降7%，增速高于全市-7.2%的平均水平，居城六区第三名，占全市比重的19.5%。其中，限额以上批发和零售业、住宿和餐饮业实现网上零售额961.2亿元，比上年增长1.2%，占全区社会消费品零售总额的35%，占全市的17.4%。

（万融　张世璞）

【北京市海淀饮服行业协会】 年内，北京市海淀饮服行业协会下设餐饮、洗浴、美容美发、旅店、清真、摄影彩扩、洗衣、商场购物中心餐饮、供应商专委会9个专委会。受几轮疫情冲击，餐饮行业闭店成为常态，协会走访调研，从租金减免、社保税收、防疫物资、贷款贴息、外卖佣金、疫情保险、降低企业成本、刺激消费政策、促消费奖励、企业开新店、优化营商环境、加强正面宣传引导等12个方面提出意见建议，报政府主管部门。开展乡村振兴工作，举办线上2022“京湘情”年货大集、第二十届中关村国际美食节，承办海淀区2022年“工匠杯”职工职业技能大赛中式面点和西式面点比赛。

（李哲　李利）

【海淀区物资回收公司】 年内，海淀区物资回收公司下属北京市开源技贸总公司、北京市颐顺达物资经营公司2个全资子公司，控股北京市开源物业管理股份有限公司、北京开源爱分类环保科技有限公司。实现总收入8694万元，比上年增长8.3%；净收入8609万元，比上年增长8.3%；利润总额1852万元，比上年增长7.5%；净利润1379万元，比上年增长7.1%；税金1026万元，比上年增长-19%；其中投资收益持平、资本保值增值率103%。高效完成北京冬奥会和冬残奥会服务保障工作。回收大件垃圾16.16万件，低值可回收物2.55万吨，有害垃圾15.68吨。韩家川分拣中心安装供电设备并进行电力分户改造，新增6个双枪充电桩，出车清运5200余车次。国有资产报废业务以党政机关延伸服务为抓手，回收报废资产386批次，处置资产10.6万件，实现减量640吨。签订有害垃圾服务合同441份，实现收入80万元；在清河街道17个社区开展“一袋式”上门回收和垃圾分类特色服务，累计注册用户1.6万人，垃圾减量500吨，实现收入347万元。开展毕业季回收进校园活动，10余所高校回收可回收物30吨，大件垃圾8353件。

表26　2021—2022年物资回收公司经营情况统计表

单位：万元

项目	2021年	2022年	比上年增长（%）
总收入	8028	8694	0.08
净收入	7946	8609	0.08
费用支出	6348	6753	0.06
利润总额	1721	1852	0.08
净利润	1286	1379	0.07
税金	1268	1026	-0.19
投资收益	236	236	0
资本保值增值率	103%	103%	0

1. 本年收入比上年增长8%，主要原因是房屋租赁增长正常。
2. 费用支出比上年增长6%，主要原因是承担海淀区再生资源大件低值回收体系建设支出中经营费用的增长。

（肖洁）

【北京翠微集团有限责任公司】 北京翠微集团有限责任公司（简称翠微集团）是海淀区国资委一级监管的国有独资公司，旗下控股企业北京翠微大厦股份有限公司（简称翠微股份）是A股上市公司。2022年，翠微集团合并资产总额199.2亿元，比上年增加49.68亿元，比上年增幅33.23%；实现营业收入39.7亿元，比上年增长12.99%；上缴利税1.5亿元。旗下上市公司股票市值实现年度增幅75.4%。完成国企改革三年行动计划，涉及16个重点任务48项举措。翠微集团新增基金投资金额3.66亿元，实现增值1.24亿元（含投资回报5279万元）。完成北京中关村龙门基金投资中心（有限合伙）第四次实缴出资1.88亿元，持有23.26%的基金份额。对北京翠微科创股权投资基金中心（有限合伙）以返还本金再实缴的形式出资1.17亿元，用于后续投资华为服务器等项目；对北京海国智鑫股权投资基金合伙企业（有限合伙）出资3000万元推动能源清洁低碳安全高效利用；对北京海国新动能股权投资基金合伙企业（有限合伙）出资2200万元，完成受让北京海科融通支付服务有限公司小股东所持股权。通过基金推动参投企业上市6家，其中北京华如科技股份有限公司、龙芯中科（北京）信息技术有限公司、北京瑞风协同科技股份有限公司、叮当健康科技集团有限公司4家为海淀区优质企业。参与设立北京翠微私募基金管理有限公司，认缴出资350万元，持股比例为35%；设立北京海国壹号科技产业股权投资基金管理中心（有限合伙）和北京海国贰号科技产业股权投资基金管理中心（有限合伙），由北京翠微私募管理有限公司作为基金管理人。完成向北京海开控股（集团）有限公司增资5亿元；完成北戴河培训中心资产接收工作；完成对北京市海淀区国有运营有限公司全资子公司联创嘉业（北京）资产管理有限公司100%股权和联创瑞业（北京）资产管理有限公司75%的股权收购工作。

（高梦云）

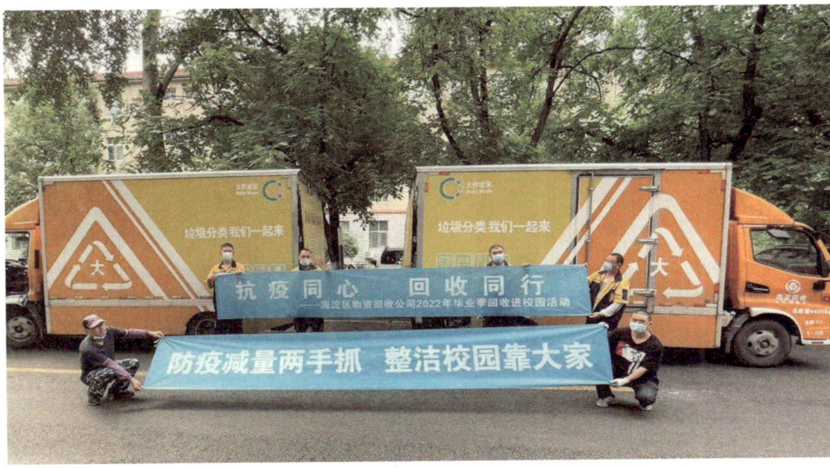

7月至8月，物资回收公司开展毕业季回收进校园活动 （物资回收公司 供图）

【北京翠微大厦股份有限公司】 北京翠微大厦股份有限公司（简称翠微股份）是翠微集团旗下控股企业，拥有翠微百货、当代商城、甘家口百货三大商业品牌共计7家大型百货商场，是集百货、超市、餐饮、休闲娱乐等都市品质生活服务于一体的大型商业零售企业集团。2022年，全国首发冬奥系列文化活动落地翠微股份，公主坟翠微店四层科技共享空间展出奥运藏品。加强项目决策与投资管理，新增项目出资约2.54亿元。联合第三方成功研发消防监控联动平台系统，打造消防数字化建设行业标杆。贯彻落实市、区国资委减免服务业小微企业、个体工商户房屋租金工作要求，减免总额1.37亿元。承接区委、区政府慰问社区物资任务和为社区值守人员筹备防寒衣物任务；为万寿路街道、甘家口街道、海淀街道、北太平庄街道等17个社区配送“爱心蔬菜包”50余吨近1.8万份。

（高梦云）

【北京海淀置业集团有限公司】 年内，北京海淀置业集团有限公司（简称海淀置业）实现营业收入32.17亿元，超出年度指标（30.23亿元）的6.42%；利润总额2.31亿元，其中含国泰阳光股权转让形成利润1.64亿元，减租补贴4354万元，剔除以上因素，实际利润总额2302万元，超出年度指标（1700万元）的35.41%；净资产收益率4.94%，超出年度指标（–0.35%）5.29个百分点；流动资产周转率1.36次，超出年度指标（1.1次）0.26次。上缴税金2.03亿元，上缴国有资产收益3019.13万元。

房产运营管理。总计为1608家企业减免租金2.18亿元，面积43.8万平方米。创业大街为98家小微企业减免租金2350余万元。中关村创业大街与边无际等14家优质企业签订入驻协议。北京海物博科贸有限公司采取灵活调整租金缴纳方式、引导散租客户适当集中、分层租赁等措施，有效降低空置率；北京海置创投科技服务有限公司引入2家科技前沿企业。亿世界回购回租铺位27个，面积453平方米，累计整合面积42493平方米，占商业部分总面积的95.94%。北京超捷物业管理有限公司完成马连洼、圆明园、永定路24号院54户居民房改售房工作。

科技服务。中关村创业大街引入科技企业及创业服务机构31家，入驻企业94家，入驻率89.6%。全球创新社区入驻企业12家，入驻率70%。依托中关村融创企业开放创新促进会，推进8家大企业合作项目14个，交付项目7个。开展高水平全球创新服务，巴黎、阿联酋联络处链接全球创新人才与资源；中关村国际青年创业平台新增国际项目28个，其中外籍项目8个、海归项目20个；创业会客厅重点企业池新增703家，推动59个项目落地海淀；组织企业服务活动37场，提供企业及人才服务800余次；与中关村管委会、快手公司签署合作协议，集群注册平台新增入驻企业122家。中关村网教引进外研在线、东方瑞通等优质企业37家，其中加速器33家、孵化器4家；在孵企业110家，利润总额比上年增加1000余万元。承办2022国家双创周北京会场、中关村论坛平行论坛、2022“智汇·海淀”人才主题周、“两区”建设重点项目签约大会等活动。策划组织教育创新行业活动76场，包括创业辅导40场、行业主题活动36场，举办第八届“互联网+教育”创新周；“互联网+教研”大讲堂共同体合作单位由首批12个市区（县）扩展至56个。发布全国首份《元宇宙教育共识》，出版《元宇宙教育》一书，开发3款元宇宙教育科普系列课程，搭建元宇宙教育专家智库，完成《教育元宇宙发展研究报告》。

股权投资。北京中关村创业大街双创投资基金投资5个项目，已投的10个项目平均收益率190%，帮助4家企业完成新一轮融资。中关村创业大街参与投资的奇绩创坛一期基金已投124个项目；奇绩创坛二期基金正在募集中，中关村创业大街出资4000万元，完成1000万元首次交割；向海国投集团转让国泰阳光100%股权；与第一太平戴维斯（北京海置第一太平戴维斯物业服务有限公司）延长合作期限并收购其持有的海置第一太平10%股权；将集团公司持有的华光商厦100%股权转让给超市发连锁。中关村创业大街注册资本从3000万元增加至2亿元。超市发连锁注销其参股的北大超市发商贸公司，转让其持有的张家口宣化公司31.66%股权。

商业品牌建设。超市发连锁新开门店10家。位居“2021年中国连锁百强”第82、“2021年度中国零售百强”第86。“超市发”品牌被成功认定为第七批北京老字号。超市发连锁为奥运会开幕式彩排、开幕式、闭幕式等重大活动，以及五棵松体育中心、首都体育馆等比赛场馆配送物资9933份，完成北京冬奥会和冬残奥会防疫物资和餐包物资保障任务。

（耿玉姣）

【北京超市发连锁股份有限公司】 年内，北京超市发连锁股份有限公司（简称超市发）完成疫情防控、保供稳价任务，实现营业收入25.14亿元。为服务业小微企业和个体工商户减免房屋租金近4000万元。位居“2021年中国连锁百强”第82、“2021年度中国零售百强”第86、“中国超市百强”第33，荣膺“2022年度北京商业卓越进取品牌”，成为超市行业中第一家获得“北京老字号”称号的企业。冬奥会服务保障。为五棵松体育中心、首都体育馆等比赛场馆配送物资9933份，出动送货车辆30余次，完成冬奥会开幕式彩排、开幕式、闭幕式等重大活动防疫物资和餐包物资保障任务。商业服务方面。围绕顾客消费行为和消费渠道变化，重点突出餐厨品类，弱化日常用品，精简包装食品。调整门店资源布局和货架配比；加快商品周转，挖掘潜力单品。整合常温、生鲜、海批配送资源，建立物流运营团队，开发面向加盟店及其他社会层面的第三方物流配送业务。

（郝圣玮）

11月23日，北京老字号协会向北京超市发连锁股份有限公司颁授“北京老字号”牌匾

（超市发连锁公司 供图）

【北京稻香湖景酒店】 年内，北京稻香湖景酒店为北京稻香湖投资发展有限责任公司旗下酒店，完成两岸青年峰会等重要会议及活动的服务接待工作，完成冬奥服务保障工作。整合园区运营项目，打造稻香湖冰雪小镇，增设非遗打铁花表演、特色美食街，推出吃、住、玩、乐、游为一体的冰雪主题消费项目，推动疫后经营复苏。制作的短视频浏览量达862.9万人次。位列北京市高档酒店人气榜第4、北京市高档酒店热销榜第4、北京市高档酒店收藏榜第6、北京市高档酒店好评榜第8。

（韩潇雨）

【国际消费中心城市建设】 年内，区商务局围绕年度工作要点和《海淀区国际消费中心城市建设实施方案（2021—2025年）》安排，围绕传统商圈提质升级、便民商业高质量发展、发展数字消费以及促进商文体旅融合发展等具体内容，加快区域消费供给品质提升。在传统商圈提质升级方面，编制形成海淀区传统商圈“一圈一策”规划方案，明确中关村、五棵松、公主坟、清河、世纪城、五道口、万柳等7个既有商圈总体定位和发展目标。加快科学城北区大型商业建设进展，形成南北均衡发展格局。西北旺中粮大悦城项目施工进展加快；西三旗万象汇基本完工；西北旺万象汇主体结构竣工。加快推进五棵松商圈数字化建设，持续培育打造华熙LIVE·五棵松等多元业态“网红”打卡地。五棵松华熙完成与奇岱松合作的数字商圈一期试点项目，提升商圈管理效能；完成广场北侧新能源汽车中心引入工作；五棵松第四代万达广场城市更新项目开始施工。在便民商业高质量发展方面，统筹市、区两级提升生活性服务业惠企政策，支持便民商业综合体和便民网点建设，协助物美多点、便利蜂、天天易家等连锁便利店落地经营。全年共新建各类基本便民商业网点50个，其中新建便利店（社区超市）28个、早餐店18个、蔬菜零售点4个，新建网点连锁化率达到92%。全区在601个社区实现基本便民商业服务功能全覆盖。推进金玉府金禧街、温阳路地铁旺客四季商街、田村瑞和园合满街打造生活性服务街区；完成海淀云和市集（原嘉源五孔桥市场）、五道口集贸市场、好柿花生市集（原车客家园市场）、照澜院购物中心（原华澜园市场）等4个社区菜市场升级改造，将传统市场转型为邻里中心。在数字消费方面，支持联想科技打造来酷星球等线下体验、即时零售等消费场景。培育打造嘻番里元宇宙消费场景，延展消费体验内涵和空间。以光科技、裸眼3D等技术为支撑，将圆明园拾光买卖街打造成为科技文化旅游深度融合的沉浸体验式消费空间。推荐小米产业园获评北京市商务局首批全球首发中心。在促进商文旅体融合发展方面，做好“北京消费季·悦动海淀”系列促消费品牌活动，借助各大节日节点，开展品牌消费节、国际美食节、社区生活节、冰雪消费节等主题系列活动。打造具有影响力的“夜京城”特色消费地标、融合消费打卡地、品质消费生活圈，丰富夜消费供给。统筹利用创新文化旅游资源，科技旅游主题线路和双奥场馆骑行线路。鼓励科技企业赋能智慧旅游建设，培育打造光科技馆、电信博物馆等沉浸式旅游体验新空间。深入挖掘“三山五园”文化内涵和文化价值，开发国际旅游精品项目和文创产品。鼓励支持

年内，稻香湖景酒店打造的冰雪小镇　（稻香湖景酒店 供图）

乡村休闲旅游发展，举办中国农民丰收节、樱桃文化节、乡村文化节等主题活动。结合冬奥会主题，推进冰雪运动设施建设，推动冰雪运动发展，推广全民健身运动，满足群众的精神文化需求，繁荣体育健康消费。支持玉渊潭、紫竹院、颐和园、圆明园等公园举办冰雪季系列活动及华熙五棵松冰场乐园场馆建设。

（曹乐）

【商圈布局】 年内，区商务局围绕“7+2+2”①规划布局，持续开展商圈“一圈一策”顶层设计方案的深化研究。打造“数字+”国际科技消费新范本，构建海淀数字消费产业生态。引导商圈差异化、特色化发展。依托“城市更新”“片区更新”等工作，推动公主坟、五棵松等重点商圈商业主体业态调整提升的同时，围绕区域轨道交通接驳、城市环境提升等进行专题论证，优化商圈总体环境；加快推动中关村广场、五棵松万达等存量商业改造；为西三旗万象汇等新建大型商业项目的首批商户执照办理开通绿色通道。推动西北旺万象汇、中粮大悦城、永丰TOD项目配套商业等科学城北区大型商业项目实施进程，引导形成高品质商业供给；推动现有和新增大型商业主体引入国内外知名品牌首店、旗舰店、创新概念店和体验店，培育区域消费新热点。

（张世璞）

【消费帮扶】 年内，区商务局与区发改委，将海淀区消费扶贫双创分中心更名为海淀区消费帮扶双创分中心，对现有的11家分中心进行重新认定考核，保留8家分中心。优化形成集批发市场、电子商务、连锁商超、商贸中心等于一体的全方位消费帮扶联盟。围绕《北京市消费帮扶工作2021—2022年实施方案》和《2022年海淀区东西部协作和支援合作工作计划》，坚持政府引导、社会参与、市场运作、创新机制的原则，挖掘消费帮扶新动能。开展“消费帮扶·温暖华夏”消费帮扶工作。在重大节日采购高峰，协调全区各消费帮扶分中心备货，开设消费帮扶专区，助力6个结对地区累计完成消费帮扶总金额12.52亿元。组织内蒙古兴安盟科尔沁右翼科右中旗商务局及12家当地企业组成的商务团队到海淀区锦绣大地、车客家园等分中心及西部马华等企业实地考察，举办产销座谈对接，拓展销售渠道，提升市场份额；依托红伟安民在西北旺镇搭建的科右前旗草地羊旗舰店，采取消费协助、帮扶

① “7+2+2”规划布局：中关村、五道口、公主坟、五棵松、世纪城、万柳、清河等7个既有商圈；西北旺、永丰等2个在建商圈；巨山、翠湖2个远期规划商圈。

的方式，通过“以买代帮”帮助科右前旗巩固帮扶成果。会同区发展改革委、工商联等委办局，组织8个消费帮扶分中心、部分海淀企业到内蒙古科右前旗、中旗进行产销对接，与受援地24家企业签订意向书50余份。深度探索直播、吃播、带货等创新方式助力消费帮扶，协调区总工会、教委、卫健委等单位优先采购受援地的农副产品；加大机关食堂采购受援地农副产品比例，区消费扶贫分中心共销售受援地脱贫农副产品1022.49万元。借助“我在乡村有亩田”扶贫助农项目，指派海淀区消费扶贫第一分中心在内蒙古科右前旗、科右中旗、敖汉旗划定种植区，设立种植品种，全程进行监督、指导，为采购方在农产品种植初始环节把好“健康关”。

（古海涌）

【疫情生活必需品保供】 年内，区商务局协调全区120家生活必需品重点保供企业为居民提供生活必需品保障，发放爱心蔬菜包215273份，折合1076.36万元。为各超市、线上平台等重点保供企业员工解决集中住宿费用共9.66万元。为社区一线防疫人员购买防寒服6912套，总计691.2万元。负责海淀区注册企业的生活必需品及日用生活品进京货车的网上申请审批工作，审核重点物资运输、绿通车2660辆，办理有效通行证1773辆。

（古海涌）

【2022“京湘情”年货大集】 1月17日，海淀饮服协会联合区工商联举办线上2022“京湘情”年货大集。湖南省驻京办、湖南省湘西土家族苗族自治州驻京联络处、湖南省花垣县政府、海淀区工商联、海淀饮服协会、上地街道商会负责人及海淀区企业代表30余人参加线上启动仪式，12家企业下单采购，销售10万余元。

（李哲　李利）

【培育建设国际消费中心城市统计监测】 1月至8月，区统计局队开展2022年上半年海淀区培育建设国际消费中心城市统计监测分析工作，监测调研结果显示，消费新动能涌现。商圈消费活力突显：科技创新消费、人文商旅融合的消费体系获得长足进步。海淀区6个重点监测商圈内限额以上商业单位实现零售额90.9亿元，比上年增长2.6%，高于全市17.9个百分点，占全区社零总额的比重为6.9%。其中，中关村商圈增幅最大，实现零售额38.5亿元，同比增长35.7%。消费能级不断提升：汽车、家电和餐饮等是传统消费的重要支撑，餐饮收入78.3亿元，高于全市增速1.4个百分点。以网络零售等为代表的新型消费蓬勃发展，成为消费增长的新引擎。实现限额以上批发零售业、住宿餐饮业网上零售额432.5亿元，占社会消费品零售额的比重达32.8%，同比增长1.5%。第三产业固定资产投资额比上年增长3.1%，高于全市0.5个百分点；新增离境退税商店数量扩容速度进一步加快，比上年增长31.5%。

（钟冷）

5月22日，超市发连锁公司为海淀居民分装蔬菜包　（超市发连锁公司 供图）

【2022北京消费季·悦动海淀系列活动】 3月1日，“2022北京消费季·悦动海淀”系列促消费活动启动。活动围绕国际消费中心城市建设主线，按照“政府搭台、企业唱戏、市区联动、部门协同”原则，设置“嗨购海淀——满足不同群体消费需求、寻味海淀——品尝舌尖上的美食盛宴、智惠海淀——推广数字消费新场景、文享海淀——感受全新文化娱乐新地标、爱尚海淀——提升服务业消费品质、炫彩海淀——引领北部商业民俗潮流”6大主题板块，依托“3+N”[①]活动体系，通过串联重点商圈、互联线上线下、着重科技场景应用、融合文旅教体多领域共同发力，带动各商业协会和企业举办N项促消费活动，打造汽车消费节、社区数字生活节、中关村国际美食节、深夜食堂节、海淀商业服务业职业技能风采大赛、夏季世界杯啤酒节、数字艺术节等20余个悦动海淀消费季重点活动，周周有活动、月月有主题、季季有亮点、全年有效果，促进消费能级不断提升。活动持续至年底。

（张世璞　林琳）

【北京首家沉浸式商业体BOM嘻番里落地五道口】 3月26日，北京首家ACG（动画Animation、漫画Comics、游戏Games的总称）沉浸式体验商场“BOM嘻番里”在学清路金码大厦五道口服装市场正式开业。五道口服装市场在区商务局及属地学院路街道指导下，历经3年的改造，变身为集吃、喝、玩、乐于一体的青年潮玩聚集地，

① “3+N”：“3”即海淀品牌消费节、中关村国际美食节和海淀社区数字生活节3大主力活动平台，“N”即各行业领域企业的N项促消费活动。

覆盖电竞、动漫、音乐、美食等核心主题，融入定制化IP、沉浸式的体验空间。“BOM嘻番里”以建立新青年消费中心，催生、带动新消费品牌新消费业态发展，打造“元宇宙”线下消费场为运营理念。通过ACG集中性消费场与次元体验式商业聚集地的融合打造，将浸入式角色扮演游戏、潮流文化、AR游戏、游戏场景、机关、道具、换装、竞技等元素通过移动应用以及智慧旅游等技术，深度融合于项目的场景、特色文化以及商业，量身定做沉浸式实景游戏商业，为Z世代带来全新的消费形式，为传统商业带来全新升级。2021年12月24日至2022年1月10日试运营期间，到场顾客2万余人次，在只有50%商铺营业的情况下，90%的顾客产生二次消费，56.8%的顾客认为商场体验非常好。

（钟冷）

3月26日，“BOM嘻番里”正式开业。图为内景一角（BOM嘻番里 供图）

【商业服务业领域中小微企业纾困政策线上解读会】 6月6日，区商务局牵头联合多部门召开商业服务业领域中小微企业纾困政策解读会，从减税降费、社保缓缴、房租减免等方面，以线上直播的方式为企业做详细的纾困政策解读。各行业共计818家企业报名，在线直播及腾讯会议观看人数达1122人。区发改委对“中小微企业恢复发展的工作方案”作相关介绍；区税务局从最具普遍性的增值税、企业所得税、“六税两费”减征政策三个方面的入手为企业解读；区人力社保局介绍扩大阶段性缓缴企业三项社会保险费政策；区国资委就承租区属国有房屋的小微企业和个体工商户房屋租金减免事项进行了解读；区金融办通过企业补贴、融资、续贷、担保、发债、减费让利等十项措施为大家详细介绍金融支持工作方案。

（张世璞）

【第十六届海淀区商业服务业职业技能风采大赛】 6月至11月，区商务局举办2022年度海淀区商业服务业职业技能风采大赛系列活动。大赛以“风采展现价值，技能传承使命”为口号，分别从服务质量提升、商务直播培训，行业应急安全管理、商业服务人才风采展示等方面，通过最美身影、行业应急演练、超市堆头、服装服饰搭配、餐饮竞赛、直播师培训、服务礼仪培训7个竞赛项目，37人入选最美身影；行业应急演练200余人参加；直播师培训、服务礼仪培训共计培训600余人；其他项目共产生一等奖6人、二等奖12人、三等奖18人、参与奖40人，最佳领队14人，优秀组织奖14个。

（李哲）

【第十八届海淀品牌消费节】 8月12日，由区商务局支持、区商业联合会主办的2022年第十八届海淀品牌消费节启动。消费节围绕“新场景”“新趋势”“新能级”“新势力”“新体验”5大板块，举办“自然时光”城市微度假户外生活节、城市青年交友节、精品市集系列活动、智能汽车消费展、“智惠海淀”节、主题房车节、岁末购物节等“文化+商业”等特色活动。当日，区商联会与宁波银行北京分行签署战略合作协议，与美团、宁波银行北京分行等单位携手上线2022海淀线上品牌消费节，现场为韵禾数字直播基地、医疗大健康专业委员会授牌。本届消费节在海淀悦界主题街区、上地华联、领展购物广场·中关村、华熙LIVE·五棵松、蓝景丽家、西苑饭店、中关村环保科技示范园等地举办多主题分会场活动，推动新消费向体验化、品质化和数字化方向提档升级，解绑“城市消费”复苏。全区重点商圈、上百家百货、购物中心、超市及专业卖场，汽车专委会88家会员全程参与。重点监测商业企业样本数据显示：9月30日至10月6日，受监测企业实现销售6.57亿元，同比增长4.6%，服务顾客292.6万人次。受监测的海淀区重点商场购物中心、超市及专业店等实现销售额4.79亿元，同比增长8.06%。活动持续至年底。

（李哲 钟冷）

【第二十届中关村国际美食节】 8月17日，由市商务局指导、区商务局支持、海淀饮服协会主办的第二十届中关村国际美食节在七叶香山德式花园餐厅开幕。美食节为2022年北京消费季·悦动海淀分会场活动之一，采取线上线下联动方式举行。开幕式上，海淀饮服协会发布“四季养生菜品推荐”系列活动之夏季吃夏菜，启动第十二届香山德国啤酒节、查安康海淀消费券和2022海淀深夜食堂节，发布深夜食堂消费地图。美食节主要活动有城乡购物中心举办第三届城乡美食节、中塔旋转餐厅举办巴西风味美食季、“海淀美食汇”小程序推出“云尚火锅节”、抖音探店系列活动“四季养生菜品推荐”、基辅罗斯餐厅举办第五届俄罗斯美食节等上百家品牌餐饮。举办美食街区主题活动，在上地华联、五彩城、万柳华联、新中关、领展等美食聚集区，举办国际休闲零食展、“全民吃货日”、美食试吃分享等活动。美食节持续至年底。

（李哲　李利　钟冷）

【第三届海淀社区消费节】8月至9月，由市商务局指导、区商务局支持、海淀区社区商业服务协会组织的"第三届海淀社区消费节暨品质生活节"系列活动举行。本届生活节是"2022北京消费季·悦动海淀"系列活动的重要板块，以促进消费，打造有温度的"北京服务"为主线，以优质的商业服务业品牌为内容，以文化与科技为品牌服务赋能，将数字消费与社区消费相结合，营造社区、园区消费新生态，培育消费新模式，把品质生活、优质服务送到消费者身边。本届社区消费节共组织9场系列活动，分别走进西北旺、中关村、青龙桥、学院路、四季青、西三旗等街镇8个社区及1个园区，与海淀区乡村振兴双创中心、购物中心、百货商场、大型连锁超市、餐饮老字号、家政、维修、文创等共40余家商业企业携手，从老百姓日常的"衣、食、住、行"等民生需求入手，把便民、利民、惠民、亲民的服务送到居民家门口。

（孙绍锋）

对外经济贸易

【概况】2022年，海淀区实际利用外资63.71亿美元，连续5年保持全市第一。外贸进出口总额3176.6亿元，位居全市第二。举办服贸会"海淀之夜"、数字贸易发展论坛、央视—北京对话会等活动，25个项目达成合作意向，拟执行金额15.99亿美元，位居全市第二。大中小企业融通创新新模式、常态化生态环境正面清单和以数字化公共服务赋能出口基地高质量发展三项创新案例入选"改革创新实践案例"向全市复制推广；"两区"建设重大项目签约6个，签约金额145.5亿元，位居全市第二。建立海淀区总部企业联席会机制，完成2022年度总部企业贡献奖励资金的兑现工作，奖励企业数和资金总额均位居全市第一，总部企业引领作用凸显。开展跨国公司地区总部和外资研发总部认定及相关政策宣讲会，推动英特尔、理光软件、瑞萨、小马慧行、西克麦哈克等8家企业认定为北京市外资研发中心和总部，全区跨国公司地区总部和外资研发总部达28家。截至年底，海淀区总部企业累计达928家。

外贸出口受疫情影响严重。全球消费疲软物流成本高，民众对电子产品的购买需求量下降，消费力疲软，海外换机率高消费电子产品类及其上下游企业出口预期不理想。消费电子出口企业面临物流成本高，国际物流运费总体是疫情前的两倍，造成企业运营成本依然很高，直接影响产品出口量。海淀区外贸企业面临产品研发进度趋缓、部分工厂停工，国内产品原材料价格上涨、人工成本上涨导致整体产品出口成本上升，"一带一路"结汇风险等问题。国际工程承包出口业绩表现较好，如中钢设备有限公司持续进行海外业务的开发，海外市场新签合同17项，"一带一路"业务占70%，出口增长86%；中国土木工程集团出口额超2.5亿美元，出口业务从传统的自用工程机械、施工材料等，带动国内先进的装备走出国门；中国航天国际化经营的专业公司——长城公司，全年完成74次商业发射，69颗国际商业卫星和68颗国内卫星发射；为国际客户交付12颗通信卫星和3颗遥感卫星，完成出口额3118万美元。中国首钢国际贸易工程有限公司产品出口量比上年增长23%，中建材国际贸易有限公司出口比上年增长23.2%，同方威视技术股份有限公司出口比上年增长8%。

（万融　王静雯　钟冷）

【外资外贸】年内，海淀区新设外商投资企业321家，吸引合同外资53.3亿美元，实际利用外资63.71亿美元，比上年增长2.04%，全市占比36.6%，位居全市第一。外贸进出口总额3176.6亿元，比上年增长0.2%，占全市比重的24.7%，位居全市第二。其中，进口额1722.5亿元，比上年增长1.2%；出口额1454.1亿元，比上年下降0.9%。

（王静雯）

【外资外贸企业走访】年内，区商务局建立重点外资外贸企业库，落实"管家服务"机制，及时了解、协调解决企业困难。通过走访调研、线上会议、电话沟通、座谈交流等形式，定期与合同外资1000万美元以上的外资企业对接，了解企业在经营发展、融资到资等方面的困难及诉求；对接走访英特尔、联想、诺维信、达佳互联、博彦科技、小米、首钢国际、中建材等100余家重点外资外贸企业，为企业送服务、谋发展；为西门子西伯乐斯协调解决疫情期间企业员工核酸检测及生产原材料供应难题，协助旅悦科技、华米、多点等企业申请市科委外资研发中心补贴。

（王静雯）

9月2日，"海淀之夜"活动上，区领导会见外宾　（区商务局 供图）

【《出口逆势增长中的中关村力量》研究报告首发】 9月2日晚，在2022服贸会“海淀之夜”活动现场，区商务局首次发布《出口逆势增长中的中关村力量》研究报告（简称《报告》）。《报告》从2019—2021年外贸出口全景入手，进行大量的企业实地调研走访等综合分析，梳理三年来海淀区出口贸易发展的结构、优势产业，近年来国家、北京市及海淀层面外贸支持政策。《报告》显示：海淀区出口总额三年间持续保持稳步上升，增长45.1%。在全球疫情持续的形势下，海淀外贸出口逆势增长展现出战略思想力、核心科技力、企业制度力、贸易数智力、产业生态力5种中关村力量。据《报告》分析，2019—2022年海淀区外贸表现逆势高位快速增长态势，贸易规模创历史新高；电子信息、通信设备等产品成为出口主体；医疗大健康的研发与服务带动出口效应显著；国际工程综合服务带动中国制造“走出去”；大宗商品出口增长明显；数字贸易凸显海淀数字经济优势等外贸出口特点。《报告》从宏观和微观层面对海淀外贸发展提出多条建议。

（钟冷　王静雯）

【第七届服贸会—央视北京对话会】 9月4日，由区政府和央视财经节目中心《对话》节目携手打造的第七届服贸会—央视北京对话会在中关村国家自主创新示范区展示中心录制。对话会主题为“当数字化遇上能源”，邀请中国电子云执行总裁马劲、百度副总裁李硕、腾讯云副总裁石梅、南方电网数字电网集团有限公司总经理李鹏、三一重能董事长周福贵、能链智电CEO王阳等嘉宾，聚焦数字与能源领域，探讨服务贸易在数字化时代的今天，跟能源究竟会擦出什么样的火花。9月10日，对话会在中央广播电视总台财经频道《对话》节目播出，100余家国内外媒体进行转播报道。

（王静雯）

【2022数字贸易发展论坛】 9月5日，由市商务局指导，中国国际投资促进会、区商务局联合主办，海淀服务贸易和服务外包企业协会承办的2022数字贸易发展论坛在国家会议中心举办。论坛为2022年服贸会分论坛，以“数字贸易新动力、全球贸易新格局”为主题，采取线上、线下相结合的方式举行，来自德国、菲律宾、印度等驻华机构代表，以及波士顿咨询、IDC、和君咨询等国内外知名咨询公司分享和探讨各国数字贸易发展的现状和趋势；来自卡车、无人驾驶以及汽车智能系统解决方案等领域的企业围绕“数字化技术赋能汽车行业数智化”等问题进行深入交流。海淀区介绍下一步开展的3个方面主要工作：继续优化创新雨林生态体系，培育国际一流的新兴数字产业集群；高标准推进“两区”“三平台”建设；加快探索数字贸易港建设。论坛发布2022海淀服务贸易重点企业51家及2022海淀数字贸易企业典型案例49例。进行跨国界、跨行业项目对接，推介海内外优质项目资源。

表27　2022海淀服务贸易重点企业名单（51家）

序号	企业	序号	企业
1	爱科斯福通信技术（北京）有限公司	14	北京智明创发软件有限公司
2	奥测世纪（北京）技术股份有限公司	15	迪原创新（北京）科技有限公司
3	护航科技股份有限公司	16	路孚特（中国）科技有限公司
4	北京百分点科技集团股份有限公司	17	软通动力信息技术（集团）股份有限公司
5	北京汉雅天诚教育科技有限公司	18	同方鼎欣科技股份有限公司
6	北京汉仪创新科技股份有限公司	19	北京新聚思信息技术有限公司
7	北京朗杰科技有限公司	20	讯和创新科技（北京）有限公司
8	北京利达智通信息技术有限公司	21	亚信远航软件（北京）有限公司
9	北京龙创悦动网络科技有限公司	22	北京珍本科技有限公司
10	北京石利和科技有限公司	23	中国重型机械有限公司
11	北京新思软件技术有限公司	24	中科软科技股份有限公司
12	北京银龙知识产权代理有限公司	25	北京特艺企业管理有限公司
13	北京宇信科技集团股份有限公司	26	北京易成星光科技有限公司

续表

序号	企业	序号	企业
27	同方威视技术股份有限公司	40	阳光雨露信息技术服务（北京）有限公司
28	中国电建集团国际工程有限公司	41	中国水电建设集团国际工程有限公司
29	中国长城工业集团有限公司	42	北京快手科技有限公司
30	中科创达软件股份有限公司	43	中地国际工程有限公司
31	中软国际有限公司	44	斯奎德量子
32	北京海天瑞声科技股份有限公司	45	通标标准技术服务有限公司
33	瞬联软件科技（北京）有限公司	46	北京能量盒科技有限公司
34	纬创软件（北京）有限公司	47	北京美尔斯通科技发展股份有限公司
35	昂然时代科技（北京）有限公司	48	北京小米移动软件有限公司
36	博彦科技股份有限公司	49	亚信科技（中国）有限公司
37	北京北方新宇信息技术有限公司	50	北京西门子西伯乐斯电子有限公司
38	中视国际传媒（北京）有限公司	51	海外远景（北京）科技有限公司
39	北京轻网科技股份有限公司		

（王静雯）

旅游业

2023

北京海淀年鉴

综述

【概况】 2022年，海淀区文化和旅游局（简称区文旅局）以“疫情防控与行业发展两手抓”为核心标准，以促进旅游产业高质量发展为根本目的，持续做好旅游产业形势分析，充分挖掘旅游资源，从严行业管控，文旅市场安全有序。

开展红色旅游景区（点）评定与复核工作，香山革命纪念馆、颐和园益寿堂、北京平西地下交通线遗址公园、中共中央北京香山革命纪念地（旧址）4家单位新评定入选北京市红色旅游景区。龙徽1910文化创意产业园获北京市文化和旅游体验基地、北京市工业旅游示范点称号。

旅游收入442.4亿元，同比下降39.4%，其中旅游餐饮收入111.5亿元，住宿收入70.6亿元，交通收入73亿元，游览收入51.9亿元，购物收入105.1亿元，文化娱乐及其他收入30.4亿元。全年旅游分区接待量、净游客量为3737.1万人，同比下降33.9%，两项排名继续保持全市第二。

（丁宇宁）

【推出7条红色旅游线路】 年内，区文旅局与海淀报社联合推出7条红色文化旅游线路，见证海淀“红色历史”，追寻红色记忆，传承革命精神。7条线路分别为线路1：中国人民革命军事博物馆—中华世纪坛—玉渊潭公园；线路2：李大钊烈士陵园—国家植物园（樱桃沟）——二·九运动纪念亭；线路3：香山公园—双清别墅—香山革命纪念馆—香麓园抗战名将纪念馆；线路4：北京大觉寺（红色纪念馆）—贝家花园；线路5：北京西山国家森林公园—无名英雄纪念广场；线路6：圆明园遗址公园—“三·一八”烈士纪念园；线路7：北京百望山森林公园—黑山扈战斗纪念园。

（钟冷）

【推出12条清明主题旅游线路】 4月3日至5日清明小长假期间，区文旅局推出亲水泛舟、红星闪耀、科创Max、亲子承欢4个板块12条主题旅游线路，包括半日、一日、多日不同时长，串联海淀大部分旅游景区。其中，亲水泛舟旅游板块包括3条线路，线路1（一日游）：玉渊潭公园—太平洋海底世界—中央电视塔空中旋转餐厅—华熙LIVE·五棵松；线路2（半日游）：紫御湾码头—广源闸—万寿寺—长河湾—颐和园南如意码头；线路3（一日游）：翠湖湿地公园—纳兰性德纪念馆—稻香湖景温泉欢乐岛温泉城堡。红星闪耀板块包括3条线路，线路1（半日游）：一二·九纪念亭—香山公园双清别墅；线路2（半日游）：中国人民革命军事博物馆—食宝街；线路3（一日游）：阳台山风景区—大觉寺—凤凰岭—北京观舍西山民宿。科创Max板块包括4条线路，线路1（一日游）：圆明园—拾光买卖街；线路2（一日游）：颐和园博物馆—龙湖星悦荟（西苑美食街）—光科技馆；线路3（一日游）：北京海洋馆—北京古动物馆—北京西苑饭店；线路4（一日游）：中关村软件园—中关村壹号—翠湖科技园环保园。亲子承欢板块包括2条线路，线路1（多日游）：首农庄园—西山国家森林公园—北京香山饭店；线路2（多日游）：稻香湖景酒店—大美儿童世界—稻香湖非遗科学城。

（钟冷　张佩婷）

【国家植物园揭牌】 4月18日，由国家林草局、住房和城乡建设部、中国科会科学院、北京市人民政府合作共建的国家植物园在北京揭牌。中国科学院副院长阴和俊，北京市市长陈吉宁为国家植物园揭牌。国家植物园是在中国科学院植物研究所和北京市植物园现有资源的基础上扩容增效，总规划面积近600公顷，建设国家植物园体系。国家植物园由国家林草局、住房和城乡建设部负责业务指导，与中国科学院和北京市人民政府建立四方联席会议机制，统筹协调解决重大问题。中国科学院和北京市人民政府组建成立国家植物园理事会，实行共商、共建、共管、共享的管理模式，统筹国家植物园的建设运行管理，形成统一规划、统一建设、统一标准、统一标识、统一运行的管理体系。同日，国家植物园科普馆正式开放，国家植物园官网（www.chnbg.cn）上线，“国家植物园购票平台”微信公众号向公众售票。2021年12月28日，经国务院批准，依托中国科学院植物研究所（南园）和北京市植物园（北园），由国家林业和草原局、住房和城乡建设部、中国科学院和北京市人民政府合作共建国家植物园。

（石鑫）

【旅游产业发展引导资金拨付】 5月，根据市区旅游产业资金使用相关要求，区文旅局研究讨论2022年产业资金使用方向和重点，7月制定工作方案，公开征集项目。8月至9月，经过项目初审、实地踏勘、专家评审

4月18日，国家植物园举行揭牌仪式　［国家植物园（北园）供图］

和投资审核征求相关部门意见。10月，经区政府专题会审议，确定2022年产业资金1725万元，用于支持公共旅游厕所改造、住宿业补贴、文旅产业促销费三大类42个项目。10月底，资金拨付到位。

（汪湘）

【推出6条暑期旅游线路】 7月至8月暑假期间，区文旅局推荐6条游览线路，让旅游真实体验“出门见绿”的惬意生活。线路1：海淀公园—六郎庄公园—南如意码头—皇家御河游，怡人山水贯穿古今让“三山五园”走进寻常百姓家。线路2：温泉公园—光合公园—齐物潭公园，古典与现代激情碰撞领略高颜值生态公园。线路3：中关村森林公园—青舍多肉植物馆，天然氧吧“出门见绿”实现工作休闲无缝切换。线路4：北京百望山森林公园—百旺公园，山林“森”呼吸感受四季分明的生态景观。线路5：北京西山国家森林公园—国家植物园（南园），清幽静谧享清凉自然科普文化多样性展现。线路6：北京凤凰岭自然风景区—曲径洞天，观赏美景收获健康沉浸式体验避暑之旅。

（钟冷）

【等级景区评定复核】 8月至9月，海淀区旅游景区质量等级评定委员会邀请行业专家组建检查组，对区内9家等级景区进行评定指导、复核检查及复核指导。检查结果：3家景区通过复核的A级旅游景区：北京西山国家森林公园、北京西山大觉寺、北京林业大学实验林场（全部为3A级旅游景区）。1家景区取消等级的A级旅游景区：北京市狂飚乐园（3A级旅游景区）。5家景区需复核指导：颐和园（5A级旅游景区）、圆明园遗址公园（5A级旅游景区）、香山公园（4A级旅游景区）、紫竹院公园（4A级旅游景区）、北京凤凰岭（4A级旅游景区）。复核过程中，专家组进行现场指导，及时将各景区存在的问题进行反馈，指导景区对照标准整改提升。

（苏洋）

【5人获北京红色故事讲解员大赛奖】 12月7日，区文旅局推荐香山公园、香山革命纪念馆、颐和园、中国人民军事博物馆的5名讲解员参加市文旅局举办的“赓续红色血脉 不忘赶考初心”2022年北京红色故事讲解员大赛。军事博物馆赵楠题目为“穿越星空的对话”，香山革命纪念馆徐子添题目为“五星红旗高高飘扬”、香山公园李鑫题目为“我送亲人过大江”、香山公园梁华题目为“要记住这个地方”、北京市颐和园管理处揭硕题目为“一道止攻令，矢志见初心”。赵楠、李鑫、徐子添获专业组“金牌讲解员”称号，梁华获志愿组“金牌讲解员”称号，揭硕获专业组“优秀讲解员”称号。

（温力宏 张佩婷）

旅游景点

【星级饭店、旅游区（点）】 2022年，海淀区辖域内有旅游星级饭店57家，比上年减少4家，其中五星级减少1家、四星级减少1家、三星级减少1家、二星级减少1家；A级旅游区（点）16家，比上年减少1家（AAA级减少1家）。

表28 2022年海淀区星级饭店、旅游区（点）统计表

旅游星级饭店	数量（家）	旅游区（点）	数量（家）
五星	9	AAAAA	2
四星	19	AAAA	6
三星	25	AAA	7
二星	4	AA	1
一星	0	A	0
合计	57	合计	16

（吕言博）

【16家A级旅游景区（点）名录】

1.颐和园（AAAAA）
2.圆明园遗址公园（AAAAA）
3.北京植物园（AAAA）（内有曹雪芹纪念馆、卧佛寺）
4.香山公园（AAAA）（含碧云寺）
5.中央电视塔（AAAA）
6.玉渊潭公园（AAAA）
7.紫竹院公园（AAAA）
8.凤凰岭自然风景公园（AAAA）
9.太平洋海底世界（AAA）
10.北京林业大学实验林场（鹫峰国家森林公园）（AAA）
11.百望山森林公园（AAA）
12.西山国家森林公园（AAA）
13.北京西山大觉寺（AAA）
14.阳台山自然风景区（AAA）
15.皇家菜博物馆（AAA）
16.稻香湖公园（AA）

（吕言博）

【颐和园】 年内，颐和园服务游客740.6万人次，接待卢森堡大公代表团以及国家重要外事及中央单位、驻京部队等参观121批次。完成5A级旅游景区复核，位列全国5A级景区品牌影响力（MBI）100强榜第二。承担北京冬奥会颐和园段火炬传递任务，协助延庆冬奥村、冬残奥村完成环境景观布置工作，提供《冬奥浓情》大型山水盆景、博古架桂花、盆栽花卉等22件花卉作品。完成14项中心级、29项园级重点任务和2项调研课题，按期完成东宫门外广场文物修缮工程、平台亭修缮等古建修缮工程。开展《生防菌Enterobacter ludwigii AA4杀松材线虫活性的分子调控机制研究》《园林树木腐朽病的调查与防治研究》等课题研究。其中《颐和园园墙历史工艺研究》《“三山五园”水利文物遗迹研究》获中国风景园林学会科技进步三等奖。举办“玉见生机”玉器展、“绝艺交辉”中英文物展、“园说Ⅳ——这片山水这片园”3项展览，服务游客24万余人次。组织文化活动11项18场次，持续打造“我们的节日”环境布置及文化活动，完成“傲骨幽香”两梅展线上直播任务和“颐和秋韵”桂花文化节活动。“颐和园微览”公众号推出81期文章，阅览量达10万余人次。

颐和园古建工程科获2022年“北京最美文物守护人”集体荣誉称号；

公园智慧旅游项目获2022年亚太区智慧城市大奖。“5G走进皇家园林，开启颐式生活”项目获全国第五届“绽放杯”5G应用征集大赛智慧文旅专题赛二等奖。

（刘宁　朱奕丹）

【圆明园遗址公园】 年内，圆明园遗址公园（简称圆明园）接待游客322.6万人次，门票收入 2875.8万元，经营收入5430万元，讲解接待914场14850人次。

遗址保护。完成《圆明园十四五规划》编制，开展《圆明园遗址保护规划》《圆明园国家考古遗址公园规划》修制工作。调整大宫门遗址区保护展示工程方案，补充临时保护棚改造方案。统筹谋划一亩园、福缘门地区保护利用，一亩园地区列入区政府谋划项目储备。完成舍卫城保护方案设计及报批等专项手续，加快推动舍卫城抢险保护。完成“三·一八”烈士纪念碑修缮工作；开展澹泊宁静遗址考古发掘（三期）。

文物保护利用。推进三山五园国家文物保护利用示范区创建，以正觉寺为核心建设圆明园博物馆，进行场馆基础设施升级改造，策划展览展陈，申报博物馆挂牌。完成“修复1860”第五期工作，修复黄釉绿彩云纹碗等10件瓷器文物；完成西洋15件琉璃文物和144件拓片数字化；回收福缘门等拆迁区域文物1358件，利用6000余件回收的虎皮石修缮圆明园园墙。启动西洋楼片区数字化展示工程，建设三山五园元宇宙体验中心，规划建设VR体验馆，推动三山五园数字化展示。“百年梦圆——圆明园马首铜像回归展”入选北京历史文化名城保护优秀案例。与区文促中心签署《三山五园元宇宙体验中心建设项目合作框架协议》。

宣教活动。与北京师范大学签订战略合作框架协议。举办考古夏令营、“少年闯九州”、考古亲子体验课等研学活动，推出“劫灰飞尽 笃行致远——圆明园爱国主义教育主题展”，筹划出版《圆明园科普儿童绘本》，与中国传媒大学合作建立爱国主义教育共建基地。廉政教育基地、“三·一八”烈士公墓等教育点位接待团体学习参观13535人次。形成抖音、快手、视频号等短视频平台同时发布运营的工作模式，视频总观看量达1069.7万人次，策划圆明园考古公开课在央视科教频道专题播出，各类媒体报道圆明园新闻350余篇次，其中央视等电视台报道70次、报刊头版刊登报道18次。

文旅活动。举办首届圆明园欢乐冰雪季、新春游园会、踏青节、荷花节、金秋游。组织首届“圆明园，听我说——圆明园讲述人大赛”、第二届圆明园文创设计大赛，建设圆明园文化体验中心，开展三山五园阅读系列沙龙。举办文创设计大赛成果展、“园林画境”系列展览，在内蒙古敖汉旗推出“山高水长 安和万方——圆明园历史文化展”，与上海闵行博物馆等联合举办“盛世回归——海外回流文物特展”。打造圆明园大讲堂教育品牌，邀请知名专家学者举办讲座28场次，网站直播观看总量达178.11万人次。首发圆明园数字藏品，开发MR游览车，推出圆明园立体书、兽首巧克力盲盒、联名文创茶等文创产品，风荷楼、敷春堂区域快闪店成为圆明园“网红”打卡地。

景区环境建设。实施方河水域石墨烯修复技术试点，对万方安和等区域开展水生态治理，再生水补水河湖水生植物管控及生态提升技术获得北京水利学会科学技术奖二等奖。引进培育荷花、草花新品，打造庄严法界、西部景区1万余平方米花海景观。加强古树养护与病虫害防治，“一种异色瓢虫越冬箱”获授实用新型专利权。安装红外野生动物监测设备，保护野生动物。编写《圆明园植物》，开展植物科普。圆明园被列为首都生态文明宣传教育基地观察对象，被评为海淀区“互联网+全民义务植树”基地。

（张黄　韩燕丽）

【香山公园】 年内，香山公园开展文旅融合发展路径调研、《香山慈幼院历史文化的课题研究》；开展传统文化、普法宣讲、“我为群众办实事”、推广普通话宣传周等活动。完成罗汉堂、见心斋厕所改造、芙蓉馆科普小屋升级改造；完成水电规划编制项目。种植宿根花卉及乡土地被6万株，布展面积3000平方米，用花量12.7万余株。开展“冬季的山林宝库”“碧云寺文化与建筑”“春天里的彩叶”“自然笔记——寻找香山春花”主题活动，“有趣的昆虫世界”“观察一棵古树”“多彩的秋叶”等主题活动和线上科普宣传。复壮古树269株；开展春季新植、黄栌枯萎病防治、有害生物防治和植物保护。门票收入4901.93万元（含碧云寺51.57万元、索道票3044.38万元），接待购票游客256.1万人次。

香山公园获评中国华侨国际文化交流基地、“首都和文化旅游紫禁杯”先进集体、第九届文化和旅游融合与创新论坛典型案例。香山公园管理处被评为第十二届书香中国·北京阅读季书香京城系列评选“书香机关”；中共中央北京香山革命纪念地（旧址）获2022年北京市红色旅游景区（点）、来青轩获2022新晋“网红”打卡地推荐榜单。北京皇家园林“样式雷”图档研究获公园管理中心科技进步奖一等奖。

（李国红）

【国家植物园（南园）】 年内，国家植物园（南园）建有宿根花卉区、月季园、牡丹园、本草园、紫薇园、壳斗科植物区、裸子植物区、水生与藤本植物区、珍稀濒危植物区等15个展区；热带亚热带植物展览温室总面积2430平方米，包含9个展室，收集展示热带和亚热带植物2000余种（含栽培品种）。被授予全国科普教育基地、科学家精神教育基地、北京市科普基地等称号。

园区建设。南园参与《国家植物园规划设计方案》和《国家植物园建设方案》编制和报批，推进国家植物园综合规划和植物引种规划等编制。持续加强园区景观改造和环境综合整治，重点完成裸子植物区等专类园植物景观改造，启动植物系统园和旱河西段综合整治工程前期工作。组织国家林木种质资源库等重点项目的材料编写和申报，参与国家种质资源库研讨和申报材料编写工作。完成水杉楼北侧“植物系统园”方案设计及前期准备和停车场改造工作；初步完成“不同生境新优植物示范展示园”，面积635平方米，重点展示裸子植物36种和水生植物14种；对本草园、宿根园、裸子植物区植物种植进行调整，面积约860平方米，补充种植植物106种（品种）；建设10亩牡丹种质资源圃，栽植牡丹544号2000余株，包含5个原种。

植物资源收集保育。南园引种收集野生本土植物以及温室植物等各类植物材料近1200号，其中野生本土植物近450号，包括沿阶草属、兰科、姜科植物以及十齿花、怒江槽舌兰、喜马悬生兰、刺苞南蛇藤等；多肉植物370号，主要为番杏科植物；宿根花卉70号，主要是鸢尾属、萱草属和玉簪属植物。收集种子材料55科154属196种229份，活体植株材料32科60属62种69份。提供组培苗21种62号1200余株。

科研项目。南园作为第一主持单位，2022年，在研国家重要科技计划项目（课题）共计378项，新争取91项。新争取项目包括：科技部项目9项（课题15项），其中国家重点研发计划项目8项（课题13项）、科技基础资源调查项目1项（课题2项）；国家自然科学基金项目72项，其中创新研究群体项目1项、重点项目3项、联合基金重点支持项目2项、国际（地区）合作与交流项目1项、专项项目2项、优秀青年科学基金2项、面上项目38项、青年科学基金23项；中国科学院网信专项先期建设项目2项等。

重大科研成果产出。南园提出未来草地生态系统保碳增汇基础研究与技术研发的重点领域和行动方案，阐明极端干旱在草原生态系统产生正遗留效应的驱动机制，揭示全球杜鹃花属植物的时空进化历史和辐射进化机制以及东亚亚热带地区洞穴生物的定殖规律，发现调控生长素诱导愈伤组织和侧根形成的重要因子，解析钙信号和生长素信号互作调控植物器官再生的分子网络，并对生物钟反馈调节远红光信号以及光强度调控生物钟周期的分子机制、叶绿体单线态氧信号新通路等重要科学问题进行诠释。南园发表论文634篇，包括SCI收录期刊发表论文522篇，其中417篇发表在领域前30%的SCI收录期刊上。在领域主流刊物发表论文223篇，其中作为第一作者单位发表128篇。出版专著14部，授权专利40项、新品种权18项、计算机软件著作权4项，申请并获得植物新品种权15个，培育的高抗优质葡萄新品种“北玺”“北馨”通过国家级审定。

科普活动。南园参与国家级、省部级重大科普活动4次，组织各类科普活动40余项，服务社会公众超2000万人次。承办“中国科学院科学节·2022”主场活动，线下参与人数达7000人次，线上参与达5796万人次。举办国家植物园科技展、牡丹科技与文化展和“蕨代风华”——蕨类植物专题展等6个特色展览。通过《人民日报》《科技日报》等媒体以及中国科学院科学公开课在线直播普及植物科学知识，观看2250万人次；与CCTV4、CCTV10、北京卫视等合作拍摄电视节目，得到广泛关注。面向全国中小学生设计实施‘我为植物画肖像”课程，参与人数达170万人；与中关村中学，中关村第二、第四小学继续开展合作，完成植物实践课程17次、植物科学探究项目1个；筹建150平方米的唯实求真科学实验室，包括生理生化室、组织培养室和栽培驯化室等，满足多种实验教学需求。

智慧植物园建设。打造国家植物园感知平台，将国家植物园数据信息集中展示，可查看园区范围、面积、专类园相关信息，保育活植物（包括国家重点保护植物、珍稀濒危植物等）的位置、图片和文字介绍等内容，展示实时气象、科普活动、实时游客数量等信息。在“花伴侣专业版”小程序中上线“智游园”模块，提供园区地图以及明星植物、各专类园、重要景点等位置信息并进行导航，提供展览温室全景VR游览体验，满足不同游览需求。

（韩艺）

【国家植物园（北园）】 年内，北园（原北京植物园）建有桃花园、月季园、海棠园、牡丹园、梅园、丁香园、盆景园等14个专类园和中国北方最大的珍稀植物水杉保育区；展览温室建筑面积9800平方米，分为热带雨林室、沙漠植物室、兰花、凤梨和食虫植物室和四季花厅，是开展植物资源保护、研究和教育的基地；园内有全国重点文物保护单位卧佛寺、北京市重点文物保护单位梁启超墓，以及一二·九运动纪念地和曹雪芹纪念馆。北园拥有国际海棠品种登录权，是全国科普教育基地和中国生物多样性保护示范基地。全年接待游客346.60万人次，比上年增长1.20%。自主设计、施工的荫生花境作品“林荫·梦微光”获第五届中国花境大赛金奖，对称花境作品“静思圃”获铜奖。北京植物园与山东农业大学合作发明“一种提高苹果砧木组培苗快繁效率的方法”获国家知识产权局专利授权。国家植物园（北园）实用新型专利“一种花卉种植用具有防碰撞倾倒的种植容器”获得国家知识产权局授权。

植物园体系建设。北园按照国家植物园体系（国家植物园体系是以国家植物园为主体的全国植物迁地保护网络，涵盖中国主要气候带和植被类型、生物多样性热点地区以及重要经济植物，对野生植物保护具有重要意义）建设，国家植物园承担着引领全国植物园体系的重任。完成世界首部园林之母主题著作《中国——二十一世纪的园林之母》；出版《中国外来植物名录》，记载中国外来植物14710类群；出版《国家植物园植物名录》，收录17343种品种植物，数量位居全国第一。开展生物本底调查，时隔百年再次发现中华斑羚。

植物迁地保护。北园实现世界上首次人工栽培状态下巨魔芋群体开花以及首次结实。开展外来入侵物种普查工作。对槭叶铁线莲、丁香叶忍冬等12种国家重点野生保护植物在北京的分布和生境情况开展调研。对软枣猕猴桃、槭叶铁线莲等5种植物开展繁殖技术研究。开展杜鹃兰共生繁殖中试实验、共生萌发繁育研究以及地播栽培实验。“千岁兰”获评最受欢迎“镇园植宝”。海棠新品种“国植新艳”和“紫葡萄”玉簪授权登录。完成新版国际海棠网数据库框架搭建和内容优化，升级改造国际海棠登录管理与服务平台。繁育新品海棠300株，采集和制作花期标本80份。自主繁育的“墨王”品种菊在2022年北京菊花文化节上分获品种菊金奖，在第五届中国花境大赛上获一金一铜。

科研成果。北园在研课题46项，其中国家自然科学基金项目4项、国家林草局项目4项、国家重点研发计划1项、北京市自然基金项目1项。发表文章53篇，其中SCI 13篇、核心21篇。获批国家发明、实用新型、外观等有效专利5项。获北京市公园管理中心科技进步奖6项、技术革新奖1项，获中国风景园林学会科技进步三等奖。完成《梦开始的地方——曹雪芹传说》中英编辑，修订《顾太清传》，刊发红学论文3篇。收集完成国家级非遗曹氏风筝代表性传承人与曹雪芹传说相关部分口述史。

科普活动。北园开展观鸟、自然观察等科普活动50次。科普馆推出中国特有植物曾孝濂艺术绘画展、中国极小种群野生植物展等专题展览5期，推出“发现植物园之美”等线上科普课堂、推文27期，拍摄制作科普短视频20个。组织开展线下生物多样性调查活动13期，科普进校园3期，科普进社区3期，直播课程4期。自然笔记观察活动获评北京地区博物馆优秀教育项目，在2022年园林科普讲解大赛中获非专职讲解组团体二等奖；“寻孑遗赏花木”项目获北京市公园管理中心科普创新项目，获4项微视频竞赛奖。科普活动线上线下受众50余万人次。北园获评“首都生态文明宣传教育基地2021年度推荐基地”，并入选2021—2025年全国科普教育基地首批认定名单。

文化活动。北园举办桃花观赏季活动及首届菊花展活动，举办春季精品植物展、食虫植物展、中国特有植物展、“兰花幻境”展、“非洲秘境”展、苦苣苔展、精品盆景展等室内花展。推出“共读经典”网络荐书活动、红楼梦最美汝窑展、“寻梦西山”等文化展览。开展“拓福”等传统节日活动17次，永生花制作等特色园艺活动30场，形成“专家带您识花草”“植物手工坊”“植物之旅”“植物园探秘”等多项颇具影响力的活动品牌。与区委宣传部、曹雪芹学会共同举办第十三届曹雪芹文化艺术节系列活动。参与综艺《京城十二时辰》取景拍摄。承办中国古树名木保护成就图片展等活动。

文化创意产业。北园注册19类220余项国植商标，文创产品超过300种。开展文化创意活动30余场，文创销售350万元，“桃气满满”文创雪糕实现单款销售超百万元的目标。“一店一品”特色经营多点开花，打造园艺生活馆、节气昇活馆、芹溪茶舍（凹晶馆）特色文创空间。蝶豆花拿铁等草本饮品成为“网红”，可购买回家的花卉植物受到青睐。

文物保护。北园加强《大藏经》等古籍文物管理工作，692册明清《大藏经》制定针对性保护方案。完善可移动藏品台账，检查、盘点可移动藏品。定期检查古建筑，开展露陈文物检查60余次。完成国家级非遗平台总结、申报、检查。配合完成文化和旅游部“非遗有机融入旅游景区现状”检查、调研。

北园获第一批全国科普教育基地、首都劳动奖状、首都绿化美化先进单位、林草系统先进集体称号；获评新华社2022年度十大卫星影像、首届北京最具人气“网红”打卡地TOP20、北京市红色旅游景区（景点）、首都生态文明宣教基地，“国家植物园”微信公众号获评网络正能量称号。

（石鑫）

【玉渊潭公园】 年内，玉渊潭公园接待游客856.75万人次。完成西南部绿地提升工程、西北部边界墙建设工程、西湖南岸湖岸修复工程。组织第三十三届樱花文化活动，接待游客209.87万人次。举办第十三届冰雪季活动，接待游客3.15万人次。举办4期小微文展。小樱文创商店开业，自研文创商品50余款，第七代樱花冰淇淋实现“打造千万级单品”的文创目标。深化公园5G场景应用，20.75万人次参与5G+AR导览体验；5G票务服务平台上线运行，打通全票种服务功能，闸机实现票、证、卡、码、核酸同步查验。

深耕紫藤园艺、实施古树复壮工程，建成36万株花卉景观。大山樱嫁接试验取得成功，发表樱花养护论文4篇，取得实用新型专利1项。申请实用新型专利1项，名称为一种花树施肥保护器。21项在研课题均取得阶段性成果，通过樱花腐烂病防治策略、樱花连作障碍的主要致病菌种类鉴定，建立玉渊潭樱花健康状况综合评价体系。编写印发《玉渊潭公园鸟类观察手册》1000册。发表论文7篇。

开展线下线上科普导赏102次，科普进校园3次。“红领巾”宣讲团入选海淀区爱国主义教育基地“强国复兴有我”百姓宣讲团。玉渊潭公园中国少年英雄纪念碑入选首批“红领巾爱首都——北京市少先队校外实践教育基地”和海淀区首批少先队校外实践基地。

完成对“玉渊潭樱花”“玉渊潭小樱”和“樱棠春晓”的商标注册保护，完成对小樱IP形象和原创插画整体的著作权公证。5G+AR互动智慧公园项目入选“2021年度中国智慧旅游创新案例”；小樱系列文创项目获得第六届北京文化创意大赛入围奖；定制饮品“好望水遇见樱花系列标签”获得2022年第八届亚洲标签大奖设计创意奖。

（张轩）

【百望山森林公园】 年内，北京市海淀百望山森林公园（简称百望山森林公园）开展生态建设、文化建设、旅游服务保障、基础设施改造提升等工作。栽植乔木952株、灌木6914株、宿根花卉7181株，节日摆花18409盆。配合市园林绿化局举办“律动·西山永定河生态文化沉浸之旅”活动，讲解绿色碑林文化并进行找碑刻、读碑文互动。开展“画笔记录美丽百望山”自然科普活动。接待中国人民抗日战争纪念馆拍摄《黑山扈战斗纪念园》视频，其官方“中国人民抗日战争纪念馆”公众号发布《走访北京市抗战遗址遗迹系列报道（十六）》，阅读量1300余人次。向陆军防化学院提供黑山扈抗日战斗史料。“首都绿色文化碑林”微信公众号和“北京市海淀百望山森林公园”微信公众号发布宣传生态文化、科普教育等视频17篇、文章48篇。逐级签订森林防火安全责任书16份，联合护林员开展森林防火演练2次。全年无火情发生。接待游客116万人次，比上年增长20.95%，其中免票人数25.2万人次。门票收入471.39万元，比上年增长37%。门票收入471.39万元，比上年增长37%。

（何慧敏）

【紫竹院公园】 年内，紫竹院公园完成北京冬奥会和冬残奥会环境布置及安全服务保障工作。在公园门区、科普花园及主要游览路线布置园林景观面积4100平方米，用花4万株。举办紫竹问月——虎年迎春当代名家八人展、“北京中轴线历史河湖水系保护”主题展等展览13项，开展“我们的节日”“科普知识”“竹荷主题诗词赏析”等线上、线下活动55场。举办“欢度春节 喜迎冬奥”主题宣传、第二十九届竹荷文化季、第五届欢乐冰雪季、“鹊桥仙”七夕诵读游园会等活动。完成三处厕所修缮工程、儿童游乐场规划编制、澄碧山房油饰、游乐场设备设施、游船及浮动码头规划更新。与国际竹藤组织签订设立“国际竹藤组织科普教育基地”合作协议，与中国文化艺术发展促进会、北京皇家园林书画协会签订合作协议。开展《紫竹院公园大树生长势评估及其提升技术的应用研究》等专项课题研究。组织开展公园科普品牌系列活动30余场，科普推送40余篇，录制科普视频4期。科普微视频《竹荪》被选录中国自然教育大会云导赏栏目；“观鸟科普课堂”入选中心科普创新项目。“一种植物酵素肥料及其在植物复壮中的应用”“修复露天竹林土壤退化的方法、有机肥及其制备方法”2项技术研究获得发明专利授权。问月楼获评北京市2022新晋“网红”打卡地推荐榜单新消费场景类“网红”打卡地称号。全年接待服务游客591万人次。

（魏思然）

【团城演武厅】 年内，团城演武厅推出固定陈列展“志喻金汤——健锐营历史文化展”，出版《志喻金汤——健锐营演武厅文物史迹图志》。与海淀区教师进修学校附属实验学校签署传统文化系列社会教育活动合作协议，与香山街道办事处签订优秀传统文化共建框架协议。开展团城演武厅展览导览牌及安全标识牌改造。接待参观9000余人次。

（田硕苗）

【凤凰岭自然风景公园】 年内，北京凤凰岭景区接待游客50余万人次，旅游总收入1300余万元。举办“海之春”新春文化季之凤凰岭新春游园会。布置过“五福”门、新春“福”灯笼大道、挂祈福牌、系祈福丝带、击鼓祈福、登高祈福、云祈福、非遗展示等系列充满吉祥喜气和祈福色彩的文化互动内容。举办“绿色西山 生态海淀”主题保护生态、植树护绿活动。举办凤凰岭第22届杏花节、“承继民族精神 弘扬红色文化”凤凰岭清明节主题活动、“幸福过五一”主题游园活动，推出“幸福一生”文创产品杏花雪糕。举办“山河青春 时代未来”2022年第十一届中关村国际青年艺术季——凤凰岭民族文化节活动，承办海淀区凤凰岭户外运动大会。举办“铸牢中华民族共同体意识”中华民族文化展服饰展示，展示56个民族特色服装饰品等。获北京市文旅局颁发的“首都文化和旅游紫禁杯先进集体”称号。

（刘峥）

【阳台山自然风景区】 年内，阳台山自然风景区创建成北京市红色景区，获批北京平西地下交通线遗址公园。联合海淀区史志办，打造海淀隐蔽战线主题特色党史教育项目——占地200平方米的北京平西地下交通线主题展。依托平西地下交通线遗址，建设100余块党史学习展板，打造百年党史学习路线。建设2000平方米的红色沉浸式体验剧场，开发沉浸式党史教育课堂。结合交通线地形，开发数字党建体验程序，提供线上线下党史教育项目。服务各级党组织400余支，服务党建学习人群2万余人次。承办苏家坨镇第二届乡村旅游文化节，开展微党课、重走长征路、穿着红军服等党建活动。接待游客约20万人次。

（魏晓萌）

【海淀公园】 年内，海淀公园接待游客119万人次。推进科技主题公园建设管理，无人驾驶小巴车接待公众6613人次，未来空间展厅接待公众3530人次，智能步道体验总计29783人次，智能导览机体验21846人次。加强公园文化品牌精品建设，举办“虎福迎春冰雪庆，四海欢歌向未来”——海淀冬奥情暨2022年“海之春”新春文化季启动仪式、海淀公园城市文化广场、百姓周末大舞台、海淀区“互联网+全民义务植树”（海淀公园）基地抚育尽责、“我们的节日”海淀文创市集、“杏韵花开，畅骑海淀”——2022两岸青年骑行一村三山五园活动、抖音自然嘉年华、“垃圾分类，我们一起来”走进海淀公园、《你不了解的中国科学故事》拍摄活动、“海淀的早晨·心中的日出”摄影展巡展、雏鹰社九周年庆系列之“品味书香，拥抱自然”亲子拓展活动等市、区级活动10个，其中百姓周末大舞台演出京剧、评剧、歌舞、曲艺、儿童舞台剧等51场。海淀区“互联网+全民义务植树”（海淀公园）基地开展抚育尽责活动22场，参与尽责387人次。

（陈芃）

【翠湖国家城市湿地公园】 年内，翠湖湿地公园种植花卉20种1200平方米，丰富林下植被和原生地被区域景观效果。完善封育保护区基础设施，新增公园总平面图标识牌、景点标识牌、科普标识牌、垃圾桶等。完成房屋、栈道、木桥、道路、观景平台以及给排水管线等基础设施养护与维修。完成翠湖湿地现状地块分区界线测绘和界址线放样钉桩工作，更新公园区域划分图、公园现状渲染图和界址桩点放样边界图。新建科普活动场所380平方米，配备场地背景墙、互动科普宣传栏、宣传科普展示板、阶梯座椅、活动桌椅等设施。更新鸟类标本63个。加强有害生物绿色防控，释放蠋蝽900头，重点防控美国白蛾。完成春秋两季鸟类环志工作，春季环志鸟类6目17科35种503只次，秋季环志鸟类4目17科40种1437只次，新环志鸟种2种（白喉矶鸫、黑尾蜡嘴雀）。全园观测记录鸟类166种，其中国家一级保护鸟类8种（青头潜鸭、黑鹳、东方白鹳、乌雕、草原雕、白尾海雕、猎隼、黄胸鹀），国家二级保护鸟类31种；新增鸟类观测记录7种：鹤鹬、白颈鸦、靴隼雕（国二）、云雀（国二）、白喉矶鸫、铁爪鹀、毛腿沙鸡。开展世界湿地日、北京湿地日等主题宣传及科普活动15次，线上活动参与61361人次，线下活动参与592人次。"翠湖国家城市湿地公园"微信公众号首次推出"春意满园"知识和"飞鸟集"科普专栏，介绍翠湖鸟讯和鸟类知识。接待个人入园8091人、团体入园3355人、调研30批次622人。翠湖湿地公园被首都绿化委员会办公室授予"首都生态文明宣传教育基地"称号。

（刘筱竹）

【北京石刻艺术博物馆】 年内，北京石刻艺术博物馆征集入藏文物7件套9件。展线展出石刻文物及古旧家具872件（包括复制品）。完成"三山五园"石刻调查与真觉寺资料整理课题、石墨烯增强纳米材料在石质文物保护中的应用研究（三期）等科研课题，申请专利"一种纳米复合加固材料溶液、制备方法和用途"。完成北京地区现存民族文字碑刻保护普查项目（一期）、北京真觉寺金刚宝座（五塔寺塔）预防性保护项目（二期）。开展馆藏文物保护修复项目，对馆藏6件套11件文物进行修复。应八大处公园管理处委托，完成八大处摩崖石刻保护项目。出版专著《北京会馆帖石遗存》《缁尘京国——纳兰成德家族在京史迹寻踪》。对馆内石刻文化展厅、金刚宝座、大殿遗址、东西碑廊等11个展区近750件套文物说明牌进行校对，及时更换与修缮。推出石刻传拓体验课程，银杏节文创打卡，迎新年文创打卡等活动。参加深圳文博会和2022年服贸会，推出最新开发的文创产品12件套。参与央广文艺、《这里是北京》《中国日报》、海淀融媒"镇淀之宝"、"8k"博物馆、"北京您早"等栏目拍摄和美团"网红打卡地"的推介工作，开展"福聚石刻馆——我记忆里的五塔寺"笔记活动，"夜享博物馆""夜游五塔寺""爱在重阳"等主题文化活动。"北京石刻艺术博物馆"微信公众号发布信息32条、微博信息百余条、快手短视频8个，微信公众号"粉丝"10.8万人。"革命石刻"志愿服务项目获评第六届中国青年志愿服务项目大赛"文化传播与旅游服务"组铜奖，被推荐为新时代首都志愿服务"志愿+"项目典型案例。

（王丹）

【北京西山大觉寺】 年内，北京西山大觉寺推进古建修缮、社教宣传、安全保卫等年度重点工作。"北京大觉寺"微信公众号设置"大觉寺·云赏秋·银杏实况""古玉兰云赏花实况播报"和《大觉寺二十四节气》专题栏目。在抖音、快手等网络平台推出"大觉寺的记忆与变迁"等系列展览及讲座。推出"回望百年路喜迎二十大——大觉寺及周边红色史迹"和"大觉寺端午民俗文化"线上展览。举办大觉寺玉兰节、银杏节专题展。参与市文物局以"和满京城 奋进九州"为主题的端午节文化活动。8月，与北京广播电视台"北京之声"电台合作，正式上线有声导览服务。完成清代铜锅保护、碑刻保护、无量寿佛殿背光维护保养等年度修缮任务。修建污水处理站，彻底解决大觉寺污水排放问题。梳理和改造文保点的标识牌，增添无障碍通道标识。接待游客21.28万人次。

（孙焘）

【贝家花园】 年内，贝家花园推动"红色旅游"，深入挖掘历史文化资源，开展《贝家花园1940》沉浸式体验活动25场次，接待1.2万人次。对园区道路护栏及北大房室内进行改造和修缮。在2022年中国国际服务贸易交易会线上平台注册登记，搭建线上数字平台展区，向全球推介公司发展亮点和特色。通过"贝家花园中法人文交流基地"微信公众号及广播宣传等方式加大宣传力度。

（杨雪飞）

【大钟寺古钟博物馆】 年内，大钟寺古钟博物馆开展古建设施改造和文物保护项目。配合中央广播电视总台完成2022年春节联欢晚会0点跨年倒计时鸣响永乐大钟拍摄工作。开展"助力冬奥·鸣钟祈福"元旦主题文化体验活动，线上观看人数107万余人次。围绕"弘扬优秀传统文化"主题，举办"钟铃之声"青少年社教主题活动3场，参与家庭约1300个，参与人数2300余人次。组织策划《鋐鋐讲堂》，开展专家线上讲座6场，千余人次参与。主办"致敬传统·闻钟赏月"中秋文化体验活动，被中央宣传部"学习强国"转载。参与录制《国宝传奇》《最美中轴线》《镇"淀"之宝》《"虎年春晚"倒计时》等节目。《"鋐鋐之声"志愿服务项目案例》入选2022年度全国博物馆志愿服务典型案例。

（程呈）

【西山国家森林公园】 2022年，西山国家森林公园举办第11届踏青节、第6届牡丹文化节和第11届红叶节等传统节庆活动。开展"西山红"主题摄影征稿、"森林与人"长走等系列主题活动，展示西山森林景观、森林文化、人文历史等内容，让游客们充分享受首都生态文明建设成果。开展无名英雄纪念广场周边及金山环线道路景观提升项目，整理绿化用地6400

平方米，土壤改良6400平方米，完成乔灌木栽植5703株。在无名英雄纪念广场沿线修建宣传长廊120米，接待游客157.2万人次。

（程峥）

【西山无名英雄纪念广场】 年内，西山无名英雄纪念广场接待国务院台湾事务办公室、中央党校等参观团队187个13992人次。完成无名英雄纪念广场4座雕像清洗封釉，纪念碑墙面雕刻、碑文及围墙墙面修缮及油性防护等工作。

（程峥）

旅游设施建设

【香山公园5G智慧项目应用】 年内，香山公园应用5G智慧项目。在门区设置5G智能查验区，配置5台健康宝查验一体机，实现刷身份证、老年证、社保卡查验核酸检测和健康宝情况，一体机代查7.7万余人次。5G慢直播线上直播香山美景，推送直播17场次时长8370余小时，浏览量3015.5万人次。5G智能健康步道互动功能，为登山、游园者提供智慧高科技运动体验，注册人数3000余人，5万余人次使用。

（王琳）

【香山公园罗汉堂和见心斋厕所改造项目】 年内，香山公园完成罗汉堂和见心斋厕所改造项目。罗汉堂厕所改造项目包括室内装修、洁具更换、水电系统改造及屋面防水改造、墙面整体修缮和室外化粪池、室外污水管线改造等。见心斋厕所改造项目包括卫生间吊顶、洁具安装、残疾人坡道铺设、外墙工程、电气安装等。项目总投资281.52万元。

（王越　杨茜）

【百望山基础设施改造提升】 年内，百望山森林公园完成友谊亭、西环路入口两处卫生间建筑外墙皮脱落、内部设施改造，增加空气源热泵暖水系统，实现全天候开放。完成百望草堂一、二号院，艺苑展馆，山门，绿化祖国碑亭，望乡亭5处仿古建筑修缮面积1790.11平方米。修补换新绿化祖国碑亭、枫岭碑林、吟诗阁等处碑墙小瓦。完成友谊亭、揽枫亭修补及彩绘翻新。对休憩平台及木栈道等木材面刷桐油养护两遍，面积3400平方米，检修木栈道、木护栏、木扶手，更换木方460根。完成111步道翻新142延长米，在111步道和3号路入口处设置护栏220延长米。对两个门区进行改造，增加轮椅和儿童推车专用通道，增设储物柜。在北门入口东侧新开设行人和非机动车专用通道、修建非机动车停车场面积286平方米，在北门停车场开通ETC电子摄像进场与无感支付功能。更新园内导览牌、安全提示牌、景点介绍牌159块。

（何慧敏）

【百望山绿色文化碑林建设】 年内，百望山森林公园新增刻碑56通，面积26.775平方米，其中征集中国书法家协会理事级别以上书法家创作的北京冬奥会内容书法作品22幅刻碑，收集官方发布的北京冬奥会LOGO、体育图标、吉祥物图片34幅刻碑，安装于2号路2008年奥运碑刻沿线护坡墙上。园内现有碑刻1210通、石刻43块、室内室外雕塑19座。完成现有碑刻日常养护1106通。

（何慧敏）

【北京凤凰岭景区旅游设施改造】 年内，北京凤凰岭景区对北线杏花村休息亭等4处破损严重存在安全隐患的休息观光亭进行维修改造，面积143平方米。景区对全景导览牌、标识牌、安全提示牌、指示牌进行改造提升，主要包括路口区域、中线杏花村到爱情同心林区域、停车场等，改造面积113平方米。对景区中线卫生间进行升级改造，增设家庭卫生间，改造瓷砖装饰、吊顶、采暖，进行防水维修等。对景区停车场进行升级改造。景区智慧化管理提升项目完成，门区形象提升，实现车辆引导、收费管理、票务、营销智慧化升级，提高工作效率和管理水平。对破损较为严重的应急救援灯杆及安全防护网进行修复，特殊危险地段加装警示牌。

（刘峥）

【紫竹院公园旅游设施建设】 3月15日，澄碧山房油饰工程开工，总投资28.25万元，上架油饰面积469平方米，下架油饰面积986平方米，修缮施工总面积1455平方米，4月30日竣工。7月，升级改造公园路椅，在西部区域石制座椅上增加木制椅面70延米，澄碧山房游廊座椅增加镁铝合金包边150延米。11月21日，南长河环境综合整治工程——紫竹院段道路施工工作开工，铺设柏油路面约1000延米，26日完工。

（黄代东　张策）

【4项旅游公共服务改造建设项目资金补贴】 3月，区文旅局完成2022年旅游公共服务改造建设项目资金补贴：北京凤凰岭景区中线厕所改造项目结算审定金额19.62万元，实际补助金额19.1万元；北京凤凰岭景区标识牌升级项目结算审定金额7.95万元，实际补助金额7.95万元；百望山森林公园友谊亭公共厕所装修改造项目结算审定金额23.27万元，实际补助金额19.1万元；百望山森林公园道路标识牌系统制作安装项目结算审定金额62万元，实际补助金额32万元。两家景区合计补助资金78.15万元。

（南燕）

【动物园至颐和园航线开航】 4月1日，动物园至颐和园航线开航。动物园至颐和园为长河航线，起点为动物园，终点为颐和园南如意码头，途经紫竹院、万寿寺、大运河源头、麦钟桥等长河美景，全程9千米，游程约为60分钟。沿线新建3座小桥10个景观码头，游客坐皇家游船，可长河观柳。每天10点30分至15点30分，游客可从动物园或紫竹院2个码头乘船前往颐和园。

（钟冷）

【“北京颐和园智慧旅游”项目获奖】 6月9日，颐和园与联想集团合作打造的“北京颐和园智慧旅游”项目获评2022年IDC亚太区智慧城市“经济、旅游、艺术、图书馆、文化及公共空间”板块大奖。该项目通过搭建服务云平台，创新旅游公共服务模式，以建设智能物联网设备、母婴专区服务

4月1日，动物园至颐和园航线开航 （王芳 摄）

等方式，提升游客游园体验；整合园区多源数据，提升智慧颐和园旅游治理能力。逐步打造“颐”式景区智能解决方案，让每一位来园游客能够享受到更优质的文化服务和数字体验，让中国最大的皇家园林博物馆释放更大的人文力量，也为建设现代化智慧文旅打造新标杆。

（朱奕丹）

【贝家花园道路护栏改造】 7月1日至9月30日，贝家花园步道护栏进行改造，改造范围从碉楼路口开始，分别至北大房、南大房步道护栏，对原有护栏铁链进行拆除，做成仿木结构护栏，融合园区景观，提升游览安全。

（杨雪飞）

【2023年申报旅游公共服务改造建设项目完成】 9月9日，区文旅局向市文旅局申报2023年基础公共服务设施项目，包括游客服务中心、旅游厕所、无障碍坡道、人行步道、观景平台（长廊和休息亭）、标识标牌、休息座椅、垃圾桶、轮椅9大类共计150万元。

（南燕）

【玉渊潭公园照明设施更新项目】 9月23日工程竣工。项目于8月18日开工，项目铺设各类线缆约2700延米，更新庭院灯12套，配电柜安装1台、改造1台，改善公园晚间照明条件。

（薛莲）

【香山公园芙蓉馆科普小屋升级改造工程】 9月25日竣工。工程于6月20日开工，施工项目包括正殿及西配殿墙面饰面及装饰、家具、灯具安装、弱电设备调试、正殿主题墙基底处理及面层装饰、卫生间室外灯具安装等项目。施工单位为北京方略博华文化传媒有限公司。工程以复建后的芙蓉屏景区为基础。科普小屋有科普展示、科普教学、公众阅览等功能，沿线增设23处新科普展板。

（杨茜 王雪涵）

【香山公园修缮工程】 9月25日竣工。工程6月25日开工，包括绿化班班部，面积166.35平方米；职工食堂SBS防水工程，面积151.08平方米；北门消防站SBS防水工程，面积34.9平方米；花卉班改造工程，面积160平方米；保洁班食堂及库房SBS防水工程，面积36平方米；绿化班大库房屋面仰瓦灰梗工程，大库房面积145平方米，耳房面积21.35平方米；香山寺监控室主屋及南耳房屋面工程，面积130平方米。施工单位为高瞻伟业（北京）建设工程有限公司。

（杨茜）

【玉渊潭公园西北部边界墙建设工程】 10月30日竣工。工程于7月29日开工，完成改造提升西北部绿地范围内栏杆围墙999延米，公园与钓鱼台山庄分界栏杆围墙246延米，管理处院内栏杆围墙359延米。完成管理处小门门区改造及配套电气设施更新、绿化恢复等。

（薛莲）

【玉渊潭公园西湖南岸湖岸修复工程】 11月26日竣工。工程于9月13日开工，包含原旧毛石湖岸拆除、毛石湖岸修复500延米、湖岸压顶石更新、青石板岸肩道路铺装303平方米、山石归安567吨、新设亲水平台1处、生态浮岛、沿湖岸绿化提升等。

（薛莲）

【大觉寺修缮工程】 11月，大觉寺基本完成对天王殿、憩云轩、畅云轩配房、龙潭及附近堡坎护坡的修缮工作，为大觉寺大雄宝殿等殿堂百年来最重要的修缮工程。因2021年汛期北京降水远超往年，大觉寺大雄宝殿、天王殿、憩云轩、畅云轩配房文物建筑屋面出现漏雨，龙潭及附近堡坎护坡鼓闪、石材掉落，严重危及古建筑本体及殿堂佛造像等附属文物安全。经审批、招投标等程序，与北京市文物古建工程公司签订合同，对古建进行修缮。工程于7月开工，对工程范围内的大雄宝殿、天王殿、憩云轩、畅云轩配房4座建筑屋面及后院护坡、龙潭等区域进行揭露性二次勘察，除大雄宝殿外，其余3个建筑天王殿、憩云轩、畅云轩配房的屋面损伤，与设计文件前期勘察损伤一致，修缮对策基本可以达到修缮目标。此次修缮以排除险情、保证文物本体安全为目的。寺内三处文物建筑瓦面形制保存完好，针对局部瓦面杂草及深根系植物生长，瓦件少量破损，筒瓦捉节灰、夹腮灰脱落处，采取清除瓦垄，保养查补措施。龙潭及后坡堡坎进行表观修缮，龙潭四壁鼓闪处，局部归安整修，完成后用油灰勾缝，据实归安望柱、栏板，归安后石材表面用白灰勾缝。

（孙熹）

旅游活动

【玉渊潭公园玉和集樱展室系列展览】 年内，玉渊潭公园在玉和集樱展室举办“问花”展览，从历史脉络里讲述樱花的发展历史；“雅集野趣——

中国文人的休闲生活方式”展览，讲述雅集与园林的关系，引出玉渊潭万柳堂雅集趣事，让游客深度参与体验雅集野趣；“梁与柱——园林中古建筑梁柱结构体系的演化”展览，通过古代典籍和绘画作品中中国传统木建筑梁柱结构体系的演化，达到视觉与理论的双重传播的展览效果；“京彩——舆图里的北京”展览，以北京舆图为线索，通过城门楼宇、坐贾行商、市井生活、衣食住行4部分内容，展现北京城的变化与民俗变迁。4项展览接待游客15532人次。

（胡玥）

【玉渊潭公园科普活动】 年内，玉渊潭公园开展线下科普活动15项117场次。完成湿地导赏97场次；开展“自然笔记”活动3次；以“湿地草木”“湿地海绵”“鸳鸯的一生”等为主题的湿地课堂特色活动6项；开展生态文明体验活动3场；与北京小学合作开展“科普进校园”活动4次；与天下工坊自然教育机构合作开展“呵护高原孩子的小手”公益捐赠科普活动1次；举办“我们的朋友”生态摄影精品展1项；举办湿地昆虫及生态导览科普讲座2次。线上科普活动8项8次，发布科普文章36篇、科普视频10部，阅读量231812人次。在《科普时报》发布文章2篇。北京电视台《这里是北京》播出公园鸟类保护节目时长20分钟。全年发放科普宣传品2300余份；制作科普牌示235块，新增湿地特色科普展架8个。编写完成《玉渊潭湿地自然教育课程设计》手册。在北京市公园管理中心举办的园林科普讲解比赛中，职工张季昳获专业组第十名。在中国科普作家协会生态科普征文比赛中，职工梁莹撰写的《燕隼在城市公园安家的故事》获得优秀作品奖，公园获最佳组织奖。

（梁莹）

【香山公园主题科普活动】 1月16日和2月19日，香山公园开展“冬季的山林宝库”主题活动，包括“果实/种子识别”“自然物收集”“互动游戏”和“保护自然，文明游园”，28组家庭65人参加。3月13日，开展“碧云寺文化与建筑”科普活动，包括古建导赏、佛教文化讲解和游戏互动、古建石刻讲解及碧云寺历史文化；开展“寻找自己的本命罗汉”和“寻找济公”活动，50人参加。4月23日，开展“春天里的彩叶”“自然笔记——寻找香山春花”主题活动，29组家庭61人参加。8月26日，开展“有趣的昆虫世界”科普活动，包括课堂讲解、科普知识、标本制作，15组家庭参加。8月27日至10月8日，开展“观察一棵古树”志愿科普活动，线下活动5场，79人参与。10月30日，开展“多彩的秋叶”科普活动，包括辨识彩叶植物；收集彩叶、树皮、果实等自然物，学习比色卡在叶色观测中的应用；收集自然物展示介绍，分享收获和体会，12组家庭30人参加。

（董昆　王雪涵　孔维一）

【诒晋春秋——清代成亲王永瑆藏历代名家书帖展】 1月至12月，北京石刻艺术博物馆举办“诒晋春秋——清代成亲王永瑆藏历代名家书帖展”。作为馆内延续性展览项目，“馆藏石刻拓片展（期刊展）”包含笔走龙蛇、诒晋春秋、玄宫档案、馆阁气象4期，因受疫情反复的影响，本年展示“诒晋春秋”一期。此次展览展出清代成亲王永瑆书写、临摹、收藏的历代名家书帖、刻石及拓片，集中展示中国古代的书法墨迹。接待观众115846人次。

（谢欣）

【圆明园新春游园会系列文化活动】 2月1日至15日，圆明园举办新春游园会系列文化活动。在圆明园南门广场、正觉寺门区、绮春园景区主游览线等区域布置红灯笼、仿真桃枝。在正觉寺举办“助力冬奥·传承非遗——博物馆里过大年”主题活动，设置春意浓美陈、春灯暖长廊主题美陈区；冬奥知识翻翻乐、旱地冰壶球、VR滑雪机；非遗表演翰林院五虎棍、扑蝴蝶，非遗体验风筝制作等一系列展示互动项目。在圆明园拾光买卖街大戏楼“清音阁”推出蓓蕾京剧小票房“过大年唱大戏”活动。结合清代皇家“冰嬉”传统，开展群众参与的冰雪活动。

（田建芬　胡晓薇）

【“傲骨幽香”——梅花、蜡梅文化科普展】 2月1日至4月30日，颐和园于东堤沿线和畅观堂区域开展“颐和园第十二届傲骨幽香梅花蜡梅文化展”，布置展板38块。展览内容包括梅花、蜡梅的生物学特性及分类知识介绍，梅花蜡梅诗词赏析，推出颐和园园艺技师对梅花盆景的养护和创作方法。首次从颐和园的建筑、文物中提取梅花图案，将散落于古建彩画、建筑构件以及文物器物中的梅花主题形象集中展示。

（颜素）

【玉兰节专题展览】 3月20日至4月15日，大觉寺举办“古寺兰香——大觉寺玉兰花文化展”，以图文并茂的形式为公众科普和展示寺内古树名木的历史文化。同期开展春季“云赏花”专题网络活动。以“云赏花·古玉兰实况播报”为主题，在“北京大觉寺”微信公众平台持续完成15期内容推送，其中在古玉兰花期十余天的时间内，每日推送公众号，浏览量近5万人次。

（孙熹）

【玉渊潭公园樱花暨春花观赏季】 3月25日至5月15日，2022年樱花暨春花观赏季举行，接待游客209.87万人次，比2021年下降23.87%；综合收入2431.68万元，比2021年上升34.46%。公园推出全新第七代樱花冰淇淋及10余种文创新品，其中樱花冰淇淋创单品收入过千万元，引发景区冰淇淋关注热度。推出线上樱花导赏活动，发布线上科普文章和视频17篇。在公园政务微博、“北京市玉渊潭公园”微信公众号、北京号等自媒体平台推送防疫和文明游园宣传提示40条，阅读量近200万人次。

（董璐璐）

【玉渊潭公园第十八届“春到玉渊潭”摄影比赛】 3月25日至6月5日，玉渊潭公园与中国新闻图片网合作举办第十八届“春到玉渊潭”摄影比赛。收到摄影作品5578幅，评出一等奖1

名、二等奖3名、三等奖5名，最佳早樱奖、最佳晚樱奖、最美春色奖、最美游客奖各1名，优秀奖50名，最佳人气奖10名。摄影比赛获奖作品在公园玉和光影影廊展出。

（郭晗）

【凤凰岭第22届杏花节】 3月31日至5月下旬，凤凰岭第22届杏花节举行。杏花节围绕相约赏花、相约“杏”福、相约春茶、相约文化等主题，包含踏青赏花、品味甜蜜杏花雪糕、主题植树、茶文化体验、古装穿越、传统文化体验。推出几条赏花路线：东门至杏花村，是浅山区近距离观赏杏花的绝佳地；北线神泉至飞来石塔，适合登高健身的爱好者；龙泉寺至雄狮峰线，是欣赏自然景观、感受丰富的人文景观和留存千年的历史文化底蕴的最佳选择。

（钟冷）

【玉渊潭公园植物集市】 4月20日至27日，玉渊潭公园植物集市在玉渊潭公园科普广场内举行。植物集市以“打包春天——带走阳光、水和一把春天”为理念，采取文创体验的方式，以植物与文化相结合的理念营造高品位的空间环境，让游客感受设计的新意和植物的魅力，是开展文创活动的新尝试。

（胡玥）

【百望山林草种苗文史资料展】 4月30日至7月31日，百望山森林公园在东门艺园展馆举办“夯实林草种苗根基 助力首都生态建设——北京园林绿化文史资料展之林草种苗篇”，展出180幅图片、100件实物及数盆花草新品种，向公众普及林草种苗知识，宣传生态文明理念。通过“首都绿色文化碑林”微信公众号同步展示，阅读量400人次。

（何慧敏）

【“漫步海淀”文旅骑行路线】 4月至12月，区文旅局根据市文旅局“推进慢行空间与城市空间有机融合，打造‘漫步北京’文旅骑行线路”的工作部署，打造海淀区“感受科技创新 领略巍巍学府 见证百年风华”漫步海淀双奥场馆之旅骑行线路。该线路起于北京石刻艺术博物馆，止于五棵松体育中心，全长29千米，串联北京石刻艺术博物馆、国家图书馆、清华大学、颐和园、圆明园、五棵松体育中心等历史古迹、高等院校、科技园区，在领略皇家园林壮丽风光与著名高校的宏伟气派的同时，见证海淀城市更新与变迁。撰写讲解词，设计制作完成“漫游海淀 乐在骑中”骑行线路图及宣传折页，策划文旅骑行活动。

（温力宏）

【2022北京（首届）荷花文化节暨圆明园第27届荷花节】 6月28日至8月20日，2022北京（首届）荷花文化节暨圆明园第27届荷花节举办。由市园林绿化局、市公园管理中心、北京花卉协会联合主办，市园林绿化产业促进中心、国家植物园（南园）、玉渊潭公园、紫竹院公园、圆明园遗址公园、莲花池公园、奥林匹克森林公园等单位承办。园内200余种、千余亩荷花相继盛开，成为市区最大的赏荷佳地。游客可在如园、风荷楼水域观赏到“世界睡莲冠军”——“万维莎”，多种精品荷花在多稼如云景区的荷花基地展出。推出《走进圆明园之百子争鸣》剧情游活动，游客可跟随剧情游园并参与互动体验；开展“华风少女 国风华服节”主题活动，包含主题市集、舞台表演、国潮艺术、作品长廊、主题绘画展示打卡等活动；举办以荷花的自然景观、人文环境、文化活动为主题的写生季赛和摄影比赛；微信公众号推出赏荷打卡小程序，游客在赏荷的同时可以赢得折扣礼券，线下购买圆明园文创礼品。

（邱静 王浩）

【紫竹院公园第二十九届竹荷文化季】 7月22日至8月22日，紫竹院公园举办以“玉竹扶风翠·荷花映日红”为主题的第二十九届竹荷文化季。在主要门区及游览路线布置盆栽荷42个品种150盆，灯杆旗100面，硬质造景及文化宣传展板30余处，花钵18组，地栽面积1000余平方米，花卉品种60余个。接待游客49.6万人次。在“紫竹院公园”微信公众号、微博举办线上直播诗词鉴赏、科普、传统民俗等文化活动12场，户外文化展1场、文创市集2场。线上观看近247.3万人次。

（张策）

【19个“网红打卡地”入选市级榜单】 7月28日至12月，区文旅局梳理挖掘41个特色网红打卡地和6个最具人气目的地，策划推出《发现新海淀》专辑进行宣传推广，参加市文旅局开展的“2022北京网红打卡地评选活动”。12月12日，2022北京网红打卡地推荐榜单发布，海淀区BOM嘻番里等6家企业入围2022新晋网红打卡地推荐榜单（100个），颐啡咖啡等11家企业入围2022网红打卡地提名推荐榜单（100个），国家植物园（樱桃沟）、中央电视台旋转餐厅入围2022最具人气网红打卡地推荐榜单（20个）。

（温力宏 张佩婷）

【颐和园双奥文化推广活动】 7月31日，由北京奥运城市发展促进中心、北京市公园管理中心联合主办，颐和园承办的“双奥之城 未来之光”双奥文化推广活动开幕。与北京奥促中心共同策划“文体大课堂”系列活动，开展“奥秘·奥妙”主题学习及多项体育比赛，组织绘画写生等。同期举办主题展览，围绕梦圆、凝聚、传递、永恒、拼搏、友谊、人们、文化、未来9个部分展示2008年北京奥运会和2022年北京冬奥会和冬残奥会的精彩时刻，通过充实的体验项目普及推广双奥文化，进一步促进奥林匹克教育与奥运文化的融合与发展。活动于10月31日结束，受众超235万人次。

（马昉 黄璐琪）

【圆明园考古夏令营活动】 8月9日至12日、8月16日至19日，圆明园管理处组织开展两期2022年圆明园考古夏令营活动。活动面向8—13岁青少年，让青少年了解圆明园的沧桑巨变，感受传统文化的魅力；在实践中学习考古知识，了解文物修复过程，全方面提升青少年综合素质。活动分为“走进万园之园、亲临考古现场、探秘文物医院、畅游皇家园林”4个板块，来自圆明园管理处的多名教师对圆明园的历史文化、考古发掘、文物修复等方面进行专业授课。活动安排营员们参观正觉寺“百年梦圆——圆明园马首铜像回归展”，了解圆明园马首流失文物回归之路；在大宫门和紫碧山房考古现场，聆听遗址考古挖掘与保护情况，学习遗址保护知识；在圆明园文物医院，观看文物修复全过程，感受文物背后的历史故事。

（常华　张悦）

【“绘最美古树”自然笔记科普活动】 8月11日，颐和园组织开展“绘最美古树”自然笔记科普活动，11组家庭25人参与活动。参与者沿东宫门至谐趣园徒步游览，聆听讲解，学习了解侧柏、圆柏、油松、白皮松、楸树等古树知识、养护措施、实用价值等知识，通过手绘和文字描述等自然笔记形式，完成对古树的观察和记录。

（颜素　黄璐琪）

【“少年闯九州”金秋研学活动】 10月1日至3日，圆明园管理处举办三期“少年闯九州”金秋研学活动。活动面向7—12岁青少年，包含历史文化课和定向越野两部分。历史文化课以《圆明园四十景图咏》为基础，结合历史史实、中国地理、神话传说等，讲解九州景区诸图，解读匾额楹联，讲述清代帝王的治世思想。定向越野以九州景区为核心，探索九州景区地貌，直观体验巧夺天工的造园艺术。

（常华　门亚男）

【首届圆明园讲述人大赛】 10月18日至12月，首届“听我说——圆明园讲述人大赛”举行。大赛由圆明园管理处主办，北京圆明园研究会、圆明园高校联盟、北京圆明园遗址保护基金会协办。大赛以“寻找最美圆明园讲述人，讲好圆明故事，赓续中华文化”为主题，围绕圆明园历史文化、景点景观、游览路线、文物展陈、园林生态主题征集视频讲述作品。分为专业组和非专业组，其中专业组面向圆明园职工，非专业组细分为青少年组和社会组，面向中小学生、圆明园文化爱好者、专业导游等。大赛收到492份作品，其中专业组43份、青少年组427份、社会组22份。经过专家组评选，评选“圆明园最美讲述人”作品21份，其中专业组3份、青少年组15份、社会组3份；“优秀作品奖”作品36份，“最佳创意奖”作品2份，“最佳讲解词奖”作品2份，“讲述之星”作品21份，5家单位获圆明园之友奖项。大赛期间，举办“圆明园，听我说”圆明园讲述人大赛系列讲座。

（黄建传　韩翠薇）

【银杏节专题展览】 10月21日至11月15日，大觉寺举办“西山·大觉寺银杏文化展”，以图文并茂的形式，选取生长在西山一带具有代表性的银杏树，为公众进行科普银杏树的相关知识。同期在2022年银杏节期间举办线上《大觉寺·云赏秋·银杏实况》播报活动，活动自10月21日推出，仅6天，在线观看大觉寺公众号银杏播报的人已经达到2.3万余人次。

（孙熹）

【“圆明园考古亲子半日营”研学活动】 10月29日，圆明园管理处举办两期“圆明园考古亲子半日营”研学活动。活动面向7—13岁青少年家庭，共20组家庭40人参加。活动由园史讲解、澹泊宁静考古遗址参观及植物考古工作浮选法体验三部分组成。营员们在澹泊宁静遗址考古现场，近距离观察考古工作，了解考古基础知识、文物出土过程。在文源阁研学基地认识考古工具，学习使用洛阳铲，亲身体验植物考古学的田野工作方法——浮选法。

（常华　王慧聪）

【颐和园“金光穿洞”5G慢直播活动】 12月19日至23日，颐和园举办“金光穿洞”5G慢直播活动，借助5G技术线上直播十七孔桥“金光穿洞”的奇妙景观。“金光穿洞”慢直播依托北京联通“5G+云网”技术，通过4K高清画面，2500多万名网友通过《人民日报》、央视新闻、新华社、《北京日报》、CGTV、《中国日报》《北京青年报》、北京交通广播、联通各平台、颐和园微博等14家平台观看。

（柏恩娟）

旅游行业管理

【旅游景区防汛应急演练】 7月1日，区文旅局在北京凤凰岭景区组织开展2022年山区旅游景区防汛和应急处置演练活动。演练模拟两个场景：气象部门发布暴雨橙色预警信息，区域内发生暴雨泥石流事件，景区立即启动应急预案，组织应急救援队伍和驻园

10月1日至3日，圆明园举办三期“少年闯九州”金秋研学活动（圆明园 供图）

单位开展防汛应急处置；游客从山上下来，抄野道迷路并发生扭伤事件，景区协调上级救援力量和消防人员进行现场处置。演练历时50分钟，125人参与演练。13家涉山涉水旅游景区有关人员观摩演练。

（李海亮）

【旅游行业养老诈骗活动整治】 8月25日，为做好2022年中国国际服务贸易交易会服务保障工作及文旅市场养老涉诈问题整治工作，在北京市文化市场综合执法总队指导下，区文化市场综合执法大队联合市交通运输综合执法总队六支队、海淀公安分局环食药旅保卫支队，加强对海淀重要线路沿线和节点旅游市场管控，打击非法“一日游”“跨省游”老年团。对3车次3个旅行团100多人进行联合检查，重点检查组团单位是否具有旅行社经营单位资质、旅行团是否进行电子行程备案、领队导游是否具有相关从业资质等事项，检查中发现的问题现场依法进行处理。

（李建良）

【文旅行业反恐防暴知识技能培训】 9月14日，区文旅局组织开展文化和旅游行业反恐防暴知识技能培训。全区星级宾馆酒店、旅游景区、文化娱乐场所的安全负责人80余人参加培训。培训邀请区公安分局反恐办警官授课，围绕反恐防暴基础知识、防暴器材使用、真实案例解析、行业反恐防范重点进行讲解；培训现场设置互动提问环节，对企业人员的困惑进行解答。

（杨立辉）

【旅游景区水上应急救援演练】 9月23日，区文旅局在稻香湖公园组织开展2022年海淀区旅游景区水上应急救援演练活动。颐和园、圆明园、玉渊潭公园、紫竹院公园等4家涉水旅游景区安全应急工作主管领导和部门负责人到场观摩。演练突发恶劣天气对船上人员进行疏散、游船突然起火进行扑救、游客落水进行施救等3个科目，参演人员35人。

（李海亮）

城市建设与管理

2023
北京海淀年鉴

规划与自然资源管理

【概况】 2022年，北京市规划和自然资源委员会海淀分局（简称市规划自然资源委海淀分局）下设北京市海淀区规划和自然资源执法队1个行政执法机构，北京市海淀区不动产登记事务中心、北京市海淀区规划和自然资源综合事务中心2个事业单位。市规划自然资源委海淀分局统筹调度固定资产计划投资项目19个，固定资产投资完成约110亿元，比上年增长68.7%，占全年计划的116.1%；完成建安投资约58.9亿元，比上年增长30%，占全年计划的143.5%。

接听“12345”市民热线25408件，承办22718件。办理行政案件157件（其中行政诉讼案件101件、行政复议案件40件、民事诉讼案件6件），有责败诉2件，不动产登记领域无责败诉8件。接收来信来访663件次，受理625件，受理信息公开申请1351件（直接受理1086件、区政府和北京市规划和自然资源委员会转办265件）。海淀不动产完成业务2000余件，惠及1000余名群众，其中包括全市首例全程网办“夫妻间转移登记”业务、全市首例全程网办“验登合一”项目、全区首例全程网办“预购商品房预告登记”业务、全区首例全程网办“房屋赠与”业务、首例全程网办公证继承业务。

（彭博）

【总体规划和分区规划落实】 年内，市规划自然资源委海淀分局形成2021年度落实北京城市总体规划情况报告并通过海淀区人大常委会审议。牵头报送2022年北京总规实施督察和绩效考核涉及海淀区的29项重点任务，形成海淀区落实北京城市总体规划工作方案的阶段性成果。

（彭博）

【北部地区街区控规编制】 年内，市规划自然资源委海淀分局贯彻落实总体规划和分区规划，推进海淀北部地区街区控规编制。西北旺HD00-0411街区控规和树村地区HD00-0704、0705街区控规通过市级部门联审会，中关村科学城北区HD00-0115等10个街区的控规完成区级部门意见征求、开展公示采信工作。

（彭博）

【城市更新亮点项目打造】 年内，市规划自然资源委海淀分局发挥街镇责任规划师机制度优势，结合背街小巷整治、老旧小区改造等专项工作，推动在全市形成示范作用亮点项目的“清河行动”“京张铁路遗址公园”等重点项目落地实施，同时打造“中关村众享荟小花园”“小南庄社区儿童滑梯乐园”“采石北路街心公园”“云享气象谷公园”等社区亮点项目。

（彭博）

【京张铁路遗址公园沿线街区更新控规编制】 年内，市规划自然资源委海淀分局结合京张铁路遗址公园建设和地铁13号线扩能提升，对京张铁路沿线开展城市更新街区试点，实现绿色公共空间建设带动区域城市更新，推进城市功能弥合。

（彭博）

【历史建筑挂牌保护】 年内，市规划自然资源委海淀分局落实《北京历史文化名城保护条例》，推进海淀区历史建筑挂牌保护。全区有195栋历史建筑，主要位于清华园街道、燕园街道、中关村街道等12个街镇。区政府会同首都规划建设委员会办公室与产权单位召开历史建筑对接会，明确挂牌保护工作任务及保护责任，交流讨论历史建筑保护利用情况。市规划自然资源委海淀分局组织相关街镇、对接各产权单位，完成所有历史建筑标识牌交接工作。

表29 2022年海淀区历史建筑名录一览表

序号	行政区	街道名称	历史文化街区名称	历史建筑（群）名称	建筑门牌地址	建筑单栋/座名称	备注
1	海淀区	紫竹院街道	历史文化街区外	北京友谊宾馆历史建筑群	中关村南大街1号	友谊宾馆乡园公寓	
2	海淀区	紫竹院街道	历史文化街区外			北京科学会堂	
3	海淀区	紫竹院街道	历史文化街区外			友谊宾馆苏园公寓	
4	海淀区	紫竹院街道	历史文化街区外			友谊宾馆苏园写字楼	
5	海淀区	紫竹院街道	历史文化街区外			友谊宾馆友谊宫	
6	海淀区	紫竹院街道	历史文化街区外			友谊宾馆雅园公寓	
7	海淀区	清华园街道	西郊清代皇家园林历史文化街区	清华大学北院16号院	双清路30号	清华大学北院16号院	

续表

序号	行政区	街道名称	历史文化街区名称	历史建筑（群）名称	建筑门牌地址	建筑单栋/座名称	备注
8	海淀区	清华园街道	西郊清代皇家园林历史文化街区	清华大学近现代教学楼历史建筑群	双清路30号	清华大学新水利馆	
9	海淀区	清华园街道	西郊清代皇家园林历史文化街区			清华大学第二教室楼	
10	海淀区	清华园街道	西郊清代皇家园林历史文化街区			清华大学第一教室楼	
11	海淀区	清华园街道	西郊清代皇家园林历史文化街区			清华大学旧水利馆	
12	海淀区	清华园街道	西郊清代皇家园林历史文化街区			清华大学旧土木馆	
13	海淀区	清华园街道	西郊清代皇家园林历史文化街区	原成志学校	双清路30号	原成志学校	
14	海淀区	清华园街道	西郊清代皇家园林历史文化街区	清华大学西院历史建筑群	双清路30号	清华大学西院11号院	
15	海淀区	清华园街道	西郊清代皇家园林历史文化街区			清华大学西院12号院	
16	海淀区	清华园街道	西郊清代皇家园林历史文化街区			清华大学西院13号院	
17	海淀区	清华园街道	西郊清代皇家园林历史文化街区			清华大学西院14号院	
18	海淀区	清华园街道	西郊清代皇家园林历史文化街区			清华大学西院15号院	
19	海淀区	清华园街道	西郊清代皇家园林历史文化街区			清华大学西院16号院	
20	海淀区	清华园街道	西郊清代皇家园林历史文化街区			清华大学西院17号院	
21	海淀区	清华园街道	西郊清代皇家园林历史文化街区			清华大学西院21号院	
22	海淀区	清华园街道	西郊清代皇家园林历史文化街区			清华大学西院22号院	
23	海淀区	清华园街道	西郊清代皇家园林历史文化街区			清华大学西院23号院	
24	海淀区	清华园街道	西郊清代皇家园林历史文化街区			清华大学西院24号院	
25	海淀区	清华园街道	西郊清代皇家园林历史文化街区			清华大学西院26号院	
26	海淀区	清华园街道	西郊清代皇家园林历史文化街区			清华大学西院27号院	
27	海淀区	清华园街道	西郊清代皇家园林历史文化街区			清华大学西院31号院	

续表

序号	行政区	街道名称	历史文化街区名称	历史建筑（群）名称	建筑门牌地址	建筑单栋/座名称	备注
28	海淀区	清华园街道	西郊清代皇家园林历史文化街区			清华大学西院32号院	
29	海淀区	清华园街道	西郊清代皇家园林历史文化街区			清华大学西院33号院	
30	海淀区	清华园街道	西郊清代皇家园林历史文化街区			清华大学西院34号院	
31	海淀区	清华园街道	西郊清代皇家园林历史文化街区			清华大学西院35号院	
32	海淀区	清华园街道	西郊清代皇家园林历史文化街区			清华大学西院36号院	
33	海淀区	清华园街道	西郊清代皇家园林历史文化街区			清华大学西院37号院	
34	海淀区	清华园街道	西郊清代皇家园林历史文化街区			清华大学西院41号院	
35	海淀区	清华园街道	西郊清代皇家园林历史文化街区			清华大学西院42号院	
36	海淀区	清华园街道	西郊清代皇家园林历史文化街区			清华大学西院43号院	
37	海淀区	清华园街道	西郊清代皇家园林历史文化街区			清华大学西院44号院	
38	海淀区	清华园街道	西郊清代皇家园林历史文化街区			清华大学西院45号院	
39	海淀区	清华园街道	西郊清代皇家园林历史文化街区			清华大学西院46号院	
40	海淀区	清华园街道	西郊清代皇家园林历史文化街区			清华大学西院47号院	
41	海淀区	清华园街道	西郊清代皇家园林历史文化街区	清华大学照澜院历史建筑群	双清路30号	清华大学照澜院1号楼	
42	海淀区	清华园街道	西郊清代皇家园林历史文化街区			清华大学照澜院2号楼	
43	海淀区	清华园街道	西郊清代皇家园林历史文化街区			清华大学照澜院3号楼	
44	海淀区	清华园街道	西郊清代皇家园林历史文化街区			清华大学照澜院4号楼	
45	海淀区	清华园街道	西郊清代皇家园林历史文化街区			清华大学照澜院5号楼	
46	海淀区	清华园街道	西郊清代皇家园林历史文化街区			清华大学照澜院6号楼	
47	海淀区	清华园街道	西郊清代皇家园林历史文化街区			清华大学照澜院7号楼	

续表

序号	行政区	街道名称	历史文化街区名称	历史建筑（群）名称	建筑门牌地址	建筑单栋/座名称	备注
48	海淀区	清华园街道	西郊清代皇家园林历史文化街区			清华大学照澜院8号楼	
49	海淀区	清华园街道	西郊清代皇家园林历史文化街区			清华大学照澜院9号楼	
50	海淀区	清华园街道	西郊清代皇家园林历史文化街区			清华大学照澜院10号楼	
51	海淀区	清华园街道	西郊清代皇家园林历史文化街区			清华大学照澜院11号楼	
52	海淀区	清华园街道	西郊清代皇家园林历史文化街区			清华大学照澜院12号楼	
53	海淀区	清华园街道	西郊清代皇家园林历史文化街区			清华大学照澜院13号楼	
54	海淀区	清华园街道	西郊清代皇家园林历史文化街区			清华大学照澜院14号楼	
55	海淀区	清华园街道	西郊清代皇家园林历史文化街区			清华大学照澜院15号楼	
56	海淀区	清华园街道	西郊清代皇家园林历史文化街区			清华大学照澜院16号楼	
57	海淀区	清华园街道	西郊清代皇家园林历史文化街区			清华大学照澜院17号楼	
58	海淀区	清华园街道	西郊清代皇家园林历史文化街区			清华大学照澜院18号楼	
59	海淀区	清华园街道	西郊清代皇家园林历史文化街区			清华大学照澜院19号楼	
60	海淀区	清华园街道	西郊清代皇家园林历史文化街区			清华大学照澜院20号楼	
61	海淀区	清华园街道	西郊清代皇家园林历史文化街区	清华大学胜因院历史建筑群	双清路30号	清华大学胜因院13号楼	
62	海淀区	清华园街道	西郊清代皇家园林历史文化街区			清华大学胜因院14号楼	
63	海淀区	清华园街道	西郊清代皇家园林历史文化街区			清华大学胜因院17号楼	
64	海淀区	清华园街道	西郊清代皇家园林历史文化街区			清华大学胜因院21号楼	
65	海淀区	清华园街道	西郊清代皇家园林历史文化街区			清华大学胜因院22号楼	
66	海淀区	清华园街道	西郊清代皇家园林历史文化街区			清华大学胜因院25号楼	
67	海淀区	清华园街道	西郊清代皇家园林历史文化街区			清华大学胜因院26号楼	

续表

序号	行政区	街道名称	历史文化街区名称	历史建筑（群）名称	建筑门牌地址	建筑单栋/座名称	备注
68	海淀区	清华园街道	西郊清代皇家园林历史文化街区			清华大学胜因院27号楼	
69	海淀区	清华园街道	西郊清代皇家园林历史文化街区			清华大学胜因院28号楼	
70	海淀区	清华园街道	西郊清代皇家园林历史文化街区			清华大学胜因院29号楼	
71	海淀区	清华园街道	西郊清代皇家园林历史文化街区			清华大学胜因院30号楼	
72	海淀区	清华园街道	西郊清代皇家园林历史文化街区			清华大学胜因院32号楼	
73	海淀区	清华园街道	西郊清代皇家园林历史文化街区			清华大学胜因院36号楼	
74	海淀区	清华园街道	西郊清代皇家园林历史文化街区			清华大学胜因院37号楼	
75	海淀区	清华园街道	西郊清代皇家园林历史文化街区	清华大学新林院历史建筑群	双清路30号	清华大学新林院1号楼	
76	海淀区	清华园街道	西郊清代皇家园林历史文化街区			清华大学新林院2号楼	
77	海淀区	清华园街道	西郊清代皇家园林历史文化街区			清华大学新林院3号楼	
78	海淀区	清华园街道	西郊清代皇家园林历史文化街区			清华大学新林院4号楼	
79	海淀区	清华园街道	西郊清代皇家园林历史文化街区			清华大学新林院5号楼	
80	海淀区	清华园街道	西郊清代皇家园林历史文化街区			清华大学新林院6号楼	
81	海淀区	清华园街道	西郊清代皇家园林历史文化街区			清华大学新林院7号楼	
82	海淀区	清华园街道	西郊清代皇家园林历史文化街区			清华大学新林院9号楼	
83	海淀区	清华园街道	西郊清代皇家园林历史文化街区			清华大学新林院10号楼	
84	海淀区	清华园街道	西郊清代皇家园林历史文化街区			清华大学新林院11号楼	
85	海淀区	清华园街道	西郊清代皇家园林历史文化街区			清华大学新林院12号楼	
86	海淀区	清华园街道	西郊清代皇家园林历史文化街区			清华大学新林院21号楼	
87	海淀区	清华园街道	西郊清代皇家园林历史文化街区			清华大学新林院22号楼	

续表

序号	行政区	街道名称	历史文化街区名称	历史建筑（群）名称	建筑门牌地址	建筑单栋/座名称	备注
88	海淀区	清华园街道	西郊清代皇家园林历史文化街区			清华大学新林院23号楼	
89	海淀区	清华园街道	西郊清代皇家园林历史文化街区			清华大学新林院31号楼	
90	海淀区	清华园街道	西郊清代皇家园林历史文化街区			清华大学新林院32号楼	
91	海淀区	清华园街道	西郊清代皇家园林历史文化街区			清华大学新林院41号楼	
92	海淀区	清华园街道	西郊清代皇家园林历史文化街区			清华大学新林院42号楼	
93	海淀区	清华园街道	西郊清代皇家园林历史文化街区			清华大学新林院43号楼	
94	海淀区	清华园街道	西郊清代皇家园林历史文化街区			清华大学新林院51号楼	
95	海淀区	清华园街道	西郊清代皇家园林历史文化街区			清华大学新林院52号楼	
96	海淀区	清华园街道	西郊清代皇家园林历史文化街区			清华大学新林院53号楼	
97	海淀区	清华园街道	西郊清代皇家园林历史文化街区			清华大学新林院61号楼	
98	海淀区	燕园街道	西郊清代皇家园林历史文化街区	燕园公共建筑历史建筑群	颐和园路5号	燕园老锅炉房	
99	海淀区	燕园街道	西郊清代皇家园林历史文化街区			燕园方楼	
100	海淀区	燕园街道	西郊清代皇家园林历史文化街区	燕东园历史建筑群	颐和园路5号	燕东园21号楼	
101	海淀区	燕园街道	西郊清代皇家园林历史文化街区			燕东园22号楼	
102	海淀区	燕园街道	西郊清代皇家园林历史文化街区			燕东园23号楼	
103	海淀区	燕园街道	西郊清代皇家园林历史文化街区			燕东园24号楼	
104	海淀区	燕园街道	西郊清代皇家园林历史文化街区			燕东园25号楼	
105	海淀区	燕园街道	西郊清代皇家园林历史文化街区			燕东园28号楼	
106	海淀区	燕园街道	西郊清代皇家园林历史文化街区			燕东园30号楼	
107	海淀区	燕园街道	西郊清代皇家园林历史文化街区			燕东园31号楼	

续表

序号	行政区	街道名称	历史文化街区名称	历史建筑（群）名称	建筑门牌地址	建筑单栋/座名称	备注
108	海淀区	燕园街道	西郊清代皇家园林历史文化街区			燕东园32号楼	
109	海淀区	燕园街道	西郊清代皇家园林历史文化街区			燕东园33号楼	
110	海淀区	燕园街道	西郊清代皇家园林历史文化街区			燕东园34号楼	
111	海淀区	燕园街道	西郊清代皇家园林历史文化街区			燕东园35号楼	
112	海淀区	燕园街道	西郊清代皇家园林历史文化街区			燕东园36号楼	
113	海淀区	燕园街道	西郊清代皇家园林历史文化街区			燕东园37号楼	
114	海淀区	燕园街道	西郊清代皇家园林历史文化街区			燕东园39号楼	
115	海淀区	燕园街道	西郊清代皇家园林历史文化街区			燕东园40号楼	
116	海淀区	燕园街道	西郊清代皇家园林历史文化街区			燕东园41号楼	
117	海淀区	燕园街道	西郊清代皇家园林历史文化街区			燕东园42号楼	
118	海淀区	燕园街道	西郊清代皇家园林历史文化街区	燕南园历史建筑群	颐和园路5号	燕南园50号楼	
119	海淀区	燕园街道	西郊清代皇家园林历史文化街区			燕南园51号楼	
120	海淀区	燕园街道	西郊清代皇家园林历史文化街区			燕南园52号楼	
121	海淀区	燕园街道	西郊清代皇家园林历史文化街区			燕南园53号楼	
122	海淀区	燕园街道	西郊清代皇家园林历史文化街区			燕南园54号楼	
123	海淀区	燕园街道	西郊清代皇家园林历史文化街区			燕南园55号楼	
124	海淀区	燕园街道	西郊清代皇家园林历史文化街区			燕南园56号楼	
125	海淀区	燕园街道	西郊清代皇家园林历史文化街区			燕南园57号楼	
126	海淀区	燕园街道	西郊清代皇家园林历史文化街区			燕南园58号楼	
127	海淀区	燕园街道	西郊清代皇家园林历史文化街区			燕南园59号楼	

续表

序号	行政区	街道名称	历史文化街区名称	历史建筑（群）名称	建筑门牌地址	建筑单栋/座名称	备注
128	海淀区	燕园街道	西郊清代皇家园林历史文化街区			燕南园60号楼	
129	海淀区	燕园街道	西郊清代皇家园林历史文化街区			燕南园61号楼	
130	海淀区	燕园街道	西郊清代皇家园林历史文化街区			燕南园62号楼	
131	海淀区	燕园街道	西郊清代皇家园林历史文化街区			燕南园63号楼	
132	海淀区	燕园街道	西郊清代皇家园林历史文化街区			燕南园64号楼	
133	海淀区	燕园街道	西郊清代皇家园林历史文化街区			燕南园65号楼	
134	海淀区	燕园街道	西郊清代皇家园林历史文化街区			燕南园66号楼	
135	海淀区	燕园街道	西郊清代皇家园林历史文化街区	北京大学近现代教学楼历史建筑群	颐和园路5号	北京大学第一教学楼	
136	海淀区	燕园街道	西郊清代皇家园林历史文化街区			北京大学遥感楼	
137	海淀区	燕园街道	西郊清代皇家园林历史文化街区			北京大学电化教学楼	
138	海淀区	燕园街道	西郊清代皇家园林历史文化街区	北京大学南门宿舍楼历史建筑群	颐和园路5号	北京大学19号楼	
139	海淀区	燕园街道	西郊清代皇家园林历史文化街区			北京大学20号楼	
140	海淀区	燕园街道	西郊清代皇家园林历史文化街区			北京大学21号楼	
141	海淀区	燕园街道	西郊清代皇家园林历史文化街区			北京大学22号楼	
142	海淀区	燕园街道	西郊清代皇家园林历史文化街区			北京大学23号楼	
143	海淀区	燕园街道	西郊清代皇家园林历史文化街区			北京大学24号楼	
144	海淀区	中关村街道	西郊清代皇家园林历史文化街区	科源社区历史建筑群	海淀区中关村北一街	科源社区13号楼	
145	海淀区	中关村街道	西郊清代皇家园林历史文化街区			科源社区14号楼	
146	海淀区	中关村街道	西郊清代皇家园林历史文化街区			科源社区15号楼	
147	海淀区	北太平庄街道	历史文化街区外	中国政法大学近现代历史建筑群	西土城路25号	中国政法大学1号宿舍楼	
148	海淀区	北太平庄街道	历史文化街区外			中国政法大学主教学楼	

续表

序号	行政区	街道名称	历史文化街区名称	历史建筑（群）名称	建筑门牌地址	建筑单栋/座名称	备注
149	海淀区	花园路街道	历史文化街区外	北京航空航天大学近现代历史建筑群	学院路37号	北京航空航天大学1号楼	
150	海淀区	花园路街道	历史文化街区外	北京航空航天大学近现代历史建筑群	学院路37号	北京航空航天大学2号楼	
151	海淀区	花园路街道	历史文化街区外	北京航空航天大学近现代历史建筑群	学院路37号	北京航空航天大学3号楼	
152	海淀区	花园路街道	历史文化街区外	北京航空航天大学近现代历史建筑群	学院路37号	北京航空航天大学4号楼	
153	海淀区	甘家口街道	历史文化街区外	原苏联展览馆招待所历史建筑群	三里河路1号	原苏联展览馆招待所十号楼	
154	海淀区	甘家口街道	历史文化街区外	原苏联展览馆招待所历史建筑群	三里河路1号	原苏联展览馆招待所二号楼	
155	海淀区	甘家口街道	历史文化街区外	原苏联展览馆招待所历史建筑群	三里河路1号	原苏联展览馆招待所三号楼	
156	海淀区	甘家口街道	历史文化街区外	原苏联展览馆招待所历史建筑群	三里河路1号	原苏联展览馆招待所四号楼	
157	海淀区	甘家口街道	历史文化街区外	原苏联展览馆招待所历史建筑群	三里河路1号	原苏联展览馆招待所五号楼	
158	海淀区	甘家口街道	历史文化街区外	原苏联展览馆招待所历史建筑群	三里河路1号	原苏联展览馆招待所六号楼	
159	海淀区	甘家口街道	历史文化街区外	原苏联展览馆招待所历史建筑群	三里河路1号	原苏联展览馆招待所七号楼	
160	海淀区	甘家口街道	历史文化街区外	原苏联展览馆招待所历史建筑群	三里河路1号	原苏联展览馆招待所八号楼	
161	海淀区	甘家口街道	历史文化街区外	原苏联展览馆招待所历史建筑群	三里河路1号	原苏联展览馆招待所九号楼	
162	海淀区	甘家口街道	历史文化街区外	原苏联展览馆招待所历史建筑群	三里河路1号	原北京市西苑大旅社大礼堂会议楼	
163	海淀区	清河街道	历史文化街区外	原北京丝绸厂历史建筑群	安宁庄东路18号光华创业园	原北京丝绸厂1号厂房	
164	海淀区	清河街道	历史文化街区外	原北京丝绸厂历史建筑群	安宁庄东路18号光华创业园	原北京丝绸厂2号厂房	
165	海淀区	清河街道	历史文化街区外	原北京丝绸厂历史建筑群	安宁庄东路18号光华创业园	原北京丝绸厂办公楼	
166	海淀区	清河街道	历史文化街区外	原北京丝绸厂历史建筑群	安宁庄东路18号光华创业园	原北京丝绸厂礼堂	
167	海淀区	中关村街道	历史文化街区外	原北京青云仪器厂历史建筑群	北三环西路43号	原北京青云仪器厂1号厂房	
168	海淀区	中关村街道	历史文化街区外	原北京青云仪器厂历史建筑群	北三环西路43号	原北京青云仪器厂2号厂房	
169	海淀区	中关村街道	历史文化街区外	原北京青云仪器厂历史建筑群	北三环西路43号	原北京青云仪器厂3号厂房	
170	海淀区	中关村街道	历史文化街区外	原北京青云仪器厂历史建筑群	北三环西路43号	原北京青云仪器厂4号厂房	
171	海淀区	学院路街道	历史文化街区外	原北京大华无线电仪器厂历史建筑群	学院路5号768创意园	原北京大华无线电仪器厂办公楼及试制车间	
172	海淀区	学院路街道	历史文化街区外	原北京大华无线电仪器厂历史建筑群	学院路5号768创意园	原北京大华无线电仪器厂机加车间	

续表

序号	行政区	街道名称	历史文化街区名称	历史建筑（群）名称	建筑门牌地址	建筑单栋/座名称	备注
173	海淀区	学院路街道	历史文化街区外			原北京大华无线电仪器厂波导车间	
174	海淀区	学院路街道	历史文化街区外			原北京大华无线电仪器厂木工厂房	
175	海淀区	学院路街道	历史文化街区外			原北京大华无线电仪器厂电镀表面车间	
176	海淀区	田村路街道	历史文化街区外	原北京葡萄酒厂历史建筑群	玉泉路2号	原北京葡萄酒厂第一生产厂房及地下室	
177	海淀区	田村路街道	历史文化街区外			原北京葡萄酒厂第二生产厂房及地下室	
178	海淀区	海淀镇	西郊清代皇家园林历史文化街区	北京六一幼儿院历史建筑群	青龙桥6间房1号	北京六一幼儿院主教学楼	
179	海淀区	海淀镇	西郊清代皇家园林历史文化街区			北京六一幼儿院北教学楼	
180	海淀区	紫竹院街道	历史文化街区外	原北京图书馆新馆	中关村南大街33号	原北京图书馆新馆	
181	海淀区	学院路街道	历史文化街区外	北京林业大学近现代历史建筑群	清华东路35号	北京林业大学1号宿舍楼	
182	海淀区	学院路街道	历史文化街区外			北京林业大学2号宿舍楼	
183	海淀区	学院路街道	历史文化街区外			北京林业大学3号宿舍楼	
184	海淀区	学院路街道	历史文化街区外			北京林业大学4号宿舍楼	
185	海淀区	学院路街道	历史文化街区外			北京林业大学5号宿舍楼	
186	海淀区	学院路街道	历史文化街区外	中国农业大学近现代历史建筑群	清华东路17号	中国农业大学第二教学楼	
187	海淀区	学院路街道	历史文化街区外			中国农业大学1号楼	
188	海淀区	学院路街道	历史文化街区外			中国农业大学2号楼	
189	海淀区	学院路街道	历史文化街区外			中国农业大学3号楼	
190	海淀区	学院路街道	历史文化街区外			中国农业大学4号楼	
191	海淀区	学院路街道	历史文化街区外			中国农业大学5号楼	
192	海淀区	学院路街道	历史文化街区外			中国农业大学7号楼	
193	海淀区	温泉镇	历史文化街区外	温泉路118号院内传统建筑	温泉路118号	温泉路118号院内传统建筑	
194	海淀区	温泉镇	历史文化街区外	原中法大学所属第二农林试验场酒窖	双坡路1号	原中法大学所属第二农林试验场酒窖	
195	海淀区	海淀镇	西郊清代皇家园林历史文化街区	后营村3号院	青龙桥后营村3号	后营村3号院北房	青龙桥后营村3号院北房已于2021年12月核定为文物

（彭博）

【《海淀区绿道、巡河路与慢行系统融合发展规划》编制完成】 年内，市规划自然资源委海淀分局牵头组织编制完成《海淀区绿道、巡河路与慢行系统融合发展规划》（简称《规划》）。《规划》以三网为脉，以线串点，以线带面，脉动生态与资源，建立一个融入区域、层次丰富、互联互通、特色突出的“水路绿”协同发展的慢行系统。《规划》重点研究绿道、巡河路与慢行系统的有机衔接，通过节点工程改造、标志指引优化等方式，以城市道路慢行系统为骨架，连通巡河道和绿道系统，盘活城市滨水与绿色空间，串联生态、人文景观资源，为市民提供多样化的通勤环境和休闲空间。

（彭博）

【道路交通体系建设】 年内，市规划自然资源委海淀分局围绕“马上清西”、故宫北院、宝山、双新、巨山地区等重点区域、两园之间棚改安置、永丰产业基地（新）F1、F2及L地块、西北旺X5产业用地周边等重要民生工程，推进周边城市次支路建设，利用多规平台开展中环路（纬三路—经三路）、电视塔西路、清河北侧路、上庄家园南街、皇后店北街、西北旺镇西一路等30余项道路方案研究工作，总里程约20千米。挖潜新增停车设施，核发F021地块、永丰新G064地块、H061、J025地块4个社会公共停车场多规初审。推进重大市政交通类项目征地手续的办理进展，对北京地铁六号线西延工程（海淀段）、北京地铁十六号线（二期）工程、北京地铁四号线工程、北京城市轨道交通西郊线、海淀区陕京三线输气管道工程北京段（47号阀室，48号阀室）、海淀北部地区核心区东侧路（京密引水渠北侧路—翠湖南路）道路工程、党校西及树村地区回迁安置房周边道路市政配套工程项目（北大生物城西二路道路工程）、党校西及树村地区回迁安置房周边道路市政配套工程项目（树村北街道路工程）等8个项目开展分区规划运行维护工作。

（彭博）

【民生项目审批】 年内，市规划自然资源委海淀分局利用“多规合一”平台，开展40余项市政、管线工程技术方案审查工作，完成北坞村路周边架空线入地、北部医疗中心外部配套燃气电力管线改移等约90千米管线项目多规手续办理工作；完成温泉水厂、东玉河220千伏变电站等约20万平方米市政项目多规手续办理工作；通过函复及“多规合一”技术服务形式，完成管线消隐工程约250千米。

（彭博）

【工程建设项目审批制度改革】 年内，市规划自然资源委海淀分局作为工程建设项目审批制度改革集成示范区成员单位，制订印发《北京市规划和自然资源委员会海淀分局打造工程建设领域改革示范区的工作方案》，构建跨部门改革推进机制，完成优化门楼牌办理流程、进一步推广建筑师负责制、“用地”清单制改革、深化竣工验收“多测合一”及全市首例低风险工程“验登合一”试点任务。

（彭博）

【重点工程审批】 年内，市规划自然资源委海淀分局完成北京市重点工程计划项目（“3个100”）及海淀区重点固投项目台账任务，加快核发东升科技园二期L25地块、学院路科技园东升园（G、H、I地块）、北京通用人工智能创新园、字节跳动中坤广场升级改造、2022年三批次“两集中”供地项目的建设工程规划许可证，均实现开工建设。加强重点项目供地保障，完成中关村论坛永久会址主会场项目集体占地批复，京昌路楔形绿地棚户区改造项目（一期）回迁安置房及幼儿园项目、田村路43号二期用地定向安置房项目划拨决定书等国土手续。

（彭博）

【耕地保护】 年内，市规划自然资源委海淀分局落实自然资源部和北京市规划和自然资源委员会“三区三线”划定规则，优先保证耕地和永久基本农田质量，实现用地布局集中连片，完成740.45公顷耕地保护目标划定工作，划定成果于10月14日正式启用；完成永丰产业基地（新）4–1街区一级开发项目组团（F2地块）项目、亮甲店九年一贯制学校及幼儿园新建项目2个占用耕地项目占补平衡，补充耕地面积0.9501公顷；完成永丰L地块表剥项目验收及永丰F2地块项目表剥分析报告审查工作，取得区政府验收批复及审查意见，项目均办结。

（彭博）

【城乡建设用地减量】 年内，海淀区城乡建设用地净减量任务为1.2平方千米，2018年海淀区城乡建设用地净减量任务为1.75平方千米，2019年为1.22平方千米，2020年为3平方千米，2021年城乡建设用地净减量任务为1.2平方千米，连续5年完成减量任务。

（彭博）

【违法建设查处】 年内，市规划自然资源委海淀分局推进规自领域违法用地违法建设的整治工作，全区新增违法建设整改到位项目245个，腾退土地97.4公顷，拆除违法建设23.27万平方米，办理建设手续5.85万平方米。向区委、区政府报送工作专报13期，并同时向各相关单位通报。按照海淀区创建“基本无违法建设区”验收评价指标体系，经第三方机构内、外业抽检，市创建办相关成员单位联审，海淀区创建工作评价为优秀，实现“基本无违法建设区”创建目标。

（彭博）

【自然资源督察问题整改】 年内，市规划自然资源委海淀分局迎接自然资源督察北京局对海淀区开展耕地保护及矿产资源驻点督察工作，对发现的2个“非农化”问题已立整立改并通过验收；3个“非粮化”问题已立整立改到位2个，剩余1个正由四季青镇政府及北京四季青农业科技集团有限公司三分公司组织实施整改。持续推进历年督察整改工作，限期整改问题新增整改到位2个，到位418个，到位率91.67%；持续整改问题新增整改到位1个，到位220个，到位率29.14%。

（彭博）

【土地整治】 年内，温泉太舟坞土地复垦一期项目2022年完成市级验收并实现指标入库，面积为3.09公顷，为亮甲店九年一贯制学校新建项目提供耕地占补平衡指标。苏家坨镇、上庄镇和西北旺镇5个土地整治项目取得区级立项批复。

（彭博）

【土地污染治理】 年内，市规划自然资源委海淀分局配合完成学院路科技园东升园（G、H、I）地块等24个项目的土壤污染状况评审会。对取得工程规划许可证之前的建设项目用途变更为住宅、公共管理和公共服务项目共24个项目开展土壤污染状况调查，土壤污染风险得到有效管控。

（彭博）

【设施农业用地管理】 年内，市规划自然资源委海淀分局配合完成西北旺镇百旺农业种植园整体提升农业智慧化项目设施农业用地备案，用地面积9.63公顷。

（彭博）

【征地及农用地转用项目】 年内，市规划自然资源委海淀分局办理征占地前期工作项目15个，涉及用地面积81.9172公顷，新增建设用地约65.8158公顷。12个项目取得征地及用地批复，涉及用地面积43.8319公顷，新增建设用地13.3501公顷。完成温泉水厂等13个项目征地预公告，完成永丰产业基地F2项目等11个项目的征地结案工作。

（彭博）

【土地供应】 年内，海淀区完成供地面积149.49公顷。其中，商品住宅用地14.27公顷，安置房31.11公顷，安置房经营性配套用地7.16公顷，商服用地6.22公顷，研发设计用地16.69公顷，公共管理与公共服务及公用设施用地23.4公顷，交通运输用地50.64公顷。其中，海淀区租赁房用地供应任务24公顷，完成供应38.12公顷，超额完成供应任务。商品住宅年度供应量为11公顷，永丰产业基地（新）F2地块项目0013、0015、0016、0018、0019地块等商品住宅地块完成供应，供应面积14.27公顷，超额完成海淀区商品住宅供应任务。

（彭博）

【高精尖产业项目供地】 年内，市规划自然资源委海淀分局完成翠湖科技园区3-2-6005地块项目、翠湖科技园新增H地块3-2-014、3-2-024、3-2-051地块项目、中关村东升科技园二期1813-L25地块项目、翠湖科技园HD00-0303-0107、I-ID00-0303-0121地块项目、中国人民银行会计核算系统全国处理中心及国家支付系统创新实验室业务用房项目协议出让合同签订工作。

（彭博）

【地质灾害隐患防治】 年内，市规划自然资源委海淀分局对海淀区山区和半山区进行全面隐患巡查，对地质灾害隐患点进行全面巡查核查，更新隐患台账，完善预案方案，对2022年之前发现的67处隐患点的应急避险路线、地点及转移疏散方案重新进行细化和全面梳理；对涉山景区进山路口及重要地段设立的24个智能语音警示杆进行维护；维修和制作防灾警示牌。开展36处森林防火通道沿线崩塌及滑坡隐患点治理，实际完成32处隐患点施工。制定印发《北京市规划和自然资源委员会海淀分局2022年度汛期值守专项工作方案》，进一步提高应急反应能力；海淀区地质灾害防汛专项分指挥部会同市灾防所、区气象局实施地灾预警联动，联合发布区级地质灾害气象风险预警11次。

（彭博）

【矿产资源管理】 年内，市规划自然资源委海淀分局开展矿泉水开采企业年检、水源水检测，协调组织辖区内地热采矿权单位、矿泉水开采单位进行矿产资源开发利用统计直报管理分析系统、矿业权人勘查开采信息公示系统、矿产资源储量数据库管理系统填报工作。加强对开采活动的监督检查力度，督促矿产资源勘查、开采单位依法依规开展勘查、开采活动。加强巡查检查，坚决遏制非法开采和私挖盗采违法行为。

（彭博）

【地质灾害风险普查】 年内，北京市第一次全国自然灾害综合风险普查海淀区地质灾害风险普查项目在完成1：5风险普查工作成果报告和相关图件的基础上，开展重点区1：10000比例尺调查工作和编制相关图件。11月3日，普查通过专家评审。经普查确认，截至11月，全区发现的地质灾害隐患点增至86处，险情等级全部为小型。

（彭博）

【破解住宅“登记难”历史遗留问题】 年内，区不动产登记中心统筹破解历史遗留“登记难”问题。全区推进打通7个小区、涉及住宅12981套的回迁安置房办证路径，超额完成市级下达的年度打通1.1万套回迁安置房办证任务量，完成率118%，提前超额18%完成市级任务指标，解决量居全市第四，完成率居城六区第二。清缘里小区解决案例被《北京日报》《北京晚报》等市级媒体报道，作为为民办实事案例接受中央电视总台《新闻联播》采访；花园新区项目被选为北京卫视“局处长走流程”拍摄案例。

（彭博）

【不动产登记审批】 年内，区不动产登记中心受理各类登记业务104000余件，颁发不动产权利证书及证明约5.7万件。受理不动产权籍调查事项172件，土地权属审查事项96件，完成不动产档案查询120000余件，新增不动产登记档案100139卷，均全部质检上架并完成数字化归档。收到群众表扬信93封，电话回访满意率100%。

（彭博）

【首批教育类公共公益项目手续完成】 年内，首批教育类公共公益项目分别为玉渊潭中学办公楼及教学楼、交大附小教室建设应急工程、北京体育大学幼儿园。由于历史原因，上述项目均未取得相关规划审批手续。市规划自然资源委海淀分局结合区域特点，主动将项目纳入公共公益完善手续专项，全程跟踪服务，按照公共公益完善手续“六步法”，直接为学校办理不动产登记证书，完成全区首批教育类公共公益项目补办手续全流程案例。

（彭博）

【自然资源资产清查试点工作推进】 年内，市规划自然资源委海淀分局完成全区全民所有土地、矿产、森林、草原资源资产清查试点工作，生成基础清查数据，估算资产经济价值，建设资产清查数据库，进一步摸清全民所有自然资源资产家底。海淀区资产清查工作共清查图斑50036个，清查面积29564.66公顷（不包含矿产面积），占海淀区总面积的68.63%，其中土地面积23068.49公顷（53.55%）、森林面积6326.55公顷（14.69%）、草原面积169.62公顷（0.39%）。编制《海淀区2021年度国有自然资源（资产）管理情况的专项报告》《海淀区2021年度土地资源（资产）管理情况的子报告》《土地及矿产资源负债表》。

（彭博）

【批而未供地项目处置】 年内，市规划自然资源委海淀分局制定《海淀区2022年度批而未供项目供应计划》，实际完成供地87.5962公顷，年度实际处置率23.77%。

（彭博）

【开发区土地集约利用监测统计】 年内，市规划自然资源委海淀分局完成海淀区2022年度开发区土地集约利用监测统计工作，对全区相关产业园区的基本信息、用地状况和社会经济等数据进行调查更新。调查显示：三个一类产业园约18310公顷（占海淀区总面积的42.5%），其中已建成城镇面积13643.57公顷，比上年度增加2.88公顷；未建成城镇面积3499.98公顷，比上年度减少2.88公顷；不可建设土地面积1166.56公顷，无变化（分区规划非建设用地）。

（彭博）

【地名及建筑物名核准】 年内，市规划自然资源委海淀分局核准建筑物名称13个：汇德里、幸福里润园、书香悦园、书香茗园、电建科创园、紫星苑、启辰院、华熙冰上中心、拓尔思大厦、西南裕柏大厦、富华里富园、鸿诚拓展大厦、富华里汇园。核准地名14个：双清西路、逸清南路（西延）、小牛房二街、小牛房东路、小牛房三街、林花街、万春路、裕景一街、树村北街、裕景二街、裕景中街、裕景西路、杨家庄中街、御风北路。

（彭博）

【2021年度国土变更调查】 年内，市规划自然资源委海淀分局按照自然资源部办公厅《关于开展2021年度全国国土变更调查工作的通知》《北京市关于开展2021年度全市国土变更调查工作的通知》要求，开展2021年度国土变更调查工作。国土变更调查图斑2216块，面积1675.32公顷。与2020年国土变更调查成果地类相比，维持原地类图斑558块、变化图斑1658块。

（彭博）

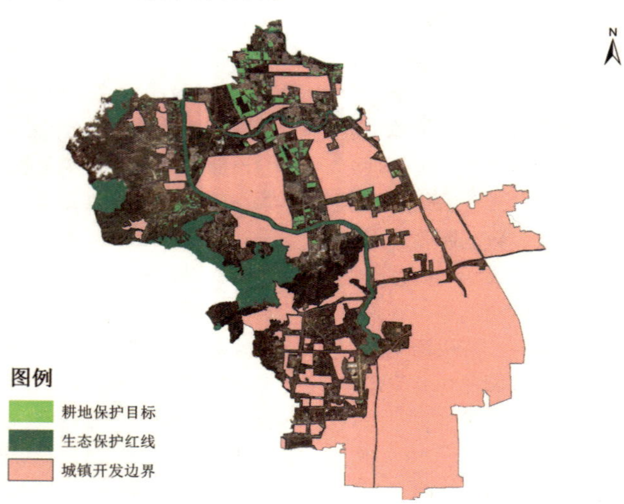

海淀区“三区三线”分布示意图

【公共公益违法用地违法建设专项】 年内，海淀区已处置到位项目311宗，占专项总项目数88%，其中按照“六步法”完善手续项目14个，总建筑规模10.7万平方米，涉及市政类2个、教育类11个，医院项目1个，助力海淀区教育、医疗、环卫事业稳固发展。

（彭博）

【闲置土地处置】 年初，自然资源部通报海淀区闲置土地12宗，用地面积71.41公顷，完成整改4宗，用地面积42.4公顷，处置率为59%。

（彭博）

【协作规划平台会】 2月21日，市规划自然资源委与区政府联合召开第三十次协作规划平台会，听取六郎庄和青龙桥前期规划方案、城建集团海淀区用地统筹规划综合实施方案西三旗地块有关问题、中关村西区—中关村广场城市更新项目以及中关村国家自主创新示范区展示中心屋面防水色彩有关问题，强调要充分发挥协作规划平台优势，做好市区两级协调配合，探索规划实施新模式。7月14日，市规划自然资源委与区政府联合召开第三十一次协作规划平台会，研究北京大学肖家河教工住宅项目完善手续问题、京藏科技创新中心项目另行选址建设事宜，强调落实领导批示精神、积极解决历史遗留问题，统筹推进项目实施落地；听取中关村论坛永久会址项目设计方案、中关村东区改建项目规划实施方案、海淀区清河站北—安宁庄综合开发地块F3其他类多功能用地供地项目、中国地质大学、五棵松卓展购物中心外立面改造项目改造方案，明确下一步工作思路，推进项目后续建设工作；通报海淀区东升镇朱房四街地块规划综合实施方案公示情况。10月9日，市规划自然资源委与区政府联合召开第三十二次协作规划平台会，听取中关村东区科源社区及启动区规划设计方案，明确下一步工作思路及重点；商讨中关村西区—中关村广场城市更新项目公示采信情况，明确后续实施路径；研究教师进修学校附属实验北校区改扩建项目——迁建第三水厂315号水源井、航天城实施方案涉及风格渠故道调整。11月16日，市规划自然资源委与区政府联合召开第三十三次协作规划平台会，听取香山街道社区综合服务中心、西郊食品冷冻厂城市更新、鼎好大厦B座改造、双新村棚户区改造平衡资金用地等项目，破解历史遗留痛点难题，推进区域重点项目，带动空间资源优化发展；通报中关村论坛永久会址项目、朱房地区规划综合实施方案等项目进展情况。

（彭博）

【驰速审批应急处置项目】 5月，面对新冠疫情反复、多点散发的复杂形势，市规划自然资源委海淀分局迅速响应市、区关于建设集中隔离设施工作要求，第一时间组织相关部门启动方舱医院选址、前期规划以及会审工作，抢发海淀区方舱医院改造项目应急临时工程、海淀区医学观察中心临时用房两处疫情防控保障重点项目的规划许可手续，提供近4000张床位，作为全区新冠肺炎医学观察和救治的集中隔离点。

（彭博）

【“三区三线”划定成果启用】 10月14日，市规划自然资源委海淀分局完成的“三区三线”划定成果正式启用。划定成果获自然资源部通过，作为海淀区建设项目用地组卷报批依据。“三区三线”分别对应永久基本农田保护红线、生态保护红线、城镇开发边界三条控制线，三条控制线不交叉、不重叠、不冲突。

（彭博）

【《海淀区道路网规划实施评估及道路项目实施储备规划》编制完成】 12月，市规划自然资源委海淀分局组织开展《海淀区道路网规划实施评估及道路项目实施储备规划》（简称《规划》）研究工作。《规划》坚持问题与目标双导向，以总体规划、分区规划及街区控规为引领，结合道路规划实施评估工作，围绕“畅通道、促发展、补短板”三个实施对策维度，构建海淀区道路建设项目实施储备库，健全道路建设领域规划引领项目生成的实施机制，助力海淀区道路建设科学精准决策，为推动海淀区高质量发展提供有力支撑。

（彭博）

城市建设与房地产业

【概况】 2022年，海淀区住房和城乡建设委员会（简称区住建委）落实统筹疫情防控和稳定经济增长若干措施，统筹协调推进海淀城市更新建设，发放重点建安投资项目防疫补助650万元，服务保障重点工程复工达产。建筑业总产值达到1535亿元、比上年增长6.9%，京内产值完成585亿元、比上年增长15.6%。跟踪督办区委、区政府专项督查任务48件。承担市、区重点折子任务和重要民生实事等38项。

固定资产投资。海淀区主责的20项市级“3个100”重点工程完成固定资产投资148.9亿元，比原计划82.5亿元超额完成66.4亿元、80.5%，三山五园艺术中心、中关村论坛永久会址等重点工程加快建设。安排区重点工程项目69项，完成固定资产投资677亿元，比原计划610亿元超额完成67亿元、11%。承担主责固定资产投资项目69项，年度固投任务410亿元，占全区固投任务的36.3%，比上年增加139.8亿元，增长51.7%。协调住建领域政策性住房、老旧小区改造、商品房开发、轨道交通及市政基础设施等工程实施，完成主责固定资产投资418亿元。

优化住建营商环境。办理企业事项1571项，服务个人业务7616件。全面深化企业服务指导和重点工程复工复产，高效审批企业资质1175家，房地产开发资质实现全程网办。完成首个“不见面”远程开标试点，探索招标资格后审模式。完成工程总包招标146项462.6万平方米，203.8亿元，完成施工许可审批460项784.1万平方米，268.7亿元。推广重点工程“土护降先行”政策，为33项427.3万平方米工程核发施工准备函，平均节约工期6—9个月。全面实现小微改造工程消防验收告知承诺制和装修改造工程质量消防联合验收，办理新建工程消防验收116项279.2万平方米。加强配建方案审查，跟踪项目配套设施，完成35项13.9万平方米配建公共服务设施同步建设移交。

行业监管。监督指导建筑工程717项2152万平方米，竣工368项554万平方米，在施工程规模动态约1500万平方米。抽查工地2850个次，整改各种隐患4075条，行政处罚421起，罚款426.6万元。开展建筑市场、物业管理、经纪机构、房屋安全、普通地下室等住建房管领域执法检查2937次，立案234起，行政处罚214起，罚款105.38万元。施工许可和招投标违法行为行政处罚18项，罚款604.87万元。加快建设工程智慧监管平台建设，视频巡查工地5.3万个（次），强化施工现场可视化、全天候、智能化监管水平。

依法行政。完成32起重大行政处罚案卷审核，向法院、区政府、市住建委提交79件行政案件的答辩状（答复书）、证据材料、委托文书。涉及区住建委的各类诉讼案件62件，主要涉及政府信息公开、行政强拆、不履行法定职责、施工许可、拆迁许可及延期、行政赔偿等，无败诉案件。

（申鹏　张玉佶　李健）

【北京海淀科技园建设股份有限公司】 年内，北京海淀科技园建设股份有限公司（简称海科建公司）下属控股公司有北京德成置地房地产开发有限公司、北京德成兴业房地产开发有限公司、中关村青创（北京）国际科技有限公司（简称中关村青创）、北京盛世翌豪房地产经纪有限公司4家公司。海科建公司主要承担西北旺新村综合开发和冠城大通百旺府的开发建设，实现开复工面积419298.48平方米，竣工面积55138.97平方米，完成销售面积8959.4平方米。西北旺村腾退项目实现腾退面积7.5万平方米，拆除面积4000平方米，完成安置面积

98755.69平方米。海科建公司开发建设的西北旺A3综合体项目通过北京市绿色建筑设计技术认定，其中7号商业楼认定为二星，商务办公建筑（含地下）认定为三星。A3项目获中国建筑金属结构协会第十五届中国钢结构工程金奖。中关村青创作为京港澳三地青年创新创业示范基地、三地青年创业互动平台、文化交流平台和成果转化平台，已在江苏、广州、深圳、香港、澳门等地落地生根。中关村青创重点项目——第五届“京港青创杯”创业大赛系列活动被列入香港特别行政区成立二十五周年庆祝活动。“京港青创杯”已经成为京港两地青年创新创业的优质赛事品牌。

（汪再兴）

【北京海开控股（集团）股份有限公司】 年内，北京海开控股（集团）股份有限公司（简称海开控股）实现利润总额5764.74万元，比上年增长166%，归属母公司所有者的净利润3214.26万元，合并报表范围资产总额320.89亿元，比上年增长32.39%，资产负债率86.13%。至年底，海开控股参股1家、控股22家，代管1家企业。

遗留问题处理。处理老旧小区产权办理、公司老项目水费清缴、玉海园人大代表提案办理、原京门公司遗留问题处理、街道“吹哨报道”解决遗留问题、与中建投交接遗留问题等。房改房完成玉海园等小区41户产权证发放，完成兰园、菊园等小区9户的办证基础资料收集，完成其中7户的产权办理工作，完成6户万泉庄优改成房改售房产权办理工作。马连洼菊园使用权转产权工作形成处理方案。

项目投资和建设。完成各类投资102.9亿元。其中，各项政府类投资9.2亿元；住宅项目开发建设管理规模达95万平方米，项目总投资约60亿元。产业园项目投资26.4亿元；科技股权基金投资项目5项，投资范围涵盖集成电路、先进制造、人工智能领域，出资3000万元（于2021年出资完毕），参与投资的海国睿鑫基金投出项目2项，2022年投资鹿客科技项目666.67万元，出资1074.07万元。完成疫情保障项目2项、政府类投资项目完成结项1项。

表30 北京海开控股（集团）股份有限公司下属公司一览表

企业名称	级次	参控股关系	备注
1. 北京海开控股（集团）股份有限公司	一级		
1.1 海开智慧（北京）科技服务有限公司	二级	全资	
1.2 北京海开缤悦酒店管理有限公司	二级	全资	
1.2.1 北京中伽顺景置业有限公司	三级	全资	2022年成立
1.2.2 北京景安世华上地酒店管理有限公司	三级	全资	
1.2.3 北京华夏宾馆有限责任公司	三级	全资	
1.3 北京海开农林生态发展有限公司	二级	全资	
1.3.1 阜平环阜生态环境科技发展有限公司	三级	实际控制	
1.3.2 环球海开（北京）科技创新有限公司	三级	参股	
1.4 北京华大基业房地产开发有限责任公司	二级	全资	
1.4.1 北京海开兴泉科技发展有限责任公司	三级	全资	
1.4.2 北京海开基业置地有限责任公司	三级	全资	
1.4.3 北京海开华大置业有限责任公司	三级	控股	
1.4.3.1 北京融贸亿盛置业有限公司	四级	参股	
1.4.4 北京壹品海开房地产开发有限公司	三级	参股	
1.5 北京海开高科产业发展有限责任公司	二级	控股	
1.6 北京建海汇合房地产开发有限公司	二级	控股	

续表

企业名称	级次	参控股关系	备注
1.7 倍升互联（北京）科技有限公司	二级	控股	
1.7.1 倍升互联（江苏）科技有限公司	三级	控股	
1.7.2 天禾软件科技（苏州）有限公司	三级	控股	
1.7.3 江苏创森智云信息科技有限公司	三级	控股	
1.7.4 北京麦匙科技有限公司	三级	控股	
1.7.5 北京麦钥科技有限公司	三级	控股	
1.7.6 北京倍升信通科技有限公司	三级	控股	
1.8 海开环球（北京）置业开发投资有限公司	二级	控股	
1.9 北京香海会展房地产开发有限公司	二级	参股	
2. 北京京门兴海科技集团有限公司		代管	

（王智）

【行政审批】 年内，区住建委受理完成89家建筑业企业审批，完成审查房地产开发企业二级资质事项88项。截至12月31日，全区有建筑企业1256家，有效房地产开发企业197家。办理安全生产许可证40件，其中首次申请29件、重新核定11件，准予许可37件、不予许可3件。

（王艳　卞丽宏）

【商品住宅项目建设】 年内，区住建委组织供地项目协调会，为2021年集中供地的东升镇京昌路楔形绿地、西北旺镇HD00-0403街区永丰产业基地（新）F1地块项目HD00-0403-0004地块等新摘地企业搭建对接平台，推进已供地商品住宅项目建设。主责开发项目12个，总建设规模251.4万平方米，已开工面积220.8万平方米，占比87.8%。完成固投179.75亿元，建安投资20.11亿元。

（王艳）

【商品住宅项目备案10项】 年内，区住建委完成建设方案备案10项，备案建筑面积96.73万平方米。其中配建配套公共服务设施幼儿园3个，面积8760平方米；社区管理服务用房1个，面积700平方米；社区文化设施2个，面积1400平方米；室内体育设施1个，面积700平方米；社区助残服务中心1个，面积300平方米；其他公共服务设施2个，面积2500平方米。

（卞丽宏）

【工程竣工验收备案】 年内，区住建委办结竣工备案项目60项，总规模317.60万平方米，建筑单体309个。其中，房建工程57件，规模为311.86万平方米；装修项目1件，规模5.22万平方米。市政2件，规模5156.73平方米。

（卞丽宏）

【施工许可证办理】 年内，区住建委办理施工许可证460项，总规模784.09万平方米，总投资额338.35亿元。其中，房屋建筑工程49项，总规模469.4万平方米，投资额268.7亿元；市政基础设施工程17项，总规模3.338千米，投资额8.38亿元；装饰改造工程394项，总规模314.69万平方米，投资额69.65亿元，办理施工登记10项，总规模77万平方米，总投资额42.4亿元。施工许可审批前现场踏勘463次，发证后开展“双随机”“批后监管”187次，抽查率30.2%。

（潘甲山）

【绿色建筑高星级建设】 年内，区住建委推进绿色建筑高星级建设，新建项目绿色建筑方案阶段预评审34个，总建筑面积249.9万平方米，其中三星级项目总建筑面积达64.5万平方米。发放绿色建筑标识奖励资金290万元。为中关村论坛、翠湖科技园等项目在绿色建筑标准、技术等方面提供指导和服务。推广超低能耗和推进公共建筑节能绿色化改造，完成市级下达的175.9万平方米的节能改造任务，有效减少建筑领域碳排放。推广建筑垃圾资源化处置再利用，进场建筑垃圾62.3万吨，销售再生产品68.8万吨。牵头完成绿色社区创建工作，与18家单位、29个街镇共同完成355个绿色社区创建，达标数量居全市首位。

（张明珠）

【保障性住房建设】 年内，海淀区2022年开工建设保障性住房4378套，完成开工任务的109%；竣工保障性住房5707套，完成竣工任务的114%。推进中关村东升科技园区、苏家坨镇、清河市场等5个集租房项目建设。

（秦宇旋）

【棚户区改造】 年内，区住建委重点推进功德寺、宝山村、双新村三个在施项目拆迁收尾、安置房建设、手续办理及土地上市工作，三个项目的住宅拆迁基本完成；安置房全面开工建设；双新村项目成本审核工作基本完成。五塔寺项目作为新增棚户区改造项目，按照棚改模式实施推进。

（田卉）

【城市更新】 年内，区住建委统筹老旧小区和危旧楼房改造、老旧低效楼宇改造、低效产业园区改造、传统商业设施改造、公共空间类城市更新、区域综合性城市更新等六大类城市更新任务，搭建区城市更新项目系统推进服务平台，牵头开展项目申报、方案研究、推进实施等工作。实施推进城市更新项目69项，中坤广场、畅春园食街、中苑宾馆等30项基本完成，结转推进中关村广场改造、卫星科技文化创新园等39项，完成改造面积约287万平方米，实现固定资产投资约52亿元。

（田卉）

【老旧小区综合整治】 年内，区住建委完成市级下达的老旧小区改造任务，厂洼西街10号院、育新花园南区等16个小区楼本体改造基本完成，新启动55个老旧小区综合整治工作。完成骚子营4号院4号楼全市首个混合产权试点项目。在西三环北路82号院、86号院，西山林场家属院，紫金庄园等8个老旧小区试点开展社会资本参与老旧小区改造新模式，在紫竹院、上地、八里庄、海淀街道继续探索社会资本参与新路径。

（张明珠）

【危旧楼房改建试点】 年内，区住建委稳步实施危旧楼房改建试点，推进中关村东区改建项目，规划指标已确定，初步划定启动区并编制规划方案，安宁庄后街13号院、首都体育学院危旧平房、交大东路58号院等项目推进顺利。

（张明珠）

【既有住宅加装电梯】 年内，区住建委做好承接既有住宅加装电梯工作的各项准备，研究并形成《海淀区既有多层住宅加装电梯指导意见》。

（张明珠）

【农村房屋安全排查】 年内，区住建委为消除农村房屋安全隐患，继续开展农村房屋安全隐患排查整治工作，督促各镇继续做好剩余7户居民的房屋整治工作。

（张明珠）

【对接服务中央国家机关老旧小区综合整治项目】 年内，区住建委主动对接37个中央国家机关和46个中直机关老旧小区改造项目201.87万平方米，其中28个项目已完工，31个项目已开工，继续做好各项服务保障工作，确保项目顺利开展。

（张明珠）

【招标投标】 年内，区住建委办理施工总包招标146项（含监理39项），总建筑面积462.59万平方米，总投资203.97亿元。开展招投标“批后监管”事项1074项，抽查率100%。

（潘甲山）

【区教委项目】 年内，海开控股承担区教委操场修缮类项目、教学楼综修改造类项目、新建改扩建项目。操场修缮类项目：操场类修缮项目管理达5批次105所学校的133个校址的操场修缮任务，全部验收合格。暑期实施完成第五批操场修缮工程，涉及40个法人校48个校址，修缮总面积约27万平方米，完成总投资1.97亿元。教学楼综修改造类项目：暑期针对安全隐患较大的学校进行系统摸查，包括教学楼及操场，5个学校综修改造项目通过主任办公会立项，修缮改造面积约8万平方米，总资金约0.94亿元。新建改扩建项目：在施扩增学位项目8个，其中7个是2021年续建项目，均于暑期完工交付使用；3月，1个新建小学项目开工，完成封顶及二次结构，总投资约4.6亿元。

（王智）

【西北旺冠辉写字楼装修项目】 1月4日项目竣工，10月31日，完成消防备案、竣工的联合验收。项目于2021年7月20日开工，由北京海开控股（集团）股份有限公司投资，承建单位为北京创高建设工程有限公司，项目投资规模3390万元。

（王智）

【凤凰山庄健康驿站项目】 6月10日项目竣工。项目于5月20日开工，为区重点应急抢险工程，总用地面积约19.15公顷，其中建设用地面积约15.56公顷。总建筑规模9.2万平方米，钢结构建筑面积为1820（餐饮中心、泵房）平方米，采用两层集装箱房约4870间，其中隔离房间约4009间、医护服务用房约426间、其他配套用房435间。

（王智）

【《海淀区城市更新行动计划（2021—2025年）》发布】 7月12日，在首届北京城市更新论坛暨城市更新联盟成立仪式上，海淀区发布《海淀区城市更新行动计划（2021—2025年）》（简称《计划》）。《计划》包括总体要求、总体思路、主要类型、主要路径、保障措施5个部分。其中主要类型包括老旧小区更新改造、危旧楼改建和简易楼腾退改造、老旧楼宇与传统商圈改造升级、产业空间转型升级和老旧厂房更新改造、棚户区改造以及其他重点更新项目六大实施类型。围绕“科学+城”“文化+城”“活力+城”“人文+城”“融合+城”“生态+城”，重点聚焦中关村科学城、三山五园历史文化景区“三轴两环”城市主干路网周边等开展升级改造，通过城市更新进一步整合和释放空间资源。在老旧小区更新改造方面，海淀区以“区级平台+专业企业”的实施模式，分基础类、完善类和提升类，统筹安排改造任务，到2025年，计划基本完成2000年底前建成的市属、区属产权小区约647万平方米改造任务。危旧楼房改建和简易楼腾退改造方面，到2025年，计划实施7栋危旧楼约1.75万平方米，以及13栋简易楼约2.04万平方米的改造任务。

（钟冷）

【清华园车站住户腾退项目】 8月底，由区住建委负责的清华园车站住户腾退项目10户居民全部签约，搬迁现场拆除完毕，搬迁服务公司为北京中海盛景拆迁有限责任公司。腾退面积约460平方米，均采用房屋安置方式。9月7日，项目现场全部移交海淀区文物保护中心。

（王智）

【凤凰岭旅游设施项目】 10月，完成项目全部市政建设工作。北京市国土局授权海淀区储备分中心为凤凰岭旅游设施项目土地一级开发的主体。2012年5月，海淀区储备分中心委托北京海开房地产集团有限公司为项目实施主体，具体负责组织、实施并完成土地一级开发工作。凤凰岭旅游设施一期和二期总用地规模61.94公顷，其中建设用地29.84公顷，代征用地32.1公顷。其中，一期规划用地面积25.97公顷，含佛学院用地16.6公顷、剩余9.37公顷；二期用地面积为35.97公顷。根据土储联席会会议纪要，项目二期不再进行一级开发工作。凤凰岭旅游设施一期、二期土地一级开发项目承建单位为中壤建设股份有限公司（一标段）、北京政平建设投资集团有限公司（二标段），项目于2020年4月开工建设，2022年10月完工。

（王智）

【海淀区方舱医院第三院区项目】 12月5日项目竣工。11月22日项目开工，北京市政府为配合国家新冠疫情常态化管控政策建设的临时应急工程，位于翠湖科技园区A2地块，东至向山路，南至北清路，用地面积108136平方米，由北向南共分为5个区域：F区（绿区），C区（黄区），A、B区（红区、方舱楼），D区（黄区）。方舱楼划分为10个组团，每个组团4栋楼7320张床位。A、B区（红区、方舱楼）为隔离人员生活观察区，C、D区（黄区）为红区医护、服务人员办公、生活区，F区（绿区）为外围工作人员办公、生活区。

（王智）

【海开农林苗木基地项目】 12月20日，项目基础设施改造建设完成。项目于5月开工，同步开展基地测量、土壤检测等基础工作。6月，完成护栏围网安装及挡墙砌筑抹灰。8月底完成场地清理、施工图设计。10月，新增变压器架设完成。11月，水源井修复完成，种植500棵流苏树。项目由北京海开农林生态发展有限公司建设及运营，建设费用约2360万元。

（王智）

市政基础设施建设

【概况】 2022年，区住建委推进27条45千米道路建设，实现新开工道路4条，翠湖南路、上庄东路等7条道路建成投用，新增道路通车9.8千米。加快推动科学城北区轨道路网由东向西布局延伸，地铁13号线B线拆分工程进场施工，昌平线南延一期、地铁16号线南段完成空载试运行，新增轨道通车里程11千米。

（秦宇旋）

【北京市海环佳兴科技发展有限公司】 北京市海环佳兴科技发展有限公司（简称海环佳兴）为北京市海淀区市政服务集团有限公司的二级全资子公司。2022年，海环佳兴与北京陇兴集源石油有限公司共同出资设立二级控股企业——北京佳兴能源有限公司，海环佳兴持股80%，陇兴集源持股20%。海环佳兴主营业务聚焦能源、产品、监理三大板块。加油站实现对外经营，撬装站实现全天候智能加油管理，油料供销、内部撬装加油服务等均已落地。完成加注服务约28万车次，实现收益稳步增长。监理业务向信息化、智能化转变，融入大屏应急值守、三网合一、问题点位视频复核、业务运行实时监控等信息化服务。完成应急保障任务30余次，转办案件7132件。取得招标代理资质，具备自主开展招标代理业务能力，全年完成招标代理项目55项，完成自主招标代理1.9亿元委托标的额。完成172座密闭式清洁站和965座公共卫生间标识牌变更。开展商贸业务，完成防护板、劳保用品、预包装食品采购等物资销售业务。

（任君兰）

【北京市时代市政工程有限公司】 北京市时代市政工程有限公司（简称时代市政公司）为北京市海淀区市政服务集团有限公司的二级全资子公司，其二级分公司为北京市时代市政工程有限公司静态交通管理分公司。2022年，时代市政公司主要经营城市道路、桥梁、给排水、热力等市政公用工程施工总承包，负责应急抢险、机械设备租赁、工程技术咨询、机动车公共停车场服务等。投标39个项目，中标18个项目，中标金额14866.91万元。完成北京2022冬奥会和冬残奥会、全国两会等重大保障任务23次，保障103天。完成零修、小修道路养护6409处，维修道路54859.6平方米，其中沥青路面34883.3平方米、方砖步道19976.3平方米。完成桥梁养护4件，维修面积12.5平方米；完成冬季道路养护及应急抢险1419起，324条道路。

（王晶）

【北京海融达投资建设有限公司】 年内，北京海融达投资建设有限公司（简称海融达公司）承担25.01亿元固定资产投资任务，涉及项目59项；完成固投31.02亿元，完成率124.03%。政府安排投资到位资金23.04亿元，支出约22.77亿元，资金执行率98.83%。

推进各业务板块项目113项，其中续建32项、计划新开36项、储备45项。按领域分：区住建委项目56项（正式29项、储备27项）；区城管委项目29项（正式24项、储备5项），水务项目20项（正式9项、储备11项），房建项目8项（正式项目6项、储备2项）。取得立项、初步设计概算以及实施方案批复42项，新开工23项，竣工并投入使用10项。全社会固定资产投资任务项目59项，固定资产投资任务25.01亿元。其中，区住建委32项，投资13.32亿元；区城管委16项，投资3.56亿元；水务8项，投资1.45亿元；房建项目3项，投资6.68亿元。完成固定资产投资31.02亿元，投资完成率124.03%，其中区住建委项目完成投资14.65亿元，园林项目完成投资0.31亿元，水务项目完成投资2.88亿元，区城市管理委项目完成投资4.66亿元，无煤化项目完成投资0.05亿元，房建项目完成投资8.47亿元。实现通车里程4.5千米。

（郭欣）

【28条道路中修工程】 年内，时代市政公司对28条城市道路进行中修工程，涉及知泉路、泉宗北路、温北路（北安河北路—北清路）、东升科技园路、花园北路、板井路、东升南路、中关村北二条、安宁庄南路、龙背村路、海淀公园路、杏坛路、花园路、树村路、西二旗大街（东延）、成府路、银泉路、61886部队路、民族大学西路、万寿寺路、潘庄东路、永泰庄北路、土井东路、上地八街、上地九街、香山红叶俱乐部门前路（老年公寓边坡西侧路）、恩济东街、温北路（辛庄南路—温阳路），道路总面积191586.41平方米，人行步道总面积36482.3平方米。区城市管理委承建，时代市政公司施工，北京中景恒基工程管理有限公司、北京路建工程监理有限责任公司监理。

（王晶）

【新开工23个项目】 年内，海融达公司新开工23个项目：新改扩建道路安装交通科技设施项目、田村路老山泵站外电源工程、清河安宁庄东路1号院项目道路工程、中直机关西八里庄周边电力架空线入地项目、北坞村路周边架空线入地工程、京张铁路遗址公共空间改造提升工程（一期）架空线入地项目、2021年翠湖北路（温阳路—稻香湖路）道路大修工程、2021年北坞村路、清华西路道路大修工程、2021年玉泉山路（香泉环岛—青龙桥办公中心东侧路）道路大修工程、2020年路灯完善工程——西冉西街等2条道路路灯工程、2022年路灯完善工程——马连洼南路等5条道路路灯工程、2022年疏堵改造工程（第一批）（西苑三角地等6个点位）、2022年慢行系统完善工程、林大北路步道拓宽疏堵改造工程、交大东路步道拓宽疏堵改造工程、海淀区自专路南展一期疏堵改造工程（上地东路—荷清路连通）、南展一期疏堵改造工程（上地东路—后厂村路坡道）、西北旺片区6条道路维修工程、北医附中改扩建项目、冷泉北沟一期综合治理工程、上庄再生水厂外围配套——外电源工程、京藏高速西侧南段雨水方涵工程（一期）、京藏高速西侧南段雨水方涵工程（二期）。

（郭欣）

【科学城南区北区道路建设】 年内，海融达公司承建的上庄路北段，除京密引水渠、团结渠桥两个桥区外，其余道路工程基本竣工。巨山路已具备通车条件，香山一期周边道路、中坞平衡资金市政项目5条道路已移交场地段基本竣工。新开工建设金隅保障房周边配套道路。邮电北路完成西段全部工程并通车。

（郭欣）

【市属项目拆迁】 年内，海融达公司配合完成地铁12号线田村车辆段所有腾退及拆除工作。落实区政府“拆违与住户清退同步走同步推进”精神，完成安宁庄北路灾研院独立违章建筑拆除及渣土清运，场地按时交付北京市公联公路联络线有限责任公司。地铁昌平线南延项目完成全线临时占地补偿及场地移交。地铁13号线扩能提升工程取得临时占地规划手续的场地已全面进场。地铁6号线西延项目完成47户居民安置房入住。

（郭欣）

【城市更新项目建设】 年内，海融达公司完成树村路电力架空线入地工程。重点区域、中直机关西八里庄周边电力架空线入地项目完成土建施工。2021年道路大修18.8万平方米全部完成。2019年大修及疏堵续建项目门头村路、团城路竣工。重点民生项目2022年路灯完善、疏堵改造、慢行工程以及北大西门片区——颐和园路北段西侧绿地改造工程按时竣工并移交。北京首条自行车专用路南展一期工程后厂村至北四环贯通。

（郭欣）

【北京冬奥会道路服务保障】 2月4日至20日，时代市政公司管养冬奥场馆（五棵松场馆、首都体育馆）周边包括西翠路、五塔寺路等15条区属道路。出动巡查人员756人次，巡查车辆518车次，巡查里程932.4千米；出动养护次数283次，养护面积4288.1平方米，处理抢险案件10起，抢险面积109.3平方米；出动停车管理保障人员3742人次，组织抽查2029人次，路段1184条次，引导停车入位48388辆，发现违停车辆3780辆。

（王晶）

【冬残奥会“光明之火”火炬传递活动保障】 3月2日，北京2022冬残奥会火炬接力城市火种采集仪式在北京市盲人学校举行。时代市政公司作为活动外围环境保障单位，现场配备停车引导保障人员10名，现场摆放路障锥桶300个、警戒线1000米，现场保障车位127个，其中预设临时停车位45个。对北京市盲人学校周边道路进行2次抢修，处理道路拱起7处，变形树池6个，更换路缘石12块，整修步道40平方米。

（王晶）

【大寨渠生态治理工程】 5月1日，画眉山滨水公园作为水生态治理创新典范开园。公园位于温泉镇太舟坞村，水岸家园小区东侧，总面积13万平方米，作为大寨渠生态治理工程的一部分，用河道治理与景观园区“蓝绿结合”的新形式，践行水循环生态涵养理念，建设有水域面积2.2万平方米，种植各类乔木3万余株、地被9.3万平方米，亲水平台等景观节点20余处。北京海融达投资建设有限公司建设，北京禹冰水利勘测规划设计有限公司设计，北京清河水利建设集团有限公司施工，达华工程管理（集团）有限公司监理。

（郭欣）

【2022年北大西门片区城市更新绿地改造工程】 5月工程竣工。工程于3月开工，位于颐和园路与清溪书屋路交叉口西南侧，建设面积5248.3平方米，总投资167.65万元。北京海融达投资建设有限公司建设，中国城市建设研究院有限公司设计，北京海淀水务生态建设发展有限公司施工，北京金都园林绿化有限责任公司监理。

（郭欣）

【2022年树村路（滨河路—农大南路）电力架空线入地工程】 6月工程竣工。工程于3月开工，位于树村路南端，实现架空线入地长625米，新建12Φ150+2Φ150电力管井298米，

总投资1889.78万元。北京海融达投资建设有限公司建设，北京京电电力设计有限公司设计，北京海淀供电实业开发有限公司施工，中科金石（北京）工程咨询有限公司监理。

（郭欣）

【道路停车管理服务项目】 7月1日，时代市政公司与区城市管理委续签《2022年海淀区道路停车管理服务项目》一包合同，标的车位总数11791个，总金额10001.21万元。该项目服务包括停车秩序管理、政策宣传、停车引导、日常巡检、设备巡检、订单审核、异常订单处理、后台管理、接诉（咨询）即办事件处理、管理既有及新加高位设备等综合管理服务。北京市时代市政工程有限公司静态交通管理分公司管理99条路8925个泊位，其中高位视频道路49条4675个车位、移动视频道路50条4250个车位。管理的道路停车量占全区道路停车总量的45.9%，实现100%视频覆盖。

（王晶）

【地铁19号线一期全线开通运营】 7月30日，地铁19号线一期北太平庄、平安里、太平桥、景风门4座车站首班车起开通试运营，至此，地铁19号线一期实现全线10座车站开通运营。该线路经过南苑边缘组团、金融街等重点功能区域，跨越丰台、西城、海淀三个城区，海淀区域有2座车站（牡丹园站、北太平庄站），长4.1千米。北京市轨道交通建设管理有限公司建设，中铁七局集团有限公司、北京城建道桥建设集团有限公司施工，北京正远监理咨询有限公司监理。

（秦宇旋）

【苏州桥区域环境整治提升项目】 8月26日竣工。工程于7月16日开工，位于苏州桥地铁站旁，改造绿化面积1800平方米、绿植60余棵、步道面积615.9平方米、路缘石184.2米，配有互动投影背景墙、AI调温座椅等现代化智能设施，总投资542万元。区城市管理委承建，海淀园林工程设计所有限公司设计，北京市时代市政工程有限公司施工，公诚管理咨询有限公司监理。

（王晶）

【西北旺大桥北侧道路疏堵改造工程】 9月4日竣工。工程于8月15日开工，位于马连洼街道，道路南起太舟坞路，北至永丰路，全长约100米，规划道路红线宽度40米，改造长度100米，改造面积434平方米，总投资49万元。区城市管理委承建，中国华西工程设计建设有限公司设计，北京市时代市政工程有限公司施工，北京照普博伦工程管理有限公司监理。

（王晶）

【稻香湖片区补水及循环工程】 10月20日，稻香湖片区补水及循环工程管线全部完成。工程建设范围涵盖上庄镇、温泉镇、西北旺镇三地，建设总长度12.8千米，在南沙河上庄路桥西侧建设有2用1备抽水泵站一座，向南走向，西端点周家巷沟，向东依次为温泉沟、东阜头沟、大寨渠、团结支渠、团结渠、宏丰渠、五一渠、风格渠、友谊渠9座出水口，均与水务大脑相接，为各河道上游提供水源，重塑河道林水生态。北京海融达投资建设有限公司建设，北京禹冰水利勘测规划设计有限公司设计，北京通城达水务建设有限公司及北京金河水务建设集团有限公司分标段施工，中水建管（北京）工程咨询有限公司监理。

（郭欣）

【邓庄南路西延建设完成通车】 10月底全线通车。总投资约11.68亿元。项目于2020年5月开工，道路西起翠湖东路，终点东至邓庄西路与现况邓庄南路相连。道路全长4552.455米，红线宽度60米，规划为城市主干路，断面形式为“三上三下”，四幅路。建设内容包括道路、桥涵、雨水、污水、路灯、交通和绿化工程。北京海融达投资建设有限公司建设，一标段北京城建二建设工程有限公司施工、北京中景恒基工程管理有限公司监理，二标段北京市政路桥股份有限公司施工、北京致远工程建设监理有限责任公司监理。

（秦宇旋　郭欣）

【翠湖东路建成通车】 11月4日，翠湖东路建成通车。工程于2014年8月24日开工，道路南起京密引水渠北侧路，北至翠湖南路，全长约5.3千米，红线宽度40米，规划为城市主干路。项目总投资7129.15万元。项目建设单位为北京公联公路联络线有限责任公司，设计单位为北京市市政工程设计研究总院有限公司，监理单位为北京园磊工程管理有限公司，施工单位一标段为北京建工路桥集团有限公司、二标段为中铁二十二局集团有限公司。

（秦宇旋）

【上庄东路建成通车】 11月12日，上庄东路建成通车。工程于2014年8月28日开工，道路南起永丰外环路，北至翠湖南路，全长约1.28千米，红线宽度104—40米，规划为城市主干路。项目总投资13804.27万元。项目建设单位为北京公联公路联络线有限责任公司，设计单位为北京市市政工程设计研究总院有限公司，监理单位为北京正宏监理咨询有限公司，施工单位为中国建筑第八工程局有限公司。

（秦宇旋）

【翠湖南路建成通车】 11月14日，翠湖南路稻香湖路至京新高速段建成通车。工程于2016月3月16日开工，道路西起柳林路，东至京新高速公路东侧定泗路，全长9.75千米，红线宽度40米，规划为城市主干路。项目总投资47578.29万元。项目建设单位为北京公联公路联络线有限责任公司，设计单位为北京国道通公路设计研究院股份有限公司，监理单位为北京北咨工程管理有限公司，二标段施工单位为中铁六局集团有限公司，三标段施工单位为北京住总集团有限责任公司，四标段施工单位为中交一公司第五工程有限公司。

（秦宇旋）

【地铁昌平线南延一期完成通车准备】 11月23日，地铁昌平线南延一期完成通车准备，正式进入全天按图空载试运行阶段。一期北起清河站，南至西土城站，全长9.7千米，均为地下线，新增开通5座车站（清河小营桥站、学知园站、六道口站、学院桥站、西土城站）。该线路将继续南延1站至蓟门桥站，实现与在建的地铁12号线换乘。北京市轨道交通建设管理有限公司建设，中铁隆工程集团有限公司施工，中咨工程管理咨询有限公司监理。

（秦宇旋）

【2022年慢行系统完善工程】 11月竣工。工程于8月开工，涉及3个片区慢行改造，为非机动车道宽度不达标片区、小米公司周边片区、荷清路至上地片区，共57条道路，改造道路总长度65698米，总投资1982.92万元。完成荷清路、上地东二路等6条路的改造工程，改造长度6.57公里，改造面积80743平方米。北京海融达投资建设有限公司建设，中国华西工程设计建设有限公司设计，北京正宇恒通建设工程有限公司道路施工，北京通大现代设施技术开发有限责任公司交通工程施工，北京金都园林绿化有限责任公司监理。

（郑东虎　郭欣）

【2021年北坞村路、清华西路道路大修工程】 11月工程竣工。位于三山五园片区，大修总面积8.88万平方米，改造长度3公里，其中北坞村路11月29日竣工。工程于8月19日开工，位于西四环外，南起闵庄路，北至玉泉山路，全长2035.76米，城市次干路，道路红线宽度50米，改造长度2036米，改造面积6.4万平方米，总投资2155万元。沥青路面4.78万平方米，人行步道1.6万平方米。清华西路11月27日竣工，工程于9月12日开工，道路起点为颐和园路，终点至中关村北大街，全长1000米，一幅路形式，改造长度1000米，改造面积2.5万平方米，总投资1058万元，沥青路面1.7万平方米，人行步道8000平方米，项目总投资4256.68万元。北京海融达投资建设有限公司建设，中国华西工程设计建设有限公司设计，北京市时代市政工程有限公司施工，中科华信（北京）工程咨询有限公司监理。

（郑东虎　郭欣　王晶）

【京藏高速辅路西侧南段雨水管线（一期）工程】 11月底共建段竣工。9月9日，京藏高速辅路西侧南段雨水管线（一期）工程项目开工。工程位于清河片区范围，片区现状排水系统存在雨水排水能力严重不足、大管接小管、低管接高管、排除出路能力不足等问题。为加快工程建设进度，工程分两期实施，一期全长约501米，与地铁一体化建设。北京海融达投资建设有限公司与北京市轨道交通建设管理有限公司联合建设，北京市市政工程设计研究总院有限公司设计，北京市政建设集团有限公司施工，中咨工程管理咨询有限公司监理。

（郭欣）

【地铁16号线南段开通运营】 12月31日，地铁16号线南段开通运营。16号线南段北起玉渊潭东门站、南至榆树庄，全长约14.3千米，设10座车站，其中海淀区域设1座车站，长1.8千米。16号线北段、中段分别于2016年、2020年开通，南段开通后与北段、中段贯通运营，从海淀区北安河站到丰台区榆树庄站，16号线运营里程46.2千米，运营时长约78分钟。北京城市快轨建设管理有限公司建设，中铁十二局集团有限公司施工，中铁华铁工程设计集团有限公司监理。

（秦宇旋）

【2020年5条道路路灯完善工程】 12月竣工。工程于11月开工，位于西冉西街、永丰南路68号西延，全长2100米，实现路灯完善，总投资587.46万元。北京海融达投资建设有限公司建设，国网城乡电力设计研究（北京）有限公司设计，北京路明路灯电气安装有限公司施工，北京致远工程建设监理有限责任公司监理。

（郭欣）

【2022年5条道路路灯完善工程】 12月竣工。工程于11月开工，马连洼南路、远大东路南段、卧佛寺东路、天香颐北里社区北侧路、滨河路，全长3993米，实现路灯完善，总投资308.53万元。北京海融达投资建设有限公司建设，国网城乡电力设计研究（北京）有限公司设计，北京路明路灯电气安装有限公司施工，北京致远工程建设监理有限责任公司监理。

（郭欣）

房屋管理

【概况】 2022年，海淀区房屋管理局（简称区房管局）完成海淀区住房保障事务中心（简称区住保中心）、海淀区房屋管理事务中心2家副处级事业单位行政执法改革涉及的23名事业单位人员转制过渡工作。深化《北京市物业管理条例》落地，在全区1178个物业管理区域中，已组建业委会（物管会）1163个，其中业委会138个、物管会1025个，业委会（物管会）组建率98.73%；有物业服务覆盖的物业管理区域1151个，实现物业服务覆盖率97.71%；党的组织覆盖率100%。建立物业行业“1+3”考核评价体系，做强“社区伙伴”特色品牌，指导物业协会完成换届。健全完善“租、补、购并举”的住房保障体系，做好低收入群体和各类人才住房保障工作。盯紧“房住不炒”政策红线，抓好房地产市场调控和风险隐患排查，创新一手房线上选房模式，维护房地产市场平稳有序发展。落实房屋安全管理责任，牵头做好防汛、安全生产联合检查、“灾普”调查及“三合一”综合整治工作；持续提升接诉即办工作水平，牵头做好三项“每月一题”解题工作。开展直管公房管理、商品房网签、信息化建设、群租房和普通地下室综合治理等工作。归档各类房屋管理业务档案18282卷、文书档案2321件，完成数字化加工并入库档案为13444卷，档案库存总量为272499卷8617件225盒。选派2名班子成员和38名骨干支援疫情防控工作，指导物业、中介等单位有序复工。组织893人次参与社区卡口值守、核酸检测服务等疫情防控工作。

（吴琼　周晓　林昭昭）

【北京市海淀区保障性住房发展有限公司】 年内，公司深化落实国企三年行动工作有关要求，完成12项改革目标任务，完成率100%。明光村及周边地区城市更新项目建设稳步推进，宅基地腾退工作和地上物拆迁工作基本完成；租赁房开发建设项目取得立项批复、多规平台初审意见等相关成果。为保障家庭提供住房3846套，为企业人才提供住房7046套，为重点单位提供住房1248套。完成第二十批公租房选房签约工作；对熙典华庭居住环境进行提升改造，廉租房住房环境和品质持续提升，组织中小零维修20200余次，督导大型维修470余次。加大租金催缴力度，实收租金7.15亿元，追回欠缴租金超1098.2万元，租金收缴率超过95%。

启动观林园小区人才公寓改造提升工作以及双泉嘉苑国家重点实验室研究生宿舍服务保障工作。完成紫星苑公租房项目和海淀·上郡安置房项目1970套健康驿站房源的改造工作。落实租金减免政策，对6家企业减免租金164万元。

（王璇）

【北京海房投资管理集团有限公司】 北京海房投资管理集团有限公司（简称集团公司）为海淀区国资委一级监管企业，下属7家二级企业，其中6家全资子企业（北京海房安泰置业有限公司、北京海房供热有限公司、北京海房物业管理有限公司、北京海房惠恒基投资管理有限公司、北京海测易达有限公司、北京海房金润房地产开发有限公司）、1家国有资本绝对控股企业（北京海房天鸿城市更新有限公司）。2022年，集团公司完成2021年老旧小区改造项目70%任务，2022年老旧小区改造项目完成设计、施工等招标工作。推进会城门、57中东侧等5个环境整治项目的签约拆除、现场绿化、围挡搭建、结算审计和补偿安置；继续推进勘测处甲乙丙宿舍楼解危改造项目，总签约率达到80.7%，设计方案推送至“多规合一”协同平台系统。完成36部既有多层住宅电梯主体施工，258部电梯运营收费。直管公房总管房面积约161.44万平方米，其中住宅类直管公房501处约157.85万平方米，非住宅类直管公房85处约3.59万平方米。组织零维修7500余次、安全排查40余次。负责全区322.52万平方米的供暖服务，辖区内有32处锅炉房，涉及13个街镇的49个小区，主要担负海淀区直管公房、保障性用房、“煤改电”平房、应急接管房屋等热力供应、维修，其中应急接管供暖面积11万平方米，承担无煤化改造后14处相变储能式能源站，四环内约9万平方米平房区的运行管理及供暖费收缴工作；承担全区供暖应急抢险等任务。全年收回供暖费8311万元。汛期巡查平房3187间（次）、楼房1353幢（次），修缮平房12间（次）、楼房68幢（次）。

（张国辉）

【物业行业安全生产专项整治三年行动】 年内，区房管局开展物业行业安全生产专项整治三年行动（2020—2022年），落实物业行业安全生产标准化创建、推广安责险、“一企一标准，一岗一清单”、有限空间安全生产、火灾隐患排查及消防通道堵塞治理等专项工作，检查物业项目安全生产4925次。重点推进消防电动自行车隐患排查，制作隐患排查统计上报小程序，物业项目填报自查数据近3万条。

（庄华）

【物业管理“社区伙伴行动计划”特色品牌】 年内，区房管局持续以海淀区物业管理“社区伙伴行动计划”特色品牌为载体，重构物业服务企业的角色和定位，在首批15个“伙伴小区”发挥示范带动作用下，第二批创建“伙伴小区”49个，通过党组织领导下的社区多方主体协作共商关系，解决包括共用设施设备维修、增加便民服务设施、老旧小区引入物业服务等长期困扰业主的难题。持续加强宣传，收集典型案例27个，通过中央、市区级媒体宣传23次，联合区融媒推出第二期“社区伙伴来帮忙”专栏节目，打造“住无小事 房系万家”系列短视频8部。物业管理“社区伙伴行动计划”是区房管局打造的特色品牌，将业委会（物管会）、物业服务企业等多方主体有效纳入社区伙伴关系，以区物业行业综合党委、街镇党（工）委、社区党组织为发起人，建立社区报到、多方议事、信息公开、诉求联办、社区开放日等5项工作机制，形成具有社区党建特色的共商共建机制。

（庄华）

【毕业生专项配租试点】 年内，区房管局组织开展海淀区新毕业大学生保障性租赁住房试点工作，提供山樾嘉园项目119套房源。通过线上形式进行选房，全部签约入住。新华社、《北京日报》、北京电视台、海淀融媒等多家媒体进行报道和宣传。

（董婕）

【保障性住房资格审核】 年内，区住保中心受理保障性住房资格申请1521户，完成9208户已备案家庭资格复核工作，完成3823户保障性住房资格终止工作。

（宋晨）

【“七有”“五性”住房保障】 年内，对于保障资格已备案的21892户家庭，区住保中心通过轮候家庭复核、实物配租、市场化租房补贴发放等方式，推进总体保障率达到64.37%，比上年提升12.98个百分点。针对2021年12月31日前保障资格已备案的低保、低收入、大病、重残等特殊困难家庭，保障率达100%，实现依申请应保尽保。

（宋晨）

【公租房租金补贴和市场租房补贴资格审核】 年内，区住保中心完成保障性住房补贴资格备案1831户，完成补贴家庭资格变更971户，完成补贴家庭资格终止1216户，完成补贴家庭资格复核6140户。

（史周青）

【公共租赁房房源筹集】 年内，区住保中心通过趸租模式筹集房源711套，督促指导海淀区保障性住房发展有限公司于6月底前完成唐家岭T05/T09、土井T02、安河家园三个回迁安置房趸租项目的续约工作。

（魏新平）

【保障性租赁住房项目认定】 年内，区住保中心审核发放西北旺镇4-1-016（E-1）地块集体租赁住房项目、上庄镇东小营村B01/B02等地块集体租赁住房项目、东升镇小营建材城集体租赁住房项目、东升镇马坊村集体租赁住房项目和清河市场集体租赁住房项目的《保障性租赁租房项目认定书》，房源4566套（间）。

（魏新平）

【保障性住房配租配售】 年内，区住保中心推进低保、低收入等特殊困难家庭配租工作。组织开展海淀区第十九批公租房签约入住工作，办理签约入住2467套；提供凯盛家园、馨瑞嘉园两个项目300套公租房面向多子女公租房备案家庭专项配租，意向登记家庭62户，办理签约入住46套。组织开展海淀区第二十批公共租赁住房配租工作，提供14个项目1645套房源，意向登记家庭3441户，办理签约入住1057套。配合市住建委开展优抚对象及退役军人家庭公租房专项配租工作，意向登记家庭174户，完成资格复核并选房43套；开展公租房分居室配租试点工作，提供凯盛家园40套大面积公租房面向青年单身备案家庭配租，意向登记家庭56户。落实辖区企业对接人才公租房，配租公租房985套。

（贾晨）

【公租房租金补贴】 年内，区住保中心办理补贴领取登记业务5583户次，其中公租市级补贴1766户次、公租区级差额补贴2990户次、市场租房补贴827户次。面向10179户家庭发放各类住房补贴15492.22万元，其中向2023户市场租房补贴保障家庭发放补贴5170.66万元、向4172户公租房市级补贴保障家庭发放补贴5922.98万元、向4154户公租房区级补贴保障家庭发放补贴2389.66万元、向2569户创客人才公租房保障家庭发放补贴1985.01万元、向10户存量房保障家庭发放补贴23.91万元。组织完成452户市场租房补贴保障家庭的入户检查工作。

（周亿）

【直管公房违规转租转借清理整治】 年内，区房管局开展直管公房违规转租转借清理整治专项行动，针对直管公房有无转租、转借及改变用途行为进行检查，确保对违规转租转借行为随发现、随清理，实现动态清零。12月底通过市发改委组织的察访核验工作。

（王璐）

【商品房销售】 年内，区房管局受理商品房预售许可初审15件，现房销售备案85件。新建商品房销售12144套，面积（网签数据）104万平方米，销售金额630亿元。房产实测绘成果审核112件。

（曹晓玮）

【房地产经纪和住房租赁行业监管】 年内，区房管局持续对房地产交易和租赁市场进行监测，形成月度分析报告24份。坚持“房住不炒”工作思路，保持调控定力，确保海淀区存量住房平稳发展。检查房地产经纪机构和住房租赁企业800余家，其中责令整改33件、移转执法案件26起，立案22起，一般行政处罚22起，罚款29.65万元。

（杨航宇　陈嘉雯）

【存量房屋交易】 年内，全区存量房签约18232套。区房管局房屋交易中心受理购房资格审核申请1397件，受理购房资格复查、复核670件，网上合同信息录入3403套，网上合同信息注销842件，提供资金托管服务3.07亿元，其他个性化服务231件。

（刘宇思）

【房屋安全管理】 年内，区房管局修订《海淀区房管局安全生产“党政同责”“一岗双责”的实施办法》，制定《北京市海淀区房管局突发事件总体应急预案》，建立健全区房管局突发事件应急工作组织领导和工作机制，更新《海淀区房管局安全生产专项整治三年行动目标任务清单（2022版）》。重要活动、节假日期间加强重要点位隐患排查、安全防范和火灾防控工作。落实区委、区政府安全生产督察反馈问题“回头看”，配合做好国务院安委会2021年度省级政府安全生产和消防考核迎检工作，配合区安全生产委员会办公室完成市委市政府安全生产第四督察组迎检及问题整改，配合国务院安委会安全生产大检查“回头看”督导检查组实地调研。指导开展安全生产法规、政策、常识宣传工作。开展安全生产检查21781处次，其中安全生产督查检查373处次，发现消防、用电等安全隐患问题523个，要求企业立行立改。配合完成2起一般生产安全事故调查。

（董菲菲）

【城镇房屋防汛工作】 年内，区房管局汛前组织防汛隐患点位排查与上账117处，指导属地街镇和产权单位落实“一点位一预案”、制定应急度汛方案，组建应急抢修队伍3支。汛期指挥部署降雨应对和其他防汛工作8次，组织在岗应急值守1921人次，巡查平房3187间（次）、楼房1353幢（次）、低洼院落7处（次），发现漏雨平房10间、楼房48幢，全部修缮完毕。

（董菲菲）

【灾害风险普查房屋建筑承灾体调查】 年内，区房管局按时完成自然灾害综合风险普查房屋建筑承灾体调查工作，实际调查18.99万栋，其中城镇房屋9.88万栋、农村房屋9.11万栋。数据通过市住建委和住建部核查，已实现成果汇交。

（董菲菲）

【自建房安全专项整治】 年内，区房管局统筹推进自建房安全专项整治，组织召开6次调度会、11次现场调研与座谈、5次迎接市级部门督察，编制7份区级工作周报、组织开展7次房屋结构安全技术指导培训，完成北京市海淀区自建房安全专项整治“百日行动”实施计划任务目标。排查经营性自建房14179栋，对3461栋存在安全隐患的房屋均已采取有效管控措施，要求属地街镇对174栋存在严重安全隐患的房屋逐一制订应急预案。

（董菲菲）

【房屋安全鉴定】 年内，区房屋安全鉴定站对拟作为新冠肺炎疫情防控医学隔离场所用房进行安全排查、安全评估，排查疫情防控隔离场所289个点位。通过混凝土立方体试件抗压强度检测、建筑砂浆立方体试件抗压强度检测、橡胶的邵氏硬度、建筑钢结构构件厚度超声波无损检测、砌体结构房屋安全性鉴定、混凝土结构房屋可靠性鉴定、混凝土结构房屋抗震鉴定、混凝土结构设计复核、自建房安全性鉴定专项能力验证等9项能力验证考核。通过2022年质量管理体系、环境管理体系、职业健康安全管理体系监督审核。

（徐卫）

【既有建筑物信息采集更新】 年内，区房管局开展本年度既有建筑物基础信息采集更新工作。结合自然灾害普查、遥感影像图等数据更新既有建筑物基础数据。全区既有建筑物数据更新至15万幢，建筑面积1.97亿平方米。

（胡梦頔）

【时空一张图持续开展应用支撑】 年内，区房管局作为区城市大脑成员单位，在2019年按照统一部署，基于已有信息化建设成果建设海淀区时空一张图的基础上，持续汇集时空资源数据，新增图层32个，涉及遥感影像、疫情防控专题图层、红十字会专题图层等数据。已汇集13个单位的394个时空资源数据，为12家单位19个系统提供数据支撑。

（胡梦頔）

【普通地下室检查】 年内，区房管局多次组织召开调度会，针对普通地下室重点时期、重点点位安全生产等工作做出部署。加强属地街镇、部门的联合联动，参加各街镇"吹哨报到"协调会28次、联合检查126次。发挥区、街镇、网格三级监管机制作用，依托联动检查机制加大巡查、复查的频次和力度，遏制各类反弹苗头，检查普通地下室8029处（次），检查结果及时反馈街镇，巩固前期整治效果。多频次检查自用性宿舍普通地下室，检查自用性宿舍3031处（次），未发现违规散租住人情况。

（陈晨）

【接诉即办工作】 年内，区房管局严格落实首接负责制和领导回访常态化机制，局领导进行"12345"市民热线群众诉求办理满意度回访273件。咨询投诉平台接收群众诉求68380件，其中"12345"市民热线通过区中心转派51968件，人民网、政务舆情等诉求794件，平台热线接听咨询电话15618件。落实"吹哨报到"机制，"线上吹哨"联动联办处理案件499件。推进"结诉再办"，持续督办案件1825件。

（高欢）

【城镇房屋安全检查】 2021年11月至2022年3月，区房管局会同属地街镇，组织物业服务企业和自管房单位完成海淀区城镇房屋安全检查工作。核查房屋总面积8379万平方米，其中物业管理6898.40万平方米、单位自管1480.62万平方米。检查电梯22956部，二次供水水泵7582台，避雷系统45737个。

（董菲菲）

【违法群租房专项整治】 3月15日，区房管局制定印发《2022年海淀区违法群租房专项整治工作要点》，指导街镇按照"主动排查建立台账，投诉举报及时整治，民意舆情盯点整治，重点区域集中整治"的思路，持续开展违法群租房专项整治和"无违法群租房小区"试点创建工作，对群租房全面摸排，全区各街镇完成排查出租房屋共10315处次，完成群租房整治2079处。全年创建22处无违法群租房小区。

（陈嘉雯）

【"两个物业服务清单"发布】 7月22日，区房管局指导区物业管理协会发布《海淀区普通住宅小区物业服务基础内容及基本标准清单》《海淀区老旧小区物业服务清单及基本标准清单》，通过"海淀区物业管理学堂"组织直播培训。两个清单明确9大类30余项物业服务事项并提出相应的工作标准，引导物业服务更加"规范化、标准化、数字化"发展。

（庄华）

【物业管理领域突出问题集中整治"百日行动"】 8月至11月，区物业管理工作专班组织开展海淀区物业管理领域突出问题集中整治"百日行动"，指导相关部门和街镇对全区实施专业化物业服务的住宅小区和重点商务楼宇进行集中整治，检查单位4905次，发现安全隐患252个、物业服务问题115个、疫情防控问题62个、环境治理问题606个；整改问题862个，立案159件，处罚金额12.23万元。

（庄华）

【首届物业管理员职业技能竞赛】 11月，区房管局联合区总工会、区物业管理协会举办首届"创新型 知识型 技能型"物业管理员职业技能竞赛，来自200多个物业项目的选手报名参赛。经过审核推荐，最终80名参赛选手进入技能竞赛。竞赛分为初赛理论知识考核、复赛物业管理案例分析考核、半决赛岗位实操技能知识竞答、决赛个人主题演讲4个阶段考核，已完成第一、二轮笔试。2023年将进行三、四轮实操考核，最终评选出一、二、三等奖及优秀奖。

（庄华）

市容环境

【概况】 2022年，海淀区城市管理委员会（区交通委员会）[简称区城市管理委（区交通委）]全面贯彻落实市区决策部署，不断提高城市精细化管理水平，完成重大活动保障任务，区域环境品质明显提升，垃圾分类工作有力推进，交通治理水平显著增强，城市运行安全稳定。北京冬奥会和冬残奥会赛事期间，区城市管理委（区交通委）成立海淀区城市运行及环境保障工作组。该工作组被评为"2022年冬奥会、冬残奥会北京市先进集体"。制定2022年海淀区背街小巷环境精细化整治提升工作实施方案，对88条市级背街小巷环境精细化整治提升任务进行督导调研，督促街道对存在的问题加强整改，确保圆满完成市级验收工作。按照市区"疏整促"桥下空间整治及非施工围挡规范治理工作相关标准要求，完成122处桥下空间点位上账、销账治理工作。非施工围挡治理工作销账84处，已全部整治完成。做好重大活动、节日景观布置，继续推出“海淀科技星光大道”第三期灯光展示活动。完成18条道路路灯补建工作。完善道路环境卫生分级分类管理，大力推广背街小巷小型机械化作业，城市道路“冲扫洗收”组合工艺作业覆盖率97%以上。提升23座公厕保洁标准。完善再生资源回收点395个，大件垃圾中转站实现街镇全覆盖。建成装修垃圾投放点1794个，推进居住区装修垃圾备案工作。非居民厨余垃圾规范收运率达91%，完成500余家集体单位排放定额管理。大工村生活垃圾处理终端设施改造完成，生活垃圾实现100%无害化处理。完成全区液化石油气居民用户替代工作982家，禁用区域（四环路内及万寿路地区）内液化气非居民用户替代工作已全部完成。实现互联网+催缴处罚工作，“停车入位、停车付费、违停受罚”的理念达成共识，道路停车秩序持续改善。统筹管理路外停车资源，完成错时共享停车47处，可为居民提供停车位1983个，已达成1326个。持续整合资源挖潜停车位，完成挖潜停车位6579个。持续推进疏堵工作开展，会同相关部门研究北医三院等地区交通治理工作。完成约110万平方米道路大中修工作。接管沙阳路等55条道路，接养10个项目代征道路用地。组织对常青路等5条道路实施代征道路用地完善工程，增大区域路网密度。开展公共道路范围内井盖病害治理，处理井盖类案件2560起，达到响应率100%、满意率100%的工作要求。加强共享单车停放秩序管理，已协助相关街镇完成2800余处自行车停放区的施划。进一步推广电子围栏技术应用，在中关村西区开展共享单车治理试点。坚持“慢行优先、公交优先、绿色优先”理念，持续提升慢行交通品质提升行动。推进自行车专用道一期工程建设，年底已实现一期工程全线贯通。完成小米科技园区周边片区慢行提升、非机动车道不达标片区54条道路（总长约6.4万千米）慢行提升工程。疫情期间，根据市区的要求，完成近5.3万名涉疫人员转运工作。

（杨思）

【北京市海淀区市政服务集团有限公司】 年内，北京市海淀区市政服务集团有限公司（简称海淀市政集团）为海淀区国资委一级监管企业，主营业务覆盖城市生活垃圾经营性清扫、收集、运输服务、道路养护、停车管理、园林设计、园林养护、园林工程、花木供应、产品制造、技术开发、监理、应急抢险、物业、能源等城市服务领域。

重大活动保障。完成元旦、春节、北京2022年冬奥会和冬残奥会、疫情防控等重大城市运行保障以及防汛抢险、扫雪铲冰等系列应急保障137次，保障天数140天。实现奥运清废服务“零投诉”、赛事垃圾“零排放”、扫雪铲冰“零事故”。

市政一体化作业模式。海淀市政集团以中关村西区为试点，实现市政道路保洁、园林绿化、市政道路养护三大板块业务有机融合。作业模式由原有按专业划分调整为按作业特点划分，分为“单人定点”作业、综合作业、机械作业，将原有“环境+绿化+道路养护”的一线人工作业优化为“单人定点”作业；机械作业作用于区域服务的大范围整体作业，负责机械环卫作业、园林浇灌和冬季扫雪铲冰作业；将原有的“一扫、两保、两冲、一洗收”的作业模式调整为“一保、三冲、两洗收”机械组合工艺作业模式，主要包括对步道冲刷、小广告冲刷、清扫保洁、绿化浇灌作业模式的调整。

道路养护。完成408条路2190万平方米的道路清扫保洁；完成713条道路、104座桥梁通道，共计1213万平方米道路养护；完成1285万平方米绿地养护；完成99条路8950个停车位的管理。

垃圾运维。178座密闭式清洁站的运行维护，运输其他垃圾645749.45吨、居民厨余垃圾149535.64吨、餐厨垃圾78043.88吨。完成978座区管公厕的运行维护，粪便抽运444583.77吨。新承接圆明园保洁、学院路街道自管社区清扫保洁、北太街道清扫保洁等项目，新签约面积超过126万平方米。

承接项目。中标36个园林绿化市场化项目，中标金额2.68亿元；中标12个路政项目，中标金额1.98亿元。非居民产废单位App小程序线上登记2600家，签约2458家，签约率94.53%。

园林绿化。开展园林绿化病虫害防治监控新型技术项目及苗圃、果园标准化建设等业务。

公厕管理。实现重点区域公厕新型机械清洗，粪便消纳增加光氧除臭、雾化除臭系统等技术升级和改造。

信息化建设。完成信息化管理系统一期推广、ERP系统二期、资产及供应链管理、友云采、BI分析四大功能模块建设。

在首都城市环境建设管理委员会办公室检查中，尘土残存量市级考核城六区排名居于前列；道路保洁、清洁站管理、公厕维保在城六区专业作业考核中问题最少；道路养护在市区专业检查中零问题；园林绿化在市级中心城区专业考核中排名第一。处理海淀区考评上报案件、网格化案件24512件；有效处理接诉即办案件2223件，反馈率99.89%、满意率95.55%、解决率94.83%。

表31 2022年北京市海淀区市政服务集团有限公司下属公司一览表

企业名称	级次	参控股关系	备注
1.北京市海淀区市政服务集团有限公司	一级		
1.1北京市海淀环境工程有限公司	二级	全资	
1.2北京市时代市政工程有限公司	二级	全资	
1.2.1北京市时代市政工程有限公司静态交通管理分公司	三级	分公司	
1.3北京市新海园林工程有限公司	二级	全资	
1.3.1北京市新海园林工程有限公司第一分公司	三级	分公司	
1.3.2北京市新海园林工程有限公司第二分公司	三级	分公司	
1.3.3北京市新海园林工程有限公司第三分公司	三级	分公司	
1.3.4北京市新海园林工程有限公司通州分公司	三级	分公司	
1.4北京市超环海城市环境服务有限公司	二级	全资	
1.4.1北京环海众科环境科技有限公司	三级	控股	
1.5北京市海淀园林工程设计所有限公司	二级	全资	
1.6北京市海环佳兴科技发展有限公司	二级	全资	
1.6.1北京佳兴能源有限公司	三级	控股	
1.7北京海淀固废发展有限公司	二级	全资	
1.8北京海淀生态环保有限公司	二级	全资	
1.9北京海政物业管理有限公司	二级	全资	2022年成立
1.10北京海淀固废中转处置有限公司	二级	全资	
1.11北京海通固废环保有限公司	二级	控股	2022年成立

（赵玉辰）

【冬（残）奥会环境服务保障】 年内，按照《北京2022年冬奥会和冬残奥会海淀区运行保障指挥部工作方案》的通知要求，区城市管理委完成中关村南大街沿线、首体周边环境建设、清河站东侧等22个冬残奥沿线环境建设及周边环境保障任务。

（焦庆辉）

【重点商圈及环路沿线街区户外广告设施设置规划编制】 年内，按照《北京市户外广告设施、牌匾标识和标语宣传品设置管理条例》及市级专项规划要求，区城市管理委结合辖区实际及商圈划分，将街区户外广告设施设置规划编制项目纳入部门预算，确定第一批编制的街区范围，包括重点商圈及环路沿线。街区规划的编制将合理规划户外广告布局，推动设施品质升级，进一步优化营商环境。

（师鹏　金天雅）

【"海淀科技星光大道"系列灯光展示活动】 年内，为创新推动海淀区"两新两高"战略发展，助力国际科技创新中心核心区和中关村科学城建设，区城市管理委员会同中关村科学城管委会、区委宣传部建立中关村大街灯光展示活动联席会议机制，继续联合光子算数（北京）科技有限责任公司、北京微芯区块链与边缘计算研究院、北京中科晶上科技股份有限公司、智源研究院、第四范式等多家企业进行第三期创新企业公益宣传，助力打造城市新轴线和科技走廊的新模式，树立中关村品牌形象。

（师鹏　金天雅）

【背街小巷环境治理】 年内，区城市管理委（区交通委）完成环境建设、背街小巷2类111个环境整治任务。按照"十无五好"①标准完成88条背街

① "十无"即无私搭乱建、无开墙打洞、无乱停车、无乱占道、无乱搭架空线、无外立面破损、无违规广告牌匾、无道路破损、无违规经营、无堆物堆料。"五好"即公共环境好、社会秩序好、道德风尚好、共创共建好、宣传氛围好。

小巷环境精细化整治提升任务，全部达到精致类标准，完成23个环境建设项目建设工作，其中3项为市级重点环境建设任务、20项列入区级重点环境建设任务，投资金额约1.07亿元。

（朱慧婧）

【公共服务设施管理】 年内、区城市管理委（区交通委）完成1375个公共服务设施问题整治。治理破损、脏污、违规经营报刊亭、电话亭1350个，撤除闲置报刊亭18座，拆除损坏电话亭7座。充分发挥设施二维码功能，提高道路公共服务设施的科技化管理水平。

（焦庆辉）

【小巷管家】 年内，区城市管理委（区交通委）开展小巷管家与管城理事工作。完成29个街镇志愿服务队注册工作，注册社区村级志愿服务队达574个，覆盖率100%。部署街巷长、小巷管家参与北京冬奥会和冬残奥会、党的二十大等重大活动环境保障，支援疫情防控工作和背街小巷环境精细化整治提升工作，活动时长283222小时，处理各类事件6960件。

（朱慧婧）

【非施工围挡专项整治】 年内、按照区发改委《关于加快推进“疏解整治促提升”专项行动2022年任务点位上账工作的通知》要求，区城市管理委负责统筹协调海淀区非施工围挡规范治理工作，完成25个街镇、81条路、84处非施工围挡专项治理任务。

（宁丁）

【环境建设督查】 年内，区城市管理委（区交通委）按照《政府督查工作条例》和《2022年区政府工作报告重点任务清单》，完成环境建设督查任务7件，其中市级督查任务2件、区级督查任务5件。

（方贺林）

【公共卫生间服务品质提升改造】 年内，海淀区持续开展公共卫生间服务品质提升改造项目，增加第三卫生间，完善无障碍设施，完成提升改造公厕54座。

（温智玄）

【公厕运维管理】 年内，区城市管理委（区交通委）为加强公厕管理，提升公厕服务水平。依据《公共厕所运行管理规范》《区属公厕检查考评方案》实施公厕分级分类管理，严格标准，加强考核，有效改善群众如厕环境，提高服务水平。检查公厕44954座次，出动检查人员8600人次，发现问题391个，所有问题均已在规定时间内整改完毕。根据公厕设置点位的重要程度、使用量等因素，对23座公厕保洁标准进行提升，其中二类升一类10座，三类升二类12座，三类升一类1座。

（邓新峰）

【道路尘土检测】 年内，区城市管理委（区交通委）修订完成《北京市海淀区道路环境卫生检查考评方案》，通过开展道路保洁日常检查、尘土残存量检测、专项检查督导、非现场检查（作业管理）等工作，推进道路保洁作业检查工作步入正轨，通过更专业化的作业检查，及时处置道路保洁相关问题。检查道路37159条次，发现问题6638个，问题发生率18%，主要问题是陈旧广告花斑、暴露垃圾、白色污染等，道路尘土检测6776条次，未满分道路1009条次，其中一级路检测平均值8.1克/平方米，二级路检测平均值11.0克/平方米，三级路检测平均值13.7克/平方米，各级道路检测平均值均达到地标要求。

（闫齐）

【城市清洁日活动】 年内，区城市管理委（区交通委）在每月最后一周的周六，动员全区开展城市清洁日活动。加强背街小巷、社区环境卫生整治，在居住小区、街巷、村落等群众生活区域实施清理垃圾、清除卫生死角、清除小广告等工作，提高居民生活区域保洁标准，着力改善群众生活区域的环境卫生面貌。共动员辖区单位2905个，出动作业人员88026人次，清理机关大院461个、居民小区5317个、堆物堆料2063.389吨、白色污染13907.6千克。

（闫齐）

【施工遗撒案件移送】 年内，区城市管理委（区交通委）通过《道路遗撒案件移送办法》和《暴露垃圾案件移送办法》等工作机制，开展源头治理工作，督促属地政府及相关执法部门落实指导及执法责任，从根源解决道路环境卫生问题。通过行政处罚、应急清理费用给付等方式，提高违法、违规成本，提升施工单位责任意识，降低道路源头污染问题。移送道路遗撒案件7件，追缴应急清理费用109615元，联合属地查处暴露垃圾案件1件。

（闫齐）

【6项疏堵项目工程】 年内，为缓解全区局部道路交通拥堵、改善市民出行条件，区城市管理委（区交通委）牵头海淀交通支队、区园林绿化局和相关街镇配合，组织实施完成宝盛路、温泉老年医院公交车站、昆明湖路与二龙闸路交叉口、宝盛东路、西苑桥西侧三角地、香山路与颐和园路交叉口6项疏堵工程项目。

（于明）

【6项新改扩建道路安装交通科技设施】 年内，由区交通委牵头，海融达公司、实创股份公司等相关项目实施主体分批推进新改扩建道路安装交通科技设施工作。完成28条道路安装科技设施的手续办理，6条随道路建设进行。

（于明）

【货车超载超限治理】 年内，区城市管理委（区交通委）提请主管区领导召开会议，研究治超工作。会议议定，在区交通工作领导小组内，成立区治超工作专班，办公室设在区交通委。根据会议要求，海淀交通支队和区交通委分别落实查控和场地。区住建委、市规划自然资源委海淀分局、区科信局、海淀运输管理分局4家行业主管部门推进源头治理。

（于明）

【冬奥交通运行服务】 年内，区城市管理委（区交通委）牵头完成清河高铁站外围保障、抵离交通保障两个组的运输接驳、停车服务、消杀采样等各项工作。在冬奥保障期内，完成首都体育馆、五棵松体育馆两个场馆C类人员运输3035车次38865人次；保障科博会闭环停车场内315辆闭环车辆的停放及24870车次的消杀；转运移出闭环人员33车次306人；完成153名场馆交通人员的招募；完成31块场馆周边标识牌的安装和拆除；高铁服务保障团队（355人）提供上下班点对点交通接驳服务。

（于明）

【货（客）车进返京核查管控】 年内，根据市区的工作要求，区城市管理委（区交通委）完成6131辆货（客）车进返京核查管控工作。

（于明）

【道口自来水报装工作】 年内，区城市管理委（区交通委）完成旱河路道口自来水报装工程。2016年四季青镇篱笆房村拆迁后，村内自备井废弃不再使用，导致旱河路道口断水。

（于明）

【道口厕所加装工作】 年内，区城市管理委（区交通委）为解决部分道口监护员如厕难问题，区交通委完成旱河路、南平庄1号和白水洼道口的3个厕所配置工程。

（于明）

【1处新业态就业群体服务工作】 年内，海淀区完成北太平庄街道枫蓝国际大厦快递小哥停车位的施划工作。

（于明）

【规范学校门前交通秩序】 年内，海淀区在枫丹实验小学成立“小小少年交警队”，在中关村三小、五一小学、清华附中、八一学校、育英学校、东升实验小学、首师大玉泉学校等100余所学校建立校园门前“交通安全家长志愿者”队伍。

（于明）

【清河站周边配套设施移交接管】 年内，区城市管理委（区交通委）组织区建委、市重点站区管委会清河站办、清河街道和上地街道就清河高铁站周边配套设施进行后期管理的深入研究。

（于明）

【科学城周边交通基础设施建设】 年内，区交通委作为协办单位，围绕区十七届人大一次会议上由180名人大代表联名提出的“加快科学城北区道路交通等基础设施建设，推动中关村科学城高质量发展”的议案办理，重点推进上庄路扩宽改造，邓庄南路西延、安宁庄北路、西北旺南路等一批北部地区重点联络线的建设。翠湖南路、翠湖东路、上庄东路3条主干路通车放行。组建海淀区城市道路移交工作专班，完成大牛房一巷、大牛房五巷、永润路、跃进路（东段）、向山路、水云居路、五路居西路等27条道路接养工作，移交后的道路由市政集团进行专业化、长效化管护。区交通委统筹相关单位，带领实创公司、海融达公司共同推进28条道路因缺少交通科技设施无法验收移交问题，此项工作已完成招标。持续推进代征道路用地移交工作，将具备条件的代征道路用地硬化改造，为市民出行提供更多选择。对破损严重的道路进行大修及中修，提高道路通行能力。实施翠湖北路道路大修，面积约6.1万平方米。完成树村路、西二旗大街、永泰庄北路、土井东路、北安河北路、温北路局部路段等21条道路中修养护工作，面积约13.86万平方米。科学城北区已完成和盈中心停车场、北新建材铁路专线停车场、万霖科技大厦停车场、肖家河桥下及西苑桥下停车场等10处错时共享停车场，为周边居民提供错时共享停车位900个。新增、优化科学城北区公交线，对途经清河的606路公交、途经上庄的512路公交、途经永丰的专128路公交都已进行站点新增、优化，满足周边居民前往医院、地铁站和接驳其他公交干线的需求。

（于明）

【安责险推广】 年内，区城市管理委督促辖区内2家电力企业、2家天然气企业、3家液化石油气各行业企业安责险，参保率为100%。

（张肇男）

【雷达检测】 年内，区城市管理委（区交通委）检测区管城市道路290条、测线1620千米，发现空洞16处、脱空26处、土体疏松310处。为保障道路安全，对16处空洞、4处脱空严重病害及时处置，其余脱空等病害，加强日常监管，随后续道路养护一并处理。

（郑东虎）

【道桥应急抢险】 年内，区城市管理委（区交通委）完成区管道路、桥梁设施应急抢险91起，维修面积496.1平方米，出动车辆146辆次、投入抢险队员729人次、使用各类抢险机械设备195台次。配合管线单位完成西翠路、文慧园西路等应急抢修46次，维修面积约269平方米。

（郑东虎）

【掘路审批】 年内，区城市管理委（区交通委）受理掘路审批81件，完成81处占掘路工程的审批核准，面积共2.79万平方米；2022年度审批后完成掘路修复45件，修复面积7562平方米；剩余正在施工或办理交通手续。占掘路来件主要为燃气15件、电力13件、自来水20件、地铁施工4件、道路开口16件、排水10件、监控2件、热力1件。

（郑东虎）

【区属桥梁安全设施完善项目】 年内，区城市管理委（区交通委）完成对西翠路北桥、翠湖北桥、卧虎桥、阳台山路与管家岭路交会东跨河桥等4座桥的完善，换防撞护栏、增加钢扶手、更换止水带等工作。

（郑东虎）

【西苑桥隔声屏障拆除项目】 年内，区城市管理委（区交通委）按照地区环境建设相关部署要求，组织完成圆明园西路西苑桥区域南向北方向隔声屏障拆除及修补工作，拆除1236米、修补防撞墩562平方米、涂刷墙面抹灰1845平方米。

（郑东虎）

【交通节点改造项目】 年内，区城市管理委（区交通委）完成西北旺大桥、圆明园西路、长春桥路3个交通节点改造项目。其中，西北旺大桥西侧新增1条北向南机动车道；在现况道路西侧设置0.5米机非隔离带、2米非机动车道和1.1米人行步道；圆明园西路路口增加行人二次过街交通工程内容，东南侧增加右转车道；长春桥路西侧绿化隔离带进行拆除和掉头车道施工，将西南侧公交车站改移至路口东南侧。

（郑东虎）

【道路移交】 年内，区城市管理委（区交通委）完成沙阳路、树村北街等开发商移交的100条道路的接养工作，总长度66.4千米，面积165.2万平方米。完成11个项目代征道路用地接养工作，面积22.8万平方米。

（郑东虎）

【道路标志标线施划】 年内，区城市管理委（区交通委）会同海淀交通支队组织完成道路标线复划110119.54平方米，道路标志标牌更新622块，完成道路护栏油饰42010米。

（郑东虎）

【护栏提升项目】 年内，区城市管理委（区交通委）完成“复兴路护栏提升”项目，更换复兴路、西三环新兴桥至玉泉路口路段，道路全长约4580米；更换与复兴路相交道路（西四环辅路、万寿路）的白色护栏为古铜色，更换提升护栏长度17132米。

（郑东虎）

【路灯完善项目】 年内，区城市管理委（区交通委）完成2022年路灯完善项目，重点推进并完成18条，其中含2022年市实事任务10条、区实事任务5条，18条道路路灯建设项目全部于11月底前立杆亮灯。

（郑东虎）

【桥下空间整治】 年内，区城市管理委（区交通委）完成市“疏整促”桥下空间整治专项任务，完成122处点位上账、销账治理工作。7月，已转入常态化检查巩固阶段，按照桥下空间治理的“八有八无”①督促桥下空间使用单位、管理单位依照标准落实。

（郑东虎）

【停车行业管理】 年内，区城市管理委（区交通委）完成经营性停车场备案575个，车位13.2万余个，其中新增备案停车场82个，停车场5879个，对备案停车场实施规范性检查。统筹管理路外停车资源，制定《海淀区机动车停车设施信息报送工作方案》，明确区相关委办局、街镇职责分工并组织成立工作专班，建立包含各街镇、社区及技术专员等工作群，通过开展线上、线下多轮分批次培训工作，为精准做好全区居住小区和公共建筑等各类停车场数据统计，全面掌握停车需求打下坚实基础。前期已组织完成辖区内29个街镇11834个地块基础底图生产及核对，梳理完成电子收费道路及备案公共停车场信息，各街镇通过小程序已基本完成信息填报，部分街镇完成居住区出租出售情况登记。

（屈芜汀　闵越）

【停车设施建设】 年内，区城市管理委（区交通委）继续依托《海淀区鼓励社会力量增加停车设施供给资金奖励办法（试行）》，充分挖掘轨道桥下空间，新增苏州桥等21处停车场，停车位1493个；为缓解景区周边出行压力，在颐和园北宫门、海淀公园西侧、二龙闸路增设停车位近千个；整合拆迁腾退、闲置土地，新增厢红旗停车场等服务周边居民。完成挖潜停车位6579个。

（王炎　屈芜汀）

【道路停车位管理】 年内，区城市管理委（区交通委）完成学院南路（北太平庄段）1条路，310个车位的高位视频建设。至年底有185条道路、1.95万个车位实行电子收费，累计服务车次2785.73万次，实缴收入14617.94万元，金额实缴率90.58%，收入全额上缴区级财政。为符合条件的1.31万辆车办理居住认证。实现互联网+催缴处罚工作，1月1日，正式开通“北京交通”App线上违法处理功能，按照“互联网+行政处罚一般程序”，已处理道路停车费欠缴违法行为4万多起，送达行政处罚决定书41918份，催缴处罚金额26.85万元。研究疫情管控停车费减收工作，研究制定减免政策。

（王炎）

【区域综合停车治理】 年内，区城市管理委（区交通委）选取东升镇、温泉镇开展停车综合治理研究；扩大道路停车改革覆盖面，对19条不具备设置条件道路车位进行涂抹，对50条道路停车矛盾突出且符合施划条件，拟纳入管理，其中包含23条失管道路。

（屈芜汀）

【智慧停车管理系统】 年底，区城市管理委（区交通委）根据市级相关规定，汇集全区公共停车场动态数据，2022年海淀区经营性备案停车场按标准实现与市停车资源平台数据对接，数据合格586个，车位接入率99.29%。

（王炎）

【液化石油气安全型配件更换活动】 1月1日，区城市管理委会同北京市液化石油气有限公司、东升镇政府，在东升镇开启免费更换液化石油气安全型配件民生幸福工程活动，活动主题是“消除小隐患，保障大安全”，活动现场吸引城建四平房区村民积极参加，普及液化石油气安全使用知识，助推全区安全型配件更换加速开展。

（张肇男）

【燃气安全排查整治工作会】 1月9日，海淀区召开燃气安全排查整治工作电视电话会，会议通报重庆“1·7”燃气事故和2021年全区燃气事故情况，区应急局、区城市管理委、区城管执法局分别部署燃气排查整治工作、安全检查、执法工作，副区长马光耀就燃气安全管理进行部署。各街镇主管领导及相关负责人、燃气集团第五分公司参加此次会议。

（张肇男）

【冬奥会及春节景观布置】 1月至2月，为统筹做好北京2022年冬奥会和冬残奥会赛时城市景观布置工作，按照全市统一要求和部署，区城市管

---

① “八有八无”：“八有”即有值班制度，有环境卫生责任制度，有日常巡查检查制度，有应急预案及突发事件处置制度，有消防器材，有桥梁保护设施措施，有监控设备，有公示牌。“八无”即无损坏桥梁设施行为，无侵占道路通行空间，无燃气、明火和大功率电器使用，无废旧机械存放，无车辆乱停乱放，无垃圾杂物乱堆乱放，无栏杆或围挡缺损、锈蚀、脏污，无违规侵占。

理委以“一山、两区、多节点”为重点布置范围，围绕田村山、首都体育馆、五棵松体育馆、中关村广场等区域19处点位开展冬奥会和冬残奥会景观布置工作。包括完成14处景观小品、灯饰4589组、灯网灯带3.5万延米、照明灯815套、道旗180面、投影灯22套、护坡灯箱83套、投影机10台、楼体立面装饰1处等任务量，在应用景观小品、立面装饰、道旗、景观照明、灯杆及树挂灯饰等传统布置形式的基础上，增加交互投影、体感捕捉等技术，实现“冰雪冬奥在北京，科技光影看海淀”的设计理念。按照区级统筹、街镇联动原则，实施140余条重点道路灯笼灯饰布置，6处景观小品，3处区域亮化，营造喜庆热烈的节日氛围。整体景观效果受到市指挥部及市区领导高度认可，并集中组织中央、市、区近30家媒体对全区冬奥景观布置进行宣传报道。

（师鹏　赵婵）

【城市管理行业领域安全生产大检查】 2月4日，区城市管理委领导带队会同区城管执法局、万寿路街道、燃气集团第五分公司，组织燃气安全专家对冬奥场馆周边华熙天然气餐饮非居民用户进行燃气安全检查，重点检查问题隐患整改情况，要求属地街道督促商户落实整改要求，燃气供应企业做好复检，对限期未整改的商户要果断采取限气、停气措施。3月14日，区城市管理委员会同住建部门、燃气集团第五分公司、燃气设计院、开发商、业主代表召开“12345”燃气供应问题现场协调会，会上通过举例论证等方式为到场业主代表答疑解惑，并得到业主们的认可。3月24日，副区长马光耀组织各街镇、相关委办局及燃气企业召开海淀区燃气安全排查整治工作专题会，会后对液化气使用单位和液化气供应站进行现场检查。5月10日，对海淀区内的三家市属液化石油气供应站进行检查。此次检查过程中着重检查站内的定时巡检记录、消电检记录、日常检查记录、设备周巡查维护记录、气罐储存环境、基础环境、消防设施、工作人员的资质证件、设备的维护、保养记录，还对供应站的居民、非居民入户检查记录，安全职责学习记录，应急演习预案学习记录等进行核查。

（张肇男）

【冬（残）奥会服务保障】 2月至3月中旬，北京2022冬奥会和冬残奥会期间，海淀市政集团开展5轮全要素应急演练，应急支援场馆、设施扫雪铲冰作业6次，其中五棵松体育场馆3次、首都体育场馆1次、清河火车站1次、中关村国家自主创新示范区展示中心停车场1次。彰化路、金沟河等9处应急驻点，备勤保障人员500余人，各类专项作业车辆110余部。在场馆及周边涉奥保障区设置临时厕所6处，应急抽运5车次，应急支援水车10车次。完成场馆及周边55座公厕无死角优质保洁工作，抽运粪便2155吨。1月23日至2月18日，收运场馆周边各类垃圾113.37吨。场馆、设施（清河火车站）周边41条重点道路，出动作业人员5491人次，检查车辆123车次，完成重点区域365万平方米的道路清扫保洁任务。场馆周边及中关村南大街、紫竹院路、五塔寺路、玉渊潭南路、五棵松公园等路段，出动园林绿化养护人员2190人次，场馆周边1000米内作业人员48小时核酸检测人数922人次，检查人员1899人次，绿地保洁面积438万平方米，处理绿地垃圾6.21吨。2月12日至14日，全市迎来19年以来最大降雪，海淀市政集团对场馆周边道路及涉奥专用道路随下随清，共计出动作业人员1.1万余人次，各类扫雪铲冰专项作业车辆1600余车次，完成扫雪铲冰应急处突任务13次。3月4日至13日，出动绿化养护作业人员1663人次，绿地保洁面积430万平方米，处理绿地垃圾5.78吨。巡查驻点及周边重点道路188条次，巡查里程496千米，修复保障道路病害88处。

（赵玉辰）

【防汛工作】 汛期期间，按照区防汛方案的要求，区城市管理委（区交通委）进行值班备勤15次，备勤人员676人次，备勤机械364台次，雨中巡查96车次，巡查人员156人次。年内，组织相关单位开展防汛应急抢险演练1次。

（郑东虎）

【市容环境整治提升】 7月中旬至年底，海淀区围绕18类29项环境问题深入开展“市容环境整治提升”专项行动。制定并印发《2022年海淀区市容环境整治提升方案》，发力解决各类环境问题，全面改善市容环境面貌，推进设施设置规范化。拆除交通护栏和绿地护栏491310米，清理防盗网防爬刺130343米，规范治理各类围挡43302米，规范管理公共服务设施3750处，治理提升架空线缆4708处，养护整治道路问题2173处，拆除过期宣传广告647处。完成长安街延长线（海淀段）中心护栏、机非护栏、步道护栏更换工作，共更换护栏13729米。推进市容管理精细化。规范管理垃圾收集点1238处；清理整治市容环境卫生问题4736处；整治提升绿化管养问题2269处；清除整治各类小广告10033处；美化提升外立面986处，面积57973平方米。推进环境秩序有序化。整治桥下空间问题256处，常态化治理非机动车乱停放点2077处，规范管理施工工地问题373处，拆除各类违建777183平方米，推进道路移交接养道路48条。

（李海鹏）

【《海淀区环境建设管理手册》修订】 7月至11月，为充分发挥《海淀区环境建设管理手册》（简称手册）的作业指导作用，确保手册的实用性，区城市管理委启动手册修订工作，对手册中不足部分及不符合工作实际的流程节点进行修订和完善。

（焦庆辉）

【燃气行业安全“百日行动”】 8月5日，按照海淀区燃气行业安全“百日行动”联合督导检查计划，区城市管理委会同燕园街道、清华园街道、区市场监管局、区城管执法局、海淀消防救援支队组建联合督导检查组，组织第三方专家，对北京市液化石油气有限公司下属的北大供应站及清华供应站开展安全督导检查工作。检查组对站内资料、燃气气质、现场用电安全、消防安全等进行逐一检查，针对发现的问题，各单位检查人员分别告知受检单位负责人相关隐患情况，并对存在的问题下达隐患告知书，责令限期整改。

（张肇男）

【编制五路居规划综合实施方案】8月，区城市管理委（区交通委）为落实市级督查事项，将玲珑路占路公交场站进行腾退，在玲珑路北侧规划用地范围内进行市政设施、公交场站建设。按照规划要求，编制规划综合实施方案。申请到方案编制资金，并已完成资金评审工作。

（徐晖）

【研究16号线客流综合提升方案】8月，区城市管理委（区交通委）为分析16号线北段（北安河站—西苑站）客流强度较低的原因，研究提升运行效率的解决思路和措施，需委托专业单位研究编制16号线客流综合提升方案。已申请到研究资金，并完成资金评审工作。

（徐晖）

【能源运行】10月12日，区城市管理委派驻纪检组组织区城管执法局到访燃气集团第五分公司开展疫情防控、重大活动保障及燃气安全生产工作检查，听取燃气五分公司汇报近期开展的隐患治理、安全用气宣传、老旧小区管网改造、应急队伍建设、百日行动等安全生产相关工作。要求企业落实好疫情防控工作，提高政治站位，严明纪律，协调配合各部门压实企业主体责任，同时结合实际，加强户内用户巡检质量、落实社会主体责任，重点治理燃气安全隐患。区城市管理委员会同区城管执法局对燃气五分公司开展安全生产及重大活动保障的相关工作资料进行查阅。

（张肇男）

【交通规划】10月，颐和园周边地区交通治理方案已结题并完成审计工作。海淀区绿地地下停车空间利用研究已结题并完成尾款拨付。宋庆龄青少年科技文化交流中心周边静态交通方案治理研究完成终稿编制。香山景区制管理系统建设、施工及系统开发已全部完成，并完成项目初验。7月28日，中关村西区综合交通治理项目通过终验，项目进入质保期。

（徐晖）

【公厕皮基站安装】10月，区城市管理委（区交通委）推进自管公厕及街镇自管公厕皮基站的安装工作。优先对平房区、城中村、高风险地区公厕安装皮基站，后续安装街镇自管公厕，最后安装剩余一、二类公厕。已在628座公厕安装1093个皮基站。

（邓新峰）

【燃气管线占压隐患治理工作推进会】11月4日，区城市管理委联合区退役军人事务局和市燃气集团五分公司，组织召开驻海淀区部队燃气管线占压隐患治理工作推进会。区城市管理委常康宁副主任向大家详细讲解“拆、改、降、停”的处理方式，敦促大家高度重视、及时整改。燃气五分公司工作人员播放安全宣传教育片，讲清燃气管线占压隐患的危害及可能产生的严重后果，明确整改时限，提出施工要求。后保部、火箭军、战略支援部队、联勤保障部队、解放军总医院、军事科学院参加会议。

（张肇男）

【公厕疫情防控检查】11月10日，市、区纪委联合对6个区管公厕疫情防控情况进行检查，重点对一厕一码、专人值守、扫码入厕和公厕消杀等工作落实情况进行检查，整体情况良好，公厕防疫落实到位。

（邓新峰）

【道路废物箱安装】12月，区城市管理委（区交通委）根据《海淀区道路废物箱增添更换工作方案》，完成北四环平行线以北区域的道路废物箱更新、更换工作。按照逢车站、路口设置，繁华、人员密集区域50米一个，其他道路人行道100米左右1个的标准，拆除旧有废物箱4714个，更新安装废物箱3011个。

（闫齐）

【推进错时共享停车管理】至年底，全区新增共享停车场47个，可为周边居民提供车位2015个。

（王炎　屈芃汀）

【环境建设绩效考核】年底，按照重点项目管理及项目资金绩效评价工作要求，区城市管理委（区交通委）完成首都环境建设办对北京冬奥会和冬残奥会涉及海淀区17个环境建设项目和88条市级背街小巷环境建设市级重点项目绩效考核，提交绩效检查资料文件1000余份，文件电子清单扫描件3000余张，绩效考核成绩优秀。

（焦庆辉）

环境卫生

【概况】2022年，北京市海淀区环境卫生服务中心（简称区环卫中心）贯彻落实区委区政府决策部署，坚持新环卫改革发展大局，立足新职能，以检查业务为主线，统筹疫情防控，稳步落实安全教育，构建发展新格局。通过信息化手段提升全区市政环境作业检查工作的精准化、精细化水平，建立市政环境领域政府统筹、事业监督、企业作业的政事企三位一体架构，为推动海淀高质量发展、打造高品质城市提供有力保障。

推进有序衔接，确保平稳过渡。改制后主要负责海淀区道路保洁、固废清运、公厕运行、道路养护等市政环境作业的监督检查工作。在解决好改革遗留事项的同时，全面启动检查工作，确保各项工作有序平稳推进。

强化科技创新，引领高品质发展。探索检查模式，与区城管委、城市大脑等单位对接，充分了解研究海淀区市政市容环境监控指挥系统、城市道路作业监管平台的功能特点，推进大城管系统环卫中心检查调度平台建设工作。

整合资源配置，推进精细管理。做好全区道路保洁、固废清运、公厕运行、道路养护等市政环境作业的监督检查工作。完成对全区1919条区属作业道路、969座公厕、2067个垃圾分类居住小区、3513个餐饮单位的环境卫生日常检查；完成3处区内大型环卫设施及671条区属道路、95座桥梁、1个地下通道的设施养护日常检查。完成共享单车协助调度处置和摆放、“疏整促”桥下空间整治、“门前三包（门前责任区）”等专项检查任务。

完成日常道路保洁检查37159条次，道路尘土检测6776条次；开展扫雪铲冰专项道路检查1444条次，重大活动保障道路检查850条次。检查公共厕所44954座次，检查三星庄和四季青粪便消纳站设施19次，粪便清运车辆435辆次。检查密闭式转运站和密闭式清洁站7775座次，检查垃圾运输车辆10267辆次；检查垃圾分类居住小区48480个次，餐饮单位21078家次。道路养护检查总里程16977千米，检查养护单位报送的零小修项目5893个、维修面积44262.78平方米。共享单车协助摆放513处，调度处置乱点1959处；疏整促桥下空间治理122处；检查“门前三包（门前责任区）”13265家次。通过各项检查工作的开展，有效提升全区市政环境领域的作业水平。

收到接诉即办案件2012件，协助调查非权属退回案件804件，权属内案件1208件，结案率100%。获评北京市2022年度市级交通安全工作成绩突出单位。

（马晋林）

【北京绿海能环保有限责任公司】 年内，北京绿海能环保有限责任公司（简称绿海能公司）承担海淀区循环经济产业园再生能源发电厂项目、餐厨厨余垃圾处理厂项目、废水处理应急项目、建筑垃圾循环利用综合处置项目、厨余垃圾就地处理项目等垃圾终端处理设施建设、运营工作，六里屯填埋场项目建设，建筑垃圾绿色运输、厨余及非居民厨余垃圾收运等业务。承担4个运营项目、4个建设项目。绿海能公司下属北京海绿运运输有限公司、北京海能环境治理有限公司、北京海通固废环保有限公司（与海淀市政集团合资成立）3家二级子公司。

（张湘）

【北京市超环海城市环境服务有限公司】 北京市超环海城市环境服务有限公司为北京市海淀区市政服务集团有限公司的二级全资子公司，是以道路清扫保洁作业为主，以大件垃圾、无主垃圾、园林垃圾、废弃物的收集清运及建筑垃圾、小广告清除、楼道保洁、绿地捡拾保洁、检查、物业等业务为辅的环卫服务一体化专业作业公司。2022年，承接中国人民解放军国防大学军事文化学院大件垃圾清运服务项目等3个垃圾清运项目，承接上庄大街项目道路清扫保洁作业委托服务项目等4个海淀区管委户标道路保洁项目，承接紫竹院街道办事处清扫保洁服务项目等4个街道保洁项目，承接清华大学保洁项目、圆明园保洁社会化服务项目、厂洼社区物业服务项目、清华大学修缮中心平房区公共卫生间保洁服务项目。新签其他项目合同6个，合同总额324万元。完成北京冬奥会和冬残奥会、全国两会等重大活动的环境卫生保障任务。办理接诉即办案件26件，反馈率100%、满意率100%、解决率100%。办理考评上报案件648件。

（李天朔）

【北京市海淀环境工程有限公司】 北京市海淀环境工程有限公司为北京市海淀区市政服务集团有限公司的二级全资子公司，负责道路清扫保洁服务。2022年，公司推行“公共空间一体化作业”，将道路或区域多个行业作业主体的传统作业模式，整合为同一主体实施。根据不同区域特性，打造“一域一式一路一策”特色作业模式，即按照道路的板块，参考路侧停车、商户等因素影响，选定海淀南路、颐和园路、芙蓉北路、清华西路、香山路5条道路作为试点，采取不同的策略及作业方式，以机械化作业为主、人工辅助作业融合的模式，切实有效提高人机配合强度，提升环卫工作科技感。完成北京冬奥会和冬残奥会、全国两会等重大活动道路保洁任务140天64次，其中国家级保障34次、市级保障20次、区级保障10次。完成冬奥会场馆及清河火车站周边道路清扫保洁任务，作业面积347万平方米。处理道路保洁突发事件1745起，处理垃圾68.13吨。办理接诉即办案件368件，比上年下降18%，主要问题为暴露垃圾、机械不合理作业等，反馈率100%、解决率94%、满意率95%。考评上报案件办理4435件，信息采集员上报案件办理3414件。

（龙雨）

【北京海淀固废发展有限公司】 北京海淀固废发展有限公司为北京市海淀区市政服务集团有限公司的二级全资子公司。2022年，公司以环保固体废弃物产业为主体，负责海淀区其他垃圾、厨余垃圾和餐厨垃圾的分类运输和密闭式清洁站的保洁管理工作，包括全区178座自有密闭式清洁站（非压缩吊装设备清洁站96座、一体式压缩设备清洁站61座、分体式压缩设备清洁站21座）的运维管理及75座外管密闭式清洁站的垃圾清运、1941个小区的居民和近2564家餐饮单位的非居民厨余垃圾收集。为玉泉山、万寿路甲15号院、中央党校、钓鱼台国宾馆、京西宾馆、中央电视台、中国人民解放军某部、清华大学和北京大学等重点单位和地区提供垃圾运输服务。签订非居民单位厨余垃圾运输服务合同2553份，业务收入4937万元；签订其他垃圾运输服务合同2212份，业务收入9902万元。日均收运其他垃圾1719吨，居民厨余垃圾410吨，非居民厨余垃圾214吨，转运垃圾784吨、压缩779吨。完成其他垃圾清运62.73万吨，厨余垃圾清运14.95万吨，非居民厨余垃圾清运7.8万吨。五路居密闭式转运站累计转运垃圾28.63万吨、压缩垃圾28.42万吨。五路居新建污水处理设施处理污水8213吨。为北京冬奥会首都体育馆、五棵松体育中心两个核心保障区提供生活垃圾清运服务，清运生活垃圾127.5吨。为全国两会代表及工作人员驻地提供生活垃圾收运保障服务，清运生活垃圾565.68吨。

（雷洁）

【北京海淀生态环保有限公司】 北京海淀生态环保有限公司为北京市海淀区市政服务集团有限公司的二级全资子公司，负责海淀区970余座公共卫生间的日常维保、粪便抽运及粪便消纳工作。2022年，完成北京冬奥会和冬残奥会、全国两会等重大活动环境卫生保障任务。完成各类临时性活动保障50余次。完成北京冬奥会和冬残奥会服务保障任务，对首都体育馆区域公厕开展专项检查493座次，维修作业29座次；五棵松区域开展检查667座次，维修15座次；承担首都体育馆、五棵松体育中心、清河火车站等涉奥场馆周边的送水保障任务，抽运总量1041吨，送水20吨。完成新冠疫情封管控服务保障任务，对接服务封控街道17个，涉疫社区100个；对接服务管控街道21个，涉疫社区483个；对接服务其他街道27个，涉疫社区448个。完成巴沟消纳站、韩家川等隔离点位和部分街道人群密集封控地区粪便抽运工作和三级消杀任务，卸料消杀300余车次，抽运1342余吨；在疫情封控区、管控区及时吊装临时公厕300余座。新接收公厕19座，拆除15座，改造53座，开展公厕日常检查3330余次。完成整合粪便抽运和消纳处理板块，初步形成公厕运维、粪便抽运和消纳处理的全链条、一体化、专业化运营新工艺。粪便抽运作业56.15万吨；三星庄粪便消纳处理量27.21万吨，四季青粪便消纳处理量17.24万吨。受理接诉即办案件482件，其中办理345件、退回137件。市级考核反馈率100%、解决率98.37%、满意率96.96%。

（崔子辰）

【北京海通固废环保有限公司】 年内，北京市海淀区市政服务集团有限公司（简称海淀市政集团）和北京绿海能环保有限责任公司（简称绿海能公司）共同出资设立二级控股子公司——北京海通固废环保有限公司，补齐固废板块投、收、运、处全产业链。海淀市政集团占股权比例51%，绿海能公司占股权比例49%。公司承接海淀北部区域620家餐饮单位的非居民厨余垃圾清运业务和近150个小区的居民厨余垃圾清运业务。完成非居民厨余垃圾清运8525.7吨，日均收运非居民厨余垃圾27.77吨；居民厨余垃圾清运8747.18吨，日均收运居民厨余垃圾47.53吨。涉及作业服务合同719份，点位750个，业务收入1133万元。

（张婧文）

【市政环境作业检查】 年内，区环卫中心完成全区1919条区属作业道路、969座公厕、2067个垃圾分类居住小区、3513个餐饮单位的环境卫生日常检查；完成3处区内大型环卫设施、671条区属道路、95座桥梁、1个地下通道的设施日常检查。完成共享单车协助调度处置和摆放、“疏整促”桥下空间整治、“门前三包（门前责任区）”等检查任务。将检查情况及时反馈相关单位进行整改，并定期将检查数据上报区城管委。开展道路保洁日常检查37159条次，检查问题6638个；道路尘土检测6776条次，检查问题1009个；扫雪铲冰专项检查道路1444条次，检查问题352个；重大活动保障检查道路850条次，检查问题65个。与区城管委开展道路保洁联合检查8次；检查公共厕所44954座次，检查问题2300个；检查三星庄和四季青消纳站设施19次，粪便清运车辆435辆；检查密闭式转运站和清洁站7775座次，发现问题5534个，检查垃圾运输车辆10267辆，检查问题419个；检查垃圾分类居住小区48480个次，检查问题17.24万余个，餐饮单位21078家，立案问题2234个；检查道路养护总里程16977千米，检查案件3900件，检查养护单位报送的零小修项目5893个、维修面积44262.78平方米；共享单车协助摆放513处，调度处置乱点1959处；检查门前三包（门前责任区）13265家，发现问题8254个；疏整促桥下空间治理122处。

（马晋林）

【海淀区餐厨厨余垃圾处理厂项目】 年内，绿海能公司承担项目运营。该项目位于苏家坨镇大工村，总建设面积约4993平方米，建设规模为400吨/日，其中餐饮垃圾200吨/日、厨余垃圾200吨/日，是全区唯一的大型化、集成化、现代化的餐厨厨余垃圾终端处理设施。全年处理厨余垃圾174083.61吨，其中厨余78043.88吨，家庭厨余96039.73吨。产出废油脂2035.53吨，土壤调理剂18833.52吨。处理废水47377.46吨，约占比垃圾总量的27.22%。开展项目升级改造工作，提升技术工艺：利用残渣回流二次分选筛下物，增加筛下物产量；设计安装餐厨线卸料坑预热管道，提升提油率。

（张湘）

【厨余垃圾就地处理项目】 年内，绿海能公司承担运营项目。项目为海淀区城市管理委员会启动的厨余垃圾就地处理试点工程，采用复合微生物降解技术，通过提供微生物活动的环境，将厨余垃圾在24小时内逐步降解为小分子物质，以液体、气体等形式排出，实现厨余垃圾就地处理的快速便捷、减量化和无害化。西北旺镇青棠湾小区2T液化处理项目，处理厨余垃圾约900吨。学院路街道北京林业大学6T液化处理项目，处理厨余垃圾约808吨。

（张湘）

【建筑垃圾及装修垃圾清运项目】 年内，绿海能公司承担运营项目。项目通过实施建筑垃圾清运工作统一管理、统一运输、统一消纳，对拆除施工场地清理、装车运输、消纳和再利用等全过程实行管理。装备各型运输车、工程机械车，设置13公顷的建筑垃圾暂存场，用于建筑垃圾消纳前临时存放。清运建筑垃圾约70.94万吨，转运建筑垃圾约13.2万吨。清运、清理筛上轻物质和大件混合垃圾640车。与区内378家物业公司、500个社区签订《北京市建筑垃圾运输、处理服务合同》，清运16个街镇装修垃圾约650车。

（张湘）

【非居民厨余及厨余垃圾收运项目】 年内，绿海能公司承担运营项目。海淀市政集团合资成立北京海通固废环保有限公司并投入运营。主要负责收运西北旺镇、温泉镇、上庄镇、苏家坨镇非居民厨余垃圾及厨余垃圾。收运非居民厨余垃圾8525.7吨，收运厨余垃圾8747.18吨。

（张湘）

【海淀区建筑垃圾循环利用综合处置项目】 年内，绿海能公司承担建设项目。项目位于苏家坨镇大工村，占地约11公顷。设计年处置100万吨建筑垃圾。完成国有土地划拨并取得项目国有土地不动产权证、取得洪评及水防治方案批复等。完成现场已建设单体的质检、结构及基础加固方案设计变更工作。配套提升工程完成综合方案编制单位比选、方案编报、项目评审工作。外围配套河道治理工程协调苏家坨镇取得项目新增建设用地对应的减量数据，推进红线外部分土地农转用手续办理，完成施工、监理招标工作，启动水务质监手续办理工作。外围市政配套管线工程完成阶段性结算工作。外围配套道路工程取得苏家坨镇合作联合社的征地决议，协调苏家坨镇取得项目新增建设用地对应的减量数据，完成项目征地预公告及征地安置补偿公告，推进征地农转用手续办理。

（张湘）

【海淀区循环经济产业园再生能源发电厂项目】 年内，绿海能公司承担建设项目。项目位于苏家坨镇大工村，总投资152548万元，建设用地22.75公顷，总建筑面积63104平方米。项目采用现代垃圾焚烧发电技术，设计日处理生活垃圾2500吨。项目于2016年建成。2022年，规划验收工作完成消防整改施工，房屋结构现场质检及消防鉴定初检。取得市规自委规划验收工作复函及消防初检报告；开展项目报规方案编制；按区国资委批复，与海淀国资中心对接资产划转流程。

（张湘）

【海淀区六里屯填埋场项目】 年内，绿海能公司承担建设项目。六里屯填埋场位于永丰，总占地面积为46.53公顷，其中场前区占地12公顷，填埋区占地34.53公顷。通过实施地下水防渗阻隔、环境改造与再利用，隔绝固废与生态环境。六里屯填埋场风险防控项目：完成区城管委工艺论证并取得批复，取得项目建议书（代可研）批复完成项目立项工作，同步完成勘察、设计招标并组织完成详勘及初步设计概算编报工作。开展水评、洪评及水防治方案编制，取得水影响评价批复。同六里屯填埋场签订属地管理协议。六里屯填埋场环境改造与再利用项目10—20米堆体边坡封场工程：完成初步方案编制，通过区长专题会及区政府投资论证小组会。开展测绘物探现场作业并取得报告，组织项目深化设计、编制项目综合实施方案。

（张湘）

【大工村厨余垃圾处理厂废水处理应急项目】 年内，绿海能公司承担建设项目。项目位于海淀区循环经济产业园内，区政府投资建设餐厨厨余废水厌氧系统400吨/天、沼液全量处理系统600立方米/天、浓缩液处理系统200立方米/天，配套除臭系统，确保厨余垃圾处理能力稳定达到600吨/天。完成区城管委工艺论证并取得批复，纳入政府投资储备项目库。开展现场勘查作业并取得报告，组织完成建议书（代可研）的编报及投资评审工作。开展多规方案编制，协调市规自委推进“多规合一”初审路径。

（张湘）

城市管理综合执法

【概况】 2022年，海淀区城市管理综合行政执法局（简称区城管执法局）为区城管委管理的副处级行政执法机构，是基层综合行政执法机构的行业主管部门，主要职能为统筹指导、综合协调基层综合行政执法工作，履行6个领域166项行政执法权。街镇综合执法队履行职权涉及17个领域452项，其中城管执法部门下放职权414项，其他4部门下放职权38项。

以重大活动服务保障为主线，在“基本无违法建设区”创建、疫情常态化防控和城市能源领域执法等重点领域开展工作，高质高效推动城市环境秩序精细化治理；创新开展燃气设施保护、市容环境、公用事业等领域执法工作，执法办案量居城六区第一。指导各执法队完成行政处罚案件18054件，其中一般程序案件10563件、简易程序案件7491件，罚款1369.65万元。受理各类群众诉求78726件，其中城管执法行业主管前5类（夜施扰民、街头游商、扬尘、公共区域环境卫生、非法小广告）问题15588件，比上年下降38.42%，城管执法类接诉即办工作回访响应率100%、解决率75%、满意率77.67%。拆除既有违法建设214.7万平方米，腾退土地面积212.9公顷。

完成市城管执法局重点课题9个，城管系统4篇调研文章被收入市城管执法局2021年度调研报告汇编，其中2篇调研文章获评优秀调研文章。完成区级关注课题2个，1篇调研文章获评2021年海淀区优秀调研成果二等奖。区城管执法局获海淀区调查研究工作先进单位称号。发布“海淀城管来了”微信公众号121条、美篇6条，推出抖音视频51条，编印《城管来了》杂志4期，播出电视栏目24期。在中央级主要媒体刊播新闻39条，市级主要媒体刊播171条，新媒体刊播198条；编写政务信息164篇，被市委、市政府采用22篇，被区委、区政府采用100篇，市城管执法局采用104篇。

（刘洪兰）

【“基本无违法建设区”创建】 年内，区城管执法局紧扣市级创建验收标准，强化违法建设源头治理。拆除违法建设面积214.7万平方米，腾退土地面积212.9公顷，超额完成市折子任务。按照海淀区创建“基本无违法建设区”验收评价指标体系，经第三方机构内、外业抽检，市创建办相关成员单位联审，创建工作成效明显，评价为优秀。海淀区实现“基本无违法建设区”创建目标，以“优秀”成绩通过市级验收。

（刘洪兰）

【占道经营违法行为治理】 年内，区城管执法局统筹指导各街镇保持“动态清零”管控，实现2022年全区占道经营类有效市民诉求总量不超过2021年、“动态上账”点位全部销账的工作目标。查处占道经营违法行为3884起，罚款112.72万元；处置占道经营类市民举报1689件，比上年下降42.80%。

（刘洪兰）

【大气污染防治】 年内，区城管执法局聚焦施工扬尘、渣土车泄漏遗撒、施工噪声扰民等问题，强化源头监管。查处各类施工现场建筑垃圾扬尘类问题234起，罚款399万元；查处各类建筑垃圾运输车辆违法违规行为750起，罚款253万元；查处夜间施工扰民类违法行为195起，罚款237万元；受理“每月一题”夜间施工扰民案件9783件，比上年下降36.51%。

（刘洪兰）

【生活垃圾分类专项执法】 年内，区城管执法局推进生活垃圾分类执法工作，建立垃圾处理设施基础台账，开展3个波次专项执法行动，统筹指导街镇查处个人违法行为，检查各类单位18.10万家次，立案查处8759起，其中个人警告6697起，罚款159.20万元。

（刘洪兰）

【市容环境执法检查】 年内，区城管执法局与区政府外事办联合印发《〈北京市国际交往语言环境建设条例〉执法工作方案》，规范外语标识执法工作，开展联合执法检查3次，立案查处18起。开展车身标识类违法形态执法检查，立案查处违法行为25起。查处非法小广告、“门前三包”等各类市容环境类违法行为2142起，罚款61.27万元。

（刘洪兰）

【燃气安全隐患专项治理】 年内，区城管执法局制订专项整治工作方案，开展燃气安全隐患专项治理工作。指导各街镇从严查处非法从事液化石油气经营、非法购气交易等行为，对燃气经营企业、加气站点开展全覆盖检查，排除燃气安全隐患，保障群众人身及财产安全。检查餐饮企业及燃气使用单位8174家，检查次数7.35万家次，检查中发现问题单位560家，立案查处1049起，罚款83.89万元。

（刘洪兰）

【综合执法大数据平台应用】 年内，区城管执法局为提高综合指挥调度能力，推进综合执法大数据平台建设，加快相关街镇视频会议终端安装，形成贯通市、区、街三级的指挥调度工作体系。视频巡检量达20万余次，巡检量位居全市各区第一；指挥调度各街镇综合执法队6758次，开展视频调度会172次。

（刘洪兰）

11月18日，区城管执法局开展燃气安全执法检查　　（刘天一　摄）

【城管执法督察检查】 年内，区城管执法局印发《北京市海淀区城市管理综合行政执法系统督察督办工作办法（试行）》，建立督察通报制度，定期向各街镇通报督察检查情况，督促各街镇城管执法领域依法履职。开展督察检查5000余次，下发督办单246件，编发《督察通报》25期，开展督察考核24次，组织召开督办工作调度会12次。

（刘洪兰）

【基层执法队伍管理】 年内，区城管执法局拟定《海淀区城管执法局关于落实〈关于加强北京市基层综合行政执法队伍建设的意见〉的实施方案》。修订城管执法系统综合执法考评体系，定期召开“千分制”考评分析会，加强对城管队伍的监督、指引。通过网络培训及现场教学等方式，开展全员培训、新录用人员培训、机关干部培训等岗位培训；开展综合执法大数据平台推广应用专题培训。研发推出视频课程5门7节，组织开展培训34期，培训6628人次。

（刘洪兰）

【城管原创文化品牌建设】 年内，区城管执法局着力打造城管文化原创品牌“海淀城管来了”，推出先进人物、创建“基本无违法建设区”、环境秩序治理、“三类场所”疫情防控等宣传主题14个；推出“双美”城管队伍和执法队员、冬奥先进系列人物、五四青年代表人物、战“疫”先锋等先进典型人物21个。

（刘洪兰）

电力供应

【概况】 2022年，国网北京市电力公司海淀供电公司（简称海淀供电公司）管辖范围共有10千伏配电室1656座（开闭站154座、配电室1502座），容量2393.8兆伏安。10千伏架空线路269条，1379千米；10千伏电缆线路1209条，6728千米。配电自动化覆盖率100%。全年发展总投入3.88亿元，其中电网投资3.67亿元；完成售电量166.08亿千瓦时，比上年增长11.89%；营业收入126.63亿元，比上年增长11.12%；实现内部利润4.3亿元。

（韩旭东）

【电力营商环境优化】 年内，海淀供电公司精雕“双碳”（碳达峰、碳中和）落地举措。聚焦公共领域能效服务，完成249个大型工商业客户负荷特性调研走访，提供能效诊断账单932户次。公共充电设施布局规划得到区城管委认可，香山环岛及安河桥北公交场站外电源新建项目实现发电，个人充电桩“联网通办”业务推广34家4S店，实现北京公司首个属地单位区域4S店合作全覆盖，完成充换电量1540.17万千瓦时。探索五联服务机制，打造北京瑞泰建设工程有限公司典型案例，实现“一口受理、一表申请、一次踏勘”。完成低压“非禁免批”案例4项、高压延伸投资到红线案例1项、居民刷脸办电案例3项，服务“三零”（零上门、零审批、零投资）客户4103户，接电容量3.91万千伏安，惠及小微企业28户。制定营业厅综合能力提升方案，启动客服中心“三型一化”升级改造，95598客户服务电话满意度达99.8%，客户投诉数量压降70%。创新农村用电政企共建共管共享机制，电力“枫桥经验”在各街镇形成示范效应。提高采集运维质效，采集数据应用结算率实现99.995%。

（韩旭东）

【电力安全生产】 年内，海淀供电公司印发公司领导班子“两个清单”，制定安全绩效奖惩“两个细则”，建立每周“说清楚”、每天“日点评”机制，实施“重防范 强管控 保安全”等7个专项行动，督促整改现场违章及不规范问题145项。创新“三不、一定”演练，持续强化应急管理体系。提升设备水平，聚焦“六大类运行难点问题”，递次储备“十四五”配网工程229项。17座配电室完成设备改造，8项度夏度冬解重载工程投产送电，18个地埋变改造完工，首师大附中、理工附中等9项高考外电源改造工程竣工。高质量完成302路电缆试验、80千米架混线路综合检修、134座配电站室防汛大修、116套溢水报警设备加装；制止通道施工355次、处置火情108处，线下拆违18万平方米。供电可靠率提升至99.99%，故障次数、用户平均故障停电时间分别压降15%、22%。编制有序用电预案，发布电网风险预警，落实差异管控措施。电网成功应对366.1万千瓦历史最大负荷考验，完成政治保电任务144项344天，安保防恐、车辆交通、信息网络、新闻舆情、维稳保密安全稳定。

（韩旭东）

【电网规划建设】 年内，海淀供电公司签订果庄子、明光村变电站投资协议，争取8700平方米用地指标，取得规划、核准、环评、水评等批复性文件37项。促请区政府搭建电网建设专项协调平台，海淀北部第二组团输变电工程投资划分协议通过区长专题会审议，推动外部资金到账5.04亿元。持续提速重点工程，永丰110千伏输变电工程、树村110千伏送出工程、东升—中关村第二回线路工程开工进场，土井110千伏输变电工程、金沟河110千伏输变电工程、北安河110千伏输变电工程、西埠头110千伏输变电工程、海淀山后配套电力隧道工程、树村220千伏输变电工程10千伏配迁工程连续施工，金沟河站宝山侧电源、东升—中关村工程具备投产条件。疏通15项在运变电站手续办理渠道，创新园、后屯、稻香湖项目取得用地划拨手续，完成关键节点手续25项。首都体育馆110千伏变电站获评国网公司优质工程银奖。

（韩旭东）

【电力经营管理】 年内，海淀供电公司全面推进国企改革三年收官行动，在人才培养、业扩服务、数字转型领域打造改革典型案例。新型电力系统科技攻关项目成功揭榜，7个科技项目通过北京公司验收，获得6个网省公司及以上科技创新成果奖项，公司获评国网首家“5A级标准化良好行为企业”，晋级“3A级电力行业卓越绩效标杆企业”。深挖增收节支潜力，优化经济活动分析例会机制，加强投资经营策略分析，落实“两级三维度”建设要求，明确供电所营收效益考评办法。完成北京公司首张增值税普通发票电子凭证开具交付，取得北京公司首例“以物抵债”案件标的确权手续。加大反窃查违、电费回收、综合能源工作力度，综合线损率压降至2.89%，实现其他业务收入1807.64万元。全年决算工程52项，清理长期挂账项目8个，增加有效资产3.42亿元，实现“电e金服”业绩规模1.15亿元。完成审计署节能减排和国网公司经责等9项审计任务，推动历年审计遗留问题“见底清零”，冬奥专项审计经验成果《四项审计助力绿色办奥》在《中国审计报》上刊登。

（韩旭东）

【智慧能源建设】 年内，海淀供电公司开展“数字海电”体系建设，建立“7+1”政企数据合作机制，打造国网数字化综合示范地市公司，实现全国能源行业首个百万元级数据交易。上线智慧能源城市大脑28场景，支撑政府研判4.8万次，数据创收162万元，相关成果获得3项国家级奖项。打造智慧配电站室，建设数字化供电所，构建25个基层数据服务场景和26个人工智能场景。柔直高可靠低碳网架项目取得区发改委立项核准批复。智慧能源综合体完成综合设计方案，工程前期落地请示取得区政府批示意见。

（韩旭东）

【重要活动电力保障】 年内，海淀供电公司完成2022年北京冬奥会和冬残奥会供电保障任务。梳理首都体育馆63类255处用电需求，完成5000.6千瓦临电接入。制定8套保障方案，按实战标准完成46次彩排演练，完成横跨70天8次开闭幕式、54场比赛、364场训练任务、首都体育馆30余次冰面与场地转换的安全电力保障。完成党的二十大供电保障任务。搭建“7+8+13+1”保障体系，绘制“百项任务图”、制定“攻坚计划表”、明确“工作责任状”、启用京西现场指挥部，高效完成全部筹备任务。动态跟进新增用电需求，第一时间完成UPS加装匹配，16辆应急发电车随时待命接入，1740名外围保障人员落点落位，13支全专业“1+N”团队进驻，实现“四零”（设备零故障、客户零闪动、工作零差错、服务零投诉）目标。

（韩旭东）

气象

【概况】 2022年，海淀区气象局完成汛期、重大活动气象服务保障任务。全面升级改版“海淀气象”微信公众号，继续利用“两微一抖”拓宽公众气象服务渠道，根据节气、赏景服务需求，制作杨柳飞絮、红叶观赏、银杏观赏等专题公众气象服务专报。联合“海淀应急”“海淀融媒”“北京海淀”等新媒体公众号打造新媒体宣传矩阵，为公众提供及时准确的气象信息。通过微信、微博、抖音等新媒体发布气象科普宣传读物，联合区应急局、区地震局等单位开展防灾减灾直播课堂，与区应急局联合制作“气象预警画安全科普气象灾害”宣传视频。与海淀融媒建立重要天气过程采访机制，为公众提供及时、准确的气象服务信息及防灾减灾科普知识。开展执法检查189次，其中防雷安全执法127次，升放气球执法巡查52次，气象设施和气象探测环境保护执法4次，人工影响天气执法2次，气象信息服务类执法2次，涉外类执法巡查2次。发现防雷隐患单位2家，均按期完成整改。开展防雷安全专项整治工作，办结行政审批86件，其中雷电防护装置设计审核77件，雷电防护装置竣工验收8件，升放气球活动审批1件。在西二旗、农大附中、二里庄新建包含气温、湿度、气压、风向、风速、降水量六要素的区域自动气象站。全区有22个气象观测站。

（李春玲　许璐）

【海淀区气候概况】 年内，根据海淀国家气象观测站数据统计，年平均气温13.1℃，与常年[①]（13.1℃）同期持平，接近2021年（13.2℃）同期。年极端最高气温39.2℃，出现在6月25日；年极端最低气温-11.7℃，出现在12月23日。12月气温明显偏低，2月、5月、10月气温偏低，3月、6月、7月、8月气温接近常年，4月、9月、11月气温偏高。高温日数18天，比常年（9天）明显偏多。年降水量512.9毫米，较常年（586.3毫米）偏少73.4毫米，较2021年（1255.3毫米）偏少742.4毫米。暴雨日数3天，最大日降水量61.5毫米，出现在8月22日。年日照时数2414.1小时，接近常年（2350.3小时）。春季（3月至5月）平均气温为14.8℃，接近常年平均值（14.6℃）；降水量为38.5毫米，比常年平均值（65.9毫米）偏少42%。夏季（6月至8月）平均气温25.9℃，接近常年平均值（26.0℃）；降水量为417.3毫米，接近常年平均值（414.0毫米）。秋季（9月至11月）平均气温13.6℃，比常年平均值（13.0℃）略偏高，其中9月中旬平均气温23.4℃，较常年同期（20.6℃）明显偏高2.8℃，居同期有历史观测记录以来第一位；降水量为45.7毫米，比常年平均值（96.2毫米）偏少52%。冬季（2021年12月至2022年2月）平均气温为-0.9℃，接近常年平均值（-1.1℃）；降水量为12.8毫米，比常年平均值（10.2毫米）偏多25%。

（张希　李春玲）

【重大活动气象服务保障】 年内，区气象局完成北京冬奥会和冬残奥会气象保障，提前分析、定点观测，优化气象监测站网，为火炬传递、两馆一站和重点保障驻地提供针对性、定制式气象服务专报145期（含中英文专报22期），获冬奥组委肯定。作为市气象局冬奥气象服务应急备份场所，落实人员培训、平台建设、制度机制，借助冬奥预报实战比武进行全员大练兵，全员参与冬奥站点精细化预报和服务产品制作，实现“冬奥遗产”快速落地。

（戴高莉　刘宇盟）

【气象预警信息发布】 年内，区气象台发布灾害性气象预警信号170期，暴雨预警18期（其中暴雨蓝色11期、暴雨黄色7期），雷电预警33期（其中雷电蓝色26期、黄色7期），冰雹黄色3期，高温预警10期（其中高温蓝色6期、高温黄色3期、高温橙色1期），大风预警65期（大风蓝色59期、黄色6期），大雾黄色预警11期，道路结冰黄色预警7期，暴雪蓝色2期，暴雪黄色1期，寒潮蓝色预警4期，持续低温蓝色预警1期，沙尘蓝色预警4期，联合市规划自然资源委海淀分局发布地质灾害气象风险预警11期（蓝色预警9期、黄色预警2期）。

（张希　马鑫蕾）

【专项气象服务】 年内，区气象局与区生态环境局建立三级联动机制，联合会商3次，推出《空气污染气象条件专报》（专报15期）。精密完成中高考气象服务保障（专报35期）。完成疫情防控气象服务专报56期，夏季创新提出高温天气对样品储存转运的分析影响，获得区领导、区教委、区卫生健康委和重点街镇社区的好评肯定。

（薛志磊　马鑫蕾）

【气候预测服务】 年内，区气象局在市气候中心的指导下，调研查阅大量文献，统计分析历史上强火山爆发对本区夏季气候的影响，分析研判汤加火山对2022年夏季海淀区气候的影响，撰写《关于汤加火山爆发对海淀区2022年夏季气候影响的分析报告》，为区政府针对性做好本区夏季极端天气的提前防范提供技术支撑。新冠疫情常态化防控期间，针对冬季大风和寒潮气象灾害，在北京凤凰岭景区、

① 常年值为1991年至2020年30年有效资料平均值。

翠湖新冠医学观察中心安装布设气象应急观测设备，形成《海淀区凤凰岭、翠湖医学观察中心2022年11月风速风向特征分析》报告，保障医学观察中心安全平稳运维。

（薛志磊 张醇）

【气象灾害普查完成】 年内，区气象局完成全区暴雨、干旱、高温、低温、大风、冰雹、雪灾、雷电、大雾9类气象灾害危险性评估，专项风险评估与区划，形成重点针对GDP、人口等方面的脆弱性、风险影响的气象灾害风险区划图及危险性调查报告、评估报告等文字成果。气象灾害普查成果纳入城市大脑“时空一张图”，打造“防灾减灾风险地图”，有效提升全区领导驾驶舱（IOCC）的风险防御科学决策能力。

（薛志磊 张醇）

【气象科研】 年内，区气象局申请市局青年基金类项目《海淀区短时强降水特征统计及预警指标研究》获批立项，与市气象局联合开展《冷涡影响下北京强对流天气分布特征及形成机理研究（海淀地区研究）》。完成市气象局科技项目结题2项（《温度订正与海淀区供暖气象精细化服务》《海淀区建筑群对本区冠层动力与热力效应的研究》）；承担科技项目3项，其中市气象局科技项目2项[《海淀区短时强降水特征统计及预警指标研究》《冷涡影响下北京强对流天气分布特征及形成机理研究（海淀地区研究）》]，科技标准项目1项（《气象灾害风险调查技术规范第6部分：雪灾》）。

（戴高菊 牛敏）

【重大气候事件】 年内，海淀区出现降雪、大风、扬沙、强降温、高温、暴雨、冰雹、寒潮、大雾9种重大气候事件。降雪：2月13日4时至23时出现降雪天气，全区平均降水量6.1毫米，达到大雪量级，最大永丰中学站8.1毫米，最大小时降雪量出现在海淀公园国家站和紫竹院站（7时至8时，1.8毫米），平原地区积雪深度10厘米左右，西部山区积雪深度13厘米左右；3月18日12时至21时出现降雪天气，全区平均降雪量5.1毫米，达到大雪量级，最大凤凰岭7.3毫米，最大小时降雪量出现在车道沟（15时至16时，2.6毫米），平原地区积雪深度2厘米左右，西部山区积雪深度5厘米左右。大风：受冷空气影响，1月31日2时至20时本区出现大风天气，阵风风力最大北安河9级（21.1米/秒），车道沟阵风风力达8级，凤凰岭、西小口、海淀、闵庄、永丰中学阵风风力达7级。受冷空气影响，3月4日5时至18时出现大风天气，阵风风力最大达10级，包括车道沟10级（26.8米/秒）、北安河（26.8米/秒）10级、凤凰岭（24.8米/秒）10级，翠湖湿地（23.3米/秒）、西小口（21.6米/秒）、海淀公园（21.1米/秒）、苏家坨（21.1米/秒）阵风风力达9级，永丰中学、五棵松、箭亭桥、上庄、紫竹院、闵庄阵风风力达8级。受冷空气影响，4月11日10时至12日12时出现大风天气，阵风风力最大北安河9级（21.3米/秒），凤凰岭阵风风力达8级，海淀国家站、闵庄、香山、西小口、苏家坨、永丰中学达7级。受冷空气影响，9月22日9时至23日16时出现大风天气，阵风风力最大车道沟9级（24.4米/秒），北安河9级（24.0米/秒），海淀9级（21.3米/秒），闵庄、紫竹院、凤凰岭阵风风力达8级。受冷空气影响，10月8日21时至10日17时出现大风天气，阵风风力最大北安河10级（25.3米/秒），凤凰岭阵风风力9级（21.6米/秒），苏家坨、香山、车道沟阵风风力8级。受冷空气影响，11月28日17时至30日17时出现大风天气，阵风风力最大北安河9级（23.1米/秒），车道沟、凤凰岭、闵庄、二里庄、海淀、苏家坨、香山阵风风力达8级。受冷空气影响，12月12日至14日出现大风天气，阵风风力最大北安河10级（25.5米/秒），闵庄、凤凰岭、苏家坨阵风风力达9级。受冷空气影响，12月16日17时至17日20时出现大风天气，阵风风力最大北安河9级（23.1米/秒），凤凰岭、苏家坨、翠湖湿地、海淀、闵庄阵风风力达8级。扬沙：受冷空气和上游沙尘输送影响，3月4日出现大风扬沙天气，海淀国家气象观测站最小能见度4千米（10时30分），PM_{10}最大浓度781.9微克/立方米（11时）。受冷空气和上游沙尘输送影响，4月26日出现大风扬沙天气，海淀国家气象观测站最小能见度1.5千米（0时35分），PM_{10}浓度最大为477.3微克/立方米（7时）。受上游沙尘输送影响，12月12日3时至13日6时本区出现大风扬沙天气，12日3时起海淀国家气象站PM_{10}浓度开始明显升高，14时最大值1746.1微克/立方米（海淀公园站），能见度2千米。强降温：受冷空气影响，3月17日气温大幅下降，其中3月18日海淀国家气象观测站白天最高气温1.6℃，较3月16日白天最高气温14.4℃下降12.8℃，接近40年来3月中旬日最高温的最低极值（1980年3月12日的1.4℃）。高温：受暖气团影响，7月14日至18日连续5天出现高温天气，大部分地区最高气温超过35℃，其中日最高气温39.8℃，出现在7月15日永丰中学站（区域气象站）。受暖气团影响，8月2日至6日连续5天出现高温天气，大部分地区最高气温超过35℃，其中日最高气温40.2℃出现在8月5日温泉站（区域气象站）。暴雨：受冷涡天气系统影响，6月30日20时至7月1日12时出现雷阵雨，全区平均降雨量43.6毫米，累计降雨量排名前三为翠湖湿地87.1毫米、苏家坨60.7毫米、五棵松60.3毫米，最大小时雨强出现在翠湖湿地63.2毫米，出现时间6月30日23时至7月1日0时。受东移高空槽影响，8月21日17时30分至22日5时出现暴雨天气，全区平均降雨量60.5毫米（暴雨量级），累计降雨量排名前三为车道沟66.9毫米、玉渊潭66.8毫米、农大附中66.8毫米，最大小时雨强出现在凤凰岭19.3毫米（21日22时至23时）。冰雹：受高空槽影响，7月24日局地出现雷阵雨和冰雹天气，21时13分上庄沙阳路出现玉米粒大小冰雹。受雷雨云团影响，9月4日18时至21时局地出现雷

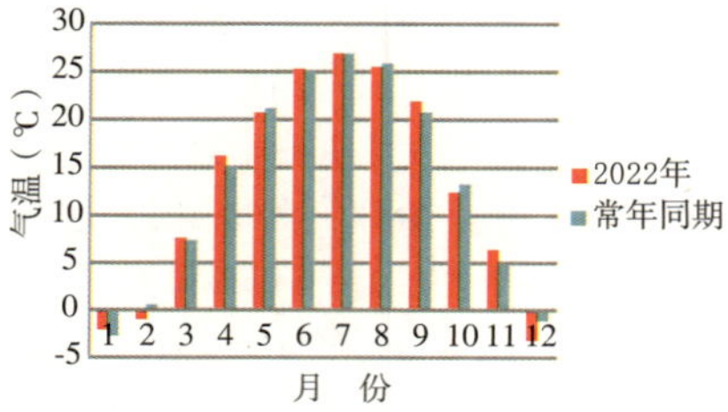

2022年海淀国家观测站月平均气温及与常年同期比较图

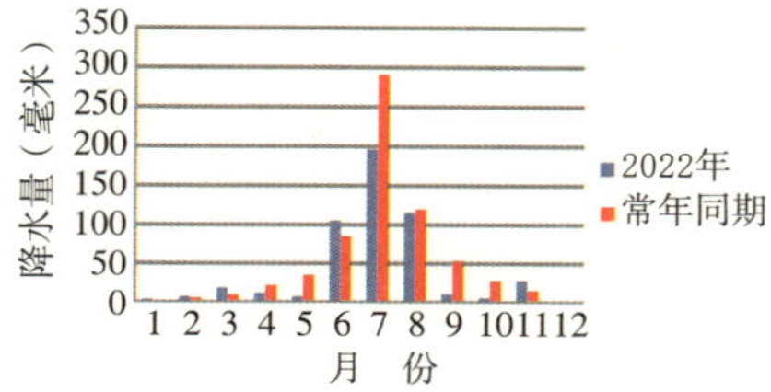

2022年海淀国家观测站月降水量及与常年同期比较图

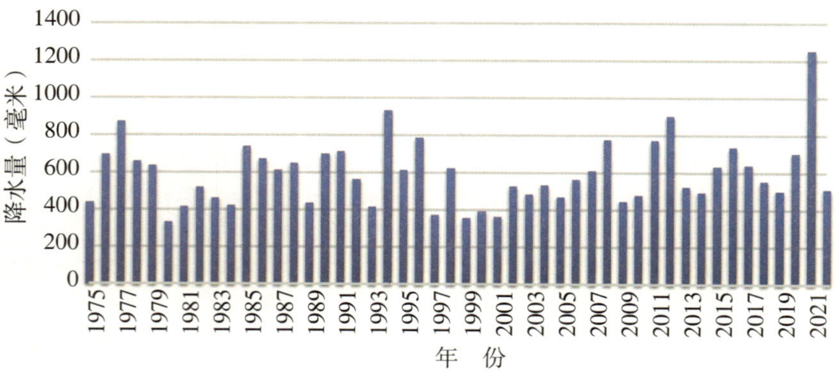

1975—2021年海淀国家气象观测站年累计降水量图

阵雨和冰雹天气，18时43分开始北部苏家坨、上庄、西北旺、清河、西三旗等街镇先后出现冰雹，最大直径3厘米左右。受雷雨云团影响，9月10日21时30分至11日1时局地出现雷阵雨和冰雹天气，22时6分北部温泉镇出现冰雹，玉米粒大小。寒潮：受冷空气影响，10月3日至4日出现寒潮天气。4日夜间最低气温降至4℃左右，大部分地区过程最低气温降幅超过10℃，凤凰岭地区降温幅度达13℃左右。大雾：受弱气压场影响，11月10日和11日出现大雾天气，海淀国家气象观测站最低能见度542米。

（李春玲　刘宇盟）

【高质量发展区级试点中期报告完成】年内，区气象局按照《海淀区气象局高质量气象现代化建设先行试点方案》任务，初步建成具有海淀区位特色精细化预报体系、建成智慧监测+AI识别海淀泛在感知气象监测网、精细气象服务全面融入海淀“城市大脑”建设、气象助力“科技创新、科学普及”一体两翼建设，丰富多元服务气象地图，助力科技大区、教育大区建设等试点工作取得阶段性进展和经验成果，代表北京市气象局上报中国气象局，以智慧气象为引领的海淀“气象大脑”建设获得中国气象局领导认可。2021年11月，北京市气象局确定海淀区气象局作为区级高质量气象现代化建设先行试点建设单位上报中国气象局。

（戴高菊　王冠）

【智慧气象建设】6月，由区气象局牵头设计的智慧气象监测系统暴雨模块投入应用，实现92个积滞水点、46个下凹式立交桥、67个地质灾害隐患点等防汛重点点位信息叠加实景监控，与标准气象站、水文站、微型气象站的实时数据，以及天气实况、视频智能识别结果等基础数据和预报预警信息集成统一接入海淀城市大脑指挥平台，实现降雨过程中易积滞水点自动提醒、自动弹屏，提高汛期降雨实况与风险隐患点的融合监测，集监测告警、智慧分析、点位关联、指挥调度等为一体的“气象大脑”为平安度汛提供重要气象科技支撑。加强京冀西北片区、核心区（东城区和西城区）上下游联动，实现关键岗位和关键人员分级响应，参加防汛调度会30余次，汛期利用海淀融媒发布天气预报预警服务39篇，联合“北京海淀”发布82篇、“海淀应急”39篇、发布灾害性气象预警信号72期、短信320余万条。

（戴高菊　王冠）

【防灾减灾信息员培训】7月20日，区气象局组织召开“2022年海淀区气象信息员视频培训会”，对全区29个街镇的500余名气象协理员和信息员进行培训。培训内容包括北京市主要气象灾害情况及防御措施介绍和气象基础知识，学习宣传《海淀区气象信息员管理办法》。

（王昌图　刘宇盟）

【海淀区气象事业高质量发展方案印发】12月18日，《海淀区关于加快推进气象事业高质量发展的工作方案》（简称《方案》）正式印发。《方案》明确：到2025年和2035年，海淀区推进气象高质量发展两个阶段性的工作目标，制定提高政治站位，融入首都发展大局，提升气象服务保障“四个中心”建设能力；提高气象核心能力，筑牢防灾减灾防线，守护生命安全；面向生产发展和生态良好，提供高品质多元精细服务；面向民生保障和生活富裕，提供高品质多样化个性化服务；深化科技创新，强化专业人才保障5方面13项具体工作举措，建设“科技领先、监测精密、预报精准、服务精细、人民满意”的现代气象业务体系。

（戴高菊　李春玲）

应急管理

2023

北京海淀年鉴

综述

【概况】 2022年，海淀区应急管理局（简称区应急局）以北京冬奥会和冬残奥会、全国两会及党的二十大活动安全保障为主线，严防严控重大安全风险，提高防灾减灾救灾能力，打造协同高效应急救援体系。下设议事协调机构：海淀区突发事件应急委员会办公室（简称区应急办）、海淀区安全生产委员会办公室（简称区安办）、海淀区森林防火指挥部办公室（简称区森防办）、海淀区防汛抗旱指挥部办公室（简称区防汛办）。田村路街道玉泉北里社区等26家创建单位为“北京市综合减灾示范社区”，中关村街道太阳园社区等40家单位通过“北京市综合减灾示范社区”复评。

城市安全发展。完成国务院考核巡查和督察“回头看”、北京市委市政府安全生产督察迎检工作。实施专项整治三年行动集中攻坚战，年度挂账治理一般隐患2908项、重大隐患50项，较上年分别提升44.6%、213%。完成重点行业领域安全生产标准化工作1410家，达到市级考核任务量的141%。开展危险化学品安全专项整治，受理危化品经营许可73家，标准化复评90家，易制毒备案8家。完成制冷系统全部液氨回收转运作业，疏解二商西郊食品冷冻厂危险化学品使用重大危险源，受到应急部和市政府的高度肯定。检查生产经营单位4323家次，依法立案384起。全区发生工矿商贸亡人事故11起、亡11人，分别比上年下降35.3%、42.1%。推进安全责任制度，走访企业31202家，走访覆盖率121.81%。

应急指挥体系建设。落实海淀区“十四五”时期应急管理事业发展规划；初步构建公共安全风险管理体系框架，按4大类49种突发事件分工开展评估控制；识别重大会议期间重点关注的4大类风险事件356项；印发应急预案体系建设三年行动计划（2022—2024年）；坚持全天候应急值守，处置突发事件和紧急情况382起，发布极端天气预警信息180次，在全市应急值守工作综合评价中，海淀区被评为先进单位。建设完成海淀区智慧应急指挥调度系统扩容项目。

灾害风险防治。健全物资储备体系，调拨下发棉帐篷、防烟防毒面罩、折叠床等各类物资40余吨，总价值近45万元。加强基层基础建设，分5批开展各类灾害风险培训，2440余人次参加；开展防灾减灾进社区活动60场，覆盖15个街道3500余人。强化森防巡视检查，累计出动巡查队伍17853支，巡逻里程32.73万千米。完善“1+10+61”防汛指挥体系，组建372支防汛抢险队伍，队员10884人，补充配齐15大类物资，开展隐患排查整改205处，未发生重大突发涉汛事件。

应急宣传。以“海淀应急”公众号、快手号作为宣传主阵地，发布应急管理、安全生产、防灾减灾工作动态和灾害监测预警信息发布，做好灾害事故应急科普应对，扩大宣传覆盖面，提高传播影响力。“海淀应急”公众号关注数为2万余人，发布内容1000余篇，阅读量达百万次；“海淀应急”快手号关注数为5.5万人，发布作品300个，播放量达500余万次。邀请市、区两级媒体记者参与并跟进防汛、森林防灭火、安全生产月等应急管理重大新闻报道和宣传策划。在《海淀报》、“海淀新闻”开设专题专栏，集中开展“安全生产专项整治三年行动”“应急安全无小事”等宣传报道。在《人民日报》《中国应急管理报》、应急管理部全媒体平台及其他媒体平台刊发相关报道80篇。《海淀报》刊登15期，“海淀有线”播出相关报道6期，海淀融媒微博、微信公众平台发布相关内容30篇。推进安全宣传“五进”等活动，超66万名网民参与。原创出品“传统艺术讲述应急故事”等系列手绘漫画视频，播放超270万次。

区应急局获北京市首届应急演练竞赛（区级）二等奖、2021年度北京市安全生产工作先进单位、2021年度依法行政先进单位。海淀区森林消防综合应急救援中队被北京市森林防火指挥部办公室评为优秀达标中队。

（刘红梅）

【工业企业疫情防控监督检查】 年内，区应急局工厂复工复产防控领导小组指导10个执法检查小组对全区工业企业持续开展疫情防控监督检查，检查工业企业16213家次。督促企业根据属地和疾控部门的要求，落实各项常态化疫情防疫措施，加强会议、培训和进返京人员管理，做好重点地区相关人员排查；做好“企业员工台账”“来访人员台账”“出返京人员台账”三本台账管理；有关企业严格排查冷库和相关从业人员，做好冷库和相关从业人员的风险管理，做好进口非冷链货品消杀管理等。

（杜娟）

【搭建安全宣传“云”矩阵】 年内，区应急局联合行业部门，原创出品“传统艺术讲述应急故事”“漫画小姐姐讲安全”“二十四节气画安全”系列手绘漫画视频，在各平台播放超270万次。“传统艺术讲述应急故事”系列应急科普作品作为案例荣获2022年首都应急管理创新案例征集评选活动二等奖，《森林小卫士》荣获2022年应急管理优秀公益宣传作品征集展示活动二等奖，该系列作品在“学习强国”、中国应急管理等多平台播出。联合中关村街道、海淀街道、融媒体中心制作应急舞台剧《我是一个兵》、原创作品《真诚的守护》MV，在微信、快手等新媒体平台播出。

（史惠铭）

【“十四五”时期应急管理规划任务分解完成】 4月2日，区应急局参照市级应急管理规划任务分工方案，研究制定《〈北京市海淀区“十四五”时期应急管理事业发展规划〉主要目标与任务分工方案》（简称《方案》）并印发全区相关单位贯彻落实。《方案》主要涉及单位地区生产总值生产安全事故死亡率、年均每百万人口因自然灾害死亡率、人均应急避难场所面积等主要指标14项，涉及区城市管理委、区住建委、区消防救援支队等41个部门及29个街镇。

（王姝）

【高考中考服务保障】 6月5日至27日（中考、高考期间），区应急局对全区范围内各考点周边200米范围内生产经营单位进行安全生产专项执法检查，检查考场周边企业460家次，发现隐患54项，督促企业完成整改。

（刘亚琼）

【安全宣传咨询日直播活动】 6月16日，全国第21个安全宣传咨询日，主题为“遵守安全生产法，当好第一责任人”。区应急局联合中关村街道、海淀街道开展2022年海淀区安全宣传咨询日直播活动，内容涵盖消防安全、社区安全、安全教育基地等方面，一个半小时的直播吸引近万名网友参与。区应急局宣教科负责人向大家介绍全区安全生产月的主要举措，随后到直播第一站——中关村街道科源小型消防站，向网友们介绍消防站的职能，探索消防车内部构造与装备，展示消防服的穿戴过程，并现场拉响火警警报，为网友上演出警日常。在直播第二站——中关村街道中关村安全宣教基地，在基地讲解员带领下，主持人参观安全宣教基地的6大区域、24个安全体验项目，带领网友体验VR设备，学习心肺复苏、AED急救措施、灭火器使用，沉浸式体验醉驾、地震、火灾逃生等项目。在直播第三站——海淀街道万泉新新家园，区消防救援支队宣传科负责人为大家详细解说社区消防安全常识，普及消防安全宣传“五进”工作。

（钟冷　史惠铭）

【市应急局调研执法改革和基层检查队伍建设】 10月26日，市应急局到海淀区调研执法改革和基层检察队伍建设情况，召开座谈会，听取区应急局执法改革基本情况以及部门安全员队伍改革和执法改革人员配备情况汇报，对改革过程中遇到的问题提出意见、建议；就应急执法队改革的法制机制、人员配备、财务管理以及安全员队伍的后续管理与作用发挥等问题进行交流研讨，提出指导性建议。

（刘亚琼）

安全生产监管

【安全生产隐患排查治理信息系统推广应用】 年内，区安办根据“行业推动、企业实施、属地监管、中介帮扶”的工作原则，指导企业编制隐患排查治理标准和岗位清单，推广应用北京市应急管理局开发的安全生产隐患排查治理信息系统，并对企业推广应用情况进行验收。完成5000家企业隐患排查治理信息系统推广应用和验收工作，全区企业系统使用率达98%。

（杜娟）

【有限空间作业安全监督检查】 年内，区应急局联合街镇、行业部门，对辖区企业有限空间作业安全开展联合督导检查19次，检查企业623家次，查处隐患170项，处罚2家。

（杜娟）

【危险化学品安全监督检查】 1月1日至3月16日，区应急局结合北京冬奥会和冬残奥会服务保障方案及春节、全国两会期间重点检查计划要求，开展危险化学品安全监督检查工作。重点围绕冬奥保障单位周边区域，排查区域内危险化学品经营、储存、使用单位的生产安全隐患。开展各类执法检查48次，发现各类问题隐患17项。5月11日，联合区城市管理委、区市场监管局等单位，对辖区油气长输管道进行安全检查。6月7日，对化工、医药制造企业开展为期3个月的危险化学品安全管理及常态化疫情防控执法检查。检查13家次，发现问题25项，下达责令整改指令书9份。9月6日，会同区水务局对水务行业危险化学品使用单位联合开展安全生产专项检查，重点检查危化品使用和储存、危险废物处置管理、安全设备设施运行维护保养、应急救援物资配备、中控室、消防安全设备等重点部位的安全管理；实地检查中检查人员询问一线从业人员对于安全操作规程、突发事件应急处置和风险因素辨识等方面的熟练掌握程度和安全生产专项整治“三年行动”开展情况。9月20日至21日，联合区消防救援支队到房山区燕山石化公司开展危险化学品重大危险源交叉检查工作。11月1日，组织行业专家对海淀区危险化学品气体经营企业开展现场指导检查，主要检查企业危险化学品经营情况、经营场所及设备设施、安全设施运行情况。对检查中发现的“电线敷设不规范”“静电接地不规范”“气体检测仪安装不规范”等问题要求企业立行立改；对于部分问题隐患进行挂账，要求限期整改，形成闭环，防范气体经营企业生产安全事故发生。

（席晓敏）

【安全生产委员会全会】 1月17日，海淀区召开2022年安全生产委员会全会。区安委会主任、区长王合生出席会议并讲话。全会贯彻落实全国及北京市电视电话会议精神，对当前及本年度安全生产重点工作进行动员部署。王合生就抓好本年安全生产工作提出5点要求：强化责任担当，压紧压实安全责任；坚持安全发展，全力压减事故总量；坚持问题导向，强化隐患排查治理力度；加强队伍建设与宣传培训；强化应急值守，做好重点时期安全保障工作。区应急局、区城市管理委等部门主要领导、各街镇行政主要领导在主会场参会，各街镇主管领导及相关科室负责人在分会场参会。

（张磊）

【禁止燃放烟花爆竹宣传活动】 1月，区应急局联合属地街镇、相关单位开展2022年烟花爆竹禁放系列宣传活动。通过组织危险化学品经营单位布置宣传展板、悬挂条幅、“一封信”、电子显示屏滚动播放宣传信息等形式向群众讲解禁放新规。发放《禁止燃放烟花爆竹一封信》2000余张，悬挂禁放宣传条幅200余条，禁放宣传折页1500余张。

（席晓敏）

【市应急局督导检查安全生产工作】 2月4日至5日，市应急局到海淀区检查冬奥会期间安全生产服务保障工作。在华熙LIVE·五棵松商业街，听取万寿路街道和区应急局关于冬残奥会安全生产服务保障工作的简要汇报，对商业圈消防中控室、配电室、人员密集场所、燃气餐饮企业、加油站等重点企业的重点部位进行安全检查。在首体场馆群周边，对商业零售、住宿餐饮、加油站等生产经营单位，对配电室、中控室、燃气间等重点部位进行细致检查，问询应急值守、应急演练等工作。市应急局对海淀区安全管理工作给予肯定，并就当前工作提出要求。

（刘亚琼）

【安全生产大检查】 2月11日晚，为深入贯彻落实北京市“2·11”火灾紧急视频调度会议精神，区安办和区防火办联合印发《关于进一步加强冬奥会以及全国“两会”等重大活动期间社会面火灾防控工作的通知》。区应急局分别组织各街镇和相关部门开展安全生产大检查。区应急局执法监察大队组成多个执法检查组，对涉奥场所周边人员密集场所、加油站、燃气使用餐饮企业等生产经营单位进行督查检查。

（张磊　刘亚琼）

【2021年安全生产督察“回头看”】 2月24日至3月3日，区安办组成3个督察组，对区国资委等6家行业部门和万寿路街道等9个街镇开展安全生产督察“回头看”。督察组通过实地抽查、多进现场、少看资料、不听汇报，重点督察2021年度区委、区政府安全生产督察发现问题隐患的整改落实情况，对照清单检查是否整改到位，未完成整改的是否做到整改责任、措施、资金、时间、预案“五落实”，确保督察工作落实落细落地，形成闭环，取得实效。经抽查，所有被抽查单位在督察中发现的问题均整改完毕。

（王姝）

【安全生产工作大会】 3月10日，海淀区召开2022年安全生产工作大会。区安办汇报2021年安全生产事故情况，部署2022年重点领域安全防范工作任务；区消防救援支队、区城市管理委、区住建委、海淀交通支队、区园林绿化局分别就消防安全、城市运行领域安全生产、建设工程施工领域安全生产、道路交通安全以及森林防火等工作进行汇报和部署。区安委会成员单位、重点区属企业的主要领导、主管领导及相关负责人参加会议。

（张磊）

【安全生产线上培训】 4月27日，区应急局组织召开2022年海淀区工业和商贸企业安全生产监管工作视频会。邀请两位专家就企业涉危使用、涉爆粉尘、燃气安全、有限空间作业等方面进行安全生产管理知识培训。有关街镇、行业部门安全监管人员及企业安全管理人员97人在线参加培训。

（杜娟）

【安全生产月调度会】 4月至12月，区安委会召开8次安全生产月调度会，部署推进重点工作。以问题为导向、以事故压减为目标，每月组织应急、消防、住建、交通、城市管理、园林绿化、市场监管等重点部门通报本领域重点工作完成情况、事故控制情况，相关街镇针对事故控制等重点工作汇报落实情况。督促各行业主管部门、各属地街镇严格落实安全生产监管管理责任，确保区域安全稳定。

（张磊）

【非煤矿山企业安全管理】 5月9日，区应急局印发《北京市海淀区应急管理局关于做好2022年海淀区非煤矿山安全生产管理工作的通知》，部署地质勘探、采掘施工、油气服务单位的安全管理三项重点工作。要求各非煤矿山企业要以固化各阶段工作成果，形成长效工作机制，以持续提升企业安全生产管理能力为目标，强化日常安全监管，夯实“两个清单”（问题隐患清单、制度措施清单）落实，防范化解重特大安全风险，在遏制各类安全事故上取得新成效。

（杜娟）

【安全生产标准化达标创建】 6月8日，区安办印发《关于推进2022年安全生产标准化建设工作的通知》，明确标准化工作的任务目标、实施步骤和具体要求。6月23日，召开部署会，根据“政府推动、行业指导、企业负责、专家支撑”的工作原则，推进安全生产标准化达标创建工作。组织开展标准化培训24场，培训企业1443家，受众人数1785人。1410家企业安全生产标准化创建达标，完成市应急局下达任务目标（1000家企业）的141%，其中完成三级达标企业创建383家、微型企业岗位达标1027家。

（杜娟）

【城市安全隐患治理排查核查工作完成】 6月29日至7月29日，市安办委托专业技术服务机构成立检查组，对海淀区109处2020年城市安全隐患治理三年行动、2021年安全生产专项整治三年行动挂账点位，以及从全区生产经营单位企业台账中随机抽取的79家企业进行排查核查。此次抽查核查共涉及27个街镇的188处点位，全部完成核查排查工作。检查组专家对海淀区城市安全隐患排查工作给予充分肯定，对检查中存在的不足提出指导意见，将检查现场发现的问题第一时间反馈给相关企业及属地街镇，并提出整改建议及措施。下一步，区安办统筹各街镇、各有关部门深入推进安全生产专项整治三年行动，压实行业监管责任、属地管理责任、企业主体责任，按照要求逐条整改，确保问题隐患治理到位，进一步提升安全监管精细化水平。

（钟冷　刘亚琼）

【全国“安全生产月”系列活动】 6月是第21个全国“安全生产月”，宣传主题为“遵守安全生产法，当好第一责任人”。海淀区“安全生产月”系列活动包括举办“安全宣传咨询日”活动，设立主会场、在各街镇设立分会场，集中宣传安全生产政策法规、应急避险和自救互救方法，引导公众学习应急知识，提升安全技能；参加全市安全文化示范企业创建、“应急先锋·北京榜样”“应急先锋号”“青年安全生产示范岗榜样集体”和“青年安全生产示范岗”等先进典型选树活动；由区应急管理局牵头，组织全区各有关部门、行业单位，开展安全生产联合专项执法检查、各项应急演练活动。

（史惠铭）

【安全生产专项整治“百日清零行动”】 6月至9月，区应急局在全区范围内开展工贸行业安全生产专项整治“百日清零行动”。按照“钢8条”“铝7条”“粉6条”“有限空间4条”重点整治事项及相关法律法规、规程规范和技术标准要求，从基础管理、作业行为管理、作业现场管理、生产设备设施和应急救援等方面逐条逐项开展检查。重点指导督促各相关部门、属地和重点工业企业严格对照整治范围及内容，对涉爆粉尘、涉危使用、高温熔融、有限空间等领域作业隐患开展自查，梳理整改并消除隐患。13家企业参与“百日清零行动”并全部完成重点整治事项清零任务。

（杜娟）

【“安康杯”网络知识竞赛】 7月22日至9月23日，区应急局开展“安康杯”网络知识竞赛活动。竞赛活动以“排查整治安全隐患，共促安全健康发展”为主题，通过线上答题，提高职工群众的安全生产防范意识和应急处置能力，提高职工安全生产和劳动保护技能、意识。全区干部群众2243人参与，1260人答题，378人获奖，其中一等奖1名、二等奖2名、三等奖3名、四等奖4名。

（史惠铭）

【《北京市安全生产条例》宣传】 8月1日，《北京市安全生产条例》（简称《条例》）正式施行。区应急局深入生产经营单位，开展执法检查与普法宣传“双结合”活动。根据《条例》各项要求，执法人员带领生产经营单位相关负责人进行现场检查，着重对修订内容进行重点提示，用实操方式带动《条例》宣贯，督促生产经营单位落实安全生产主体责任，在实践中推动《条例》各项要求落实落地。11月2日，市应急局“法律十进”及“以案释法”主题普法宣讲团在中关村永丰产业基地安泰科技股份有限公司开展主题普法宣传活动。组织观看《北京市安全生产条例》普法宣传片，4名宣讲员围绕“拒绝电动车违规充电”“安全生产责无旁贷”“封住有限空间事故这个恶魔”“带你了解新修订的消防法”主题进行宣讲、精讲《条例》内容。

（王亚楠　刘亚琼）

【专职安全员业务培训】 8月1日至25日，区应急局举办专职安全员安全生产业务培训班。培训分6期，每期3天，街镇从事安全生产检查工作的城市协管员和区级职能部门相关人员687人参训。培训班邀请安全生产领域的专家，讲授《北京市安全生产条例》及相关法令解读，人员密集场所、危险化学品、建筑施工企业、有限空间和燃气安全检查等内容。

（刘亚琼）

【生产经营单位安全生产大培训】 8月1日至9月8日，区应急局开展海淀区安全生产大培训。培训采取“授课+实操+考试”的形式进行，授课内容包括安全生产的法律、法规、规章、标准，《北京市安全生产条例》和安全生产重要文件等内容；实操培训包含现场徒手心肺复苏救护、创伤现场救护、突发事件救护等内容；首次联合区红十字会，增加心肺复苏及AED取证培训，实现双证培训。辖区非高危一般性企业的6447名企业主要负责人和安全生产管理人员参训。

（史惠铭）

【危险化学品企业安全生产培训“走过场”专项整治】 8月，区应急局在全区开展危险化学品经营企业安全生产培训“走过场”专项整治。涉及80家企业，区应急局检查58家次，联合区相关部门开展联合检查9家次，聘请专家陪同市级部门检查13家次，检查达到全覆盖。检查中，执法人员重点检查各企业安全生产培训计划制订、培训计划实施、特种作业人员持证上岗、主要负责人及安全生产管理人员考核、安全生产教育和培训记录等工作情况。

（席晓敏）

【危险化学品事故应急救援演练】 9月8日，区应急局联合区市场监管局、北京原袯注册安全工程师事务所，在北京氦普北分气体工业有限公司开展危险化学品气瓶泄漏应急处置演练。演练模拟场景为有毒气瓶泄漏，造成人员中毒昏迷，企业启动应急预案，进行全员疏散，伤员紧急救治和气瓶泄漏处置。演练针对气瓶泄漏事故，使用ERCV（高新技术气体钢瓶泄漏处理设备）等应急救援装备，完成气瓶泄漏的处置。通过演练，检验应急队伍救援处置能力、应急装备物资准备能力，实现应急预案实施效果。企业属地苏家坨镇安全管理办公室和北京千禧京城气体有限公司到现场观摩。

（席晓敏）

【市委市政府安全生产督察】 9月13日至30日，市委市政府安全生产第四督察组对海淀区2020年以来的安全生产工作情况，特别是重大活动安全生产保障工作开展驻地督察。督察组听取海淀区安全生产工作情况汇报，与相关区领导、行业部门和街镇主要负责人谈话，延伸督察13个行业部门、18个街镇（管理处），随机抽查33家企事业单位，组织召开座谈会5次，开展夜查1次，查阅资料近万份。经综合分析研究，形成督察反馈意见。9月29日，召开口头意见反馈会，督察组口头反馈安全生产督察意见，区委表示：对督察组反馈的问题，坚决全面整改；巩固成果，常态长效，以最高的标准、最严的要求、最实的举措抓好整改落实。

（王姝　张磊）

【重点加油站安全检查】 9月23日，区应急局联合区气象局对辖区重点加油站进行安全检查。检查中，听取加油站防雷许可申请办理、防雷措施定期检验检测安全管理工作、联动机制建立运行及采取安全管控措施的工作介绍，现场查看加油站安全管理情况，对从业人员安全教育和应急能力进行抽查检查。检查显示，相关加油站安全管理责任明确，企业主体责任落实，联动机制有效，安全风险可控。

（钟冷　邓超）

【市安委会检查海淀“百日行动”工作】 9月28日，由市公安局牵头，会同市农业农村局及专家组成的市安委会第五督导组，到海淀区督导检查安全生产大检查、安全生产整治“百日行动”等专项工作。区安办、区应急局、公安海淀分局、区农业农村局、海淀消防救援支队、区城管委相关负责人参加。督导组听取海淀区“国十五条”落实情况及安全生产大检查工作推进情况、安全生产整治“百日行动”等专项工作进展情况汇报，查阅重点工作相关文件材料，随后对实地点位进行抽查检查。第五督导组对海淀区现阶段相关工作推进情况给予充分肯定，同时对下阶段安全生产大检查、安全生产整治“百日行动”及党的二十大安全服务保障工作提出指导性意见。

（钟冷　张磊）

【有限空间正规化建设宣讲会】 9月，区应急局分两次召开全区有限空间正规化建设宣讲会。北京市一线监督执法骨干应邀围绕有限空间监管工作重点、事故案例分析及常见问题隐患等内容进行宣讲，行业专家应邀解读《北京市安全生产条例》《北京市生产经营单位安全生产主体责任规定》等政策法规。全区各重点行业领域监管单位、区内各属地街镇及涉有限空间安全管理工作的重点行业单位专项工作负责人300余人参训。

（杜娟）

【安全生产标准化达标企业核查】 10月17至11月4日，区应急局根据《北京市安全生产委员会关于进一步深化企业安全生产标准化建设工作的若干意见》的要求，组织区标准化办公室相关机构专家、行业部门及属地街镇标准化有关负责人，成立3个核查工作小组，对2022年度海淀区标准化创建达标企业按考核比例开展核查工作。核查覆盖8个行业部门、17个街镇，涉及12家标准化创建评审机构，现场核验2022年度150家企业标准化创建工作质量，其中50家三级标准化达标企业、100家微型岗位达标企业。经核查，10家企业因缺乏消电检报告不予通过标准化，退回整改。

（杜娟）

【安全生产大检查“回头看”】 10月19日，市安委会第五督导组对海淀区开展安全生产大检查专项督导“回头看”。区安办副主任、区应急局主管领导，海淀公安分局、区城市管理委相关工作负责人参加。区安办汇报9月安全生产大检查督导检查问题隐患整改情况、现阶段安全生产大检查、安全生产整治“百日行动”工作进展。督导组结合重点时期安全生产特点，对重点点位进行实地抽查检查并提出指导性意见。市级督导组对海淀区现阶段相关工作推进情况给予充分肯定，并提出工作要求。

（张磊）

【重大活动安全保障】 11月15日至25日，区应急局对中关村展示中心周边生产经营单位进行安全检查。执法人员对生产经营单位的安全生产规章制度、综合应急救援预案和安全生产责任保险投保等资料进行检查，对临时用电、动火作业、施工作业人员个人安全防护、特种作业人员证件等现场管理情况进行重点检查，完成2022年中关村论坛、2022年全国双创周北京会场活动的安全服务保障工作。

（刘亚琼）

【重点地区隐患大排查大治理专项行动】 12月3日，根据区委、区政府和市应急管理局统一工作部署，区应急局组织执法人员及有关街道，对重点地区开展隐患大排查大治理专项行动。执法人员对重点地区生产经营单位的安全生产规章制度、综合应急救援预案和从业人员安全生产教育培训等资料进行细致检查；深入施工现场，对临时用电、施工作业人员个人安全防护、特种作业人员证件等现场管理情况进行重点检查。检查后，执法人员对生产经营单位提出5点工作要求：生产经营单位要切实落实安全生产主体责任，主动开展隐患自查自纠；立即整改问题隐患，确保隐患消除；加强临时用电现场安全管理，确保特种作业人员个人安全防护用品要配足、配全并监督其使用；抓好施工作业人员的安全生产教育培训；及时关注天气变化，强化应急演练与应急值守工作，确保重点时期全区安全平稳。

（钟冷　张磊）

应急救援

【突发事件应急演练】 1月7日，区突发事件应急委员会办公室（简称区应急办）组织开展海淀区重点区域突发事件综合应急演练。演练以重点区域发生突发事件为背景，在五棵松华熙地区、清河站地区、五棵松体育运动中心等重点区域开展全流程应急响应，区应急局、区城市管理委、海淀运输管理分局、区气象局、海淀交通支队、万寿路街道、清河街道、上地街道、清河站地区管理办公室、国铁清河站、海淀供电公司、五棵松体育中心参与演练。演练以“北京市海淀区重点区域突发事件应对”为主要情景，选取3个场景逐级递进，分别检验企业先期处置能力及基层单位的突发事件应对能力、重点区域及周边单位应急联动能力和区级突发事件综合应急指挥与处置能力，通过实施及总结评估，提升海淀区应急指挥工作机制及各单位的协调联动能力和应急处置能力，磨合市区两级共同应对突发事件的工作机制，展现海淀区演练工作的高目标、高标准、高水平。区应急委执行副主任、副区长徐振涛，市应急局应急指挥专员，区应急局相关领导现场观摩演练。区委宣传部、海淀公安分局、区消防救援支队等16个部门及各街镇主管领导分别在主会场及视频分会场观摩，有关专家列席。

（郁秀丽　司梦）

【冬奥会重要点位巡查】 1月27日至30日，区应急办会同万寿路、北下关、八里庄等9个街道和相关单位，分4批次开展冬奥会重要点位巡查工作。重点巡查外围服务保障范围、保障计划、应急力量部署等情况，对视频会议、监控系统、运维单兵连接进行实时调度演练。完成20个重点点位的现场巡查工作。

（陈煜民）

【《北京市海淀区突发事件总体应急预案（2022年修订）》印发】 7月7日，区政府印发《北京市海淀区突发事件总体应急预案（2022年修订）》（简称《总体应急预案》）。修订后的《总体应急预案》包括总则、组织机构与职责、风险监测与预警、应急处置与救援、恢复与重建、应急准备与保障、预案管理、附则和附件9章49节。

（郁秀丽）

【突发事件应急预案和应急演练管理工作会】 8月10日，区应急局组织召开海淀区突发事件应急预案和应急演练管理工作视频会，市应急局救援协调与预案管理处负责人从全市预案编制角度，根据专项、基层预案编制中容易出现的问题，进行提示。区应急局介绍海淀区突发事件总体应急预案修订情况，解读区总体应急预案内容，并对各单位下一步应急预案、演练工作提出具体要求。区应急委各成员单位、各街镇主管领导参会。

（郁秀丽 司梦）

【应急救护技能提升培训】 8月23日至24日，区应急局举办应急技能提升培训班，各街镇、各有关部门的工作负责人员43人，58家安责险投保企业参训。培训分两期进行，采取集中授课和实训教学相结合的方式，邀请有丰富急救经验的老师和教官为学员授课，培训内容包括心肺复苏和AED（自动除颤仪）使用、创伤救护、绳索打结、紧急疏散、火灾应对等实用项目。

（王姝）

【应急值守（应急指挥）专题培训】 8月25日至26日，区应急局举办全区应急值守（应急指挥）专题培训班。邀请中共中央党校（国家行政学院）、中国人民大学、市应急局救援协调处、市应急事务中心的专家和领导，就突发事件应对策略与方法、突发事件应急现场救援协调处置、基层应急响应与指挥调度能力提升、应急值守与突发事件信息报送、应急值守年度考核等内容授课。区属各相关委办局、各街镇应急分管领导及应急值守科室负责人参加培训。

（陈煜民）

【市应急局调研应急指挥工作】 8月30日，市应急局副局长高云飞带队到海淀区实地调研应急指挥、值守工作开展。调研组在区政府城市大脑指挥大厅了解指挥大厅在重要时期、重大活动的保障情况，观摩指挥大厅相关功能演示，到区政府值班室了解值班值守日常工作情况。听取区应急局应急指挥、应急值守、应急指挥调度、人员力量配备、日常值班运转、信息报送机制等工作汇报和说明。调研组对海淀区应急指挥、应急值守工作给予充分肯定，并提出指导性建议。

（陈煜民）

【突发事件综合示范性应急演练】 8月31日，区应急办牵头组织开展海淀区突发事件综合示范性应急演练。主管区领导以及市应急局、区应急局领导现场观摩。演练选取危化品泄漏、自然灾害风险会商、强降雨应对、水上救援、地质灾害应对以及人员转移安置等演练情景。区应急局、区住建委、区卫健委、区商务局、区水务局、区气象局、市规划自然资源委海淀分局、海淀运输管理分局、区消防救援支队、海淀交通支队、区红十字会、苏家坨镇、田村路街道等区应急委成员单位、各街镇主管领导和工作负责人在主会场和分会场观摩演练。

（郁秀丽 司梦）

防灾减灾救灾

【自然灾害综合风险普查应急系统调查成果现场核查】 1月14日至15日，北京市第一次全国自然灾害综合风险普查领导小组办公室（简称市普查办）到海淀区开展应急系统调查成果现场核查工作。市普查办分为11个核查小组，对全区111个点位的3000余个指标进行现场核查。核查采取现场走访、座谈、查阅档案等方式，海淀区成果达标率为97%以上，有效检验海淀区自然灾害风险普查数据的真实性和准确性。

（郁秀丽）

【市检查组指导检查森林防灭火工作】 1月27日，市城管委检查组到海淀区指导检查森林防灭火工作。到区级森林消防综合应急救援一中队驻地，通过查阅资料、听取汇报、观摩紧急拉动演练等方式进行检查；实地查看林区输配电设施火灾隐患排查治理工作推进情况，核查隐患台账。检查组对海淀区森林防灭火工作及区级应急救援队伍建设给予充分肯定。3月10日，市应急局检查组到海淀区检查指导森

8月31日，区应急办组织开展2022年度海淀区突发事件综合示范性应急演练

（区应急局 供图）

林防灭火工作。指导检查区级森林消防综合应急救援中队日常训练及战备情况，实地查看队伍备勤和物资储备情况；开展紧急拉动演习，检验综合应急救援中队“火情”警报应急响应及模拟火场扑救情况；听取区森防办关于森防力量部署、森林消防队伍建设、野外视频监控、巡查巡护、森林防火宣传等5方面工作情况的汇报。市检查组对海淀区森林防灭火工作给予充分肯定。3月29日，市森防指联合检查组到海淀区检查指导森林防灭火工作，通过现场观摩演练、实地检查、听取汇报的方式，对森林防火措施落实，森林消防救援力量建设，公共陵园、林区散坟的火源管控，以及公园、景点、景区防火宣传等方面工作进行督导检查，对海淀区防灭火工作提出4点要求。9月15日，市应急局带队对海淀区森林防灭火工作重点环节、重点地区进行督导检查，采取现场询问、实地检查、听取汇报等方式，围绕森林防火“百日行动”进展情况、责任落实情况、野外火源管控情况及应急救援准备情况等方面进行督导检查。检查组对海淀区森林防灭火整体工作给予充分肯定，并结合当前严峻的森林防灭火形势提出具体要求。

（史立奇）

【森林防灭火工作部署会】 1月27日，海淀区召开全区春节及冬奥会期间森林防灭火工作部署会，强调要确保新春佳节和谐稳定，确保北京冬奥会和冬残奥会圆满顺利。区森防办、区园林绿化局、区城市管理委、应急管理部森林消防局机动支队二大队六中队、海淀供电公司相关领导及负责人参会。3月2日，区森防办组织召开海淀区森林防灭火工作部署视频会。会议要求，各单位、各部门要坚持“万无一失，一失万无”的工作原则，坚决守住森林生态资源安全底线。区应急局、区园林绿化局、区气象局、各有关街镇、机动支队二大队六中队、区森林消防综合应急救援中队分管领导及相关负责人参会。3月17日，区森防指组织召开区级森林防灭火工作部署会，落实国家森防指会议提出的各项工作要求，安排部署全区春季防火期及清明节等重点时期森林防灭火各项工作。区森防指各成员单位分管领导参加会议。

（史立奇）

【森林灭火实战演练】 3月31日，区森防办在北京凤凰岭景区组织开展海淀区2022年度森林灭火实战演练。演练模拟北京凤凰岭景区北线发生森林火灾，接到报警后，区消防救援支队指挥中心立即调派凤凰岭、北安河、杨庄、西小营4个消防救援站，海淀驻防中队及海淀区森林消防综合应急救援中队等单位100余名消防指战员赶赴现场处置。演练以实兵实装展开，设置兵力投送、战地勘察、常规战术战法的运用、山地水泵架设4个科目，达到预期效果。区应急局、区消防救援支队、应急管理部森林消防局机动支队二大队六中队、海淀公安分局森林公安大队、区园林绿化局、苏家坨镇等单位参加演练。

（史立奇）

【区领导检查森林防灭火工作】 4月2日，于军、吴计亮、徐振涛、马光耀等区领导检查森林防火工作，区应急局、区园林绿化局、区消防救援支队及四季青镇主要领导参加。检查组通过听取汇报、实地查看等方式，现场检查挂甲塔北森林防火检查站值守人员排班、数量及时长、进山检查方式等，了解瞭望塔工作人员值守情况及日常生活，查看瞭望记录；检查沿途防火道路两侧林下可燃物清理情况、护林员及巡查队伍履职上岗情况；就做好春季防火期及清明节期间森林防灭火各项工作提出3点要求。10月3日，海淀区森林防火指挥部总指挥、区总林长、代区长李俊杰带队到重点地区开展巡林及森林防灭火督导检查，慰问一线工作人员。区应急局、区园林绿化局、香山街道、四季青镇及苏家坨镇等单位领导及主要负责人参加。在苏家坨镇、四季青镇及香山地区，重点对人员在岗、入山扫码、值班值守、通信电台及设岗设卡等情况进行督导检查，实地查看重点区域的防火措施落实情况。李俊杰就国庆期间森林防灭火工作提出4点要求。

（史立奇）

【野营拉练】 4月20日，区森林消防综合应急救援中队组织开展野营拉练活动。拉练过程中，中队轻装徒步行军35千米，在山林小道与林区防火道路之间不断穿行，途中穿插开展现地方位判定、林内树种辨识等课目训练。

（史立奇）

【区领导调研防汛工作】 5月1日，区防汛指挥部执行副总指挥、副区长徐振涛，实地调研防汛重要隐患点位。区应急局、区水务局、田村路街道、四季青镇、西北旺镇、温泉镇主要或主管领导参加调研。徐振涛实地查看田村东路铁路桥、林语山庄路等防汛重要隐患点位，详细询问积水内涝形成原因、排水设施建设运行现状、积水路段汇水范围等情况，现场听取各点位汛期值守安排、应急抢险措施及工程治理进展情况的汇报，部署防汛工作。

（赵海潼）

【“全国防灾减灾日”直播活动】 5月12日，区应急局联合区气象局、区地震局、区融媒体中心，在海淀公园举办以“减轻灾害风险，守护美好家园”为主题的海淀区第14个“全国防灾减灾日”快手直播活动。线上直播围绕防火防汛知识科普、气象观测预警、地震灾害避险自救、应急物资储备、城市安全等内容普及应急自救互救和处置知识技能，提高民众应急避险综合能力。3万名网友在线观看直播，参与互动留言。

（史惠铭）

【汛期防汛工作动员部署会】 5月31日，徐振涛主持召开上汛动员部署会，对全区汛期安全度汛工作提出切实增强防汛工作责任感紧迫感，全面压紧压实防汛工作责任的工作要求。区应急局、区水务局、区政府办、区委宣传部主管领导在区政府一区分会场参会；其他防汛专项分指、各有关单位和各街镇主要或主管领导在本单位视频会议室参会。7月22日，徐振涛召开全区主汛期防汛工作部署会，进一步部署“七下八上”主汛期防汛工作。区应急局、区水务局主要及主管领导，区委宣传部、区委网信办、区城管指挥中心、海淀交通支队主管领导在分会场参会，相关委办局主管领导、各街镇主要及主管领导在本单位视频会议室参会。

（赵海潼）

【多部门实战化防汛抢险综合演练】 6月10日，区防汛办会同区消防救援支队、区水务局、森林消防局机动支队二大队和苏家坨镇政府，在稻香湖公园开展2022年海淀区防汛抢险救援综合实战演练。演练模拟连续强降雨导致河段水位升高，河坝围堤出现崩塌管涌隐患并有人员落水被困。区防汛办及时调度区消防救援支队、森林消防局机动支队二大队、水务抢险队、苏家坨镇应急抢险队共计10车80余人，前往现场开展应急抢险处置。演练现场开展木桩加固堤坝、填装沙袋封堵围堤、龙吸水排涝作业、橡皮艇活饵救援、绳索横渡救援、舟艇侧翻自救等多科目环节，全面检验多种形式队伍抢险救援协同作战水平，确保抢险队伍在遇到任务能够“拉得出、顶得上、救得下”，在关键时刻保护人民群众的生命财产安全。通过这次多部门实战化防汛应急演练，部门之间、部门与属地之间的协调联动配合水平得到提升，提高防汛实战化作战能力，为本年汛期做好抢险工作奠定基础。

（赵海潼）

【应对强降雨】 6月26日，徐振涛主持召开应对26日至27日强降雨视频调度会，听取区气象局关于降雨形势的最新分析研判，听取相关单位、街镇工作部署和准备情况，重点询问部分重点风险隐患点位提前布控和应急处置的情况。区应急局、区水务局、区委宣传部、区委网信办、市排水集团三分公司主管领导在主会场参会，各相关委办局和各街镇在本单位视频会议室参会。6月29日凌晨，强降雨突袭海淀，全区各级各类抢险队伍迅速到达指定点位布控备勤，做好应急抢险准备。徐振涛在区级防汛指挥部统一调度部署全区强降雨应对工作；各防汛专项分指、各街镇防指带班领导指挥，密切关注雨情、汛情、险情，及时调配力量做好应急抢险处置工作；各街镇与行业部门积极配合，持续开展路面积水清扫、雨水箅子清淘清理和雨中巡视检查，确保人民群众生命财产安全和城市运行安全。

（赵海潼）

6月10日，区防汛办在稻香湖公园开展2022年海淀区防汛抢险救援综合实战演练

（区应急局 供图）

【森林消防大练兵行动】 7月21日，全市“野外化、实战化”大练兵行动海淀站正式启动，区森防办在海淀区森林消防综合应急救援中队驻地召开动员部署会，市应急局、市森防总队、区森防办、区应急局相关领导参会。会后，市局领导检查区级森防队伍装备机具配备情况，现场观摩中队绳索救援等训练科目展示，在召开的座谈会上，就市、区两级队伍建设情况及“野外化、实战化”大练兵行动开展交流探讨。8月3日，区森防办在国家植物园后山林区组织开展“野外化、实战化”大练兵行动海淀站——森林火灾扑救拉动演练，模拟在国家植物园检查站防火路旁一环形山谷处突发森林火灾，50余名指战员携带装备参加演练，全面检验区森防部门及区级森防队伍在警情接报、启动预案、信息报送、指挥调度、战法运用、指挥协同、通信通联等方面的能力水平。市应急局、区应急局、区森防办负责人观摩演练。

（史立奇）

【市应急局调研街镇公共安全风险管理工作】 8月3日，市应急局检查组到学院路街道调研街镇公共安全风险管理工作，介绍《北京市街道（乡镇）公共安全风险管理实施指南》，听取区应急局关于海淀区公共安全风险管理工作情况、学院路地区公共安全风险管理工作基本情况介绍。检查组对海淀区公共安全风险管理工作充分肯定，并提出市、区两级要着眼“全灾种、大应急”，在实践中破解难题的工作要求。

（郁秀丽）

【灾害信息员业务培训】 8月15日至19日，区应急局分5批次举办海淀区灾害信息员业务培训班，全区各街道（镇）灾害信息员A、B角、各社区（村）灾害信息员、地震灾情速报员800余人参加培训。邀请应急管理部国家减灾中心的专家，围绕《自然灾害情况统计调查制度》《自然灾害识别与预警》《地震灾害速报》等内容进行授课，增强信息员对自然灾害信息、灾害风险隐患信息、地震灾害信息的收集及处理能力，熟练掌握国家自然灾害灾情管理操作系统。8月29日至9月2日，区应急局举办灾害信息员业务能力提升培训班。培训班采取实、训教学相结合的方式，邀请专家老师讲解安全防范重要性、生活中识别风险、危险环境下自我保护等知识，培训人工搬运术、初期火灾扑救、心肺复苏与AED的使用等应急技能。全区各街道（镇）、各社区（村）800余名灾害信息员参与培训。

（邓超）

【城市安全风险评估】 8月17日，区应急局组织召开城市安全风险评估工作视频会议，区卫健委、区教委、区民政局、区房管局等14个行业主管部门、各街镇主管领导及科室负责人参加会议。会上，区应急局通报海淀区2019—2021年三年城市安全风险评估工作情况，对下一步工作提出具体要求。海淀区已初步建立海淀区重点行业领域风险管控工作机制，各单位、各部门按照各自工作分工，扎实做好危险化学品、工矿、商务、建筑施工、交通运输、体育行业，以及热力、生活垃圾处理设施、供水、排水、水利、园林绿化、旅游、文化娱乐等重点行业领域生产经营单位风险评估与控制的督促指导工作，按要求形成年度风险清单、专项评估报告等工作成果。在此基础上，海淀区制定《北京市海淀区城市安全风险评估三年工作方案（2022—2024年）》，新增教育、医疗、养老、物业4个行业，持续推进安全风险评估向广度和深度“双拓展”。截至年底，完成重点行业领域安全风险评估企业16023家，当年动态更新风险源数量总计47175条，低等级风险占比84.75%，无重大安全风险源。市应急局风险监测与综合减灾处安全监察专员对海淀区的城市安全风险评估工作给予高度肯定，城市安全风险评估工作基本摸清重点行业领域风险底数，工作机制不断健全，标准体系不断完善，信息平台智能化水平不断提升，风险会商研判质量不断提高。

（郁秀丽　樊雪华）

【《海淀（2022—2025年）应急物资储备规划》印发】 9月8日，区应急局印发《海淀（2022—2025年）应急物资储备规划》（简称《规划》）。《规划》明确到2025年，海淀区能够建成统一高效、科学完备、协同配合、及时可靠、安全可控的应急物资保障体系，应急物资能够满足海淀区应对重大自然灾害和事故灾难突发事件的应急救援物资保障和受灾群众救助物资保障需求，并留有安全余地。应急物资储备在海淀区安全保障体系的作用更加凸显，抵御极端风险的物资基础更加夯实，保障效率效能大幅提升，支援北京市其他城区能力进一步提升。

（邓超）

【社区应急救援志愿者技能培训】 9月13日至16日，区应急局分两批开展应急救援志愿者技能培训。甘家口街道、八里庄街道、马连洼街道、紫竹院街道、永定路街道社区的应急救援员240余名参加培训。技能培训主要内容包括《中华人民共和国突发事件应对法》解读、《中华人民共和国消防法》解读及消防常识和技能、现场急救技术、应急救援技术、应急救援演练等知识。培训采取课堂教学、实践训练、现场考评、实操演练等形式进行，并组织开展在模拟各种灾害事故背景下，利用现有装备展开指挥调度、应急搜救、现场处置、伤员转移的全科目实操演练。所有参训人员经过技能考核，获得培训合格证。

（邓超）

【防灾减灾知识宣教活动】 9月，区应急局开展60场防灾减灾知识进社区宣传教育活动，覆盖15个街道，直接受益3500余人。邀请专业讲师向社区居民普及各类灾害事故知识和防范应对基本技能，涵盖地震知识与防震减灾、消防安全、突发事件应对处置、自救互救技能等多个方面内容，切实提升社区工作人员及居民在各种灾害和突发事件中科学避险逃生、自救互救等应对处置能力。

（邓超）

【重点行业领域安全风险管理核查】 10月13日，市应急局检查组到海淀区开展重点行业领域安全风险管理核查工作。检查组分别到北京北控绿海能环保、安泰科技等4家生产经营单位进行现场核查，听取各单位关于安全风险管理工作情况的汇报，检查应急管理机构设置和安全管理制度、应急预案、应急演练记录等文件材料，实地核查风险源管控措施的落实情况，针对各单位风险源管理现状提出具体工作意见。

（郁秀丽）

【森林防火集中宣传活动】 10月13日，区森防办联合区园林绿化局、海淀公安分局、四季青镇、香山街道及西山林场等单位，在西山国家森林公园景区组织开展2022—2023年度森林防火集中宣传活动。活动现场通过摆放宣传展板、张贴宣传海报、悬挂横幅、设立咨询台、发放森林防火宣传资料等多种形式，向群众普及森林防火知识，发放宣传材料2000余册，宣传品1000余份，直接及间接受众3000余人。

（史立奇）

【森林防火巡护】 10月至12月，区森防办建立“巡护+勘察+宣传”靠前保障模式，以巡逻巡护为契机，开展各项森林防灭火工作。组织区森林消防综合应急救援中队、市森防总队三支队、应急管理部森林消防局机动支队二大队六中队在苏家坨、鹫峰、温泉、西北旺等地区开展森林防火联防联巡工作。各队按照战斗编组携配机具，在重点地段、关键时段、客流高峰环节组织携装巡护，确保突发火情能够快速转换、迅速到位、高效处置，做到巡查战备两不误。巡查中重点检查护林员上岗履职、检查站及瞭望塔人员值守情况，细致勘察防火路两侧林下可燃物清理情况；通过向游客讲解机具装备、发放宣传册等方式，普及森林防火常识、法律法规及避险自救技能等。

（史立奇）

防震减灾

【概况】 2022年，海淀区地震局严密监视辖区震情，加强震情趋势跟踪，保持监测台网管理运行。完成北京冬奥会、党的二十大等重大活动的地震安全服务保障工作。完成地震灾害风险普查，推进减隔震技术在工程建设中的应用，收集新建与加固建设工程基础数据。编发《海淀区“十四五”时期防震减灾规划》《北京市海淀区地震应急预案》，科学施策防范化解地震灾害风险。认定地震应急避难场所26.46万平方米，联合区人防办规范建设3处人防工程兼作地震应急避难场所。组织地震灾情速报员、志愿者队伍建设和培训，维护地震应急指挥技术系统正常运行。制作《海淀区典型场所地震灾害响应流程示范》《防震减灾携手同行——减轻震害风险 为打造高品质海淀保驾护航》宣传片及《防震减灾科普示范学校手册（一）（二）》宣传手册，关键节点宣传与常态化宣传相结合，创建国家级科普教育基地1个、国家级防震减灾科普示范学校2所。全区有27个地震观（监）测台，4个建筑结构健康观测台阵；防震减灾工作助理员29人，宏微观地震站观测员12人，地震预警终端站管护员6人。区地震局获评“北京市区级地震部门综合考核先进单位”。

（吴智　阮隐旭）

【地震监测设施维护】 年内，区地震局召开专题震情监测工作部署会，确保与观测员联系畅通，动态掌握台站运行状态。与协作单位协调配合，采用电话询问、视频对接、实地查看的方式，对辖区15个强震台和4个建筑结构健康观测台阵开展17次检查巡查，维护地震监测设施和监测环境。

（吴智）

【地震宏观观测网管理】 年内，区地震局通过集中培训和网络讲座两种方式，对全区200名宏观台站观测员、村镇观测员进行培训，提高观测员的责任意识，强化地震宏观观测队伍建设和管理。持续推进“地震宏观观测网”“地震灾情速报网”“地震知识宣传网”协同工作机制，保持地震宏观观测站稳定运行。

（吴智）

【6个地震预警终端试运行】 年内，海淀区6个地震预警终端（分别安置于首都师范大学附属小学、北京市海淀区民族小学、北京育英学校、海淀北部新区实验学校、北京市第二十中学和区地震局）开展实验性试运行，为国家推广地震预警服务项目提供参考数据，为全区地震预警科普和应用打下良好基础，提升相关单位应对地震快速反应能力，推动全区地震监测预警能力提升。地震预警终端打通预警系统服务政府、公众的“最后一公里”，是地震应急演练、地震科普宣传的重要媒介。

（吴智）

【震情会商】 年内，区地震局进行周会商43次、月会商11次、季会商4次、半年会商1次，年度会商1次。参加市地震局召开的2022年北京市年中地震趋势会商会、市地震局2023年地震趋势会商会，撰写会商报告60余份。每季度分析总结区域地震活动情况、梳理地震目录，季度总结和趋势判断4份，开展内部会商，报区应急局海淀区震情月总结和趋势判断12份。

（楚晓兵）

【2022年海淀区震情】 年内，海淀区发生地震32次，最大震级为4月19日发生的1.8级地震。

（楚晓兵）

表32　2022年海淀区震情一览表

序号	日期	时间	纬度	经度	深度（千米）	震级	参考地点
1	2022-01-06	14:25:58.00	40.030	116.312	11	–0.3	北京海淀
2	2022-01-19	06:48:48.68	40.071	116.207	18	–1.5	北京海淀
3	2022-01-21	05:03:45.12	40.024	116.221	19	0.2	北京海淀
4	2022-03-03	23:19:05.69	40.015	116.300	11	–0.3	北京海淀
5	2022-03-21	07:57:36.64	40.062	116.284	15	–0.8	北京海淀
6	2022-04-19	11:20:15.64	40.009	116.334	19	1.8	北京海淀
7	2022-04-29	00:49:01.93	40.025	116.164	10	0.7	北京海淀
8	2022-05-09	23:15:05.25	40.124	116.206	22	–1.0	北京海淀
9	2022-05-10	20:24:15.14	39.997	116.231	13	–0.5	北京海淀
10	2022-05-29	04:15:24.31	40.023	116.183	11	–0.6	北京海淀
11	2022-06-03	20:58:45.52	40.010	116.280	13	–0.8	北京海淀
12	2022-06-12	10:02:16.03	40.025	116.280	13	–0.9	北京海淀

续表

序号	日期	时间	纬度	经度	深度（千米）	震级	参考地点
13	2022-06-27	02:54:31.68	40.034	116.169	10	-1.1	北京海淀
14	2022-06-27	11:40:01.72	40.038	116.275	13	-0.7	北京海淀
15	2022-07-02	00:11:18.30	40.054	116.096	15	-0.4	北京海淀
16	2022-07-16	04:17:52.52	40.037	116.223	10	-0.8	北京海淀
17	2022-07-28	04:07:37.31	39.978	116.184	14	-0.2	北京海淀
18	2022-07-28	22:51:37.79	40.031	116.318	16	0.2	北京海淀
19	2022-08-06	04:57:10.68	40.071	116.161	18	0.7	北京海淀
20	2022-09-02	01:06:06.96	39.988	116.201	21	-0.4	北京海淀
21	2022-09-08	08:38:33.72	39.964	116.215	22	-0.4	北京海淀
22	2022-09-15	03:28:22.49	40.047	116.338	21	-0.8	北京海淀
23	2022-09-17	17:50:41.66	39.969	116.270	10	-0.5	北京海淀
24	2022-09-26	18:40:36.67	40.036	116.297	15	-0.2	北京海淀
25	2022-10-06	16:38:56.01	40.046	116.262	13	-0.1	北京海淀
26	2022-10-10	22:54:06.46	40.035	116.303	10	-0.8	北京海淀
27	2022-10-19	03:17:37.99	40.046	116.306	15	-0.3	北京海淀
28	2022-12-06	08:18:07.69	40.025	116.297	15	-0.1	北京海淀
29	2022-12-15	19:32:28.54	40.026	116.154	19	-0.4	北京海淀
30	2022-12-16	00:43:27.31	39.991	116.237	22	-0.6	北京海淀
31	2022-12-21	18:32:00.37	40.051	116.140	21	1.3	北京海淀
32	2022-12-24	02:30:29.12	39.990	116.284	10	-1.0	北京海淀

（楚晓兵）

【地震应急避难场所建设及认定】 年内，区地震局联合区人防办规范建设西三旗街道海悦梧桐苑、上地街道树村丽景苑、西北旺镇天阅西山3处人防工程兼作地震应急避难场所。7处新申报的地震应急避难场所通过认定，认定总面积26.46万平方米，可安置4万—5万人应急避难。其中，2个Ⅱ类地震应急避难场所——北京信息科技大学、定慧公园；5个Ⅲ类地震应急避难场所——车道沟公园、玲珑公园、天阅西山小区14号楼、海悦梧桐苑2号院7号楼、树村丽景苑小区5号楼。全区累计建成地震应急避难场所30个，面积165.7万平方米。

（崔清山）

【防震减灾科普示范学校和科普教育基地创建】 年内，区地震局成功创建2所国家级防震减灾科普示范学校——北京第二十中学、北京市海淀区七一小学，2处国家级防震减灾科普教育基地——北京国家地球观象台、北京西山鹫峰地震台，2所海淀区防震减灾科普示范学校——首都师范大学第二附属中学（花园村校区）、农业大学附属中学。复核7所市级防震减灾示范学校。全区累计创建防震减灾科普示范学校22所、科普教育基地6个。

（楚晓兵）

【8人获防震减灾科普讲解大赛奖】 年内，区地震局推荐选手参加2022年第八届“北京市防震减灾科普讲解大赛暨第六届全国地震科普讲解大赛北京地区选拔赛”，1人获一等奖，3人获二等奖，区地震局获大赛最佳组织奖。3名选手代表北京市参加第六届全国防震减灾科普讲解大赛决赛，1人获一等奖和“防震减灾科普大使”称号，1人获大赛二等奖和最佳形象奖，1人获大赛二等奖。

（楚晓兵）

【《海淀区"十四五"时期防震减灾规划》印发】2月23日，区地震局和区应急局联合印发《海淀区"十四五"时期防震减灾规划》（简称《规划》）。《规划》主要内容包含规划制定背景、指导思想和目标、主要任务、重点项目和保障措施等内容。其中，"十四五"时期防震减灾主要任务为：标准化、精细化管理，进一步提升地震监测能力；加大防震减灾宣教力度，强化全民防震减灾意识；依法履行行政职能，进一步消除抗震设防隐患；加强地震应急管理体系建设，提升地震应急响应能力。"十四五"时期防震减灾重点项目6个：推进建设地震风险监测感知系统，应急预案修订与演练，自然灾害（地震灾害）风险普查，房屋设施加固工程信息采集，科普示范学校普及建设，地震应急避难场所认定管理。规划中提出组织领导、法律法规、经费投入、科技支撑、体制机制等5方面保障措施。

（吴智）

【"地震科普 携手同行"主题活动】3月28日（全国中小学生安全教育日），区地震局组织十九中学、二十中学、海淀实验学校、七一小学、上地实验小学、首都师范大学附属小学、海淀区民族小学等16所中小学的5000余名师生观看"地震科普 携手同行"活动启动仪式现场直播。直播结束后，各校同学以撰写文稿或现场讨论的方式，分享对防震减灾的理解和体会。农大附中组织全体师生进行地震应急逃生演练。9月27日、28日，区地震局到海淀区民族小学、中国农业大学附属中学举办"地震科普 携手同行"主题活动，介绍活动、普及防震减灾知识并赠送书籍和地震应急物资。

（楚晓兵）

【震情处置】4月19日11时20分，海淀区（北纬40.01度，东经116.34度）发生1.8级地震（弱震），震源深度19千米。区地震局在收到震情信息后首先进行图上作业，迅速向位于震中附近的清华园街道、学院路街道、东升镇、中关村街道等单位核实震感情况及群众关于震情的报告情况，严格按照10分钟首报、1小时书面汇报的应急处置要求，将基本情况及时向区委、区政府、北京市地震局、区应急办分别做口头和书面汇报。

（崔清山）

【房屋设施加固工程完成】4月，区地震局联合区应急局，动员各单位、各街镇填报2021—2022年房屋设施加固工程清单。收集2021年城镇住宅、大中小学校、医院、电力、电信网络、应急避难场所6大类数据、35条信息。其中，城镇住宅类项目1个，面积5935平方米；新建中小学类项目4所，面积93102平方米；加固中小学类项目3所，面积21327平方米；电力、电信网络类项目24个，属于电杆主体加固项目。医院类加固项目1个，面积300平方米；应急避难场所类项目2个，面积6800平方米。市级资金投入41754万元，区级资金投入30928万元。统计的35个项目中，学校类项目有7个，占比1/5。撰写完成《关于海淀区房屋设施加固工程完成情况的报告》并上报北京市地震局。

（崔清山）

【防震减灾宣传周科普宣传活动】5月7日至13日，区地震局开展防灾减灾宣传周科普宣传活动。组织全区62个地震台网站相关单位、21所防震减灾科普示范学校、68个委办局、29个街镇观看"走进地震监测中心站"线上直播活动。5月12日，区应急局联合区气象局、区地震局、区融媒体中心，在海淀公园开展以"减轻灾害风险，守护美好家园"为主题的"防灾减灾"直播活动，介绍海淀区震情形势、主要地震断裂带以及历史地震情况、地震应急避难场所分类及总体情况，1.5万人观看直播活动，数十万人通过转播观看活动。在《海淀报》发专版文章，宣传防震减灾工作。

（楚晓兵　崔清山）

【地震应急避险宣传】5月9日至14日，区地震局与区融媒体中心合作，在数字频道802特定时间循环播放由区地震局编制的，以社区、学校和企业为背景的地震灾害应急响应流程示范宣传片——《海淀区典型场所地震灾害响应流程示范》以及《公众地震应急避险手册》，10万多名观众收看。5月12日，《海淀区典型场所地震灾害响应流程示范》在"海淀融媒微博号""北京海淀官方发布北京号""北京海淀人民号""北京海淀知乎账号"以及"海淀区地震局"微信公众号、抖音号等多个媒体平台上发布。通过区教委平台，组织30万名中小学生在线观看。高考期间，配合北京市地震局完成以海淀区发生2.9级地震为背景的地震应急桌面演练。

（崔清山）

【纪念"7·28"唐山地震46周年视频报告会】7月26日，区地震局组织召开"7·28"唐山地震纪念日视频报告会，邀请中国地震应急搜救中心研究员贾群林作题为"我国的自然灾害与防御对策"的报告，介绍国内自然灾害的特点及多发频发的主要原因，自然灾害防御的基本措施与方法，地震应急救援处置的基本程序和方式方法。各委办局、街道、镇，以及社区工作人员500余人参会。

（楚晓兵）

【市地震局调研防震减灾工作】8月4日，市地震局局长孙建中到海淀调研防震减灾工作，区长李俊杰、副区长徐振涛一同调研。孙建中参观海淀城市大脑智能运营指挥中心，了解海淀城市管理信息交互、全景数据资源调度、智能分析研判、防灾减灾融合等工作，就科技支撑防震减灾和数据资源共享进行深入探讨。

（吴智）

【防震减灾送课到社区】8月，区地震局开展"六进"活动，走进东升镇政府、学院路街道，为观林园、八家、建清园、东王庄、五道口嘉园5个社区送上防震减灾减压体验课，宣传防震减灾知识。社区居民在专业教师的指导下，通过与身边人交流身边地震事，分享抗震经历及感受，增加对地震的了解，降低对未知地震的恐惧情绪，学习应对地震的策略和调节心理压力的方式，增强应急心理素质和防灾抗灾能力。

（楚晓兵）

【地震灾害风险普查项目通过验收】 9月26日，海淀区地震灾害风险普查项目通过验收，完成北京市自然灾害风险普查重点任务。通过项目实施，对活动断层进行补充调查，编制海淀区活断层分布图（1：5万）、地震构造图（1：25万）、场地类型分区图（1：25万）。开展海淀区房屋承灾体抽样详查，编写《海淀区房屋抽样详查报告》。完成街道69栋、镇86栋建筑详查，完成180余万平方米建筑面积的详查填报，超出市级要求100万平方米。超前开展地震灾害隐患等级评定工作，编制以海淀区为评估单位的5类建筑（城市住宅、城市非住宅、农村独立住宅、农村集合住宅、农村非住宅）隐患等级分布图和街道尺度的5类建筑隐患等级分布图。

（崔清山）

【"国际减灾日"宣传活动】 10月12日，区地震局组织召开"国际减灾日"线上视频会议，邀请中国地震局地球物理研究所原副所长、研究员高孟潭作题为"海淀区地震风险新特点及防范对策"的报告，从海淀区地震背景与地震危险源、海淀区历史上的地震灾害、抗震能力与公众生命安全、海淀区未来地震风险的新特点、海淀区的风险防范对策、发生地震怎么办等方面，为全区300余家单位的3000余人进行地震知识普及宣传。

（楚晓兵）

【防震减灾"三网一员"培训会】 11月3日，区地震局举办2022年防震减灾"三网一员"培训会，邀请中国地震局台网中心原研究员孙士鋐作《地震灾害与地震预报》的专题辅导报告，国家二级心理咨询师刘春梅讲授防震减灾减压体验课。全区29个街镇负责防震减灾工作的助理员、宏微观地震站观测员、强震台、观测台、地震预警终端站的管护员45人参训。

（楚晓兵）

【防震减灾科普示范学校培训会】 11月7日，区地震局召开防震减灾科普示范学校培训会。邀请中国地震局发展研究中心科普业务组组长、国家防震减灾科普教育基地和示范校认定评审项目负责人韩杰作题为"国家防震减灾科普示范学校管理办法解读及认定申报的几点体会"的报告，清华大学土木工程系教授、防震减灾工程研究所所长陆新征作题为"地震灾害与地震工程"的报告。制作发放《防震减灾科普示范学校手册（一）（二）》，作为创建科普示范学校工作的宣传、参考资料。全区28所防震减灾科普示范学校以及6所预申报学校相关人员参训。

（楚晓兵）

【地震应急志愿者实操训练】 11月8日至9日，区地震局在凤凰岭国家地震紧急救援训练基地开展地震应急志愿者现场实操训练，来自保福（北京）科技园投资开发集团有限公司、温泉镇和上庄镇的88名地震应急志愿者，分2批次参加训练。系统学习《地震灾害现场救援组织与实施》《防震减灾基础知识普及》《社区应急响应及应急救援》《地震灾害现场安全管理》《废墟表层搜索》《检伤分类》《烟热逃生》《伤员转运》等地震应急知识和救援技能。

（崔清山）

消防救援

【概况】 2022年，海淀区消防救援支队执行安保勤务578场次，日均勤务1.6场次，累计投入执勤力量7209人次、消防车1132辆次，完成党的二十大、北京冬奥会和冬残奥会、全国两会等重大活动消防安保任务。接警5277起，接处火警1925起，抢险救援1474起，社会救助1878起，出动消防车13575车次，消防救援人员81741人次。发生火灾635起，较上年下降21.02%；死亡3人，较上年下降50%；伤6人，较上年下降14.29%。检查单位14738家，整改隐患18063处，印发责令改正通知书11625份，"三停"（停止施工、停止使用或停产停业）单位86家，临时查封173处，罚款1554.07万元，拘留13人。

支队被应急管理部授予集体一等功，被国家消防救援局评为2022年度执勤训练工作先进支队，所属双榆树消防救援站获评"全国119先进集体"和"北京市青年文明号"，1名指战员被应急管理部评为二级英模，2名指战员被应急管理部记个人一等功，2名指战员被应急管理部记个人二等功，1名指战员被评为北京2022年冬奥会、冬残奥会北京市先进个人，1名指战员被评为北京市保密先进个人，1名指战员被评为北京榜样最美退役军人。

（秦鹏宇　尚艺璇）

【消防安全集中夜查】 1月22日晚，区消防救援支队出动24个检查组、48名防火监督员，重点围绕商场市场、餐饮娱乐、公共娱乐等夜间人员聚集场所以及老旧小区、平房区、城乡接合部村民自建房屋、电动自行车室内违规停放、充电等薄弱区域，开展消防安全检查。检查单位152家，发现并督促整改隐患316处，处罚单位15家，清理违规停放电动自行车45辆，劝离占用消防车通道63辆。

（秦鹏宇　尚艺璇）

【春节联欢晚会消防安保】 1月，区消防救援支队对接中央广播电视总台，完成春节联欢晚会5次彩排、1次直播安保工作。支队领导4次带队对活动现场实地检查调研，发现整改隐患20处；组织总台开展"一警六员"实操实训260人次。31日春节联欢晚会当晚，支队党委成员一线指挥，3部消防车、14名地勤、4名防火巡视力量等40名指战员在岗在位、履职尽责，保证晚会消防安全。

（秦鹏宇　尚艺璇）

【可燃物清理大战役行动】 2月20日至3月初全国两会召开前，区消防救援支队在马连洼街道20个社区集中开展可燃物清理大战役行动。行动以“干干净净、平平安安”为目标，以“天天清、经常清、滚动清、反复清”为原则，以清理居民楼院疏散通道、安全出口、消防车通道等公共区域及阳台可燃物，清理居民楼院公共区域内存放的电动车，清理电缆井、管道井内堆放的可燃物“三清”为重点，对单元门内的堆放物，房前屋后的堆积物、可燃物，对居民堆放的废旧物品、旧木板、门板、床垫、零星装潢材料、旧沙发等逐一排查清理。社区居委会、物业服务企业以及微型消防站、消防志愿者等群防群治力量积极做好清理可燃物的宣传工作，通过张挂条幅、发放宣传材料等形式，加强居民的消防安全意识，提高火灾隐患自查能力，及时主动清理自家堆积物，消除安全隐患；以道路两侧、停车场、垃圾站、园林绿地的杂物、垃圾和枯草落叶等可燃物为重点，逐步扩大清理范围，对重点区域进行洒水增湿，有效降低火灾风险；加强巡查检查，严防火灾事故发生。

（钟冷）

【消防安全培训宣传】 2月至3月，区消防救援支队举办海淀区全国两会涉会场所开展员工、安保力量消防培训12次，培训5000余人。组织微型消防站、武警官兵进行实地演练46次。发动5000名消防志愿者巡防力量开展消防安全温馨提示。成立消防宣传督导组，深入社区、平房区、村民自建房等区域检查6次，开展消防宣传和温馨提示工作信息推送13条。指导各地区完善注册自防自救力量平台、全民消防学习云平台，开展“一警六员”考核600余人。发放易拉宝、宣传海报、宣传手册等材料2万余份；在新媒体平台推送消防信息26条，对接主流媒体发布信息16条。全区各镇街、公安派出所、村社区委员会、物业管理单位，采取集中设点宣传、入户服务提示、悬挂张贴通告、会议培训发放等多种形式，开展火灾预防宣传。

（秦鹏宇　尚艺璇）

【医疗观察点消防安全检查】 3月21日至22日，区消防救援支队联合区委组织部、区卫生健康委、区疾控中心、区房管局、区文旅局、海淀公安分局等部门，对区属7个医疗观察点开展调研检查。检查组重点对灭火器和消火栓等消防设施是否完整好用、电路铺设是否符合要求、中控室值守人员是否持证在岗、疏散通道是否保持畅通等情况进行检查，现场进行消防安全规范管理指导培训，同步推进消防安全宣传教育、用电用气安全提示，确保消防安全管理无死角、无漏洞。

（秦鹏宇　尚艺璇）

【“五一”消防安保】 4月30日至5月4日“五一”节期间，区消防救援支队每日出动14个检查组、28名防火人员，联合区文旅局、区商务局、区市场监督管理局、区应急局等6个部门及29个街镇，发动社会面群防群治力量6000余人，开展巡查值守及社会面火灾隐患排查。开展线上、线下宣传活动75场次，联合CCTV12《热线》栏目和北京交通广播播出三个专题安全提示节目，发送短信提示5万余条，推送线上安全提示信息25条，发放宣传材料2.53万余份，“一警六员”实操考核850人。支队备勤人员统一编组下沉督导，全勤指挥部24小时坐班值守，基层救援站、小型站全员在岗在位。重点围绕各类人员密集场所开展调研演练60次，修订预案42份；研创“涉疫场所人员洗消场地设置划分标准”，拍摄洗消、防护等视频教学片11部，开展应急处置训练和洗消演练23次；协调区园林绿化局、区市政服务集团每日出动60余车次进行洒水湿化作业，最大限度降低杨柳絮火灾发生风险。

（秦鹏宇　尚艺璇）

【“5·12”地震拉动演练】 5月12日，区消防救援支队在国家地震紧急救援训练基地组织开展地震救援拉动演练。演练围绕震后“三断”特点、联动作战堵点和现场救援难点，模拟5月12日8时北京市某地发生重大地震，地震区域“道路、电力、通信”三断极端情况，震区部分建筑倒塌损毁严重，大量人员被埋压。区消防救援支队第一时间响应调度，按照预案成立指挥部，调集支队重型地震救援队紧急集结，联动区应急、供电、供水、供气、气象、地震、环保、移动、医疗等9个联动单位、100余人同步响应。

（秦鹏宇　尚艺璇）

【索道救援演练】 6月14日，区消防救援支队联合香山公园组织开展索道救援演练。演练模拟香山公园索道突发机电设备故障，索道无法正常运行，且有人员被困。单位值班人员发现情况后迅速拨打119报警，同时第一时间启动应急救援预案。区消防救援支队接到警情后迅速到达现场联合香山公园索道救援分队同时展开救

6月14日，区消防救援支队组织开展索道救援演练　（靳兆强　摄）

援，仅仅用时十分钟，三名被困人员均被安全救出，演练取得圆满成功。

（秦鹏宇）

【结对共建】 8月9日，区消防救援支队与内蒙古赤峰消防救援支队签署结对共建协议书。双方以“资源共享、优势互补、互相促进、共同提高”为主题，以加强消防安全基础建设和队伍建设为重点，就建立定期研判机制、开展业务骨干共育、共享党团建设经验、加强宣传领域合作等方面达成共识，并就年度共建计划以及基层党建、队伍管理、火灾防控、后勤装备建设等方面的热点难点问题进行深入交流探讨。

（秦鹏宇　尚艺璇）

【高层建筑灭火救援综合实战演练】 10月4日，区消防救援支队组织开展高层建筑灭火救援综合实战演练。演练模拟某高层建筑10层某房间因违规使用大功率电器引发火灾，火灾迅速蔓延，造成人员昏迷被困。灾情发生后，区消防救援支队立即启动“1、3、5、10”应急处置预案，开展火情侦查、应急联动、内攻搜救、排烟降温、应急通信、安全管控等10余个实战科目演示，调集2个消防救援站、3个执勤车组、支队全勤指挥部，9辆消防车50名指战员到场处置，公安、交通、医疗、环卫等应急联动力量参加演练，实战、实装、实景检验高层建筑火灾处置能力。

（秦鹏宇　尚艺璇）

【6座小型消防站集中揭牌】 10月13日，区消防救援支队在上地西路小型消防站举行新建小型消防站集中揭牌仪，上地西路小型消防站、南长河小型消防站、安宁小型消防站、翠微小型消防站、冷泉小型消防站、万寿路小型消防站揭牌。

（秦鹏宇　尚艺璇）

【消防宣传月活动】 11月8日，区消防救援支队以“抓消防安全 保高质量发展”主题，举行2022年度消防宣传月线上启动仪式。消防救援支队讲解119消防宣传月工作方案，对全区消防宣传月工作进行部署；宣读海淀区2022年度消防安全先进街镇、单位及个人名单；播放优秀团体《北京世纪金源购物中心自防自救力量团队操法快闪视频》；对各行各业优秀的火焰蓝“贴心人”进行视频展播。活动在央视频、《北京青年报》、“海淀消防”微博、抖音、快手等10个新媒体矩阵同步直播，网络直播活动累计120余万名网友在线观看并留言评论。在消防宣传月期间，区消防救援支队针对消防宣传提示、应急疏散演练、消防产品检查、抢险救援警情、典型工作做法等，在中央电视台、《中国青年报》、北京电视台、《北京青年报》等新闻媒体发布消防新闻稿件17条次；联合北京肯德基、麦当劳有限公司打造首家消防主题餐厅；联合北京世纪金源购物中心、金源新燕莎MALL、燕莎友谊商城、贵友大厦、居然之家、北京清河万象汇等多家商业主体，打造集“消防文化展示、消防知识普及和休闲娱乐体验”为一体的消防文化主题街区；在五棵松华熙LIVE Hi-Fun竞技主题乐园打造面积约90平方米的消防体验馆；17名学区副主任、93名消防副校长深入辖区中、小、幼100余所学校，开展形式多样、生动有趣的消防课程，为学生们讲解消防车辆器材，为教职工们开展“一警六员”实训工作，提升校园火灾防范和处置能力水平。

（秦鹏宇　尚艺璇）

【冬春火灾防控工作推进会】 12月7日，区政府召开冬春火灾防控工作推进会。区属40个部门、29个街镇相关人员参会。会上，区救援支队通报全年火灾情况以及冬防工作部署情况，对当前及下阶段火灾防控重点工作进行提示。会议围绕深刻吸取火灾事故教训、重点领域排查治理、消防安全宣传培训、消防基础设施建设等方面提出工作意见。

（秦鹏宇　尚艺璇）

生态建设

2023

北京海淀年鉴

环境保护

【概况】2022年，海淀区生态环境局（简称区生态环境局）围绕“加快推进生态文明建设，打造美丽海淀”的发展目标，有序推动绿色低碳发展，打好污染防治攻坚战，加快构建现代环境治理体系，生态宜居城区建设取得新进展、实现新突破。全区生态环境质量持续改善。空气质量8年蝉联城六区第一，夏秋季$PM_{2.5}$重污染基本消除，地表水8个考核断面全部达到市级要求，土壤环境质量总体状况良好，噪声和辐射环境保持稳定，主要污染物总量继续减排，二氧化碳排放总量和强度实现“双控”，生态环境质量指数（EI）进一步提升。海淀区连续三年在全市污染防治攻坚战成效考核中获得优秀等次，被评为“2016—2020年度北京市节能减排先进集体”。

（李紫剑）

【生态环境质量监测】年内，海淀区空气中细颗粒物（$PM_{2.5}$）年均浓度为30微克/立方米，比上年下降9.1%；二氧化硫（SO_2）、二氧化氮（NO_2）和可吸入颗粒物（PM_{10}）年均浓度分别为2微克/立方米、28微克/立方米和52微克/立方米，保持稳定达标；降尘量3.3吨/平方公里·月（扣除沙尘影响），比上年下降17.5%；优良天数288天，占比79.6%；重污染天数3天，比上年减少1天。河流10条（段），总长79千米，万泉河因施工不具备监测条件，监测河流9条（段），总长70.5千米，河流水质均符合其相应水体功能类别，其中Ⅰ—Ⅲ类水质河长占监测总长度的93.3%。监测湖泊6个，水域面积427万平方米，其中团城湖、昆明湖、八一湖和玉渊潭湖水质达到其水体功能类别，达标湖泊水面面积比例达64.4%。水源三厂、团城湖调节池2个集中式饮用水水源地水质稳定达到国家标准，大牛坊等4个地下水监测点位水质保持稳定。土壤环境质量总体良好、趋势平稳，土壤环境风险得到有效管控，受污染耕地、污染地块安全利用率均达100%。声环境质量基本稳定，建成区的区域环境噪声、道路交通噪声平均值分别为52.8分贝和70.4分贝。辐射环境质量保持良好，电离辐射γ辐射空气吸收计量率年均值为90.01纳戈瑞/小时，处于北京市本底范围60.0～123.4纳戈瑞/小时内；健壹景园、环保科技园、八里庄、生态环境局4个电磁辐射自动监测站电场强度年均值分别为0.685伏/米、0.428伏/米、1.373伏/米、1.363伏/米低于国家规定控制限值12伏/米，八家村电磁辐射自动监测站电场强度年均值为24.056伏/米，低于国家规定控制限值4000伏/米。生态环境状况指数（EI）为65.7。

（蒋建勇　李紫剑）

【碳排放控制】年内，区生态环境局督促重点碳排放单位按时履约，跟踪核查202家企业碳排放量变化情况，建立碳排放企业“一企一档”台账，编制年度温室气体排放清单。探索与延庆区在碳减排等领域的结对协作，达成协作资金与生态产品价值联动框架协议。多部门联合加强能源、交通、建筑等重点领域温室气体排放控制。全年VOC排放总量较上年减少386吨，氮氧化物排放总量较上年减少602吨。

（李梦桃）

【挥发性有机物治理专项行动】年内，区生态环境牵头强化印刷、汽修行业全流程管控，推进低挥发性有机物（VOCs）含量产品源头替代，指导企业强化VOCs无组织排放管理，6家重点企业实施绿色化、智能化技术改造，1家企业实施“一厂一策”精细化治理，2家企业完成强制性清洁生产审核，4家企业被评为市级绩效引领企业。全区挥发性有机物（VOCs）排放总量为386.3吨。

（崔炜）

【氮氧化物减排专项行动】年内，海淀区持续推进出租车、轻型货车、公务车等公共领域车辆新能源化，开展形式多样的“旧车”换“电车”补贴政策普及宣传活动。检查重型柴油车7.9万余辆次、非道路移动机械1374台次，巡查检测场477场次。全区氮氧化物（NOx）排放总量为601.87吨。

（崔炜）

【扬尘污染治理】年内，区生态环境局持续实施施工扬尘、道路扬尘、裸地扬尘“三尘”精细化治理，降尘量3.3吨/平方公里·月（扣除沙尘影响），比上年下降17.5%。完善长效管理机制，建立健全“月调度、月排名”工作机制，保持扬尘污染源监管台账动态更新，切实提升扬尘精细化、精准化防控水平；加强施工扬尘管控，紧盯施工工地、渣土车运输等重点领域，建立扬尘问题“发现—督促—整改”的闭环管理模式，查处施工扬尘违法114起、渣土车运输违法208起。实施道路清扫保洁，推动道路清扫保洁机械化作业向背街小巷、公园、广场等区域延伸，削减尘土残存量；强化裸地扬尘治理，结合“揭网见绿”要求，加快生态治理和树下植被种植，探索制定裸露农田扬尘管控方案和秸秆综合利用方案。

（付正佳）

【饮用水安全保护】年内，区生态环境局持续推进饮用水水源地规范化建设，完成5个镇级、44个村级集中式水源地环境状况调查评估，更新完善水源保护区“一源一档”和标识牌，动态清理整治农村水源保护区新生风险源20处，定期向社会公开镇级集中式水源地水质安全信息。

（张粉丽）

【地下水水质保护】年内，区生态环境局建立4个地下水考核点位（大牛坊深度50米、深度100米、深度180米，清华西门深度30米）基本信息台账和周边风险源清单，编制地下水环境质量考核点位水质保持方案，明确地下水水质保持路径和保障措施。

（张粉丽）

【地表水水质保护】年内，区生态环境局深化河湖长制、监测评价、考核帮扶、区域补偿等工作机制，8个地表水考核断面全部达到市级要求，其中京密引水渠青龙桥、长河（含转河）

白石桥、土城沟花园路、清河上段清河闸、团城湖调节池等5个断面水质为Ⅱ类，八一湖、永引上段朱各庄桥2个断面为Ⅲ类，南沙河玉河橡胶坝东断面为Ⅳ类。街镇级地表水断面水质达标率91.7%，比上年提升16.7个百分点。村级地表水断面水质达标率85.9%，比上年提升10.9个百分点。

（张明明）

【土壤环境质量评价】 年内，区生态环境局围绕5个镇的农用地、3个市级和5个镇级集中式饮用水水源地、18家重点企业周边以及相关未利用地和园林绿化用地，布设350余个监测点位，开展辖区土壤环境质量状况分析评价。结果显示：海淀区土壤污染状况趋势平稳，土壤环境质量总体良好，风险得到有效防控。

（王超越）

【建设用地污染防控】 年内，区生态环境局完成11家关停企业原址用地污染筛查，结果显示均符合《土壤环境质量 建设用地土壤污染风险管控标准（试行）》（GB36600—2018）。以用途变更为“一住两公”地块为重点，会同市规划自然资源委海淀分局完成12个地块土壤污染状况调查与评审；试点开展2个老旧厂房改造利用项目土壤调查。全区重点建设用地安全利用率达100%。

（王超越）

【危险废物监管】 年内，区生态环境局制定实施《海淀区生态环境局2022年危险废物规范化环境管理工作方案》，动态更新危险废物产生单位清单，实行分级分类差别化管理。依托国家固体废物综合管理系统，审核产废单位执行管理计划、申报登记、转移联单报送等制度情况，织密“产生—转移—处置”流向监管信息网，实现危险废物全过程信息化监管，指导转移危险废物2.4万吨。创新危险废物规范化管理评估模式，开展区级评估，把脉问诊150余家重点产废单位管理情况，形成海淀区工业企业、实验室、汽修行业危险废物规范化环境管理评估报告。做好“后服务”指导，促进危险废物规范化环境管理水平再提升。

（袁丹婷）

【涉疫情医疗废物和生活垃圾管控】 年内，区生态环境局根据新冠疫情防控形势变化，开展涉疫情医疗废物和重点区域生活垃圾收运处置保障工作。围绕生态环境部“两个100%”[①]要求，督促指导发热门诊、检测机构规范管理；建立生态环境、卫健、收运处置单位、产废单位间信息共享闭合圈，每日调度收集转运情况，分析解决存在的问题。对接第三方收集运输单位，强化重点管控生活垃圾运力储备。完善涉疫情医疗废物收集处置保障措施，采用“医疗废物收集运输处置单位、生活垃圾焚烧设施和委托第三方收运单位相结合”的收运处置模式，实现全天候收运涉疫医疗垃圾，全方位做好涉疫情医疗废物和重点区域生活垃圾的收运处置工作。

（袁丹婷）

【生物多样性本底调查】 年内，区生态环境局选取圆明园遗址公园和西山国家森林公园，开展生物多样性本底调查，进行生态系统、维管植物、鸟类、鱼类、昆虫（蝴蝶、蜻蜓、蜜蜂）、哺乳动物、大型真菌、外来入侵物种的调查工作以及哺乳动物和鸟类的红外相机的观测工作，调查记录生态系统群系48种，初步建立本区物种信息数据库。调查鉴定物种883种，其中维管植物500种、鸟类105种、鱼类17种、昆虫118种、哺乳动物10种、大型真菌133种。在883中物种中，有国家重点保护野生维管植物2种、北京市重点保护野生维管植物5种，国家重点保护鸟类21种、北京市重点保护鸟类31种，国家重点保护哺乳动物1种、北京市重点保护哺乳动物7种。

（李天一）

【农业农村污染治理】 年内，区生态环境局牵头制定并组织落实《海淀区落实〈农业农村污染治理攻坚战行动方案（2021—2025年）〉实施方案》，加快解决农业农村突出环境问题。完成镇级集中式饮用水水源保护区划定和21个保留村污水雨水供水管线三线工程建设，农村生活污水治理率达到99.5%，农村卫生户厕覆盖率持续稳定在99%以上，非拆迁区农村公厕三类及以上比例100%，农村生活垃圾收运处置体系建立。完成2条纳入国家监管的黑臭水体整治。加强种植业、养殖业污染防治，化肥农药施用量实现负增长，农业废弃物资源化利用水平稳步提升。

（袁丹婷）

5月9日，区环境监测站检测人员在屯店村开展土壤监测采样　（张新爽 摄）

① “两个100%”：全国所有医疗机构及设施环境监管和服务100%全覆盖，全国所有医疗废物、废水及时有效收集转运和处理处置100%全落实。

【生态环境监察】 年内，区生态环境局聚焦“问题、时间、区位、对象、措施”5个精准，组织开展40项专项执法行动，检查各类污染源单位14234家次。通过黑烟抓拍、固定式、移动式等方式监测机动车1400万余辆次，人工检查重型柴油车7.9万余辆次、非道路移动机械1374台次，巡查检测场477场次。立案查处环境违法行为236起，其中重大案件5起，处罚超标车765辆、超标机械70台，处罚金额1010万元。

（石静）

【生态环境监督执法正面清单制度】 年内，区生态环境局主动转变监管理念，探索形成差异化监管、精准化服务的执法监管新模式，建立生态环境监督执法正面清单制度。将污染物排放量小、环境风险低、守法意识强的企业纳入正面清单，并根据企业守法违法情况动态调整。至年底，纳入正面清单的企业22家。将正面清单企业监管列入综合执法计划，探索推行远程执法、非现场执法模式。通过线上培训、视频指导、“送法进企业”等形式，指导企业落实各项污染防治措施，压紧压实污染防治主体责任。中国（北京）自贸试验区科技创新片区海淀组团的生态环境监督执法正面清单监管模式入选生态环境部自由贸易试验区综合规划与政策典型案例。

（付正佳）

【噪声污染防治】 年内，区生态环境局落实“每月一题”要求，全面开展噪声污染防治工作。制定《海淀区2022年接诉即办“每月一题”噪声扰民问题治理“一方案三清单”》，建立健全考核评价机制，定期通报各街镇投诉总量和每十万人投诉量排名情况。通过召开协调会、群组沟通、联合检查等方式，协同解决噪声治理重点问题；组织开展施工噪声专项执法检查、中高考期间环境噪声污染专项整治行动。推进《北京市海淀区声环境功能区划实施细则》修订。加大《中华人民共和国噪声污染防治法》宣传普及力度，设计制作《向噪声污染说不》普法短视频，开展“普法进企业、进工地、进社区”系列活动75场次。检查涉噪声单位5239家次，办理噪声类接诉即办案件8173件。

（刘朔）

【环境噪声监测】 年内，海淀区建成区有噪声网格测点136个，达标网格数113个，达标率83.1%。区域环境噪声平均值为52.8分贝（A），低于国家55分贝的限值要求。建成区交通噪声监测路段60条，达标路段34条，达标率56.7%，道路交通噪声昼间平均值为70.4分贝（A）。

（蒋建勇）

【辐射环境安全监管】 年内，区生态环境局实施辐射安全“闭环式”监管，办理辐射安全行政许可证276件，办理同位素备案事项87件，审批110千伏及以下输变电工程3件，各类辐射事项办结率达100%。受理辐射类投诉举报案件269起，24个信访转办案件办结率达100%。检查各类涉源、射线装置使用单位374家，核查通信基站500处，开展监督性监测30次。全区放射源和射线装置100%安全受控。

（刘朔）

【排污许可质量核查“回头看”】 年内，区生态环境局开展排污许可证质量核查“回头看”，加强排污许可质量核查和零遗漏现场核查，通过线上线下“点对点”指导的方式，完成排污许可证质量审核417家。指导相关企业开展《排污许可证申请与核发技术规范工业固体废物》填报，将工业固体废物环境要素依法纳入排污许可管理，实现固体废物“覆盖式”监督管理，全区完成固废信息变更500家，完成排污许可证到期延续369家。综合运用“现场核查、宣教培训、精准帮扶、整改复查、协同联动、违法惩治”6大举措，精细化开展排污许可证后监管，现场核查排污单位2300余家次，培训企业500家，“点对点”帮扶指导700家次，处罚40起。

（李紫剑）

【环境影响评价审批】 年内，区生态环境局优化区域营商环境与政务服务工作，开通重大项目环境影响评价审批绿色通道，落实初审预办制、容缺受理制及“并联审批”要求，对同一类型的小微建设项目，推行“打捆审批”，缩短审批时限，共审批建设项目77个。

（徐雷）

【“三线一单”成果应用】 年内，区生态环境局建立“局领导+科长”协调机制，推进“三线一单”[1]细化工作，实

10月25日，区环境监测站检测人员在海淀区道路开展交通噪声监测（白炜 摄）

① “三线一单”：生态保护红线、环境质量底线、资源利用上线和生态环境准入清单。

现“三线一单”成果在街区控制详规层面的有效互动应用，在HD00–0411街区案例中，区生态环境局以“三线一单”为指引，探索将切实可行的优化调整建议融入规划方案的路径，促进开发建设与生态宜居协调发展。

（徐雷）

【生态环境损害赔偿案办理】 年内，区生态环境局按照责任明确、途径畅通、保障有力、赔偿到位、修复有效的要求，全力推动生态环境损害赔偿制度常态化、规范化、科学化，区生态环境局、区园林绿化局联合办结4起赔偿案件，分别为北京兴旺达清洁服务有限公司超过地方水污染物排放标准排放水污染物案、何鑫非法购买国家重点保护野生动物案、北京稻香盛源环境管理有限公司利用渗坑排放水污染物案、北京兴业园保洁中心利用渗坑排放水污染物案，赔偿总金额12.48万元。

（付正佳）

【系列主题宣传活动】 年内，区生态环境局组织开展“六五”世界环境日、“5・22”国际生物多样性日、“全国低碳日”等系列主题宣传活动，通过视频、H5、图解、动画、游戏等“云宣传”方式，组织线上活动5场，3万余人次参与。广泛发动各街镇开展环保主题宣传活动，向街镇配送横幅、海报、宣传折页、购物袋等宣传品1万余份。

（胡丹）

【北京冬奥会和冬残奥会生态环境服务保障】 2月至3月北京冬奥会、冬残奥会期间，区生态环境局全面落实各项大气污染防治阶段性措施，全区细颗粒物（$PM_{2.5}$）平均浓度为33微克/立方米，同比降幅60.2%。开展生态环境安全保障工作，围绕铁路沿线周边、赛时住宿保障单位周边、重点行业企业开展全面排查检查，严查涉废气、废水、危险废物、核与辐射单位，确保生态环境安全。确保冬奥会期间重点管控生活垃圾清运处置工作高效、有序，涉奥场所1039.13吨垃圾100%实现无害化处置。

（李紫剑）

【区委生态文明委全体会议】 4月20日，海淀区召开区委生态文明委全体会议。会议审议《中共北京市海淀区委生态文明建设委员会2022年工作要点》和《北京市海淀区环境噪声污染防治工作方案》，听取海淀区碳排放“双控”相关情况的汇报，书面审议《区委生态文明建设委员会部分组成人员调整的建议》《中共北京市海淀区委生态文明建设委员会2021年工作总结》和《海淀区构建现代环境治理体系2022年任务措施清单》。

（崔炜）

【《2021年海淀区生态环境状况公报》发布】 6月2日，区生态环境局发布《2021年海淀区生态环境状况公报》（简称《公报》）。《公报》显示，2021年全区空气中细颗粒物（$PM_{2.5}$）年均浓度为33微克/立方米，比上年下降8.3%，持续保持城六区领先地位；优良天数287天，优良率78.6%，提前达到“十四五”目标；空气重污染天数为4天（扣除沙尘影响），为全市最少，比上年减少5天。水环境质量持续向好，4个地表水国考断面优良水体比例为100%，市考断面水质稳中向好，集中式饮用水水源地水源水质稳定达标，地下水环境质量保持稳定。全区土壤环境质量总体良好，声环境质量基本稳定，辐射环境质量保持正常，生态环境状况稳步提升，生态环境质量指数（EI）为65.2，居城六区首位。

（胡丹）

【第二轮北京市生态环境保护督察完成】 6月22日至7月21日，北京市第一生态环境保护督察组对海淀开展第二轮生态环境保护督察。区委、区政府成立北京市生态环境保护督察工作领导小组，制定实施《海淀区迎接第二轮北京市生态环境保护督察工作方案》，明确各单位、各部门职责分工，逐级细化任务、逐项压实责任，有效保障督察工作顺利开展。至年底，第二轮北京市生态环境保护督察下发督办单7个，交办群众信访举报案件107件，反馈问题21项，移交责任追究问题清单和案卷5份。

（李紫剑）

【生态文明建设专题培训班】 8月31日至9月2日，区委组织部、区生态环境局和区委党校联合举办海淀区2022年生态文明建设专题培训班，37个相关单位、29个街镇的主管领导及科室负责人参加培训。培训采取专题授课和研讨交流相结合的方式进行，内容涵盖理论、法律、实务等方面。邀请相关领导、专家，分别围绕深入学习贯彻习近平生态文明思想、应对气候变化、《北京市生态环境保护职责分工规定》、生态环境损害赔偿以及水、土壤、噪声污染防治等主题授课。

（付正佳）

【生态环境领域安全生产整治“百日行动”】 8月至10月，区生态环境局为推进安全生产专项整治三年行动，按照“全覆盖、零容忍、严管理、重实效”要求，聚焦重点行业、重点区域和重点单位，开展生态环境领域安全生产整治“百日行动”，对生态环境领域安全隐患进行全面排查治理，推动责任落实。区生态环境局督促危险废物等安全生产专项整治组各成员单位切实担起安全生产部门管理职责，健全工作机制，形成“主要领导亲自抓、主管领导具体抓、其他领导协助抓”的工作格局。定期组织召开危险废物等安全整治组成员单位推进会，主管领导亲自抓，协调解决问题，促进形成安全生产工作合力。共检查涉危险废物产生单位796家次，检查核技术利用单位119家，无挂账隐患。

（钟冷　袁丹婷）

园林绿化

【概况】 2022年，北京市海淀区园林绿化局（简称区园林绿化局）下辖区园林绿化服务中心、区林业工作总站、区公园管理中心、区湿地和野生动植物保护管理中心4个事业单位。全区森林面积15254.06公顷，湿地面积949公顷，森林覆盖率35.41%，湿地保护率34.67%；城市绿化覆盖面积14070.13公顷，绿地面积13732.22公顷，绿化覆盖率51.79%，绿地率50.57%，人均绿地面积43.97平方米，人均公园绿地面积14.88平方米（人均公园绿地面积按市统计局发布的2022年常住人口数据计算），公园绿地500米服务半径覆盖率92.17%。创建"首都全民义务植树先进单位"4个、"首都绿化美化先进单位"4个、"首都绿化美化花园式社区"1个、"首都森林城镇"1个、"首都绿化美化花园式单位"1个。翠湖国家城市湿地公园获"首都生态文明宣传教育基地"称号。

（解晋红　白云　于帅宇　刘筱竹）

【北京市西山试验林场管理处】 北京市西山试验林场管理处（简称西山林场）属北京市园林绿化局正处级公益一类事业单位，地跨海淀、石景山和门头沟3个行政区。2022年，西山林场完成年度森林管护项目等林业项目4个，履行完成《联合国森林文书》示范单位建设项目，森林资源质量得到进一步提升。持续做好森林资源保护，重点加强森林防火、林政管理、林业有害生物防治等工作。开展现代林场创建工作，编制完成现代国有林场三年实施方案，推动智慧林场建设。完成企业清理工作，将北京丹青园林绿化有限责任公司等5家具有独立法人资格的企业整体无偿划转至北京市首发天人生态景观有限公司。开展安全教育培训以及安全宣传主题活动。结合安全生产专项整治三年行动方案，开展安全生产综合治理大检查和重点时段检查。北京西山国家森林公园全年接待游客量157.2万人次，举办第11届踏青节、第6届牡丹文化节和第11届红叶节等文化活动。接待全国政协机关干部职工义务植树，栽植乔木281株，地被5025平方米，植树总面积1公顷。

（程峥）

【北京林业大学实验林场】 年内，北京林业大学实验林场面积765.20万平方米，森林覆盖率96.5%，最高海拔1153米，划分为6大经营区、12个林班、106个小班。实验林场范围内有陆地植物121科447属955种（包括引种、变种），昆虫种类14目122科539种。营林管理工作重点是林相改造、护林防火和病虫害预防监测等生态维护。新植文冠果290余株，就地移植补植玉簪、菖蒲、菊花等1000余株；补植梅花100余株。检修8.6千米防火公路、打设防火隔离带43万平方米，清理防火小道20千米，完成年度森林防火任务。在林场重点区域、重点部位多次进行药物防治。鹫峰国家森林公园接待游客5.28万人次，门票收入63.4万元。

（乔永）

【北京市新海园林工程有限公司】 年内，北京市新海园林工程有限公司（简称新海园林）为北京市海淀区市政服务集团有限公司的二级全资子公司，是集园林工程建设和绿化养护管理于一体的专业企业。完成区内园林绿化施工类市场化项目以及养护类专项投标44项，总中标金额29456.80万元。城市公园养护招标项目一标段（长春）健身园项目获北京市园林绿化行业协会科学技术奖——园林工程（养护）金奖，城市公园养护招标项目一标段巴沟山水园项目获北京市园林绿化行业协会科学技术奖——园林工程（养护）铜奖，重点地区绿化环境提升工程获2022年北京市园林绿化行业协会科学技术奖——园林工程（施工）银奖、中国风景园林学会科学技术奖（园林工程奖）银奖。

（王严庆君）

【北京市海淀园林工程设计所有限公司】 年内，北京市海淀园林工程设计所有限公司为北京市海淀区市政服务集团有限公司的二级全资子公司，完成方案及施工图设计72项，设计面积约208.61万平方米。配合完成海淀区政府投资项目的方案编制、专家评审、招投标等工作13项，施工配合项目38项。小月河滨水公共空间提升项目获2022年北京园林优秀设计三等奖。

（王昕）

【新一轮百万亩造林绿化工程】 年内，海淀区完成新一轮百万亩造林绿化249.18公顷，其中平原重点区域造林182.96公顷、城区绿化66.22公顷，全部为新增造林绿化，17项绿化工程栽植乔灌木15.6万余株。

（潘瑞敏）

【"留白增绿"专项】 年内，海淀区开展"留白增绿"专项行动，利用拆违腾退地、城市边角地实施公园和造林绿化建设，完成绿化面积20.11公顷，涉及海淀区园外园生态环境提升四期工程和2022年海淀区平原重点区域造林绿化工程2个项目的72个点位。

（潘瑞敏）

【"揭网见绿"专项】 年内，海淀区开展"揭网见绿"专项行动，结合地块类型，采取永久绿化、临时绿化、简易绿化、地面硬化等多种多元、分类治理的方式实现"揭网见绿"，完成揭网面积597.24公顷，其中市级任务438公顷，完成率136.4%，包含长安街沿线重点区域3.66公顷，涉及23个街镇的438个点位。

（潘瑞敏）

【森林健康经营示范工程】 年内，海淀区完成山区森林健康经营项目任务200公顷，其中永久性示范区17.6公顷、一级经营作业区40.07公顷、二级经营作业区142.33公顷。项目位于苏家坨镇大工村、北安河村、七王坟村，建设内容包括林木抚育建设和配套设施建设。林木抚育完成补植59.93公顷，疏伐119.87公顷，人工促进天然更新58.13公顷，修枝17.60公顷，林缘建设补植花灌木300株。配套设施完成修建作业步道2703米，建成小动物饮水处2处。

（徐薇）

【林分结构调整】 年内，海淀区完成平原生态林林分结构调整200.70公顷，其中苏家坨镇63.58公顷、温泉镇55.42公顷、上庄镇33.11公顷、四季青镇13.59公顷、西北旺镇32.33公顷、东升镇2.67公顷，同步建成示范区1处。根据林分现状的调查结果，确定生长快、郁闭度达到0.7以上的林木作为调整对象进行伐除和移植，伐除18975株、移植5419株。完成绿隔地区公园林分结构调整面积12.63公顷，其中八家郊野公园8.21公顷、丹青圃公园3.77公顷、平庄郊野公园0.65公顷，伐除4212株、移植1153株。

（徐薇）

【村头片林建设】 年内，海淀区完成平原生态林村头片林改造提升工程3处4.15公顷，其中上庄镇2处3.65公顷、北京西农投资有限责任公司1处0.50公顷，移植林木33株，栽植林木38株，栽植播种各类地被6410平方米，修建园路340延米。

（徐薇）

【平原生态林地多功能建设】 年内，海淀区营建生物多样性保育小区3处29.29公顷，其中苏家坨镇6.73公顷、温泉镇11.52公顷、北京西农投资有限责任公司11.03公顷。建成小微湿地7处250平方米、本杰士堆（人造灌木丛）12个、人工鸟巢30个、昆虫旅馆16个，种植食源性蜜源性植物6200株。

（徐薇）

【林下补栎】 年内，全区完成林下补植栎类容器苗2.5万株，其中东升镇600株、海淀镇300株、上庄镇3800株、四季青镇4400株、苏家坨镇6200株、温泉镇3500株、西北旺镇4700株、海淀市政集团1300株、北京西农投资有限责任公司200株。

（徐薇）

【林业碳汇项目完成】 年内，区园林绿化局完成2021—2022年海淀区生态碳汇能力评估与碳中和能力提升项目，形成《海淀区园林绿化资源碳汇能力评估报告》《北京市海淀区园林绿化应对气候变化行动计划》（2021—2025年）和《海淀区园林绿化增汇减排管理路径与技术措施研究报告》。研究显示，近15年，全区林地、绿地、湿地等资源的年度碳汇能力持续增加；2021年全区林地、绿地、湿地等全口径碳库资源的年度碳汇量达到12.95万吨CO_2，约占全市同期全口径碳汇量的1.58%。

（赵险峰）

【园林绿化资源监管】 年内，区园林绿化局开展2022年国家森林督查、市规划自然资源委海淀分局移交卫片、草地变化图斑、创无违建涉林图斑核实以及2020年森林督查、市森林资源管理审计、2021年森林督查、区自然资源审计问题整改等8项工作，核实下发、移交变化图斑2369处；整改完成历史遗留问题106处，收回或恢复林地面积29.69公顷。开展林地调整备案，完成西北旺镇百旺种植园、上庄镇蔬艺园项目规划范围内需占用的Ⅳ级林地占补平衡，调整备案Ⅳ级林地2处，其中调出Ⅳ级林地65561.4平方米、调入林地66219.55平方米。完成北京市园林绿化资源智慧管理平台林地动态监测图斑核查，通过影像判读、外业核实、业务叠加分析等方式，核实全区2022年林地、草地、湿地、绿地监测图斑374块；完成国家森林资源智慧管理平台林地动态监测图斑核查，涉及图斑219个、面积224.54公顷，其中林木减少199.72公顷、涉及图斑189个，林木更新22.6公顷、涉及图斑15个，无变化图斑5个2.04公顷；开展46个样地因子调查，完成样地图斑信息核实；开展354个未成林造林地块、造林地块和新增公园地块数据整合，完成数据补充调查，形成2022年森林资源台账和数据集。开展湿地图斑监测，现地核实变化图斑，形成湿地资源数据库，全区湿地资源保有量949公顷，湿地保有率为34.67%。

（白云　徐薇　刘筱竹）

【林长制工作】 年内，海淀区设立以区委书记和区长为总林长的区级林长17名，镇（街道）级林长250名，村（社区）级林长730名，发布3号总林长令。落实林长制巡林制度，区级林长完成巡林22次，镇（街道）级林长完成巡林2242次；施划林长制网格1182个；设立林长制公示牌613块，接受全社会监督；开展林长制培训2次，覆盖全部村（社区）级林长、林管员、护林员2746名。开展美国白蛾防控工作，7个镇22个街道，386个社区（村、点）监测到美国白蛾成虫7492头，发现美国白蛾危害点位4280处，危害树木9137株，监测草履蚧、国槐小卷蛾、双条杉天牛等其他19种林木有害生物2526头。开展重大活动和秋冬季森林防灭火工作，车辆巡护289次，出动人员776人次，防火道巡查里程约1.36万千米，制作发放宣传折页8000份。

（门鹤鸣）

【生态林管护】 年内，海淀区纳入生态林地补偿机制政策的林地总面积6802.78公顷，其中精品公园239.32公顷、一般公园317.74公顷、一级林地180.06公顷、二级林地971.56公顷、三级林地1869.38公顷、四级林地737.12公顷、五级林地2474.73公顷、城区绿化无等级12.87公顷；落实生态林地补偿机制政策，拨付政策资金32994.30万元，其中东升镇2174.08万元、海淀镇1152.14万元、四季青镇8204.84万元、西北旺镇4883.44万元、温泉镇3019.04万元、上庄镇4055.09万元、苏家坨镇8688.99万元、北京西农投资有限责任公司486.65万元、海淀市政集团322.80万元、海淀区玉渊潭农工商总公司7.23万元。因新生违章建筑、征占用林地、养护不到位等问题扣减政策资金约1670万元。完成林地巡查73.48万公顷，清理杂草4337公顷，修剪乔灌木246万株，补植乔灌木4.7万株，伐除乔灌木18975株，移植乔灌木5419株，浇水7200公顷，清理及粉碎绿化废弃物1.53万吨。拨付生态公益林促进发展机制资金125.09万元，涉及面积1985.52公顷，其中苏家坨镇91.18万元、温泉镇8.76万元、四季青镇24.30万元、西北旺镇0.85万元。纳入海淀区森林保险的森林面积3443.53公顷，发生极端天气理赔情况7次，理赔金额3.7万元。

（徐薇　白云）

【农村街坊路绿化】 年内，海淀区纳入农村街坊路绿化管理的绿地涉及2个镇的7个村，绿地面积13.05公顷，其中上庄镇（西闸村、北玉河村、八家村、上庄村）2.69公顷，四季青镇（西山村、西冉村、田村）10.36公顷。完成街坊路绿化季度检查4次，检查养护情况基本良好，检查结果综合评定合格。核算街坊路绿化管护资金76.21万元。

（徐薇）

【花卉布置】 年内，区园林绿化局投资2068.26万元，完成花卉布置工程36653.31平方米，涵盖紫竹桥区、中关村大街、北坞村路、北清路、西三环路、中关村西区、香山路等路段，其中地栽花卉布置面积26070.39平方米、补植草坪320.8平方米，花钵花卉布置面积10594.92平方米。

（于帅宇）

【森林防火】 年内，区园林绿化局发布森林防火橙色预警5次23天，全年无火情火警。建立森林防火联防联动机制，加强与森林公安、森林消防支队协调联动，森警消防支队105名官兵驻防四季青镇和北京林业大学实验林场。完成海淀区森林火灾防治规划。在四季青镇探索完善森林智慧防火示范区建设，在四季青镇、北林大实验林场、西山林场重点林区新建5路视频监控并联网使用，启动全区防火路及配套设施勘察体检并形成体检报告。加强森林防火安全检查和火灾隐患排查治理，发挥“林长制+检察长”协同工作机制作用，会同区检察院等部门联合开展清明节前森林防火安全专项检查；开展林区输配电设施火灾隐患专项排查治理行动和森林火灾隐患排查整治和查处违规用火行为专项行动，排查输电线路116条300千米，排查配电架空线路262条1377千米，排查变压器3188台，排查整改隐患27处；制定区级专项行动方案1个、乡（镇）级专项行动方案13个，组织46个组次进行森林火灾隐患全面调查摸底，排查森林火灾隐患6处，整改火灾隐患6处。凤凰岭无人机巡护小组巡护212天，巡护飞行736小时，发现违规用火行为8次；车辆巡护289次，防火道巡查里程1.36万千米，检查瞭望塔171次，检查林地1366.67公顷，下发隐患通知书75份，全部得到整改。举办森林防火宣传活动14次；在防火路两侧、景区、公园等处安装69套森林防火宣传牌；开展内容为森林火险形势讲解及案例分析、火险避险与自救、火灾扑救技术战术及装备使用的培训；印发宣传手册，发放宣传品，受教育群众达10万余人。本防火年度无森林火灾、无人员伤亡。

（封国剑）

【林木有害生物防控】 年内，区园林绿化局遵循绿色防控为主、精准化防控为辅的防控原则，设置林业有害生物监测测报点740个，监测到美国白蛾成虫7492头，巡查发现美国白蛾幼虫危害树木9137株，比上年减少50.07%。推行释放生物天敌、悬挂物理防控产品、飞机防治等绿色防控措施，释放周氏啮小蜂、管氏肿腿蜂、异色瓢虫等生物天敌6.06亿头，围阻隔胶带1000余卷，悬挂国槐小卷蛾、白蜡窄吉丁诱捕器6500套，放置各类粘虫板3万张，绿色防控面积3673.33公顷；完成春、夏、秋三季飞防作业110架次、防治面积1.1万公顷。开展林业有害生物应急除治，除治面积9.6公顷，防治面积2.43万公顷。组织开展美国白蛾防治知识“下基层、进一线”、防控技术“一对一”等培训10期，参训6200余人。

（徐薇）

【植物检疫】 年内，区园林绿化局开展松材线虫病专项普查，调查地块5259个，调查松科植物125万余株，发现疑似松树1456株，取样送检246份，未发现松材线虫病疫情。重点保护一级、二级松科古树，每株悬挂趋避剂，悬挂趋避剂295个，形成保护屏障。开展苗木检疫9起，检疫苗木、花灌木1.3万余株。开展苗木检疫复检30批次，抽查株数5815株，均未发现检疫性有害生物。

（徐薇）

【野生动植物保护】 年内，海淀区建立完善海淀区野生动植物基础数据库，记录野生植物120科421属755种，其中蕨类植物7科9属21种；种子植物113科412属734种，包括裸子植物2科4属9种、被子植物111科408属725种；国家Ⅱ级保护植物4种（野大豆、黄檗、软枣猕猴桃、大叶榉），北京市重点保护Ⅱ级植物29种（刺五加、穿山薯蓣、黑三棱等）。记录陆生野生动物资源28目80科403种，其中兽类5目12科41种、爬行类2目6科17种、两栖类1目4科6种、鸟类20目58科339种，包括北京市新记录鸟种3种（冠鹟莺、黑脸噪鹛、紫背椋鸟）；国家重点保护野生动物81种，其中一级保护野生动物17种，全部为鸟类（青头潜鸭、大鸨等），二级保护野生动物64种，包括鸟类60种（震旦鸦雀等）、兽类3种（豹猫等）、爬行类1种（团花锦蛇）；北京市重点保护野生动物159种，其中一级保护野生动物28种（普通夜莺、普通雨燕等）、二级保护野生动物131种（麝鼹、蒙古兔等）。组织实施海淀区生物多样性分析与评价项目，选择全区21个点位开展维管植物、苔藓植物、哺乳动物、两栖动物、鱼类、昆虫、大型真菌、外来入侵9个类群的调查，获得调查记录6855条，发现国家重点保护野生植物1种（野大豆），北京市一级保护野生动物2种（果子狸、金线侧褶蛙），近危野生动物（NT）3种（亚洲狗獾、果子狸、黑斑侧褶蛙）；易危野生动物（VU）1种（赤峰锦蛇），濒危野生动物（EN）1种（中华鳖）。开展生物多样性保育小区示范点建设，建成中关村森林公园、中关村软件园、影湖楼公园、中央党校、锦秋家园、北京一零一中学等6个生物多样性保育小区示范点。开展大西山野生动物监测，拍摄到野生动物32种，隶属于11目23科29属，其中鸟类18种、兽类14种；国家Ⅱ级重点保护野生动物6种（短耳鸮、苍鹰、貉、豹猫、中华斑羚和猕猴），北京市重点保护野生动物13种（灰头绿啄木鸟、黄腹山雀、灰喜鹊、红嘴蓝鹊、果子狸、环颈雉、东北刺猬、狗獾、黄鼬、猪獾、蒙古兔、狍和野猪）。妥善处置野生动物事件590起，救助野生动物474只，处置死亡动物36只。设置野生动物疫源疫病监测点5个，观测野生动物20余万只；检查陆生野生动物人工繁育场所、陆生野生动物疫源疫病监测站、野生动物市场经营场所122次。11月20日，国家植物园（北园）与北京大学等联合开展生物本底调查，在芍药园区域发现国家二级重点保护野生动物中华斑羚，这是时隔百年在植物园内再次发现中华斑羚，是目前已知距离北京市区最近的点位。开展国际生物多样性日、野生动植物日、北京爱鸟周、“诗经”植物文化游公益讲解、在北京市生态环境保护宣传中心《生态环境教育进课堂》栏目在线直播等宣传活动。

（刘筱竹）

【古树名木保护】 年内，全区有古树名木15065株，其中古树14944株、名木121株。区园林绿化局完成古树名木健康体检，精细化体检1926株，基础体检13139株，体检覆盖率达100%，古树名木生长良好率94%以上。制定“一树一策”，完成300株衰弱、濒危、重点点位古树复壮；创新古树保护新模式，建设完成世纪新景园古树社区。

（门鹤鸣）

【园林绿化行政执法】 年内，区园林绿化局办理园林绿化行政案件25起，涵盖林政、野保、种苗林保等领域，其中涉林地林木案件18起、涉野生动物及其制品案件4起、涉林保案件3起，罚款79万余元，恢复林地4000余平方米，责令补种树木1100余株，没收国家重点保护野生动物4只；完成北京市首起美国白蛾防治不力案件和海淀区园林绿化行业首例生态环境损害赔偿案件。配备启用移动执法终端设备，移动执法终端检查单推送率达20%以上。组织开展代号为“清风行动”的打击破坏野生动植物资源违法犯罪行为联合行动，检查栖息地、易发盗猎（采）点、自发鸟市、各类市场、交通集散地等157处，立案查处野生动物行政案件4起，收缴非法猎具数量9个（张），收缴野生动物12只、野生动物制品30件、野生植物50株。开展代号为“2022绿剑行动”的打击破坏野生动植物资源违法犯罪行为联合行动，检查栖息地、易发盗猎（采）点、自发鸟市、各类市场、交通集散地等187处，处置舆情44件。开展代号为“网盾行动”的打击整治网络非法野生动植物交易联合行动，监督检查商户1227家，检查水族馆、花鸟鱼虫市场、渔具店、互联网企业255个次，处置舆情1件。

（庞晓岚）

【行政许可】 年内，区园林绿化局受理行政许可及服务事项1249件，发放各类许可证照及复函1024件，办理接诉即办225件。承接市园林绿化局下放的3项权限：对矿藏勘查、开采以及其他各类工程建设项目永久占用林地面积1公顷及以下（跨区项目、自然保护区除外）的行政审批；“同一建设项目一次或者累计砍伐树木不满20株，涉及砍伐胸径30厘米以上树木”的行政审批；审批树木涉及“临时占用中心城公共绿地”。落实“双公示一公开”推送“信用海淀”信息905项。办理使用林地项目46件，审批林木伐移364件、公共绿地占用67件、树木伐移498件、工程建设涉及城市绿地树木（社会投资项目）4件。办理建设工程附属绿地咨询项目50件；技术指导项目43件，其中多规平台办结32件、园林绿化资源动态监管系统办结5件、协调回函6件。批准猎捕野生动物2项，涉及野生动物650只。办理“林草种苗生产经营许可证”许可事项6件，签发“产地检疫合格证”9份。

（白云　徐薇）

【公共绿地绿化设计方案审查】 年内，区园林绿化局审查园外园生态环境提升五期工程（功德寺地区）、五一渠生态治理工程、“清河之洲”（树村段）滨水绿廊景观提升工程等22项公共绿地绿化设计方案，均取得市园林绿化局批复，总面积170.25公顷。

（张倩）

【代征绿地收缴】 年内，区园林绿化局接收中国宋庆龄基金会文化娱乐用地项目代征城市绿化用地、西北旺镇永丰产业基地（新）H地块的土地一级开发项目代征城市绿化用地（一期）、苏家坨镇中关村创新园内F地块土地一级开发项目（一期）等代征绿地（腾退地块）17项，总面积88.36公顷。推进代征绿地确权工作，取得“温泉镇中心区C地块项目”等3个代征绿地划拨决定书。

（张倩）

【种苗产业】 年内，全区注册苗木生产企业23家，苗圃面积212.11公顷，实际育苗面积146.33公顷，苗木花卉总产量0.49万株。

（徐薇）

【蜂产业】 年内，全区有本地蜂农户8户，蜂群300群，蜂蜜产量6000千克，年收入20万元。在北京市组织的蜂产品质量监督检验中，抽查2个蜂蜜样本，经谱尼测试集团股份有限公司检测，均符合国家要求。

（赵险峰）

【森林管护项目】 年内，西山林场完成国有林场森林综合管护经费（森林抚育）项目，涉及70个小班1068公

10月，功德寺公园（二期）建成开放　（史一然 摄）

顷的森林抚育工作，包括间伐735.3公顷、割灌47公顷、林地清理318.4公顷。

（程峥）

【中央森林抚育项目】 年内，西山林场完成2021年中央林业改革发展资金（森林抚育）项目，涉及21个小班共333.7公顷的森林抚育工作，其中黑石头分场253.1公顷、魏家村分场12.7公顷、卧佛寺分场67.9公顷。作业措施包括间伐43.6公顷、补植（播种）81.8公顷、修枝254.1公顷、割灌90.3公顷、人工促进天然更新230.7公顷、采伐剩余物清理43.6公顷。

（程峥）

【中央财政森林抚育项目】 年内，西山林场完成2022年中央财政森林抚育补助项目（第二批）项目，涉及15个小班266.6公顷的森林抚育工作，其中三家店分场64.6公顷、黑龙潭分场135.9公顷、福寿岭分场66.1公顷。作业措施包括间伐66.1公顷、补植（播种）69.8公顷、人工促进天然更新135.9公顷。

（程峥）

【中央森林生态效益补偿项目】 年内，西山林场完成2022年中央林业改革发展资金（森林生态效益补偿）项目，涉及5个小班56.5公顷的森林抚育工作，其中卧佛寺分场37.8公顷、黑龙潭分场18.7公顷。项目作业包括间伐56.5公顷、补植35.5公顷、抚育剩余物处理56.5公顷。

（程峥）

【《联合国森林文书》示范单位建设项目通过评审】 年内，西山林场完成履行《联合国森林文书》示范单位建设项目示范林建设、履约宣传资料制作、职工可持续经营技术培训、野生动物监测等年度任务。重点对三年来项目开展情况进行总结，通过对示范林建设、森林文化基地建设、自然教育活动开展、对外合作交流、建设成果宣传等方面的工作及成效进行梳理与展示，项目通过国家林草局对外合作项目中心组织的评审，成为唯一获得“优秀”的单位。

（程峥）

【林业科研】 年内，西山林场与中国林业科学研究院林业研究所开展兰科植物种质资源保育科技合作，引入兰科植物1.5万余盆，包含卡特兰属兰花60个杂交品种6000余盆、石斛兰属兰花20个杂交品种7000余盆、其他品种的兰科植物2000余盆。与北京林业大学—北京市科学技术研究院绿废资源化联合研究团队开展森林公园区域园林绿化废弃物调研工作。与北京林业大学林学院合作，开展栓皮栎资源搜集与资源圃建设工作。

（程峥）

【森林防火】 年内，西山林场修订完善森林火灾应急预案，制定《“北京冬奥”期间森林火灾应急预案》。开展“打击野外违法用火行为专项治理清整”行动、森林防火“百日行动”、林区输配电隐患专项排查治理工作，巡查人数约4700人次，出动巡查车辆约1650车次，巡查总里程6.1万余千米，制止违规用火行为110起，制止违规用火人数75人次。开展防火宣传，发放宣传材料9490份，张贴宣传横幅450余张，为森林管护员配发GPS定位终端90个，集中开展防火宣传活动73次，受众1.8万余人。完成防火消防应急基础设施改造项目，对防火指挥中心进行维修改造，铺设引水上山管线约600米，保障森林公园重点区域生产和消防用水安全。

（程峥）

【林政管理】 年内，西山林场完成使用林地手续7件，面积2.9442公顷。办理移植手续2件，移植林木2156株，抚育采伐手续6件。办理采伐林木193529株，采伐蓄积4378.171立方米。处理涉林事件16起，完善林地占用和林木移伐流程。

（程峥）

【西山林场林业有害生物防治】 年内，西山林场悬挂各类常发性林业有害生物和检疫性有害生物诱捕器5644套、黄绿板1500片，释放30万头异色瓢虫、1万头茶角丽蝽、264万头管氏肿腿蜂、1亿头赤眼蜂、5000万头周氏啮小蜂、6万头蠋蝽、1亿头蒲螨、1万头花绒寄甲等天敌昆虫。综合采取物理防治、化学防治等措施保护森林资源安全。通过调查，未发现松材线虫。发现第三代美国白蛾所在林木140株，均及时处置。

（程峥）

【西山林场古树名木保护】 年内，西山林场组织各管理站全面巡查古树名木生长状况，建立一树一档。配合海淀区完成80株古树复壮以及濒危2株古树（臭椿、油松）的复壮工作。

（程峥）

【西山林场动植物本底调查】 年内，西山林场初步完成全场动植物本底调查工作。现有植物703种，两栖类动物6种，爬行动物13种，鸟类134种，哺乳动物20种，昆虫1381种。

（程峥）

春季玉渊潭公园水体景观 （区生态环境局 供图）

【香山公园花卉布置】 年内，香山公园加强宿根花卉及乡土地被使用，突出香山山林特色，打造花卉景观。花卉布展融入传统文化元素，展现“美好生活”主题，采用香草植物，适当融入园林废弃物制作园林小品，增强环保功能和趣味性。布展主要包含东门广场、枫林村等6大景区、4个节点，面积3000平方米，春季、秋季使用花卉品种55种，用花量12.7万余株，散摆花卉6000余盆。完成“一节一期”（国庆节、红叶观赏期）环境布置，在国内八大重点景区，根据绿地环境布置相应主题的花坛、花境。

（王雪涵　安芳名）

【玉渊潭公园水体保护】 年内，玉渊潭公园在樱花小湖和湿地园栽植王莲、补植睡莲和千屈菜等水生植物，增设浮岛200平方米，及时清理杂草和区域以外的植株，保证水体景观清洁优美。采集地表水样8次，通过实时水质监测仪实时掌握水质情况，有针对性地采取科学改善措施；在湿地内发现北京市重点保护动物金线侧褶蛙和黑鳍鳈，园内生态链已形成。

（魏硕）

【玉渊潭公园野生动物保护】 年内，玉渊潭公园记录到国家一级保护动物大鸨和白尾海雕，国家二级保护动物鸿雁、鸳鸯、斑头秋沙鸭等，以及反嘴鹬、棕头鸥、普通秋沙鸭、凤头鸊鷉、绿翅鸭等稀有鸟类。经调查统计，公园记录野生鸟类18目50科176种，湿地鱼类4目8科17属21种，包括北京市重点保护鱼类黑鳍鳈，在湿地保育区发现北京市重点保护动物金线侧褶蛙。救助野生动物42次。

（姜鹏）

【玉渊潭公园樱花养护管理】 年内，玉渊潭公园新植樱花6个品种68株，分别为“染井吉野”“山樱”“须磨普”“美利坚”“八重红枝垂”和“松月”。分布在樱珞花谷、东南部樱花大道和樱花园主要节点，进一步丰富公园南线樱花行道、花谷垂樱夹道景观。采取“复壮沟+透气管+冷雾系统”的技术措施，对20株樱花大树进行土壤改良和生境提升。

（邹迎新）

【玉渊潭公园古树名木保护】 年内，玉渊潭公园有二级古树16株，其中古油松10株、古桧柏3株、古国槐2株、古白皮松1株。对16株古树开展复壮工作，填补树洞3株，深挖缓释区343.6立方米、复壮沟124立方米，安装生态环保竹质透气孔64个，栽植马蔺、蛇莓等乡土地被3100平方米，调整翻新古树支撑4套、拆除支撑1套、安装拉纤1套，栽植灌木卫矛篱260延米、卫矛球49个、黄杨球66个，整理地形3100平方米，道路铺装338平方米，增设新围栏398米。

（赵众）

【玉渊潭公园有害生物防治】 年内，玉渊潭公园完成春秋季松材线虫病普查工作，普查松林面积2.53公顷，取样送检1次。制定《生物防治专项方案》，设立踏查路线4条、监测样地2个；开展美国白蛾应急防控演练1次；在虫害尚未发生阶段，利用美国白蛾性引诱剂及诱捕器及时对成虫进行实时监测；在第一代幼虫期发生期，利用“捕食性天敌蠋蝽+异色瓢虫”进行组合伏击；在第一代蛹初期，释放周氏啮小蜂降低虫口密度；在害虫暴发期，及时人工剪除网幕并喷洒生物药剂进行淹没式控制。未出现集中连片“吃光吃花”的情况。

（邹迎新）

【玉渊潭公园花卉布置】 年内，玉渊潭公园完成春季赏花活动、迎接党的二十大国庆花卉布置、樱珞花谷冬季羽衣甘蓝展示三个重要花卉布置工作，总用花量37万余株，呈现四季花卉景观的无缝衔接。鲁冰花展栽植鲁冰花10万盆株4000平方米。以“迎接党的二十大”为中心思想，以“加强生态环境保护、建设美好家园”为主题布置花坛及小品花境4处、花带20余处，总用花量23万余盆株，布展总面积达8000平方米。“樱珞花谷”景区栽植羽衣甘蓝近4万盆株，增加彩色木屑铺装与花卉巧妙交错穿插，组成花谷冬日的五彩景观。在市公园管理中心花卉环境布置评比中，西门外花坛《绿水青山》获立体花坛评比一等奖，西门内花境《秋叶情缘》获地栽花境评比二等奖。

（范友梅）

【百望山森林抚育】 年内，百望山森林公园将森林资源划为重点区和一般区分类管理，对重点区域行道树、景观树、古树7000余株采取扩堰、浇水、施肥、修枝、去除干扰木、修补树洞、支撑等措施加强养护管理。对一般区域采取间伐、修枝、扩堰、补植、人工促进天然更新等措施进行抚育管理，栽植乔木922株。播种栓皮栎、山杏种子300穴，播种美国红栗种子500粒，开展两轮抚育，将抚育剩余物进行粉碎

7月11日，百望山森林公园对抚育剩余物粉碎喷水促进发酵全部还林处理，增加土壤肥力

（赵新航 摄）

还林处理1000立方米。

（何慧敏）

【百望山有害生物防治】 年内，百望山森林公园实施生物防治面积246.34公顷，安装美国白蛾、松褐天牛、桃潜叶蛾等害虫诱捕器590套，更换诱心1870个，释放天敌昆虫1.01亿头。实施化学防治面积66.67公顷，主要针对白粉病、华山松腐烂病进行喷药防治。实施物理防治面积96.67公顷，安装黑光灯4处、挂黄色粘虫板2000张、人工剪除受害树枝522人次、绑草把130株、胶带围环300株、用水车及高压细水雾喷水防控蚜虫6次，摆放侧柏诱木300根，用敲击方式防治黄栌胫跳甲4次，利用吸入式风机防治黄栌丽木虱2次。

（何慧敏）

4月16日，百望山森林公园在园区一号路释放的天敌蠋蝽正在捕食黄栌胫跳甲害虫（杨俊 摄）

【百望山森林景观提升】 年内，百望山森林公园实施东门区景观提升工作，完成面积0.06公顷，其中更新银杏及丽红元宝枫树4株，更新绿篱大叶黄杨、紫叶小檗、棣棠、月季及竹篱5494株，面积0.03公顷，更新地被青绿苔草1.12万余株，面积0.03公顷。提升一号路沿线景观，补植连翘、黄刺玫920株，在太行前哨周边裸露地面撒播二月兰等草籽。实施东门区沟峪湿地景观改造，栽植连翘、山杏、凌霄、金银木、迎春、黄刺玫等花灌木500株，在湿地南侧林下和岸坡林窗内栽植绣球、矾根、紫露草、金边玉簪等宿根花卉7181株、青绿苔草6.8万余株。节日期间在两个门区和碑亭广场摆放立体花坛，摆花18409盆。

（何慧敏）

【新开工21个绿化工程项目】 年内，北京市新海园林工程有限公司新开工项目21个：上庄东路（永丰外环路—翠湖南路）道路绿化工程，温阳路、金沟河东路、巴沟路北侧等道路地块绿化工程（施工），北大附小东门外侧绿化改造工程，北京大学医学部校园教学区项目代征绿地绿化建设工程（一期），中关村西三旗科技园项目一期代征绿地绿化建设工程（一期），辽宁大厦北侧代征绿地绿化工程，元大都遗址公园小微绿地建设工程，燕清体育文化公园西侧小微绿地建设工程，北京印象小区北侧小微绿地建设工程，上庄三嘉南街街旁公共空间改造提升项目，海淀公园地铁16号线临时占地绿化恢复工程项目，北京海淀固废发展有限公司转运事业部场区绿化工程，中关村西三旗（金隅）软件园配套商业用地项目代征绿地绿化建设工程，党校西门绿化建设工程，颐和园北侧绿道贯通工程，永定路与金沟河路交叉口东南角环境整治提升项目，海淀区2022年绿地改造提升项目（施工），全龄友好公园改造项目，海淀区2022平原重点区域造林绿化工程一标段（施工），妙云寺周边拆除地块绿化建设工程，肖家河地区周边配套道路工程。

（王严庆君）

【种质资源库建设】 1月22日，西山林场申报的北京市常绿树种国家林木种质资源库成功入选第三批国家林木种质资源库名单。编制完成《北京市常绿树种国家林木种质资源库建设发展规划》，通过专家论证。完成55份种源（7科7属21种）收集工作；完成草园建设，栽植乡土草类3份，引进22份优质国外草类资源；完成104份白皮松种子家系的收集工作；完成59株大规格丝棉木嫁接工作；完成竹园场地清理及引种前期准备工作。

（程峥）

【“一种异色瓢虫越冬箱”获授实用新型专利权】 2月，圆明园管理处向国家专利局提交“一种异色瓢虫越冬箱”实用新型专利材料的申请。“一种异色瓢虫越冬箱”实用新型属于生物防治领域，可更好地保护天敌昆虫，特别是保护越冬代异色瓢虫，其结构简单，成本低，便于应用和推广。4月25日，圆明园管理处取得国家知识产权局授予的“一种异色瓢虫越冬箱”实用新型专利权。

（姜莉　谷昊婧）

【全民义务植树】 4月2日，中央军委机关各部门领导到京张铁路遗址公园（一期）植树点参加首都义务植树活动，栽种油松、白皮松、银杏等树苗1500余株。4月3日，海淀区开展以“创国家森林城市、建生态美丽海淀”为主题的第38个首都义务植树日活动，区四套班子领导和机关干部职工300人，在园外园生态环境提升四期工程（石渠公园）植树点，栽植华山松、元宝枫、丝棉木、栾树、海棠等苗木800余株；以“互联网+全民义务植树”基地（海淀公园、金源娱乐园）为平台，通过网上预约集中开展抚育管理等义务尽责活动，设立现场植树尽责点30余个，参与人数11.53万余人，栽植苗木5万余株，养护抚育苗木120.17万株。4月11日，全国政协机关党组成员和干部职工到西山国家森林公园参加义务植树活动，栽植白皮松、山桃、流苏、连翘等苗木1000余株。全区新建“互联网+全民义务植树”基地10处，其中区级1处即圆明园公园，社村级4处即复兴路23号社区、三环中路43号院社区、永定路西里社区、学院路街道七六八厂社区，街乡级4处即马甸公园、中关村公园、苏家坨镇锦绣大地公园、上庄镇东马坊公园。

（于帅宇）

【“十四五”时期园林绿化行动计划编制完成】 4月15日，区园林绿化局编制完成《北京市海淀区“十四五”时期园林绿化行动计划》（简称《行动计划》）。根据《行动计划》，到“十四五”末，全区生态空间格局持续优化，公园绿地与城市更加开放融合，生态价值高效转换，生态效益充分彰显。森林覆盖率达到市级要求，人均公园绿地面积达到14.67平方米，公园绿地500米服务半径覆盖率达到92.02%，城市绿化覆盖率达到51.54%。

（张倩）

【国家植物园（北园）2个新品种授权登录】 4月，国家植物园（北园）海棠新品种“国植新艳”通过国际海棠品种登录权威授权登录（登录号：ICRA/M20220001A）。“国植新艳”海棠是2017年4月发现的海棠“凯尔斯”的花变异品种，后期进行嫁接繁殖，2019年4月开花，经过几年的观测，该品种在植物园实验苗圃内生长良好，无明显的病虫害发生。该品种植株树形开张，枝条棕红色；新叶棕红色，开展叶片绿色；花苞粉色，花重瓣，直径4.5—5厘米，花型浅杯型；花瓣复色，粉色与玫红色花斑不规则相间，花瓣正面边缘颜色（RED-PURPLE 68A，69C相间），花瓣背面颜色（RED-PURPLE 68A，69C相间）；果实形状球锥形，主色紫色，果肉红色，果径1.90厘米。6月，国家植物园（北园）培育的新品种——“紫葡萄”玉簪在美国玉簪协会成功登录。玉簪新品种“紫葡萄”是通过“冰岛”玉簪（Hosta ‘Volcano Island’）的播种苗选育出的优良单株，其最突出的特征是四倍体品种，株型饱满，初春叶色呈现金黄色，叶柄紫红色，金叶红柄，整个植株非常亮丽，是很少见的玉簪品种。其花期在8月下旬至9月上旬，紫色的一串串花蕾挂于紫红色长长的花茎上，就像一串串紫色的葡萄，故命名为“紫葡萄”。

（石鑫）

【上庄东路（永丰外环路—翠湖南路）道路绿化工程】 5月3日竣工。工程于4月11日开工，位于海淀区北部地区，南起永丰外环路，北至翠湖南路。栽植常绿乔木8株、落叶乔木596株、灌木259株，栽植色带259平方米、地被花卉6029平方米。北京市公联公路联络线有限责任公司承建，国信腾远（北京）工程设计有限公司设计，北京市新海园林工程有限公司施工。

（王严庆君）

4月11日，干部职工在西山国家森林公园开展义务植树活动 （刘洋 摄）

【颐和园杨柳飞絮治理】 5月18日至10月15日，颐和园开展2022年飞絮治理杨柳树修剪工程。完成藻鉴堂、凤凰墩区域359株杨柳树的飞絮治理整形修剪，对修剪后伤口的保护处理，修剪枝条及修剪产生的绿化垃圾清运出园。施工单位为北京森源景园林绿化有限公司。

（高杨）

【道路地块绿化工程】 5月31日竣工。工程于3月1日开工，总面积19531平方米。栽植常绿乔木84株、落叶乔木974株、常绿灌木29株、落叶灌木544株、绿篱1329平方米、色块（带）273平方米、花卉1344平方米、地被16730平方米、竹类43平方米、攀缘植物113平方米。安装给水管、喷头、快速取水阀。新建园路233平方米，新建路牙65米，新建挡墙16米。新建栏杆855米，拆除路面20.96平方米。北京市海淀区园林绿化服务中心承建，北京市海淀园林工程设计所有限公司设计，北京市新海园林工程有限公司施工。

（王严庆君）

【《三代基因组测序发现伊氏真菌中的内生细菌含有多个编码杀线虫蛋白的基因》发表】 5月，由国家植物园承办的国家自然基金项目“基于组学探究生防真菌Esteya vermicola吸引松材线虫的分子机理”研究小组在期刊*Frontiers in Microbiology*上发表SCI论文1篇《三代基因组测序发现伊氏真菌中的内生细菌含有多个编码杀线虫蛋白的基因》（*Third Generation Genome Sequencing Reveals That Endobacteria in Nematophagous Fungi Esteya vermicola Contain Multiple Genes Encoding for Nematicidal Proteins*）。该研究成果基于生防真菌Esteya vermicola胞内共生细菌基因组测序及分析，为提高生防真菌Esteya vermicola的杀线虫效果及菌株改良提供新思路。

（石鑫）

【北大附小东门外侧绿化改造工程】 6月1日竣工。工程于3月15日开工，位于清华南路（成府路—中关村北大街）道路两侧。工程面积7268.7平方米，工程造价115.28万元。土建拆除370平方米，新建铺装面积约1030平方米，种植常绿乔木7株、落叶乔木7株、灌木约76株、地被花卉约6980平方米。浇灌管线敷设约220米，砌筑阀门井8座，设置取水口8处。

（王严庆君）

【玉渊潭公园西南部绿地提升工程】 6月30日竣工，9月底对游客开放。

工程于2021年8月25日开工，完成栽植乔木253株、常绿灌木3478株、花灌木4014株、竹子2800株（丛）、地被花卉11241平方米、湿生植物386平方米、紫藤3株、涝峪薹草5600平方米；安装树箅12组、坐凳5组。坚持生态优先的建设理念，延续以樱花为特色的春花主题，通过不同品种特性，营造樱花水岸、樱花坡和樱花溪的不同景观，丰富游客赏樱体验。充分利用乡土植物和节水型地被，增加海棠、蛇莓等食源植物，荆芥、千屈菜等蜜源植物，吸引鸟类和昆虫，提升区域生物多样性。将原有封闭绿地通过丰富植物种类和服务设施，绿地空间扩大可游览面积2万余平方米，有效缓解樱花节期间樱花园主景区的游客压力。

（赵晓娟）

【国家植物园（北园）三株巨魔芋首次结实】 7月6日，国家植物园（北园）两株巨魔芋在温室开花，花、叶罕见同时绽放，通过网上直播的方式展出巨魔芋开花盛况。7月19日至20日，推出"巨魔芋之夜"花期观赏夜场活动，CCTV、《新京报》等主流媒体专题报道。7月23日，北园第三株巨魔芋开花，开展花粉采集、全球征集巨魔芋花粉、人工授粉等工作。以前只能通过异花授粉的巨魔芋本次实现在同期盛开的个体之间互相授粉。10月，三株巨魔芋实现国内首次巨魔芋结实，对珍稀濒危植物巨魔芋的生态保育意义重大。人民日报客户端、北京日报客户端等媒体争相报道，微博热搜#巨魔芋结实长这样#获得4760万次浏览。

（石鑫）

7月6日，国家植物园（北园）两株巨魔芋在温室开花，花、叶罕见同时绽放

［国家植物园（北园） 供图］

【北京大学医学部校园代征绿地绿化建设工程（一期）】 8月15日竣工。工程于4月19日开工，位于学院路，北接北四环中路，西临学院路，北四环中路—学院路十字交叉口东南角，总面积6208.54平方米。栽植常绿乔木37株、落叶乔木183株、灌木430株、绿篱1328株、地被花卉550平方米、草坪3702.5平方米。安装垃圾桶3个、成品座椅17个、排水管道77米，新建雨水口2座、渗水井2座、阻车桩2个。安装管线575米、快速取水器7个、阀门井4座。安装太阳能灯15套。区园林绿化局承建，北京市海淀园林工程设计所有限公司设计，北京市新海园林工程有限公司施工。

（王严庆君）

【中关村西三旗科技园项目一期代征绿地绿化建设工程（一期）】 8月15日竣工。工程于4月19日开工，位于西三旗建材城西路南侧，西三旗科技园（一期）北侧。总面积8518.70平方米。栽植常绿乔木71株、落叶乔木244株、灌木446株、绿篱1135平方米、地被花卉492平方米、草坪4430平方米。安装垃圾箱5个、混凝土路面3平方米、阻车桩15个。安装管线765米、快速取水器12个、阀门井5座。安装太阳能灯14套。区园林绿化局承建，北京市海淀园林工程设计所有限公司设计，北京市新海园林工程有限公司施工。

（王严庆君）

【辽宁大厦北侧代征绿地绿化工程】 8月15日竣工。工程于5月18日开工，位于海淀区北四环辅路辽宁大厦北侧。工程面积6788平方米，投资226万元。绿化工程完成乔木栽植82株，灌木栽植1440株，草坪、花卉共计栽植4174平方米。拆除路面、栏杆、假山石等，重新铺设路面、路牙，完成阀门井2座、检查井1座，设置快速取水阀门7处，敷设管道194米。区园林绿化局承建，北京市海淀园林工程设计所有限公司设计，北京市新海园林工程有限公司施工，北京华林源工程咨询有限公司监理。

（王严庆君）

【元大都遗址公园小微绿地建设工程】 8月15日竣工。工程于4月20日开工，位于元大都遗址公园内。工程施工面积约2000平方米，其中绿化面积约1700平方米，土建拆除现状挡墙49.2米，新建挡墙20.3米，路牙铺设41.6米。绿化种植油松5株、垂柳17株、白蜡14株、山桃11株、红碧桃15株、金银木9株、小叶黄杨篱150平方米、早园竹138株、丹麦草1700平方米。喷灌管线敷设20米，安装取水阀1套、水表1组、阀门1个等。区园林绿化局承建，北京市海淀园林工程设计所有限公司设计，北京市新海园林工程有限公司施工。

（王严庆君）

【燕清体育文化公园西侧小微绿地建设工程】 8月31日竣工。工程于4月20日开工，位于燕清体育文化公园西侧绿地。工程施工面积约1600平方米，其中绿化面积约1188.6平方米，栽植油松18株、国槐13株、天目琼花134株、丁香159株、藤本月季168株、丹麦草1188.6平方米，新建栏杆27米。区园林绿化局承建，北京市海淀园林工程设计所有限公司设计，北京市新海园林工程有限公司施工。

（王严庆君）

【北京印象小区北侧小微绿地建设工程】 8月31日竣工。工程于4月20日开工，位于海淀区北京印象小区北侧，总面积3000平方米。移植灌木12株、绿篱51平方米、花卉80平方米。种植乔木35株、绿篱1360株、灌木11株、花卉198株、草坪2800平方米。新建栏杆粉刷62米。安装喷头49个、快速取水器5个，砌筑阀门井4座、水源井1座、泄水井1座。区园林绿化局承建，北京市海淀园林工程设计所有限公司设计，北京市新海园林工程有限公司施工。

（王严庆君）

【上庄三嘉南街街旁公共空间改造提升工程】 9月15日竣工。工程于8月11日开工，位于上庄镇三嘉南街，面积488.74平方米，投资33万元。上庄镇人民政府承建，北京都市筑景国际建筑设计事务所有限公司设计，北京市新海园林工程有限公司施工，北京中城建建设监理有限公司监理。

（王严庆君）

【海淀公园地铁16号线临时占地绿化恢复工程】 9月17日竣工。工程于6月13日开工，位于海淀公园，总面积13632平方米。完成乔木栽植188株，色块、地被花卉共计栽植7799平方米。拆除改造路面栏杆等工程，新安装排水管55.47米、砌筑井2座、雨水口5座。拆除路灯9套、监控摄像设备4台。海淀区公园管理中心承建，北京易景道景观设计工程有限公司设计，北京市新海园林工程有限公司施工。

（王严庆君）

【小月河滨水公共空间提升项目】 9月27日竣工。项目于2021年2月9日开工，位于小月河西侧，五环与四环之间，北起银泉路，南至健翔园，绿地呈带状分布，总面积62469平方米，总投资1745万元。种植及场内移植乔木330余株、灌木1000余株，灌溉管线3700余米。项目将原有封闭绿地打开，结合河边道路，形成环形步行体系。根据周边用地类型不同，建设适合不同年龄段人群的活动场地，包括：文化主题场地——在公园的入口集中设置铺装场地，设计景观廊架，为人们提供纳凉避雨的场所；利用文化景墙，追溯中国历代治水名人，展示小月河相关水利工程文化；运动活动场地——设计半场篮球及儿童活动等场地，设置健身游戏设施，满足青年儿童活动需求；林下休息场地——在巡河道一侧适当扩宽铺装，形成亲水空间，设置座凳，方便周边居民及过往行人休息。区园林绿化局承建，北京金都园林绿化有限责任公司施工，北京市海淀园林工程设计所有限公司设计，北京兰顿工程咨询有限公司监理。

（王昕）

【北京海淀固废发展有限公司转运事业部场区绿化工程】 10月17日竣工。工程于9月5日开工，位于彰化路，工程面积1990平方米，投资89万元。绿化工程完成整理绿化用地200立方米，挖一般土方、种植土回填200立方米，栽植常绿乔木7株、落叶乔木22株、亚乔木9株、灌木47株、绿篱195平方米、地被1721平方米。北京海淀固废发展有限公司承建，北京市海淀园林工程设计所有限公司设计，北京市新海园林工程有限公司施工，北京恒屹工程项目管理有限公司监理。

（王严庆君）

【中关村西三旗（金隅）软件园配套商业用地项目代征绿地绿化建设工程】 10月28日竣工。工程于6月1日开工，位于西三旗街道，北京二十中学分校的西南方向，北至硅谷先锋北路（新都路），西至建中路（建材城东路），东至未开发的公园绿地，南至西二旗科技园五号路，总面积11108平方米。栽植常绿乔木35株、落叶乔木255株、落叶灌木44株、花卉地被8157.1平方米。安装成品座椅12个、成品棋牌桌4套、椭圆形座凳7个、廊架1座。安装喷头74个、取水器9个，砌筑阀门井9座、水表井1座。铺设太阳能灯29盏。区园林绿化局承建，北京市海淀园林工程设计所有限公司设计，北京市新海园林工程有限公司施工。

（王严庆君）

【中共中央党校西门绿化建设工程】 10月31日竣工。工程于6月21日开工，总面积12301.02平方米。种植常绿针叶乔木17株、落叶乔木119株、落叶灌木838株、草坪及地被9959.1平方米、花卉1302.33平方米。土建改造，拆除、新建围墙，改造沥青路面。新增照明配电箱1台、草坪灯35盏。区园林绿化局承建，北京山水心源景观设计院有限公司设计，北京市新海园林工程有限公司施工。

（王严庆君）

【颐和园北侧绿道贯通工程】 10月31日竣工。工程于6月21日开工，总面积19854.15平方米。栽植落叶乔木139株、落叶灌木2708株、常绿针叶灌木531.02平方米、攀缘植物116.74平方米、草坪及地被类14061.03平方米。园路铺装2206.72平方米，路牙安装1582.42米。新增灯具安装109套、配电箱1个。区园林绿化局承建，北京山水心源景观设计院有限公司设计，北京市新海园林工程有限公司施工。

（王严庆君）

【海淀区“互联网+全民义务植树”基地揭牌】 11月11日，海淀区区级“互联网+全民义务植树”基地揭牌仪式暨“推进生态文明建设，实现人与自然和谐”义务植树尽责活动在圆明园举行。首都绿化委员会办公室、区园林绿化局、圆明园管理处相关领导出席活动。基地将结合圆明园遗址公园特点，把首都全民义务植树“春植、夏认、秋抚、冬防”、科普教育深度融合，打造圆明园特色义务植树文化品牌。区绿化委员会办公室负责基地的管理和考核，以点带面、多措并举打造海淀特色义务植树基地样板。圆明园管理处将以基地为抓手，不断完善义务植树尽责活动体系建设，鼓励号召广大群众、学生团体、企事业单位参与义务植树尽责活动。圆明园管理处工作人员为参与活动的志愿者讲解冬季病虫害防治工作中苗木围环的注意事项、技术要领，随后开展工作。

（谭丽琼　吴安信）

【永定路与金沟河路交叉口东南角环境整治提升工程】 11月18日竣工。工程于8月18日开工，位于永定路与金沟河路交叉口东南角。栽植常绿乔木10株、落叶乔木18株、灌木17株、大叶黄杨篱103平方米、草坪646平方米。安装垃圾箱2个、成品不锈钢车挡30个，墙面喷刷涂料435.95平方米，花岗岩挡车柱30个。电缆铺设80米，LED灯带182米。永定路街道办事处承建，北京市海淀园林工程设计所有限公司设计，北京市新海园林工程有限公司施工。

（王严庆君）

【海淀区2022年绿地改造提升项目】 11月21日竣工。工程于7月26日开工，位于巴沟路南侧、万泉新新家园小区北侧。工程施工面积35416平方米，其中绿化面积约24857.7平方米，土建拆除6194平方米。拆除栏杆540米，拆除花池墙111米，新建铺装面积约6060平方米，铺设道牙3639米、景墙79.55米、座凳50米、廊架1座、网球场1340平方米、篮球场527平方米，种植常绿乔木72株、落叶乔木261株、灌木约277.7平方米、地被花卉约24800.5平方米。浇灌管线敷设约5342.34米，砌筑阀门井43座，设置取水口40处。区园林绿化服务中心承建，北京市海淀园林工程设计所有限公司设计，北京市新海园林工程有限公司施工，北京园磊工程管理有限公司监理。

（王严庆君）

【全龄友好公园改造工程】 11月28日竣工。工程于9月15日开工，面积2.2万平方米，投资1012万元。分别对阳光星期八公园、定慧公园、玲珑公园进行绿化用地整理及绿化栽植工作、园林景观造景工作、园林铺地工作及给排水工作。区公园管理中心承建，北京市海淀园林工程设计所有限公司设计，北京市新海园林工程有限公司施工，北京方正建设工程管理有限公司监理。

（王严庆君）

【“紫玉”“紫霞”被授予新品种权】 12月，国家植物园（北园）自育丁香新品种“紫玉”“紫霞”被国家林草局授予新品种权。紫玉属木犀科丁香属，为原产国内的白丁香Syringa oblata“Alba”为父本，与国外培育的“布氏”丁香（Syringa × hyacinthiflora“Pocahontas”）为母本进行杂交。主要形态特征：落叶灌木，叶三角状，基部截形，先端渐尖，花序圆锥状，花蕾红紫色（RHS 75B），花冠管紫色（RHS，85C–D），花冠裂片椭圆形，淡紫色（RHS 75D），盛开后白色（RHS NN155D）重瓣，2轮，花期4月中下旬至5月上旬，结实率较低。紫霞属木犀科丁香属，本品种为原产国内的白丁香Syringa oblata“Alba”为父本，与国外培育的“布氏”丁香（Syringa × hyacinthiflora“Pocahontas”）为母本进行杂交。主要形态特征：落叶灌木，叶三角状，基部截形，先端渐尖，花序圆锥状，花蕾红紫色（RHS 75A），花冠管紫色（RHS，85B–C），花冠裂片椭圆形，蓝紫色（RHS 85C），重瓣，2轮，扭曲，花期4月中下旬，结实率较低。

（石鑫）

水资源保护与管理

【概况】 2022年，海淀水务工作围绕构建高品质新型城市形态、推进城市治理现代化建设、打造高颜值生态环境等“十四五”重点工作，不断提升水务社会治理能力和公共服务水平，有序推进各项水务任务落地落实落细。

水利工程安全检查。开展在建水利工程安全监督检查，加强重要时间节点、重点防范领域的监督管理，着重对有限空间作业、临时用电、特种设备、安全防护等内容进行监督检查。完成安全监督交底15次，重要时间节点安全检查4次，日常安全检查84次，发现并督促整改安全隐患77个。通过市水务局2021—2022年度水利建设质量工作考核，考核结果为A级。

行政审批。水影响评价审批完成评审合一改革，技术审查内嵌至行政审批，环节由申报2次减为1次，时限由26个工作日减为20个工作日。建设项目水影响评价审查（区域水评和规划水评范围内部分）完成告知承诺制改革，8个二级开发项目适用告知承诺制审批，办理时限由26个工作日缩短为0.5个工作日。临时用水指标办理与水影响评价手续脱钩，由12个工作日变为即时办理。

启动《三山五园地区水系保护利用专项规划》编制，《海淀区“十四五”时期水务发展规划》《海淀区水生态空间管控规划》编制工作并有序推进。

办理行政审批服务事项386件，其中行政许可事项246件，51%的事项为窗口即办。开展水政执法检查5948次，查处案件265件，罚款金额265.67万元。全区水务领域完成全社会固定资产投资9.5亿元，建安投资7.4亿元。

（胡志芳　刘菁华　兰天）

【水法宣传】 年内，区水务局印发实施《海淀区水务局法治宣传教育第八个五年规划》《北京市海淀区水务局2022年普法依法治理工作要点》。在第三十届“世界水日”、第三十五届“中国水周”和“城市节水宣传周”期间，发动水务系统和各街镇通过网络答题、视频推送、现场执法、“法律十进”等形式，开展系列宣传活动，宣传“治水为民、水惠民生”新成果。

（胡志芳　刘菁华）

【水资源管理】 年内，区水务局争取市级生态补水指标3000余万立方米。全区新水计划指标32189万立方米，实际使用新水27674.36万立方米，结余4514.64万立方米。其中，区管21651.22万立方米，包含农业用水量437.11万立方米、工业及建筑业用水量860.44万立方米、公共服务5467.62万立方米、环境卫生1813.78万立方米、居民家庭生活13072.27万立方米。开展地下水超采综合治理工作，加强重点区域地下水水量水质动态监测，探索研究泉水保护等工作。至年底，地下水监测数据显示，全区地下水平均埋深17.18米，与上年同期相比，回升2.87米。

（赵永夫）

【老旧小区供水】 年内，区水务局对接市自来水集团，多次协调解决曙光街道、万寿路街道、香山街道、中关村街道、甘家口街道等老旧小区市政供水问题。配合区住建委将老旧小区内部上下水管线改造纳入老旧小区整体改造范畴，以解决“水黄”问题。完成志新西路11号院二里庄干休所楼内供水管线改造工作。

（赵永夫）

【自备井置换】 年内，区水务局开展农村集约化供水工作，完成罗家坟村等市政水接入工作。开展自备井置换工作，完成嘉德乐公馆、西四环北路6号院、龙徽酒厂、西北旺镇安宁庄股份经济合作社、山根加油站5处小区（单位）自备井置换工作。

（赵永夫）

【节水管理】 年内，全区3320家区管用水户（非居民）按定额执行，计划指标总量9466万立方米。按全市统一安排，对用水户“户—表”关系进行详细梳理，分类管理，进一步强化节水用水管理，细化各行业用水统计分析。持续推进全区节水型社会建设，节水器具推广1.3万套、节水载体创建21处。

（赵永夫）

【重点水务工程建设】 年内，区水务局以“水清岸绿计划”为抓手，坚持生态治理、蓝绿交融的理念，全面推进水利工程项目建设。围绕河道治理、水系连通、生态修复、景观提升等方面推进水清岸绿项目26个。截至年底，完工11个项目，推进前期手续和在施项目15个。稻香湖再生水厂二期工程有序推进，“土护降”全部完成，总包进场施工。温泉供水厂完成前期手续，实现开工建设。上庄新闸管理站运行管理标准化基层站点达标创建工作通过验收。

表33 2022年完成11个水务工程项目一览表

序号	项目名称
1	北辛庄排洪沟综合治理工程（二期）
2	圆明园循环补水工程（一零一中学段）
3	万泉河生态治理工程
4	万泉河（清华段）河道治理工程
5	2018积滞水点治理工程
6	金河上游生态治理工程（旱河路至北坞村路）
7	崔家窑水环境改善工程
8	北旱河景观提升工程
9	南长河上游段治理
10	柳林河消除劣Ⅴ类水体一河一策治理工程
11	颐和园昆明湖与万泉河水系连通工程

（胡志芳 曹晓霞）

【河道综合治理与生态修复】 年内，区水务局推动完成金河（上、下游段）、南长河（西段）、北旱河、万泉河、柳林河5条河河道治理。河道综合治理融入所处地区历史文化元素，通过生态治理手段与滨水空间打造，将河道周边的石渠公园、两山公园、中坞公园、荷清公园等进行空间缝合，实现188公顷的蓝绿融合，构建23.6千米的滨水慢行系统。

（曹晓霞）

【河湖水环境维护】 年内，区水务局开展河道日常养护保洁，实现有专项资金、有专业队伍、有监督检查、有考核奖惩的“四有”长效模式。落实区属河道养护经费2716.55万元，出动河道养护保洁人员23838人次、车辆11300台次，清理垃圾19210吨。对整治完成的黑臭水体落实管护资金和管护队伍，持续开展保洁和管护，确保已治理的7条段黑臭水体实现长治久清。

（胡志芳 刘建树）

【污水处理】 年内，区水务局加强对污水处理运营单位的监督考核，采取定期检查、不定期抽查的方式，开展日常安全监管，确保各再生水厂设施的安全运行，确保出水水质达标排放。海淀北部地区污水处理设施处理污水5040.99万立方米，实现化学需氧量削减量10826吨，氨氮削减量1527吨。全区污水处理设施日均处理污水16万吨。

（胡志芳 王画画）

【再生水利用】 年内，区水务局完成海淀北部地区再生水管网5处勾头连通及推进北部地区再生水推广利用项目，完成再生水配置量4200万立方米，其中工业用水220万立方米、环卫绿化110万立方米、河道补水3870万立方米。

（赵永夫）

【水土保持】 年内，区水务局完成水土保持建设项目现场检查和自主报备验收核验24个，“双随机”检查23次。开展水生态监测工作，对南沙河流域西玉河片区、崔家窑水库、大寨渠公园、北旱河4处区域开展现场调查和监测200余次。

（胡志芳）

【防汛工作】 年内，区水务局开展防汛隐患排查治理。开展“清管”行动，确保排水设施畅通。推进积水内涝治理，对新增积水点持续滚动治理、动态清零，完成后厂村路、黑山扈路雨水利用工程、安宁庄应急调蓄工程等。加强监测预警能力建设，补充完善积水感知设施，实现下凹桥区、重点积水点全覆盖。加强中小河道、山区沟道、蓄滞洪区、雨水调蓄池水文监测设施建设，完善水文监测设施网络。修订完善防汛预案和专项预案，增强防汛的针对性、实战性和灵活性。按照“一点一案”“一桥一案”的原则，完善下凹桥区、低洼地铁站口、易积水点应急排水抢险方案。制定重点山区沟道防汛应急预案。增加排水抢险力量，水务分指防汛抢险队24个抢险单元192人随时待命，对全区重点积水点位如冷泉东路、京新沙阳路桥东等易积水点进行布控值守。指挥应对“7·5”“7·24”“7·27”“8·4”“8·21”强降雨，汛期上庄新闸洪水调度33次。

（胡志芳　王画画）

【河长制工作】 年内，区级河长巡河42人次，街镇级河长巡河2703人次，村级河长巡河3507人次。区水务局制定2022年度海淀区河长制治水责任制任务清单，涉及截污治污，提升城乡排水和污水处理公共服务水平，农村人居环境提升；开展“清管行动”，面源污染防治，厂网一体化调度运行；黑臭水体和小微水体运行维护，河道水环境在线智能监测体系；水资源管理、水生态治理；流域系统治理管理；水岸共治共享6个方面，涉及12个委办局、28个街镇。至年底，各项目标任务均完成。开展河湖长制监督考核工作，每月对各街镇河长制相关工作落实情况进行通报。开展街镇级断面水质评价考核和村级地表水环境质量监测评价工作，实施水环境区域补偿制度。编制并印发《海淀区汛期暑期防溺水专项行动工作方案》，区河道管理单位在风险点位配备救生圈、救生绳等救生设施并增设警示牌。

（胡志芳　刘建树）

【水库移民扶持】 年内，全区无新增水库农业移民，登记在册农业户口移民6人，比上年减少22人。按照600元/人/年的标准，发放农村移民扶持资金0.36万元。新增农转非移民培训人员11人，核减31人，农转非移民培训人员累计441人，其中1人符合漏登补发范围，需补发3年资金。发放标准0.056万元/人/年，发放扶持资金24.86万余元。

（曹晓霞）

【“水务大脑”建设】 年内，区水务局继续推进“水务大脑”建设，基本补齐各类传感器设备，整合水质、水量监测等9类3750个传感器设备数据，实现数据互联共享。按照“取供用排建管”构筑的水务管理框架基本完成，水安全、水行政、水资源、水工程、水环境应用模块及河长制深化等11个核心应用场景开发完毕，完成初验，进入系统试运行阶段。

（张慧娟）

【海绵城市建设】 年内，区水务局按照“一点一策”原则，采取提高雨水收水能力、完善雨水管网系统等措施，加快推进海淀区排水防涝治理工作。完成积水点位工程治理28处，缓解上地东路、玉泉山路、黑山扈路等道路积水难题。在2021年印发的《北京市海淀区海绵城市专项规划》中，提出“西山源、双核心、六连廊、多点连片”的海淀区海绵城市规划格局。

（胡志芳　王画画）

【海绵城市展览馆开馆】 8月12日，坐落于百望山森林公园的海淀区海绵城市展览馆正式开馆。展览馆是北京市首座以海绵城市科普为主题的展览馆，于2021年开工建设，占地面积约300平方米，由1个序厅和3个功能展厅组成，运用多媒体技术、机器人讲解等形式，达到科普教育、案例展示、互动体验为一体的展览效果。展览主要介绍海绵城市的源起，海绵城市采用的技术，以及渗、滞、蓄、净、用、排的6种措施。在海绵城市体验区，游客可参与手绘海绵、点击答题和VR互动体验等活动。9月下旬至11月，由区水务局主办、百望山森林公园承办的海绵城市建设科普展在百望山森林公园海淀区海绵城市展览馆举行。展览采用图文展板、三维动画影片、大屏幕、微缩模型、影视墙、游戏互动等形式，向公众普及海绵城市建设发展理念及海淀区海绵城市建设成果，其中展示百望山海绵公园建设的成功案例，接待参观者1000余人次。

（胡志芳　李昊　何慧敏）

交通 邮政 通信

2023

北京海淀年鉴

交通管理

【概况】 2022年，北京市公安局公安交通管理局海淀交通支队（简称海淀交通支队）下辖中关村、清河、黄庄、公主坟、温泉5个执勤大队。围绕党的二十大安保和北京冬奥会和冬残奥会安保，按照“打造首都交管升级版”和“事故少、秩序好、道路畅通、群众满意”的总体工作思路和目标，全面推进全区交通管理工作和交警队伍建设，确保全区交通安全稳定。

根据疫情防控形势变化情况，维护相关区域周边交通秩序。投入警力308人次，配合海淀公安分局、区城市管理委、区卫生健康委等部门完成病例转运604次。

（樊畅）

【学医景商交通综合治理】 年内，海淀交通支队对30所学校、12家医院、11个商圈和3个景区制定“一点一策”工作方案，全面排查治理校园、医院门前交通设施。羊坊店中心小学、铁路实验小学门前道路实施单行交通组织，畅通学校门前交通微循环；取消肿瘤医院北门外路侧车位，增加排队车道，缓解医院门前交通不畅。全面排查全区临街中小幼学校交通设施问题，对标志不全、标线不清等问题逐一进行整改，确保校园门前交通安全。完善、整改112所临街学校、12家医院门前交通设施。

（樊畅）

【交通组织优化】 年内，海淀交通支队围绕拥堵节点，采取“小手术、大成效”方式，调整农大北口、天秀路口、上地九街西口等路口交通组织，通过调整车道设置，打造平面立交通行流线等方式，畅通区域交通节点。协调、完成市级二宫门路口、西北旺南路西口以及区级西苑桥区疏堵方案，为打通科学城北区与中心城区交通通道奠定基础。推进翠湖东路、向山路、翠湖南路等道路开通放行，丰富科学城北区交通路网。对科学城北区永丰路、后厂村路一横一纵两条干道信号机增加无线通信设备，优化北清路信号系统，实现干道信号协调控制。全年优化12处交通组织节点，改造3处拥堵点位，升级30处信号点位，调控780处灯控路口，构建8条信控绿波带，开通翠湖东路等15条道路。

（樊畅）

【交通设施建设】 年内，海淀交通支队开展常态化交通设施排查整改。针对路树遮挡交通设施问题，与区园林部门建立沟通机制，定期汇总转办，协调园林部门治理路树遮挡问题300余处。17千米护栏更换为金色护栏，协调完善380余处科技监控设备。治理各类交通设施问题9200余处。

（樊畅）

【护栏撤除】 年内，海淀交通支队摸排全区护栏底数，会同区城市管理委等部门，研究制定《海淀区城市道路隔离护栏撤除优化管理实施方案》，明确“精治、共治、法治”的城市治理理念和“确保重点、应撤尽撤”的护栏清理原则，明确护栏保留的4种情形：双向六车道及以上道路，无中央分隔带或防撞设施，设中央隔离带；人行道或非机动车道与一侧地面存在0.5米以上高差，设置人行护栏；车站、商业中心和大型公共场所出入口人行天桥、地道梯道口等人流会聚区的车行道边，且存在行人穿行车行道或交通事故安全隐患的路段，沿路缘石设置人行护栏；常备安保勤务路线沿路缘石设置人行护栏和4个拆除时序（二环内不符合设置标准的护栏；更换二环内重点区域护栏颜色，按季度推进二环外不符合设置标准护栏的拆除；更换二环内其他区域护栏颜色；更换二环外需保留护栏样式）。完成112千米交通护栏拆除，采取“一路一策”方式，研究落实护栏拆除后的管理措施。

（樊畅）

年内，海淀交通支队推进护栏撤除工作，畅通道路交通 （海淀交通支队 供图）

【交通安全监管】 年内，海淀交通支队强化重点企业安全监管，走访检查存在交通违法超标等安全隐患单位20330家，限改2289家、禁驶1380家、罚款95家。组织区城市管理委、区住建委等相关委办局和各街镇、各道路产权单位开展交通安全集中治理，推进大货车、电动自行车治理和道路隐患治理。完成全区44处挂账隐患治理、183处动态排查治理，治理率100%。

（樊畅）

【节假日交通保障】 节假日和中高考期间，海淀交通支队主动对接区交通委、区教委、区应急局等部门，设置单行路段，开辟临时停车位，对部分道路临时管控；针对疫情不出京，香山红叶节期间周边公园交通流量大的特点，多次对五环路香泉环岛东向西出口采取临时封控措施，有效缓解香泉环岛交通压力。维护各商圈假日交通秩序。

（樊畅）

【冬奥会重点区域交通保障】 2月4日至20日（冬奥会期间），海淀交通支队负责“1站2馆47赛事”和“7+18”家涉奥酒店的外围秩序维护和交通接驳保障工作。在清河火车站线路周边部署5处岗位（固定岗3处、巡逻岗2处）。在首都体育馆和五棵松体育中心赛事场馆协助规划停车场28处，设置门前岗2处、外围疏导岗2处、24小时巡逻岗2处、社会救援2处、1车2人事故处突车组2处。在17条奥运常备路线总里程57千米安保中，部署6时至24时岗位27处；在25家涉奥保障酒店安保中，部署24小时门前岗位7处，周边巡逻岗7处。

（樊畅）

【冬奥会专项交通保障】 2月4日至20日（冬奥会期间），海淀交通支队在火炬传递、外籍人员抵离、开闭幕式以及焰火燃放、烟花运输等专项交通保障任务中，设计并维护保障火炬传递及过境路线6条、开闭幕式及演练活动路线6条（备线1条，运动员路线2条，演职人员2条，观众路线1条）、抵离京路线4条（2主1支1备用）。

（樊畅）

【交通设施维护】 2月至3月（冬奥会和冬残奥会期间）前，海淀交通支队完成五棵松体育馆、首都体育馆周边玉渊潭南路、西翠路、五塔寺路等道路标志标线的集中更新；将存在问题的92处涉奥线路交通设施（74处交通标线、22处交通标志）全部见新，完成52处涉奥示范路口交通标线冷漆复划和区属保障酒店周边道路标线复划。

（樊畅）

【静态交通维护队成立】 10月至12月，海淀交通支队向各街镇下沉150名静态执法人员，各街镇按照1∶2比例增加配备专职静态维护小分队人员，成立29支静态交通维护队。每队配齐执法记录仪、服装等装备，全面负责海淀区支路及支路以下等级道路静态秩序辅助执法管理工作。

（樊畅）

交通运输管理

【概况】 2022年，海淀区有917家交通运输企业（含1家个体出租管理站、2家网约车平台），其中货运企业444家、巡游出租企业33家（含1家个体出租管理站）、客运企业4家、租赁企业55家、修理企业366家、驾校7家、游船单位6家、网约车平台2个（阳光出行、滴滴出行）。共有21648辆（艘）营运车（船），其中货运营运车2093辆、出租巡游车运营车3039辆、出租网约车运营车6454辆、旅游运营车数149辆、租赁运营车6871辆、教练车1796辆、游船1246艘。有6家水运游船单位，包括颐和园、玉渊潭公园、紫竹院公园、圆明园、稻香湖公园5家水域游船单位和1家水路运输许可单位。全区水域面积256.97万平方米。

北京市交通委员会海淀运输管理分局（简称海淀运输管理分局）承接辖区交通运输业务证件办理7017件，办结5146件，其中不予受理1249件、补齐补正612件、予以通过4876件、不予通过155件；接待咨询5000余件。发放各类证件3298个。完成执法检查3828件，出动执法人员7792人次。采取行政措施277件，其中现场改正222件、限期改正6件、约谈14件、移送35件。受理接诉即办工单7800件，督办3000余次。12月，市交通委党组印发《北京市交通委员会海淀运输管理分局职责和机构编制事项方案》，明确海淀运输管理分局负责本行政区域和授权区域内道路运输、水路运输、城市公共汽电车客运、出租车、小微型客车租赁等行业管理工作，依法开展相关许可、备案和监督检查。

（赵广庆　潘新瑞　周晨　李伟）

【国务院安全生产督查检查迎检】 年内，海淀运输管理分局组织辖区北京水木通达运输有限公司迎接国务院安全生产督查检查。4次与该企业就迎检工作进行指导交流，9月27日，接受国务院督查组复查，完成迎检任务，国务院专家组对海淀运输管理分局安全监管工作给予肯定。

（王睿）

【交通安全检查】 年内，海淀运输管理分局出动执法人员7792人次，检查企业3828户次，督促辖区交通运输行业经营者履行安全生产主体责任。检查发现安全隐患277件，全部督促整改完毕，其中责令限期改正6件、移送处罚35件、约谈14件、现场改正222件。

（时磊）

【应急演练】 年内，海淀运输管理分局印发应急演练计划，组织开展内部防汛预案、雪天预案培训及桌面演练2次，20余人参加。培训对应急预案内容进行解读，明确应急响应期间的职责，强调汛期突发事件的处理程序和信息报送程序。桌面演练模拟分局领导、各行业科室科长收到预警通知后，启动应急预案、应急响应，各行业科室及时向企业传达预警信息，加强巡查，及时收集清河站、西郊线、西苑公交枢纽站运营信息，督促企业做好运输安全保障工作，预警解除后，终止应急响应，做好信息报送。重点企业分别组织开展大客流疏散、防汛应急处置、车辆复轨救援应急处置、消防安全应急处置、水上应急救援等演练13次，260余人参加演练。按行业分类，公交行业6次，出租行业1次，旅游客运行业1次，货物运输行业2次，水运行业1次，驾培行业2次。

（时磊）

【应急保障】 年内，海淀运输管理分局修订降雨、降雪极端天气应急预案，建立货运、客运两类应急保障车队，计有25辆汽车25名司机。及时传达恶劣天气预警信号，向企业传达预警信号150次。

（时磊）

【重大活动重大节日运输服务保障】 年内，海淀运输管理分局出动629人次，巡查重点点位27个，检查企业164户次，完成元旦、春节、春运、清明节、“五一”、端午、中秋、

“十一”、香山红叶节等9个重要节假日，服贸会、重大会议等2个重点时期的运输服务保障任务。制定冬奥会专项工作方案，落实北京冬奥会和冬残奥会竞赛场馆、社会面运营服务、六站两场、开闭幕式远端集结点保障任务。党的二十大期间，牵头组织北京市交通运输执法总队六支队开展路检路查专项行动，出动执法车辆200余台次，执法人员600余人次，查处各类违法违章50余件次。

（王哲　王睿）

【行业联合监管检查】 年内，海淀运输管理分局组织有关部门联合执法行动16次，其中联合区交委等部门检查西苑枢纽、清河站、西郊线辖区重点公交枢纽场站3次，检查疫情防控和客流接驳工作；联合北京市公安局公共交通安全保卫总队勘验辖区新增网约车3次，联合区交通委检查辖区2家网约车平台疫情防控工作2次，牵头北京市交通运输执法总队六支队、海淀交通支队就近期辖区交通违章情况联合座谈辖区出租企业7次，协同北京市交通运输执法总队、北京市公安局公共交通安全保卫总队入户检查辖区1户出租企业，核实查处企业违章情况，采取行政措施督导企业改正违规行为。

（王哲）

【纯电动出租车推广应用】 年内，海淀运输管理分局组织企业按时填报计划新增、更新纯电动出租车信息表，定期核实重点企业更车手续的办理进度，了解企业实际困难。召开2022年至2025年纯电动出租汽车推广应用工作部署会，传达最新油换电政策，讲解最新操作流程；组织6家出租企业推进“油换电”工作，督导企业完成2021年政策期内未更新车辆。辖区全年完成“油换电”车辆330辆。

（王哲）

【进口冷链食品运输环节专项检查】 年内，海淀运输管理分局对比分析冷链追溯平台承运企业数据，摸排调查20家可能承运进口冷链食品企业，督导企业运营符合疫情防控要求。对涉及进口冷链食品运输的企业开展专项检查，检查4户次。开展进口冷链食品进京预约和“北京冷链”微信小程序使用宣贯工作，解读引导从业人员异常弹窗处置，督促企业落实进返京货车司机疫情防控要求。开展冷链运输从业人员上岗备案工作，备案70家冷链运输企业，从业人员369人次。

（郭玉彬）

【新能源货车推广】 年内，海淀运输管理分局引导货运企业更新使用新能源货车，辖区现有新能源货车数为490辆，其中电动建筑垃圾运输车15辆、纯电动货车（中型）6辆、天然气燃料车1辆、纯电动牵引车1辆、4.5吨以下新能源货车467辆。

（郭玉彬）

【建筑垃圾道路运输专项治理】 年内，海淀运输管理分局开展建筑垃圾道路运输专项治理。出动执法人员292人次，检查货物运输企业141家次，其中建筑垃圾运输企业13家次，检查营运车辆196辆次，运输单据246份，严禁企业、从业人员、货运车辆参与相关违法行为。

（郭玉彬）

【环保督察整改】 年内，海淀运输管理分局配合北京市第一生态环境保护督察组开展环保督查工作，向督察组报送相关资料7批次50份。编制《海淀区第二轮北京市生态环境保护督查报告整改任务措施清单》，协调后续环保问题隐患整改工作。协调各行业开展2022年大气污染防治行动，每月收集辖区交通行业新能源车辆更新数据并向区环保部门报送。牵头各行业开展环保问题隐患排查整治工作，督促企业落实污染防治主体责任，消除环保隐患。

（郭玉彬）

【包车客运运力指标投放】 年内，海淀运输管理分局开展2021年度包车运力指标投放收尾工作，中标企业北京水木通达运输有限公司40个运力指标、北京申威狮星新能源汽车有限公司20个运力指标许可全部落实到位，车辆全部投入运营。组织开展2022年度160个氢能源运力指标投放工作，完成中标企业公示、运营协议签订和许可手续办理工作。

（王睿）

【企业质量信誉考核】 年内，海淀运输管理分局组织开展2021年度旅游客运和小微型客车租赁行业质量信誉考核工作，涉及3家旅游客运企业和51家小微型客车租赁企业。经考核，北京水木通达运输有限公司、中苑出租汽车有限公司考评结果为AAA级，北京海淀颐海出租汽车有限公司考评结果为A级。小微型客车租赁行业考核优秀企业2家，良好企业3家，合格企业46家。组织符合条件的278家机动车维修企业开展维修质量信誉考核工作，通过初评获AAA级企业109家、AA级企业20家、A级企业95家、B级企业54家。

（王睿　杜九生）

【行政审批】 年内，海淀运输管理分局开展旧版许可、备案纸质证件的回收、销毁工作。回收销毁证件403个。对道路运输经营许可证有效期届满未延续的企业，依法进行道路运输经营许可证件管理注销工作，注销35个道路运输经营许可证件。

（赵广庆）

【机动车维修企业喷漆房改造】 7月7日，海淀运输管理分局主持召开执法检查联席会议，区生态环境局主管领导及相关科室、综合执法大队负责人、北京市交通运输执法总队六支队负责人参会，共同协商组织开展为期一个月的喷烤漆房专项联合检查。对活性炭装填量不到位的部分漆房要求重新改造，除涉及拆迁的企业和停用漆房的企业外全部改造完成，活性炭装填量均符合要求。邀请生态环境保护部门对百旺绿谷园区15家机动车维修企业负责人进行业务培训。

（杜九生）

邮政

【概况】 2022年，中国邮政集团有限公司北京市海淀区分公司（简称海淀区分公司）服务区域为海淀区全域，服务人口近312万人。下属17个邮政支局、103个邮政所（其中有代理金融业务的支行67个）、25个村邮站、21个普邮投递部、30个揽投部以及寄递部、金融业务部、集邮与文化传媒部、渠道平台部4个专业经营部门，主要提供普遍服务、便民服务、直邮服务、集邮服务和文化服务五大类邮政业务服务。开展疫情防疫工作。严格人员、场地和邮件管理，确保安全生产；全力保障药品和防疫物资的寄递安全和投递工作；参与志愿服务和政府部门的疫情防控工作。

（胡柏峰）

【邮政业务】 年内，海淀区分公司业务收入完成7.05亿元，比上年下降1.87亿元；毛利收入实现45138万元，比上年提升7个百分点。完成金融收入2.89亿元，寄递收入1.5亿元，集邮收入1.15亿元，函件收入2655万元，发行收入5602万元，渠道平台收入3036万元。

（胡柏峰）

【专项主题营销】 年内，海淀区分公司开展5个专项主题营销。全国两会专项服务项目：投递国内邮件1450件，特快专递525件，报纸93088份；收寄平常邮件3653件，给据邮件193件，包裹28件，特快专递108件，流动服务1933人次，流动服务171车次，实现收入558万余元。提供党的二十大会议服务：设立“5+2”7个临时邮局，选派人员参与驻场服务，抽调投递人员组成专投队伍，实现销售收入1006万余元。冬奥项目：发挥特许零售店、冬奥服务邮政网点资源优势，场内场外、线上+线下直播宣传及微信宣传等方式，加大冬奥产品的营销推广，销售冬奥特许产品1100万元。北京师范大学120周年校庆庆典项目：以直播平台为抓手，提前预热宣传定制产品，线上+线下的组合销售，“北京师范大学建校一百二十周年”系列定制型集邮产品实现收入120万元，零售型产品形成收入5万元，彩色邮资机签封收入2.5万元，共实现收入127.5万元。赏学活动：持续开展“赏邮票，学党史”活动。围绕“中国共产党成立篇”“新中国成立篇”“社会主义制度建立与社会主义建设篇”“改革开放新时期”“中国特色社会主义进入新时代”等5大主题展出相关红色题材邮票；开展“赏邮票 跟党走”活动，党建主题集邮文化活动区域不断扩充，借助党建、工会建联与大客户走访等措施，开展“赏邮票跟党走”活动近百场。

（胡柏峰）

【主题邮局】 年内，海淀区分公司主题邮局举办活动105场，实现收入1427万元。与3CHAOS三章月合作，在北京中关村邮政支局打造中国第一家潮主题邮局，主打潮玩门店。中国邮政太空邮局为“神舟十三号”载人飞行返回成功、“神舟十四号”运载火箭发射及对接成功活动、中国空间站问天实验舱发射成功纪念活动等策划开发纪念封、邮戳、航天文创、航天服装等，通过直播、短视频等方式进行项目传播，通过邮展等形式开展线下活动，收入273万元。

（胡柏峰）

【惠民驿站服务】 年内，海淀区分公司共建的6家惠民驿站，从2017年启动至今，已发展为以果蔬类产品为主，兼营米面副食、酒水饮料等多品类的综合性门店，可为20余万名居民提供服务。全区所有惠民驿站在疫情期间均坚持正常营业。结合周边用户的需求，调整销售产品种类、升级销售方式，加大京郊农产品的销售比重，做好农产品进城工作；适时推出线上订购、店内自提的模式，减少用户采购、挑选的时间，为上班族、年轻客群提供服务。

（胡柏峰）

【京邮驿站服务】 年内，海淀区分公司采取自有人员和第三方合作的形式，在海淀区开设“京邮驿站”自提站点60个，日均代投邮件6000件左右，在一定程度上缓解“驿站”周边群众取件难，快递公司投送难，物业、社区管理难的问题。邮政便民自提网点“京邮驿站”，实现服务“零距离”，满足用户多样性收取邮件服务需求，解决收投时间不对称、当面投交等待时间长、投递效率低等问题，成为保证居民生活必需品物流配送“最后一百米”的关键节点。在全区复制推广北邮驿站、民大驿站、西钓鱼台邮电所驿站、301医院驿站的经验和做法，在园区模式以及军队大院模式上取得突破。

（胡柏峰）

【社区亲情服务】 年内，海淀区分公司开展社区亲情服务。全区62家支行在落实“双报到工作”中与320个社区建立紧密联系，配合街道为周边居民提供多种形式服务。在社区开展北京市政府普惠健康保、国家个人养老金账户、反假币及其他金融知识讲座上百场，推广宣传国家和北京市的金融类重点民生项目，协助街道、居委会组织邮票鉴赏、手工制作、美食烘焙等多种活动。持续开展线上社区团购活动，海淀区分公司与超市发总部在全区62个支行开通超市发线上购物团到家自提点服务，方便周边居民采买生活用品；与北京市郊区农民合作社组织开展延庆鸡蛋、红薯，密云白菜，昌平苹果等民生保障物资的团购工作，邮政承担运费甚至部分补贴的形式，为周边社区居民提供低于市场价的农产品，团购鸡蛋9945盒、红薯3490袋、白菜1286份、苹果7114箱，参与人数达10655人次。

（胡柏峰）

【助农惠农服务】 年内，海淀区分公司通过新发地社服项目，助力农产品同城配送2.76万件；通过农产品种植基地合作项目，完成5000件桌到桌的订单配送服务；通过平谷大桃项目，为农户寄递大桃4.48万件；在大桃直播带货活动中形成销售订单2000余单，100%实现次日投递。实现邮件当日递率100%，次日递率100%，妥投率100%。

（胡柏峰）

【邮政基础设施建设】 年内，海淀区分公司完成清上园邮政所、冷泉邮政所、金尚嘉园邮政所、建材城西路邮政所、郦城邮政所、科学院邮政所、

6月10日，“百川归海 人民至上”主题邮品发布 （海淀区分公司 供图）

魏公村邮政支局、学院路邮政支局、清河邮政支局、海淀财富中心10处网点整体改造的方案设计及招标控制价和清单的编制工作；完成大慧寺邮政所模块化改造、6处网点形象提升工作，改造面积7235.3平方米，改造资金1983.21万元。

（胡柏峰）

【“百川归海 人民至上”主题邮品发布】 6月10日，“百川归海 人民至上”主题邮品发布仪式在香山革命纪念馆举行。“百川归海 人民至上”主题邮品包括邮折和邮册，精心选取中国邮政珍藏的国旗、国徽、中国人民政治协商会议、爱国民主人士等主题纪念邮票10套。主题邮折以个性化定制邮票和香山革命纪念馆建筑南立面为主要元素，采取立体折纸工艺，直观展示香山革命纪念馆的红色风貌。邮册按照专题展览结构分为前言、探索新路、走向光明、擘画蓝图、共谱华章、结束语等6部分，选取专题展览历史照片18张、文献文物照片5张、邮票10套。印刷1949册邮册，以纪念1949年新中国成立，采用四色印刷、烫哑金、UV、压月牙纹等工艺，装帧精美。海淀区分公司向香山革命纪念馆捐赠编号为“1949”的纪念邮册。

（胡柏峰）

【《中国现代科学家（九）》纪念邮票首发】 9月7日，中国科协与中国邮政集团有限公司联合推出的《中国现代科学家（九）》纪念邮票首发式在中国科技会堂举行。纪念邮票一套4枚，入选的4位科学家分别为地质学家刘东生、物理学家程开甲、数学家吴文俊、农学家袁隆平。中国邮政集团有限公司副总经理康宁和中国科协党组成员、国际合作部部长罗晖共同为《中国现代科学家（九）》纪念邮票揭幕。北京市邮政分公司总经理徐茂君和中国科协宣传文化部副部长宋玉荣为《中国现代科学家（九）》纪念邮票首日封揭幕。北京市邮政分公司副总经理范小荣向入选科学家家属及所在单位代表赠送邮票纪念品。程开甲之女程漱玉、吴文俊之子吴天骄、袁隆平之弟袁隆湘等科学家家属代表，中国科学院、中国科技馆等相关单位代表，邮票入选评审专家王渝生、张藜、罗兴波，邮票设计师李晨等参加首发式。“中国现代科学家”系列纪念邮票自1988年首次发行以来，共有38位中国现代科学家入选。

（胡柏峰）

【《北京师范大学建校一百二十周年》纪念邮票首发】 9月8日，由中国邮政集团有限公司出品的《北京师范大学建校一百二十周年》纪念邮票首发活动在京师大厦举办，北京师范大学、中国邮政集团有限公司、北京师大合创科技平台运营集团有限公司、中国邮政集团有限公司北京市分公司等领导出席活动。北京师范大学副校长张凯与中国邮政集团有限公司邮政业务部资深经理刘群为《北京师范大学建校一百二十周年》纪念邮票揭幕。张凯与中国邮政集团有限公司北京市分公司副总经理范小荣为“百廿京师 教育兴邦”校庆系列邮品揭幕。首发仪式同步发布《立德树人》——《北京师范大学》定制版个性化邮票以及《北京师范大学一百二十周年校庆》纪念封。中国邮政集团有限公司与北京师范大学互赠特殊版号邮票和北京师范大学校徽。《北京师范大学建校一百二十周年》纪念邮票一套1枚，全套邮票面值为1.20元，邮票发行780万套。该套邮票由于童设计，邮票画面以北师大校徽标志为主体内容，同时辅以“学为人师，行为世范”校训、学校主楼等元素，并以环绕校徽的圆形细线为背景，寓意北师大“木铎金声，弦歌不辍”的余韵和着时代节拍不断激荡传播，整体画面构图饱满、层次分明，突出体现北师大的办学精神和使命担当，充分彰显出北师大深厚的历史底蕴和蓬勃的时代气息。

（胡柏峰）

通信

中国联通北京市分公司

【概况】 2022年，中国联合网络通信有限公司北京市分公司（简称北京联通）下设6个市区分公司，其中二区、八区、三区分公司为海淀区提供服务。二区分公司位于海淀区皂君庙9号，是亚洲最大的通信枢纽，下辖11个营销服务中心，分别是中关村营销服务中心、北太平庄营销服务中心、上地营销服务中心、清河营销服务中心、西直门营销服务中心、皂君庙营销服务中心、二里庄营销服务中心、大有庄营销服务中心、温泉营销服务中心、西三旗营销服务中心、永丰营销服务中心。八区分公司位于海淀区茂林居甲14号，下辖9个营销服务中心，分别是五棵松营销服务中心、展览路营销服务中心、紫竹院营销服务中心、石景山营销服务中心、鲁谷营销服务中心、四季青营销服务中心、茂林营销服务中心、金顶街营销服务中心、恩济庄营销服务中心。三区分公司的西客站营销服务中心属于海淀区。北京联通在海淀区界内有北京联通管线中心（复兴路65号）、北京联通移动中心（羊坊店路9号）、北京联通平台中心（羊坊店路9号）、北京联通网优中心（羊坊店路9号）4个通信局。

北京联通客户服务电话“10010”为客户免费提供7×24小时业务咨询、信息查询、投诉建议、业务办理等人工与自助的综合服务，“10011”为客户提供全国“一卡充”充值服务，“116114”信息导航平台，全方位提供查号、订餐、机票、预约挂号等便民服务。

（陈育红）

【品牌建设】 年内，北京联通在网络强国、科技创新、新型数字基础设施建设、疫情防控等方面主动服务和融入首都发展大局，着力打造数字经济发展的“联通标杆”，形成一批有代表性的标杆项目：交付北京市海淀区教育科学研究院云集成项目；中标海淀区城市安全运行物联网应用试点运维项目、中国福利彩票发行管理中心异地数据中心项目；北京交通大学及中国地质大学的5G随行专网项目实现突破。形成政务大数据平台、海淀区防控外呼政务热线项目、智慧平安小区基层治理项目等一批示范性项目。

（陈育红）

【服务提升】 年内，北京联通坚持目标、问题和结果导向，全面落实高品质服务要求，着力打造与首都地位相匹配的高品质服务。深化“吹哨即办”响应机制，严格执行问题升级制度，落实“一把手”监督管控，重点问题形成任务单，聚力推进难点小区覆盖、千兆网络升级、高端用户维挽等专项问题攻坚，普通投诉率市区保持最低，行业申诉同比压降56%，专项攻坚问题全部达标。全面落实“接触即满意”机制，确保接触一个用户打造一个满意用户，两个触点客户满意度评价持续提升。强化通报机制，持续优化正负面清单，压实责任管控，实现触点人员负面清单问题清零。制定并细化执行服务预案，高质量完成北京冬奥会和冬残奥会、党的二十大等重大活动通信保障任务。

（陈育红）

表34　2022年海淀辖区北京联通营业厅名单一览表

单位	序号	营业厅名称	地址
二区分公司	1	中国联合网络通信有限公司北京市分公司北太平庄营业厅	海淀区北三环中路33号
	2	中国联合网络通信有限公司北京市分公司温泉营业厅	海淀区温泉乡太舟坞
	3	中国联合网络通信有限公司北京市分公司上地营业厅	海淀区上地电话局
	4	中国联合网络通信有限公司北京市分公司中关村营业厅	海淀区海淀路54号
	5	中国联合网络通信有限公司北京市分公司清河营业厅	海淀区清河毛纺路清河电话局
	6	中国联合网络通信有限公司北京市分公司二里庄营业厅	海淀区志新路11号
	7	中国联合网络通信有限公司北京市分公司皂君庙营业厅	海淀区皂君庙路9号
	8	中国联合网络通信有限公司北京市分公司西三旗营业厅	海淀区西三旗建材城东路28号
	9	中国联合网络通信有限公司北京市分公司中关村东路营业厅	海淀区中关村东路1号院2号楼108室
	10	中国联合网络通信有限公司北京市分公司苏州街营业厅	海淀区苏州街55号101
	11	中国联合网络通信有限公司北京市分公司马连洼营业厅	海淀区马连洼兰园小区14号楼一层2—5号
	12	中国联合网络通信有限公司北京市分公司上地信息路营业厅	海淀区农大南路1号院2号楼B104A
	13	中国联合网络通信有限公司北京市分公司西直门营业厅	海淀区西直门北大街32号院1号楼1层106第72号至76号房间
	14	中国联合网络通信有限公司北京市分公司西土城路营业厅	海淀区西土城路10号综合楼1层
	15	中国联合网络通信有限公司北京市分公司中关村南大街营业厅	海淀区中关村南大街乙12号院1号楼1层1—17

续表

单位	序号	营业厅名称	地址
	16	中国联合网络通信有限公司北京市分公司北科大营业厅	海淀区学院路30号2区10幢1层101室
	17	中国联合网络通信有限公司北京市分公司新街口外大街营业厅	西城区新街口外大街28号30幢28–16
	18	中国联合网络通信有限公司北京市分公司万柳中路营业厅	海淀区颐和园路5号北京大学校内29号学生集体宿舍楼地下1层内15号
	19	中国联合网络通信有限公司北京市分公司永泰中路营业厅	海淀区永泰东里52号楼首层4号北侧
	20	中国联合网络通信有限公司北京市分公司花园路营业厅	海淀区花园路B3号1层南侧
三区分公司	21	中国联合网络通信有限公司北京市分公司莲花桥营业厅	海淀区什坊院甲3号
	22	中国联合网络通信有限公司北京市分公司西客站营业厅	海淀区羊坊店路9–1号
八区分公司	23	中国联合网络通信有限公司北京市分公司五棵松营业厅	海淀区复兴路65号
	24	中国联合网络通信有限公司北京市分公司远大路营业厅	海淀区远大路1号金源时代购物中心一层1022号、1069号
	25	中国联合网络通信有限公司北京市分公司田村营业厅	海淀区永定路乙1号院8号楼6单元101
	26	中国联合网络通信有限公司北京市分公司紫竹院营业厅	海淀区西三环北路昌运宫1号
	27	中国联合网络通信有限公司北京市分公司四季青营业厅	海淀区昆明湖南路12号
	28	中国联合网络通信有限公司北京市分公司茂林居营业厅	海淀区茂林居小区甲14号
	29	中国联合网络通信有限公司北京市分公司公主坟营业厅	海淀区复兴路21号国美大厦1层
	30	中国联合网络通信有限公司北京市分公司四通桥营业厅	海淀区中关村南大街1号
	31	中国联合网络通信有限公司北京市分公司恩济庄营业厅	海淀区八里庄路63号院1号楼1层08号

（陈育红）

中国移动北京公司城区三分公司

【概况】 中国移动北京公司城区三分公司（简称城区三分公司）隶属于中国移动通信集团北京有限公司（简称北京移动），属北京移动下属二级单位，为海淀区280万户用户提供移动话音和流量、有线宽带、集团客户以及其他通信信息服务。2022年，城区三分公司全面落实建设网络强国、数字中国、智慧社会的重大战略部署，持续投入网络建设，完成北京冬奥会和冬残奥会、党的二十大、全国两会等重大活动的通信保障任务。助力乡村振兴，相关报道在北京日报客户端等主流媒体刊发。建立“三人”志愿服务品牌[①]，参与属地志愿服务，开展社区防疫、科普、防范电信诈骗等各类公益志愿活动180余场次。

（戴林轩）

【用户服务】 年内，城区三分公司立足移动“小窗口”，做好便民“大服务”，实施服务精细化管理，根据不同年龄层次客户需求，升级银发客户和校园市场特色服务，完成41家营业厅爱心专区搭建，优化老年客户业务办理路径和提供上门服务，使老年客户办理业务更便利，累计上门服务超千次。联合浩大健桥腕表公司，为有健康监测需求的老年客户提供老年腕表绑定全流程服务。面向高校学生提供志愿服务，推出线上报到、绿色通道等特色服务，为贫困生提供通信费优惠、赠送防疫礼包。全力打造优质便捷高效的“心级”服务。

（戴林轩）

【5G网络建设】 截至年底，海淀区5G网络覆盖率达到99.02%，比上年提高1.52个百分点；家庭宽带（社区）覆盖率达到89.7%，海淀区实现城市、郊区、乡村网络广泛覆盖，为智慧家庭、智慧社区、智慧园区、智慧校园构建坚实的网络基础。全区5G站点新增2132个，累计达到5659个。

（戴林轩）

【海淀辖区北京移动营业厅42个】 年内，海淀辖区有北京移动营业厅42个。

（戴林轩）

① “三人”志愿服务品牌：以“全员志愿者”为理念，结合学雷锋纪念日、五四青年节、校园营销等重要时点以及重点工作，发动分公司员工参与志愿服务，把小贡献凝聚成服务社会的大合力，推进志愿服务常态化。

表35 2022年海淀辖区北京移动营业厅名单一览表

营业厅名称	营业厅地址
中国移动通信集团北京有限公司玲珑路营业厅	北京市海淀区西四环北路160号一层一区108
中国移动通信集团北京有限公司枫蓝国际营业厅	北京市海淀区西直门北大街32号枫蓝国际中心商场1层
中国移动通信集团北京有限公司锦秋国际营业厅	北京市海淀区知春路6号锦秋国际大厦一层A102
中国移动通信集团北京有限公司北下关营业厅	海淀区大柳树北17号富海大厦2号楼一层101号
中国移动通信集团北京有限公司学清路营业厅	北京市海淀区学清路38号金码大厦B座1层A2区
中国移动通信集团北京有限公司北太平庄营业厅	北京市海淀区北三环中路35号北太平庄邮局二层
中国移动通信集团北京有限公司保福寺营业厅	北京市海淀区中关村东路10号
中国移动通信集团北京有限公司海淀首享营业厅	北京市海淀区学院路51号首享科技大厦一层0105
中国移动通信集团北京有限公司西山林语营业厅	北京市海淀区冷泉林语二区13号楼107
中国移动通信集团北京有限公司中关村软件园营业厅	北京市海淀区东北旺西路8号院尚东数字山谷A区3号楼
中国移动通信集团北京有限公司上地科实营业厅	北京市海淀区信息路甲28号1楼1层F
中国移动通信集团北京有限公司清河营业厅	北京市海淀区清河镇清河强佑新城底商108A
中国移动通信集团北京有限公司永泰庄营业厅	北京市海淀区永泰中路永泰东里41号楼底商
中国移动通信集团北京有限公司远大路营业厅	北京市海淀区远大路1号金源时代购物中心B段1层1125号
中国移动通信集团北京有限公司永定路营业厅	北京市海淀区永定路乙一号乐府江南乙1–20号底商
中国移动通信集团北京有限公司主语国际营业厅	北京市海淀区首体南路9号主语商务中心5号楼1层0101
中国移动通信集团北京有限公司紫竹桥营业厅	北京市海淀区紫竹院路1号人济山庄底商
中国移动通信集团北京有限公司中关村西区营业厅	北京市海淀区彩和坊路8号天创大厦1层底商北侧
中国移动通信集团北京有限公司万柳营业厅	北京市海淀区万柳东路9号106室
中国移动通信集团北京有限公司交大营业厅	北京市海淀区交大东路18号院9号楼一层
中国移动通信集团北京有限公司科大营业厅	北京市海淀区学院路30号6区北京科技大学学生公寓3号楼一层
中国移动通信集团北京有限公司北大营业厅	北京市海淀区颐和园路5号北京大学45甲地下师生配套生活服务13号
中国移动通信集团北京有限公司民大营业厅	北京市海淀区中关村南大街27号
中国移动通信集团北京有限公司人大营业厅	北京市海淀区中关村大街59号中国人民大学餐饮管理部一层
中国移动通信集团北京有限公司清华营业厅	北京市海淀区清华大学清华园街道16区
中国移动通信集团北京有限公司北理工营业厅	北京市海淀区中关村南大街5号院5区323栋（北京理工大学职消社超市二层）
中国移动通信集团北京有限公司林大营业厅	北京市海淀区清华东路35号北京林业大学校内信息楼东侧
中国移动通信集团北京有限公司北师大西门营业厅	北京市海淀区新街口外大街19号北京师范大学校内小西门旁底商
中国移动通信集团北京有限公司北邮营业厅	北京市海淀区西土城路10号北京邮电大学商业街104号
中国移动通信集团北京有限公司地大营业厅	北京市海淀区学院路29号中国地质大学校内图书馆一层
中国移动通信集团北京有限公司五棵松营业厅	北京市海淀区西翠路12号
中国移动通信集团北京有限公司公主坟城乡营业厅	北京市海淀区复兴路甲23号一层1–02
中国移动通信集团北京有限公司西点茂营业厅	北京市海淀区永定路88号1层88–6室18号

（戴林轩）

中国电信股份有限公司北京分公司

【概况】 2022年，中国电信股份有限公司北京分公司（简称中国电信北京公司）贯彻落实中国电信乡村振兴工作部署，结对帮扶新疆喀什疏附县从脱贫摘帽走到乡村振兴。常态化配合属地政府做好企业疫情防控工作，提供智慧化防疫防控服务。热心社会公益事业，不断创新“适老化”服务模式。与海淀区政府合作，参与数字化建设相关工作。与海淀区生态环保局合作，建立污染源及移动源检测系统，对全区污染源企业及移动源进行智慧化感知，建立数字化管理台账，实现污染情况精细化管理，包括总量控制、监察执法、行政处罚、排污监管、统计分析等板块。实现污染源监管一张图、一源一档管理、污染源画像管理、排污检测管理、日常监管管理等场景。

（乔婷婷）

【5G基站建设】 年内，中国电信北京分公司在海淀区设立的5G室外站数量达3050个（含联通共享），MR（测量报告）覆盖率97.12%，2022年增加5G室分（室内移动信号分布系统）1236套站，覆盖1264栋楼宇，比上年增加578栋；覆盖面积约2098万平方米，比上年增加838万平方米。

（乔婷婷）

【疫情通信保障】 年内，中国电信北京公司开展“我为群众办实事”实践活动。与区卫生健康委合作，承担海淀区疫苗流动接种队上门接种的视频保障任务，提供移动设备170套，提供现场接种服务1400次。为苏家坨镇提供1台“数字哨兵”，为上地街道提供“智能门磁”1690套；为花园路街道、四季青镇政府、八里庄街道、燕园街道、东升镇政府、青龙桥街道、万寿路街道、北太平庄街道、海淀镇政府、海淀街道、苏家坨镇政府的流调工作提供“来电名片”服务。

（乔婷婷）

【用户服务提升】 年内，中国电信北京公司坚持“用户至上，用心服务”的服务理念，持续提升客户服务品质和客户感知。探索“一人一站式服务”，首接触客服人员对用户问题从一而终，一跟到底，为用户提供解决方案，缩短用户问题解决路径，提升用户整体感知。衍生推出企业微信“陪伴服务”，在中国电信北京公司10000号“尊长专席”基础上，主动引导来电咨询的老年用户添加专属1V1服务经理企业微信，通过微信为使用自助服务有困难的年长者用户提供业务快捷办理、产品使用辅导、合约到期提醒、防诈关怀提醒、爱心台席、优先服务的适老服务，打造管家式专属服务在电信营业厅设立爱心驿站，面向老年人群体，快递小哥、外卖骑手、环卫工人等户外劳动者群体，来厅办理业务的残疾人、孕妇等特殊群体，以及营业厅周边的过路人群体，提供智能科普、反诈宣传、饮水供给、餐食加热、手机充电等公益服务。

（乔婷婷）

表36　2022年海淀辖区北京电信营业厅名单一览表

序号	网点名称	地址	序号	网点名称	地址
1	上地西路营业厅	海淀区上地三街9号金隅嘉华大厦B-20，B-21	11	六道口营业厅	海淀区清华东路25号1号楼1层105室
2	稻香湖路营业厅	海淀区林风二路39号院4号楼1层108及2层208	12	四通桥营业厅	海淀区中关村大街49号9号楼首层4-5号
3	马连洼营业厅	海淀区润千秋佳苑12号楼1层01-50	13	田村营业厅	海淀区永定路乙1号院14号楼首层1-6-105/106
4	安河桥北营业厅	龙背村路101号第36号商铺海淀区	14	五道口营业厅	海淀区华清嘉园6号楼1层商业3
5	清河营业厅	海淀区清河嘉园东区1号楼1层107	15	西直门外营业厅	海淀区高梁桥斜街59号院5号楼1层107
6	上地营业厅	海淀区上地东路1号院1号楼盈创动力大厦1层B21	16	杏石口营业厅	海淀区杏石路99号3幢103
7	永丰南营业厅	海淀区永丰路9号院1号楼1层101-15房间	17	长春桥营业厅	海淀区远大路1号金源时代购物中心2栋1层
8	悦界营业厅	海淀区永润路18号院2号楼1层101	18	中关村营业厅	北四环西路51-1号
9	海淀大街营业厅	海淀区海淀大街27号8号楼1-4全部1层Z1003	19	莲花桥营业厅	西三环莲花桥东北角什坊院6号
10	航天桥营业厅	海淀区西三环北路88号1层2号底商	20	西三旗营业厅	西三旗育新花园16号楼1层西部

（乔婷婷）

科　技

2023
北京海淀年鉴

综述

2022年，北京市海淀区科学技术和经济信息化局（简称海淀区科信局）聚焦世界领先科技园区建设，贯彻落实市、区决策部署，围绕中关村科学城功能定位，持续完善基础研究布局、提升区域原始创新能力，以重大创新平台、新型研发机构、概念验证中心建设为抓手，以加强关键核心技术攻关、提升产学研协同创新水平为目标，着力提升区域创新能级，为市、区高质量发展提供强力支撑。推进京津冀国家技术创新中心建设。开展大信息产业研究，推动重点项目落地，全面开展智慧海淀建设。形成《海淀区智慧城市建设实施方案（2021—2025）》框架，基于市区大数据平台实现市区两级业务融合、数据汇聚，在重点车辆治理、地震监测预警等方面实现数据共享、场景共建，构建城市大脑市区共建模式。重点完成《全球数字经济标杆城市建设2022年任务清单》，根据《中关村科学城数字经济创新发展三年行动计划（2021—2023年）》，围绕数字新基建、引领性数字技术攻关、高端特色数字产业发展、数字经济制度创新、数字化治理方式变革5个方面15项重点任务，梳理重点项目百余项并动态跟踪，持续推动项目落地，清单化推动数字经济发展。截至年底，海淀区拥有国家级高新技术企业9764家；中关村高新技术企业10729家。高新技术企业收入3.8万亿元，比上年增长7.5%；软件和信息服务业收入1.6万亿元，比上年增长12%。在2022年公布的北京市奖励项目评选中，海淀区97个项目分别获北京自然科学奖、北京技术发明奖与北京科技进步奖，占北京市项目奖获奖总数的50.7%。专利授权量73036件，比上年增长1.9%，占北京市的36%；其中，发明专利授权量43456件，比上年增长7.4%，占北京市的49.3%。PCT专利申请量5578件，比上年增长36.5%，占北京市的48.7%，位列全市第一。有效发明专利拥有量229926件，占北京市的48.1%。每万人发明专利拥有量达736件（按海淀区2022年常住人口312.4万人计算），是全市水平的3.4倍。海淀区登记技术合同61604项，技术合同登记总额达到3380.4亿元，比上年增长15.7%；列北京市第一名，占北京市的42.5%。海淀区技术市场继续保持快速增长态势。

（程晓荷）

科技产业与成果

【推进国家重大科技平台建设】 年内，海淀区加强中关村实验室软硬环境建设保障，起步区实现入驻办公，核心区16栋楼宇建设完成验收，支持新型研发机构开展关键核心技术攻关，北京量子信息科学研究院量子直接通信样机创造100千米的世界最长通信距离、国内首台产品级掺镱高功率飞秒振荡器研发完成，智源研究院、微芯研究院分别发布高精度仿真秀丽线虫“天宝1.0”、“九鼎”智算平台、面向区块链底层的自主可控P2P网络“若水”、全球最大区块链存储引擎“泓”等技术成果。支持启元实验室科研团队建设及科技成果转化，建立深度合作机制，落地元潼（北京）技术有限公司等2家企业。

（程晓荷）

【京津冀国家技术创新中心建设】 年内，中关村科学城管委会推进京津冀国家技术创新中心建设，新挖掘项目122个，立项项目34个，新落地企业6家，自主培育企业新增融资约10.66亿元。引进2名项目经理，项目经理达13人；引进4名海外合作大学实验室人员和3名国内高水平的科研人才，专职科研人员达89人。挖掘68个项目，其中国际项目超过40%。参与科技部颠覆性技术创新项目，成为项目运营单位。启动与北京大学、北京航空航天大学联合招收工作，招收博士研究生39名。

（程晓荷）

【高新技术企业拥有量】 截至年底，海淀区拥有国家级高新技术企业9764家。全区中关村高新技术企业达10729家。本年注重优化高新技术企业工作体系，建立高新技术企业培育库，联动业务处室及乡镇街道通过线上及线下相结合方式，开展高新技术企业培育与认定辅导。开展线上、线下科技型中小企业培训28场，并定点向未入库国家高新技术企业、孵化器内科技企业推送动员申报信息3000余家。

（程晓荷）

【新型储热技术应用】 据1月5日《海淀报》报道，中国科学院过程工程研究所黄云团队的“储能过程与能源材料”项目通过关键核心技术攻坚，形成“复合储热技术及低碳节能系统”，已进入科研成果转化阶段。黄云课题组在储热材料研发方面，提高储热材料的密度，减小储热装置的体积，节约占地面积，同时降低储热材料的成本，有利于实现商业推广，课题组聚焦在工业废渣上。课题组还开展多项关键核心技术攻坚，包括复合相变储热材料定型微封装、储热单元多尺度传热强化、储热系统集成与动态优化等，形成领域先进的复合储热技术体系。储热技术储热系统可以储存、释放热量，有效支撑“零碳供热”“零碳建筑”等应用场景，为实现碳达峰、碳中和目标提供科学技术解决方案。

（钟冷）

【高灵敏度核酸检测试剂盒获批】 1月10日，由清华大学医学院郭永教授团队与北京新羿生物科技有限公司等多家单位联合研发的新型冠状病毒（2019-nCoV）核酸检测试剂盒（荧光PCR法）正式获得国家药品监督管理局（NMPA）医疗器械批文（国械注准：20223400015）。这是国家药监局批准的首张基于数字PCR技术进行新冠病毒核酸检测的III类医疗器械证书，也是全球首个经评审后正式获批的将数字PCR技术运用于新冠领域的研究成果。试剂盒采用第三代PCR技术，灵敏度可达100拷贝/毫升，可以检测到样本中的微量新冠病毒，有效提高检测灵敏度，降低阳性漏检情况。针对新冠病毒诸多变异株出现的情况，研发团队已完成相应变异株序列的生物信息分析，并对潜在可能影响试剂检测性能的突变开展验证实验。试剂盒对目前全球范围内最常见的15种变异株：德尔塔株（Delta）、奥密克戎株（Omicron）等，均不会出现漏检和脱靶。

（钟冷）

【浪潮发布元宇宙首款专属硬件】 3月17日，浪潮信息生态伙伴大会IPF2022线上召开，浪潮信息发布首款元宇宙专属硬件——元宇宙服务器MetaEngine。浪潮元宇宙服务器MetaEngine是国内首个搭载Omniverse的计算平台，可以实现大量的创作者同时接入，并使用3DMax、Maya、Blender、Unity等各种建模工具高效协同创作；具备AI计算能力，能够按需实时生成虚拟内容（AIGC）、加速图形渲染（DLSS），支撑虚拟人和虚拟世界的交互以及虚拟世界数据的智能分析。浪潮MetaEngine服务器新一代SSD高速存储介质，采用ZNS数据分流等技术，使性能提升210%，每GB成本下降60%。浪潮MetaEngine服务器为元宇宙数字空间的创建和运行提供强大算力，为元宇宙的加速落地提供有利条件，是元宇宙走进现实过程中具有开创性、里程碑意义的重要尝试。

（钟冷）

【量子直接通信距离实现100千米】 4月6日，北京量子信息科学研究院、清华大学龙桂鲁教授团队和陆建华教授团队合作，设计和实现一种相位量子态与时间戳量子态混合编码的量子直接通信新系统，通信距离达到100千米，是当前世界最长的量子直接通信距离，该成果在线发表在2022年4月刊*Light: Science & Applications*光学学术期刊上。

（谭修一）

【“上奇产业图谱”数据和知识服务产品挂牌交易】 5月27日，中国首家产业链“数商”——“上奇产业图谱”数据和知识服务产品在上海数据交易所挂牌，开始交易服务。“上奇产业图谱”相关产品由海淀民营企业——北京上奇数字科技有限公司（简称上奇公司）开发，此次上线的“上奇产业图谱”服务，包括100余条产业链、5000万家企业、4000万条专利、200余万元投资、100余万元招标、20余万名人才、10会万种产品，4000余个区域统计信息等40余类产业数据集。2021年，上奇公司牵头组建国内首个“产业知识图谱”开放实验室，已获7项国家发明专利授权、20余项软件著作权。

（钟冷）

【利亚德黑钻系列全球首发】 6月30日，中关村科学城企业利亚德集团召开“MicroLED迈入通用显示，迎接半导体时代来临”新技术新产品全球发布会，正式发布“利亚德黑钻”系列MicroLED技术及新品。此次全球首发的利亚德黑钻Diamond系列，应用当前最先进的MicroLED显示技术，产品涵盖P0.9—P1.8新品，以及P1.0以下Nin1 Micro LED显示产品，覆盖80%室内小间距产品；具有高稳定性、高可靠性（解决毛毛虫问题），对比度提高3倍，亮度提高1.5倍，均匀度更好，能耗更低，性价比更高（接近金线灯价格）等综合技术与产品优势。

（钟冷）

【国内首个基于医院建设的概念验证中心揭牌】 6月21日，海淀区与北京大学第三医院与共建的中关村科学城——北京大学第三医院临床医学概念验证中心揭牌，是国内首个基于医院建设的概念验证中心。北医三院概念验证中心将进一步完善医学科技创新链条，加速从想法到样品的路径，实现“0到1”的突破，促进更多优质的基于临床的科技成果转化落地。中心与北京智源人工智能研究院、北京纳通科技集团有限公司、北京联影智能影像技术研究院、北京天智航医疗科技股份有限公司、巢生源科（北京）科技管理有限公司等第一批“海淀组团”建立合作关系，完成首批概念验证项目的征集、评审工作，共支持项目20个，总资助金额915万元。

（程晓荷）

【四方继保获第二十三届中国专利奖金奖】 7月26日，国家知识产权局公布关于第二十三届中国专利奖授奖的决定，对在实施创新和推动经济社会发展等方面作出显著贡献的专利权人、发明人（设计人）以及相关组织者给予表彰。南方电网科学研究院有限责任公司、四方继保作为专利权人的发明专利“用于并行冗余协议网络中的时钟输出控制方法和系统”获中国专利奖金奖。该专利于2016年立项研发，2018年12月7日获得国家知识产权局的发明专利授权。技术内容面向工业控制领域网络可靠性提升需求，首次提出冗余网对时策略和方法，以芯片级硬IP方式固化，显著提升对时的精度和稳定性，有效保障对能源工控制装备复杂环境下的可靠稳定运行，填补并行冗余协议网络对时方面的技术空白，实现核心算法和元器件的自主可控。

（郑雪）

【“智汇行动”概念验证创新大赛——科学“碳”索专场路演】 7月27日，在中国科学院科技创新发展中心和中关村科学城管委会的指导下，由中科智汇工场、中国科学院理化技术研究所和中国科学院大气物理研究所主办的“智汇行动”概念验证创新大赛——科学“碳”索专场路演成功举办。本次“智汇行动”概念验证创新大赛围绕“双碳”战略，“跨临界CO_2单螺杆压缩机开发”“大规模液态空气储能技术”“动力电池温控及热失控防护装置”“Agro-GHG核算平台在主要农产品减排固碳与成本收益的评估应用”“仿生低碳新型建筑材料”“太阳能化学面板制氢”“支撑双碳需求的大规模化太阳能发电精准监测和预报系统”等7个中国科学院早期项目团队成员展示项目的创新成果及实践成就。现场评委针对项目的技术产品、商业模式、核心团队等方面进行评分，所得分数作为进入2022年“CAS 概念验证计划”创新大赛总决赛的重要依据。CAS概念验证中心为2022年“CAS概念验证计划”的项目提供专属技术经理人全程服务、概念验证专项资金、科技服务、知识产权与法律顾问、“CAS空间”入驻办公、产业资源与地方市场资源对接、项目包装及品牌推广、中国科学院科技创新管理培训等支持。

（程晓荷）

【重大科技项目和创新平台建设奖励专项发布】 8月10日，2022年海淀区重大科技项目和创新平台建设奖励专项发布，支持高新技术企业积极承担重大科技计划、建设专业创新平台。对2021年度主持国家重点研发计划、科技创新2030重大项目、国家科技重大专项的企业，每项给予最高50万元奖励，每家企业累计不超过100万元。对2021年度主持北京市科委、中关村管委会立项科技计划项目的企业，每项给予最高20万元奖励，每家企业累计不超过40万元。对2021年度新获得国家科技部认定的全国重点实验室、国家技术创新中心，国家发改委认定的国家工程研究中心、国家企业技术中心、国家产业创新中心，国家工信部认定的国家制造业创新中心资质的企业，每项给予最高50万元奖励，每家企业累计不超过100万元。对2021年度新获得北京市科委、中关村管委会认定的企业技术创新中心，北京市经信局认定的北京市产业创新中心，北京市发改委认定的北京市工程研究中心资质的企业，每项给予最高20万元奖励，每家企业累计不超过40万元。对2021年度与北京市普通本科高校或科研院所共建联合实验室（联合科研机构）且研究内容符合海淀区重点发展产业方向的企业，每项给予最高30万元奖励，每家企业累计不超过60万元。

（谭修一）

【百度发布全球首个全平台量子软硬一体解决方案】 8月25日，“量见未来”量子开发者大会在北京举办，会上，百度发布超导量子计算机“乾始”和全球首个全平台量子软硬一体解决方案“量羲”。“乾始”是集量子硬件、量子软件、量子应用于一体的产业级超导量子计算机。“乾始”量子硬件平台已搭载10量子比特高保真度超导量子芯片，为用户提供稳定优质的量子计算服务。“量羲”是百度推出的全球首个全平台量子软硬一体解决方案，提供私有化部署、云服务、硬件接入等一系列服务，最大程度上简化量子硬件部署到量子服务的全流程。“量羲”具备适配超导、离子阱等多类型主流量子芯片，可实现量子芯片“即插即用”，已完成中国科学院物理所超导量子芯片和中国科学院精密测量院离子阱量子芯片连接验证。

（钟冷）

【中科曙光液冷技术方案入选典型案例】 9月19日，“东数西算下新型算力基础设施与发展”研讨会在北京召开，会上发布《东数西算下新型算力基础设施发展白皮书》（简称《白皮书》），这是“东数西算”战略实施以来，首部算力设施白皮书。中关村科学城企业中科曙光的液冷技术方案入选《白皮书》典型案例。《白皮书》指出，中国仅有41%的数据中心PUE（电能利用率）在1.4以下，“东数西算”的相关工程，国家和地方持续出台一系列政策限制其PUE值，要求东部地区不超过1.25，西部地区不超过1.2。作为“东数西算”工程重要算力基础设施，数据中心需要加大推广利用液体冷却、清洁能源、余热回收等绿色低碳技术。中科曙光的液冷技术方案可让数据中心PUE最低降至1.04，实现全地域全年自然冷却，极大地节约电与水的使用。中科曙光拥有液冷核心专利超60项，部署的液冷服务器节点已达数万个。中科曙光拥有自持的海量原生算力资源，已实现与十余个区域算力中心的接入，初步建成集算力、存储、数据和增值服务于一体的全国一体化算力服务平台，服务超10万用户，作业提交量突破3000万，可提供智能计算、通用计算、高密度计算、云计算等多元算力服务，是国内首个建成、最大规模的算力服务网络。

（钟冷）

【百度发布“2022十大科技前沿发明”】 9月20日，百度发布“2022十大科技前沿发明”，包括跨模态通用可控AIGC（基于人工智能的内容生成）、无人车多传感器融合处理系统、知识增强大模型、深度学习通用异构参数服务器架构、基于AI（人工智能）的生物计算平台PaddleHelix、面向自动驾驶的车路协同关键技术、全平台量子软硬一体、数字人智能化生产、智慧城市全要素双总线技术、自动驾驶多模态行人运动预测，涉及方向涵盖内容生成、生物计算、自动驾驶、智慧城市等多个领域，体现百度多项国际前沿核心技术的实现与突破。截至2022年，百度在人工智能领域10年累计研发投入超1000亿元，连续4年在AI专利申请量和授权量方面蝉联全国第一。

（钟冷）

【2022年“创响中国”海淀站暨京津冀双创示范基地联盟主站活动】 9月20日，由国家发改委和中国科协指导，海淀区人民政府主办，中关村科学城管委会、京津冀双创示范基地联盟秘书处承办的2022年“创响中国”海淀站暨京津冀双创示范基地联盟主站活动在中关村壹号下一代互联网创新园国际会议中心举办。中国科协科学技术传播中心主任郑浩峻，北京市发展改革委二级巡视员刘智明，北京市海淀区委常委、副区长林剑华等领导出席现场活动。天津市发展改革委副局级领导白向东、河北省发展改革委副主任段占东连线参与活动。百余位京津冀双创示范基地联盟成员、院士专家和创新创业企业代表通过线上线下结合的形式参会。活动现场发布第四届“创世技”颠覆性创新榜榜单，表彰在颠覆性创新技术领域

做出卓越表现的项目、团队和企业。颠覆性创新成果（海淀）转化促进中心与历届入榜企业深入对接，推动海淀区引进颠覆性创新企业和技术落地转化，并与落地海淀的5家企业举行签约仪式，一起唱响创新创业高质量发展的共赢曲。现场举办“创客北京2022”海淀赛区颁奖仪式，表彰4家获得特等奖的企业和项目；北京中关村科学城科创服务有限公司与创新创业服务机构签约，共同打造科技创新孵化平台、助力企业科技成果快速转化、赋能企业创新创业发展。

（程晓荷）

【北京石墨烯论坛2022】 10月24日，北京石墨烯研究院举办“北京石墨烯论坛2022”。论坛采用线上线下相结合的方式举行，近百家高校、科研院所、政府部门、企业等相关单位的代表嘉宾出席论坛，研判行业趋势，解读产业政策，凝聚石墨烯产业发展共识。论坛现场，石墨烯研究院与北京大学、中北大学就人才联合培养建立合作机制，并举行签约仪式；为促进石墨烯关键技术成果转化，与多家企业达成合作并签约；发布4英寸单晶石墨烯晶圆、A3尺寸通用石墨烯薄膜、石墨烯玻璃纤维织物产品等BGI研发的3款产品。

（谭修一）

【97个项目获2021年度北京市科技奖】 11月23日，2021年度北京市科学技术奖发布。海淀区驻区单位主持完成（第一完成单位）的97个项目分别获北京自然科学奖、北京技术发明奖与北京科技进步奖，占北京市项目奖获奖总数的50.7%；驻区单位4位科学家获得杰出青年中关村奖。在97个获奖项目中，海淀驻区单位获北京自然科学奖18项，占北京自然科学奖项目的60%；获北京技术发明奖7项，占北京市技术发明奖项目的58.3%；获北京科技进步奖72项，占北京市科技进步奖项目的48.3%。由清华大学主持完成的“柔性膜—基结构及异质界面的力学行为与调控”等4个项目获得2021年北京市自然科学奖一等奖；北京控制工程研究所主持完成的“航天器高敏捷强鲁棒控制技术与应用”等3个项目获得2021年北京市技术发明奖一等奖；由北京百度网讯科技有限公司、曙光信息产业（北京）有限公司主持完成的“面向复杂场景的自动驾驶系统研发及产业化”“国产安全可控先进计算系统关键技术及应用”等23个项目获得2021年北京市科学技术进步奖一等奖。

表37 海淀区获2021年度北京市自然科学奖名单一览表

序号	项目名称	获奖等级	序号	项目名称	获奖等级
1	高迁移率分子半导体材料的设计合成与晶体管器件的基础研究	一等奖	10	面向高承载低摩擦的界面分子设计与调控	二等奖
2	钠离子电池层状氧化物材料构效关系研究	一等奖	11	计算智能方法研究及其应用	二等奖
3	柔性膜—基结构及异质界面的力学行为与调控	一等奖	12	功能导向天然产物合成	二等奖
4	纳米材料亚细胞效应的理化适配基础研究	一等奖	13	二维晶体管理论	二等奖
5	中空多壳层结构体系的合成化学基础研究及功能应用	二等奖	14	基于多源地理大数据的社会感知理论与方法	二等奖
6	适配多元化核酸药物治疗的载体输递系统构建与机制研究	二等奖	15	侏罗纪燕辽生物群中昆虫拟态及行为适应性研究	二等奖
7	高温超导体中压致超导再进入现象的发现与机理研究	二等奖	16	二维多孔纳米材料的高效构建	二等奖
8	面向智能手机的北斗轻量化精准定位理论与应用研究	二等奖	17	混合锁模飞秒光纤激光的动态非线性效应	二等奖
9	锋芒激光束稳态调控与鲁棒传输	二等奖	18	石墨烯等离激元调控及其增强红外光谱研究	二等奖

表38　海淀区获2021年度北京市技术发明奖名单

序号	项目名称	获奖等级	序号	项目名称	获奖等级
1	极端工况下高端装备磁性液体动密封关键技术与应用	一等奖	5	电力电子设备电磁暂态小步长实时仿真关键技术及装置	二等奖
2	非结构光场智能成像关键技术与装备	一等奖	6	创新型安全壳非能动冷却技术及应用	二等奖
3	航天器高敏捷强鲁棒控制技术与应用	一等奖	7	跨系统协作业务的数据安全关键技术与应用	二等奖
4	果蔬真菌毒素防控关键技术创制及应用	二等奖			

表39　海淀区获2021年度北京市科学技术进步奖名单一览表

序号	项目名称	获奖等级	序号	项目名称	获奖等级
1	诊断标志物检测关键技术平台与国家标准体系的构建及推广应用	一等奖	16	移动应用黑灰产溯源技术及应用	一等奖
2	复杂角膜盲复明关键技术创研及人工角膜规范化推广应用	一等奖	17	卵成熟障碍性疾病发病机制及干预新策略研究	一等奖
3	提升新能源消纳能力的大电网安全稳定量化评估与控制技术及应用	一等奖	18	钢铁行业重点工序烟气多功能耦合超低排放技术集成与应用	一等奖
4	京张高铁复杂敏感环境地下站隧智能化建造关键技术与应用	一等奖	19	城市建筑与基础设施安全控制理论与关键技术	一等奖
5	城市地下大空间网络化安全拓建关键技术与应用	一等奖	20	工业承压管道环境敏感断裂理论创新及重大工程应用	一等奖
6	全系统全频北斗厘米级高精度定位芯片研发及产业化	一等奖	21	玉米骨干亲本自交系京2416创制及其系列杂交品种培育	一等奖
7	高安全自主可控数字化工作环境研发与产业化	一等奖	22	面向多场景应用的空天通用灵巧时空服务系统研发与应用	一等奖
8	国产安全可控先进计算系统关键技术及应用	一等奖	23	新一代大型卫星公用平台强适应自主控制技术研究与应用	一等奖
9	面向复杂交通场景的自动驾驶系统研发及产业化	一等奖	24	重要传染性病原体高通量快速检测和应急筛查新技术研究	二等奖
10	声表面波材料与器件技术及产业化	一等奖	25	制造过程实时数据处理与知识驱动的优化决策关键技术及应用	二等奖
11	多媒体计算通信技术与智能安防系统研发及应用	一等奖	26	视觉内容智能解析与合成的关键技术和应用平台	二等奖
12	城市排水系统厂网联合运行与优化控制关键技术与应用	一等奖	27	复杂地表定量遥感建模及航天遥感应用	二等奖
13	中重型燃气内燃机/汽车关键技术及应用	一等奖	28	北斗高精度大气探测系统关键技术及应用	二等奖
14	保障新能源电力系统安全的继电保护技术研究及应用	一等奖	29	行业广域专网安全接入与高效管控技术应用	二等奖
15	大型二氧化碳制冷及其跨临界全热回收关键技术与应用	一等奖	30	高速电力线载波关键技术与应用	二等奖

续表

序号	项目名称	获奖等级	序号	项目名称	获奖等级
31	设施蔬菜高效基质无土栽培关键技术创建与应用	二等奖	52	青光眼精准诊治体系的建立及应用	二等奖
32	数据与场景驱动的农业科技知识精准服务关键技术创制及应用	二等奖	53	沥青路面裂缝防治理论、技术与工程应用	二等奖
33	城市困难立地防护与生态修复关键技术研究与应用	二等奖	54	新一代道路交通数字化系统关键技术及应用	二等奖
34	“丝绸之路”经济带油气区增产改造关键技术及重大应用成效	二等奖	55	“一带一路”国家高硫高盐油田全生命周期腐蚀控制关键技术及工程应用	二等奖
35	高速铁路列车运行控制系统关键技术研究及应用	二等奖	56	大功率MW级地铁供电装备核心技术及产业化	二等奖
36	中国高铁科学绘本（全3册）	二等奖	57	中医真实世界临床研究范式、方法及应用	二等奖
37	面向实体零售商品流通业务的数字化技术及应用	二等奖	58	列车运行净空感知与远程瞭望关键技术及应用	二等奖
38	复杂装备数字化仿真测试验证关键技术研究与应用	二等奖	59	轨道交通信号智能健康管理关键技术及应用	二等奖
39	多模态跨领域信息智能处理关键技术研究及产业化应用	二等奖	60	小流域多维立体生态治理关键技术研究及应用	二等奖
40	电子信息用超高纯三氯氢硅和四氯化硅制备关键技术及产业化	二等奖	61	生猪基因组分子育种技术体系的创新及应用	二等奖
41	国产自主版式文档处理关键技术及产业化应用	二等奖	62	畜禽疫病快速诊断技术研发平台的建立与应用	二等奖
42	低轨卫星物联网星座系统研发及应用	二等奖	63	大型装备形貌与姿态高精度视觉测量关键技术及应用	二等奖
43	面向工业互联网的大规模漏洞发现技术及应用	二等奖	64	作物育种数字化技术研究与应用	二等奖
44	眼底图像人工智能识别研发及在致盲眼病和心血管风险评估中的应用	二等奖	65	基于新一代信息技术的设施园艺智慧管控系统研发及产业化	二等奖
45	基于智能座舱操作系统技术的中间件平台的开发与应用	二等奖	66	个性化情感化人机语音交互关键技术及产业化	二等奖
46	认知智能驱动的多模态自然人机交互关键技术及应用	二等奖	67	面向全屋智能的异构互联和融合交互关键技术与应用	二等奖
47	新冠病毒谱系划分及进化动态分析体系的建立及应用	二等奖	68	新一代智能终端高功率快充技术创新与应用	二等奖
48	基于人体解剖结构的抗弹防护关键技术及应用	二等奖	69	数字PCR系统及在新冠肺炎诊治研究中的应用	二等奖
49	大规模数据安全深度检测识别关键技术与应用	二等奖	70	大型燃煤电站低成本脱硫废水零排放关键技术及应用	二等奖
50	知识驱动的高级复杂网络威胁发现及时空关联推理技术与应用	二等奖	71	航天器铝基复合材料关键构件技术研发及应用	二等奖
51	生理性支抗控制理论的创建及正畸高效矫治体系研发与推广应用	二等奖	72	高分辨率轻型敏捷相机技术及应用	二等奖

（陈晓曦）

智慧海淀建设

【概况】 2022年，海淀区科信局推进智慧海淀建设，按照《北京市“十四五”时期智慧城市建设控制性规划要求（试行）》以及北京市智慧城市规划实施方案，根据《“十四五”时期“智慧海淀”建设规划》，初步形成《海淀区智慧城市建设实施方案（2021—2025）》框架；基于市区大数据平台实现市、区两级业务融合，数据汇聚，在重点车辆治理、地震监测预警等方面实现数据共享、场景共建，构建城市大脑市区共建模式。配合区财政局全力推进智慧海淀项目建设绩效评价办法落地实施，加强项目建设绩效评价工作，提高智慧海淀项目的建设效果。重点围绕“入云”“上链”“汇数”，探索数据开放路径，加快推进政企数据开放与共享，确保数据安全。推进全球数字经济标杆城市建设，协同市经信局完成《全球数字经济标杆城市建设2022年任务清单》，根据《中关村科学城数字经济创新发展三年行动计划（2021—2023年）》，围绕数字新基建、引领性数字技术攻关、高端特色数字产业发展、数字经济制度创新、数字化治理方式变革5个方面15项重点任务，梳理重点项目100余项并动态跟踪，持续推动项目落地，清单化推动数字经济发展。累计5G基站建设过1万个，占全市总量的17%；千兆光纤实现100%全覆盖；在中关村西区、东升科技园、华熙LIVE三个区域开展奇岱松空间计算操作系统海淀区百万平方米试点。聚焦互联网3.0、元宇宙等数字前沿技术，智源、通研、量子院、微芯等重点科研机构在通用人工智能前沿理论技术、新型可编程光量子计算芯片、区块链自主可控底层平台等方面取得一批领先成果。

（程晓荷）

【智慧卫生领域智慧体系建设】 年内，区科信局推进智慧卫生领域智慧体系建设，提升群众获得感幸福感。主要采用4项举措：探索“信用+医保”创新应用，建设海淀区智慧信用结算平台，解决传统就医排队时间长、检查时间长、交钱时间长、看病时间短和“医保+商保”理赔难等问题；加快推进公共医疗信息化配套建设，做好海淀区妇幼保健院茶棚中转区开诊的准备和保障工作，为海淀医院发热门诊楼配套信息化基础设施，保障门诊业务工作的顺利开展；对接市区两级疫情防控相关信息系统，支撑各种场景、服务各类用户；升级社区疫情防控综合处理平台，建设海淀区“数盾”社区防控综合处理平台，并将系统与“北京市疫情跟踪数据报送系统”“北京市核酸检测信息统一平台”等接入。

（程晓荷）

【《空间计算操作系统2.0海淀区百万平方米试点工作方案》编制完成】 年内，区科信局编制《空间计算操作系统2.0海淀区百万平方米试点工作方案》，建立区领导牵头的试点工作组及协同工作机制；协调市区各单位开展数据共享，完成重点应用和关键性数据的对接；初步完成城市脉搏—中关村西区、园区脉搏—东升科技园区、商圈脉搏—华熙LIVE三个场景建设，结合应用情况持续深化；围绕各类软硬件和数据提供企业打造产业生态，组织相关单位对接探索在5G、智能物联网感知、XR等领域开展合作。

（程晓荷）

【区块链先进算力实验平台建设】 年内，区科信局推进长安链软硬件技术体系迭代升级，研发完全支持国密的底层加密通信组件，实现长安链网络节点之间的双向国密安全传输层协议通信；在底层架构中成功嵌入高性能抗量子密码模块，可对抗已知的密码传统攻击和量子攻击；研发面向区块链底层的自主可控P2P网络Liquid若水，支持大规模万级节点组网、可扩展的安全传输协议，提升面向多场景应用的网络传输效率和性能；推进超大规模人工智能模型训练平台建设，发布高精度智能线虫“天宝1.0”“九鼎”智算平台等重大成果。高精度智能线虫“天宝1.0”迈出“天演”人工智能生命模拟工程的第一步，是目前国际上生物精度最高的仿真秀丽线虫，完成秀丽线虫全部302个神经元及连接关系的精细建模，在智能表征能力、三维动态仿真环境、生物功能重现等维度上实现突破，经过训练已经在仿真环境中动态蠕动前行。组织悟道大模型应用研讨会，推动区内企业与智源合作共建产业生态；推动人工智能、集成电路设计、互联网3.0等领域的关键底层核心技术创新攻关。

（程晓荷）

【“入云”“上链”“汇数”工作】 年内，海淀区政务云已部署60个单位205个信息系统，实现信息基础资源集约管理；按照北京大数据行动计划的要求，海淀区在全市内率先开展区级政务大数据体系、区级大数据平台数据资产底座建设，有序推进“入云”“上链”“汇数”等基础工作开展。市级部门对应的39个区级部门均已完成职责目录、数据目录、库表目录的梳理工作，并已100%上传至市目录区块链。

（程晓荷）

【《中关村科学城规划（2017—2035年）》实施情况评估】 年内，中关村科学城管委会委托北京伟世通经济咨询有限责任公司（简称伟世通公司）对《中关村科学城规划（2017—2035年）》实施情况进行评估。伟世通公司根据2020年中关村科学城指标体系数据，分析和比较中关村科学城的发展情况，评估中关村科学城的发展成效以及建设发展存在的不足，形成《中关村科学城规划（2017—2035年）实施情况评估报告》。该评估报告显示：总体来看，中关村科学城于2020年实现国家级高新技术企业保有量10604家，占北京市高新技术企业量的40%，企业总收入3万亿元；中关村科学城围绕项目建设、产业发展、科技创新、功能区建设实现快速发展。2018年11月，北京市委常委会召开会议研究实施《中关村科学城规划（2017—2035年）》。

（于小淇）

【《“十四五”时期“智慧海淀”建设规划》发布】 2月15日，海淀区政府发布《“十四五”时期“智慧海淀”建设规划》，该规划以聚焦民生服务和持续赋能海淀区产业数字化创新为主旨，围绕“政务服务、城市治理（城市大脑）、区域经济、智慧教育、智慧卫生、政务办公、信息基础设施”7大领域加“数字赋能”，形成“7+1”智慧海淀建设模式，旨在率先实现城市治理、经济发展、人民生活信息数据的全面标准化感知和中枢化治理，营造“万众创新”的普惠化数字创新生态，夯实国产化信息基础设施，将“智慧海淀”建设成为创新基础过硬、产业经济持续赋能程度高、百姓获得感强的一流新型智慧城市典型代表。为进一步支撑北京国际科技创新中心核心区以及“两区”建设，提高城市柔性化治理及精细化服务水平，大力推动“高精尖”产业及数字经济发展，深入落实党的十九大报告关于建设“智慧社会”的相关要求，海淀区对标《北京市“十四五”时期智慧城市发展行动纲要》，进一步对“智慧海淀”建设进行谋划和战略部署。

（程晓荷）

【百度发布《雄安新区2021年大数据研究报告》】 3月3日，中关村科学城管委会推动百度发布《雄安新区2021年大数据研究报告》，通过技术对比和数据分析，对雄安新区2021年各重点领域的城市变化进行精准刻画，立体展现“未来之城”雄安的发展风貌。数据显示，雄安新区常住人口持续增长，城市建设加速推进，绿色发展成效显著，集成创新开始涌现，政策措施稳妥有效，新区居民安居乐业。雄安“创新之城”建设正在加速。雄安新区稳妥有序承接北京非首都功能疏解，中国中化、中国华能等首批3家央企疏解项目正式选址雄安。

（于小淇）

【敖汉旗新惠工业园区陆上风电机组建设项目建成投产】 4月12日，中关村科学城管委会推动华锐风电科技（集团）股份有限公司建设内蒙古敖汉旗新惠工业园区的陆上风电机组建设项目。该项目总规划投资2亿元，建设地点在新惠工业园区的轻工制造片区，占地615亩，新建年产100万千瓦（4.0MW及等级）陆上风电机组生产试验厂房1.45万平方米，配套建设办公及生活用房、生产试验厂房、配套露天库、厂区道路管网及其他相关附属设施。

（于小淇）

【3个典型场景试点测试】 6月底，海淀区选取城市脉搏—中关村西区、园区脉搏—东升科技园区、商圈脉搏—华熙LIVE 3个场景，从资源配置、服务优化、秩序管理和应急处置4个方面，开展近百万平方米范围景场试点测试，打造可复制、具备推广价值的城市级数字基础设施样板，进一步推动城市数字化由数字孪生跃至数字原生提供经验和支撑。奇岱松公司完成资源管理器、低代码开发平台、应用集市等基础系统功能研发，构建基于“人流脉搏”和空间计算操作系统的统一数字底座。“城市脉搏”“园区脉搏”“商圈脉搏”三个场景完成设备部署和系统研发，持续深化完善功能。典型场景试点测试取得初步成效，为城市管理提供新的理念和技术范式。通过构建数字化城市底座，整合感知设备、网络传输、计算能力、数据共享、时空信息等资源，打通底层数字能力，实现各类数据时空信息还原和分析，探索数字驱动的城市治理和运营；通过三类典型场景试点，以统一底座构建政府和社会主体应用场景，探索在城市治理、企业管理、商铺引流等方面发挥作用，为后续探索场景互联互通、深度发挥数据价值奠定基础。

（卢诚）

【海淀医院智慧医疗对接专场】 9月29日，中关村科学城管委会联合海淀医院创新转化中心举办海淀区应用场景路演对接会——海淀医院智慧医疗专场。海淀医院与区域内北京术锐机器人股份有限公司、海杰亚（北京）医疗器械有限公司、北京未磁科技有限公司等医疗器械企业，就产品定位、功能、适用场景等进行探讨和交流，进一步探索智能诊疗技术在临床中的应用前景，发挥应用场景对于创新型产品示范应用的牵引作用。

（周鹣）

知识产权保护

【概况】 2022年，海淀区落实国家和北京知识产权战略部署，聚焦知识产权高质量发展，大力推进知识产权示范城市建设和国家知识产权运营服务体系重点城市建设，知识产权综合实力稳步提升，获批国家知识产权服务出口基地、国家知识产权强市建设示范城市、国家级专利导航服务基地，中关村软件园入选首批海外知识产权维权服务联络站，为打造一流营商环境、助推国际科技创新中心核心区建设和“两区”建设提供有力支撑。

（石蕾）

【专利申请与授权】 年内，海淀区专利授权量73036件，比上年增长1.9%，占北京市的36%；其中，发明专利授权量43456件，比上年增长7.4%，占北京市的49.3%。PCT专利申请量5578件，比上年增长36.5%，占北京市的48.7%，位列全市第一。截至年底，海淀区有效发明专利拥有量229926件，占北京市的48.1%。每万人发明专利拥有量达736件，是全市水平的3.4倍。

（齐静）

【技术合同登记额】 年内，海淀区技术市场继续保持快速增长态势，登记技术合同61604项，技术合同登记总额达到3380.4亿元，比上年增长15.7%，位列北京市第一，占全市的42.5%。其中，技术服务合同41688项，成交额2241.3亿元；技术开发合同15923项，成交额950.2亿元；技术转让合同1432项，成交额169.6亿元；

技术咨询合同2561项，成交额19.3亿元。

（傅固安）

【搭建科技成果供需对接平台】 年内，中关村科学城管委会组织清华大学、中国科学院等驻区高校院所开展火花活动、项目路演等13场科技成果对接活动，面向高科技企业、技术转移服务机构、投融资机构集中推介，遴选优秀专利成果，征集企业技术需求，促进投融资、产业链、创业服务、空间载体、落地政策等资源要素融合支撑科技成果转移转化，加速项目落地发展。

（石蕾）

【职务科技成果赋权改革】 年内，中关村科学城管委会对接中国信息通信研究院、北京科学技术研究院、北京信息科技大学等院所，落实《关于允许在中关村国家自主创新示范区核心区（海淀园）的中央高等院校、科研机构及企事业单位等适用〈北京市促进科技成果转化条例〉的通知》等政策，推动职务科技成果赋权改革案例落地，国家卫生健康委科学技术研究所完成一项职务发明专利“一种以分子图像方式定量组织内源性代谢物的质谱方法”所有权赋权及转让，北京科学技术研究院分析测试研究所将职务发明专利“提取样品中矿物油的方法及检测方法”10年长期使用权赋予科研团队。

（石蕾）

【北京（中关村）国际知识产权服务大厅工作】 年内，海淀区知识产权局重点推进国际知识产权服务资源集聚，开展知识产权国际人才培育及知识产权国际交流合作等工作。已与新加坡、日本、韩国、芬兰、土耳其等20余国驻华使馆、政府部门或商协会建立密切联系。70多家国内外知识产权服务机构进驻国际大厅轮值，为社会公众提供专业免费咨询2100多家次，年接待咨询人数4000多人，为5000多人次提供数据资源查询服务。全年面向海淀区知识产权服务机构开展定制化培训、政策解读17场次，服务机构31家。举办12场沙龙、研讨会及国际化交流活动，累计培训800多人次。

（石蕾）

【受托开展专利代理行业监管】 年内，海淀区知识产权局、中关村知识产权保护中心与北京市知识产权局签署《专利代理行业监管委托书》，正式接受北京市知识产权局委托对区域内专利代理机构和专利代理师的执业活动情况开展“双随机”检查。全年共对19家专利代理机构、38名专利代理师开展“双随机”检查，并对75家专利代理机构开展专利代理机构执业许可条件等事项专项检查。

（石蕾）

【实施重点产业和企业专利导航工程】 年内，人工智能芯片、智能网联汽车、医疗机器人3个领域的专利导航研究，为区域产业规划和创新发展提供决策参考，围绕重点产业领域，开展企业微导航研究，引导企业精准规划布局研发方向和重点。

（程晓荷）

【高价值专利培育运营】 截至年底，海淀区23家高价值专利培育运营中心共构建高价值专利组合110余个，囊括高价值专利超8000件；新增PCT专利申请1500余件；新增国际及国家标准100余项；新增专利质押融资超过2亿元；新增专利运营收益超过18亿元。

（石蕾）

【加强冬奥知识产权保护】 1月，海淀区知识产权局牵头制订冬奥知识产权保护工作方案，建立工作专班，梳理区域授权保护清单，向公众发放《保护奥林匹克知识产权倡议书》，巡查奥运场馆周边重点区域，排查冬奥特许商品零售店，指导字节跳动、快手、翠微集团、蓝景丽家等重点企业签订《保护奥林匹克标志承诺书》，为冬奥会顺利开展营造良好的知识产权保护环境。

（傅固安）

【同方威视参与国家标准制定】 4月15日，国家市场监督管理总局、中国国家标准化管理委员会发布毫米波技术在安检领域的国家标准《毫米波全息成像人体安全检查设备》（GB/T 41482—2022），11月1日正式实施。同方威视技术股份有限公司是主要起草单位参与标准制定，全球领先的安检解决方案供应商。同方威视自主研发的毫米波人体安检仪通过中国民用航空局A级许可认证和欧洲民航会议（ECAC）SSc A类标准2.1测试，广泛应用于全球民航、海关、监狱、政府机构及重大赛事活动等行业领域。该产品及核心技术曾获日内瓦国际发明展金奖、中国专利优秀奖、北京市科学技术进步一等奖等科研奖项。

（郑雪）

【京津冀知识产权快速协同保护合作备忘录签约仪式】 4月22日，北京知识产权保护中心、天津知识产权保护中心、河北知识产权保护中心、中关村知识产权保护中心和滨海新区知识产权保护中心等京津冀三地五家的知识产权保护中心负责人共同签署《京津冀知识产权快速协同保护合作备忘录》，北京、天津、河北三家省级知识产权保护中心与河北雄安新区中级人民法院签署《关于推进知识产权衔接司法保护工作的合作框架协议》；三地五家知识产权保护中心分别与京东、小米、美团、快手电商平台签署《知识产权快速维权合作备忘录》。京津冀知识产权快速协同保护合作备忘录签约仪式以线上线下联动方式举办。国家知识产权局知识产权保护司、北京市、天津市、河北省及海淀区知识产权局领导，河北雄安新区中级人民法院院长等领导在京、津、冀各地会场出席活动。

（石蕾）

【2022年中关村知识产权论坛举办】 4月26日，由中关村科学城管委会、北京知识产权法院联合主办，海淀区知识产权局、海淀区人民法院、知识产权出版社有限责任公司、中关村知识产权保护中心共同承办的2022年中关村知识产权论坛在线上举办。会议由中关村科学城管委会专职副主任、区科信局局长、区知识产权局局长何建吾主持，国家知识产权局知识产权运用促进司司长雷筱云，北京市

知识产权局副局长李钟，海淀区委常委、区人民政府副区长林剑华参会并致辞。知识产权业内专家学者及众多高科技企业、高校院所和知识产权服务机构等创新主体相聚“云端”，围绕“强保护促创新，全面建设知识产权强市示范城市”主题展开交流，专家们分别从高质量知识产权培育、知识产权商业价值实现、企业知识产权保护举措、知识产权司法保护等不同角度进行分享，并为知识产权强国建设建言献策。林剑华在致辞中表示，海淀区将深入贯彻落实中央关于建设科技强国和知识产权强国的重要部署，发挥“三区”叠加优势，紧抓中关村新一轮先行先试改革的重大新机遇，承担起率先进行压力测试试点突破的重任，全面激发各类创新主体的创造热情，为知识产权强国示范城市建设增添新动能，为加快建设世界领先科技园区和创新高地，实现高水平科技自立自强做出更大贡献。在本次论坛上，发布海淀区2021年知识产权白皮书，启动2022年中国·海淀高价值专利培育大赛，北京知识产权法院发布计算机软件司法保护十大典型案例。

（石蕾　程晓荷）

【2022中国·海淀高价值专利培育大赛】 4月26日，海淀区知识产权局举办2022中国·海淀高价值专利培育大赛（简称“海高赛”）。大赛以“知识产权金融助力高价值专利产业化”为主题，聚焦大信息、大健康产业，重点关注知识产权金融促进高价值专利产业化发展，来自全国20多个省、市的100余个项目参赛。10月26日至27日，经过海选的24支参赛队伍进行复赛，通过高价值专利培育项目路演、专利评议、互动答辩、评委提问等环节竞演角逐，12家参赛单位的项目晋级决赛。2023年1月13日，“海高赛”决赛暨颁奖典礼在中关村国家自主创新示范区展示交易中心举办，北京科技大学“铂族金属催化剂绿色低成本高效循环利用技术项目”获大赛一等奖，中科寒武纪科技股份有限公司、北京京东乾石科技有限公司获二等奖，北京高德云图科技有限公司、北京微纳星空科技有限公司、医渡云（北京）技术有限公司、山东新创生物科技有限公司、青岛海尔科技有限公司获三等奖，北京小马智行科技有限公司、北京天智航医疗科技股份有限公司、曙光信息产业（北京）有限公司、北京鹰瞳科技发展股份有限公司获得最具潜力奖，北京华云安信息技术有限公司等12家企业获优胜奖。中国建设银行北京中关村分行与4家获奖企业签署知识产权质押贷款意向合作协议，意向金额共计2.8亿元。

（程晓荷　齐静　钟冷）

【“4·26”知识产权宣传周活动】 4月，海淀区知识产权局与中关村知识产权保护中心共同举办“4·26”知识产权宣传周线上线下宣传活动，包含中关村知识产权论坛、中关村知识产权保护中心开放日、专利预审和知识产权维权保护系列培训等17场活动，5000余人次参与。发布2021年知识产权白皮书，联合北京知识产权法院发布计算机软件司法保护十大典型案例；联合海淀区人民法院民五庭开展知识产权案件审判旁听活动，共吸引1000余人次参加活动。利用户外广告牌和电子大屏幕等载体进行户外知识产权公益宣传，并制作多种宣传品，多渠道对知识产权进行宣传。

（石蕾）

【科技成果先使用后付费支持措施发布】 6月21日，在海淀区重点项目签约发布会上，区委常委、副区长林剑华发布科技成果先使用后付费支持措施，鼓励和引导高校院所探索开放许可、先使用后付费或免费许可的方式，将科技成果许可给中小微企业使用，进一步推动高校院所科技成果快速转化落地；同时，设立规模1000万元的知识产权运营担保基金，对先行先试推进成果转化的风险给予分担和补偿，鼓励担保机构为先使用后付费的中小微企业提供履约担保服务，并为承接高校院所成果转化落地的中小微企业提供融资担保服务。推进专利开放许可试点，已征集1400余件开放许可专利清单，其中417件专利可通过“先使用后付费”模式许可给中小微企业。推进首师大、北京信息科技大学4项科技成果先使用后付费试点案例落地。

（石蕾　程晓荷）

【专利预审服务】 8月，国家知识产权局审核批准中关村知识产权保护中心增加专利预审服务的专利分类号，调整后进一步扩大服务企业的范围，8月26日，中关村知识产权保护中心发布通知，可受理的IPC分类号扩展为143个，洛迦诺分类号为20个。截至年底，中关村知识产权保护中心备案单位2001家，共接收专利预审案件5410件，比上年增加113%。经保

10月26日至27日，2022中国·海淀高价值专利培育大赛复赛答辩现场
（中关村科学城管委会 供图）

11月11日，“中技所－中关村担保－长江－2期知识产权资产支持专项计划”在深圳证券交易所成功发行　　（区知识产权局 供图）

护中心预审结案、打标，进入国家知识产权局“快速通道”的专利案件，授权周期大幅缩短。

（石蕾）

【第2期知识产权证券化产品发行】 11月11日，“中技所－中关村担保－长江－2期知识产权资产支持专项计划”在深圳证券交易所成功发行，发行规模2.02亿元，发行利率为3.00%，期限为一年，债项评价AAA级。2期专项计划为中关村科学城15家高新技术企业知识产权融资，提供创新解决方案。

（石蕾　程晓荷）

教　育

2023
北京海淀年鉴

综述

【概况】 2022年，海淀区有小学132所（区属公办校108所，部属、市属学校10所，民办校14所），初级中学3所（教育部门办校3所），完全中学39所（教育部门办校31所、其他部门办校5所、民办校3所），高级中学2所（民办校2所），九年一贯制学校13所（教育部门办校11所、民办校2所），十二年一贯制学校29所（教育部门办校16所、其他部门办校3所、民办校10所），特殊教育学校2所，工读学校1所，中等职业学校1所，其他法人单位40个。招生77146人（小学33202人、初中25466人、普通高中17700人、中等职业学校778人）；毕业62334人（小学26276人、初中22578人、普通高中12868人、中等职业学校612人）；在校生319807人（小学193778人、初中74689人、普通高中48421人、中等职业学校2418人、特殊教育学校501人）。教职工总数30627人（小学10652人、中学19147人、中等职业学校425人、特殊教育学校403人），包括高级职称5520人、中级职称8865人。北京市特级教师174人、北京市骨干教师305人、北京市学科教学带头人63人。全年教育总投入162.29亿元。中小学固定资产总值1744251.49万元。培训机构360个。新建小学2所、中学1所。设立学区17个。11710人参加高考，专科录取378人，本科录取10017人，应届高考本科上线率90.70%。

教育管理能力提升。建立“区政府—区教委—幼儿园”学前教育三级管理机制，推进幼儿园托班试点，13所幼儿园开设托班。推动义务教育新课程、新课标高水平落地实施。持续推进争创国家“义务教育优质均衡发展区”工作，各项指标逐步趋于均衡达标。高中多样化特色发展深入推进，19项普通高中课程被认定为北京市普通高中特色课程，31项特色课程被认定为海淀区普通高中特色课程。推进普职融通发展，高质量建设5个北京市特色高水平专业（群）和工程师学院、大师工作室11个北京市特色高水平建设项目。国际教育供给更加优化多元，制定国际交往中心、“两区”建设国际教育工作组方案和国际人才社区建设重点任务，推进各项目实施；新增1所外籍人员子女学校。加强与港澳的教育交流合作，成立“港澳教育交流办公室”。海淀区获评2021年度网络学习空间应用普及活动优秀区域。

人才队伍建设。创新建立海淀教育智库，聘请9名退休优秀书记、校长担任教育智库专家，加强对年轻干部的指导培养。继续实施“成长中的教育家”工程，打造名校长、名书记、名师研讨会品牌效应。采取8种形式推进干部教师精准交流轮岗，52名书记校长、近4000名教师交流到岗。运用互联网技术，以“双师课堂”“融合课堂”等形式开展教师柔性交流，扩大优秀师资覆盖面。1人入选2022年教育部乡村优秀青年教师培养奖励计划；1人入选2022年教育部组织的国家“万人计划”教学名师（思想政治优秀人才）；70人被评为2022年北京市优秀教师，8人被评为北京市教育工作者；1名校长入选教育部新时代中小学名师名校长培养计划人选。表彰133名优秀“四有”教师标兵、703名优秀“四有”教师、376名育人先进个人。

优质教育资源供给。完成北安河九年一贯制学校、前沙涧九年一贯制学校、太舟坞小学新建项目、石油附小二里庄校区、育鹰小学东校区、首师大附小柳明校区、人大附中实验小学等12项新建改扩建项目，总建筑面积24.29万平方米，新增优质学位10040个。扩大优质资源覆盖面，探索结构更加灵活的联盟式教育集团，将实验四小、翠湖小学、西二旗小学、铁路实验小学、九一小学等8所学校分别纳入集团化办学模式。推动首师大附中一分校、清华附中上地学校、海淀区青苗学校等3所学校增设高中部，新增仁北高级中学，增加3000余个高中招生名额。完成“公参民”工作，将理工附中分校等7所民办学校转为或转入公办学校，增加1万个公办学位，扩大公办学校优质资源。

教育改革。整体推进9项国家级、市级示范区、实验区建设任务，包括普通高中新课程新教材实施示范区、劳动教育实验区、艺术素质测评实验区、智慧教育示范区、“基于教学改革、融合信息技术的新型教与学模式”实验区、教育质量综合评价改革实验区、深度学习先行示范区、项目式学习示范区、北京市大中小思政课一体化建设示范区，各项改革取得突破性进展。推进大中小学思政课一体化建设，持续在一批中小学建立大中小学思政课一体化基地，在思政课教学、育人实践活动、教师研修等方面开展一体化实践，构建不同学段“协同作战”思政课一体化教育体系。统筹区域内高校马克思主义学院及中小学思政课资源，筹备建立“海淀区大中小思政课一体化共同体”。《大中小学一体化思政课教师研修共同体建设研究》被确定为市级重大课题。研发《海淀区中小学劳动教育基地课程》和《海淀区劳动教育课程建设与实施指导手册》《海淀区3—18岁学生家庭劳动教育任务清单》，建立20个区级劳动教育实践基地，评选97所区级劳动教育特色学校、实验学校和研究学校，评选区级劳动教育学科带头人25名。挖掘整合社会劳动教育资源，为全区学生提供进行现代工农业、新型服务业的劳动实践。

参加北京冬奥会和冬残奥会活动。区教育系统组织155名教师观看开闭幕式，549名师生参加8个场次观赛。中关村二小、中关村三小和海淀实验小学3所学校142名小学生和30名教师参与第24届北京冬奥会开幕式表演。3所学校金帆舞蹈团的142名学生参与冬奥会开幕式第14个节目《雪花》和第15个节目（迎接火炬点燃）“和平鸽”表演。

（尹涛　宋亚甫）

【人工智能助推教师队伍建设试点工作启动】 1月19日，教育部第二批人工智能助推教师队伍建设试点——海淀区教师进修学校协办的“海淀区人工智能助推教师队伍高质量一体化发展试点工作启动暨培训会”召开。会议由区政府主办，区委教工委、区教委承办，采用线上直播和线下会议相结合的形式进行，教育部教师工作司、市委教工委、北京教育学院、海淀区有关领导出席会议，区教委、区委教工委有关领导以及来自北京师范大学、北京教育学院、北京大学教育学院、首都师范大学人工智能教育研究院、海淀区教科院、北京大学附属中学等人工智能、教育等领域的专家学者，试点教育集团、试点学校校长参会。《中国教育报》、中国教育电视台、北京电视台、《中国教师》、北京教育播报、《现代教育报》、《中小学信息技术教育》、《海淀教育》等媒体参会。会议内容包括海淀区试点工作方案解读、试点教育集团代表发言、专家指导、领导讲话、试点集团（学校）颁牌和专家聘书颁发仪式。区教委从工作背景、目标原则、行动任务、工作安排、保障机制5方面，介绍海淀区人工智能助推教师队伍高质量一体化发展试点工作方案。区教师进修学校以“人工智能助力集团教师一体化发展”为题发言，从试点工作基础、工作原则、工作目标、工作内容、实施阶段和保障机制6个方面介绍区级方案落地举措。教育部负责人作“人工智能赋能新时代高素质专业化创新型教师”专题报告。“十四五”时期，教育部启动第二批人工智能助推教师队伍建设试点，涉及55所高校、20个地市、25个区县。试点工作期限为5年，分研制方案、整体启动阶段；先行先试、系统推进阶段；总结反思、全面推进阶段；模式提炼、成果推广阶段4个阶段。选取北京市海淀区教师进修学校教育集团、北京市第二十中学教育集团、北京市第五十七中学教育集团、北京市海淀区中关村第三小学教育集团4个试点教育集团和中国人民大学附属中学、北京市八一学校、北京市育英学校、北京第十九中学、北京市海淀区实验小学、北京市海淀区上庄中心小学等6所学校开展试点工作。

（钟冷　宋亚甫）

【2021年度基础教育学校社会满意度调查结果发布】 3月11日，海淀区2021年度基础教育学校社会满意度调查结果发布。2021年调查向下拓展到幼儿园，实现从学前到高中阶段整个基础教育的全覆盖。对237所幼儿园、119所小学、76所初中、51所高中开展社会满意度调查。完成报告474份，其中中小学总报告1份、幼儿园总报告1份、中小学和幼儿园分报告472份。2021年，海淀区家长、教师、学生对教育工作满意度水平持续提升。

（宋亚甫）

【“十四五”时期教师培训工作启动会】 5月17日，区教委召开海淀区“十四五”时期教师培训工作启动会。会议总结“十三五”时期教师培训工作，动员部署“十四五”时期下一阶段教师培训工作。海淀区教师进修学校以“需求导向 优化供给 精准服务 新时代海淀区教师培训再上新台阶”为题，重点从理念与思路、经验与成效对海淀区“十三五”时期教师培训工作进行全面总结。会议表彰“十三五”时期教师培训工作中表现突出的单位和个人，授予41所中小学“校本研修先进单位”称号，38所幼儿园“园本研修先进单位”称号，中小学64人、幼儿园74人获“教师培训先进工作者”称号。中关村一小和十一学校一分校作为先进单位代表，作校本研修经验分享。“十三五”期间，全区培训教师2.9万余人，人均培训近500学时，项目培训满意度均达到90%以上。截至2020年“十三五”结束，海淀区形成拥有特级教师221人、市级带头人和骨干教师461人、区级带头人和骨干教师5324人的“雁阵式”人才梯队。区委教工委、区教委领导及区教委相关科室、直属单位和学校代表20余人现场出席会议，全区中小学、幼儿园及学区管理中心相关负责人在线参加会议。

（宋亚甫）

【海淀香港教师线上交流】 6月16日，香港官立学校教师与海淀教师交流计划——线上专业交流分享会举行。分享会由香港教育局官立学校组、区教委港澳教育交流办公室主办，香港伊利沙伯中学、香港将军澳官立小学、十九中学、首师大附小承办。会议聚焦人工智能教育、STEM教育、全人教育、数学教育、校本自主学习主题，分为中学组和小学组，两地校长、教师以主旨报告形式进行交流分享。在问答环节，双方校长、教师就关注话题展开互动探讨，了解不同的教育教学理念，学习借鉴两地成功的教育经验。线上线下参会人数300余人。海淀区中小学与香港学校全年开展24次线上交流活动，活动形式包括教师教研、学生交流、读书分享、多校互动等。16所海淀学校与香港学校建立联系，签订友好协议。海淀区有58所学校与93所香港学校建立姊妹校关系。

（宋亚甫）

【教育帮扶】 6月30日，海淀区援派北京市第十批第一期援疆教师40人完成2020年10月至2022年6月支教任务返京。本批次40名援疆教师包含7名干部和33名骨干教师，在新疆和田地区和田市北京海淀小学、海淀幼儿园、洛浦县第一小学三所学校任职任教。通过“京和云校”“青蓝工程”师带徒、手拉手结对全覆盖、联盟校大教研、送教下乡、赴京培训、专家来和指导等线上、线下教师培养方式，每年开展各类教研、培训活动几百场次。和田市1.2万名教师参加区教师进修学校、区教科院、区教育党校专家讲座、海淀区结对学校线上集体教研。海淀区教育与科技融合发展特色在和田市“全链条”科技教育示范体系初步建成，海淀幼儿园“科学乐园”、海淀小学“创客空间”、和田三中“校园科技馆”、和田五中“钱学森航天科技馆”相继建成，学生活动有“人工智能”社团、教师培训有“5G全息投影教室”、职业教育有“人工智能”订单班，社会科普有“京和科技月”，和田市基础教育进入

年内，首都师范大学附属小学援疆教师郭丽萍在讲课中　　（区教委 供图）

"京有我有"发展阶段。

（宋亚甫）

【少先队海淀区第七次代表大会】 7月1日，中国少年先锋队北京市海淀区第七次代表大会召开。会议采用线上线下相结合的方式进行，视频主会场设在区教委，各学区管理中心、各学校设视频分会场。会议听取团区委书记代表少先队海淀区第六届工作委员会向大会作报告，播放专题片回顾海淀少先队工作成果。审议通过《中国少年先锋队北京市海淀区第六届工作委员会工作报告》，选举产生中国少年先锋队北京市海淀区第七届工作委员会，聘请海淀区总辅导员并颁发聘书。团市委、区政府、团区委、区委教工委、区教育工会、团少主管领导，各学区管理中心、各小学少工委主任，大队辅导员，少代会代表、骨干少先队员、红领巾奖章获得者等900余人参加大会。

（宋亚甫）

【思政课一体化研究基地和示范区建设】 7月12日，北京市大中小学思政课一体化重大课题开题暨海淀区推进市思政课一体化研究基地和示范区建设现场会在海淀区举行。会议采用"线下+线上"方式举行。活动现场，北京市学校德育研究会为区委教工委颁发开题立项证书，区委教工委进行工作汇报；中国人民大学马克思主义学院思政课建设中心介绍中国人民大学思政课程建设，以及带动人大附中、小学推进思政课一体化建设的举措和经验；八一学校汇报在党委领导下一体化思考、一体化推进，向上主动联系高校，向下带领小学开展思政课一体化建设工作情况；清华附小教师讲述学校联手清华马院、清华附中开展思政课一体化工作情况；海淀区大中小学思政课一体化教研组、区教师进修学校思政教研室介绍海淀区教研一体化建设思考和实践。清华大学、中国教科院、北京师范大学等专家对课题开题报告进行点评和指导。有关领导专家、北京市大中小幼一体化德育研究基地校书记、校长代表、海淀区相关学校主管领导、思政课教师代表分别在线上和线下参加会议。2021年11月，海淀区被市教工委确定为全市首个大中小学思政课一体化建设研究基地，北京市学校德育研究会与海淀区签署协议，合作建设"北京市大中小学思政课一体化建设实践研究示范区"。海淀区开展大量研究和实践，申报市级重大课题《大中小学一体化思政课教师研修共同体建设研究》。

（宋亚甫）

【中小学教育集团化办学质量评估】 7月25日，区教委召开中小学教育集团化办学质量评估工作布置及培训会，各教育集团校级领导、集团化办学负责人及相关科室、直属单位干部参加会议。会议介绍评估背景、总体框架、时间安排等内容，讲解评估指标体系研制过程和主要内容；平台设计人员就平台使用和填报程序等进行专题培训。本次采取的集团化办学质量评估指标体系，由首都师范大学课题组、区教师进修学校、区教科院和区教委发展规划科共同研制，指标体系包括健全集团管理架构、深化集团课程改革、创新人才培养方式、加强集团教师队伍建设、加强集团文化建设、集团化效果等6个维度19项细化指标。截至年底，全区建立36个教育集团，涉及140余个校址，涵盖100余所成员校，19万余名中小学生在教育集团内就读。2022年海淀集团化办学质量评估结果分三档：一档包括8所教育集团；二档包括21所教育集团；三档包括7所教育集团。

（宋亚甫）

【2022·京台基础教育校长峰会】 9月24日，由区教育学会主办、十一学校承办的2022·京台基础教育校长峰会开幕式及主论坛在北京市十一学校举办。峰会以"创新育人模式，建设面向未来的基础教育"为主题，围绕两岸基础教育的热点话题和先进理念，分别在北京、高雄设置会场，通过线上线下相结合方式进行。十一学校校长作题为"从教到学，学校育人效能提升的攻坚战"的发言，介绍学校在课程标准到学习目标，单元重构和学习高阶撬动，支持学习资源、工具与自我评估等方面的改革情况；北京医科大学附属小学校长作《创建"康+"育人模式 赋能未来教育发展》主题发言，从提升文化凝聚力、聚焦课程开发力、激发课堂生命力、推动活动创新力等方面进行探讨。北京五十七中学副校长介绍学校在构建进阶式科技创新课程群、发展学生自主科技创新社团、开展科技创新活动等方面的经验。台湾地区的高雄市中学校长代表介绍学校在素养导向、单元课程设计与实施方面的研究情况。桃园市小学校长代表提出当前基础教育创新育人关键仍聚焦在"问题解决"关键素养和能力的培养，探讨"幸福学习"教育理念和趣味。十一学校教师代表、高雄市小学教师代表围绕提

高学生的科技素养、人工智能应用等课题交流发言。京台学校校长、教师120余人参加。开幕式后，京台中小学校开展“视频连线”“同课异构”等多种形式的交流，进一步深化校际间的交流合作，促进两岸基础教育融合发展。

（宋亚甫　贾宇飞）

【海淀教育智库设立】 9月27日，区委教工委、区教委举行海淀教育智库专家工作室人才培育工程启动仪式暨第三届“智汇·海淀”人才主题周教育专场活动。海淀区设立高端教育管理人才库（简称海淀教育智库），聘请李希贵、郭涵、王殿军、刘可钦、刘畅、陈姗、马万成、赵璐玫、许培军9人为智库专家，并颁发聘书；确定40余名智库专家工作室学员。海淀教育智库专家代表、十一学校原校长李希贵作题为“助推二次成长”的发言；2名智库专家工作室学员代表发言。智库专家将与学员们组建起学习共同体、协作共同体、发展共同体，在专家工作室平台上进行为期三年的互学、互鉴、共通、共享，推动形成海淀教育人才聚集、集群发展的新局面，助推海淀建设现代化教育强区。区委教工委、区教委、区委组织部领导、智库专家及专家工作室学员60人参加活动。

（宋亚甫）

【“中华传统文化与现代家庭教育”秋季会讲】 9月28日，由海淀区教科院联合中华孔子学会国学教育委员会、中国实学研究会主办的“中华传统文化与现代家庭教育”秋季会讲举办。会讲介绍“海淀家长学校”系列课程开设意义；与会专家学者与海淀学校干部、教师代表就推动家庭、学校、社会协同融合发展，促进儿童青少年健康成长展开深入讨论。北京师范大学、首都师范大学、中共中央党校3名教授围绕主题展开论述；培英小学、一零一中校长结合学校工作进行交流和研讨；来自海淀区中小学教学一线的8名干部、教师代表，就家庭教育与家校社协同育人相关论题研讨和交流。红英小学作为海淀区学校代表展示中华优秀传统文化教育实践成果，海淀区教科院美育研究中心进行中华传统书画教育研讨交流。专家、领导及学校干部教师40人现场参会，6500余人线上参会。

（宋亚甫）

【团、队干部高级研修班】 11月11日，海淀区第四期中小学共青团少先队干部高研班开班。高研班培训历时1年，内容包括政治理论培训、共青团少先队知识技能培训等，采取理论辅导、专题讨论、自主学习、现场教学、分组课题研究等方式进行。开班仪式后，中共中央党校（国家行政学院）专家作《以中国式现代化全面推进中华民族伟大复兴——党的二十大精神解读》讲座。共青团、少先队干部30余人参加培训。

（宋亚甫）

【教师专业发展学术会议】 11月12日至13日，中国教育学会初中教育专业委员会第十九次学术年会暨第五届教师专业发展学术会议在海淀区教师进修学校举办。大会由中国教育学会、区委教工委、区教委主办，中国教育学会初中教育专业委员会、中国教育学会教师专业发展研究中心、区教师进修学校承办，会议主题为“强师·提质：赋能高质量育人”，8个单元内容有4个主旨报告、6个专题报告、14个分论坛、143名领导专家发言。会议采用“现场会+在线直播”形式。来自教育部，中国教育学会，市教委，区委教工委、区教委，全国各地教育行政领导，高校专家学者，各级教师研修机构教研员和培训者，以及来自31个省、自治区、直辖市和新疆生产建设兵团中小学校长和教师80万余人次线上、线下参会。

（宋亚甫）

【小学在线教学视频工作会】 12月1日，区教委召开小学在线教学视频工作会。清华附中上地小学、海淀区第二实验小学、培星小学、中关村三小发言分享“线上教学”经验；区教师进修学校从区域线上教学调研结果出发，梳理全区小学线上教学现状，指导学校解决“儿童自控力较弱、线上学习时间较短、线上教学技术不成熟”等难点问题，对下一阶段区级线上教研工作进行安排和部署；区教委全面回顾海淀区线上教学取得的成绩，分析当前学校线上教学情况，总结线上教学未来需要改进的相关问题，提出未来学校在线教学努力的方向。区委教工委、区教委领导、机关科室负责人以及各学区管理中心、小学教师500余人参加会议。

（宋亚甫）

【中学在线教学视频工作会】 12月2日，区教委召开中学线上教学交流研讨会。五十七中学、人大附中、清华附中上地学校在主会场就线上教学质量提升作典型案例发言，区教师进修学校针对部分中学开展“空中巡课”及调研发现的典型经验及问题提出教学工作建议，指导中学教学干部进一步加强听评课能力、研讨能力和反馈能力；对三所发言学校工作进行点评，对各中学继续优化线上教学工作提出改进建议。区委教工委、区教委领导在主会场参会，区教师进修学校、各中学正职校长、教学干部、备课组组长、年级组组长在各学校、学区分会场参会。

（宋亚甫）

【大中小学思政课一体化建设工作会】 12月6日，区委教工委召开海淀区大中小学思政课一体化建设工作线上交流会，特邀人大附中、清华附中、清华附小、北外附校、学院路学区、教师进修学校和区教科院等7个单位，围绕大中小学思政课一体化建设主题，交流分享各单位工作思考与实践。全区大中小学思政课一体化教研组成员、思政课一体化基地校负责人，以及各中小学思政课分管领导、教研组组长、思政课教师1500余人在线上参加会议。

（宋亚甫）

【提升线上体育教学实效研讨会】 12月9日，区教科院、区学院路学区管理中心联合召开提升大中小学线上体育教学实效线上研讨会，海淀实验三小、北林附小、育英学校、地大附中、十一学校及首都师范大学体育研修部教师分享交流线上体育教学经验；北京市特级教师、八一学校体育教研组组长黄虹对线上体育教学分享进行梳理，肯定海淀区创造性地运用多种教具和教学方法的做法；中国教育科学研究院体卫艺教育研究所专家作线上微讲座。部分学区干部、教师300余人参会。各校在疫情居家学习期间，通过线上体育课、线上课间操、居家锻炼活动等形式，引导学生积极健身，保证强健体魄。

（宋亚甫）

【线上线下教学工作】 至12月底，区教委完成互联网统一出口建设及“智慧教室”二期2477间教室改造工作；启动海淀教育“一网两平台”扩容、教育大数据支撑平台升级建设；完成海淀区中小学资源平台、海淀区教研平台和云直播课程平台升级工作。出台《海淀区教育系统新时期常态化开展线上线下混合式教学工作指导意见》。海淀“空中课堂”资源覆盖从小学一年级到高三各学科，总计19677节；其他拓展类资源7324个，其中人文资源1657个、科学资源1349个、信息资源606个、学科资源1153个、主题资源2559个。建设优质作业资源库，汇聚优秀基础作业资源18万个。优化迭代初三、高三9个学科资源445个，面向初三年级推出“海淀·名师讲堂”，开发58个专题资源。完成教师线上培训、学生授课、党员轮训、职称评定和家校大讲堂等直播教育活动，其中学生直播授课4241场，学生在线学习3781666人次，面向教师和家长的直播培训271场，在线观看272.11万人次，形成能长期延续的线上直播教育教学业务体系。

（宋亚甫）

学前教育

【概况】 2022年，海淀区有幼儿园225所，其中教育部门办园26所、其他部门办园17所、地方企业办园6所、事业单位办园26所、部队办园37所、集体办园24所、民办园88所、具有法人资格的中外合作办学1所，另有11所附设幼儿班未计入总数。招生24992人，毕业22165人，在园80528人，有教职工14518人。

多措并举扩增学前学位。巩固《海淀区第三期学前教育三年行动计划（2018—2020）》成果，新增幼儿园13所，提供学前学位4000余个。其中，新增普惠性幼儿园9所，分别为新建小区配套园6所、回收历史遗留小区配套园1所、驻区单位办园2所；新审批非普惠性民办园4所。

学前教育规范管理。出台《海淀区民办非普惠幼儿园、社区办园点资金监管实施方案》及实施细则，实施“海淀区社区办园点规范管理项目”，加强社区办园点资金监管和日常管理。完成37家民办非普惠幼儿园和90家社区办园点资金监管工作，涉及监管资金约6000万元。建立“区政府—区教委—幼儿园”三级管理机制，组织开展幼儿园招生工作。稳步推进幼儿园托班试点，13所幼儿园开设托班。114所社区办园点、66所幼儿园（点）完成督导自评，14所存在问题的幼儿园（点）通过实地督评完成整改。完成385所幼儿园（含分园分址）以及114家社办点挂牌督导工作，园所发展进一步规范。推进“幼小衔接”工作，开展专题研修，干部教师30700人次参加，对235所幼儿园和社区办园点进行幼小衔接专项调研和实践指导。《支持幼儿主动学习的实践》获北京市基础教育教学成果一等奖。

（宋亚甫）

【明天幼稚集团参加京澳交流活动】 3月17日，明天幼稚集团参加京澳交流线上活动。“京澳交流”平台活动由北京教育学院与澳门教育及青年发展局共同组织，明天幼稚集团总院长雷海环作《公平优质发展背景下的集团化办园改革》主旨报告，教科研部主任、院长助理分享《明天幸福课程的思考与实践》和《幼儿园文化建设是制度管理的灵魂》报告，一幼塔院园、五幼万泉河园、六幼小灵通园、八幼上地园、八幼佳园园、九幼锦顺园、北京中外友好幼儿院7名执行园长分享园所特色建设思考与实践。澳方代表肯定明天集团在行动学习研究上所获得的经验和积累。全国各地园长、教育专家、管理专家、研究学者207人参与线上会议。

（刘瑞琪　王琮）

【民族幼儿园幼小衔接系列活动】 5月至6月，海淀区民族幼儿园开展幼小衔接系列活动。活动主题为“幼小衔接，我们在行动”，围绕身心准备、生活准备、社会准备、学习准备四方面内容，渗透于幼儿园三年保育教育工作全过程，帮助幼儿做好身心各方面准备，实现从幼儿园到小学顺利过渡。大班组通过“我的居家任务”计划活动，提升幼儿理解任务要求的能力，能够清晰地转述任务内容并能自觉、独立完成任务；开展“幼小衔接我们在行动”主题活动，在家长学校解读《幼儿园入学准备指导要点》文件，指导家长居家时对孩子更加有针对性地指导与培养、开展我喜欢的运动、我参与的家务劳动、介绍我的兴趣爱好等，帮助孩子做好身心准备、生活准备、社会准备、学习准备。小班组以班级家长学校形式，指导小班幼儿家长在居家生活中做好幼小衔接生活准备，提高科学育儿水平，与教师配合，充分发挥家庭教育的功能。全园教师、幼儿及家长180余人参加活动。

（吴蕊）

【二十一世纪实验幼儿园童心“云六一”活动】 6月1日，北京市二十一世纪幼儿园曙光园举办童心“云六一”活动。教师通过园所抖音号在线上为孩子们送祝福，观看量达1898人次；家长上传孩子的视频并一起分享，包括画作、劳动过程、唱歌、手势舞、律动、古诗朗诵、家庭合唱等；教师为孩子们颁发电子奖章。曙光园幼儿教师458人参加活动。

（成雪娇）

【幼儿园招生工作完成】 6月1日至15日，适龄幼儿家长通过“海淀区幼儿园适龄儿童信息采集系统”进行信息登记。8月底，海淀区幼儿园完成招生工作。全区各类型幼儿园、社办点小班计划招生3万余名，实际录取幼儿24683名。13所托班布局试点的幼儿园招收托班幼儿322名。

（宋亚甫）

【全区幼儿返园】 7月4日，经过两个月居家，277个幼儿园址、110所社区办园点开园，7万余名幼儿返园。唐家岭新城幼儿园、红英阳光幼儿园举办开学第一课，教师与幼儿以小讲堂、情景剧、小实验形式，开展科学防疫活动；颐慧佳园幼儿园返园第一课是通过视频直播方式，参加线上升旗活动，接受健康教育；四季阳光幼儿园返园第一课分享疫情期间学习计划、生活趣事，教师介绍防疫知识技能；上庄中心小学附属艺鸣实验幼儿园开展升旗仪式，保健医以防疫为主题讲“开学第一课”；十九中学附设幼儿班幼儿参加升旗仪式、户外游戏；立新幼儿园返园第一课大班进行毕业典礼节目及毕业照设计，中班围绕“防疫”主题设计开学第一课，通过视频小故事、交流互动游戏、同伴交流畅想等形式，了解健康卫生小常识，小班围绕“情绪疏导”主题，进行“开开心心来幼儿园”教育活动；六一幼儿院开展“开学第一课”，各班级围绕卫生教育、生命教育、爱国教育、毕业等话题开展相关活动。

（宋亚甫）

【常青幼儿园蓝靛厂分园开园】 7月21日，常青幼儿园蓝靛厂分园正式开园。蓝靛厂分园位于四季青曙光街道远大南街，占地面积2400平方米，建筑面积2800平方米，开设6个班级，可容纳200余名幼儿。首批入园幼儿14名。

（章慧敏）

【科学城北区实验幼儿园开园】 8月31日，科学城北区实验幼儿园正式开园。科学城北区实验幼儿园是隶属区委教工委、区教委的公办幼儿园，位于温泉镇太舟坞万科翡翠云图小区内，为北部新区实验幼儿园第五所分园，实行北部新区实验幼儿园一体化管理，首批招收小班幼儿60人。

（宋亚甫）

8月31日，海淀区科学城北区实验幼儿园正式开园 （区教委 供图）

【海外幼儿园“颜色日”活动】 9月20日至24日，海外幼儿园藤飞班开展系列颜色日活动。中外教师结合颜色主题，设计一周色彩日活动，每天按照不同颜色开展主题活动，通过语言、环境、游戏、艺术等方式，让幼儿发挥想象力和创造力体验颜色的奥妙，并通过科学小实验，动手动脑探索材料、颜色，将抽象的理论知识变成具体形象的经验积累。藤飞班由每班1名母语为英语的外籍教师、1名中方教师共同管理，外籍教师全天制带班，除英文课程外，幼儿一日生活中其他活动均参与。幼儿、教师195人参加活动。

（李文月）

【北京科技大学幼儿园学院路分园开园】 9月30日，北京科技大学幼儿园学院路分园开园。分园总建筑面积2665平方米，分小班、中班、大班三个年龄段，可容纳300余名幼儿。10月，在园幼儿100名，其中小班4个，中班、大班各1个。

（于点）

【六一幼儿院党校园开园】 10月8日，北京市六一幼儿院党校园开园。党校园位于大有庄100号小北院，占地面积5638.47平方米，建筑面积3483.9平方米，运动场地面积993.5平方米，拥有教学楼、办公楼各1座。设8个教学班，240个学位。首批招收幼儿66人，有3个教学班，教职工22人。

（郭文睿）

【海外幼儿园线上开放日活动】 10月28日，海外幼儿园开展线上开放日活动。活动通过线上开放形式向家长展现幼儿在园活动，向家长同步直播。围绕“星辰大海、共赴未来”主题，在英文活动中，大班组结合星球、宇宙等知识，让孩子们认识行星、星系；中班组让幼儿将数与量对应，建立数学认知；小班组则从颜色、形状、国家等维度强化幼儿认知，培养开口习惯。在中文活动中，根据幼儿年龄、兴趣，设计各种科学、艺术及体育活动，其中，科学活动包括大班《水的奥秘》活动，艺术活动包括中班美术活动《手工拓印》、小班组舞蹈《小兔子》，体育活动包括跆拳道、轮滑、棒球、足球等。幼儿、教师235人参加活动。

（李文月）

【六一幼儿院课题成果展示交流】 12月1日，北京市六一幼儿院开展课题成果线上展示交流活动。活动由海淀区教育科学“十三五”规划群体课题“幼儿主题游戏活动设计与实施研究”课题组组织，六一幼儿院西三旗院区研究团队围绕子课题“家园合作开展主题亲子游戏活动设计与实施的研究”进行线上成果展示交流。北京教科院早期教育研究所专家点评，对该课题成果给予高度评价，认为研究在育儿目标上充分体现配合无间、合力共育的家园协作关系。课题组13所实验园园长、教科研负责人、骨干教师及六一幼儿院手拉手姐妹园教师273人在线参加活动。

（赵杰）

【幼儿园登记注册年检】 至年底，区教委在线完成全区公办幼儿园登记注册和年检工作。因疫情影响，登记注册和年检工作通过网上填报信息、上传材料、在线审核方式完成，内容涵盖办园条件及师资配备、消防验收及房屋、设施安全、卫生保健工作评价、食堂安全、收费标准备案、师德建设等依法依规办园情况。完成180余所公办幼儿园登记注册和年检工作、80余所民办幼儿园登记备案工作。

（宋亚甫）

基础教育

【友好校线上校际交流会】 1月5日，区教委召开中小学友好校（姊妹校）线上校际交流经验分享会。中国教育国际交流协会AFS项目全国管理办公室主任蒋凌燕，海淀区70余所学校的近100名教师参会。会议采取线上与线下方式，和平小学、北大附小、理工附中、首师大附小、北大附中5所学校聚焦校际交流主题、交流方式、技术支持等问题，展示各具特色思路和做法。蒋凌燕围绕“在地国际化与同上一堂课”主题，从项目设计、做好评估、教师交流、课堂组织、技术支持5个方面，对如何在线“同上一堂课”提出专业建议。海淀有80所中小学与250所国外学校建立友好关系，61所学校与101所港澳学校签署姊妹校协议。

（宋亚甫）

【小学教育工作会】 1月14日，区教委召开区教育系统2021年小学教育工作会。会议采取网络视频的形式，主会场设在区教委，分会场设在各小学、直属单位、学区青少年活动中心。会议听取《探索“双减”海淀模式 聚焦优质均衡发展 努力办好人民满意的小学教育》2021年小学教育工作报告，海淀区教师进修学校作专题报告，系统阐释课堂教学实施、课程育人水平、作业提质、考试管理等方面的具体举措，中关村二小、海淀区第二实验小学和定慧里小学分别就学校管理体系和教学模式上构建一体化育人的新格局举措，作“聚焦课堂提质增效”“积极开展创生交互式课堂教学模式的探索”“干部教师团队发展”等专题分享。区教委、各小学及直属单位等干部教师800余人参加会议。

（宋亚甫）

【奥林匹克艺术品征集活动】 1月，由区教委主办、区体育运动与卫生健康促进中心承办的中小学生奥林匹克艺术品征集活动举行。征集全区73所中小学校报送的2217件作品，其中宣传海报815张，书法作品672幅，冬奥手工艺、纪念品342件，冬奥文化服装设计（制作）230张，冬奥文化主题摄影158张。评出一等奖202件、二等奖396件、三等奖574件。

（宋亚甫）

【迎冬奥活动】 1月，海淀区中小学校开展特色迎冬奥活动。人大附中、八一学校金帆合唱团演唱冬奥歌曲《冰雪之梦》《盼望》。清华附中上庄学校开展“圆梦冰雪、助力冬奥”美术主题创作展示活动，征集以冬奥标志、吉祥物、竞技项目等为题材创作的作品。理工附中小学部开展“喜迎冬奥”学科实践活动。和平小学主办“中日少年迎冬奥 我们一起向未来”四校联动·线上趣味互动会。星火小学开展“冰雪冬奥梦 一起向未来”系列主题活动，举办“激情冰雪 相约冬奥”冬奥项目体验活动，体验冰橇、旱地冰壶、冰球射门、越野滑雪、模拟滑雪训练、射箭等活动；举行“冰雪冬奥梦 一起向未来”主题升旗仪式；四年级学生赵鼎鼎的绘画作品获国际青少年绘画邀请展优秀奖，在奥组委“童画国礼”征集活动中作为“国礼”赠送给外国友人。育英学校开展以“逐梦冰雪 相约冬奥”为主题的冰雪运动进校园系列活动，设置陆地冰壶、冰球、钢架雪车、冬季两项、单板、双板滑雪等冰雪运动项目，学生在专业教练指导下分班分组进行冰雪项目学习和体验。石油实验小学利用队会课时间，通过广播讲解、播放视频等方式普及冬奥会知识。

（宋亚甫）

【全民国家安全教育日系列宣教活动】 4月15日，海淀教育系统开展全民国家安全教育日系列宣教活动。活动主题为“树牢总体国家安全观，感悟新时代国家安全成就，为迎接党的二十大胜利召开营造良好氛围”，向全区中小学发放800套国家安全宣传海报和宣传视频资料；组织机关人员开展知识答题活动，发放国家安全宣传品，播放《国安宣传片》。各中小学将宣传活动与培育和践行社会主义核心价值观、社会主义法治宣传教育有机结合，指导学生学习国家安全定义，了解国家安全和公共安全的区别；宣传国家安全法、反间谍法等国家安全法律；学习宣传《大中小学国家安全教育指导纲要》等；组织主题班队会、“国旗下的讲话”和知识答题等活动。各学校通过在校区醒目地点张贴宣传海报、滚动播放视频等形式进行宣传。

（宋亚甫）

【红英小学教育家办学实践研讨会】 4月19日，区教委举行红英小学教育家办学实践研讨会。研讨会以“阳光·赋能”为主题，线上线下同步进行，播放专题片《遇见——在有阳光的地方》，展示7节“阳光岛课程”。红英小学书记、校长陈淑兰以“为孩子的一生打好底色”为题，分享学校优质办学经验。与会专家、学者对红英小学办学理念、课程实践模式、育人方式等方面进行点评，对学校以自身努力求索、笃实践行，为教育改革寻找更多元的路径给予高度评价。红英小学前身为红军子弟学校，1960年从四川大巴山区迁至海淀区韩家川村。2003年，陈淑兰带领团队提出“阳光教育”办学理念和“为孩子的一生打好底色”教育理念，在长期创新和实践中，逐步构建起“学中做，做中学”的课程实践模式，通过实践性活动，关注学生的体验、经历及成长。区委教工委、区教委，西北旺镇领导，区教育党校、区教科院、区教师进修学校和各学区管理中心，各小学书记校长，知名专家学者等550余人参加会议，部分学校书记校长、学生家长等8000余人同步线上参会。

（宋亚甫）

【110名消防副校长受聘上岗】 4月20日，区消防救援支队联合区教委举行海淀区学校消防副校长聘任仪式暨校园消防安全管理培训会。110名消防救援队伍骨干正式受聘上岗，分别成为17个学区消防副主任以及507所中小学、职高、幼儿园消防副校长和消防校外辅导员。学区消防副主任、消防副校长、消防校外辅导员按照各自职责帮助、指导学校开展消防安全宣传教育等相关工作。仪式结束后，区消防救援支队开展“校园安全无小事，严防火患于未‘燃’”消防主题培训，讲解消防安全专业技术及消防科普知识。区委教工委、区教委、区消防救援支队、学区、学校代表等20余人线下参会。各学区、中小学校（含他办、民办）、职高、幼儿园近1000人线上参会。中央电视台、北京电视台等媒体进行采访宣传。

（宋亚甫　秦鹏宇　尚艺璇）

【航天系列主题教育活动】 4月，区教委在部分学校开展主题为“航天点亮梦想”的航天系列主题教育活动。图强二小举办“航天周”主题活动，包括科学秀开场、科学家讲座、航天课程发布等环节，发布以“远航绘蓝图，为国育英才”为主题学校航天课程体系。人大附中航天城学校组织学生观看“天宫课堂”第二课，邀请两位航天专家作航天知识讲座。北航实验学校中学部举办航天思政大课，邀请中国工程院院士走进学校，讲述中国航天人追梦故事；中学部科技创新研究院学生代表参加北京航空航天大学宇航学院组织的第七届航天文化节·北航大讲堂之“传承中国航天精神”论坛；举办系列主题讲座，邀请航天领域专家做讲座。中关村二小与中国航天基金会、中国航天科工二院、新华社解放军分社等单位联合举办系列“航天点亮梦想”科普课。

（宋亚甫）

【居家线上学习】 5月5日，根据疫情防控工作要求，全区中小学校开启居家线上学习模式。区教委运用海淀区中小学资源平台、海淀区云课堂直播平台，高效开展中小学线上教学工作。运用中小学资源平台为全区30万名中小学师生提供资源点播服务，建设7大专题资源库：人文资源1712个、科学资源1531个、信息资源535个、学科资源2206个、综合资源1502个、多元发展918个、空中课堂19214个。其中，空中课堂栏目汇集小学一年级至高三年级各学科课程资源，由区教师进修学校组织学科教研员录制。海淀区云课堂直播平台创建线上课堂教学场景，为学生还原线下课堂。全面打通平台与学校班级内的常态化录播系统，学生在家只需扫描二维码或输入直播教室的网址，就可实时参与授课学习。各学校开启1296间虚拟教室。至5月17日，区内9所学校使用海淀区云课堂直播平台，完成67节学科课程教学，22066人次观看。近67万人次访问资源平台，资源总点播量接近535万次。

（宋亚甫）

【“线上+线下”心理健康服务】 5月20日至12月31日，区教科院组织开展“线上+线下”心理服务工作。“线上+线下”心理服务包括心理疏导、宣传、排查、指导、培训等方面，指导学校开展各类线上线下心理健康教育活动。开设心理热线电话，持续为师生、家长提供咨询、倾听居家情绪调适、学习指导等服务辅导，提出方法建议；组织录制专题心理课程，录制认识自我、发展自我、强大自我、青春期心理教育、学生身心发展特点及陪伴策略、缓解职业压力、家校沟通等心理课程14节，访问量达到4.8万余次；利用海淀区中小学心理健康教育网络平台，更新上传心理防护资源；聘请专家为全区师生进行两场中高考专题心理培训，6500余名师生参训；利用海淀家长学校进行两场家长考前心理培训，点击量近万人。按照学区分片，拉网式与因需式给予学校专业辅导支持，为近200名师生提供针对性指导，实现线上摸排全覆盖。利用危机管理系统，实现学生心理状态动态关注，及时为部分学生提供专业诊疗建议。联合区教委研发小学一年级至高三年级50节心理课后服务课程资源，形成“活动+游戏”特色服务项目，达到培育学生积极心理品质目的。居家学习期间，制作情绪调控、自我管理等多专题线上微课，为学生完成居家学习计划提供有效支持；与区教委联合举办线上班主任家庭教育指导能力提升培训活动，开展观察分析学生技能、家访沟通合作、家庭教育指导技能线上培训，截至12月31日，累计1.9万人次点击量。

（宋亚甫）

【干部教师交流轮岗工作】 5月，海淀区全面启动干部、教师的交流轮岗，确定八种交流形式，即统筹调配党政正职在全区范围内交流轮岗；学区内干部教师交流轮岗；教育集团内干部教师交流轮岗；与大学附中附小干部教师交流轮岗；跨学区、跨教育集团干部教师交流轮岗；开展优秀青年干部教师多形式交流轮岗；通过信息化手段广泛交流轮岗；对口支援交流轮岗。全区参加交流轮岗教师1980人。9月，全区轮岗交流教师1866人，占符合交流条件的教师34.1%，其中全职交流教师1327人、兼职交流教师539人。整体交流教师中区级及以上骨干教师853人，占交流教师的45.7%。学区内部、集团校间的教师交流轮岗是开展教师交流轮岗工作的主要形式之一，16所团组式交流试点学校和结对学校之间采用跨校兼课、双师课堂、学科校际联研、课后服务、名师讲堂提优辅导等开展深入交流，促进共同提升。交流轮岗工作除校长、教师实地“换岗”到新的学校，还有“柔性交流轮岗”——开展“双师课堂”和“联片教研”。通过双师课堂，不同学校教师同上一堂课，让更多学生享受到更优质的教学资源；通过“联片教研”教师信息共享、互相学习、扬长避短，有助于提高教师的专业水平。2021年12月，海淀区启动干部教师交流轮岗试点工作。

（宋亚甫）

【“作业资源库”建设】 5月，区教科院联合技术研发团队，在海淀区中小学资源平台学科资源栏目中建设“作业资源库”，为全区中小学教师提供3—9年级语文、数学、英语优质作业资源，总题量达到10万道以上。所有资源符合海淀区中小学所使用教材版本，题目包括多维度标签帮助教师高效检索适合作业题目如学段、学科、教材版本、单元、知识点、题型、能力、难度，分为单选、多选、判断、填空、主观等题型，为教师布置作业提供内容参考。作业内容具有丰富多样、注重过程方法、综合开放三大特点；作业系统提供选题布置作业、题目创建共享、题目审核管理三大功能。作业资源库仅对海淀区中小学教师开放，采用实名制登录。

（宋亚甫）

【沈军校长办学实践研讨会】 7月12日，沈军校长办学实践研讨会召开。研讨会由区委教工委、区教委主办，八一学校承办，以“品质担当”为主题，聚焦八一学校红色基因和现代特色历史名校办学实践，引导更多校长以教育家的情怀、理想和担当走上教育家办学之路。八一学校校长沈军作《春风化雨育人 功成有我肩负》主题演讲，3名学生现场展示参加RWDC真实世界实际挑战赛的获奖项目，八一学校特级教师、正高级语文教师王建稳作《玉在山而草木润》演讲。与会专家领导肯定八一学校办学成果，在全国教育扶贫和学生航天科技等方面发挥的示范引领作用。区委教工委、区教委领导，中学校长及八一学校师生1000多人参加活动。沈军，正高级教师，海淀区高中教学专家组成员。

（左秋洁）

【暑期托管服务】 7月18日至8月26日，海淀区各学区开展暑期托管服务工作。暑期托管服务对象为2021—2022学年度海淀区小学一年级至五年级在校学生，主要招收各学区内双职工无人看管或家庭看管确有困难的学生，暑期托管期间混龄、混校编班。举办两期托管班，每期15天，时间安排为每天8:30至17:30。羊坊店学区共有学生146人参加托管，铁路实验小学、羊坊店四小志愿承担暑期托管工作，精选300本图书、近10套校本课程的益智游戏器具，每天保障1—2个小时自主阅读时间。学校开放教室、图书馆、阅览室、电影放映厅、学校戏剧场等资源，安排作业辅导、阅读、电影赏析等活动，开设绘画、剪纸、益智游戏、戏剧等课程。万寿路学区协同十一学校一分校和五一小学，志愿承担暑期两期托管公益服务。学院路学区暑期托管工作分别由东升实验小学和石油附小两所学校承担，接纳学区7所小学的40名学生。

（宋亚甫）

【网络安全教育活动】 9月5日至11日，海淀区学校开展网络安全教育活动。十九中召开“网络安全”主题班会，举办网络安全主题宣讲，法官进校宣讲《中华人民共和国网络安全法》。海淀寄读学校制作有关网络安全手抄报，讲法治课。清河中学把网络安全知识融入课堂教学。上庄中心小学举办“校园日”主题活动，宣传安全知识。北外附校播放《网安十年再起航》短片，召开主题班会。锦秋学校举办网络安全知识答题竞赛，开展“网络安全宣传周”主题活动。中关村中学播放网络安全宣传片，参加海淀区网络安全培训线上学习活动。首师大二附中举办网络安全答题活动，校园张贴宣传画。二十中通过校园大屏进行宣传，课堂宣讲网络安全内容。中关村学院制作《中关村学院网络安全宣传周宣讲PPT》，在学院微信群里分享；显示屏滚动播放相关视频，张贴网络安全宣传海报；制作“建设网络文明 共享京彩校园”宣传板报。

（宋亚甫）

【秋季食品安全专项整治】 9月7日，区教委联合区市场监督管理局开展海淀区中小学、幼儿园秋季食品安全专项整治工作。区教委带队到羊坊店学区，对汇佳颐源居社区办园点和海淀区羊坊店中心小学食堂食品安全规章制度、食品操作工艺流程、餐饮具消毒效果等进行检查指导；重点对供餐环节中存在的疫情防控风险、诺如病毒防控风险和食品原材料采购环节进行检查。检查组对学区、学校和幼儿园所做食品安全工作给予充分肯定，要求学校、幼儿园强化管理、查漏补缺、总结经验、固化成果。

（宋亚甫）

【家庭教育指导师研修班】 9月27日至12月27日，区教委在万泉小学举办家庭教育指导师研修班。作为北京市首家开展“家庭教育指导师”培训的学校，首批培训50名班主任，邀请教育界知名专家学者，分“八大主题”：“家校合作育人”“从鲁迅先生的‘我们如何作父亲’谈起”“班主任的心理素养”“家庭教育指导师的专业素养解读”“以德治学——宏志班教育八大体验”“班主任与家长沟通的角色与语言艺术”“新时期的家校关系与合作思考”“家校共育的自觉实践与思考”进行培训。原北京市教育局副局长、北京市教育科学研究院副院长文喆以《学校教师如何参与“家庭教育指导服务”工作——对教师介入家庭教育的建议》为题，开展首次培训。聘请文喆、市教科院德育研究中心谢春风、海淀区教科院院长吴颖惠为学校“家庭教育指导师专家顾问”。海淀区已建立“海淀区家庭教育指导师”培训机制，未来将培养约1000名教师成为家庭教育顾问，为家长提供科学化、规范化、专业化、个性化的家庭教育指导服务，引导家长科学开展家庭教育。

（宋亚甫）

【海淀教育智库专家访校活动】 10月27日，海淀教育党校举办海淀教育智库专家访校活动。活动首站走进海淀清华附中外籍人员子女学校、海淀区稻香湖学校，专家们走访学校教学楼、图书馆、高研实验室、艺术中心、篮球羽毛球场馆、户外操场、科技教室、音乐教室等地，听取学校情况介绍。在座谈环节，智库专家就“学习党的二十大报告，建设教育强国、科技强国、人才强国，海淀教育如何建设高质量人才培养体系”展开交流。海淀教育智库全体专家，区委教工委、区教委相关科室负责人、直属单位负责人，教育党校干部教师20余人参加活动。

（宋亚甫）

【农耕文化（苏家坨）实践营开营】 11月4日，“讲好丰收故事 体验农耕文化”2022海淀少先队农耕文化（苏家坨）实践营在苏家坨镇柳林村弗莱农庄开营。活动由团区委、区少工委、苏家坨镇政府联合主办，参加活动的少先队员在校外辅导员带领下学习农学知识，体验京西稻手工收割操作，现场品尝新米粥；与会领导为基地集中揭牌，为新聘海淀区农耕文化少先队校外辅导员颁发聘书。来自海淀区第二实验小学六4中队少先队员担任“红领巾讲解员”，带领大家观看《耕织图》中耕织场景，了解中国古代真实劳动情景，讲解京西稻历史文化、讲述“一粒好种子”由来。团市委、区政协、团区委、区少工委、区关工委、区农业农村局、区科协等领导，首批海淀区农耕文化少先队校外辅导员以及少先队员近100人参加活动。至年底，区少工委组织30余个中队采取线上或线下形式，开展参观学习、志愿讲解、实践体验、展示交流等活动，让少年儿童学习“三农”知识、讲述丰收故事、感受农耕文化。

（宋亚甫）

【8所中小学加盟教育集团】 11月15日，海淀区8所中小学加盟教育集团。位于上庄镇的上庄中心小学加盟十一教育集团；海淀区南部太平路小学加盟十一教育集团；铁路实验小学和五十七中学建立联盟式办学关系；东部西二旗小学加盟中关村一小教育集团，并更名为北京市海淀区中关村第一小学西二旗分校；推动理工附中分校、人大附中分校、建华实验学校等3所民转公学校在新起点上持续提升，正式将人大附中分校纳入人大附中教育集团，将理工附中分校纳入理工附中教育集团，将建华实验学校纳入十一学校教育集团。

（宋亚甫）

高等教育

【概况】 海淀区是全国高等院校最密集、高等教育最发达的地区。2022年，辖区有普通高等学校37所（校区）。有中共中央党校（国家行政学院）、中国人民解放军国防大学、中央社会主义学院、中央民族干部学院、中国青年政治学院5所党、政、军、团高级干部培训学府。辖区有北京天主教神哲学院和燕京神学院。

（钟冷　郭君兮）

【北大两项成果获“北京教育系统青少年党史学习教育创新案例”】 年内，北京大学“初心薪火相传 使命永担在肩——北京大学庆祝中国共产党成立100周年主题展览”和“‘恰是百年风华’未名湖畔党史学习教育”获“北京教育系统青少年党史学习教育创新案例”。“初心薪火相传 使命永担在肩——北京大学庆祝中国共产党成立100周年主题展览”分三部分：第一部分为“初心肇始，红楼星火”，聚焦中国共产党的建立过程，主要讲述党的主要创始人和早期活动家在北大红楼点燃马克思主义传播的星星之火；第二部分为“砥砺奋进，弦歌不辍”，聚焦社会主义建设和改革开放时期中，北京大学贯彻党的教育方针，在科研攻关、人才培养方面服务国家需要的系列举措；第三部分为“使命在肩，矢志担当”，全面展现在习近平总书记的亲切关怀下，北京大学在党的建设、立德树人、队伍建设、教学科研、社会服务等方面取得的丰硕成果。“‘恰是百年风华’——庆祝中国共产党成立100周年未名湖畔党史学习教育”活动以党的百年发展为主线，分为“觉醒年代的号角”与“伟大复兴的征程”上、下两个篇章。上篇融汇党史、新中国史、改革开放史，下篇聚焦新时代中国特色社会主义建设伟大成就。

（侯乐）

【学院幼儿园融合合作】 年内，北京培黎职业学院与中国农业大学西校区幼儿园、中国人民解放军63919部队幼儿园等8家幼儿园开展深度融合工作。专业课教师利用寒暑假到幼儿园实践锻炼，提高教师的实践教学指导能力。聘请幼儿园教师参与学院学前教育专业的《绘本赏析与阅读指导》《保教知识与能力》《特殊儿童发展与学习》《幼儿园环境创设及玩教具制作》《幼儿园五大领域教育活动设计与指导》《幼儿园游戏活动实践指导》等6门课程教学。组建由学院学前教育专业专任教师与幼儿园骨干教师组成的专兼结合教学团队，共同开发专业课程，已开发并实施课程1节《幼儿园五大领域教育活动设计与指导》。每个合作园承担学前教育专业约30名学生的见习和实习任务。幼儿园与学院共同研制以课程标准、教学模式和实践为导向的课程考核评价表，将幼儿教育的新需求、新政策带入课堂。

（朱基荣）

【“百千万智慧助老”公益行动】 年内，北京老年开放大学“百千万智慧助老”公益行动在全市16个区新增近500个点位，市校及系统分校线上线下开展2146场活动，服务老年学习者60.13万人次，参与服务志愿者超2000人次，发放配套教材1720册。中央广播电视总台、新华网、北京市政府网站等国家及省级主流媒体宣传报道16次。

（李玥）

【林大与17家单位签订合作协议】 年内，北京林业大学分别与门头沟区人民政府、延庆区人民政府、中国林业科学研究院、中国科学院生态环境研究中心、国家林草局西北华北东北防护林建设局、中国科学院西双版纳热带植物园、大兴安岭林业集团公司、中铁科学研究院有限公司、云南林业和草原科学院9家单位签订战略合作协议，就生物多样性保护、攻坚种子“卡脖子”关键技术问题、生态环境治理和保护等方面开展合作；与国际竹藤组织、保加利亚林业大学等8所国际组织和境外高校签订合作协议，加强学校与港澳台地区高等教育交流与合作，为国际化人才培养、师资培训、科学研究和技术成果转化搭建良好平台，为多渠道交流合作奠定坚实基础。

（任照祝）

【“北京冬奥会：体育与中国、世界的未来”国际学术研讨会】 1月9日，由北京体育大学主办、北京大学马克思主义学院和北京体育大学学术期刊社承办的“北京冬奥会：体育与中国、世界的未来”国际学术研讨会召开，400余位国内外相关高校和研究机构的专家学者以及媒体代表通过线上或线下方式参会。论坛设置主论坛、分论坛两部分。在主论坛，美国密苏里大学圣路易斯分校人类学系教授苏珊·布劳内尔作题为《从2008到2022年奥林匹克运动与中国》的发言，国家体育总局体育文化发展中心原主任孙大光作题为《中国“双奥”的历史意义》的发言，北京体育大学中国奥林匹克高等研究院教授黄亚玲作题为《人类命运共同体与北京2022年冬奥会理念的耦合与实践》的发言，华南师范大学体育科学学院教授邓星华作题为《北京冬奥会话语能力结构及互动作用研究》的发言，德国美因茨约翰内斯古滕贝格大学教授霍格·普鲁斯作题为《新冠肺炎疫情对体育俱乐部和体育赛事的影响》的发言，华东师范大学体育与健康学院教授刘桂作题为《以北京冬奥会为契机加快构建中国体育外交战略体系》的发言，北京体育大学马克思主义学院教授陈世阳作题为《习近平总书记关于北京冬奥会重要论述的文本分析》的发言。在分论坛上，专家学者围绕“北京冬奥会与人类命运共同体构建”“北京冬奥会与中华民族伟大复兴”“北京冬奥会与国际奥林匹克运动发展”“北京冬奥会与中国体育强国建设”4个主题进行深入交流和研讨。

（钟冷　马嘉悦）

【北京信息科技大学签署共建协议】 1月20日，北京信息科技大学、中国文物信息咨询中心（国家文物局数据中心）共建协议签署暨文物智能与大数据联合实验室揭牌仪式在北京信息科技大学健翔桥校区举行。联合实验室围绕中国文物信息中心信息化主业，盘活现存文物数据资源，充分运用互联网、大数据等信息技术，推动文物展示利用方式融合创新，完善国家文物局数据中心建设，为行业科学决策和事业发展提供数据支撑。

（李萌）

【“山河颂”大型书画义卖展】 1月24日，为期一个月的北京艺术传媒职业学院“山河颂”大型书画义卖展落幕。义卖展在北京奥加美术馆举办，北京艺术传媒职业学院创办者杨波主办，将自己收藏的2万幅书画佳作倾囊捐出，义卖作品以山水画为主，包含沈鹏、张海、苏式澍、冯远、王明明、李翔、杨晓阳、王乃壮、陈昔未、赵刚等画家以及杨波的书法作品，其中不乏欧阳中石、苏士澍、何家英等联袂创作的作品。杨波将义卖所得资金全部投入学校校园建设及资助贫困学生。

（曹誉仁　亢春梅）

【《中华民族交往交流交融史》编纂工作部署会】 1月25日，国家民族事务委员会（简称国家民委）在京主持召开《中华民族交往交流交融史》（简称“三交”史）编纂工作视频部署会，动员部署“三交”史编纂工作。中央统战部、国家民委相关领导出席会议并讲话。“三交”史编纂工程被纳入《中华人民共和国国民经济和社会发展第十四个五年规划和2035年远景目标纲要》。受中央统战部、国家民委委托，中央民族大学为“三交”史编纂工程实施的依托单位，学校成立《中华民族交往交流交融史》编纂工作办公室、中华民族交往交流交融史研究中心（挂靠历史文化学院），承担工程的学术组织和服务保障工作。2月26日，历史文化学召开“三交”史编纂主题讨论会。2月28日，4个史学专题数据库在民大图书馆“数字资源”上线投入使用。

（周翊兰）

【冬奥会体育展示娱乐汇报演出】 1月25日，北京2022年冬奥会和冬残奥会体育展示娱乐汇报演出在首都体育学院（北京国际奥林匹克学院）举行，北京2022年冬奥会和冬残奥会体育展示娱乐节目正式交付。首都体育学院全面承接冬奥会、冬残奥会体育展示娱乐表演所有节目的全要素演练工作。160名学生承担国风舞蹈、街舞、冬奥吉祥物表演等多种形式的娱乐表演任务。国家体育馆、国家雪车雪橇中心、云顶滑雪公园等11个场馆的冬奥吉祥物——冰墩墩、雪容融全部由学校武术与民族传统体育专业学生扮演。会摔跤、会扭秧歌、会卖萌、会转4A的鲜活的冰墩墩、雪容融火爆全网。

（张皇）

【北航科研助中国队获冬奥会金牌】 2月6日，北京航空航天大学副教授柯鹏团队对接国家队冬奥训练科技要求，承担技术开发和相关服务保障工作。助力中国短道速滑队获北京冬奥会短道速滑混合团体2000米接力决赛冠军，拿下中国队北京冬奥首金。柯鹏团队借鉴航空航天飞行器路线优化算法，找到冰雪运动的最佳滑行路线；借助航空航天人机环境理论建立模型，捕捉运动员的滑行姿态，分析肌肉能耗，评估冰场质量，找到冰雪运动的最佳滑行姿势和最优体能分配方案。北京航空航天大学为获表彰的16家“中国冰雪科技联合攻关单位”之一，柯鹏为14位获聘“中国冰雪科学家”之一，获“全国体育事业突出贡献奖”。

（朴嘉悦）

【北京冬奥会线上国际研讨会】 2月17日，“冬季奥运会：北京精神与全球意涵——北京冬奥会线上国际研讨会”举办。研讨会由中国人民大学国家发展与战略研究院、中国人民大学体育产业研究院（正定）、中国人民大学人文北京（人文奥运）研究中心联合主办，来自国内外的26名专家学者就“北京冬奥会的理念和精神”与“北京冬奥会的全球意涵”两个议题进行探讨和交流。会议通过凤凰网、中国网、网易新闻等多家平台同步直播，在线观看人数超过40万人次。

（楚艳红）

【科技助力花滑金牌】 2月19日，隋文静和韩聪获得北京冬奥会花样滑冰双人滑自由滑比赛冠军，北京体育大学教师为其提供运动康复保障支持。北体大运动医学与康复学院运动康复教研室教师刘冬森博士科学有效管控损伤风险，制定“康复体能一体化的、个性化的”保障方案，从运动损伤的防护、治疗、康复、管理各方面提供全方位支持，制定和执行科学保障方案，以极小损伤代价助力二人获得花滑金牌。

（马嘉悦）

【北京师范大学发布《全国“双减”成效调查报告》】 3月2日，北京师范大学中国教育与社会发展研究院课题组发布《全国“双减”成效调查报告》（简称《报告》）。该报告通过科学抽样规则，对全国不同地区、不同类型学校、不同评价主体进行“双减”改革实践抽样问卷调查和个别访谈，回收在线问卷调查有效样本总量168.9万份，与12个省、36个区县的105位校长、316位家长进行“一对一”访谈。《报告》显示：“双减”政策受到普遍赞同，校长、教师、家长和学生表示赞同“双减”政策的比例分别是96.8%、92.8%、90.5%和96%。《报告》指出：“双减”改革所面临困难挑战，集中在教师高质量作业设计能力亟待提高、课后服务经费保障机制尚未健全、校外培训机构仍存在违规行为、教师工作压力和负担加重、家长教育期望值较高5个方面；针对问题和困难，提出6条深化改革建议。

（申政）

【清华大学首次实现亚1纳米栅长晶体管】 3月10日，清华大学集成电路学院任天令教授团队在小尺寸晶体管研究方面取得重要进展，首次实现具有亚1纳米栅极长度的晶体管，具有良好的电学性能，相关成果以“具有亚1纳米栅极长度的垂直硫化钼晶体管”（*Vertical MoS2 transistors with sub-1-nm gate lengths*）为题，在线发表在《自然》上。任天令研究团队巧妙利用石墨烯薄膜超薄的单原子层厚度和优异的导电性能作为栅极，通过石墨烯侧向电场来控制垂直的MoS_2沟道的开关，从而实现等效的物理栅长为0.34纳米。通过在石墨烯表面沉积金属铝并自然氧化的方式，完成对石墨烯垂直方向电场的屏蔽。再使用原子层沉积的二氧化铪作为栅极介质、化学气相沉积的单层二维二硫化钼薄膜作为沟道。据报道，目前主流工业界晶体管的栅极尺寸在10纳米以上。12月，该成果入选2022年国内十大科技新闻。

（徐思羽）

【“国家安全法治研究基地”成立】 4月12日，国际关系学院举行“国家安全法治研究基地”成立仪式暨学术研讨会，来自全国人大等单位的40余名专家学者参会。与会人员围绕“国家安全法治的理论前沿”“国家安全法治的实践探索”等主题进行交流。国际关系学院“国家安全法治研究基地”是全国第一个省部级国家安全法治研究机构，主要承担发挥国家安全法治研究领域智库作用、开展国家安全法治研究、推动国家安全法学学术交流、开展国家安全法治宣传教育和推动国家安全法学成果转化等职能。

（任婉君）

【城市地铁隧道安全隐患综合探测车投入使用】 4月12日，中国矿业大学（北京）研究成果“城市地铁隧道安全隐患综合探测车”用于北京地铁9号线六里桥—七里庄段隧道安全检测。该项目是北京市科技计划项目，属于城市运行安全保障领域，能够探明该区段地铁隧道衬砌内部脱空和富水病害、衬砌表观裂缝和渗漏水病害、隧道内轮廓形变病害情况，获取其位置、尺寸等信息，为地铁隧道渗漏水治理、城市轨道交通基础设施智能运维提供技术支撑。该成果解决城市地铁隧道结构检测过程中多个“卡脖子”问题，应用在北京、西安等城市地铁隧道安全探测中，提高城市主动防控和应急救援能力。

（杨颖璐）

【北大第三医院成果入选《中国21世纪重要医学成就》】 4月17日，中国医学科学院在中国医学发展大会上发布《中国21世纪重要医学成就》。北京大学第三医院乔杰院士带领的生殖医学团队与生命科学学院生物医学前沿创新中心谢晓亮、汤富酬团队合作的研究成果入选。研究团队首次揭示人类生殖发育过程中基因表达与表观遗传学调控机制，完整绘制人类生殖细胞及早期胚胎的高精度单细胞转录

2月19日，隋文静和韩聪获得北京冬奥会花样滑冰双人滑自由滑比赛冠军。图为北体大教师为二人进行康复治疗和训练（北京体育大学 供图）

组及表观遗传动态变化图谱；通过"单细胞基因组扩增"技术，在国际上率先完成人类单个卵细胞的高精度全基因组测序；成功诞生世界首例高通量测序同时单基因遗传病和染色体异常筛查的试管婴儿。研究成果攻克"出生缺陷"重大生殖健康难题，使中国胚胎着床前遗传诊断技术达到世界领先水平。

（曹冠英）

【首届南部非洲国家孔子学院院长联席会议】 4月29日，在津巴布韦大学孔子学院、中国人民大学的共同支持下，首届南部非洲国家孔子学院院长联席会议在北京线上线下同时举行。来自南部非洲12个国家18所孔子学院的近50位代表以及中国人民大学孔子学院相关人员参会。津巴布韦大学孔子学院、马拉维大学孔子学院、博茨瓦纳大学孔子学院、南非德班理工大学孔子学院、津巴布韦大学孔子学院相关负责人分别作"汉语教材本土化及去掉异化：以津巴布韦情况为例""希腊孔院与马拉维孔院的运行差异和启示""博茨瓦纳孔院汉语教学的现状与未来""新形势下孔子学院的机遇与挑战"和"后疫情环境下的中文教学——津大孔院教学案例"的主题发言。与会中外代表围绕"汉语教材本土化及去掉异化：以津巴布韦情况为例"会议议题，讨论后疫情时代南部非洲国家孔子学院发展面临的挑战和应对机制、如何在新机制下推动南部非洲国家孔子学院信息资源共享和协调发展，并就筹备本年度南部非洲国家孔子学院院长线下联席会议和筹建南部非洲国家中文教学研究中心即南部非洲国家中文联盟的必要性和可行性等进行交流。

（楚艳红　钟冷）

【地大学子登顶珠峰】 4月30日10时30分左右，中国地质大学（北京）土地科学技术学院学生陈李昊与地大（武汉）海洋学院教授陈刚父子成功登顶世界第一高峰——珠穆朗玛峰。在珠峰北坡，陈李昊等携带国产全球定位导航系统（GNSS）北斗设备进行高精度实时动态测量技术（RTK）快速定位测试，以及冰雪覆盖深度探测试验，这是中国首次在珠峰地区利用全球导航定位系统反射信号技术（GNSS-R）开展积雪反演研究。团队在登顶途中采集大量冰样、雪样及植物、岩石标本。各类样本和实测资料将为藏北乃至整个青藏高原气候、冰川等演化及生物多样性分布研究提供有力证据，为中国应对全球气候变化和建设生态安全屏障提供有力科学支撑。

（杨雪芃）

【马克思主义中国化新闻舆论思想学术论坛】 5月8日，由中国人民大学新闻学院、中国高等教育学会新闻学与传播学专业委员会等单位主办，国内13所新闻院校协办的"历史传承与当代发展：马克思主义中国化新闻舆论思想学术论坛"在线举行。来自中国社会科学院、中国人民大学、中国传媒大学、清华大学、北京外国语大学、《新闻与传播研究》、《新闻大学》等50余家学院、科研机构、学术期刊、媒体等百余位学者、专家、负责人参加论坛，共话马克思主义中国化新闻舆论思想的辉煌历程，畅议马克思主义中国化新闻舆论思想的时代新篇章。论坛设3个院长论坛、1个主编论坛、1个马克思主义新闻观研究与教学论坛、4个学术论坛等9场平行分论坛。与会学者围绕新文科与中国特色新闻传播学科建设、全媒体时代新闻传播教育改革、智能时代国际传播人才培养和马克思主义新闻观与学术期刊建设等议题展开深入讨论。

（楚艳红　钟冷）

【首届"世界法学家高端论坛"】 5月16日，中国政法大学举办首届线上"世界法学家高端论坛"。来自亚洲、美洲、欧洲、大洋洲18个国家和地区的知名高校、国际组织机构的28位著名法学专家，围绕"数字时代法学教育变革"展开研讨。国外近300个合作伙伴院校、机构以及国内300余所院校受邀参会。

（陈泉廷）

【人大发布中国大学生就业创业调研报告】 5月28日，中国人民大学召开线上发布会，发布《灵活就业与职业发展——中国大学生新形态就业创业调研报告》（简称《调研报告》）。《调研报告》根据在全国33个省（市）的166所高校开展大学生自主创业问卷调查而形成，显示：大学生自主创业动机仍以机会型为主，且连续三年来"报效祖国"的动机选择都高居首位，充分体现新时代大学生创新创业的社会价值追求。学历水平、在校期间的创业实践、开设创业课程情况均对机会型动机的形成具有正向影响，说明高等教育对创业动机的塑造发挥着不可忽视的作用。同时，由家庭、学校、政府、企业等主体构成的创业环境也在深刻影响着大学生的创业意

4月30日，中国地质大学（北京）学子登顶珠峰［中国地质大学（北京）供图］

愿和创业绩效。相关机构在创业支持体系中的角色定位逐渐明确，许多高校形成独具特色的创业教育模式，风险投资机构等创业中介组织对大学生自主创业的支持力度也在增强。《调研报告》发现，中国在校大学生对灵活就业持积极心态、接受度普遍较高，选择灵活就业实践的大学生有较高的“主动职业行为”“易变性职业生涯态度”和“职业适应力”，具备较高水准的职业发展特征。《调研报告》同时从社保体系建设、税收监管和高校就业指导等方面，对规范和支持灵活就业提出建议。

（钟冷　楚艳红）

【地大参与绘制世界首幅月球全月地质图】 5月30日，在欧阳自远院士和刘建忠研究员带领下，中国科学院地球化学研究所作为牵头单位，联合吉林大学、山东大学、中国地质科学院、中国地质大学（北京）、中国科学院地理科学与资源研究所等多家单位，编制完成世界第一幅1∶250万月球全月地质图。月球全月地质图由30幅图组成，其中8幅图由中国地质大学（北京）绘制。该研究以中国嫦娥工程数据为基础，充分利用国际上其他月球探测数据和研究成果，通过对月表“地层”、形貌、成分、构造和地质时代的研究，提出新的月球地质年表，建立撞击坑物质、撞击盆地建造、岩石类型和构造类型的划分体系，制定月球地质图编制的标准、流程、方法和图式图例，应用GIS平台完成世界第一幅1∶250万月球全月地质图。相关成果于2022年5月30日发表在《科学通报》（*Science Bulletin*）第10期。世界首幅1∶250万月球全月地质图为月球科学研究、探测规划、着陆点选址等提供重要的基础资料，也为其他天体地质图的编制提供参考。

（杨雪芃）

【国内首个教师教育学院成立】 7月2日，北京语言大学成立国内首个教师教育学院。教师教育学院拥有“中文国际传播”中国语言文学拔尖学生培养基地和汉语国际教育专业虚拟教研室2个国家级人才培养平台，现有中外本硕博学生529人，教职工25人，聘任语言科学院和国际中文教育研究院17位教授作为双聘教授，形成以国际中文教育为核心、中国语言文学与教育学学科汇通的教学特色。学院设有第二语言教学概论、汉语第二语言教学法、第二语言习得导论、汉语教学语法、海外汉语教学、国际中文教育案例分析、国际中文教育研究设计与论文写作等特色课程。国际中文教师教育高峰论坛同时举行，18位知名专家及北语国际中文教育有关人员出席活动，来自22所海内外高校国际中文教育领域专家学者同步线上参会，5000人同步观看直播。

（杨威威）

【北科大课程获评全国高校就业创业金课】 7月5日，由教育部学生服务与素质发展中心组织的2022年“全国高校就业创业金课”评选结果揭晓，北京科技大学本科生必修课程《大学生职业发展与就业指导》获评全国高校就业创业金课。该课程于2008年正式开课，经过14年的探索、实践和改革，逐步形成满足学生实际需求、内容丰富、形式多样、活泼生动的课程风格；针对不同学生的需求特点，结合学校、学院和专业实际，形成以本科生必修课为主，以公众号、网络直播课、小视频、公开课、训练营为辅的多元内容体系。

（于点）

【世界青年发展论坛】 7月21日至23日，由中华全国青年联合会主办，国际劳工组织、联合国教科文组织、中央团校（中国青年政治学院）等协办的世界青年发展论坛在京开幕。国家主席习近平向论坛致贺信，联合国秘书长古特雷斯向论坛发来视频致辞。论坛以“促进青年发展、塑造共同未来”为主题，设就业创业、气候变化和绿色发展、数字经济、包容和公平的优质教育4个分议题，举办1场全体会议和4场主题论坛。在北京、上海、广州、杭州、南京、济南、沈阳、南宁、武汉、西安、成都、香港以及10家参加“筑梦丝路”青年发展计划的中央企业设线下会场。尼日尔总统巴祖姆、世界经济论坛创始人兼执行主席施瓦布等100多位中外嘉宾和100多个国家约2000名青年代表通过线上线下方式参加会议。

（钟冷　王钰璋）

【“数字经济全球治理规则”论坛】 7月29日，2022全球数字经济大会“数字经济全球治理规则”论坛在北京理工大学举办。论坛作为2022全球数字经济大会分论坛之一，由北京理工大学、国际商事争端预防解决组织秘书处、德勤中国承办，以“新规则，构建数字经济健康生态”为主题，邀请国内外嘉宾，针对数字经济治理愿景、数据跨境流动、数字税收和货币、数字监管，以及数字争端解决4个专题开展讨论，发布《数字经济生态全球治理北京宣言》，为北京市建设全球数字经济标杆城市，为全球规则的制定和完善提供支持。联合国贸易和发展会议、联合国国际贸易法委员会、经济合作与发展组织（OECD）、国际商事争端预防与解决组织、亚太仲裁和调解中心认证委员会等国际组织，以及国家相关部委、北京市相关部门、高等院校、研究机构、产业界和新闻媒体通过线上和线下结合的方式参加。

（钟冷　岳鹏）

【全球美育大会】 8月27日，由北京师范大学主办的“以美为媒 跨越分界”2022全球美育大会在京召开。大会以“以美为媒，跨越分界”为主题，线上线下结合方式召开，设有包括“全球美育十人谈”在内的9个专题研讨论坛，主要议题包括“舞育未来·舞蹈美育论坛”“数字艺术的创新与未来”“书写的美育价值与意义”“国际视域下的当代音乐美育”“疫情之下艺术治疗研究及实践工作的全球视野”“闳约深美·数字时代的设计教育”“时代实感与青春锐见·国际青年美育学者论坛”“数字化时代的影视戏剧教育”等，来自中国、美国、加拿大、澳大利亚、日本、韩国、伊朗、丹麦、德国、奥地利、英国11个国家和中国香港、台湾地区的90余名专家学者发表主题演讲，开幕式暨十人谈活动线上直播平台同步观看8000余人次。

（申政）

【北语特色服务出口基地成立】 9月17日，北京语言大学举办特色服务出口基地（语言服务）揭牌仪式暨语言服务出口论坛。北京语言大学国际语言服务研究院院长王立非主持开幕式并宣读《商务部等7部门公告（2022年第9号）专业类特色服务出口基地（语言服务）名单》，北语入选，成为全国2所高校类语言服务出口基地之一。论坛由北京语言大学和中国国际图书贸易集体公司联合主办，北京语言大学国际语言服务研究院承办，邀请5位专家学者对语言服务的最新进展进行探讨，来自10所首批语言服务出口基地负责人、8所高校学者及30位企业高管参与线下论坛，6000人线上观看。

（杨威威）

【北大获第45届国际大学生程序设计竞赛全球总决赛金牌】 11月10日，第45届国际大学生程序设计竞赛全球总决赛（ICPC World Finals）在孟加拉国达卡市举行，来自6个大洲、104个国家、3406所大学的58963名选手报名参赛。按照比赛规则，三名参赛队员共用一台计算机，需要在5个小时内使用C/C++、Java和Python中的任意一种计算机语言编写程序解决10道左右的问题，正确答题数量最多且总用时最少的队伍获得优胜。北京大学信息科学技术学院孔朝哲、周雨扬、潘骏跃三名本科生组成的北大代表队，在计算机学院罗国杰和信息科学技术学院张勤健两位老师的指导下，获得金牌，列全球第二名。

（侯乐　钟冷）

【农大获第六届中国青年志愿服务项目大赛金奖】 11月13日，第六届中国青年志愿服务项目大赛全国赛终评落幕，共评选出150个金奖项目、350个银奖项目。中国农业大学“‘智慧助农，筑梦田野’——服务乡村振兴志愿行动”项目获金奖。项目于2016年实施，依托“个十百千万”聚力乡村振兴行动、科技小院、“农博士在线”行动等平台，常态化组织师生到乡村开展针对性助农服务。大赛主题为“志愿新时代 共筑中国梦”，由共青团中央、中央文明办等8个单位主办，济南市委、济南市人民政府承办，于2021年12月3日启动，全国1000个项目入围全国赛终评。

（孙桂凤）

【《清华大学藏战国竹简（拾贰）》成果发布】 11月25日，清华大学出土文献研究与保护中心、中西书局与“学堂在线”合作，以线上方式全球直播《清华大学藏战国竹简（拾贰）》成果发布会。《清华大学藏战国竹简（拾贰）》收录的长篇战国竹书《参不韦》共124支简，内容完整，总字数近3000字，是前所未见的先秦佚籍，对于研究先秦时期的思想、官制等具有重要意义。

（徐思羽）

【国际奥林匹克教育发展论坛】 12月12日，2022国际奥林匹克教育发展论坛在线上举行。论坛以“国际奥林匹克教育的未来发展”为主题，由首都体育学院（北京国际奥林匹克学院）、国际奥林匹克学院（希腊）、中国体育科学学会国际交往工作委员会联合主办，北京市中小学奥林匹克教育工作小组办公室秘书处、《首都体育学院学报》编辑部协办。在论坛仪式环节，发布《“北京2022”奥林匹克教育工作报告》初稿，该报告梳理和总结近年来北京市奥林匹克教育工作成果，将作为北京冬奥会奥林匹克教育成果赠送给国际奥委会奥林匹克世界图书馆和国际奥林匹克学院；发布国际奥林匹克“同心结”项目，北京市丰台外国语学校与新加坡德明政府中学结对成为奥林匹克教育同心结姊妹校，在未来将通过奥林匹克教育及活动开展合作。在“五大洲”学者交流环节，太平洋运动会理事会秘书长安德鲁·米诺哥（Andrew MINOGUE），新加坡奥林匹克学院院长张许淑敏（Dr.TEO-KOH Sock Miang），南非体育联合会和奥林匹克委员会主席巴里·亨德里克斯（Barry HENDRICKS），北京2022冬奥会和冬残奥会组织委员会新闻宣传部公众教育处孙斌，英国奥委会法律顾问沙哈布·乌丁（Shahab UDDIN），中国人民大学教授、人文奥运研究中心执行主任李树旺，加拿大奥委会奥林匹克教育专家丽莎·穆佐（Lisa MUZZO）和布鲁斯·迪肯（Bruce DEACON）分别作主题发言，从不同角度分享奥林匹克教育推广的经验以及未来奥林匹克教育事业可持续发展的路径，增进奥林匹克运动的学术交流与合作。

（钟冷　张皇）

【2022年度中国十大学术热点发布】 12月，中国人民大学发布2022年度中国十大学术热点，分别为“两个结合”与马克思主义中国化时代化、中国式现代化研究、全过程人民民主的科学内涵与制度体现、多学科视域中的共同富裕研究、百年变局下的国际经济体系重构、秦汉基层社会研究、中国现当代文学史料的整理与运用、区域国别学的跨学科建构、新发展阶段的社会治理创新、元宇宙与数字化生存新叙事。

（楚艳红）

【海淀辖区普通高等学校名单】 2022年，海淀辖区有普通高等学校37所（校区），其中本科普通高校33所、专科普通高校4所。

本科普通高校（校区）：

1.北京大学
2.清华大学
3.中国人民大学中关村校区
4.北京师范大学北京校区海淀校园
5.北京航空航天大学学院路校区
6.北京理工大学中关村校区、西山校区
7.中国农业大学
8.中央民族大学
9.中央财经大学学院南路校区
10.中国矿业大学（北京）学院路校区
11.中国地质大学（北京）
12.国际关系学院
13.北京外国语大学

14. 北京交通大学本部
15. 北京科技大学海淀校区
16. 北京邮电大学西土城路校区
17. 中国青年政治学院
18. 北京林业大学
19. 北京语言大学
20. 北京体育大学
21. 中国劳动关系学院北京校区
22. 北京舞蹈学院
23. 北京信息科技大学小营校区
24. 首都师范大学本部、北校区、东校区
25. 北京电影学院
26. 首都体育学院
27. 北京工商大学阜成路校区
28. 北京城市学院中关村校区、航天城校区
29. 中国政法大学（学院路校区）
30. 中国科学院大学中关村校区
31. 北京化工大学西校区
32. 北京联合大学应用文理学院
33. 北京开放大学

专科普通高校：

1. 北京培黎职业学院
2. 北京艺术传媒职业学院
3. 北京交通运输职业学院海淀校区
4. 北京农业职业学院北校区

（林琳）

职业教育和继续教育

【海淀区职业学校】 年内，区职业学校固定资产原值3703.27万元，固定资产净值1080.80万元。包括中关村北大街47号校区、北四环中路275号校区、知春东里15号楼校区三个校区，总占地面积45746平方米，建筑面积14840平方米。为全国重点就业训练中心、北京市下岗失业、农村劳动力转移人员定点培训学校，是市、区残疾人培训基地，市应急管理局培训考核基地，区委党校区直机关工委分校培训基地，军地两用人才培训基地，主要承担在职干部职工、下岗失业人员再就业和非学历教育的岗位培训以及专业技术培训。

全年共培训5518人，涉及计算机操作员、电工、焊工、危化、中西式面点、插花、绿化等十几个专业。其中，基层党员培训1281人，特种作业人员培训2396人，下岗失业及农村劳动力培训140人，残疾人培训504人，会计人员继续教育培训1159人，校企合作培训38人。完成区财政局、人力社保局、安监局及其他社会考试工作17199人次。

会计继续教育培训。知春东里15号楼校区主要承担区财政局委托的会计考试相关工作、区属企业和对社会财会人员专业技术职称考前培训和财会人员的继续教育培训。

技能培训。北四环中路275号校区承担职业技能培训工作，涵盖城镇下岗失业人员、农村富余劳动力、残疾人和助力官兵人才技能提升、区域内特种作业、社会职业技能、社区居民素质提升、农民职业技能提升等培训。

中专学历教育。2021年7月以后，根据市教委招生政策调整，不再招收中专生。

（许文秀）

【中关村学院】 年内，中关村学院（海淀区职工大学、北京市海淀区文明市民学校总校、北京开放大学海淀分校）获北京市老年教育系统首届文化艺术节优秀文艺作品展宣传组织奖、第十三届文明市民艺术节比赛优秀组织奖、联合国教科文组织城市社区学习中心（CLC）项目试验点。推进数字化平台等改造，建设数字校园，在北四环校区建成两套直播课堂系统，与海淀区教育系统云课堂直播平台进行对接，实现线上线下同步直播课堂教学。加强学校资产与能源管理，稳步推进物资采购、领用及固定资产管理正规化，规范使用“京华云采”平台实施物资采购，加大力度推进学院“固定资产三级化管理体系”落实，建立北四环和东王主校区的三级管理体系。

（卞爱美）

【海淀区党支部书记学院】 年内，海淀区党支部书记学院完成7期（第39期至45期）基层党支部书记培训班，每期培训时间4天，培训基层党支部书记、专职副书记（党务干部）474人，其中454人取得结业证书。培训涵盖街道、社区党组织专职副书记、村镇党组织副书记。围绕党组织工作基本业务掌握和实操技能提升，开设《党支部的性质和基本任务》《党员管理工作实务》《怎样组织好“三会一课”及主题党日活动》《如何做好发展党员工作》《组织生活会和民主评议党员》《组织设置与支部换届选举》6门课程，运用情景模拟、流程演练、案例教学、经验分享、座谈交流等教学形式，实现参训学员党务能力和党性锤炼“双提升”的教学目标。

（卞爱美）

【中关村学院混合式教学改革】 年内，中关村学院贯彻《中国教育现代化2035》《教育信息化2.0行动计划》精神，以混合式教学课程建设为载体，以信息化教学平台为依托，继续开展混合式教学教育改革工作，推进“线下+线上”相结合的混合式教学模式。全面修订专业教学计划，对课程体系和结构进行优化，组织教师建设线上课程资源。在线学习平台共上线课程213门，完成课程2011班次，上传资源10559个。

（卞爱美）

【农村劳动力职业技能培训】 年内，中关村学院推进农村劳动力职业技能培训工作。培训面向新型农民和退伍军人，以技能培训为重点，在北部新区线上开展中式面点师（初级）、中式烹调师（初级）等可考取国家职业资格证书的技能等级培训6个班次，培训2000人次，就业率达75%以上。

（卞爱美）

【凯文教育集团与敖汉旗职业中学举行线上签约】 6月21日，中关村科学城管委会推荐凯文教育集团与内蒙古赤峰市敖汉旗职业中学举行线上签约仪式。此次签约合作是凯文教育在探索校企合作新模式、推进产教融合新发展之路上落实的又一重要项目。

根据协议，凯文教育和敖汉旗职业中学将以实训基地建设、专业共建、五年一贯制培养、双师培训、引产入校、实习就业推荐等项目为支撑，展开一系列深度合作。

（于小淇）

民办教育

【概况】 2022年，海淀区持续发挥专班统筹推进、行业归口管理、部门协同联动、街镇属地“网格化”管理的工作机制优势，召开“双减”专班调度会56次，有证学科类机构从296家压减至63家，完成17家机构“营转非营”重新登记，公告废止110家“僵尸型”培训机构，47家学科类机构全部落实复合模式资金监管，监管资金近3.2亿元，有证压减数量居全市首位。平稳完成10所学校“公参民”工作。

（宋亚甫）

【学校寄宿部核查】 年内，区教委开展学校寄宿部核查工作。贯彻落实市政府、市教委新冠肺炎疫情防控工作领导小组的部署和要求，检查区域内所审批的民办学校寄宿部现场情况，指导学校做好住宿学生疫情防控工作。对八维学校、海淀外国语学校、尚丽外国语学校、凯文学校、二十一世纪国际学校等学校住宿生疫情防控工作落实情况进行检查。针对各校检查中发现的问题，要求学校坚决贯彻落实工作安排部署，确保学校师生员工的生命安全和身体健康；学校领导班子和部门负责人要按照疫情防控督导检查台账的内容认真开展自查自纠，确保各项防控举措责任到人、落实到人，严格落实主体责任，确保各项防控举措落实到位，维护学校师生身体健康和生命安全。

（宋亚甫）

【10所学校完成“公参民”】 年内，海淀区严格按照教育部要求，对“公参民”学校的认定标准开展工作，涉及10所学校。确定7所属于“公参民”第一类和第二类为需要调整办学性质的学校，确定3所属于“公参民”第三类为规范后继续保持民办性质的学校，公办教育总学位增加1万个左右。调整办学性质的7所学校为：人大附中分校、北外附校、建华实验学校、理工附中分校4校转为区属公办学校，校名不变，作为新设立公办学校开展新学年的招生入学工作；清华附属实验学校转为大学举办公办学校；民大附中实验学校、北大附中实验学校将分别转入由大学举办民大附中和北大附中2所公办校。9月新学期起，上述7所学校义务教育阶段在校生按照国家规定免收学杂费，高中阶段在校生按照公办高中标准收取相关费用。从“守队伍、保底线、抓质量、强保障”入手，加强编制统筹和多渠道教师配备，保持转隶4所区属公办学校的干部教师队伍总体稳定；确保新设立学校依法依规运行、原有民办学校平稳注销；挖掘学校学科优势，提升教师学科育人能力，确保转公学校教育教学水平不降低；将理工附中分校、人大附中分校、建华实验学校纳入教育集团，强化政策支持。

（宋亚甫）

【疫情防控工作检查】 1月至10月，区教委对辖区内民办学校和民办幼儿园、社办点的疫情防控工作进行多轮次检查。重点检查学校校门口、食堂、中控室、防疫、消防安全等工作，要求学校按照防疫要求继续做好疫情防控工作，对检查中发现的问题即时整改。检查民办中小学约150次，民办幼儿园180余次，社区办园点390余次，无证园等70余次。

（宋亚甫）

【5所民办学校更名】 4月至6月，区教委推进5所民办学校更名工作，一零一实验学校更名为北京市海淀区启慧未来学校，人大附中北大附小联合实验学校更名为北京市海淀区人北实验学校，将清华附中稻香湖学校更名为北京市海淀区稻香湖学校，二十一世纪国际学校更名为二十一世纪学校，海淀外国语国际学校更名为海淀腾飞学校。

（宋亚甫）

【民办学校2021年度年检】 7月，区教委对24所民办中小学开展2021年度年检工作。成立年检专项工作组，制订详细工作方案，要求学校在自查基础上开展年度总结、财务审计、填报年度报告书及数据统计、报送电子版等工作。专项工作组集中审核学校年度报告等材料，根据审核情况、实地抽查、日常监督管理、投诉解决等综合情况，确定24所学校通过年检。对于年检中存在问题的学校开展约谈督促整改等工作。

（宋亚甫）

【10家校外教育机构少工委授牌】 10月13日，区委教工委举办校外教育机构少先队工作委员会授牌仪式，为10家区属校外教育机构少工委集中颁授牌。授牌活动现场，少先队员代表献词，区少工委办公室宣读批准成立青少年活动（管理）中心、中小学综合实践教育中心；为10家区属校外教育机构少工委授牌、为少先队大队授旗、为大队辅导员颁发聘书；青龙桥学区少工委主任、青龙桥青少年活动中心少工委主任代表10家挂牌单位发言。团区委、区少工委领导，学区少工委主任、总辅导员代表，各区属校外培训机构少工委主任、大队辅导员，少先队员代表等近50人参加活动。

（宋亚甫）

特殊教育

【概况】 2022年，海淀区有特殊教育学校2所（北京市盲人学校、北京市健翔学校），在校生501人，教职工403人；工读学校1所（北京市海淀寄读学校），在校生315人，教职工75人。推进区特教中心—学区融合教育资源中心—普通学校资源教室三级专业支持体系，30所学校接受资源教室[1]专项评估；20家单位获第二届海淀区融合教育“十佳先进集体”，50名教师获“五好融合标兵”称号。加强学前融合教育基地建设与指导，北医幼儿园、北大幼儿园等6所幼儿园被遴选为“教育部—儿基会融合教育推进项目”学前融合教育示范基地园，探索学前融合教育孵化模式。

（宋亚甫）

【北京市盲人学校】 年内，北京市盲人学校（简称盲人学校）以落实《北京市盲人学校“十四五”时期事业发展规划纲要》为主线，以高质量、专业化、科学化、精细化管理为基本方式，深化课程改革，全力推动“七个盲校”[2]建设。参加北京冬残奥会系列活动，获北京2022冬奥会和冬残奥会先进集体称号。

学校图书馆藏书3.05万册，包括盲文版书0.87万册。固定资产总值14224.98万元，教育经费投入5830.13万元，信息化经费投入16.3万元。多媒体教室19间，校园网出口总带宽100Mbps，数字资源量4TB，“信息技术”课程2课时/周。教职工129人，包括正高级职称2人、高级职称32人、中级职称34人。专任教师91人，包括北京市骨干教师2人；其他专业技术人员14人；管理人员19人。本科以上学历119人。开设教学班20个（学前1个、小学7个、初中3个、职业高中9个）。毕业28人（小学7人、初中14人、职业高中7人）；招生54人（学前7人、小学13人、初中7人、职业高中27人）；在校生166人（学前7人、小学64人、初中33人、职业高中62人），其中包括寄宿生84人。

（单纬华　茹甜子）

【北京市健翔学校】 年内，北京市健翔学校包括人大校区（原海培校区，7月改为人大校区）、牡丹园校区2个校区。图书馆（室）藏书53315册，电子图书5000册。固定资产总值9454.07万元，全年教育经费投入10292.78万元。信息化经费投入326.85万元。

人大校区。拥有计算机917台，网络多媒体教室28个，校园网出口总带宽200Mbps，数字资源量12TB。“信息技术”课程中年级1课时/周，高年级2课时/周。现有在编教职工73人，其中高级教师职称12人、一级教师职称38人。专任教师72人，包括北京市骨干教师2人（含北京市骨干班主任1人）。本科及以上学历72人。开设教学班43个（小学阶段29个、初中阶段13个、附设幼儿班1个）。毕业81人（初中阶段36人、小学阶段43人、幼儿班2人）；招生70人（小学阶段22人、初中阶段46人、幼儿班2人）；在校生364人（小学233人、初中125人、幼儿班6人），其中智力残疾125人、精神残疾129人、多重残疾110人。无寄宿生。加强和改进班主任综合素质提升工作，推进班主任队伍专业化发展。开展基于动机的有效教学、骨干教师研究课、青年教师教学活动设计及说课展评、个别化教育计划制定与展评等活动，持续优化课程组织、落实国家课标，不断提高教学质量。开展“感受国风魅力 传承中华文化”“喜迎二十大　争做好少年”“红歌颂党恩 献礼二十大”等活动，培养学生的爱国主义精神和集体主义精神。开展“如何激发孩子的主动语言”“居家战‘疫’有妙招 运动游戏嗨起来”“特殊儿童生活适应训练”等主题线上家长培训活动，为特殊家庭提供支持。

牡丹园校区。由十三年一贯制听障部和三年制培智高中部及培智小学一年级组成。图书馆藏书42633册，电子图书5000册。教育经费投入5089.24万元，信息化经费投入81.63万元。教职工75人，其中高级职称20人、中级职称32人。专任教师63人。首次招收培智小学一年级学生。开设教学班28个（小学3个、初中2个、职业教育23个）。毕业69人（初中9人、职业教育60人）；招生92人（职业高中60人、小学一年级32人）；在校生203人（义务教育37人、职业教育166人，其中包括寄宿生45人）。设有金贝鼓、萨克斯、戏剧游戏、特奥篮球、健翔舞团、版画6个社团。学校开设萨克斯、金贝鼓、空竹、书画、手语、软陶、乒乓球、篆刻、剪纸、阳光体育等15门选修课程。培智部职业教育设置中餐烹饪、工艺制作、酒店家政、艺术休闲等专业。学校承担10项课题研究，其中中国教育学会课题1项，北京市教育学会课题2项，参与海淀区群体课题研究1项、重点课题3项、一般课题3项。开展“喜迎二十大”主题板报评比、“喜迎二十大 永远跟党走”校级班会展示、主题团日宣教等活动，对学生进行爱党爱国教育和理想信念教育；坚持对学生开展行为习惯养成教育、青春期教育、法治宣传等专题教育，不断提高学生综合素养。听障部高三年级13名毕业生中有8人被全国多所特教高等学院录取，培智部高三年级高考班有6名毕业生分别被北京农业职业学院、北京经贸学院等高校录取。在海淀区第四届青少年科普科幻创作活动中，1名学生获一等奖，2名学生获二等奖；学生作品参加海淀文化馆冬残奥会作品展；学校金贝鼓社团受邀在北京2022年冬奥会和冬残奥会海淀区文化广场演出。学校被评为海淀区“十三五”时期中小学校本研修先进单位。

（米洁　刘志利）

【北京市海淀寄读学校】 年内，北京市海淀寄读学校（简称海淀寄读学校）教育经费投入5090.53万元。教职工109人（在职在编76人）。在职在编中，高级职称28人（含正高级1人）、中级职称28人。专任教师80人，包括北京市骨干班主任1人；本

---

① 资源教室：在普通学校或特殊教育学校建立的集课程、教材、专业图书以及学具、教具、康复器材和辅助技术于一体的专用教室，具有为有特殊教育需求儿童提供咨询、个案管理、教育心理诊断、个别化教育计划、教学支持、学习辅导、补救教学、康复训练和教育效果评估等多种功能。

② “七个盲校”：活力盲校、数字盲校、绿色盲校、开放盲校、全纳盲校、平安盲校、魅力盲校。

科以上学历78人。开设教学班16个（初中阶段9个、职业高中5个、计算机实验班2个）。毕业141人（初中阶段97人、职业高中15人、计算机实验班29人），高二有21名学生升入本校2021级计算机实验班继续学习；招生143人（初中阶段99人、职高44人）。截至12月底，在校生302人（初中阶段186人、职高116人），全部住宿，外省市寄读学校54人。开设校本课程35个，有学生社团12个。学校第三次被评为北京市科技教育示范校。以课题研究为抓手，以成果申报为契机，进一步深化青年教师成长共同体的课题研究，形成青年教师培养机制2.0版。以“明理、守法、健康；感恩、诚信、友善；上进、担当、自立”为主要品质词，组织开展喜迎党的二十大系列活动，对学生进行爱党爱国教育。以科技角、科技社团、科技校本课程辅导学生，在各类科技比赛中取得佳绩。深化家长学校工作，以家庭教育问答、线上通识课、专项团辅课、一对一指导课等形式，推动家校共育纵深发展。

（王常智）

【全面融合教育】 年内，区教委特教中心推进全面融合教育。走进中小学、幼儿园近150次，筛查评估学生732名，体能监测100名六年级随班就读学生。自闭症基地、资源中心和教室、学前融合教育基地提供课程服务近3.52万节；区级特教课程资源平台录制并推送微课530节。创建资源教师三级进阶课程，建立幼儿园融合教育种子教师培训课程，培训对象逐步扩展至融合教育全员。开展第九期资源教师上岗资质培训、特教教师专业必修课、第一期幼儿园融合教育种子教师培训，累计322课时，培训43312人次。开展家长周末融合课堂17次，参加人数达5644人次。“自闭症学生资源教室课程研发与实践探索”研究论文获北京市基础教育教学成果奖二等奖。

（宋亚甫）

【参加北京冬残奥会系列活动】 年内，盲人学校参加北京2022冬残奥会“光明之火”火种采集仪式和火炬传递活动，“乐之光”合唱团30名师生以歌曲“光明”点燃冬残奥会光明之火。合唱团17名师生受邀参加冬残奥会开闭幕式，合唱《让我们荡起双桨》《乘着歌声的翅膀》和《You raise me up》。中共中央总书记习近平在北京冬奥会和冬残奥会表彰大会上用“这些意蕴隽永的场面在人们心中留下美轮美奂、直击人心的深刻印象”，赞扬盲校合唱团的歌声。

（高爽）

【特教线上教学】 疫情期间，全区学校开展线上教学。海淀区特教中心第一时间发布《关于资源教师参与特殊学生线上教学工作要求的通知》，开通特教资源线上平台、“绘声绘色”微信群等线上通道，24小时进行答疑解惑、提供支持，保证线上教学工作有序开展。海淀区特教中心采取微课录制的方式，通过“备课—录课—修改调整—发布”过程，给予学生个性化、一对一的课程，尽量实现将最优质的课程内容传递给学生。各中小学校学生居家线上学习，资源教师在线与家长们保持沟通，带动特需学生家长采用正确的方法居家教育学生。来自38所学校的资源教师共计录制微课169节。

（钟冷）

【京港姊妹校学生教育交流活动】 1月7日，北京市健翔学校（人大校区）与香港姊妹校匡智元朗晨曦学校举办线上“弘扬传统文化 携手同庆新年”学生教育交流活动。活动包括领导班子互道问安、学生自我介绍、学生互动表演、制作醒狮灯笼、学校领导总结五项，促进京港两地的文化交流和传播。

（王然　崔璐）

【开设社会实践课程】 2月，北京市健翔学校（牡丹园校区）培智高中部进行课程改革，开设社会实践课程，使劳动技能课程与社会实践生活相连接。授课时间为每周五上午半天，打破教学组设置，由学校支持、年级组统筹开展活动。课程主要在校内进行，引进校外食农课、木工课、茶艺课资源；校外对接多个社会实践基地挂牌、筹备等工作。培智高中部126名学生参加学习。

（董金亮）

【手语翻译】 3月1日，中央电视总台5台体育频道记者到北京市健翔学校（牡丹园校区）采集信息，编辑4分钟短片，在北京冬残奥会开幕式特别节目中播出，短片由本校教师杜秋娴担任手语翻译并接受访谈。3月4日至13日北京冬残奥会期间，健翔学校牡丹园校区5名教师全程担任中央广播电视总台体育频道2022北京冬残奥会开闭幕式，以及大型赛事期间负责中央电视台体育频道《体育新闻》《全景冬残奥》等节目的手语翻译工作。为中央电视台《北京

3月4日，北京市健翔学校教师刘丹在冬残奥会开幕式上担任手语翻译

（北京市健翔学校 供图）

2022》节目、北京市新型冠状病毒疫情发布会、北京电视台《北京新闻》、海淀电视台《海淀新闻》、中国残疾人联合会主席团全体会议以及北京市残联聋人协会各项会议、座谈会，海淀区残联培训和活动等提供手语翻译。手语中心成员参与区教育科学“十三五”规划课题、市教育学会“十四五”教育科研课题并结题。手语中心获得“教育系统2022—2023年度海淀区青年文明号”称号。

（薛晓侠）

【员工心理关怀项目第三季启动】 3月4日，海淀寄读学校员工心理关怀项目第三季启动，现场组织心理健康知识竞答活动。4月22日，绘画疗愈、正念冥想、身心舞动三个项目小组分别开展团体体验活动，绘画疗愈团体邀请“Keng's Design”品牌创始人、美国禅绕画认证教师授课；正念冥想团体进行“正念饮食，富足身心”主题活动体验；身心舞动团体进行“舞出生命的音符”舞动与音乐主题体验活动。6月19日，邀请人大附中教师宋丽波作“艺术点亮心灵：情绪与情趣”心理健康讲座；第三季员工心理关怀项目进行日常个人练习及团体小组活动。7月8日，工会举行员工心理关怀项目总结活动，全体专任教师参加活动。

（高亚娟）

【《从北京冬奥会看人类命运共同体》主题思政课】 3月15日，北京市健翔学校（人大校区）师生与北京市八一学校等十校的师生通过互联网下的远程教育模式共同完成《从北京冬奥会看人类命运共同体》主题思政课。学校学生亲手制作“冬奥”影人为双奥之城加油，让千年传承的皮影与冰雪运动巧妙融合。十所学校的学子作为冬奥成功举办的亲历者和见证者，用不同的方式参与这一历史时刻，讲述他们和北京冬奥会的一个个鲜活的“我们的故事”。北京市健翔学校（人大校区）开展冬奥教育系列课程，从人文冬奥、友谊冬奥、绿色冬奥、体验冬奥、皮影冬奥5大板块，通过知识讲堂、动手制作、运动体验等多方面进行文化与运动的双方面普及开展冬奥系列活动，带领学生学习奥运精神，体验冬奥项目的快乐，助力冬奥会，共筑中国梦！

（郭巧玲　刘娟）

【资源教师上岗资格培训班】 3月23日，由海淀区特教中心主办的第九期资源教师上岗资格培训班以线上方式举行，全体新任资源教师、协作支持单位教师等共计172人参加培训。培训班课程以理论与实践相结合、线上与线下课程相结合、专家讲座与一线资源教师指导相结合，内容涵盖政策解读、理论内容、实践技能多方面。中国教育学会副会长、国家督学李天顺以“推动特殊教育高质量发展打造中国特殊教育的高地”为题开启第一讲。李天顺深入分析当前中国特殊教育现状、难点和堵点问题、发展趋势及落实措施，在充分肯定海淀特殊教育取得成绩的同时，对海淀特殊教育的发展提出新期待。

（钟冷）

【特殊儿童入学评估】 3月，海淀特教中心利用“互联网+”，开展特殊儿童入学评估工作。以“线上报名+评估”方式，在微信公众号发布小一入学须知，公布线上、线下评估预约热线电话，设专人专岗对接和服务学生家长，一对一与每个报名家庭沟通，线上宣传普及海淀区“就近就便入学”政策，引导家长理性认识孩子的能力现状及教育指导，减轻家长焦虑。给各学区发布超龄入学指南，多途径宣传小一入学政策。至5月，为近百名特殊儿童提供入学评估，年龄跨度6—12岁，涉及11种障碍类型。建立完善特殊儿童小一入学台账，“一张大表”囊括特殊儿童的基本信息、能力水平以及安置建议。

（钟冷）

【参加全国残疾青少年冬奥会和冬残奥会主题绘画作品征集活动】 3月，在全国残疾青少年冬奥会和冬残奥会主题绘画作品征集活动中，北京市健翔学校（牡丹园校区）组织学生积极参与，5名同学作品入选，分别是：听障部高一美术班张若涵作品《多样多彩的青春》、夏雨作品《耀眼时刻》、高二美术班贺梓涵作品《相约冬奥》、潘越铭作品《激情盛会》以及培智部高三李蹊作品《攀登》。孩子们用生动的笔触，涂抹浓浓奥运情，呈现对冬奥会、冬残奥会的美好祝愿；以自己的艺术张力，向全社会传递北京健翔学校学生热爱祖国、积极向上的良好风貌。

（薛晓侠）

图为夏雨同学的作品《耀眼时刻》
（北京健翔学校 供图）

【家校共育亲子课堂活动】 3月至6月，寄读学校举办系列家校共育亲子课堂活动。每月开展一次家校共育亲子课堂活动。3月20日至6月18日，采取线下讲座、线上网络直播等方式，举办“青春期异性交往”“提高亲子沟通 做高效能父母”“运用‘爱’的五种语言，走出亲子沟通十大陷阱”“家长如何预防与应对孩子的心理危机”线上家庭教育4场主题讲座。5月29日，组织400余名家长收看海淀区家庭教育大讲堂——“真情规划人生 亲子共赢成长”主题讲座。

（罗伟）

【“音乐治疗”课程项目】 3月至11月，北京市健翔学校（牡丹园校区）开展“音乐治疗”课程项目。培智高中部与中央音乐学院音乐治疗专业教授及学生团队合作，在高一年级职业组和康复组2个班展开，每周分别开设1节音乐治疗课。根据不同类型和程度的班级创新不同的教学模式，旨在通过音乐治疗干预提高学生学习兴趣，减少负面情绪；培养学生的注意力、感知觉、语言、动作协调等能力；促进学生参与团队活动、与他人合作交流的能力。

（孙艳）

【孤独症学生书画作品巡展】 4月2日，由海淀区特殊教育研究与指导中心与海淀教育基金会共同主办的孤独症学生书画作品巡展揭幕仪式在联想总部举行。巡展主题为“星星向融·童心筑梦”，海淀区36所普通学校的60余名孤独症学生的200多幅书画作品参展。区委、区委教工委、区教委等领导以及教师进修附属实验学校、育英学校、翠微小学、玉泉小学师生及家长代表参观画展。仪式后组织“以书画为媒，行教育之美”慈善义卖活动。巡展持续一个月，在永泰小学、钟书阁三店等全市多地展出。

（宋亚甫）

【孤独症学生生涯规划圆桌论坛】 4月2日，作为孤独症学生书画作品巡展活动之一的孤独症学生生涯规划圆桌论坛举行。论坛由海淀区特殊教育指导中心组织，以“聚合力 共筑终身发展的优质教育”为主题，特邀华东师范大学融合教育研究院院长邓猛，以及两位孤独症学生家长，围绕“生涯规划早打算”和“家校社聚力助发展”两个话题展开讨论，分享培养孤独症学生成功经验，探讨家校社一体化的终身教育体系。

（宋亚甫）

【海淀寄读学校“十四五”发展规划发布】 4月30日，海淀寄读学校发布《北京市海淀寄读学校“十四五”发展规划》。根据规划，“十四五”时期寄读学校发展总体目标：到2025年，建设高质量的专门学校，打造更适合更优质更具影响力的现代化专门教育，继续发挥预防青少年违法犯罪、保护青少年健康成长的职能，让每个有特殊需要的家庭都享受优质的专门教育资源，让每个学生都有人生出彩的机会。

（付俊杰）

【校本培训课程建设】 4月，北京市健翔学校（牡丹园校区）获评海淀区“十三五”时期中小学校本研修先进单位。“十三五”期间，学校以教师“专业纵深发展　专业领域拓宽”为宗旨，建构校本培训课程体系，累计授课千余节，异地培训项目29批次，参训教师70余人次。把教师培训、校本研修等工作落到实处。践行“以生为本”，打造优质课程。

（薛晓侠）

【盲人学校教师为“护航计划”家长培训授课】 5月20日，北京市视障教育资源中心与EYE加倍平台联合举办首期北京市盲人学校“护航计划”全国视障儿童家长培训，开展面向全国视障儿童“幼小衔接”专题线上讲座。盲人学校学生发展中心副主任孙欣、视障教育资源中心张之宜担任主讲嘉宾，从“心理建设”“行动建设”“社会适应”等方面讲解视障儿童如何做好“幼小衔接”相关准备工作。来自全国15个省市的视障儿童家长、学生、特殊教育教师和相关人士60余人参训。

（赵瑜）

【海淀寄读学校获“美境行动”一等奖】 5月23日，海淀寄读学校组织学生参加2022年北京青少年环保创新“美境行动”。活动由北京市生态环境保护宣传中心、北京市教育学会环境教育研究分会主办，旨在提高中小学生的环保意识，鼓励中小学生自己设计环保小方案并予以实施，解决身边的环境问题。海淀寄读学校3个项目参加比赛，其中，5名初中学生合作完成的“一款人体能量转换回收装置的设计”项目获中学组优秀实施一等奖。

（王飞）

【视障儿童融合教育入学适应性支持项目启动】 6月28日，盲人学校、北京市视障教育资源中心联合启动“视障儿童融合教育入学适应性支持项目”，开展入学适应性支持服务。6名学生自愿报名并通过综合评估参加项目。根据综合评估结果并结合家长需求，项目为学生在定向行走、盲文、视觉康复、运动康复、信息技术、汉字使用6个方面，提供为期一个半月的一对一个性化支持和服务，为家长提供系列讲座。

（赵瑜）

【“海景门昌”特教联盟教育教学工作研讨会】 7月12日，“海景门昌”特教联盟（海淀、石景山、门头沟、昌平4所特教学校）教育教学工作研讨会召开，会议采取线上线下相结合的方式举行。来自联盟的4位骨干教师和6位青年教师进行“基于学生学习动机”研究课及说课展示，4位班主任进行“带班育人方略”分享展示。专家充分肯定联盟教师在各种活动中取得的成长，并对每位教师提出专业建议。海淀、石景山、门头沟、昌平4所特教学校干部教师200余人参加线上会议。

（张瑶）

【教育部重点课题成果公报会】 8月16日，北京市健翔学校（人大校区）教育部重点课题“自闭症学生个性化学习模式的实践研究”成果公报会召开。健翔学校从课题研究背景、内容与方法、结论与对策、成果与影响、改进与完善五方面对成果公报进行阐述。中国教育科学研究院研究员华国栋、北京师范大学教授王雁、海淀区教育科学研究院院长吴颖惠、北京联合大学教授刘全礼、北京教科院特殊教育研究指导中心主任孙颖以及来自“海景门昌”特教联盟的课题组成员参会。

（张瑶）

【首次招收培智小学一年级学生】 9月，北京市健翔学校（牡丹园校区）首次招收培智小学一年级学生，面向区内智力障碍、精神障碍或多重障碍等有特殊需要的小学生。培智小学一年级以生存教育为理念，严格执行教育部颁布的《义务教育阶段培智课程标准》（2016版），按照《培智义务教育阶段课程设置方案（2007版）》开设相关课程。牡丹园校区一年级招收智力障碍、孤独症等学生32人，分为3个教学班，开设生活语文、生活数学、生活适应、唱游与律动、绘画与手工、运动与保健、运动与康复、艺术休闲、心理健康等课程。

（傅昆）

【“认知与情感功能康复”课程项目实施】 9月至11月，健翔学校牡丹园校区培智高中部对原有体育课的教学模式进行改革，引进“运动促进青少年认知与情感”课程。本课程旨在利用运动神经科学原理和应用方法，聚焦特殊青少年人群身体活动、认知功能、社会情感等多重改善，注重提高体育教师跨学科专业发展、提升特殊教育教学质量。课程设计专家团队为前耶鲁大学副教授、脑神经学专家刘坤博士，华东师范大学博士后、青少年身体运动功能训练专家郝磊博士；执行团队包括首都体育学院2名研究生和本校体育老师3人。项目团队以培高部60名高一和高二年级学生为实施和研究对象，分别采用舞蹈/动作育疗和身体功能训练为干预方案，基于不同程度认知和情感功能缺陷的学生进行测评、设计、实施。通过每周各3节舞蹈/动作育疗和身体功能训练，共12周的运动课程。前后测数据分析显示，舞蹈/动作育疗对改善情感功能具有显著效果，身体功能训练对改善认知功能具有显著效果。

（孙艳）

【“听书郎借阅暨分支图书馆筹备”活动】 10月12日，盲人学校与中国盲文图书馆联合开展“让阅读助力视觉障碍学生的追光梦——听书郎借阅暨分支图书馆筹备”活动。盲人学校在中国盲文图书馆的支持下筹备建立分支图书馆，为视觉障碍学生提供更多更优质的大字图书、盲文图书、立体图书、盲汉对应图书、数字图书和有声电影。

（李元）

【盲人学校教师参加搜狐教育年度盛典】 12月20日，由搜狐教育频道主办，以“教育回源 价值重塑”为主题的2022搜狐教育年度盛典举行，来自全国的数十位权威教育专家、知名学校校长、跨界名人分享对于教育的独特视角和见解。盲人学校副校长张秋兰受邀作《遇见融合教育 一起向未来》主题演讲，从“教师要勇于打破专业壁垒、家长要理性选择教育途径、视障学生要不断自立自强、普校学生要接纳包容合作共促、社会要共同营造无障碍环境、社会融合需要全民共同努力”等6个方面，分享融合教育的背景、现状与未来发展趋势，呼吁全社会关注残障融合，关注融合教育；着重介绍盲人学校适应融合教育发展需要，在“十四五”期间成立北京市视障教育资源中心，完善北京市融合教育专业支持系统中所做的努力与贡献。

（赵瑜）

【盲人学校获颁“教育公益项目”牌匾】 12月20日，搜狐集团为盲人学校颁发“2022年度教育公益项目——视障儿童融合教育入学适应性支持项目”牌匾。该项目是陶勇工作室与北京市盲人学校、北京市视障教育资源中心联合开展的“光盲计划”重点项目，旨在通过“医教融合”“普特融合”，为视障儿童提供更多支持，是北京市开展融合教育的生动实践。

（赵瑜）

【“海景门昌”特教联盟研讨培训活动】 12月29日，“海景门昌”特教联盟近200名干部教师参加研讨培训活动。3位教师进行学习展示交流，6位教师进行育人故事展示交流，4位教师进行作业设计展示交流。

（乔子涵）

教育督导

【概况】 2022年，海淀区探索开展中小学校长任期结束综合督导工作。全区170余名中小学挂牌督学对260个校区开展中小学春季开学、疫情防控、“双减”工作、校园安全、复课前督导等6次督导，提交督导报告单1547份。完善部门通报制度和问题整改台账跟踪制度，建立问题台账。固化“双减”优秀工作经验，编制《海淀区中小学校落实“双减”工作督导特色选集》。制定《2022年海淀区中小学督学网络研修项目》，助力督导队伍专业化建设。

（宋亚甫）

【督学队伍建设】 年内，区教育督导室加强督学队伍建设，提高督学专业化水平。有计划、分层次组织督学参加各类培训，分别选派1人参加2次国家级培训，62人次参加4次市级培训，近400人参加与国家教育行政学院合作的线上专业培训。在北京市第五届教育督导论文、案例征集活动中，海淀区25篇征文分获一、二、三等奖及优秀奖表彰。

（宋亚甫）

【基础教育学校社会满意度调查】 年内，区教育督导室优化基础教育学校社会满意度调查工作。优化工作流程，基于大数据和人工智能技术，搭建海淀区义务教育学校社会满意度调查智慧平台（含幼儿园），推动区级社会满意度调查智慧平台建设；进一步修订指标体系、调研问卷。依托平台对全区261所幼儿园、140所小学、82所初中、59所高中进行社会满意度调研。通报海淀区2021年、2022年基础教育学校社会满意度调查结果，督促满意度较低学校（幼儿园）开展问题整改。海淀区自2012年开始学校满意度指标研制工作，2014年在全区义务教育学校全面铺开，2020年首次向上延伸到高中，2021年向下拓展到幼儿园，实现从学前到高中阶段整个基础教育的全覆盖。

（宋亚甫）

【中小学校长任期结束综合督导试点工作】 年内，海淀区在全市率先开展中小学校长任期结束综合督导评估试点工作，海淀区教育督导以评价促改革，制订符合区域实际的督评方案，研制督评程序、评估指标、细则及课堂观察表、访谈提纲等督导工具，召开专题会，确定工作整体思路和路径。11月，区教育督导室对农大附小开展中小学校长任期结束试点综合督导。通过校长汇报、课堂观察、访谈座谈等方式了解学校实际情况，对学校进行全面、立体、科学评价。

农大附小在赵建军校长带领下，干部教师求真务实、团结奋进，学校育人目标明确，办学特色明显，扎实构建“农·和”文化课程体系，注重劳动、体育、书法和生命生存教育，全面提升学生综合素养。

（宋亚甫）

【学前教育督导】 年内，区委教工委、区教委推进114所社区办园点完成督导评估自评。完成100所幼儿园（点）督评，对24所新建园中的10所问题整改园进行实地督评。对全区372所幼儿园（含分园分址、社办点）开展月均一次挂牌督导工作，规范园所发展。组织挂牌督学开展幼儿园返园前疫情防控专项督导。进一步充实学前督学力量，遴选和补聘新任学前督学24人。组织开展新聘督学和全体督学业务培训，采用“观摩+实践”式督导实地培训，提升督学的业务技能和水平。

（宋亚甫）

“双减”工作

【概况】 2022年，区教委进一步提高“双减”工作成效。持续发挥专班统筹推进、行业归口管理、部门协同联动、街镇属地“网格化”管理工作机制优势，有证学科类机构从296址压减至63址，完成17家机构“营转非营”重新登记，公告废止110家“僵尸型”培训机构，47家学科类机构全部落实复合模式资金监管，监管资金近3.2亿元，有证压减数量居全市首位。加强“地下”学科类培训机构治理，建立“四方管控”、多方参与的工作机制，累计检查校外培训机构1.1万址次。支持学科类培训机构转型发展，搭建“海淀区校外培训机构兑换课公益超市”，为家长兑课4600余班次，减少损失488万元。制定教学管理制度，规范教学秩序。制定《海淀区义务教育学校教学基本规范》以及关于学生作业、睡眠、手机、读物和体质五项管理办法等文件。成立“学校作业管理和督查组”，组织开展作业研究，形成“海淀优秀学科作业案例库”，建立作业总量审核监管和质量定期评价制度。加大优质资源供给，提高课后服务质量。制定《海淀区小学学科类校外资源进校园管理指导意见》，130所小学引进40余所学科类优质校外培训机构参与校内课后服务。全区超过98%的中小学生参加课后服务，参与教师人数占义教教师的99%。建立课后服务专项绩效工资的区校两级奖励激励机制，提高教师参与课后服务的积极性。71个学校（校区）的4000余名教职工为2638名学生提供暑期托管服务。

（宋亚甫）

【“双减”工作责任制落实】 年内，区教委负责全区“双减”工作统筹管理工作，进一步加强对学校开展“双减”工作的指导、管理和服务；在行政牵头、科研引领、教研支撑的工作机制下，开展“双减”专项课题研究428项，在实践中探索政策落地路径；各校进一步完善“双减”工作责任制，由校长全面负责，确保“双减”工作安全有序开展；各校坚持重视课后服务期间学生在校的安全工作，确保课后服务工作安全有序开展。

（宋亚甫）

【提高课后服务质量】 年内，海淀区各学校坚持有利于促进学生全面发展的原则，践行“以学生为中心”的教育理念，根据学生个体差异提供个性化的课后服务，促进每名学生的个体成长。充分开发和利用校内现有资源，积极协调校外资源，科学组织实施课后服务工作；各校将课后服务工作纳入学校德、智、体、美、劳“五育并举”全面育人体系中。充分挖掘、精心设计系列德育课程，有针对性地开展科学实践教育、美育、劳动教育、安全教育等主题教育活动。开展答疑、辅导、巩固、提高的学科活动，开设学习方法讲座、学习思维方法课程和学科思想方法类选修课程，学校精心提供菜单式课后服务课程，为学生提供课后服务。

（宋亚甫）

【校外优质教学资源引进】 年内，区教委统筹管理，从学校教学实际出发，合理规划设置学校课后服务内容，引进和学校课后服务需求相匹配的学科类优质教学资源，满足家长和学生对学科知识学习提高、补弱的个性化需求，弥补部分学校在部分学科教学中的短板，实现校内资源和校外资源的优势互补。引导教培机构良性发展，成为学校教育的有益补充。

（宋亚甫）

【履行“双减”职责督查】 7月7日，市政府教育督导委员会办公室对区政府履行“双减”职责情况进行实地督导。督查组通过听取汇报、召开座谈会、查阅档案等形式进行检查，听取“双减”实地督导检查工作概况，区政府作“双减”工作开展情况、主要经验特色、存在问题困难、下一步工作等情况介绍。区政府、区委教工委、区教委、区教育督导室及教育“两委”班子成员，区相关委办局领导以及区教委相关科室和直属单位负责人、区中小学校长代表、校外培训机构负责人代表70余人参加会议。督查组分别召开专班成员单位、中小学校长、校外培训机构负责人座谈会。在专班成员单位负责人座谈会上，市督导检查组就预收资金监管、风险防范化解、暑期如何巩固学科培训治理等方面提问，区教委、区体育局、区市场监管局、区金融办、区法院、区房管局、海淀公安分局等单位介绍履行“双减”职责情况。在中小学校长座谈会上，专家组就弹性工作制、课后服务、经费保障等问题进行提问，上地实验学校、海淀实验中学、五十七中学、地大附中、人大附中航天城学校、海淀实验二小、上庄中心小学、铁路实验小学、双榆树一小、海淀外国语实验学校校长分别介绍本校开展“双减”情况。在校外培训机构负责人座谈会上，高思培训学校、朴新培训学校、卓越优才培训学校等机构负责人介绍“双减”背景下的运转情况，以及办学过程中存在的问题和困难。

（宋亚甫）

文化

2023

北京海淀年鉴

综述

【概况】 2022年，海淀区文化和旅游局（区文物局）（简称区文旅局）以服务保障党的二十大为主线，完成冬奥文化广场保障任务。启动国家公共文化服务体系示范区复核，持续提升公共文化服务效能。聚焦文化需求，带动文化供给稳步提质增效。三山五园艺术中心完成全部结构施工并通过验收，推动三山五园国家文物保护利用示范区创建提质增效。开展全域文物遗产调查，树立第四次全国文物普查标杆。开展清华园车站修缮保护利用，探索央地合作新模式。开启文物智能巡查，纳入城市大脑“时空图层”。加快推进文物修缮和保护进度。持续加强文旅市场执法监管，文旅市场安全有序。

举办“海之春”新春文化季、第十一届中关村国际青年艺术季等各类文艺演出565场，组织开展各级文化活动2730场次，线上线下惠及群众2300余万人次。区文化馆获第十九届“群星奖”、全国首批十家民族音乐普及推广中心等荣誉。

（杨晶晶　朱雪）

【北京海淀文化旅游产业发展集团有限责任公司】 2022年，北京海淀文化旅游产业发展集团有限责任公司（简称海淀文旅集团）统筹部署产业发展，打造文旅IP，推进以圆明园为重点的三山五园文化衍生品开发工作，探索特色文化空间打造及运营管理模式创新；推动文化与科技融合，打造科技创新应用场景；汇聚区域科技和体育优势，探索群众休闲、全民健身和体育产业共赢发展新模式。

三山五园品牌运营。圆明园文创体验馆项目：完成“御品、御食、御裳、御赏、御饰”30余品类产品开发，协办“圆明印象，皇家游礼”主题圆明园文创设计大赛。数字文化体验项目：开发关于圆明园主题的数字影片，结合720度异型胶囊屏幕、VR虚拟现实等高新技术，实现全包裹、高沉浸的数字文化体验。打造特色文化消费空间，推出“遇见夏宫”品牌，逐步发展成为集休闲茶歇、文创购物、会议活动、展示交流于一体的城市文化空间。与时尚咖啡Vogue Café开展联名快闪店运营，拓展传统景区项目运营新模式。

文旅产业服务。策划举办第二届CYDC青少年国际舞蹈公开赛品牌赛事活动，打造慧海金帆艺术共享空间；推进校园体育场馆运营和闲置空间改造项目，开展党建、团建、读书会、研学游等活动。做好旅游会展服务项目，服务各单位开展党建活动20余场。

文化演出空间运营。盘活用好剧院空间，保障电影放映及演出活动按期进行。全面加强线上宣传，及时在线上平台更新剧院营运情况、演出电影预告等信息，更好地服务群众观影观演体验。引进大IP儿童剧《小猪佩奇》《奥特英雄银河格斗》，舞剧《曹雪芹》等特色演出剧目，提升演出品质。

（陈艳颖）

【文化和旅游部专家调研海图北馆】 1月22日，文化和旅游部国家文化和旅游公共服务专家委员会首席专家李国新，北京大学国家现代公共文化研究中心副主任张广钦，文化与旅游部基层公共数字文化服务研究院院长、首都图书馆原馆长倪晓建和中国图书馆学会科普阅读专委会主任、东城区图书馆馆长肖佐刚一行到海淀图书馆（北馆）调研，就面向“十四五”图书馆社会化运营服务的创新与发展、社会化运营面临的困境与突破、图书馆社会化运营的标准与规范和国家公共文化服务体系示范区建设复检、图书馆应对与创新等议题进行探讨和研究。李国新建议，海图北馆要把争创“中国特色、海淀特点、世界一流”作为社会化运营的目标和方向。

（赵毅）

【冬奥会赛事住宿保障】 2月4日至3月13日北京冬奥会和冬残奥会期间，区文旅局成立冬奥会住宿保障专班，与24家闭环酒店协同作战，高标准完成8890人住宿餐饮综合服务工作。区领导一日两调度，区文旅局与24家驻地保障组建立日汇报+突发事件紧急上报的双重机制，及时处置各类突发问题。24家闭环酒店制订“一店一策”新冠疫情防控方案，精准防控，未出现疫情扩散风险。探索人文特色住宿服务模式，中国元素扮靓酒店公共空间，举办“万紫千红，春满五洲”非遗展；传统节日精心准备，餐饮安全丰富。

（丁宇宁）

【公共文化专题座谈会】 2月18日，区文旅局召开公共文化专题座谈会，研究国家公共文化服务体系示范区复核工作。会议听取区文旅局示范区创建后海淀区公共文化工作新进展，区图书馆、区文化馆亮点工作介绍，永定路街道文化参与地区社会治理情况介绍；研究确定将新建小区配套公共文化设施管理和使用作为海淀区创新案例进一步深化。

（南燕）

【区文化馆（北馆）社会化运营通过专项考核】 7月15日，区文旅局组织业界专家、区财政局相关部门负责人、街镇代表等对区文化馆（北馆）2021—2022年度整体运营情况进行专项考核。按照区文旅局的工作部署及《海淀区文化馆（北馆）、海淀区图书馆（北馆）社会化运营合同期满考核工作方案》安排，结合前期第三方机构对区文化馆（北馆）进行的群众满意度测评情况给出综合评定，区文化馆（北馆）得分97.73分，通过考核。考核组认为，区文化馆（北馆）一年来在合同执行时间里较好地开展各项业务工作，服务工作水平较高，活动内容丰富，创建比较好的服务品牌，运营高效、管理规范、效果良好，同时对区文化馆（北馆）提出进一步加强标准规范、提升工作质量、主动适应时势的工作要求。

（南燕）

【“草坪露营日”阅读推广活动】 7月23日，海图北馆联合中关村壹号举办“共创新生活主义——中关村壹号草坪露营日”阅读推广活动。活动包括非遗风筝体验、非洲鼓体验、瑜伽体验、飞盘体验、咖啡品鉴以及特色户外草坪阅读、樊登老师图书分享、图书借阅服务等内容，8100人次参与线上线下互动。

（赵毅）

【区图书馆（北馆）社会化运营通过专项考核】 10月12日，区文旅局组织业界专家以及区财政局、区图书馆相关领导对区图书馆（北馆）2021—2022年度整体运营情况进行专项考核。根据区文旅局的工作部署及《海淀区文化馆（北馆）、海淀区图书馆（北馆）社会化运营合同期满考核工作方案》要求，结合前期第三方机构对图书馆（北馆）进行的群众满意度测评情况给出综合评定，区图书馆（北馆）得分92.79分，通过考核。考核组对区图书馆（北馆）一年来在基础业务和宣传推广方面的成绩给予肯定，同时指出要在加强队伍建设、运营特色、品牌创新、成果输出、大型活动及展览精细化、品质化等方面下足功夫。

（南燕）

【区文旅局接受区人大常委会评议】 11月15日，区第十七届人大常委会第七次会议听取和审议《海淀区文化和旅游局关于国家公共文化服务体系示范区建设工作接受区人大常委会评议的自查报告》，以表决方式通过该报告。会议认为，区文旅局以服务首都全国文化中心建设为抓手，立足海淀特有的资源禀赋和文化底蕴，持续巩固提升国家公共文化服务体系示范区创建成果，在公共文化服务高质量发展方面取得很好的成绩，充分发挥文化软实力对区域发展的硬支撑作用，为提升城市品质和内涵、增强人民群众精神力量和文化自信注入强大动力。

（南燕）

文化设施

【海淀区文化馆】 年内，海淀区文化馆结合党的二十大和冬奥会主题，组织文化志愿者和地区群众文艺团队，以线上线下相结合的形式，举办200余场惠民公益文化活动，包括“送福到家”新春文艺慰问演出专场活动、星期五艺术party活动、民族音乐“艺”起来分享会、海淀区业余文艺大赛、第六届海淀广场舞达人秀、第六届海淀万人合唱季、“品鉴民俗 巧手绘梦”系列文化活动、喜庆二十大 奋进再出发——2022年海淀区基层文艺作品巡演活动、“唱响青春”2022年中关村阿卡贝拉人声艺术汇等品牌文化活动，惠及人群2000万余人次。采取线上线下相结合的方式，开展各类艺术培训课程，服务38万余人次。出版《红叶》杂志4期。区文化馆为国家一级文化馆，总建筑面积1万余平方米，设有专业琴房、练功房、培训教室、多功能厅、演播厅和小剧场。

（陆丽明）

【海淀区文化馆（北馆）】 年内，海淀区文化馆（北馆）（简称北部文化馆）线上线下相结合开展文艺培训班330期，培训人员5.6万人次，其中老年培训班18期、少儿培训班42期。开展讲座、文艺演出活动160场次，观演群众295.48万人次，举办展览16个。发布线上文艺培训“云端再现”167期，线上“文艺课堂”109期。开展“云端剧场”线上演出活动48场。举办非遗推广活动44场次。结合新春文化季，举办海淀冬奥情暨2022“海之春”新春文化季、《冬奥组歌》演唱会、“冬奥文化公园”大型室内冬奥主题游园活动。结合全民阅读季，举办“双‘馆’齐下 E企阅读”系列活动。结合中关村国际青年艺术季，举办“青春在云端绽放”服务驻区企业系列活动19场，29.4万人次参与。举办永恒的经典——北京交响乐团音乐会、“冰雪之约”2022新年合唱音乐会、“漫步经典”美声专场音乐会，共青团建团百年青少年系列文化活动，庆祝“八一”建军节系列线上文艺演出，线下声乐套曲《诗人之恋》系列讲座。通过网络形式举办首届“歌之魂杯”经典民歌艺术展演系列活动；举办“艺术之旅”系列线上文艺演出。为群众文艺团队提供免费开放预约服务，预约订单1640个。“海淀北部文化馆”微信公众号发布活动信息575条。依托文旅海淀公共服务数字平台，发布活动数量565个，活动订单74456个，预约89182张电子票；开展线上课程127个，子视频135个。

（陈帆）

【海淀区图书馆】 年内，海淀区图书馆包括“2+29+37”总、分馆服务体系（南馆、北馆2个总馆，29个分馆，37个社区、村图书馆及特色阅读空间）。区图书馆365天免费开放，全年办理读者卡8622张，接待读者18万余人次，借阅文献27万余册次，数字资源使用量641万余次。举办各类线上、线下活动1300余场，参与读者327万余人次。为总分馆体系采购加工图书15万余册，流转图书6万余册。组织400余人次对全区120余家艺培机构进行多轮疫情防控专项检查。

（张帆）

【海淀区图书馆（北馆）】 年内，海淀区图书馆（北馆）（简称海图北馆）接待到馆读者29.72万人次，文献借阅量22.51万册次，办理读者卡4352张。持续开展“走读海北”“幸福来敲门”“青青育苗”“海北书院”“青春之歌”等活动品牌。举办各类活动516场，包含大型活动11场、针对特殊群体活动144场、讲座208场、培训72场、传统文化活动33场、展览31场、其他活动17场。因疫情防控需要，加大线上活动的比例，举办的516场活动中，线上活动352场、线下活动100场、线上线下相结合64场。参与读者27.25万人次，其中线下参与读者84635人次、线上参与读者187900人次。媒体宣传投稿1215篇，“海淀区图书馆北馆”微信公众号平台报道1195次，新闻媒体报道509次，其中网络媒体报道483次、纸媒刊发24篇、电台报道2次。

（赵毅）

【海淀区文物保护中心（海淀区博物馆）】 年内，海淀区文物保护中心（海淀区博物馆）（简称区文保中心）

推进三山五园艺术中心项目和清华园车站保护利用工作。编写完成《海淀博物馆藏品征集流程及资金使用管理办法（试行）》（2022年修订）。拍摄三山五园艺术中心建设视频16次，累计拍摄素材651.29G，包含32015个素材文件。对文物账册进行清点、打印账册并开始文物库房盘库工作，完成盘库工作和库管员交接工作。邀请电影科研所对电影胶片质量、数量进行测评，并出具胶片存放的专家意见。

新馆建设。5月初完成展厅、库房与基础施工强电需求及弱电需求对接。8月底，完成对临展厅的地插排布需求对接。提交新馆文物库房的整体空间设计、库房柜架设计及数量估算等的初步方案，9月底完成立项文本编制工作。

文物保护。推进地上文物保护项目8个；完成青龙桥后营3号院古建筑、海军机关大院近代建筑不可移动文物保护标志牌制作安装；完成清华园车站区级文物认定申报材料准备工作。完成6次文物迁移处置工作，接收流散石刻、建筑构件1613件，均放置大慧寺保管。举办线上展览1个共24期；出借馆藏一级文物“玉镂雕穿花龙纹带饰”等2件文物支持2个文物展；推进2件一级文物保护修复工作。社会征集馆藏22件，购置数字影像资料415件，仿制文物资料29件，清点文物4245件。

（张赫）

【海淀区非遗展示中心（北馆）】 年内，海淀区非遗展示中心推动非遗文化融入冬季运动，承办“非遗照亮冬奥之美”线上活动，开展“读红色家书，树红色家风”主题活动、“福虎进万家”——祥瑞非遗过大年文化活动、“品读三山五园 传承文化遗产之非遗文创汇”活动、“品读三山五园 传承文化遗产”全民阅读系列活动、“云粽飘香”主题活动、“喜迎二十大 非遗颂中华”第十一届中关村国际青年艺术季等公共文化活动7项294场，参与群众272.61万人次。

（田大民）

【海淀剧院】 年内，海淀剧院受疫情影响，阶段性复工复产。话剧演出196场，收入792万余元。电影放映约2500场，票房收入240万余元。实现营业收入1056.64万元；营业利润约-361.11万元。北京冬奥会和冬残奥会期间，面向观众开放，悬挂冬奥会宣传条幅，摆放奥运吉祥物，设置奥运展台，开展奥运历史宣传和奥运文化宣传。

（张伟）

【中国知网】 年内，中国知网以全面应用大数据与人工智能技术打造知识创新服务业为新起点，全面整合全球知识资源加速构建“全球知识创新基础设施”，通过与全球2万余家出版机构合作，初步建成融科学、社会、政府三大数据于一体的“世界知识大数据”，囊括80个国家和地区的重要全文文献。研发创新性先进技术，取得软著和发明专利300余项，打造覆盖数字化、网络化、大数据与人工智能各领域的知识管理与知识服务产品体系。服务于65个国家和地区的教科研、党政军、立司法、工农卫、社团智库、公图文博等各行各业的7.5万家机构用户及1.54亿个人用户，日访问量6000万篇（次），年下载文献总量23亿篇，用户使用量居全球科教类网站前三名。

（丁玉叶）

【海淀美术馆（北馆）】 年内，海淀美术馆（北馆）推出抗疫系列、雅风海名人大讲堂系列、新春文化季系列、清明节缅怀系列、传统节日主题系列、全民阅读季、第十七届海淀文化季等线上展览。举办“北京冬奥情——全国著名书法篆刻家邀请展”“北京冬奥情——中国美术名家邀请展”“青春的力量——中国青年艺术展”等展览。举办“‘为当代海淀立传——中国名家海淀写生纪行工程’暨‘为当代海淀立传——海淀70年奋进大展’”活动。其中，网上云展有：“北京冬奥情——全国著名书法篆刻家邀请展”10期，“北京冬奥情——中国美术名家邀请展”4期，“忆满京城 情思华夏”系列3期，“当代书法名家赏析”8期，“画里端午”3期，“青春的力量——中国青年艺术展”9期，“影响21世纪中国画家”9期，“赏山游园——三山五园诗词楹联我知道系列活动”70期，“赏山游园——三山五园诗词楹联展”11期，“为当代海淀立传——海淀70年奋进大展”5期，云展132场，点击阅读量180万余次。

（陈康楠）

【纳兰文化研究中心】 年内，纳兰文化研究中心出版《叶嘉莹读诵纳兰词全集》，与中信出版集团、山魈映画合作打造数字人梅涩甜与叶嘉莹共读纳兰词视频。参加中国国际服务贸易交易会和世界人工智能大会。与宋庆龄故居联合举办“纳兰性德生平展”。走访纳兰遗迹，录制348首纳兰词读诵视频，拍摄全民读诵纳兰词宣传片《我们，一起读诵纳兰词》，推广全民阅读。

（刘子菲）

【公共文化设施管理】 年内，区文旅局制定实施《海淀区文旅局新建居住公共文化设施工作方案》《海淀区公共文化设施使用协议》，建立多部门会商机制，形成新建小区公共文化配套设施多主体、多环节、全流程管理模式，接收新建小区配套文化设施28处，配套面积37866.67平方米，支持15个项目资金达2400余万元。开展区文化馆（北馆）、区图书馆（北馆）两馆新一轮整体社会化运营招标，区图书馆（北馆）引入北京国图文化公司团队开展运营，以专业化推动高质量发展。

（南燕）

文化产业

【概况】 2022年，海淀区902家规模以上文化及相关产业单位收入合计10173.1亿元，比上年增长7.5%，占全市比重的56.5%。文化、体育和娱乐业收入608.5亿元，比上年下降19.8%。海淀规模以上文化及相关产业占全市近两成的单位数量、占全市三成从业的人员数量，收入超过全市五成。海淀区文化新业态特征较为明显的16个行业小类实现收入9071.9亿元。字跳网络（今日头条）、微播视界（抖音）、腾讯文化、快手、百度、爱奇艺等骨干文化企业在全市乃至全国居于领先地位。

（富星烨）

【海淀文创市集】 年内，区文促中心、艺连网分别在海淀公园、圆明园、紫竹院公园、百旺弘祥产业园、768产业园、北京世园公园举办6场海淀文创市集，开展6场直播，参展商家121家，超过8万人次参与，合计成交金额24.5万元。海淀文创市集平台总有服务商家182家，参与率66%。

（吴桐君）

【香山公园文创新品推出】 年内，香山公园推出5类59款文创产品，涵盖食品、日用品、工艺品、文化用品等。红色文创设计元素从双清别墅扩展到8处革命旧址，形成套系化、规模化产品。推出以香山革命纪念地旧址建筑为元素的“1949·香山印记”等系列红色文创产品10类40余种，在双清别墅红色书屋、2022年中国（北京）国际服务贸易会、淘宝官方旗舰店和微店同步上市。“1949·香山印记”等红色文创产品上榜北京旅游商品和文创大赛“倍儿北京”和“强国复兴红色主题”TOP 20榜单，获第六届北京文化创意大赛优秀奖。与企业合作的香山“纯悦”矿泉水，以松鼠、黄栌为造型的文创雪糕创新，在公园14处经营网点及自助售货机出售。文创雪糕总销售额159.2万元，占自研文创总销售额的43.6%；“纯悦”矿泉水销售额37.2万元，占自研文创总销售额的10.1%。更新祈福牌12种，丰富祈福载体形式；香炉峰划分两大祈福片区、8个祈福点位，打造“登高祈福网红打卡地”；临时网点突出“御树临枫”主题，打造香山“一园一品”（香山公园、香山红叶）。

（李妍　李慧　杨玥）

【联名款“诸事得颐”系列文具推出】 1月，颐和园与得力集团有限公司合作推出联名文具新系列“诸事得颐”，在天猫、淘宝等线上平台同步上市。系列产品包括中性笔、胶套本、皮面本、宝珠笔4种产品，选取颐和园谐趣园“锦鲤”、乐寿堂“福鹿”及“仙鹤”三种瑞兽意向，祝愿莘莘学子鲤鱼跃龙门，前程似锦。全年销售额500万元。

（范艺斐）

【2022海淀文化创意大赛】 2月23日，由北京市文化产业促进中心、区委宣传部指导，区文促中心主办的第六届北京文化创意大赛海淀分赛区暨2022海淀文化创意大赛决赛举行。大赛以“奋进新时代，创意赢未来”为主题，251个项目报名参赛，涵盖创新创意、内容生产、文创产品开发、文化IP、创意设计、原创剧本等多个项目。22个项目进入海淀分赛区总决赛，最终评出“海招牌”组一、二、三等奖各1名，“海雏燕”组一、二、三等奖各1名，最具投资价值奖、最具发展潜力奖各1名，最具传播价值奖2名，最具概念创意奖2名以及优胜奖和优秀奖若干名。海淀区向市级大赛报送项目56个，8个项目获奖，其中专业赛道获奖5个、文化创客赛道获奖3个。

（富星烨）

【玉渊潭公园“小樱文创商店”营业】 3月24日，玉渊潭公园小樱文创店正式营业。小樱文创店位于公园樱花园西侧，面积150平方米。商店设计以公园文创形象“小樱”为主题，为游客提供小樱手办、小樱冰箱贴、小樱徽章等50余款时尚文创商品，成为公园新晋“网红”打卡地标。截至年底，小樱商店销售额为80余万元。

（李倩）

【第一届圆明园文创设计大赛落幕】 3月，由圆明园管理处主办，北京交通大学建筑与艺术学院承办的第一届圆明园文创设计大赛落幕。2月1日至15日，大赛评选的50件优秀作品在圆明园正觉寺最上楼展出，同期展出实物作品13件。大赛于2021年9月启动，以“圆明印象·皇家‘游’礼”为主题，设置冬奥冰雪、圆明瑞兽、红色创意、皇家生活、跨界联名、旅游演艺6个征集方向，分作品征集、提交参赛作品、作品评比、作品展览和转化推广4个阶段，收到作品1281份。大赛采取网络投票和专家评审打分相结合的评比方式，30件作品获游礼完美设计奖，20件作品获最具圆明园特色奖，评选优秀组织单位奖10名。2021年9月18日、9月24日，分别在圆明园管理处多功能厅、北京交通大学建筑与艺术学院报告厅举办大咖分享会，邀请北京印刷学院教授刘秀伟、圆明园管理处刘阳分享产品设计思路和方法以及圆明园文化内涵与开发角度，并于11月9—17日期间在北京航空航天大学、北京科技大学、北京邮电大学、桂林电子科技大学、天津理工大学、常州工学院等高校进行校内宣讲。

（钟冷　余娜）

【联名款“颐格格”系列床品推出】 5月，颐和园与苏州太湖雪丝绸股份有限公司旗下家居品牌“太湖雪”合作打造的IP“颐格格”系列床品上市。系列床品以丝绸制品为主，涵盖蚕丝被、眼罩、腰枕等8种。“颐格格”IP是以颐和园昆明湖栖息水鸟鸊鹈为原型，拟人设计出的可爱、活泼、灵动的娃娃形象，应用于合作的各类产品。全年销售额300万元。

（范艺斐）

【“抗疫助企促发展”系列主题沙龙】 6月17日至28日，由区委宣传部指导、区文促中心主办，北京市海淀区文化创意产业协会承办的“抗疫助企促发展”系列主题沙龙活动举办。包括主题分别为“数字时代下文博产业的转型与传播”“产业园区如何融入城市文化生活”“文化数字化背景下的文旅创新与发展”“元宇宙的基础设施与场景建设”的4次主题沙龙活动，每次活动定向邀请3—5家相关企业做分享交流，直播观看5000余人次。活动邀请产业专家帮助企业探索新发展格局下的挑战与机遇，整合区域资源帮助企业解决现实问题，助力企业高质量发展，努力构建高效融合、相互依存、相互促进的区域文化企业发展生态。

（富星烨）

【第二届圆明园文创设计大赛】 6月28日，第二届圆明园文创设计大赛启动仪式举行。大赛由区委宣传部、区文旅局指导，圆明园管理处和区文促中心联合主办。大赛以“圆明印象·皇家‘游’家礼”为主题，通过微信公众号、微博、抖音等大赛官方自媒体平台发布赛事信息，征集平面设计类、产品设计类、数字创意类三个类别作品，围绕皇家生活、文物衍生、圆明瑞兽、三山五园（整体概念）等方向进行设计创作。分为专业组和中小学组。6月29日至10月30日，组委会举办宣讲、大咖分享会活动，分别在海淀教师进修实验学校、中关村图书大厦、768创意产业园、百旺弘祥文化产业园开展宣讲，邀请各领域专家在线上举办大咖分享会与大咖说文创活动，以专业的视角解读文创设计。大赛征集参赛作品1846件，其中专业组1322件、中小学组524件。评出获奖作品58件，其中专业组23件、中小学生组35件，以及各板块共计200件最具人气奖。12月29日至2023年1月28日，“圆明印象——皇家游礼文创设计展”在中华世纪坛举办，展示第一、二届大赛优秀作品108件（组）。活动通过巡回宣讲、文化大讲堂、大赛成果展、大赛文创市集等方式，推动三山五园文物资源创造性转化、创新性发展。

（余娜　吴桐君）

【20项作品入围北京旅游商品和文创产品大赛榜单】 7月29日至12月1日，区文旅局组织动员区域企事业单位参加由市文旅局主办的以“倍儿北京”为主题的2022年北京旅游商品和文创产品大赛。大赛经过初评、复评和终评三个阶段，以彰显北京地域特征、首都特色、文化内涵为原则，按照工艺性、市场性、文化性、创新性、实用性、环保性标准，评选出“倍儿北京”榜单、强国复兴红色主题、外事商务礼品主题、“一城四带”文化主题、“文博+公园+非遗”主题、“双奥之城”文旅体融合主题、节日节气中国传统文化主题共7大主题榜单140项上榜作品。海淀区报送参赛产品78件，其中11家参赛单位的20项作品入围7大主题榜单，区文旅局获大赛优秀组织奖。

表40　20项入围2022年北京旅游商品和文创产品大赛主题榜单作品一览表

序号	获奖单位	获奖作品
1	国图创新文化服务有限公司	手不释书主题文创
2		《红楼梦》主题文创
3		《精神的力量》手账本
4	北京地铁资源开发经营有限公司	《北京地铁50周年纪念》珍藏票册
5		《北京地铁与你共赴冰雪之约》珍藏票册
6		北京地铁生肖系列纪念珍藏票册
7	香山公园	《1949香山印记》系列
8		《七律人民解放军占领南京》系列
9	颐和园	颐和园AR数字明信片
10	圆明园	十二兽首考古巧克力
11	玉渊潭公园	第七代樱花冰淇淋
12	华新意创工业设计有限公司	中国原子能院系列文创产品
13	恒泰创展实业有限公司	冰雪荣耀徽章礼盒
14		双奥之城徽章礼盒
15	金一文化发展股份有限公司	金一KINGEE冰上芭蕾系列平衡胸针
16		“朕的皇家园林”系列书签
17		金一KINGEE冰上芭蕾系列轨迹手链

续表

序号	获奖单位	获奖作品
18	北京市测绘设计研究院	图视京城裸眼3D地图文创产品——京华神韵笔记本
19		图视京城裸眼3D地图文创产品——双奥之城笔记本
20	一贯广告设计有限公司	食为天京西稻作礼盒

（惠凝晶）

【颐和园推出两款AR数字明信片】 7月，颐和园与数字艺术交易品牌“Neal Digital”合作，推出“金光穿洞”和“颐和四季”两款AR数字明信片。两款明信片依照十七孔桥冬至金光穿洞景观和万寿山四季山景设计，每张明信片背面印有唯一编号，线上线下同步限量发售。扫描明信片上的二维码可随时随地观看人文景观演示，刮开背面涂层扫描可兑换对应数字藏品。全年销售额9万元。

（范艺斐）

【参展2022服贸会】 8月31日至9月5日，2022中国国际服务贸易交易会文旅板块海淀展区在首钢园1号馆举办，总面积206平方米，以“玩转元宇宙，感触互联网3.0”为主题，依托元宇宙技术展示“一村三山五园”文化。展区分为元宇宙+数字人、元宇宙+文博、元宇宙+文旅、元宇宙+教育、元宇宙+城市、元宇宙+园区6个部分，涉及元宇宙底层技术、平台和软件系统、硬件设备、场景应用等类型企业，以图文、多媒体、沉浸式、互动和元宇宙体验等形式，全面展示区块链、人工智能、数字孪生、VR、AR等技术在文化领域的相关应用，展示海淀作为北京国际科技创新中心核心区、全国文化中心建设承载区的发展成果。

（富星烨）

【联名款“金雀点翠”系列彩妆推出】 8月，颐和园与彩妆品牌“卡婷”推出联名彩妆新系列“金雀点翠”。系列产品以颐和园乐寿堂内陈列的粤绣屏风《孔雀开屏》为设计灵感，开发蜜粉饼、腮红、侧影三种产品。彩妆盒面采用屏风图样，利用现代漆面工艺还原粤绣靓丝效果；产品粉芯亦采用浮雕压制技术造型屏风花卉图样，将传统审美与现代功能有机融合。全年销售额突破千万元。

（范艺斐）

【联名款中秋月饼礼盒推出】 8月，颐和园联合万豪集团旗下品牌“万豪旅享家”推出“宜和”“颂月”两款中秋月饼礼盒。“宜和”款参照颐和园德和园大戏楼藻井纹样设计，配合古建色料中的青绿为主色打造六粒装包装；“颂月”款参照颐和园排云殿佛香阁主景区景观设计，配合朱红为主色设计八粒装包装。两款礼盒产品在“万豪旅享家”推介社区上线。中秋节期间销售额突破千万元。

（范艺斐）

【“我们的节日海淀文创市集”活动】 8月，紫竹院公园联合区文促中心，在紫竹院公园北门内广场举办“我们的节日海淀文创市集”活动，设置10个摊位、2个互动体验区，展示非遗产品、创意工艺品、文创IP等产品，中关村图书大厦、北京体育大学冠军书店、海淀文化书店等20家商户参与文创市集。

（张策）

【玉渊潭公园文创产品参展服贸会】 8月31日至9月5日，玉渊潭公园在服贸会展出包含玉渊潭樱花系列、玉渊潭小樱系列产品22款36件，其中樱花冰箱贴、樱花门票徽章、樱花小团扇、樱花晴雨伞、玉渊潭小樱旋转徽章、玉渊潭小樱万年历等产品多次售空补货。9月4日为玉渊潭公园主题宣传直播日，在1小时10分钟的直播中，400人观看直播，点赞量2.6万次。

（胡玥）

【紫竹院公园文创产品参展服贸会】 9月3日，紫竹院公园在服贸会现场通过公园官方微博开展“竹烟波月”直播活动，介绍公园文创产品和文化空间展示；邀请结绳技艺传承人现场编制团圆结、平安结，观看量达1.2万人次。利用线上和线下展台共同推出“紫竹绿马系列”“紫竹中秋花前月下月饼礼盒”及钥匙扣、随行背包、口罩共10款产品。

（黄代东）

【圆明园文创体验馆营业】 10月1日，海淀文旅集团圆明园文创体验馆开放营业。圆明园文创体验馆以“御品、御食、御裳、御赏、御饰”为主题，以传播三山五园传统文化为宗旨，以个性化、多元化、精品化的市场需求为导向，至年底接待顾客3000人次。文创体验馆协办圆明园文创设计大赛，结合线上、线下联动销售模式，将优质的文化创意成果进行市场转化。截至年底，开发30余品类文创产品，展售丝巾、盲盒、杯子、书、玩具等产品，营业额5万元。

（陈艳颖）

【联名款魔方插座推出】 12月，颐和园与电气品牌“德力西”联名推出“瑞兽送福”主题魔方插座。产品设计虎虎生威、万狮如意、颐鹿呈祥、锦鲤好运4款颜色，纹样灵感提取自园藏器物、景物中的瑞兽元素，将颐和园福寿文化通过现代日用品传递给消费者。产品在天猫、淘宝等线上平台以及品牌线下渠道同步上市，销售额70万元。

（范艺斐）

区域特色文化

【海淀文化沙龙】 年内，区文促中心举办19期沙龙活动，包括文化促消费研讨、艺术展览参观学习、数字科技与传统文化对接、文博领域交流、文创大赛研讨、文化阅读活动等，线下参与人数超500人次，其中4期三山五园·记忆沙龙在“海淀文化公社”公众号、“圆明园遗址公园”公众号及微博号全程在线直播，用户观看量达11.95万人次。运营“三山五园”公众号，发推文100余篇，平均阅读量600+，增加用户1085人，累计用户数6841人。发文内容涉及三山五园历史文化相关的政策文件、研究性论文、随笔、游记、艺术家及艺术作品宣传推广等文章。

（吴桐君）

【北京植物园志愿服务活动】 4月5日，北京植物园开展“缅怀英烈寄哀思 初心如磐跟党走”志愿服务活动，在一二·九运动纪念地红色驿站设置志愿服务流动岗，为游客提供义务讲解、咨询引导、宣传折页发放等服务，发放文明游园宣传材料1500余份，开展讲解30余场次。

（石鑫）

【《海淀红色记忆》出版】 4月，由区文促中心和海淀老龄（老干部）大学联合编著的《海淀红色记忆》由中国画报出版社出版，全书分为波澜壮阔斗争历史篇、熠熠生辉红色革命景点篇、历经炮火洗礼教育事业篇和怀念民主人士和外国友人篇，收录40篇文章，呈现中国共产党领导下，革命先辈与爱国志士在海淀这片土地上奋勇斗争，不畏艰辛，为建立自由民主新中国顽强拼搏的红色历史故事和史实。

（吴桐君）

【《大觉寺的记忆与变迁》发布】 5月18日至20日，大觉寺与团城演武厅以专题连载的形式，在“北京大觉寺”微信公众平台发布3篇文章以及1部短片，展示近百年大觉寺的过去与现在、保护和成绩。文章、短片在大觉寺管理处官方微博、网站同步转发。《5·18国际博物馆日专题——大觉寺的记忆与变迁》一文发布多年来搜集整理的大量老照片，以新老照片对比等形式，详细叙述大觉寺从晚清、民国到新中国的变迁过程。与CGTN（中国国际电视台）法语频道合作拍摄的短片《古寺新生》，展示大觉寺在古建保护、造像修复方面的成就。

（孙熹）

【原创舞蹈创排项目】 6月，区文促中心委托区合馨舞蹈交流中心，围绕“红色文化”“兰文化”等海淀特色题材，编排舞蹈作品《南泥湾》《落红化春泥》《我愿一时归常在》，舞种包括古典舞、满族舞等。作品由刘震、崔睿、吴莎、张傲月、张珊珊、王梦叶、吴怡、林晓靖、王昱薇等舞蹈家联合创作。完成三部中国古典舞舞蹈剧目的音乐制作、服装制作、灯光设计、道具制作、舞蹈排练等工作，在海淀剧院完成录制。三个舞蹈以剧院视频成果形式参加国内外舞蹈比赛，其中舞蹈《南泥湾》入围第十三届中国舞蹈“荷花奖”古典舞奖，舞蹈《我愿一时归常在》获得2022年第19届首尔国际舞蹈大赛民族创作舞二等奖。

（吴桐君）

【红领巾寻访红色印记活动】 8月25日，海图北馆启动红领巾寻访红色印记活动。依托与海淀区温苏学区共建的“红色教育实践基地”，以寻访学校周边西山红色文化为主题，采取高职院校志愿者“大带小”传授劳动技能的方式，让学生志愿者寻访团队挖掘、传承西山红色文化，加强学生的红色教育和劳动教育。组织北安河中心小学及北京财贸职业学院学生55人次参与，共同打造红领巾寻访西山文旅线路活动。完成贝家花园、中国航发航材院和北安河烈士纪念堂3次寻访活动。整合寻访成果、各红色实践基地的历史文献，制作文旅融合线路展览，促进文旅融合，提升海淀北部地区文化旅游新业态。

（赵毅）

【第十三届曹雪芹文化艺术节】 8月至12月，第十三届曹雪芹文化艺术节举行。本届艺术节由区委宣传部、国家植物园、北京曹雪芹学会共同主办，北京红迷会品牌管理有限责任公司、北京京剧院、仙竟戏剧、中国国家图书馆艺术中心、北京文学艺术学院共同承办，以“一起来读《红楼梦》”为主题，包括《红楼梦》戏剧季活动、“《红楼梦》整本书阅读”系列讲座、“红迷嘉年华”活动、舞剧《曹雪芹》、“梦见的岁月——用《红楼梦》解读时光”展览等文化表演、讲座、文创市集活动，分别在国家图书馆、国家植物园、国家大剧院等举行。《红楼梦》戏剧季活动由北京曹雪芹学会、北京京剧院、国家图书馆合作，以《京韵红楼》音乐会为核心，改编著名作曲家王立平为87版电视剧《红楼梦》创作的12支曲，使其与京剧融合，配以美轮美奂的舞蹈，为红楼爱好者及广大观众带来一场视听盛宴。10月至12月，“《红楼梦》整本书阅读”系列讲座在国家图书馆举办10场。系列讲座以《红楼梦》教学为主题，探讨“《红楼梦》与高考”“《红楼梦》的教与学”等话题，10位来自“曹学”“红学”领域及教育教学领域的专家学者与“红迷”、家长及同学分享研究心得。10月至12月，在国家植物园曹雪芹文化中心、黄叶村、国家植物园中轴路，以“一起来读《红楼梦》”为主题，举办曹红文化展和“红迷嘉年华”两大活动。展览分为“梦见的岁月”用《红楼梦》解读时光文化展及“梦见的岁月”国家植物园中轴路展。“红迷嘉年华”活动设置4个板块：曹红文化互动装置体验展，引领游客走进摩登红楼的世界；在碉楼草地举行《巡游大观园》桌游活动；在黄叶村举办红楼市集；《红楼梦》收藏家沙龙，现场展示曹氏风筝、红楼梦古籍、名人信札等曹红学藏品。活动期间，北京电视台、央广文艺之声、《北京日报》、北京广播电视台、《新京报》、《北京青年报》、千龙网、中国旅游信息网、启明新闻等众多媒体对活动进行相关报道。艺术节活动在小红书、抖音、微信等新媒体平台被广泛讨论，数十位达人“网红”极力推荐。“粉丝”、用户覆盖人数超过935万人，阅读观看量超过522.1万人次，点赞、评论、收藏等互动量48696次。

（钟冷 吴桐君）

【香山公园第二届“红亭诗会”】 9月19日，区委宣传部、香山公园举办“喜迎二十大·初心映红亭”第二届红亭诗会。活动分为“红亭·不忘来时路”“初心·奋进新时代”“传承·喜迎二十大”3个篇章，包含《北京公园中的红色印记》《榜样的力量》《千年香山 百年梦圆》《回望百年路 喜迎二十大》等市属公园干部职工原创诗和情景短剧。活动邀请肖玉、王斑、徐鹏、卜晨光等著名诗词朗诵专家、北京京剧院青年演员、北京语言大学、区文化馆青年合唱团，现场演绎现代京剧和歌曲合唱。市文旅局、市文物局、市妇联、区委宣传部、香山街道、香山革命纪念馆、宋庆龄故居和三山五园等单位负责人以及市属公园爱国主义教育基地负责人、海淀区红色文化宣讲团成员现场观摩。央视频、北京日报客户端、海淀宣传、香山公园官方微博等平台同步现场直播，观看量17万人次。北京电视台、《劳动午报》、北京广播电视台、《北京日报》等媒体现场采访报道。

（杨雪）

【“红创西山2022”主题活动】 9月29日，由区委宣传部、区史志办指导，区文促中心主办的喜迎二十大·奋进新征程“红创西山2022”主题活动在龙徽1910文化创意产业园开幕。主题活动以红色文创为载体，设一会两展，即红色文创设计研讨会、2022年北京（海淀）红色文创产品邀请展、时代印记——北京市海淀区红色之旅主题展。红色文创产品展展出的文创产品主要以海淀区域内的红色文创产品为主，另邀全国各城市红色文创设计单位产品进行展出，展出形式以实物+图片为主。海淀区红色之旅主题展参照“海淀红色地图”内容，对区内红色遗存地的革命事迹、英雄人物进行展陈，展览分“初心之旅”“抗战之行”“赶考之路”三个部分，通过图片、文字加上互动体验设计，让参观者深入了解海淀红色文化内容。开幕式后，高校教授、文博单位、设计单位、文创开发运营等各领域的专家学者及企业代表等20余人参加西山红色文创设计研讨会，围绕如何打造经典红色文创IP、重视创新创意和把握文化性、如何利用数字化方式增加消费群体吸引力等方面展开讨论，为海淀文创产业发展提供思路和建议。

（富星烨）

【香山公园“双红之旅”直播活动】 10月14日至11月13日（红叶观赏期），香山公园推出“双红之旅”导游讲解服务，每周二、周四由金牌讲解员带领市民游客游览八处革命旧址，讲解香山红叶，讲述香山的“双红”（红叶文化和红色文化）文化内涵。10月27日，联合《北京日报》视频部开展“香山叶正红——双红之旅打卡八处革命旧址”主题直播活动，通过北京日报客户端、微博、抖音等进行发布，被《人民日报》、搜狐、新浪等10余家客户端转发，观看量114万人次。

（杨雪）

【“三·一八”烈士纪念碑修缮工程】 10月31日，“三·一八”烈士纪念碑修缮工程竣工。工程于9月27日开工。“三·一八”烈士公墓位于圆明园九州清晏景区，系1929年为纪念“三·一八”惨案牺牲的47名烈士而建。公墓为圆形，中央石塔高9.622米。纪念碑长期处于自然环境中，经受日晒雨淋，本体表面出现不同程度的石材风化、水泥砂浆台基空鼓开裂、部分面砖脱落等现象，修缮采取尽量减少对文物本体的干预措施。实施“三·一八”烈士墓本体保护修缮和周围环境整治工作，主要对“三·一八”烈士纪念碑进行整体去污修缮，对院内破损墙体、地面进行修补工作，提升纪念碑整体展示效果。

（胡晓莹）

【《叶嘉莹读诵纳兰词全集》出版】 11月，纳兰文化研究中心主任刘子菲与中国古典文学专家叶嘉莹合著的《叶嘉莹读诵纳兰词全集》（简称《全集》）完成，抢救性保留、挖掘中国古诗词传统读诵声调。《全集》由中信出版集团出版，收录叶嘉莹与刘子菲分别依照清光绪六年许增娱园本和清康熙三十年《通志堂集》本读诵的双版本348首纳兰词的音频和视频，并按词牌格律重新梳理纳兰词；对101个词牌、3000余条词组进行精解详注，将词中入声字全部标出，词句一韵一行排列，依格律对词中与普通话读音不同的字，作出相应的音韵注解，在纳兰词注史上尚属首例。《全集》配有2首刘子菲原创纳兰词音乐、4幅刘子菲原创纳兰词手绘、5幅纳兰性德手简、100余幅传世名画和12张词牌美人图纳兰词字帖临摹卡，是一套可读、可听、可赏、可临摹、可收藏的独特的纳兰词版本。

（刘子菲）

【《阳台集：大觉寺与西山历史文化研究》出版】 11月，北京大觉寺与团城管理处编写的《阳台集：大觉寺与西山历史文化研究》由北京燕山出版社出版。全书收录来自京津冀高校、北京地区博物馆、文化机构等单位40多位作者的40余篇文章，以寺庙文化、文物考释、遗产保护、园林生态、博物馆理论5个方面，展开专题性的研究和探索，包括对位于西山永定河文化带区域内大觉寺这座千年古刹历史与文化的深度挖掘和研究，以及作为博物馆对公众开放进行社会教育的实践与思考，纪念大觉寺向公众开放30周年。全书57.3万字，图片百余张。

（孙熹）

【纳兰文化“云端艺术小课堂”开课】 12月6日、8日、10日，由区文促中心主办，北京七号乐园文化传媒有限公司承办的纳兰文化“云端艺术小课堂”在抖音直播开课。中央美术学院教师卫敏、中国美术家协会吴冰、中央民族大学教授付爱民，分别作题为“花镜——没骨花卉中的纳兰词意”“小写意花卉中的菊花”“线描艺术与诗词题写”的讲解，三场直播总观看人数超1.8万人次。

（吴桐君）

文化活动

【文化志愿活动】 年内，区文化馆通过举办海淀区文化志愿者“送福到家”新春慰问活动、“共享共融 心手相连”助残主题活动、青年文化志愿者之歌文艺演出、“同体同心 艺美共美”海淀区文化志愿者系列活动、“艺术创想 科技赋能”海淀区文化志愿者“梦想护航”特教学校线上主题活动及手工创作活动等系列文化活动，组织文化志愿者参与冬奥会和冬残奥会广场服务工作、文化慰问演出、艺术辅导培训等，惠及200万人次。

（陆丽明）

【冬奥主题美术书法摄影展】 年内，区文化馆开展“海淀区迎冬奥美术书法摄影展”征集活动。2月18日至28日，在81美术馆举办“海淀区冬奥主题美术书法摄影”展。展览现场展出老艺术家、中青年艺术家、少儿艺术爱好者三代新创作的近200幅书画力作。在547名投稿作品中分别评出最佳创意奖、最受欢迎奖、最佳人气奖、最佳希望奖和最佳入围奖等159名获奖者。

（陆丽明）

【新型阅读空间建设】 年内，区图书馆推进海淀区新型阅读空间建设，协同圆明园公园管理处共建“圆明书院”阅读空间；配合中关村海关创建“方寸知间”阅读空间；指导全季酒店升级“侨书院”，打造特色阅读空间。到基层图书分馆辅导200余次，打造基层图书分馆示范点位，西三旗分馆获得2022年度“北京市十佳阅读空间”称号。

（张帆）

【海淀冬奥情暨2022年“海之春”新春文化季】 1月4日，区文旅局在海淀公园冬奥文化广场举办海淀冬奥情暨2022年“海之春”新春文化季启动仪式，拉开海淀区冬奥城市文化活动序幕。启动仪式邀请区内7家冬奥会签约酒店运行服务保障组、服务保障冬奥相关委办局负责人及基层文化工作者代表参加。区文旅局发布海淀区迎冬奥、庆新春系列文化活动。启动仪式后，群众现场参观展览，体验迷你冰壶、旱地冰球、VR模拟滑雪等项目，感受全民冬奥的浓郁氛围。海淀冬奥情暨2022年“海之春”新春文化季以“一起向未来”为主题，围绕“冬奥”和“春节”两个重点，举办20项百余场文化活动，充分展现双奥之城的文化魅力、海淀深厚的文化底蕴、优秀传统文化传承。包含两大篇章：上篇“冬奥冰雪庆”，以2022冬奥会和冬残奥会“一起向未来”为主题，由冬奥冰雪文化节启动仪式和6大项重点活动组成，集中展现心系奥运、全民激扬的文化精神；下篇“虎福万家欢”，以“虎年迎春万家欢乐”为主题，以新春年节传统与现代融合文化的五彩缤纷，展现海淀人民文化普惠万家的文化担当，突出文化的价值引领与精神激励作用，由1个主题单元、3个活动单元14项活动组成。2022年“海之春”新春文化季从2021年12月底持续至2022年3月底，举办各类文化活动23项591场，受众634.3万人次。

（钟冷　陈婉莹）

【冬奥文化广场系列活动】 1月8日至3月13日，区文旅局举办冬奥文化广场系列活动。冬奥文化广场位于海淀公园，总占地面积1万平方米，设有观众及舞台区、冬奥展览展示区、冬奥特许产品专卖区、冰雪运动体验区、志愿者服务区五大功能区域以及安保、医疗和防疫等服务站点，在冬奥会赛时期间为广大市民提供文艺演出、赛事转播、展览展示、互动体验、特许商品零售等服务。截至3月13日冬残奥会结束，举办活动19项351场，组织文艺演出61场，接待游客29479人次，城市志愿者总服务时长1700余小时。海淀区冬奥文化广场成为广大市民了解冬奥文化、参与冰雪运动、体验节日氛围、共享冬奥欢乐的场所，成为海淀居民参与、体验冬奥文化的“网红”首选打卡地。中央电视台、北京电视台、日本富士电视台等40余家境内外媒体报道164篇。

（南燕）

【《冬奥组歌》演唱会】 1月9日，经2022年北京冬奥会和冬残奥会组织委员会授权，由区文旅局主办，北部文化馆承办的《冬奥组歌》演唱会在北馆剧场上演。《冬奥组歌》是全国首部以冬奥为题材创作的组歌，讲述中国人民对于举办冬奥会、冬残奥会的信心和热情，传播奥林匹克精神，传递中国人民对于世界和平的愿景。活动线下举办1场，并通过国家公共文化云平台、央视频、海淀融媒直播，12.3万人次观看。

（陈帆）

【北京冬奥情——全国著名书法篆刻家邀请展】 1月11日至3月6日，海淀美术馆（北馆）主办的北京冬奥情——全国著名书法篆刻家邀请展在海淀美术馆（北馆）举办。开幕式上，中国书法家协会名誉主席沈鹏题写展名并作诗。展览包括港、澳、台在内全国104位老中青艺术家以“北京冬奥”为主题创作的163幅书法篆刻精品力作。受疫情影响，前期进行线上云展。线上浏览4.6万余人。线下5800余人观看。

（陈康楠）

【“冬奥圆梦 非遗传情”——延庆（海淀）冬奥主题非遗展】 1月25日至5月30日，区文化馆与延庆区博物馆（延庆区文物管理所）联合在延庆区博物馆举办“冬奥圆梦 非遗传情”——延庆（海淀）冬奥主题非遗展。展览借助声光电等科技手段，展出延庆、海淀两区非遗作品300余件，涉及45个非遗精品项目，其中海淀区参展作品100余件，涉及非遗项目23项。通过两地非遗项目的对比式呈现和场景化展示，将两地特色非遗项目与冬奥元素紧密结合，让游客们在饱览两地非遗之美的同时，感受传统文化与冰雪冬奥的激情碰撞。

（陆丽明）

【新春线上系列活动】 2月1日（大年初一）至2月4日（大年初四），区文化馆以科技企业、人文故事、历史景观、非遗文化为主线，举办“虎年福运 圆梦冬奥”2022年海淀区新春线上系列活动，向观众普及冬奥知识、推广冰雪运动、揭秘海淀科技助力冬奥的黑科技、讲述老百姓和冬奥故事，与地区群众一起，营造全民共享、全民参与冬奥、祝福冬奥、迎接新春的氛围。系列活动总点击量达298万人次。

（陆丽明）

【冬奥主题游园活动】 2月1日至15日（正月初一至十五），北部文化馆举办大型室内冬奥主题游园活动，组织丰富多彩的文艺演出，与群众共庆冬奥，喜迎新年。活动分为上午场、下午场和晚间场，举办38场，数字平台开放预约4700人次，进场体验者超过7000人次。

（陈帆）

【传统文化节日——手工云畅享活动】 元宵节、清明节、端午节、七夕节、中秋节、重阳节期间，区文化馆举办“品鉴民俗 巧手绘梦”2022年海淀区传统文化节日——手工云畅享活动。活动采用线上教学+提前发放手工材料包形式，邀请非遗项目传承人带领观众云端学习金镶玉茱萸、哈氏风筝、筠扇制作、中国传统插花等非遗手工技艺。6场活动发放1800份手工材料包，吸引78万人次在线观看。

（陆丽明）

【民族音乐“艺”起来分享会活动】 4月20日至12月22日，区文化馆以时令节气为主题，举办12场民族音乐“艺”起来分享会活动。活动将民族音乐与二十四节气以及海淀三山五园、非遗文化紧密结合，邀请中央民族乐团嘉宾以及民族音乐器乐、声乐演员走进海淀，通过大师级专家讲解、顶尖乐手演奏、观众现场体验、线上线下相结合的形式，与观众分享民乐音乐经典曲目、展示民族乐器、传播民族音乐文化。活动通过多平台直播，吸引1000余万人次在线观看。

（陆丽明）

【2022年海淀区全民阅读系列活动】 4月至10月，由区文旅局指导、区图书馆支持，各街道、镇，各相关文化单位共同承办的2022年海淀区全民阅读系列活动举办。活动以“阅读向未来 奋进新时代”为主题，围绕迎接党的二十大、庆祝海淀建区70周年等重大时间节点，分为“时代华章”“阅享书香”“海淀印记”“一街一品”“赏山读园”5个板块，面向不同年龄层和受众群体开展主题讲座、展览、征文、主题宣讲、红色经典研读、作家图书分享、博物讲座、非遗体验、阅读讲述评比大赛、经典读书会、精品阅读沙龙、暑期亲子阅读、专题研讨等线上线下阅读活动1300余场，400余万人次参与，深入挖掘三山五园、红色文化等海淀特色文化资源，打造海淀特色文化品牌。8月11日，“赓续红色血脉 庆祝建区70周年”文化主题活动在李大钊烈士陵园和香山公园来青轩举行，15组亲子家庭参加“难忘的中共中央‘进京赶考’之路”活动，向李大钊烈士敬献鲜花，聆听革命先烈的光辉事迹；在香山来青轩，追寻先辈们的红色足迹，重温百年奋斗征程，接受革命精神的洗礼。

（姜威 张帆）

【“艺术之旅”系列线上文艺演出】 5月至6月，由北部文化馆策划推出5场“艺术之旅”文艺演出活动。主题分别为：“黄土高原的特色曲调”“遇见·吴越”“青藏高原的艺术之花”“草原风情”“西域风情”。演出均由文化馆业务老师及群众文艺骨干表演，通过5场独具特色的文艺演出，带领观众领略全国不同地域的艺术文化，线上观看2000人次。

（陈帆）

【香山公园传统文化系列活动】 6月3日，香山公园开展“品三清茶 悟香山文化”传统文化直播活动，介绍碧云寺历史文化，“三清茶晏”典故、养生热门话题讨论，公园官方微博播出，浏览量1500余次。举办主题为“爱满京城 相约幸福”七夕节系列活动，官方微博和香山视频号同步直播，浏览量3.3万人次。9月10日，开展“中秋”插花活动，邀请北京插花艺术研究会副会长梁勤璋讲述香山植被文化以及中秋节相关知识，有8组游客参与；开展“耀月华章 国粹之夜”——中秋线上赏月诵诗活动，公园官方微信服务号播出，浏览量2000余人次。10月4日，在致远斋举办重阳文艺会演，游客200余人次观看；现场举办重阳糕手作活动，重阳糕创作人现场讲述重阳糕的节日寓意与制作方法，红叶古树队科普讲解员普及香山植被文化，6组家庭参与。

（王琳）

【第二十二届海淀区樱桃文化节】 6月7日，由区农业农村局、区乡村振兴局举办的第二十二届海淀区樱桃文化节活动在上庄镇一品盛园农业园区举办。樱桃文化节以“京西山河美 海淀樱桃红”为主题，设置海淀樱桃“云”采摘VR小程序发布、“樱”知“樱”会小课堂、樱桃树认养仪式等环节，在线观看人数达31万余人。区农业农村局、四季青镇、上庄镇、北京爱的分贝公益基金会有关领导嘉宾出席现场活动。樱桃文化节首次推出线上活动展示平台，通过VR实景展示技术，对各镇推介的8个农业园区进行全方位展示，让广大网友“云”逛樱桃园、畅享“云订购”。在樱桃小课堂环节，海淀中关村科普农庄专家，从樱桃品种知识、品鉴和选购技巧等方面进行介绍，全区樱桃种植面积8000多亩，有红灯、美早、早大果、红蜜等老品种，有齐早、俄8等引进品种。活动首次发布海淀樱桃文化节专属标识，下方红色樱桃，为海淀首字母H、D，代表海淀樱桃；上方绿色叶子，寓意海淀区注重农产品质量安全，致力于为广大市民朋友提供绿色、有机、优质农产品。发布“樱红”“吧嗒”两个卡通人偶“代言人”。北京爱的分贝基金会联合海淀区樱桃园开展“认养一棵樱桃树”爱心公益活动，以购买樱桃的形式，为听力障碍儿童献爱心。活动信息在新浪、网易、凤凰网、中国网、中国日报网等20余家媒体频道发布。

（潘高峰 钟伶）

【七一建党红色周系列活动】 6月30日至7月6日，由海图北馆、中关村科学城北区党建管理孵化平台、中关村壹号联合主办的“党建引领 科技创新——七一建党红色周系列活动”在中关村壹号举办。红色周系列活动线上线下结合开展，分为“党建引领 科技创新——红色书香送企业七一展演”“收藏凝聚爱党心，旧报刊中展党史”“少年爱党党更强，艺术色彩绘党史”“科技强军红歌曲，音乐唱响爱党情”4个部分，约7000人次参与。《北京日报》、北京电视台、腾讯新闻等多家媒体进行宣传报道。

（赵毅）

【三山五园诗词楹联我知道系列活动】 7月6日至9月30日，海淀美术馆（北馆）举办三山五园诗词楹联我知道系列活动。活动分“赏山游园——三山五园诗词楹联我知道系列活动”和“赏山游园——三山五园诗词楹联展”两个板块。7月6日至9月30日，线上开展“赏山游园——三山五园诗词楹联我知道系列活动”，发布在“艺术海淀”公众号第70期、“文旅海淀”公众号第70期、抖音第70期、快手第70期、视频号第70期。8月2日至10月10日，在海淀美术馆（北馆）举办以三山五园为主题的“赏山游园——三山五园诗词楹联展”，展示诗词楹联书法作品120件，分为线上线下相结合。线下展览53场，线上“艺术海淀”公众号和“文旅海淀”公众号云展11场。

（陈康楠）

【海淀业余文艺团队大赛】 7月13日至8月18日，区文化馆以“秀出我的时代感”为主题，开展2022年海淀业余文艺团队大赛。大赛采取线上海选+择优晋级+提升打造+综合展演的方式，器乐、戏曲、舞蹈、合唱4个门类吸引来自全区29个街镇204支队伍近4000名群众参与。经评比，决出金奖24个、银奖25个、铜奖26个。其中器乐门类，钢研社区合唱团等4支团队获金奖，北太平庄社区枝梅民族管弦乐队等4支团队获银奖，温泉镇海北艺术团等4支团队获铜奖。合唱门类，北京西三旗五色土合唱团等4支团队获金奖，学院路石油春天合唱团等5支团队获银奖，科汇社区合唱团等5支团队获铜奖。戏曲门类，双新爱心苑评剧团等4支团队获金奖，北洼路京剧团等4支团队获银奖，海纳艺术团等5支团队获铜奖。舞蹈门类，海淀街道稻南社区八一彩虹舞蹈队等12支团队获金奖，太平佳美舞蹈团等12支团队获银奖，中国农业大学退休舞蹈协会等12支团队获铜奖。

（陆丽明）

【星期五艺术party活动】 7月15日至11月4日，区文化馆以“爱上我的剧”为主题，举办20场“星期五艺术party”活动。邀请经典音乐剧和儿童剧目的主创者、参与者走近海淀，通过线上线下形式，与观众分享《遇见·贝多芬》《课本里的北京》《遇见·聂耳》《思源》《花儿与号手》《花落花开》等经典剧目。活动吸引350余万人次在线观看。

（陆丽明）

【首届“歌之魂杯”经典民歌艺术展演系列活动】 7月16日至20日，北部文化馆携手刘和刚经典传承轻骑兵艺术团，通过线下录制线上播出的形式，举办首届“歌之魂杯”经典民歌艺术展演及演唱会6场，观看人数达146.7万人次。

（陈帆）

【打开艺术之门——“午间时光”教育实践活动】 7月23日至9月6日，区文化馆以“展现高雅艺术魅力 谱写新时代主旋律”为主题，走进中关村壹号、海淀区留创园、768创意产业园、腾讯科技北京市精品游戏研发基地、同方股份有限公司、百度在线网络技术（北京）有限公司等10家大型企业，举办10场打开艺术之门——“午间时光”教育实践活动，通过表演+艺术知识讲解的“小而精”的文化快餐形式，为企业员工带去阿卡贝拉、西洋管弦乐、民谣等年轻人喜欢的艺术形式，营造“午间时光”的温馨和谐氛围。

（陆丽明）

【“穿越时空遇见大运河”系列讲座】 7月30日至8月1日，为进一步保护好、传承好大运河世界文化遗产，由海图北馆、中国水利水电出版社、北京燕山出版社、中华文化促进会美食工作委员会主办，北京史地民俗学会大运河源头文化专业委员会、北京考古遗址博物馆承办的“穿越时空遇见大运河”系列讲座在北京“网红”阅读空间打卡地——首都图书馆“春明簃”举行。活动由著名文化学者赵珩主讲，邀请大运河流经的6个城市的6家图书馆参加，包括江苏省无锡市新吴区图书馆、天津市新梅江文体中心图书馆、浙江省湖州市吴兴区图书馆、江苏省徐州市泉山区图书馆、山东省青岛市西海岸新区市民文化中心（东区）文图两馆，运河流经的城市读者以“线上+线下”的方式“漫游”大运河，感悟旧时风物、人文掌故。活动吸引143万名观众线上观看。人民网、北京广播电视台、海淀融媒体等多家媒体对活动进行宣传报道。

（赵毅）

【第二届CYDC青少年国际舞蹈公开赛】 8月8日至13日，由海淀文旅集团主办，北京海旅尚艺文化艺术有限公司、北京天予适艺国际文化发展有限公司承办的第二届CYDC青少年国际舞蹈公开赛决赛举办。活动于4月11日正式启动，以“悦舞动·悦飞扬”主题，以舞蹈比赛为主线，包含专家沙龙、名师讲堂等艺术交流活动。参赛舞蹈作品涵盖芭蕾舞、现代舞、中国舞等舞种。活动通过采用线上线下相结合的形式，吸引来自国内外50家机构的496名选手参与，其中外籍选手19人、国内选手477人。参赛选手年龄自5岁至25岁，覆盖启蒙、业余、专业等各阶段舞蹈爱好者。决赛全程免费提供线上同步直播服务，吸引近2万人次观看，微信、微博、抖音、小红书等平台累计关注10.4万人次，转发5000人次。

（陈艳颖）

【第十一届中关村国际青年艺术季】 8月至9月，区文旅局举办2022年第十一届中关村国际青年艺术季。艺术季以“文艺为人民服务”为旗帜，“山河青春 时代未来”为主题，“热血新时代 青春更百年”为主线，深挖海淀历史、文化、科教资源，赓续红色血脉，围绕发扬中关村精神凝聚青春力量、弘扬优秀传统文化坚定文化自信，突出海淀青春文化高地和文旅融合发展特点，以小活动大宣传的方式线上线下同步开展。活动包括开幕式“青春赶考路”和“颂青春 咏怀文化人民”“献青春 热血百年青春”“筑青春 放歌三山五园”“绘青春 记刻传统中华”“燃青春 品聚戏剧艺术”“共青春 同心时代旋律”等6个单元，开展各类文化活动245场，受众2156万人次。

（陈婉莹）

【凤凰岭民族文化节】 8月至9月，由区文旅局支持、北京凤凰岭景区主办的“山河青春 时代未来”2022年第十一届中关村国际青年艺术季——凤凰岭民族文化节活动举行。活动围绕56个民族特色服饰、民族文化走进自然、民族文化展演等板块，开展线上线下14场民族文化互动活动和为期15天的民族服饰展览。在民族服饰体验区，游客可选择民族服装体验打卡拍照，体验不同的民族风情。通过“北京凤凰岭”官方微信、抖音等平台欣赏活动，特别推出“穿民族服装 讲凤凰岭故事”系列短视频，品味凤凰岭的自然景观和文化内涵，感受民族服饰与自然文化融合的和谐画面。特别推出“民族文化走进自然”主题徒步打卡互动，邀请参与者和游客体验穿民族服饰打卡凤凰岭文化古迹，打卡点设置丰富有趣的民族文化互动。活动穿插民族文创产品展示和民族文化创意互动，展示民族布偶、绣片、团扇、摆件等特色文创产品；邀请参与者和游客动手制作民族娃娃布贴画、民族服装创意DIY、民族娃娃手工填色、民族布艺扎染。邀请舞蹈、音乐专业演员表演民族服装走秀、民族舞蹈，演唱民族歌曲等，丰富和升华民族文化体验。

（刘峥 钟冷）

【公益演出】 8月至10月，海淀区开展“百姓周末大舞台”和“农村文艺演出星火工程”公益演出，组织北京市曲剧团、北京民族乐团、北京评促评剧团等20余家专业院团，在海淀公园露天剧场和29个街镇、84个行政村举办演出282场。

（南燕）

【“双‘馆’齐下，文化走亲”系列活动】 8月至10月，海淀全民阅读季期间，在区文旅局的指导和区图书馆支持下，北部文化馆开展“双‘馆’齐下，文化走亲”系列活动，以订单式面向驻区企业、社区开展“听文赏乐话名著”“名家诵读分享”“文艺党课”等15场活动，为驻区单位配送文艺辅导150场次，图书2000册，活动参加人数约5000人次。

（陈帆）

【第六届海淀广场舞达人秀系列活动】 9月11日至11月21日，区文化馆围绕“喜迎二十大 奋进新征程”主题，举办2022首都市民系列文化活动之第十七届“舞动北京”暨第六届海淀广场舞达人秀系列活动，吸引145支团队参赛。决赛评比采取视频提交的方式，由必跳舞蹈表演和自选舞蹈表演组成，经过专家评比，金源珠宝古玩城舞蹈团等6支团队获得必跳舞蹈最佳示范团队；温泉追梦艺术团等12支团队获得中老年组比赛金奖，兰亭舞蹈团等15支团队获得中老年组比赛银奖，海淀区花园东路社区舞蹈队等20支团队获得中老年组比赛铜奖，北京炫舞健身舞蹈队等15支团队获得中老年组比赛优秀奖。

（陆丽明）

【“唱响青春”2022年中关村阿卡贝拉人声艺术汇系列活动】 9月1日至25日，区文化馆举办3场2022年中关村阿卡贝拉人声艺术汇，通过线上线下结合的形式，邀请优秀阿卡贝拉团队演绎纯人声天籁，与地区群众共享“纯人声”艺术魅力。

（陆丽明）

【海淀区第二届乡村文化节专场展演】 9月29日，由第三十三届北京农民艺术节组织指导委员会主办，区委农工委、区农业农村局、区文化和旅游局承办、市农业农村宣传中心、市文化馆协办的第三十三届北京农民艺术节暨海淀区第二届乡村文化节“乡村大舞台”专场展演在苏家坨镇凤凰岭举行。专场演出以“乡情京韵颂盛世，凝心聚力促振兴”为主题，进行“乡情京韵 丰收欢庆”“凝心聚力 吉祥欢歌”“乡村振兴 盛世欢腾”3个篇章演出。演出集中展现海淀区广大农村居民对家乡的热爱和对幸福生活的赞美，鼓舞新时代农村居民共创美好新生活。

（潘高峰）

【第六届海淀万人合唱季系列活动】 10月14日至12月25日，区文化馆举办2022年首都市民系列文化活动——“喜迎二十大，合声向未来”第六届海淀万人合唱季系列活动。活动以“青春、科技、融合、创新”为基调，举办云端开幕式、“青春心向党 建功新时代”第三届云上好声音青年歌手竞秀赛暨中关村青年歌手展演、音乐党课系列活动、闭幕式等线上线下活

9月29日，第三十三届北京农民艺术节暨海淀区第二届乡村文化节“乡村大舞台”专场展演在苏家坨镇凤凰岭举办 （区农业农村局 供图）

动。其中，云端开幕式有6个团队进行展演，4.8万人在线观看；青年歌手竞秀赛暨中关村青年歌手展演吸引100位选手参赛。最终，李圣春获得最佳原创奖，高紫文获得最佳新秀奖，逄婷婷获得最佳表现奖，侯宇获得最佳风采奖，王云鹏、刘震等5位选手（组合）获得网络人气奖，刘禹帆等7名选手获得优秀奖，轩杨等10位选手获得三等奖，马庆俊等10名选手（组合）获得二等奖，杨千等5位选手（组合）获得一等奖。在为期5天的投票环节中，投票平台总访问数约42万次，总投票数接近34万票。音乐党课系列活动及闭幕式邀请爱乐男声合唱团和东方首席合唱团，用合唱形式讲述海淀故事，生动传播红色文化，吸引13万人在线观看。

（陆丽明）

【喜庆二十大 奋进再出发——基层优秀文艺节目演出活动】 11月17日至12月31日，区文化馆以“诵时代赞歌”“锦绣芳华”“在灿烂阳光下”“永远跟党走”“美丽新时代”“凝心聚力谱新篇”“温暖的中国”“携手扬帆新征程”“不忘初心跟党走”“凝心聚力共奋进”“同心逐梦新篇章”为主题，推出11场“喜庆二十大 奋进再出发”2022年海淀区基层优秀文艺节目演出活动，全区29个街镇的群众通过舞蹈、戏曲、合唱、模特秀等艺术形式，歌颂祖国、歌颂党，展现海淀群众的风采和幸福生活。

（陆丽明）

文化市场监管

【文化行政执法】 年内，区文旅局践行行政执法三项制度，行使行政职权934项，完成870项，履职率93.15%。落实首次轻微违法不予处罚要求，不予处罚案件19件，占处罚案件总数57.5%。开展“双随机”检查1900余家次。组织法制学习培训，全员完成各级培训考核任务，邀请区文化市场综合执法大队业务骨干、区司法局专业干部开展法制培训、学习交流8次。

（杨立辉）

【海淀区“扫黄打非”工作会】 2月18日，海淀区“扫黄打非”工作领导小组办公室组织召开2022年海淀区“扫黄打非”工作会。区委宣传部负责人传达第三十五次全国“扫黄打非”工作会议和2022年北京市“扫黄打非”工作会议精神。区文旅局部署全区“扫黄打非”工作任务，要紧扣迎接宣传贯彻党的二十大工作主线，以全年各专项行动为平台，深化行动成果，聚焦“安全工程”和“民心工程”，集中力量开展专项整治，以高度自觉勇担职责使命，层层压实“扫黄打非”工作责任。区委常委、宣传部部长、区“扫黄打非”工作领导小组组长张劲林提出工作要求，明确指出要不断提高政治站位，勇担职责使命，进一步落实意识形态工作责任制，持续巩固“扫黄打非”工作的良好态势；守牢安全底线，坚决打击涉黄涉非行为，全力推进“扫黄打非”各项任务落细落实，切实提升“扫黄打非”工作综合治理效能。

（高菲）

【文化行业人员疫情防控】 5月至11月，区文旅局对美术馆行业开展疫情防控检查，将壹美美术馆、中间美术馆、时代美术馆等辖区内12家美术馆的353名从业人员纳入检测管理范围，落实核酸比对登记簿填报工作。6月至11月，区文旅局形成科室日常监测和每年两次第三方评估监测互为补充、闭环管理的监测机制，将全区680个公共文化设施的1800余名员工纳入重点人群监测范围，实现对基层公共文化干部队伍的动态、智能管理。

（南燕）

【文娱场所恢复营业部署会】 9月28日，区文旅局会同海淀公安分局召开娱乐经营场所恢复营业部署会。会议传达学习市文旅局关于地上歌舞娱乐、地上剧本娱乐经营场所恢复营业通知精神，对恢复营业的标准和条件进行解读和培训，对恢复营业的总体安排、方法步骤、时间节点、批准程序、工作要求等进行部署。两类行业负责人68人参加会议。

（李建良）

【歌舞娱乐类酒吧疫情防控工作会】 9月28日，区文旅局会同区市场监督管理局、海淀公安分局召开歌舞娱乐类酒吧疫情防控工作推进会。会议传达学习市、区两级关于做好歌舞娱乐类酒吧疫情防控工作会议精神，海淀公安分局就严防发生公共安全类事件进行工作提示，区市场监督管理局围绕食品安全、冷链安全、行业疫情防控措施等内容提出工作要求。具有歌舞娱乐性质的经营场所法人、负责人47人参会。

（李建良）

文化遗产保护利用

【概况】 2022年，海淀区共有不可移动文物328处，其中全国重点文物保护单位22处、北京市级文物保护单位29处，海淀区级文物保护单位101处，文物普查登记项目176处。

（高五一）

【文物修缮保护】 年内，区文旅局印发《海淀区文物保护资金管理办法》，规范文物保护资金使用。使用文物保护专项资金2277.17万元，支持开展圆明园国家考古遗址公园规划修编、文物资源调查与保护状况评估项目、清华园车站文物修缮项目、大觉寺北和尚塔群修缮工程、“三·一八”烈士纪念碑修缮工程等18个文物保护项目。有效支撑文物保护修缮、安防、研究利用等项目开展。加强对街镇文物保护项目的指导和支持，提升各属地和文物使用单位的保护利用积极性。

（高五一）

表41 2022年海淀区文物保护专项资金支持项目登记表

序号	项目名称	调整单位	资金来源
1	圆明园国家考古遗址公园规划修编	圆明园管理处	2021年北京市文物及历史文化名城保护补助
2	大觉寺北和尚塔群修缮工程	苏家坨镇政府	2021年北京市文物及历史文化名城保护补助
3	周云端和尚塔修缮工程	苏家坨镇政府	2021年北京市文物及历史文化名城保护补助
4	魏太和造像大殿修缮工程	苏家坨镇政府	2021年北京市文物及历史文化名城保护补助
5	南安河关帝庙修缮工程	苏家坨镇政府	2021年北京市文物及历史文化名城保护补助
6	“三·一八”烈士纪念碑修缮工程	圆明园管理处	2022年北京市文物及历史文化名城保护补助
7	大牛坊关帝庙修缮工程	西北旺镇政府	2022年北京市文物及历史文化名城保护补助
8	周家巷大西院四合院（张宅）修缮工程	苏家坨镇政府	2022年北京市文物及历史文化名城保护补助
9	香山八旗高等小学修缮工程	北京市海淀区教育装备资产和财务核算中心	2021年北京市文物及历史文化名城保护补助
10	海淀区文物资源调查与保护状况评估项目	北京市海淀区文化和旅游局	2021年北京市文物及历史文化名城保护补助
11	大运河—高梁桥保护设施建设工程	北下关街道办事处	2022年北京市文物及历史文化名城保护补助
12	广通寺碑保护设施建设工程	北下关街道办事处	2022年北京市文物及历史文化名城保护补助
13	万寿寺龙王庙保护修缮工程	紫竹院街道办事处	2022年北京市文物及历史文化名城保护补助
14	圆明园遗址公园文物保护项目	圆明园管理处	2022年北京市文物及历史文化名城保护补助
15	《圆明园遗址保护规划（2022—2035）》编制	圆明园管理处	2022年北京市文物及历史文化名城保护补助
16	大有庄小学四合院文物建筑修缮项目	北京市海淀区教育装备资产和财务核算中心	2022年北京市文物及历史文化名城保护补助
17	唐“牡丹芦雁图”壁画保护修复项目	海淀区文物保护中心	2022年北京市文物及历史文化名城保护补助
18	清华园车站文物修缮项目	海淀区文物保护中心	2022年北京市文物及历史文化名城保护补助

（高五一）

【文物遗产调查】 年内，区文旅局开展全区域文物资源调查及现状评估项目，包括对328处不可移动文物、196处历史建筑、15070株古树名木等在内的文物资源进行调查，对277处区级及以下文物进行高标准、全方位、深层次的调查和评估，以提升文物信息翔实度和执法精准度。

（高五一）

【文物智能巡查】 年内，区文旅局把文物纳入城市大脑“时空图层”，对三山五园地区高风险、高价值、基础薄弱的文物加装智能感知终端，实现文物保护的“全过程、全天候”和文物巡查的智能化。确定40处重要文物点位的配置方案。

（朱玉京）

【8项地上文物保护项目】 年内，区文保中心推进8项地上文物保护项目：恩济庄关帝庙修缮工程，8月11日通过竣工验收；大慧寺文物保护规划项目，规划文本初稿完成；完成海淀区2020—2021年度文物应急项目审计及结算工作；完成海淀区2021—2022年度文物应急项目审计及结算工作；开展海淀区2022—2023年度文物应急项目，完成合同签订；大牛坊旗杆检测与评估工作，项目终止实施；完成清华园车站周边管线测量项目全部工作；启动清华园车站修缮工程设计方案编制工作。

（张赫）

【大慧寺环境整治】 年内，区文保中心完成大慧寺环境整治工程，包括东西配殿踏跺归安、墙面地面以及门窗修补，院内绿化带整治和安装古树保护栏；完成大慧寺强电改造工程、弱电改造工程；完成大慧寺、永山宅院消防检测工作。

（张赫）

【大钟寺博物馆古建设施改造】 年内，大钟寺古钟博物馆开展并完成《永乐大钟钟架结构监测》项目，完成监测数据采集4次，通过科技手段为“国宝级”文物永乐大钟钟架力学结构监测工作提供科学保障。开展并完成《觉生寺中路古建筑结构安全检测及监测》项目，全面检查建筑主体结构和主要承重构件的承载状况，为古建筑文物保护提供科学数据。

（程呈）

【大钟寺博物馆文物保护项目】 年内，大钟寺古钟博物馆开展并完成《大钟寺古钟博物馆馆藏文物研究》项目，该项目包括《关于大钟寺古钟博物馆馆舍（觉生寺）历史功能研究》《明代河北籍工匠来京铸钟活动研究》《觉生寺石质文物调查与研究、保护与利用》《永乐大钟及馆藏古钟文物铭文、纹饰研究》。4个课题在清代觉生寺的历史沿革、北京地区铸钟匠人的传承、海淀区觉生寺遗迹中石质文物的现状、大钟寺古钟博物馆藏北京地区古钟的铭文纹饰等方面均有突破性研究成果。开展并完成《2022年北京市文物局大调研工作》相关工作，完成《博物馆IP授权》课题。

（程呈）

【北京石刻艺术博物馆征集7件套文物】 年内，北京石刻艺术博物馆征集“唐故卢龙节度使衙前正兵马使燕郡平府君合祔墓志铭”“狮形门墩”“明故封淑人王氏墓志铭”“明印绶监右少监王公寿藏铭”墓志盖、“明故内官监太监王公墓志铭”墓志一合、“清处士宽裕王府君墓表”“蠡县充美王府君墓志”共7件套文物。新征集文物涉及墓志、石雕等多种类型，具有一定的历史价值、艺术价值、科研价值，全部定级为一般文物。

（史迪威）

【“非遗照亮冬奥之美”线上活动】 春节至元宵节，海淀非遗展示中心承办“非遗照亮冬奥之美”线上活动。活动邀请非遗项目传承人与非遗文化教师录制线上教学视频，内容包括制作掐丝珐琅、毛猴、剪纸，绘制团扇、宫灯、风筝、油纸伞、粮食画、皮影等，并融入冬奥元素，在抖音、百家号、B站等多个平台展播。设置体验活动，可免费领取制作原料与工具材料包并包邮送到家的环节，线上每条视频可免费领取300份材料包，让市民足不出户体验非遗项目。线上活动举办10场，参与人数达123.47万人次。

（田大民）

【北京地区现存民族文字碑刻保护普查项目（一期）】 3月至11月，北京石刻艺术博物馆开展北京地区现存民族文字碑刻保护普查项目（一期）。北京地区现存的满、蒙、藏、回文等民族文字碑刻具体数不清，档案不健全，保护管理水平参差不齐，多处在露天环境下，风化等病害极其严重，亟待开展保护现状、病害情况普查，进行数字化建档，留存珍贵信息。一期项目对60通民族文字碑刻进行建档普查，内容包括田野普查（填写登记表，记录病害和安防情况）、三维激光扫描、重点碑刻拓片、地理信息采集等。11月，项目通过专家验收，顺利结项。

（李迪）

【藏品征集购买】 4月22日，区文保中心征集北京大学副教授岳升阳捐赠的阅武楼墙砖1块，此件藏品是“海淀历史文物展”重要征集展项之一。4月底，对岳升阳捐赠的其他22件藏品进行登账入库。购买故宫博物院数字影像资料415件，仿制资料29件。

（马明杉）

【“品读三山五园 传承文化遗产之非遗文创汇”活动】 五一期间，海淀非遗北馆开展“品读三山五园 传承文化遗产之非遗文创汇”活动，此项目充分结合海淀区域文化特色，通过观看展览、学习传统手工制作技艺、品读文化内涵，展现以“三山五园”为代表的皇家园林文化，突出海淀区域特色，打造海淀特色文化品牌，引领市民走进“三山五园”，参与人数达600人次。

（田大民）

【一级文物“铜弩机”保护修复工作启动】 5月8日，区文保中心收到国家文物局《国家文物局关于北京市海淀区博物馆馆藏一级文物三国·魏“铜弩机”修复计划的批复》，同意三国·魏“铜弩机”修复立项计划。9月底，完成修复方案编制工作，12月中旬，北京市文物局同意报送的修复方案。

（马明杉）

【馆藏一级文物“唐牡丹芦雁图壁画”保护修复】 6月6日，区文保中心收到北京市文物局对“唐牡丹芦雁图壁画”的修复方案评审批文，原则同意该方案。9月1日，完成事前绩效评估等工作。9月14日至16日，完成壁画修复室搭建工作。9月底，收到财政评审报告，获得市财政费用支持95.18万元。受疫情影响，2023年启动修复工程。

（马明杉）

【“品读三山五园 传承文化遗产”全民阅读系列活动】 7月1日至10月28日，海淀非遗展示中心开展“品读三山五园 传承文化遗产”全民阅读系列活动。通过观看展览、主题品读等阅读活动，现场组织市民体验三山五园与非遗项目融合的文创作品。举办为期100天的“三山五园孕育民族瑰宝”展览，主题品读活动12场，线上和线下参与74.05万人次。

（田大民）

【文物工作专题培训】 8月30日，区文旅局举办2022年海淀区文物工作培训，各街道、镇，各文物管理使用单位文物工作负责人约110人参加。培训邀请国家文物局办公室副主任常金国、北京市文物局法制处处长韩更、北京市文物工程质量监督站二级调研员焦占红等专家，分别围绕文物安全主要任务和文博单位安全管理的基本要求、文物保护法规定的法律责任、文物保护工程流程及相关注意事项等进行讲解。通过理论知识解读和实际案例分析相结合，对文物保护各方责任进行详细解读，以提升基层文物工作者安全意识和业务能力。

（高五一）

【真觉寺金刚宝座（五塔寺塔）预防性保护项目（二期）结项】 11月，真觉寺金刚宝座（五塔寺塔）预防性保护项目（二期）通过正高级专家验收结项。二期项目是在一期的基础上，继续开展结构勘察、材料检测与试验、综合监测等工作，进一步研究塔体结构构造关系与病害风险发育的变化规律。初步获得石材材料的微观结构、物理力学性能及其环境干湿条件对材料的影响情况；通过综合监测获得塔体重点部位的结构、材料及环境的监测数据；结合日常巡查评估主要病害对文物的危害性，建立初步科学、量化的认知，为金刚宝座本体病害风险的治理、整体的保护与管理提供科学依据。

（李迪）

【北京石刻艺术博物馆馆藏文物保护修复项目通过验收】 11月，北京石刻艺术博物馆“馆藏文物保护修复项目”通过正高级专家验收结项。2021年北京石刻艺术博物馆保管部在巡查中发现馆内6件套11件文物出现不同程度的风化，亟须修复，遂向市文物局申请“馆藏文物修复项目”。2022年1月，该项目正式立项实施，文物修复方案由本馆保管部全体工作人员设计编写，在通过专家审定后，经比选委托北京博宬文化遗产保护中心有限公司进行施工，对这6件套11件文物进行清洗、脱盐、加固等。

（武迪）

【真觉寺（五塔寺）文献资料整理课题结题】 12月，由北京石刻艺术博物馆承担的北京真觉寺（五塔寺）文献资料整理课题项目通过正高级专家论证结题。课题研究对象为北京真觉寺（五塔寺）的历史文献记载、档案、老照片等。通过数据库检索、翻阅纸质古籍丛书、赴档案馆实地查找复制档案等方式，全面系统地收集明清和民国时期古籍、报刊、档案中关于五塔寺的文献记载，为学术研究、展览改陈、讲解、活化利用等提供翔实的第一手资料。共收集明清时期古籍、档案中关于五塔寺的记载129条，民国时期图书、报刊、档案中关于五塔寺的记载125条，清末和民国时期五塔寺的老照片234张，其中95%的资料为首次收集整理。对新中国成立后有关五塔寺、金刚宝座的学术研究成果进行编目。

（武迪）

【《北京会馆帖石遗存》出版】 12月，北京石刻艺术博物馆张云燕撰写的《北京会馆帖石遗存》由北京燕山出版社出版。此书对散存在各收藏单位、原本出自会馆建筑的书法帖石进行系统的收集整理，利用现存石刻文物和拓片资料等追溯它们的刊刻始末和流传轨迹，对其书法艺术加以赏析。全书字数20万字，图片76张（幅），定价88元，印数500册。

（张云燕）

【《缁尘京国——纳兰成德家族在京史迹寻踪》出版】 12月，北京石刻艺术博物馆主编的《缁尘京国——纳兰成德家族在京史迹寻踪》由北京燕山出版社出版。此书为北京市文物局2019年度科研课题《纳兰成德家族在京史迹调查与研究》的研究成果，以现时可查、可靠的实物和文献史料为基础，立足于现存文物的调查、测绘和深化研究。全书以纳兰成德家族在京史迹遗存的调查成果为线索，依托现存石碑、墓志等文物，展现纳兰家族演变史与清朝政治历史。

（张云燕）

表42 海淀区域国家级文物保护单位一览表

编号	名称	公布时间	编号	名称	公布时间
1	真觉寺金刚宝座（五塔寺塔）	1961–3–4	12	大觉寺	2006–5–25
2	颐和园	1961–3–4	13	静明园	2006–5–25
3	圆明园遗址	1988–1–13	14	健锐营演武厅	2006–5–25
4	觉生寺	1996–11–20	15	万寿寺	2006–5–25
5	景泰陵	2001–6–25	16	辛亥滦州起义纪念园	2006–5–25
6	碧云寺	2001–6–25	17	摩诃庵	2013–3–5
7	大慧寺	2001–6–25	18	慈寿寺塔	2013–3–5
8	十方普觉寺	2001–6–25	19	大运河（广源闸、高梁闸）	2013–3–5
9	未名湖燕园建筑	2001–6–25	20	醇亲王墓	2019–10–16
10	清华大学早期建筑	2001–6–25	21	双清别墅	2019–10–16
11	元大都城墙遗址（海淀段）	2006–5–25	22	宋庆龄儿童科学技术馆	2019–10–16

（高五一）

表43　海淀区域市级文物保护单位一览表

编号	名称	公布时间	编号	名称	公布时间
1	魏太和造像	1957-10-28	16	上庄东岳庙	2003-12-15
2	“三·一八”烈士纪念碑	1984-5-24	17	孙岳墓	2003-12-15
3	李大钊烈士陵园	1984-5-24	18	承泽园	2011-6-13
4	黑龙潭及龙王庙	1984-5-24	19	普照寺	2011-6-13
5	广济桥	1984-5-24	20	贝家花园	2011-6-13
6	旭华之阁及松堂	1984-5-24	21	鹫峰地震台	2011-6-13
7	静宜园	1984-5-24	22	上方寺遗存	2021-8-19
8	钓鱼台与养源斋	1984-5-24	23	恩佑寺山门	2021-8-19
9	乐家花园	1984-5-24	24	恩慕寺山门	2021-8-19
10	达园	1984-5-24	25	颐和园升平署	2021-8-19
11	孚郡王墓	1984-5-24	26	上义示范学校黑山扈校区旧址	2021-8-19
12	定慧寺	1990-2-23	27	佟麟阁将军墓	2021-8-19
13	清河汉城遗址	2001-7-12	28	中央党校南院近代建筑群	2021-8-19
14	广仁宫（西顶）	2001-7-12	29	清华园车站	2023-1-19
15	梁启超墓	2001-7-12			

（高五一）

表44　海淀区级文物保护单位一览表

编号	名称	公布时间	编号	名称	公布时间
1	蓟门烟树碑	1981-3-13	13	龙泉寺	1999-1-27
2	白塔庵塔	1981-3-13	14	明照洞瑞云庵	1999-1-27
3	正蓝旗清代碉楼	1981-3-13	15	香岩寺	1999-1-27
4	海淀镇彩和坊24号四合院	1999-1-27	16	熊希龄墓园	1999-1-27
5	北坞金山寺及戏楼	1999-1-27	17	西禅寺	2001-11-01
6	香山八旗高等小学	1999-1-27	18	孙传芳墓	2001-11-01
7	万寿寺龙王庙	1999-1-27	19	齐白石墓	2001-11-01
8	马甸清真寺	1999-1-27	20	怡贤亲王祠	2001-11-01
9	金仙庵	1999-1-27	21	周云端和尚塔	2001-11-01
10	鹫峰山庄	1999-1-27	22	龙王圣母庙	2001-11-01
11	响塘庙	1999-1-27	23	法华寺	2001-11-01
12	秀峰寺	1999-1-27	24	立马关帝庙	2001-11-01

续表

编号	名称	公布时间	编号	名称	公布时间
25	妙云寺	2001-11-01	56	金河堤诗碑	2014-8-31
26	紫竹院行宫	2001-11-01	57	门头新村甲8号四合院	2014-8-31
27	六郎庄真武庙	2014-8-31	58	万安公墓	2014-8-31
28	六郎庄烈士纪念碑	2014-8-31	59	田村关帝庙	2014-8-31
29	六郎庄田世光故居	2014-8-31	60	北坞关帝庙	2014-8-31
30	六郎庄茶棚	2014-8-31	61	功德寺遗址	2014-8-31
31	吴家花园	2014-8-31	62	小屯村侵华日军飞机掩体遗址	2014-8-31
32	蔚秀园古建群	2014-8-31	63	刘半农墓	2014-8-31
33	火神庙	2014-8-31	64	镶白旗碉楼	2014-8-31
34	湖山罨画坊	2014-8-31	65	镶红旗碉楼	2014-8-31
35	树村清真寺	2014-8-31	66	刘天华墓	2014-8-31
36	肖家河延福庵	2014-8-31	67	梅兰芳墓	2014-8-31
37	城子山东岳娘娘庙	2014-8-31	68	马连良墓	2014-8-31
38	高时明墓	2014-8-31	69	一亩园娘娘庙	2014-8-31
39	护国佑民观音禅林	2014-8-31	70	隐修庵	2014-8-31
40	莲花寺	2014-8-31	71	慈恩寺	2014-8-31
41	范长喜宅院	2014-8-31	72	大有庄小学四合院	2014-8-31
42	中法大学附属中学旧址	2014-8-31	73	东公所	2014-8-31
43	西埠头兴善寺	2014-8-31	74	鲁班庙	2014-8-31
44	车耳营关帝庙	2014-8-31	75	董四墓娘娘庙	2014-8-31
45	凤凰岭石刻	2014-8-31	76	大高玄殿牌坊	2014-8-31
46	凤凰岭旮旯庵及石窟遗址	2014-8-31	77	温泉菩萨庙	2014-8-31
47	龙泉寺万缘茶棚	2014-8-31	78	显龙山石刻	2014-8-31
48	北安河双关帝庙	2014-8-31	79	护国寺戏台	2014-8-31
49	北安河玉皇庙	2014-8-31	80	冷泉关帝庙	2014-8-31
50	周家巷娘娘庙	2014-8-31	81	韩家川西庙	2014-8-31
51	妙觉禅寺遗址	2014-8-31	82	韩家川东庙	2014-8-31
52	妙峰山香道中北道遗址	2014-8-31	83	冷泉福泉寺	2014-8-31
53	法海寺遗址	2014-8-31	84	西北旺关帝庙	2014-8-31
54	晏公祠	2014-8-31	85	大牛坊关帝庙	2014-8-31
55	瑞王坟	2014-8-31	86	唐家岭关帝庙	2014-8-31

续表

编号	名称	公布时间	编号	名称	公布时间
87	蒋家胡同四合院	2014-8-31	95	极乐寺	2014-8-31
88	治贝子园	2014-8-31	96	清河制呢厂办公楼	2014-8-31
89	黄庄双关帝庙	2014-8-31	97	安宁庄兴隆寺	2014-8-31
90	佰王园	2014-8-31	98	马甸黑寺	2014-8-31
91	永山宅院	2014-8-31	99	香山慈幼院址	2014-8-31
92	公主坟门殿建筑	2014-8-31	100	正白旗北庙	2014-8-31
93	北玉河关帝庙	2014-8-31	101	普安塔	2014-8-31
94	恩济庄关帝庙	2014-8-31			

（高五一）

表45　海淀区非遗项目保护名录一览表

序号	项目名称	保护单位
1	颐和园传说	北京市海淀区文化馆
2	圆明园传说	北京市海淀区文化馆
3	香山传说	北京市海淀区文化馆
4	曹雪芹（西山）传说	北京市植物园
5	凤凰岭传说	北京凤凰岭自然风景公园
6	民间气象谚语	中国气象局
7	北京满族民间故事	北京市海淀区人民政府曙光街道办事处
8	京西佛乐	海淀街道社区服务中心
9	古琴艺术（泛川琴派）	中关村学院
10	京西吹打乐	北京市海淀区文化馆
11	海淀扑蝴蝶	苏家坨镇文化服务中心
12	西北旺少林五虎棍	西北旺镇文化服务中心
13	蓝靛厂少林棍	四季青镇文化服务中心
14	六郎庄五虎棍	北京万柳置业集团有限公司
15	苏家坨太平鼓	苏家坨镇文化服务中心
16	南安河武松打店棍会	苏家坨镇文化服务中心
17	高跷秧歌	西北旺镇文化服务中心
18	太少狮（京西蓝靛厂义振旗缘太少狮会）	四季青镇文化服务中心
19	翰林院五虎棍	北京市海淀惠泽社会工作事务所

续表

序号	项目名称	保护单位
20	苏一二单槌大鼓	苏家坨镇文化服务中心
21	前沙涧少林子弟棍会	北京市海淀区苏家坨镇杨彤养殖中心
22	京西皮影戏	北京龙在天文化传媒有限公司
23	西路评剧	北京市海淀区文化馆
24	太平歌词	北京远大京成石油化工有限公司
25	单弦（荣派）	北京市海淀区文化馆
26	踢石球（蹴球）	北京体育大学
27	花样空竹表演技法	北京市海淀区文化馆
28	传统弹弓术	北京体育大学
29	珍珠球	首都体育学院
30	纪氏太极拳法	香山街道社区服务中心
31	口技	北京爱韵文化艺术中心
32	宋氏三皇炮捶拳	吴彬世泉（北京）国际武术俱乐部
33	孙式太极拳	北京市武术运动协会
34	吴式太极拳	北京一花一木文化传播有限责任公司
35	屯佃中幡	西北旺镇文化服务中心
36	白猿通背拳（海淀）	北京海得威科技开发公司
37	飞叉（海淀）	海淀镇文化服务中心
38	临清潭腿	北京北禾源工贸有限公司
39	祁家通背拳（海淀）	北京静竹堂文化艺术中心
40	五行通背拳	北京海得威科技开发公司
41	六合拳	北京中联炎黄影视文化有限公司
42	少林五形八法拳	北京东方尚武文化发展有限公司
43	霍元甲迷踪拳（霍氏练手拳）	北京平英一诺文化有限公司
44	中幡（万柳）	海淀街道汇新家园居委会
45	蹭跤	北京体育大学
46	太极拳（王其和式）	北京大学
47	六子联方	新莱蒙文化艺术（北京）有限公司
48	梅花拳	北京武悦体育产业发展有限公司
49	面人（北京面人郎）	北京市海淀区文化馆
50	传统插花	北京林业大学

续表

序号	项目名称	保护单位
51	颖拓艺术	海淀区老年大学
52	团花剪纸	北京红阳鸣文化交流中心
53	金属锻錾	四季青镇文化服务中心
54	彩塑京剧脸谱	北京玉海腾龙文化艺术有限责任公司
55	面塑（潘大洪）	北京市海淀区文化馆
56	北京绢人（齐聪颖）	北京市海淀区文化馆
57	面人汤面塑（海淀分支）	羊坊店街道社区服务中心
58	平刻微雕	上庄镇文化服务中心
59	剪纸（晓林剪纸张）	新零（北京）设计咨询有限公司
60	京剧脸谱（刘派）	花园路街道社区服务中心
61	京绣（海淀分支）	北京龙凤鲲鹏商贸有限公司
62	面塑（贾会珍）	北京市海淀区文化馆
63	齐派篆刻	北京市海淀区京华印社
64	京派内画鼻烟壶（铁华）	北京市海淀区文化馆
65	内画鼻烟壶	北京市海淀区文化馆
66	京绣（于静）	北京静东润瀛工业设计有限公司
67	烙画	北京兴鑫京艺文化中心
68	毛猴	北京玉海腾龙文化艺术有限责任公司
69	葫芦雕刻技艺	诗书开世（北京）教育科技有限公司
70	蛋壳雕	北京市海淀区文化馆
71	核雕	北京玉海腾龙文化艺术有限责任公司
72	连环画	神州共享（北京）技术有限公司
73	染色剪纸	北京百美源文化艺术中心（有限合伙）
74	剪纸（杨钺）	北京玉海腾龙文化艺术有限责任公司
75	北京雕漆	北京博利宏泰商贸有限公司
76	纸塑（胡青梅）	北京三师汇文化传播有限公司
77	面塑（姚惠敏）	北京市海淀区翠微小学
78	食品雕刻	北京龙凤鲲鹏商贸有限公司
79	石画	北京玉海腾龙文化艺术有限责任公司
80	剪纸（倪巧凤）	北京静东文化传媒有限公司
81	鸟虫篆	文化部艺术发展中心鸟虫篆艺术研究院

续表

序号	项目名称	保护单位
82	京剧盔头制作技艺	北京玉海腾龙文化艺术有限责任公司
83	曹氏风筝工艺	北京市海淀区上庄地区民间工艺文化发展中心
84	风筝制作技艺（北京风筝哈制作技艺）	北京汉风至和文化发展有限公司
85	绣花鞋技艺（王冠琴）	北京市海淀区文化馆
86	彩灯工艺（小灯张）	北京市海淀区甘家口地区社会组织联合会
87	惠丰堂鲁菜制作技艺	北京翠微大厦股份有限公司
88	京西水稻种植技术	北京市农林科学院农业生物技术研究中心
89	颐和园听鹂馆寿膳制作技艺	北京市颐和园听鹂馆饭庄
90	宏音斋笙管制作技艺	北京宏音斋民族文化发展中心
91	绣花鞋制作技艺（蒋丽娟）	北京智网设计咨询有限公司
92	御膳制作技艺	北京凯瑞豪门餐饮有限公司
93	蒙镶（郑旭映）	北京市海淀区文化馆
94	山石韩叠山制作技艺	北京山石韩风景园林工程有限公司
95	中式盘扣技艺（海淀）	北京智网设计咨询有限公司
96	京式旗袍制作技艺	京华绣丽（北京）文化有限公司
97	景泰蓝制作技艺	北京铭客诚景泰蓝工艺品有限公司
98	毛猴制作技艺	北京市海淀区文化馆
99	纸胎容器制作技艺	北京诺信泰克信息技术有限公司
100	中山装制作技艺	北京市工贸技师学院
101	八珍糕制作技艺	上和元（北京）中医研究院有限公司
102	吹糖人技艺	北京玉海腾龙文化艺术有限责任公司
103	制香技艺	北京太平庚寅商贸有限公司
104	绒布唐工艺	新莱蒙文化艺术（北京）有限公司
105	金镶玉制作技艺	北京艺博鼎园商贸有限公司
106	盘扣制作技艺	新莱蒙文化艺术（北京）有限公司
107	普洱茶膏制作技艺	北京市海淀区东升青少年活动中心
108	传统核桃油制作技艺	诗书开世（北京）教育科技有限公司
109	鹿胶膏制作技艺	北京金丰餐饮有限公司
110	蔡氏脉象	北京蔡新长文化交流中心
111	程氏针灸	北京大诚中医针灸医院有限公司
112	葛氏捏筋拍打疗法	首都医科大学附属北京世纪坛医院

续表

序号	项目名称	保护单位
113	正体复本术	北太平庄街道社区服务中心
114	连氏艾灸	上和元（北京）中医研究院有限公司
115	千峰派内丹养生术	北京金雀未来科技有限责任公司
116	赵氏针灸	中央民族大学
117	“又一新”养生药膳	北京中卫神州生物科技有限公司
118	刘氏正骨技艺	北京优逸互动广告有限公司
119	道医按摩正骨	北京金雀未来科技有限责任公司
120	邢氏利水散	北京中豪国研中医门诊部
121	中医膏滋制作技艺	北京城市学院
122	连氏针法	上和元（北京）中医研究院
123	高氏点穴	北京盛邦科华商贸有限公司
124	何氏通络开结术	何氏浩生（北京）国际中医药科学研究院
125	连氏饮膳制作技艺	上和元（北京）中医研究院有限公司
126	喜轿习俗	北太平庄街道社区服务中心
127	苏家坨立夏习俗	苏家坨镇文化服务中心
128	妙峰山香道	苏家坨镇文化服务中心
129	京西北坞村普兴万缘净道圣会	北京市海淀区玉泉工业公司
130	前沙涧灯棚习俗	北京市海淀区苏家坨镇杨彤养殖中心

（解小仪）

媒体传播

【概况】 2022年，海淀区融媒体中心（简称区融媒体中心）发挥“报、台、网、端、微”全媒体矩阵优势，运用新技术、新机制、新模式，形成“一体策划、一次采集、多种产品、多媒传播”的现代传播格局。学习宣传贯彻党的二十大精神，服务保障冬奥会，开展舆论引导、讲好海淀故事，深化全国标杆性融媒体中心建设。

精品新闻创作。开设《喜迎二十大·海淀这十年》《非凡十年看海淀》等专题，《奋进新征程 建功新时代》《现代化强区 高品质海淀》等专栏，全方位多层次展示党的十八大以来，海淀区取得的非凡成就和宝贵经验。打造北京市首个区级接诉即办民生类全媒体栏目《社区伙伴来帮忙》，《北京信息（综合快报）》第107期作介绍，向全市推广。以三山五园国家文物保护利用示范区创建为牵引，制作大型文物保护科普类栏目《镇“淀”之宝》。开设《科创中心“核”动力》栏目，以科技企业为切入点，细分人工智能、集成电路、量子科学、智能制造与装备、区块链、云计算、大数据、医药健康等16个高精尖产业方向，讲述企业创新和品牌成长故事，制作播出65期。

重点工作宣传报道。首次派出记者参加党的二十大新闻报道；会后第一时间推出“新征程·奋斗者说”全媒体报道，反映全区各系统各单位奋进新征程、建功新时代昂扬奋发的精神风貌。报道全区开展新一轮中关村先行先试改革工作，关注“两区”建设加速前进，展示“高精尖”产业发展的良好势头。“北京市海淀区融媒体中心‘我在海淀过大年’融合传播打造本土文化IP”获评2022年北京市广播电视媒体融合典型案例。完成“两岸青年峰会”开幕式、主论坛、5场专题研讨等组织策划、宣传报道、全媒体传播等任务。“2022两岸青年峰会”“携手绘青春 奋进新时代”两个微博话题总阅读次数超过2.89亿次。中关村科学城“才聚云端”大型系列活动第三季暨“两区”建设领军企业云招聘宣传获积极响应。1月1日，在《海淀新闻》电视栏目中增加手语主持人和同期字幕。全年节目实现安全播出，各项指标正常。

海淀区文化发展促进中心（简称区文促中心）围绕海淀区“文化、科技、艺术”融合的发展特色，通过线上直播、拍摄系列视频节目等方式开展线上宣传活动。采取视频网站推广、短视频传播等模式，实现多平台高频次的文化传播，覆盖人口千万人次以上。获《光明日报》、广电头条、《中国青年报》、看电视、文旅中国等多元媒体点赞支持。协助北京卫视《这里是北京》节目组拍摄专题片《曹雪芹的西山故里》。通过对香山脚下曹雪芹故居的探访寻幽、曹雪芹生活遗迹的文物介绍，展示海淀区丰富的历史文化资源。

（倪恒虎　李军　于佩丽　明梦苏）

【北京冬（残）奥会宣传报道】 年内，区融媒体中心针对海淀区服务保障首都体育馆和五棵松体育中心两个重要冬奥场馆、承办颐和园火炬传递活动群众冰雪运动等事项，开展新闻宣传，突出呈现开幕式、赛程等“海淀元素”，展示中关村科学城企业机器人、“史上最快的冰”、8K户外大屏直播冬奥赛事、“3D+AI”、无障碍沟通技术等硬核科技。颐和园火炬传递当日，提前设计海淀科技企业通过低轨通信卫星送出冬奥祝福，推出《传递海淀力量 冲刺北京冬奥》特别节目，直播火炬传递盛况以及海淀地标中关村壹号、中关村西区居民热情迎冬奥场景。携手区体育局、快手公司共创“最大的由信封拼成的句子”，为参赛的中国冰雪健儿加油，成功挑战吉尼斯世界纪录。创作手绘交互式数据新闻H5《两座场馆一种使命 相约海淀冬奥有我》、全媒体系列作品《冬奥小将向前冲》等。组织采编团队参加北京广播电视台《广播过大年·福虎闹新春》，介绍海淀冬奥文化。

（倪恒虎　李军）

【“我在海淀过大年”系列活动】 春节期间，区融媒体中心举办2022年“我在海淀过大年”系列活动。重磅打造2022海淀网络春晚、云游“万园之园”、名厨教做年夜饭，携手区体育局、快手推出《传递海淀力量 冲刺北京冬奥》特别节目，创造吉尼斯世界纪录。2022海淀网络春晚在北京区级融媒体中心首次应用虚拟现实增强技术打造美轮美奂的全息舞蹈《遇见！三山五园》，成为网络爆款。#我在海淀过大年#话题直冲快手同城榜榜首、社会榜榜首、热榜全国第二，精彩瞬间登上快手本地热榜第5名。#我在海淀过大年#微博话题总访问量突破9500万，综合传播量超过1.4亿。

（倪恒虎　李军）

【优质文化产品海外交流输送活动】 5月至10月，在区委宣传部的指导下，区文促中心开展海淀区优质文化产品海外交流输送活动，活动由清华科技园启迪之星承办。邀请英国皇家艺术学院副教授约翰·史蒂文斯博士，中国常驻维也纳联合国代表团俱乐部副主任及艺术顾问、清华美院硕士生导师祝卉，香港中文大学（深圳）理工学院计算机工程助理教授、博士生导师蔡玮，香港中文大学（深圳）吴辰晔，策展人、新公共艺术家、清艺汇新公共艺术中心主任张斌，清华大学美术学院信息艺术系副教授、博士生导师陈雷，马来西亚书艺协会会长、马来西亚梅庵书画会创办人、马来西亚书艺研究院执行主席、吉隆坡书艺协会会长黄瑞庆参加，以专家授课+圆桌讨论的线上公开课的形式，每月开设一次公开课，共计6次。公开课内容涵盖“海淀区文化创意机构交流”“中国原创IP的国际化交流及推广”“中外文化艺术交流”三个主题，获得媒体关注报道近300次，参与人数超过260万人次。

（于佩丽　明梦苏）

【文物保护科普类栏目《镇“淀”之宝》播出】 5月18日，由市文物局和区委宣传部指导、区融媒体中心打造的大型文物保护科普类栏目《镇“淀”之宝》在央视频、《人民日报》《北京日报》、北京时间等中央及市属媒体平台播放，成为北京市“5·18国际博物馆日”活动的重要组成部分之一。栏目以“场景+体验+讲述+创意+传播”方式，通过全新影像结合模式，将三山五园的美景和珍贵的文博展品有机结合，生动再现三山五园地区的“古都文化”和“红色文化”。栏目内容涵盖圆明园正觉寺、清华大学艺术博物馆、北京石刻艺术博物馆、中华世纪坛艺术馆等区内博物馆。《镇“淀”之宝》栏目除在海淀融媒全媒体矩阵发布外，还在人民网、中新社、北京广播电视台、《新京报》等20余家中央级媒体、市级媒体转发报道，浏览量累计过亿次，并登上快手社会榜热搜，获得学界、社会面较高评价和关注度。

（钟冷）

【《京城十二时辰》海淀特辑播出】 7月，区文促中心与北京电视台合作拍摄户外纪实真人秀《京城十二时辰》（第二季）海淀特辑。特辑为两期，分别是《中关村——科技向北，照见未来》《国家植物园、国家图书馆——文化踏歌行，赋能气自华》。节目邀请著名音乐制作人小柯担任常驻嘉宾，杜海涛、蔡明作为飞行嘉宾参与节目的录制。节目组走进中关村、国家植物园、国家图书馆、曹雪芹纪念馆，探访不同时代、不同行业的人物，共同挖掘隐藏在他们内心深处的科技、文化故事，收集不同人群想听的歌，形成“歌单”，相约举行小型唱聊会，用温暖的歌声向海淀的奋斗者和文化工作者们致敬。特辑于8月6日和10月8日20:20在北京卫视首播。第二期《中关村——科技向北，照见未来》，走进全国科技创新和文化高地——海淀中关村，嘉宾以音乐为线索和中关村老、中、青三代人进行交流对话，探寻科学技术人才背后的浪漫故事，弘扬“敢为人先，善于破壁，报国情怀，卓越攀登”的中关村精神。第九期“国家植物园、国家图书馆——文化踏歌行，赋能气自华”，节目嘉宾通过游戏、音乐的形式带领观众沉浸在国家植物园温室一览热带雨林和沙漠戈壁的风貌中，在曹雪芹旧居探寻红楼足迹，在国家图书馆的书海徜徉，鉴赏文化瑰宝，游历古今中外。特辑播出后，收获全网热搜150＋，相关话题阅读量新增超8500万次，多维话题讨论超24亿次，全网视频播放量新增1.2亿次，短视频播放量超10亿次。《光明日报》、《中国青年报》、广电头条、看电视、文旅中国等多元媒体点赞支持。

（于佩丽　明梦苏）

【《海淀报》创刊三十周年系列活动】 11月8日，区融媒体中心举办“新时代新征程新使命”《海淀报》创刊三十周年暨《海淀融媒增质增效行动计划》发布活动。区委宣传部、区人大常委会、区政府、区政协、《海淀报》相关领导以及来自中央和市属媒体、首都高校、兄弟区融媒体中心、驻区企业、区属单位的有关负责人参加活动。活动分为三十而忆、三十而立、三十而“励”三个篇章，包括举办“芳华三十载 融合创未来”《海淀报》创刊三十周年暨见证海淀跨越式发展成就展，出版《海淀报》创刊三十周年纪念专刊《三十而立——我们正青春》，拍摄制作《三十而忆 我们正青春》《三十而立 薪火如愿》《三十而“励”永无“纸”境》系列纪录片等；“学习强国”海淀学习平台正式上线，为北京市首家上线的区级学习平台。发布现场，“二十大精神进基层，海淀融媒在行动”活动正式启动。

（李军　钟冷）

【《海淀融媒增质增效行动计划》发布】 11月8日，区融媒体中心发布《海淀融媒增质增效行动计划》（简称《行动计划》）。《行动计划》依托北京国际科技创新中心核心区的硬核资源，打造自主可控的“Made In海淀”算法，上线AI虚拟主播、AI数据搜集分析、新闻传播与分析等，在多个应用场景和客户端使用。在平台建设上，通过报端融合、台端融合，让党的创新理论“进群入圈”，让辖区为民、为企服务功能“进群入圈”，为全区每个社区打造属于自己的“数字孪生社区”；“学习强国”海淀学习平台通过“一个学习平台、二条运营路径、三支人才队伍、四项内容计划、五个供稿中心”的运营思路，创新理论学习方式和组织形式，推进学习新思想往深里走、往心里走、往实里走。在队伍培养上，实施“工作室成长工程”，鼓励业务骨干自组团队、自创品牌，成立工作室、办好“网红”号，将采编人员的注意力聚焦到创新内容上，聚焦到扩大融媒传播力、影响力上。在阵地拓展上，以融入全区各单位新闻采编播发业务为入口，未来三年内，融媒分中心矩阵网络将覆盖全区半数街镇和委办局；分中心深耕社区，通过搭建《居民议事厅》《居民有话说》等平台，直接为居民解难题，成为基层治理不可或缺的参与者。在用户开发上，计划到2025年，跻身全国区级融媒体中心头部阵营，以“北京海淀”官方账号为龙头，打造5个“粉丝”量超过百万级的媒体账号；培育3—5个“粉丝”量100万以上的媒体人账号，力争孵化一批有产业发展潜力的IP产品。

（钟冷）

【《海淀报》创刊三十周年暨见证海淀跨越式发展成就展】 11月8日至14日，区融媒体中心推出“芳华三十载 融合创未来”《海淀报》创刊三十周年暨见证海淀跨越式发展成就展。展览涵盖“初心——从纸开端、成长——踏歌而行、绽放——融合之路、引领——向云飞翔、筑梦——勇立潮头”5个篇章，全景式呈现海淀区三十年来跨越式发展的巨大成就和《海淀报》的成长历程。展览在中关村科学城四季科创中心展出后，11月9日起在区政府第二办公区进行一周的展示。《海淀报》的前身为《海淀新闻》，创刊于1992年9月，是北京市首张区委机关报，1993年6月1日，更名为《海淀报》，2021年7月1日，《海淀报》由周三刊改为周五刊，截至11月8日，累计出版4481期。

（钟冷）

【海淀文博短视频项目启动】 12月6日，区文促中心启动海淀文博短视频项目。项目由北京数联天工科技有限公司承办，聚焦海淀区特色文博资源，以三山五园、团城演武厅、高校博物馆等不同地点的景色风貌与历史文化为基点，利用短视频短、平、快的传播特点，结合图像、声音、文字等多种媒介形式，调动用户视觉、听觉、触觉等多种感官的特点，挖掘独具特色的人文景观、历史故事、文化基因，关注历史文化与现代技术的结合与碰撞，形成海淀区特有文化传播力。

（于佩丽　明梦苏）

档案

【概况】 2022年，海淀区档案局、区档案馆聚焦档案工作“十四五”规划和职能任务，围绕中心、服务大局，全面推进“四个体系”①建设，推动海淀档案事业发展。区委、区政府支持区档案馆申报创建全国示范数字档案馆工作，拨付业务保障经费1096.58万元；档案工作被纳入区委、区政府专项绩效考评工作。

中心工作档案服务。区档案馆编撰完成《区四套班子领导政务活动汇编（2021年）》5册7.6万余字、《北京市海淀区大事记（2021年）》14万余字；区档案局、区档案馆围绕全区中心工作和重大活动，做好档案服务保障；开展工程档案管理登记工作，服务市重点工程项目；用活用好档案资源办展览。

档案资源体系建设。优化进馆指导方式，推进档案接收；开展专题档案征集，展现海淀发展新貌；主动服务重大活动，丰富馆藏资源结构。

档案利用体系建设。加大开放鉴

① “四个体系”：档案治理体系、档案资源体系、档案利用体系、档案安全体系。

定力度，提升档案服务效能；丰富档案编研成果，彰显档案文化魅力；优化利用服务方式，推进档案便民惠民；围绕重要时间节点，多形式开展档案馆日宣传。

档案信息化工作。统筹开展“全国示范数字档案馆”创建工作；加快档案数字化进程，全力保障示范数字馆创建工作。推进机关档案数字化，建设数字档案室。区档案馆承担的市级课题《探索大数据环境下纸质档案数字化工作的新模式》通过市档案局验收。

档案行政管理。区档案局制发《海淀区档案系统开展法治宣传教育的第八个五年规划（2021—2025年）》《北京市海淀区档案局关于转发〈北京市档案局关于加强北京市重特大事件档案工作的通知〉的通知》《北京市海淀区档案局关于开展2022年档案行政执法检查工作的通知》《北京市海淀区档案局关于进一步加强档案安全工作的通知》等规范性文件。开展档案法治宣传、“双随机”执法检查情况及执法检查，监督指导各立档单位落实国家档案局“三合一”制度、制定档案工作责任制。推进农村、社区档案工作，制定《乡镇档案工作办法》实施细则。开展现场档案业务培训5次230余人次。

海淀区档案馆组织策划“档案见证奋进路 永葆初心谱华章——海淀区建区70年发展历程”展览，开展“建区七十年·喜迎二十大”北部四镇历史人文景观影音视频采集活动。馆藏各类档案179个全宗、1446324卷（件），资料24237册；馆藏照片92253张，底图15435张；录音、录像磁带及影片档案1484盘，实物2002件。完成数字化扫描5430695页，历史目录校对61051条。完成馆藏1989—1990年19239件档案的开放鉴定工作。开展重大活动档案进馆工作，完成3个冬奥会指挥部和4个新冠疫情领导小组1228卷（件）档案的接收工作。

接待群众查档11445人次。“海淀档案”微信公众号发布文章77篇，阅读量1.5万余人次，总阅读次数约7.2万次。刘海燕、贾会哲2人入选全国档案工匠型人才，李楠入选全国青年档案业务骨干。赵怀平、孟宪华被评为2017—2021年度北京市档案系统先进个人，区委办公室（区档案局）被评为2017—2021年度北京市档案系统先进集体。

（朱鹏　苏幼停）

【重点建设项目档案管理】 年内，根据《北京市档案局关于2021年度北京市重点建设项目档案管理登记情况的通报》《北京市档案局关于做好2022年市重点建设项目档案管理登记工作的通知》要求，区档案局与2022年纳入市重点工程的辖区20家法人单位档案联系对接，定期登录北京市重点建设项目档案管理登记系统检查数据报送情况，督促指导各相关单位进行重点工程档案管理数据网上填报工作，并对填报数据进行审核并提交市档案局。

（朱鹏）

【重大活动档案管理】 年内，区档案局、区档案馆与北京冬奥会和冬残奥会各相关工作组和单位建立联系，对规范冬奥档案工作进行指导和服务。继续开展疫情防控等重大活动档案的进馆工作，多次赴相关单位进行档案业务指导，及时了解档案整理情况，解决存在的问题。完成3个冬奥会指挥部和4个疫情领导小组的接收档案工作，包括冬奥会文书档案128件，会计档案74卷，实物档案4件，疫情文书档案1022件、照片59张。全程跟进区两会，建立专门档案，拍摄照片837张、影像资料214G。

（朱鹏　苏幼停）

【档案执法】 年内，区档案局按照区政务局的要求，对档案局的14项权力清单进行梳理上报。定期完成行政执法部门信息采集填报和政府公共服务事项上报工作。在行政执法网站及时录入执法检查相关信息。审核委办局和街镇单位报送的政务服务事项归档配置申请，推进电子文件归档与电子档案共享利用。分析和梳理2021年档案行政执法实地检查情况，制发《北京市海淀区档案局2021年档案行政执法检查情况通报》。通过行政执法检查、监督检查、交流座谈等方式，对120家区属立档单位开展全覆盖检查，及时记录并上传数据，发现问题及时反馈，立行立改。

（朱鹏）

【档案归档指导】 年内，区档案局、区档案馆选取30家电子文件归档软件使用试点单位，及时对提交的保管期限表进行审定，为每个试点单位配置软件系统的账号和密码。指导试点单位开展线上电子归档软件操作培训，初步达到可以通过软件系统使用在线方式对试点单位归档情况进行查看和指导。区档案局指导和督促立档单位开展《文件材料归档范围和文书档案保管期限表》的编制和修订工作，使各立档单位形成的文件材料应收尽收、应归尽归。结合疫情防控情况，灵活采用现场指导、电话指导、网络指导等形式，指导立档单位2100余次。对更换档案员和业务薄弱的单位进行重点指导，及时解决档案工作中存在的问题。在立档单位举行现场培训班5次，培训230余人次。

（朱鹏　苏幼停）

【农村社区档案工作指导】 年内，区档案局开展农村档案工作和社区档案工作培训和指导，与区农业农村局、区农经站和区民政局联合，通过实地指导、电话网络指导以及对镇、村两级档案人员集中培训、单独指导等形式，提升村级档案人员的业务能力和工作素质。对各街道的执法检查中将社区档案工作作为一项重要考核内容，加强对街道社区档案工作的指导，在东升镇进行行政村、社区档案工作现场培训。完成海淀区《乡镇档案工作办法》实施细则制定，并向市档案局报备。

（朱鹏）

【档案工作专项绩效考评】 年内，区档案局制定档案工作考评标准，从依法加强对档案工作的领导、保障档案工作正常开展、档案基础业务、档案安全、档案利用工作等5方面16个分项，对全区99家单位进行考评。使档案工作与单位业务工作同步部署、同步实施、同步发展，有效提升全区单位档案管理水平。90%以上的单位达到优秀水平（90分以上）。

（朱鹏）

【档案信息化】 年内，根据海淀区“十四五”时期档案事业发展规划对档案数字化、信息化建设的相关要求，区档案馆负责落实和推进电子文件归档管理工作，区档案局配合区档案馆从区属立档单位中选取30家电子文件归档试点单位，开展调研和座谈会，收集和审阅试点单位归档范围和保管期限表。采用腾讯会议形式开展电子文件归档工作培训，推进机关档案数字化和数字档案室建设。区档案馆统筹开展“全国示范数字档案馆”创建工作：进行智慧海淀项目申报，提交海淀区数字档案馆示范建设项目及机房改造项目建议书，完成初步设计方案的制定；制定数字档案馆建设推进工作方案；确定辅助创建承建方，开展辅助创建工作。接收13家立档单位各类进馆档案电子目录85376条（案卷目录10880条、文件目录74496条）、数码照片1845张。及时备份档案数据，制作离线备份数据一套、异地备份数据一套，确保档案数据的安全。

（朱鹏　刘海燕）

【档案法治宣传】 年内，区档案局开展档案系统“八五”普法工作。在“6·9”国际档案日和“12·4”国家宪法日，组织全区档案工作人员进行知识答题，制作档案法治宣传漫画展板，在第一办公区展出。印制档案法白皮书500册，档案宣传品300套，分批向全区各立档单位发放，通过微信群及办公OA向全区各立档单位发放电子版宣传材料，增强立档单位档案工作人员的档案法治意识。

（朱鹏）

【档案开放鉴定】 年内，区档案馆完成馆藏1989—1990年169597件档案的开放鉴定工作，经鉴定，开放19239件，开放比例为11.34%，并挂接至北京市档案信息网。完成80多家立档单位1991—1992年拟开放档案的意见反馈工作。

（徐晓龙）

【档案利用服务】 年内，区档案馆累计接待群众查档11445人次，其中因公利用498人次，因私利用10882人次，开放档案查询65人次。因私利用中，婚姻类档案查询9094次，占比83.6%（其中馆内利用1447人次，婚姻登记处利用7647人次）。提供档案利用服务，利用档案20271卷（件），提供打印复印23604页；利用各类公报查询60余人次，为多部门提供照片档案384张，协助公安、检察院、法院、公证处等部门核实档案150余例。

（康朝勇）

【档案跨馆利用】 年内，区档案馆民生档案异地利用覆盖范围持续扩大，新增13家民生档案跨馆异地合作单位，与全国22个省、5个自治区、3个直辖市121家档案馆签订民生档案异地跨馆协议，异地跨馆利用服务实现全覆盖。线上通过“海淀通”App、北京市民生档案“跨馆查档”平台、婚姻档案共享利用系统等受理查档需求1120例。设计宣传海报、宣传折页，向全国121家合作单位发出联合宣传邀约函并寄送宣传折页6050份、海报242张。制作民生档案利用服务方式宣传短片，在海淀北部文化中心、上地办公中心等多个办公场所公共区域电子屏上滚动播放，进一步提高民生档案查询“异地办”“掌上办”的知晓率。

（康朝勇）

【档案系统法治宣传教育“八五”规划印发】 4月11日，区档案局印发《海淀区档案系统开展法治宣传教育的第八个五年规划（2021—2025年）》（简称《规划》）。《规划》通过建立有领导、有制度、有计划、有实施、有监督的长效机制，深入开展档案法治宣传教育工作，进而全面推动海淀区档案系统“八五”普法工作有序开展。落实“谁执法谁普法，谁主管谁负责”的工作责任制，建立普法责任清单，明确目标、细化任务，形成“普法有责”的良好局面。

（朱鹏）

地方志

【概况】 2022年，海淀区党史地方志办公室（简称区史志办）加强区志资料开发利用工作，出版社完成《区志拾零（一）》三审工作。完成二轮区志图片资料整理、分类、归档等工作，整理照片5000余张。收集第三轮区志书人物资料。参与《北京西城年鉴》申报中国精品年鉴审稿；全程指导某中央级年鉴编纂、审稿工作；为大兴区年鉴业务培训授课。完成《北京海淀年鉴（2022）》编辑出版、发放工作。为《中国地方志年鉴（2022）》提供相关资料。与北京华博创科科技股份有限公司签约共建北京海淀志鉴综合管理平台，上传区志、年鉴、史地丛书、海淀史志等书籍电子文档。推进地名志编撰工作，组织推进会、撰写工作提示、整理各篇编写说明、在全区相关单位以及专家、领导、出版社广泛征求意见，完成《北京市海淀区地名志》（征求意见稿）。推进村镇志工作，指导完成《车耳营村志》出版。参与海淀图书馆数字化工程调研，提出意见建议，《海淀区志》《北京海淀年鉴》《海淀史地丛书》等书籍资料，作为首批上线的参考书籍。完成《海淀青年运动史1919—1949》《紫竹院地区历史经纬（紫竹院昔日位何乡）》初稿编撰，撰写论文《华北地区抗战的前哨阵地》。在海淀非遗展示中心（北馆）作《康熙大帝与畅春园》的专题报告。回复有关田村地区、明珠花园、皂角屯等相关内容咨询。完成2021年度北京市地方志系统统计。机关干部全员下沉社区疫情防控一线，参与核酸检测服务、社区值守等工作。

（林琳）

【北京海淀志鉴综合管理平台项目签约】 2月22日，区史志办和北京华博创科科技股份有限公司（简称华博公司）举办北京海淀志鉴综合管理平台项目签约仪式。市委党史研究室、市地方志办副主任张恒彬出席。

区史志办介绍志鉴综合管理平台项目的背景和前期工作开展情况，华博公司展示华博创科公司展示平台开发情况、操作要求以及在年鉴项目上的成功案例。志鉴综合管理平台项目是区史志办推动史志文化与科技更加紧密融合的重要措施，可丰富史志资源，提高史志编纂效率。

（林琳）

【2022年海淀区年鉴编纂培训会】 4月7日，区史志办召开2022年海淀区年鉴编纂培训会，部分年鉴撰稿人30余人参加。邀请北京市委党史研究室北京市地方志编纂委员会办公室年鉴指导处二级调研员沈红岩、《中关村年鉴》副主编王锦分别以“年鉴大事记的编纂”“弘扬‘工匠精神’打造年鉴精品”为题作业务培训指导。在交流讨论环节，与会人员结合本单位的实际情况，探讨编纂过程中出现的问题、存在的原因以及改进的方法和措施。

（林琳）

【西山方志书院】 8月，西山方志书院邀请北京林业大学教授彭祚登，以现代苗圃建设与生产管理标准为主题，围绕现代苗圃机械设备与智能化建设路径进行详细讲授，相关负责人50余人参加。10月29日，举办第九届北京森林论坛暨2022年度西山森林讲堂，邀请中国工程院院士尹伟伦及多位专家、学者，以“双碳背景下的林业高质量发展”为主题进行授课，活动以线上线下同时进行，共计3000余人参加。在西山方志书院建立西山林场历史图片资料库，收集历史文化资料，摸清文物历史文脉，编写《西山林场文物及历史遗迹名录》《西山历史文化集——法海寺》，整理西山文物和历史遗迹的历史背景、故事传说等。完成《堪舆文化在寺观园林中的应用——以北法海寺为例》论文，完成《小西山地名志·海淀卷》初稿。全年接待社会团体15个，接待240人次。

（程峥）

【海淀区二轮修志编辑部工作会】 9月14日，区史志办召开海淀区二轮修志编辑部工作会。交流研讨《区志拾零（一）》（征求意见稿）在编纂中遇到的问题以及书名、目录、序言等内容，对选题、审稿、编稿以及未来发展等工作提出建议，对《区志资料照片征集》的封面、目录、图片进行修改补充。区志主编周来升对《区志拾零》系列构想给予肯定，对下一阶段编辑部工作进行部署。

（林琳）

【地名文化考察学习】 10月18日，区史志办结合“史志宣传月”活动，到颐和园的“园说”展览、宜云馆、长廊、清晏舫、排云殿、佛香阁等地进行地名实地考察并开展学习交流，深入挖掘梳理皇家园林地名文化、水文化，完善地名志的研究成果。

（林琳）

【获颁“中国精品年鉴”牌匾】 11月10日，中国地方志指导小组秘书长、中国地方志指导小组办公室党组书记、主任崔唯航一行，到北京市开展“精品年鉴回头看”专题调研并召开座谈会，听取市委党史研究室、市地志办以及海淀、东城、朝阳3家获评“中国精品年鉴”单位工作汇报；举行“中国精品年鉴”授牌仪式，向3家单位颁授牌匾，海淀区史志办获颁《北京海淀年鉴（2019）》“中国精品年鉴”牌匾。中指办有关人员，3家史志办领导及年鉴执行主编、副主编参加座谈会。

（钟冷）

【《北京海淀年鉴（2022）》出版】 12月，由区政府主办，区史志办承编的《北京海淀年鉴（2022）》由当代中国出版社出版。李强主编，钟冷执行主编。此卷为第21卷，全面记述2021年海淀区自然、政治、经济、文化、社会、生态方面的基本情况。本卷增设领导调研考察、中国共产党成立100周年庆祝活动、“相约北京”系列赛事3个类目；在中共海淀区委类目下增设党史学习教育分目；在法治类目下增设政法队伍教育整顿分目；“三山五园”历史文化景区类目更名为三山五园建设； 在三山五园建设类目下增设三山五园国家文物保护利用示范区建设分目；金融服务管理分目更名为金融，下增设区属主要金融企业简介次分目；新农村建设分目更名为美丽乡村建设；通信分目下增设中国电信股份有限公司北京分公司次分目；科技类目下增设智慧海淀建设分目；教育类目下增设“双减”工作分目。设区情概览、特载、专文、大事记、中国共产党成立100周年庆祝活动、“相约北京”系列赛事、领导调研考察、中共海淀区委、海淀区人民代表大会、海淀区人民政府、政协海淀区委员会、中共海淀区纪委 海淀区监委、民主党派、人民团体、法治、军事、中关村科学城、“两区”建设、三山五园建设、经济管理、农业农村、商贸服务业、旅游业、城市

10月29日，第九届北京森林论坛暨2022年度西山森林讲堂在西山方志书院举办
（张秋双 摄）

建设与管理、应急管理、生态环境、交通 邮政 通信、科技、教育、文化、卫生健康、体育、社会建设、社会生活、街道 镇（地区）、人物荣誉、统计资料、附录38个类目，205个分目，33个次分目，2766个条目。其中26个类目为“类目—分目—条目”三级层级，3个类目为“类目—分目—次分目—条目”四级层级。部分类目之首设综述，部分分目、次分目之首设概况。卷末附索引。全书有58张表格、66幅示意图、187张照片，171万字。

（林琳）

文联活动

【概况】 2022年，北京市海淀区文学艺术界联合会（简称区文联）下属北京市海淀区作家协会、北京市海淀区美术家协会、北京市海淀区书法家协会、北京市海淀区摄影家协会、北京市海淀区楹联学会、北京市海淀区四香书画协会、北京市海淀区四知文化研究会、北京市海淀区西山文院、北京市海淀区西山孟子书院、北京市海淀区舞蹈家协会、北京市海淀区香山诗社、北京市海淀区京华印社、北京市海淀区纳兰文化研究中心、北京市海淀区中关村网络作家协会、北京市海淀区戏剧家协会、北京市海淀区艺术教育协会、北京市海淀区北下关街道文联、电力行业企业家摄影协会18家会员单位，注册会员2316人。编辑出版《海淀文艺》6期、《稻香湖》诗刊4期。

作品创作。海淀美协画家孙晓材创作《动的旋律》《精准与力度》《凌空翱翔》《追梦冬奥》《追逐梦想》等画作，展现奥运健儿风采。海淀书协书画家孟希全的五幅扇面作品入选中国扇子艺术优秀作品展。海淀作协词作家谭波创作的主旋律歌曲《不忘来时路》受热捧。海淀楹联学会创作大量诗词、楹联庆奥运。海淀美协画家王紫华《东南西北》作品入选“静·观——全国静物油画作品展”；海淀美协徐志广、王海滨、牛朝、王紫华四位画家入选“2022新时代首都美术展览”；海淀作协作家曹谁诗集《亚欧大陆地史诗》获第七届中国长诗奖最佳新锐奖；海淀作协作家王彬的《海口之春》《骑楼老街》《海口之水》在“自贸港的春天——2022首届海口文旅诗歌季征文比赛”中获优秀奖；海淀作协作家超侠的《星际侦探·机械元宇》获第三届工业文化作品科幻奖。

文艺活动。区文联举办“百川汇海作家大讲堂”活动、新春送“福”活动。北京市海淀区纳兰文化研究中心召开纳兰家祠东岳庙的规划与构想研讨会。海淀美协召开“迎新春·庆冬奥”油画专题座谈会、举办党员画家美术作品云展、举办“为人民而作”系列写生活动。海淀摄协承办第十一届中关村国际青年艺术季“海淀的早晨·心中的日出”摄影展。

（赵卓夫）

【“迎七一”云展】 6月27日、29日，海淀美协举办“迎七一”主题云展，在“海淀美协”微信公众号上推出两期美术作品集，受到网友欢迎。云展中的作品集中表达爱党爱国爱社会主义主题：张松梅的《绣红旗》，取材于小说《红岩》中江姐的形象；赤勇的《堂上飞歌》，取材于诞生《没有共产党就没有新中国》歌曲的北京房山堂上村；王紫华的《忠诚护山河》，取材于“时代楷模”潘东升的先进事迹，苗再新的《快乐巴扎》，反映少数民族丰收的情景；李呈修的《玉泉山高》、尤玉玲的《上庄水库一隅》、范一冰的《都市青年》，展现北京本土风情，还有王立京的《邓小平》肖像、许向群的《英雄》等。

（王彬）

【“喜迎二十大·劳动者最美”大型写生系列活动】 7月至10月，由区委宣传部、区文联、中国国家画院人物画所主办，海淀美协承办的“喜迎二十大·劳动者最美——为人民而作”大型写生系列活动举行。47位画家分别为消防指战员、生态环境卫士、环卫工人、人民警察、残疾人工作者、检察官、物业工人、医护人员等行业劳动者绘制200余幅肖像。

（程微）

【“海淀的早晨·心中的日出”主题摄影展】 9月20日至29日，由区文联支持、海淀摄协承办的2022年第十一届中关村国际青年艺术季“海淀的早晨·心中的日出”主题摄影展在北京市海淀区氪空间创新中心展出。专家评审团从百余名摄影师的3000余幅（组）作品中遴选出300幅（组）精品力作参展。作品以光影聚焦的方式记录海淀人民真实的生活场景，展示海淀人民近20年生活方式的变迁、城市的变迁。

（王彬）

卫生健康

2023
北京海淀年鉴

综述

2022年，海淀区卫生健康委员会（简称区卫生健康委）高效统筹疫情防控和“健康海淀”建设，强化基层卫生建设，完成党的二十大、北京冬奥会和冬残奥会等重要活动医疗服务保障任务，健康指标继续保持全市领先，居民健康水平持续增高。海淀区被国家卫生健康委命名为国家级健康促进区；获批全国首批中医适宜技术青少年近视防控试点区。海淀区冬残奥会运行保障指挥部医疗防疫工作组被评为北京2022年冬奥会、冬残奥会北京市先进集体；区计生协会被评为全国计生协先进单位；区老龄办被评为全国老龄系统先进集体，5个社区获评“全国示范性老年友好型社区”。

健康海淀规划编制。以区政府名义印发《“十四五”时期健康海淀建设规划》。开展海淀区医疗资源配置和区属医院功能布局研究工作，规划海淀区医疗卫生服务体系发展、区属医院高质量发展路径，形成二级及以上医院建设发展、区属医院功能定位、海淀医院功能定位等内容分报告。

医药卫生体制改革。持续推动从以治病为中心转变为以人民健康为中心，解决群众看病难、看病贵问题。海淀区医改领导小组与海淀区医药卫生协调委员会挂牌。进一步完善海淀区分级诊疗制度。加快建立基层首诊、双向转诊、急慢分治、上下联动的就医模式。所有医联体三级医院均上线并放号，畅通14家医联体三级医院预约转诊渠道。试点开展“互联网+护理服务”工作。在首都医科大学北京世纪坛医院试点创新护理模式，服务满意度100%。

医疗卫生基础设施建设。推进北部医疗中心、苏家坨中心医院建设，推进西三旗金隅科技园配套医院、海淀区中医医院和清河社区卫生服务中心建设项目论证方案，海淀医院、中西医结合医院新门诊大楼启用。海淀妇幼保健院旧址拆除。启动蓟门里社区医院和田村路街道社区卫生服务中心建设，推动中关村和海淀街道社区卫生服务中心实体化建设。12个新建社区卫生服务站建成并投入使用。

社区卫生服务。开展“优质服务基层行”和社区医院创建活动，建立“专家管理、行政支持”的质控模式，促进基本医疗、基本公共卫生和健康管理服务规范化、标准化、同质化。在16个社区卫生服务中心建成高血压、糖尿病、慢阻肺、骨质疏松、冠心病等专病特色科室19个。推进“互联网+药学服务”模式，8家医疗机构106万张处方审核的试运行取得阶段性成果。

5月26日，国务院联防联控机制综合组莅临海淀区指导　（区卫生健康委 供图）

家庭医生签约服务。探索“1+3+N”家庭医生签约服务模式。①全人群签约135.3万人、签约率43.2%，其中重点人群签约达70万人、签约率90.3%。

智慧卫生建设。依托“智慧海淀”项目，提升卫生健康服务体系智慧化水平。社区卫生服务机构政务云集中部署率达98%；海淀医院与26家区属社区卫生服务中心实现电子病历、放射等诊疗信息互通共享；进一步促进区域卫生健康信息资源整合，促进市、区两级信息数据交换共享。区域影像平台提升项目在四季青医院、羊坊店医院等区属医院上线试运行，各上级医院共为基层社区卫生服务机构提供远程阅片8297例。

重大活动防疫保障。组建涉及医疗救护、急救、流调、消毒、卫生监督等专业医疗防疫保障队伍，完成北京冬奥会和冬残奥会、党的二十大等重大活动的卫生防疫保障任务。在冬奥会、冬残奥会期间，组建192人的医疗防疫保障队伍，闭环管理服务3007人，健康监测8万余人次，环境检测2.4万余件，消杀面积161.6万平方米。在党的二十大期间，开展党代表驻地周边疫情防控及公共卫生监督检查工作，指导驻地开展健康监测6万余人次，环境监测累计6150个点位。

新冠疫情防控医疗保障。区卫生健康委参与环境消杀、溯源流调、医学救治等任务。建立“29+N”疫苗接种点体系，成立29支街镇临时接种点常驻接种队和31支上门服务接种队伍。开展医疗救治工作，建成1家健

① “1+3+N”家庭医生签约服务模式：“1”是利用信息化手段，建设1个家庭医生签约服务平台。“3”是建立“区级—社区卫生服务中心—社区卫生服务站”3级业务指导体系和家庭医生巡诊、药事服务、慢性病管理3个工作室。“N”是多措并举丰富家庭医生签约服务内涵，包括积极开展宣传引导和政策解读，提高居民对家庭医生的认知、理解和使用；统筹调配优质医疗资源，增加签约服务供给；研究制定个性化、精准化服务包，为居民提供分级分类的差异化服务；持续为高龄老人和计划生育特殊家庭提供“一键式”服务，畅通日常寻医问药和紧急救助通道；对门诊量较为集中的科室，开展延时服务和错峰门诊服务；为行动不便的签约居民提供安全、可行的居家医疗服务；等等。

康驿站和5家方舱医院，推动全区51家二、三级医院和50家社区服务中心开设发热门诊；推进12家二、三级综合医院ICU病房建设，加强老年人、儿童等重点人群的防护和救治；各社区卫生服务中心开展氧疗、转诊、就诊及康复服务。成立院前急救转运专班和非急危重症转运专班，统筹各方资源，保障药品供应和紧急救治。

医疗健康协作支援。继续实施东西部协作和支援合作项目，派出医务人员到内蒙古自治区开展医疗帮扶，输出医疗卫生技术35项。推进北京市健康扶贫工作，帮助延庆区培养综合性素质人才，与通州区社区卫生机构形成结对帮扶关系，帮助提升通州社区卫生整体服务水平。

人才队伍建设。遴选领军人才、学科带头人等24人。实施卫生健康发展科研培育计划，在首批培育的60个项目中，已发表SCI文章23篇，中文核心期刊文章38篇，取得发明和实用专利8项、新技术新方案8项，培养科研人才35名。

（张金玲）

卫生监督与管理

【概况】 2022年，全区医疗卫生机构1398个。其中非营利性558个、营利性825个、其他机构12个。实有床位14345张。卫技人员40979人，其中执业（助理）医师15622人、注册护士18265人、其他人员7092人。

户籍人口出生率5.89‰、死亡率7.85‰、自然增长率-1.96‰。因病死亡人数18660人，占全死因总数的97.09%。死因顺位前十位的疾病为心脏病（27.97%）、恶性肿瘤（20.92%）、脑血管病（15.10%）、呼吸系统疾病（10.44%）、内分泌和营养代谢性疾病（4.70%）、神经系统疾病（2.93%）、损伤和中毒（2.91%）、消化系统疾病（2.66%）、精神行为障碍（1.17%）和泌尿生殖系统疾病（1.02%）。户籍人口人均期望寿命为82.99岁，较2021年83.83岁下降0.84岁，其中男性人均期望寿命为80.64岁、女性为85.52岁。

审批新增医疗机构86家，变更374家，停业41家，解除停业11家，注销医疗机构74家，中医诊所备案16家，养老备案0家，诊所备案3家，遗失补办8家。受理人员类案件13528件次，其中医师类案件8341人次、护士5187人次。办理限制类医疗技术备案2项，全区注册医疗机构1398家，有床位17436张；注册医师8920名，护士15573名。

部门收入总计1109785.24万元，其中本年收入975761.02万元（包括财政补助337072.48万元、事业收入633727.58万元、其他收入4865.89万元），年初结转和结余134024.22万元。部门支出总计1109785.24万元。其中本年支出964345.52万元（按支出功能分类包括：一般公共服务支出134.21万元、教育支出5574.88万元、科学技术支出3211.84万元、社会保障和就业支出26494.92万元、卫生健康支出928924.60万元、城乡社区支出5.07万元），结余分配870.43万元，年末结转和结余144569.29万元。卫生健康系统追加经费148479.21万元。其中，追加核酸检测经费70947.89万元、防疫物资经费10150.69万元、方舱医院及方舱实验室经费14985.74万元。追加房租、修缮改造经费2669.06万元；调整、追加人员及人才培养经费9249.11万元。

（谭秋菊 陈麓 李瑞新）

【公立医院改革】 年内，区卫生健康委以区属医院为试点，启动公立医院高质量发展先行先试工作。统筹8000万元专项资金，支持海淀医院、中关村医院、四季青医院、上地医院、区心理康复医院5家区属医院高质量发展工作，涵盖10个学科项目，其中具有公共卫生应急辐射功能的急诊救治学科2个（创伤救治中心建设项目、急诊急救能力提升项目），常见病多发病学科4个（心血管疾病诊治中心建设项目、脑血管疾病诊治中心建设项目、消化疾病救治中心建设项目、慢性肾病诊疗全程能力提升项目），区域卫生健康资源短板学科4个（康复医疗服务能力建设项目、口腔科高质量发展示范项目、儿童专科特色诊疗中心建设项目、心理健康学科建设项目）。

（秦思 张超）

【国际化医疗项目建设】 年内，区卫生健康委开展国际化医疗服务项目建设。北京阜诚医院项目：为以专科技术为引领的国内一流的国际化社会办医的三级综合性医院。首创·光合健康荟项目：打造北京首个共享Medical Mall，整体内部施工改造完成，北京聚鹿康复医疗中心、北京孔医堂中医门诊部、北京优脑银河诊所、北京光合佳年国际门诊部等多家机构入驻。面向国际人才服务的和睦家社区站（北京市海淀区天阅西山社区卫生服务站项目）、和睦家门诊部（北京自贸试验区和睦家永丰门诊部）完成审批并开业。

（陈麓）

【医疗工作】 年内，区属医院出院人数62452人次，病床使用率69.01%，平均住院日9.68日。住院手术22334人次。执业医师1749人，助理32人，护士2291人，医护比例1∶1.29。

（谭秋菊）

【医联体工作】 年内，北京大学第六医院加入海淀区中东部医联体，北京大学口腔医院加入中西部医联体。全区建成“6+6”医联体体系，成员单位106家医疗机构，实现辖区公立二、三级医院及社区卫生服务中心全覆盖。6个综合医联体核心为北京大学第三医院、首都医科大学附属北京世纪坛医院、中国人民解放军总医院第八医学中心、航天中心医院、北京市海淀医院、北京大学国际医院（昌平区）。6个专科医联体核心为北京大学口腔医院、中国中医科学院西苑医院、北京老年医院、北京肿瘤医院、北京中西医结合医院、精神专科医联体核心（北京大学第六医院和中国人民解放军联勤保障部队第九八四医院）。综合医联体核心医院和三级医院为基层预留号源比例为30%，各医联体内基层上转患者9.9万人次，核心医院下转患者14.9万人次。

（乜晓丽）

【公共卫生监督】 年内，辖区有公共场所3661户，应量化公共场所单位100%完成量化分级。监督检查11066户次，覆盖率99.75%，合格率94.28%；处罚634户次，罚没款金额732201元。

（陈威）

【医疗卫生监督】 年内，全区有医疗机构1358户，监督检查35172户次，覆盖率100%，合格率99.83%，处罚57户次，罚没款金额75.31万元。快速办理北京金准医学检验实验室违规出具核酸检测结果案件，吊销医疗机构执业许可证件。查处无证行医17户，罚没款116.46万元，移送公安部门1人。开展超声诊断、打击非法行医、医疗乱象整治、民营医院巡查、打击整治养老诈骗、医保定点医疗机构、健康体检乱象、互联网诊疗、放射卫生线索核查等专项监督检查工作。临床用血监督检查市血液中心、各临床用血医疗机构51户次。传染病防治监督检查32319户次，处罚94户次，罚没款金额16.8万元。

（陈威）

【生活饮用水监督检查】 年内，全区有生活饮用水单位3555户，区卫生健康委监督检查9079户次，覆盖率99.94%，合格率99.71%，农村自备井办证率100%。未发生生活饮用水污染事故。处罚42户次，罚没款金额16.6万元。

（陈威）

【职业卫生监督】 年内，区卫生健康委开展职业卫生监督906户次，处罚6户次，罚没款23万元；学校卫生监督1403户次；放射卫生监督检查1755户次，处罚47户次，罚没款17.27万元；计划生育监督检查103户次，处罚2户次，罚没款4.05万元。“疏解整治促提升”主责无证点位1户销账，完成区联席办无证核查338个点位。

（陈威）

【卫生应急保障】 年内，区卫生健康委开展各类大型活动、会议、考试等医疗防疫保障工作。各类节假日维稳保障20车次；参与高考、中考、研究生考试等各类考试保障20次；参与一般性医疗保障506次；参与北京冬奥会和冬残奥会保障77天，出动528人次、176车次；参与党的二十大保障13天，接诊158人次，开展诺如检测299人，开展新冠核酸检测19782人，开展新冠环境检测6150件。

（谢嘉沅）

【院前急救】 年内，全区新建16个院前急救工作站，院前急救站点增加至48个。新购置43辆负压救护车及配套车载设备，全区在网运行救护车数增至130台，其中负压转运救护车52台。急救呼叫满足率提升至100%，急救平均反应时间由15.9分钟缩短至15.1分钟。总出车107072次，接诊99960次，其中危急重病救治16198人次。完成院前急救保障任务495次，其中两会、两节，中、高考，公务员考试，职称考试44次，各类重要会议、重大活动等医疗保障451次。

（梁金博）

【献血工作】 年内，全区采集血液43827.25个单位，其中街头采集血液25447.10个单位，团体无偿献血18380.15个单位。团体献血中，全血献血13925人次，献血量17390.65个单位；成分血献血850人次，献血量989.5个单位。

（刘红霞）

【医疗对口帮扶】 年内，区卫生健康委承担对内蒙古自治区赤峰市敖汉旗、兴安盟科右前旗、兴安盟科右中旗等地区的医疗机构帮扶任务。派出医务人员47名到受援地区进行医疗帮扶。在当地组织培训152次，培训卫生专业技术人员3496人次。推动受援医院的内涵建设、科学管理、重点科室建设等工作，帮助三地的医疗机构建立完善管理制度65项，输出医疗卫生技术35项。航天中心医院、海淀区妇幼保健院、北京中西医结合医院与受援医院已联通远程会诊，组织远程临床会诊14人次、远程临床急会诊11人次、远程专家门诊3人次、远程医学教育25场次，惠及523人次。区卫生健康委、区医管中心组织区医学教育协会、区预防医学会、区心理健康服务协会等行业专家编写《东西部协作和支援合作工作手册》，提升帮扶地区基层医疗机构的科学化、规范化管理水平。推进北京市健康扶贫工作，帮助延庆区培养综合性素质人才；确定海淀医院、妇幼保健院、水利医院与通州区社区卫生机构形成结对帮扶关系，帮助提升通州社区卫生整体服务水平。

（周慧丽）

【人口监测】 年内，区卫生健康委维护完善全员人口管理信息系统数据库，完成8.98万余条人口数据清洗和数据校核。全区全员人口信息库覆盖人群达300.2万人，其中户籍人口252.6万人、流动人口47.6万人。户籍出生人口上报12815人，其中男孩6686人、女孩6129人；流动人口出生上报4787人，其中男孩2482人、女孩2305人。

（刘萍　孙天琪）

【老龄健康服务】 年内，区卫生健康委加强老年健康服务支持体系建设，全区74家医疗机构全部建成北京市老年友善医疗机构，二级以上综合医院（含中医）老年医学设置率93.75%，建成13家市级老年健康服务示范基地和45家社区老年健康服务规范化建设达标单位，社区老年健康服务规范化建设率91.84%。建成2家市级安宁疗护示范基地。12家医疗机构开设安宁疗护床位166张，28家社区卫生中心加设临终关怀科。组织开展“老年健康周”、“敬老月”、卫生健康系统打击整治“养老诈骗”专项行动等宣传活动。开展老年医学人才培训，组织举办2022年中荷老年认知障碍防治论坛、第六届老年医学培训班等。推动社区卫生服务机构开展失能失智老年人健康管理项目、老年人“口福”项目、老年人心理关爱项目、老年认知障碍防治特色服务项目工作，探索开展国家级医养结合试点区和安宁疗护试点区建设。辖区有养老机构58家，其中医养结合服务机构28家；社区养老服务驿站100家。

（王艳红）

【计生特殊家庭帮扶】年内，区卫生健康委开展计划生育特殊家庭服务人员专业技能培训14期，线上听课1.4万人次。开展“绿色温情 巧手慧心”多肉种植线上教培精神慰藉服务活动，参与计划生育特殊家庭442人次。27家心灵家园基地开展集体庆生、文艺养生等计生特殊家庭帮扶活动218场，受益人群7200余人次。实施计划生育家庭意外伤害保险及计划生育特殊家庭父母住院补贴保险，投保总额约150万元。为10名经济特困的失独人员申请区红十字会人道救助金10万元。承接北京市计生协计生特殊家庭服务项目，开展插花、端午节包粽子、秋游、健步走、中医养生讲座等活动10余场，惠及800余人次。承接北京市计生特殊家庭老年人权益维护项目，走访评估59户，签约13户，信息评估96户。

（张殿杰）

【家庭健康大讲堂活动】年内，区卫生健康委开展“好家风 健康行”家庭健康指导员大讲堂活动8期和1期线上问答活动，约9000人次参与。培养家庭健康指导员200名，为周边居民及家庭提供健康宣教、医疗救助、咨询指导等服务1万余次。制发科学育儿指导宣传折页6万份、工作手册1.2万份、新春福字2.4万张。

（张殿杰）

【全民健康素养促进行动】年内，海淀区开展全民健康素养促进行动，针对居民慢性病防治、基本医疗知识、健康活动参与度等方面，进行多维度健康促进综合干预。医疗机构健康大课堂覆盖29个街镇，线下开展1005场，线上开展935场。完成医疗机构健康科普师资复审工作，65家医疗机构和海淀区疾控中心的623位科普师资全部通过复审。

（李玉莲）

【无烟单位创建】年内，区卫生健康委开展无烟家庭和健康家庭创建活动。申报创建家庭1455户，成功创建无烟家庭1104户。组织辖区幼儿园和小学等9家单位参与北京市健康小达人评选暨少儿健康歌传唱大赛，收集参赛作品97部。对无烟机关创建工作进行复核检查，区城管执法局、区房管局、西三旗街道、区残联、区卫生健康委、区总工会、区应急管理局7个单位全部通过复核。

（李玉莲）

【健康促进场所建设】年内，区疾病预防控制中心健康教育所（简称区健教所）指导66家医疗机构开展健康促进医院业务；为全区健康促进社区发放宣传海报20万余张，制作发放健康视频29期，在各社区电子屏滚动播放。在健康促进机关开展健康知识传播、养成良好健康行为习惯的宣传活动。通过健康知识线上讲座、线上咨询活动、健康素素线上答题、微信工作群和公众号科普文章推送等形式，促进职业人群养成健康的生活方式。

（李玉莲）

【居民健康素养监测】年内，区健教所组织实施居民健康素养监测工作。全区居民健康素养监测完成2770份调查问卷。68719人参与健康“提素”——家庭健康知识竞答活动注册，62557人完成线上答题。

（李玉莲）

【健康教育宣传】年内，区健教所组织发动健促办各成员单位联动举办“世界卫生日”“健康北京周”“全民健康生活方式日”等宣传活动，开展公众咨询活动216场，受益4.15万人次；发布微信、微博1665篇，受益58.86万人次；制作健康教育宣传栏264期，利用电子屏播放科普视频时长4566小时，发放宣传品15227份，总受益超110万人次。开展线上学习健康知识活动。制作16期疫情防控知识动画宣传资料，视频在大鱼号、企鹅号、爱奇艺、新浪微博、微信、微博等网站及医疗机构、街道、社区等进行推广，阅读及播放量达560余万次。利用健康教育宣传栏，为农村地区居民普及健康知识，更换200块宣传栏内容。“北京海淀健康教育”官方微博发布微博2765条，其中原创微博987条；“海淀疾控”微信公众号发布疾病与健康相关信息377篇，阅读48万人次。

（李玉莲）

【食品卫生监督】年内，区疾控中心采集食品食源性致病菌监测样品135件，监测项目15项、检测875项次。食品化学污染物及有害因素监测采集样品110件，其中海淀自采自检样品30件，采集送外区检测样品80件，检测项目151项、2400项次。接受外区送检样品40件，检测项目8项、检测320项次。处置食源性疾患疫情4起，采集样品102件，其中可疑食品31件、涂抹18件、肛拭子（便）51件、呕吐物2件，23件样品检出致病物质，2起定性为食源性疾病事件。

（李玉莲）

【公共场所监测】年内，区疾控中心公共场所健康危害因素监测累计完成116家公共场所的监测任务，其中住宿24家、商超6家、美容理发16家、游泳场所64家、候车室2家、健身房1家、影剧院1家、沐浴场所4家，完成公共场所基本信息调查表28份，从业人员调查195份。监测样本2992件，合格2925件，合格率97.8%。

（李玉莲）

【饮用水水质监测】年内，区卫生健康委开展辖区内市政水、二次供水、农村自备井水等监测工作。设置市政水监测点34个，监测水样170件，合格170件，合格率100%；二次供水监测点10个，监测水样40件，合格40件，合格率100%；农村自备井按要求开展枯、丰水期监测工作，共监测78件自备井水，合格69件，合格率88.5%。

（李玉莲）

【医疗卫生基础设施建设】年内，全区区属卫生医疗机构在建项目6项，建筑面积229454平方米，总投资72915万元，全部为财政资金。其中，新建、扩建医疗用房项目3项，建筑面积215930.5平方米，投资68574万元，项目分别为北部医疗中心项目、苏家坨中心医院建设项目、北京市海淀医院发热门诊楼工程。新建社区卫生服务中心项目2项，建筑面积

9709平方米，投资3641万元，项目分别为永丰新H地块社区医疗服务中心、翠湖新增D21地块社区医疗服务中心；卫生服务站建设1项，建筑面积3814.5平方米，投资700万元，项目为12个社区卫生服务站装修改造工程，10月竣工并投入使用。北京中西医结合医院新建综合楼硬件项目完成，通过竣工验收。海淀医院网络改造及发热门诊楼项目完成建设。

（马静）

【卫生健康信息化建设】 年内，区卫生健康委信息化综合改造项目完成采购工作并启动建设。区属医疗机构启用CA统一电子认证系统，提升电子病历质量。中关村科学城科技应用场景建设完成，区域影像平台项目完成最终验收，被纳入北京市电子医学影像试点验证项目范围。智能语音辅助诊疗系统在社区卫生服务机构得到大规模应用，应用场景集中于通知宣教、体检预约、疫情防控和计免科随访等。疫情信息化建设落地完成，新冠疫苗接种摸排系统、视频监控系统和疫情防控集成平台建成并应用。

（吴涛）

【《“十四五”时期健康海淀建设规划》印发】 4月30日，区政府印发《“十四五”时期健康海淀建设规划》（简称《健康海淀规划》）。《健康海淀规划》明确“十四五”时期健康海淀建设的总目标、基本原则、发展目标、主要指标。总目标是：形成与海淀区功能定位和经济社会发展水平更加适宜的健康海淀高质量发展新格局，基本医疗和公共卫生服务能力进一步提升，全方位、全生命周期的健康服务和医疗保障体系更加完善，人民健康水平、民生幸福水平和宜居宜业水平显著提升，形成坚强保障人民群众生命安全和身体健康的牢固屏障，为加速实现以首都发展为统领的现代化强区高品质海淀发展目标提供有力健康支撑。主要指标涵盖健康结果、健康行为、健康服务、健康保障、健康环境5个方面。主要任务包括9大类，即构筑强大的现代化公共卫生屏障、拓展优质高效的医疗卫生服务供给能力、巩固扩大健康环境安全宜居优势、培育健康人群、推动医疗保障高质量发展、以健康为核心助力体育强区建设、加强健康服务与人口社会服务融合发展、凝聚人才科技产业新优势、推进健康治理体系和治理能力现代化。

（秦思　张超　钟冷）

中医药工作

【概况】 2022年，海淀区国家基本公共卫生完成率和社区卫生中医药服务管理水平不断提升，给予中医健康指导476809人，其中高血压111928人、糖尿病54192人。至年底，全区有中医医疗机构164家，中医类别执业（助理）医师2545人。

持续开展对北部新区社区卫生服务中心、乡镇卫生院帮扶工作，增强中医药服务水平。面向全区中小学校教师、校医开展中医药文化进校园师资培训，支持5所学校开展百草园种植。完成中医药文化旅游示范基地建设4家，完成中医药健康文化体验馆建设6家，新增北京市中医药文化素养教育试点基地4个。区卫生健康委获评2022年首都中医药信息宣传工作先进单位。

（袁学勤　骆叶）

【中医药示范项目建设】 年内，北京中西医结合医院推进“三安工程”① 和“五化型”② 中西医结合医院示范项目建设，妇科、针灸科入选北京“十四五”中医药重点专科名录（赶超类和培育类）。推进综合医院中医药工作，中关村医院开展综合医院中医药工作示范建设，建立健全中西医协同工作机制，促进中医药融入综合医院医疗服务体系。区妇幼保健院开展“升降浮沉”工程③，全面提升妇幼健康领域中医药服务水平。

（袁学勤　骆叶）

【中医药人才队伍建设】 年内，区卫生健康委开设中医经方培训提高班，举办中医经方大赛。持续开展区级师承工作，新增3个区级及以上中医药传承工作室（中医妇幼传承工作室），累计达12个（基层老中医传承工作室6个、中医药传统技能传承工作室3个、中医妇幼传承工作室3个）。开展“北京名中医身边工程”，51支名中医专家团队出诊12069.5次，接诊患者499736人次，开具处方104620张，接诊患者及开具处方数居全市第一。在政务云空间推广“中医执医助手”，惠及291家上云医疗机构，点击量超过50万人次。开展中医适宜技术耳穴疗法培训、基层家庭医生（团队）中医药服务能力提升培训工作，完成医疗辅助护理员初级培训（中医健康养老护理员）260名、中级培训100名；17人通过2021年度北京市中医（专长）医师资格考核。区属医疗机构获评首都中医药“杏林耕耘50年”1人，首都中医“为民办实事榜样人物暨首都杏林健康卫士”8人，首都中医“榜样科室”1个。

（袁学勤　骆叶）

【中医药文化传播】 年内，区卫生健康委继续开展中医药文化传播和宣传工作。获批全国首批中医适宜技术青少年近视防控试点区，推动项目实施；面向海淀区中小学校的教师、校医开展中医药文化进校园师资培训，支持5所学校陆续开展百草园种植。截至年底，完成中医药文化旅游示范基地建设4家，完成中医药健康文化体验馆建设6家，新增北京市中医药

---

① “三安工程”：“安芯”行动，打造专科技术特色；“安魂”行动，加强人才队伍建设；“安核”行动，提升服务能力。
② “五化型”：学术化、服务化、标准化、国际化、信息化。
③ “升降浮沉”工程：进一步提升妇幼中医药服务能力，进一步发挥中医药在降低妇幼健康风险中的作用，进一步推动妇幼中医药健康文化自觉浮现，进一步推进妇幼领域中医药资源下沉。

文化素养教育试点基地4个。

（袁学勤　骆叶）

【新冠疫情中医药预防干预】 年内，区卫生健康委开展中医药预防干预新冠疫情工作，成效显著。为重点场所及一线防疫工作人员等发放中药预防用药代煎剂2万余剂、颗粒剂57万余剂、代茶饮11万余剂、防疫香囊近3万个、中药防疫包近700套；向辖区65岁以上居家重点人群免费发放“海淀区新冠协定方——扶正固表方”中药配方颗粒43345人份，对365位风险较高人员进行中医远程会诊，提供个性化预防用药。印发《海淀区新冠病毒感染人员中医药防治方案》，完善修订推出四版区级方案，拟定区级系列协定方案，多次组织方舱医院、社区卫生服务中心全员培训，提升中医药防治能力与水平；在定点医院紧急建设海淀区区级中药配方颗粒调剂中心，配送预防中药57万余剂，治疗用中药配方颗粒近3万剂。

（袁学勤　骆叶）

基层卫生

【社区卫生】 年内，全区有政府办的社区卫生服务中心28家、非政府办的22家；政府办的社区卫生服务站130个，非政府办的22个。推进北京市基层卫生预约转诊服务平台使用，14家二、三级综合医联体上线并放号，50家社区卫生服务中心、8家社区卫生服务站通过平台为辖区居民提供预约转诊挂号1278人次。社区卫生服务机构建立居民个人电子健康档案252.75万份，电子建档率80.7%。规范化电子健康档案191.21万份，规范化档案覆盖率61.05%。档案动态使用率55.06%。区属社区卫生服务机构实现健康档案面向居民开放，通过“健康海淀”公众号进行健康档案查看。

（尹杰）

【学校卫生】 2021—2022学年度，全区有中小学校（包括分校）217所，其中160所学校参加体检。在校生305454人，实检人数149820人（体检率49.05%）。其中小学127所，学生186999人，实检人数36058人，体检率19.28%；普通中学87所，在校生116305人，实检人数111722人，体检率96.06%；职高3所，在校生2150人，实检人数2040人，体检率94.88%。中小学生肥胖检出率14%，营养不良检出率4.49%，视力不良检出率73.42%，贫血检出率0.86%，恒牙患龋率22.55%，恒牙充填率82.62%。

（李玉莲）

【职业卫生】 年内，区卫生健康委完成辖区156家企业2643名接触重点职业病危害因素工人的职业健康监测及风险评估工作。完成职业病诊断鉴定9例。登记、审核职业病、疑似职业病、农药中毒病例9例，其中2例确诊职业病，包括1例哮喘、1例苯中毒；2例无职业病；3例疑似职业病，包括疑似电光性眼炎1例、疑似噪声聋2例等；农药中毒2例。访视新确诊病例2例。对辖区放射性风险较高的三甲医院进行监测，杜绝职业性放射性疾病的发生。对各级医疗机构放射诊疗设备开展医用辐射监测，医用辐射设备合格率由2013年的65.7%提高到2022年的100%，减少漏诊和误诊风险。完成7家非医疗机构放射性危害因素监测调查工作，完成率100%；配合市疾控中心完成4家医用辐射机构放射性职业病危害因素检测，完成率100%。完成231家单位、5257人次的个人剂量监测工作。

（李玉莲）

【农村卫生】 年内，四季青镇、海淀镇、东升镇、温泉镇、西北旺镇、上庄镇、苏家坨镇7个涉农地区设置社区卫生服务中心9个，社区卫生服务站68个，村卫生室7个，基本形成以社区卫生服务机构为主、村卫生室为辅的全覆盖。7个村卫生室均为村办村管，辖区社区卫生服务中心（乡镇卫生院）对其进行业务指导。全区有在册乡村医生59人，均按要求完成技能操作培训及考试，达到合格。

（陈巧丽　李娜）

【精神卫生】 年内，区精神卫生综合管理工作领导小组持续推进严重精神障碍患者服务管理及社会心理服务体系建设工作。落实免费服药服务、长效针剂治疗、血药浓度监测及监护人补贴等救治救助措施。通过电话视频访视、远程医疗会诊、上门送药等形式，保障受疫情影响的1582名患者得到规范的医疗服务管理。截至年底，全区在册严重精神障碍患者11562人，其中6类（精神分裂症、双相情感障碍、精神发育迟滞伴发精神障碍、癫痫所致精神障碍、分裂情感性障碍、持久的妄想性障碍）重性精神病患者11408人。全区报告患病率3.692‰，在册患者规范管理率94.75%，在册患者规律服药率89.16%，在册患者规范面访率92.41%，免费服药政策惠及率76.55%，监护人补贴申领率92.29%。继续推进国家社会心理服务体系建设工作，指导辖区开展精神卫生健康促进工作。梳理、凝练8项典型经验做法，即“活跃在海淀教育大地上的社会心理服务‘排头兵’”“打造环境，强化服务，建设队伍，海淀开创‘信访+心理服务’工作模式”“折翼的天使同样可以展翅飞翔——海淀工读学校育人又育心”“永定路街道养学游心陪伴沙龙”“内挖潜能，外整资源——社会工作介入海淀区精神卫生服务模式经验介绍”“护航学生‘心’健康，搭建高校‘心’联盟”“早防早智，乐享银铃——海淀区老年痴呆防治特色服务工作经验介绍”“清河街道打造12345+社会心理服务工作新模式”，线上线下开展科普宣传。疫情防控期间，为集中医学观察中心、封管控区居民提供心理健康知识宣传、心理健康讲座、心理援助热线等主动式定向服务。组建心理危机干预工作指导小组、心理救援专家指导组、心理救援医疗队和心理援助热线队伍，为集中医学观察中心及冬奥保障增设24小时心理援助热线，主动提供心理咨询、精神症状及风险评估、发放定向宣传折页、心理健康评测、线上心理讲座活动，对有需求的个体开展紧急心理危机干预和心理疏导服务。

（侯林飞）

【爱国卫生运动】 年内，区卫生健康委组织北京冬奥会和冬残奥会爱国卫生专项督导检查。区爱卫办与区文明办共同倡导开展以纪念爱国卫生运动70周年为主线，以“文明健康绿色环保——双奥之城 健康北京”为主题的第34个爱国卫生月系列活动，开展“周末卫生日”“城市清洁日”等活动，改善和提升城乡环境卫生状况。组织开展除“四害”统一防治活动，清理卫生死角和病媒生物滋生地4.5万余处。完成国家级专家组对海淀区健康促进区建设工作的全面评估验收，海淀区被命名为国家级健康促进区。区属部门创成无烟党政机关92家，实现无烟党政机关全覆盖。22个街道被北京市爱卫会命名为“北京市卫生街道”。

（李丹宁）

疾病防治

【传染病防治】 年内，全区累计报告甲类法定传染病0例，无死亡病例。报告乙类法定传染病6175例，比上年增加3449例；死亡病例19例，比上年增加2例。甲乙类法定传染病发病率为197.39/10万，比上年增加110.39/10万。其中乙类传染病发病率前三位的分别是新型冠状病毒肺炎、肺结核和梅毒，报告发病数（发病率）分别为3961例（126.62/10万）、716例（22.89/10万）和433例（13.84/10万）。

（李玉莲）

【结核病防治】 年内，全区报告肺结核患者664人，收治管理454人，报告患者的登记管理率为68.3%，未达到85%的考核要求。本区定点医疗机构收治本区患者217人，占比47.8%，未达到60%的考核要求。在收治的217名患者中，结核性胸膜炎患者13人（病原学阴性）、病原学阳性者104人，病原学阳性率50.9%，达到50%的考核要求。定点医疗机构管理新病原学阳性患者108人，105人进行耐药筛查，耐药筛查率为97.2%，达到80%的考核要求；定点医疗机构管理耐多药高危患者13人，12人进行耐药筛查，耐药筛查率为92.3%，未达到95%的考核要求；定点医疗机构发现耐多药患者8名，管理8名，纳入治疗率为100%，达到75%的考核要求。登记管理活动性肺结核患者294人，治疗成功患者265人，成功治疗率90.1%，达到90%的考核要求。

（李玉莲）

【性病艾滋病防治】 年内，全区新报告HIV/AIDS 198例，比上年减少63例。二、三级医疗机构筛查967434人次，较上年953914人次增加13520人次，增长1.4%，其中169例确认阳性、较上年256例阳性减少87例。4家艾滋病免费自愿咨询检测门诊为1125人提供自愿咨询检测及性病诊疗、心理辅导、转介治疗等服务，发现阳性34人，比上年57人减少23人；阳性率3.02%。

（李玉莲）

【慢病防治】 年内，区卫生健康委巩固国家慢性病综合防控示范区工作成果，从政策完善、环境支持、体系整合、健康教育与健康促进、慢性病全程管理、监测评估、特色创新等方面推进慢病综合防控。大力推进全民健康生活方式行动，以“三减三健”（减盐、减油、减糖、健康口腔、健康体重、健康骨骼）为核心，开展“学生营养日”“全国高血压日”“全国爱牙日”“骨质疏松日”“联合国糖尿病日”等宣传工作。继续开展中央补助地方重大公共卫生慢病防治项目，完成城市癌症早诊早治669例，其中临床筛查243例；农村癌症早诊早治800例，其中临床筛查743例；心脑血管病高危人群长期随访227例。

（李玉莲）

【免疫规划接种】 年内，全区有预防接种门诊117个，其中免疫规划预防接种门诊79个（AAA级4个、AA级15个、A级59个，达标1个），产科接种单位18个，狂犬疫苗接种门诊8个，成人疫苗接种门诊11个，其他类疫苗接种门诊1个。发放免疫规划疫苗24种共计1696005支，非免疫规划疫苗65种共计829873支。应急接种麻腮风、水痘等两种疫苗316支。预防接种门诊共接种各类疫苗2536890剂次，除新冠疫苗外，其他各类疫苗接种1365987剂次。报告疑似预防接种反应222例，比2021年972例下降77.2%。24小时报告率100%，48小时调查率100%。其中一般反应49例、异常反应46例、偶合症120例、心因性反应6例、待定1例。召开专家诊断会11次，对32例AEFI进行专家诊断，其中不除外异常反应4例。

（李玉莲）

【新冠疫苗接种】 年内，区卫生健康委坚持“市级统筹、区级主责、街镇实施、单位和社区组织、行业促进”的工作机制，按照“条块结合、以块为主”的组织实施体系，持续开展新冠疫苗接种工作。包括9类重点人群接种、全人群接种、60岁及以上人群接种、12—17岁人群接种、加强免疫第1剂接种、3—11岁人群接种及加强免疫第2剂接种，累计接种新冠疫苗1170903剂次，占全区全部疫苗接种量的46.16%。接报疑似预防接种异常反应117例，其中一般反应6例、异常反应16例、心因性反应5例、偶合症89例、待定1例。

（高硕）

【流感疫苗接种】 年内，全区接种流感疫苗326798人，其中招标流感疫苗累计接种268319人。流感疫苗学生应接种302938人，实际接种169035人，接种率55.80%，接种数较上年上升8.09%；60岁及以上老人应接种17万人，实际接种90077人，接种率52.99%，接种数较上年下降2.37%。自费流感疫苗累计接种58479人，免费流感疫苗累计接种268319人，免费和自费疫苗接种总数较上年下降30.66%。全区72.41%（189/261）的中小学校完成接种率达到50%的接种目标。

（李玉莲）

妇幼保健

【妇女保健】 年内，海淀区承担“两癌”筛查工作的医疗机构为9378名适龄妇女进行免费“两癌”筛查，宫颈癌筛查方案为宫颈细胞学（TCT）+人乳头瘤病毒（HPV）联合筛查，诊断癌前病变46例，宫颈癌1例，宫颈癌早诊比例97.87%；诊断乳腺癌前病变2例，乳腺癌13例。继续承担国家农村妇女“两癌”筛查工作，包括宫颈癌TCT筛查项目8000例，确诊癌前病变35例；宫颈癌HPV试点项目4000例，高危型HPV阳性人数300人，感染率为7.5%；诊断宫颈浸润癌1例，宫颈癌前病变29例；乳腺癌筛查项目4000例，诊断乳腺癌3例。为11354位新人进行婚前医学检查，初婚婚检率为46.81%。检出疾病2667人，建议暂缓结婚22人。为14592人进行孕前优生健康检查，优生检查覆盖率为75.97%。

（于巧）

【孕产妇管理】 年内，全区19家助产机构管理23232名孕妇，分娩23869名新生儿，比上年减少837人；活产数23869名，较上年下降3.38%。剖宫产产妇数为8529名，剖宫产率为36.71%，比上年下降0.64%。社区卫生服务机构管理孕产妇20332名，其中高危孕产妇17844人，占比87.76%，高危管理率100%，孕产妇系统管理率99.76%，产后访视率99.87%。辖区孕产妇无死亡。婴儿死亡率0.97‰，低于全市平均水平。6家助产机构成功创建北京市母婴友好医院；3家社区卫生服务中心升级为AA级妇幼规范化门诊，实现AA级以上创建率达50%的目标。

（于巧）

【儿童保健】 年内，辖区社区卫生服务机构共管理辖区0—6岁儿童137581名，为136629名0—6岁儿童开展免费健康体检和残疾筛查，儿童保健覆盖率99.31%；管理3岁以下儿童51727名，系统管理49717名，系统管理率96.11%。为23504名新生儿进行新生儿遗传代谢病筛查，筛查率98.47%，确诊先天性甲状腺功能低下症27例、苯丙酮尿症1例、高TSH血症18例、先天性肾上腺皮质增生症2例；为23253名新生儿进行听力筛查，筛查率97.42%；为23656名新生儿进行免费先天性心脏病的筛查，其中筛查阳性数为940例，确诊先天性心脏病91例。监测新生儿出生缺陷634例，缺陷率27.31‰，主要出生缺陷病种为先天性心脏病、外耳其他畸形、多指（趾）、隐睾、尿道下裂，其中围产期严重出生缺陷3例。0—6岁儿童中单纯性肥胖儿童4317名，肥胖发生率3.16%。5岁以下儿童贫血率1.92%，生长发育迟缓率0.21%，多年来维持在较低水平。托幼园所在册儿童78169名，系统管理率99.97%。其他儿童分别在社区卫生服务机构管理。新生儿死亡6人，死亡率0.42‰；婴儿死亡14人，死亡率0.97‰；5岁以下儿童死亡19人，死亡率1.32‰。

（于巧）

【婴幼儿照护服务】 年内，海淀区通过幼儿园开设托班、社区和用人单位提供托育服务等方式，推动增加普惠托育服务供给。2家社区成功创建儿童健康友好社区。区卫生健康委面向街镇、村（居）卫健工作人员、托育工作者和婴幼儿家庭，开展12期不同主题的育儿知识科普讲座和1期线上问答活动，累计参与1万余人次。区家庭健康服务中心及14家“宝贝计划”基地累计开展育儿指导、父母课堂及亲子活动等212场，受益3500余人次。

（张殿杰）

计生服务

【生育登记】 年内，海淀区办理三孩以内生育登记21462例，其中一孩生育登记15193例、二孩生育登记5829例、三孩生育登记440例。

（江红英）

【托育服务】 年内，区卫生健康委配合开展市卫生健康委托育服务“6+4”一体化综合监管试点工作（实施风险监管、信用监管、分级分类监管、协同监管、科技监管、共治监管等6项基本制度，“一业一册”“一业一单”“一业一查”“一业一评”共同监管的4项工作机制），联合区住建委、区市场监督管理局、海淀公安分局、区消防救援支队及永定路街道、羊坊店街道、曙光街道、四季青街道、海淀街道、学院路街道、马连洼街道7个属地街镇，对A、B、C、D 4个等级的8家托育机构进行现场检查。更新印发《婴幼儿照护服务文件汇编》。3家托育机构被评为北京市托育服务示范单位（2022—2024年）。

（孙天琪 牛光鑫）

【计生关怀】 年内，区卫生健康委为全区5328名计划生育特殊家庭特扶对象缴纳2021—2022年度居家养老失能护理互助保险经费714.1万元。参保人年满65周岁后如不幸达到失能标准，可根据轻度、中度、重度等失能等级享受专业照护服务机构以“实物”形式提供的每月900元、1400元、1900元等相应标准的照护服务。对入住北京市二星级及以上养老机构的计划生育特殊家庭中的失能、失智老年人或年满70周岁的老年人，按每人每月2800元予以补助，其中市财政通过专项转移支付方式给予每人每月1400元的定额补助，区财政给予每人每月1400元的补助。为计划生育特殊家庭成员购买2022年度北京市“健康普惠保”，形成基本医疗保险和商业健康保险保障合力。

（刘萍 孙天琪）

【计生奖励发放】 年内，全区符合计划生育奖励扶助政策达43375人次，总发放金额6684.59万元。其中，独生子女父母奖励符合政策人数25768人，发放金额148.73万元；农村部分计划生育家庭奖励扶助标准为每人每年2100元，符合政策人数447人，发放金额93.87万元；独生子女父母年老时一次性奖励费标准为女方年满55周岁、男方年满60周岁时每人1500元，符合政策人数5805人，发放金额870.75万元；计划生育家庭伤残、死亡特别扶助金发放标准分别为每人每月590元、720元，发放金额4310.34万元；发放独生子女父母一次性经济帮助金170万元；发放独生子女特扶家庭养老帮扶金1007.4万元。计划生育困难家庭标准为每户5000元，符合政策家庭167户，发放金额83.5万元。

（高凌飞　孙天琪）

【计生药具服务管理】 年内，全区有2934个免费避孕药具发放网点，发放免费避孕药具373万余只。区卫生健康委加强药具库房温湿度监管和质量监测，保证药具质量。组织4次线上免费避孕药具业务培训，提升基层药具服务水平。开展“免费提供避孕药具”发放指导巡查，实地督导各街镇村（居）委会、社区卫生服务中心、社区卫生站的药具服务网络。

（张殿杰）

【计生保险】 年内，全区计划生育家庭意外伤害保险总投保家庭3万余户（11万余人），投保金额94万余元，财政补贴投保家庭6200户，财政补贴保费17万余元。计生特殊家庭父母意外身故及住院补贴保险投保总人数5819人，财政补贴保费58.19万元。

（姚雪莹）

【计生宣传】 年内，区卫生健康委制发科学育儿知识科普宣传折页6万份，开展线上科学育儿答题活动，近3000人次参加。开展家庭健康指导员大讲堂8期讲座，听课5700余人次。培养家庭健康指导员200名，为周边居民及家庭提供健康宣教、医疗救助、咨询指导等服务1万余次。开展“好家风 健康行”家庭健康线上答题活动，参与3000人次。开展计生宣教活动646场，受益17万余人次。报送信息297篇，其中市计生协网站采纳214篇，市级微信采纳138篇，国家级网站采纳10篇。

（张殿杰）

体　育

2023

北京海淀年鉴

综述

【概况】 2022年，海淀区体育局服务北京冬奥会和冬残奥会赛事，牵头北京2022年冬奥会和冬残奥会海淀区运行保障指挥部办公室（调度中心）工作，统筹火炬运行保障工作，参与官员、运动员抵离服务保障工作。落实体育场所疫情防控措施。优化全民健身服务供给，不断完善群众体育健身设施。开展体育品牌创建工作，不断丰富群众体育健身活动。持续规范基层体育组织。提升青少年竞技体育备战水平，全力备战北京市第十六届运动会。提升体育市场管理服务水平，深化体育行业安全责任落实，优化区属场馆管理方式和运营机制，体育产业持续稳步发展。发布《北京市海淀区“十四五”时期体育事业发展规划》，编制印发《海淀区全民健身实施计划（2021—2025年）》《海淀区全民健身场地设施建设补短板五年行动计划（2021—2025年）》。区体育局下辖8个事业单位，即海淀区体育场馆管理中心、海淀区社会体育管理中心、海淀区体育局综合管理服务中心、海淀区体育科研所（海淀区全民健身科学指导中心）、海淀区体育运动学校、海淀区少年儿童业余体育学校、海淀区少年儿童游泳业余体校、海淀区重竞技业余体校。全区有43个体育协会（分会），有193个单位会员，2841名个人会员。注册11131名运动员。

北京2022年冬奥会和冬残奥会海淀区运行保障指挥部办公室（调度中心）获北京2022年冬奥会、冬残奥会北京市先进集体称号。冯小明获北京冬奥会、冬残奥会突出贡献个人称号，白雪罡、林鹏卫、梁雪松、秦庆国获北京2022年冬奥会、冬残奥会北京市先进个人称号，张彦祥获得首都劳动奖章。区体育局机关党支部“一二三”工作法被区委评选为“星耀引航”优秀党支部工作法。

（高鑫鑫）

【体育设施建设】 年内，区体育局完成更新满8年使用期限的全民健身路径273套，新建全民健身路径38套，建设25处专项活动场地，包括篮球场7处、笼式足球场8处、乒乓球长廊3处、轨道棋7处，完成社区居民“十五分钟”健身圈，逐步打造“十分钟”健身圈。重点研究、修改完善全民健身设施后期维修管理问题。优化区属场馆管理方式和运营机制，实行目标制管理，提高场地设施利用率，引进热门飞盘、跑团、体能培训、冰壶、滑雪和健美操等项目。调整开放时间，部分场馆增加开放时长。场馆中心共接待健身26.6万人次，保障体校业训4.1万人次，承办各类赛事、活动10余项。推进北大西门片区海淀中心改造项目。

（高鑫鑫）

【体育社团管理】 年内，区体育局完成24家体育类社会组织年度年检审查。细化《海淀区社会体育指导员管理细则》，修订《海淀区社会体育指导员晋升工作实施办法（试行）》。培训社会体育指导员1500名。截至12月，全区社会体育指导员累计注册19575人。组织社会体育指导员参加京津冀和北京市社会体育指导员技能交流大赛，获20余个奖项，区体育局获优秀总领队、道德风尚奖、优秀组织奖。印发《海淀区体育竞赛裁判员管理办法实施细则》，审核推荐裁判员培训130余人次，完成1256名裁判员网上注册审核。

（高鑫鑫）

【冬奥会行业安全保障】 2月至3月北京冬奥会、冬残奥会期间，区体育局开展“保安全 助冬奥”安全生产和疫情防控系列检查，全力确保体育经营单位安全有序运营。执法检查人员针对疫情防控措施、场馆限流、消毒液配比、消毒记录、科学佩戴口罩、入场登记和体温监测、一米线设置、应急预案制定、疫情防控物资储备和急救物品配备等进行全面检查，对健身场馆的消防通道、应急急救设施设备、灭火器进行检查。对检查中发现的安全隐患，要求经营单位立即整改，确保各项措施落实到位。

（高鑫鑫）

【参加北京市第十六届运动会】 8月9日至10月3日，北京市第十六届运动会举行。市运会由青少年竞技组和群众组两大部分赛事组成。其中，青少年竞技组设田径、游泳、足球、篮球、排球等共计28个大项33个分项，另设攀岩、滑板等4个表演项目；群众组设乒乓球、羽毛球、围棋、象棋、中国式摔跤、风筝等15个大项111个分项。海淀区派出1859名运动员参加青少年竞技组23个大项27个分项和4个表演项目，获得奖牌387枚，包括132金、127银、128铜；派

年内，新建的全民健身器材　（区体育局 供图）

8月9日至10月3日，海淀区参加北京市第十六届运动会 （区体育局 供图）

出419人参加群众组全部15个大项91个小项比赛，获得18金、15银、15铜及35个第四名至第八名，金牌数和奖牌数均位列全市第三。

（高鑫鑫）

【体育行业安全整治“百日行动”专项检查】 9月14日，区体育局召开体育行业安全整治“百日行动”检查培训会，围绕安全整治“百日行动”的“检查前、检查中、检查后”三个环节进行重点培训。9月16日，“百日行动”正式进入排查实施阶段。截至25日，13个检查组对全区29个街镇722家体育经营单位开展拉网式检查，发现问题主要集中在疫情防控方面：从业人员未落实“2天1测”核酸检测要求、从业人员信息台账建立不规范、卡口“四件套”落实不严、未及时提醒等候区顾客规范佩戴口罩等。在检查中，能立即改正的问题要求企业立行立改，对于限期整改的，发出责令整改通知书，约谈企业负责人，对整改不力的企业开展联合执法。

（高鑫鑫）

【北京马拉松赛事服务保障】 11月6日，2022年北京马拉松开赛，海淀区设立服务保障指挥部，在区城市大脑运营指挥中心全程监控指挥，制订马拉松沿线（海淀段）保障方案和应急预案，细致安排、周密部署比赛沿线的安保工作、突发事件处置、交通疏导、消防安全、环境卫生、医疗保障等环节，圆满完成本届马拉松比赛沿线属地保障任务。

（高鑫鑫）

【冰雪项目经营单位安全检查】 11月至2023年2月冰雪季期间，区体育局对西山滑雪场、紫竹院公园冰场、冰上奇迹等12家冰雪项目经营单位开展安全检查。检查内容包括疫情防控措施落实、应急预案制订、防护器材和急救物品配备、冰场冰层厚度是否达到15厘米要求等，要求经营单位禁止私自上冰，每日定时定期检测冰面，冰面厚度不达标不得对外开放。针对检查中发现的隐患排查记录不完善、应急照明灯不能正常使用、急救药品存在过期等问题，要求冰场立即整改。

（高鑫鑫）

竞技体育

【概况】 2022年，区体育局开展青少年体育竞技项目29个大项，34个分项。修订完善《北京市海淀区运动员技术等级管理办法》。完成审核一级运动员109人，审批二级运动员241人、三级运动员68人。

（高鑫鑫）

【获北京市青少年网球锦标赛26个奖项】 3月12日、13日，7月27日、28日，2022年北京市青少年网球锦标赛举办。赛事设男子甲、乙、丙、丁组与女子甲、乙、丙、丁组共8个竞赛组别，其中甲、乙、丙组设有单打、双打、混双、团体比赛项目，丁组设有单打和双打比赛项目，来自10个区的289名青少年选手参赛。海淀区代表队获得男子乙组团体第二名、女子乙组团体第三名，男子甲组单打第一名、第二名、第三名，男子甲组双打第二名、第三名，男子乙组双打第二名，男子丙组双打第二名，男子丁组单打第二名，男子丁组双打第一名，女子甲组单打第二名、第三名，女子甲组双打第一名、第二名、第三名，女子乙组单打第二名，女子乙组双打第二名、第三名，女子丙组单打第二名，女子丙组双打第三名，女子丁组单打第三名，女子丁组双打第一名，乙组混双第一名，丙组混双第一名、第三名。

（高鑫鑫）

【获北京市青少年羽毛球锦标赛13个奖项】 8月17日至19日，2022年北京市青少年羽毛球锦标赛在燕山体育运动中心举办。受疫情影响，比赛仅设男、女甲组，项目包括单打、双打、混合双打及团体赛，来自9个区的90余名运动员参赛。海淀区代表队获得团体比赛：甲组男子第五名、甲组女子第一名；单项比赛：男子双打第五名，女子单打第一名至第五名，女子双打第一名、第四名、第五名，混合双打第一名、第五名。

（高鑫鑫）

【获北京市青少年乒乓球锦标赛12个奖项】 9月10日至12日，2022年北京市青少年乒乓球锦标赛在燕山体育运动中心举办。受疫情影响，比赛仅恢复男、女甲组的比赛，项目包括单打、双打、混双及团体赛，来自9个区的98名运动员参赛。海淀区代表队获得团体比赛男子甲组第二名、女子甲组第四名；获单项比赛甲组男子单打第四名、第六名，甲组男子双打第三名、第六名；甲组女子单打第一名、第三名，甲组女子双打第四名、第五名，甲组混合双打第一名、第六名。

（高鑫鑫）

【获北京市青少年武术套路锦标赛6个奖项】 9月17日，2022年北京市青少年武术套路锦标赛在燕山体育运动中心举办。受疫情影响，比赛仅恢复男、女甲组比赛，包括长拳、刀术、棍术、42式太极拳、42式太极剑、二人对练等18项自选及规定项目，形意拳、八卦掌、八极拳、通臂拳等11项传统项目，来自12个区的105名运动员参赛。海淀区代表队获得2个第一名、3个第二名、1个第三名。

（高鑫鑫）

【获北京市青少年摔跤锦标赛1个奖项】 11月5日，2022年北京市青少年摔跤锦标赛在燕山体育运动中心举办。赛事设男子古典式、自由式甲组：（41—45）公斤级、48公斤级、51公斤级、55公斤级、60公斤级、65公斤级、71公斤级、80公斤级、92公斤级、110公斤级。女子自由式甲组：（36—40）公斤级、43公斤级、46公斤级、49公斤级、53公斤级、57公斤级、61公斤级、65公斤级、69公斤级、73公斤级。来自北京市10个区的92名青少年选手参赛。海淀区代表队获得1个第一名。

（高鑫鑫）

【获北京市柔道锦标赛团体冠军】 11月6日，2022年北京市青少年柔道锦标赛在燕山体育运动中心举办。赛事设男子甲组：50公斤级、55公斤级、60公斤级、66公斤级、73公斤级、81公斤级、90公斤级、100公斤级、+100公斤级、无差级别。女子甲组：40公斤级、45公斤级、48公斤级、52公斤级、57公斤级、63公斤级、70公斤级、78公斤级、+78公斤级、无差级别。来自北京市12个区的116名青少年选手参赛。海淀区代表队获得4个第一名（男甲–55公斤级、男甲–90公斤级、男甲+100公斤级、女甲–57公斤级）、5个第二名（男甲–81公斤级、男甲–90公斤级、男甲+100公斤级、男甲无差别、女甲–70公斤级）、6个第三名（男甲–55公斤级、男甲–66公斤级、男甲–81公斤级、男甲–90公斤级、男甲无差别、女甲无差别）、5个第五名（男甲–66公斤级、男甲–81公斤级、男甲无差别并列2人、男甲–55公斤级）、4个第七名（男甲–81公斤级、男甲–100公斤级、男甲+100公斤级、男甲无差别），并获得团体冠军。

（高鑫鑫）

群众体育

【概况】 2022年，区体育局组队参加市级比赛活动8次，4000余人次参与；完成区级群众体育活动组织实施5次，4000余人次参与。各协会组织、承办或参加全国、市、区级各项活动，2000余人次参与。指导八里庄街道、海淀街道、中关村街道、香山街道参与2022年北京市全民健身示范街道和体育特色乡镇创建工作，均创建成功。全区累计14个街道、6个镇通过北京市全民健身示范街道和北京市体育特色镇的创建。评选2021年度优秀全民健身团队一星、二星、三星500支。开展线上全民健身大讲堂10次，区级体质测试中心完成3840余人次体质健康测试及运动能力评估，3000人参加国家体育锻炼标准测试。探索符合疫情常态化防控情况的“体卫融合”新路径和具有海淀特色的“体卫融合”职工健康促进管理模式。

（高鑫鑫）

【国民体质监测】 年内，区体育局在中关村街道、八里庄街道、永定路街道、万寿路街道等13个街镇开展国民体质监测工作。全区总测试人数为3981人，测试项目包括身高、体重、围度、体脂率、肺活量等19个项目。整体测试合格率为94.2%，优秀率为10.1%。

（高鑫鑫）

【桥牌社会体育指导员个人网络赛】 7月2日至8日，区体育科研所（区全民健身科学指导中心）与区桥牌协会联合举办海淀区桥牌社会体育指导员网络个人赛，来自全区各行政企事业单位的56名桥牌社会体育指导员参加比赛。李子钰、孟凡辉、马钢分获冠、亚、季军。

（高鑫鑫）

【北京市第二届社区杯八人制足球赛海淀区预赛】 7月30日至8月21日，北京市第二届社区杯八人制足球赛海淀区预赛在海淀体育中心足球场举行。比赛设青年组（18—36岁）和中年组（37—55岁）两个组别，共有15支球队400余人参赛。西北旺镇西北旺村青年队、紫竹院街道老男孩中年队分获青年组、中年组比赛冠军。

（高鑫鑫）

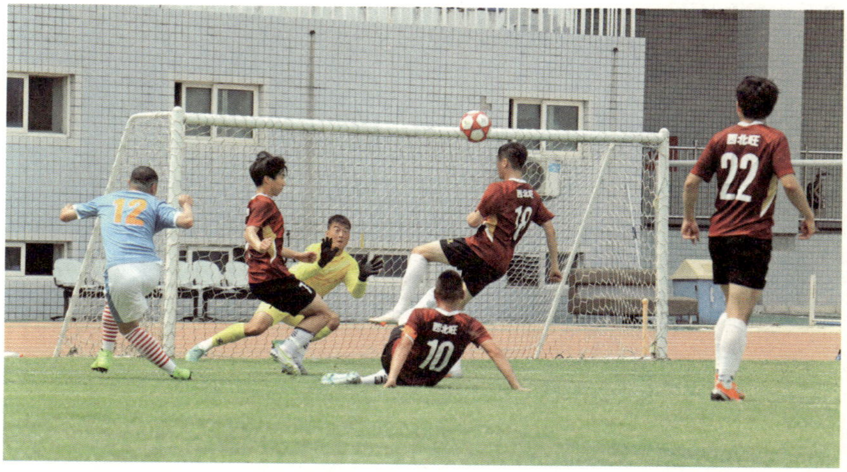

7月30日至8月21日，北京市第二届社区杯八人制足球赛海淀区预赛举行

（区体育局 供图）

【海淀区“全民健身日”乒乓球联谊赛】8月5日，2022年海淀区“全民健身日”乒乓球联谊赛举办，来自区文旅局、区文联、区机关事务管理服务中心等单位的29名乒乓球爱好者参赛。男女单打取前八名，并发放纪念证书。

（高鑫鑫）

【参加《国家体育锻炼标准》测试赛】8月5日，北京市《国家体育锻炼标准》测试赛在天坛体育场举行。比赛设25米×4往返跑、30秒单摇跳绳、立定跳远、十字象限跳、坐位体前屈、绕杆跑、仰卧起坐（女子）、俯卧撑（男子）7项比赛项目。区体育局组织永定路街道、温泉镇2个街镇70余人参赛，所有参赛队员均达到合格标准。

（高鑫鑫）

【海淀区首届网球邀请赛】8月6日至7日，区体育局组织的“8月8日全民健身日”海淀区首届网球邀请赛举行。邀请赛设中年组男子组、青年组男子组、中年组女子组、青年组女子组、特邀组共5个组别，均以双打赛形式进行，230余人参赛，覆盖海淀区企业、机关、学校。

（高鑫鑫）

【“全民健身日”系列主题活动】8月8日，区体育局组织开展“全民健身日”系列主题活动。区体育科研所体质测试中心免费对居民开展国民体质测试、健康风险筛查，依据体质测试和健康风险筛查报告，提供个性化的健身指导建议，全年定期向居民免费开放天数不少于50天。组织社会体育指导员到10个健身站点开展社会体育指导员技能交流展示活动。依托“海淀体育”微信公众号，推出国家体育总局推广的体育科普项目优秀作品。

（高鑫鑫）

【获北京市健身气功站点联赛一等奖】8月11日，2022年北京市健身气功站点联赛在红方运动工厂举行，来自全市58支代表队的1000余名选手参赛。海淀区选派海淀健身气功协会代表队参赛，获得一等奖。

（高鑫鑫）

【获第九届北京市广场舞大赛决赛二等奖】8月19日，第九届北京市广场舞大赛决赛在地坛体育馆举行，来自全市63支代表队的1100余名选手参赛。海淀区选派青龙桥街道橄榄枝舞蹈队参赛，获得二等奖。

（高鑫鑫）

【海淀区第十六届“和谐杯”乒乓球赛】8月20日至21日，海淀区第十六届“和谐杯”乒乓球比赛在海淀体育中心举办，来自街镇18支代表队的120余名运动员参赛。青龙桥街道代表队获第一名，西北旺镇代表队获第二名，学院路街道一队获第三名，香山街道代表队获第四名，学院路街道二队获第五名，马连洼街道代表队获第六名，西三旗街道一队获第七名，紫竹院街道二队获第八名。

（高鑫鑫）

【凤凰岭户外运动大会暨凤凰岭体育公园揭牌】8月27日，由区体育局主办，区社会体育管理中心、北京凤凰岭景区承办的海淀区凤凰岭户外运动大会启动仪式暨“凤凰岭体育公园”揭牌仪式在北京凤凰岭景区举行。相关区领导和300余名户外爱好者出席。区领导为海淀6支优秀健身团队代表颁发全民健身优秀团队奖杯，为凤凰岭体育公园揭牌，这是海淀区首个体育公园。活动现场设置旱地冰壶球、户外装备展示体验、房车体验、帐篷露营体验等项目，提供真人CS、攀岩溜索、户外讲堂等户外体验项目，设置徒步登山知识展板和体育文化趣味拍照墙。8月27日至28日、9月3日至4日，为期4天的户外运动大会设置泡泡凤凰跑、真人CS、攀岩溜索、户外讲堂等活动。

（高鑫鑫）

【获第六届北京市柔力球大赛2个奖项】8月28日，第六届北京市柔力球大赛在地坛体育馆举行，来自全市58支代表队的1000余名选手参赛。海淀区选派上地街道队参赛，获得二等奖；北京体育大学队获得三等奖。

（高鑫鑫）

【三山五园骑行活动】9月25日，由区体育局主办的2022年海淀区三山五园骑行系列活动在凤凰岭公园举行。活动以“领略西山金秋美景 感悟海淀历史文化”为主题，骑行爱好者从凤凰岭公园出发，骑行途经鹫峰森林公园、阳台山旅游景区、七王坟古迹、车耳营民俗村、贝家花园等著名自然景区，500余名骑行爱好者参加。活动采取完赛制，不竞速不排名，完成全程颁发奖牌。开幕式上，参加活动的领导为区直机关工委、北京靠谱骑游车队、北京寰宇单车俱乐部、BCC骑货俱乐部、京城骑兵、京北休闲骑行队等优秀骑行团队颁发奖杯。活动现场设置VR滑雪体验、旱地冰壶、冰球射门、桌面冰球等冬季体验项目，设置骑行台供骑友模拟体验。

（高鑫鑫）

青少年体育

【概况】2022年，区体育局持续推进“体教融合”。完成新一轮区级传统校评定申报。对全区青少年俱乐部经营情况进行摸底，点对点地进行政策办法解读。截至年底，全区有国家级青少年体育俱乐部10个，体育传统项目学校69所，其中国家级6所、市级30所、区级33所。

（高鑫鑫）

【小学“未来名师成长计划”活动】4月8日，由区教委、区进修学校主办，北京石油实验小学和清华附小承办的海淀区小学“未来名师成长计划（体育与健康学科）”活动举行。中国教科院体卫艺术教研所、区教委、区教师进修学校、北京石油实验小学等领导、专家、教师23人参加。活动主题为“核心素养视域下，体育单元教学的探索与实践”，采用“线上+线下”方式举行。参与人员在北京石油实验小学操场观看体育社团学生展示花样跳绳、活力啦啦操、动感篮球、特色足球、传统武术等表演，展示学校“1+3+C”体育课程体系成果；观摩北京石油实验小学教师四年级体育课“小足球传接球与游戏”及《躬耕术业不停步 体育教学谱华章》和清华附小教师二年级体育课“小足球运球游戏”及《做一名精神上气象万千的体育教师》专题汇报；中国教科院专家对两名骨干教师贴近学生、生动有趣、方法育人并行的课堂给予高度评价，并作《深化体育课程改革 提升体育教育质量》专题讲座。

（宋亚甫）

4月8日，区教委举办海淀区小学“未来名师成长计划（体育与健康学科）”活动

（区教委 供图）

【**获北京市体育传统项目学校篮球赛5个奖项**】 8月7日至12日，由北京市体育局、北京市教育委员会主办，北京市篮球运动协会承办的中国体育彩票杯2022年北京市体育传统项目学校篮球比赛在弘赫国际体育中心、北京市第三十五中学举办。比赛设小学男子组、女子组，初中男子组、女子组，高中男子组、女子组6个级别。海淀区翠微小学获小学男子组第一名，五一小学获小学男子组第三名，中关村第三小学获小学女子组第二名，首都师范大学附属中学获初中男子组第三名、高中男子组第三名。

（高鑫鑫）

冰雪运动

【**概况**】 2022年，区体育局利用“海淀体育”新媒体平台普及冬奥知识、观赛礼仪，录制《一起向未来》等宣传视频，上线“冰履雪韵”专栏，讲述海淀冰雪故事。全区开设花样滑冰、冰壶、冰球、短道速滑等冰上项目，单板滑雪、双板滑雪等雪上项目。有区级青少年业余训练冰雪项目队伍12支，注册冰雪项目业余运动员441人。举办“迎冬奥”2021海淀区万人冰雪嘉年华活动、第二届“海延杯”青少年男子冰球交流赛暨北京市男子冰球邀请赛、第三届海淀区青少年女子冰球锦标赛暨北京市女子冰球邀请赛、北京市青少年短道速滑锦标赛等，通过以赛代练等方式，促进冬季项目运动员技术水平提升。

（高鑫鑫）

【**首届圆明园欢乐冰雪季活动**】 元旦前夕至2月中旬，首届圆明园欢乐冰雪季活动举行。本次活动设置“雪场”与“冰场”两大区域，分别设在藻园门和松风萝月景区，包括滑雪圈、雪地悠波球、电动雪橇、冰滑梯、冰车、冰上自行车、电动“狗”拉雪橇等项目，结合圆明园历史上的清代皇家“冰嬉”传统，带给游客丰富的冰雪趣味体验。中央广播电视台财经频道《经济信息联播》、东方卫视、北京青年报新媒体、中国网多家媒体直播报道活动内容。

（王浩）

【**第三届海淀区青少年女子冰球锦标赛**】 1月1日至2日，2022年第三届海淀区青少年女子冰球锦标赛暨北京市女子冰球邀请赛举行。比赛设大队、小队两个级别，来自海淀、石景山、丰台、昌平4个区的110名女子冰球小将参赛。海淀区获得大队（12—15岁）金牌、小队（8—11岁）铜牌。

（高鑫鑫）

1月1日至2日，2022年第三届海淀区青少年女子冰球锦标赛暨北京市女子冰球邀请赛举行

（区体育局 供图）

【第二届“海延杯”青少年男子冰球交流赛】 1月7日至8日，2022年第二届“海延杯”青少年男子冰球交流赛暨北京市男子冰球邀请赛在星宏奥冰上运动发展中心昆玉店举行。比赛设甲组、乙组、丙组、丁组，来自海淀、延庆、丰台、石景山、北京经济技术开发区的8支队110人参赛。海淀区获甲组、乙组、丙组、丁组全部组别金牌。

（高鑫鑫）

【紫竹院公园第五届欢乐冰雪季活动】 1月16日至2月20日，紫竹院公园举办第五届欢乐冰雪季活动，打造3.7万平方米的天然冰场和1.5万平方米的人工雪场，推出冰上速滑、冰滑梯、雪滑梯、雪地摩托等13项冰雪活动项目，接待游客6.7万余人次，其中冰上活动接待3.1万余人次、雪上活动接待3.6万余人次。

（张策）

【玉渊潭公园第十三届冰雪季活动】 2月16日，以“玉渊冰雪季·健康迎冬奥”为主题的玉渊潭公园第十三届冰雪季活动落幕，接待游客3.14万人次。公园冰雪季雪场位于樱花园西小湖，面积8000余平方米，汇集迎新、亲子、运动、科普四大元素，开设雪上飞碟、雪地摩托、雪地小坦克、悠波球及5项免费项目。活动于2021年12月31日开幕，持续17天。

（李倩）

【“迎冬奥”2021海淀区万人冰雪嘉年华活动】 3月，由区体育局举办的“迎冬奥”2021海淀区万人冰雪嘉年华活动落幕。活动采取团体定向和社会公开发放冰雪公益体验券的形式举行，场地涉及北京西山滑雪场、昌平军都山雪场、金源冠军冰场、万象汇缤纷万象冰场、圆明园公园冰场、凤凰岭冰雪乐园，发放冰雪公益体验券近2万张，覆盖社区居民、农民、机关干部、企事业单位职工等人群。海淀区市民通过“海淀体育”官方微信公众号及微博账号领取冰雪公益体验券参加活动。本次活动是第八届北京市民快乐冰雪季系列活动之一，助力北京“1000万人参与冰雪运动”，于2021年12月启动。

（高鑫鑫）

【获北京市青少年短道速滑锦标赛21个奖项】 11月4日至6日，2022年北京市青少年短道速滑锦标赛在北京市冰上项目训练基地举办。比赛设男子甲、乙组与男女混合丙组、男女混合丁组4个竞赛组别，来自全市的348名运动员参赛。海淀区选派18名队员参赛，共获得1个第三名、3个第五名、9个第六名、4个第七名、4个第八名。

（高鑫鑫）

体育产业

【概况】 2022年，海淀区12家企业入围文体娱全市发展综合排名前100名，占比12%；21家入选体育类高新技术企业，占比15%；3家入选北京市体育类“专精特新”中小企业，占比18%；1家入选体育类专精特新“小巨人”企业，占比20%。以接诉即办为核心，以服务群众需求为根本出发点，以提升体育市场服务为目标，全面进行体育产业市场监管。区体育局全年受理接诉即办5478件，其中消费纠纷类占68.2%。

（高鑫鑫）

【体育行业安全监管】 年内，区体育局围绕全国两会、北京冬奥会和冬残奥会、党的二十大等重大活动，深化体育行业安全责任落实。持续推进行业特约监督员工作，利用“海淀体育”微信小程序、“京办”服务平台，开展自查线上报备，持续强化全链条行业安全监管。完成城市安全风险评估企业225家，动态更新企业195家。开展安全生产专项整治行动，开具行政执法检查单215张，开具安全生产督查单793张，行政处罚7家企业。对辖区体育经营单位开展拉网式、全覆盖专项检查行动和日常执法检查，重点围绕疫情防控措施落实情况、安全生产管理情况、机构证照资质情况、救生员在岗情况、危化品存储情况、消防设备设施、急救物品配备及安全制度、应急预案制订情况等方面进行检查，确保场馆安全有序运营。对存在安全隐患及工作不到位的经营单位开具整改通知书，要求限期整改。

（高鑫鑫）

【体育市场管理服务】 年内，区体育局建立辖区体育产业名录库，纳入11大类37中类71小类2049家体育项目经营单位，涵盖体育管理、健身休闲、场地设施、体育培训、传媒信息、民办非企业等类别。对体育项目经营单位的高危项目、地下空间、青少年体育培训等进行分类分级管理，建立体育行业“黑名单”，重点关注“上榜”企业。民办非企业审查、高危险性体育项目审批实行“一审一核制”，确保材料真实严谨。

（高鑫鑫）

【体育类校外培训机构监管】 年内，区体育局聚焦“双减”，联合中国工商银行建立体育行业预付费资金监管平台，推行“一课一消”模式，加强合同监管。排查有培训行为的体育经营单位403家，属于专营青少年校外体育培训79家。与区市场监管局联动完成北京市首批营利性青少年校外体育培训机构落地工作，北京尧阳健康管理有限公司等9家企业领取营业执照。深化体育类校外培训机构治理，利用“海淀体育”微信小程序开展智慧执法，督促体育培训机构线上报备、安全生产及疫情防控自查自检，形成线上监管检查体系；与各相关委办局、各街镇开展联合检查，构建联合检查和专项检查并行的检查模式，重点对违规复课、价格违法虚高、疫情防控措施落实等情况进行检查。对检查中发现的问题提出整改意见，要求非学科类体育培训机构严禁从事学科培训，严禁超标超前培训，明确收费标准，加强培训广告管理。

（高鑫鑫）

【体育经营单位大检查】 6月14日至17日，区体育局组成13个检查组，出动111人，对在账的479家体育经营单位进行大检查，共排查出新增企业25家，倒闭企业49家。对复工企业发放《北京市近期出台的各项防疫政策汇编》，对疫情防控落实情况进行全面检查；对未复工企业均张贴《北京市海淀区体育局关于做好全区体育健身场所疫情防控工作的通知》。发出责令整改通知书49份，约谈15家企业，责令关停34家企业。

（高鑫鑫）

体育业训

【概况】 2022年，区体育局优化科学训练保障模式，通过部门培训与集体培训相结合，分专业开展教练员继续教育培训90学时。通过线上线下相结合开展体能训练，为12支运动队开展体能训练560课时，完成比例110%。撰写《2022年海淀区体育科研所体能测试数据分析报告》。开展康复治疗825人，治疗4940人次；完成骨龄测试360余人，为运动员伤病预防、体能恢复、运动员选材提供科研服务保障。

（高鑫鑫）

【反兴奋剂管理】 年内，区体育局组织开展2022年反兴奋剂工作，严格做好各项赛事赛前兴奋剂检查。强化反兴奋剂宣传教育，发放《反兴奋剂知识手册》《运动员用药指南》等反兴奋剂资料。完成4所体校反兴奋剂教育培训工作，全年未出现任何兴奋剂问题。

（高鑫鑫）

【业训防疫检查】 年内，区体育局严格落实各级疫情防控要求，确保各项目训练安全有序。对海淀体育中心各青少年项目业训现场持续开展防疫检查，主要包括参训运动员的数量、体温检测情况、场馆卫生和通风情况、防疫物资的准备和保养情况、运动员的接送情况等。

（高鑫鑫）

社会建设

2023
北京海淀年鉴

精神文明建设

【概况】2022年，海淀区精神文明建设工作以深化全国文明城区创建为统领，以培育和践行社会主义核心价值观为根本任务，区新时代文明实践中心建设深化拓展，由试点探索转为全面展开阶段。根据中共中央办公厅《关于拓展新时代文明实践中心建设的意见》和中共北京市委办公厅《北京市关于进一步深化拓展新时代文明实践中心建设的实施方案》精神，履行全国“先行试验区”的探索试点责任，推进新时代文明实践中心在海淀深化拓展，提质增效。

区委宣传部召开6次专题会，研讨文明实践深化拓展工作；依托文明实践中心交流群、志愿指导员群、实践站联络员群、研究基地专家群等交流阵地，常态化开展信息交流和工作研讨。海淀文明实践专项基金获批在中国志愿服务基金会下设立，开始前期筹备相关工作。新时代文明实践中心服务管理平台二期项目完成招投标工作。截至年底，全区文明实践基地达到110家。

新时代文明实践中心建设得到中宣部肯定，海淀区新时代文明实践案例被《宣传工作》《人民日报》《新京报》《精神文明导刊》《北京日报》等报刊刊登，介绍海淀区新时代文明实践案例；区文明实践服务管理平台获得2022数字中国创新大赛数字党建比赛三等奖；北京大学校史馆等6个实践基地获评市级文明实践基地；院长讲习、后厂直播间、研课堂等3个项目获评市级文明实践创新案例；“讲好中关村故事”项目获市级未成年思想道德建设先进案例。“中国好人”上榜1人，“北京榜样”上榜个人9名、集体3个。5人获北京市第七届、第八届诚信晚会“诚信之星”。评选2021年度“感动海淀”文明人物10名、提名奖10名，文明集体7名。推荐的10人获2021—2022年度首都精神文明建设奖。

（钟冷　王桂芳）

【全国文明城区创建】年内，海淀区精神文明建设委员会办公室（简称区文明办）进一步深化全国文明城区创建工作，按照常态长效与专项攻坚相结合的工作思路，全面落实责任包干、常态测评、每日巡查、分级培训、分片督导、定期调度等6项常态化工作机制，开展常态化测评，推进创建水平稳步提升。推出区领导包片督导制，区委书记通过“四不两直”方式检查点位80余次，全区文明城区创建工作专题调度14次，档案材料、宣传氛围、背街小巷精细化整治提升等专项工作调度会36次。创城办6个督导组，持续督导整改，高位调度推进高效整改。精准指导档案培训，分批次对责任单位进行精准指导，细致讲解每条指标考核依据和内在含义，整理图片超3000张，编辑文字超10万字。深化基础创建，树立先进典型，创建区文明村镇19个（文明村14个、文明镇5个）、区级文明单位127个（含文明社区61个）、区级最美家庭300个、区级文明街巷35条、区级文明商户52户。加大文明创建典型社区培育，以老旧社区为主，打造典型社区31个。

（王桂芳）

【新时代文明实践试点工作】年内，区新时代文明实践中心办公室依托实践中心、所、站等阵地，常态化开展文明实践活动。分别以“喜迎冬奥”“劳动最光荣”“科技范”“食品安全”“志愿家庭”为主题，开展12次文明实践推动日活动，营造和谐文明的社会氛围。区新时代文明实践中心履行全国“先行试验区”的探索试点责任，将“中关村创新精神”融入新时代文明实践，策划“两弹一星与海淀”巡回展主题活动，在中国科学院、西三旗街道展出“两弹一星”科学家的奋斗故事，参观者3000余人。联合中国科学院计算机中心举办“向阳生长”格致论道未来少年科普宣讲活动，区教师进修学校实验学校等5所中学的7名中学生宣讲展示自己的科学文化梦想。全国科普宣传周期间开展“格致论道”科学家演讲活动，在线传播10余万次。发挥区域8万家企业、1.1万家高新技术企业的科技优势，引导、扶持企业助力科技抗疫。文明实践运行机制更加健全。

（王桂芳）

【志愿服务】年内，区新时代文明实践中心办公室联络对接222个友邻驿站、40余家西部马华餐厅加入志愿驿站队伍，进一步完善“志愿服务15分钟生活圈”。开展北京冬奥会志愿服务，区实践中心动员680余位机关、企事业单位党支部志愿指导员、实践所站志愿者、2000余名文明引导员和文明交通志愿者、350余位冬奥入住酒店保障志愿者开展扫雪除冰行动。组建平战结合的文明实践志愿队伍，疫情期间，1个实践中心、29个实践所、642个实践站、222个友邻志愿驿站、102个实践基地变身志愿者“招募站”“宣传点”“集结地”和“加油站”，搭建党政群一体化、区街镇相贯通的疫情防控“文明实践网格”，党员、机关干部、青年以及综治、文化等领域志愿者深入百姓身边开展服务，带动居民、发动志愿者参与疫情防控志愿服务150余万人次。启动“平、战、急、极”疫情防控志愿服务调度机制，做好4个场景下的疫情防控应急服务保障。实践中心办公室联络区应急局、区志愿服务总队组建文明实践志愿队伍，探索开展应急状态下的消防、医疗、救助等志愿服务，依托文明实践推动日开展应急救助志愿服务展示交流。生命缘志愿服务队、雷霆应急救援志愿队每日12小时连续在岗，坚守17天，保障社区居民1800余人转运和社区封闭期间各项工作顺利进行。依托文明实践推动日开展应急救助志愿服务展示交流；依托文明实践平台，开展“点亮海淀地图”“老党员故事”征集、北京冬奥会图片征集等活动；依托“文明海淀”公众号实践基地、实践所开展专题打卡宣传，宣传引导更加多元化。

（王桂芳　钟冷）

【公民思想道德建设】年内，区文明办突出“海淀友邻”品牌，传播新思想新风尚。通过“共绘文明海淀”“文明创建”“新时代文明实践”等专版专栏，“文明海淀”微信公众号持续播发文明人物、志愿者为身边人送温暖、送服务的感人事迹，诗词两米线、“蔬菜包”RAP说唱创意短视频等作品爆红，成为海淀区疫情防控的形象代言。制作“海淀友邻”宣讲短视频12个、社会主义核心价值观宣讲短视频13个，在“文明海淀”微信公众号等网络平台发布，志愿者在线学习超10万次，推动志愿者提升思想素质和文明素养。海淀文明网累计更新信息3.5万余条，各类栏目更新4000余条，上报首都文明办1800余条。29个街镇的600余个社区参与文明实践活动，线上参与量超30万人次，线下约5万人次。组织“‘理’上网来 文明海淀”活动，壮大网上宣传声势。采用网络视频方式，让运动员、明星、社会公益人士与网友互动，引导广大网友文明上网、健康上网，营造文明、安全、绿色的网络环境，传播量达1.5亿次。开展“海淀文明商户”“网上祭英烈”“海淀文明市民网校”等网上专题活动。结合“文明海淀”微博、微信公众号开展“冬奥时间·海淀有力量”十大文明主题海报发布等活动，举办“海淀这十年，影绘新时代”摄影比赛。

（王桂芳）

【礼遇道德模范活动】 年内，区文明办评选表彰年度“感动海淀”文明人物10名，“感动海淀”文明人物提名奖10名，文明集体7个。对文明人物进行立体化、故事化的深度采编和精品制作，让2022年度“感动海淀”话题登上快手平台热搜榜，全网传播量达594.43万次。组织“感动海淀”文明人物、北京榜样等先进典型参加“开学第一课”喜迎中秋等主题宣传活动。挖掘、整理、报送“中国好人”候选人50位，“北京榜样”候选人216位。

（王桂芳）

【未成年人思想道德建设工作】 年内，区文明办围绕立德树人根本任务，以培育和践行社会主义核心价值观为主线，以“扣好人生第一粒扣子”为主题，广泛开展内容鲜活、形式新颖、参与面广的思想道德教育实践活动，促进未成年人德智体美劳全面发展。围绕“经典诵读”“传统美德”“戏曲书法”“节日习俗”等内容，推进中华优秀传统文化进校园教育实践活动，以优秀传统文化固本培元，汇聚崇德向善正能量，在学习传承中华优秀传统文化中坚定文化自信。利用清明、七一、国庆等时间节点，开展“传承红色基因”系列教育活动。清明祭英烈网上网下结合，通过签名寄语、祭扫献花、碑前宣誓、礼敬先烈等活动，感恩幸福生活。围绕喜迎二十大主题主线，组织开展“童心向党”教育实践活动，唱响新时代主旋律，通过唱红歌、学党史、讲党史小故事和“好少年唱响新时代”新童谣传唱、党旗国旗合影等系列活动，引导未成年人听党话、感党恩、跟党走，厚植爱党爱国爱社会主义情怀。开展“新时代好少年”选树学习宣传活动，引导广大未成年人学习身边榜样，积极响应时代召唤，人人争当时代新人。北京市十一学校覃敏傲、郝玟淇和海淀区玉泉小学姚天旸获评2022年度首都“新时代好少年”。组织未成年人思想道德建设创新案例征集评选活动，“中关村村史馆一村史故事我来讲”获2022年首都未成年思想道德建设创新案例。定期对未成年人思想道德建设情况进行测评和专项督查，完成未成年人思想道德建设测评体系指标迎检工作、实地考察和问卷调查工作。

（王桂芳）

【“诚润文明 信美海淀”主题宣传活动】 年内，区文明办联合中关村科学城综合部、区民政局、区文旅局、区税务局联合开展“诚润文明 信美海淀”主题宣传活动。选树诚信行业、诚信组织、诚信单位、诚信示范街区、诚信经营示范店、诚信标兵（群体）等6类诚信典型112个，其中诚信行业7个、诚信单位65个、诚信示范街区1个、诚信经营示范店17个、诚信标兵（群体）22个。组织诚信行业自律行动，开展“百企千店亮信用”活动，向区属各行业领域企业发出诚信倡议，签署“诚信经营承诺”“诚信兴商倡议书”，在北京市诚信自律公共服务平台建立信用档案，引导企业自证信用，推动行业诚信自律。组织“诚信教育行动”进园区、进商圈、进企业诚信宣传活动，在居然之家金源店等重点商圈张贴信用宣传海报、发放资料、播放信用宣传片，向企业及消费者普及商务诚信和个人诚信知识。5人被北京电视台诚信北京“3·15”晚会评为“诚信之星”，并加入“首都诚信之星”宣讲师队伍，进园区、进社区开展诚信宣讲活动。通过海淀融媒“共绘文明海淀”专栏、“文明海淀”公众号、文明海淀网等区属媒体对各类诚信典型进行全方位、多角度的宣传，在精神文明导刊、北京电视台诚信北京专栏等媒体进行专题报道。开展海淀区企业诚信建设状况调查，对海淀区企业诚信建设情况和成效进行评估，为海淀区诚信建设政策制定和完善提供参考。

（王桂芳）

【冬奥文明实践主题活动】 1月14日至3月31日，区文明办开展“冬奥因我而暖，海淀文明有我”文明实践主题活动。主题活动包括“星火篇”“灯火篇”“烟火篇”3个篇章12项活动，形成“每周五见”的阶段性高潮，全面激发海淀市民参与冬奥热情。活动包括“寻找最美冬奥脸”线上征集、“文明有约·冬奥同行”道德模范事迹巡讲、“期待冬奥·海淀有志愿”线上集结、冬奥时间·海淀答题助威、“寻找最美冬奥文明街区”线上展示活动等，发动辖区居民共同参与，推动文明行为倡导、践行和落地。

（王桂芳）

社区建设与管理

【社会建设资金使用管理】 年内，区委社会工委区民政局围绕区委区政府重点工作，支持市、区社会建设领域重点工作任务，配套支持市级重点项目，通过征集、审核、报请区政府审批等程序，确定2022年度市、区社会建设专项资金支持项目32个，重点支持基层党建、基层治理、社会工作主体培育、民生服务4类社会建设领域。委托专业审计事务所，采取实地查验、绩效跟踪、评价验收等措施，对全部项目进行监管和督导。

（陈晨）

【社区调整】 年内，区委社会工委区民政局落实《北京市社区居民委员会设置标准》，有序推动3000户以上大型社区规模调整，完成9个街镇26个社区工作人员补充优化。指导常青村、高庄村、六郎庄撤村后建居工作，批准四季青镇成立常青社区和高庄社区，批准海淀镇成立柳浪裕和社区。按照社区居委会设立、调整审批程序，完成10个街镇2个社区更名、37个社区规模调整，新建5个社区。截至年底，全区社区数量601个。

（金韬）

【社区减负增效】 年内，区委社会工委区民政局根据《北京市社区工作准入管理办法（试行）》《市级2022年度社区工作任务计划清单》等要求，按照保留市级任务、列入区级任务、动态调整任务的方式，梳理印发《海淀区2022年度社区工作任务计划清单》，涉及33个单位93项任务。设立3个社区减负市级监测点，重点监督、监测社区减负各项工作落实情况，定期开展专项自查自检活动，时时跟踪，确保各项工作落到实处。

（金韬）

【基层协商民主建设】 年内，区委社会工委区民政局建设市级社区协商议事厅示范点15个。聚焦居民需求和急难愁盼问题，将试点建设与疫情防控、接诉即办、环境整治等重点工作相结合，鼓励探索网络议事、微议事等线上协商新形式，调动多元主体共同参与。指导上庄镇李家坟村全国村级议事协商创新实验试点建设工作，完成四季青镇西山村、苏家坨镇七王坟村的议事协商和楼门院（村组）治理示范点建设。实施实事项目30个，梳理典型案例15个。曙光街道上河村社区居民委员会获评“全国先进基层群众性自治组织”。

（金韬　杨萍）

【社区楼门院治理】 年内，区委社会工委区民政局确定45个楼门院治理示范点，完善社区、小区、楼门院治理体系，发挥居民小组长、楼门院长、居民代表、在职党员等人员作用，坚持包片包楼和楼门院公示制度，完善日常联系和动员组织机制，强化社会动员，组织居民参与社区治理。

（金韬）

【社区服务空间开放式建设】 年内，区委社会工委区民政局建设11个社区服务空间开放式示范点，围绕“办公空间最小化、服务空间最大化”要求，通过资源整合规划，优化居民公共活动空间。注重发挥驻区单位内部资源优势，完善“社区之家”激励政策，推动单位内部资源和设施向社区居民开放。

（金韬）

【社区垃圾分类动员发动试点建设】 年内，区委社会工委区民政局选取3个社区（小区）作为市级垃圾分类社区动员发动试点，指导街道社区运用社区议事厅、楼门院议事会、居民公约等手段和途径，解决垃圾分类中的问题困难。建立常态化督导检查机制，督促落实居民公约、加强桶前值守、落实提醒处罚等措施，结合疫情防控，开展50次垃圾分类重点点位复查，确保垃圾分类工作落地落实。

（金韬）

【社区养老互助社试点工作】 年内，区委社会工委区民政局开展“社区养老互助社试点”工作，创建“海阜健康进社区”品牌，下沉优质医疗资源，做实社区居民委员会下属社会福利（老龄）委员会，聚焦老年人“吃饭、吃药、出行”三件大事，在8个街道开展“社区养老互助社试点”建设，为14个街镇和15个养老驿站配备电动爬楼机43台，解决社区残疾人、老年人出行难题，覆盖5万余户居民。

（金韬）

【第四届“社区邻里节”】 9月17日至24日，区委社会工委区民政局组织开展海淀区第四届“社区邻里节”活动。邻里节以“共建和谐美好家园 喜迎党的二十大召开”为主题，主会场设在花园路街道翠微百货广场，全区29个街镇设立分会场。通过线上线下相结合的方式，全区

10月27日，区人大常委会调研社区养老互助社试点工作　（赵迎春　摄）

每个社区举办两场主题活动，举办党建知识竞赛、跳蚤市场、社区秋季运动会、“海淀邻里云徒步”“邻里乐”“邻里颂”“邻里情”文艺节目等2000多场各具特色的主题活动，吸引居民走出家门互动，增进邻里和谐，推动形成共建共治共享的社区治理共同体。

（金韬　钟冷）

社会组织工作

【北京市海淀社会组织联合会】 北京市海淀社会组织联合会（简称联合会）由科技、经济、文体、服务、街道乡镇5大类63家社会组织构成。2022年，联合会全面落实区委工作部署，团结全区社会组织充分发挥桥梁纽带作用，开展各项工作。联合北下关街道，帮助新型冠状病毒核酸检测机构“卡尤迪医学检验实验室”设立便民核酸检测点。会同区医院协会走访慰问四季青医院，了解诉求，帮助医院做好下一步防控工作。与区医院协会合作，支持河北易县、赤城县医疗卫生事业建设发展，切实推动助医帮扶工作。开展医疗服务10次，邀请58名专家出诊，出动团队服务人员67人次，服务群众900余人。联合海淀医院协会组织专家开展送健康进机关服务活动。组织医疗专家为中关村科学城机关200余名干部职工提供义诊咨询。组织专家进社区开展义诊咨询服务3次，服务300余名群众。

（周恒）

【社会组织服务管理】 年内，海淀区登记在册的社会组织817个，其中社会团体178个、民办非企业单位639个。区委社会工委区民政局完成社会组织成立登记9件，注销登记38家，变更登记232项，到期换证148家。完成593家社会组织年检，对100家社会组织进行现场审计，对54家社会组织开展等级评估。开展海淀区社会组织六大专项行动①，完成执法检查913件，给予80家违法社会组织行政处罚，向公安机关移交1家取缔后继续开展活动的非法社会组织，现场取缔1家非法社会组织。推进“双减”工作，开展学科类校外培训治理“回头看”、存量非营利培训机构再审核再登记以及“公参民”②机构登记工作。

（朱捷）

【社区社会组织】 年内，区委社会工委区民政局完成社区社会组织备案9370家，比上年新增2931家。完成平安海淀绩效考核，完成每个街镇城市社区平均拥有不少于15个社区社会组织、农村社区平均拥有不少于8个社区社会组织，且每个社区均打造2个以上“品牌”社区社会组织的工作任务。持续加强社区社会组织孵化基地运营建设，实现全区街镇层面社会组织孵化基地全覆盖。

（申琳）

【社会工作服务体系建设】 年内，区委社会工委区民政局根据《北京市加强基层社会工作服务体系和服务能力建设的实施方案》，建立“社区（村）—街道（乡镇）—区”三级社会工作服务体系。新建1个区级社会工作服务指导中心、6个街镇社会工作服务中心，在辖区同步建立社区（村）社会工作服务站，实现社区社会工作站设置比例不低于30%、村社会工作站设置比例不低于20%的目标。21个街镇社会工作服务站全部升级为中心。截至年底，完成2021年中关村街道和温泉镇，2022年花园路街道、东升镇、香山街道、紫竹院街道、曙光街道、苏家坨镇8个试点街镇的街镇社会工作服务中心、社区（村）社会工作服务站建设工作。

（申琳）

社区工作者队伍建设

【社区工作者管理】 年内，区委社会工委区民政局落实《海淀区社区工作者跨区域调动管理办法（试行）》，规范社区工作者跨区域流动条件和审批程序。截至年底，办理社区工作者调动71人，其中跨区调动36人、区内调动35人。

（金韬）

【社区工作者招考】 年内，区委社会工委区民政局研究制定《2022年北京市海淀区公开招考社区工作者工作方案》，组织完成面向社会公开招考和面向随军家属专场招考。经过笔试、面试、双选、体检政审、资格联审等环节，面向社会人员招录社区工作者473人，面向随军家属招录76人。全区社区工作者（党组织、居委会、服务站）配备岗位数为7491人，实际在岗6491人。

（金韬）

【社区工作者应急队伍建设】 年内，为提高基层应急防控能力，有效应对疫情防控突发状况，区委社会工委区民政局牵头，按照不低于全区社区工作者实有人数10%的比例，指导29个街镇组建29支757人的“防疫有我”社区工作者应急小分队，每逢疫情防控关键时刻，驰援疫情严重区县和街道。应急小分队出勤10次，驰援外区2次（丰台、朝阳），区内驰援8次，调动社区工作者1000余人次。

（金韬）

【“海淀区—延庆区”结对协作社会组织经验交流会】 7月19日，海淀区民政局组织召开2022年海淀区—

---

① 六大专项行动：社会团体分支（代表）机构专项整治行动、社会服务机构非营利监管专项行动、“僵尸型”社会组织专项整治工作、规范行业协会商会收费管理工作、打击整治非法社会组织专项工作、防范化解社会组织领域重大风险隐患专项工作。

② 公参民：指公办学校举办或者参与举办民办义务教育学校。

7月19日，民政局召开第一次海淀区—延庆区结对协作社会组织经验交流会
（谌丽君 摄）

延庆区结对协作社会组织经验交流会。海淀区、延庆区民政局领导及优秀社会组织代表参会。会议就加强两区培育扶持社会组织发展进行经验交流。

（申琳）

社会生活

2023
北京海淀年鉴

就业和社会保障

【概况】 2022年，海淀区人力资源和社会保障局（简称区人力资源社会保障局）坚持就业优先，充分发挥就业政策引领作用，完善重点群体就业支持，健全就业公共服务体系，促进高质量充分就业。搭建多层次保障体系，提供高效能保障服务，实现高标准保障民生。完善劳动关系协商协调机制，全力化解用工风险隐患，促进矛盾纠纷多元化解，促进辖区劳动关系和谐稳定。区人力资源社会保障局获首届北京大学生创新创业大赛最佳组织奖。区人力资源公共服务中心获“首都劳动奖状”。区人力资源社会保障综合执法队被评为“2022年全国清理整顿人力资源市场秩序专项行动先进单位”，被北京市人力资源和社会保障局评为“2021年度劳动保障监察工作先进单位”“2021年度无拖欠工资工作先进单位”；1人获“北京市接诉即办工作先进个人”称号。

（张艺璇）

【就业再就业】 年内，海淀区就业工作领导小组落实市政府关于就业工作的相关文件精神，以完善就业工作体系运行机制为抓手，全力推进就业再就业工作。采集空岗信息7.65万个；帮助2万余名城乡登记失业人员实现就业，其中1.7万余名就业困难人员通过再就业援助实现就业。建立用人需求档案6630户，新增参保创业单位7368户，创业带动就业岗位55926个。全区城镇登记失业率2.63%。

（张艺璇）

【就业帮扶】 年内，区人力资源社会保障局组织海淀区25家用人单位到内蒙古敖汉旗联合当地对口部门举办扶贫协作现场招聘会，提供95个工种526个招聘岗位。通过网络平台，与河北省易县以及内蒙古科右前旗、科右中旗地区的对口支援部门联合举办线上招聘会9场，89家单位提供招聘岗位5155个。8次向受援地推送招聘信息，涉及99家单位268个工种3894个岗位。新增农业户籍劳动力缴纳城镇职工养老保险123人，完成市人力社保局下达的100人指标任务。

（张艺璇）

【社会保险基金收缴】 年内，全区养老保险、失业保险、工伤保险三项社会保险基金收缴793.08亿元，比上年增长13.69%，占全市收缴总额的21%，居全市16区首位；支出331.64亿元，比上年增长15.67%，占全市支出总额的11%。截至12月底，全区参保单位13.07万家，比上年增长3.40%；参保人数362.37万人，比上年增长3.72%。

（张艺璇）

9月19日，“才聚云端”第三季暨“两区”建设领军企业云招聘活动

（区融媒体中心 供图）

【社保待遇调整】 年内，区人力资源社会保障局为36.93万名企业退休职工调整养老金，人均增加199.89元/月，调整后人均养老金达4908.34元/月。为376名工伤职工调整定期待遇，人均增加254.8元/月，调整后人均定期待遇达5351.09元/月。为564人调整工亡职工供养亲属抚恤金，每人每月增加170元，调整后人均抚恤金达3350.83元/月。为1.3万人调整福利养老金，人均增加41.92元/月，调整后人均达826.22元/月。调整城乡居民养老金，人均增加37元/月，基础养老金标准为1267元/月，比全市标准高出380元，位居全市各区第一。

（张艺璇）

【劳动保障行政执法】 年内，区人力资源社会保障局承办各类劳动保障违法案件线索35648件，行政处罚24件，行政处理4件，受理社保稽核案件4365件，完成工伤认定3394件，办理行政复议66件、行政诉讼61件。

（张艺璇）

【中关村科学城企业举办系列云招聘活动】 9月19日，中关村科学城“才聚云端”大型系列活动第三季暨“两区”建设领军企业云招聘活动举行。活动由区就业工作领导小组指导，区人力资源社会保障局、区融媒体中心主办，中关村百校联盟成员高校、海淀人才发展联盟协办，快手科技为战略合作平台。本次系列活动以“奋进新征程 建功新时代”为主题，包括“两区”新机遇、海淀科创园“好奇”之旅、国企英才专场、名企“沉浸式”体验、校园直播招聘、引才政策速递6大板块，设置1个主会场、N个分会场（各园区、街镇会客厅、百校联盟成员高校等），开展15场线上招聘活动，200多家中关村科学城企业参与，提供各类岗位2万余个，招聘职位涵盖计算机、数学、通信、电子、信息安全、网络工程、金融、经济、财会、营销等相关领域。组织40家企业带岗直播，举办校园直播招聘活动6场，超过834万人次参与。活动现场发布校园直播招聘等系列活动安排、“两区”人才服务相关政策，推出“就业指导帮帮团”服务；首次发布中关村科学城首席人力资源官指导团，为首批5位指导团成员颁发聘书。启动仪式通过“掌上海淀”移动客户端、海淀区政府网、快手、微博等平台进行直播。

（钟冷　张艺璇）

医疗保障

【概况】 截至2022年底，海淀区参加基本医疗保险（含生育保险）人数共327.32万人，占全市参保人数的17.2%，其中城镇职工参保276.72万人，城乡居民参保50.60万人。基本医疗保险基金（含生育保险）收入400.01亿元，同比增长4.4%，占全市基金收入的21%，在各区县中居首位。支出198.18亿元，同比下降12.9%，占全市基金支出的15%，同比下降主要原因为自2022年9月城镇职工医保门诊共济改革以来，数据统计口径相应调整。海淀区定点医疗机构“新型冠状病毒核酸检测”项目涉及155.18万人次，应检尽检财政补助金额1714.4163万元。

海淀区医疗保障局（简称区医保局）做好大病医疗保险和医疗救助工作。救助各类困难群体10768人次，救助金额4663万余元；退休人员医保视同认定办理24351件。为社会救助对象、计划生育特殊家庭等困难群体9936人集体购买2022年北京普惠健康保，为11204人购买2023年北京普惠健康保。指导定点医疗机构临时将10余种新冠病毒感染相关治疗药品纳入医保报销范围，完成海淀医院、中西医结合医院、中关村医院3家定点医院在海淀区凤凰岭路17号十七号院、林风二路38号院1号、温泉镇白家疃东路9号温泉体育中心新建方舱医院医保增址事项。建设医保服务大厅、分中心、街镇便民服务中心三级医保政务服务体系，33项政务服务事项实现“一号受理、一窗通办”。办理医保服务事项约28万件，接待办事群众9万余人次，受理咨询电话26万余次。选派27名党员干部落实区级隔离点、疾控中心等防疫保障任务，176名党员群众下沉社区值守1665.5小时。《践行医保“红、黄、蓝”，履行使命保障民生》被评为全国医疗保障经办服务规范建设典型案例建设优秀案例，《深化基层经办模式织密基层服务网络，海淀区医保局构建高质量医保服务体系》被评为2022年北京市基层政务服务优秀案例。

（黄美玲）

【长期护理保险评估试点测试】 年内，根据市医保局及区政府相关工作部署，区医保局牵头制定并落实《2022年海淀区长期护理保险评估试点测试方案》。构建完善长护险教育管理考评体系，建设长护险暨医养结合人才库，组织开展长期护理保险评估试点测试课程及实操培训、考核，产生市级评估人员465名、海淀区长护险小教员284名、长期照护人员（储备）304名、质量监督员282名，覆盖全区29个街镇、115家医疗机构。对208名失能人员开展失能和需求评估测试，完成市级评估试点测试任务。

（黄美玲）

【深化医保医疗医药协同】 年内，区医保局落实国家和北京市组织的药品、医用耗材集中带量采购政策，推动中选结果落地实施。国家组织第6批（胰岛素）专项16种中选药品、第7批60种中选药品，中选药品品种达294个，药价平均降幅超过50%。持续推进京津冀药品联合带量采购及北京市中成药带量采购达100种药品。执行国家组织人工关节类、京津冀区域联盟起搏器类等5类医用耗材集中带量采购中选结果。指导医疗机构做好第三批医疗服务价格项目改革，动态调整临床诊断、临床非手术治疗等1177项医疗服务价格，将家庭医生签约服务费纳入医保诊疗服务目录库，医保定额支付30元/人/年。强化医保目录动态调整，纳入国家新增药品74种。

（黄美玲）

【医保基金监管】 年内，区医保局健全政策、经办、信息、监督“四位一体”的医保基金管理风险防控体系，开展全覆盖检查、飞行检查、交叉互查等多形式检查，推动市区联合、多部门、跨区域联动监管与协同执法，拒付（追回）基金2900余万元。试点建设“6+4”一体化综合监管体系，构建事前、事中、事后全链条监管体系，引入财务审计、数据分析等三方力量，推进医保智能监控。

（黄美玲）

【两定机构协议管理】 年内，区医保局开展定点机构资源配置和定点准入工作，86家零售药店、36家医疗机构新纳入协议管理范围，指导具备相应条件的定点医疗机构及时开通特殊病种权限、互联网+医保等服务。截

10月11日，区医保局医保服务大厅　（王子寒　摄）

至年底，全区协议有效定点医疗机构360家、定点零售药店160家。

（黄美玲）

【医保支付方式改革】 年内，区医保局在市医保局的总体部署下，按照“筑牢基础、模拟运行、实际付费”的工作安排，强化DRG业务培训与运行情况监测，提速推进医保DRG支付方式改革。38家医疗机构参与，其中11家医疗机构参加实际付费①，27家医疗机构参与模拟运行②。

（黄美玲）

【智慧医保建设】 年内，区医保局与中关村医院、交通银行北京分行携手试点“信用医保就医”结算新模式，在北下关社区卫生服务中心试点开展“智慧医保药柜”场景项目。推进“互联网+医保”体系建设，助推区内航天中心医院等5家医疗机构开展“互联网+诊疗”。

（黄美玲）

【门诊异地直接结算业务】 年内，区医保局指导航天中心医院等13家定点医疗机构试点运行门诊慢特病异地直接结算业务。同仁堂四通桥药店作为首家开通异地药店直接结算的试点药店，为异地患者提供购药服务。

（黄美玲）

【门诊共济保障机制改革】 年内，区医保局推进门诊共济保障机制改革工作，制订实施方案及应急保障预案。开展三日24小时应急值守，对全区49家北京银行分行网点、4家医保经办服务大厅（含分中心）、414家定点医药机构、29家街镇便民服务中心开展全覆盖巡查，开展真人真卡真交易费用结算，实地核查医保信息系统运行情况、结算服务开展情况等，推动个人账户定向使用运行平稳。

（黄美玲）

【继续医学教育培训】 2月21日，区医保局开展“DRG付费方式改革”继续医学教育培训，将医保业务培训纳入“区级继续医学教育”学分，区卫生健康委、航天中心医院有关负责人参加。全区320家定点医疗机构2523名医务工作者参加培训，获得区级继续医学教育学分。

（黄美玲）

【医疗保障工作会】 3月11日，区医保局召开海淀区2022年医疗保障工作会。市医保局领导、主管区领导、区人大代表、区政协委员代表、区相关委办局及街镇、定点医药机构相关负责人500余人参会。会议总结2021年工作成效，发布《海淀区医保违规问题典型案例》《海淀区基本医疗保险审核白皮书》，部署2022年全区医疗保障工作。2022年，落实北京市“十四五”医疗保障规划，立足海淀区医疗保障“十四五”规划，聚焦民生医保、公平医保、法治医保、安全医保、智慧医保、协同医保“六型医保”建设，推动海淀区医疗保障事业高质量发展。

（黄美玲）

【《海淀区医保违规问题典型案例》发布】 3月11日，区医保局发布《海淀区医保违规问题典型案例》，旨在指导辖区定点医疗机构、定点零售药店及参保人员正确认识违规问题及违规行为，促进定点机构及参保人员规范医疗行为。25例典型案例对资质范围、医疗行为、物价收费、费用申报、药品耗材试剂管理、参保人就医行为6大方面25类违规行为进行释义，并举例说明。

（黄美玲）

【《海淀区基本医疗保险审核白皮书》发布】 3月11日，区医保局结合海淀区实际审核情况，制定并发布《海淀区基本医疗保险审核白皮书》，简明清晰地介绍2021年海淀区基本医疗保险概况、审核拒付及费用追回情况和审核中发现的典型问题，具有揭示问题、规范管理、防范风险和促进改革的作用。

（黄美玲）

【便民利企措施出台】 5月17日，区医保局研究出台《“创新15条”便民利企措施》，包括5个方面15条措施。党建创新，照亮前进“新”方面有建立海淀区大健康政企协作创新平台；打造医保与大健康产业临床试验基地；建设海淀区医疗保障“云史馆”3条。机制创新，推动合作“享”共赢有推进“三医联动”，加强部门协同配合；加强总额调控，深化医保支付方式改革；注重制度建设，实现精细管理3条。模式创新，先行先试“惠”民生有扩大“长护险”试点，助力养老服务高质量发展；立足医银结合，实现“先诊疗后付费”；采用“智能药柜”，打造“一站式”就医服务3条。流程创新，优化服务“促”效率有完善“互联网+医保”结算方式，支持新服务模式规范发展；助力中药邮寄服务，优化取药流程；推进跨省异地就医住院费用和门（急）诊费用直接结算，逐步实现“结算即报”3条。科技创新，智慧赋能“增”方法有全面建设科技大厅示范点；推进“产学研用”相结合模式，鼓励科技赋能；持续深化医保电子凭证的推广工作3条。

（黄美玲）

【海淀区大健康政企协作创新平台成立】 7月21日，海淀区大健康政企协作创新平台正式成立。平台由区工商联、区医保局、区卫生健康委、中关村科学城管委会和区市场监管局联合打造，立足整合优势资源，促进优化营商环境，建立覆盖企业全生命周期的、助力高质量发展的长效工作机制。借助创新平台资源优势，推进医药健康产业与辖区医疗机构有序对接，推动新技术、新产品、新服务临床应用，推动“天玑”骨科手术机器

① 实际付费：定点医疗机构根据《北京市基本医疗保险定点医疗机构服务协议》要求，在参保人员出院规定时限内先与其按照项目结算个人支付部分，再按规定上传医疗保障基金结算清单（或住院病案首页）与医保部门完成CHS-DRG结算。

② 模拟运行：定点医疗机构与参保人员仍按现行方式实际结算，同时在病例数据方面执行DRG结算操作流程，即定点医疗机构在出院结算前上传病案首页或医保结算清单至医保系统，医保系统反馈细分组情况、基金支付和参保人员个人支付的分解情况；模拟运行在定点医疗机构内部运行，与实际结算双轨并行。

人在海淀区4家医疗机构加快落地，打破医保、医疗、医药领域之间的信息壁垒，加快“政产学研医”的交互融合，加快实现“患者个人、医护人员、医药机构、医药健康企业”四方满意，为进一步推进“健康海淀”建设提供支撑。

（黄美玲）

【北京市医疗保障信息平台上线】 12月1日起，海淀区作为北京市试点进行北京市医疗保障信息平台经办功能上线业务验证，启动并扩大北京市医疗保障信息平台业务运行范围，12月3日正式上线运行。平台构建起统一的医保公共服务信息化支撑体系，统一公共服务入口和工作门户，为参保单位和群众提供标准统一、服务同源、体验一致的医保公共服务能力，形成医保业务经办系统一体化应用格局，大大拓展医保服务的便捷性和可及性。

（黄美玲）

民政事务

【概况】 2022年，海淀区委社会工委区民政局坚持以习近平新时代中国特色社会主义思想为指导，全面贯彻党的二十大精神，强化党的全面领导，不断完善养老服务体系，持续加强社会救助兜底保障，努力保障和改善民生，不断提升基层社会治理水平，持续优化基本社会服务供给，加快社会福利事业发展，夯实社会建设和民政基础保障，全面推进全区社会建设和民政工作。完成市区重点工作和实事任务25项；承办人大建议和政协提案28件，均获得代表、委员满意回复。

（陈晨）

【社会救助】 年内，全区有城乡最低生活保障对象3309户5352人、城乡低收入家庭89户170人、城乡特困人员191户193人；发放城乡低保金8791.24万元、低收入家庭生活补助14.37万元、特困人员供养金851.68万元，生活不能自理特困人员集中供养率61%。区委社会工委区民政局对3495户城乡低保家庭、特困供养家庭进行“两节”节日慰问，按照单人户每户500元、两人及两人以上户每户1000元慰问标准，发放慰问金243.05万元。疫情期间为低保对象和特困人员每人增发一次性生活补贴400元，共计220.88万元。动员引导慈善力量参与社会救助，北京海博慈善基金会投入慈善资金71万元，为全区3508户低保、低收入、特困家庭发放以防暑降温、疫情防控物品为主的慈善大礼包。实施教育救助143人，支出87.67万元；对遭遇突发事件、意外伤害、重大疾病或其他特殊原因导致基本生活陷入困境家庭（个人）实施临时救助78户，支出29.67万元。为350名有需求的特殊困难群众开展资源链接、生活照料、心理慰藉、社会融入、能力提升等帮扶服务。救助流浪乞讨人员和暂时遇到困难人员392人次。

（王琳磷）

【养老服务】 年内，区委社会工委区民政局持续推进全区养老服务创新发展。新建10家社区养老服务驿站、15家养老助餐点。强化社区养老服务驿站监管，驿站签约基本养老服务对象2572人，签约率94%。完善养老家庭照护床边建设区、街镇、社区三级监管职责，服务家庭养老照护床位24508张。规范新建住宅小区配套养老设施的接收和管理，新接收配套养老设施9处。持续开展老年人家庭适老化改造，为1806户90周岁以上高龄老年人家庭开展适老化评估和改造，为2000户80—89周岁有需求的老年人配发浴凳，为1400户重度失能老年人家庭进行适老化改造。落实养老护理员岗位津贴、困境家庭入住养老机构补贴、养老机构运营补贴等政策。为全区享受困难老年人养老服务补贴、失能老年人护理补贴和高龄老年人津贴的154953人发放资金43625.12万元。

（赵迎春　杨顺意）

【残疾人福利保障】 年内，区委社会工委区民政局指导各街镇为全区7799名残疾人发放残疾人护理补贴，发放资金1400.23万元。为4717名残疾人发放残疾人生活补贴，发放资金4878.87万元。根据2022年北京市最新低保标准，按比例动态调整困难残疾人生活补贴，惠及4703人，补发资金30万元。

（杨顺意）

【村级组织减负】 年内，区委社会工委区民政局制定《关于开展村级组织减负工作的方案》，组建工作专班，明确各成员单位职责任务，建立相关制度机制。通过书面调研和实地走访，在全区开展调研工作，摸清由村级组织协助或受委托办理的工作事项、延伸到村的机制牌子、需要开具的证明事项、填报的表格台账（系统）等基础信息。

（杨萍）

【超转和地退人员服务管理】 年内，区委社会工委区民政局为全区33284名征地超转人员调增生活补助待遇，人均增加168.1元。发放超转人员2021—2022年度采暖季住宅清洁能源分户自采暖补贴1748.8万元。发放超转人员生活补助费393541人次，总支出105258.1万元。特殊超转人员慰问经费支出72.7万元。其中，特困、高龄、空巢、大病等4类人员慰问金额54.3万元，孤老、病残、劳模慰问金额14.4万元。发放因病因灾困难超转人员生活困难补助4万元。为889名地退人员调增基本养老金，月人均调增218.5元，增至每人每月6406.8元。为79名地退无收入遗属调整生活补助标准，月人均增加93.75元，增至每人每月1650元。截至年底，全区在册超转人员32120人，其中市管833人、区管31487人；地退人员767人，其中一般地退人员754人、新中国成立前参加工作的老工人13人。

（刘永海）

【既有多层住宅增设电梯】 年内，区委社会工委区民政局持续推进既有多层住宅增设（适老化）电梯工作。开工建设点位304个，完成点位227个，涉及62幢楼，惠及3114户居民。

（隗航宇）

【殡葬服务】 年内，深入宣传殡葬改革，引导群众树立文明节俭、绿色生态的殡葬理念。区委社会工委区民政局统筹做好清明节祭扫服务保障工作。开展殡葬专项执法，对未经批准开展殡仪服务业务的单位，进行责令限期改正、没收违法所得并处罚款的处理。严格落实北京市城乡无丧葬补助居民丧葬补贴、节地生态安葬补贴等惠民政策。加强本区公墓安全生产监管，压紧压实安全生产单位主体责任，定期开展实地督导检查，筑牢安全屏障。

（杨萍）

【扶贫送暖】 年内，区委社会工委区民政局开展“首善有我”主题社会捐助活动，接收捐款151.6万元。向29个街镇拨付救助款66.5万元，为全区低保、低收入及特殊困难家庭和126名异地返京困难知青发放米、面、油等基本生活用品。向区属养老机构捐赠总价值约8.2万元的“乐普诊断”新型冠状病毒（2019-nCOV）抗原检测试剂。开展慈善送清凉爱心助抗疫慈善救助、关爱系列活动，支出97.5万元，为全区低保、低收入等特困社救对象及属地养老机构工作人员发放以防暑降温、疫情防控物资为主的“慈善大礼包”。采购总价值4万元的米、面、油160份，赠予延庆区慈善协会养老慰问，助力海淀—延庆结对协作工作。组织13家社会组织、机构，对内蒙古敖汉旗、科右前旗、科右中旗31个贫困村进行结对帮扶，支持资金150万元。指导花园路街道、八里庄街道和东升镇完成慈善工作站试点建设。

（李磊）

【婚姻收养登记】 年内，海淀区婚姻登记处办理结婚登记15930件，离婚登记5565件，补领婚姻登记证3240件，收养登记（含解除收养登记）5件。

（李洌）

【街道工作】 年内，区委社会工委区民政局统筹协调区各责任单位完成35项街道工作年度重点任务，重点涵盖涉及民生关切的商业便民网点覆盖、停车秩序维护、老楼电梯加装工作以及优秀书记工作室、城市大脑建设等。开展《北京市街道办事处条例》实施三年（2020年至2022年）情况评估工作，形成评估报告。

（陈晨　王甫亮）

【城市协管员规范管理】 年内，区委社会工委区民政局推进城市协管员队伍规范管理改革，选取香山街道、青龙桥街道和海淀镇作为市级城市协管员队伍规范管理示范街镇。3个示范街镇成立创建示范点工作项目执行小组，实行项目负责制，主管领导任组长、综合办公室或党群办公室为责任科室、科长为第一责任人；制定本街镇协管员队伍规范管理制度，并出台一套符合实际的协管员行为规范，完善从进口到出口各项规范管理制度，具体包含岗位职责、人员招录、薪酬待遇、培训与调配、日常管理、考核评价与绩效奖励、辞职与辞退等；发挥街镇协管员规范管理工作联席会作用，结合辖区协管员队伍岗位要求、学历、年龄等特征，采取“线上”和“线下”两种形式，有针对性地开展综合素质、业务能力、政治思想及理论知识提升培训。

（王甫亮）

【见义勇为权益保护】 元旦春节期间，区委社会工委区民政局对见义勇为人员走访慰问144人。开展北京市第四届见义勇为宣传月活动，在全区29个街镇同步开展见义勇为宣传教育工作，使用电子屏180块，发放宣传折页600份。确认见义勇为行为4起（宋国东、杨燕青、鄢洪亮、姚渊智、王军，吴擂，邢华英，王进禄），不予确认1起，行政复议案件1人3件次，行政复议机关维持区委社会工委区民政局决定。

（朱捷）

【困境儿童福利保障】 3月6日起，经区委机构编制委员会批准，区未成年人保护委员会办公室由团区委调整至区委社会工委区民政局。7月18日，区未保委制定出台《海淀区未保委工作规则》《海淀区未保委办公室工作规则》《海淀区未保委成员单位职责任务分工》等制度，建立部门联动、责任清晰的未成年人保护工作协调机制，加强对未成年人保护工作的统筹、协调、督促和指导。加快推进海淀区儿童福利院（综合福利院）改造装修工作。落实困境儿童分类保障政策，全区有困境儿童117人，发放困境儿童生活费256.83万元。向北京市儿童福利院、北京市第二儿童福利院、北京市第二社会福利院、北京SOS儿童村拨付代养58名生活无着儿童生活费461.83万元。保障28名77人次代养孤弃儿童的医疗救助需求，支付医疗、护工费用395.3万元。

（杨顺意）

年内，中关村科技企业家协会专家在科右前旗柳树川村指导玉米种植
（中关村科技企业家协会 供图）

退役军人事务管理

【概况】 2022年，海淀区退役军人事务局（简称区退役军人局）以“让退役军人获得感成色更足”为主线，全心全意为退役军人服务。着力优化安置程序，不断提升安置质量；牢固树立宗旨意识，提升优抚服务水平。军休服务管理工作提质增效，优待证申领、逐月领取退役金，退役军人安置稳步开局。

运用考试考核、双向选择等方式，提高人岗匹配度及转业军官、接收单位满意度，完成转业军官和安排工作退役士兵（含退出消防员）年度安置任务。主动服务部队，畅通交接渠道，精准建立人员台账，实现随退随审、即交即接良性循环，完成离退休军人接收安置任务。做好随军家属就业创业、军人子女教育优待工作，帮助一线官兵协调解决家庭实际困难。开展“情系边海防官兵”春节专项慰问，激励广大官兵忠诚卫国戍边。开展全国双拥模范城（县）届中考评。强化政治引领功能，进一步规范退役军人服务站政治文化环境建设。完成11处烈士纪念设施修缮工程验收，提升海淀区烈士纪念设施保护水平。组织区四套班子领导及驻区部队领导、李大钊烈士亲属、退役军人代表、机关企事业单位干部职工、学校师生代表以及驻区部队官兵、社会各界群众代表举行烈士公祭活动。在各级各类报纸、杂志、微信公众号等媒体上刊发稿件356篇，其中在《人民日报》、学习强国、退役军人事务部网站等国家级媒体刊发7篇、市级媒体62篇、区级媒体283篇。

区退役军人局拍摄的《我的入党故事》视频在退役军人事务部举办的全国首届退役军人事务系统网络正能量大赛中荣获三等奖。32个军休所被评为星级军队离休退休干部服务管理机构，其中五星级6个、四星级12个、三星级14个。薛峰被授予“北京榜样·最美退役军人”称号。海淀区五棵松军休所军休干部王雅屏、东翠路军休所军休干部廖长南、阜石路军休所军休干部李凯城被北京市军休安置事务中心评为第六届“北京军休榜样”。

（田智　张泽智）

【逐月领取退役金安置方式开启】 年内，区退役军人局启动退役军人逐月领取退役金安置方式。完成逐月领取退役金退役军人档案接收、审核、报到及退役金核算工作，涉及119人，占比全市接收总量的近半数。完成市退役军人局下达的年度安置任务。建立健全军地对接沟通、档案联审工作机制，确保工作链路畅通、协调配合有序。与相关部门逐一对接，把准档案审核、安置地审定、退役金核准等关键环节。加强政策宣传解读，确保政策执行不走样、不打折。

（王晓东）

【优待抚恤】 年内，区退役军人局为480余名义务兵家庭发放优待金2200余万元，为全区5300名优抚对象发放春节慰问金530万元。购买6000套新春对联、金色福字，通过街道镇、社区（村）各级退役军人服务站发放。根据《退役军人事务部财政部关于调整部分优抚对象等人员抚恤和生活补助标准的通知》和北京市有关调整部分优抚对象抚恤补助的有关规定，为3200余名补助对象调整发放优抚抚恤补助金186万余元。为牺牲病故军人遗属及老干部遗属发放一次性抚恤金3.7亿余元，为4100余位烈士遗属等各类优抚对象、困难退役军人发放抚恤补助金1.2亿余元。完成全区30名残疾军人辅助器具配送工作。

（刘玉秀）

【双拥共建】 年内，区退役军人局结合庆祝建军95周年开展军地双向服务活动。协调区文旅局举办10余场文艺进军营活动。联合驻区部队开展国防教育主题宣传活动，组织驻区部队各大单位群工干事及消防工作负责人开展消防安全和培训演练，筑牢军地消防安全“防火墙”。创新社会化拥军形式，为部队办实事解难题，号召企业加入社会化拥军行列。区委区政府向驻区部队广大官兵寄送慰问信；区领导带队走访慰问15个驻区部队大单位，赠送慰问品769万余元。开具随军家属存档介绍信295份、进京接收函261份，出具随军家属证明93份。拓宽随军家属就业渠道，组织随军家属参加北京市企事业单位专项招录，其中海淀区属国企及事业单位提供岗位31个。开展社区工作者岗位随军家属专项招聘双选会，助力223名随军家属就业。落实军人子女入学优待政策，1600余名军人子女入学海淀区优质学校。营造尊崇尊重氛围，为200余名立功受奖军人家庭送喜报。协调驻京部队支持城市管理、建设项目等方面事项5件。配合、协调相关单位，解决部队营区处理燃气占压隐患、道路土地产权等问题。

（卢萍）

【军休服务】 年内，区退役军人局认真落实军休干部政治待遇和生活待遇。为756名符合条件的军休干部党员发放“光荣在党50年”纪念章，走访慰问英模功臣、家庭困难军休干部1790余人；为新接收的240名残疾军人换发伤残证，为2684名军休干部办理师职干部医疗就诊证，为1125名伤残军休干部调整伤残金，为51名军休干部申报护理费，为新接收军休干部的250名家属申请无工作、无经济收入家属医疗补助；为260位病故军休干部办理病故手续；为90名去世军休干部办理八宝山革命公墓骨灰寄存手续。与解放军第八医学中心签订军休干部就医绿色协议，全区3万余名军休干部享受“一站式”服务。在20余个军休所进行电梯改造和安全隐患治理，完成38个维修改造项目。

（殷宇澄）

【优待证申领发放】 4月1日，海淀区启动退役军人及其他优抚对象建档立卡和优待证申领工作。印制发放《退役军人及其他优抚对象优待证专属优惠使用指南》3.56万余份。全区各级退役军人服务站、军队离休退休干部休养所对符合条件的申领人进行宣传告知，提高优待证申领知晓率。帮助持证人了解、享受退役军人优待证专属优惠服务。采取“快捷通道，查档不跑路”“错时预约，现场不聚集”“线上答疑，材料好准备”“材料预审，效率再提高”等增效办理举措。对接80余家驻京国家机关及企事业单位开展集中办理。对年事已高、身体欠佳、行动不便、无法自行办理的退役军人及优抚对象安排上门办理。全年申领优待证达10万余人。

（刘玉秀　王晓东）

【退役军人事务部领导调研“蹲点抓落实”工作】 7月18日至22日，中央军委政治工作部主任助理兼退役军人事务部副部长杨友斌带队到海淀区开展“蹲点抓落实”工作调研。围绕军休人员接收、军转安置、服务体系建设和权益维护等工作召开专题座谈会，听取北京市及海淀区退役军人工作开展情况及下一步工作安排汇报；与退役军人事务系统和军队有关部门工作人员、退役军人代表深入交流；实地察看海淀区军休安置事务中心、学院路街道二里庄干休所社区退役军人服务站等单位，详细了解军休干部“一站式”接收安置和服务体系建设运行情况；组织问卷调查，全面了解服务保障体系工作开展情况。市退役军人局党组书记、局长苗立峰等领导班子成员，海淀区副区长程培衡，区退役军人局领导班子成员及相关街镇主要领导参加调研。

（魏然）

【拥军优抚合作协议签约仪式暨线上专场招聘会（招聘月）启动】 7月20日，区退役军人局与区国资委联合举办“海淀区2022年拥军优抚合作协议签约仪式暨2022年海淀区退役军人及随军家属国有企业线上专场招聘会（招聘月）启动仪式”活动。区退役军人局与4家区属国有企业签订拥军优抚协议，向驻区部队现役军人及军属、退役军人及优抚对象等群体提供招聘就业、金融服务、商业消费等领域优先、优惠服务，包括专项退役军人招聘、优先专用通道、专属消费折扣等30余项。市退役军人局副局长贺军、副区长程培衡、区退役军人局以及驻区部队群工部门领导和官兵代表、各街镇退役军人工作主管领导、拥军优抚企业代表、退役军人及随军家属代表参加活动。招聘会为期一个月，共有市属及区属国有企业、军创企业等80家用人单位提供千余个就业岗位。

（史小弘　王晓东）

【退役士兵和退出消防员就业能力提升培训会】 8月24日至26日，区退役军人局举办2022年安排工作退役士兵和退出消防员欢迎大会暨就业能力提升培训会。为退役士兵和退出消防员代表佩戴大红花，发放慰问品。培训会邀请海淀区退役军人就业创业导师团队的专家讲师和网络安全专家授课，内容涉及政策解读、职业规划、普法教育、保密和信息化知识以及心理健康等方面。培训旨在帮助退役士兵和退出消防员了解安置政策和就业形势，调整退役心理需求，顺利实现由部队战斗员到地方经济建设主力军的角色转变。培训期间，区退役军人局领导和相关科室负责人与退役士兵进行面对面座谈，详细了解每位退役士兵的基本情况、专业特长、就业意向等，针对退役士兵和退出消防员关心关注的地方安置政策、医保社保及工资待遇等问题逐一解答。

（史小弘）

【与密云结对创建全国双拥模范城交流活动】 10月12日，区退役军人局到密云区，就两区互学互助互创全国双拥模范城活动进行实地调研和深入交流。海淀区按照“密云所需，海淀所能”原则，支持密云创建工作。双方秉持相互学习、相互借鉴、共同提高、促进发展的理念，共同修改和完善结对创建新一届双拥模范城（县）合作协议。区退役军人局以及驻海淀区部队中央军委事务管理总局、海军、空军及武警部队相关负责人，密云区退役军人局、驻密云区部队单位代表参加交流活动。

（卢萍）

【退役军人事务部调研无军籍职工服务管理业务】 10月13日，退役军人事务部军休服务管理司副司长徐敏带队走访万寿路街道和曙光街道，了解无军籍职工服务管理业务办理流程，查看台账及电子档案系统，并听取无军籍职工落实待遇、管理工作等相关情况汇报。市退役军人局、市军休安置事务中心以及区退役军人局、区军休安置事务中心相关负责人参加调研活动。

（殷宇澄）

居民生活

【概况】 2022年，国家统计局海淀调查队（简称区国调队）完成海淀区住户调查大样本轮换工作，完成60户农民工监测季度调查、160户农民工市民化调查样本轮换和100户网购用户年度调查。完成消费价格调查，规范做好176个调查网点、2190个规格品采价工作，完成年度国际比较项目调查（ICP）任务。推进月度劳动力调查和北京市就业失业状况专项调查，覆盖全区28个街镇、130个社区（村）。完成粮食统计调查工作，在3个镇17个村实地开展粮食统计基层基础检查。开展4次“疏解整治促提升”专项行动民意调查。围绕粮食安全、住房保障、就业失业、社区养老、疫情防控、生活垃圾分类和便民服务网点建设等群众关心的问题，开展调研近70次。报送信息300余篇次，被国家统计局内网采用57篇、《中国信息报》采用9篇、《中国统计》杂志采用1篇、《海淀信息》采用3篇。

（张小明）

【居民收入】 年内，海淀区居民人均可支配收入96153元，比上年增长2.9%。从纵向发展看，居民可支配收入增速较上年回落4.9个百分点；从横向对比看，全区居民可支配收入绝对额位居城六区第二，增速位居城六区第二。从收入构成上看，工资性收入51691元，比上年增长3.4%；经营净收入人均绝对额1125元，比上年增长8.1%；财产净收入（成本法）22141元，比上年增长1.9%；转移净收入21196元，比上年增长2.4%。

（张小明）

【居民支出】 年内，海淀区居民人均消费支出56947元，比上年下降0.9%。从纵向发展看，增速较上年下滑13.2个百分点；从横向对比看，全区居民消费支出绝对额居城六区首位，增幅位居城六区第四。居民消费支出总体略有下降。其中，食品烟酒类、居住类、交通通信类、其他用品和服务类消费4项支出有所增长；生活用品及服务类、医疗保健类消费支出降幅较大，分别下降10.8个百分点和13.0个百分点；衣着类消费和教育文化娱乐类消费降幅在10%以内。

（张小明）

【“疏解整治促提升”专项行动民意调查】 年内，区国调队开展4次“疏解整治促提升”（简称“疏整促”）专项行动民意调查，覆盖全区29个街镇，每次样本1600个。在已完成“疏整促”行动的地区随机走访常住居民，对专项行动效果进行反馈评价，及时准确反映“疏整促”专项行动效果；与区发展改革委、区城管执法局、区城市服务管理指挥中心和区市场监督管理局等有关部门沟通了解“疏整促”工作中的重点和难点，力求真实准确反映群众的幸福感、获得感。调查结果显示，海淀区被访居民对“疏整促”工作满意度达到99.7%，居民对“疏整促”行动支持率为99.9%。与“疏整促”行动进行前相比，群众认为生活体验、服务便利性、硬件设施方面改善明显。

（张小明）

【粮食统计】 年内，经国家统计局北京调查总队核定，海淀区主要粮食播面及产量稳中有增。全年粮食实际播面为541.76公顷，实际产量为2598.59吨，分别较上年增长22%和16%。

（张小明）

【消费价格调查】 年内，区国调队严格按照“三定”原则认真完成消费价格调查监测任务，规范做好176个调查网点、2190个规格品、13名采价员的管理工作。全年完成价格现场核查67次、工作督导10次、实地调研22次，坚持做好首都重要活动和疫情防控特殊时期的市场价格监测，有效发挥监测预警作用，向区委区政府报送消费价格调查专报12次，切实服务保供稳价工作大局。

（张小明）

【北京市就业失业状况专项调查】 年内，区国调队开展2022年度就业失业状况专项调查。该调查涉及海淀区625个居（村）委会、3125户居民家庭，作为月度劳动力调查的重要补充，就业失业状况专项调查能够客观准确反映海淀区居民就业情况，为北京市就业政策制定提供数据支撑。

（张小明）

【住户调查大样本轮换工作】 年内，为防止住户调查样本老化，保证样本的代表性，根据国家统计局及北京调查总队要求，开展住户调查大样本轮换工作，本次大样本轮换工作涉及海淀区28个街镇，69个社区、村。区国调队严格落实调查制度、完成住户调查大样本轮换工作的70个调查小区、8965个住宅摸底调查以及700户样本户的抽选、落实和开户调查等工作。

（张小明）

表46 2022年海淀区居民人均可支配收入组成情况表

	绝对量（元）	占比（%）	比上年增速（%）
可支配收入	96153	—	2.9
工资性收入	51691	53.8	3.4
经营净收入	1125	1.2	8.1
财产净收入（成本法）	22141	23.0	1.9
转移净收入	21196	22.0	2.4

（张小明）

表47 2022年海淀区居民人均消费支出组成情况表

	绝对额（元）	占比（%）	比上年增速（%）
生活消费支出	56947	—	–0.9
食品烟酒	10006	17.6	3.0
衣着	2229	3.9	–7.1
居住	27082	47.6	1.2

续表

	绝对额（元）	占比（%）	比上年增速（%）
生活用品及服务	2741	4.8	–10.8
交通通信	4847	8.5	2.3
教育文化娱乐	4272	7.5	–3.8
医疗保健	4474	7.9	–13.0
其他用品和服务	1297	2.3	6.1

（张小明）

民族宗教事务

【概况】 2022年，海淀区民族宗教事务办公室（简称区民族宗教办）贯彻党的十九大和十九届历次全会、党的二十大、中央民族工作会议和全国宗教工作会议精神，以铸牢中华民族共同体意识为主线，坚持宗教中国化方向，努力推动民族宗教工作高质量发展。区民族宗教办获2022年度全国民委系统信息工作先进集体称号，获北京市第十七届民族健身操舞大赛优秀组织奖。

夯实民族宗教工作基础。健全校地联动、属地协同机制；学习贯彻党的民族宗教理论政策；开展基层统战工作苏家坨镇民族宗教专项创新试点工作。

推进铸牢中华民族共同体意识教育。开展民族团结进步创建“九进”[①]活动；打造有中华文化内涵和民族特色的铸牢中华民族共同体意识教育基地和品牌；开展“5·6”民族团结日宣传活动、“喜迎二十大·乐活街坊民族一家亲”民族体育节活动。

促进各民族广泛交往交流交融。开展清真餐饮企业规范店评检工作，为民族特需用品企业办实事，指导马连洼街道梅园社区与内蒙古科右前旗兴科社区建立结对帮扶共建关系，完成“2022年边疆民族地区各族青少年北京夏令营活动”营员招募及服务保障工作。

探索宗教中国化方向海淀路径。开展以“四进”[②]为主题的和谐寺观教堂创建活动。加强宗教活动场所安全管理，提高宗教法治化水平。持续开展非法宗教活动整治；推动三级网络两级责任制在基层落地落实。协调市区相关部门推动天主教正福寺教堂复建工程工作。落实宗教场所疫情常态化防控措施。重大节日对宗教界开展走访慰问活动。

全区56个民族齐全，有宗教团体3个：北京市海淀区天主教爱国会、北京市海淀区基督教三自爱国运动委员会、北京市海淀区伊斯兰教协会；宗教活动场所13个，其中天主教3个、基督教1个、伊斯兰教7个、道教1个、佛教1个。

（王菁菁）

【民族事务】 年内，区民族宗教办以铸牢中华民族共同体意识为主线，持续推进民族团结进步创建。推进铸牢中华民族共同体意识教育。开展民族团结进步创建“九进”活动，市、区投入专项资金65万元，打造凤凰岭自然风景区公园铸牢中华民族共同体意识教育实践基地。打造有中华文化内涵和民族特色的铸牢中华民族共同体意识教育基地和品牌，海淀民族小学被评为“第十批全国民族团结进步示范区示范单位”。推荐7家单位参选北京市铸牢中华民族共同体意识教育实践基地建设。推荐唐人坊绢人、吴氏乐器、曹氏风筝、中国皮影等海淀特色体验项目参与遴选北京市中华民族共同体体验馆体验项目。开展“5·6”民族团结日宣传活动。开展“喜迎二十大·乐活街坊民族一家亲”民族体育节活动。开展清真餐饮企业规范店评检工作，评选25家“2022年度海淀区清真餐饮规范店”。为20家在民族团结进步创建、支持疫情防控工作等方面作出突出贡献的清真餐饮企业发放纾困帮扶资金28.5万元，助力企业复工复产。完成“2022年边疆民族地区各族青少年北京夏令营活动”营员招募及50名营员的服务保障工作。开展海淀“地震科普 携手同行”主题活动试点工作。在北京市铸牢中华民族共同体意识主题教育实践活动试点学校——海淀民族小学和农大附中开展防震减灾科普工作，增强各族师生防震减灾意识和应急避险、自救互救技能。春节慰问少数民族困难群众，传统节日慰问农大附中新疆内高班师生。指导马连洼街道梅园社区与内蒙古科右前旗兴科社区建立结对帮扶共建关系，动员基督教和伊斯兰教两个团体对内蒙古赤峰市敖汉旗丰收乡丰收村进行对口帮扶，筹集5.6万元帮扶款支持该村庭院经济食用菌项目。

（王菁菁）

【宗教事务】 年内，区民族宗教办推进宗教活动场所制度化、规范化建

① “九进”：进机关、进企业、进社区、进乡镇、进学校、进宗教活动场所、进服务窗口、进军营、进景区。
② “四进”：国旗、宪法和法律法规、社会主义核心价值观、中华优秀传统文化进宗教活动场所。

设。开展以“四进”为主题的和谐寺观教堂创建活动，以“喜迎二十大，宗教活动场所规范建设年”为主题，指导宗教界完善内部管理规章制度。加强宗教活动场所安全管理，开展海淀区民族宗教领域安全生产及消防安全整治“百日行动”。完成区基督教三自爱国运动委员会、区天主教爱国会换届选举工作。持续开展非法宗教活动整治，及时处置非法宗教活动。开展宗教政策法规宣传工作。完成全国两会、北京冬奥会和冬残奥会、党的二十大等重要会议期间及开斋节、古尔邦节、圣诞节等宗教节日期间安全服务保障工作。抓好场所疫情常态化防控，加强日常监督管理。重大节日对宗教团体、宗教活动场所以及困难教职人员开展走访慰问工作。协调相关部门推动天主教正福寺教堂复建工程工作。解决香山四王府清真寺回民公墓大规模违法建设问题。

（王菁菁）

【民族宗教行政执法】 年内，区民族宗教办办理行政执法检查499次，接诉即办接待处理各类案件13件，协助相关部门办理群众诉求6件，处置网络舆情6件，接待来访群众10人次，电话咨询百余件，满意率达100%。

（王菁菁）

【民族宗教政策法规宣传】 年内，区民族宗教办举办民族宗教工作培训班3次，邀请资深律师解读《中华人民共和国宪法》《中华人民共和国民法典》政策，开展线上线下培训10次，培训350余人次。面向民族宗教各成员单位、驻区高校、少数民族重点社区以及宗教领域开展民族宗教政策法规学习宣传工作，推进宗教领域“八五”普法宣传工作。在各场所内设立政策法律法规宣传阵地，印制下发各类宗教政策法规手册1.5万余册、宣传海报3500余套。“海淀民宗”微信公众号编发民族宗教政策法规知识和工作动态65条。参加海淀区“12·4”国家宪法日宪法宣传周系列宣传活动。

（王菁菁）

【组队参加市民族传统体育单项赛】 年内，北京市民族传统体育单项赛由北京市第十七届民族健身操舞大赛、第六届京津冀柔力球交流大会、2022年北京花棍表演赛3项赛事组成。海淀区组织34支队伍参赛，7支队伍入围决赛，获得2金、4银。区民族宗教办获优秀组织奖。

（王菁菁）

【海淀区天主教第四次代表会议】 1月15日，海淀区天主教第四次代表会议召开。市民宗委、市天主教爱国会、燕京神学院、区委统战部等部门负责人出席。会议审议通过区天主教爱国会第三届常委会工作报告、第三届监事会工作报告和团体章程修正案，选举产生区天主教爱国会第四届委员会、常委、监事会及主席、副主席、秘书长等领导成员。师惠敏当选主席，章博、郭俊廷、刘永斌、宋占军当选副主席。

（王菁菁）

【宗教活动场所安全检查】 1月27日，市民族宗教委副主任丁希松到基督教海淀教堂、蓝靛厂清真寺，对场所安全、疫情防控和春节、冬奥期间重点工作落实情况进行检查。丁希松详细查看各场所“双暂停”期间日常消杀记录、值班值守记录、人员进出登记记录等材料，听取现场值班值守人员的工作情况汇报。3月2日至3日，区委常委、统战部部长牟晓春到马甸清真寺、佛教龙泉寺、道教桃源观等宗教活动场所，对疫情防控落实情况和场所规范化建设等方面实地调研，听取各场所落实疫情防控“双暂停”措施、做好消防安全工作、创建和谐寺观教堂和加强场所规范化建设等工作汇报。3月18日，市民族宗教委副主任丁希松一行到龙泉寺、桃源观检查疫情防控工作，分别听取两场所落实“双暂停”措施、人员管理、消防安全、物资储备、日常起居等工作情况汇报，听取区委统战部关于全区在“双暂停”期间，严格落实场所安全检查、内部人员管控、消防安全整改、强化制度建设等工作情况汇报。4月27日，副区长徐振涛到基督教海淀堂、伊斯兰教海淀清真寺两场所检查疫情防控和安全工作，听取团体和场所疫情防控、消防安全等工作情况汇报，就宗教活动场所疫情防控和安全工作及“五一”假期、开斋节等工作提出要求。

（王菁菁）

【海淀区宗教工作会议】 2月17日，全区宗教工作会议召开。区委书记于军、区人大常委会主任刘长利、区委副书记张强出席会议，鲍雷、张劲林、吴计亮、牟晓春等区领导，区有关单位主要负责人、各街镇党政主要负责人分别在主会场、分会场参加会议。于军在讲话中总结近年来海淀区宗教工作实践经验，在市委领导下，海淀区不断加强和改进宗教工作，着力提升宗教治理水平，巩固和发展和谐宗教关系，全区宗教领域保持和谐稳定的良好局面。会议强调，要结合“四史”学习，深入研究各宗教中国化的历史与规律，探索实践宗教中国化有效路径，为推进宗教中国化提供智力支持；要压实属地管理责任，发挥机制效能，强化部门间配合，形成工作合力；要加强党对宗教工作的集中统一领导；要加强宗教工作干部队伍建设，提升宗教工作能力水平。

（王菁菁　钟冷）

【海淀区民族宗教工作会】 3月28日，海淀区民族宗教工作会议召开。会议总结2021年全区民族宗教工作，部署2022年全区民族宗教工作。区委常委、区委统战部部长牟晓春出席会议并讲话，副区长徐振涛主持会议。民族宗教工作相关委办局主管领导在主会场参会，各街镇主管领导及相关科室负责人在各分会场参会。区委统战部作全区民族宗教工作报告，海淀街道党工委、区委教工委作交流发言。会议强调，要提高政治站位，深入学习领会习近平总书记关于加强和改进民族工作的重要思想和关于宗教工作的重要论述，牢牢把握主题主线，切实增强工作责任感和使命感；扎实推进民族宗教领域各项重点任务；加强党的领导，进一步压紧压实主体责任，聚焦关键问题，坚持慎重稳进，不断推动海淀区民族宗教工作高质量发展。

（王菁菁　钟冷）

【民族宗教工作专题培训班】 4月12日至13日，区委组织部、区民族宗教办、区委党校共同举办线上民族宗教工作专题培训班。全区39家委办局、29个街镇主管领导参加。授课老师结合当前民族宗教工作形势任务，深入学习贯彻习近平总书记关于民族宗教工作的重要论述以及民族宗教政策法规，就如何贯彻落实中央民族工作会议精神和全国宗教工作会议精神，更好地促进民族团结进步、铸牢中华民族共同体意识，坚持宗教中国化发展方向等进行讲授。

（王菁菁　钟冷）

【宗教活动场所调研】 6月15日，区委常委、统战部部长牟晓春一行到基督教燕京神学院开展慰问和调研工作。在调研座谈会上，中国基督教协会常委、北京市基督教教务委员会会长、燕京神学院院长、区基督教三自爱国运动委员会主席吴伟庆牧师介绍学院的历史沿革、师资、学员情况，疫情防控背景下如何开展安全保障和教学工作，学院将宗教中国化融入到教学课程当中，规划开展基督教中国化研究基地、神学基地、实践基地、基督教中国化文博馆等建设情况。

（王菁菁）

【民族团结进步创建工作调研】 7月21日，市委统战部副部长、市民族宗教委党组书记、主任钟百利带队到海淀区民族小学调研民族团结进步创建工作，副区长徐振涛参加调研。区教委汇报海淀区中小学校开展民族团结进步教育的做法和成效，区民族宗教办汇报近年来区民族宗教办以铸牢中华民族共同体意识为主线，开展民族团结教育工作的特色和成效，徐振涛介绍海淀区深化中小学校民族团结进步教育工作。

（王菁菁）

【民族体育节】 9月，海淀区开展铸牢中华民族共同体意识“喜迎二十大·乐活街坊民族一家亲”民族体育节活动，在永定路街道阜石路南侧绿地公园举行。此次活动由区民族宗教办和永定路街道联合主办。活动以铸牢中华民族共同体意识为主线，结合永定路街道“石榴树下街坊议事厅”品牌，通过文艺展演、“非遗”体验、民族服饰展示、知识问答等形式，传承弘扬民族优秀传统文化，促进各民族交往交流交融。体育节围绕“有形”，安排腰鼓舞、藏族舞、太极拳、柔力球、瑜伽舞蹈等不同类型的文艺展演，为观众带来一场民族艺术交流以及感情交流的盛会。围绕“有感”，设置民族服饰体验、风筝制作以及蹴鞠游戏，感受各民族文化的韵味和魅力；开展线上知识问答，寓教于乐宣传民族政策法规知识。

（王菁菁）

残疾人事业

【概况】 2022年，海淀区29个街镇和持证残疾人10人以上的社区（村）均设立残联和残疾人协会，有579个社区（村）残疾人协会。海淀区残疾人联合会（简称区残联）与各级残联并列设置有盲人协会、聋人协会、肢体残疾人协会、智力残疾人及亲友协会、精神残疾人及亲友协会。在户籍人口中，全区有持证残疾人40306人，其中肢体残疾21802人、视力残疾3475人、听力残疾3137人、言语残疾254人、智力残疾3545人、精神残疾5782人、多重残疾2311人。其中，一级残疾5120人、二级残疾8561人、三级残疾10448人、四级残疾16177人。

（侯艳敏）

【残疾人基本康复服务】 年内，区残联审核审批儿童康复训练补助722人次，成人康复审批826人，对21个康复机构划拨成年残疾人康复经费补贴111.82万元。审批辅具购买补贴2585人，落实66092件残疾人辅助器具购买补贴资金414.54万元。集中组织残疾人辅具评估适配服务10批次，为334名残疾人进行辅具评估适配服务。使用中央专项资金107万元为81名残疾儿童发放康复训练补助，走访慰问834名0—14岁持证残疾儿童，发放慰问金50.04万元。联合区卫生健康委搭建“海淀区社区心理健康管理系统网络平台”，用户达2万余人，开展居民心理健康测评约5万人次。

（侯艳敏）

【残疾人就业保障】 年内，区残联审核2021年岗位补贴和社会保险补贴1632家，其中符合政策1560家，补贴资金7301.55万元，惠及8373名残疾人。审核2022年度用人单位19047名残疾人信息，用人单位6000多家。审核申领岗位补贴和社会保险补贴1600家单位，6300名残疾人受益，申请审核岗位补贴和社会保险补贴8500余万元。开展残疾人职业技能培训652人，完成市残联下达的任务指标的142%，审批发放各项惠残助残政策补贴资金3249万元。完成内蒙古敖汉旗、科尔沁右翼前旗、科尔沁右翼中旗等支援合作任务，投入协作资金85万元。

（侯艳敏）

【残疾人权益保障】 年内，区残联为767户肢体一、二级残疾人家庭进行改造，资金投入308.45万元，其中低保低收入特困30户（低保24户、低收入1户、特困5户）、60岁以上344户，切实解决困难重度老年残疾人居家生活中的障碍和困难。完成17个海淀区“一刻钟无障碍便民服务圈”的申报创建工作。对全区重点领域的720余个无障碍设施点位开展监督检查，对占用、损毁无障碍设施等行为立行立改。

（侯艳敏）

【残疾人基层组织建设】 年内，区残联深化全区37家温馨家园综合改革，形成温馨家园延伸服务、社会融合服务、支持性托管服务3大类18个购买项目，服务项目金额910余万元。确定区级职业康复中心选址，启动区级职业康复中心建设工作。指导29个街镇依法依章完成换届。

（侯艳敏）

【残疾人精神文化生活提升】 年内，区残联开展残疾人文化发展项目，230余名残疾人提供国画、书法等传统文化普及及技能培训服务及指导。联合国家图书馆、中国盲文图书馆，举办残疾人读者“数字·阅读——共享信息无障碍”专场阅读推介活动。邀请国家级书画、摄影艺术名家，开展残疾人文化技能“云课堂”服务。海淀区残疾人代表队参加北京市第十一届残疾人运动会暨第三届健康杯残疾人体育大会，参加竞技、群体两大类7个项目66个组别的比赛，竞技类项目取得21金、9银、2铜、1个第六名；群众体育类比赛项目取得1金、2银、1铜、2个第四名、2个第五名、4个第六名。

（侯艳敏）

【疫情常态化防控】 年内，区残联全体机关干部下沉万寿路街道的两个社区，参与轮流值守。居家办公的党员干部就地转化为志愿者，参加5个社区的应急防控工作。多人参加阳性病例转运专班、疫苗接种加强针专班。支援海淀区尔康康复训练中心防疫物资，向防控一线的工作人员和残疾人支援消毒凝胶、医用酒精、口罩、一次性手套等防疫物资。走访慰问五大残疾人专门协会，送去疫情防控物资和用品。

（侯艳敏）

【助残主题宣传活动】 4月2日（第15个世界孤独症日），各街镇和儿童康复机构采取“线上+线下”联动方式，开展“孤独症日”宣传活动。通过电子屏滚动播放、公告栏、微信平台、板报、横幅等向社会人士科普孤独症和倡议关爱孤独症儿童。5月13日，区残联与国家图书馆联合举办“数字·阅读——共享信息无障碍”全国助残日主题线上宣传活动，介绍中国盲文图书馆、国家图书馆典藏阅览部可利用的馆藏数字资源及远程访问、盲文图书馆现有资源使用与访问。5月15日（全国助残日），区残联围绕“促进残疾人就业，保障残疾人权益”主题，开展走访慰问困难残疾人，应届残疾人大、中专毕业生推荐就业签约活动，残疾人文化技能“云课堂”服务，“读红色家书、树红色家风”主题活动，“数字·阅读——共享信息无障碍”阅读推介活动，残疾人“空中法律大课堂”6项活动。6月6日（第27个全国爱眼日），区残联举办“眼睛保健”云端课堂。课程主要针对少年儿童、老年人两大重点人群，聚焦近视、屈光不正、白内障、眼底病、青光眼、角膜盲等重点眼病进行专题讨论，增强群众爱眼护眼意识。8月25日（第六个全国残疾预防日），区残联结合“普及残疾预防知识，建设健康中国”的主题，开展残疾儿童绘画活动。

（侯艳敏）

【疫情期间心理健康教育知识系列讲座】 4月27日至7月30日，区肢残人协会以“春满肢协”为主题，组织300余人次开展3场线上疫情心理健康教育知识系列讲座。讲授《疫情下的心理调适》《春季过敏性呼吸道疾病的预防与诊断》《疫情下如何调节睡眠》等课程，针对特殊时期的心理困境、春季常见病开展专业式解读阐释，帮助残疾人调解情绪、缓解焦虑。

（孟阳）

【温馨家园增能培训】 7月27日至29日，区残联组织全区40余名温馨家园园长、工作人员开展增能培训。培训现场，市残联组联部主任杨泰峰从全市温馨家园综合改革工作情况、未来温馨家园工作重点等方面作介绍，区残联党组书记、理事长朱利忠就温馨家园综合改革工作面临的新问题、改革工作方向、园长责任意识等方面提出具体要求。海淀区残联组联部主任呼晓毛主持培训开班仪式。培训邀请温馨家园综合改革项目承接机构围绕“温馨家园支持性托管如何做、如何让温馨家园凝聚更多的残疾人以及温馨家园线上活动如何开展管理”等内容授课，为园长们介绍温馨家园综合改革项目实施方法和经验。海淀区温馨家园综合改革项目评审专家、中民社会救助研究院执行院长宋宗合和北京市经济社会发展研究院副研究员于晓静同园长一起研讨“疫情之下，线上服务如何开展”等热点问题，深化温馨家园综合改革工作方法。

（汤娟　吴斯宇）

【普法宣传】 8月4日，区残联举办“普法宣传在身边·争做法律明白人——2022年海淀区残疾人《中华人民共和国民法典》知识讲座”。讲座采用线上形式进行，邀请北京市颖周律师事务所律师郑洪涛讲解分析残疾人最为关心的监护、继承、防诈骗3部分内容。机关干部和29个街镇的残疾人工作者参与学习，实时在线达150余人。

（吴斯宇）

【海淀区残疾人体育大会】 8月11日至12日，区残联举办海淀区残疾人体育大会，来自全区的176名残疾人运动员和健身爱好者参加乒乓球比赛和群体展示交流。乒乓球比赛产生冠军10人、亚军8人、季军8人，羊坊店街道代表队、温泉街道代表队、紫竹院街道代表队分别荣获团体前三名。有群体展示节目56个，231人参与，涉及健身操、柔力球、太极扇、八段锦等健身项目。

（吴斯宇）

【“迎接二十大 送法进万家”系列活动】 9月8日，区残联召开“迎接二十大 送法进万家”——区残联《信访工作条例》宣讲会，邀请区信访办主任对《信访工作条例》作专题辅导。9月14日，区残联开展“迎接二十大 普法进万家”——区残联系统法律知识宣讲及重点工作培训会，邀请市残疾人维权服务中心相关人员作专题培训，指导残联系统依法开展残疾人维权工作。区残联全体机关干部在主会场与专家们面对面学习交流，300余名街镇和社区残疾人工作者在线上同步参与学习。

（侯艳敏）

【“残疾人大学生就业助力计划”培训】 11月7日至11日，区残联与北京开放大学联合开展“残疾人大学生就业助力计划”培训。培训对象为海淀籍普通高等院校和特殊教育院校的应届毕业生，以及有职业技能培训需求的近三年毕业的大中专毕业生。邀请高级生涯规划师李文慧、中国心理卫生协会会员房兴达、共青团中央中国青年创业导师刘石川等专家，围绕职业生涯指导、就业心理疏导、职业能力测评、创新思维培养和创业基础课程5个方面进行培训，旨在多方位、多维度帮助残疾人大学生适应校园与职场的转化。

（侯艳敏）

【无障碍环境建设专业知识培训班】 11月10日，区残联举办无障碍环境建设专业知识培训班。培训采取线上培训方式，来自全区各街镇的300余名残疾人工作者、无障碍监督员通过视频会议参与培训。区残联无障碍部门工作人员围绕国家和本市的无障碍建设相关法律法规、设计规范和标准、典型问题和案例等内容，对《北京市无障碍环境建设条例》进行深入解读，学习4月1日起住房和城乡建设部实施的《建筑与市政工程无障碍通用规范（GB55019-2021）》。课程以讲解实例图片的形式，有效地普及无障碍常识，并结合多年的工作经验和实践体会与监督员们进行互动交流。

（钟冷　王桂艳）

【《中华人民共和国残疾人保障法》辅导讲座】 12月2日，区残联邀请海淀区优秀律师郑洪涛作《中华人民共和国残疾人保障法》线上辅导讲座。讲座从法律专业角度系统全面地介绍残保法相关知识，并结合残疾人工作实例启发深入理解残保法的现实法律作用，提高全区残疾人工作者在实际工作中运用残保法的意识和能力。区残联机关干部和29个街镇的残疾人工作者参加，讲座实时在线200余人。

（吴斯宇）

【精神残疾人患者家属交流讲座】 12月14日，区精神残疾人及亲友协会在腾讯会议举办患者家属交流讲座，150名精神残疾人及亲友参加。讲座特邀中国精神残疾人及亲友协会家属工作委员会副主任李志强授课，围绕群友们关心的应聘专职委员工作、供养、成为志愿者的条件、挂靠、终身服药和托养机构地址电话等6个方面的问题进行详细的答复和交流。

（侯艳敏）

红十字事业

【概况】 2022年，海淀区红十字会（简称区红十字会）扩大款物筹措渠道，提升救助能力。推进应急救护培训和应急救援，出台《海淀区红十字会应急救护培训工作疫情防控管理办法》，规范培训工作。继续推广自动体外除颤仪（AED）普及。探索加强红十字应急救援工作，协助市红十字会举办全市红十字系统水域救援演练。推动献血及造血干细胞捐献。参与北京冬奥会和冬残奥会保障志愿服务。拓展宣传渠道，传播红十字精神。全区29个街镇及玉渊潭农工商总公司均建立基层红十字会，并设有区直机关系统、学校系统、医疗卫生系统、国有企业和非公有制企业5大行业委员会，发展理事单位75家。组织全体党员干部下沉社区近千小时支援社区疫情防控，红十字志愿者协助街道、社区开展核酸检测、消杀、扫码等防控工作600人次，服务数千小时。

（齐蔓）

【应急救护培训】 年内，区红十字会组织开展心肺复苏和自动体外除颤仪（AED）使用培训170场，13232人取得单项技能证或救护员证。开展线下、线上普及培训28场。继续推广AED普及，为北京裕龙大酒店、金龙潭饭店、海淀花园饭店等7家北京冬奥会签约酒店、燕园街道、区法律服务中心、中关村街道东里南社区等23家单位配备安装AED并开展操作培训。全区安装AED 1162台。

（齐蔓）

【人道救助】 年内，区红十字会落实区委“重视发挥第三次分配作用，鼓励爱心人士、企业更多回报社会，发展慈善等公益事业”重点任务，邀请区民政局、区总工会、区慈善协会、区残联等社会救助职能单位共同研讨救助政策，修订红十字系统人道救助管理办法。探索开通定向捐赠，启动日常救助申报，及时为爱心人士与困难家庭搭建爱心桥梁。开通微信捐款与中国红十字会总会“博爱通”捐赠平台实现对接，方便爱心捐款。截至12月31日，“博爱在京城”、抗击疫情、对口帮扶、巾帼帮扶等项目募集爱心款物1036.66万元。“5·8”人道公益日，在腾讯公益平台设立为精神疾病患者专项募捐项目“让世界充满爱——关注关爱被边缘化群体”，共募集15万余元善款。为6名白血病患儿申请小天使救助基金18万元。募捐款物支出1203.11万元，救助困难家庭1944户。其中，为一名特殊困难学生救助30万元，为北京市个人救助最高额。

（齐蔓）

【献血捐髓】 年内，区红十字会推动在清华大学、北京交通大学、中国政法大学等高校和街镇组织无偿献血、造血干细胞捐献知识讲座和志愿者招募，240余人加入中华骨髓库。实现捐献造血干细胞26例，创年度历史新高。支持中国人民大学举办“生命延续——遗体、器官捐献讲座”，与区司法局及公证处对接优化遗体捐献公证服务，协助29人完成遗体（器官）捐献报名申请。

（齐蔓）

【红十字公益文化宣传】 年内，区红十字会打造实体宣传阵地，推进建设中关村街道东里南社区“博爱家园”和台头小学、北外附校等3家“博爱校医室”。加强与区融媒体中心、《健康中国观察》、《中国红十字报》、《博爱》等多家媒体合作，对红十字工作、捐赠款物、献血及入库中华骨髓库、应急救护培训等对接渠道及相关知识、爱心人士进行广泛宣传。在《中国红十字报》以“用爱为生命助跑”为题，宣传海淀区造血干细胞捐献工作，多位捐献者事迹在人民日报网、新华网和学习强国等媒体传播。优化调整“北京市海淀区红十字会”微信公众号栏目及内容，打造“爱心捐赠”渠道，加大对“三救三献”[①]主责主业知识的传播。区红十字会门户网站打造“助力疫情防控 彰显红会担当”及“聚爱成海 生命接力——海淀区造血干细胞捐献”专题栏目，组织采访20位造血干细胞捐献者，集结成《一苇以航 爱相“髓”》文集，在《海淀报》开辟专栏宣传。“北京市海淀区红十字会”微信公众号及门户网站全年发布信息动态400余篇。

（齐蔓）

【北京冬奥会志愿服务】 年内，区红十字会为辖区7家冬奥签约酒店配备安装自动体外除颤仪（AED）并开展专业操作培训。抽调年轻干部入驻酒店闭环管理，提供语言服务。招募50名红十字志愿者参与冬奥城市志愿服务48天，服务3000余小时，服务近万人次。

（齐蔓）

【服务疫情防控】 年内，区红十字会多方协调筹集捐款21.6万元和价值649.38万元捐赠物资，将核酸采样车、采样小屋、空气消毒机、中药颗粒等物资及牛奶面包等慰问品送到街镇、医疗机构、困难企业等20余家单位。接受振东制药、中科创星捐赠中药颗粒10万袋、热炎宁1万瓶，为上地医院、中西医结合医院捐赠400箱矿泉水，为辖区残疾、低保、低收入、城市困难群体及社工等发放抗疫爱心包2000份。

（齐蔓）

【红十字会八届理事会十次会议】 3月10日，海淀区红十字会第八届理事会第十次会议召开。市红十字会秘书长张立军，副区长、区红十字会会长林航出席会议。会议宣读国际红十字与红新月运动基本原则；审议通过区红十字会2021年度工作报告及财务收支情况报告，部署2022年重点工作任务；选举张宇光为区红十字会常务副会长，夏阳为副会长。

（钟冷　齐蔓）

【红十字系统宣传干部培训班】 11月4日，区红十字会举办红十字系统宣传干部培训班，基层红十字组织35名宣传干部参加。培训内容涵盖红十字报刊宣传工作培训、关于新媒体传播宣传工作培训及红十字应急救护培训。

（齐蔓）

慈善事业

【概况】 2022年，海淀区慈善协会募集善款1566.73万元，使用善款1430.02万元，救助困难群众9010人次。在全区32个慈善工作站开展“春雨行动”“共产党员献爱心”捐献活动。开展“9·5中华慈善日”网络宣传征稿活动，编印《海淀慈善》季刊，经营网站，加大社会媒体宣传。开展“助困、助医、助老、助学、助残”等救助活动。与各慈善工作站配合，完成各项救助工作。各街道、镇慈善工作站开展扶贫济困、安老助孤、助残助学、医疗救助等工作。拨付善款150万元，对抗疫一线医务工作者因病致困者实施专项救助。受北京市慈善协会委托，接收抗击新冠疫情物资——松下电气2.5瓦杀菌灯，向部分养老机构等单位发放。利用北京市慈善协会慈善互助基金救助395人，共使用善款348365.4元。

（常欣欣）

【定向（专项）救助】 年内，区慈善协会重点开展4个方面的定向救助工作。海淀区“特困知青救助资金”定向救助41人，使用定向捐款25.8万元；区工商业联合会“爱心基金”为对口帮扶的内蒙古科右前旗学龄儿童赠送文化衫200件，共计2万元；在爱心捐助者与困难学生之间搭建起“一对一助学”信息平台，救助1名困难学生，使用救助款1000元；社会力量专项支持抗击疫情，北京隆格酒店管理有限公司为花园路街道购置防疫物资，使用专项捐款1.38万元。

（常欣欣）

【“慈善情暖万家”活动】 元旦春节期间，区慈善协会开展针对生活困难家庭专项救助的“慈善情暖万家”活动，救助困难群众3056人次，使用善款2370581.64元。

（常欣欣）

【春雨行动】 4月，区慈善协会开展年度“春雨行动”接收善款活动，募集善款2778071.52元。

（常欣欣）

【“共产党员献爱心”捐献活动】 6月中旬至7月底，区慈善协会举行“共产党员献爱心”捐献活动。7月1日，在区直机关工委系统举行的“共产党员献爱心”募捐活动现场，四套班子领导带头捐款，65家单位捐款近52万元。全区119994名共产党员、16389名爱心群众和543个机关团体、企事业单位、社团机构等社会组织参加“共产党员献爱心”捐献活动，区慈善协会接收捐款12888200.72元，总额居全市各区前列。

（常欣欣）

【生活困难共产党员救助】 7月以后，区慈善协会从“共产党员献爱心”捐款中提取部分善款，与区管党费中拨付的资金共同建立“海淀区生活困难党员帮扶专项资金”。该资金主要用于对因疾病或突发事故等导致生活困难的党员帮扶。全年救助区内生活困难党员627人，使用专项资金313.5万元。

（常欣欣）

【“慈善助困暖人心”活动】 8月至年底，区慈善协会组织开展“慈善助困暖人心”救助活动。从“共产党员献爱心”捐款中，支持各街道、镇开展“慈善助困暖人心”救助活动。全年使用救助款4259771.45元，救助2654人。

（常欣欣）

【助老慈善救助】 9月，区慈善协会针对防疫工作重点——老年群体的实

---

① “三救三献”：应急救援、应急救护、人道救助；无偿献血、造血干细胞捐献、遗体和人体器官捐献。

际情况，进一步加强助老慈善救助工作。为全区三星以上养老机构捐助50台医用制氧机，使用善款40.5万元。11月，实施“携手助老送健康——慈善医疗卡”项目。为全区929名60岁以上低保老人每人发放500元医疗救助金，总计发放46.4万元。

（常欣欣）

【慈善宣传】 9月，区慈善协会开展“9·5中华慈善日”网络宣传征稿活动，征集稿件8篇。年内，开展主题为“寻找最美的‘你’”慈善助学网络宣传活动，旨在回顾十年来“爱心助学子”“爱心成就未来”慈善助学的历程，宣传慈善事业对广大青少年儿童的关爱，宣扬被救助学生勤勉自强回报社会的先进典型事迹。《海淀报》记者对其中两位受助同学作专题采访报道，在网站和杂志上刊载多篇受助同学的来稿来信。全年《海淀慈善》（季刊）编辑出版4期，发稿62篇、图片56张；区慈善协会网站发布新闻35条、图片20张、网站活动飘浮窗2个。《海淀报》两个专版报道“共产党员献爱心”捐献活动。向北京市慈善协会、区社会组织联合会、区慈善办等单位的刊物投稿5次。各工作站利用宣传橱窗宣传慈善事业。

（常欣欣）

【“海淀·慈善——爱心捐赠月”活动】 9月至12月，区慈善协会开展“海淀·慈善——爱心捐赠月”活动。活动结合疫情防控特点，加大救助力度，因地制宜精准施救，各工作站深入社区调查走访，细致摸清困难群众底数，及时上报救助申请；区慈善协会采取多种形式，及时核实审批，迅速下拨救助金。救助困难群众1215人，使用善款287990.2元。

（常欣欣）

【慈善助学】 10月，区慈善协会救助困难学生411人，其中中小学生287人、大学生124人，使用善款119.4万元。

（常欣欣）

街道　镇（地区）

2023
北京海淀年鉴

万寿路街道

【概况】 2022年，万寿路街道辖区面积6.52平方千米（含位于丰台区的飞地“四顷地”0.04平方千米）。下辖27个社区，常住人口约16万人，是北京两轴空间西长安街延长线复兴路沿线的重要城市节点。有企事业单位2700余家，其中重点企业15家、大型央企5家；有知名中小学7所，幼儿园11所；三甲医院2家，社区卫生机构3家。五棵松文化体育中心是“双奥运”场馆，是集商务办公、文化娱乐、科技体验、国际赛事于一体的国际化现代新商圈。

（牛晨宇）

【环境建设】 年内，街道实施五棵松体育中心场馆周边道路环境建设、环境秩序整治等城市更新行动，集中开展共享单车整治、非机动车规范停放、道路环境优化，规划五棵松桥下、复兴路北侧便道等三处可容纳900余辆非机动车的免费停放点。拆除违建2.8万平方米，腾退土地7373平方米，完成年度拆违账上任务的470%、腾退土地任务的170%。完成301医院南门平整、永定路西里小区东门广场改造、朱各庄绿地提升等城市更新项目，完成复兴路乙59号院电梯、水泵更换，翠微路2号院雨污水管线改造等惠民项目。

（牛晨宇）

【平安建设】 年内，街道依托“1462”外围保障组织架构及“两环一区一核心”疫情防控指引，坚持“人员不交叉、路线不重叠、一天一方案、一场一流程”工作原则，累计发动6600余人完成北京冬奥会五棵松体育中心场馆29场冰球比赛外围保障，动员机关社区干部、志愿者、安保力量等人员完成党的二十大服务保障。完成五棵松消防科普教育基地建设，深入开展燃气安全专项执法检查、占压燃气管线自建房屋整治等。在重点时期、重点点位开展巡查检查，确保地区安全形势稳定有序。开展各类安全检查3426次，查处黑车、黑摩的80余辆，排查出租房屋2364套，查处违法群租房6套，疏解人员39人，劝离乞讨人员40余人，驱离无照经营40余人。

（牛晨宇）

【民生建设】 年内，街道承办接诉即办案件14846件，响应率99.29%，解决率80.20%，满意率86.03%。作为北京市接诉即办先进单位参与录制主题访谈，在《北京您早》《北京新闻》《特别关注》等栏目播出；运用“四民”工作法①，发动民情专员2890人未诉先办解决居民身边急难愁盼问题。服务家庭养老照护床位5.1万人次，为270名90岁及以上户籍老人家庭开展适老化改造，走访慰问低保和困难家庭323户、残疾人491名，为1万余名退役军人办理优待证。推进电动自行车充电设施安装，安装电梯阻车器465个。

（牛晨宇）

【社区建设】 年内，街道抓好两个“关键小事”，厨余垃圾转运量平均每月14550桶，14个小区被评为市级垃圾分类示范小区。成立万寿路六号院物管会，指导金河嘉园等小区顺利推进新老物业交接。举办冬奥科普、传统节日大型文体活动10场，提高公共文化服务水平。推进法治政府建设，开展地区“八五”普法宣传活动，全面提高居民法制意识。

（牛晨宇）

【基层党建和精神文明建设】 年内，街道开展理论中心组学习33次，常态化开展党史学习教育；开设“云端党课”13场，线上培训4.6万余人次，发放党建书籍万余册。建成“华熙汇客厅”商圈党建阵地，举办特色主题活动6场。完成党的二十大代表推荐提名及市第十三次党代会代表选举工作。开展党的二十大、市第十三次党代会精神学习进机关、进社区系列活动。为190名老党员发放“光荣在党50年”纪念章。紧抓监督体系建设、常态化廉政教育、廉政文化建设重点工作，强化全面从严治党责任落实。对接诉即办、疫情防控、冬奥等重大活动服务保障工作开展监督检查1100余次；通过开展“以案为鉴、以案促改”警示教育大会，配发廉政书籍，参观廉政教育基地，举办廉政主题书画作品展、读书活动等形式教育引导党员干部以史为鉴、以案促改；在太

2月7日，万寿路街道对冬奥场馆外围做保障任务　（万寿路街道 供图）

① “四民”工作法：由民情驿站、民情专员、民情热线和民情日志四部分组成。民情驿站一体办公，民情专员凝心聚力，民情热线全时在线，民情日志问计于民。通过连锁响应、循环链接、闭环解决，实现专员巡察找问题、日志深入访问题、热线电话接问题、驿站平台解问题，推动接诉即办向“未诉先办”转变，形成“主动为民”的长效工作机制。

平路24号、翠微北里、万寿路28号等社区打造廉政文化阵地。街道纪工委被评为2021—2022年度海淀区纪检监察宣传工作先进单位。完成2022年全国文明城区创建迎检工作，建立常态长效机制巩固创建成果，开展50余场文明实践活动。新华社、《北京日报》、《海淀报》等主流媒体刊发稿件258篇，全方位、多角度对外推介展示地区形象。围绕冬奥会、党的二十大两大主线，全力做好舆论引导，坚决守住意识形态安全防线。

（牛晨宇）

永定路街道

【概况】 2022年，永定路街道辖区面积4.69平方千米，设25个社区居委会，总人口145464人，其中户籍人口118754人，流动人口26710人。航天二院、中国铁建、十一学校等单位坐落于辖区内。永定路地区注册企业2326家，其中央企13家，规模以上企业48家，高新企业59家，上市企业4家，涵盖科学研究和技术服务、租赁和商务服务、批发和零售等领域。年内，永定路街道新上企业93家，年度纳税企业1654家，区级税收贡献3.2亿元。

（刘萌）

【环境建设】 年内，街道完成“基本无违法建设街道”创建工作，拆除违法建设并核销建筑面积15991.54平方米，完成率199.9%；腾退占地面积8737.59平方米，完成率156%。完成47处城镇燃气管道占压隐患治理。实施九街坊社区外侧休闲长廊提升、永定路与金沟河路交叉口东南角绿地改造提升、阜石路永建公园北侧临时绿化、太平路40号院老旧小区综合整治、正大路背街小巷环境整治、铁建宿舍楼及院落环境整治、玉渊潭养老院南侧临建区域拆除项目，共24738平方米，提升辖区环境品质。完成定慧桥、五棵松桥、青塔桥等10处桥下空间乱堆乱放、车辆无序停放、违规侵占等环境秩序问题整治。治理拆除金沟河10号院、太平路34号院、玉渊潭商务中心等各类围挡1156延米。规范处置玉泉路地铁站、五棵松地铁站和航天中心医院等35个重点点位周边非机动车乱停放现象。整治、清理凌乱架空线、线杆11处。整治街道自管道路以及设施169处，修饰、美化铁家坟路北侧五一小学西侧、金沟河路南、阳光星期八公园西侧等63处外立面17235平方米。拆除过期宣传广告和广告牌匾12处。

（刘萌）

【平安建设】 年内，街道共有536家生产经营单位纳入区应急局监管台账系统，组织安全生产检查3730家次，出动检查人员7460人次，排查隐患661处。开展防范养老诈骗暨电信诈骗“七进”活动，组织线上讲座8次，线下宣传活动23次；录制《美好瞬间》《找不到的儿子》《甜蜜陷阱》3部防范养老诈骗及电信诈骗宣传短剧。对地区4044处出租房开展排查8294次。开展黑车专项整治行动11次。组织禁毒宣传活动19次，对在册吸毒人员、家属平安关爱帮扶35人次。开展线上线下反恐防暴宣传教育活动17次，开展反恐防暴演练及宣传活动进校园1次。开展预防煤气中毒入户检查1072次，签订《预防煤气中毒安全责任书》及《预防煤气中毒安全承诺书》238户。参与北京电视台《向前一步》节目录制，联合海淀区检察院录制《向前一步》法制讲座。《打好“八段锦”共建永定平安街坊》在中央政法委优秀作品评选的区市域社会治理现代化建设创新项目评比中，获得第二名。

（刘萌）

【民生建设】 年内，街道受理接诉即办案件11673件，其中市级案件4926件，占比42.20%；区级案件6747件，占比57.80%。打造“永定路地区街域治理律师团”品牌，“街域治理律师团”咨询解答3356次，参与调解案件数76件、上门服务22次，为居民代写遗嘱、起诉状、起草协议等57次，参与调解疑难、复杂纠纷9件，办理法律援助案件7件。走访慰问优抚对象、义务兵家属、立功受奖人员、困难退役军人、军工人员、地退人员、见义勇为人员1471人。走访慰问90周岁以上高龄老人956人、百岁老人14人、高龄特困老人5人。政务服务窗口办理2.16万余件，咨询3150余件，自助办理5280余件。持续落实“3.5+1”（即工作日每天增加3.5小时，周六不打烊，上午9：00—下午1：00）延时错峰服务机制，延时服务群众1400余人次。积极推进就业工作，全年帮助963名失业人员实现就业，顺利完成区下达的失业人员就业登记率71%的就业指标。获得海淀区2021年度完成就业工作目标任务出色单位称号。利用街道公众号推送5期非京籍入学指南，办理非京籍入学审核61人，转学通过3人。走访慰问辖区内中小学幼儿园20余次。成立高考服务专班，保障涉疫高考考生19人，中考考生1人顺利参加考试。完成90周岁以上适老化改造申请162人，80—89周岁浴凳申请76人。组织老年人参与海淀区老体协举办的软式网球比赛、气排球比赛、健身项目展示等活动。结合高龄老人情况全面核查工作开展养老政策宣传，现场宣讲3次。建成采石路7号养老驿站，面积600平方米。改造重度失能家庭床位84张。依托航天二院的第一职工食堂和第二职工食堂，建设养老助餐点位2个。

（刘萌）

【社区建设】 年内，街道在辖区25个社区居委会推广以协商治理为特色的“石榴树下”街坊议事厅治理模式。编制“石榴树下”街坊议事厅图谱及议事协商指导手册，开展“大院社区的治理实践探索与创新”主题沙龙1次，完成三街坊东社区“石榴树下”街坊议事厅样板间建设。召开民情议事会100次，梳理、刊印永定路街道“石榴树下”街坊议事厅汇编材料4期。招录社区工作者24人，进行岗前培训。为23个社区统一制作安装楼门院服务管理公示牌1771套。推进社区转制工作，太平路44号社区、复兴路40号社区居委会实施社会化管理。完成5个社区服务用房装修改造工程、5个社区党群活动用房装修改造工程、1个社区社区服务空间开放式建设、25个社区服务用房屋面漏雨及墙面渗水维修工程、2个社区其他用房装修改造工程。解决社区物业相关问题295余件。完成6个物业项目的物业合同信息备案审核。开展物业管理领域突出问题集中整治“百日行动”，组织联合检查2次、自行检查29次，检查项目40个。建设永定路街道“关爱之家”工作站，聘请心理辅导师对重点人员开展教育转化工作。

（刘萌）

【基层党建和精神文明建设】 年内，街道开设“永学·专家课堂”引领学、“永学·创新课堂”实践学、“永学·实地课堂”现场学、“永学·前辈课堂”传承学等四大党员教育模块，集中授课4场。开展“三百党课进基层”党员轮训22场，社区书记沙龙2期。为辖区174名老党员颁发“光荣在党50年”纪念章。接收预备党员11人。开展北京市第十三次党代会代表、中共二十大代表推荐人选推荐提名、登记工作，基层党组织推荐提名参与率达100%。开展2022年度党内统计工作，核对处理党员数据1406余条、党组织数据180余条。完成25个社区党组织共计418个社区微信工作群的规范优化工作，入群居民3.32万余人。走访慰问建国前党员、老党员、困难党员1843人。开展“强国复兴有我”主题宣讲6次，其中线上5次，线下1次，参与人数2500余人；25个新时代文明实践站开展各类志愿服务活动400余场，参与人数1.2万余人；开展“党员服务群众”结对活动1场，参与人数70余人；组织主题宣讲及好书分享45次，参与人数2.5万余人。围绕理论学习、疫情防控、冬奥服务、接诉即办、司法质效等街道重点工作，街道微信公众号上推送信息419条，各级媒体共发布265条，其中区属媒体发布信息135条，市属媒体发布信息130条。

（刘萌）

羊坊店街道

【概况】 2022年，羊坊店街道辖区面积6.61平方千米，有户籍人口13.06万人，流动人口4.4万人。设社区居委会31个，有卫生医疗机构4家，中小学9所，幼儿园8所，有中国人民革命军事博物馆、中华世纪坛等知名建筑。地区共有纳税企业9001户，全口径税收122.71亿元，区级税收23.01亿元。

（牛昆）

【环境建设】 年内，街道稳步推进“疏整促”，推动长安街沿线环境整治提升，集中拆除沿线违法建设，组织楼体粉刷及架空线入地。拆除违法建设26612.72平方米，腾退面积19169.64平方米。清理整治背街小巷19条，北蜂窝中路入围北京最美街巷评选。“揭网见绿”5处共5.26公顷，完成乔建社区、羊坊店社区等3栋楼1.87万平方米的老旧小区改造。会城门小微空间环境提升项目建成并验收，双贝子坟路、北蜂窝中路口袋公园建设项目建成，拆除绿地护栏8600余延米，养护地块38块，面积78075.1平方米，补植绿化3100平方米。协调地区单位增加100个错时共享车位，新增立体停车位230个。七一小学校门处设置家长等待区，缓解周边道路交通拥堵。聚焦公主坟商圈建设，协助完成内部改造和地铁接驳改造。督导辖区109个小区、3000余家社会单位落实疫情期间收运标准，畅通消纳渠道，确保涉疫垃圾当日清运。莲花小区等5个小区完成垃圾分类示范小区创建验收并挂牌，羊坊店社区卫生服务中心等2个单位完成垃圾分类示范单位创建。

（牛昆）

【平安建设】 年内，街道实行一级及以上等级防控近100天，发动各类社会力量40万余人次。划分巡查区5片，确定重点区域62处，设置重点点位348个，制作现场应急处置教学视频。多轮次开展全域重点人员摸底排查，分类建立1017名重点人员台账。处理上访、地面塌陷、火情等事件30余起。完成北京冬奥会和冬残奥会、党的二十大等重大活动服务保障任务。检查企业4250家次，排查各类隐患数5801项，整改率100%。回收居民液化气罐164个，整改燃气隐患322项，基本实现驻地周边重点区域燃气居民用户全覆盖。全面摸排登记电动自行车7462辆、充电桩1301台、充电柜173组，为地区150余处体量较大的电动自行车充电车棚安装450只灭火球，实现大中型车棚灭火器安装全覆盖。街道平安建设办公室获“第六届全国119消防先进集体”称号。

（牛昆）

【民生建设】 年内，街道紧抓接诉即办工作。完善社区专员工作机制，形成“专案社工—包片专员—包片科长”办案团队体系；以“简单诉求快速办、重点诉求联合办、疑难诉求调度办”模式完善闭环接诉即办处置流程。全年受理案件20226件，响应率99.56%，解决率81.8%；满意度83.31%。《央治齐点“赞”》进入市级100名优秀案例。完成社区学前教育办园点验收工作，协助符合条件的培训机构完成托幼资质认证。完成56名非京籍适龄儿童幼升小入学审核、14名非京籍义务教育阶段转学学生审核。按时发放低保金、特困供养人员护理补贴、救助金等保障资金3454万余元。将家庭养老床位服务纳入养老服务工作常态项目，为2200多位老人提供家庭养老床位。调解劳动纠纷111起，为农民工追回拖欠工资166.394万元。

（牛昆）

【社区建设】 年内，街道推进老旧小区改造，建立并试运行老旧小区自来水管网、污水管网和供暖系统应急处置机制，推进水科院社区电梯二期建设项目落地。开展“物业管理领域突出问题整治‘百日行动’暨环境整洁维护专项行动”联合巡查检查，调研31个社区112个物业服务项目，形成物业管理动态台账。制定业主大会和业主委员会指导手册，指导业委会成立运行全过程。全面落实“十分钟健身圈”要求，累计为辖区各社区新增、更新室外健身器材20余套。持续推进社区无障碍设施建设，打造以新华社社区为中心的“一刻钟无障碍便民服务圈”。

（牛昆）

【基层党建和精神文明建设】 年内，街道组织学习党的二十大精神，组织党工委书记讲党课、专题研讨会、理论中心组学习等23次，严格执行民主集中制和“三重一大”制度，组织召开党工委会81次、主任办公会48次。各级媒体刊登新闻稿件140余篇。持续规范基层党组织建设，对196个党支部开展规范化建设检查，非公企业新成立、转入党支部6个，撤销5个，组织党员参与市、区、街道级云课堂41074人次，培养考察43名预备党员。不断夯实意识形态防线，对宣传栏、公众号等宣传媒介开展多轮次自查，及时发现并整改问题。圆满完成2022年文明城区迎检工作，统筹协调指导辖区各单位，牢固树立文明城区全员创建理念，稳步推进落实文明城区创建工作常态长效机制。

（牛昆）

甘家口街道

【概况】 2022年，甘家口街道辖区面积6.49平方千米，下辖24个社区，常住人口11.8万人，户籍人口12.5万人，流动人口3.98万人。辖区中央和市属单位、科研院所及知名企业云集，有4所高等院校、4所医院和中央电视塔、玉渊潭公园等人文景观。成立甘家口街道商会，扩宽政企沟通渠道、促进信息资源共享。搭建服务管家、非公商会、央企联盟“三个平台”，走访联系重点企业120余家，协调解决企业疫情期间运行保障、子女入学、政策对接等事项200余件次。建立88家重点央企长效服务机制。以企业需求为导向，采取“登记跟踪服务机制”，打造个性帮扶方案，服务企业单位906家，经办社保业务8289件。开设“服务中央单位和驻京部队窗口”，建立“一手册三清单”，为中央单位和驻京部队提供环境改善、运行保障、交流合作、疫情防控等12类37项服务，以及会议活动、主题教育、文化共建、技术服务等7类36项共享资源。通过定期走访、交流座谈、实地调研、服务热线等方式，解决中央单位和部队诉求609件。

（邹晔）

【环境建设】 年内，街道拆除违建34处，面积5915.99平方米，腾退土地面积3847.85平方米。处理无证无照经营、占道经营和开墙破洞案件47件。开展违法群租房专项行动，整治规范群租、日租行为，处理违法群租房21处。推进西三环北路82号院、西三环北路86号院等18个老旧小区改造，组织实施主语国际西侧路等4条背街小巷精细化整治提升工程，推动甘东社区小微公共空间改造提升项目，激活整片区域的活力，增强居民幸福感。强化交通秩序维护及整治工作，解决甘家口中街、半截塔南街等路段常年交通堵塞问题，协调航天桥、北工大停车场实施40个车位共享。规范垃圾分类桶站设置，整合提升改造固定桶站280组，桶站规范建设达标率100%。上报城市治理小循环案件10万余件，结案率达99.76%。加强扬尘精细化管控，辖区$PM_{2.5}$均值为26.1微克每立方米，TSP（直径小于10毫米的颗粒物）均值为77.1微克每立方米。结合“国家卫生城区”创建，完成辖区老旧小区保洁面积13万余平方米，清理社区内、背街小巷废弃物及无主垃圾21.4吨。加强辖区自管绿地“拆围透绿”，开展常态绿地绿化美化提升11处。落实河长制工作，累计巡河里程1100千米，辖区河道水质全部达标。完成配合第二轮北京市生态环境保护督察工作。

（邹晔）

【平安建设】 年内，街道在北京冬奥会和冬残奥会服务保障期间，建立“1+9”（1个冬奥专班和9个专项工作组，即安保维稳工作组、交通消防应急工作组、城市运行及环境保障工作组、商业整顿工作组、社区关系协调工作组、人员调配志愿服务宣传工作组、疫情防控工作组、后勤保障工作组、督导工作组）指挥体系，统筹场馆及驻地酒店外围共30个重要点位的安全维稳、环境整治、交通秩序、保洁清扫等工作，确保场馆及驻地酒店周边秩序良好。在党的二十大服务保障期间，建立“权责明晰、指挥顺畅、信息灵敏、运转高效、处置有力”的安保实战指挥体系，形成以属地管理为基础，指挥部总体调度、领导双岗值守、安保维稳、城市运行、疫情防控并行，各部门整体联动、群防群治力量广泛参与的高效工作模式，消除安全风险隐患。推进全国市域社会治理现代化试点工作，推动第一批38个智慧平安小区运行。抓好重点时期安保维稳工作，启动社会面等级防控99天，发动群防群治力量30万余人次。巡检结合，开展重点场所、高风险领域、薄弱区域消防安全隐患排查，安全生产专项整治三年行动挂账隐患数动态清零。开展村民自建出租房消防安全、居民小区消防设施和电动自行车全链条管理等专项整治，引入智慧烟感、红外温感报警等智慧化消防管理设施。巩固信访、司法、接诉即办“三方联动”的工作格局，化解矛盾纠纷654起。

（邹晔）

【民生建设】 年内，街道增设养老服务驿站，辐射覆盖4个社区4137名老年人的服务需求。完善养老助餐服务网络，建立“五点一线”（配餐中心—分餐转送点—管控区缓冲地带—管控小区内部—老人家中）老年餐配送链条。完成70余名非京籍适龄儿童入学联审工作。8家社区退役军人服务站成功创建全国“示范型”退役军人服务站。受理6000余名退役军人及其他优抚对象优待证申请。帮助地区1154名失业人员实现就业。受理保障性住房登记、公租补贴业务、市场化租赁补贴等业务1021件。发放各类社会救助政策性补贴、救助金共计1250余万元，走访慰问老年、计生特殊家庭等群体7457人次。

（邹晔）

【社区建设】 年内，街道建立常态化培训和日常协调调度机制，坚持“社区、包片科室、包片领导、主要领导”的四级督办模式，接诉即办受理流转群众诉求14602件，响应率99.26%、解决率94.47%、满意率94.87%。新建1个社区议事厅、2个楼门院治理示范点以及街道社会心理服务中心，定期开展议事协商，解决群众身边急难愁盼的问题百余件。建立街道科室、律师顾问、房管专员和社区物管专员“四级联动”工作机制，组织30余次社区物业管理会商会。推进老旧小区引入规范化物业服务，开展“社区伙伴行动计划”，解决物业管理类诉求1297件。升级启用甘家口街道志愿服务促进中心，开展特色志愿服务队伍和项目展示、志愿者招募和志愿项目孵化等工作。成立甘家口街道社区矫正委员会，建立“社区矫正谈话室”，逐步构建工作联动、问题联治的工作格局。组建“法律明白人”工作队伍，建立公益性法律服务网络，为辖区百姓提供法律服务。

（邹晔）

【基层党建和精神文明建设】 年内，街道举办党史教育、党性铸魂、党代会精神解读、党务实操等“线上+线下”培训20期，巩固深化党史学习教育成果。官方微信公众号推送233期、927条消息，其中原创消息448条，中央、市区等各类媒体刊发街道工作报道174篇。新建非公党组织6个、社区二级支部19个，发展党员18名。依托社区“微党课”和甘家口街道党校分校，培训党员3.1万余人次。通过“一通道两平台三矩阵四争先”体系，打造“甘美谊家”党建品牌，组织新就业群体开展“甘小美”和“小甘哥”特色志愿服务。开展社企“红谊”共建，设立楼门共建、医养健康、文化交流等9大类服务项目，为非公企业参与基层治理搭建载体和平台。开展疫情防控、接诉即办、重大活动保障等各类监督50次。完善建设一个代表之家和三个代表联络站，开展“代表接待日”和“为选民办实事”活动，发挥人大代表的桥梁纽带作用。依托“地区党建协调委员、财源建设工作专班、工会组织以及党群活动中心”四大平台打造统战工作阵地，畅通建言沟通平台。做好京台基层互动交流，建立北京市首批京台基层交流基地，开展“相约七夕 云聚两岸”海淀高雄社区视频连线活动。依法有序建立2个非公企业工会组织。自主设计、开展北京市“团建百强”“甘心相助公益暖心课堂”项目，全方位系统打造“甘红谊站”党建品牌。全面推进“八五”普法，推送专业普法文章300余篇，开展线上线下法治宣传活动200余场。

（邹晔）

八里庄街道

【概况】 2022年，八里庄街道辖区面积6.49平方千米，设32个社区居委会。有户籍人口100683人，流动人口45340人。有住宅楼宇635幢，重点非住宅楼宇450幢，工商注册企业1.6万余家，第三产业规模以上单位354家。建立财源建设领导小组及专班服务企业，街道领导班子成员带队走访企业230余次，推动国家和市、区各项纾困政策落实。统筹税务、市场等部门积极响应企业诉求，助力企业复工复产，服务中电科产业园顺利落地、中电建项目有序推进，保障地区营商环境不断优化。

（马怡萱）

【环境建设】 年内，街道开展市容环境专项整治，超额完成拆违专项台账任务，销账面积达1.46万平方米。拆除自建绿地护栏4716米、交通护栏8882米、防爬网7489米。新增错时共享停车场2处，提供共享停车位60个，通过挖潜增加停车位90个。推动五路居公交场站迁址还路。22条背街小巷通过市级精致类背街小巷评审验收。推进恩济庄61号院老旧小区改造。深入打好污染防治攻坚战，第二轮北京市生态环境保护4件督查件全部办结，规范建设垃圾分类桶站333组，分类驿站1座，大件垃圾暂存点81个，装修垃圾暂存点72个，垃圾分类工作全区排名第1。河长巡河41人次，巡河里程总计约79千米。完成世纪新景社区全市首个古树社区创建。

（马怡萱）

【平安建设】 年内，街道全力做好2022年冬奥会和冬残奥会运行保障工作，历时40余天，完成3家涉奥酒店、1处火炬传递点位和五棵松外围保障工作，所有涉奥人员未发生脱环现象，相关涉奥活动有序举行。全力做好党的二十大服务保障，历时24天，辖区20处重点点位、社会面群防群治点位值守人员在岗在位，国庆节及二十大期间社会面平稳；落实安全生产责任制，聚焦建筑工地、工业企业、有限空间、危化品、燃气、电梯等重点领域工作，安全生产专项整治三年行动完美收官，挂销账隐患237条。在社区全覆盖建立电动车充电桩，安装充电接口4137个，已通电4137个，小区覆盖率达100%。电信诈骗反诈劝阻52168件次，成功化解“退役战友情”诈骗风险，得到区领导批示肯定。违法群租房动态清零，共摸排房屋8000余次，拆除群租房240套。

（马怡萱）

【民生建设】 年内，街道温馨家园入选北京市残联《温馨家园服务典型案例》，完成2300余张高龄老人居家照护床位建设，为辖区100余户高龄、独居和失能老人提供巡视探访服务。累计建成7处养老驿站、7处社区老年餐桌，社区养老工作任务圆满完成。依托温馨家园奥运示范园，组织活动150余场，6100余人次参加，助残覆盖率超过95%。累计办理退役军人优待证3860个，开展走访慰问部队等系列活动，助力双拥共建。配合区教委妥善解决八里庄小学借址办学问题。制定《海淀区八里庄街道创建全民健身示范街道实施方案》，组织开展2022年国民体质监测及国家体育锻炼标准测试活动。开展劳动就业保障，成功调解案件119起，街道获评“北京市人力资源和社会保障局劳动监察工作（市级）先进单位”。政务便民服务增速提效，便民窗口服务4万余次，低收入家庭住房实现应保尽保。接诉即办承办案件15635件，其中直派8203件、转派7432件，指挥分中心回访原始解决率71.21%，满意率79.62%。

（马怡萱）

【社区建设】 年内，坚持“三抓三一样”工作方向，即像抓社区一样抓物业、像抓社区书记一样抓物业项目负责人、像抓社区干部一样抓物业工作人员，解决社区疑难杂症。地区业委会（物管会）的组建工作，即在《北京市物业管理条例》出台后，住宅物业小区实现业委会或物管会的组织覆盖。依托物业领域突出问题“百日行动”[①]工作，指导鼎力社区财政部小区、裕泽园社区裕泽园小区、中海雅园社区中海雅园小区等3个小区成为区物业管理“社区伙伴行动计划”小区[②]。统筹推进4个社区16部电梯增设工作，其中4部电梯投入试运行。美丽园社区被国家老龄委授予“全国老年友好型社区”荣誉称号。

（马怡萱）

【基层党建和精神文明建设】 年内，街道发挥党建协调委员会平台作用，组织地区单位开展联学联建、环境整治等活动27次，组织人大代表政协委员专题座谈，谋划昆玉河岸线新经济带发展思路，党建引领下的地区共建共治共享新格局进一步深化。街道工委“四个三”[③]党建工作法入选前线杂志社主编的《北京市优秀党支部工作案例选编》。拓展两新党建工作外延，持续深化“两真两有”党建品牌，2名快递小哥荣获2021年度感动海淀“最美快递员”称号，1名快递小哥被推荐为北京市团代表。推动基层团改革试点工作，成立街道新就业群体行业团委，街道团工委获评“区级五四团委”，玲珑家园社区青年汇获评“市级优秀社区青年汇”，街道心灵驿站获评市级“职工心灵驿站”称号。开展第四届“社区邻里节”活动71场。举办文艺演出、冬奥健身操培训等活动，开展系列读书会、诗歌朗读等活动。组织参加公民科学素质大赛线上答题活动，总积分、参与人数均居全区第一。全年在《人民日报》等主要媒体刊发报道160余条。

（马怡萱）

【全市首个古树社区】 年内，街道携手区园林绿化局开展八里庄世纪新景园社区的古树公园建设项目，整体工程于2022年7月31日正式竣工。此次古树社区建设项目主要围绕在册的37株古树保护工作进行，此古树群有古柏31株、古松6株，均为树龄200年以上二级古树。该建设工作以古树保护为出发点，充分考虑居民的实际活动需求，将古树保护工作与居民对美好环境的诉求相结合，打造人与古树共生的和谐社区。

（马怡萱）

紫竹院街道

【概况】 2022年，紫竹院辖区面积6.23平方千米，常住人口约14.2万人，居民包含56个民族。有社区居委会22个，高校8所，大型企事业单位18家，有万寿寺、紫竹院行宫、法华寺、广源闸与龙王庙等文物保护单位。有经济主体8670户，新增主体837户，大型企事业单位49家，科技园区3个，商务楼宇39个。

（龚虹玮）

【环境建设】 年内，街道以“社管通”和“城管通”建设为抓手，深化“疏整促”工作。“揭网见绿”专项行动销账图斑4个，面积20473.82平方米，完成率120.4%。拆除违法建设58处10683.52平方米，完成区台账任务的213.67%；腾退土地7178.03平方米，完成区台账任务的205.09%。拆除新生违法建设8处，建设面积为83平方米。完成桥下空间治理31824平方米，全部销账。完成紫竹院路沿线冬奥会保障区域环境建设项目、三虎桥文化微景观西侧地块环境整治提升

3月8日，八里庄街道组织温馨家园残疾人康复活动　（八里庄街道 供图）

---

① “百日行动”：围绕安全生产、规范服务、疫情防控、环境治理等重点任务，扎实开展突出问题集中整治100天。

② “社区伙伴行动计划”：海淀区物业管理工作专班办公室发文进一步构建党建引领社区治理框架下的物业管理体系，建立平等互助、共商共建共治共享的社区伙伴关系行动计划，进一步促进各类信息互联互通。通过“社区伙伴行动计划”打破信息壁垒、主动增进情感沟通、理顺对等合作关系、搭建议事决策平台，让各类信息在阳光下对称共享。

③ “四个三”即“三种意识”“三种路径”“三个维度”“三类生态”。

项目、紫竹院路98号院12号楼东南角环境建设项目，已转入街道环境建设项目长效管理运行。以“海淀区大城管综合业务平台”为载体，以“社管通”和“城管通”建设为抓手，以首环办案件、区级案件为工作重点，接收首环办下发点位问题64处、区级重点点位问题128处，监管通知单890件，网格员上报案件17074件，社区上报案件67236件。持续深化背街小巷环境精细化整治提升，厂洼街南路、车道沟东路被评为“区级文明街巷”。采用“菜单式”“一小区一方案”进行老旧小区改造，完成2021年第二批老旧小区综合整治项目——厂洼西街10号院建筑单体节能改造部分；第一批老旧小区综合整治项目——昌运宫5号楼、车道沟南里35号楼及紫竹院甲3号院1、2号楼完成初步设计方案并公示。全面梳理规范地区22个社区、95个小区327个桶站、9个驿站；组织垃圾分类活动13场，4个小区完成北京市垃圾分类示范片区创建验收。实施共享单车电子围栏建设项目，设置19处监测点位、18处蓝牙道钉装置；完成停车资源普查、地区351个地块的落图工作。开展环保巡查480余次，完成春节、北京冬奥会和冬残奥会、党的二十大等重大节日空气质量保障工作。辖区内实现“散乱污”企业动态清零。落实北京市“将自建房安全专项整治、村民自建房消防安全综合治理和城乡接合部重点村综合整治工作一体谋划、统筹推进”的工作精神，成立“三合一”自建房综合整治工作专班，调查图斑1246个，对15个经营性一般安全隐患房屋张贴警告标语。辖区科技创安系统发现治安与环境问题764起，实现治安管理与城市环境秩序管理的全方位动态保障。规范管理人防工程和地下空间，对地区180个雨水箅子进行疏通清理，处置涉河案件90余件。

（龚虹玮）

【平安建设】 年内，街道累计检查生产经营单位3922家，企业检查覆盖率100%，发现问题隐患3454项，整改隐患问题3403项，隐患整改率98.52%，隐患核销率100%。开展防火监督检查1226家，发现、整改火灾隐患1208处。开展燃气安全专项检查2777次，发现并整改安全隐患52起。查处无照经营82起、门前三包3652次、擅自安装地锁112处。为辖区22个社区建设电动自行车车棚198平方米、铺设充电桩供电线路4000米、加装悬挂式感应灭火器200个，在125个居住区建成电动自行车充电设施533个（套）3750个接口，电动自行车集中充电设施基本实现居住区100%全覆盖。对娱乐场所、服务场所、公共复杂场所等“三类场所”开展专项检查4171次，发现并整改问题612起。开展“国家安全教育日”“落实《安全生产法》当好第一责任人”系列宣传，防范电信网络及金融诈骗、养老诈骗专项宣传22场次，覆盖全部社区及企事业单位；开展反恐反邪、文明养犬、消防安全、交通安全、燃气安全等平安宣传28场次，覆盖全部社区及企事业单位。组织地区340余家企事业单位、3500余名职工在线收听收看“5·12”防灾减灾日线上科普活动，向地区居民、企业职工下发宣传手册、折页、一封信等宣传品3.5万余件。扩大“平安紫竹360°”品牌效应，打造市域社会治理样板，推进“平安高校360° 共同体”建设，组织“平安消防大走访”“叩门问安”等专项行动48场次，覆盖所有社区、大学及企事业单位。整治违法群租房40处，地区“三类”可防性案件比上年下降50%、“非接触类”诈骗立案比上年下降20%。开展矛盾纠纷排查14次。每天发动群防群治力量4300余名，完成北京冬奥会和冬残奥会重大活动服务保障任务，加强驻地、场馆及周边沿线环境保障和安全管控。

（龚虹玮）

【民生建设】 年内，街道受理接诉即办群众诉求18060件，响应率99.39%，解决率94.36%，满意率95.06%。利用接诉即办专项“兜底资金”未诉先办，解决13项历史遗留问题。新办理低保家庭9户，向386人发放精神残疾监护人看护补贴；发放计生家庭年老一次性奖励，惠及103人；发放退役军人优待证1724张；救助街道困难群众70人次。组织“首都老兵”志愿服务280余次。创建海淀区第一家民生暖心为老助医服务项目，服务409人次；家庭养老床位服务6472人次；完成高龄老人适老化改造190户。助残帮残无障碍环境建设，“七小门店”改造98处；组织44次康复活动，服务690人次。劳动用工执法检查1589家单位，整改率100%。组织80名新就业形态劳动者免费体检，发放“送温暖”物资2041份；建立完善以职代会为基本形式的民主管理机制，实现工资协商签订率93.5%，建制率达94%；8家百人以上企业合同签订率100%。解决讨薪案件26起，调解劳动人事争议案件17起。办理各类法律事务375件，提供法律咨询服务810件；开展社区普法讲座79场，接待法律咨询4509人次。完善“8+N”①项基本便民商业服务功能设施，实现22个社区全覆盖；深化公共文化服务体系，服务效能评估区排名第二。推动地区民族宗教安全稳定，会商研判宗教事务12次。

（龚虹玮）

【社区建设】 年内，街道社会心理服务中心开展线上线下培训活动17次，心理干预工作450人次；开通疫情期间心理援助热线电话，制作线上海报及宣传手册500份。创建“家庭助理 亲情扶助”社区行动项目，为57位需要帮扶的老年人提供3000小时的生活服务；完成11家“社区养老互助社”建设，培育11支“老伙伴服务队”。开展“智在孵化 美在紫竹”社会组织培育活动19次，500余名社区

① “8+N”：“8”即菜篮子、早餐、超市便利店、家政、洗染、美容美发、代收代缴、末端物流8项基础性服务功能，“N”即商超自身的特色选择性业态服务。

社会组织成员接受培育。开展“社区邻里节”、全民阅读季、书画展、“书香家庭”等22场活动。推广和深化社区“微治理”工作成果。组织开展功能管理、治理能力提升活动42场；创建“楼门院治理示范点”，选定50个单元楼开展“一门一特色”文化楼门建设。打造品牌示范社区，开展邻里互助活动5次，建成“有颜值、有文化、有温度、有认同”的社区四有空间；召开“每月一题”物业管理问题沟通协商会10余次。构建党建引领社区治理框架下的物业管理体系，探索物业管理服务的“厂洼模式”，对76个住宅物业管理区域和27个重点商务楼宇开展物业管理领域突出问题集中整治“百日行动”，厂洼街7号院作为优秀代表入选住房与城乡建设部、中央文明办“加强物业管理共建美好家园”典型案例，成为海淀区唯一上榜小区。社区工作者证书考试培训1000余人次；开展物业工作岗位能力培训与业务咨询、物业管理工作机制协商议事会议等12次、社区服务活动15次、工作团队的培训学习与督导10次。实现社区“村居法律服务律师”全覆盖，厂洼一社区、军乐团社区参评“市级民主法治示范社区”。

（龚虹玮）

11月4日，区人大常委会领导到紫竹院街道调研人大代表家站工作

（紫竹院街道 供图）

【基层党建和精神文明建设】 年内，街道举办党课58期，参与党员93820人次；参观红色教育基地。为112名党员颁发“光荣在党50年”纪念章。开展社区党务工作评星定级，开展党务知识课堂3次。成立地区非公企业党建工作协调委员会和地区物业单位党建联合会。推动实施三虎桥书舍建设、民大社区文化凉亭、困难老党员家政帮扶活动等项目。组织离退休干部和22支老党员先锋队开展“我为北京冬奥作贡献”和“丹心永向党 喜迎二十大”系列活动。组织37支地区文艺队伍参加北京卫视《多彩社区行》2期紫竹院专场节目录制；开展具有地区特色的“融入式”文明实践活动200余场。开展健步走、摄影展、垃圾分类等活动。依托I紫竹公众号平台，组织地区青年线上线下交流学习青年运动史；市团建百强项目“紫竹·丰收”成长笔友招募40名志愿者，与内蒙古赤峰市敖汉旗丰收乡两所小学的40名学生结为笔友。开展未成年人法庭、“护航青春伴成长”暑期课余成长活动20余场。组建社区22支巾帼志愿家庭服务队，开展巾帼暖心行动，关心关爱地区特殊人群，开展妇女“两癌”“婚（孕）检”免费检查宣传活动；依托“家长学校”，开展“理想育未来”、新蕊云课堂、“我家的育人故事”等主题线上活动6场，共1265人参加。

（龚虹玮）

【冬奥保障】 年内，街道聚焦冬残奥会，高标准完成重大活动服务保障任务。召开奥运通讯员培训会2次；多样灵活开展宣传报道，全市各级媒体刊登新闻211条；对地区宣传品开展专项巡检10余次。开展参与保障人员岗前审查和保密教育，加强驻地、场馆及周边沿线环境保障和安全管控，完成紫竹院路沿线冬奥会保障区域环境建设项目；发动群防群治力量每日4300余名。打造“1+1+22”服务矩阵（1个站点、1个示范社区、22个重点社区），组织400名志愿者为3.8万人次市民提供服务长达39天的暖心服务，服务市民超过38000人次，总志愿服务时长达26302.5小时。北京冬奥会和冬残奥会期间，建设文明小屋城市站点1个，传播奥运文化、中华文化、志愿服务精神。组织两岸青年参加“双奥之城、志愿有我”活动，活动得到中央电视台、新华社、北京电视台、《北京日报》、北京电视台等主流媒体报道120余条，将文明小屋城市站点打造成两岸青年融合发展的交流窗口、奥运文化与中华文化的展示窗口、志愿服务精神的传播窗口。

（龚虹玮）

北下关街道

【概况】 2022年，北下关街道辖区面积6.04平方千米，设31个社区居委会，其中大院大所型社区11个、社会型社区9个。完成北京冬奥会首都体育馆外围服务保障工作，确保疫情防控“无死角”、安全维稳“无事故”、秩序检查“无疏漏”、宣传服务“无空白”，实现服务保障“四无”目标。新增注册主体1600户，现存各类注册主体1.42万户。2022年北下关地区全口径税费入库约141.7亿元，中央级入库72.7亿元，市级入库36.6亿元，区级入库约32.4亿元。完善“服务包+服务管家”长效机制，多措并举服务企业。

（赵琳琳）

【环境建设】 年内，街道完成五塔寺环境综合整治一期项目。中坤广场A地块甩项区域环境整治项目共计26

个院落，签约21.5个院落，签约建筑面积4831.75平方米；完成C、D栋装修，抖音集团入驻。交大东路58号院完成居民签约及搬迁工作。完成大钟寺便民“一刻钟商圈”无障碍改造，西冷公司城市更新项目研究初步规划。开展“疏整促”专项行动，销账5.5万平方米，限期整治类销账面积11.8万平方米。开展北京市第二轮环保督查，涉及案件7件均按期办结。实施“碧水”“蓝天”工程，水断层（南长河）检测优良等级，土壤环境良好。推进垃圾分类工作，成功创建两个垃圾分类示范片区。

（赵琳琳）

【平安建设】 年内，街道完成北京冬奥会安保任务，出动24小时执勤保安5598人次、巡防队员700人次、文明引导员1600余人次、志愿者3000余名。巡查出租房屋2860余处，排查群租房72处，完成“回头看”整改群租房171处。开展安全生产专项整治三年行动，完成隐患整改72处，整改率100%。开展危险化学品“打非治违”、火锅烧烤店、非法违法“小化工”企业、实验室、非居民用户液化石油气等专项检查行动。落实《北京市生产经营单位安全生产主体责任规定》，完成辖区220名企业主要负责人和安全生产管理人员考核培训工作。集中开展各类矛盾纠纷排查工作9次，涉疫矛盾纠纷排查工作9次，信访历史积案化解工作与维稳工作7次，重信治理工作与维稳工作10次。完成市长信访接访保障工作任务，推进中关村南大街40号院3号楼问题的解决。

（赵琳琳）

【民生建设】 年内，街道运营5家养老服务驿站签约家庭床位1207张，服务对象1207人。为130户90岁以上高龄老人、59位重度失能老人家庭进行适老化改造。开展精准就业服务，对有就业意愿的困难家庭毕业生进行就业帮扶，与企业岗位对接完成率达95%。创新公共就业服务模式，通过线上“北下关招聘”微信群、“百姓就业超市”平台和线下招聘会、窗口一对一帮扶等途径提供便捷有效的“一站式”就业服务，开展6次招聘会活动，对有就业意愿的困难家庭毕业生100%进行就业帮扶。发动新业态新就业群体志愿者360人次，参与疫情防控、核酸检测等工作，志愿服务时长1450小时。推进“网办为主、自助为辅、大厅为补”的新型政务服务建设，通过网上服务大厅、“海淀通”App、“北京人社”“海淀政务”微信公众号等线上服务端，打造办事“不见面”、服务“不打烊”的政务新体验。推动辖区“家校社”共育新模式，完成63名非京籍儿童入学联审工作。配合区级相关部门促进劳动者就业和企业复工复产。联合国家开放大学开办第一期北下关长者学堂，参加人数90人。调解各类纠纷193件，开展法律援助工作，救助困难群体。开展各种教育活动1000余人次，社区走访300余次。通过“每周一题”和“工作提示”，承办接诉即办案件13440件，办结13440件。

（赵琳琳）

【社区建设】 年内，街道动员社区工作者、文组员、协管员、在职党员、楼门长、志愿者、保安等参与社区值守，督促疫情防控措施落实到位。新成立1个小区物管会，1个小区实现物管会向业委会转变；指导大慧寺20号院小区召开业主大会通过招标引入新物业，指导农影小区就北区停车位调整进行协商议事。建立北下关物业企业联系名录，实行物业服务“1+3”（“1”是履约服务评价，“3”是疫情防控、接诉即办、文明城区建设）综合考评模式；开展物业领域突出问题集中整治“百日行动”，对27个社区、91个物管区域进行联合执法检查。为不具备建立固定门店的社区开通11辆蔬菜直通车，方便社区居民购菜不出社区。

（赵琳琳）

【基层党建和精神文明建设】 年内，街道新成立4个党支部，党组织覆盖非公企业和社会组织827家，工作覆盖的非公企业数量3379家，组织覆盖率87%，工作覆盖率100%。组织机关、社区收听收看党史、各类线上课程40余场，累计学习2万余人次。官方公众号“互动北下关平台”关注人数达2.7万余人，阅读量增长2%。开展第六届新时代“北下关好人”文明人物宣传活动，发挥榜样模范的示范带动作用。参加第十二届海淀区市民艺术节，获20余个奖项。与北京石刻博物馆联手录制《一起向未来》视频。开展“奥运冰上嘉年华”新时代文明实践系列活动之冰壶和滑冰体验，促进地区冰雪运动。

（赵琳琳）

北太平庄街道

【概况】 2022年，北太平庄街道辖区面积5.17平方千米，有32个社区居委会，常住人口163920人，流动人口51005人。辖区内文化、教育、科研机构众多，北京师范大学、北京邮电大学、中国政法大学等高等学府，中国铝业集团有限公司、中国节能环保集团有限公司等重点企业以及交通运输部公路科学研究院、交通运输部水运科学研究院、中国教育科学研究院等科研机构均坐落于辖区内。地区有从事第二产业和第三产业的法人单位6979家、外资企业187家、个体工商户490家。2022年北太平庄地区全口径税费入库约4.91亿元，其中中央级入库约2.47亿元、市级入库约1.30亿元、区级入库约1.14亿元，地方级入库约2.44亿元，引进税源企业10家。

（王钰晨）

【环境建设】 年内，街道不断探索责任规划师和创新合伙人理念在城市规划建设中的实践，完成文慧园路和转河沿线公共空间环境整治提升改造、志强园晒图厂等3处边角地腾退空间改造、索家坟和明光北里2处社区公共空间环境整体提升改造、红联村社区平房区综合整治改造提升、志强北园社区微空间改造提升等重点工程项目。推动实施联慧路北侧绿地改造、转河文慧桥西段品质提升等一批小型工程项目，提升地区人居环境。开展桥下空间整治、围挡护栏治理、防盗网防爬刺拆除等市容环境提升“18+1”项重点工作，有效改善辖区环境，取得初步成效。完成2022年全国文明城区复查迎检工作。持续打好蓝天保卫战，严格落实河长制工作，有效巡河里程总计787.052公里。保持水污染、大气污染各项指标总体良好，大气$PM_{2.5}$为30，TSP为80，转河（冰窖口胡同）、土城沟（蓟门桥）平均水质Ⅱ级，达到水质目标。不断促进垃圾分类全民参与。组建小区日常维护管理队伍，协助39个薄弱小区做好垃圾分类桶站日常维护工作。强化“日检查、日调度、周排名、周通报”工作机制，全方位开展垃圾分类检查。组织开展线上答题、互动游戏、闲置物品置换、超标电动自行车回收等活动，发放宣传海报、折页、分类标识等，促进居民自主源头分类。

（王钰晨）

【平安建设】 年内，街道完成北京冬奥会和冬残奥会运行保障，做好涉奥重点场所和途经线路的更新改造和值守巡查，组织332人次参加观赛活动。完成党的二十大服务保障任务。严查严管电动自行车消防安全隐患，为17个社区的71处电动自行车棚加装悬挂式自动灭火器近300个。推进电梯阻车系统建设，安装电梯阻车系统500余套，有效防止电动自行车上楼入户，消除火灾隐患。开展燃气安全专项执法，实现非居民液化石油气使用单位动态清零。开展反恐反邪、金融风险防范、消防、燃气、安全生产宣教活动，提高防灾减灾救灾和突发公共事件处置保障能力。开展特殊人群监管帮教，强化普法宣传教育，营造浓厚法治氛围。

（王钰晨）

【民生建设】 年内，街道制订“七有”“五性”任务指标落实方案，形成“双周调度”制度。完成19个大项为民办实事项目。完成非京籍儿童入学联审通过63人。完成年度对口帮扶任务，签订结对帮扶协议，拨付对口帮扶资金120万元。完成老龄、低保、残疾等各类困难群体的紧急救助及服务保障，举办3次线上招聘会，帮扶749名失业人员实现再就业。推进家庭养老床位建设等为老服务工作，累计服务人数1476人。设立蔬菜销售、便利店、餐饮等8项基本便民服务功能网点1300余个，保障32个社区生活性服务全覆盖。接诉即办工作持续置顶，通过高位统筹调度案件、压实部室包片责任等有效举措，广泛动员驻区单位、房屋产权单位和地区社会组织共同发力解决问题。全年统筹利用应急处理事项专项资金130余万元，为16个社区兜底解决地面整修、污水管道改造、漏雨点位维修等群众急难愁盼问题36件，实现接诉即办成绩的大幅提升。

（王钰晨）

【社区建设】 年内，街道强化物业服务企业督促指导，及时妥善处置电梯更新缓慢、专项维修资金使用等突出矛盾问题。深化老旧小区物业服务市场化成果，推动学院南路32号院小区试点工作，实现小区停车管理收费比率100%，物业管理收费比率80%。拓展“家在北太”物业联盟作用，整合辖区物管资源，建立资源共享、难题共解的交流平台。促进垃圾分类全民参与，组织线上答题、互动游戏、闲置物品置换、超标电动自行车回收活动，促进居民家庭源头自三分类习惯养成。开展路侧居住型停车工作，推进学院南路路侧停车改造，科学规划路侧车位。联合区城管委共同开展新街口外大街路侧停车居住认证工作。协调学院派购物中心、锦秋国际大厦2处停车场错时共享停车资源。合理规划腾退边角地，改造提升为停车场。实施罗庄社区停车空间改造项目，通过停车位划线、安装起落杆等方式补足停车设施。新增停车位500余个。

（王钰晨）

【基层党建和精神文明建设】 年内，街道组织开展理论中心组学习活动20次。加强党员教育管理，制定党建工作责任清单及党建工作要点。推行“一月一主题”学习制度，采取“云课堂、电教片”的形式，丰富学习方式。组织“光影铸魂 奋进未来”电影党课系列活动20余次，深化电影党课品牌影响力。持续深化地区区域化党建，在疫情防控、垃圾分类、物业管理、疏整促等重点工作中灵活运用党建协调机制。成立“薪传北太”社区书记工作室，深化并扩大“四心”“七色光”等党建品牌影响力。统筹两新组织党建工作，加强规范化设置和队伍建设，扩大党在新兴领域和新就业群体中的影响力、号召力。不断强化意识形态阵地建设，压紧压实意识形态主体责任，召开2次意识形态领域专题会，办理舆情督办件25件。组织“争鸣计划”系列培训2场，160余人参与。以“文慧北太”微信公众号为主体整合政务新媒体，推送重点工作900余篇。在各级媒体登载新闻280余条，其中被市级以上媒体采用130余条。

（王钰晨）

海淀街道

【概况】 2022年，海淀街道辖区面积6.9平方千米，有32个社区居委会，户籍人口12.1万人，常住人口12.3万人，是区委、区政府所在地。辖区有中央、市、区属单位190余个，大、中、小学校10所，医院2所，宗教场所2个。有注册企业1.8万家，其中上市企业18家、独角兽企业7家、规模以上企业868家、高新技术企业570家，汇聚中钢集团、微软亚太研发集团、微芯研究院等81家企业总部。摸排异地纳税企业344家，其中税源回迁企业99家。2022年全年完成地区个人出租房屋代征税额5444万元，比上年减少1606万元。开展中关村西区发展状况调查，走访72家服务包企业和辖区重点企业，常态化走访国机集团等龙头企业80余家，帮助解决企业困难。为辖区6家企业申请贷款贴息约5万元，为30余家重点企业协调防疫物资15万件。

（张小奎）

【环境建设】 年内，街道拆除违法建设7824.07平方米，腾退土地4155.27平方米，疏解人口490人，增加停车位53个。依托垃圾分类驿站积分模式，建立居住小区“红+黄+绿”三色榜单激励机制，不断提升社区党员、居民代表、志愿者及社区居民垃圾分类积极性。完成施划非机动车停放区100余处，试点开展共享单车P点停放。推动奇岱松空间操作系统、海淀区城市大脑海淀街道节点平台试点落地。成立“海淀之海 向美而行”城市更新高校联盟，打造城市美丽风景。开展城市环境治理，城市管理综合考核位列全区第一。

（张小叁）

【平安建设】 年内，街道启动等级防控98天，发动群防群治力量42万人次，完成全国两会、党的二十大等重点时期维稳任务。检查生产经营单位9300余家次，整改隐患2035项，罚款超过50万元。32个社区、103个小区实现充电桩安装全覆盖。投入130余万元推动王公坟1号楼、怡秀园5号楼两栋无产权单位住宅消防设施改造。投入80余万元，实现辖区充电自行车棚悬挂式灭火器安装全覆盖。成立中关村西区重点企业联盟、物业联盟，创新中关村西区管理机制。接待群众来访60余人次，处理网上信访平台案件267件。成立社区物业联盟，组建首届联盟大会理事会，推进物业服务融入社区治理体系建设。

（张小叁）

【民生建设】 年内，街道转办群众诉求20897件，响应率均值99.52%，解决率均值94.33%，满意率均值95.05%。为民办实事项目45件，涉及金额234.1万元。推进15个“全国示范性退役军人服务站”创建、“北京市全民健身示范街道”创建工作。推进新起点怡秀园创建市级城乡社区议事厅示范点建设，提高社区自治能力。完成公租房租金补贴资格复核短信通知1083户，初审公租房租金补贴复核材料361户。发放老年人各类补贴资金约1600余万元，残疾人“两项补贴”345万余元。推进家庭养老床位建设工作，月均提供服务1000人次。便民服务中心受理业务28451件，办结率100%。对29家便民商业网点发放扶持补贴76万元。对口支援内蒙古敖汉旗黄羊洼镇、牛古吐镇，拨付帮扶资金120万元。

（张小叁）

【社区建设】 年内，街道新招录38名社区工作者。实施18个社区树木修剪打药加固等绿化工程和稻香园北社区“温馨老年之家”活动驿站装修改造、紫金庄园等8个社区12项公益维修工程，完成立新、芙蓉里、海淀南路北、合建楼社区亮化提升以及万泉新新家园、稻香园北、光大锋尚园社区照明设施综合维修等项目。在新起点怡秀园社区试点创建社区协商议事厅，及时解决居民关注的热点问题，推动协商议题落地，提高社区自治能力。海南北、合建楼、新起点怡秀园三个老旧社区成功创建文明典范社区。推进城市更新，打造海街共享小客厅、小南庄全龄友好社区会客厅，入选市级示范试点工程。

（张小叁）

【基层党建和精神文明建设】 年内，街道党工委理论学习中心组组织学习40余次。打造两新组织党建品牌6个，推荐两新组织示范党建阵地6个。打造社区党建品牌矩阵，推进7个社区党建示范点阵地建设，形成苏州桥西社区“七桥连心”、新起点怡秀园社区“七色彩旗”、碧水云天社区“五幅画卷绘碧水”、芙蓉里社区“芙蓉花开映芙蓉”等4个社区党建品牌。探索红帆党建“海淀之海、红色之帆”新内涵，《党建红映楼宇 志愿蓝暖人心》党建案例获2022年度全国企业党建创新优秀案例，红帆党建《志愿服务“红种子”项目》获首都最佳志愿服务项目。以全国文明城区创建、新时代文明实践为抓手，持续开展文明社区、文明单位等常态化精神文明创建活动。举办第二届海淀街道地区“丹棱芳华”新时代文明实践艺术节活动，1万余名观众线上、线下参与互动。

（张小叁）

中关村街道

【概况】 2022年，中关村街道辖区面积5.28平方千米，设30个社区居委会，常住人口20.7万人，其中户籍人口15.8万人、流动人口4.9万人。辖区有中央单位、企业14个，科研院所23家，商务楼宇63座，高新技术企业及各类工商主体近3万户，中小学校12所，幼儿园12所，两院院士100余人。有文物保护单位2处，分别为大钟寺古钟博物馆和清华园车站遗址。税源总收入155.35亿元，确定68家税收贡献巨大或高成长性重点企业纳入“服务包”定制范围。

（卢梦醒）

【环境建设】 年内，街道成立中关村街道东区改造专班，推进东升园小区10栋楼872户改造，面积98967.28平方米。完成老旧小区改造项目3个，拆除违法建设9178.98平方米，腾退土地4504.65平方米，限期整治类图斑，完成销账27025平方米，完成率超过95%。实施成府路国际人才大道等4个城市更新项目，推进6个整治提升项目。完成市规自委“一本账”整改任务3处的拆除工作，拆除面积1320平方米。完成市级环保督察迎检，6个案件全部完成办理并销号。出动保洁作业人员1.68万余人次、清运车辆2400余次，清运疫情封控区生活、医疗垃圾共计22260箱，消杀作业面积23万余平方米。北里、大泥湾、航天等3个社区入选北京市生活垃圾分类示范小区。开展创卫宣传、市容治理工作，成功创建“北京市卫生街道”。

（卢梦醒）

【平安建设】 年内，街道紧盯重点领域，防范化解风险隐患，完成党的二十大、北京冬奥会和冬残奥会、全国两会等重大活动社会面防控任务132天，出动群防群治力量近60万人次。开展消防安全检查9277次，发现隐患记录1059条，综合隐患率11.4%，整改率100%。推进“中关村人才苑高楼逃生智联系统试点”安装工作，提升高层建筑人员应急自救互救能力，该项目被《人民日报》《北京日报》等16家媒体报道。完善消防安全标准化制度建设，制定《中关村街道消防安全培训制度》《火灾事故专项应急预案》《消防事故应急处理与事故调查管理办法》等6项制度。检查、复查出租房屋229次、600余套，联合拆除违法群租房13次、46套。开展62场消防宣传活动，其中场馆活动18场、社区活动17场、重点防火单位宣传活动25场，“六小门店”线上消防知识宣教2场，发放消防宣传册6100份。完成4个社区2022年综合减灾示范创建和7个社区复评工作。街道作为海淀区唯一一家市级指定立法联系点，参与司法部“全国依法治国问题研究”调研，北京市关于《北京市未成年人保护条例》（修订草案修改稿）、北京市2023年度政府规章立法建议、《北京市城市更新条例》等立法工作的意见征集，司法部政府法制研究中心《司法所常用法律法规和规范标准汇编（提纲）》调研和意见征集等。

（卢梦醒）

【民生建设】 年内，街道受理接诉即办区级案件11416件，市级直派案件14646件，区级案件原始解决率64.20%、满意率66.69%；市级案件原始解决率73.59%、满意率72.96%。办理城乡居民养老保险业务952人次，社保卡业务5296笔；接收各类企业退休人员档案以及社保关系7558人。审核老龄业务1646人次，计划生育失独、伤残家庭特扶196户，成功申报北京市计生协2022年关爱失独家庭服务项目；完成养老家庭照护床位服务对象备案2007人，服务老人1464人，其中重度失能266人；养老助餐点位增至8个。更新优抚、军工、地退、超转、知青等困难群体台账信息，完成低保、低收入复审252户356人。审核保障类住房业务1670户。推进社会救助服务，维护管理困难群众系统3357人，新增困难群众台账30人；开展个案帮扶、入户电话回访944次。举办残疾人职业技能培训、残疾预防宣传、康复活动近200次。开展残疾人帮代办服务180人次，为910名残疾人激活一卡通。举办就业援助月专项活动、民营企业招聘月活动，发布岗位信息4501个，求职登记人数883人，职业指导995人次，残疾人就业帮扶3人；办理失业登记1282人，就业登记1108人。街道劳动人事争议调解中心获评“全国百家工作突出基层劳动人事争议调解组织”。

（卢梦醒）

【社区建设】 年内，街道打造多层级、全方位社区治理与服务体系。创建北京市全民健身示范街道，建设中关村文体中心乒乓球场长廊和街道全民健身中心，受众超1万人。提升公共文化服务水平，开展阅读活动、艺术课程等55次，科普活动69场。服务对象在100—299人的23个社区参与全国示范型社区退役军人服务站创建工作。街道及社区两级退役军人服务站对接辖区央属、市属、区属机关事业单位42家，提供退役军人优待证申请远程服务、上门服务，共受理申请2862人。推进无障碍环境建设，建设“一刻钟无障碍便民服务圈”；完成港台基层交流创新试点工作，授牌“北京市京台基层交流基地”，开展京台社区连线交流2次、京港社区旱地冰壶连线赛1场。成立业委会11个、物管会59个，业委会和物管会组建率达98.6%。

（卢梦醒）

【基层党建和精神文明建设】 年内，街道发挥街道分党校教学“金字塔”办学优势、“红雁”示范党课领航作用，持续巩固党史学习教育成果。组织学习习近平新时代中国特色社会主义思想系列党课12次，覆盖2万余人次。探索新业态、新就业群体融入基层党建“四三二”（聚焦“四个”维度，突出“三双”工作法，抓好“两个”融入）工作机制。高标准开展舆论引导、意识形态、文明实践所建设、文明城区创建、统战工作。推进两新党建“两个覆盖”工作，新成立5个两新党组织，开展15场暖“新”主题活动。建设“红谊之家”阵地，打造新时代基层统战创新试点。“村史故事我来讲”项目获评2022年度“首都未成年人思想道德建设创新案例”。举办第二届“红谊汇”企业家沙龙活动，辖区26家中小企业洽谈对话共商发展。组织专职安全员参演区应急管理局原创宣传舞台剧《我是一个兵》，剧目报名参评全国第三届普法作品展播和北京市优秀公益作品。在市、区级以上媒体刊登新闻329条，微信平台公众号发布信息336期，共计880余篇。

（卢梦醒）

【京台京港基层交流创新试点】 年内，街道推进京台京港基层交流创新试点工作，春节期间开展京台社区微团聚1场，在线参与人数30人。中秋节期间开展“明月寄相思，千里共此时”京台社区视频连线1场，在线参与人数60人。国庆节期间举办“同心迎国庆、携手向未来”京港社区视频连线活动，在线参与人数120人，持续发挥基层交流基地的作用，通过社区交流、节日互动和文化共鸣等交流活动进一步增进北京与港台两地的民间交流与融合。北京市台办为中关村街道授牌“京台基层交流基地”。参加国台办举办的“2022两岸青年峰会专题研讨”活动，介绍基层工作经验。

（张武悦　卢梦醒）

【第五届中关村·智聚创业大赛】 9月至12月，由中关村街道党工委、办事处主办，中关村地区企业联合会承办的第五届中关村·智聚创业大赛暨2022中关村“元宇宙”杯创新创业大赛举行，来自海内外的300余个项目参赛，涵盖新一代信息技术、生物医药、人工智能、物联网等领域。经过资格审查、初赛、复赛，20个优秀项目晋级决赛，以线上展示项目、提问答疑的方式进行。经专业评委现场评分，10个创新创业项目分别获得金奖、银奖、铜奖和优秀项目奖决赛，其中北京洞微科技发展有限公司的洞微科技——智慧铁路数据管理与数据治理项目获大赛金奖，北京吾星球科技有限公司的新材料开发在口腔大健康行业的应用项目、北京国电高科科技有限公司的天启低轨卫星物联网项目获大赛银奖。大赛自2015年举办以来，共吸引1000多个创业项目参赛，对50多个项目进行重点跟进孵化。

（钟冷　田甜　卢梦醒）

学院路街道

【概况】 2022年，学院路街道总面积8.49平方千米，设31个社区居委会（新成立双泉嘉苑社区居委会），户籍人口18.1万人，流动人口5.3万人。是北京市及海淀区科技、文化、教育资源最为密集的地区之一，集聚80名两院院士、100多个国家和地区的8000多名外籍人士，10所高等院校、11所中小学校、7家学科类培训机构、11家科研院所，9194家企业，其中新增注册企业1202家、上市挂牌企业26家、国家高新技术企业468家、"专精特新"企业56家，有智米、彼悦、知乎、脉脉4家独角兽企业，在账楼宇园区42处。优化提升营商环境，街道领导带队走访、联系重点关注企业168家，协助企业解决问题156件，新增纳税登记企业277家。对口帮扶内蒙古科右前旗桃合木苏木，涉及1个项目，资金60万元。完成个人出租房屋租赁税代征1079.4万元。

（侯长坡　王娅）

【环境建设】 年内，街道将"疏整促"与"市容环境整治"专项行动结合，开展专项执法300余次，拆除违法建设5575平方米，腾退土地3800平方米。完成双清路14号院、16号院及志新西路11号院老旧小区改造。加装适老化电梯216部，投入使用131部，在建85部。开展文明城区创建自查等工作，完成市、区实地测评检查整改370余次。打造学院路慢行带及环境提升工程，新铺沥青路面约1300平方米、路缘石约700米、人行道约1500米，树池盖板760余个。"一刻钟便民生活圈"更新实践项目作为全市16个典型案例之一，获得最佳实践奖。推动交通综合治理，实施五道口东侧辅路行车环境提升工程，推动新星石油立体停车设备建设，新增停车位及错时共享车位600余个。优化垃圾分类262个基本组合投放点、138个大件垃圾和装修垃圾暂存点，启动29个垃圾分类驿站的使用，规范可回收点59处。北京冬奥会和冬残奥会等重点时段，组织各管控作业单位启动应急应对10余次，对辖区20条自管道路加强清扫保洁力度，重点路段和区域的辅路、人行步道等公共设施实现"冲、扫、洗、收"的新工艺除尘技术。街道被评为"首都城市环境建设管理样板单位"和"首都全民义务植树先进单位"。

（侯长坡　王娅）

【平安建设】 年内，街道全面统筹群防群治力量5000余人参与地区治安维稳，完成党的二十大、北京冬奥会和冬残奥会等重点时期安保维稳任务。对1089家生产经营单位开展6000余家次检查，全力化解风险隐患。开展"星夜护安"社区联合夜查16轮次160天。联合消防部门检查社区安全，保证消防水源及各项设备设施运转良好。建立自防自救困难群体工作台账及"双联系"帮扶应急机制，明确"邻里结对联系人"和"社区包户联系人"，确保日常生活有人问、紧急情况有人知。新建充电桩/柜71座，累计建设充电桩/柜共计1000余座，满足1.2万辆车同时充电，实现独立小区充电桩/柜全覆盖。完成563部"电动自行车进电梯智能阻止系统"安装工作。在健翔园社区开展"一车一池一码"试点项目，探究RFID[①]与"阻梯系统"技术融合。

（侯长坡　王娅）

【民生建设】 年内，街道有序推动"学院家"智慧养老中心项目建设。辖区有2家养老照料中心、10家养老驿站、6家老年餐桌。推动专业化驿站建设，引进应急救助等专业力量，为老年人提供智慧化、多样化养老服务，探索医养结合和互联网+护理服务新模式。联合区教委、石油化工科学研究院，引进明天幼稚集团，推动建设地区第一所区属公办普惠制"学府幼儿园"，新增200个学位。接诉即办累计受理群众诉求25653件，比上年增长81.59%，解决率77.23%，满意率84.05%。768厂社区被评为"北京市2021年接诉即办工作先进集体"。采集空岗信息4000余个，帮扶就业1009人。向249户低保、低收入、特困供养、困境儿童等民政对象家庭发放民政资金670余万元。点对点发放残疾人生活补贴、重残护理补贴、精神障碍患者家庭护理补贴500余万元，以及高龄、特困、失能老人补贴2600余万元。推动住房保障惠民政策落到实处，服务1000余户，办理住保业务2600余件，发放住保相关补贴1200余万元。

（侯长坡　王娅）

【社区建设】 年内，街道举办"三带一节"[②]文化季、运动季、前沿技术沙龙和校友科技创新赛事等30余项活动，搭建服务高校及创新群体成长发展的科技创新街区服务体系。探索以人为本、可持续发展的社区更新机制，首批选定石油大院、768厂、六道口、富润等4个社区试点开展"耕读田园"[③]项目建设。代表海淀区承接民政部"五社联动"[④]试点项目，成立学院路社区基金，打造新型社工

---

① RFID（Radio Frequency Identification）：又称无线射频识别，是一种通信技术，俗称电子标签。可通过无线电信号识别特定目标并读写相关数据，而无须识别系统与特定目标之间建立机械或光学接触。
② "三带一节"：由环高校国际科创带、环高校校友文化带、环高校慢行系统带、城市创新节构成的环高校"三带一节"创新街区生态体系。
③ "耕读田园"：居民参与式社区花园共建改造项目。
④ "五社联动"：由社区、社会工作者、社区社会组织、社区志愿者、社区公益慈善资源共同组成的社会关爱服务体系。

站，助力社区家园建设，助推基层社会治理创新。健全物业企业培训赋能、联合执法检查、年度考核评价等机制，多维度提升地区物业管理工作水平。评选“区级优秀物业项目”23家、“街道良好物业项目”6家，建成3处由社区“两委”、物业企业、业主等多方参与的“社区伙伴行动计划”试点小区。“石油共生大院”街区治理被确立为北京市首批26个实际党员教育培训现场教学点之一，全国“家庭健康促进行动”十个试点地区之一，入选2021年北京市最美网红打卡地、北京市海淀区“家庭健康服务中心”，获评“首都城市更新优秀案例”。“学习强国”、《北京日报》、北京卫视、新华网、北青网等20多家媒体进行报道。

（侯长坡　王娅）

【基层党建和精神文明建设】 年内，街道加强党员教育管理，开展“争当排头兵”院士讲堂8期，累计观看学习2.6万余人次；组织400余人次参加“新时代干部做好基层工作的能力提升与实践”培训。建设非公党建品牌，组建两新志愿先锋队。开展“遇见·党建”系列活动，组织“喜迎国庆，我对祖国说句话”、参观红色教育基地、摄影比赛、党的二十大精神分享交流会等主题活动40余次。推进新就业群体融入基层治理，开展应急救援等活动和培训25次；210人次参与“追梦小哥·哨兵行动”。打造海淀区新时代基层统战工作综合示范点，探索统战工作+两新党建+国际人才社区建设融合创新工作模式。成立学院路新联会，挖掘新阶层4类群体[①]代表力量。创办“三学堂”线上理论中心组学习课堂，开展13次理论学习中心组线下学习。贯彻落实海淀区深化工作调度会精神，完成全国文明城区创建市、区实地测评检查整改370余次，印刷公益广告海报5000余张，制作新时代文明实践展板100余块，制作景观小品2处、街面公益广告244处。加强新时代文明实践志愿服务队建设，有31个实践站、5000余名地区志愿者。

（侯长坡　王娅）

【“三带一节”创新街区建设】 年内，街道在学院路环高校“三带一节”创新街区建设的生态体系下，不断挖掘和打造创新点位和空间来支撑更多的创新要素，帮助企业聚合成长。首期项目“学院路国际人才创新实验室”，把王庄路—西郊宾馆临街700平方米餐饮空间打造成首都国际人才社区和国际人才会客厅的创新空间。二期项目占地2000平方米的氪空间（学院8号）创新中心和“国际人才实验室”，融汇技术沙龙、项目路演、孵化加速、创业咖啡、融资对接等多元创新场景以及路演厅、会议直播厅等，满足入驻企业的各种办公场景需求。创新中心还为企业提供包括政策申报、媒体公关、投融资、创业社群、政企对接、国际交流、全国布局等方面的“一站式”企业服务和对接。创新实验室作为以“科技支撑+智能场景+青年群体+人文交流”为特色的微型国际创新公共空间，加快区域创新速度、提升创新高度、提高创新浓度，释放周边专家学者、科技工作者、高校青年人才活力，对辖区高等院校、科研单位、央企及科技型企业等创新群体有效覆盖，实现全链条科技创新服务、国际化人才服务、多元化空间场景搭建，成为丰富学院路街道创新雨林生态，助推首都国际人才社区建设，探索街巷科技场景的首个样板案例。

（侯长坡　王娅）

清河街道

【概况】 2022年，清河街道辖区面积9.37平方千米，有社区居委会29个。户籍人口约9.04万人，常住人口约14.7万人。辖区内有纳税企业1.1万余家，纳入服务包平台的企业共计36家，市级服务包企业8家，区级服务包企业3家，重点企业10家，财政500强企业5家，“专精特新”企业20家。

（宫磊）

【环境建设】 年内，街道为提升接诉即办结案质量，利用“清河有邻”小程序，有效拓宽与群众间的沟通渠道。推进安宁庄后街13号院危旧楼房改建项目，优化规划设计方案及内容；推动老旧小区改造工程，优化阳光北里4栋高层楼的人居环境。拆除辖区美都汽配城、财经大学宿舍等违法建设72处，拆除面积54509.79平方米，完成率136.3%。依托北京市严厉打击违法用地违法建设专项行动信息平台，完成“一本账”工作销账任务，图斑分类举证办结率100%，限期整治类图斑拆除率95%。完成“疏整促”各项系统销账工作，整理上账无证无照经营4处、“揭网见绿”24处、施工围挡4处、桥下空间2处。

（宫磊）

【平安建设】 年内，街道推进燃气占压管线消隐工作，组织燃气安全推进会，完成2处单位公服的管线拆除及改线工作。完成毛纺北小区、向阳楼等5处住宅小区内的管线隐患降级下账及10处占压燃气管线一般隐患消隐工作。推进电梯安全隐患治理，针对2021年和往年评估存在风险的电梯，督促使用单位根据治理要求落实整改，完成零级风险5部、二级风险53部。以清河火车站春运保障工作为重心，配合完成重大节日旅客进出站的服务保障工作。

（宫磊）

【民生建设】 年内，街道优化社区社会组织布局，完善社区互助机制。委托中诚公益创投发展促进中心，在北毛社区、清河嘉园等15个社区建成社区养老互助社，通过开展专业化老年心理互助小组活动、家庭成员教育讲座培训活动，对高龄独居等重点老

① 4类群体：民营企业和外资企业的管理技术人员、中介组织和社会组织从业人员、自由职业者、新媒体从业人员。

人群体开展探访和助医助洁等居家养老服务方式，打造养老互助的社区社会组织服务品牌，形成邻里互助、亲友相助、社会资源多元参与、充分发挥志愿服务的工作机制。坚持“全面覆盖、兼顾均衡”，一对一跟进30个社区基本养老对象。完成残疾人社区就业、自主创业、三险补助、康复补助、助残补贴、免费服药等13类基本生活保障资金审核和发放。开展地区养老助餐服务体系建设，协助北京头壹号餐饮管理连锁有限公司和盈中心店、西二旗店两家餐饮公司参与地区老年餐桌建设。完成6个温馨家园改革服务项目，对接880名残疾人，帮助残疾人员就业。

（宫磊）

【社区建设】 年内，街道开展法治清河项目建设，在长城润滑油、当代城市家园、领秀新硅谷、智学苑、清河嘉园、美和园社区等5个社区，通过5个阶段，实现公益法律服务实际解决居民问题，优先解决对抗问题；运用法制专业技术、专业能力实现社区管理；建立信任关系、形成社区良性机制；最终经过梳理流程、形成制度，建立工作机制，形成各有特色的社区建设品牌，形成可推广的社区法治创新治理经验。招录社区工作者，扩充人才队伍。对社区工作者进行能力培训，促进人才优化升级。引入职业化培训网上课程，为报名考取初、中级职业证书的社区工作者提供专业培训。组织新招录的社区工作者开展入职培训，提升社区工作者职业化水平。开展社区主任讲堂两期，分享社区主任工作方法，提供可参考的、可复制的经验。

（宫磊）

【基层党建和精神文明建设】 年内，街道把学习贯彻习近平新时代中国特色社会主义思想作为首要政治任务，统筹抓好个人自学和集中培训。依据“双联系”结对机制，组织592名下沉干部参加社区防控，发动党员志愿者4000余人开展志愿服务。升级党群活动中心和人才会客厅，举办清河人才创新论坛活动，涵养人才发展生态圈，绘好统战同心圆。建设清河艺术馆，上线《清河云周刊》11期，塑造清河特色文明创建品牌。建强基层党组织书记队伍，开展“赓续荣光 奋启新程”庆祝中国共产党成立101周年系列活动。举行仪式或上门为老党员颁发“光荣在党50年”纪念章。开展“战疫先锋·闪光瞬间”风采展示活动。建强用好街道融媒体中心、新时代文明实践所、站，生动开展理论传播以及重要成果线上传播，推动党的创新理论深入人心、落地生根。深入开展百姓宣讲活动，组织辖区居民组建清河百姓宣讲团，开展各类宣讲活动30余场。其中通过线上线下相结合的方式开展“强国复兴有我”主题百姓宣讲活动9场，受众3000余人。

（宫磊）

5月15日，清河街道温馨家园对地区残疾人开展职业技能提升培训（宫磊 供图）

青龙桥街道

【概况】 2022年，青龙桥街道辖区面积18.59平方千米，是三山五园历史文化景区核心区域。有20个社区居委会，下属便民服务中心、市民活动中心、市民诉求处置中心3个事业单位。辖区内有颐和园、圆明园、中共中央党校（国家行政学院）、中国人民解放军国防大学、国际关系学院。常住人口8.4万人，其中户籍人口6万人、流动人口2.4万人。辖区有纳税企业1040家，纳入服务包平台的企业1家、重点企业16家。

（米雪）

【环境建设】 年内，街道完成颐和园路沿街环境提升、“红色赶考路”中转站地铁北宫门站CD口周边公共空间改造、黑山扈路周边环境整治等项目，创新实施骚子营4号院央地混合产权试点改造项目，全力把老旧小区综合整治项目做成精品工程，打造具有青龙桥特色的城市风景线。对辖区积滞水点和平房社区排水管线进行清理，整治雨污混接错接点位7处，确保汛期排水畅通。推进厢红旗北路及周边公共空间整治提升，挖潜停车位145处，新增错时共享停车场2处，缓解居民停车难题。开展边角地美化提升工作，拆除违法建设66处，面积4321平方米。垃圾分类观念深入人心，开展居住小区装修垃圾备案工作，不断完善社区内部分类桶站驿站，举办邻里旧物置换特色活动10场，打造具有区域特色的垃圾减量处理方法。积极推动难题共解，协调相关单位完成黑山扈小区置换自来水工程项目，切实解决居民用水问题。

（米雪）

【平安建设】 年内，街道在北京冬奥会和冬残奥会、节假日等重要时段，加强安全生产检查力度，检查复查生产经营单位1473家，整改安全隐患1195处，安全生产专项整治三年行动销账率达100%，地区未发生生产安全事故。开展夜间防火巡查1163次，整改电动自行车违规停放2186起、飞线充电行为221起。打通消防安全通道251处，开展电动自行车违规停放和飞线充电整治行动102次，组织消防演练188次，持续加强地区火险防御能力。以疫情防控为切入点，履行医疗机构、公共场所、生活饮用水、学校等重点领域卫生监督职责。完成北京冬奥会和冬残奥会及高考期间食品安全保障任务。强化技防手段，在监控盲区加装摄像头。

（米雪）

【民生建设】 年内，街道依托红管家议事平台，以“每月一题”为抓手，开展主动治理，推动未诉先办，承办案件9000余件，其中涉疫案件达3800余件。为居民开辟疫情询政策、答疑惑、解难题的重要渠道，“三率”（响应率、解决率和满意率）指标在市、区排名前列。落实“一窗式”服务，通过轮值、延时错峰、午间服务等方式简化优化服务流程，推行服务事项网上办理，为居民办事提供便利，全年受理项目达200余种。接待电话咨询1.3万余人次、现场咨询8000余人次，业务办理总量共计1万余件。加强用工监管，检查用工工地31次，调解劳动人事纠纷140人次，举办线上招聘会3场。累计发放低保金、临时、医疗、教育救助等各项救助金355万余元，为120余位老人实施家庭适老化改造，为7名残疾人实施居家环境无障碍改造，为1500名残疾人配发健康防疫专用包，为33户居民新申请保障性住房。办理各类社保业务2442笔，积极推进退役军人优待证发放工作，在政务服务大厅开设服务中央单位和驻京部队窗口。

（米雪）

【社区建设】 年内，街道新招社区工作者10人，适时完成社区人员规模调整，配齐配强社区班子。举办第七届社会工作主题宣传周活动，动员各方力量参与社区共治。社区完成18家物管会和1家业委会组建工作，党组织覆盖率实现100%。发挥“吹哨报到”机制优势，协调各方共同解决褐石园小区拖欠电费问题和燕北园小区4栋住宅楼物业管理归属问题。举办30场“青之行”系列便民服务活动，打造义务指路队、“青之帆”大学生助学队伍、“相伴夕阳红”义工服务队和公共文明引导员等志愿服务品牌。

（米雪）

【基层党建和精神文明建设】 年内，街道充分发挥党建引领社区治理的核心作用，打造“红管家助力老旧小区旧貌换新颜”社区党建品牌和“红舫领航，龙湖扬帆”非公党建重点项目。发展党员10名，立项党组织服务群众经费使用项目156项，启动4个党建阵地建立计划。围绕党的二十大精神、市第十三次党代会精神等，轮训党员2万余人次。强化意识形态工作主体责任，配合区相关部门完成舆论引导工作80余次，妥善答复网民留言30余次。强化资源整合，扎实推进精神文明建设，协调整改文明城区创建测评问题300余起，开展形式多样的新时代文明实践活动百余次。

（米雪）

2月，青龙桥街道志愿队开展冬奥志愿服务工作　（青龙桥街道　供图）

香山街道

【概况】 2022年，香山街道辖区面积20.4平方千米，其中山林面积16平方千米。10月19日，根据区民政局批复，原有社区重新调整：原北炮社区、六号院社区（大院社区）合并为红旗村社区，原四王府社区（平房社区）拆分为西林社区、向阳新村社区，调整后社区总数仍为6个。地区总人口40212人，其中户籍人口14315人、流动人口25897人（比2021年的27580人减少1683人）。辖区人文、历史、旅游资源丰富，香山公园、国家植物园、碧云寺、卧佛寺等坐落于此。香山公园和国家植物园绿化率达98%，园中古建、古树、古迹众多，护林防火任务和旅游服务保障任务艰巨。中央与市级单位多，安保任务重。

（蒋辉）

【环境建设】 年内，街道完成香山北上坡早市北侧环境整治绿化、国家植物园南院排洪沟修复等18个工程。创建“基本无违法建设街道”拆违销账18023.28平方米，完成全年任务的163.8%。规范垃圾桶站建设，桶站设置率和合格率均达100%。推广“巡回+定点”的垃圾分类回收模式，协助居民投放厨余垃圾；推广普通驿站智能化模式，实行垃圾分类积分制，提升居民投放垃圾的积极性，居民自主投放率、投放准确率位全区前列。推进文明城区建设常态化工作，通过日巡、周查，双周调度、月点评、季模测，创城迎检达到国家级标准。

（蒋辉）

【平安建设】 年内，街道完成智慧平安小区一期建设，推进“雪亮工程”

和智慧平安小区二期建设，升级封闭小区智慧门禁20套，实现身份识别和查验健康宝功能。推广安装一棵松“一码两清”实有人口管理系统，实现地区人口底数清、出租房屋清。全面梳理挂账社区点位整治，补足监控点位，推动“景区制”项目落地，提高地区视频监控覆盖率，打击黑车，缓解停车难题。在第一社区、第二社区、向阳新村社区、西林社区消防车难以到达的位置设置147个消防水带箱，为消防救援提速。完成134组电动自行车充电桩接电工作，新建19组充电桩、4组换电柜，累计有1570个接口可供使用。按照海淀区统一部署要求，安装冬奥会瞩目视频会议系统。组织召开春节及冬（残）奥会期间安全稳定工作部署会。负责并参加冬奥会和冬残奥会期间早、晚调度，及时发布雨雪天气、疫情情况等通报，与相关部门沟通，有效保障了地区治安、交通、消防、旅游等各方面工作平稳有序进行。发动群防群治力量参与社会面防控，其间共启动一级社会面防控等级61天。落实“五个坚决防止”工作标准，发挥地区群防群治力量在两会、桃花观赏季、清明节、红叶观赏期等重点时期积极参与“平安海淀群防群治岗”值守；负责常态化核酸检测方仓点位秩序维护；梳理一级加强点位台账54个，并细化完善实名制名单，落实重要会议期间社会面防控工作；完善“门前三包”社会面防控台账，充实群防群治力量，扫除防控盲区和漏洞。

（蒋辉）

【民生建设】 年内，街道优化接诉即办“2+2+2+1”（社区2小时响应，部门及社区2天会商结案，主要领导、主管领导及部门2天回访，平台1天申报）办理机制，推动接诉即办向“未诉先办”、主动治理深化。受理市级直派及区级转派案件4392件，接诉即办考核综合成绩全区排名第二。开展“走十访百”活动，走访居民3213户，收集归纳15大类1326项问题建议，完成为民办实事项目12项。政务接办业务23917件、24小时自助服务区受理1536件。面向到街道登记的求职人员提供就业岗位500个，就业率达56.17%。协调香山1号停车场和抗战名将纪念馆停车场增设为错时停车场，开放30个车位供辖区居民晚间停车。落实《北京市老年人养老服务补贴津贴管理实施办法》，做好北京市社会福利综合管理平台日常管理，落实困难老年人养老服务补贴、失能老年人护理补贴及高龄老人津贴政策，为符合条件的老人办理三项津贴发放工作，确保应享尽享，截至2022年底，地区享受老年津贴的人数为1008人次，其中享受养老服务补贴的人数为50人，享受失能护理补贴的人数为324人，享受高龄老人津贴的634人。依托地区3家养老服务机构开展家庭养老床位签约服务，为老人提供助洁、助医、养老管家、关怀访视、代办等居家养老服务，截至年底共为283名失能和高龄独居老人提供2008次服务。紧扣“海淀区国家公共文化服务体系示范区创建”“全国科普示范区创建”“海淀区全民健身示范街道创建”指标要求，对辖区内各社区、各单位的各类场所进行“大摸底”，在此基础上完成街道综合文化中心及6个社区综合文化室标准化视觉系统设计呈现、文化空间标识牌匾设计及安装；完成红色书吧维护提升项目，将书吧收录的3000册图书录入系统，同时对街道图书馆2万册图书精细化归位，完成全部社区益民书屋图书排查工作。利用暑期在社区开展“十指弄影”“纸上生花”等5场非遗传承活动，创造性地将亲子阅读与非遗文化相融合，增强群众对中华优秀传统文化的认同感与归属感。

（蒋辉）

【社区建设】 年内，经区民政局批复，街道进行社区调整，将四王府社区拆分为西林社区和向阳新村社区，将六号院社区和北炮社区合并为红旗村社区。完成“一户一账”工作，绘制各社区道路、小区楼门布局等社区地形人口分布图，全面摸清辖区人口底数和具体情况。解决社区疫情防控、环境整治、物业管理等问题，推动主动治理，提升居民满意度。与物业公司、产权单位等多次交流会商，推动老旧小区引入专业化物业管理服务项目落地。深化议事协商机制，发挥居民自治力量，打造六号院社区6号院小区3号楼楼门治理示范点。构建香山地区社会工作专业人才与社区、社会组织、社区志愿者、社会慈善资源协作联动的“五社联动”格局，以街道社会工作服务平台为抓手，进一步提升基层社会工作服务质量和基层治理现代化水平。在坚持社区双周例会、健全公示制度的基础上，作为海淀区6个社会工作服务平台建设试点之一，依托社会工作服务中心和服务站建设，组织实施“优才计划”，分层开展专业培训，提升社工专业素质和综合能力。对厢白旗甲15号、六号院社区8号院小区、西小府5号院服务活动用房进行维修维护，进行内部空间提升，充实社区工作阵地。在各社区公共办公区域安装摄像头，全程监督办事流程，加强社区办公场所和公共区域管理，社区服务空间逐步提升。

（蒋辉）

【基层党建和精神文明建设】 年内，街道组织理论学习中心组学习14次，运用“红色海淀”线上学习平台与党校香山分校培训主渠道，开展线上线下相结合、集中学习与实践学习相结合的党员教育培训16次，培训1046人次。学习贯彻党的二十大精神，提升基层党组织的战斗力和凝聚力。推进“红色香山”党建联盟成效落地，解决大规模人群疫苗接种场地继续使用、南植社区常态化核酸检测场地、四王府社区和六号院社区8号院小区党员群众服务活动用房等问题，推进社区服务综合体建设。“红色香山”微信公众号发布推送220期近700篇信息，被国家级媒体刊载5次，市级及以上媒体报道33次，区级媒体报道50余次。完善制定具有个性化的《香山街道小微权力清单》，加强廉政建设。

精神文明建设方面，作为海淀区唯一代表承办“强国复兴有我——北京冬奥精神宣讲海淀区专场学习”，邀请冬残奥会冠军杨洪琼等北京冬奥宣讲团成员，全方位、多角度、立体式讲述北京冬奥故事；组织19名2020年以来新入职干部开展“我心中的香山红色故事”主题演讲比赛，促使年轻干部挖掘香山革命历史，增强爱香山、建香山的责任感和使命感；参与第三届“香山革命纪念馆红色故事集中展示活动”，表现出色，受多方好评；参与第二届香山红亭诗会，出演情景剧《这里是个好地方》，被央视频等各级媒体全程直播。

（蒋辉）

西三旗街道

【概况】 2022年，西三旗街道辖区面积8.23平方千米，辖区为城乡接合部地区。有28个社区居委会，实有人口17.5万人，其中外来常住人口7.9万人。

（张学澄）

【经济建设】 年内，街道抓住区委、区政府对西三旗地区建设中关村智能制造基地的定位，以中关村西三旗（金隅）科技园、金隅智造工场为中心形成“西三旗创新集聚核”，聚焦智能制造产业聚集，加快智能制造创新基地建设。加强重点项目的统筹协调与服务，中关村西三旗（金隅）科技园一期、二期两个固投项目顺利推进；科实五金金隅智药园拟采用厂房改造形式，导入生物医药健康产业，建设“AI与生物技术创新中心”；中石化长城润滑油对旧厂房改造提升，打造物联网产业园区。开展“扫楼”专项工作，盘点产业空间。通过比对底账摸清底数、动员楼宇物业自查更新、专项工作组实地走访核对等方式，完成地区10栋重点楼宇摸排工作。落实地区企业领导包片制度和定期走访服务管理制度，对地区4357家企业全部至少完成一次联络，为企业协调解决公租房、人才落户、子女入学、疫情防控等咨询诉求200余项，落实优化营商环境“最后一公里”工作。完成国家级试点——第五次全国经济普查清查试点工作。

（张学澄）

【环境建设】 年内，街道开展区域环境提升行动。以海淀区分区规划等上位规划为指导，聘请北京交通大学、北京林业大学等国内权威机构，开展地区交通综合研究、城市风貌整体规划、城市更新策略研究等工作。完成永泰庄北院37号楼北侧绿地社区微更新，启动常秀家园北院社区微更新项目。推动西三旗企业服务空间氛围营造项目完成改造方案编制。完成五星啤酒厂地块更新重大投资项目谋划工作，计划建设智慧大健康主题产业园区，初步估算总体投资约51.19亿元。推进金隅智造工场东南侧环境整治提升项目和二十中附属实验学校西南侧环境整治提升工程，打造占地5220平方米的西三旗智享绿道。推进育新花园小区老旧小区改造项目，除66、67号楼首层局部区域外，外墙保温已基本完成，人行步道铺装已完成约7000平方米，屋面防水已完成约60%。全年做到“开墙打洞”动态清零，对地区背街小巷巡查整治，通过市区背街小巷精治类验收。做好违法建设拆除工作，拆违任务量4万平方米，为全区街道中最多，累计拆除违法建设点位176处，建设面积44778.98平方米，腾退土地27213.27平方米。优化完善“大城管”工作体系，城市管理考核累计成绩提升到第四名。

（张学澄）

【平安建设】 年内，街道推进平安三旗构筑行动。完善立体治安防控体系，推进城市智能运行指挥中心及智慧平安小区建设；完成元旦、春节、全国两会等重要活动和节假日的社会面维稳工作，累计出动社会防控力量18万余人次。做好安全生产工作，共出动专职安全员检查人员1609人次，检查各类单位1730家次，下发限期责令整改通知书1730份、整改各类安全隐患1437项。加强安全预防和隐患排查治理，共排查各类风险点3925项，加大监管力度。已建电动自行车充电桩384组，建设覆盖率达100%。顶层设计与基层治理有机结合，全科网格员工作体系正式试运行，街道层面全科网格员262人，社区层面全科网格员383人，试点运行后巡防队和保安累计出动361人次，发现处理问题297件，问题解决率100%。

（张学澄）

【民生建设】 年内，街道推进社会治理创新行动。完善接诉即办工作办理流程，健全各项考核机制，通过领导包片包案、专题调度会、交流点评、约谈问责、惩罚激励等多种途径提升案件办理“三率”。全年受理接诉即办案件17381件，办结率98%，综合成绩列全市第91名、城乡接合部第四名。结合地区特色，携手回龙观街道、霍营街道、东小口镇、奥运村街道探索跨域协同、共治共享的基层社会治理新路径，切实解决海淀、朝阳、昌平三区交界百姓的揪心事、烦心事、关心事，在协同处理接诉即办跨域诉求案件、边界地区环境整治、解决居民停车难、出行难等方面成效凸显。开展了西三旗北路路侧墙体粉刷和道路重新画线工作，推动富力桃园小区周边环形路道路改造建设工程，先后完成地区13条未移交市政道路交通整治工程，完成8条道路路侧停车位建设，修建路侧停车位739个，治理成效得到地区百姓的认可与称赞，受市区领导多次批示，被新华社、《北京日报》等20余家媒体宣传报道。依托地区11家养老机构，为7381名老年人提供养老床位服务，发放养老机构补贴220万余元。调处区仲裁院转办案件以及来访企业工资纠纷案件166起，成功调解143起，为171名申请人追讨欠薪527万余元。协调解决农民工讨薪案件87起，涉及农民785人次，成功追讨劳务费约2337万元。完成2022年227名非本市户籍适龄儿童少年在海淀区接受义务教育入学审核工作。完成就业指标855人，完成职业指导810人，推荐匹配工作2464个，跟踪回访1307次，均超额完成指标任务；就业率提升25%，实现再就业1175人，就业率达

66.5%，完成海淀区就业领导小组下达的指标任务。

（张学澄）

【社区建设】 年内，街道创新开展社区服务优化行动。推进垃圾分类工作，通过“家家分类、户户轮值”、建立垃圾分类重点关注居民清单等方式，强化力量配备和资金投入，为电科院等5个小区建设智能垃圾桶站，建设垃圾分类驿站12个，为各小区配备桶站太阳能语音播报及照明设备各300套。持续开展垃圾分类精准入户指导和执法检查，自主分类投放准确率不断提升，已接近90%。抓好社区人才队伍建设，对28个社区“两委一站”德、能、勤、绩、廉等方面全面考察，制定《2022年西三旗街道社区“两委一站”工作人员调整方案》，提拔23名社区干部，并对45名社区工作者进行交流调整。指导梧桐苑社区筹备组依法依规完成社区居委会选举工作，产生梧桐苑社区居委会成员5名，平均得票率100%。督查检查小区物业60家，整改约谈物业企业负责人10余家，扣除信用分4家。促进便民商业服务发展，枫丹丽舍社区商业e中心项目开始营业。开展“邻里节”活动，28个社区共举办活动50余场，吸引更多居民走出家门，加强互动交流，密切邻里关系。

（张学澄）

【基层党建和精神文明建设】 年内，街道成立党建工作领导小组，制定年度工作任务安排，开展基层党建工作述职评议考核。依托海淀区委党校西三旗街道分校，制定疫情期间线上教育培训方案，打造“三旗云课堂”红色直播间，开展培训22次，培训党员27100余人次，覆盖率达99.2%。做好地区人才联系服务和人才资源梳理统筹，发挥旗智·人才会客厅效用，举办首届“旗领杯”创业大赛，推进云知声智慧养老项目在建材东里社区落地。突出党建带群建，在楼宇、社区党群服务中心成立基层统战工作站32个。开展社区统战创新试点工作，形成“三平台一队伍（统战大讲堂、同心协商会、同心建言团、同心治理先锋队），同心绘育新”社区统战工作品牌。依托三旗讲坛，以习近平新时代中国特色社会主义思想、党的十九大及历届全会精神、党的二十大精神等为主线，组织理论中心组集中学习30次。以“海淀西三旗”微信公众号为阵地，聚焦疫情防控、接诉即办、垃圾分类、文明城区创建、物业管理等重点工作，推送信息1797条，总阅读量达80.2万人次。创新建立新时代文明实践工作模式，组织了“小小交警队”“我们的价值观——三旗榜样”等一系列活动，荣获市区两级多次表彰。加强日常监督管理，紧盯中秋、国庆等重要时间节点、关键岗位和关系民生资金的使用情况。收到区纪委区监委交办问题线索6件，其中4件已办结，对其进行责令检查；2件正在办理中。在日常的疫情防控、核酸检测、疫苗接种等监督工作中，主动约谈相关部门负责人13人次、社区书记24人次。

（张学澄）

马连洼街道

【概况】 2022年，马连洼街道辖区面积10.74平方千米，常住户籍人口62503人，流动人口57026人，辖区属于典型的城乡接合部。现设有20个社区居委会。辖区有3个产业园区，1万平方米以上独立写字楼31处，在建商业楼宇1处。辖区企业区级贡献税收10万元以上286家，其中税收超1亿元的企业34家，税收超千万元至亿元区间的企业122家，税收千万元以下的企业114家。实现全口径税收总额80.65亿元，其中上缴中央级税收42.62亿元、市级税收21.97亿元、区级留存税收16.05亿元。总税额比上年增加6.63亿元，增长9%，超过全区税收增速0.6个百分点。完成为民办实事33件。代征房产税310.9万余元。

（王菁）

【环境建设】 年内，街道共拆除违法建设160处，面积35596.43平方米。其中，新生违法建设35处，面积674.68平方米；既存违法建设125处，面积34921.75平方米。违法建设台账面积1.5万平方米，销账35596.43平方米，完成率237.3%；违法用地台账面积1.05万平方米，完成31852.78平方米，完成率303.4%。完成“京密引水渠沿线违建清零”，历时两年，共拆除违法建设4万余平方米。完成“软件园二期周边违建清零”，拆除聚合KTV违法建设2500余平方米，拓宽和增设自行车道和人行步道，打通园区周边早晚交通高峰堵点。拆除马连洼北路沿线部队、绿苑小区、西山一号院南侧道路、小清河路等围墙、围挡，推进“开墙透绿”工作，提升城市整洁度。完成地铁马连洼站C口周边公共空间更新改造，完成安河桥北地铁站B口环境整治提升工程。聚焦百旺新城三期剩余村庄腾退空间（和平街）重大投资项目，构建科技创新和宜居宜业的新型城市形态。策划马上清（青）西行动——暨圆西路—永丰路及沿线地区品质提升行动。配合“清河行动”工作，提出清河马连洼段需求及具体的规划设计建议。推进软件园二期地区交通改善工作。整治百旺家苑、百旺茉莉园小区侵占绿地点位，清理私人侵占区域270余处，督促物业复绿2400余平方米。揭网建绿专项行动上账任务量2.88万平方米，销账完成面积3.13万平方米，揭网建绿完成率108.6%。建立环境网格体系及8类污染源动态台账，实现动态监管。完成市生态环境保护督察整改、重大活动环境保障、应对气候变化及大气污染防治行动计划等工作。完成部分社区道路修复、路灯维修、老旧小区改造等任务。

（王菁）

【平安建设】 年内，街道启动辖区社会面等级防控6次，累计101天，发动专业公安警力9576人次，群防群治力量32.47万人次，确保冬奥会和冬残奥会、党的二十大等重要节假日、重大活动期间辖区社会面稳定。处理完成北京市海淀区人大代表提出的关于打通中关村软件园西北旺南路优化周边交通建议协办意见。网上信访及时受理率、按期答复率、集中治理重复信访、化解信访积案、初信一次性化解及网信情况在考核中均获满分。对地区群租房3万余户进行摸排，核查登记出租房屋8732户，发现整改非法群租房76户。完成“疏整促”年度目标任务。组织建立马连洼街道社区矫正委员会，接收社区矫正对象、“点对点”接收安置帮教重点人。推进交通安全进单位、进学校活动，在辖区重点单位以及9所中小学、11所幼儿园开展交通安全宣传活动。开展违法乱停车、“僵尸车”专项整治行动，劝离违法停车2.7万余辆次。开展联合安全检查60次，检查企业3100家次，发现问题隐患850项，企业覆盖率达100%、隐患整改率达100%。依托城市安全隐患治理三年行动信息系统，建立问题隐患清单，上账隐患60处，隐患销账率达100%。通过线上形式开展隐患排查、培训讲座、巡回演讲、观看宣传片等形式，开展安全生产月、消防安全月系列宣传活动。

（王菁）

【民生建设】 年内，街道12345市民热线平台共计接收案件16536件，其中直派7542件、转派8994件。完成社区问题清单12项、社区项目清单42项，累计完成社区问题清单32项、社区项目清单96项。紧扣“七有”“五性”改善民生福祉，成立营养健康试点工作小组。开发“马连洼营养健康食堂管理平台”和“智能晨检仪”助力油盐糖减量和食品安全。在20个社区建设政务服务工作站，为辖区企业和居民提供高效、便捷的服务。利用网上宣传、网上招聘等形式进行职业指导和职业培训，完成就业任务669人。“一刻钟社区服务圈”建设覆盖20个社区，服务商50家，其中养老照料中心1家、养老驿站2家。推进驿站服务责任片区划分工作，确保片区内老年人有人管、服务需求能快速响应。为45位老年人建立家庭养老床位档案，为98位老年人建立基本养老服务档案，为468人次老年人提供服务。为23户43人低保家庭发放低保金68.01万元，实施事后医疗救助55人次合计152746.22元。为1200名重度困难残疾人发放生活补贴合计106.5481万元，发放残疾人护理补贴32.55万元。为300余名高龄老人申请高龄补贴，为200多位老人申请失能补贴。完成困难群众5户个案帮扶，精准救助系统完成689户家庭跟踪回访。为14户重度残疾人提供家庭无障碍改造，推进“一刻钟无障碍便民服务圈”建设。慰问24户困境妇女儿童家庭，为困境儿童提供个性化服务。配合北京市进行辖区范围电梯点位落图工作，制作电梯电子地图。开展农科丰泽盈和社区、梅园电梯加装工作。开展老旧小区破损道路修复改造工程，推进无障碍设施维修改造。完成肖家河桥下停车场和百旺商场停车设施错时停车办理工作，增加错时停车位140个。为辖区31个小区建立微型消防站。完成181组充电桩通电项目建设并投入使用。完成155名非本市户籍适龄儿童接受义务教育入学材料的线下审核工作。

（王菁）

【社区建设】 年内，街道在社区共建设垃圾分类桶站368个、驿站27处、大件垃圾暂存点51处。开展非居民单位垃圾分类创建工作，7家机关单位、2座楼宇完成非居民单位创建工作。推进地区业委会（物管会）的组建工作，29个物业管理区域全部组建业委会（物管会）。推广“北京业主”App，提高物业管理及居民自治效率。动员社区“五方主体”参与小区协商议事，建立社区“四方会议”制度，梳理地区重大矛盾，将4个小区纳入年度主动治理类小区。探索社区治理新模式，西北旺社区春晖园小区1号楼（1—2单元）申报为区级楼门院治理工作示范点，农大社区申报为“社区之家”创建项目，茉莉园社区申报为“社区服务空间开放式建设”项目。实施21个社区基础设施工程项目，其中社区办公及服务用房装修改造项目6个、社区基础设施改造及为民办实事项目15个。将社区街道卫生和小广告清理疑难问题列入街道解决问题清单。20个社区近2万名群众参与2022年度文明城区创建马连洼街道满意度调查活动。

（王菁）

【基层党建和精神文明建设】 年内，马连洼街道党委制定《马连洼街道理论学习中心组2022年学习计划》，全年组织理论中心组学习27次。购买《习近平谈治国理政》第四卷140本，分发给理论学习中心组和机关、社区党支部，要求认真组织学习，切实发挥学习材料在意识形态工作中的重要作用。扎实推进基层党组织建设，通过基层党组织全面述职，进一步强化社区党组织书记党建“第一责任人”职责，推动全面从严治党向基层延伸。开展“线上+线下”的培训

2月15日，马连洼街道组织闹元宵、猜灯谜活动　（王巧玲 摄）

和指导，切实提高党务干部综合履职能力，推进基层党建工作制度化、规范化、科学化，夯实基层党建工作基础。加强对“一把手”和领导班子的监督，督促各级党组织书记认真履行第一责任人责任，严格执行全面从严治党责任制度。建立健全政治生态分析研判机制，不断推进监督工作规范化，把制度笼子扎得更紧更牢。筑牢拒腐防变思想底线。增强党员干部廉洁自律意识，提高拒腐防变能力。开展基层党组织服务群众项目68项，年初确定为民办实事33个项目全部完成。深入推进“两个覆盖”“三进行动”夯实两新党建基础。实现“两个覆盖”平台企业覆盖率100%，通过“三进行动”实地、电话走访企业总数2410余次。大力开展“三送”活动，着力打造红杉“三色一厅”服务品牌。打造“爱心拐杖”新业态品牌代表服务项目，组织外卖小哥每天准点为天秀社区军休所的高龄老人提供送餐服务。

组织20个社区近2万名居民参与2022年度文明城区创建马连洼街道满意度调查活动，在微信公众号发布交通安全倡议书，倡导地区群众遵守交通法规，正确佩戴头盔，通过发放宣传品、张贴公益广告等方式号召居民群众积极参与辖区精神文明建设。更换宣传栏及公益广告653处。为市级文明社区添置景观小品6处。为辖区8个社区维修及更换健身器材共计17件，助力全民健身。开展各类文化、培训等服务活动81次，参与人数8213人次。利用科普长廊在辖区内宣传养生、冬奥会等科学知识，共计定制展板504块；通过科普知识答卷的形式宣传科普知识，共计发放材料470份。

接到区网信办下发的网络舆情案件共计52件，案件处理准确、迅速、及时、有效。充分发挥马连洼街道政务新媒体平台的作用，设置“马连洼故事”专栏，对在疫情防控、接诉即办等重点工作中涌现出的突出典型人物进行持续宣传。全年街道线上宣传平台共发布工作信息270期，972篇文章，阅读量27.9万余次，转发率24.51%。《海淀报》和海淀有线台对马连洼辖区小区封控保障、疫苗接种、核酸检测、口袋公园等14条内容进行刊登报道。联络《北京日报》、新华社、《科技日报》、北京时间、北京交通广播、今日头条、《中国日报》、《新京报》、中央广电总台中国之声等媒体对小区封控保障、疫情防控等13条内容进行刊登报道。制作6条美篇，内容涉及国务院督查、区领导视察等。

（王菁）

花园路街道

【概况】 2022年，花园路街道辖区面积6.33平方千米，社区居委会27个，户籍人口13.8万人，流动人口1.9万人。辖区内各类法人单位5000余家，高校、科研院所集中。成立花园路街道财源建设工作专班，举办6场送政策送服务进园区进企业活动，联系企业走访109次、登记企业诉求200余条，宣传助企纾困政策。引进重点税源建设企业1家，实现纳税额500余万元。发布首个街道级《人才生态发展报告》，打造2个街道级人才会客厅。助力内蒙古科右中旗杜尔基镇、湖北丹江口牛河林业开发管理区巩固拓展脱贫攻坚成果，帮扶内蒙古杜尔基镇60万元，湖北丹江口牛河林区30万元、19个社区9.5万元。

（石悦）

【环境建设】 年内，街道完成市折子拆违任务量，拆除辖区违法建设13处，违建销账面积12176.84平方米，完成率122%；腾退土地面积9027.61平方米，完成市折子任务的129%。垃圾分类桶站规范化建设和管理水平取得明显成效，执法检查居住小区、餐饮企业、宾馆、商场等单位7800余家，教育劝阻相对人160起，责令当场或限期整改280起、立案并处罚53起，处罚18万元。完成京张铁路遗址公园一期工程花园路段场地清理整治及周边环境整治。完成北医附中入口南侧公共空间改造，打开城市边界，提供多样灵活的活动空间。

（石悦）

【平安建设】 年内，街道累计启动社会面等级防控135天，组织发动群防群治力量67万余人次。全面查改隐患，检查生产经营单位及场所7463家，完成率203.06%。推进燃气安全整治专项行动，协助液化石油气公司完成352户居民安装安全型液化气配件工作，完成18处燃气管道占压隐患消除工作。排查340处自建房结构安全，执法检查规范700家企业用工情况。对餐饮、家政、教培等欠薪高风险行业开展专项日常巡查，为20名员工追回欠薪20万余元。街道被市人力社保局评为“劳动保障监察工作先进单位”。

（石悦）

【民生建设】 年内，街道接诉即办受理群众诉求12365件。落实就业再就业优惠政策，安置就业再就业人员969人。建立居家、社区、机构相协调，医养康养相结合的养老服务体系，建成1家养老照料中心和7家社区养老驿站。对辖区397户困难家庭进行摸底调查，实现住房保障精准救助。完成3件人大代表建议办理，跟进落实群众反映问题50个。举办线下小规模文化活动50余场，覆盖27个社区及地区单位，受众千余人。推进龙翔路12、13、14号楼老旧小区改造工作，完成施工样板建造、居民户内上下水改造及楼本体外立面节能改造。有序管理辖区3000余停车位，提供错时共享车位约120个。

（石悦）

【社区建设】 年内，街道辖区物管会（业委会）组建率98.55%，物业服务覆盖率90.57%，党组织工作覆盖率100%。推动2022年度市级、区级社会建设资金支持项目落地，加快建设中央新影社区“社区服务空间开放式建设项目”，以及“楼门院治理示范点建设”工作；推进牡丹园社区、北医社区等9个社区的社会工作服务平台建设，提升基层社会工作服务质量和基层治理现代化水平。开展公共法律服务专项维权活动6次，为居民提供法律咨询、法律宣传等服务3000余人次。推进辖区养老服务工作，持续提升家庭养老照护床位服务，全面放开社区养老驿站助餐工作，建立养老助餐点台账，并实行动态更新，北航社区被命名为“2022年全国示范性老年友好型社区”。

（石悦）

【基层党建和精神文明建设】 年内，街道聚焦意识形态工作，开展理论学习中心组学习15次，线上理论宣讲13场，线下参观、讲座等活动10场，受众6900余人。融媒矩阵阅读量累计1273万次。发挥区委党校花园路街道分校、党群服务中心、花园融媒、花园路党员e家等阵地平台作用，开展“花园路微党课”等系列活动，累计开课50期，培训2.2万人次。开展基层统战创新试点工作，成立街道新的社会阶层人士联谊会，吸纳地区新阶层人士代表。举办党的二十大精神专题学习、“侨界之心永向党 喜迎党的二十大”文艺会演等活动，提升新阶层人士政治素质，强化民族社区、统战工作阵地环境营造。

（石悦）

【环境建设】 年内，街道实现“腾笼换鸟”，促进地区城市更新。创新实践街区、社区、园区“三区融合”，形成“两路五园”态势，即沿阜石路、田村路、百得利汽车产业园、小玩童教育产业园、龙徽1910文化创意产业园、中国廉政法治文化产业园和处于设计阶段的王致和1669园区。提升城市精细化管理水平。发挥分类驿站和回收中心作用，推进垃圾分类执法进社区。完成拆违、腾地专项台账任务1.7万平方米。打击各类扰序行为，立案50余起。打造地区见缝插绿系列项目，开放1200余平方米绿色共享客厅，以“绿色生态、服务居民、全龄友好”为原则，立足功能、景观、生态、文化4个方面，打造“亲子亲老”、全龄居民共享的休闲之所，进一步改善城市环境，优化居住空间。严格落实河长制，永引渠水质达到Ⅲ级标准。

（李晓雅）

【平安建设】 年内，街道开展北京冬奥会和冬残奥会、党的二十大等重大活动服务保障工作，精密组织各类群防群治力量3000余人。生产经营单位检查覆盖率100%，城市安全风险评估更新率100%。推动玉阜嘉园小区市级重大火灾隐患整改，辖区火灾比上年下降50%。推进市级挂账半壁店第二社区网格化管理。依靠“拆”字驱动疏解，销账11340.19平方米，完成区发任务量占比189.01%；强化“智”字创新引领，在半壁店第二社区开展“一车一池一码”赋码工作，赋码率达到86%；突出“整”字高效统筹，对城乡接合部开展联合整治行动13次。统筹应急小分队、老兵保洁队、巡防队三支应急队伍，对辖区20处重点点位定人盯守。开展综合减灾示范创建工作，兰德华庭社区被复评为北京市综合减灾示范社区。主动公开政务信息1047条。完成组织法治教育活动、张贴宣传海报、发放宣传品等各类法治惠民“面对面”项目，惠及群众5万余人。

（李晓雅）

【民生建设】 年内，街道落实接诉即办工作。创新未诉先办机制，公布社区24小时“群众服务号”电话，确保群众诉求第一时间有人响应。开展就业帮扶，实现就业782人。服务高龄、困难、残疾人4万余人次，发放各类补贴、救助金约1000万元。实施幸福59号院小广场及周边胡同改造、山南社区步行台阶改造提升、疫情值守卡口安装防雨设施、区域核酸检测一线用餐保障、疫情防控数据核查等项目，解决群众最急难愁盼问题。建设8项基本便民商业网点436个，实现社区全覆盖。组织开展“家庭助理、亲情扶助”活动，服务1394人次。建立新的社会阶层人士基础台账，为其提供交流创新展示平台；定

田村路街道

【概况】 2022年，田村路街道辖区面积6.79平方千米，属典型的城乡接合部。设28个社区居委会，实有人口10.8万人，其中户籍人口5.7万人、流动人口5.1万人。有各类企业商户3000余家，其中百余家中央、市属、区属企业单位，老字号和新业态并存。有10余所学校及幼儿园、德尔康尼骨科医院等医疗机构，北京王致和食品有限公司、北京龙徽酿酒有限公司等老字号。街道总收入3.03亿元，总支出3.03亿元，收入比上年增长0.11亿元，支出增长0.45亿元。

（李晓雅）

2月15日，花园路街道组织举办“云上元宵，共享冬奥”咱的节日——海淀·高雄社区视频连线活动

（花园路街道 供图）

期开展困难侨眷慰问工作。

（李晓雅）

【社区建设】 年内，街道完成24个区标准化物业项目备案工作，物管会（业委会）组建率97.22%，物业服务覆盖率100%，党组织工作覆盖率100%。15个项目入选区级优秀物业项目。举办“五社联动聚合力，社工服务暖基层”主题知识竞赛，增强社工学习积极性。完成34项为民办实事和169项社区公益金项目。推进社区花园计划，深耕瑞和园、玉泉嘉园等社区花园试验田，搞好、搞活社区花园俱乐部，引导居民共建共治共享和谐社区成果。开通线上心理咨询，咨询90余人次，为辖区居民提供暖心服务。

（李晓雅）

【基层党建和精神文明建设】 年内，街道完成北京市第十三次党代会代表的推荐提名工作。组织基层党组织学习党的二十大报告、《中国共产党章程（修正案）》。区委党校田村路街道分校共组织31场培训，培训21438人次。主动服务，对接企业需求，建立“田伙伴”志愿服务队，构建“街道—企业—人才”议事平台，举办田村路地区人才发展交流论坛，打造创新特色两新党建品牌。创新“1+1+N”工作法，即建强一支队伍，培养一批骨干，完善日常N项保障，持续建强信息工作队伍，获评“2021年海淀区组工评论工作先进单位”。开展重要时间节点意识形态领域风险预警监测，处理网络舆情案件30件。改版“新田村”公众号，发布202期，阅读量80万余次，在市、区媒体发布新闻137篇。建立通讯员、网评员队伍，撰写网评文章181篇。启动街情街史编撰项目，形成《田村路街道史料汇编》初稿。

（李晓雅）

上地街道

【概况】 2022年，上地街道辖区面积9.52平方千米，有13个社区居委会，共有22365户，实有人口83607人，流动人口43733人，户籍人口39874人，其中城镇户口39553人、农村户口321人。有重点商务楼宇160余栋，注册企业3万余家，其中包括科技部认定国家高新技术企业1000余家。规模以上第三产业企业实现收入5606.9亿元，比上年下降4%，占全区规模以上第三产业企业收入的15%。规模以上工业企业营业收入374.4亿元，比上年下降6%，占全区规模以上工业企业的9%。摸索强队伍、理台账、建机制、促增量、谋创新服务经济“五步工作法”，提供针对性管家服务，核实重点关注企业309家，梳理重点楼宇113栋、企业4264家，建立“一楼一册”台账；走访企业千余次，填报服务包事项155条；腾退异地纳税企业19家、挽留拟迁转37家、引导回迁1家，避免税源流失近600万元。

（任克红）

【环境建设】 年内，街道完成U形路（九街十街）、上地公园、憩园、信息路南节点路侧、上地东路西侧沿线、上地地铁站周边、上地南口、上地南路6号院老旧小区等整治项目，提升桥下空间6点位；建成辉煌国际快递小哥温馨驿站，为城市户外工作者和周边群众提供工间休憩、关爱解难、教育帮扶等暖心服务，打造新就业群体服务空间；联合整治未移交道路8条，马连洼南路、树村北路等违停问题明显改善，提升群众交通出行环境；拆除地区道路护栏3730米、公共绿地护栏15588米；拆除各小区圆形圈状废旧防爬刺1160米；拆除违建2.6万平方米，腾退土地2.15公顷，销账“揭网见绿”38处。狠抓垃圾分类基础建设水平提升，完成辖区14个居住小区大件及装修垃圾投放点提升改造工作。

（任克红）

【平安建设】 年内，街道完成党的二十大、北京冬奥会和冬残奥会等重要时期服务保障工作。打造“街企警”快手分站、反电信诈骗快手劝阻中心，合力整治金融科贸大厦隐患，完成消防隐患改造工程，提升大厦安全水平，发动群防群治力量完成社会面等级防控。开展安全生产月、“百日行动”活动，把各类隐患消除在萌芽状态。开展禁毒宣传活动进商场、进社区、进企业、进学校、进家庭，推动“向日葵社区”争创活动；组织开展“扫黄打非”、“绿书签”宣传、严查有害出版物活动；配齐反恐经费4万余元，开展反恐防暴演练；加强对邪教人员的教育转化及重点人员管控工作，开展反邪教宣传月系列“六进”活动；通过“e动上地”公众号、大屏播放和社区宣传橱窗张贴宣传挂图等形式，宣传《中华人民共和国反有组织犯罪法》；处理接诉即办类违法群租房案件58件，90%解决满意，共联合执法100余次，约谈告诫40余次，排查整治违法群租房75处，创建无违法群租房小区2个；完成上地佳园地下车库门禁系统改造项目、上地东里小区监控系统改造项目、农大南路2号院数字临近系统改造项目。

（任克红）

【民生建设】 年内，街道增设政务服务爱心窗口，帮办代办；新增AED、多语言翻译器，暖心服务1.2万余人次；梳理汇编高频业务41项，办不成事窗口提升服务便捷性。探索养老联合体，提供服务300人次。2个社区创建全国示范性社区退役军人服务站。新增便民商业网点21处，生活性服务业网点实现全覆盖。全面推进政务公开标准化规范化建设，主动公开各类事项共427件。共受理接诉即办案件6689件，办结案件6689件，办结率100%。接诉即办案件三率分别为：响应率100%，解决率73.96%，满意率82.37%。全年“市级直派”案件考核全市排名第109名。

（任克红）

【社区建设】 年内，招录社区工作者13人。建立“三二二四”阳光社区工作机制，破解历史遗留难题，如上地南路10号院电梯更新问题、亿城北旺雅苑小区热水停供问题。依法治街持续推进，律师参与行政事项法制审核，稳步提升法治政府建设水平；推进社区会客议事厅建设，创建2个区级楼门院治理示范点；组建“法润凌霄”普法宣讲团，普法50余场，服务千余人次。推进“智慧小区”和“雪亮工程”，增设电动自行车充电接口300个，227部电梯增添入户阻车功能，建设东馨园、万树园电子围栏。完成上地佳园周边门店及博雅西园等3个社区的无障碍设施改建。组织开展第七届北京社会工作主题宣传活动；抓好队伍建设，提升专业水平；组织实施“社区精治人才”培力计划，组织社区工作者参观体育馆路街道四块玉社区治理项目；通过“知识讲授+模拟体验+案例教学”的形式，完成6场线下培训，累计约300人次参与。

（任克红）

【基层党建和精神文明建设】 年内，梳理党工委及领导班子职责清单，抓好区委对上地街道全面从严治党考核情况反馈意见整改工作；运用监督执纪“四种形态”，谈话函询23人次。规范“三会一课”、主题党日活动，组织党员深入学习贯彻党的二十大精神，开展党员教育培训20场次，受训党员3万余人次；新建非公企业党组织12家；干部交流轮岗11名，选拔科级干部5名，职级晋升和等级套转工作干部3名。妥善处置舆情13起，《人民日报》、新华社等报道百余篇次，区融媒发布89条，“e动上地”、今日头条发布1455条，阅读量超329万次。圆满完成代表建议办理、履职培训、意见征集、调研走访等工作。推进统战工作创新试点工作，侨建工作成为区级先进典型。街道团工委获北京市五四红旗团委荣誉称号。创文活动持续推进，成立“爱在上地”志愿服务总队，开展“爱满京城学雷锋 志愿同行”推动日活动、“冬奥精神”主题线上宣讲、“书写文明答卷 争做文明潮流合伙人”文明城区创建志愿服务、“共享单车 文明骑行”主题宣传、“我们的节日”系列活动、爱国主义观影等活动。后厂直播间获评市新时代文明实践优秀创新案例，共享单车文明出行治理案例被央视新时代文明实践纪录片摄制组选中拍摄。

（任克红）

【上地国际人才会客厅】 年内，海淀区为深化落实首都“四个核心”功能定位、深入实施“两新两高”战略、建设中关村科学城国际人才社区特色样本，推动“三厅一道”示范点位建设，特规划打造以强化高端创新功能为导向的上地国际人才会客厅。会客厅紧紧围绕首都“四个功能”定位、以“两新两高”战略为引领，以国际人才服务交流为导向，精准匹配《首都国际人才社区建设导则》，立足打造“小客厅、大服务、微窗口、广链接”的国际人才服务新地标。围绕上地特色数字经济产业及人才，以企业和人才需求为导向，充分整合政府部门和专业机构的优势，结合国际化人才需求和时代热点，重点围绕创新创业大赛、创新路演、科技沙龙、全球路演、创新交流、政策服务、政企对接等重点服务体系，共开展了近20场创新人才交流活动，活动线上线下参与达7万人次，会聚近百名创新创业者，邀请13家行业颇具影响力的机构加入上地国际人才会客厅协作联盟，同时聘任5位创新合伙人和5位创业导师，促使会客厅知名度和影响力得到进一步提升，为国际化人才社区建设进行了深入探索，做好北京国际科技创新中心核心区建设主题，实现服务体系与国际科技创新中心核心区建设一致。

（任克红）

曙光街道

【概况】 2022年，曙光街道辖区面积5.45平方千米，常住人口8.6万人，户籍人口7.3万人；下辖17个社区，45个自然小区。辖区内有企事业单位4995家，规模以上企业303家。完成税费收入28.65亿元。处级领导走访企业80余次，在全市“服务包”考评中连续排名靠前。推进党建引领基层社会治理工作机制，上河村社区居委会获“全国先进基层群众性自治组织”称号，其“合伙人”支部工作法被评为“北京市优秀支部工作法”。

（吝晓婷）

【环境建设】 年内，街道将文化元素嵌入城市治理和城市更新中，完成远大东路文化墙建设项目，实施远大中路街头微空间改造项目，新增一处“口袋公园”。推进老营房路（中段）创建市级门前责任区示范街。推进市容环境整治提升，累计完成10340米防盗网防爬刺、845米自建交通护栏、1185米围挡、181处违规广告牌匾的拆除。完成怡丽北园、金雅园南区楼前景观改造等项目，园区面貌焕然一新。立案调查涉及违反规定截除树木主干、去除树冠问题线索1条，作出行政处罚决定3起，罚款39349.48元，责令补种树木270棵。新建垃圾分类驿站8处，开展4轮次生活垃圾分类执法检查进社区，部队大院垃圾分类步入正轨。优化非机动车治理“六字工作法”（圈、点、划、摆、清、卡），最大商圈、最忙地铁站周边环境由“乱”变“景”。持续开展非法小广告整治，收缴各类擅自散发的广告和宣传品3000余张，对其中涉及的电话号码移送停机警示系统82个，作出行政处罚决定24起，罚款5400元。开展共享单车车身小广告专项行动，清理1900张。将营慧寺拆迁区改造为停车场，新增停车位260个，缓解周边居民停车难问题。

（吝晓婷）

【平安建设】 年内，街道完成北京冬奥会和冬残奥会、党的二十大服务保障工作，强化应急值守和处置突发事件响应，发动群防群治、城市运行等各方力量近3万人次参与服务保障。拆除罗耶尔灵克高尔夫球场、倪氏海泰等处违法建设7615平方米，超额完成土地腾退任务，整改占压天然气管线隐患16处，完成“疏整促”年度任务。开展安全生产及消防安全大检查，检查生产经营单位4885家次，企业覆盖率100%，发现安全隐患2692处，整改率100%。组织地区生产经营单位进行安全生产事故、火灾应急、防汛应急演练。完成兵器部宿舍平房区消防设施改造。开展“根治欠薪”专项行动，受理并解决欠薪案件15件，涉及工资金额87万余元。完成两个北京2022年冬奥会和冬残奥会海淀区环境秩序“百日整治”行动。建立矛盾纠纷“综合调度、多元介入”制度，稳控化解重点矛盾。成立街道社区矫正委员会，形成街道领导主管、司法所主抓、委员会其他部门共同参与的工作格局。

（吝晓婷）

【民生建设】 年内，街道全渠道受理群众诉求1.3万余件。完成22个社区公益金项目，解决望河园社区道路坑洼积水等一批群众身边急难愁盼问题。成立曙光社会组织孵化基地，确定时雨园“爱心联盟”志愿服务队、世纪城西区“2+1”志愿帮扶队、“银龄共话”工作室等重点服务项目，完成孵化活动24次。试点开展“原居享老”社区养老互助服务，实现困难群体个性化帮扶。建设心理服务中心，提供心理辅导培训近20场。10个社区建成退役军人服务站。受理新申请办理残疾证25人，采取入户、电话等方式完成989名残疾人服务问需及入户访视工作。发放各类慰问金、补贴等近372万元。完成19名残疾人居家环境无障碍改造。为困难、重度等200名特殊残疾人，提供上门关爱服务。推进温馨家园改革项目，开展8场特色活动受益残疾人近240人次。每周三、周五开展精神残疾人日间照料活动，服务281人次。组建残疾艺术队，在区残联文艺会演中两项节目荣获三等奖。

（吝晓婷）

【社区建设】 年内，街道打造“社区书记工作室”，完成17个党组织书记领办项目，解决怡丽北园楼顶漏水、怡丽南园居民饮水难等一批困扰居民的难题。修订《曙光街道社区工作指导规则》《社区工作者考核方案》，提升社区居委会工作规范化水平。开展“社区工作者综合能力提升”系列培训4场次，参与人数650人。按照“一区一策”原则，建立物业管理区域台账17本。召开上河村小区、世纪华天、望山园、诚品建筑业主大会，指导上河村、诚品建筑等业主委员会完成换届选举。

（吝晓婷）

【基层党建和精神文明建设】 年内，街道实施党建引领社区治理“三大行动”①，织密“一网多格”的组织体系、打造“一专多能”的服务阵地、构建“一核多元”的基层治理格局。提升建设上河村、世纪城西区、晨月园、时雨园社区党建展示阵地示范点。推进世纪城商圈党建合伙人建设，在金源购物中心建设商圈党群服务中心。指导15个两新党组织完成换届，新成立两新综合党委2个、党支部8个。组织“喜迎二十大，奋进新征程”系列主题活动30场，参与人数800人，开展“社区书记话七一，喜迎党的二十大”微党课线上展播，线上播放量11771人次。组织地区干部群众深入学习党的二十大精神。开拓“曙光云课堂”“曙光直播间”形式，以电影党课、音乐党课等内容丰富线上线下党员教育。完成2022年深化文明城区创建迎检工作。组织地区青年开展“喜迎二十大，永远跟党走”VR青运史学习活动。推进家庭家风建设。举办曙光地区第三届名家朗诵互动会、午间音乐会、第四届书画展、第六届社区柔力球比赛等文化活动及大型演出11场次。

（吝晓婷）

燕园街道

【概况】 2022年，燕园街道辖区面积1.84平方千米，属大院式街道，由北京大学和海淀区政府共建，受双重领导。下辖中关园、燕东园、畅春园、蔚秀园、承泽园、燕北园和校内7个社区居委会。辖区户籍人口近4万人，其中流动人口近2000人。街道办事处主要领导带队走访重点企业，组织召开服务企业交流座谈会。开展诚信主题宣传活动进企业社区53场次，服务企业102家，“扫楼”行动走访61家，核实异地纳税16家。完成统计报表1140张，开展住户调查样本大轮换，完成季度、年度人口抽样，劳动力调查384户1056人，就业失业状况调查35户81人。专项统计检查3家，法人单位经营情况核查53家。

（张盈）

【环境建设】 年内，街道拆除并销账违法建筑58处，建筑面积5455.02平方米，占地面积4100.97平方米，影响人口413人。治理中关村北大街施工围挡1处，校内雨污管线混接1处，协助房地产管理部完成燕南园违建拆除、环境整治等工作，同时坚持动态清零，加强日常检查，打击“开墙打洞”等违法行为。因地制宜，采取洒水降尘等措施，辖区空气质量$PM_{2.5}$浓度比上年降低25%，完成年均浓度≤33微克/立方米的目标，完成第二轮北

---

① “三大行动”：为深入贯彻落实中央组织部、中央政法委、民政部、住房和城乡建设部印发深化城市基层党建引领基层治理的若干措施及其市、区重点任务清单要求，曙光街道紧密结合所辖社区实际，深入组织开展织密“一网多格”的网格组织体系、打造“一专多能”的党群服务阵地、构建“一核多元”的社区治理格局“三大行动”，全面提升社区党组织领导社区各类组织和各项工作的水平。

1. 深入组织开展织密“一网多格”的网格组织体系。根据辖区居民小区、社会单位和社会组织分布情况和党组织设置和党员队伍状况等因素，本着便于开展活动、便于党员管理、便于服务群众的原则划分网格，在街道“城域网”的基础上，将每个社区作为一张“局域网”、小区（楼栋）划分为多个“微网格”，在社区内形成“一网多格”的网格组织体系。
2. 打造“一专多能”的党群服务阵地。按照“覆盖广泛、集约高效”的总要求，本着资源集约、便民高效、开放共享的原则，充分整合党员教育管理、群众文体娱乐、社区议事协商、居民事务办理等功能区域，建设形成以党群服务中心为基本阵地，集“党务、居务、便民服务”于一体的党群服务阵地体系，使其成为服务政治建设、服务党建工作、服务社区治理、服务基层党员群众的坚强阵地。
3. 构建“一核多元”的社区治理格局。以共建为根本动力，以共治为重要方式，以共享为最终目的，围绕“打造人人参与、人人尽责、人人共享的基层治理共同体”的总体要求，持续深化以社区党组织为“主心骨”、以社区居委会为“组织者”、以社区服务站为“协助者”、以社区业主为“当家人”、以社区物业服务人为“大管家”、以街道职能部门为“后援团”、以驻区社会单位和社会组织为“共建者”的社区治理合伙人机制，努力构建“一核多元”的社区治理格局。“三大行动”全面提升社区党组织领导社区各类组织和各项工作的水平。

京市环保督导迎检工作。全面落实河长制和林长制工作，牢固树立“绿水青山就是金山银山”的发展理念，动态巡查落实“三清、三查、三治、三管”的工作要求，进一步提升未名湖水环境质量，同时做好辖区园林绿化资源保护发展，提升生态系统质量和功能效益。

（张盈）

【平安建设】 年内，街道启动社会面等级防控12次、发动群防群治力量3万人次，完成党的二十大、北京冬奥会和冬残奥会等重大活动安全保障工作。全面摸排突出风险点47个，防范并及时化解矛盾纠纷，筑牢意识形态安全防线。加强消防“四个能力”①建设，完成3个社区微型消防站改造。在承泽园社区电动车棚试点加装喷淋系统，提高消防技防水平。对重点领域安全监管检查覆盖率达100%，发现安全隐患381处，整改率100%。辖区实现零火情、安全生产事故零发案，群租房发生率和12345市民服务热线投诉率均为零，平安指数居全区前列。落实“大城管”管理体制，业务平台接收案件1876件，社区网格自查案件4427件。

（张盈）

【民生建设】 年内，街道接诉即办受理市级直派、转派个人诉求、企业诉求共1095件，内容涵盖疫情防控、环境保护、设施维修、园林绿化、老旧小区改造、民生保障等方面，响应率100%、解决率84.87%、满意率89.70%，街道获评2021年度北京市接诉即办先进集体。家庭养老床位签约350个，月度服务户数超过250个。新设7个社区政务服务站，新增国际语言标识、配备电子助视仪，方便居民就近办理业务。燕园社区服务中心接听便民服务热线电话5000余人次，回访居民500余人次。提供维修维护、家政服务、上门理发等百余项与生活密切相关的服务项目。优化诚和敬养老驿站运营，承接巡视探访项目，定期探访100多名空巢独居老人。组织“孝亲敬老·服务到家”社区便民服务季活动，为辖区老龄家庭提供多种免费、特惠服务。“一网通办”服务38210人次。为辖区快递站点安装10组电动车充电桩，满足新就业群体所需。街道出资60万元帮扶内蒙古敖汉旗惠州街道办三家村南北路路面铺设沥青工程项目完工并投入使用。调查困难城乡居民基本养老参保意愿94名；整理核对失业档案355册；发放社救补贴910万元；完成无障碍车位改造；为社区配发轮椅14辆，腋拐7副；完成残联第五次代表大会换届选举工作；心理服务中心建设通过区级初审，开展讲座及团体活动27场；办理退役军人优待证200人；发放义务兵优待金220万元；协调审核通过非京籍“幼升小”8人。

（张盈）

【社区建设】 年内，街道完成承泽园道路整治、燕东园路面修复、中关园南区加装智慧门禁、蔚秀园文化广场改造。社区社会组织孵化基地备案105个社区社会组织、15个品牌组织。当选首届“全国示范性老年友好型社区”的畅春园社区创建经验案例列入2022年的全国典型案例汇编。承泽园社区入选2022年度“全国示范性老年友好型社区”。

（张盈）

【基层党建和精神文明建设】 年内，街道为预备党员、新转正党员分别开设党的理论知识培训班和政治素养提升班，组织发展对象参加党性教育读书班。开展党支部书记抓基层党建述职评议工作。召开燕园街道党代表会议，完成各级党代会代表及候选人推荐提名工作。组织4次市、区人大代表联系选民活动，收到条例（草案）建议14条、民生实事项目线索29条。开展人大代表“回家站听意见”系列活动，人大代表共25人次，接待选民147人次。街道主动参与北京大学思政育人工作，参与学校劳动课建设，提升第二课堂的思想政治教育效果。依托新时代文明实践所、站，开展学习贯彻党的二十大精神座谈会、百姓宣讲汁13场，参与人数600余人。组织开展群众文体、科普活动40余场，受益5000余人次。开展“文润古今 书香燕园”全民阅读系列活动8场次，700余人参加。组织以“喜庆二十大”为主题的志愿服务、主题参观等宣传、教育、文体活动16场次，近千人参加。持续开展文明城区相关工作，完成市、区文明城区测评问题整改435项。“走进燕园”微信公众

9月20日，燕园街道组织“文润古今 书香燕园”全民阅读系列活动

（燕园街道 供图）

① “四个能力”：检查消除火灾隐患能力，组织扑救初起火灾能力，组织人员疏散逃生能力，消防宣传教育培训能力。

号共推送文章642篇，其中原创321篇，转发321篇，阅读量15万余次，关注量5336人，举办线上活动共15场；街道网站发布文章214篇；向北大新闻网报送42篇、海淀信息57篇；《海淀报》转载14篇。

（张盈）

清华园街道

【概况】 2022年，清华园街道辖区面积3.49平方千米，辖区主体是清华大学校园，包括清华大学科技园，属于大院式街道，受清华大学和海淀区政府双重领导。街道设10个社区居委会和1个家委会，常住人口3.6万人（不包含学生），流动人口6000余人。辖区内有两院院士近百人，教授、副教授4000多人。

（孟先梅）

【环境建设】 年内，街道推进落实《北京市生活垃圾管理条例》，区垃圾分类精细化管理平台签订率为86.86%，辖区居民垃圾分类知晓率达100%，参与率90%以上，厨余垃圾分出率27%。拆除违建2500余平方米，针对“开墙打洞”每周检查两次，未发现有反弹。对辖区内“僵尸机动车”、废弃电动三轮车和老年代步车进行集中整治，共张贴告知单70余份，清理无主机动车和老年代步车20余辆、自行车1000余辆。发动党员、居民和志愿者清洁社区公共环境，开展22次周末卫生日活动，累计1200余人次参与。辖区6个物业公司、保洁队伍共出动保安、保洁人员500余人次，车辆50余台次，清理庭院环境、楼道等部位的堆积杂物、垃圾60多吨，消除卫生死角。组织人员对家属区及河道周边的1000余个雨箅子进行清淘。

（孟先梅）

【平安建设】 年内，街道对辖区企业安全检查812家次、校内工地47户次，主要检查用火用电安全、消防设施设备、员工应急安全培训和企业安全应急预案建立执行等情况，整改问题隐患258项。新安装电动自行车充电桩10组共计90个充电口，共有电动自行车充电设施66组559个充电接口。开展电动自行车违规充电夜查，逐户排查室内充电，逐楼排查“飞线”充电，治理违规充电376户次。印发《消防安全致广大居民的一封信》3.65万张、禁止电动自行车违规充电宣传彩页1.2万张。检查清理各社区楼房区和平房区堆物堆料。

（孟先梅）

【民生建设】 年内，街道开展各项政务服务、经济统计服务、落实帮扶政策、慰问困难弱势群体等活动，服务超4万人次。承办“12345”诉求1778件，其中疫情案件1200件。完成蓝旗营社区底商道路翻修及停车位铺装项目，实施2500平方米道路翻修铺油及车位铺装。推进社区老年餐桌建设，实施蓝旗营、荷清苑两处老年餐桌用房适老化装修改造。

（孟先梅）

【社区建设】 年内，街道推进落实《北京市物业管理条例》，监督、指导物业到期的荷清苑、西北社区业委会依法依规召开业主大会，投票选聘物业服务企业。监督、指导蓝旗营社区业委会修订新社区停车管理办法。在各社区监控盲区新增摄像头49处，实现了清华大学居民区主要路段、主要路口、宣传栏、显要位置、敏感部位等全域覆盖、不留死角的实时监控。为西北社区108户居民更换室内自来水管，建成双清苑社区文化活动中心暨清华园街道图书馆双清苑分馆。

（孟先梅）

【基层党建和精神文明建设】 年内，街道申请并完成清华大学基层党建特色工作1项、基层党支部调研课题2项、党支部特色活动8项、党支部为民办实事10项。街道理论学习中心组开展理论学习19次，主要学习内容包括习近平新时代中国特色社会主义思想，特别是党的十九届六中全会重要精神、党的二十大重要精神、习近平总书记对高等教育和社会治理等方面的重要论述。围绕冬奥会冬残奥会、党的二十大等重大事件，开展学习教育120余场。街道“家住清华”公众平台推送图文235篇，14.2万次阅读量。开展户外宣传、社区宣传、专题法律讲座等法宣活动50余场。

（孟先梅）

东升镇（东升地区）

【概况】 2022年，东升镇域面积8.28平方千米，东升地区辖区面积8.3平方千米，有2个村民委员会和9个社区居委会。全镇常住户籍人口25415人，其中非农业人口24841人、农业人口574人、流动人口39500人。全镇集体经济总收入31.93亿元，纯收入13.46亿元，劳均分配9.79万元，人均分配6.41万元。中关村东升科技园一期总收入328亿元，税收29亿元。

全镇集体产权楼宇面积270万余平方米，有企业3000余家，其中高科技企业500余家、上市企业总部13家、独角兽企业11家。东升博展股份社加快从资产经营向资本运营转型，推动“i中心+i站”（i中心：数字化平台；i站：一线运营团队）轻资产运营模式落地。马坊股份社不断升级“服务包”，派发服务金额133万元，提供人才公寓近200套。与区财政局合作，成立首家财金协同平台“8+创工坊”。推进《东升镇关于减免服务业领域困难行业小微企业和个体工商户房屋租金的实施方案》，共减免房租2.72亿元，精准助力企业纾困解难、复工复产。

落实中关村新一轮先行先试改革，挂牌成立海淀区首家“企业上市发展基地”。发展首店经济，首个线下“元宇宙”主题商场“BOM嘻番里”营业。收回五道口国际食尚苑、宝盛广场、圣熙8号部分物业经营权。实施楼宇提升计划，推进中鼎大厦等楼宇升级改造。举办第十届“东升杯”国际创业大赛，有效推动科技成果转化落地。

（韩慧新）

【城乡一体化建设】 年内，东升镇拆除东方美都等违法建设18.5万平方米。整治提升8条背街小巷，新增林下步道1275米，“揭网见绿”23.6万平方米。东升科技园二期项目主体结构封顶。东升科技园三期项目实现“正负零”。学院路科技园东升园（G、H、I地块）项目取得施工许可证。围绕中关村科学城和东升科技园，建设4个（清河市场集租房项目、小营建材城集体土地租赁住房项目、马坊村集体租赁房项目、中关村东升科技园园区集体租赁房项目）集体租赁住房项目，其中中关村东升科技园园区集租房项目、马坊村集体土地租赁房项目完成主体结构封顶。四拨子村环境整治项目正式启动签约腾退，签约率突破90%。

（周美思）

【环境建设】 年内，东升镇高效办结市督察组交办信访举报案件。开展“一微克”行动，实施道路深度保洁作业，对涉气污染源开展定期检查，辖区细颗粒物（$PM_{2.5}$）、粗颗粒物（TSP）月均浓度分别是30微克/立方米、81微克/立方米，分别比上年下降16%、14%，空气质量持续改善。开展神哲学院西侧路环境整治工作，彻底解决周边居民排水和出行难题。拆除赵德顺大院违建2400平方米，改建停车场，为东升科技园提供163个车位。完成宝盛北里西区西院和成府路35号院老旧小区综合整治项目，由镇政府牵头产权单位出资700余万元升级改造项目，宝盛北里西区西院项目被评为海淀区典型案例。

（韩慧新）

【平安建设】 年内，东升镇完成党的二十大、北京冬残奥会等重大活动服务保障任务。以安全生产专项整治三年行动为统领，推进城市安全风险评估和出租大院整治等专项行动。对全镇涉及危险化学品使用单位、普通地下室等开展日常检查，完成206处城市安全隐患整改。东升镇荣获“2022年区级消防先进单位”称号。结合区反恐工作十大体系建设，查隐患、补短板，积极构建东升反恐工作体系，对19家基层单位、16家反恐目标单位持续开展理论知识培训和技能训练，培训覆盖人员800余人。组织指导各村（居）定期对辖区内KTV、网吧、复印店、游戏厅、书店等场所开展扫黄打非宣传检查共计11次，发放宣传品2500余份。增强广大群众特别是老年人法治意识和识骗防骗能力，开展现场教育宣传4次，累计发放宣传手册2500余份，其他宣传品1.2万余份。积极开展禁毒宣传教育，组织基层10个股份社、9个居委会开展线上、线下宣传活动40余次，发放禁毒宣传折页5000余份，张贴宣传海报900余张，推动形成“健康人生、绿色无毒”的社会氛围。按照区疾控要求，圆满完成全年历次社区封（管）控工作，第一时间现场处置并驻扎社区一线，落实各项管控政策，维持社区封（管）秩序，妥善处置居民诉求。组织安装门磁3900余个，派驻安保力量1000余人。

（韩慧新）

【民生建设】 年内，东升镇完成北京石油学院附属实验小学校门前等候空间改造提升等9个为民办实事项目。开展职业指导、就业政策咨询960人次，帮助495人实现就业。完成镇慈善工作站试点建设，启动“爱益东升”公益联盟，开展“暖东行动”系列慈善活动，打造东升公益慈善项目品牌。健全“弱有所扶”工作机制，安排资金158.24万元，走访、慰问3812人次。加强养老助餐体系建设，在文龙二里设立老年餐桌，服务老年人800余人。完成辖区17家物业公司服务年度考核。完成马坊社区配建用房建设、八家社区开放式空间提升等项目。接诉即办工作开展以来，东升镇始终坚持党建引领、高位推动的基本原则，将群众的满意度和认可度作为工作的出发点和落脚点。2022年东升镇共接收群众诉求11926件，有效反馈9528件，解决5816件，解决率61.04%，满意6605件，满意率69.32%。直派考核成绩96.3982分，直派+转派考核成绩93.9524分。东升镇定期召开接诉即办工作专题会，通过挖掘典型案例、交流分享经验、对季节性问题提前预警，形成示范引导，有效推进解决了一批施工扰民、路侧停车、房屋漏雨、办理房产证等困扰群众的痛点难点问题。坚持汇总分析高频问题和集中点位，通过建立主动治理台账，主动建言献策，形成合力开展专项治理，逐步补齐辖区城市管理和社区治理的短板。

（周美彤）

【基层党建和精神文明建设】 年内，东升镇各级理论中心组学习和基层理论宣讲326次，举办各类线上线下理论学习讲座221场次，覆盖党员干部群众2万余人次，获“北京市理论宣讲示范基地先进单位”称号。完成16个党组织升格，新成立二级党支部39个，发展党员39人。成立非公党支部

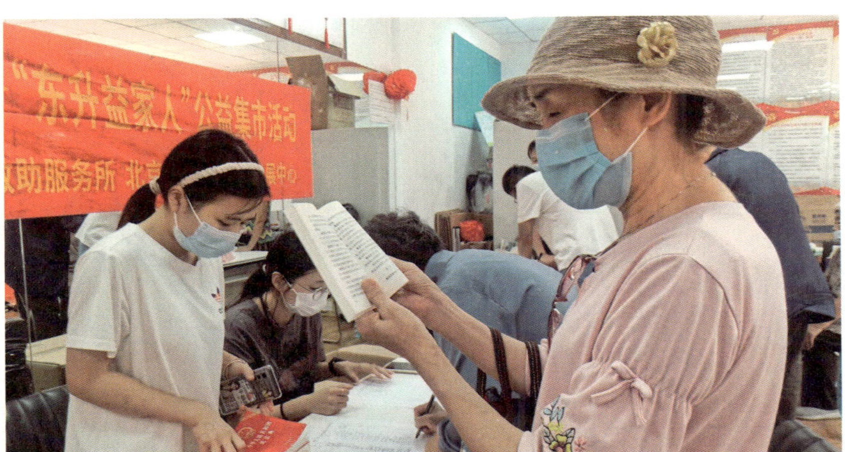

8月19日，东升镇马坊社区举行公益集市活动（东升镇 供图）

4个，转入党员170名。完成海淀区全国文明城区创建复检任务。围绕疫情防控、垃圾分类等工作，开展新时代文明实践志愿服务活动332场次，北京外研书店（中关村东升科技园店）新时代文明实践基地荣升“市级新时代文明实践基地”。观林园社区等4家单位获评“海淀区文明单位”，盒马鲜生双清路店获评“首都文明商户”，北京卓越口腔门诊部等3家商户获评“海淀区文明商户”，八家股份社陈嘉玲家庭获评“市级书香家庭”。

（韩慧新）

海淀镇（万柳地区）

【概况】 2022年，海淀镇辖区面积4.79平方千米，下辖1个村委会和3个居委会。集体经济总收入10.58亿元，比上年增长6.87%，纯收入4.8亿元，比上年增长6.67%，劳均所得7.25万元，比上年增长10.23%。完成镇联社换届，管理层年轻化。出台《海淀镇集体经济组织重大工程建设项目管理办法》等制度。青龙桥村慧聪大厦实现结构封顶。水磨产业项目前期手续办理完毕。开展树村产业项目手续办理。推进功德寺产业项目和功德寺资金平衡地块上市工作。集体经济全年减免租金4003万元。

（蓝倩）

【城乡一体化建设】 年内，海淀镇完成三山五园地区（福缘门）环境整治项目，拆除建筑面积约10万平方米。开展大有庄、骚子营地区入户调查工作，为后续腾退工作开展提供数据支撑。全力做好中关村论坛永久会址项目相关土地腾退工作，完成地上物拆除并移交场地至建设方。持续开展功德寺安置房建设，各标段精装修，进行各户型工序样板的施工工作。通过环境整治和“留白增绿”，推进“城中村”挂甲屯地区腾退作业，三山五园地区（挂甲屯）环境整治项目一期于2022年6月17日启动，9月30日基本完成，签约完成率约96.23%。功德寺地区“揭网见绿”面积24300平方米，基本实现步步见绿。

（蓝倩）

【环境建设】 年内，海淀镇完成“基本无违法建设街镇”创建，完成拆违腾地年度任务，拆除建筑面积12.44万平方米，超额完成46%。实施大气污染防治“一微克”行动，有效落实“土壤污染防治工作计划”，加强精细化管理，发挥三级网格联动效应，严控工地、道路、环境整治区域的扬尘污染源，全年$PM_{2.5}$平均值为30微克，同时完成了企业原址用地调查，避免出现土壤和固废污染。根据历年春季绿地问题的发生频率对生态林进行网格化专项检查，共解决网格化问题501起，结案率100%。完成对全镇林地、河道管护范围全面梳理。加强生态林日常管护工作，加强林地管护情况检查和林地监管。全年共完成0.14万亩林地绿地的返春浇水、除草，0.14万亩林地绿地修剪，0.07万亩林地绿地涂白等管护工作。补植乔木643株，施肥3.3吨，修整树盘15128个，绿道整治绿地斑秃9580平方米，拆除绿地围栏3622.45米。全面落实林长责任制，镇级林长巡林24次，村级林长巡林122次，林管员、护林员巡林166次。落实河长制，镇级河长巡河24次，村级河长巡河36次。

（蓝倩）

【平安建设】 年内，海淀镇继续深化安全生产专项整治，压紧压实安全生产责任。持续保持三类可防性案件①“零案发”。圆满完成北京冬奥会和冬残奥会、全国两会、党的二十大等重大活动以及玉泉山、展示中心、海淀公园、颐和园及中关村论坛永久会址等重要点位的服务保障任务。在辖区开展24小时常态化安全巡逻，发现并化解各类治安隐患和问题50余处，完成“五个不发生”②工作目标。全年接报并及时核实辖区涉及群租房举报57套，已协调解决拆除5套，剩余52套经核实均已及时消除扰民隐患并列入工作台账。完成全区第二批智慧平安小区建设前期工作。城镇燃气安全排查整治专项，开展液化石油气、燃气安全排查300余次，为功德寺地区19户、西苑地区16户使用液化石油气的居民安装液化石油气安全型配件；开展自建房排查专项，基本完成47个自建房图斑的排查工作，并对发现的安全隐患进行妥善处置；开展安全生产专项整治三年行动，2022年海淀镇挂账隐患20条，已完成排查挂账、落实整改、验收销账的闭环管理工作。加强安全生产联合检查，共计3150家次，出动力量4012人次，组织检查组476个，发现问题隐患4345项，整改434项，隐患整改率100%。

（蓝倩）

【民生建设】 年内，海淀镇承办4977件群众诉求，案件量同比增长57.6%，响应率100%、解决率90.99%、满意率95.17%。树村郊野公园、畅春新园等增加Z形门，设置残障人士、婴儿车专用通道，柳浪家园小区道路拐角处加装隔离栅栏，配备保安加强巡查，从源头上解决小区乱停车问题，维修小区充电桩、路灯，修补小区路面等公共设施。裕禧隆园和裕祺隆园小区成功创建“北京市垃圾分类示范小区”。新设柳浪裕和居委会，主动破解异地回迁小区管理难题。建成投用柳浪家园社区卫生服务站和9个防疫玄关岗亭，落地4个基层政务服务站，社区治理精细化、规范化、便利化程度显著提升。顺利完成镇残疾人联合会换届选举。镇融媒体中心数字信息累计浏览量12万余次，成为海淀镇群众知晓镇情地况的重要窗口。大

---

① 三类可防性案件：入室盗窃（包括入民宅盗窃），盗窃“三车”案件（助动车、电动自行车、摩托车），抢夺财物。

② “五个不发生”：不发生政治性事件、不发生重大群体性事件、不发生重大安全生产方面的事故、不发生特种刑事案件和特种重大治安案件、不发生不实舆情炒作。

力帮扶内蒙古科右中旗新佳木苏木和巴彦呼舒镇及河北赤城县样田乡120万元。办理户籍一孩生育服务登记21份，办理二孩生育服务登记4份，户籍三孩生育服务登记1份，开具流动人口生育服务登记单103份。加强辖区学校的慰问帮扶，做好适龄儿童入学审批，非京籍儿童审核通过14人。开展惠民大体检，惠及1859名辖区群众。

（蓝倩）

【基层党建和精神文明建设】 年内，海淀镇强化党委主体责任、书记第一责任、纪委监督责任和班子成员“一岗双责”，通过述职评议、建立责任清单等方式，压紧压实党建责任。深入学习党的二十大精神，完成9个党组织换届，完成村“两委”换届“回头看”整改提升。成立柳浪裕和社区党支部，筹备4家党组织升格。完成201名农村发展党员核查和两新组织“两个覆盖”测评。发布微信推文233期、994条，美篇9条，发布微信视频号、抖音视频53条，累计浏览量12万余人次。编印《海淀镇之窗》6期。制作《战吗？战啊！》抗疫纪实视频、《海淀镇城市志愿者和北京冬奥一起向未来》总结片。在《海淀报》《海淀信息刊物》、海淀有线台、“北京海淀”微信公众号等媒体刊登各类信息89次；新华社、《人民日报》《北京日报》等网站报道20次。开展活动200余场，吸引地区群众5000余人次参与。组织400余名志愿者和雷霆应急救援队完成2022北京冬奥会冬残奥会保障任务。打造志愿服务“样板工程”，发动300余名志愿者参与到社区核酸检测、卡口值守工作、垃圾分类、物业管理条例落地等任务中。挖掘辖区各类先进典型，组建20人的宣讲员队伍，开展线上线下百姓宣讲10余次，加强业务培训，明确文明城区迎检工作的时间节点和测评任务，对照指标体系树立实地考察任务指标113项和问卷调查指标23项，确保各项指标任务落实。镇乡情村史馆被评为“海淀爱国主义教育基地”。

（蓝倩）

四季青镇（四季青地区）

【概况】 2022年，四季青镇域面积40.83平方千米，下辖10个村委会、14个社区居委会，有直属企事业单位17个。户籍人口7.11万人，流动人口10.89万人。集体经济总收入41.63亿元，集体经济纯收入15.05亿元，比上年增加4194万元，比上年增长2.87%；集体账内劳均分配99753元，比上年增加2331元，比上年增长2.39%。

（彭希）

【城乡一体化建设】 年内，四季青镇启动西郊机场周边及沿线环境整治项目集体产业腾退，拆除非住宅面积13.76万平方米。完成香山一期祁家村安置房、常青安置房建设，房源4891套；调整常青园社区和郦城社区规模，新组建高庄社区和常青社区。完成全部14个社区规范化建设，构建“一刻钟政务服务圈”，持续开展生活性服务业品质提升项目。完成镇、社区（村）、楼门院（村组）三级议事协商市级试点建设。西山村“小哥公寓”项目竣工并投入使用。

（彭希）

【环境建设】 年内，四季青镇以“创城”为抓手，结合“疏整促”专项行动，推进市容环境整治提升、垃圾分类工作，优化调整智能桶站布局和运营模式，更新全镇垃圾分类桶站设施610处，其中智能桶站189个。创建双新园北区、门头馨村南区两个市级垃圾分类示范小区。以创建“基本无违法建设镇”为目标，完成销账31.2万平方米。坚持分类揭网、多元见绿，完成61.99公顷“揭网见绿”工作。规范桥下空间5处，拆除绿地护栏14525米、道路护栏1500米、防爬刺围网11338米，整治开墙透绿点位1处，美化外立面800余平方米。施划新的共享单车停放区域600余个，设置错时共享停车点位2处。整治群租房250余套，完成15条背街小巷环境精细化整治提升任务，146条背街小巷形成长效管护机制。保持占道经营、无证无照、“开墙打洞”动态清零。开展“一微克”行动，清理7家散乱污企业。推进“水清岸绿”行动计划，严格落实河长制，巡河率达100%，处理各类涉水案件160余件。以落实林长制为抓手，开展镇域公共区域绿色空间整合项目，对无人管护绿地进行梳理补植和移交管养。建设完成石渠公园，新增造林30973平方米，完成新一轮百万亩平原造林任务。

（彭希）

【平安建设】 年内，四季青镇完成北京冬奥会和冬残奥会、党的二十大等重大活动维稳保障任务。强力推进扫黑除恶、反恐反邪、扫黄打非专项斗争。开展烟花爆竹安全管理和预防煤气中毒工作。落实安全生产工作责任制，开展“四清三停四建设”①，推进村民自建房安全“三合一”②专项整治行动，完成3265栋自建房排查工作，建立一户一档。开展地下室违规住人整治行动，清退182户。成立社区矫正委员会和安置帮教委员会，服务社区服刑人员和帮教对象。公共法律服务站和村（居）法律顾问共调解纠纷近300件。西山村、和泓四季社区被评选为北京市民主法治示范社区（村）。

（彭希）

① “四清三停四建设”：“四清”指清理违规电动自行车、清理瓶装液化石油气、清理疏散通道内可燃杂物，清理影响人员逃生及排烟相关设施。“三停”指违规“三合一”“多合一”，使用易燃可燃材料搭建，拒不整改的，一律停止出租；乱接乱拉电线违规充电，拒不整改的，一律停止使用；出租房屋3层及以上出租住人且不满足安全疏散条件拒不整改的，一律停止出租。“四建设”指建设消防车通道、建设消防水源设施、建设电动自行车充电设施、建设自防自救力量。

② “三合一”：生产、储存、经营一种或一种以上使用功能违章混合设置在同一空间内的建筑。

【民生建设】 年内，四季青镇统筹推进就业、教育、医疗、社保、社会救助等民生领域工作。扩大就业容量，提升就业质量，新增就业819人。调解劳动仲裁案件132件，处理农民工群体讨薪事件24起。完成闵航路18号院和38号院改造提升、常青园一区配套设施改造、京泉馨苑小区单元楼门口修缮、宝山社区碧桐园小区沥青路面维修工程等项目，改善群众生产生活环境。新建更新健身器材近200件。推进扶贫项目，与内蒙古赤峰市敖汉旗金厂沟梁镇、下洼镇，北京市延庆区永宁镇签订结对帮扶框架协议，帮扶金厂沟梁镇新建一处野生蘑菇加工厂。深化“双减”工作，开展违规培训机构“回头看”检查，定期对镇域内38家中小幼开展校园安全、疫情防控检查。发展0—3岁婴幼儿照护，托位360余个。新增家庭养老照护床位113张，开展适老化改造，启动重度失能老年人基础养老服务工作。接诉即办平台共流转案件约3.2万件，最终受理群众诉求23488件，比上年上升46%。全年市中心考核直派案件综合成绩96.66分，在全市街乡镇累计排第204位，全市街乡镇排名中进入前100名2次，100—199名6次，200—300名2次，全市排名长期位列中游。

（彭希）

【基层党建和精神文明建设】 年内，四季青镇党委共召开58次党委会，开展27次理论中心组专题学习，贯彻落实新时代党的建设总要求和新时代党的组织路线。推进意识形态建设，专题组织研究意识形态工作3次、开展意识形态阵地自查巡查2次，组织学习培训班4次。举办村、社区书记、副书记培训班3班次，参学人数1200余人。开展村（社区）“两委”换届“回头看”，提升农村基层组织组织力。印发《四季青报》12期，统筹整合5个镇级微信公众号、28个镇属单位微信公众号，“美丽四季青”微信公众号发布信息2000余条，关注人数近10万人。依托新时代文明实践所，“线上+线下”融合互动，开展文化活动1262场，惠及群众91.97万人次。各类特色的新时代文明实践活动被中央电视台、《人民日报》等40余家中央级、市区级媒体进行报道。

（彭希）

西北旺镇（西北旺地区）

【概况】 2022年，西北旺镇面积51.02平方千米，辖20个村级股份经济合作社、19个社区居委会、8个村委会和3个社区筹备组（锦钰府社区筹备组、紫星苑社区筹备组、西玉河社区筹备组）。有户籍人口65346人，流动人口140543人，常住人口180740人。全镇农村集体经济总收入完成16.91亿元，比上年增长8.9%。其中镇级集体经济总收入6.06亿元，比上年增长41.4%；村级集体经济总收入10.85亿元，比上年下降3.5%。西北旺镇百旺农业种植园入选全国智慧农业典型案例，“百旺”品牌入选“北京优农”品牌目录。

成立宫悦园社区党支部、永靓家园社区党支部、西玉河社区党支部、百旺创新园党总支部。完成永靓家园社区、宫悦园社区居委会选举工作、8个行政村“两委”换届“回头看”工作。

（单姗）

【城乡一体化建设】 年内，西北旺镇有序推进“一镇一园”项目建设，海淀大悦综合体C、D地块（酒店、办公）结构施工全部完成，B地块（大悦城商业）土护降工程完成。坤玉湾—紫星苑项目交付使用，提供2000余套公租房。坤玉湾—启辰苑项目主体结构、二次结构、内外装全部完成，对接知名三甲医院导入智能健康医疗产业。健全集体经济组织监管制度体系，落实“村地区管”，完成集体资产资源核查，布局全链条产业经营体系，成立全区首个乡创中心——中关村科学城乡村振兴创新中心。

（单姗）

【平安建设】 年内，西北旺镇全面强化重点时期安保维稳措施，出动8060名群防群治力量，24小时值守重点点位，完成党的二十大、北京冬奥会和冬残奥会服务保障任务。依法化解矛盾纠纷，化解重复信访积案6件次。推进安全生产专项整治三年行动，增设电动自行车充电桩接口1.8万个，完成6367户安全性燃气配件更新加装。建成永丰屯村小型消防站，完成韩家川村小型消防站选址。开展食品药品安全监督检查，完成农产品质量安全采样检测任务1400份。开展自

7月31日，四季青镇启动西郊机场周边及沿线环境整治项目集体产业腾退工作

（四季青镇 供图）

建房“三合一”整治工作，排查1万余栋自建房安全隐患。

（单姗）

【环境建设】 年内，西北旺镇推进永丰屯村、韩家川村、屯佃村、冷泉村4村腾退，完成73户帮拆助拆任务。空气质量持续改善，$PM_{2.5}$浓度数值比上年下降8.8%。海淀区第四家社村级“互联网+全民义务植树基地”落户中关村公园。实施“水清岸绿”计划，完成五一渠生态治理主体工程建设，建成农村污水综合治理项目。完成镇域内10条主要河道和36条小微水体共76.48千米河渠养护保洁工作。持续推进生活垃圾分类，厨余垃圾分出率达20%以上，5个小区获评“北京市生活垃圾分类示范小区”。巩固农村人居环境整治成果。腾退土地面积48.67万平方米，完成“基本无违建街镇”创建。推进市容环境整治提升，拆除各类护栏22944米，完成约240万平方米“揭网见绿”任务。处置城市管理案件12万余件，退出全市治理街乡镇名单。

（单姗）

【民生建设】 年内，西北旺镇聚焦“七有”“五性”，完善公共服务体系。深化“放管服”改革，完成政务服务大厅“综窗2.0”改革，推进19个社区政务服务标准化建设。办成民生实事281项，2家村卫生室投入运营，建成1处养老助餐点，新增2处错时共享停车场。持续提升就业服务质量，全年帮扶就业693人。完成退役军人建档立卡及优待证申领2077人。巩固精神卫生综合管理试点区工作经验，成立西北旺镇社会心理服务中心，共组织讲座及活动21场，728人参与。打造“百旺”特色文体活动27场；投入120万元支持内蒙古兴安盟科右前旗俄体镇扶贫协作项目建设。推进未诉先办、主动治理，办结市民诉求66097件。升级镇级应急指挥大厅，搭建“发现—调度—处置”全流程可视的应急指挥平台。成立物业纠纷综合化解工作组，开展物业管理突出问题，集中整治“百日行动”。建成青棠湾社区新就业群体温馨驿家，

9月27日，海淀区第四家社村级“互联网+全民义务植树基地——中关村公园”揭牌

（西北旺镇 供图）

与红丰驿家形成西北旺镇东西两大新就业群体党建阵地。

（单姗）

【基层党建和精神文明建设】 年内，西北旺镇建立会议监督、现场检查、实地问效、跟踪整改帮督一体工作机制，完成离职工作人员违法乱纪问题等7项专项监督。开展“四风”专项监督，开展节前纠治“四风”工作，对镇级重要岗位负责人提醒谈话30人次，联合农村合作经济经营管理站对各村开展提醒谈话40人次。依托“一网一单一册”细化落实党建责任“三项清单”。实施“强基赋能”行动，开展党支部规范化建设专项督导2次，规范发展党员30名，打造5个党建阵地示范点，塑造2个支部工作法，支持培育“壹企”两新党建品牌，红丰工作法入选全市优秀案例。唐家岭地区智慧党建体验馆项目获批全区党建创新项目；新形势下加强基层干部队伍建设调研课题荣获全区三等奖。开展“二十大报告我来读”“微宣讲”活动，制作《百年党史映初心 踔厉奋发启新程——西北旺镇党史学习教育纪实》，巩固深化党史学习教育成果。编著出版《西北旺镇历史文化寻踪》，推进海淀融媒西北旺镇分中心建设，西北旺镇党委入选“学习强国”海淀学习平台首批供稿中心。举办西北旺镇2022年“百旺杯”乒乓球团体比赛、“孝满京城·德润人心”2022年西北旺镇重阳线上主题诗乐会、“舞动百旺·璀璨风华”2022年西北旺镇“喜迎二十大”群众舞蹈大赛、西北旺镇2022年国民体质监测及国家体育锻炼标准测试等各类线上、线下文体活动，惠及群众达百万人。

（单姗）

【全区首个乡创中心】 年内，海淀区农业农村局和西北旺镇人民政府共同打造中关村科学城乡村振兴创新中心（简称乡创中心），3月至6月立项，完成镇、区两级项目汇报工作；7月完成运营团队组建；8月至11月底完成园区楼宇室内装修设计及改造、外部环境及配套服务改造。该中心是北京市首家以乡村振兴为主题的园区，践行“用科技创新和体制改革赋能乡村振兴”的理念，建立“一基地+两院+四平台”的运营模式，致力于搭建集体经济组织高质量发展的服务窗口，扎实推进“乡村创新人才培养、乡创项目转化加速、集体经济组织服务”三大任务，建设中关村乡村产业与科技融合的创新枢纽，打造农业科技的全产业链集群和中关村乡村振兴创新高地。充分继承和发扬“中关村敢为人先的创新基因，海淀先行先试的改革精神”，以海淀农业农村工作融入“两区”建设为主题，以城乡融合为发展路径，以改革创新为根本动力，汇聚科技创新和乡村产业优势资

源，搭建“政府引导，市场主导”的乡村振兴创新平台，逐步打造中关村乡村振兴创新生态雨林，成为海淀区乡村振兴战略落地实施的重要抓手，为首都全面实施乡村振兴战略贡献海淀力量。

（单姗）

温泉镇（温泉地区）

【概况】 2022年，温泉镇镇域面积33.23平方千米，镇政府下辖2个村委会、7个村级股份经济合作社、15个社区居委会。截至2022年底，地区人口规模约87259人，其中户籍人口33259人（农业人口108人、非农业人口33151人）、流动人口54000人。镇党委下设5个基层党委、5个党总支、92个党支部（含下属二级党支部），党员2904名。完成经济总收入17.3亿元，比上年增长6%；经济纯收入5.3亿元，比上年增长6%；股东人均收入4.02万元，比上年增长7%。

（许鹏）

【城乡一体化建设】 年内，温泉镇明确“一镇一园”项目产业定位，布局新一代信息技术、新材料、智能制造等高精尖产业领域，深化与华为北研所、启元实验室和航材院等企业的产业合作，一批优质项目落地温泉。推进中关村温泉科技园二期、三期项目建设，二期项目东区主体结构封顶，西区正式开工建设，三期项目取得多规初审意见，完成立项、林转用、伐移等手续办理。推进地区安置房建设项目，C地块实现主体结构全面封顶，F地块全面开工，《温泉村、白家疃村三定三限三结合定向安置房项目原则暨详细方案》已基本编制完成，安置房设计方案已基本稳定。通过温泉水厂、综保区建设、三产腾退，积累土地征地补偿款近17亿元。出台《温泉镇持续优化营商环境工作方案》、温泉镇服务经济“暖企九条”（支持高精尖产业引入与发展、激发地区创新创业活力、搭建政企交流平台、优化涉企高频服务、商业配套品质提升、提升医疗服务水平、支持地区教育发展、有效保障地区职住平衡、畅通园区交通“最后一公里”）等系列优化营商环境政策，构建“医食住行教”服务新体系，提供“预约式、服务式”监管模式，打造优质高效营商环境。

（许鹏）

【环境建设】 年内，温泉镇完成城乡建设用地减量腾退地块34块共计8.79公顷。推动辛庄村、高里掌村腾退收尾工作，两村共腾退546户，整体腾退率91.21%，温泉水厂和综保区地块项目滞留户全部清零。开展温泉村、白家疃村腾退前期准备工作，完成两村入户工作。完成拆违建筑面积13.82万平方米，腾地面积18.72万平方米。全面实施农村人居环境整治，在白家疃村、温泉村推行准物业化管理，新建停车场7个，新增机动车停车位860个。通过增设桶站、加强值守力量、引入第三方和加强执法检查多项措施，稳步提升辖区垃圾分类水平，全年平均成绩为76.80分，较上一年提升11.18分，其中10月、11月成绩分别排全区第5名、6名。实施温泉桥东、杨家庄桥东以及温泉村口3个积水点治理，完成三角地至福溪家园北污水管线、颐阳东区北侧新建污水管线、颐阳二区供水管线改造工程。新开通东埠头路、邓庄南路、翠湖东路等8条道路，地区静态交通综合整治成效明显。完成北京市生态环境保护督察和文明城区创建迎检工作。开展温泉镇环境整治提升项目，推动京密引水渠绿廊（蓝线）、产城融合绿道环（绿线）以及文化休闲体验环（红线），打造“一廊两环多节点”的绿道结构系统。完成285.67亩平原造林项目栽植工作，纳入生态林补偿机制面积6127.19公顷，对全镇1034.74公顷生态林地进行等级提升，地区生态环境不断改善。

（许鹏）

【平安建设】 年内，温泉镇完善接诉即办工作机制，从“未诉先办、接诉即办、结诉再办”三个环节同时发力，强化基层治理，推动解决紫郡兰园市政供水、尚峰尚水小区人防车位长租等一批群众反映较为集中的诉求。全年共受理案件21871件，同比增长277.80%；全渠道案件原始响应率98.34%，同比增长0.15%；解决率65.27%，同比增长2.81%；满意率72.05%，同比增长0.03%；全年全渠道综合得分93.97分，在全区排名第20。完成北京冬残奥会、党的二十大等重大活动的服务保障任务，建立37个重点巡视点位台账，对重点人员落实管护主体责任。加强社区矫正对象和安置帮教对象管控工作，开展集中教育158人次、个别教育88人次，扩大动态监控覆盖面，全时段进行巡防，确保镇域安全稳定。依托舆情监测平台实时关注涉舆情信息，截获并处理网络舆情106条，维护地区意识形态安全。推进平安海淀建设，社会治安防控、安全生产和防汛防火各项工作平稳有序。化解矛盾纠纷，强化信访积案力度，信访积案全部化解。

（许鹏）

【民生建设】 年内，温泉镇聚焦“七有”“五性”需求，投入近100万元用于中小学软硬件提升，推动中关村第一小学科学城分校、中国科学院第三幼儿园科学城分园、科学城北区实验幼儿园、京童未来幼儿园科学城分园落地。政务服务大厅实行“2.5+1”（早晚延时弹性办、中午办理不间断、周六不休息，即工作日早上提前半小时开门，中午不休息，开门一个半小时，晚上延长半小时下班，周六上午正常上班）延时服务模式，满足群众办理急难事项需求。推出养老助餐服务，超额完成家庭养老照护床位工作（2022年任务数430个，完成593个）。紧密型医联体建设，深化家庭医生签约服务，全年团队签约22958人。开展“泉雁工程”“就业援助月”等招聘活动共6场，1440人参加，高校毕业生、农民工、退役军人、城镇困难人员等重点群体就业稳定，20余人通过招聘活动就业。走访摸排辖区内企业670家，实地走访调研19次，组织新就业群体参与社区值守、垃圾分类等活动7次，14个“温馨驿家”工作阵地持续运营，“车骑先锋”（海淀区新就业群体服务平台，为全体快递员、外卖送餐员、网约车司机等新就业群体提供暖心服务）在全镇推广使用，共290余人注册报到。

（许鹏）

【社区建设】 年内，温泉镇成立东太、画眉山两个新社区，制定下发《温泉镇关于加强和改进社区居委会建设工作的意见》《温泉镇社区工作者管理办法》，建立并逐步完善社工档案，分级分批分类开展社区工作者培训，多维度打造高素质、专业化的社区工作者队伍。研究制定《温泉镇生活性服务业3年行动计划》及《具体实施方案》，围绕社区消费和生活性服务业品质提升，启动6个社区办公用房装修，对白家疃、航材院社区等老旧社区的基础设施进行提升，为新入驻小区引入便民蔬菜直通车，启动温泉镇兴泉商业广场和水岸家园配套商业楼提升改造项目，高品质打造科技园二期配套商业。建立社区内城市管理考核案件应急响应机制，实现社区议事厅全覆盖，搭建居民与物业、开发商等单位的沟通平台。召开优秀物业项目表彰大会，成立温泉镇党建引领物业管理专班，完善镇域住宅物业项目台账，加强对物业服务企业的考核和监管，协调解决了秀山小区停车管理等各类物业管理矛盾。

（许鹏）

【基层党建和精神文明建设】 年内，温泉镇全面压实党建主体责任、纪委监督责任和班子成员“一岗双责”，积极构建各负其责、齐抓共管的干事局面。以区委党校温泉镇分校为主阵地，开展新时代基层干部主题培训和党员轮训11次，召开党史学习教育专题民主生活会，巩固拓展党史学习教育成果。加强党支部规范化标准化建设，新成立2个社区党支部，调整4个党组织建制，规范16个党组织名称，指导9个党组织换届选举，发展16名党员。坚持把党组织建在疫情防控最前沿，成立28个战旗党支部和101个党员先锋岗助力疫情防控。培育“双红一创”（红色文化、红楼文化、创新文化）特色文化，打磨提升红楼迷马山地马拉松赛、文化科技艺术节等精品文化项目。梳理“双红一创”标志性文化点位，实地设置点位标识，绘制“双红一创”文化地图，深化有形覆盖。依托新时代文明实践站所，组织宣讲员16人宣讲10场次，参加活动人数1000余人。开展新时代文明实践周末大扫除、清理堆物堆料、清理小广告、老旧自行车兑换等专项行动，推出“叮咚为您解读——文明城区创建九大文明行动”短视频，深度解读文明行动。巩固体育特色乡镇创建成果，开展线上线下惠民文体活动156场次，线上线下参加人数达31.3万人次。

（许鹏）

苏家坨镇（苏家坨地区）

【概况】 2022年，苏家坨镇面积84.51平方千米，下辖11个社区居委会、10个村委会和9个股份经济合作社。全镇总人口86734人，其中户籍人口39566人、非户籍人口4.7万余人。全镇集体经济总收入53793万元，比上年增长5.2%，其中镇级集体经济总收入26482万元、村级集体经济总收入27311万元。集体经济组织成员人均所得3.99万元，比上年增长1.1%。生态林地2440公顷，森林覆盖率58.67%。沿山地区有凤凰岭、阳台山、贝家花园等景区，有文物古迹89处，其中国家级文物保护单位2处（大觉寺、醇亲王墓），市级文物保护单位5处（魏太和造像、贝家花园、鹫峰地震台、普照寺、孚郡王墓）。

统筹疫情防控和经济社会发展，建立“白名单”[①]，推行“服务包”，助企纾困，开展挽留服务11家次，走访“服务包”重点企业42家次，协调解决各类诉求32条，引导企业新板块、新业务落地苏家坨。为辖区服务业小微企业、个体工商户企业减免租金1060.9万元。

（张璐璐）

【城乡一体化建设】 年内，苏家坨镇落实北京市总规和海淀区分区规划，初步形成翠湖科技园、前沙涧、北安河三大片区和8个保留村的规划发展格局。加速“一镇一园”项目建设，推进建设镇首个集体产业项目——集租房（西山翠苑）人才公寓，协同创新园6025地块部分楼座结构封顶，前沙涧组团S7-2地块取得规划许可证。西小营、柳林等13个村开展人居环境整治，聂各庄、七王坟、车耳营、后沙涧、北安河等5个村在市级人居环境整治季度全覆盖检查中获得11次满分。统筹推进美丽乡村8个村地上工程和农村供排水地下管网工程建设。聚焦“基本无违建镇”创建和新一轮市折子拆违任务，办结图斑2.5万余个，占全区的30%。按照“场清地净”标准，拆违34.19万平方米，完成率112.1%；腾地36.27公顷，完成率108.1%；即查即拆新生违建42处。

（张璐璐）

【环境建设】 年内，苏家坨镇启动西小营村村庄腾退工作，877户宅基地腾退清零，腾退面积22.83万平方米。攻坚苏三四、苏一二、三星庄、北安河、周家巷、北庄子等6个村腾退收尾，完成腾退338户，腾退面积13.34万平方米。打好空气污染防治攻坚战，落实“一微克”行动，加大扬尘

---

① “白名单”：2022年12月6日，北京市人民政府办公厅发布关于印发《北京市积极应对疫情影响助企纾困的若干措施》的通知，第九条：完善企业“白名单”制度。严格落实《新型冠状病毒肺炎防控方案（第九版）》和进一步优化疫情防控的二十条措施，落实“即封即解”要求，保障企业重要生产经营活动。将城市运行保障企业等纳入“白名单”管理，并根据实际情况动态调整。建立企业关键岗位核心人员“白名单”，予以核发全市统一电子通行证，保障其及时到岗工作。

治理和道路保洁频次，完成35处扬尘问题线索整改；完成整改第二轮北京市环保督察11个案件。落实河湖长制，巡河605人次、1409千米，整治河道、小微水体73条，在河道入口、桥头等位置安装文明游河语音播报器44处。深化落实林长制，巡林1341次、7733.33公顷。推进“首都森林城镇”创建，完成新一轮百万亩造林绿化任务。“揭网见绿”52公顷，完成率100%，地区森林覆盖率达58%。完成前沙涧片区10座垃圾分类驿站提升改造，推动垃圾分类桶站建设达标率100%。以“减量月”“志愿值守月”为主题开展垃圾分类宣传，发放宣传册3950份，海报248张，宣传品3500份。城市管理综合执法查处占道经营125起、污水直排企业2家、施工扬尘类案件16起、违规渣土车17起、露天焚烧8起、建筑垃圾违规案件35起（重大行政处罚案件2起），治理噪声污染13起。

（张璐璐）

【平安建设】 年内，苏家坨镇完成党的二十大、北京冬奥会和冬残奥会等重大活动时期的维稳保障任务。开展反恐防暴应急演练5次，禁毒、限养犬、铁路护路、打击整治养老诈骗和防范电信诈骗等宣教活动21次。压实安全生产、消防安全、森林防火责任，推进前沙涧、西埠头2个小型消防站建设，开展联合执法检查80余次，有效防范村民自建出租房隐患等风险1756个，完成森林防火通道隐患点位工程治理9处，火情比上年下降56.5%；开展燃气安全专项执法“百日攻坚”行动，累计检查1864次，立案处罚16起，消除城镇燃气管线占压隐患7处（重大隐患1处、一般隐患6处）。协助北京市液化石油气公司为6018户用户更换安全型配件。落实24小时应急值班值守工作，发布预警信号116次、应急通知47次，整治地质灾害隐患点、积水点等41处。

（张璐璐）

【民生建设】 年内，苏家坨镇完成10个镇级为民办实事项目。落实教育惠民政策。持续巩固义务教育阶段“双减”工作成果，开展“拉网式”排查，确保镇域无学科类培训机构。保障非京籍儿童入学，131名幼儿通过审核入学接受义务教育。接诉即办工作构建快速响应、精准派单、及时督办、温情回访的闭环式管理体系，受理案件11939件。扩大养老服务供给，推进家庭养老床位建设，提供基本养老服务需求1000余人次。建成5个社区养老互助社试点，开展多种形式助老服务。完成29名90周岁及以上老年人家庭适老化改造评估及改造申报工作。建立完善困难群众台账，实施个案帮扶10人。持续解决回迁房办证难题，为前沙涧村民办理2248套安置房办证手续，发放2029本不动产权证，推动安河家园500余套房屋取得产权证。深化“一窗受理”综合改革，进一步提高便民服务。完成北安河北庙等6处文物修缮。

（张璐璐）

【社区建设】 年内，苏家坨镇提升社区治理能力，完成稻香湖、安河家园西区两个超大社区拆分，着力优化安岚佳苑、凤锦家园、聂各庄、北分瑞利等社区办公环境。加强社工队伍建设，以新成立社区为契机，统筹调整社工20人，招录新社工15人，培养社区正职2人。建立健全社区物业类接诉即办案件治理、考核、奖惩等相关机制，明确专人负责接诉即办工作，就小区非机动车停放、停车位改造、房屋漏雨、地下水管道堵塞等问题“吹哨报到”，专项调度31次，现场办公9次，专项整治行动3次，推动解决二次办理不满意案件97件。

（张璐璐）

【基层党建和精神文明建设】 年内，苏家坨镇召开党委会54次、研究党建议题169项，组织理论中心组学习14次。加强党支部规范化建设，完成24个党组织按期换届。推进党支部评星定级，聂各庄村获“北京市五星党支部”称号。在西埠头村试点“党建引领·全民共治”党建创新项目，推动软弱涣散党支部整顿取得实效。完成农村发展党员排查整顿，优化发展党员流程，发展党员21人。加强两新党建，打造麦斯达夫“红色度量衡”党建创新品牌。试点创新基层统战工作，推出“石榴花开”系列品牌，扩大基层统战影响力。拓展“1家7站”[①]平台功能，激发人大代表履职热情。办结区纪委转来信访举报件13件，开展腾退搬迁、接诉即办等专项监督检查22项。持续开展“以案为鉴、以案促改”警示教育，推动廉政文化走向基层，营造风清气正的政治生态。依托景区、星级民俗户举办“生态+党建”主题打卡活动，吸引2万人次参与。新建聂各庄村乡情村史陈列馆，举办惠民文体活动695场次，覆盖群众近10万人次。举办“农民丰收节”“乡村旅游文化节”等活动推介农产品。

（张璐璐）

【聂各庄村乡情村史陈列馆】 年内，苏家坨镇建成聂各庄村乡情村史陈列馆，位于苏家坨镇聂各庄路41号（护国佑民观音禅林），面积100平方米。陈列馆以“追寻历史脉络，牢记田舍乡愁”和“数说今昔变化”为主线，分为村庄概况、历史沿革、文化建设、民俗文化、经济发展、党的建设等6大部分，共展出照片172张、实物180余件，通过图文资料、照片影像、实物陈设等方式，记录聂各庄村400多年的历史变迁，充分展示村庄风土人情、文化特色。

（张璐璐）

上庄镇（上庄地区）

【概况】 2022年，上庄镇面积38.45平方千米，有常住人口88543人，

① “1家7站”：镇机关人大代表之家，镇机关、西小营村、苏三四村、安河家园东区社区、同泽园西里社区、西农投资公司、新牧置业公司人大代表联络站。

其中户籍人口31994人、流动人口56549人，2021年完成全镇10351人整建制农转非。下辖17个村民委员会（南玉河村西马坊村已撤村），7个社区居委会（新成立泽信社区居委会）和一个筹备组（馨禧嘉园），15个镇属企事业单位。镇域内有上庄水库、北京市唯一的国家级城市湿地公园——翠湖国家级城市湿地公园、清代第一词人——纳兰性德之墓、北京市首批非物质文化遗产之一的“曹氏风筝”工艺坊等历史文化遗址。主要农产品有京西稻、食用菌、冬枣、草莓、樱桃、油桃、糯玉米等。地区经济总收入9.4亿元，比上年增长28.2%；集体经济总收入4.89亿元，比上年增长33.34%；居民人均收入3.29万元，比上年增长3.8%。落实产业扶持、租金减免等政策，提升企业营商服务水平。新增注册企业618家，全口径税收3.72亿元，比上年增长32.86%。明确政府投资项目支出重点，提高财政资金使用效益，全年财政总支出11.44亿元，政府投资项目10.48亿元，确保资金真正用在“刀刃上”。

（李皓宇）

【城乡一体化建设】 年内，上庄镇完成河北村、西马坊村整村腾退收尾，完成南玉河村、上庄村宅基地腾退收尾，上庄路红线范围全部清零，为上庄路（二期）、南玉河再生水厂等一批区域性重点市政工程做好准备。推进14个保留村美丽乡村建设，推动保留“村”与科学“城”协同发展。完成东马坊村等第一批2个村、前章村等第二批6个村美丽乡村建设。提升村域人居环境，支持中关村科学城北区构建新型城市形态。

（李皓宇）

【环境建设】 年内，上庄镇完善农村人居环境长效管护实施方案，双塔、白水洼、南玉河等村连续三季度获得满分。深化垃圾分类，设置村居收集驿站25处，馨瑞嘉园、馨怡嘉园、李家坟村等6个村居成功创建市级垃圾分类示范村居（2个社区、4个村）。巩固农村厕所革命成果，摸排登记农村户厕8166座，改造旱厕80座。整改完成城市管理类问题遗留案件276件，城市管理考核成绩提升至83.81分。开展爱国卫生月活动，完成全国文明城区、文明村镇年度测评任务。

（李皓宇）

【平安建设】 年内，上庄镇发动群防群治力量，严密重点区域、重点人员安全防范，强化舆情监测预警和应对处置，完成党的二十大、北京冬奥会和冬残奥会等重大活动服务保障工作。落实落细疫情防控工作措施，做好网络舆情监测处置，提高风险预见、防范、化解能力，有效处置涉疫涉稳事2件。强调重大决策社会稳定风险评估，动态排查三处社会矛盾隐患。建立重点人“一人一案”工作台账，治理重复信访，化解信访积案。发放《村民自建出租房防火安全公约》《消防安全提示》等海报6000份，宣传消防安全知识，提升地区消防处置能力。完成农村自建房安全专项整治“百日行动”，排查房屋17822栋。深化落实安全生产“党政同责、一岗双责”，未发生重特大安全生产事故。

（李皓宇）

【民生建设】 年内，上庄镇累计发放就业补贴190万余元，创造公益性及非公益性岗位187个。新增城乡居民医疗保险参保400余人，发放低保、残疾、老龄等补贴、慰问、救助资金1300余万元，惠及帮扶群体3.5万余人。推进社区养老工作，落实家庭养老床位3300余床次，地区养老机构床位使用率达67.9%。发挥社会组织和志愿者力量，助力特殊群体更好融入社会。接诉即办受理市、区两级平台案件12227件，确保群众诉求及时回应、切实解决；对美丽乡村建设、疫情防控、物业管理等领域提前研判，做到未诉先办。

（李皓宇）

【社区建设】 年内，上庄镇开展物业管理领域突出问题集中整治“百日行动”，指导7个社区联合物业开展检查百余次，对发现问题进行立行立改。邀请专家对业委会（物管会）及物业工作人员进行业务培训，持续提升社区物业管理水平。新录用社区工作者16人。开展“社工学堂”系列活动，开展5次专题讲座、4次拓展活动。推进上庄镇社会心理服务中心建设，开展心理团体活动30余次，个体心理咨询50余人次。培育社区社会组织，做好社会组织孵化基地运营工作。馨瑞嘉园获“海淀区文明社区”称号。

（李皓宇）

【基层党建和精神文明建设】 年内，上庄镇全面落实基层党建工作责任制，形成“一级抓一级、一级带一级”的良好氛围。进一步加强示范引领作用，选树典型、强优促弱，培育一支能打仗、打胜仗的基层党组织队伍。聚焦京西稻、京西皮影等文化遗产，开展亲子农耕文化体验活动，吸引地区100余户家庭参与；制作“冬奥冬残奥”系列皮影形象和《师徒四人划龙舟》《焦桐花开》《京西稻》等皮影戏作品，传承非遗文化。开展邻里节线上书画交流活动15次。八家村、常乐村获“海淀区文明村镇”称号。发布宣传报道1670余篇，其中自采自编原创稿件948篇，区级以上媒体对上庄镇智慧农场、基层治理、基层党建等重点工作宣传报道45次，拍摄《致吾辈》《新的天地》主题MV。

（李皓宇）

【京西稻智慧农场“开镰”】 10月23日，“以科技赋能乡村振兴新时代，开启农业数智化转型新征程”为主题的2022京西稻智慧农场开镰仪式在上庄镇京西稻保护性种植区内的京西稻智慧农场“示范基地”举行。现场，工作人员通过手机对智能收割机进行远程启动，展示智能收割机无人收割作业。智能收割机通过农场管理系统进行车辆远程控制，自动路径规划，全程无人作业，每小时作业面积可达15亩，不到2天时间，1台智能收割机能完成京西稻智慧农场“示范基地”405亩京西稻的收割工作，每秒收割6公斤稻谷。京西稻智慧农场是北京首个以“技术+服务”三产融合为核心的智慧农场示范区，为国内少数能够实现作业流程少人化、生产全流程数字化的尖端农业项目，智能插秧机无人插秧，智能植保机无人除草、灭虫，智能收割机无人收割，从插秧到收割，逐步实现从传统人工管控，到远程无线智能管控的转变。基于墒情、虫情、气候、苗情农田“四情”检测设备，能够实现对农作物精准管护，通过对光、温、水、气、热的综合分析，水稻产量和品质显著提升，2022年亩产从上年约350公斤增至450—475千克，平均亩产增收约三成。

（李皓宇　钟冷）

玉渊潭农工商总公司

【概况】 玉渊潭农工商总公司（简称玉渊潭总公司）受玉渊潭股份经济合作社委托，对股份经济合作社所有资产进行经营与管理，拥有酒店、物业、置业三个集团，集实业投资与资本运营于一体的集团企业。2022年，玉渊潭总公司完成集体经营收入24.35亿元，完成集体净利润5.08亿元，上缴国家税金3.35亿元。

年内，玉渊潭总公司深化落实《玉渊潭2021—2025年发展规划》战略任务，推动“御柏、御瑞、御骊、御朗”酒店品牌战略落地。持续优化物业服务方式和营销模式，努力挖潜增效。规范集体经济合同管理，落实“村地区管”工作，达到区级联审标准的经济合同均通过区级联审并完成签订。强化成本控制，有效应对疫情对人工成本造成的压力。明确合同签约主体风险防控的要求，增强经济风险预警防范。严格落实安全生产责任制，不间断开展安全隐患排查治理，加强安全培训教育，提高安全意识和应急能力。

表48　玉渊潭农工商总公司所属酒店一览表

序号	酒店名称	地址
1	裕龙御柏国际酒店	海淀区阜成路40号
2	金龙潭御瑞酒店	海淀区西三环北路71号
3	永兴花园御瑞酒店	海淀区阜成路101号
4	中意鹏奥御瑞酒店	海淀区复兴路29号
5	中裕世纪御骊酒店	海淀区莲花池东路31号
6	裕龙御骊酒店	海淀区阜成路40号
7	紫玉御骊酒店	海淀区增光路55号
8	如意御骊酒店	海淀区北洼路17号
9	瑞成御朗酒店	海淀区西翠路9号
10	天天假日御朗酒店	海淀区万寿路17号
11	永兴花园御朗商务酒店	海淀区定慧北里18号
12	玉都饭店	海淀区北洼路85号
13	西南华邑酒店	海淀区太平路甲18号

（孙雯）

【北京冬奥会服务保障】 年内，玉渊潭总公司提供所属星级酒店完成北京冬奥会服务保障任务。所属酒店严格执行冬奥会服务标准，完善管理方案，健全应急预案，严把食品安全，精准严密落实各项防疫措施，实现闭环内外无缝对接，接待媒体、安保、医疗及闭环服务人员等1500余名，使用客房3000余间近万次，酒店服务品质与能力得到涉奥宾客好评。

（孙雯）

【玉渊潭科技商务区建设】 年内，玉渊潭总公司加快玉渊潭科技商务区、中关村互联网文化创意产业园、定慧文化科技融合产业园建设。中裕花园改造项目取得施工许可证，完成基坑护坡桩施工。黄家坟公交一体化项目与公交集团沟通协商设计方案，确定方案并上报主管部门审批。阜石路敬老院项目完成精装修施工。又一村回迁安置房项目通过消防验收，完成入住和移交。推进玲珑巷整体项目建设，还建项目一体化设计，打造玉渊潭滨河科技商务长廊。

（孙雯）

【基层党建和企业文化建设】 年内，玉渊潭总公司开展党的二十大精神学

总公司旗下的裕龙大酒店作为北京2022年冬奥会官方接待饭店，全力提升安全保障和服务质量。图为员工在重点部位进行清洁消杀作业

（玉渊潭农工商总公司 供图）

习宣传贯彻活动，举办“踔厉奋发开新局·发展有我建新功”主题征文活动和主题微视频征集活动，通过“云读分享会”“新党章新鲜学”“云访革命圣地”“我是党员，我来答”测试活动和“党的二十大报告金句”书法比赛，组织开展专题学习和主题党日活动。开展职工硬笔书法比赛、摄影比赛以及“安全生产月”和“垃圾分类”线上答题等活动，丰富职工文化生活。持续强化对“三重一大”事项、疫情防控、重点项目、接诉即办等工作的监督检查。加强企业文化建设，印发《玉渊潭》期刊5期，“玉渊潭资讯”微信公众号发布文章230余篇，提升品牌知名度，确保意识形态领域安全稳定。

（孙雯）

人物　荣誉

先进人物

全国先进人物

全国五一劳动奖章

刘　静（女）　太极计算机股份有限公司创新研究院高级工程师

孙　昕　北京中科金财科技股份有限公司事业部负责人、技术负责人

全国巾帼建功标兵

曾向群（女）　北京汉唐自远技术股份有限公司董事长

全国“人民满意的公务员”

甄　蕾（女）　海淀区委卫生健康工作委员会书记、二级巡视员

第21届全国青年岗位能手

林　孟　北京体育大学中国冰上运动学院教师、教练员

中国好人

钟競涛　北京市海淀区生命缘志愿服务总队创始人

全国优秀共青团干部

常　俊　新浪技术（中国）有限公司团委书记

李　艳（女）　海淀区民族小学少先队大队辅导员

全国优秀共青团员

李春续（女）　中关村医院护理部干事

张　宇　北京市小米集团策划专员

北京冬奥会、冬残奥会突出贡献个人

冯小明　北京市海淀区体育局全民健身科学指导中心副主任

北京市先进人物

首都劳动奖章

王进吉　北京市超环海城市环境服务有限公司、清华大学项目部项目经理

叶长林　北京中通信诚快递服务有限公司总经理

包世熙　京津冀爱和助（北京）社区服务有限公司服务部居家养老服务技师

邢　悦　博彦科技股份有限公司集智创新业务部高级总监

任志瑜　北京理工大学附属中学校长

任海源（女）　北京市海淀区应急管理局宣教科科长

安晓江　北京海泰方圆科技股份有限公司安全研发中心技术总监

许培军（女）　北京市海淀区翠微小学党委书记、校长

孙　玮　北京市海淀区住房和城乡建设委员会建筑行业管理处副主任

李春波　北京市海淀区商务局粮食和物资储备办公室主任

何银萍（女）　何氏浩生（北京）国际中医药科学研究院院长

汪福喜（女）　北京市海淀区城市管理指挥中心综合考核科科长

张彦祥　北京市海淀区体育局党组书记、局长

张景峰　北京市海淀区苏家坨镇总工会专职副主席

陈华江　北京嘀嘀无限科技发展公司党委专职副书记、工会主席

郑彩霞（女）　安方高科电磁安全技术（北京）有限公司研究院代理院长

官丽梅（女）　北京超市发连锁股份有限公司温泉店店长

侯兆成　北京科锐配电自动化股份有限公司电气工程师

饶建儒　北京市海淀区人民政府中关村街道办事处平安建设办公室副主任

郭宇航 天津众信嘉华物流有限公司美团外卖远大路站四组组长
黄 英（女） 中共北京市海淀区委网络安全和信息化委员会办公室主任、宣传部副部长（兼）
塔 拉 北京市上地医院院长
彭 菲（女） 北京汉王智远科技有限公司核心软件部经理
焦松涛 北京市海淀区发展和改革委员会对口支援科科长

2021—2022年度首都精神文明建设奖

王文彦 海淀区委组织部研究室主任
唐熠达 北京大学第三医院院长助理、心内科主任
罗 蜜（女） 利亚德光电集团副总裁
冯 琳（女） 海淀实验小学舞蹈教师
江 初 北京市海淀区疾病预防控制中心主任、党委副书记
王亚军 中国人民解放军总医院政治工作部纪检监察处高级工程师
李 刚 海淀区人民检察院第一检察部主任
霍 阳 北京海淀生态环保有限公司总经理
张海燕（女） 北京佳讯飞鸿电气股份有限公司党委副书记、副总裁
闫 岩 北京微孝暖夕慈善基金会项目联动部副部长

首都最美巾帼奋斗者

贾 莉（女） 香山公园管理处讲解员
罗 蜜（女） 利亚德光电集团副总裁、北京利亚德显示技术有限公司总经理

北京榜样

鲍 硕（女） 北京航天飞行控制中心调度

北京市第七次全国人口普查先进个人

吴仕辉 青龙桥街道综合办公室统计所所长、一级主任科员

“建团100周年”北京市优秀共青团干部

高巍巍（女，蒙古族） 北京市海淀区委卫生健康工作委员会团工委书记
高 崧 北京市海淀区人民检察院团委书记
马 洁（女，回族） 北京市海淀团区委基层组织建设部副部长
谢明薇（女） 北京市公安局海淀分局北太平庄派出所团支部书记
韩 昳（女） 北京市马连洼社区卫生服务中心团支部书记
张丽萍（女） 北京市海淀区八里庄街道团工委书记
李翼晴（女） 北京市海淀区中关村街道团工委书记
赵 伟（女） 北京市海淀惠泽社会工作事务所社区青年汇社工
范立春（女） 北京市第十九中学团委书记
潘雅婧（女） 北京市十一学校龙樾实验中学团委书记
田艺伟 北京市十一学校一分校团委书记
宋 歌（女） 小米集团团委书记
于 岩 贝壳找房（北京）科技有限公司团委副书记
侯国灿（女） 北京嘀嘀无限科技发展有限公司团委书记

“建团100周年”北京市优秀共青团员

马 赫 北京市海淀区中关村西区派出所一级警员
范蓝鸽（女） 北京市海淀区妇幼保健院医师
王 朗 北京市上庄镇社区卫生服务中心中医科康复师
郝叶兴 北京市海淀区圆明园管理处文物考古科科员
李梦瑶（女） 北京市海淀区田村路社区卫生服务中心检验师
王明君 北京市海淀区北太平庄街道综合行政执法队四级主任科员
王永泽 北京市海淀区海淀街道党群工作办公室一级科员
邵航涛 北京市海淀区花园路街道综合行政执法队一级科员
果嘉钰（女） 北京中关村科技融资担保有限公司市场经营部职员
李 想 北京趣拿软件科技有限公司开发工程师
任嘉豪 北京培黎职业学院国际商务系学生会执行主席
王 晔（女） 首都师范大学附属中学学生
陆维琛 北京易车互动广告有限公司项目经理

北京2022年冬奥会、冬残奥会北京市先进个人

马龙虎 北京市海淀区委统一战线工作部副部长
王文东 北京市海淀区卫生健康委员会疾控科副科长
王双玮 北京市公安局海淀分局指挥处科长
王兴辉 北京市海淀区委宣传部新闻科科长
王志勇 北京市海淀区公园管理中心主任
王泽玮 北京市海淀区应急管理局应急指挥科一级

科员
王学武　首都体育馆场馆群运行团队（北京市公安局交通管理局海淀交通支队）交通现场指挥（勤务指挥科警务技术一级主管）
王　哲（女）　北京市海淀区妇女联合会维权部部长
王培霖　北京市海淀区市场监督管理局中关村西区市场所副所长
王　鑫
（女，满族）　北京市海淀区城管执法局燕园街道执法队队长
孔　娜（女）　首都体育馆场馆群运行团队（北京市海淀区政协）场馆运行中心主管（三室一级主任科员）
石力夫　首都体育馆场馆群运行团队（北京市公安局海淀分局）安保秩序维护主管（治安支队一级警长）
白雪罡　北京市海淀区体育局副局长
白　瑞　北京市海淀区文化和旅游局（海淀区图书馆）合作协调部主任
邢珊珊（女）　北京市海淀区文化馆副馆长
刘长安（满族）　北京市海淀区北下关街道办事处平安建设办公室副主任
刘　柳（女）　北京市海淀区纪委区监委一室三级主任科员
刘　然　北京市公安局公安交通管理局海淀交通支队交通秩序管理中队中队长
刘　磊　五棵松体育中心场馆运行团队（北京市公安局海淀分局）安保主管（治安支队一级警长）
齐　军　北京市公安局海淀分局宝山派出所民警
安　军　北京市公安局海淀分局反恐怖和特巡警支队三中队（巡警中队）一级警长
许　鹏　北京市海淀区委办公室信息科科长
孙绍锋　北京市海淀区商务局流通发展科副科长
苏云鹏　北京市公安局公安交通管理局海淀交通支队中关村大队副大队长
杜　东　北京市海淀区甘家口街道办事处平安建设办公室副主任
杜　宇　北京市海淀区委区直属机关工作委员会办公室干部
李一丹　北京市海淀区委政法委员会社会稳定科科长
李玉莲（女，朝鲜族）
　北京市海淀区疾病预防控制中心业务办公室主任
李立明　北京市公安局公安交通管理局海淀交通支队安全监督管理中队中队长
李乾坤　北京市海淀区东升镇人民政府副镇长
李雪华（女）　北京市海淀区城市管理委员会（交通委员会）副主任
李　婕（女）　五棵松体育中心场馆运行团队（北京市海淀区疾控中心）公共卫生副经理兼运行中心副经理（结核病防治科科员）
李　琳（女）　北京市海淀区万寿路街道市民活动中心副主任
李　媛（女）　五棵松体育中心场馆运行团队（北京市海淀区香山街道办事处）住宿经理兼运行中心副经理（副主任）
李燕炜　北京市海淀区文化和旅游局行管科科长
杨胜先　北京市公安局海淀分局宝山派出所民警
张　旭　北京市海淀区六里屯垃圾填埋场场长助理
张煦超（女）　北京市海淀区纪委区监委第一监督检查室三级主任科员
张鹏云　北京市海淀区人民政府办公室代表委员联络科科长
张　霄（女）　北京市海淀区中关村第三小学舞团指导教师
张　懿（女）　北京市海淀区志愿服务指导中心九级职员
邵　薇（女）　北京市海淀区人大常委会办公室科长
范　杰（女）　五棵松体育中心场馆运行团队（北京市海淀区融媒体中心）新闻运行副经理（新媒体科科长、主任记者、主任播音员）
林鹏卫（女）　北京市海淀区社会体育管理中心主任
郑作涛　北京市海淀区纪委区监委一室二级主任科员
郑　洋　北京市海淀区卫生健康委员会副主任
单伯印　北京市海淀区信访办公室来访接待科科长
孟占江　北京市海淀区城市管理委员会（交通委员会）交通综合科副科长
赵成芳　首都体育馆场馆群运行团队（北京市海淀区卫生健康委员会）场馆医疗和防疫副主任
赵建刚　北京市消防救援总队海淀区支队防火监督四科副科长
胡玉国　北京市海淀区政务服务管理局副局长
侯　慧（女）　北京市海淀区文化馆科员
娄子成　北京市海淀区四季青镇党委委员
秦庆国　北京市海淀区体育局体育场馆管理中心行政科职员
秦赤兵　北京市海淀区文化和旅游局公共服务科科长
贾　俊　北京市海淀区委组织部干部二科科长
徐　峰　北京市公安局海淀分局海淀派出所社区警务三队副队长
高　亮　中国民主促进会北京市海淀区委员会副秘书长
崔雅文（女）　北京市海淀区疾病预防控制中心结核病防治科副科长
梁少华　北京市海淀区政协办公室一级科员
梁玉新　北京市公安局公安交通管理局海淀交通支队公主坟大队警长
梁雪松　北京市海淀区体育局体育场馆管理中心办公室职员

董　帅　北京市海淀区城市管理委员会环境综合科副科长
程洪丹　北京市海淀区医学救援中心党支部书记、主任
谢立伟　北京市海淀区卫生健康监督所副所长
路　琳　北京市海淀区青少年活动管理中心职员
蔡　迪（满族）北京市海淀区财政局国库支付中心主任
蔡曦亮（女）北京市海淀区文化和旅游局副局长
霍　阳　北京市海淀区生态环保有限公司副总经理
曾晓婕（女）中关村科学城产业促进二处四级主任科员

海淀区先进人物

2022年度“感动海淀”文明人物

叶　辉　中国航天科工二院六九九厂研磨师
宋学文　北京京东世纪信息技术有限公司鼎好营业部负责人
张允岭　西苑医院党委书记
李增高　非遗项目京西稻种植技术区级传承人、北京市农科院作物所育种专家
刘小惠（女）中国人民大学附属中学暨联合学校总校党委书记、校长，北京学校校长，人大附中翠微学校校长，人大附中通州校区校长
王震坡　北京理工大学机械与车辆学院教授、博导，北京理工新源信息科技有限公司董事长
李　刚　北京市海淀区人民检察院第一检察部主任、北京市检察系统检察教官、全国重罪检察人才库成员
王　强　中国科学院植物研究所研究员，中国科学院大学教授、博士生导师，《泛喜马拉雅植物志》编研办公室主任，中国科学院青年创新促进会副秘书长
黄会林（女）北京师范大学资深教授，艺术与传媒学院首任院长，中国高校第一位电影学博士生导师
赵　伟（女）雷霆应急救援志愿服务队创始人、队长

海淀区见义勇为行为（4起）

宋国东　杨燕青　鄢洪亮　姚渊智　王　军
吴　擂
邢华英
王进禄

北京2022年冬奥会、冬残奥会海淀区火炬手

冬奥会火炬手

窦桂梅（女）清华大学附属小学校长
刘晓昶（女）北京市第五十七中学校长
周晨光　羊坊店中心小学体育老师
张　平　北京邮电大学教授、中国工程院院士
王志勇　海淀法院综合审判庭法官
郑　禾　海淀区农业科学研究所所长
刘可晶　北京翠微文化发展有限公司总经理
贾秀杰　万寿路街道万寿路28号社区党委书记
栾玉帅　北太平庄街道京东快递小哥
丁　宁（女）中国乒乓球运动员、北京大学体育教研部硕士研究生
雷　军　小米科技有限责任公司董事长兼首席执行官
甄　雷（女）海淀区委卫生健康委工委书记
柳洪杰　海淀区马连洼社区卫生服务中心主任
靳秀峰　海淀区西北旺镇永丰屯党支部书记

冬残奥会火炬手

郭大鹏　北京赢冠口腔医疗科技股份有限公司董事长
贾　斌　北京德尔康尼骨科医院党支部书记、院长
王红霞（女）海淀区特殊教育研究与指导中心主任
邵　磊　清华大学无障碍发展研究院执行院长
薛向东　东华软件股份公司党委书记、董事长
钟　景　北京航空航天大学仪器科学与光电工程学院副教授

先进集体

全国先进集体

全国工人先锋号

北京安达维尔科技股份有限公司无线电导航项目组
贝壳找房（北京）科技有限公司贝壳公益团队
国家税务总局北京市海淀区税务局第三税务所

全国巾帼文明岗

海淀医院管理中心
北京时代光华软件开发有限公司

全国青年文明号

北京鼎普科技股份有限公司

全国五四红旗团委

贝壳找房（北京）科技有限公司团委

全国文明实践巾帼志愿阳光站

青龙桥街道志愿者服务促进中心

北京冬奥会、冬残奥会突出贡献集体

冬奥北京市海淀区运行保障指挥部

北京市先进集体

首都劳动奖状

北京北斗星通导航技术股份有限公司
北京易车互联信息技术有限公司
北京优迅医学检验实验室有限公司
北京市海淀区羊坊店中心小学
北京市公安局海淀分局
北京市海淀区人力资源公共服务中心

北京市工人先锋号

北京百度网讯科技有限公司自然语言处理部
小米科技有限责任公司小米技术委人工智能部人工智能“语音室”
北京市师达中学数学教研组
北京义联劳动法援助与研究中心法律援助部
北京翠微大厦股份有限公司翠微路百货店
北京市海淀区香山社区卫生服务中心陈慧娟李燕晶团队
北京市海淀区人民检察院第七检察部
北京市海淀区财政局预算科
中共北京市海淀区纪律检查委员会、北京市海淀区监察委员会第八审查调查室

北京市青年文明号

海淀消防救援支队双榆树消防救援站

2022北京榜样

北京体育大学冬奥团队
永定河见义勇为群众（周宏勃[①]　海淀市政集团新海园林工程有限公司养护巡查员）

“建团100周年”北京市五四红旗团委

国家税务总局北京市海淀区税务局团委
北京中西医结合医院团委
北京市海淀区圆明园管理处团委
北京市海淀区清河街道团工委
北京市海淀区甘家口街道团工委
北京市海淀区上地街道团工委
北京市海淀区万寿路街道团工委
拉卡拉支付股份有限公司团委
北京市育英中学团委
北京旷视科技有限公司团委

“建团100周年”北京市五四红旗团支部

北京市公安局海淀分局万寿路派出所团支部
北京市海淀区人民法院山后人民法庭团支部
北京市海淀区疾病预防控制中心团总支
清华大学附属小学清河分校教工团支部
北京培黎职业学院财会金融系会计专业2020级1班团支部
北京首农食品集团有限公司北京王致和食品有限公司团支部

北京2022年冬奥会、冬残奥会北京市先进集体

北京2022年冬奥会和冬残奥会海淀区运行保障指挥部办公室（调度中心）
北京2022年冬奥会和冬残奥会海淀区运行保障指挥部抵离交通保障组
北京2022年冬奥会和冬残奥会海淀区运行保障指挥部人力资源及志愿者工作组
北京2022年冬奥会和冬残奥会海淀区运行保障指挥部城市运行及环境保障工作组
北京2022年冬奥会和冬残奥会海淀区运行保障指挥部火炬接力保障组
北京2022年冬奥会和冬残奥会海淀区运行保障指挥部新闻宣传及文化活动工作组
北京2022年冬奥会和冬残奥会海淀区运行保障指挥部安全保卫工作组
北京2022年冬奥会和冬残奥会海淀区运行保障指挥部技术服务保障组
北京2022年冬奥会和冬残奥会海淀区运行保障指挥部赛事综合保障组
北京2022年冬奥会和冬残奥会海淀区运行保障指挥部五棵松体育中心外围保障组
北京2022年冬奥会和冬残奥会海淀区运行保障指挥部首都体育馆场馆群外围保障组
北京2022年冬奥会和冬残奥会海淀区运行保障指挥部医疗

---

① 2022年6月21日，北京市石景山区民政局为周宏勃颁发“北京市见义勇为人员证书”（京石勇字第029号）。

防疫工作组
北京2022年冬奥会和冬残奥会海淀区运行保障指挥部票务及观众组织组
北京市海淀区纪委区监委
北京市海淀区委统一战线工作部
北京市海淀区文化和旅游局
共青团北京市海淀区委员会
北京市海淀区疾病预防控制中心
北京市公安局海淀分局警务支援大队情报研判中队
北京市公安局公安交通管理局海淀交通支队勤务指挥科

海淀区先进集体

2022年度“感动海淀”文明集体

北京高校思想政治理论课高精尖创新中心
中国航天科工二院二部“十年磨一剑”团队
海淀区社区防疫组数据组
“小甘哥”志愿服务队
海淀区纪委区监委党风政风监督室

统计资料

表49　2021年至2022年海淀区主要经济社会指标一览表

项目	单位	2021年	2022年
人口与就业			
人口			
年末户籍人口	万人	244.1	245.5
年末常住人口	万人	313.0	312.4
户籍人口自然增长率	‰	-0.1	4.7
户籍人口机械增长率	‰	13.0	3.7
劳动就业			
城镇登记失业率	%	1.97	2.63
城镇登记失业人员就业率	%	65.1	65.4
宏观经济			
国民经济核算			
地区生产总值	亿元	9800.2	10206.9
第一产业	亿元	1.9	2.0
第二产业	亿元	828.1	811.9
第三产业	亿元	8970.2	9393.0
人均地区生产总值	美元	48516.7	48529.1
投资			
全社会固定资产投资	亿元	—	—
#房地产开发投资	亿元	—	—
#住宅投资	亿元	—	—
房地产业房屋施工面积	万平方米	1086.2	951.7

注：1.地区生产总值及各产业历史数据根据第四次全国经济普查结果进行修订。
2.全社会固定资产投资为项目在地口径。
3.年末常住人口2010年数据为第六次全国人口普查数据，2020年数据为根据第七次全国人口普查数据结果推算的年底数，2011—2019年数据根据两次普查数据进行了修订。

续表

项目	单位	2021年	2022年
房地产业房屋竣工面积	万平方米	304.8	154.6
财政			
区级一般公共预算收入	亿元	490.2	490.5
区级一般公共预算支出	亿元	637.0	664.1
产业			
农村经济			
农林牧渔业总产值	亿元	4.3	4.6
工业			
规模以上工业企业总产值	亿元	3440.8	3057.7
建筑业			
建筑业总产值	亿元	1436.5	1544.1
商业			
社会消费品零售总额	亿元	2920.8	2716.5
对外经济贸易			
新批项目数	个	343	321
合同外资额	亿美元	148.2	53.3
实际利用外资额	亿美元	62.4	63.7
海关进出口总额	亿美元	490.6	477.2
进口额	亿美元	263.4	258.7
出口额	亿美元	227.2	218.5
金融			
银行存款余额	亿元	39384.0	42747.8
#城乡居民储蓄存款余额	亿元	7099.5	9042.9
银行贷款余额	亿元	12181.2	13058.4
教育、科技、卫生			
教育			
中小学学校数	所	184	185
小学	所	89	90
普通中学	所	87	87
职业中学	所	8	8
中小学毕业生数	人	59437	63361

注：4.社会消费品零售总额历史数据根据第四次经济普查结果修订，2008年及以前为法人在地口径，2009年及以后为产业在地口径。

续表

项目	单位	2021年	2022年
小学	人	26606	26276
普通中学	人	31063	35446
职业中学	人	1768	1639
科技			
技术合同成交总额	亿元	2920.8	3380.4
专利申请数	个	—	—
专利授权量	个	71703	73036
卫生			
卫生机构个数	个	1361	1395
卫生机构病床数	万张	1.38	1.43
卫生技术人员数	万人	4.01	4.10
每千人拥有执业医生人数	人	4.9	5.0
每千人拥有注册护士人数	人	5.7	5.8
每千人拥有医院床位数	张	4.4	4.3
生活与环境			
人民生活			
全区居民人均可支配收入	元	93478	96153
全区居民人均消费支出	元	57482	56947
劳动工资			
城镇单位从业人员平均人数	人	1609834	1626571
城镇单位在岗职工工资总额	亿元	3760.0	4170.3
城镇单位在岗职工平均工资	元	233561	256388
城市公共事业			
万元地区生产总值能耗	吨标准煤	0.08	0.07
城市绿化覆盖率	%	51.4	51.8
污水处理率	%	99.5	99.7
人均绿地面积	平方米	43.8	44.0
细颗粒物浓度（$PM_{2.5}$）年平均值	微克/立方米	33.0	30.0
高新技术企业			
总收入	亿元	35197.0	37021.8

注：5.劳动工资部分指标口径有所调整，2010年以后的数据包括了乡及乡以下非私营单位数据，与往年不可比。
6.从2015年起，全区居民人均收入指标口径调整，同期值相应调整。

表50 2021年至2022年海淀区地区生产总值一览表

单位：亿元

行 业	2022年	2021年	不变价增速（%）
合计	10206.9	9800.2	3.5
按产业类型分			
第一产业	2.0	1.9	7.8
第二产业	811.9	828.1	-2.9
第三产业	9393.0	8970.2	4.1
按行业类别分			
农、林、牧、渔业	2.1	1.9	6.0
工业	610.5	642.4	-5.7
建筑业	202.7	187.1	7.0
批发和零售业	356.4	380.6	-6.9
交通运输、仓储和邮政业	85.7	88.2	-4.9
住宿和餐饮业	55.2	62.9	-11.9
信息传输、软件和信息技术服务业	4515.4	4023.9	11.9
金融业	1048.6	988.2	5.8
房地产业	314.0	340.4	-8.5
租赁与商务服务业	305.7	323.1	-6.2
科学研究和技术服务业	1263.8	1239.5	1.1
水利、环境和公共设施管理业	78.3	75.9	3.0
居民服务、修理和其他服务业	25.4	26.3	-5.3
教育	730.5	804.4	-10.3
卫生和社会工作	171.3	151.8	12.3
文化、体育和娱乐业	249.1	279.0	-11.5
公共管理、社会保障和社会组织	192.4	184.9	3.5

表51　2022年海淀区城镇单位从业人员与劳动报酬情况表

项目	从业人员平均人数（人）	从业人员劳动报酬总额（万元）	从业人员平均劳动报酬（元）
合计	1785674	43656129	244480
按行业分			
农、林、牧、渔业	447	4472	100144
采矿业			
制造业	76583	2024037	264292
电力、热力、燃气及水生产和供应业	1424	24971	175356
建筑业	72407	1192860	164745
批发与零售业	91732	1706732	186056
交通运输、仓储和邮政业	85054	1472861	173168
住宿和餐饮业	36768	314546	85550
信息传输、软件和信息技术服务业	599148	18771649	313306
金融业	43163	1541890	357228
房地产业	72876	817651	112198
租赁和商务服务业	96439	1884617	195421
科学研究和技术服务业	230906	5321216	230450
水利、环境和公共设施管理业	18441	276874	150141
居民服务、修理和其他服务业	8830	92667	104946
教育	201981	4592656	227381
卫生和社会工作	52912	1363229	257642
文化、体育和娱乐业	41772	1311360	313932
公共管理、社会保障和社会组织	54793	941842	171890

表52 2022年农村经济运行情况

项目	单位	合计	镇级			村级		
			小计	镇级组织	镇级企业	小计	村级组织	村级企业
集体经济总收入	万元	1427814.0	831621.6	142261.3	689360.3	596192.4	343348.4	252844.0
#主营业收入	万元	986403.7	659097.3	130910.5	528186.8	327306.4	110971.8	216334.6
一产收入	万元	8891.4	7359.9	—	7359.9	1531.5	—	1531.5
二产收入	万元	14736.4	2533.4	—	2533.4	12203.0	—	12203.0
三产收入	万元	962775.9	649204.0	130910.5	518293.5	313571.9	110971.8	202600.1
#房屋土地租赁收入	万元	728512.8	429071.0	48147.5	380923.5	299441.8	173139.5	126302.3
资产总额	万元	21987280.0	11479200.1	2689176.7	8790023.4	10508079.9	7698457.7	2809622.2
#节经营性资产总额	万元	20673434.1	11385354.4	1788212.2	9597142.2	9288079.7	6491994.8	2796084.9
自营的资产	万元	19196013.3	10505258.8	1726255.2	8779003.6	8690754.5	5895730.6	2795023.9
以人股方式经营的资产	万元	—	—	—	—	—	—	—
以合作方式经营的资产	万元	226.8	226.8	—	226.8	—	—	—
以租赁方式经营的资产	万元	617564.4	278534.8	61957.0	216577.8	339029.6	338393.9	635.7
以承包方式经营的资产	万元	—	—	—	—	—	—	—
以其他方式经营的资产	万元	859629.6	601334.0		601334.0	258295.6	257870.3	425.3
负债总额	万元	14156039.6	8412823.9	2205032.5	6207791.4	5743215.7	3765104.2	1978111.5
所有者权益总额	万元	7831240.4	3066376.2	484144.2	2582232.0	4764864.2	3933353.5	831510.7
劳动力总数	人	52455	—	—	—	—	—	—
#已就业劳动力数	人	46758	—	—	—	—	—	—
会计核算单位数	个	321	93	6	87	228	79	149
农户所得总额	万元	520883.6	—	—	—	—	—	—
家庭经营净收入	万元	13132.7	—	—	—	—	—	—
报酬性收入	万元	239336.6	—	—	—	—	—	—
财产性收入	万元	207548.7	—	—	—	—	—	—
#出租房屋收入	万元	56784.9	—	—	—	—	—	—
集体福利	万元	93847.3	—	—	—	—	—	—
转移性净收入	万元	60865.6	—	—	—	—	—	—
汇总人口数	人	92670	—	—	—	—	—	—
人均所得	元	56208	—	—	—	—	—	—
农经机构队伍实有人数	人	49	—	—	—	—	—	—

表53 2022年海淀区工业企业主要经济指标一览表

单位：个、人、万元

项目	企业单位数（个）	#亏损企业（个）	工业总产值	平均用工人数（人）	资产负债				
					资产总计	流动资产合计	#存货	#产成品	#应收账款（净额）
合计	395	87	30577404	100651	71154537	48395039	10173974	2320421	10437380
按规模分组									
#大型	17	2	17617460	34988	26804887	21985468	5712061	1598253	4084187
中型	62	8	8313515	32541	27549683	16572330	2868855	300630	3828384
小型	303	76	4543679	32961	16638624	9705115	1572304	411152	2491334
按登记注册类型分									
内资	340	71	13322996	72287	45554420	27355402	5311249	1055329	6831955
国有	4		1349819	1601	2977146	2793197	462219	42810	727579
集体									
股份合作	1	***	***	***	***	***	***	***	***
国有独资公司	7		865987	3803	1601947	1380758	464074	63815	200019
其他有限责任公司	131	25	6035928	28748	14903314	11250754	2609504	439223	2795799
股份有限公司	56	10	2768481	18381	12541415	5815336	979370	269735	1289376
私营	141	36	2274805	19662	13512489	6097473	793514	237179	1809939
港澳台商投资	16	4	15430212	18591	21928708	18461928	4461215	1198292	3155075
外商投资	39	12	1824195	9773	3671409	2577709	401510	66800	450350

续表

项目	资产负债						
	固定资产净额	固定资产原价	负债合计	#流动负债合计	#应付账款	所有者权益合计	#实收资本
合计	2482289	4723741	33895061	30902662	11589016	37259473	9455463
按规模分组							
#大型	878864	1638276	16054355	14700232	6478101	10750532	1748567
中型	862411	1739364	12102276	11046744	3279827	15447407	4256643
小型	738957	1338821	5694030	5112152	1814878	10944590	3429018
按登记注册类型分							
内资	1886352	3358573	20148716	18146384	5608086	25405701	7532301
国有	104834	152604	2804169	2781368	710103	172977	28476
集体							
股份合作	***	***	***	***	***	***	***
国有独资公司	102517	205215	1117265	1061826	336745	484681	137844
其他有限责任公司	739992	1288930	7662307	6887825	2574362	7241006	3485532
股份有限公司	427960	883213	3832526	3185687	836003	8708888	1806770
私营	510851	828235	4724714	4221943	1145592	8787774	2063591
港澳台商投资	430785	773545	12658337	11923115	5705225	9270371	1460152
外商投资	165152	591624	1088007	833163	275705	2583401	463010

续表

项目	损益								
	营业收入	营业成本	税金及附加	销售费用	管理费用	研发费用	财务费用	利润总额	应交增值税
合计	45534451	37488323	105916	2779383	1392719	1666863	-327590	3481503	506544
按规模分组									
#大型	30713324	26741532	35399	1969456	527886	611272	-302307	1934736	158761
中型	9021073	6477615	42279	451574	440936	587524	-40547	1250671	199825
小型	5685031	4174539	27850	351222	419864	464891	15775	289416	146199
按登记注册类型分									
内资	14945923	11271288	71289	750359	879020	1137175	6554	1052781	347894
国有	853318	805221	627	1320	22047	8074	-244	16767	3152
集体									
股份合作	***	***	***	***	***	***	***	***	***
国有独资公司	930856	835036	3562	1327	41341	10300	-2305	42825	30938
其他有限责任公司	6940586	5287821	29954	265498	294955	619823	-24481	517914	183939
股份有限公司	3366876	2401453	20387	281179	247195	236977	-3054	318461	58160
私营	2825279	1915248	16673	200818	272832	260843	36465	156599	71030
港澳台商投资	28532889	25014705	22304	1859057	416478	357122	-326039	1973888	97555
外商投资	2055639	1202329	12323	169967	97220	172566	-8105	454833	61094

表54 2021年至2022年高新技术企业主要经济指标增长情况一览表

项目	单位	2022年	2021年	2022年为2021年的百分比（%）
总收入	亿元	37021.8	35197.0	105.2
#技术收入	亿元	12768.8	11901.3	107.3
产品销售收入	亿元	5772.1	6583.3	87.7
商品销售收入	亿元	11674.5	11692.3	99.8
实缴税费总额	亿元	960.5	930.0	103.3
出口总额	亿元	1352.8	1428.0	94.7
利润总额	亿元	2539.4	2119.9	119.8
园区企业数	个	10087	10769	93.7
#年收入亿元以上企业数	个	1606	1587	101.2
从业人员期末人数	万人	114.4	123.8	92.4
累计孵化企业数	个	21349	26435	80.8
加速器数	个	7	7	100.0
大学科技园数	个	19	19	100.0
#国家级大学科技园	个	13	13	100.0

表55 2021年至2022年高新技术产业情况一览表

项目	单位	2022年	2021年	2022年为2021年的百分比（%）
总收入				
#电子与信息	亿元	30532.7	28695.7	106.4
生物工程和新医药	亿元	425.3	364.8	116.6
新材料及应用技术	亿元	1235.9	1288.4	95.9
先进制造技术	亿元	1073.3	1122.9	95.6
新能源与高效节能技术	亿元	756.9	639.7	118.3
环境保护技术	亿元	447.7	436.6	102.5
利润总额				
#电子与信息	亿元	1942.3	1456.7	133.3
生物工程和新医药	亿元	15.8	47.8	33.1
新材料及应用技术	亿元	42.0	106.3	39.5
先进制造技术	亿元	204.0	193.6	105.4
新能源与高效节能技术	亿元	89.6	72.6	123.4
环境保护技术	亿元	46.4	12.6	368.4
实缴税费总额				
#电子与信息	亿元	741.2	628.4	118.0
生物工程和新医药	亿元	18.8	45.7	41.2
新材料及应用技术	亿元	21.1	40.0	52.7
先进制造技术	亿元	37.3	41.8	89.3
新能源与高效节能技术	亿元	24.0	22.3	107.6
环境保护技术	亿元	20.6	22.0	93.4
出口创汇总额				
#电子与信息	亿元	1160.3	1261.8	92.0
生物工程和新医药	亿元	18.9	26.3	71.9
新材料及应用技术	亿元	75.2	53.2	141.4
先进制造技术	亿元	54.0	32.3	167.0
新能源与高效节能技术	亿元	11.7	5.2	225.5
环境保护技术	亿元	1.8	2.6	68.2

表56 2021年至2022年高新技术企业情况一览表

项目	单位	2022年	2021年	2022年为2021年百分比（%）
从业人员期末人数	万人	114.4	123.8	92.4
工业总产值	亿元	2764.1	3181.6	86.9
总收入	亿元	37021.8	35197.0	105.2
#技术收入	亿元	12768.8	11901.3	107.3
产品销售收入	亿元	5772.1	6583.3	87.7
商品销售收入	亿元	11674.5	11692.3	99.8
实缴税费总额	亿元	960.5	930.0	103.3
#增值税	亿元	419.1	432.2	97.0
所得税	亿元	395.0	299.5	131.9
出口总额	亿元	1352.8	1428.0	94.7
#三资企业	亿元	1046.3	1129.0	92.7
利润总额	亿元	2539.4	2119.9	119.8
研究开发费用合计	亿元	2499.1	2392.9	104.4

表57　2021年至2022年对外交流及国际化程度一览表

项目	单位	2022年	2021年	2022年为2021年的百分比（%）
国际化				
进出口总额	亿元	3110.4	3255.1	95.6
#出口总额	亿元	1352.8	1428.0	94.7
#技术服务出口	亿元	210.4	147.3	142.9
硕士学历以上人员	人	202923	210882	96.2
#留学归国人员	人	23660	23190	102.0
专利申请数	件	69841	71119	98.2
#欧美日专利申请数	件	5024	5588	89.9
专利授权数	件	40935	39534	103.5
#欧美日专利授权数	件	3143	2521	124.7
引进国外技术经费支出	亿元	0.1	0.3	40.4
#引进技术的消化吸收经费支出	亿元	—	—	—
外资企业情况				
企业数	个	592	583	101.5
资产总计	亿元	20969.7	18484.1	113.4
总收入	亿元	16234.5	16006.8	101.4
利润总额	亿元	1727.8	990.9	174.4
实缴税费总额	亿元	376.9	313.8	120.1

表58 2021年至2022年北京市及城六区主要经济指标对比表

项目	单位	2022年	2021年	增速
北京市及城六区地区生产总值				
北京市	亿元、%	41610.9	41045.6	0.7
海淀区	亿元、%	10206.9	9800.2	3.5
朝阳区	亿元、%	7911.2	7617.8	0.7
西城区	亿元、%	5700.1	5408.1	4.1
东城区	亿元、%	3437.1	3193.1	5.6
丰台区	亿元、%	2061.8	2009.7	1.0
石景山区	亿元、%	1000.2	959.9	1.8
北京市及城六区工业总产值				
北京市	亿元、%	23870.0	24988.1	-4.5
海淀区	亿元、%	3057.7	3440.8	-11.1
朝阳区	亿元、%	746.4	753.8	-1.0
西城区	亿元、%	623.5	597.1	4.4
丰台区	亿元、%	305.1	333.4	-8.5
石景山区	亿元、%	243.5	306.4	-20.5
东城区	亿元、%	31.6	39.9	-20.8
北京市及城六区社会消费品零售总额				
北京市	亿元、%	13794.2	14867.7	-7.2
朝阳区	亿元、%	3179.8	3554.2	-10.5
海淀区	亿元、%	2716.5	2920.8	-7.0
丰台区	亿元、%	1328.8	1418.1	-6.3
东城区	亿元、%	1227.9	1303.3	-5.8
西城区	亿元、%	987.3	1089.4	-9.4
石景山区	亿元、%	393.0	439.9	-10.7
北京市及城六区固定资产投资（不含农户）				
北京市	%	3.6		
东城区	%	25.9		
朝阳区	%	13.0		

续表

项目	单位	2022年	2021年	增速
石景山区	%	7.3		
海淀区	%	5.2		
西城区	%	-6.5		
丰台区	%	-20.2		
北京市及城六区一般公共预算收入				
北京市	亿元、%	5714.4	5932.3	-3.7
朝阳区	亿元、%	503.0	543.4	-7.4
海淀区	亿元、%	490.5	490.2	0.1
西城区	亿元、%	415.9	428.1	-2.8
东城区	亿元、%	184.9	195.5	-5.4
丰台区	亿元、%	137.6	145.2	-5.2
石景山区	亿元、%	73.8	73.3	0.6
北京市及城六区一般公共预算支出				
北京市	亿元、%	7469.2	7205.1	3.7
海淀区	亿元、%	664.1	637.0	4.3
朝阳区	亿元、%	562.4	557.3	0.9
西城区	亿元、%	435.0	414.4	5.0
丰台区	亿元、%	278.7	262.8	6.1
东城区	亿元、%	249.9	282.7	-11.6
石景山区	亿元、%	121.3	125.5	-3.3
北京市及城六区全区居民人均可支配收入				
北京市	元、%	77415	75002	3.2
西城区	元、%	99276	96949	2.4
海淀区	元、%	96153	93478	2.9
东城区	元、%	92040	89804	2.5
石景山区	元、%	86994	84666	2.7
朝阳区	元、%	86981	84770	2.6
丰台区	元、%	74365	72170	3.0
北京市及城六区全区居民人均消费支出				
北京市	元、%	42683	43640	-2.2
海淀区	元、%	56947	57482	-0.9

续表

项目	单位	2022年	2021年	增速
西城区	元、%	54809	57396	-4.5
东城区	元、%	52078	51918	0.3
朝阳区	元、%	45756	48922	-6.5
石景山区	元、%	44837	44790	0.1
丰台区	元、%	44516	43334	2.7

附 录

海淀区2022年国民经济和社会发展统计公报

2022年，海淀区坚持以习近平新时代中国特色社会主义思想为指导，认真学习宣传贯彻党的二十大精神，深入贯彻习近平总书记对北京重要讲话和对中关村重要指示精神，坚决落实党中央“疫情要防住、经济要稳住、发展要安全”的要求，坚持稳中求进工作总基调，高效统筹疫情防控和经济社会发展，主动融入新发展格局，各项事业取得新进展、实现新突破。

一、人口

年末全区常住人口312.4万人，比上年末减少0.6万人。其中，常住外来人口105.9万人，占常住人口的比重为33.9%。常住人口出生率4.83%，死亡率4.43%，自然增长率0.4%。年末全区户籍人口245.5万人，比上年末增加1.4万人。

表59　2022年末常住人口及构成情况表

指标	年末人数（万人）	比重（%）
常住人口	312.4	100
按性别分：男性	155.7	49.8
女性	156.7	50.2
按年龄组分：0—14岁	37.6	12.0
15—59岁	211.3	67.6
60岁及以上	63.5	20.3
#65岁及以上	46.5	14.9

二、综合

经济增长：初步核算，全年实现地区生产总值10206.9亿元，按不变价格计算，比上年增长3.5%。分产业看，第一产业实现增加值2.0亿元，增长7.8%；第二产业实现增加值811.9亿元，下降2.9%；第三产业实现增加值9393.0亿元，增长4.1%。三次产业构成为0.02：7.95：92.03。

财政收入：区级一般公共预算收入完成490.5亿元，比上年增长0.1%。其中，增值税109.9亿元，下降28.1%；企业所得税127.3亿元，增长17.2%。

金融：全区各类金融机构达3097家，其中银行机构746家，保险机构324家，证券机构134家。年末全区中资银行人民币存款余额42747.8亿元，其中个人存款11413.1亿元。人民币贷款余额13058.4亿元，其中短期贷款3675.8亿元，中长期贷款9130.0亿元。

三、人民生活和社会保障

人民生活：全年全区居民人均可支配收入96153元，比上年增长2.9%。全年全区居民人均消费支出56947元，比上年下降0.9%。

就业：年末实有登记失业人数16137人，其中城镇户籍登记失业人员16062人，农村户籍登记失业人员75人。全区城镇登记失业率为2.63%；城镇登记失业人员就业率65.4%，比上年提高0.33个百分点。

表60 地区生产总值一览表

指标	绝对数（亿元）	比重（%）	2022年比2021年增长（%）
地区生产总值	10206.9	100	3.5
按产业分			
第一产业	2.0	0.02	7.8
第二产业	811.9	7.95	-2.9
第三产业	9393.0	92.03	4.1
按行业分			
#工业	610.5	6.0	-5.7
信息传输、软件和信息技术服务业	4515.4	44.2	11.9
金融业	1048.6	10.3	5.8
科学研究和技术服务业	1263.8	12.4	1.1
教育	730.5	7.2	-10.3

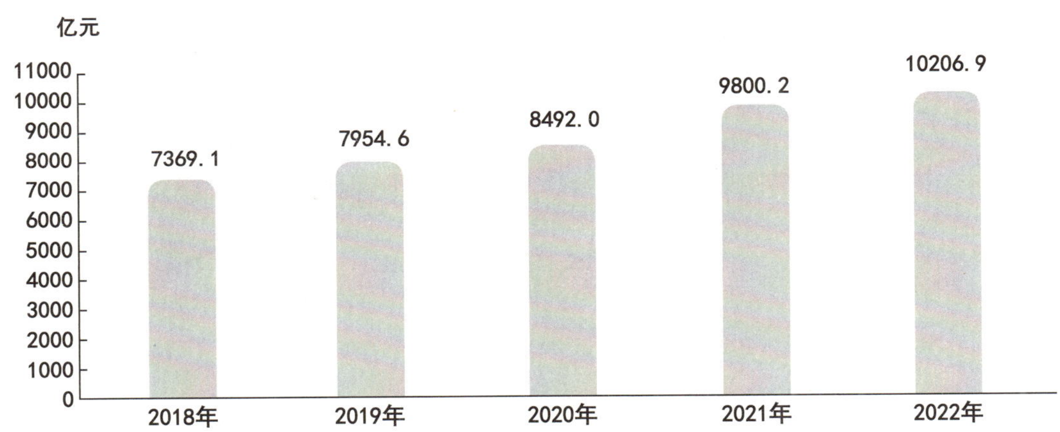

图1 2018—2022年地区生产总值

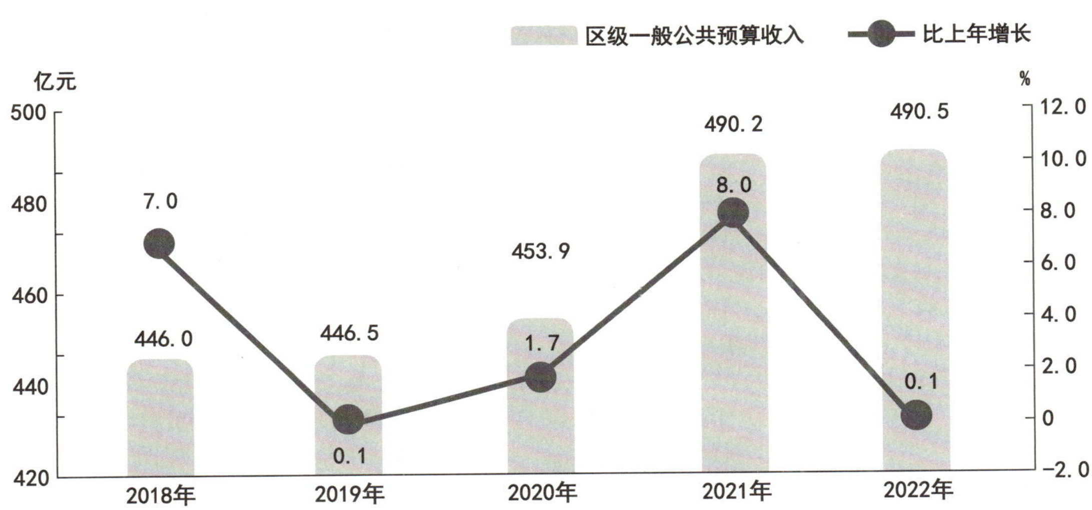

图2 2018—2022年区级一般公共预算收入及增速

表61 2022年末中资银行人民币存贷款余额一览表

单位：亿元

指标	年末数	比年初增加额
各项存款余额	42747.8	3363.8
单位存款	27690.2	1508.5
个人存款	11413.1	2166.4
其他存款	3644.5	-311.2
各项贷款余额	13058.4	877.2
#境内短期贷款	3675.8	-143.2
境内中长期贷款	9130.0	1032.8

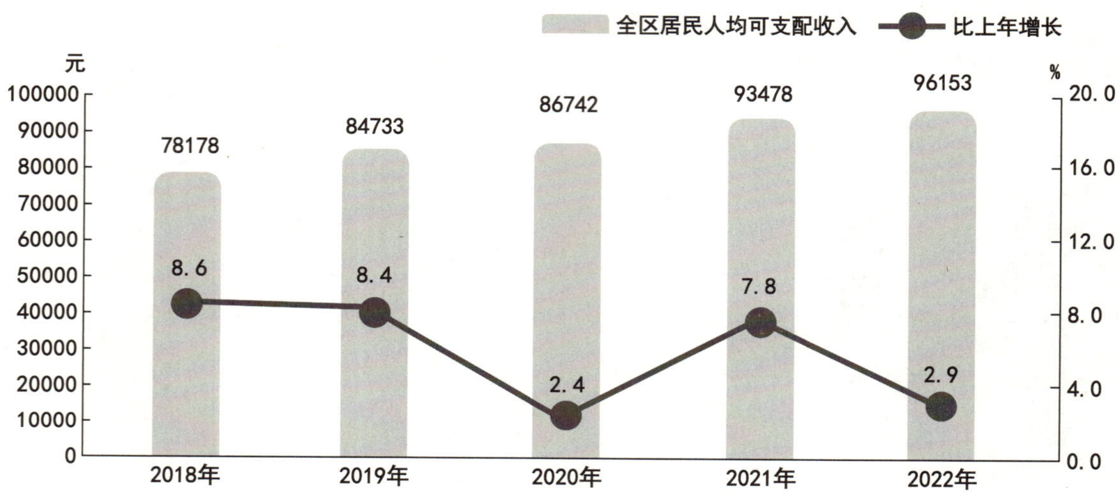

图3 2018—2022年全区居民人均可支配收入及增速

社会保障：年末参加基本养老、基本医疗、生育、失业和工伤保险人数分别为344.4万人、327.3万人、217.4万人、276.6万人和262.7万人。

年末参加城乡居民养老保险人数3.3万人。

全区享受最低生活保障的城市居民为63998人次，享受最低生活保障的农村居民为145人次。

四、农业

全区农业观光园84个，实现总收入10541.0万元，比上年增长9.4%。乡村旅游接待21.0万人次，比上年下降27.3%，实现总收入4764.4万元，比上年下降21.4%。全区实现农林牧渔业总产值4.6亿元，按现价计算，比上年增长7.4%。其中，农业实现产值2.6亿元，与上年增长13.7%。

五、工业和建筑业

工业：全年规模以上工业企业实现工业总产值3057.7亿元，比上年下降11.1%。其中，计算机、通信和其他电子设备制造业实现产值1887.1亿元，比上年下降18.8%。高技术制造业实现产值2241.6亿元，比上年下降16.2%。

建筑业：全区具有资质等级的总承包和专业承包建筑业企业完成建筑业总产值1544.1亿元，比上年增长7.5%。其中，在本市完成产值586.5亿元，比上年增长15.9%。实现竣工产值686.9亿元，比上年下降7.1%。

六、固定资产投资和房地产开发

固定资产投资：全年固定资产投资（不含农户）比上年增长5.2%。按产业分，第二产业投资增长149.4%；第三产业投资增长2.9%，其中信息传输、软件和信息技术服务业增长3.9%。按构成分，建安工程投资增长6.3%，设备工器具购置投资下降1.7%。

房地产开发：全年房地产开发投资比上年下降1.3%。年末全区房屋施工面积951.7万平方米，比上年末下降12.4%，其中本年新开工面积134.1万平方米，增长4.7%。房屋竣工面积154.6万平方米，下降49.3%。商品房销售面积82.7万平方米，下降17.7%。

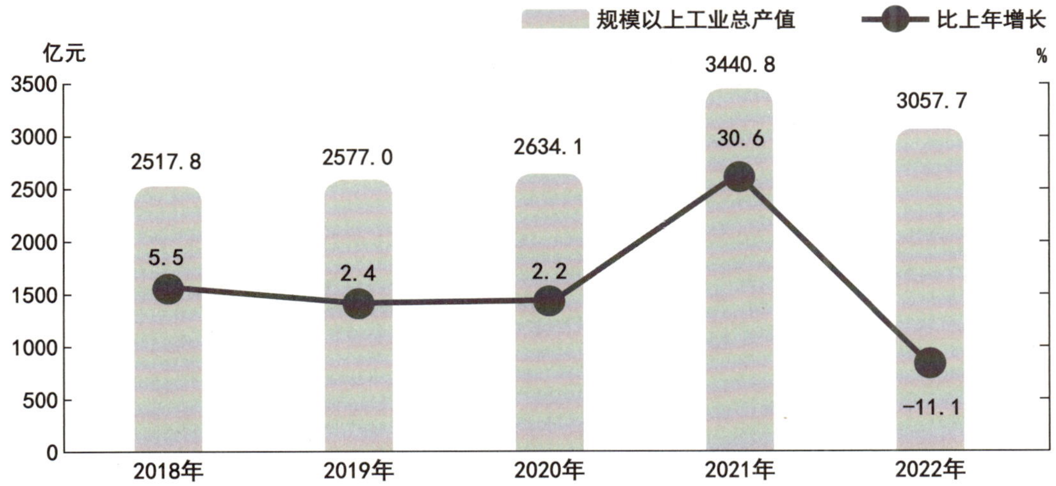

图4 2018—2022年工业总产值及增速

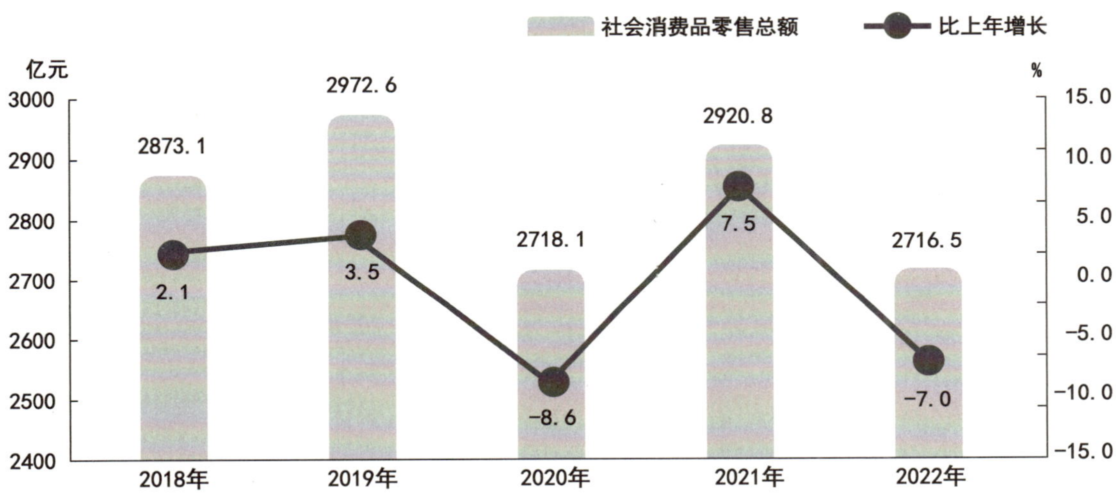

图5 2018—2022年社会消费品零售总额及增速

七、市场消费、对外经济

市场消费：2022年全年实现社会消费品零售总额2716.5亿元，比上年下降7.0%。按消费形态分，餐饮收入162.5亿元，比上年下降13.3%；商品零售2544.1亿元，比上年下降6.6%。

对外经济：全区进出口总额477.2亿美元，比上年下降2.7%。其中进口额258.7亿美元，下降1.8%；出口额218.5亿美元，下降3.8%。

八、教育、科技、卫生和体育

教育：全区共有普通中学87所，在校生12.3万人，毕业生3.5万人。小学90所，在校生19.4万人，毕业生2.6万人。幼儿园225所，在园幼儿8.1万人。中等职业学校8所，在校生7503人，毕业生1639人。特殊教育在校生501人，毕业生116人。

全区中小学幼儿园共有教职工4.5万人，其中县级及以上骨干教师共6321人。35岁以下教师占比44.1%；高级以上职称教师占比18.2%。

科技：全区专利授权量为7.3万件，比上年增长1.9%。其中，发明专利授权量为4.3万件，增长7.4%。全年登记技术合同6.2万项，技术合同成交总额3380.4亿元，增长15.7%。

卫生：全区共有卫生机构1395个，比上年末增加34个，其中医院100个，社区卫生服务中心50个。共有卫生技术人员4.1万人，其中执业（助理）医师1.6万人，注册护士1.8万人。医疗机构总诊疗3051.6万人次。婴儿死亡率1.0‰。全年报告甲乙类传染病发病率197.4/10万。

体育：全区公共体育场地共有397个，全民健身工程1560个。全区运动员共获得全国性比赛及北京市级比赛奖牌413枚，其中金牌142枚，银牌161枚，铜牌110枚。

九、资源环境

水资源：全年水资源总量1.2亿立方米，总用水量3.2亿立方米，其中生活用水2.4亿立方米，工业用水1028万立方米，农业用水370万立方米。

环境：全区城市污水处理率为99.7%，与上年提高0.2个百分点。细颗粒物（$PM_{2.5}$）年均浓度30微克/立方米，下降9.1%；二氧化硫（SO_2）、二氧化氮（NO_2）和可吸入颗粒物（PM_{10}）年均浓度分别为2微克/立方米、28微克/立方米和52微克/立方米。

城市绿化覆盖率为51.79%，比上年提高0.42个百分点。全区人均公园绿地面积为14.88平方米，比上年增加0.25平方米。

公报注释：

1.本公报中2022年数据均为初步数。

2.地区生产总值及各产业增加值总量按当年价格核算，增速按不变价核算。

3.规模以上工业企业是指年主营业务收入2000万元及以上的全部法人工业企业；限额以上批发零售企业是指年主营业务收入2000万元及以上的批发企业和年主营业务收入500万元及以上的零售企业。

4.卫生机构和卫生技术人员等相关数据不含部队隶属医院数据。

5.公报中部分数据合计数或相对数由于计量单位取舍不同而产生的计算误差，均未作机械调整。

资料来源：

本公报中户籍人口数据来自于北京市统计局；财政数据来自海淀区财政局；金融机构数据来自海淀区金融服务办公室；就业、社会保障数据来自海淀区人力资源和社会保障局、海淀区医疗保障局、海淀区民政局；进出口数据来自海淀区商务局；教育数据来自海淀区教育委员会；专利数据来自科学技术和经济信息化局；卫生数据来自海淀区卫生健康委员会；体育数据来自海淀区体育局；水资源及污水处理数据来自海淀区水务局；空气质量数据来自海淀区生态环境局；城市绿化数据来自海淀区园林绿化局；全区居民收支数据来自国家统计局海淀调查队；其他数据来自北京市海淀区统计局、北京市海淀区经济社会调查队。

表62 2022年中共海淀区委部分文件目录

序号	文号	标题	印发日期
1	京海发〔2022〕3号	关于设立中共北京市海淀区红十字会党组的决定	2022年7月28日
2	京海发〔2022〕4号	关于认真学习宣传贯彻党的二十大精神的通知	2022年11月11日

表63　2022年海淀区人民政府部分文件目录

序号	文号	标题	印发日期
1	海政发〔2022〕1号	关于印发《海淀区“十四五”时期教育改革和发展规划》的通知	2022年1月4日
2	海政发〔2022〕2号	关于印发《海淀区“十四五”时期人力资源和社会保障发展规划》的通知	2022年1月26日
3	海政发〔2022〕3号	关于印发《2022年区政府工作报告重点任务清单》的通知	2022年1月29日
4	海政发〔2022〕4号	关于印发《海淀区2022年第一批政府投资建设项目安排方案》的通知	2022年2月8日
5	海政发〔2022〕6号	关于印发《海淀区2022年固定资产投资推进方案》的通知	2022年3月24日
6	海政发〔2022〕7号	关于印发本区2021年法治政府建设情况报告的通知	2022年3月31日
7	海政发〔2022〕8号	关于印发《海淀区“十四五”时期优化营商环境行动计划》的通知	2022年5月6日
8	海政发〔2022〕9号	关于印发《“十四五”时期健康海淀建设规划》的通知	2022年5月11日
9	海政发〔2022〕10号	关于印发《海淀区统筹疫情防控和稳定经济增长若干措施》的通知	2022年6月11日
10	海政发〔2022〕11号	关于统一行使行政复议职责的通告	2022年6月14日
11	海政发〔2022〕12号	关于印发《北京市海淀区突发事件总体应急预案（2022年修订）》的通知	2022年7月7日
12	海政发〔2022〕13号	关于将清华园车站升级为海淀区文物保护单位相关事宜的通知	2022年10月14日
13	海政发〔2022〕14号	关于北洼路45号院（百花文化产业园）房屋征收项目房屋征收的决定	2022年11月29日
14	海政发〔2022〕15号	关于印发《海淀区关于加快推进气象事业高质量发展的工作方案》的通知	2022年12月22日
15	海政发〔2022〕16号	关于印发《海淀区进一步加强投资促进工作　推动经济高质量发展工作要点》的通知	2022年12月31日

表64 2022年海淀区行政区划基本情况一览表

序号	地区	社区居委会（个）	村委会（个）	辖区面积（平方千米）
	全区	600	53	430.77
1	万寿路街道	27	—	6.52
2	羊坊店街道	31	—	6.61
3	甘家口街道	24	—	6.49
4	八里庄街道	32	—	6.49
5	紫竹院街道	22	—	6.23
6	北下关街道	31	—	6.04
7	北太平庄街道	32	—	5.17
8	海淀街道	32	—	6.9
9	中关村街道	30	—	5.28
10	学院路街道	31	—	8.49
11	清河街道	29	—	9.37
12	青龙桥街道	20	—	18.59
13	香山街道	6	—	20.4
14	西三旗街道	28	—	8.23
15	马连洼街道	20	—	10.74
16	花园路街道	27	—	6.33
17	田村路街道	28	—	6.79
18	上地街道	13	—	9.52
19	曙光街道	17	—	5.45
20	永定路街道	25	—	4.69
21	燕园街道	7	—	1.84
22	清华园街道	10	—	3.49
23	温泉镇	15	2	33.23
24	上庄镇	7	19	38.45
25	苏家坨镇	11	10	84.51
26	西北旺镇	19	8	51.02
27	四季青镇	14	10	40.83
28	海淀镇	3	2	4.79
29	东升镇	9	2	8.28

组织机构及负责人名录

中共海淀区委员会

书　记　于　军（5月免）　王合生（5月任）
副书记　王合生（5月免）　张　强（2月免）
　　　　李俊杰（5月任）
常　委　鲍　雷　李俊杰　张劲林（3月免）
　　　　吴计亮　张若冰　牟晓春（女）
　　　　刘传忠　林剑华　肖　丹（女，3月任）

海淀区人民代表大会常务委员会

主　任　刘长利
副主任　李　泉　吴宝华　魏开锋　李卫华　赵晓光（女）

海淀区人民政府

区　长　王合生（6月免）
　　　　李俊杰（6月代，11月任）
常务副区长　李俊杰（6月免）
副区长　林剑华　林　航（女）　张小川　岳　立
　　　　徐振涛　程培衡　马光耀（蒙古族）
　　　　冯　燕（女，9月挂职）

中国人民政治协商会议北京市海淀区委员会

主　席　刘　勇
副主席　赵小云（女）　许　云　李　伟
　　　　曹先彬　安雪晖　叶培贵

中共北京市海淀区纪律检查委员会、北京市海淀区监察委员会

纪委书记　监委主任　鲍　雷
纪委副书记　监委副主任　张　磊　杜陈生
　　　　杨　科（5月免副书记，6月免副主任）
　　　　张　旸（女，5月任副书记，6月任副主任）

北京市海淀区人民法院

党组书记　院长　邵明艳（女）

北京市海淀区人民检察院

党组书记　检察长　刘　惠（女）

中共北京市委中关村科学城工作委员会
中关村科学城管理委员会

（对外保留中关村科技园区海淀园管理委员会牌子）

党工委　书　记　于　军（兼，5月免）
　　　　王合生（兼，5月任）
副书记　李俊杰（兼）　张　强（兼，4月免）
　　　　林剑华（兼）
纪检监察工委书记　鲍　雷（兼，12月任）
委　员　吴宝华（2月免）　何建吾
　　　　王　斌（女）　申宏艳（女）
　　　　刘　莉（女，10月免）
管委会　主　任　王合生（兼，6月免）
　　　　李俊杰（兼，6月任）
副主任　张　强（兼，4月免）　林剑华（兼）
　　　　金勤献（兼）　方海强
　　　　陈爱清（2月免）
　　　　张　健（女，4月结束挂职）
　　　　张世芳（女，2月任）
专职副主任　吴宝华（2月免）　何建吾

中关村科技园区海淀园管理委员会
主任　林剑华（兼）
综合事务部　部长　吴宝华（2月免）
科技创新部　部长　何建吾
产业发展部　部长　何建吾
创新服务部　部长　何建吾

海淀区知识产权局
局长　何建吾

海淀区科学技术和经济信息化局
局长　何建吾

综合事务部综合协调处兼财务审计处
处长　申宏艳（女）

综合事务部组织人事处兼非公党建工作处（统战部）
处长　王　斌（女）

科技创新部规划发展处
处长　王春生

科技发展处　处长　梁爱民（9月任）

产业发展部产业促进一处
处长　（空缺）

产业发展部产业促进二处
处长 （空缺）
产业发展部产业空间管理处
处长 杜嘉宁
创新服务部服务体系建设处
处长 刘 钊
创新服务部交流合作与人才工作处
处长 （空缺）
创新服务部知识产权处
处长 张芳英（女）
中关村科学城投资服务中心
主任 （空缺）
中关村国家自主创新示范区展示交易中心
主任 梁爱民（9月免）
中关村国家自主创新示范区核心区发展研究中心
主任 宋洁尘

中关村西区管委会

主任 林剑华[①]（兼，2020年1月任）

区委系统

区委统一战线工作部（挂区政府侨务办公室牌子）
部长 牟晓春（女）
常务副部长 刘 珍（女）
中共北京市海淀区委台湾工作办公室（北京市海淀区人民政府台湾事务办公室）
主任 王 锋
区委办公室（挂北京市海淀区档案局、中共北京市海淀区机要局牌子）
主任 吴计亮
常务副主任 张红林（女）
区委组织部（挂区公务员局、区委非公有制经济组织和社会组织工作委员会牌子）
部长 张若冰
常务副部长 王双全（11月任）
区委非公有制经济组织和社会组织工作委员会
书记 张东川（12月任）
区委宣传部（挂区新闻出版局、区政府新闻办公室牌子）
部长 张劲林（4月免） 肖 丹（女，4月任）
常务副部长 黄 英（女）
区委政法委员会
书记 吴计亮
常务副书记 王勇禄（2021年10月免）
王际宝（2021年10月代，2022年9月免）
冯 军（2022年9月任）
副书记 徐振涛（兼，4月任） 张小川（兼）

区委区政府研究室
主任 王 煜
区委网络安全和信息化委员会办公室（区互联网信息办公室）
主任 黄 英（女）
区委机构编制委员会办公室
主任 张京玲（女）
区委军融办 主任 杨 颖（女）
区直属机关工作委员会
书记 田桂茹（女，满族）
区委巡察办 主任 陈 熙
区委老干部局
党总支书记 局长 赵静国（2月免）
刘春梅（女，2月任）
区人民武装部
政委 田明宇
部长 刘传忠
区党史地方志办公室
主任 李 强
区委党校（区行政学院）
校长（院长） 张 强（4月免）
常务副校长（常务副院长） 何昭瑾

区人大常委会机关

办公室 主任 王曼谕（女）
研究室 主任 王俊明
代表联络室 主任 张 霞（女）
财政经济办公室 主任 那 梅（女，满族）
法制（社会建设、备案审查）办公室
主任 王勇禄
教育科技文化卫生办公室 主任 李 航
城市建设环境保护办公室 主任 马朝勃（女）
农村办公室 主任 梁 珍（女）

区政府系统

区政府办公室 主任 王伟丽（女）
区财政局 党组书记 局长 程培衡（2月免）
王志伟（2月任）
区发展和改革委员会
党组书记 主任 李 泉（2月免）
武 凯（2月任）
区人力资源和社会保障局
党组书记 局长 李卫华（2月免）
刘 涵（女，2月任）
区机关事务管理服务中心
党组书记 主任 于 锋

① 2021卷未记述任职。

区教育委员会（与区委教育工作委员会合署办公，挂区政府教育督导室牌子）
主任 王 方（2月免）
杜荣贞（2月任）
区委教育工作委员会
书记 尹丽君（女，回族，2月免）
王 方（2月任）
区政府教育督导室 主任 王 方（兼，2月免）
杜荣贞（兼，2月任）
区教育科学研究院 院长 吴颖惠（女）
区人民防空办公室
党组书记 陆 平
主任 王京立
区民族宗教事务办公室
党组书记 主任 赵一飙（2月任）
区委社会工委区民政局
书记 王玉方
局长 李大成
区司法局 党组书记 局长
区生态环境局
党组书记 局长 张洪雨（2月免）
刘培宝（2月任）
区住房和城乡建设委员会（挂区人民政府房屋征收办公室牌子）
党组书记 主任 张世芳（女，2月免）
赵 寒（2月任）
区城市管理委员会（挂区交通委员会、区城乡环境建设管理委员会办公室牌子）
党组书记 主任 赵 寒（2月免）
张洪雨（2月任）
区水务局 党组书记 局长 马光耀（蒙古族，2月免）
苏建华（女，2月任）
区农业农村局（与区委农村工作委员会合署办公，挂区乡村振兴局牌子）
局长 张春明
区委农村工作委员会 书记 张春明
区商务局 党组书记 局长 侯 育（女，9月免）
张立红（女，11月任）
区文化和旅游局（加挂区文物局牌子）
党组书记 孙鹏利
局长 陈 静（女）
区委卫生健康工作委员会
书记 甄 蕾（女，7月免）
李劲涛（蒙古族，9月任）
区卫生健康委员会 主任 李劲涛（蒙古族）
区退役军人事务局
党组书记 石立峰
局长 皇甫江
区应急管理局 党委书记 局长 刘磊刚
区市场监督管理局（加挂区食品药品安全委员会办公室牌子）
党组书记 局长 刘春梅（女，2月免）
局长 聂俊杰（2月任）
区审计局 党组书记 局长 王彩霞（女）
区人民政府国有资产监督管理委员会
党委书记 主任 程培衡（兼，2月免）
魏开锋（2月任，9月免）
王圣朋（9月任）
区体育局 党组书记 张彦祥（9月免）
局长 张彦祥（11月免）
区统计局(经济社会调查队)
党组书记 鲁贵黎
局长 钟福林
队长 王良杰
区园林绿化局（区绿化委员会办公室）
党组书记 局长（主任） 王志伟（2月免）
王艳龙（2月任）
区金融服务办公室
党组书记 主任 刘建民
区政务服务管理局
党组书记 局长 马学印
区信访办公室
党组书记 主任 赵立华
区医疗保障局
党组书记 局长 曹玉明（女）
区房屋管理局（挂区住房保障办公室牌子）
党组书记 辛 果（11月免）
局长 辛 果（12月免）
区城市管理指挥中心
党组书记 主任 李 伟（9月免）
于腾飞（9月任）
区北部地区开发建设委员会办公室
党组书记 主任 高志庆[①]（2021年11月免）
主任 陈爱清（2022年2月任）
区地震局 党组书记 局长 张燕辉
区农村合作经济经营管理站
党组书记 张春明（兼）
站长 裴文国
区环境卫生服务中心
党组书记 主任 莘雪林（2月免）
杨文亮（9月任）
区档案馆 党总支书记 馆长 刘 毅
圆明园管理处 党组书记 主任 邱文忠
区职业学校 党总支书记 校长 冯清超
区融媒体中心 党组书记 主任 佟志伟（回族）

① 2022卷未记述高志庆免职时间。

区政协机关

秘书长 张启兵
办公室 主任 党慧海
研究室 主任 周 伟
专委会工作一室 主任 石 峰
专委会工作二室 主任 王 澎（女）
专委会工作三室 主任 刘秀荣（女）
专委会工作四室 主任 孙国英（女，俄罗斯族）
专委会工作五室 主任 刘 玲（女）
专委会工作六室 主任 孙继光

垂直领导单位

北京市公安局海淀分局
局长 张小川
政委 空缺
北京市公安局公安交通管理局海淀交通支队
党委书记 支队长 祝宝华
政委 郭 华（8月任）
北京市海淀区消防救援支队
支队长 李广耐
政委 赵 勇
北京市海淀区税务局
党委书记 局长 张 翅
北京市海淀区气象局
党组书记 局长 张晓鹏（女）
北京市规划和自然资源委员会海淀分局
党组书记 局长 张 奇
海淀区烟草专卖局（公司）
党组书记 局长（经理） 张秀武（12月免）
孟庆伟（12月任）
中关村海关 关长 邢 巍
北京市交通委员会海淀运输管理分局
局长 华 军
国家统计局海淀调查队
党组书记 队长 周 明

民主党派 工商联

中国国民党革命委员会北京市海淀区工作委员会
主任委员 吴永常
中国民主同盟北京市海淀区委员会
主任委员 曹光彬
中国民主建国会北京市海淀区委员会
主任委员 赵晓光（女）
中国民主促进会北京市海淀区委员会
主任委员 邓佑玲[①]（女，土家族，2021年6月免）
廖 奕（2021年6月任）
中国农工民主党北京市海淀区委员会
主任委员 曹卫东
中国致公党北京市海淀区委员会
主任委员 安雪晖
九三学社北京市海淀区委员会
主任委员 叶培贵
台湾民主自治同盟北京市海淀区工作委员会
主任委员 杨 旭
北京市海淀区工商业联合会
主席 林 航[②]（兼，女，2月任）
党组书记 常务副主席 毕淑琴（女）

街 道

万寿路街道 党工委书记 聂俊杰（2月免）
曾 涛（9月任）
办事处主任 冯 军（9月免）
蔡曦亮（9月任）
羊坊店街道 党工委书记 孙笑庸
办事处主任 张 宇
甘家口街道 党工委书记 孙 鹏
办事处主任 屠永永（3月任）
八里庄街道 党工委书记 曾 涛（9月免）
李云驰（9月任）
办事处主任 李云驰（9月免）
宋 昭（12月任）
紫竹院街道 党工委书记 常增玉
办事处主任 付海涛
北下关街道 党工委书记 王凌志
办事处主任 周建瓴（9月免）
荣 峰（9月任）
北太平庄街道 党工委书记 陈 兵（满族）
办事处主任 赵静国（2月任）
海淀街道（与中关村西区办合署办公）
党工委书记 齐明军
办事处主任（中关村西区办主任） 李 博
中关村街道 党工委书记 许 云（2月免）
董智杭（9月任）
办事处主任 董智杭（10月免）
史 翀（12月任）
学院路街道 党工委书记 郑 鹏
办事处主任 康 云（女）

---
① 2022卷未记述任职变化情况。
② 2022卷任职时间记述有误。

清河街道 党工委书记 文思君（苗族）
办事处主任 吴进途（9月任）
青龙桥街道 党工委书记 张　伟
办事处主任 邬斌锋（11月免）
香山街道 党工委书记 孙连红
办事处主任 刘来奇
西三旗街道 党工委书记 王世松
办事处主任 张　娟（女，9月免）
马连洼街道 党工委书记 王树彦
办事处主任 刘永泉（11月免）
郭锡山（12月任）
花园路街道 党工委书记 高　毅
办事处主任 杜荣贞（2月免）
桂小海（9月任）
田村路街道 党工委书记 张之放（4月免）
张彦祥（9月任）
办事处主任 孙金春（12月免）
上地街道 党工委书记 黄春明
办事处主任 张　兵
曙光街道 党工委书记 胡宏宇（蒙古族）
办事处主任 裴利杰（女，蒙古族）
燕园街道 党工委书记 杨学祥（回族，4月免）
胡新龙（4月任，10月免）
姜晓刚（10月任）
办事处主任 杨兴文
清华园街道 党工委书记 高　斌（3月免）
许立冬（3月任）
办事处主任 许立冬
永定路街道 党工委书记 杜　宇
办事处主任 王艳龙（2月免）
李　伟（9月任）

镇（地区）

东升镇（东升地区）
党委（党工委）书记 武　凯（9月免）
赵仕伟（9月任）
镇长（办事处主任） 赵仕伟（9月免）
辛　果（11月任）
海淀镇（万柳地区）
党委（党工委）书记 苏建华（女，2月免）
朱海斌（2月任）
镇长（办事处主任） 朱海斌（3月免）
程　刚（3月任）
四季青镇（四季青地区）
党委（党工委）书记 薛飞飞
镇长（办事处主任） 魏　星
西北旺镇（西北旺地区）
党委（党工委）书记 赵小云（女，2月免）
尹　刚（2月任）
镇长（办事处主任） 尹　刚（6月免）
秦兆强（6月任）
温泉镇（温泉地区）
党委（党工委）书记 刘　仵
镇长（办事处主任） 余新星
苏家坨镇（苏家坨地区）
党委（党工委）书记 张文涛
镇长（办事处主任） 刘培宝（3月免）
张　娟（女，9月任）
上庄镇（上庄地区）
党委（党工委）书记 刘　涵（女，2月免）
周　波（2月任）
镇长（办事处主任） 周　波（2月免）
孙　威（4月任）
玉渊潭农工商总公司
党委书记 总经理 杨　琪

群众团体

区总工会 主席 胡淑彦（兼，女，1月免）
李卫华（兼，3月任）
党组书记 牛爱忠（12月免）
孙金春（12月任）
团区委 书记 陈培宇（12月免）
区妇联 党组书记 主席 吴红蓉（女）
区文联 主席 苗　地
区侨联 主席 石　岳（女）
区残联 党组书记 理事长 朱利忠（9月免）
刘永泉（10月任）
区科协 主席 白春礼（中国科学院院长）
常务副主席 张立红（女，11月免）
陈　鹏（女，12月任）
区红十字会
会长 林　航（兼，女）
党组书记 张宇光（女，6月任）
常务副会长 张宇光（女）

索 引

说明

1. 本索引采取主题索引也称内容分析索引法编制。主题词以《北京海淀年鉴（2023）》正文中出现的专业名词或名词词组、机构名等为主。

2. 索引的文字部分称为标目，标目之后的数字为其在正文中出现的页码，数字后的英文字母（a、b、c）表示正文中的栏别（从左至右）。部分标目后面有若干个页码，则表示该标目均在这些页码出现。

3. 本索引按汉语拼音音序排列，汉字打头的标目按首字母的音序音调依次排列，首字相同时，则以第二字排序，依此类推；以阿拉伯数字打头的主题词，排在最前面；以英文字母打头的主题词，列于其次。

4. 类目中的《统计资料》《附录》栏目内容不在索引范围内。

1-9

A

B

D

E

F

H

K

L

M

N

P

Q

R

S

T

Y